Otto Henne am Rhyn

Kulturgeschichte der neuern Zeit vom Wiederaufleben der Wissenschaften bis auf die Gegenwart

Otto Henne am Rhyn

Kulturgeschichte der neuern Zeit vom Wiederaufleben der Wissenschaften bis auf die Gegenwart

ISBN/EAN: 9783742816726

Hergestellt in Europa, USA, Kanada, Australien, Japan

Cover: Foto ©ninafisch / pixelio.de

Manufactured and distributed by brebook publishing software (www.brebook.com)

Otto Henne am Rhyn

Kulturgeschichte der neuern Zeit vom Wiederaufleben der Wissenschaften bis auf die Gegenwart

Kulturgeschichte
der
neuern Zeit.

Vom Wiederaufleben der Wissenschaften

bis

auf die Gegenwart.

Von

Otto Henne-Am Rhyn,
Verfasser der „Geschichte des Schweizervolkes und seiner Kultur", des „Buches der Mysterien" u. s. w.

Zweiter Band.
Das Zeitalter der Aufklärung.

Leipzig
Verlag von Otto Wigand.
1871.

Kulturgeschichte
des
Zeitalters der Aufklärung.

Von der Zeit des dreißigjährigen Krieges

bis zur

französischen Revolution.

Von

Otto Henne-Am Rhyn

> Wissenschaftlich ist das achtzehnte Jahrhundert das Zeitalter der kritischen Aufklärung, die Befreiung vom Buchstaben oder, um mit Kant zu reden, der Ausgang des Menschen aus seiner selbstverschuldeten Unmündigkeit; künstlerisch ist es die Erhebung einer eigen selbständigen Kunst und Dichtung, die Eroberung eines idealen und doch volkstümlichen Stils, dessen Verwirklichung zuerst in Lessing und sodann in seiner höchsten Vollendung in der schönen und freien Dichtung Goethe's und Schiller's darstellt.
>
> *Hermann Hettner.*

Leipzig
Verlag von Otto Wigand.
1871.

Vorwort.

Die bei Ausarbeitung dieses Bandes in größerm Maße benützten und daher im Texte nicht besonders angeführten literarischen Hülfsmittel sind, außer den schon im Vorworte des ersten Bandes erwähnten: Schlosser's Geschichte des achtzehnten Jahrhunderts, Hettner's Geschichte der Literatur des achtzehnten Jahrhunderts, Bülau's Geheime Geschichten und räthselhafte Menschen, Macaulay's Geschichte Englands, Avé-Lallemant's „deutsches Gaunerthum", Max Wirth's Grundzüge der National-Ökonomie, Marlo's System der Weltökonomie, Adelung's Geschichte der Narrheit, Schwegler's Geschichte der Philosophie, Barni's Histoire des idées morales et politiques en France au dix-huitième siècle, Lefranc's Histoire élémentaire et critique de la Littérature, Villemain's Cours de Littérature française, Arnd's Geschichte der französischen Nationalliteratur, die „Bibliothek der Deutschen Klassiker" (Hildburghausen), Lotze's Geschichte der Aesthetik in Deutschland, für kleinere Abschnitte Scherr's Farrago, Ulrich's Juden in der Schweiz und Flögel's Geschichte der Hofnarren, sowie ganz besonders die Werke der jeweilen behandelten Schriftsteller selbst.

St. Gallen, am Vorabende des deutsch-französischen Friedens von 1871.

Der Verfasser.

Inhalt.

Erstes Buch.
Sitte und Unsitte.

	Seite
Erster Abschnitt. Das Volk	1
A. Im Kriege	1
Der dreißigjährige Krieg und seine Gräuel	1
Die Kipper und Wipper	7
Die Soldatenbanden	8
Zigeuner und Bettler	14
Bewaffnung, Heere und Lager	15
Dienstpflicht und Werbung	16
B. Im Frieden	19
Die Bauern	20
Die Leibeigenen	21
Bauernaufstände	25
Die Städte und ihre Bürger	26
Deutsches Stadtleben. Sitten und Feste	27
Reisen. Sentimentalität. Moden	29
Englische Städte, Sitten, Straßen, Posten	33
Badeturen	37
Kutschweifungen	39
Zweiter Abschnitt. Die gebildeten und bevorzugten Stände	42
A. Die Gebildeten und Gelehrten	42
Die Presse	42
Die deutschen Universitäten und Studenten	44
Der anglikanische Klerus	52
B. Der Adel	53
Zustand des Adels im Allgemeinen	53
Beispiele adeligen Treibens in Deutschland	54
Ein französischer Abenteurer	60
Schottische Adellente	61
Der englische Adel	61
C. Die Finanz	64
Nationalökonomischer Zustand mehrerer Länder	64
Banken, Wechsel, Börsen	66
Der Tulpenschwindel	67

	Seite
B. Dunkelmänner und Wunderärzte	140
Die beiden Helmont, Vater und Sohn	141
Glauber und Becher	143
Cagliostro	144
Die Physiognomik	148
Die Kraniologie. Gall und Spurzheim	151
Mesmer und der thierische Magnetismus	151
Teufelsbanner: Gaßner	155
Madame de la Croix. Tugote	157
C. Abenteurer und Geisterseher	158
Saint-Germain	158
Cagliostro	159
Beaumont. Swedenborg	162
Jung-Stilling	164
Geistererscheinungen. Zauberspiegel	166
Opposition gegen die Geisterseherei	167
Casanova	169
Zweiter Abschnitt. Religiöse Gesellschaften	**171**
A. Großbritannien	171
Die Puritaner	171
Die Independenten	175
Die Quäker. William Penn	180
Die Methodisten	182
B. Deutschland	182
Übersicht. Die Pietisten	184
Spener und Eva von Buttler	187
Zinzendorf und die Herrnhuter	190
Die Jesuiten in Thorn	194
Vertreibung der Protestanten aus Salzburg	196
C. Frankreich	198
Die Jansenisten und Port-Royal	198
Pascal und die Provinzialbriefe	201
Die Wunder der Jansenisten	207
Die Trappisten	210
Der Leichengestank zur Damens	213
Die Quietisten	214
Die Molinisten. Molinet	217
Die Dragonaden. Fénelon	218
Die Camisarden in den Cevennen	220
Die "Mutter Gottes" und Hostenwirte	222
Anhang: Christen und weltliche Juden	223
Dritter Abschnitt. Ethische Gesellschaften	**224**
A. Ursprung	224
Die Philanthropie in der englischen Literatur	226
Der Freimaurerbund	227
Dessen Verbreitung und Einrichtung	228
B. Verirrungen	231
Die Jesuiten in der Freimaurerei	232
Die Hochgrade und die Schotten	233
Die neuen Templer. Herr von Hund	235
Die strikte Observanz und ihre Konvente	236
Das schwedische System	239

		Seite
Die neuen Rosenkreuzer	. . . .	240
Der Betrüger Schrepfer	. . . .	242
Die Dunkelmänner am preußischen Hofe	. . . .	244
Andere Geheimbünde	. . . .	245
Komische geheime Gesellschaften	. . . . . .	246
C. Verfolgungen		248
Päpstliche Bullen gegen die Freimaurer	. . . .	248
Der Mopsorden	. . . .	249
Die Inquisition gegen die Freimaurer	. . . .	250
Die Illuminaten. Weishaupt und Knigge	. . . .	251
Ihre Unterdrückung in Baiern	. . . . . .	254
Blüte und Unterdrückung der Freimaurer in Österreich	.	255
Die Freimaurer in der französischen Revolution	. .	261

Drittes Buch.

Forschung und Wissenschaft.

Erster Abschnitt. Die Wissenschaft der Natur	263
A. Wissenschaftliche Thätigkeit	263
Astronomie. Newton, seine Zeitgenossen und Nachfolger . .	263
Mathematik. Maupertuis. Lagrange. Die Bernoulli und Euler	267
Physik: Licht, Schall (Chladni), Wärme, Magnetismus, Elektrizität (Volta)	269
Chemie. Lavoisier	273
Geologie und Mineralogie. Werner	275
Botanik. Linné. Jussieu	277
Zoologie. Buffon. Spallanzani	280
Anthropologie. Blumenbach	280
B. Praktische Anwendung der Naturwissenschaft	281
Landwirtschaft. Schubart. Thaer	281
Forstwirtschaft	284
Gewerbfleiß	285
Lebensmittel, Bekleidung und Schmuck	285
Geräthe. Maß und Gewicht. Münze. Zeitmessung	288
Unterstützung der Naturwissenschaft. Musikalische Instrumente	289
Verkehr und Vergnügen. Windwagen	291
Luftschiffahrt. Dampfkraft. Telegraphen	292
Feuerwerkerei. Waffen	294
Papier. Buchdruck. Kupferstich	295
Heilkunde	295
Swammerdam. Boerhave. Haller	296
Impfung. Brownianismus. Chirurgie	297
C. Reisen und Länderentdeckungen	298
Die Nordpolfahrten. Eroberung Sibiriens	298
Entdeckungen im Großen Ocean. Cook	299
Wissenschaftliche Reisen	300
Kartographie	301

	Seite
Zweiter Abschnitt. Die Wissenschaft des Geistes	301
A. Die Begründung der neueren Philosophie und Aufklärung	302
René Descartes	303
Geulinx und Malebranche	306
Baruch Spinoza	306
John Locke	309
Gottfried Wilhelm Leibniz	311
Pierre Bayle	315
B. Die Kämpfe der Philosophie und Aufklärung des achtzehnten Jahrhunderts in England und Frankreich	319
Die Freidenker. Collins. Toland	320
Shaftesbury. Mandeville	321
Die Zeitschriften. Tindal. Morgan. Chubb	323
Bolingbroke und Chesterfield	325
Die Schotten. Hume. — Berkeley	326
Die französische Aufklärung	327
Die Salons	329
Voltaire	330
Condillac	342
Die Encyclopädie. Diderot. D'Alembert	344
Das Naturrecht. Lamettrie. Helvétius	348
St. Lambert. Volney	351
C. Die deutsche Philosophie des achtzehnten Jahrhunderts	351
Christian Wolf	352
Edelmann	355
Friedrich der Große	357
Die Rationalisten. Reimarus. Semler	358
Bahrdt	360
Nicolai, Mendelssohn und andere Populärphilosophen	362
Immanuel Kant	366
Hamann	371
Herder	375
Jacobi	379
Dritter Abschnitt. Die Wissenschaft der Erziehung	381
A. Die methodische Pädagogik	381
Ratich. Comenius	382
Lateinisch, französisch, deutsch	385
Die Realschulen	386
Die englische Erziehung. Locke	387
B. Die pietistische Pädagogik	388
Francke und seine Anstalten	389
C. Die revolutionäre Pädagogik	391
Jean Jacques Rousseau	392
Johann Bernhard Basedow	403
Campe und Salzmann	407
Heinrich Pestalozzi	407
Blinden- und Taubstummen-Anstalten	411

Viertes Buch.
Recht und Staat.

	Seite
Erster Abschnitt. Die ideale Rechts- und Staatslehre	413
A. In England und den Niederlanden	413
Hugo Grotius	414
Selden. Milton	417
Thomas Hobbes	419
Spinoza	423
Locke, Filmer, Sidney, Shaftesbury	425
B. In Deutschland	429
Samuel Pufendorf	429
Alberti. Seckendorf	431
Leibniz	432
Christian Thomasius	433
Cocceji. Wolf	436
Der „Antimachiavell"	437
C. In Frankreich und Italien	439
Gassendi	439
Bossuet. Fenelon	440
Abbé von St. Pierre	441
Montesquieu	443
Rousseau	447
Vico. Filangieri	454
Zweiter Abschnitt. Die Reformen im Rechts- und Staatsleben	454
A. Die politisch-sociale Reform	454
Die Kulturpolitik	454
Sully. Colbert	455
Peter der Große	456
Friedrich der Große und sein Vater	458
Friedrich und Voltaire	461
Die beiden Moser. Müller	464
Justus Möser	467
Schlözer	469
Beccaria	470
B. Die staatskirchliche Reform	472
System der Staatskirche	472
Vertreibung der Jesuiten aus Portugal. Pombal	473
" Frankreich. Choiseul	475
" Spanien. Aranda	476
" Neapel und Parma. Tanucci und Tillot	478
Bewegung gegen die Jesuiten in Deutschland. Hontheim	479
Aufhebung des Ordens durch Clemens XIV.	480
Nutzlosigkeit dieser Maßregel	481
Reformen in Österreich. Josef II.	482
Emser Punktation. Leopold von Toscana	485

		Seite
C.	Die revolutionäre Reform	485
	Dänemark. Struensee	486
	Rußland. Katharina II.	487
	Schweden. Gustav III.	489
	England. Wilkes. Junius-Briefe. Burke. Pitt und Fox	490
	Amerikanische und französische Revolution	493
	Kant und der „ewige Friede"	494

Fünftes Buch.
Wahrheit und Dichtung.

Erster Abschnitt. Die romanischen Nationalliteraturen	497
A. Das Zeitalter Ludwig's XIV.	497
Charakter der Periode	497
Die Tragödie. Pierre Corneille	499
Jean Racine	500
Die Komödie. Molière	501
Die Fabel. Lafontaine	503
Die epische Poesie. Boileau	503
Die lyrische Poesie. J. B. Rousseau	504
Der Roman. Frl. von Scudery. Scarron. Märchenbücher	505
Fenelon	505
Die Beredsamkeit. Bossuet. Bourdaloue. Massillon	506
Die Briefsteller. Madame de Sévigné	507
Die moralischen und populärphilosophischen Schriftsteller	507
Saint-Évremont. La Rochefoucauld. La Bruyère. Fontenelle	508
Die Geschichtschreiber und Memoirenverfasser. Der Cardinal von Retz	509
B. Die französische Nationalliteratur im achtzehnten Jahrhundert	510
Die Dichtungen Voltaire's. Lyrik. Epos. Tragödien. Geschichte	510
Die Dichtungen Diderot's. Dramen, Romane, Erzählungen	513
Lyrische und idyllische Poesie	513
Dramatische Poesie. Beaumarchais	514
Romane. Lesage. Prevost. Florian	515
Marmontel. J. J. Rousseau. Bernardin de St. Pierre	516
Populärphilosophische Schriftstellerei. Buffon	517
Geschichtschreiber und Memoirenverfasser. Saint-Simon	518
Kritik. Grimm und die Correspondance littéraire	519
C. Die italienische Nationalliteratur	519
Filicaja. Rollimeria	520
Zeno. Metastasio. Maffei	520
Goldoni und Gozzi	521
Alfieri	523
Parini. Casti u. A.	524
Geschichtschreiber	525
Zweiter Abschnitt. Die englische Nationalliteratur	526
A. Die epische, didaktische und lyrische Dichtung	526
John Milton. Das verlorene Paradies	526
Samuel Butler	529

		Seite
	John Dryden	530
	Alexander Pope	531
	James Thomson	532
	Edward Young. Percy's Balladen	532
	Macpherson=Ossian. Chatterton. Ireland	533
	Cowper und Burns	534
B.	Die dramatische Dichtung	534
	Tragödie und Komödie unter Karl II.	535
	— — am Anfang des achtzehnten Jahrhunderts	536
	Addison und Steele	536
	Tragödie und Komödie nach Johnson's Zeit. Sheridan	536
C.	Der Roman und die Geschichtschreibung	537
	Novellisten und Romandichter. Wochenschriften	537
	Daniel Defoe und der Robinson	538
	Jonathan Swift	539
	Richardson und der Familienroman	541
	Der komische und humoristische Roman. Fielding. Smollet. Goldsmith. Sterne (Yorik)	541
	Geschichtschreiber. Hume. Robertson. Gibbon	543

Dritter Abschnitt. Die deutsche Nationalliteratur 545

A.	Zeit der Nachahmung	545
	Sprachverderbniß und Sprachgesellschaften	546
	Opitz und seine Poetik	548
	Erste schlesische Schule. Flemming	549
	Pegnitz=Schäfer und zweite schlesische Schule	550
	Hofmann. Gryphius. Lohenstein	550
	Alleinstehende Dichter. Spee. Scheffler	552
	Logau. Lauremberg. Gerhardt. Kuhlmann. Weise. Canitz	553
	Günther	554
	Die poetische Prosa	555
	Ernste Romane. Ludolph. Braunschweig. Lohenstein. Ziegler	555
	Komische Romane. Mascheroth. Grimmelshausen	556
	Satirische Predigten. Abraham a Sancta Clara	557
	Geschichtschreibung und Reisebeschreibung	558
B.	Erwachen deutschen Geistes	558
	Der englische Einfluß	559
	Bodmer und Breitinger gegen Gottsched	560
	Brockes. Haller. Hagedorn	562
	Bremer Beiträge. Schlegel. Zachariä. Rabener. Gellert. Lichtwer	564
	Hallesche Schule. Pyra. Gleim. Uz. Jacobi. Kleist	565
	F. G. Klopstock. Messias. Oden. Dramen	567
	Klopstockianer	570
	C. M. Wieland. Romane. Epische Gedichte	571
	Salomon Gessner. Blumauer	572
	G. E. Lessing. Sara. Minna. Emilia	572
	Streit mit Goeze. Nathan	575
	Prosa=Schriftsteller. Zimmermann. Abbt	576
C.	Sturm und Drang	576
	J. G. Herder	577
	Gerstenberg. Schubart	578

	Seite
J. W. Goethe. Götz von Berlichingen. Werther. Clavigo ꝛc.	579
Goethe's Schüler: Lenz. Klinger. Wagner	583
Deren Nebenbuhler: Maler Müller. Heinse	584
Der Göttinger Dichterbund	586
Bürger. Hölty. Beide Stolberg. Claudius. Voß. Miller. Leisewitz	586
C. F. Schiller. Räuber. Fiesco. Kabale und Liebe	589
Ruhe neben Sturm und Drang	592
Drama: Schröder. Ifland	593
Erzählende und belehrende Prosa: Musäus. Thümmel. Hippel. Lichtenberg ꝛc.	594
Geschichtschreibung und Reisebeschreibung: Spittler. Müller. Forster u. A.	595
Anhang. Niederländische Literatur	596
Dänische und schwedische Literatur	596

Sechstes Buch.
Schönheit und Kunst.

Erster Abschnitt. Die bildenden Künste.	598
A. Baukunst (und Gartenkunst)	598
B. Bildhauerkunst	601
C. Malerei (und Kupferstich)	603
Frankreich: Lebrun. Watteau. Boucher. Chardin. Greuze. Bernet.	603
England: Kneller. Hogarth. Reynolds ꝛc.	604
Deutschland: Sandrart. Mengs. Chodowiecki u. A.	605
Zweiter Abschnitt. Die darstellenden Künste.	607
A. Tonkunst	607
Einführung der Oper. Schütz. Kaiser	607
Hasse. Bach. Händel	608
Gluck. Haydn	609
B. Schauspielkunst	610
Französisches Theater	610
Englisches Theater. Garrick	611
Deutsches Theater. Haupt- und Staatsaktionen	612
Die Neuber. Schröder. Fleck. Ifland	613
Dritter Abschnitt. Geschichte und Theorie der Kunst	615
Französische Kunstlehre. Dubos. Batteux. Diderot	615
Englische Kunstlehre. Burke u. A.	616
Deutsche Kunstlehre und Kunstgeschichte	616
Sulzer. Baumgarten. Winckelmann	616
Lessing. Kant. Gerber	619
Zusätze und Berichtigungen	623

Erstes Buch.
Sitte und Unsitte.

Erster Abschnitt.
Das Volk.

A. Im Kriege.

Der dreißigjährige Krieg bildet einen der merkwürdigsten Wendepunkte in der Kulturgeschichte. Mit ihm, als der gräßlichsten Verirrung, in welcher der Religionshaß gipfeln konnte, endet für immer die scheußliche Erscheinung der Glaubenskriege oder der Versuche, durch Waffengewalt die Wahrheit von Dogmen beweisen zu wollen, — denen übrigens als weit mächtigeres Motiv die politische Machtstellung so oder so gesinnter Fürsten zu Grunde lag. Er war der Schlußpunkt des seit den grauesten Zeiten betriebenen Unternehmens, die Menschen dadurch wider ihren Willen glücklich machen zu wollen, daß man sie zwang, einen bestimmten Weg zur Seligkeit zu wählen, welchen man nach willkürlichem Ermessen für den besten hielt — oder auch für denjenigen, welcher den betreffenden Fürsten am ehesten zur Befestigung oder Erweiterung ihrer Macht verhalf. Durch eine fürchterliche Ironie des Schicksals erwies sich aber gerade durch diesen Krieg, in welchen das erwähnte Unternehmen, als in seine äußerste Konsequenz, auslief, dasselbe in so blutig überzeugender Weise als ein fruchtloses und ungerechtes, daß es von da an in den Augen aller vernünftigen Menschen gerichtet war und demzufolge endlich einmal aufgegeben werden mußte.

Dieser Krieg hat nämlich so gewütet, daß alles Dasjenige, was vor ihm für Bildung des Geistes und Geschmackes der Menschen gewirkt worden (und wir haben aus dem ersten Bande gesehen, daß dessen Viel gethan war), umsonst aufgewendet und eine Erneuerung der Barbarei des Zeitalters der Völkerwanderung angebrochen schien. Es ergab sich daher von selbst die Nothwendigkeit, daß zur Einholung des Verlorenen, zur Wiederaufnahme der unterbrochenen Arbeit an der Veredlung des Menschengeschlechtes, ein anderer Weg als jener der Gewalt, ja überhaupt ein anderer als derjenige der Einrichterung von Dogmen, d. h. Hypothesen, gewählt werden müsse, nämlich derjenige der Einprägung von Kenntnissen, deren Gegenstände wissenschaftlich erwiesene Thatsachen waren. Denselben Weg hatte, nur in beschränkterm Maße, die humanistische Bewegung des fünfzehnten Jahrhunderts verfolgt, bis sie von der reformatorischen Bewegung beseitigt wurde. Die Humanisten hatten aber ihren Sinn allzu einseitig, wenn auch in ihrem Gebiete fruchtbringend, auf einen Gegenstand der menschlichen Erkenntniß, auf das klassische Alterthum gerichtet und damit ihr Wirken auf die kleine Zahl der „Gelehrten" beschränkt. In der Hauptsache wurde nun ihr Verfahren von der dem dreißigjährigen Kriege folgenden „Aufklärung", dieser Überwinderin der Religionskriege sowol, als des Alleinherrscherthums der Theologie im geistigen Gebiete, wieder aufgenommen; aber sie dehnte ihren Gesichtskreis, mit großartigerm Blicke als der Humanismus, über alle Gebiete des menschlichen Sinnens, Denkens und Fühlens, und zugleich auf alle Stände der Menschen, vom Fürsten bis zum Bauer, aus.

Ehe wir aber das Wirken der Aufklärung in all' seinen einzelnen Äußerungen erzählen, finden wir es geboten, den Kontrast zwischen demselben und den ihm vorangesenen Kriegsgreueln dadurch auf in die Augen springender Weise hervorzuheben, daß wir die letzteren in kurzen Zügen nach ihren hervorstehendsten Seiten schildern.

Der hauptsächlichste Grund der langen Dauer damaliger Kriege (waren ja dem dreißigjährigen deutschen der ebenso lange der beiden Religionsparteien in Frankreich, 1564—1593, und der nicht viel kürzere zwischen Spanien und den Niederlanden vorangegangen) — und damit auch der Grund der mit denselben verbundenen namenlosen Greuel lag ohne Zweifel in der Kleinheit der Heere, von denen kein einheitlich organisirtes je mehr als vierzigtausend Krieger zählte. Die Letzteren waren sämmtlich geworbene Söldner, und da die kriegführenden Fürsten sich schon bei Beginn des Kampfes in arger finanzieller Klemme befanden, welche der Fortgang desselben natürlich noch verschlimmerte, so konnten sie einerseits niemals so viele Streiter zusammenbringen, um den Gegner entscheidend zu schlagen, andererseits aber ihre Truppen oft so lange nicht bezahlen, daß dieselben entweder selbst in das größte Elend geriethen, ja oft verhungerten und erfroren, oder dann sich durch die frechsten und rücksichtslosesten Plünderungen zu helfen suchten, worin sie übrigens nur dem Beispiele ihrer Befehlshaber folgten, welche sich ihrerseits dadurch selbst entschädigten, daß sie den Soldaten weniger Sold austheilten, als sie für dieselben empfangen hatten. So kamen denn oft Meutereien vor, die mit den empörendsten Grausamkeiner verbunden waren und nur durch Massengewalt oder ausgedehnte Anwendung der Todesstrafe gebändigt werden konnten. Auch außerdem war das Betragen der Söldner zucht- und zügellos, namentlich in Folge der herrschenden Unsitte, Weiber oder Dirnen mit sich auf den Feldzug zu nehmen, die Nächte im Lager und Quartier mit ihnen zuzubringen, alle häuslichen Verrichtungen durch sie besorgen zu lassen und sie am Ende nebst Kindern — in's Elend zu stoßen. Namenlos waren die Strapazen und Mißhandlungen, welche diese Weiber zu erdulden hatten, — namenlos aber auch die Anmaßungen, welche sie sich erlaubten. Sie plünderten mit den Männern und zankten sich untereinander um die Beute mit Scheltworten, Nägeln und Zähnen, bis ihre Männer oder Liebhaber sich in's Mittel legten und den Kampf für ihre Schützlinginnen mit dem Schwert aufnahmen, wobei schwere Verwundungen und Todtschläge nicht selten waren. Die Früchte dieser Verbindungen, die Lagerkinder, machten die Straßen durch ihren Bettel, später durch ihre Diebereien unsicher und waren schwer durch die Feldschulen zu bändigen, deren Gustav Adolf welche errichtete. Weiber, Kinder und Troßknechte bildeten den Troß, welcher bei Beginn des Kriegs die waffentragende Mannschaft an Stärke nicht erreichte, dann aber successive wuchs und am Ende des Kriegs nicht weniger als drei und ein halbes Mal so zahlreich war, als die Armee, zu welcher er gehörte. Über ihn führte, wie schon bei den Landsknechten des sechzehnten Jahrhunderts, der „Hurenweibel" die Aufsicht; der Troß ward meist in Wagen weiterbefördert, die man, wie das darin befindliche Gut, den Bauern weggenommen hatte, einige hundert an Zahl bei jedem Regiment, und die Beraubten mußten ihr Gut und dessen Räuber selbst fahren.

Der Hergang bei den Plünderungen damaliger Kriegszeit gehört zu den größten Schandflecken der Menschheit. Ohne Rücksicht auf die Konfession der Räuber oder der Beraubten plünderte man in diesem anfänglichen Religionskriege mit derselben Schamlosigkeit Kirchen aus, wie Häuser, und wie zur Faschingsfreude behängte man Dirnen und Pferde mit geistlichen Gewändern. Ein einzelner Soldat unter Tilly erbeutete nach der Eroberung Magdeburgs dreißigtausend Dukaten, verspielte sie aber sofort wieder. Er wurde auf Befehl des Generals gehängt, — nicht weil er geraubt, sondern weil er das Geraubte aus Leichtsinn verloren. Königsmark wollte dasselbe mit einem Andern nach Einnahme der „Kleinseite" von Prag thun, als Dieser sich durch die ausgesprochene Hoffnung rettete, in der „Altstadt" noch mehr erbeuten zu können. Ein bairischer Soldat hatte ein Faß mit Doublonen erhascht und spielte kaum eine Zeit lang eine glänzende Rolle als „Oberst Lumpus", bis er Alles wieder versoffen hatte und als Deserteur mit Noth dem Galgen entging. Ganze Truppe lösten sich bei Streifzügen und im Parteigängerdienste von ihrem Heere ab und wurden als Nachzügler, „Saufänger" und „Marodebrüder" die Geißel des Landes, indem sie mit dem Heere wetteiferten, dasselbe auszuhungern. Weder Fürsten noch Stift, weder Städte, noch Dörfer waren sicher vor dieser Pest der Ausplünderung. Am besten kam noch weg, wer es vermochte, sich mit einer Schutzwache (salva guardia) zu versehen, die dann freilich auf seine Kosten zehrte. Fehlte diese aber, so waren die unglücklichen Preisgegebenen, meist also die Bauern, vor keiner Mißhandlung sicher. Man übte an den armen Hausbesitzern alle Greuel, die man der officiellen Folter abgelernt hatte, wie Daumschrauben mittels der Pistolenhähne, Knebeln, Durchziehen von Schnüren durch die Zunge, Braten und Dörren im Backofen, Eingießen des sogenannten schwedischen Trankes, welcher aus — Mistjauche bestand, mittels eines Trichters in den Mund, u. s. w., um von ihnen das angeblich versteckte Geld und Gut zu erpressen. Daß die Unschuld und Keuschheit des schwächern Geschlechtes nirgends sicher war, versteht sich von selbst. Was die Plünderer nicht fortschleppen konnten, zertrümmerten sie. Man raubte sogar die Glocken aus den Kirchthürmen. Sahen die Bedrohten die Plünderung voraus, so retteten sie sich mit ihren Habseligkeiten in unzugängliche Wälder oder Sümpfe, bis die Gefahr vorüber war. Mit besonderer Wut wurden die angedeuteten Greuel bei Erstürmung einer feindlichen Stadt verübt, wobei oft die Hälfte der Bewohner zu Grunde ging, und wovon Magdeburg, das nicht weggelangende Opfer Tilly's, das grausigste Beispiel in der Geschichte bleibt. Magdeburg wurde während des Krieges sechsmal belagert, Leipzig fünfmal, nicht zu gedenken der kleinern Städte, die schon durch einmalige Belagerung ruinirt wurden. Als das von den Schweden besetzte Kempten am 8. Januar 1633 von den Kaiserlichen und Baiern unter Altringer eingenommen wurde, machten die Sieger „alle Manns- und Weibspersonen, so sie in den Gassen ersahen, kümmerlich nieder, plünderten alle Häuser in der Stadt und Vorstadt rein aus, verschonten auch der Predigen und Kirchen nicht, daß man nicht ein alt Paar Schuh mehr darin gefunden, schlugen die Bürger, so sich in die Häuser versteckt, erbärmlich mit Beilen und Hammern zu Tod, so auch dem Herrn Bürgermeister Jenischen widerfahren, der in Beisein seiner Frau und einzigen Töchterleins mit einem Beil in Kopf geschlagen worden und alsogleich verschieden, da er den Soldaten eben Kisten und Kasten eröffnet und ihnen einen Trunk aufgewartet hatte." Doch alles Dies ist nichts gegen die übrigen Greuel, gegen deren Wiederholung sich unser Feder sträubt. Sie sind erzählt in Schieble's „gauz alter Zeit" („das Kloster" Heft 21, S. 227 ff.), wie auch die Greuel, welche Tilly am 4. April 1622 in Neckargemünd und am 16. September desselben Jahres in Heidelberg mittels Mordens, Mißhandelns, Schändens und Raubens ausüben ließ. Auf protestantischer Seite dagegen versprach Mansfeld in demselben Jahre seinen Soldaten, als er in die Pfalz eindrang, sie auf eine „gute Weide" zu führen und erlaubte ihnen Alles, außer Brennen und Todtschlagen, sowie heiße Eisen und **Mühlsteine** (?) mitzunehmen. Von den **Schweden** wurde damals im Volkstone gedichtet:

> „Die Schweden sind kommen
> mit Pfeifen und Trommen,
> hant alles mit g'nommen,
> hant b'Fenster 'naus g'schlagen,
> hant's Blei davon g'nommen,
> hant Kugeln draus gossen
> und b' Bauern erschossen."

Wol waren die deutschen Städte für den Krieg gerüstet. Sie besaßen wohlgefüllte Zeughäuser, und ihre Wälle waren von schweren Geschützen besetzt, welche die Bürger selbst bedienten. Aber der Krieg fand sie seinen Schrecknissen nicht gewachsen. Konnte sich eine Stadt halten, so wurde sie vor Beginn der Belagerung so massenhaft mit Flüchtlingen vom Lande angefüllt, daß Theurung, Hunger und Krankheiten dem Feinde zuvorkamen; konnte sie sich nicht halten, so erfuhr sie das erwähnte Schicksal. —

Zu den körperlichen Qualen und Greueln kamen aber auch noch geistige. Wo ein Herr siegte, wurde dessen Religion mit Gewalt eingeführt und die Ausgeplünderten und Mißhandelten noch bekehrt, so besonders vom kaiserlichen Heere durch die demselben folgenden Jesuiten. Soldaten jagten die Überwundenen schaarenweise in die Beichte; wer sich nicht fügte, wurde ohne Erbarmen von Haus und Heim getrieben. Von ähnlichen Thaten der Protestanten hörte man nichts.

Das durch den Krieg und seine Konsequenzen genährte Gefühl des Soldaten, der eigentliche Herr des Landes zu sein, erweckte in ihm einen Übermut, der in größtentheils nicht mehr vorhandenen Kriegsliedern seinen dämonischen Ausdruck erhielt. Darin hieß es z. B.:

> Sobald ein Soldat wird geboren,
> Sind ihm drei Bauern auserkoren,
> Der Erste, der ihn ernährt,
> Der Andre, der ihm ein schönes Weib bescheert,
> Der Dritte, der für ihn zur Hölle fährt.

Das Beutemachen führte die fabelhaftesten Ausschweifungen mit sich. Das Tabakrauchen nahm eine immer größere Ausdehnung; die Soldaten hatten es bei Beginn des Krieges von den Holländern und englischen Hülfstruppen angenommen und verbreiteten es in der Folge auch unter den Bürgern und Bauern. Im Essen und Trinken wurde Erstaunliches geleistet. Den glänzendsten Aufwand auf Kosten der Besiegten und Geplünderten machte ohne Zweifel Wallenstein. Auf einem Lieferungszettel für seine Küche auf einen einzigen Tag figuriren z. B. zwei gute Ochsen, zwanzig Hämmel, zehn **Heuer** (?), vier Kälber, ein gutes Schwein, vierzig junge Hühner, fünfzehn alte Hühner, vier italienische Hähne, zwölf Gänse, sechs Schock Eier, siebenzig Maß Milch, sechshundert Leiblein Weißbrot, vierhundert Leiblein Roggenbrot, acht Tonnen Bier, zwei

Tonnen Rheinwein, vier Eimer Frankenwein, ferner zwanzig verschiedene Posten von Gewürzen, zweiundzwanzig von Früchten und Gemüsen u. s. w.

Eine nothwendige Folge des soldatischen Übermutes war auch das überhandnehmende Duelliren, dem die von Gustav Adolf auf Betheiligung an diesem Wahnsinne gesetzte Todesstrafe nicht Einhalt thun konnte. Es wurde dabei zu Pferde und zu Fuß, mit Pistolen, Gewehr oder Degen gekämpft.

Zur Verwilderung der Sitten trug ganz besonders die Menge der am Kriege betheiligten Völkerschaften bei, deren schlimme Eigenschaften sich sämmtlich vereinigt zu haben schienen. Die Deutschen hatten nämlich während desselben das wenig beneidenswerthe Schicksal, von meist fremden Söldnern ausgesogen und mißhandelt zu werden. Den Protestanten zogen bekanntlich Schweden und Franzosen zu Hülfe, während die kaiserlichen Heere meistens aus Kroaten, Wallonen, Italienern und Spaniern bestanden. Vereinzelt kamen dazu noch Engländer, Schotten, Iren, Dänen, Polen, Kosaken u. s. w. Mit diesem Umstande hing auch jene schaubervolle Sprachmengerei zusammen, die sich zu jener Zeit in Verkehr und Literatur einschlich und wozu noch gar das später zu erwähnende Rotwälsch der Gauner sich gesellte.

Unter allen jenen Fremden, und wol auch unter sämmtlichen Heerführern des Krieges war und bleibt aber, was die Geschichtschreibung keiner Partei leugnen kann, die edelste Erscheinung der „Schneekönig", Gustav Adolf von Schweden, der wahrlich, obschon scheinbar Fremder, — wirklich aber Germane, ein besserer Deutscher war und es besser mit Deutschland meinte, als der römisch-spanische Kaiser in Wien. — Er war es, welcher die Kriegsfurie noch eine Zeit lang, soweit dies überhaupt möglich, in Banden hielt, der noch sein Wort und seinen Degen für Humanität einlegte. Als bei Lützen die unselige Kugel das tapfere Herz zerschmetterte, hielt nichts mehr die entfesselte Raserei der Marssöhne aller Parteien zurück, und die verwaisten Schweden verwilderten gleich den Kroaten und wetteiferten mit ihnen in Niedertretung des deutschen Volkes.

Die Folgen eines solchen Krieges konnten nicht anders als schreckliche sein, und zwar in **physischer, ökonomischer, moralischer und intellektueller** Beziehung.

Theuerung, Hungersnoth und Seuchen schienen sich zugleich mit dem Kriege permanent erklärt zu haben. Es kam so weit, daß 1634 bei Nördlingen ein Scheffel Korn mit zwanzig Gulden, 1640 im schwedischen Heere bei Gotha ein Laib Brot mit einem Dukaten bezahlt wurde. Oft mußten die Heere selbst wegen Hungers ihre Standorte verändern, von den Bürgern und Bauern nicht zu sprechen, die, weil sie sich schämten zu betteln, massenhaft vor Hunger starben. Schaarenweise wanderte man aus. Man mußte Brot aus Eicheln backen, „Nesseln und

Schnaken ohne Salz und Schmalz" ißt. In Stuttgart starben in einem Jahre (1635) 4979 Personen. Die Menschen verthierten so, daß sie Gras, Blätter, Thierfelle, Erde, Baumrinde u. s. w. verschlangen, sich um krepirte Thiere schlugen, sogar Gräber öffneten, den Galgen ihre Last abnahmen und — von menschlichen Leichnamen fraßen; selbst lebende Kinder wurden aufgefangen, geschlachtet und verzehrt, manchmal sogar — man schaudert davor — von ihren eigenen Müttern! Das ganze Volk hungerte und siechte dahin, verkam in Schmutz und Unwissenheit; Lehrer und Geistliche waren auf der Flucht und vor Mißhandlungen der Soldatesca nirgends sicher; das Land lag brach, verwüstet, unbebaut, von Blut, Leichen und schwarzen Ruinen verbrannter Häuser und Ställe bedeckt, in denen Räuber oder — Raubthiere hausten! Die Bauern lernten in der Verzweiflung das Rauben von den Soldaten, bildeten bewaffnete Banden, lauerten den Nachzüglern auf, quälten und folterten sie, wie sie selbst es erduldet hatten, und die Bettler wurden zu Raubmördern.

Der dreißigjährige Krieg kostete Deutschland, welches am Ende desselben nur noch vier Millionen (?) Einwohner zählte, — wenigstens zwei Drittheile seiner Bevölkerung. In der Grafschaft Henneberg kamen neunzehn Dörfer in den Jahren 1634 bis 1649 von 1773 Familien auf 316, von 1717 Häusern auf 627, von 1402 Rindern auf 244, von 485 Pferden auf 73, von 158 Ziegen auf 26 und von 4616 Schafen auf — keines (!) herunter! Die Zahlen der Häuser und der Pferde waren 1840 noch nicht wieder erreicht, die der Schafe beinahe. In Baiern lagen 100 Dörfer, in Württemberg 45 Dörfer und 8 Städte, zusammen mit 36,000 Häusern, in Hessen 47 Schlösser, 17 Städte und 300 Dörfer in Asche. Die Bevölkerung Böhmens sank während des Krieges von 3 Millionen auf 780,000 herab!

In der Demoralisation, welche durch den Krieg einriß, gehört auch der Wucher, der mit Verschlechterung des Geldes getrieben wurde. Die Fürsten selbst begünstigten denselben, indem sie das verschlechterte Material mit Gepräge aus einer Zeit, in der es mehr werth war, versehen, Kupfer und Blech in Massen aus alten Kesseln und Pfannen schlagen ließen und in die Welt sandten, wofür sie immer wieder Silber und Gold bezahlen konnten. Verdientermaßen wurden sie dann wieder von ihren Münzmeistern betrogen, welche heimlich Geld prägten und den Gewinn davon einsteckten, sich kaum aber auch selbst von den bösen saubern Handel vermittelnden Schacherjuden über den Löffel barbiren lassen mußten. Alle Lebensmittel vertheuerten sich, und die Beamten, Geistlichen und Lehrer erlitten mit ihrem kargen Gehalte, den sie nun gar noch in verschlechtertem Gelde erhielten, den empfindlichsten Schaden. Die Dienstboten konnten mit ihrem Lohne nicht mehr die Kleider bezahlen, die Schüler mit ihren Stipendien nicht mehr studiren. Groß war der Jammer der Gläubiger, denen die Schulden in schlechtem Gelde zurückbezahlt wurden. Freilich jagte aber auch die Nemesis dasselbe Spottgeld den Regierungen als Steuern in die Kassen zurück, und Untreue schlug den eignen Herrn. Da suchten sich die Landesväter zu helfen, indem sie den Werth ihres eignen Geldes herabsetzten oder dasselbe, schamlos genug, sogar anzunehmen sich weigerten, so daß es auf den zehnten Theil des Nennwerthes herabsank. Die am Schmuchgeschäfte Betheiligten ihrerseits fielen der allgemeinen Verachtung anheim. „Kipper und Wipper" nannte man seit dem dreißigjährigen Kriege sie, deren Treiben den gesammten Handel und Verkehr zerrumpirt hatte. Es wurde gegen sie von allen Kanzeln gepredigt, — aus den Druckereien brach eine Flut von Broschüren und Karrikaturen gegen sie los und das Volk verspottete sie auf der Straße mit dem Wachtelrufe „Kippediwipp"! Es fehlte jedoch nicht an einem Vertheidiger, welcher 1622 in der Flugschrift „Expurgatio oder Ehrenrettung der armen Kipper und Wipper, gestellt durch Knipharbum Wipperium", betheuerte, noch keine Münze gesehen zu haben, auf welcher Namen, Wappen oder Gepräge der Kipper und Wipper oder die Umschrift „Kippediwipp" ständen und daran eine Philippika gegen die Obrigkeiten als intellektuelle Urheber dieses Uebels knüpfte.

Dieselben waren denn auch moralisch gezwungen, ihr schlechtes Fabrikat zurückzuziehen und wieder besseres Geld zu prägen, ohne daß sie jedoch im Stande gewesen wären, all' das angerichtete Unheil wieder gut zu machen. Die schlechte Waare war nicht zu vertilgen, verirrte sich auch nach dem Auslande, führte in der Schweiz durch Entrüstung des Volkes den großen „Bauernkrieg" oder vielmehr die wilde Erhebung der Unterthanen gegen die Patrizier von Bern, Luzern, Solothurn und Basel herbei, und spukte noch bis zum Ende des siebenzehnten Jahrhunderts.

Länger als die Kipper und Wipper erhielten sich die ebenfalls durch den dreißigjährigen Krieg, wenn auch nicht geschaffenen; doch vorzüglich begünstigten und gekräftigten Gauner, um einen nicht nur dreißig-, sondern mehrhundertjährigen Krieg, nicht mit Feldwaffen, aber mit Taschenwaffen und Dietrichen, gegen die Gesellschaft zu führen. Waren die Söldnerhorden des Krieges schon privilegirte Gauner, Räuber und Mörder gewesen, so wuchs nun gegentheils, als Seitenstück, in den Gaunern ein illegitimes Heer disciplinirter Kämpfer gegen Recht und Ordnung heran. Wallenstein hatte Zigeuner als plündernde Avantgarde und ähnliches diebisches Gesindel aus Polen und Ungarn zu Soldaten gehabt; nach dem Frieden mußten sie gelebt haben wie vorher; arbeiten konnten oder wollten sie nicht und fuhren daher fort, ihr Wesen zu treiben. Neben den Gaunern traten abgefeimte Gaunerinnen, ungekrönte Messalinen auf und richteten mit dämonischen Reizen noch mehr Unheil an, als ihre Genossen mit List und Gewalt. Es bestanden genaue Verbindungen der deutschen Gauner mit den französischen, zu denen der weltberüchtigte Cartouche, Rochetaille, Grillon, Maillard, Arpalin u. A. und mit den englischen, wozu John

Blut (1690 in London gehängt), Tom Sharp, Paul O'Brien (zwischen 1686 und 1689. gehängt), John Shepherd u. A. gehörten, — und das gemeinsame Rendezvous aller drei Nationen, die räthselhafte Akademie der europäischen Gauner, war stets Holland. Dort bildeten sich die deutschen Gauner Nickel List, Pöhl, Hoschenel, Lips Tullian aus, welcher kaum der aschermittische Gauner Giovanni Graf Cajetani, der wie manche Andere sogar an Höfen seine Rolle zu spielen wußte, aber endlich zu Küstrin in vergoldetem Kleide gehängt, wie später Hektor von Klettenberg auf dem Königstein enthauptet wurde. Und die Welt war durch den Krieg und seine Greuel so verderbt, daß sie diesen Helden des Verbrechens dieselben Sympathien schenkte, welche das Mittelalter den Helden im Kampfe gegen die Ungläubigen entgegengetragen hatte. Die Literatur wurde reich an Werken wie: Der Beutelschneider oder neue warhaffte und eigentliche Beschreibung der Diebshistorien ꝛc. (Aus dem französischen übersetzt, Frankfurt 1641, 3 Theile); Schauplatz der Betrüger, entworffen in vielen List- und Lustigen Welt-Händeln ꝛc. (Hamburg und Frankfurt 1687), der große Schau-Platz jämmerlicher Mord-Geschichten, bestehend in 60 traurigen Begebenheiten (Hamburg 1672). Nicolai Remigii (f. Bd. I. S. 344) Dämonolatria oder Beschreibung von Zauberern und Zauberinnen, mit wunderlichen Erzählungen, vielen natürlichen Fragen und teuflischen Geheimnüssen vermischet, erster Theil; der andere Theil hält in sich: unterseltzame Historien von des Teuffels Hinterlist, Betrug, Falschheit und Verführungen ꝛc. (Hamburg, auch Frankfurt und Leipzig, 1693); Leben und Thaten der berühmtesten Straßenräuber, Mörder und Spitzbuben, so in denen letzten funffzig Jahren in dem Königreich Engelland sind hingerichtet worden ꝛc. (Aus dem Englischen des Capitäns Alexander Smith, Frankfurt und Leipzig 1720). Die den spanischen (Bd. I. S. 481) nachgeahmten deutschen Schelmenromane eines Grimmelshausen und Moscherosch werden wir bei Besprechung der deutschen Literatur zu erwähnen haben.

Die Behörden waren über das Emporwuchern des Gaunerthums so sehr verblüfft, daß sie sich lange nicht zu helfen wußten. Während des Restes des siebenzehnten Jahrhunderts versuchte man es, in der Meinung, daß die Erfolge der Verbrecher nur mit Hülfe des Teufels möglich wären, damit, dieselben als Hexenmeister zu behandeln, und eine große Zahl damals verbrannter Hexen und Zauberer waren offenbar bloße Gauner und Gaunerinnen.

Erst im achtzehnten Jahrhundert, als der Hexenglaube in Abnahme und die durch den Krieg geschwächte Staatsgewalt in der Erholung begriffen war, ermannte sich die Justiz und röthete ihre Schaffotte mit dem Blute ganzer Banden, deren Thaten dann, und zwar meistens von Geistlichen, mit Behagen in Druckschriften erzählt und durch Abbildungen der „armen Sünder", ihrer Gefängnisse, Folterwerkzeuge, Hinrichtungen und Ab-

Schlachtungen illustrirt wurden. Die Popularität dieser Büchlein beweisen die vielen Auflagen, die sie in kurzer Zeit erlebten. Die Hinrichtungen glichen Volksfesten. Wie um das Publikum zu ergötzen, ward möglichst langsam erequirt, nachdem der überaus feierliche Zug mit Behörden und Inquisiten auf der offiziellen Mordstätte angelangt war, und der Pöbel, um die Wahrheit der sogenannten Abschreckungstheorie recht plastisch darzustellen, gestattete sich vor, während und nach der blutigen Handlung die scheußlichsten Excesse und den wildesten Jubel. Einige der interessantesten unter diesen Blutfesten waren folgende: 1698 wurde zu Celle der berüchtigte Gauner Nikol List processirt, welcher vier Jahre vorher mit dem Juden Nathan Goldschmidt dem Kaufmann Hübers in Lübeck auf einmal vierundzwanzigtausend Mark gestohlen hatte, 1714 zu Nöthen vier Rädelführer einer Räuberbande, Hommann, Richter, Hinsche und Friese, hingerichtet und ihre Concubinen gestäupt und verbannt, 1715 der verrufene Lips Tullian nebst vier seiner Genossen zu Dresden zum Rade verurtheilt, und Quave aber enthauptet, 1718 zu Berlin angeklagt die Diebe Valentin Rand, ehemaliger Kastellan, und Daniel Erleff, gewesener Hofschlosser, welche im Königlichen Schlosse einen Einbruch verübt hatten, zum Strange verurtheilt, auf Befehl des Königs aber — gerädert (!), 1720 zu Frankfurt an der Oder Jakob Neumann, auf welchem 12 Kirchen- und zwölf andere Diebstähle lasteten, — gerädert, 1721 zu Leipzig der Dieb und Kirchenräuber Johann David Wagner, genannt Mause-David (weil er den nächsigen Händen Mäusegift vorwarf), hingerichtet, 1726 zu Gießen nicht weniger als fünfundzwanzig Zigeuner, Glieder einer „Diebes-, Mord- und Räuber-Bande", an zwei Tagen theils gehängt, theils enthauptet, theils gerädert, 1726 zu Berlin vier Räuber, Glieder einer großen und gefährlichen Bande, gerädert, 1743 zu Oldenburghausen Hans Georg Schwarzmüller und Friedrich Werner, Glieder einer großen Bande, gehängt u. s. w. Erst gegen die Mitte des vorigen Jahrhunderts wurden die Abschlachtungen von Feinden der Gesellschaft seltener und zugleich auch die Berichte darüber besser und gehaltvoller (nun auch von Juristen verfaßt). Gegen diese allmälig Platz greifende humane Richtung protestirte sofort nach Kräften ein von dem „Prukter der Gesellschaft Jesu", P. Jacob Schmid, verfaßtes Schriftchen, welches den Titel führt: „Das von der Welt verachtete, bei Gott angenehme Glücklein; das ist Unterschiedliche Geschichten von allerhand heiligen (sic!) Gerichtsdienern, Schärganten, Kerkerhüttern und Büchlein, wie auch Stock- und Eisen-Meistern, desgleichen von allerhand heiligen Scharfrichtern und Henkersknechten (!), welche vor Zeiten auf dieser Welt braucht, nunmehro in dem Himmel herrliche Glory genießen, Allen denen die sich gleichen Stands befinden, zum Nutzen und Beyspiel vorgestellt" (Augsburg und Würzburg 1752), — und „dem heiligen Blut-Zeugen Apollinaris, vormahls gewesten Scharfrichter, anjetzo glorreichen Himmels-Fürsten" gewidmet ist. Unter die „heiligen

Scharfrichter" wurden darin auch die heilige Candida, Paulina und
Salustia (!) gerechnet. Den Zweck der Schrift giebt der lange Titel
deutlich genug an.

Seitdem man von den massenhaften Hinrichtungen übersättigt war,
suchte man der immer mehr um sich greifenden Keckheit und Verbreitung
des Gaunerthums durch Errichtung von Arbeits-, Zuflucht- und Armen-
häusern und durch Verwendung der schwereren Verbrecher zu Festungs-
und andern Bauten entgegenzuarbeiten. Die genannten Anstalten waren
noch in ihrer Kindheit begriffen, und von einsichtiger Behandlung der Gefangenen keine Rede, natürlich noch weniger von Besserung derselben.
Vielmehr wurden die meisten Verbrecher durch den Umgang mit durch-
triebenen Schicksalsgenossen noch schlimmer und durch die sehr häufige Anwendung der Prügelstrafe noch verbissener, und wenn sie bei der schlechten
Beschaffenheit der Gefängnisse entweichen konnten, setzten sie ihr Lasterleben
auf's Neue fort, meistens zuerst als Soldaten, bis sie desertiren und zu
der früheren Beschäftigung zurückkehren konnten.

Auf diese Weise konnte die allmälige Abnahme der Todesstrafe nicht
das Gute bewirken, das man damit beabsichtigt hatte, — sie hatte bei der
Armseligkeit des dafür gebotenen Ersatzes vielmehr schlimme Folgen. Die
Gauner wurden aus tapferen Haudegen heimtückische Lauerer, und ihre
Banden, statt plötzlich das Land in Schrecken zu setzen und bald wieder zu
verschwinden, dehnten sich heimlich und leise aus wie ein schleichendes Gift
und durchdrangen unmerklich, aber um so folgenreicher, alle Schichten der
Gesellschaft und alle Gegenden und einzelnen Orte. Die Bande des
Krummfingers-Balthasar, welche seit Anfang des achtzehnten Jahrhunderts
bestand, war um die Mitte desselben in der Stärke von hundertundfünfzig
Mann über Schwaben, Baiern, Sachsen, Hannover und Hessen verbreitet;
ihr Anführer bediente sich eines eigenen Siegels, ertheilte seinen Untergebenen die Titel von Hofräthen, Regierungsräthen, Oberamtmännern, ja
sogar einen Adel, sprach Recht nach dem aufgeschriebenen sogenannten
Plattenrechte und ließ unter seinen Leuten die sogenannte Plattensprache
ausbilden. Gewöhnlich wurden die Mitglieder der Banden auch mit einer
Art von Ceremonien in dieselben aufgenommen, ja bei manchen mußten
die Kandidaten sich Folterqualen unterwerfen, um gegen diejenigen der
Justiz gefühllos zu sein. Andere berüchtigte Räuberhauptleute der zweiten
Hälfte des achtzehnten Jahrhunderts waren: der schwarze Friedrich, welcher
1758—68 Thüringen unsicher machte, bis er mit 84 Kameraden verhaftet
wurde, Friedrich Schwan, des Sonnenwirths Sohn aus Buihingen
in Schwaben (Schiller's Verbrecher aus verlorener Ehre), dessen Brü.
Christian Schattinger, aus einer seit zweihundert Jahren der Gaunerei
ergebenen Familie stammte und Vater, Geschwister und Verwandte auf
dem Schaffot verloren hatte, der berüchtigte Hundsfattler, der grausame Hannickel, der mit seiner Bande 1787 zu Sulz am Neckar gerichtet

wurde, Matthias Klostermayer, der sogenannte bairische Hiesel, der aus einem Wildschützen ein Räuber wurde und 1771 zu Dillingen auf dem Rade endete, Johann Baptist Herrenberger, genannt der Konstanzer Hans, welcher 1784 zu Sulz in Württemberg, statt zum Tode, zu lebenslänglicher Zuchthausstrafe verurtheilt, nach vier Jahren jedoch, in Folge seiner zahlreichen, die Gaunerei in Schwaben beinahe ausrottenden Anzeigen auf freien Fuß gesetzt wurde, — und Andere.

Unter den nationalen Elementen des Gaunerthums spielten auch in der Periode des siebenzehnten und achtzehnten Jahrhunderts, wie schon früher (f. Bd. I. S. 568), die Juden eine hervorragende Rolle, wie denn auch die gebräuchlichsten Ausdrücke der Gaunersprache, welche bei Anlaß mehrerer Untersuchungen, zuerst 1687 in Kursachsen, in verschiedenen Variationen den Behörden bekannt wurde, dem Hebräischen entnommen sind. Judenfeinde benutzten diesen Umstand schon 1644 (Joh. Müller, Pastor zu Hamburg im „Judaismus") und 1681 (Joh. Christoph Wagenseil, Professor zu Altdorf, in den Tela ignea Satanae), um das Kind mit dem Bade auszuschütten und wütend zur Vertilgung der Juden aufzurufen. Dasselbe that auch Joh. Andreas Eisenmenger, Professor in Heidelberg, im „entdeckten Judenthum" (Königsberg 1711), und ihm wesentlich nachgebetet ist der „entdeckte jüdische Baldober" (Koburg 1737), eine Kriminalgeschichte von der damals zu Koburg in Untersuchung befindlichen, seit Jahren weit verbreiteten jüdischen Gaunerbande unter Emanuel Heinemann, Hohem Moses u. A.

Die jüdischen oder wenigstens mit jüdischen Elementen durchsäuerten Gaunerbanden sammelten die reichste Ernte und erregten das größte Aufsehen zur Zeit der furchtbaren Kriege, welche in Folge der französischen Revolution längs dem Laufe des Rheins von der Schweiz bis nach Holland und über den Strom weit nach Deutschland hinein wüteten. In allen diesen Ländern war ein ungeheurer Bund von Räubern und Dieben mit fester Organisation verbreitet. Dieser erschien seit 1790 unter der Bezeichnung der „niederländischen Räuberbande", die sich wieder in die brabantische, holländische und mersener Hauptbande und in kleinere Banden theilte, wie Avé-Lallemant sagt, „in stetem Kampfe mit den Sicherheitsbehörden bald hier bald dort hauste, an einem Orte verschwand, um an einem andern, weil entfernten desto unerwarteter wieder aufzutauchen, bei energischen Verfolgungen auseinander flog und sich bald von neuem wieder zusammenthat in dieser oder jener Gruppirung, von Friesland bis nach Baiern und von der Seine bis über die Elbe." Der Mittelpunkt dieses Treibens war das merkwürdige Grenzdorf Mersen an der Maas bei Mastricht, wo schon seit mehr als hundert Jahren Gauner in Masse hausten. Dort war die Niederlage für geraubtes Gut, und seit lange war dies bekannt, und jeder Bestohlene reiste schnell nach Mersen, um seine Sache wo möglich wieder zu bekommen. Der abergläubische Pöbel glaubte

denn steif und fest, der Teufel häufe dort alles zusammen, daher man die
Räuber auch „Bockreiter" nannte, d. h. auf des Teufels Leibthier, dem
Bocke, nach Mersen Reitende. Der Patriarch dieser Bande war der
berüchtigte Jakob Moyses, Vater des ebenso schlimmen Abraham Jakob
und Schwiegervater der beiden Räuberkoryphäen Abraham Picard und
Franz Bosbed, dessen Bruder Jan Bosbek war, — Alles Juden. In
dieser Schule wurde auch Johann Bückler, bekannt unter dem furchtbaren Namen des Schinderhannes, großgezogen, zu dessen Genossen
der verrufene schwarze Peter und Andere gehörten. Diese Unmenschen
verübten die scheußlichsten Grausamkeiten an ihren Opfern, peitschten entkleidete junge Weiber mit Ruthen halb todt, zwickten sie mit glühenden
Zangen, hängten wehrlose Greise auf, schnitten Kindern die Ohren ab,
„um durch ihr Wimmern die mit Licht und Schwefel vergeblich gebrannten
Eltern zum Nachweise ihres Geldes zu bringen." Dabei ergaben sie sich
solcher Schwelgerei und Unmäßigkeit, indem sie ihre Konkubinen unter
einander austauschten und dem Branntwein in ärgster Weise zusprachen,
daß sie fast sämmtlich syphilitisch angesteckt und beständig besoffen waren.
Die Vortheile der Städte waren für sie sichere Zufluchtsorte und Stell-
dicheinsplätze. Im Jahre 1793 zählte man in Schwaben allein 1726
„professionirte" Gauner. So lange in den Gegenden am Rheine der
Krieg anhielt, war diesen Banden nicht beizukommen. Erst nachdem derselbe sich mehr nach andern Ländern (Italien, der Schweiz u. s. w.) gezogen
hatte und festere politische Zustände sich zu bilden begannen, gelang es
den Behörden, sie, wenn nicht zu vertilgen, doch zu versprengen. Dies
war auf dem bis dahin besonders stark heimgesuchten linken Rheinufer
1796 bis 1798 der Fall. Die gefährlichsten Subjekte der Banden, die
Jakob, Picard, Bosbed Damian Hessel, Hampel hol' mich u. A. trieben
nun aber ihr Wesen auf dem rechten Rheinufer, besonders in Franken und
Schwaben. Namentlich war der Spessart damals verrufen, dann auch
der Odenwald und der Vogelsberg. Dort hausten u. A. Georg Philipp
Lang, genannt Hölzerlips und Matthias Osterlein, genannt Krämer
Matthes. Die Bösewichte verzweigten sich auch nach Niedersachsen und
in die Kurmark, wo der schreckliche Peter Horst 45 Städte und Dörfer
anzündete, wobei zehn Menschen das Leben verloren, ja sogar bis nach Polen.
Im Jahre 1800 wurde zwar Franz Bosbeck mit sieben Genossen im Haag
gehängt, 1803 Schinderhannes und 1810 Damian Hessel zu Mainz guillotinirt, 1813 zu Berlin Horst und seine Beihälterin Delitz lebendig verbrannt u. s. w.; aber erst nach dem Ende der napoleonischen Kriege konnte
allgemeine Sicherheit hergestellt werden, ohne daß indessen das heute noch
im Geheimen starke und blühende Gaunerthum untergraben worden wäre.

Als Beispiel für die Länder, welche der dreißigjährige Krieg nicht
berührte, wählen wir England, über dessen Kulturzustände am Ende
des siebenzehnten Jahrhunderts Macaulay so eingehende Schilderungen

gesammelt hat. Damals, am Ende der Regierung Karl's II. (1685) befand sich, in Folge der Revolutionswirren in der Mitte des Jahrhunderts, das nördliche England noch stets in einem unkultivirten und gesetzlosen Zustande. Es war von Räubern fortwährend unsicher gemacht, welche sich in nur ihnen bekannten Schlupfwinkeln zwischen Bergen und Sümpfen verbargen und aus denselben auf Wegen, welche sie ebenfalls allein wußten, Nachts hervorbrachen, um die Wohnhäuser zu plündern und das Vieh fortzutreiben. Es waren daher damals nicht nur die Schlösser des höhern, sondern auch die Landsitze des niedern Adels und die Pächterhäuser befestigt, das Vieh wurde Nachts unter den überhängenden Zinnen des Hauses angebunden, die Bewohner schliefen in Waffen und hielten große Steine und heißes Wasser bereit, um die Räuber damit zu empfangen. Wer durch jene Gegenden reiste, machte vorher sein Testament, die Richter und Advokaten zogen bewaffnet und unter Eskorte zu den Gerichtssitzungen. Die Straßenräuber waren so häufig, daß man beinahe auf keinem Wege sicher war, nicht ausgeraubt zu werden, und daß die Behörden unfähig waren, diesem Übelstande abzuhelfen. Mehrere der Straußritter hatten die Gewandtheit und Manieren von Gentlemen und bewegten sich mit der größten Sicherheit in den besten Gesellschaften, die nicht ahnten, wen sie unter sich zählten. Den Reisenden, welche sie ausplünderten, begegneten sie so höflich und waren hinwieder gegen die Armen so wohlthätig, daß die sentimentalen Damen für sie schwärmten. Diese Verhältnisse pflanzten so allgemeine Erbitterung, daß davon natürlich auch die Geschworenen, die ja aus dem Volke hervorgingen, ergriffen wurden und die Schuldigen mit der Hast und dem Hasse eines Kriegsgerichtes verurtheilten, welchem Spruche meist das Hängen in Masse auf dem Fuße folgte. In abgelegenen Gegenden war das Volk noch völlig wild. Halbnackte Weiber heulten dort ihre Gesänge und die Männer führten dazu mit geschwungenen Dolchen Kriegstänze auf, und einen Stadtbewohner begaffte man wie ein Wunderthier. Umgekehrt wurden in London Leute vom Lande, die man an ihren Manieren gleich kannte, von den Städtern verhöhnt, verspottet, mißhandelt und — bestohlen.

Selbständiger als die Juden sehen wir in unserer Periode die Zigeuner auftreten. Beide Parteien des dreißigjährigen Krieges bedienten sich ihrer als Spione. Nach dem Frieden, 1663, brach eine Bande von mehr als zweihundert Gliedern jenes Volksstammes in Thüringen ein, wo man sie für Spione der Türken oder für Zauberer hielt und vogelfrei erklärte, so auch wieder 1722. Am Anfange des achtzehnten Jahrhunderts zählte man in einem kleinen deutschen Fürstenthume die Zigeuner unter das Wild und erlegte unter anderm solchen so beiläufig auch eine Zigeunerin nebst Säugling! In Preußen läutete man 1710 Sturm, wenn sich die Zigeuner blicken ließen, errichtete an den Landesgrenzen Galgen für sie mit passenden Inschriften, und verordnete 1725, daß alle über achtzehn

Jahre alten Zigeuner, ob schuldig oder nicht, gehängt werden sollten, was sogar Friedrich der Große noch 1748 bestätigte!

Gauner verschiedener Nationen spielten unter Umständen auch die **Bettler**, machten sich greuliche Wunden, die sie den Vorübergehenden zeigten, stellten sich taubstumm, blind, epileptisch (mittels Seifenschaums vor dem Munde) u. s. w. Neben ihnen bestand, in mehr oder weniger, bisweilen auch ohne Verbindung mit dem Gaunerthum, das Unwesen der Vagabunden, Abenteurer und Charlatane aller Art, der Gaukler und Zauberer, der Astrologen und Alchemisten u. s. w. in üppiger Blüte fort, und wir werden diesen älteren Thorheiten später noch manche neu auftauchende nachzutragen haben.

Nachdem so die nächsten verderblichen Folgen des dreißigjährigen Krieges geschildert, — ist noch Einiges über das Kriegswesen selbst in jener Zeit nachzutragen.

Die Feuerwaffen hatten noch nicht ihre Alleinherrschaft errungen. Die sogenannte schwere Infanterie, aus den Pikenieren bestehend, trug Panzer, Helm, Armschienen, Schwert und eine achtzehn (? soll wol heißen acht bis zehn) Fuß lange Pike mit eiserner Spitze, die Unteroffiziere Hellebarden oder Partisanen. Die leichte Infanterie, die der Feuerwaffen, trug entweder Musketen von sechs Fuß Länge, die man beim Feuern auf Gabeln legte, die in den Boden gesteckt wurden, oder kürzere „Arkebusen" (Hackenbüchsen), die man von Hand abschoß. Stufenweise errangen die Feuerwaffen sich immer größeres Ansehen, und die Piseniere geriethen allmälig in Abgang, da man entdeckte, daß sie „niemals Jemanden umbrächten." Doch erhielten sich ihre Reste bis Ende des siebenzehnten Jahrhunderts. Bei den Schweden schaffte schon Gustav Adolf die Musketengabeln ab, bei den Kaiserlichen hatten sie längern Bestand. Ebenso führte Gustav Adolf die Patrontaschen und papiernen Patronen statt der vorher am Bandelier klappernden Cylinderkapseln ein.

Wie die Feuerwaffen gegenüber den Spießen, so gewann im Verlaufe des Krieges die Cavallerie gegenüber der Infanterie an Bedeutung, und ihr Verhältniß in der Zahl, das anfangs wie eins zu fünf gewesen, wuchs so sehr, daß zuletzt die Reiterei oft stärker war als das Fußvolk. Ihr Bestreben war zugleich, die schwere Rüstung nach und nach abzulegen und an Beweglichkeit zu gewinnen. Auch die schweren Geschütze wurden vereinfacht und Gustav Adolf trug viel dazu bei, an die Stelle der früheren langen Feldschlangen kürzere Kanonen in Aufnahme zu bringen. Die Fahnen, deren jede Compagnie (auch „Fähnlein" genannt) eine besaß, waren Ungeheuer von Tuch und reich an allegorischen Figuren. Sie zu verlassen war schweres Dienstverbrechen; der Fähnrich durfte sie nicht aus den Händen lassen, bis sie ihm abgehauen waren. Sie durfte über keinem Bescholtenen wehen; wer eines Vergehens gegen den Fahneneid beschuldigt war, mußte bis Austrag der Sache unter den Dirnen und Buben des Trosses marschiren.

Die Lager wurden für den Feldherrn und dessen Stab, für die Mannschaft und wieder für die einzelnen Regimenter und Fähnlein, besonders ausgemessen. Auch der Feldgalgen hatte seine unvermeidliche Stelle. Für die Offiziere wurden Zelte errichtet; die Soldaten bauten sich Baraden, wozu sie das Material ohne Umstände von den Bauernhütten nahmen, die dadurch auf die nackten Lehmwände reducirt wurden. Vor den Wohnungen steckte man die Spieße in den Boden, stellte Trommeln, Fahnen, Gewehre u. s. w. auf. Mit dem dreißigjährigen Kriege kam der Brauch in Abgang, das Lager mit einer Wagenburg zu umgeben. In keinem Lager fehlte der Spielplatz, wo es mit Würfeln, oft genug gefälschten, lärmend und tobend zuging. Die Buden der Marketender umschlossen das zur Befriedigung der soldatischen Bedürfnisse Erforderliche. Und dazwischen spielten Scenen vom prahlerischen Übermute nach „guter" Beute bis zur jammervollsten Verzweiflung in Zeiten der selbst herbeigeführten Theuerung und Pest! Die Lust nach Specialschilderungen verweisen wir auf Freytag's treffliche „Bilder aus der deutschen Vergangenheit."

Stufenweise vermehrten sich im siebenzehnten Jahrhundert die stehenden Heere. Gegen Ende desselben wurden in Frankreich, in den Niederlanden und Deutschland, wie Macaulay sich ausdrückt, im Frieden Armeen unterhalten, wie sie Heinrich IV. und Philipp II. nicht einmal im Kriege angesammelt hatten. Es wurde zu einer Leidenschaft, Festungen zu bauen; Bauban stellte ein eigenes System solcher auf und umgab Frankreich mit einem Gürtel von Bastionen und Ravelins. Man konnte nicht „einige Meilen reisen, ohne die Trompeten eines auf dem Marsche befindlichen Regiments zu hören oder auf der Zugbrücke einer Festung von Schildwachen angerufen zu werden." Nur in England kannte man diese Erscheinungen nicht; dort hörte der Reisende keinen kriegerischen Ton, sah keine Uniformen weit und breit. Die Thore der Städte standen Tag und Nacht offen, die Wälle waren zerfallen oder in Spaziergänge umgewandelt, die Gräben ausgetrocknet, die Schlösser entweder Ruinen oder Paläste. Nur an den Seeküsten und auf Hügeln erinnerten noch die auf Stangen befestigten Pechtonnen an die Zeit, da sie zum Alarmzeichen bei räuberischen oder feindlichen Einfällen gedient hatten. Dagegen war in England eine Miliz organisirt. Wer ein jährliches Einkommen von fünfhundert Pfund aus Landbesitz oder ein Vermögen von sechstausend Pfund hatte, mußte auf seine Kosten einen Reiter ausrüsten und erhalten. Wer nur fünfzig Pfund jährlich aus Landbesitz einnahm oder sechshundert Pfund Vermögen besaß, war zur Ausrüstung und zum Unterhalt eines Pikeniers oder Musketiers verpflichtet. Die weniger Besitzenden wurden in Gesellschaften vereinigt, die gemeinsam einen Infanteristen oder Reiter stellten. Die

Willig stellte von beiden Waffenarten hundertdreißigtausend Mann, deren gesetzlicher Befehlshaber der König war.

Karl II. von England begann jedoch bald nach seiner Thronbesteigung ein kleines stehendes Heer zu bilden, zuerst, um gegen die Reste der Republikaner sicher zu sein, dann, um damit Staat zu machen und seine besonderen politischen Ziele zu verfolgen. Bis zu seinem Tode war es bereits auf siebentausend Mann zu Fuß und siebenzehnhundert zu Pferde angewachsen und kostete jährlich 290,000 Pfund (die damalige französische Armee in Friedenszeiten zehnmal so viel). Die Soldaten standen unter dem bürgerlichen Gesetz; es gab keine Kriegsgerichte, und die Disciplin war daher sehr schlaff. Nicht achtunggebietender war die damalige englische Flotte, obschon sie auf dem Papier neun Schiffe vom ersten, vierzehn vom zweiten und neununddreißig vom dritten Rang zählte, die aber nicht alle vorhanden, und, selbst soweit vorhanden, in schlechtem Zustande waren. Ein ausgebildetes Seewesen gab es überhaupt noch nicht; häufig genug sochten Admirale zu Lande und Generale zur See und beide wieder abwechselnd auf beiden Elementen. Der englische Seeheld Blake war lange Festungskommandant und der General Monk führte hinter Flotten und kommandierte dabei dem Schiffe, zur Erheiterung der Matrosen, „links geschworen!" Seit 1672 begann Frankreich, junge Männer besonders für den Seedienst auszubilden; aber England folgte noch lange nicht nach; das kleine Holland hatte eine weit bedeutendere Seemacht.

Der dreißigjährige Krieg und die ihm folgenden Verheerungszüge der Franzosen nach dem Westen Deutschlands decimierten die Söldnerheere dermaßen, und noch dazu stellte die anwachsende Macht Frankreichs unter Ludwig XIV. die deutschen Heere so sehr in Schatten, daß die deutschen Fürsten, um mit dem Erbfeinde im Westen wetteifern zu können, auf Ersatz bedacht sein mußten. Wo konnten sie diesen finden als im Volke? Schon seit dem Mittelalter hatte zwar stets der Grundsatz gegolten, daß Jedermann zur Vertheidigung seines Landes verpflichtet sei, und es hatte stets eine Art von Volksmiliz gegeben, welche für solche Fälle bereit sein sollte; sie ward durch Reutlingende aller Ortschaften gebildet und auch in den Kriegen hie und da in Anspruch genommen, war aber mangelhaft organisirt, schlecht bewaffnet und ausgerüstet. Das Volk zu weiteren Kriegsdiensten, zum Angriffe, zur Verfolgung politischer Zwecke oder gar zur Eroberung zu verwenden, das hatten die härtesten Despoten niemals gewagt; zu vielerlei Steuern, Frohnen und Feudallasten noch die Dienstpflicht beizufügen wäre unerhört gewesen. Nun aber, da der Mangel an Söldnern empfindlich wurde, mußte man dennoch das Unerhörte wagen. Es geschah dies zuerst 1693 in Brandenburg, fand zwar schon 1702 in Sachsen Nachahmung, mußte aber im nunmehrigen Preußen 1703 wieder aufgegeben werden. Denn der gesunde Sinn des Volkes, der sich auch sonstwie durch Verachtung der Scharfrichter so deutlich gegen die Todesstrafe ausspricht, fand von jeher, der Krieg sei nur zur Vertheidigung des Vaterlandes zu rechtfertigen, in allen anderen Fällen ein unverantwortlicher und gewissenloser Menschenmord, daher es sich denn allen Militäraushebungen mit Kraft und Zähigkeit widersetzte, und wenn der Widerstand nicht half, zur Auswanderung schritt, ohne sich durch Drohung mit Güterbeschlag, Ohrenabschneiden und Galgen abschrecken zu lassen. Doch gelang es Friedrich Wilhelm I. von Preußen, diesem gekrönten Korporal ohne Bildung und Herz, seit 1733 die allgemeine Dienstpflicht einzuführen. In Sachsen konnte sie erst am Ende des achtzehnten Jahrhunderts erzwungen werden, in mehreren kleineren Staaten bis auf die neueste Zeit gar nicht. Wo und so weit das neue System der sog. Kantonnirung nicht durchführbar war, half man sich durch Werbung. In neuester Zeit noch war die englische Matrosenpresse ein Gegenstand allgemeiner Entrüstung; ebenso arg und roh, ja oft noch weit empörender war die deutsche Soldatenpresse im achtzehnten Jahrhundert, namentlich die von den preußischen Werbern geübte. Kein junger starker Mann, besonders von hoher Statur, war vor den Netzen dieser Fanatiker für ihres Königs Liebhaberei sicher; wer in einem Augenblick der Schwäche oder gar der Trunkenheit von ihnen Handgeld genommen hatte, war ihnen mit Leib und Seele verfallen und konnte mit Gewalt zum Dienste gezwungen werden. Plumper und gutmütiger waren die österreichischen Werber. Freilich hatte ihr Herr, der Kaiser, Anspruch auf Werbung im ganzen Reiche für seine Hauskriege. Die übrigen Fürsten erwarben in den Territorien anderer solcher oder freier Städte das Recht, dort werben zu dürfen und ließen an den Staatsund Reichsgrenzen den Deserteuren aus anderen Armeen durch ihre Werber auflauern. Selbst Fremde, wie z. B. die Dänen, durften im deutschen Reiche werben. Ein Haupthandelsplatz der Werber war Frankfurt am Main. Die werbesüchtigen Regierungen verschmähten es nicht, als Lockmittel in ihren Dienst die in anderen Staaten versagte Erlaubniß zum Heiraten zu benützen, und so war man genöthigt, auch anderswo in dieser Hinsicht nachgiebiger zu sein, wenn man seine Soldaten von der Desertion zu den Werbern abhalten wollte. Dafür wuchs in den Soldatenfrauen und Soldatenkindern, die man für unehrlich hielt und denen man sogar die Schulen verschloß, ein höchst lästiges Proletariat heran. In Preußen wurden indessen eigene Soldatenschulen und Waisenhäuser für Soldatenkinder errichtet. Auch die Soldaten selbst wurden von den Bürgern gemieden und man schämte sich, zugleich mit ihnen im Wirthshause zu sitzen. Es war das Loos des ohnehin entweder gezwungenen oder geworbenen Kriegers kein beneidenswerthes. Blieb er im Dienste, so hatte er ein wahres Hundeleben, wurde von den Offizieren oft ohne Grund mißhandelt, bei den kleinsten Vergehen durch Reiten auf scharfen Kanten oder hölzernen Latten, bei größeren durch Spießruthenlaufen, bei Meuterei und anderen schweren Vergehen durch — Nasenabschneiden oder den Tod bestraft.

desertirte er und wurde wieder eingefangen, so traf ihn die beiden ersten Male Spießruthenlaufen, oft achtmal die Gasse von 300 Mann hindurch, bis vom gehackten Rücken die Fetzen von Haut und geronnenem Blut herunterhingen und die Armen ohnmächtig hinsanken. — Das dritte Mal der Tod durch Erschießen. Dennoch kam die Desertion so häufig vor, daß Friedrich Wilhelm I. von Preußen jeden Bürgerlichen verpflichtete, jeden ihm begegnenden Soldaten anzuhalten, nach seinem Ausweiß zu fragen, und wenn dieser nicht befriedigend war, zu verhaften und abzuliefern, — was aber natürlich nicht durchführbar war. Einregistrirte Soldaten, welche dies schon als Kinder geworden, deren man aber gerade nicht bedurfte, konnten zwar ihrer bürgerlichen Beschäftigung nachgehen, mußten aber steifbeit, gleich kontrolirten Huaren, ein rothes Halsband tragen. So sehr das Volk die Soldaten im Dienste haßte, so eifrig schenkte es bezeichnender Weise den Deserteuren seine Sympathie und suchte ihnen nach Kräften behülflich zu sein.

Keine geistige Anregung hob und versüßte das Schicksal des Soldaten, ausgenommen etwa in der verächtelten Riesengarde zu Potsdam, denn die Offiziere selbst waren bis auf Friedrich den Großen ab, dem Trunke und der Völlerei ergeben, und so rauflustig, daß trotz aller Verbote fortwährend Duelle vorkamen, auf Degen zu Fuß und auf Pistolen zu Pferde. Oft sogar wurde vorher von einem der Kämpfenden ein tödlicher Ausgang verlangt, was er symbolisch andeutete, indem er seinen Mantel auf den Boden legte oder, seit die Mäntel abgeschafft waren, mit dem Degen ein viereckiges Grab zeichnete! Die ungebildeten Soldaten beschäftigte man im Frieden mit Auf- und Abladen von Waaren auf Schiffen, Zimmerarbeit, Spinnen u. s. w., — sie sich selbst mit Trinken, Spielen, Rauchen, Liebschaften u. s. w.

B. Im Frieden.

Unsere Periode ist arm an Friedenszeiten; letztere bildeten die Ausnahmen, der Krieg die Regel. Auf den furchtbaren dreißigjährigen Kampf folgten die Einbrüche der vandalischen Horden Ludwig's XIV. in die Pfalz und über den Rhein, dann der spanische Erbfolgekrieg, der die Engländer Marlborough's bis in das Herz Deutschlands und die Schaaren Eugen's nach Italien führte, hierauf wieder an den kaum zur Erholung gelangten Stätten des dreißigjährigen Krieges die böhmisch-schlesischen Feldzüge, der österreichische Erbfolgekrieg, der siebenjährige Streit um die Hegemonie in Deutschland und der bairische Erbfolgekrieg, und zuletzt noch die weltumgestaltenden Völkerkämpfe der französischen Revolution und des korsischen Imperators! Zweihundert Jahre voll Blut und Eisen! Es war unmöglich für das Volk, in solchen Zeiten vom Ende des einen bis zum Anfange des folgenden Krieges, das durch den ersten Eingebüßte wieder einzubringen. Die Kriegsfurie traf daher zuletzt nur noch Arme, die schon hundertfach ausgesogen waren, und bei denen sich nichts mehr zu holen vorfand. So mußte denn das barbarische Plündern nach und nach aufgegeben werden, wie die zunehmende Kultur und Humanität zu gleicher Zeit auch das absichtliche Morden und Brennen zum Schaden Unschuldiger in Kriegszeiten aufhören gemacht hat. Eine ewig schändende Ausnahme machten in neuester Zeit blos noch die blutigen Horden Jellachich's bei der Erstürmung Wiens im Oktober 1848, wo wahrhaft Tilly'sche Scenen vorfielen.

Vor dem dreißigjährigen Kriege hatte sich Deutschland noch in verhältnißmäßig blühendem Zustande befunden. Das Land war reich an Dörfern (reicher als jetzt), die als wohlhabend gelten konnten und sich durch Reinlichkeit auszeichneten. Meist waren die Dörfer ähnlich den Städten, von Schutzwehren, nämlich Mauern oder wenigstens Zäunen und Gräben umschlossen. Die Häuser waren von Holz und Lehm gebaut, mit Stroh bedeckt, aber von fruchtbaren Obstbäumen und Gärten nur klar fließenden Brunnen umgeben und von Geflügel umschwärmt, die Ställe mit zugenähetem Vieh und Pferden gefüllt. Ackerbau mit Dreifelderwirthschaft (die Felder durch Steinreihen abgegrenzt) und Viehzucht brachten den Bauern ein schönes Einkommen. Geschnitzte Tische und Bänke füllten die Stuben, Würste und Schinken das Kamin, — harte Thaler die sorgfältig versteckte Truhe. Die Felder trugen Getreide, Waid, Anis und Saflor, Rüben und Raps, Mohn, Hirse und manchen Orts Wein oder Hopfen. In Erfurt wurde schon damals bedeutender Handel mit Samen, Blumen und Obst getrieben.

Als Schattenseite kam dazu die theilweise noch fortdauernde Leibeigenschaft; doch hatte die Einführung des römischen Rechts in Deutschland wenigstens den Vortheil, daß dasselbe die Leibeigenen zu Grundbesitzern machte, wo es durchdrang. Dagegen war der Druck, welchen die Wehrlosigkeit gegen den durch das Wild des Adels verursachten Schaden mit sich führte, überall ein unerträglicher. Dazu kam die sich schon damals breit machende Bureaukratie und polizeiliche Volksbevormundung. Die regierungssüchtige väterliche Obrigkeit mischte sich in alle möglichen Privatangelegenheiten der Bauern, welche in den Städten als dumm, trunk- und händelsüchtig verschrien waren.

Wie anders wurde der Zustand der Bauern nach angebrochener Kriegszeit! Die Kirchen und Häuser waren geplündert, die alterthümlichen Formen ihrer Mobilien und Schmuckgegenstände zufällig vorhandene Seltenheiten geworden, die Masse des Hausrathes bei dem Mangel an Vertrauen und Gelt und an Hoffnung auf Frieden roh und plump. „Mehr als hundert Jahre nach dem (dreißigjährigen) Kriege," sagt Freytag, „vegetirte der Bauer fast ebenso eingepfercht, wie die Stücke seiner Heerde, während ihn der Pastor als Hirt bewachte und durch das Schreckbild des „„Höllenhundes"" " in Ordnung hielt und der Gutsbesitzer oder sein Landesherr alljährlich abschor. Eine lange Zeit dumpfen Leidens! Die Getreidepreise waren in dem menschenarmen Lande fünfzig Jahre nach dem Kriege sogar niedriger als vorher, die Lasten aber, welche auf die Grundstücke gelegt wurden, so hoch gesteigert, daß noch lange der Acker mit Haus und Hof geringen Werth hatte, zuweilen umsonst gegen die Verpflichtung gegeben wurde, Dienste und Lasten zu tragen. Härter als je wurde der Druck der Hörigkeit, am ärgsten in den früheren Slavenländern, in denen ein zahlreicher Adel über den Bauern saß. Ein unnatürlicher Zwang bevormundete ihre Verheirathung, streng wurde vorgesehen, daß der Sohn des Landmanns sich nicht durch die Flucht der Dienstbarkeit, die auf seiner Zukunft lasten sollte, entzog. Nur mit schriftlicher Erlaubniß sollte er Reisen machen, sogar den Schiffern und Flößleuten wurde bei harter Strafe verboten, solche Flüchtlinge als Knechte fortzuschaffen."

Mit dem Friedensschluß im Jahre 1648 waren die Lasten des Krieges noch keineswegs beseitigt. Noch zwei Jahre lagen die Heere im Lande, bis die Kriegssteuern bezahlt waren, und drückten das Volk noch ebenso hart wie vorher, so daß sich dasselbe oft durch von den Söldnern erlernte Raubzüge im Gebiete andern Glaubens helfen zu müssen glaubte. Noch länger aber dauerte nach entlicher Entfernung der Kriegsvölker das durch den Krieg herbeigeführte Elend, wozu auch noch milde Gaben an verschiedenartige das Land durchstreifende Menschen kamen, die durch den Krieg aus ihrer Heimat vertrieben worden waren, selbst Engländer, welche vor der dortigen Revolution flohen u. s. w.

Ein ärmlicher Trost waren die Friedensfeste, welche 1650 überall gefeiert wurden, sowol in den Prunksälen der friedenschließenden Generale und Gesandten, als auf den bescheidenen Dörfern, wo gelehrte Pfarrherren musikalische Productionen von Chorälen auf den Kirchthürmen und allegorische Aufzüge auf den Dorfplätzen anordneten, bei denen sich Frauen und Männer, festlich gekleidet, betheiligten, die „Gerechtigkeit" in „einem schönen weißen Hemde" die Hauptrolle spielte, den „Frieden", der in grüne Seide gehüllt war, begrüßte und umarmte, und „Mars", als Soldat ausstaffirt, mit Schmach entwaffnet, gebunden und fortgejagt wurde.

Es sollte sich zeigen, daß diese im allegorischen Geschmacke jener Zeit arrangirten Schaustellungen eitler Schein waren. Der westfälische Friede brachte dem Landvolke nicht viel Gutes. Murrend fügte es sich in das ihm nach der Zuchtlosigkeit des Krieges auferlegte härtere Joch. Man mußte, um die zu Kriegern gewordenen Leute zu beschwichtigen, Diejenigen, welche unter den Waffen (nicht im Trosse) gedient hatten, von der Leibeigenschaft befreien, die in vielen Staaten nie aufgehört hatte (in Pommern schon ein Jahr vor dem Kriege sogar wieder hergestellt worden war). Heftig widersetzten sie sich den Maßregeln, welche ergriffen wurden, ſie aus ſelbſtgewähltem Aufenthaltsorte mit Gewalt zu dem urſprünglichen Gutsherrn zurückzubringen. Aber ſie wurden endlich gebändigt, und die ganze Laſt alter Feudaldienſte legte ſich wieder auf ihren Nacken, — der Zehnten an Staat, Gutsherrn und Pfarrer, die Frondienſte, die Abgabe des „beſten Hauptes" (ehemals eines Stückes Vieh, jetzt einer Summe Geld) bei Beſitzänderungen durch Tod oder Verkauf, Beiſteuern bei Heiraten in der gutsherrlichen Familie, Zinshühner und Eier, der ſcheußliche Druck durch das Verbot aller Angriffe auf das die Fluren verwüſtende Jagdwild, der entwürdigende Treiberdienſt bei den herrſchaftlichen Jagden und viele andere Abgaben und Beſchränkungen. Bis auf Friedrich den Großen (außerhalb Preußens noch länger) konnten die Gutsherren ihre Bauern, welche die Abgaben nicht willig leiſteten, zum Verkaufe ihrer Grundſtücke zwingen, und wenn ſich kein Käufer fand, dieſelben zu zwei Drittheilen des Preiſes an ſich ziehen; ja ſie durften ſie austreiben und in's Elend jagen! Der große Friedrich fand bei der Eroberung Schleſiens „viel tauſend Bauerngüter ohne Wirthe, die Hütten lagen in Trümmern, die Äcker waren in den Händen der Gutsherren." Sie wurden wieder mit Bauern beſetzt und dieſen das Land als volles erbliches Eigenthum übergeben. Auch wurde die Loslaſſungsſumme für Leibeigene auf einen Dukaten vom Kopfe herabgeſetzt, während ſie in Rügen (unter ſchwediſcher Herrſchaft) noch ſpäter für einen ſtattlichen Burſchen 150, für eine hübſche Magd fünfzig bis ſechszig Thaler betrug und von der Schätzung des Herrn abhing. Die Leibeigenen mußten bei allen Bauten ihrer Herrſchaft helfen, ihr Botendienſte thun, durften nicht ohne Bewilligung eine Nacht außer dem Dorfe bleiben, auch je nach Laune dieſe oder jene Thiere (z. B. Ziegen, Schafe, Tauben) nicht halten, mußten alles Feile der Herrſchaft zuerſt anbieten, und wenn ſie es nicht brauchte, noch eine gewiſſe Friſt auf den Markt auslegen, bis ſie es verkaufen durften; dagegen mußten ſie der Herrſchaft Alles ablaufen, was dieſe feil bot, auch wenn ſie deſſen nicht bedurften, ſo namentlich in Böhmen, Mähren und Schleſien in den nächſten hundert Jahren nach dem dreißigjährigen Kriege. Außerdem war der Gutsherr unumſchränkter Gerichtsherr und durfte die Bauern nach Gutfinden körperlich züchtigen laſſen, — ja er that dies oft höchſteigenhändig! Dies muß arg getrieben worden ſein; denn es wurde als ein Fortſchritt angeſehen, als Friedrich der Große nach der Eroberung Schleſiens den Bauern geſtattete, ſich über ſtrenge körperliche Züchtigung bei der Regierung zu beklagen. Und zu allen dieſen Laſten kam noch vor dem Fürſten zu leiſtende Kriegsdienſt, die Kontributionen in Kriegen und zu guter Letzt noch die allgemeine Reichsſteuer! Nicht leibeigen war der größte Theil der Landleute (beziehungsweiſe ihre Geſammtheit) nur an den Ufern der Nordſee, am linken Ufer des Niederrheins und in den Alpenländern. Im übrigen Deutſchland gab es weſtlich von der Elbe noch hie und da eine ſchöne Anzahl Freie und auch die Eigenen wurden besser behandelt als üblich von jenem Strome, wo der Druck auf dem Volke überall unerträglich war, besonders in Böhmen, Mähren, Pommern und Mecklenburg. In Böhmen lag die Folge dieses Druckes noch im achtzehnten Jahrhundert, im westfälischen Münsterlande noch am Ende desselben der vierte Theil des Lebens jubilant. Diese Zustände entrissen dem Bauer so sehr allen moralischen Halt, daß die pommerschen Leibeigenen, als nach 1700 Friedrich I. von Preußen sie befreien wollte, diese Gunst nicht annehmen wollten, weil sie durch dieselbe ihre ökonomische Lage zu verschlimmern fürchteten. Die Theologen, welche an der Freundschaft der reichen Gutsherren lag, thaten ihr Möglichstes, um den Unterthan in seiner Unwissenheit und in seiner Untüchtigkeit zur Freiheit zu erhalten, indem sie ihn sowol sich selbst als Anderen verächtlich machten. Einen Beweis hievon liefert u. A. das den Bauer so schlecht als möglich darstellende Buch „Des Raubhäutigen und Haiubuchenen schlimmen Bauernstandes und Wandels höchstes Uibel", Sitten- und Lasterprob von Vernander aus Wahlburg" (1684). Wen man schimm haben will, der wird es auch, und so darf man sich nicht verwundern, daß die geheßten und mißhandelten Bauern ihrerseits gegen Jeden, der nicht Ihresgleichen war, mißtrauisch wurden und sich keiner Gegenstände bedienten, welche zu stehlen der Mühe werth war, andererseits sich aber gegen Fremde, die in Bauernwirthshäusern einkehrten, abscheuliche Neckereien mit sog. Feuerteufeln u. dergl. erlaubten.

In England machten am Ende des siebenzehnten Jahrhunderts das urbare Land und die Wiesen nicht mehr als die Hälfte des gesammten Staatsgebietes aus; der Rest bestand aus Wald, Moor und Sumpf. In einer Gegend von fünfundzwanzig Meilen im Umkreise der Rusfeldstanden blos drei Häuser und kaum ein einziges eingefriedigtes Feld. Mehr lebten dort frei zu tausenden. In der Revolution waren die letzten zum Jagdvergnügen des Königs gehegten Wildschweine ausgerottet worden, der letzte Wolf in Großbritannien unter Karl II. in Schottland erlegt. Die Füchse wurden von den Landleuten mit Eifer verfolgt und ohne Erbarmen getödtet, und im „langen Parlament" forderte Saint-John auf, den Minister Strafford wie einen Fuchs zu behandeln. Wilde Ochsen gab es in den südlichen Gegenden noch über das siebenzehnte Jahrhundert hinaus. An den Küsten gab es riesige Adler und wurden große Trupps von Trappen gejagt. Ungeheure Schwärme von Kranichen lebten in den Sümpfen.

Nach der Zeit Karls II. ward in hundert Jahren der vierte Theil Englands „aus einer Wildniß in einen Garten verwandelt". Im Jahre 1696 noch wuchsen an Weizen, Roggen, Gerste, Hafer und Bohnen in England etwas weniger als zehn Millionen Quarter (jetzt im schlechtesten Falle zwölf, durchschnittlich aber dreißig Millionen!). Damals kannte man weder Fruchtwechsel, noch Stallfütterung, und man hatte daher

Roth, das Vieh während des Winters mit dem spärlich vorhandenen Grase zu ernähren. Wenn es kalt wurde, schlachtete man eine große Anzahl Vieh und pökelte das Fleisch ein, und genoß daher im Winter niemals frisches Fleisch.

Landwirthschaftliche Arbeiter erhielten damals einen täglichen Lohn von vier Pence mit und von acht Pence ohne Kost und befanden sich dabei nicht schlecht. Vier Schillinge wöchentlich galten schon als ein guter Lohn, und in manchen Gegenden gab es fünf bis sieben Schillinge wöchentlich ohne Kost. Ungefähr eben so hoch belief sich der Lohn der Gewerbearbeiter, und es äußerte sich darob keine Unzufriedenheit. Strikes waren noch nicht bekannt. Damals wurden auch häufig Kinder zur Arbeit in den Tuchfabriken benutzt und erzeugten z. B. in Norwich damit ein Vermögen, welches ihren eigenen Unterhalt um 12,000 Pfund jährlich überstieg.

Die unterstützten Armen betrugen damals ein Fünftel der englischen Bevölkerung (jetzt in schlechten Zeiten ein Zehntel, in guten ein Dreizehntel!) und die Armensteuer wuchs unter Karl II. von sieben- bis auf neunhunderttausend Pfund (jetzt beträgt sie sechsmal soviel).

Seit Anfang des achtzehnten Jahrhunderts begann man an der Verbesserung des Loses der deutschen Bauern zu arbeiten. Voran ging die kaiserliche Regierung 1704 mit Erhebung der vorher verachteten Schäfer zu einer Art mit Rechten ausgestalteter Zunft. Umfassender und tiefer aber verfuhr, wie bereits einige Male angedeutet, Friedrich der Große, zwar nicht ohne despotisches Eingreifen, das aber unter den damaligen Umständen die einzige auf Erfolg Aussicht bietende Manier war. Er führte als billige Nahrung für das Volk die Kartoffeln ein und unterdrückte alle Bauarten, welche keine Gewähr gegen Feuersgefahr darboten. Mit diesem Streben gingen Presse und Literatur Hand in Hand; am nachhaltigsten wirkte in dieser Beziehung die 1786 erschienene Schrift Garve's über den Charakter der Bauern, welche zum ersten Male in gründlich untersuchender Weise die Bauern gegen die über sie herrschenden Vorurtheile vertheidigte und die wahre Quelle der denselben schuldgegebenen und theilweise auch vorhandenen sittlichen Mängel in dem auf ihnen bislang lastenden Joche nachwies. Mit Recht empfahl er als bestes Heilmittel der gerügten Übelstände: bessere Dorfschulen.

Es war dies allerdings das dringendste Bedürfniß. Aber daß nicht nur die Erziehung der Jugend, sondern auch jene der Erwachsenen noth that, zeigt die Art und Weise, wie die Religion und Kirchlichkeit an manchen Orten vom Volke aufgefaßt wurde, wofür folgender Vorfall als Beispiel dienen mag:

Als im Jahre 1663 Preußen durch den Kurfürsten von Brandenburg in Besitz genommen wurde, gelangten die Landleute von Ragnit an die Kommissarien desselben mit einem Memorial nachstehenden Inhalts: Bisher seien ihre Vorfahren, welche seit undenklichen Jahren das Land

besessen, wenn sie ihren Dienst gethan und den **Beamten und Pastoren**
ihre Pflicht geleistet, mit nichts weiterem beschwert worden; jetzt aber
unterständen sich ihre Pastoren, eine höchst schädliche und ganz
u n e r t r ä g l i c h e Neuerung einzuführen, indem sie sie zwingen wollten,
nicht allein alle Sonntage zweimal in die Kirche zu gehen sondern auch
noch „das Gebete zu halten", wodurch sie in ihrer Haushaltung und im
Aderbau „merklich verhindert würden". Sie bäten deshalb den Kurfürsten,
diese „hochschädliche Sache" entweder ganz abzuschaffen oder dahin zu vermitteln, daß das „Kirchengehen und Betenlernen" nach der Anzahl
der Huben Landes, welche Einer besitzt, auferlegt und der Arme nicht
so sehr wie der Reiche beschwert werden möchte. — Man kennt den
Bescheid auf dieses gewiß originelle Gesuch leider nicht. Es geht indessen
aus demselben hervor, daß die Religion dem Volke nicht als das, was sie
sein sollte, als eine Erhebung zu höheren Ideen, sondern stets nur als eine
lästige Pflicht eingeprägt wurde.

Es bedurfte der späteren Stürme der Revolutions- und Kriegszeit,
um die Mahnstimmen der Männer von der Feder in die Wirklichkeit
überzutragen und die Reformanfänge erleuchteter Staatsmänner allgemeiner
Verbreitung und segensreicher Vollendung entgegenzuführen.

In nicht unbedeutendem Maße wirkten dann in der That die Ereignisse
der französischen Revolution auf das deutsche Landvolk ein. Schon vor
ihrem Ausbruche hatte die Insel Rügen Bauernaufstände gesehen, in
welchen sogar einzelne Edelleute erschlagen wurden. Seit 1790 bemerkte
man unter den Bauern, wenn ihnen der Schulmeister die Zeitungen verlas
und erklärte, eine wachsende Aufregung. Sie begann sich zu äußern
in Unruhen und Dienstverweigerungen in der Pfalz und am Oberrhein und
stieg noch in demselben Jahre in Kursachsen, zuerst auf den Gütern der
Grafen von Schönburg, zu völligem Aufruhr. Ein Schriftstück eines
Unbekannten ging voran, mit der Aufforderung, vom Kurfürsten Absetzung
Aller, die bisher Sachsen „unglücklich" gemacht, Errichtung einer
Nationalgarde, Beschränkung der Rittergutsbesitzer, Aufhebung des Wild-
hegens u. s. w. zu verlangen, und drohte den sich nicht Anschließenden
mit Plünderung. Der Verfasser wurde in einem gewissen Geißler entdeckt
und als Wahnsinniger in Torgau eingesperrt (1809 aber entlassen). Die
Bauern verweigerten die Abgaben, bewaffneten sich mit Keulen, schlugen
und verjagten die Gerichtshalter, zwangen die Ruhigbleibenden, mitzumachen, indem sie ihnen mit Feuer und Schwert drohten, und verlangten
in stets anwachsenden Haufen den Nachlaß ihrer Lasten, sogar die Rück-
erstattung bezahlter Geldbußen. Schon drohten die Gräuel des Bauernkrieges von 1525 sich zu erneuern, als die Staatsgewalt der Empörung
ohne vieles Blutvergießen Herr wurde, sie theilweise auch durch bloßes
Zureden von Beamten beschwichtigte, aber auch, aus Furcht vor den Überwundenen, etwa 200 Gefangene schonend behandelte und binnen einem Jahre

nach und nach in Freiheit setzte. Zu gleicher Zeit kamen auch vereinzelte Erhebungen gegen die Belästigung der Bauern durch das Wild vor, das die Geplagten vertrieben oder erlegten. Der Kurfürst von Sachsen half durch verbesserte Verordnungen den Beschwerden ab, so gut es ging, und bestrafte Niemanden. Hie und da, namentlich in den Damastweberdörfern Groß- und Neu-Schönau bei Zittau, kamen beträchtliche Unruhen wegen der Wahl mißbeliebiger Pfarrer vor und waren mit sehr unkirchlichen Äußerungen der Betheiligten verbunden. — Als die Franzosen dem Rheine zu marschirten, wurden überall, wo man von ihnen Befreiung hoffte, Freiheitsbäume aufgepflanzt, die rothe Mütze darauf gesetzt und das Volk tanzte rings umher. Mit fieberhafter Hast wurde in allen Gegenden, welche die Heere der Revolution und später Napoleons besetzten, die Leibeigenschaft mit allen ihren Zubehörden abgeschafft. So folgte denn auch der Niederlage des alten Preußen bei Jena, im Jahre darauf (1807) die Anhandnahme dieser Maßregel.

Auch die Städte befanden sich in der Zeit zunächst vor dem dreißigjährigen Kriege in befriedigenden Zuständen. Von ihren Mauern mit Zinnen, Thürmen und Thoren und ihren tiefen Gräben umringt, trugen sie sich mit stolzem Selbstgefühl und glaubten der Welt Trotz bieten zu können. Sie besaßen schöne und große steinerne, in spitzen Giebeln zulaufende, mit Ziegeln gedeckte Häuser, weite Marktplätze, mehr oder weniger gut gepflasterte, oft auch blos mit Feldsteinen besetzte reinliche und mit Wasserleitungen versehene Straßen, die aber noch nicht beleuchtet wurden, ausgenommen bei Feuersbrünsten mit Pechpfannen. Es bestanden sorgfältige, jedoch noch sehr unvollkommene Löschanstalten, ebenso gut eingerichtete Gasthäuser, neben welchen noch die Stadtgemeinden selbst in Kellern für die Bürger Wein und Bier ausschenkten, und zahlreiche Badstuben mit warmen und kalten Bädern, die aber durch den Krieg für lange Zeit außer Gebrauch kamen. Für Alterthümer und deren Erhaltung hatte man dagegen nicht den geringsten Sinn und zerstörte sie gleichgültig, wenn sie Verschönerungsprojekten nach dem Zopfgeschmacke der Zeit im Wege standen. Düngerhaufen in den Straßen, wie sie früher vorgekommen, wurden nicht mehr geduldet, ebenso das früher umherlaufende Vieh in die Ställe hinter den Häusern verbannt. In den „geistlichen" Städten war man indessen weiter zurück, jene veralteten Übelstände waren z. B. am Ende des Jahrhunderts in Köln immer noch vorhanden, wo an den Kirchthüren fünftausend, eine „Gilde" ausmachende Bettler lungerten und die Bürger brandschatzten. In den Häusern der reichen Bürger bediente man sich prachtvoller Silber-, in denen der weniger reichen glänzenden Zinngeschirrs mit frommen oder scherzhaften Inschriften. Die Bekleidungsfreiheit wurde noch bis zur französischen Revolution durch amtliche Vorschriften zu beschränken gesucht, doch selten mit Erfolg. Der Gewerbebetrieb war durch das Zunftwesen stark eingeengt. Auch zeichnete sich jede Stadt durch Leistungen in einem oder einigen bestimmten Gewerben aus. Sehr mannigfaltig war die Bierbrauerei, in welcher beinahe jede Stadt ihre besondere Methode übte. Daneben beschäftigten sich jedoch die Bürger aller Städte, die größten ausgenommen, auch mit Ackerbau in der Marlung der Stadt oder mit Weinbau, wo das Klima es gestattete. Alle menschliche Thätigkeit stand übrigens unter polizeilicher Vormundschaft und wurde bureaukratisch kontrolirt.

Gegessen und getrunken wurde noch ebenso üppig, wie in der vorigen Periode. Man theilte die großen Mahlzeiten in „Gänge", deren jeder aus einer Menge Speisen (bei hohen Festen bis auf 150°) zur Auswahl bestand. Delikatessen waren wohl bekannt, auch der Kaviar bereits. Oft trieb man den Luxus soweit, Speisen zu — vergolden.

Unverwüstlich blieb die Fähigkeit und Neigung der Deutschen zur Versorgung namhafter Quantitäten Getränkes, und der damit verbundene Humor und Freimuth. Es galt als unhöflich, beim Gesundheittrunk etwas im Glase zu lassen, wie ein Trinklied aus dem Anfange des siebenzehnten Jahrhunderts zeigt:

>So hatten es auch
>die Alten im Brauch,
>wenn sie vor Jahren
>sein lustig waren.
>Sie scheukten voll ein
>und tranken so rein,
>daß man das Glas von oben
>konnt' auf den Nagel proben:
>das war zu loben!

Man nannte dies die Bartneige. Und es wurden, wie die Zeitgenossen sagen, „mächtige, ungeheure" Becher dazu gebraucht, auf welche man oft, zum Andenken an tüchtige „Süffe", die Namen der Vollbringer solcher schrieb. Der brandenburgische Rath Zastrow, welcher 1641 an einer Tafel den Zutrunk eines preußischen Edelmanns nicht erwiedern konnte, wurde in dem darob ausgebrochenen Streite erstochen. Am Hofe Heinrich's IV. von Frankreich hatte Landgraf Moritz von Hessen den Muth, in Anwesenheit des spanischen Gesandten, auf die Gesundheit des Königs von Frankreich und „das Verderben" desjenigen von Spanien zu trinken. Unter den Protestanten galt es als unerlaubt, auf die Gesundheit des Papstes einen Trunk zu thun.

Der dreißigjährige Krieg that der Leistungsfähigkeit auf diesem Gebiete wenig Eintrag. Die Kellerordnung Herzog Ernst des Frommen von Sachsen, vom Jahre 1648, rechnete auf die jungen Herren „und Fräulein" bei jeder Mahlzeit insgesammt zwei Maß Wein und fünfthalb Maß Bier, — auf die Mägde- und Offizierstische: auf jede Person eine Maß Bier, drei und eine halbe Maß Landwein, — an den Feiertagen auf jede Person zu Mittag eine halbe Maß Wein, — für das „gräfliche und adelige Frauenzimmer" zum Früh- und Vespertrunke vier Maß Bier und des Abends zum Abschenken drei Maß Bier, für die Dienerschaft Vormittags neun Uhr auf jede Person eine Maß Bier und Nachmittags um vier Uhr wieder ebensoviel." Dieser Hof war der mäßigste in Deutschland. Bedeutender muß der Bedarf in der Pfalz gewesen sein. Im Jahre 1664 ließ Kurfürst Karl Ludwig das berühmte große Heidelberger Faß bauen und eine Denkmünze darauf schlagen. Große Familienpokale waren allgemein üblich. Der Alchemist Johann Kunkel, gestorben 1702, welcher die Kunst, aus Asche Glas zu machen, vervollkommnet, befahl, seinen Leib nach dem Tode zu verbrennen und aus der Asche einen Familienpokal zu verfertigen. Die Stände von Osnabrück mußten 1695 eine starke Beschwerde gegen das überhandnehmende Branntweintrinken eingeben.

Eine bedeutendere Abnahme des Trinkens ist seit der weitern Verbreitung des Kaffee-Genusses gegen Ende des siebenzehnten Jahrhunderts zu bemerken. Das erste Kaffeehaus wurde zu Hamburg durch den niederländischen Arzt Bontekoe gegründet, welcher dieses sein Lieblingsgetränk darauf auch zu Berlin in Aufnahme brachte, wo er Leibarzt des Kurfürsten wurde. In den Weinländern fand die neue Einrichtung schwerer Eingang als in den Bierländern. Noch 1729 traf man an manchen Höfen — betrunkene Edelleute. Ein würzburgischer Geheimerath trank täglich zehn Maß Burgunder (?) und fünf dortige Bürger sollen es ihm gleich gethan haben. Dortige Gelehrte versorgten des Morgens einen Krug Bitterwein, des Mittags eine „Sündflut Steinwein" und des Abends „wieder Wein" zum Kartenspiel. Am Ende des Jahrhunderts hatten Thee und Kaffee bereits das Wein- und Biertrinken zu einem bloßen Schatten dessen herabgedrückt, was es früher gewesen.

Sehr beliebt waren in den Städten die Fastnachtsvergnügungen, verbunden mit Verkleidungen und oft mit Schlittenpartien im Kostüm. Den mit vielen Unfugen verbundenen Tanz suchte die Obrigkeit stets noch zu beschränken. Für Freunde der körperlichen Übung waren Rennbahnen mit Vorrichtung zum Ringelstechen, sowie Schießplätze vorhanden, auf denen oft glänzende Schützenfeste abgehalten wurden. Wir theilten über solche im vorigen Bande (S. 684 ff.) Näheres mit. Sie dauerten in ungeschwächter Pracht bis kurze Zeit vor dem dreißigjährigen Kriege fort. Noch 1614 wurden starkbesuchte Schützenfeste zu Koburg und Dresden, 1615 eines in dem später während des Krieges arg verwüsteten und fast verödeten schlesischen Städtchen Löwenberg gehalten. Zu Koburg stand auf dem Scheibenbau ein Männchen, das nach einem guten Schusse eine Fahne schwenkte, nach einem schlechten gegen den Schützen eine höhnende Bewegung machte. Auch dort trieben die Pritschenmeister ihr Wesen, alle in grotesken Verkleidungen; sie mußten auf fürstlichen Befehl jeden, auch den harmlosesten Störer des Schießens öffentlich auf

einem besondern Gerüste mit ihren Pritschen bearbeiten, einmal sogar
„einen der — Bären des Herzogs" und denselben zu diesem Zwecke vorher
an die Kette legen. Am Stahlschießen zu Dresden betrug die Einlage
(Doppel) des Schützen zwölf damalige Reichsthaler (dreißig jetzige
preußische Thaler). Wer schlecht schoß, erhielt ein Geschenk zum Hohn,
welches eine Karrikatur der Preise für einen guten Schuß darstellte.
Der schlechteste Schütze mußte in Neburg und anderswo eine große rothe
Fahne tragen und war von den Pritschenmeistern umgeben.

Während des dreißigjährigen Krieges, dieses langen, ernsten,
blutigen Schießens, kamen die friedlichen Schützenfeste in Abgang, ohne
daß man jedoch ganz auf Vergnügungen und Schaustellungen verzichtet
hätte. Noch 1624 war an der Messe zu Leipzig ein Glückstopf von
siebenzehntausend Gulden aufgestellt, und an der von 1630 producirten sich
Personen ohne Hände, die mit den Füßen Alles konnten, bärtige Kinder,
Feuerfresser, seltene Thiere u. s. w. Noch häufiger sah man seit dem
westfälischen Frieden mancherlei Raritäten und Schaustellungen, so z. B.
zu Frankfurt am Main Riesen, Zwerge, seiltanzende Kinder und —
Affen (den Pavian nannte man „Fabian"), bärtige Frauen, sehr schwere
und feiste Kinder, Schafe mit sechs Füßen und zwei Köpfen, Pferde mit
zwei Hufen übereinander an jedem Fuße, Strauße, Stachelschweine, Feuerwerke, Ochsen-, Kuh- und Bärenhatzen u. s. w.

Die Fechter (Bd. I. S. 561) erhielten sich nach dem Kriege,
adoptirten jedoch meist französische Kunstausdrücke. Zu Nürnberg verbot
man das Fechten 1700 und zu Breslau fand 1741 auf dem Magdalenen-
kirchhofe das letzte große Fechterspiel statt. Neben den Fechterschulen
wurden auch Tanz-, Voltigir- und Reitschulen gehalten. Ganz aber
hatten auch die Schützenfeste nicht aufgehört; in kümmerlicher Weise
tauchten sie noch hie und da auf, so z. B. wurde 1798 eines zu Breslau
abgehalten. Der „Schützenkönig" war dabei die Hauptperson und bei
aller Kleinlichkeit wurden die alten Bräuche noch gewissenhaft beobachtet.

Die hervorragenderen Persöhnlichkeiten der Städte, die „Honoratioren"
genannt, wozu Geistliche, Juristen, Ärzte und reiche Kaufleute gehörten,
unter welchen um die Mitte des achtzehnten Jahrhunderts die „Aufklärung" immer mehr Anhänger gewann, — trafen sich gerne des Vormittags in der Apotheke bei einem Glase gebrannten Wassers, und
besprachen da aller Orten von Neuigkeiten. Noch interessanter solche aber
erfuhr man bei der Post, wenn der schwerfällige Postwagen ankam, und
man spazierte neugierig dahin, auch wenn er abfuhr. Diese Beförderungs-
mittel theilten jedoch ihre Gunst noch in der Mitte des vorigen Jahrhunderts
sehr sparsam aus. Die Post von Dresden nach Berlin fuhr z. B. damals
— alle vierzehn Tage, nach den sächsischen Städten jede Woche einmal,
nach Meißen zwei Marktschiffe in der Woche. Noch bis an das Ende des
Jahrhunderts fuhr man vom Niederrhein (Cleve) nach Berlin elf Tage

und elf Nächte nacheinander, mit zweistündigem Aufenthalte auf jeder Station, in erbärmlichen Wagen, in welchen die Reisenden von Frachtgütern stetsfort belästigt wurden. Auf der Donau wurde das segellose Postschiff von Pferden gezogen; auf dem Rheine allein erfreute man sich gegen Ende des Jahrhunderts bereits besserer und bequemerer Schiffe. Die Straßen waren noch schlecht bis zum Ende des siebenjährigen Krieges, wo die ersten Chausseen, doch noch keine vorzüglichen, gebaut wurden. Im Tage gelangte man in der Regel nicht weiter als fünf Meilen. Zu Fuße durfte Niemand reisen, dem seine Sicherheit lieb war; für Naturschönheiten hatten ohnehin Wenige Sinn. Eine Reise war ein Ereigniß; wer sie unternahm, konnte sicher sein, „bei dieser Gelegenheit" mit den manigfachsten und nicht immer angenehmsten Aufträgen beehrt zu werden. Innerhalb der Städte bediente man sich zur Weiterbeförderung von Personen meist der Portechaisen. Männer ritten verhältnißmäßig öfter zu Pferde als gegenwärtig, namentlich Geistliche und Professoren.

Auch in England waren die Landstraßen noch schlecht, die Geleise tief eingefahren, die Steigungen steil und im Dunkeln der Weg kaum von den uneingefaßten Heiden und Mooren zu beiden Seiten zu unterscheiden, in denen der Schlamm unergründlich war. Oft blieben daher die Wagen im Kothe stecken, oder sie konnten nicht vorwärts, weil mehrere zusammentrafen und nicht ausweichen wollten oder konnten. Oft auch blieben die Straßen lange unpassirbar, und die Wagen mußten auseinandergenommen und durch starke Männer weiter getragen werden. Die Unterhaltspflicht lag den angrenzenden Kirchspielen ob und die Landleute mußten sechs Tage im Jahre ohne Vergütung an der Straße arbeiten. Erst als man ein Wegegeld einführte und der Staat die Straßen übernahm, wurden die Zustände besser.

Wer es nicht bestreiten konnte, in der Kutsche oder zu Pferde zu reisen, legte sich in die Streu der Frachtfuhrwerke oder ritt auf Packpferden, welche in langen Reihen langsam die Waaren transportirten. Reiche reisten mit eigner Kutsche und so viel Pferden als möglich, nicht des Pruntes, sondern des schnellern Fortkommens wegen. Der Mittelstand benützte die öffentliche Stage-coach. Von London nach Oxford brauchte dieselbe zwei Tage, und es war 1669 eine allgemeines Erstaunen erregende Neuerung, als man sich erkühnte, jenen Weg in einem Tage zu machen, indem man von Morgens sechs bis Abends sieben Uhr fuhr, was man nun „flying coach" nannte. Bald ahmte das eifersüchtige Cambridge dieses Wagstück der Schwesteruniversität nach. Am Ende der Regierung Carls II. gingen „fliegende Kutschen" dreimal wöchentlich von London nach allen bedeutenderen Städten. Bis York oder Exeter, über welche Orte hinaus noch keine Kutsche ging, bedurfte man vier Tage, im Winter sechs; man legte täglich fünfzig, im Winter meist nur dreißig englische Meilen zurück. Einzelne reisende rüstige Männer aber bedienten sich nach wie vor der Pferde, die man auf jeder Poststation erhalten konnte. Da die Gegend oft auf weite Strecken hin unbewohnt war, mußten die Reisenden sich mit Lebensmitteln versehen. Wo es jedoch Gasthäuser gab, und in bewohnten Gegenden war daran kein Mangel, da war man gut und billig bewirthet und viel besser aufgehoben, als in denjenigen des Festlandes.

Eine Postanstalt war in England unter Karl I. begründet, durch den Bürgerkrieg unterbrochen, unter der republikanischen Regierung wieder aufgenommen und nach der Restauration dem Herzoge von York, Bruder des Königs (später Jakob II.) übertragen worden, der den Alleinvertrag für sich behielt. Jeden zweiten Tag langten die Postsäcke auf den Stationen der großen Straße an; in abgelegeneren Gegenden nur wöchentlich einmal. Der König erhielt seine Post täglich, ebenso die vornehmeren Gäste der Badeorte. Die Beförderung fand Tag und Nacht durch reitende Boten statt. In der Stadt London wurde unter Karl II. durch einen Privatunternehmer eine „Penny-Post" eingerichtet, welche in den belebteren Stadttheilen sechs- bis achtmal, in den übrigen viermal täglich Briefe austheilte. Der Herzog von York ließ jedoch diesen Eingriff in sein Monopol durch die Gerichte unterdrücken.

Der gesellschaftliche und häusliche Verkehr während der zweiten Hälfte des siebenzehnten und der ersten des achtzehnten Jahrhunderts war äußerst steif und förmlich. Jede Bewegung und Handlung hatte ihre vorgeschriebenen Formen. Selbst Gatten unter sich redeten einander, und die Kinder die Eltern, mit „Sie" an. Hohen Personen, deren Gunst man suchte, küßte man selbst die Hand, der vielen Verbeugungen und weitschichtigen Titulaturen nicht zu gedenken. Man liebte im geselligen Umgange das Rührende, Ergreifende, feierliches Anvertrauen von Geheimnissen, Freundschaftsbündnisse, Versöhnungsscenen, andächtige Stimmungen, Thränen u. s. w. In Briefen, Tagebüchern und gedruckten Werken liebte man die Erwähnung solcher Affekte und das Aufzählen öftern und langen Weinens und rührender Situationen. Der Anblick von Gräbern versetzte die Menschen in elegische Stimmungen; beim Anblicke schöner Gegenden fielen sie einander um den Hals und küßten sich. Freundschaftsbündnisse schlossen sie mit feierlichen Schwüren und Ceremonien. Wiedersehen von Bekannten nach langer Abwesenheit erfüllte sie mit Wonneschauern und die Scene des Zusammentreffens war reich an sentimentalen, ja oft bombastischen Äußerungen. Das ganze Fühlen und Treiben hatte etwas Weibliches, das zu den Baderlocken und den rasirten Gesichtern paßte. Starke Gemüthsbewegungen machten die Leute schnell krank. — unglückliche Liebe gab ganz oft den Todesstoß, daher der Erfolg, welchen Goethe's Werther hatte, und die theatralische Todtenfeier, welche man 1774 dem jungen Jerusalem zu Wetzlar hielt, — daher auch der Beifall, den der gefälschte Ossian mit seiner traumhaften Nebelscenerie fand. Doch wurde, in seltsamem Kontraste, meist nicht aus Liebe, sondern aus praktischen Gründen geheirathet, weil man auf ein bequemeres und angenehmeres Leben hoffte oder mit bedeutenden Personen in Verbindung zu treten wünschte. Denn man war in Geldsachen weniger zart, als im Empfinden, und nahm Geschenke, selbst plump angebotene, meist ohne Bedenken an. (Wir verweisen übrigens auf die eingehenden Schilderungen Freytag's.)

Zu dieser Stimmung muß man sich noch die für uns jetzt mehr als irgend eine andere komisch wirkende Tracht des achtzehnten Jahrhunderts als Ergänzung des Bildes denken. Während uns die Figuren des siebenzehnten Jahrhunderts mit ihren martialischen Knebel- und Schnurrbärten, breiten Federhüten, weiten runden Krägen, kurzen Kollern, Büffelbeinkleidern und Kanonenstiefeln stets imponiren, lachen wir über die furchtbaren Haarberge oder Allongeperücken, die gegen Ende des Jahrhunderts aufkamen und das natürliche Haar bedeckten, so daß es überflüssig wurde, noch einen Hut darüberzusetzen, den man vielmehr, in kleinsten Dimensionen, unter dem Arme trug. Das Gezwungene und Gezierte dieser Erscheinung vermehrte sich noch durch die Halstücher, Halskrausen und Manschetten, welche zur Mode wurden, um ja keine freie Bewegung des Kopfes und der Hände zuzulassen. — Dazu kamen die immer längeren Röcke und die riesenhaften Westen, die kurzen Hosen, langen Strümpfe und Schnallenschuhe, bei den Frauen die beengenden Schnürbrüste, die lästigen Schleppen und die abscheulichen Reifröcke. Der Bart reducirte sich immer mehr, bis nur noch ein schmales Streifchen auf der Oberlippe blieb, das im achtzehnten Jahrhundert auch noch verschwand. Der ganze Rest desselben forderte gebieterisch das Rasiren mit Stumpf und Stiel. Zu gleicher Zeit aber machte die sogenannte Aufklärung auch der Perücke ein Ende. Als ob sie aber beweisen wollte, daß sie keine gründliche, sondern blos eine übertünchte sei, setzte sie an die Stelle des Haarberges den Haarbeutel, der sich nach und nach zum Zopf, dem Schibboleth jener Periode, zuspitzte; das Haupt bedeckte sich wieder mit dem dreieckigen Hute, der an Größe zunahm und wurde, ohne Unterschied des Alters und Geschlechtes, mit weißem Puder bestreut und so das Mehl, das Tausende von Armen hätte nähren können, gewissenlos verschwendet, — das Gesicht aber mit Schminke und Schönpflästerchen entstellt. Die „Werthertracht" mit ihren Fräcken und Stulpstiefeln bildete den Übergang zur Kleidung der französischen Revolution, welche mit dem Abschneiden des Zopfes und dem Abwischen des Puders begann und in geschmackloser Weise neben der aufkommenden angeblich griechischen Tracht der Frauen mit schrecklich kurzer Taille, eng anliegendem Gewande, und abenteuerlichem Kopfputze, eine Vogelscheuche von Männerkostüm stellte, aus der man nicht wußte, was man machen sollte, deren charakteristisches Merkmal aber der runde Hut, die lange Hose und die kurze Weste wurden. Der Bart dagegen begann erst während der

Kriegszeit am Ende des Jahrhunderts und am Anfange des folgenden langsam wieder zu Ehren zu kommen.

Den Ton zu allen diesen Veränderungen gab stets, wie auch in der Literatur und im Geschmacke überhaupt, Frankreich an, dessen Nachäfferei die vernünftigeren Deutschen „Alamoderei" nannten. Die französische Sprache verdrängte nicht nur die allgemeinere Kenntniß der klassischen Sprachen, die von da an seltener wurde, sondern verderbte und verhunzte auch die arme deutsche Sprache, die von nun an als ein charakterloser Mischmasch von Fremdwörtern erschien. Von Paris aus wurden alle Moden diktirt, dort bestimmte man den Schnitt des Rockes und die Breite der Hutkrempe, die Länge der Perücke und die Höhe des Absatzes. Von dort aus wurde seit 1670 die herrschende Mode auch Militäruniform, welche es vorher nicht gegeben hatte, und gingen seitdem alle Veränderungen bürgerlicher und kriegerischer Tracht aus. Aber nicht nur diese, — auch die Gestalt des Mobiliars wurde von dort diktirt, namentlich aber die Gartenkunst mit ihren verschnittenen Hecken und Bäumen, geradlinigen Beeten, allegorischen Statüen und Springbrunnen. Alle diese Erscheinungen zusammen begriff man unter dem sonderbaren, bis jetzt noch nicht erklärten Worte Rococo. Im achtzehnten Jahrhundert dagegen wurden, mit dem Aufkommen der Naturschwärmerei und Sentimentalität, die unregelmäßigen Parks mit ihren gewundenen Gängen und heimlichen Gebüschen Mode.

Unter den englischen Provinzialstädten gab es zur Zeit Karl's II. keine von 30,000 und nur vier von über 10,000 Einwohnern. Der erste Hafenplatz außer London war Bristol, die erste Industriestadt Norwich. In der erstgenannten Stadt betrachteten es Neulinge als etwas Außerordentliches, daß man, um sich blickend, nichts als Häuser sehe, denn die übrigen Städte hingen sehr lose zusammen. Die Straßen Bristols waren sehr enge und die Keller ragten in dieselben hinein, so daß Fuhrwerke nicht ohne Gefahr passiren konnten und man die Waaren meist auf schmalen, von Hunden gezogenen Karren transportirte. Die reichen Kaufleute entfalteten indessen großen Pomp und ließen sich, statt in Kutschen zu fahren, von einem großen Gefolge ihrer Diener begleiten. Sie machten sich kein Gewissen daraus, die Bemannung ihrer Schiffe auf die hinterlistigste und gewaltthätigste Weise zu pressen. In Norwich hatten die Herzoge von Norfolk in ihrem Palaste, dem größten Englands außerhalb Londons, eine Art von Hof und bewirtheten darin von Weihnachten bis zum Dreikönigsfeste Jedermann. Das Schloß war reich an kunstvollen Geräthen und besaß Sammlungen von Gemälden und Gemmen. Die größeren Landstädtchen waren der Sammelplatz der Landedelleute und zur Zeit der Gerichtssitzungen, Wahlen, Milizübungen, Pferderennen und Märkte sehr belebt. Mehrere hatten schon bedeutende Industrie. Manchester fabrizirte in bedeutendem Maße Baumwolle; es zählte aber kaum

6000 Einwohner, war ärmlich gebaut, und hatte weder eine Kutsche noch eine Presse. Leeds arbeitete in Wolle, besaß aber erst ein steinernes Haus. Birmingham zeichnete sich durch Stahlarbeiten aus, daneben aber auch durch Falschmünzerei, hatte jedoch noch keinen Buchladen und bloß 4000 Einwohner. Liverpool zählte nicht mehr und seine Seeleute erreichten kaum die Zahl von 200. Cheltenham war bloß ein Landkirchspiel, Brighton ein Fischerdorf.

Die Hauptstadt London übertraf die Provinzialstädte viel weiter, als jetzt. Sie war siebenzehnmal so stark bevölkert, als Bristol, die zweite Stadt des Reiches, obschon sie kaum eine halbe Million Seelen zählte. Die jährliche Zolleinnahme in London betrug 380,000 Pfund (jetzt zehn Millionen!). Über die Themse führte erst eine Brücke, welche mit ärmlichen Häusern besetzt war. Die City war zur Zeit der Restauration größtentheils aus Holz und Mörtel erbaut; nach dem großen Brande von 1666, welcher in wenigen Tagen 89 Kirchen und 13,000 Häuser verzehrte, wurde sie zwar eng und winklig, aber solid und zum Theil prachtvoll aus Ziegelsteinen aufgebaut. In oft reich mit Parquetböden und Freskogemälden geschmückten Häusern wohnten die Kaufleute, während jetzt dort fast nur noch Comptoirs und Magazine sich befinden. Man lebte dort herrlich und gab glänzende Gastmähler. Der Aufzug des Lord-Majors der City, welcher zu Pferde, noch nicht in einer Kutsche, saß, gab an Pracht nur dem Krönungszuge des Königs nach, und auch zu gewöhnlicher Zeit erschien dieser Beamte nie ohne seinen reichen Ornat und sein großes Gefolge. Die City stellte 20,000 Mann Miliz, und dieser Macht war sowol das Durchdringen der Revolution, als das der Restauration zu verdanken. Außerhalb der City war die Stadt noch nicht stark ausgebreitet, auf dem Platze von Regent-Street wurden Schnepfen geschossen und am Ostende die Leichen der Pest von 1665 in eine große Grube geworfen. In der Stadt sah es oft unsauber aus; vor den Palästen von Herzogen und Bischöfen wurde Gemüsemarkt gehalten und die Reste desselben lagen unordentlich herum. In Lincolns-Inn wimmelte es von Bettlern und Strolchen, hetzte man Hunde auf Ochsen und ließen sich Marktschreier hören. In St. James-Square warf man ausgeglühte Kohlen, todte Hunde und Katzen hin. Das Straßenpflaster war erbärmlich, bei schlechtem Wetter bildeten die Straßen schwarze Bäche, und man schlug sich, um ihnen ausweichen zu können. Die Häuser waren nicht numerirt, man erkannte sie an bemalten Schildern mit den fantastischesten Zeichen. Abends warfen ohne Umstände zu den Fenstern hinaus Gefäße ausgeleert; Diebe trieben ungestört ihr Wesen; vornehme Wüstlinge und Trunkenbolde lärmten, warfen die Fenster ein, prügelten die Vorübergehenden und belästigten die Weiber. Es gab mehrere verschiedne benannte Klassen solcher Ruhestörer. Erst gegen das Ende der Regierung Karl's II. wurde durch einen Unternehmer, Namens Heming, der Anfang mit der Beleuchtung Londons gemacht. Während des Winters wurde in den Nächten ohne Mondschein, von sechs bis zwölf Uhr, vor jedes zehnte Haus ein Licht gestellt. Die Neuerung lief jedoch nicht ohne heftige Opposition von Seite der Freunde der Finsterniß ab. Letztere behielten indessen noch eine Stütze an dem ehemaligen Karmeliter-Ordenshause, White-Friars genannt, welches noch vom Mittelalter her ein Asyl für Verbrecher war, d. h. gesetzlichen Schutz fanden dort nur noch zahlungsunfähige Schuldner; aber begreiflicher Weise mischten sich unter dieselben Bösewichter jeder Art, vor deren Angriffen sein vorübergehender Ehrenmann sicher war.

Um außerordentliche politische Neuigkeiten zu erfahren, wandte man sich in London stets nach dem Palaste von Whitehall. In gewöhnlicher Zeit aber waren die Kaffeehäuser der Sammelplatz Aller, welche die öffentliche Meinung vernehmen oder sich an den Aeußerungen derselben betheiligen wollten. Es bestanden solche seit der Revolution, wo ein Kaufmann, der lange in der Türkei gewesen, das erste errichtete. Bald wurde es unter den Beumittelteren Mode, täglich das Kaffeehaus zu besuchen, und endlich so sehr ein Bedürfniß, daß ein Versuch der Regierung, diese Lokale schließen zu lassen, aufgegeben werden mußte. In jedem derselben traf man Redner, welche sich über die Zeitverhältnisse aussprachen. In dem einen versammelte sich diese, im andern jene Partei, in dem einen die Anhänger dieser, in dem andern die jener Geschmacksrichtung oder die Angehörigen dieses und jenes Standes. Es gab ein Kaffeehaus der Gecken, in welchem es nur nach Parfümerien roch und Tabak sowol, als angestickte Röcke oder Köpfe ohne Perücken verpönt waren. Hier waren die Dichter und Kritiker, dort die Aerzte und Apotheker, hier die Puritaner, dort die Juden, da die Papisten zu treffen.

Im achtzehnten Jahrhundert traten, was öffentliche Bedeutung betrifft, an die Stelle der Kaffeehäuser, die nun harmloserer Natur waren, die Clubbs. Der berühmteste derselben, der Kit-kat-clubb, dem die Patrioten der Whigs angehörten, thate sich schon vor der Mitte des achtzehnten Jahrhunderts auf. Nach dieser Zeit hatten die Vornehmen namentlich den Clubb der Whites, die mittleren und unteren Stände aber solche von oft höchst sonderbarer Benennung, z. B. der Sargenstädter, der Rinder des gesunden Verstandes, der Böcke, der Allerweltskerle u. s. w.

Selbst die vornehmsten Zirkel blieben aber nicht frei von den in jener Zeit förmlich grassirenden Abenteurern, Betrügern und Beutelschneidern. Selbst Räuber, welche die Straßen der Hauptstadt unsicher machten, drängten sich ein.

Den Leichtsinn, welcher London damals beherrschte, zeigt die Anwendung, welche man von dem furchtbaren Erdbeben in Lissabon (1755) machte. Während Bußprediger den Untergang von London verkündeten, ließen sich Frauen „Erdbebenhäubchen" machen, ein Apotheker verkaufte

Pillen, „gut gegen das Erdbeben", eine Gesellschaft von Taugenichtsen fuhr auf das Land, um beim Kartenspiele den Untergang der Stadt abzuwarten, und Andere liefen in letzterer Nachts umher und klopften die Leute aus dem Schlafe, indem sie riefen: das Erdbeben beginne so eben. Ja man wettete, ob das Erdbeben komme oder nicht. Aus Anlaß der Furcht vor einem solchen Ereignisse wurden die **Maskenbälle** abgeschafft.

Diese Leichtfertigkeit ging Hand in Hand mit dem Reichthum, welcher seit der Erwerbung Ostindiens durch England in bedeutendem Maße zunahm. Darin wirkte namentlich Lord **Clive's** Beispiel ansteckend, welcher als armer Schreiber nach Indien gegangen war und 1760 mit einem Vermögen von zwölfmalhunderttausend Pfund heimkehrte, und dessen Frau ein Schmuckkästchen besaß, das zweihunderttausend Pfund werth war. Und dieser glückliche Mann schnitt sich zuletzt den Hals ab! Sir Thomas Rumbold war Aufwärter in einem Clubb gewesen; auch er kehrte reich wie ein Fürst aus Indien zurück. Diese „Nabobs" wußten in der Regel ihr Geld nicht besser todtzuschlagen, als durch unsinniges Spiel und rasende Verschwendung. Die ostindische Gesellschaft bestand um 1769 fast durchweg aus Spielern. An einzelnen Tagen wurden in Aktien hunderttausende von Pfunden gewonnen oder verloren. Man spielte zumeist an der Börse und sodann in den Clubbs, besonders in „Almak's" und in den „Maccaronis", welcher letztere seinen Namen von Herren erhalten hatte, die Italien bereist, denselben kann aber auf gezierte Jünglinge übertrug. Oft verloren Einzelne dort an einem Abend fünf- bis zwanzigtausend Pfund; es kamen aber auch Verluste von hunderttausend und mehr Pfunden vor. Es gab junge Leute, welche täglich eine halbe Guinee für einen Blumenstrauß ausgaben, um ihn im Knopfloch zu tragen; es gab Solche, welche Nachtessen veranstalteten, wo nur die kostbarsten Speisen aufgetragen wurden, z. B. Torten aus Früchten, die das Stück eine Guinee kosteten und von keiner Flasche der edelsten Weine mehr als ein Glas getrunken wurde. Bald war es Mode, für ausgestopfte Vögel, bald für Gemälde ohne Rücksicht auf Kunst, bald für gestochene Porträts berühmter Personen, den Werth weit übersteigende, enorme Summen auszugeben.

Fabelhafte, orientalische Pracht umgab und erfüllte die Häuser und Villen der Reichen, und London vergrößerte sich um diese Zeit so sehr, daß Leute, welche lange nicht ausgegangen waren, sich gar nicht mehr zurechtfinden konnten, und das Menschengedränge das stetsfort stattfand, für Aufläufe hielten. Damit wuchs aber auch die ohnehin vorhandene Unsicherheit des Eigenthums. In den siebenziger und achtziger Jahren des achtzehnten Jahrhunderts durfte sich Niemand ohne Waffen durch die Straßen Londons bewegen, wenn er nicht angefallen sein wollte. Denn Lordkanzler wurde das große Siegel von England, dem Minister Pitt sein Silbergeschirr gestohlen, die französische Post in einer belebten Straße ausgeraubt. Die Assisen des Jahres 1766 fällten 223, das Old-Bailey-

Gericht 1766 allein 133 Todesurtheile. Unter den Betroffenen befanden sich sogar Geistliche als Mörder und Fälscher. Während diese Erscheinungen ein trauriges Gegenbild der Erweiterung der Stadt, waren ein solches der Vermögenszunahme die Schulden und Bankerotte, bei deren einem, der Frau Cornelys, die als umherziehende Tiroler Musikantin nach England gekommen und ein prachtvolles Haus gemacht hatte, für Wachslichter allein dreizehntausend Pfund Schulden figurirten, — sowie die Selbstmorde, welchen übersättigte Wüstlinge nach sinnlosen Orgien zum Opfer fielen. Alle diese Zustände werden im Wesentlichen durch die drastischen, wenn auch nicht ästhetischen Schilderungen, die Hogarth's unsterblicher Pinsel uns hinterließ, treffend illustrirt und in ihrer Wahrheit bestätigt. Sie führen uns nicht nur in die innerste Elend glänzend übertünchenden Säle einer „Heirat nach der Mode" mit erschütternden Katastrophen, persifliren nicht nur affektirte Kunst und Gelehrsamkeit, und die Schwächen des öffentlichen und kriegerischen Lebens, — sie öffnen auch die von der Scham für die entartete Menschheit geschlossen gehaltenen Pforten der Räuberhöhlen in den abgelegenen Straßen der Weltstadt, des Jammers der Leihhäuser, Branntweinschenken, Bordelle, Gefängnisse und Irrenhäuser, und enthüllen so ein furchtbares Bild der sogenannten „guten alten Zeit".

Zu den Anlässen, die Unterschiede der Stände und Volksklassen eher zu vergessen, als im gewöhnlichen Leben, gehörten vor Allem die Badekuren. Einen hervorragenden Rang unter den Badeorten, wenn auch nicht mehr in dem Maße, wie im fünfzehnten und sechszehnten Jahrhundert, nahm auch im siebenzehnten und achtzehnten noch Baden im Aargau ein. Namentlich mit Bezug auf das benachbarte Zürich spielte Baden eine so wichtige Rolle, daß die Badegeschenke, deren wir (Bd. I. S. 587) erwähnten, seit dem Ende des siebzehnten Jahrhunderts Gegenstand strenger Rathsbeschlüsse wurden, weil sie arge Mißbräuche mit sich geführt hatten. Sie wurden nämlich in dem Maße zu Erpressungen benützt, daß die Regierung sie 1595 zu verbieten begann, doch mit so wenig Erfolg, daß schon 1606 einem in Baden befindlichen Bürgermeister „unter Trommel- und Trompetenschall" ein Ochs und zusammengeschossenes Geld überbracht wurde; ja die Regierung selbst schenkte 1609 dem in Baden weilenden Kurfürsten von Köln, Ernst von Baiern, einen silbernen und vergoldeten, die Weltkugel vorstellenden Becher, einen Hirsch und Fische, verbot jedoch noch in demselben Jahre anderen Sterblichen Badegeschenke von silbernen Bechern, ausgenommen zu Gunsten der „Herren Bürgermeister". Man beachtete natürlich dergleichen inkonsequente Verordnungen nicht, und die Sache besserte erst, seitdem der geachtete Antistes Breitinger 1618 sich nicht nur ein Badegeschenk feierlich verbat, sondern auch gegen diese Unsitte predigte, ohne die „Herren Bürgermeister" auszunehmen. Der Rath lud ihn zur Verantwortung vor, hörte jedoch von ihm nur be-

selben Ermahnungen wie seine Zuhörer in der Kirche. Die Herren fühlten
sich getroffen und beschämt, konnten sich jedoch erst im Jahre 1686 entschließen, ihr Verbot auch auf die "Herren Bürgermeister" auszudehnen.
Da indessen die Regierung sich selbst mehrfache Ausnahmen zu Gunsten
angesehener Männer und vornehmer Fremden gestattete, so ging es langsam, bis gegen Ende des achtzehnten Jahrhunderts, ehe der Unfug aufhörte. Die gute alte Zeit, von der wir sprechen, war übrigens so ehrlich,
daß Töchter aus vornehmen Häusern den fremden Gesandten nach Baden
und anderen Kurorten nachzogen, um von ihnen goldene Ketten und Arm-
spangen zu erbetteln, man kann denken, gegen welche Gefälligkeiten. Frauen
und Töchter erregten in Baden durch leichtfertige Kleidung allgemeines
Aergerniß, spielten öffentlich mit Karten, schoßen Kegel, und trieben es so,
daß die Regierung von Zürich, wie die Badegeschenke, so auch wiederholt
den Besuch Badens überhaupt verbot, — natürlich mit ebensowenig Erfolg, ausgenommen seit 1659 sechs Jahre lang, weil damals die Protestanten in dem katholischen Baden arg geneckt und in ihrem Glauben verhöhnt und bedräut, am Beten in ihrer Weise verhindert und zum Fasten
gezwungen wurden. Zuwiderhandelnde wurden damals in Zürich in das
Wasserschloß Wellenberg eingesperrt. Das Verbot wurde erst zurückge-
nommen, als eine Deputation Badens in Zürich für die angethanen Unbilden demüthige Abbitte leistete. Der Muthwille der Badegäste war indessen
nach beseitigtem Hinderniße so groß, daß sie die Damen im Bade besuchten, dort "gymnastische Uebungen" anstellten, mit entblößtem Degen
über den Wasserbehälter sprangen, auch wol in den Kleidern hinein-
plumpten und sich darin bis zu Herausforderungen stritten.

Aus dem achtzehnten Jahrhundert liegt uns ein Bericht über Baden
vor, welcher als Nachfolger derjenigen von Poggio und Pantaleon (Bd. I.
S. 688 ff.) gelten kann. Es ist das Buch des David Franz von Merveilleux, französischen Officiers und Attaché's der Gesandtschaft in der
Schweiz, gebürtig aus Neuenburg, aber einer deutschen Familie, Namens
Wunderlich, entstammend, (Er starb 1748). Von ihm erschien 1739 zu
London anonym "Amusemens des Bains de Bade en Suisse, de Schinznach
et de Pfeffers," eigentlich eine Schmähschrift gegen die allerdings damals
dem französischen Gesandten gegenüber auf unwürdige Weise sich er-
niedrigenden Schweizer. Merveilleux erzählt, er habe sich nach Baden
begeben wollen, um dort die schweizerische Tagsatzung zu sehen, welche besondern Glanz entfaltete, weil ihr der französische Gesandte beiwohnte;
mit ihm und einem englischen Lord seien mehrere schöne Baslerinnen gereist, welchen Letzterer die Reise und Ausrüstung (u. a. rosenfarbene
Seidenstrümpfe), der Franzose aber den Baden, sowie Burgunder, Cham-
pagner und andere Weine geschenkt habe; die Garten und Bäder der
Damen seien vorausgereist (?). In Schinznach verließen die Letzteren
ihre Cavaliere wieder, um nach Hause zurückzukehren, da sie keiner Kur

behaftesten Laß. Schon dies scheint mäßiger Klatsch und Aufschneiderei zu sein, und ebenso mäßig ist auch das Geschwätz, welches der witzige Franzose über den Aufenthalt in Baden und die dortige Gesellschaft, wie nicht minder über die dort zu treffenden — Insektengattungen von sich gibt. Weit gravitätischer und solider erscheinen die Kurgäste in der Schilderung, welche David Heß nach den Erinnerungen seiner älteren Zeitgenossen aus der zweiten Hälfte des vorigen Jahrhunderts von ihnen entwirft, denen nach damaligen zürcherischen Gesetzen noch aller Aufwand in der Kleidung in genau vorgeschriebener Weise untersagt war, woran sie sich jedoch nicht streng hielten. Heß sagt u. A.: „In Pyrmont, Spaa, Aachen und anderen großen Bädern, wo durch öffentliche Anstalten für den Zeitvertreib der Gäste gesorgt ist, nimmt die Gesellschaft, wenn sie auch aus noch so ungleichartigen Theilen bestehen sollte, dadurch eine gewissermaßen bestimmte und allgemeine Richtung an. In Baden hingegen, wo es keinen einzigen solchen Mittelpunkt gibt, etwa einen öffentlichen Spiel-, Tanz- oder Kaffeesaal, Gott sei's gedankt, auch keine Pharaobank, wo die ganze, in den verschiedenen Höfen einquartierte Badegesellschaft zu gewissen Stunden in geschlossenem Raume sich nahe sehen und kennen lernen könnte — ist und bleibt hier alles gesellige Leben immer nur Glückwerk." Die Glanzzeit Badens war eben, mit dem Auftauchen auch anderer Badeorte und mit der Ansammlung der feinen Welt an jenen, vorübergegangen, wie die einer jeden Einzelerscheinung im Kulturleben.

Mehrere Badeorte von Ruf gab es in England. Zu Buxton in Derbyshire waren die Gäste in niedrigen Holzschuppen zusammengepfercht, und ihre Kost bestand in Haferbrot und Hundefleisch, das man für Hammelfleisch ausgab. Besuchter war Tunbridgewells; es stand aber noch keine Stadt dort, sondern blos zerstreute ländliche Hütten, deren mehrere beweglich waren und auf Schleifen fortbewegt wurden. Bei der Quelle wurde auf freiem Felde ein Lebensmittelmarkt der Landleute und ein Lager von Juwelieren, Putzmachern und Händlern der Hauptstadt gehalten. In einem Zelte war ein Kaffeehaus eingerichtet und an schönen Abenden wurde auf dem Rasen getanzt. 1685 baute man dort eine Kirche, welche man dem „heiligen Karl, dem Märtyrer" widmete. Bedeutender war Bath, ein Städtchen von vier- bis fünfhundert Häusern, aber mit einem Bischofe. Die warmen Quellen, schon seit der Römerzeit bekannt, lockten Kranke aus ganz England herbei, und der König hielt dort zuweilen Hof. Aber die Patienten, soweit sie arm waren, lagen auf Stroh, und selbst die reicheren in Dachstuben, wie man sie anderwärts den Bedienten anwies.

So wenig als durch irgend eine geistige Bewegung in der Geschichte die geschlechtliche Sittenlosigkeit gehoben wurde, weil eben der Trieb, welcher ihr zu Grunde liegt, stets und unter allen Umständen derselbe bleibt und gegen alle Vorstellungen des Verstandes und der Vernunft, wie gegen alle guten Vorsätze, taub bleibt, — so wenig daher das Christenthum, so wenig auch die Reformation in dieser Hinsicht Besserung herbeigeführt hatte, so wenig konnte dies der auf die Religionskämpfe folgenden Aufklärung zugemutet werden, und sie hat dem alten Übel ebenso wenig abgeholfen, als sie, wie ihre Feinde behaupten, es verschlimmert hat, was ja geradezu eine Unmöglichkeit wäre.

Zwar hatten gerade in der Zeit nach der Reformation die früheren öffentlichen Frauenhäuser (s. Bd. I. S. 571 ff.) meist aufgehört zu existiren, weil eben die Zeit jede Form ohne Ausnahme einmal zerstört; aber es traten, wie dies stets geschieht, dafür wieder andere Formen der Ausschweifung an ihre Stelle.

Einen Übergang zu derartigen neuen Formen bildet eine in Italien einheimische — wir wissen nicht, ob wir „Sitte" oder „Unsitte" sagen sollen, welche an die Stelle der frühern, mit Schwert und Schild bewaffneten ritterlichen Galanterie eine friedliche solche setzte, deren unumstößliche, die gesammte Gesellschaft beherrschende Gesetze forderten, daß eine verheiratete Dame nur während des ersten Jahres nach der Hochzeit, oder wenn ihr erstes Kind früher geboren wurde, bis dahin öffentlich in Begleitung ihres Gatten erschien, — seitdem aber niemals anders, als an der Hand eines ausgewählten Hausfreundes, welchen die melodische Sprache nach der älternden Unterhaltung, die er mit seiner Gebieterin führte, „Cicisbeo" nannte. Dieses von da an unentbehrliche Möbel jeder italienischen Familie stattete der Dame, deren Diensten er sich gewidmet hatte, jeden Morgen bei ihrer Toilette einen Besuch ab, referirte ihr über alle Stadtneuigkeiten, begleitete sie zu Wagen und zu Fuß, auf den Corso und in die Kirche, in's Theater und überallhin. Nur beim Mittagessen und bei Nacht war sie die Gefährtin ihres Mannes. War der Cicisbeo reich, so bestritt er alle Vergnügungen, zu denen er seine Dame führte, — war er arm, so bezahlte er für Beide aus ihrem Beutel, den sie ihm anvertraute. Er war zu blindem Gehorsam gegen sie verbunden und hatte ihre Launen ohne Widerspruch zu erdulden. Es begnügten sich jedoch nicht alle Italienerinnen mit diesem zarten Verhältnisse. Wir erfahren von dem berühmten Massimo d'Azeglio, daß ein Herr, der vor der französischen Revolution lange Zeit in Rom gelebt hatte, zu ihm sagte: „Wir haben kaum eine Dame in der Gesellschaft, die nicht neben dem Liebhaber in Amt und Würde noch irgend einen Kutscher, Soldaten oder dergl. zu ihrem Vergnügen unterhält."

Überließ der italienische Gatte seine Frau in galanter Weise dem Hausfreunde, so war dagegen der englische so brutal, die seinige, wenn sie ihm lästig war, an einem Stricke auf den Markt zu führen und zu verkaufen. Es ist jedoch nicht ganz ausgemacht, unter welchen Verumständungen und Formen dies geschah und geschehen durfte.

Solchen ehelichen Verhältnissen gegenüber herrschte dagegen die außereheliche Prostitution unumschränkt in Spanien. Noch im fünfzehnten Jahrhundert war auf der pyrenäischen Halbinsel der bezahlte geschlechtliche Umgang bei Strafe des Aufpeitschens für Männer und der Einsperrung für Weiber verpönt und die Kuppelei im zweiten Rückfalle gar mit dem Galgen bedroht, und im sechszehnten Jahrhundert hatten Carl V. und Philipp II., welche Bordelle bereits duldeten, wenigstens den Kupplern noch schwere Strafen angedroht, während dagegen Philipp III. und IV. nur gewisse Überschreitungen der Bordellreglemente bestraften. Die amtlich autorisirten Bordelle wurden seit ungefähr 1500 ärztlich untersucht. Im Jahre 1625 dagegen bewirkten die Jesuiten, unter Mißbilligung anderer Theologen, die Aufhebung der Bordelle in ganz Spanien, was indessen so wenig gute Folgen hatte, daß 1696 die Alcalden von Madrid über Maßregeln gegen die heimliche Prostitution ernstlich beriethen und 1798 der Arzt Cabarus dem „Friedensfürsten" Godoy einen Entwurf zur Regelung der Prostitution überreichte. Man gelangte jedoch niemals zu einem Entschlusse und überließ die Sache sich selbst.

Das Eldorado der Prostitution war indessen stets Frankreich und ihr Hauptsitz das „moderne Babylon", Paris. Bis auf Ludwig XVI., diesen sittenreinen Abkömmling einer Reihe der verworfensten Wüstlinge, lesen wir nichts von Schritten, welche gegen jenes Uebel ergriffen wurden. Erst unter seiner Regierung versuchte 1778 der Polizeilieutenant Lenoir ein Verbot der Prostitution, nach welchem vagirende Dirnen geschoren und eingesperrt, im Rückfalle aber ausgepeitscht werden sollten, — und die Vermiethung von Wohnungen an unsittliche Personen bei 500 Livres Strafe untersagt wurde, — was aber natürlich nichts nützte. Es soll im achtzehnten Jahrhundert in Paris sogar ein eigener weiblicher Prostitutionsbund der „Tribaden" zur Ausübung der sogenannten lesbischen Liebe (sonderbare abnorme Neigung von Weibern unter einander) mit ausgebildeten Kultusformen und Ceremonien bestanden haben. Während der Revolution war die Prostitution ohne alle Schranken und ganz Paris ein großes Bordell. Durch besondere Zuchtlosigkeit aber zeichnete sich schon vor jenen Weltereignisse und besonders während desselben das „Palais-Royal" aus, in welchem die sinnreichsten und raffinirtesten Anstalten zur Befriedigung der Wollust getroffen waren.

Und wieder nach Italien, der Heimat der Cicisbei, zurück führt uns das barbarische Gegentheil der Prostitution (wenn auch hie und da für selbe benützt), — das Castratenthum. Man verschnitt dort nämlich die Knaben entweder theilweise, so daß sie zuchtlosen Frauen ohne Gefahr einer Empfängniß genügen konnten, oder ganz, damit sie eine hohe Singstimme behielten. Derlei Sänger wurden in vorgerückten Jahren fettleibig, blieben bartlos und hochstimmig und boten daher eine widerliche Erscheinung dar. Man machte ihrer im Kirchenstaate jährlich durchschnittlich viertausend (die natürlich nicht alle am Leben blieben und ihren Zweck erreichten!), bis Clemens XIV., der Herkules der Jesuitenhyder, dem Unfug Einhalt gebot. So wenig als die jesuitische, konnte jedoch der trefflichste der Päpste diese Pest ganz beseitigen, und sie wucherte noch lange fort; — ja, es schämten sich Charlatans nicht, an den Straßenecken ihre Fertigkeit in Wegnahme der männlichen Kraft anzupreisen.

Zweiter Abschnitt.
Die gebildeten und bevorzugten Stände.
A. Die Gebildeten und Gelehrten.

Über das Niveau des eigentlichen Volkes erheben Familie, Reichthum und Bildung, die ersteren beiden an sich blos äußerlich, die letztere auch innerlich und im wahren Sinne. Das einfachste und volksthümlichste Mittel zur Verbreitung allgemeiner Bildung ist die Presse, und dieselbe nach Form und Inhalt war stets ein Werthmesser für den Grad jener Verbreitung. Genau mit dem ersten Beginne der Popularisirung wissenschaftlicher Kenntnisse am Anfange des sechszehnten Jahrhunderts waren auch die ersten Spuren der Verbreitung von Neuigkeiten durch den Druck aufgetaucht. Bald auf der einen Seite eines einzelnen Bogens, bald in größerm, broschürenartigem Umfange, meist mit Bildern, erst Holzschnitten, seit Ende des genannten Jahrhunderts auch Kupferstichen, wurden Himmelserscheinungen, besonders Kometen, Schlachten, Friedensschlüsse, fürstliche Heiraten, Krönungen erzählt, oft mit der Tendenz, für einen Hof oder eine Regierung Partheigänger zu gewinnen. Diese Zeitungen erschienen noch nicht regelmäßig, wurden einzeln verkauft, und Buchhändler (damals „Buchführer"), Buchdrucker und Buchbinder wetteiferten darin, nicht ohne Gehässigkeit gegeneinander.

Kurz vor dem dreißigjährigen Kriege, 1612, erschienen die ersten fortlaufenden, numerirten Zeitungen in Deutschland (zu Venedig schon seit 1536, regelmäßig seit 1600, die Nummer zum Preise einer dort gemünzten genannten kleinen Münze, daher der spätere Name). Egenolf Emmel, Buchhändler und Buchdrucker zu Frankfurt am Main, gab seit 1615 die erste wöchentliche Zeitung heraus, welcher seit 1616 der Reichspostverwalter Johann von der Birghden mit den „politischen Avisen" entgegentrat. Beide Unternehmen bestehen noch, das erste als „Frankfurter Journal", das andere als „Oberpostamtszeitung". Die damaligen Zeitungen beschränkten sich jedoch neben den Neuigkeiten auf politische oder konfessionelle Partinahme, — von grundsätzlichem Verfechten derselben, von über-

— 49 —

zeugendem oder überzeugen sollendem Raisonnement oder wissenschaftlicher
Belehrung war noch keine Rede. An Zahl und Geist überwog in der
Presse stets die protestantische Partei, die katholische that sich besonders in
Hohn auf den fliehenden Winterkönig (Kurfürst Friedrich V. von der
Pfalz) hervor, in den Jahren 1621 bis 1626 war die Entrüstung gegen
die Kipper und Wipper der Hauptinhalt der Zeitungen. Der fortdauernde
religiöse Kampf erforderte seit 1628 größere polemische Schriften. Es
erschienen solche mit pikanten Titeln, zuerst des Kurfürsten von Sachsen,
„Vertheidigung des Augapfels" (d. h. der augsburgischen Konfession gegen
die Vergewaltigungen Österreichs), dann, als Antwort, „Grill auf den
evangelischen Augapfel", als Replik „Scharfes rundes Aug auf den römischen Papst", als Duplik u. s. w. „Wer hat das Kalb in's Aug' geschlagen?", „Katholischer Okulist oder Staarstecher", „Papistische Brillen
auf lutherische Nasen" u. s. w. Die Grausamkeiten Wallenstein's in
Pommern boten ebenfalls reichlichen Flugschriftenstoff. Nachdem der Krieg
aus einem religiösen ein reiner Verwüstungskampf geworden, schwiegen
die Gegensätze des Glaubens, und die Deutschen empörten sich gegen das
Treiben der Fremden und Nahen, Westen und Süden auf ihrem Boden,
so zuerst 1636 in der Flugschrift „der Deutsche Brutus, das ist: ein ab-
geworffenes Schreiben". Es wurde darin gegen die Excesse der Schweden
von einem grundsätzlich mit ihnen Sympathisirenden scharf losgezogen. Er
sagt unter Anderm ächt patriotisch und prophetisch: „Die Deutschen lassen
sich wol bewegen, gegen ihren Kaiser aufzustehen; aber sie nehmen Keinen
an, der nicht ihrer Sprache und ihrer Geburt ist. Hat das Haus Österreich mißgethan, so wird Gottes wol stürben. Den Franzosen
betreffend, so weiß ich wohl, daß Gott Deutschland mit ihm
strafen wird; denn wir haben dieser Nation Affengeberden,
Schlaraffenkleider und leichtfertige Unart täglich in Sitten
Ceremonien, Geberden, Gastmählern, in Sprache und Kleidung sammt
der Musik nachgeahmt. Wie soll es uns besser gehen, als daß wir
ihnen in die Hände fallen? Aber der Franzose wird deßhalb nicht zum
Kaiser, u. s. w." Im siebenzehnten Jahrhundert hatten bereits alle
bedeutenderen deutschen Städte Zeitungen, welche die Titel „Relation",
„Korrespondent", „Courier", „Chronik" u. s. w. führten. Der Hamburgische Korrespondent war die wichtigste politische Zeitung; in literarischer Beziehung ragten die Vossische und Spenersche Zeitung in Berlin
hervor. Bis zur französischen Revolution waren aber die deutschen Zeitungen überhaupt von geringem Einflusse.

In England erschien das erste regelmäßige Wochenblatt seit 1628.
Die Revolution erzeugte heftige Parteiorgane mit pikanten Titeln. Zwar
wurde bald nach der Restauration der Stuarts ein Censurgesetz erlassen,
aber 1679 wieder aufgehoben. Diese wiederhergestellte Preßfreiheit
wurde jedoch von den Gerichten nicht auf die Veröffentlichung poli-

tischer Neuigkeiten ausgedehnt, diese Ausnahme jedoch wenig in Anwendung gebracht. Es erschienen ungefähr seit 1680 mehrere Blätter ein- oder zweimal die Woche, in sehr kleinem Format. Der Inhalt eines Jahrganges einer solchen Zeitung war nicht größer als jener, welchen die „Times" in zwei Tagen bringen. Gegen Ende der Regierung Karl's II., als die „Tories" an das Ruder kamen, durfte keine Zeitung mehr ohne Genehmigung des Königs erscheinen, und diese erhielt blos die „Londoner Zeitung", welche Montags und Donnerstags je zwei Seiten mit amtlichen Bekanntmachungen, kurzen Nachrichten und einigen Ankündigungen brachte. Um dieser Zwangsjacke zu entgehen und dem Bedürfniß nach Neuigkeiten zu genügen, kamen nun die „Neuigkeitsbriefe" auf, welche von Unternehmern gesammelt und verbreitet und, namentlich auf dem Lande, mit um so größerer Begierde aufgenommen wurden, als es außerhalb Londons nur in den beiden Universitätsstädten und in York Buchdruckereien gab (1724 noch in 34 Grafschaften keine). Ebenso schadete dem Gedeihen der Presse die Stempeltaxe von 1712; aber nichtsdestoweniger stieg die Zahl der jährlichen Zeitungsnummern in der Mitte des Jahrhunderts auf sieben und eine halbe und am Ende desselben auf fünfzehn Millionen. Eine Tochter der englischen Presse war die französische. Regelmäßiges Erscheinen (der einfach sogenannten Gazette) datirt von 1631, das erste tägliche Blatt, Journal de Paris, von 1777. Erst die Revolution von 1789 aber machte die französische Presse selbständig und rief eine wahre Flut von Blättern hervor.

Einen zweiten Faktor der öffentlichen Bildung machten die Schulen aus. — Seit Beginn des siebenzehnten Jahrhunderts waren folgende deutsche Universitäten (Bd. I. S. 413) gestiftet worden: Gießen 1607, Paderborn 1616, Rinteln 1621, Salzburg 1622, Osnabrück 1632, Bamberg 1649, Duisburg 1655, Kiel 1665, Innsbruck 1677, Halle 1694, Breslau 1702, Göttingen und Fulda 1734, Erlangen 1743, Stuttgart 1781, und Bonn 1786. Die Verbindungen unter den Schülern derselben hatten eine neue Gestalt angenommen. An die Stelle der abgeschafften Bursen traten nämlich Gruppen der jüngeren Studirenden, welche je einem ältern Solchen oder einem Graduirten zur Aufsicht zugetheilt wurden oder auch sich selbst zutheilen konnten. Aus diesen Gruppen, welche man, gleich den ältesten Studentenverbindungen (s. Bd. I. S. 73) „Nationen" nannte, entwickelten sich die „Landsmannschaften" und die Aufseher blieben die stereotypen Peiniger und Tyrannen ihrer jüngeren Schutzbefohlenen. Erstere nannte man „Schoristen," Letztere „Pennäle", seit dem achtzehnten Jahrhundert aber „Füchse" (ohne Zweifel verwandt mit „Schulfuchs", d. h. Einer der sich in das Loch der Schule verkriecht). Die neu ankommenden Studenten, Bacchanten genannt, mußten sich zuerst der Ceremonie der sogenannten Deposition unterwerfen, welche in lächerlichen Prüfungen und Situationen, jedoch mit unterlegter moralischer Behandlung, bestand. Man steckte ihnen z. B. einen Eberzahn in den Mund und zog ihn mit einer Zange wieder heraus, um den neuen Pennal zu erinnern, daß er nicht bissig sein und anderer guten Namen benagen solle, u. s. w. Der die Handlung leitende „Depositor" war eine amtlicher Person und bezog von der Universität einen Gehalt an Bier und für jeden neuen Studenten ein Stück Geld. Weil man aber dabei mit den Geprüften nicht sehr schonend umging, kam die Unsitte auf, künftige Studenten schon als Knaben die Deposition durchmachen zu lassen, die man dann natürlich sanft behandelt, und die somit von der Ceremonie für die Zukunft befreit waren. Es kam so weit, daß zur Zeit des dreißigjährigen Krieges in Leipzig mehr als die Hälfte der immatrikulirten Studirenden aus Knaben bestand. Erst 1834 machte man diesem Mißbrauche ein Ende, obschon die Deposition schon Anfangs des achtzehnten Jahrhunderts aufgehoben worden war.

Die Pennäle wurden von den Schoristen weit ärger mißhandelt, als in neuerer Zeit die Füchse von den Athurischen, man kann eigentlich sagen: wie Hunde. Sie wurden geschlagen, mußten die niedrigsten Dienste verrichten, was sie Gutes und Neues hatten, ihren Peinigern geben und selbst nur schlechte und alte Kleider und Bücher benutzen. Nach Verlauf eines Jahres wurden die Pennäle „absolvirt", — wenn ihnen die Schoristen dies gnädig bewilligten und nicht etwa die Laune hatten, sie in ihrer entwürdigenden Lage länger schmachten zu lassen; denn oft wurde das Verlangen der Absolution mit den empörendsten Mißhandlungen beantwortet. Freilich erlaubten sich die Pennäle selbst ähnliche Unbilden, wie sie erduldeten, gegen die Bürger, und wenn sie selbst Schoristen geworden, gegen ihre früheren Leidensgenossen.

Schon seit Beginn des siebzehnten Jahrhunderts kämpften die Universitäten gegen die mit dem „Pennalismus" und „Nationalismus" verbundenen Mißbräuche, und seit der Mitte desselben Jahrhunderts die Obrigkeiten selbst gegen diese Institute in ihrer Gesammtheit. Erstere Bemühung war fruchtlos gewesen; letztere begann seit den sechziger Jahren nach und nach durchzudringen. In dem auf Gießen bezüglichen Edicte von 1660 werden die Schoristen als „asini superciliosi, bestiae renovati, cyclopes clamosi, bibones et comedones abjectissimi, dracones horrendi, excrementa Diaboli, filii turms dialecticae" u. s. w. bezeichnet. An vielen Orten dauerte das Unwesen jedoch bis gegen Ende des achtzehnten Jahrhunderts, und wo es aufgehört hatte, trat es in veränderter, wenn auch milderer und anständigerer Form, wieder auf. An die Stelle der Nationen traten, entsprechend der Geheimbundsucht des Jahrhunderts, zunächst die Studentenorden, die in ihrer Organisation und ihren Gebräuchen meist dem Freimaurerbunde nachgeahmt, mit pomphaften Ceremonien ausgestattet und nicht an einzelne Orte gebunden, sondern je über mehrere Universitäten verbreitet waren. Die Mitglieder hielten sich durch Freundschaft an einander gefesselt, standen einander gegen jeden Angriff bei, veranstalteten gemeinsame gesellige Vergnügungen, wirkten für Aufklärung und gegen den Aberglauben, lieferten zu diesem Zwecke schriftliche Arbeiten und übten daneben Wohlthätigkeit gegen Arme. Der älteste Studentenorden war immer der Moselaner oder Amicisten; die meiste Verbreitung erlangten die Schwarzen Brüder, auch Harmonie-Orden genannt; andere waren die Kaukochisten, Konstantisten, Unitisten, der Wiens, Kreuz- oder Faßbinder-, Hoffnungsorden u. s. w. Wie den Freimaurerbund, so verfolgten mehrere Regierungen auch die Studentenorden, weil sie hinter deren pompösen und geheimnißsüchtigen Wesen die Harmlosigkeit nicht suchten, die wirklich dahinter steckt. Abgesehen jedoch von ihrer Verfolgung gingen die Orden nach kurzem Bestehen an dem Widerspruche zu Grunde, der in ihrem Beginnen lag, und statt ihrer blühten die Landsmannschaften auf, die theils schon neben ihnen und den früheren Nationen entstanden waren, und in welche sich theils manche Orden selbst umwandelten. Aus den Resten der von den Schoristen willkürlich eingeführten Verhaltungsregeln beim Trinken und anderen Beschäftigungen setzte sich das Gesetzbuch der Landsmannschaften, der geisttödtende und die persönliche Freiheit knebelnde Comment zusammen. Zugleich kam auch die noch jetzt übliche burschikose Nomenklatur auf. Einen von den Landsmannschaften sich fern haltenden Studenten nannte man einen „Renoncen", einen Studenten im ersten Semester „krassen Fuchs", im zweiten „Brander oder Brandfuchs", im dritten „Jungbursch", im vierten bis sechsten „Althursch", nachher „bemoostes Haupt". Einen, dessen Eltern in der Musenstadt wohnten, „Pflastertreter oder Quarl". Einen vom Lande aus der nächsten Umgebung der Stadt „Kümmeltürken". Die Namen der Landsmannschaften wurden von deutschen Ländern genommen, wie Saxonia, Lusatia, Franconia, Bavaria u. s. w. Dieselben hatten theilweise ihre bestimmten Werbebezirke, über welche sie, bestimmte Ausnahmen vorbehalten, nicht hinausgreifen durften. Einen anderen Zweck als den Geselligkeit zu pflegen und die Ehre des Corps zu wahren, kannten die Landsmannschaften nicht. An der Spitze einer jeden stand ein Senior, und zu dessen Seite ein Subsenior und ein Sekretär. Die Aufnahme geschah meist höchst einfach durch Handschlag und Ehrenwort, die Gesetze der Verbindung zu halten, und darauf folgenden Brudertuß. Jede Landsmannschaft hatte ihre Farben, damals entweder eine oder zwei, die sie an Bändern trugen.

Schon 1717 wurden die Landsmannschaften in Halle fruchtlos verboten, zu Jena 1765, weil allerlei Bedrückungen und Verführungen der jüngeren Studenten durch die Älteren Anlaß geboten hatten, — so auch an anderen Orten, und stets ohne allen Erfolg.

Es ist sehr begreiflich, daß während und in Folge des dreißigjährigen Krieges an den damaligen deutschen Hochschulen nichts weniger als fleißig studirt wurde. Lehrer und Schüler traten je nach Laune und Umständen in Kriegsdienste; die Zurückbleibenden, deren Besoldungen ausblieben, verloren die Lust, den Studirenden gegenüber Autorität auszuüben, und die Hörsäle wurden zu Kasernen und Lazarethen benutzt. Das Übel war so tief eingewurzelt, daß nach Beendigung des Krieges die Behörden beinahe nicht im Stande waren, Zucht und Ordnung wieder herzustellen. Es war guter Ton, die Universitäten nur des Vergnügens, und nicht des Studirens halber zu besuchen und namentlich den adeligen Studenten galt es als ein Schimpf, fleißig zu sein. Die Zeit dieser angeblichen Musensöhne theilte sich buchstäblich in Rausch und Katzenjammer, welche beiden Zustände nur von Raufereien, Spiel und Unzucht unterbrochen wurden. Pa t r i c i u s erzählt, daß man in jener Zeit unter den deutschen Studenten statt der Bücher nur Streitigkeiten, statt der Hefte Dolche, statt der Federn Degen und Federspieße, statt gelehrter Unterhaltungen blutige Kämpfe, statt des Studirens Saufen und Toben, statt der Studirzimmer und Bibliotheken Wirths- und Hurenhäuser wahrgenommen habe. Getrunken wurde meist Bier, von den Reichen und Vornehmen auch theurer Rhein- und französische Weine, oft sogar Branntwein, an dessen Genuß 1668 ein Student zu Jena starb. Im Jahre 1710 starben zu Halle mehrere Studenten sammt ihrem Wirthe und dessen Tochter an übermäßigem Trinken mehrere Tage und Nächte hindurch. In der Dependenzzeit benahm man sich völlig viehisch. Man brauchte Trinkgeschirren von den abenteuerlichsten Formen, z. B. Laternen, Windmühlen, Schreibzeuge, Thiere aller Mönche, Nonnen u. s. w. Der Trinkregeln war Legion, ebenso der Ausdrücke für verschiedene Arten des Trinkens. Viele Professoren gaben übrigens in Ansehung des Trinkens den Studenten kein gutes Beispiel. Auch das Tabakrauchen riß im siebenzehnten Jahrhundert unter den Studenten auf die unmäßigste Weise ein. —

Jede Universität stand im Rufe besonderer schädlicher Einwirkung auf die guten Sitten; so hieß z. B. ein damaliger Vers:

"Wer von Tübingen (oder Leipzig) kommt ohne Weib,
Von Wittenberg mit gesundem Leib,
Von Helmstedt ohne Wunden,
Von Jena ohne Schrunden,
Von Marburg ungefallen,
Hat nicht studirt auf allen."

Nicht nur wimmelte es förmlich von schlechten Dirnen in den Universitätsstädten, — sogar Töchter der Professoren ließen sich leichtfertiges Leben zu Schulden kommen, besuchten die Studenten auf deren Stuben, — und es herrschten — ansteckende Krankheiten. Auf dem Lande um die Stadt führten die Studenten nach Herzenslust die Bauernmädchen an. In Kneipen wurden von Studenten Vorlesungen über „Zotologie" gehalten und Compendien darüber abgefaßt und in die Stammbücher die unflätigsten

Einfälle eingeschrieben. Die Rohheit war so groß, daß rechte Langenichtse, wenn sie je zur Abwechslung einmal Collegien besuchten, darin zu spät erschienen, mit Stiefeln und Sporen hereintrabten, die brennende Tabakspfeife im Munde, Nüsse aufknackten und mit den Füßen scharrten, daß der Professor nicht mehr verstanden werden konnte.

Die Kleidung der deutschen Studenten des siebenzehnten und achtzehnten Jahrhunderts entsprach in der Regel der allgemeinen Mode. Es war zur Zeit des dreißigjährigen Krieges, als die Studenten, welche bis dahin eine Art geistlicher Kleidung getragen hatten, diese mit kriegerischer vertauschten, d. h. blos die Schoristen; die Pennäle kamen zerlumpt und schmutzig daher, wie Bettler. Die malerische Tracht der Krieger Wallenstein's wurde auch nach dem westfälischen Frieden beibehalten. Knotenstock und Degen fehlten nie zur Ausstattung; bisweilen trugen die Schoristen sogar Hämmer mit sich herum. Gegen Ende des siebenzehnten Jahrhunderts wurden Schlafröcke unter den Studenten beliebt, sogar im Freien, oft selbst, ohne Beinkleider darunter zu tragen! Unanständig zerschnittene Hosen waren nichts Seltenes; dabei kamen schon damals Zöpfe in Gebrauch.

Noch verletzender als jene Auszeichnung der Schoristen in der Tracht waren die Vorrechte der Adeligen vor den Bürgerlichen, der Reichen vor den Armen, welche bis an das Ende des achtzehnten Jahrhunderts aufrecht erhalten wurden. In Wien hatten die adeligen Studenten sogar den Vortritt vor den bürgerlichen Professoren und in Ingolstadt rissen die Adeligen den Bürgerlichen die Federbüsche von den Hüten, was der Senat aber mißbilligte. Zu Göttingen hatten fürstliche und gräfliche Studenten ein eigenes prachtvolles Inskriptionsbuch, das ihnen in das Haus gebracht wurde, erhöhte Bänke im Collegium und besondere Sitze in der Kirche. Zu diesen Vorrechten gesellte sich noch dasjenige der Professorenburschen, d. h. derjenigen Studenten, welche bei Professoren Kost und Wohnung hatten, — nicht bei Bürgern oder im Convikte. Sie hatten im Collegium Tische, durften ihre Hunde, deren Halsbänder die Buchstaben P. P. B. (Professoren-Burschen-Bund) trugen, dorthin und sogar in die Kirche mitnehmen, mußten zuerst gegrüßt werden, wichen Niemanden aus, hießen bei Bettlern „Ihro Gnaden" u. s. w., — welche empörenden Lächerlichkeiten im Jahre 1661 abgeschafft wurden.

Im achtzehnten Jahrhundert richtete sich die Kleidung der deutschen Studenten ganz nach dem französischen Geschmacke. Sie trugen dreieckige Hüte, Allongeperücken, Schnallenschuhe u. s. w. Zu Altdorf waren 1671 die Perücken noch verpönt, — 1744 war es bereits der Mangel an einem solchen Möbel. Die Degen entzog in der zweiten Hälfte des Jahrhunderts Friedrich der Große den Studenten seiner Staaten. Zur Zeit der französischen Revolution traten an die Stelle der Perücken „Stürmer" (lederne Helme mit Federbusch), „Koller" und „Kanonen". Noch 1796 untersagte man in Hessen-Kassel den Studenten Knotenstöcke, runde Hüte, abgeschnittene Haare und Backenbärte!

Verkleidungen, Maskenzüge, Gassen- und Nachtlärm, Störungen des Gottesdienstes und der Leichenbegängnisse waren Hauptvergnügungen der Studenten des siebenzehnten Jahrhunderts, besonders zu Jena. Im achtzehnten Jahrhundert liebten sie vorzüglich erst das Armbrustschießen, dann das Federballspiel, Fechten, Tanzen und Reiten. In der letztgenannten Zeit kamen auch die eigenthümlichen, charakteristischen Kneip- und Commerslieder in Aufnahme, die sich theilweise noch heute erhalten haben, oft lateinisch, oft gemischt deutsch und lateinisch, und oft sehr stark mit Zoten versetzt waren. So stammt namentlich das unsterbliche „Gaudeamus igitur" aus jener Zeit. Das damalige studentische Treiben schildert am besten Zachariä's komisches Heldengedicht „der Renommist".

Die hervorstechendste, folgenreichste und unseligste Äußerung des studentischen Übermutes war aber das Duelliren, welches im Gefolge der Sitte des Waffentragens besonders seit dem dreißigjährigen Kriege einriß. Voran ging demselben arges Tumultuiren. Die Studenten forderten Nachts ohne Ursache einander heraus, indem sie vor den Häusern mit den Degen auf die Steine hieben, daß die Funken davon fuhren, wie Thiere brüllten und sich mit einander blutig schlugen. Förmliche Schlachten fanden zwischen Studenten und Nachtwächtern oder Soldaten statt, wobei es häufig genug Todte gab. Solche Tumulte setzten oft mehrere Tage hindurch die Universitätsstadt in Schrecken, so 1660, 1724 und 1756 in Jena, 1702 in Halle u. s. w. Oft drangen die Studenten in die Hörsäle der Professoren, auf die Stadtwache, ja sogar in die Häuser von Beamten ein und schlugen Alles zusammen. 1724 erstürmten und zerstörten die Studenten in Halle die Synagoge und mehrere Judenhäuser, weil ein Jude einen Studenten, der ihn angriff, geschlagen hatte. In Tübingen war es an der Tagesordnung, den Carcer zu erbrechen und die Verhafteten zu befreien, in Altdorf: Nachts Feuerwerke abzubrennen, in Göttingen: sich mit den Handwerksgesellen herumzubalgen. In Jena's Umgegend schlugen sich die Studenten mit den Bauern herum und plünderten deren Obstgärten. Auch kam es sehr häufig vor, daß man mißbeliebigen Professoren und anderen Personen die Fenster einwarf. — Duelle waren schon vor dem dreißigjährigen Kriege vorgekommen; wurden aber erst später häufig. Mandate gegen das Duelliren wurden nicht vor 1684 erlassen, das erste in Jena, wo der Fechtmeister Wilhelm Kraußler seit 1620 eine eigene Fechtart eingeführt hatte, indem er den bisherigen Haudegen zum Stoßen zu verwenden lehrte. Dieses Mandat bedrohte nicht nur die Duelle, sondern schon Provokationen dazu mit Zuchthausstrafe, selbst die Sekundanten mit Gefängniß. Dennoch wurden dort, wie auch in Halle, eine Menge Studenten im Duell erschossen, und von vielen Universitäten kamen die Studenten meist elend zugerichtet oder gar als Krüppel nach

Hause. Trotz aller Verbote fanden Duelle und Rencontres ohne Scheu sogar auf offener Straße statt. Auch führten Streitigkeiten zwischen Studenten oft auf der Stelle zu Tödlungen. Selbst die 1709 in Jena den Duellanten angedrohte Todesstrafe brachte keine Abhülfe, und der Unfug dauerte auch das ganze achtzehnte Jahrhundert hindurch.

Da mit der Rohheit der Sitten natürlicher Weise der Aberglaube Hand in Hand geht, so spukte auch letzterer in den Köpfen mancher Studenten. Es ist in dieser Beziehung namentlich ein Vorfall bekannt worden, welcher sich zur Weihnachtszeit 1715 bei Jena zutrug. Am Abende jenes Festes ging der dortige Student der Medicin, Johann Gotthard Weber aus Reichenbach, mit einem Bauer und einem Schäfer nach dem Weinberghäuschen eines Schneiders der Stadt, nach dessen Aussage in demselben ein Schatz verborgen liegen sollte. Sie nahmen dort, nachdem sie mit Kohlen eingeheizt, allerlei Ceremonien und Beschwörungen aus Faust's „Höllenzwang" vor, bis sie einschliefen. Am andern Morgen fand der Schneider den Studenten besinnungslos, die Landleute aber todt. Man trug den Studenten auf einer „Mistkrage" in die Stadt, nahm ihm abenteuerlich bezeichnete Amulette und abergläubische Schriften ab, stieß ihn aus der Hochschule und verwies ihn, wie auch den Schneider, des Landes. Die Bauern verscharrte man unter dem Galgen. Über die Ursachen der Erscheinung waren die drei hochweisen Fakultäten zu Leipzig befragt worden. Die überfrommen und gelehrten Theologen schrieben dieselbe natürlich dem Teufel zu, — die profanen und freigeistigen Juristen und Mediciner aber, die sich zu dieser Höhe des Gedankens nicht emporschwingen konnten, dem — Kohlendampfe!

In wissenschaftlicher Beziehung lagen die deutschen Universitäten, im Einklange mit dem rohen Leben und Treiben ihrer Jünger, während des siebenzehnten und der ersten Hälfte des achtzehnten Jahrhunderts beinahe vollständig brach. Manche Professoren lasen Jahre lang keine Collegien; Die aber, welche es thaten, begnügten sich damit, ihren Zuhörern recht dicke Hefte zu dictiren. Ein Tübinger Theolog las in der ersten Hälfte des siebenzehnten Jahrhunderts über vier Jahre nacheinander fortlaufend über den Daniel, dann fünfundzwanzig Jahre lang über den Jesaias und darauf noch sieben Jahre über den Jeremias, bis er achtzigjährig starb. Ein Mediciner (?) zu Marburg legte 1660—1673 fortwährend die — Psalmen aus! Zu den beliebtesten Schauspielen eitler und hohler „Gelehrsamkeit" gehörten die sogenannten Disputationen, welche auch unter Studenten allein gehalten wurden und oft in Schwänke ausarteten. — Ein ernsteres Streben begann um die Mitte des achtzehnten Jahrhunderts die Jünger der Wissenschaft zu ergreifen. In Jena wurde 1756 verordnet, daß die Studirenden sich bei ihren Docenten erst dann sollten einschreiben lassen, wenn sie sich mit deren Lehrart befriedigt erklärt, und 1784, daß die Professoren ihre Lehrgegenstände stets in den Zeitraum eines Semesters zusammenfassen und denselben nicht überschreiten sollten.

Die religiösen Ansichten betreffend, herrschte der empörendste Despotismus. Bis zur Mitte des achtzehnten Jahrhunderts war jeder freie Gedanke, jede Abweichung von den herrschenden Dogmen verpönt, und Büchern von derartiger Tendenz der Eintritt in die Universitätsstädte versperrt. Im Jahre 1616 wurden zu Altdorf Schüler des im Jahre vorher verstorbenen Professors Soner, welche von demselben socinianische Ansichten angenommen hatten, verhaftet, mußten widerrufen, und ihre Bücher und Schriften wurden auf offenem Markte verbrannt.

Nach der Mitte des achtzehnten Jahrhunderts griff ein freierer Geist Platz, welcher indessen in Heidelberg bis zur äußersten Frivolität ausartete, während in Halle zeitweise der Pietismus seinen Sitz aufschlug.

Es war ein beliebter Gebrauch unter den Studirenden, Schauspiele aufzuführen. Die Wildheit der Zeit begnügte sich indessen bald nicht mehr hiermit; sondern wenn herumziehende Schauspieler dazu kamen, schlossen sich ihnen die Studenten oft an und besuchten eine Zeit lang als Schauspieler verschiedene Städte. Es gab aus Studenten bestehende Theatergesellschaften, welche sich im siebenzehnten und achtzehnten Jahrhundert großen Ruf erwarben. Einen theatralischen Anstrich hatten indessen auch die Festlichkeiten, welche von den Universitäten zur Feier des Jahrestags, besonders im Säkularjahre ihrer Gründung, bei Anwesenheit fürstlicher Personen, zu Ehren des Hubertsburger Friedens von 1763 u. s. w. gegeben wurden, wobei die Anführer der Landsmannschaften in prächtigem Anfzuge einherstolzirten*).

Die letzte auffallende Erscheinung im deutschen Studentenleben des achtzehnten Jahrhunderts war der Auszug, welchen im Jahre 1792, wo bereits die Ideen der französischen Revolution eingewirkt hatten, die Studenten von Jena unternahmen. Bei Anlaß der Feier, welche die dortigen Ungarn zu Ehren ihres neuen Königs (Kaisers) Leopold II. veranstalteten, wurde das Gartenhaus des durch sein strenges Verfahren gegen Excesse verhaßten Prorektors Ulrich zerstört und dessen Anhänger, der Student Politzo, ein Grieche, mißhandelt. Da man in Folge dessen die Strenge nur verdoppelte, sogar gegen frühere Zusicherung Soldaten nach Jena marschiren ließ, gab es auch neue Tumulte, und da das Verlangen nach Entfernung der Soldaten unberücksichtigt blieb, zogen die Landsmannschaften mit fliegenden Fahnen und klingendem Spiel, fünfhundert Mann stark, zum Thore hinaus, Weimar zu, von wo aus man ihnen jedoch den Eintritt untersagte. Es kam zu Unterhandlungen zwischen

---

*) Bezüglich aller weiteren Details verweisen wir auf Oskar Dolch, Geschichte des deutschen Studententhums (Leipz. 1858) und Rich. und Rob. Keil, Geschichte des jenaischen Studentenlebens (Leipz. 1868).

ihnen und einem herzoglichen Kommissär, man machte ihnen Concessionen, und sie kehrten nach vier Tagen von Kötschau, wo sie geblieben waren, in die Musenstadt zurück.

Unter die Gelehrten muß auch die Geistlichkeit gerechnet werden, wenn auch nicht nach ihren Leistungen, doch nach ihren Ansprüchen.

Wir finden aus unserer Periode die meisten Spezialitäten über den anglikanischen Klerus. Die englischen Landgeistlichen waren aus nahe liegenden Gründen eifrige Anhänger des Königthums, mit dem ihre Kirche und daher auch deren Einkommen stand und fiel. Die Früchte, welche die Kirche trug, waren vornehmlich die Zehnten, deren damaliger Betrag zwischen 480,000 und 540,000 Pfund schwankte (jetzt ist er siebenmal so groß als letztere Summe). Im Vergleiche zu den Edelleuten waren sie daher ziemlich arm zu nennen. Dies war der Reformation zuzuschreiben, welche die früher sehr beträchtlichen Güter der Geistlichkeit und die von Gliedern derselben bekleideten hohen Staatsstellen größtentheils in weltliche Hände gebracht hatte, namentlich in Folge Aufhebung der Klöster und Verbreitung der Schulbildung. Unter zweihundert Pfarreien gab es kaum eine mehr, welche ihren Inhaber nebst Familie ernähren konnte. Es kam daher selten mehr vor, daß Adelige sich dem geistlichen Berufe widmeten. Am Ende der Regierung Karl's II. gab es unter den Bischöfen zwei, unter den reicheren Pastoren vier oder fünf Peerssöhne. Höchstens einer unter zehn Geistlichen hatte das Aussehen eines Gentleman; die übrigen glichen Bedienten. Viele Geistliche, welche keine oder zu magere Pfründen besaßen, wohnten in Bürgerhäusern, und dies that ihrem Ansehen starken Eintrag. Während der Revolution, welche die anglikanischen Priester brotlos machte, konnten sich die Vermögenslosen unter denselben blos im Gefolge der herumirrenden und fliehenden royalistischen Edelleute erhalten. Die rohen Squires aber behandelten ihre „Leviten", wie sie sie nannten, und denen sie oft nur den Mittagstisch, eine Bodenkammer und zehn Pfund jährlich gaben, gleich Knechten, die den Garten, ja sogar die Pferde besorgen und Botendienste verrichten mußten, und wenn die besseren Speisen auf den Tisch kamen, an dem sie im Ornat das Tischgebet verrichtet hatten, waren sie gehalten, sich davon zu schleichen. Die Frauen der ärmeren Pfarrer waren gewöhnlich die Mägde ihrer Vorgänger, wenn nicht gar noch etwas Schlimmeres gewesen, und es war eine Schande für junge Damen von guter Familie, einen Geistlichen zu heiraten, auf welchen Stand Advokaten und Apotheker auf dem Lande mit Verachtung herabsahen. Die armen Prediger des Wortes Gottes mußten, um ihr Brot zu verdienen, selbst auf dem Lande arbeiten, die Schweine füttern, Dünger aufladen, und trotzdem waren sie nie vor Pfändung sicher, und, wie Macaulay sich drastisch

ausdrückt, die Löcher auf ihren Dächern und in ihren Röcken wurden mit
jeder Vermehrung ihrer Nachkommenschaft größer. Letztere wuchs wie die
der Bauern auf, die Söhne kamen an den Pflug, die Töchter in einen
Dienst. Glücklich schätzte sich der Pfarrer, wenn er von der Dienerschaft
des Gutsherrn mit Speise- und Bierresten regalirt wurde. An eine
Bibliothek konnte er nicht denken und Gelehrte waren selten unter seinen
Berufsgenossen; sie waren fast nur an den Universitäten oder in den
größeren Städten zu finden, und gelangten meist zu Bischofssitzen. Unter
diesen gebildeteren Geistlichen gab es auch mehrere Tolerante, welche in
den Dissenters keine Ungeheuer erblickten, vielmehr freundlich mit ihnen
verkehrten, ihre Duldung empfahlen und sogar zu Concessionen bereit
waren, um sie zum Eintritt in die Hochkirche zu bewegen, während dagegen
die armen und ungebildeten Landpfarrer Fanatiker waren und blieben
und in diesem Geiste auch ihre Gemeinde beherrschten, die außer durch die
Predigt nichts von der Welt vernahm; die Kanzel war ihre Zeitung und
ihre Bibliothek, so daß der Einfluß der armen zerlumpten Prediger nicht
zu unterschätzen war.

B. Der Adel.

In der Periode, deren Kulturerscheinungen wir schildern, hatte das
Raubritterthum sein Ende erreicht. Die zunehmende Macht der Fürsten
hatte es untergraben und der dreißigjährige Krieg, welcher nichts mehr
zu rauben übrig ließ, ihm vollends den Todesstoß versetzt. Der letzte
Raubritter, dessen Namen wir kennen, war der pommer'sche Gutsherr
Georg Behr von Düvelsdorf. Die Nachkommen dieser Menschenklasse,
welche die edle Beschäftigung ihrer Ahnen unter den veränderten Zuständen nicht mehr treiben konnten und doch nichts gelernt hatten, um sich
einer nützlichern zu widmen, schlugen ihre Zeit mit Trinken, Spielen,
Jagen und Raufhändeln todt. Sie bewiesen ihren Heldenmut, nachdem
sie ihre Kleider mit verborgenen Eisenschienen ausgefüttert hatten, durch
Herausforderung der Leute vom Volke und der Wirthshausgäste, und übten
gegenüber dem weiblichen Geschlechte schamlosen Mutwillen. So wenig
sie sich indessen durch feine Sitte und Bildung auszeichneten, so sehr
suchten sie sich durch Hochmut auf ihre Abstammung hervorzuthun, und
die Sucht, Wappen und Stammbäume zu malen und anzufertigen, war
nie größer als damals. Wer an der Ächtheit dieser Machwerke zweifelte,
wurde bis auf's Blut verfolgt und mißhandelt. Es war natürlich, daß
diese sogenannten Edelleute aus Mangel an Beschäftigung sich gerne als
Söldner verdingten; besonders in Frankreich sah man viele heruntergekommene deutsche Junker dienen, und sie verpflanzten dann französische
Sprache und Sitten mit Eifer nach ihrer Heimat.

Höherstrebende, welche im Lande blieben, und auch Heimgekehrte, die sich nicht mehr der alten Rohheit ergeben mochten, sammelten sich an den Fürstenhöfen und suchten ihre Unterhaltung in lärmenden Zerstreuungen, wie Hoffesten, Maskeraden und den an die Stelle der alten Turniere getretenen Ringelrennen und Scheingefechten, die sorgfältig so eingerichtet waren, daß keinem Kämpfer ein Leid geschehen konnte. Bei allen Festlichkeiten herrschte in Verzierungen, Darstellungen, Reden, Gedichten u. s. w. überall der Geschmack an Allegorieen. Alle Ideen mußten durch allegorische Personen dargestellt werden, und der griechische Olymp wurde zu diesem Zwecke nicht nur völlig ausgeplündert, sondern auch noch in's Endlose vermehrt.

Durch den dreißigjährigen Krieg wurden die Reihen des deutschen Adels stark gelichtet. Bei der durch denselben genährten Liebe zu Glanz und Pracht suchten sich nun Leute von sog. niederer Geburt in die Lücken einzudrängen, und zwar thaten dies vorzüglich die Offiziere und die hervorragenden Bürger der vom Kaiser und von den Fürsten abhängigen Städte. Erstere suchten aus ihrer Beute, Letztere aus dem Verdienste durch Handel und Gewerbe Adelstitel zu kaufen, und das in Geldnoth gerathene Reich kam diesen Bestrebungen nur allzu willig entgegen und adelte um Geld sogar die spießbürgerlichen oder bäuerlichen Ahnen der Adelslustigen. Der neue oder Briefadel bildete sich auf seine Titel und Wappen wo möglich noch mehr ein als der alte, und beide zusammen regierten die Welt von der Mitte des siebenzehnten bis zur Mitte des achtzehnten Jahrhunderts unbedingt. Wer der Titel und Wappen entbehrte, existirte nicht für die sog. vornehme Welt, innerhalb welcher sich wieder der alte Adel umsonst gegen das Anwachsen des neuen wehrte und sträubte, und sich wenigstens dadurch entschädigte, daß er den neu Geadelten den Zutritt in seine Orden, Stifter und Korporationen verschloß. So durften es denn auch die Fürsten nicht wagen, die von ihnen mit Adelsbriefen für sich und ihre Ahnen Bedachten neben Altadeligen zu Hofämtern bis zum Pagen herab zuzulassen. Man klagte und spottete darüber, daß sogar Spezereikrämer und selbst — Schornsteinfeger geadelt worden seien, und nannte daher die neuadeligen Städter „Häringsnasen" oder „Pfeffersäcke". Die Geschmähten und Zurückgesetzten suchten sich durch möglichstes Zurschautragen ihres Reichthums in luxuriösen Kleidern, Zimmern, Möbeln und Gastmählern zu rächen, verkleideten ihre Knechte, Lehrlinge u. s. w. in Lakaien und — ruinirten sich oft zur Abwechselung hiedurch. Auch suchten sie ihren Adel nicht selten durch Duelle, welche als ritterliche Thaten galten, zu legitimiren. Auf dem Lande wohnten die Neuadeligen, sowie die verarmten Altadeligen, welche man Beide „Krippenreiter" nannte, oft recht ärmlich, sogar unter Strohdächern, kämpften in ewigen Processen um ihr elendes Dasein und schmarotzten bei Bekannten und Verwandten in der unverschämtesten Weise, oder ließen auch ihre zerlumpten Frauen

und Kinder mit Karren bei Denselben Lebensmittel einsammeln, — sie
waren daher nicht selten nahe daran, in das alte Raubritterthum zurück-
zusinken. Ergötzliche Spezialschilderungen aus diesem tollen Leben gibt
der Schlesier Paul Winckler, politischer Rath und Agent des großen
Kurfürsten von Brandenburg zu Breslau (gestorben 1686), in seiner nach
seinem Tode erschienenen Erzählung „Der Edelmann", aus welcher Freytag
in den „Neuen Bildern aus dem Leben des deutschen Volkes" einen
Auszug liefert.

In Folge der auskeimenden nationalen Bildung und Literatur wurden
seit Anfang des achtzehnten Jahrhunderts die Sitten des niedern Adels
geregelter; seine Glieder begannen sich Kenntnisse zu erwerben; aber charakter-
voll und sittlich tüchtig wurden sie deshalb noch lange nicht. Es ließe sich
vielmehr fragen, was vorzuziehen war, die alte Rohheit, oder die raffinirte
Frivolität, die nun an ihre Stelle trat. Der Bedarf an Hofbeamten,
welche die zunehmende Prunksucht der Höfe schuf, wurde so stark, daß
der ärmere Adel fast ganz im Hofdienste aufging und sich in demselben
so sehr erniedrigte und den letzten Rest seiner Würde verlor, daß Mütter
ihre Töchter und Männer ihre Frauen willig dem überhandnehmenden
Mätressenthum der Fürsten als Opfer hingaben. Den Rest des Adels
verwendete man im Staats- und Militärdienste, und es wurde Brauch,
die höheren Beamten- und Offiziersstellen nur noch mit Edelleuten zu besetzen, welchen überdies noch die Müßiggängerpfründen der Domstifter
zu Gebote standen. Gierig haschten da die Bürgerlichen wenigstens nach
Titeln; die Sitte kam auf, die Handwerker, welche für den Hof arbeiteten,
als Hofschneider, Hofschuster u. s. w. zu tituliren und ihnen das Anbringen
des fürstlichen Wappens über ihrer Thüre zu gestatten.

Soweit die Adeligen nicht Versorgungen an den Höfen fanden,
sondern auf dem Lande blieben, verwilderten sie auch im achtzehnten Jahrhundert wieder, wenn schon nicht mehr in der abschreckenden Weise wie
im siebenzehnten. Sie waren jetzt wenigstens auf Ausbildung ihrer Kinder
bedacht und hielten ihnen Lehrer oder „Hofmeister", wie man sagte, die
nicht selten später als Professoren einen bedeutenden Namen erlangten.
Bei den Katholiken bekleideten diese Stelle meist Jesuiten, welche
zugleich als Beichtväter der Eltern figurirten und zu gleicher Zeit auch
andere Geschäfte besorgten, wie z. B. Proselyten zu machen, protestantische
Familien, bei denen sie in dieser Beziehung nichts ausrichteten, hinter-
einanderzuhetzen, die Kinder derselben aufzugreifen und in ihren eigenen
Erziehungszwinger zu sperren. Zahlreich waren die Gerüchte, daß diese
und jene Personen von Bedeutung ihren Tod dem Gifte der Jesuiten
zu verdanken hätten. Witwen mit minderjährigen Kindern waren vor den
zudringlichen Bekehrern nie sicher, und es kam vor, daß sie sich bei Nacht
und Nebel mit dem Nothwendigsten flüchteten und in ein Land ihres
Glaubens begaben. Manche adelige Familien verarmten und luden dann

diesen und jenen Andern die Schuld daran auf, woraus sich eine solche
Erbitterung entspann, daß nicht selten die Söhne der Einen denen der
Anderen nach dem Leben trachteten und dieses wirklich bisweilen nahmen,
ja sogar aus nicht hinlänglich untersuchten Gründen oder bloßen Gerüchten
von dieser und jener böswilligen Absicht hinterlistige Mittel wählten, die
Verhaßten aus dem Wege zu räumen, z. B. bei scheinbar freundlicher
Einladung durch Anbieten eines kolerigen Pferdes, dessen Reiter dann
Hals und Bein brach.

Die jungen Adeligen, welche das unnütze Herumtreiben auf dem
Lande nicht befriedigte, begaben sich in Gesellschaft ihrer Hofmeister oder
auch allein an eine Universität oder auf Reisen oder richteten gar ihren
kühnsten Wunsch auf die Stelle eines Cavaliers oder Stallmeisters an
einem Hofe. Das Reisen wurde nämlich damals immer mehr zur Mode,
und zwar so sehr, daß seit der zweiten Hälfte des Jahrhunderts förmliche
Lehrbücher über „Die Kunst zu reisen" erschienen und diese „Kunst" sogar
ihren unvermeidlichen griechischen Namen erhielt*). Wir erfahren aus einem
solchen Buche, daß junge Adelige, im Gegensatze zu reisenden Künstlern
und Gelehrten, in der Regel von ihren Reisen, auf die sie doch große
Summen und viele Jahre verwendeten, wenig Nutzen hatten, was größtentheils daher komme, daß sie ohne bestimmten Zweck reisten; „setzten sie
sich aber auch irgend einen nützlichen Zweck vor, so mangelte es ihnen
doch an den zur Erreichung des Zweckes erforderlichen Eigenschaften und
Vorkenntnissen, oder sie hatten sich zu ihrer Reise nicht gehörig vorbereitet."
Es wurden damals satirische Verse auf solche Reisende gedichtet, welche
folgendermaßen beginnen:

> So geh'n Sie nach Paris, nach Rom und London? — „Ja."
> Warum? — „Mein seliger Papa,
> „Mein Oheim und mein Bruder waren da."
> Die Herren kamen wol gelehrt von ihren Reisen? —
> „O, ganz gewiß; sie fehlten keinem Schmaus;
> „Es ist in ganz Paris kein einzig Kaffeehaus,
> „Das sie nicht auf der Karte weisen."
>
> Sie wollen wol nach Rom, dann nach Neapel geh'n,
> Das Grabmal des Virgil, Horaz, Catull zu seh'n,
> Und alle Dichter zu versteh'n? —
> „Nein, — Dichter sind nicht eben meine Sachen."

Ebenso lehnt der hoffnungsvolle Sprößling eines edeln Geschlechtes
in ähnlichen Ausdrücken auch die Bekanntschaft der Alterthümer, des

---

*) Apodemik oder die Kunst zu reisen. Ein systematischer Versuch zum
Gebrauch junger Reisenden aus den gebildeten Ständen überhaupt, und angehender
Gelehrten und Künstler insbesondere. Leipzig 1795.

Schauspiels, der schönen Natur, der Sitten, berühmter Personen und
zuletzt auch die Zumutung ab, nach einem Plane zu reisen.

„Was braucht man einen Plan,
„Da man von Post zu Post die Welt wol finden kann!"

Gewöhnlich hatte man nun die Ansicht, der Zweck des Reisens
junger Leute „von Stande" sei, daß sie lernen, „sich in der großen Welt
mit Anstand zu zeigen, sich ein ungezwungenes Betragen, Artigkeit der
Sitten und seine Lebensart anzugewöhnen und die Kunst der angenehmen
Unterhaltung zu erwerben." Solche Vorurtheile nun bekämpften die angedeuteten Bücher und zeigten den „jungen Leuten von Stande", daß sie
ebenso gut wie die Bürgerlichen die Ausbildung für einen bestimmten
Beruf im Auge haben müßten, sei dies nun der Civil- oder Militärdienst
oder die Verwaltung ihrer Güter.

Reiche adelige Gutsbesitzer benahmen sich oft gleich kleinen Fürsten
und wetteiferten mit solchen an Luxus und Ansprüchen, ja überboten sie
sogar. So erfahren wir von einem Oberstlieutenant Johann Friedrich
von Flemming auf Weißig in Sachsen, welcher weit gereist war und
zwei Bücher „der vollkommene deutsche Jäger" und „der vollkommene
deutsche Soldat" geschrieben hatte, daß seine fünf Bedienten eine eigentliche
Kapelle vorstellten, deren Instrumente in einem Dudelsack in Gestalt eines
„Wolfes mit gläsernen Augen", nebst Violinen und Waldhörnern bestanden.
Seine dreißig Bauern waren uniformirt und bewaffnet und von einem
abgedankten Lieutenant kommandirt; täglich wurde eine Wachtparade
gehalten und fünf Schildwachen aufgestellt. In seinem Vorhause standen
zehn Kanonen; dazu besaß er noch dreißig Doppelhaken, hundert Flinten
und einige Trommeln. Wegen eines auf von ihm angesprochenem Gebiete
durch die Jäger der Herzogin von Sachsen-Weißenfels erlegten Hirsches
erklärte er Derselben den Krieg, rückte mit seiner Mannschaft und zwei
Kanonen aus, nahm den Amtmann der Herzogin gefangen und ließ ihn,
als er ihn beleidigte, zu dreitägigem Reiten auf dem „hölzernen Esel"
verurtheilen. Auf Klage der Herzogin bei der Regierung der Lausitz wurde
Flemming in eine Strafe von 50 Mark löthigen Goldes verfällt, die
beleidigte Dame aber zu gelinde fand, so daß sie den Bestraften selbst
dann nicht mehr sehen wollte, als ihm sein Vetter, der Feldmarschall
von Flemming, Urheber der Wahl Augusts II. von Sachsen zum König
von Polen, das Kriegshandwerk gelegt hatte, — sondern erst, als er auf
den streitigen Gebietstheil verzichtete.

Es kam vor, daß bei Anlaß von Hochzeiten Streitigkeiten über die
Mitgift und Mißhelligkeiten über erworbenes Frauengut entstanden, die
bis zu Duellen führten. In solchen Dingen wurden auch Processe geführt,
die oft Generationen, ja Jahrhunderte hindurch dauerten und kein Ende
nehmen wollten.

In Ämtern und Würden glaubten sich die Adeligen Alles erlauben zu dürfen und wurden in diesem Glauben auch oft von den sie arg verziehenden Fürsten bestärkt. Der hannoversche Minister von dem Busch, unverheiratet und reich, schenkte einst zur Abwendung einer besorgten Ungnade, der Königin zehn „Karolinenkuxe", deren jährlicher Ertrag auf zwanzigtausend Thaler geschätzt wurde. Bei Tafel konnte er gewisse Kleiderfarben nicht sehen und nöthigte seine Gäste, sich auszuziehen und aus seiner Garderobe zu versehen, ohne Rücksicht darauf, ob ihre Statur dazu paßte. Andere forderte er je nach Laune auf, ihren Platz ein oder mehrere Male zu wechseln; wenn sie sich aber weigerten, sagte er auch nichts mehr. Er liebte es, Wasser aus allen berühmten Brunnen, sogar italienisches und spanisches, auf seinem Tische zu haben, und ließ alle Vierteljahre den Rest davon, nebst ebenso vielen Flaschen Wein, an die Prediger vertheilen, damit sie es nicht verriethen, daß er die Kirche nie besuchte, weil er — die Orgel nicht hören konnte. Der preußische General von Walrawe, ein geborener Holländer, war katholisch geworden und hatte dem Papste mit der Drohung, wieder abzufallen, ein Kruzifix abgezwungen, das er in seinem Schlafzimmer auf einem Altar stehen hatte. In demselben Schlafzimmer standen auf beiden Seiten seines Bettes dasjenige seiner Frau und dasjenige — seiner Mätresse, welche letztere — die Frau seines Regimentsquartiermeisters war und auf sein Verlangen vom König Friedrich dem Großen für ihren Mann den Hofrathstitel erlangt hatte, „weil es, so schrieb der König, billig, daß die Mätresse eines Generals mit einem so ansehnlichen Titul beehrt werde." (!) Diese Mätresse denuncirte ihn, als er Geheimnisse des Staates nach Wien verrathen wollte, was ihn (1748) in die von ihm selbst errichteten Gefängnisse der Festung Magdeburg brachte. Walrawe, den schon längst Niemand für ehrlich hielt, hatte auf all sein Silbergeschirr Raben, sein Wappen, stechen lassen, worüber einst der bei ihm speisende „alte Dessauer" sarkastisch sagte: „Walrawe, ihr machet euch mit den Raben zum voraus bekannt, damit sie euch künftig nicht fremde vorkommen!"

So gab es noch allerlei sonderbare Käuze unter dem deutschen Adel. Der regierende Graf Erdmann von Promnitz zu Sorau, Sohn der erwähnten Herzogin von Sachsen-Weißenfels aus erster Ehe, polnischkursächsischer Kabinetsminister, war so fromm, daß er stets mit seiner Familie knieend betete. Seine Mutter sagte darüber: „ich habe meinen Sohn Erdmann recht lieb; allein er muß nicht von mir verlangen, daß ich täglich einige Stunden mit ihm beten soll; denn das würde mir bei meiner Korpulenz viel zu schwer fallen." Seine Töchter tanzten sehr gerne, mußten aber damit immer warten, bis ihr Vater im Bette war, worauf dann für Musik und Tänzer gesorgt wurde. Er fand sein Ende 1745 durch Mißhandlung und Ermordung von Seite österreichischer Husaren. Sein Bruder Friedrich ward von seiner Gattin Charlotte, geborenem

Gräfin von Tenczin, einer „trunksüchtigen, lüderlichen, abergläubischen und rohen Person", in jungen Jahren zu Tode geärgert. „Als er (1712) starb, fiel sie in Ohnmacht; da ihr aber ein Bedienter angezündeten Schwefel unter die Nase hielt, sprang sie auf, ergriff ein Pistol, dergleichen sie stets bei sich führte, und drohte ihn zu erschießen. Er schlug ihr die Waffe aus der Hand und lief weg." Sie verheiratete sich in zweiter Ehe 1716 mit dem Grafen Johann Alexander von Callenberg zu Muskau, welcher, um sie wieder los zu werden, behauptete, sie befände sich von ihrem Mohren (!) in anderen Umständen und sie in Dresden verhaften ließ. Sie schrieb an den König August I. und legte ein ärztliches Zeugniß bei, daß sie gar nicht schwanger sei. Der König ließ sie zwar zu sich kommen, wendete sich aber mit Ekel ab, als er, wie er sie küssen wollte, den Branntwein roch, den sie getrunken hatte. Sie wurde entlassen; aber ihr Mann, der sich möglichst bemühte, ihre Untreue zu erweisen, ließ sich von ihr scheiden. Da ihre einzige Tochter erster Ehe natürlich schlecht bei ihr aufgehoben war, ließ deren Großmutter, die Herzogin, sie durch einen Hofkavalier entführen und zu sich bringen. Dies bedauernswerthe Werkzeug aber wurde auf Befehl der lüderlichen Gräfin überfallen und auf Anklage wegen protestantischer Proselytenmacherei (sie selbst war katholisch!) nach der Aussage der Einen auf die Festung Olmütz gebracht, wo er bis zu seinem Ende geblieben sei, nach der Meinung Anderer — bei Wasser und Brot eingemauert, wo ihn 1741 preußische Soldaten mit langem Bart, ohne Nase und Ohren und irrsinnig getroffen hätten; vier Tage nachher sei er gestorben. Die Gräfin setzte dann Himmel und Erde in Bewegung, bis sie ihre Tochter wieder hatte und ließ sie in Wien katholisch erziehen, wo sie den Grafen Altham, spanischen Granden, heiraten mußte, aber bald vor Gram starb. Die unnatürliche Mutter selbst wurde wegen angeblich politischen, wahrscheinlich aber einen ganz andern Charakter tragenden Einverständnisses mit preußischen Offizieren auf Befehl des österreichischen Generals Neipperg als Landesverrätherin verhaftet, von ihren katholischen Unterthanen im Bette gebunden, auf einen Leiterwagen geworfen und in die Festung Neisse gebracht, wo sie, kurz vor deren Eroberung durch die Preußen, vor Verdruß starb. Ihr Sohn Balthasar Friedrich, der bei der Herzogin erzogen worden, wurde auf einer Reise von Seeräubern ergriffen und nach Algier als Sklave verkauft, jedoch wieder ausgelöst.

Ein tragisches Ende nach hohen Ehren nahm der kursächsische Graf Karl Heinrich von Hoym. Er wurde 1719 Kammerherr, 1720 Gesandter in Paris, wo er sich vollständig französirte, 1723 Geheimer Rath, 1724 Kabinetsminister, 1730 Vorsitzender des Geheimen Rathes. Im Jahre 1731 aber wurden achtzehn Anklagepunkte gegen ihn aufgesetzt, welche meistens sehr vag auf Ungehorsam, Anmaßung, schlechte Behandlung Anderer, Fälschungen und unanständige Reden lauteten. Er wurde seiner Ehrenstellen entsetzt, von Dresden und dem Hofe verbannt, zu 100,000 Thaler Buße verurtheilt, nachträglich aber 1734 auf dem Königstein eingesperrt, wo er sich 1736 erhängte. Man ließ ihn vierzehn Tage hängen (!), bis Befehl aus Warschau kam, ihn abzunehmen und zu begraben, was auf der Festung selbst geschah.

Es gab indessen auch Adelige, welche, obschon mit den zur diplomatischen Laufbahn erforderlichen Talenten und dem solche unterstützenden Ehrgeize ausgestattet, doch im Vaterlande keinen hinlänglichen Raum zur Entfaltung ihrer Kräfte fanden. Es begegnen uns in jener bewegten Zeit namentlich Solche, welche die nöthige Luft zum Auskochen ihrer vulkanischen Leidenschaften im Oriente suchten. Einen Deutschen, bei welchem dies der Fall war, sehen wir in dem Baron Johann Wilhelm von Ripperda aus Ostfriesland. 1680 geboren, wurde er bei den Jesuiten erzogen, trat aber in reiferen Jahren, angeblich wegen einer projektirten Heirat, zur protestantischen Kirche über. Er diente im spanischen Erbfolgekriege den Niederländern. Bei einer Sendung nach Spanien gefiel ihm das Land so gut, daß er wieder katholisch wurde und sich dort niederließ. Da er von dem mißtrauischen Minister Alberoni lange nicht beachtet wurde, schlug er dem Hofe den Gedanken einer Allianz mit Oesterreich vor und wurde zur Beförderung derselben nach Wien gesandt. Seine Mission ward nach langem Warten mit Erfolg gekrönt und er stieg zum spanischen Minister, Herzog und Grande. Seine Ungeschicklichkeit und Prahlerei führte jedoch schon 1726 seine Entlassung als Minister herbei, worauf er sich einbildete, fliehen zu müssen, obschon es nicht nothwendig war. Er suchte Schutz beim englischen Gesandten, was aber nun die spanische Regierung so bedenklich fand, daß sie ihn verhaften ließ. Eine Dame, mit der er ein Liebesverhältniß anknüpfte, half ihm zur Flucht nach Holland. Er suchte sich dann Einfluß in England zu erringen, aber ohne Erfolg, und ging nun mit seiner Geliebten nach Marokko, wo ihn der Sultan huldvoll empfing. Seinem Ehrgeize stand nur der Übertritt zum Islam entgegen. Er fühlte indessen keine religiösen Skrupel, sondern blos Furcht vor der Beschneidung, welche sein Kammerdiener zuerst erproben mußte. Endlich entschloß er sich auch dazu und erhielt den Titel Osman-Pascha. Von Spanien seiner Würden entsetzt, führte er Krieg gegen diese Macht und suchte Ceuta zu erobern, was ihm aber nicht gelang. Hiedurch in Ungnade gefallen, grübelte er an einer Verschmelzung der mohammedanischen und jüdischen Religion. Im Geheimen soll er später, auf Antrieb seiner spanischen Geliebten wieder Katholik geworden sein, wurde aber nach seinem Tode (1737) als Mohammedaner beerdigt.

Ein Gegenstück zu ihm und zugleich einen Typus des französischen Adels bietet der Graf Claude Alexandre von Bonneval dar. In Limosin 1675 geboren und ebenfalls bei den Jesuiten erzogen, diente er in der Marine seines Vaterlandes, dann im Landkriege gegen die Niederlande, konnte aber wegen seiner frivolen Spöttereien unter der Herrschaft der frömmelnden Maintenon keine Beförderung erlangen. Er beleidigte deshalb den Kriegsminister, trat, um der Strafe zu entgehen, zu den Feinden über, d. h. in österreichische Dienste, und diente ohne Bedenken gegen sein Vaterland. Nach dem Frieden besuchte er Paris, als ob nichts geschehen wäre und wurde auch ehrenvoll behandelt. Sein zügelloses Leben und seine Streitsucht, während er in Brüssel lebte, führten seine Citation nach Wien, und als er nicht gehorchte, seine Verhaftung, Einsperrung auf dem Spielberg und Verurtheilung zum Tode herbei. Vom Kaiser zur Verbannung begnadigt, suchte er umsonst venezianische und russische Dienste und ging nun in die Türkei, wo er 1730 zum Islam überrat. Bascha wurde und das türkische Kriegswesen reformirte. Achmed-Pascha, wie er jetzt hieß, betrieb vorzüglich aus Privatrache den Krieg gegen Oesterreich, bis er zu Stande kam, und leistete dabei so gute Dienste, daß er hohe Ehrenstellen erhielt. Er lebte nun luxuriös, verachtete die muhammedanischen Speisegebote, hielt ein gebürtiges Harem neben seiner christlich gebliebenen Gattin, und starb 1747. In Pera wurde ihm ein prächtiges Denkmal gesetzt.

An Bildung und feiner Sitte stand der schottische Adel hinter demjenigen anderer Länder noch weit zurück. Das erfuhr unter Andern in besonders reichem Maße Lady Eleanor Campbell, welche in der ersten Hälfte des achtzehnten Jahrhunderts lebte. Ihr erster Gatte, James Viscount Primrose, ein ausschweifender, trunk- und rachsüchtiger Mensch, der besten angeachtet zum Herr erhoben wurde, faßte gegen sie wegen ihrer beständigen Vorstellungen über seine Laster einen solchen Haß, daß er nach einem wilden Zechgelage mit dem Schwert in ihr Zimmer schlich, um sie zu ermorden; sie bemerkte ihn jedoch im Spiegel und entfloh durch das Fenster. Er verließ nun das Land und wollte auf dem Kontinent die Tochter eines reichen holländischen Kaufmanns heiraten, als der Bruder seiner Gattin es erfuhr und in der Kirche mit ihm handgemein wurde. Primrose starb 1706 und Eleanor ehelichte den Carl von Stair, der aber wieder so sehr dem Trunke ergeben war, daß er seine Frau beständig schlug, wenn er berauscht war. Einst hatte er sie vollkommen blutig geschlagen, worauf sie in diesem Zustande verharrte, bis er wieder nüchtern war und nun sich so schämte, daß er vor nun an nichts mehr trank, was nicht von ihren Händen ihm zugemessen war. Derselbe Stair war 1709 englischer Gesandter in Dresden und 1741 General der englischen Armee in Flandern.

Der niedere Adel Englands lebte im siebenzehnten Jahrhundert noch ziemlich ärmlich. Nur die mit großen Grundbesitz Gesegneten konnten es sich erlauben, London häufig zu besuchen oder gar den Kontinent zu bereisen. Von den Squires, die damals Friedensrichter oder Sheriffs waren, kam von Zwanzig kaum Einer in fünf Jahren einmal nach der

Residenz oder in seinem Leben soweit als nach Paris. Ihre Erziehung war meist nicht weit her, ihre Umgebung ungebildet, ihre Schule vor dem zwanzigsten Jahre vollendet und das Gelernte bald vergessen, ihre Beschäftigung Korn- und Viehgeschäfte, ihre Vergnügungen roh und lärmend, ihre Ausdrucksweise pöbelhaft. Dicht vor dem Hause stand der Düngerhaufe und das Gemüse wuchs vor der Thüre. Der Heerd war gastfrei; aber getrunken wurde ohne Maß und Ziel, besonders starkes Bier, oft bis Alles unter dem Tische lag. Der Gesichtskreis des englischen Landedelmanns war beschränkt; er haßte Alles, was nicht seinen Anschauungen am Nächsten lag, alle fremden Nationen, zu welchen auch die Schotten und Iren gehörten, ja sogar schon die Londoner, und alle fremden Religionen, besonders Papisten und Puritaner, Quäker und Juden. Die Frauen und Töchter dieser Herren befaßten sich mit nichts Höherm, als Nähen und Spinnen und der Bereitung von Speisen und Getränken.

Dabei war aber der Familienstolz groß und zu dessen Nährung die Kenntniß der Wappen und Stammbäume aller adeligen Geschlechter höchst gründlich. Auch verwalteten die Landedelleute, wenn auch nicht immer mit großer Weisheit, die Justiz, und zwar unentgeltlich; sie waren Offiziere der Miliz und die älteren von ihnen hatten in der Revolution mit den Rundköpfen Hiebe gewechselt. Sie waren Anhänger des Königthums, aber keineswegs des Hofes, über dessen Verderbtheit sie laut schimpften. Noch mehr aber waren sie der Hochkirche ergeben, nicht aus Überzeugung von der Wahrheit ihrer Dogmen, sondern aus angelerntem Fanatismus, daher sie es auch mit den Sittengeboten des Christenthums keineswegs genau nahmen.

Unter dem höhern englischen Adel war Narrheit, Unwissenheit und Sittenlosigkeit gleich stark vertreten. Ein Lord Sandys soll in seinem ganzen Leben blos einmal gelacht haben, — als sein bester Freund ein Bein brach! Sir John St. Germain vermachte dem Sir Matthäus Decker eine ansehnliche Summe, weil er glaubte, derselbe habe das Evangelium des Matthäus geschrieben. Der Minister Herzog von Newcastle, dessen Geschäftskreis der „nordische" hieß und unter Anderm auch die Angelegenheiten Hannovers umfaßte, glaubte alles Ernstes, Hannover liege im Norden von England. Lord Thomas Pembroke, der seinen Sohn so sehr tyrannisirte, daß derselbe das Haus verließ, bestand nichtsdestoweniger darauf, ihn stetsfort als anwesend zu betrachten und ließ ihn täglich durch den Bedienten zum Essen rufen. Dieser Sohn fluchte, wenn er böse war, so gotteslästerlich, und schlug so blind darein, wie der gemeinste Boxer. Der Sohn des Letztern, welcher jährlich zehntausend Pfund einnahm und die schönste Frau Englands besaß, lief im 20. Altersjahre mit einem einfältigen und nur leidlich hübschen Mädchen davon, schrieb aber auf der Flucht zärtliche Briefe an seine Gattin und lud sie ein, ihn zu begleiten. Er kehrte dann wieder zurück, entführte aber später zu

Venedig eine Braut in der Hochzeitnacht. Lord Bath war so geizig, daß er einen Handwerker, dem er achthundert Pfund schuldete, fortwährend hinter sich herlaufen ließ, ohne ihn zu bezahlen, und dies erst that, als der Gläubiger sich in der Kirche, wo über den Geiz gepredigt wurde, neben ihn setzte und Skandal verursachte. Lord Mountfort brachte sein Leben mit Wetten zu und erschoß sich kaum, als er beinahe nichts mehr hatte. Lord Rockingham und Lord Orford veranstalteten zwischen fünf Truthähnen und fünf Gänsen einen Wettlauf von Norwich nach London. Lord Cobham wettete, er werde dem Lord Hervey ungestraft in den Hut speien, that es und kam mit Entschuldigungen davon, und daß er den Speichel wieder abwischte. Ein Bruder dieses Hervey hatte die Manie, alle seine Privatangelegenheiten, selbst die geheimsten ehelichen Verhältnisse, in gedruckten Flugblättern öffentlich bekannt zu machen! — — Sir William Burdett war ein Beutelschneider von Profession und verleitete junge Leute zum Spiele, wobei er sie auf die unverschämteste Weise betrog und ausplünderte. Lord Chesterfield, der das Alter aller anderen Adelsgeschlechter überbieten wollte, hängte unter seinen Ahnenbildern zwei mit der Bezeichnung „Adam von Stanhope" und „Eva von Stanhope" (Familienname der Chesterfield) auf.

Die Liebe war es, welche andere Adelige gegen gemeine Herkunft blind machte. Der Herzog von Hamilton und der Graf von Coventry heirateten zwei arme Schwestern aus Irland, die aber so schön waren, daß Alles still stand, wo sie hinkamen oder ihnen nachlief. Lady Coventry verderbte ihre Gesundheit durch Schminken, bis sie an der Schwindsucht starb. Lady Hamilton aber heiratete nach dem Tode ihres Gatten den Herzog von Argyle und gebar so den zwei größten schottischen Geschlechtern Erben.

Nicht weniger reich an Thorheiten und Sonderbarkeiten war die **Frauenwelt** des hohen Adels in England. Dieselbe wurde nämlich, gleich den Männern, sehr schlecht erzogen. Schamlos kokettirten die Schönen mit ihren Reizen, tanzten wollüstig, sprachen und sangen leck und unanständig, zogen zur Ausübung verwegener Streiche Männerkleider an und rangen auch wol mit Männern. Auch kümmerten sie sich weit weniger um die Pflege des Schönen, die ihnen so wohl angestanden wäre, als um die Politik, die sie nichts anging. Das Haus der Lords beschloß einst, daß auf seiner Gallerie Niemand mehr Zutritt erhalten sollte, als die Mitglieder des Hauses der Gemeinen. Das ärgerte die Damen der Peers; sie bildeten eine Verschwörung, erschienen um neun Uhr Morgens vor dem Versammlungssaale und verlangten Einlaß. Als sie bestimmt abgewiesen wurden, dennoch aber auf ihrem Willen beharrten, beschloß das Haus, alle Zugänge zu besetzen und die Frauen auszuhungern, was sie jedoch bis Abends fünf Uhr aushielten, während welcher Zeit sie so heftig an die Thüre klopften und stießen, daß man im Saale die Redner nicht verstand. Da befahlen die an der Spitze stehenden Herzoginnen von Queensbury und Ancaster ein Schweigen von einer halben Stunde. So schwierig dies war, es wurde ausgeführt; das Haus schloß daraus, die Belagererinnen seien abgezogen und öffnete die Thüre, in welche dieselben nun siegreich einstürmten und die Gallerien besetzten. Unter Winken, Lächeln und Lachen, als Zeichen des Beifalls und Mißfallens, blieben sie bis zum Schlusse der Sitzung um elf Uhr Nachts. Die erwähnte Herzogin von Queensberry nahm einst Postpferde, fuhr auf das Land zu einer Freundin, um ihr, wie sie sagte, eine wichtige Mittheilung zu machen. Dieselbe bestand — in einer Art von Zubereitung der Beefsteats! — Die Herzogin von Newcastle, Gattin des erwähnten Ministers, mischte sich ebenfalls stark in Politik, wozu sie, wie Walpole bemerkt, der Bart berechtigte, den sie trug; zu Hause hielt sie in ihrem Zimmer ein — Schwein, das sie aus Hannover mitgebracht hatte! — Ein Fräulein Strafford war von des französischen Dichters Crebillon Werken so sehr entzückt, daß sie nach Paris reiste, ihm Hand und Vermögen anbot und ihn bis an sein Ende pflegte.

Im September 1771 allein lieferte der englische Adel dem geistlichen Gerichte fünfundzwanzig Ehebruchsprocesse, — mehr als im vorhergehenden halben Jahrhundert zusammen! In den siebenzehn ersten Jahren der Regierung Georg's III. kamen mehr Ehescheidungen vor, als während der ganzen vorausgehenden englischen Geschichte.

C. Die Finanz.

Durch den dreißigjährigen Krieg und seine Verwüstungen kam Deutschland in nationalökonomischer Beziehung namenlos herunter. Die nämliche Zeit benutzte dagegen England zur Erweiterung seines Handelsverkehrs und legte damit den Grund zu seinem ersteres Land so weit hinter sich zurücklassenden Nationalreichthum, und zwar ungeachtet unverantwortlich verkehrter nationalökonomischer Maßregeln, deren Durchführung seine Machthaber aus politischen Gründen ertrotzten. Dies geschah namentlich durch die Navigationsacte Cromwell's, welche allen nicht englischen Schiffen den Handel in den Kolonien und an den Küsten Großbritanniens bei Strafe der Konfiskation des Schiffes und der Ladung untersagte, — so daß die andern Staaten mit Recht Repressalien ergriffen, indem sie englischen Schiffen nicht gestatteten, in ihren Häfen Waaren aufzuladen, daher Englands Schiffe stets leer zurückkehrten und die Hälfte ihrer Fracht einbüßten.

In Frankreich waren es zur selben Zeit zahlreiche Staatsmänner, welche durch nationalökonomische Experimente die finanziellen Übelstände zu heben suchten. Der große Freund Heinrich's IV., Sully, war der

Erste unter ihnen. Er ging von dem Grundsatze aus: um die Fürsten
zu bereichern, müsse man zuerst das Volk bereichern; er schaffte daher viele
auf dem Boden ruhende Lasten ab und befreite den Güterumlauf von den
ihn hemmenden Fesseln; er bekämpfte den Luxus, die Monopole und den
Verbrauch fremder Erzeugnisse in Frankreich, sowie die Ausfuhre von
Metallgeld und erwies sich damit als noch im falschen Wahne des Merkantil-
systems befangen. Was er indessen trotz dieses Irrthums Gutes geschaffen,
zerstörten wieder die Verschwendungen der rücksichtslosen Despoten Richelieu
und Mazarin, welche zu Gunsten der königlichen Macht die Kräfte des
Landes auslaugen. In Sully's Fußstapfen trat erst wieder Colbert, der
große Minister Ludwig's XIV. Er begünstigte die Ansammlung des
Privatvermögens, hob innere Zölle und Abgaben auf, setzte die Aus- und
Eingangszölle herab, machte den lästigsten ein Ende, that so den ersten
Schritt aus dem verderblichen Merkantilsystem heraus und beförderte durch
Straßen, Kanäle, Entsumpfungen, Baumschulen, Wechsel- und Handels-
gesetze, Häfen, Posten, Verbesserung des Forstwesens, der Viehzucht u. s. w.
die öffentliche Wohlfahrt.

Zwischen diesen drei großen Ländern, in welchen auf so verschiedene
Weise mit dem Lande und Volke experimentirt wurde, lag in der Mitte ein
kleineres, das sie aber an Reichthum verhältnißmäßig, bald alle übertraf,
— es war Holland, das vermittels der Handelsfreiheit so erstaunliche
Resultate lieferte, und zwar ohne irgend welche Erzeugnisse seines Bodens
auszuführen, — bloß durch den sich dort inneren Verkehr der Industrie der
ganzen Erde. Die einzelnen Städte ergänzten einander gegenseitig in diesem
Beginnen. Middelburg trieb Weinhandel, Sluys Häringsfischerei, Saar-
dam Schiffsbau, Vlissingen Handel mit westindischen Kolonialprodukten.
Es war der Kampf der Handelsfreiheit und des strengen Merkantil-
systems, welcher die Flotten der beiden von gesunder Politik zum Bunde
berufenen protestantischen Seestaaten Holland und England gegeneinander
bewaffnete, bis schließlich das kriegerisch besser gerüstete England trotz seiner
erwähnten fehlerhaften Nationalökonomie den Sieg errang.

Diese nationalökonomischen Verhältnisse der Länder, welche seit dem
Anfange des siebzehnten Jahrhunderts die Träger der europäischen
Kultur wurden und deren Hauptsitz somit vom Mittelmeere, dessen An-
wohner in die Dunkelheit zurücktraten, an die Ufer des atlantischen Oceans
verlegten, bestimmten so ziemlich die Art und Weise, wie ihre Angehörigen
auf dem Felde der Güterverteilung emporkamen oder zurückblieben.
Suchte sich der gelehrte Stand auf dem Felde der Wissenschaften, der Adel
auf dem des Hofs mit Kriegsgewerbs Ruhm und eine oft zweifelhafte Ehre
zu erringen, so begann von neben dem Ehr- und dem oft uneigentlich so
genannten Wehrstande, auch der früher zurückgesetzte Nährstand durch Zusam-
menraffung von Glücksgütern sich emporzuringen und an Glanz die Kinder
der Ehre und des Degens zu überbieten. In Deutschland machte sich

dieses Streben mühsam aus dem rauchenden Schutte des dreißigjährigen Kampfes herausarbeiten, in Frankreich sich der Vormundschaft entweder harter, despotischer oder das Volk gegen dessen Willen zu beglücken suchender Minister zu entwinden suchen, in England durch Fleiß und Unternehmungsgeist Das wieder gut machen, was die Regierung zur Befestigung ihrer politischen Macht verderbte, — während es endlich in Holland die Freiheit hatte, sich naturgemäß zu entwickeln.

Dieses in so verschiedener Weise sich äußernde Streben der Jünger des Mammon, der Finanzmänner, mußte selbstverständlich Krisen hervorrufen, — Handelskrisen, deren Beginn gerade mit demjenigen des siebenzehnten Jahrhunderts zusammenfällt. In diesen Krisen spielten jene Mittel des Handelsverkehrs eine hervorragende Rolle, welche geeignet sind, durch ihre Abhängigkeit von den Ereignissen, welche die Welt erschüttern, Schwankungen in der Vertheilung der Glücksgüter hervorzurufen, — nämlich die Banken und der Wechsel. Bekanntlich entstand das Wechselgeschäft in Italien, im dreizehnten Jahrhundert in Folge der damals herrschenden öffentlichen Rechtlosigkeit und Unsicherheit, indem die Kaufleute, um ihres Metallgeldes nicht beraubt zu werden, oder auch, um der Mühe des Mitschleppens vielen Geldes überhoben zu sein, dasselbe in Anweisungen ihrer Geschäftsfreunde auf deren Schuldner verwandelten, oder, weil sie vielleicht nicht genug Geld bei sich hatten, mittels einer solchen Anweisung auf ihre eigenen Schuldner oder Geschäftsfreunde bezahlten. Nach den Tischen oder Bänken nun, auf welchen das Geld aufgezählt und gegen Anweisungen vertauscht wurde, nannte man die Orte oder Häuser, wo solcher Tausch oder „Wechsel" stattfand, — Banken. Diese Art des Verkehrs fand man indessen mit der Zeit so bequem und zeitgewinnend, daß man sie auch, nachdem die ursprüngliche Veranlassung der Unsicherheit des Reisens nicht mehr bestand, nicht nur beibehielt, sondern im Gegentheil noch mehr ausbildete und verbreitete. Die erste eigentliche Bank bestand seit 1157 zu Benedig; es folgten ihr welche in unbestimmter Zeit zu Florenz, 1348 zu Barcelona, 1407 zu Genua. Häufiger wurden die Banken im siebenzehnten Jahrhundert; es entstanden welche 1609 zu Amsterdam, 1619 zu Hamburg, 1635 zu Rotterdam, 1657 die schwedische zu Stockholm, 1694 die von England zu London, 1695 die von Schottland, 1716 die französische von Law, 1736 die dänische zu Kopenhagen, 1765 die preußische u. s. w.

Die Geschäfte dieser Banken theilten sich nach und nach in vier Gattungen. Zuerst waren die Banken bloße Girobanken, d. h. sie beschränkten sich darauf, in einem bestimmten Kreise (neulateinisch girum) von Kaufleuten deren Guthaben gegen einander umzuschreiben; es kam dazu das Depositogeschäft, indem man bei den Banken Geld hinterlegte, dafür Scheine erhielt, die sich nach und nach zu den Banknoten oder Zetteln entwickelten, und Zins bezog. Um diesen Zins aufzubringen,

mußten natürlich die Banken das ihnen anvertraute Geld wieder aus-
leihen und dafür Zins empfangen. Manche Banken blieben bei einer
oder zweien dieser Geschäftsgattungen, die meisten aber machten alle vier
zu den ihrigen. Die meisten neueren Banken entstanden durch den Staat,
und zwar durch Vergesellschaftung der Gläubiger desselben, deren Schuld-
verschreibungen zusammen das Kapital der Bank bildeten, das man dann, zur
leichtern Berechnung der Zinse, in gleiche Theile theilte, die man **Aktien**
nannte. Dies ahmten nun die Regierungen nach, indem sie gleich bei
Aufnahme der Anleihen, deren sie bedurften, **Obligationen** von gleich-
lautenden Beträgen ausgaben. Aktien und Obligationen wurden ver-
käufliche Handelsartikel; zu ihrem und der Wechsel, wie auch der Waaren,
gegenseitigem Umtausche entstanden wieder neue Institute, die **Börsen**;
die erste im siebenzehnten Jahrhundert in Holland.

Der so zunehmende und sich immer weiter ausdehnende Verkehr und
Handel, indem er zu gewagten Spekulationen führte, nicht ohne die bereits
erwähnten Handelskrisen bleiben. Die erste derselben traf zwischen 1609
und 1620 das durch die Entdeckung von Amerika und die ihr folgende
Entfernung des Handelsverkehrs von der Ostsee heruntergekommene und
in den Anstrengungen, sich wieder zu erheben, fehlgreifende Lübeck, wo
die bei enormer Nachfrage nach Kapital emporgeschraubten Zinse das
Kapital selbst verschlangen. Eine ebenso ernste, wenn gleich mit Rücksicht
auf ihre Veranlassung komische Krise entsprang der zwischen 1634 und
1638 Holland erfassenden Manie für Tulpen, welche so grassirte,
daß diese Blumen einen künstlichen, bisweilen zu enormer Höhe steigenden
Werth erhielten. Alle Stände des Volkes ohne Unterschied wurden von
dieser Manie ergriffen; man spekulirte auf Tulpenzwiebeln, die man nie
gesehen hatte, und bezahlte fabelhafte Summen von mehreren tausend
Gulden für einzelne Stücke; ja man wagte das ganze Vermögen, Haus
und Hof in der Hoffnung auf günstige Differenzen. Eine einzige
holländische Stadt machte Geschäfte von mehr als zehn Millionen in
Tulpen, ein Einzelner gewann in wenigen Wochen sechszigtausend Gulden,
und der Schwindel verpflanzte sich nach London und Paris. Endlich aber
schwand das Vertrauen, man wollte nichts mehr für die Tulpen bezahlen,
und die Reichgewordenen, welche diese thörichten Spekulationen fortgesetzt
hatten, wurden arm. Man verfaßte jetzt, zu spät, Spottgedichte auf die
„Binnisten", wie man die Tulpenspekulanten hieß, und zeichnete Kari-
katuren auf sie und die von ihnen Betrogenen.

Weitern Schwindel, und zwar einen für die politische, wie für die
Kulturgeschichte höchst folgenschweren, veranlaßten die Kolonieen der
seefahrenden Völker Europa's in fremden Erdtheilen. Die Regierungen,
welche solche besaßen, verpachteten Handel und Industrie in denselben an
Handelsgesellschaften und schlossen dagegen nicht nur alle fremden Kaufleute, sondern auch alle eigenen, welche nicht Mitglieder jener Gesellschaften

waren, von allem Verkehr in den Kolonien aus. Der Vater dieser Idee war der Schotte John Law aus Edinburg (geb. 1671), der, als Spieler und Duellant aus seinem Vaterlande entflohen, 1716 Gründer der ersten französischen Bank wurde, durch welche der in Folge der Verschwendung Ludwig's XIV. zerstörte Kredit sich so sehr hob, daß sie mit einem Kapital von sechs Millionen bis auf fünfzig Millionen Noten ausgeben konnte. Indem Law nun den Gedanken faßte, seine Bank zur Beherrscherin des Kredits in Frankreich zu machen, gründete er die westindische Compagnie zur Ansiedlung und Ausbeutung der Mississippi-Länder mit einem Kapital von hundert Millionen in Aktien zu 500 Livres, welche zu drei Viertheilen in Staats-Rentenscheinen eingezahlt werden konnten. Der vorgeschützte Zweck wurde natürlich nie in Angriff genommen; Law zahlte die Dividende aus den Zinsen der Staatsscheine und erreichte so, daß die hieraus Vortheil ziehende Regierung 1718 seine Bank zur königlichen erhob, den Aktionären derselben ihr Kapital heimbezahlte und ihr den Alleinhandel nach Ostindien übertrug, wofür neu Aktien ausgegeben werden durften. Law wurde durch die Maßregeln, welche er anwandte, diese anzubringen, der Vater der Agiotage, indem er die inzwischen gefallenen westindischen Aktien über pari aufkaufte und zugleich durch seine Agenten die ostindischen Papiere anpreisen und deren Werth so in die Höhe schrauben ließ, daß man sich Tag und Nacht vor seinem Burraux in der langen und engen Rue Quincampoix drängte und drückte, um Aktien zu erhalten, die nun auf fabelhafte Weise, zuletzt bis auf das Dreißigfache, stiegen und Viele in kurzer Zeit bereicherten; es gelangten damals Bediente dazu, in den Kutschen zu fahren, auf denen sie kurz vorher hinten auf gestanden. Manche gewannen Millionen und trieben fabelhaften Luxus, bis sie wieder ruinirt waren.

Da indessen Law mit seiner Bank die Ausschweifungen des Regenten (Herzogs von Orleans) und seiner überlichen Gesellen und Mätressen begünstigte und die Parlamente deshalb ihr das Recht bestritten, als öffentliches Organ der Einnahmen und Ausgaben des Staates zu figuriren, auch eine spätere Oppositionsbank von hundert Millionen durch die Brüder Paris entstand, sanken die Aktien von Law's königlicher Bank, und als dieselbe kraft ihres offiziellen Charakters versuchte, dem Metallgeldverkehre Hindernisse in den Weg zu legen, ja sogar die Ablieferung von Gold, Silber und Edelsteinen zu befehlen, bewirkte dies gerade das Gegentheil; man suchte die Papiere, mit denen in Folge der Law'schen Schwindeleien Frankreich überschwemmt war, mit Schaden los zu werden. Umsonst erhob der Regent 1720 Law zum Staatsrathe und Generalcontroleur der Finanzen, in welcher Stellung er gefolgt von Herzogen, Pairs, Marschällen und Bischöfen einherschritt. — Umsonst trat derselbe zum Katholicismus über, worauf der Witz entstand: Law sei gewiß guter Katholik, da er an die Transsubstantiation von — Geld in Papier glaube! Umsonst schaffte der

Verzweifelnde den Gebrauch des Goldes als Münze ab, er mußte endlich dazu schreiten, seine Papiere herabzusetzen, und dies erregte solchen Unwillen, daß er, als „Inquisitor" verschrien, seine Aemter niederlegen und die Bank ihre Zahlungen einstellen mußte, in Folge dessen die Bankzettel auf den zehnten und die Aktien auf den tausendsten Theil herabfielen. Law floh, vom Volkshaß gefolgt, sein Vermögen dem Staate zurücklassend, nach Flandern; nach langem Umherirren mit seiner Familie, umsonst durch Spiel sich zu erholen suchend, starb er 1729 in dürftigen Umständen zu Venedig und hinterließ nur einen Diamanten von 40,000 Livres an Werth. Sein Fall hatte tragische Folgen. In Paris ermordete der flämische Graf von Horn, Verwandter des Regenten, nebst zwei Genossen, einen Wucherer mit Staatspapieren; er wurde ungeachtet aller Fürsprachen lebendig gerädert. —

Als würdiges Seitenstück zu dem in Frankreich aufgeführten westindischen Schwindel wurde zu derselben Zeit in England der Südseeschwindel in Scene gesetzt. Es war der damalige neue Premierminister, der Graf von Oxford, welcher im Jahre 1711 die Kapitalisten über die Eingehung von Kriegsschulden dadurch zu beruhigen suchte, daß er einen Fond zur Bezahlung der rückständigen Schuldzinsen aussetzte und zur Gründung einer Handelsgesellschaft Hand bot, welche das Vorrecht des Alleinhandels an den amerikanischen Küsten des Großen **Oceans** und an einzelnen Theilen der Ostküste Südamerika's (Brasilien ausgenommen) erhielt. Dagegen übernahm dieselbe aus eigenen Mitteln der Aktionäre die Abzahlung der Staatsschuld von neun und einer halben Million Pfund Sterling, wofür sie sechs Procent Zinsen in Gestalt des Zolles auf verschiedene speciell bezeichnete Waaren bezog, was den Betriebsfond der Gesellschaft bilden sollte. Der Handel nach der Südsee schlug jedoch fehl, und die Gesellschaft, welche ihr Glück ebenso vergeblich mit dem Wallfischfange versuchte, warf sich nun auf verschiedene Finanzspekulationen und schwindelhafte Aktiensteigerungen, welche selbst das Parlament blendeten, das Publikum aber mit einer brutalen Raserei nach finanziellem Gewinn erfüllten. Die Direktoren und Verwalter der Gesellschaft wurden mit Ehren, selbst mit Adelstiteln ausgezeichnet und ihre Papiere sammt den ebenfalls steigenden der ostindischen Gesellschaft und der Bank von England erhielten 1720 einen imaginären Werth, welcher (etwa fünfhundert Millionen Pfund Sterling betragend) alles damals in Europa umlaufende baare Geld um das Fünffache überstieg. Der Schwindel fand zahllose Nachahmungen, die man charakteristisch als „bubbles" (Seifenblasen) bezeichnete. Eine eigene gegen diese gerichtete „Bubbles-Akte" des Parlaments fruchtete wenig, die Spekulationssucht und Verschwendung nahm zu; alle Wein- und Kaffeehäuser waren Börsen der Schwindler und die Bierstuben solche der — Schwindlerinnen, und die unsinnigsten, aus Gewinnsucht ausgehecktesten Projekte fanden willige Aktionäre, ja sogar solche, deren

Zweck man verschwieg! Neben Gaunern versuchten es auch Witzlinge mit Ankündigungen neuer Unternehmungen, um zu erproben, wie weit die Narrheit der Menschen gehe, — und zwar mit Erfolg! Den ersten Schritt zum Sturze dieser Ungeheuerlichkeit gab die Südseegesellschaft selbst, indem sie, um die ihr entgegenstehende Konkurrenz zu tödten, eine neue Einschärfung der Bubbles-Akte bewirkte. Nun fielen plötzlich alle Aktien, und mit ihnen auch jene der Südsee. Alles noch im Jahre 1730, und große Noth folgte der durch den Schwindel verursachten allgemeinen Theuerung. Nachträglich wurden in der Verwaltung und Buchführung der Südseegesellschaft großartige Betrügereien und Fälschungen entdeckt, bei welchen sogar Parlamentsmitglieder betheiligt waren, die theils ausgestoßen wurden, theils fliehen konnten. Die Gesellschaft vermochte zwar ihre Existenz zu retten, löste sich jedoch, da ihr Kapital unrettbar verloren war, um die Mitte des Jahrhunderts auf.

Bald hernach folgte diesen beiden Handelskrisen in Frankreich und England auch eine solche in Deutschland. Die bedeutendste Handelsstadt war hier, wie noch jetzt, Hamburg, deren gewinntragende Geschäfte vor allen der Kornhandel, der Holzhandel und das Wechselgeschäft waren. Letzteres nährte sich vorzüglich durch die Subsidien, welche England während des siebenjährigen Krieges an Friedrich den Großen zahlte, und zwar meist in Wechseln auf Holland und Hamburg. Dies veranlaßte manche Kaufleute, Lieferungen für den Krieg zu übernehmen, welche ihr Vermögen und ihren Kredit überstiegen, so daß ein arger Schwindel mit Wechseln und zugleich üppiges Wohlleben einriß, während zugleich der Krieg eine Münzverschlechterung herbeiführte und Schweden massenhaftes Papiergeld ausgab, was Alles dazu half, daß im Jahre 1763 ein großes Handlungshaus in Amsterdam (de Neuf-Ville) und mit ihm nicht weniger als 95 große und mehrere kleinere Hamburger Häuser fielen. Weiterm Übel begegnete die Admiralität mit einem Vorschusse von einer Million auf Waaren.

Alle diese Verirrungen im finanziellen Leben und Treiben waren Folgen des (Bd. I. S. 576 erwähnten) Merkantil- oder Prohibitiv-Systems, dieses Überganges aus der Herrschaft der Monopole im Alterthum und Mittelalter zur Aufhebung derselben in der Neuzeit oder zu dem sogenannten liberalen System der Nationalökonomie. Mit dem Monopol-System hat das Merkantil-System die Ausbeutung der Unterthanen durch ihre Herrscher und den rücksichtslosen Egoismus der einzelnen Völker gemein, mit dem Liberalismus aber die Anerkennung des freien Verkehrs im Innern eines Landes und die Verwerfung der Monopole. Als nun aber die Unrichtigkeit seines Grundsatzes, daß Geld reich mache, durch das Scheitern so vieler Anwendungen desselben klar genug wurde, traten seit der Mitte des achtzehnten Jahrhunderts andere Systeme an seine Stelle, welche mit den älteren Anschauungen vollständig brachen, völlig in das „liberale" Fahrwasser einließen und die **freie Konkurrenz** zu ihrem Grundsatze erhoben. Es waren dies wesentlich zwei Systeme, ein **französisches** und ein **englisches**. Das erste, auch das **Agrikultur-** oder **physiokratische System** genannt, setzte an die Stelle des Geldes die Kraft der Natur, d. h. den Werth der Bodenprodukte. Wie daher die Merkantilisten das Kapital überschätzten, so unterschätzten es die Physiokraten und verirrten sich zugleich in den Wahn, daß nur der Ackerbau, und keine andere Arbeit, Werthe erzeuge. Der auf dem Lande geborene und erzogene Franz **Quesnay**, Leibarzt Ludwig's XV., war der Gründer dieses Systems, das er zu Versailles über den Zimmern der Pompadour, in der Gesellschaft der damaligen Philosophen, Naturforscher und Staatsmänner aufstellte; er und seine Jünger Gournay und Mercier de la Rivière, sahen im Bauernstande die Grundlage der Nationalwohlfahrt. Ihr Wahlspruch hieß: Arme Bauern, armes Land; armes Land, armer König, oder: Reiche Bauern u. s. w., und dieser Spruch, den Quesnay's Gönner, der die Buchdruckerkunst als Liebhaberei betreibende Ludwig XV., auf des Erstern „ökonomischer Tafel", einer, wie man damals glaubte, der Schrift und der Münze an die Seite zu setzenden wunderbaren Erfindung, — selbst druckte, bestach die Fürsten seiner Zeit so, daß sie, wie Mario sagt, zu Quesnay's Vasallen, zu „selbstmörderischen" Vollstreckern seiner Ideen wurden. Katharina II. von Rußland, Josef II., Markgraf Karl Friedrich von Baden und die französischen Minister Turgot und Necker waren des anspruchslosen Leibarztes Schüler und Verehrer seiner Grundsätze. Diese letzteren sind in keinem großen Werke niedergelegt; Quesnay schrieb nur kleinere Abhandlungen und Artikel der „Encyklopädie". Nach denselben theilt sich die menschliche Gesellschaft in zwei Stände, einen **produktiven**, zu welchem die Grundherren, Pächter und Landwirthe, und einen **sterilen**, zu welchem alle übrigen Berufsarten, also auch die Handel- und Gewerbtreibenden, gehören, die nach Quesnay's Ansicht ihren Unterhalt von der Mutter Erde beziehen und keinen Beitrag zur Vermehrung des Nationalreichthums liefern. Der durch sie vermehrte Werth der Stoffe soll nur dem Betrage der während der Arbeit verzehrten Unterhaltsmittel gleichkommen. Daher hängen die sterilen Klassen von den produktiven ab, sie **dienen** ihnen und die Interessen beider sind auf das Engste verbunden. An die Stelle aller Abgaben soll nur eine einzige, die den Reinertrag des Bodens treffende Grundsteuer, treten und damit uneingeschränkte Handels- und Gewerbefreiheit verbunden werden. Das überlieferte Recht, dem diese Forderungen widersprechen, soll dem natürlichen weichen und letzteres verlangt: Einheit der höchsten Gewalt, Alleinherrschaft des produktiven Standes, Heiligkeit der gesetzlichen Ordnung, volle Freiheit des Erwerbs für den sterilen Stand und gründliche Geistesbildung für alle Glieder der Gesellschaft.

Der Irrthum des physiokratischen Systems besteht nach Mario in dem Verkennen der Thatsache, daß weder der Mensch ohne Hülfe der Natur, noch die Natur ohne Einwirkung der Menschen Güter hervorbringt. Natur und Arbeit also zwei sich in ihren Wirkungen wechselseitig bedingende produktive Kräfte sind. So begingen die Anhänger der Alleinherrschaft des Ackerbaus den Unsinn, die produktiven arbeitenden Klassen als steril, die nicht arbeitenden, weil blos über die Naturkräfte verfügenden dagegen als produktiv zu betrachten. Ebenso war auch ihre Ansicht, daß der Erwerb der nicht Landwirthschaft Treibenden blos ihren Unterhalt decke, offenbar den Thatsachen entgegen, was der Reichthum der Handelsstädte beweist. Auch machte gerade die von den Physiokraten proklamirte freie Konkurrenz ihre Anschauungen zu nichte, und die von ihnen gepredigte Ungleichheit der Rechte widerspricht den Forderungen der Natur.

Quesnay's Schüler Gournay, seines Zeichens ein Kaufmann, schloß sich dem Vorurtheile, daß der Handelsstand nicht produktiv sei, nicht an, hielt aber irriger Weise dafür, daß der Vortheil der Privaten stets mit dem der Gesellschaft zusammenfalle, und koncentrirte im Wesentlichen seinen Standpunkt in die Worte: „Laissez faire, laissez passez!" und „Pas trop gouverner!" Er glaubte also, daß sich die Sache so ziemlich von selbst mache.

Während dem ackerbautreibenden Frankreich die nationalökonomische Ansicht entsprang, welche allen Werth dem Boden zuschrieb, entwickelte sich im industriellen Großbritannien die entgegengesetzte, welche das Hauptgewicht auf die Arbeit legte. Es ist dies das Industrie-System, welches seinen Ursprung dem Schotten Adam Smith zu verdanken hat. Derselbe, dessen Leben das achtzehnte Jahrhundert größtentheils ausfüllte, war ein Gelehrter von Beruf, vertauschte schon früh die Theologie mit der Philosophie, lernte 1764 in Frankreich die Physiokraten kennen, und legte seine Ansichten nieder in dem 1776 erschienenen Werke „An inquiry into the nature and causes of the wealth of nations."

Smith erblickte die Quelle aller ökonomischen Güter in der Arbeit, und ihre Produktion in der Erzeugung von Werth, nicht von Stoff. Durch ihn werden also die Gewerbe- und Handeltreibenden aus dem Helotenthum, zu welchem sie Quesnay, den Landwirthen gegenüber, verurtheilte, erlöst. Jede Arbeit ist nach ihm nützlich, wenn sie auf Vermehrung des Gesammtvermögens zielt; er beschränkt jedoch letzteres auf das materielle, die gewöhnlichen menschlichen Bedürfnisse befriedigende, und rechnet also unter die produktive Klasse der Arbeitenden nur die Landwirthe, Gewerbtreibenden und Kaufleute, während er zur improduktiven Klasse nicht nur die Hofleute und Soldaten, wie recht und billig, sondern auch die Gelehrten, Künstler, Beamten und Dienstboten zählt, von denen doch die ersten Beiden wirkliche Werthe erzeugen, die zwei Letzten solche erzeugen helfen oder die Erzeugung solcher befördern. Die Produkte der Arbeit nun werden entweder verzehrt, oder, als Kapitalien, zur Pro-

duktion neuer Güter verwendet, womit er dem von den Merkantilen allein
berücksichtigten Kapital die richtige Stelle anweist. Die Hauptbedingung
des größten Reichthums eines Landes sieht Smith in völliger freier Entwickelung der Industrie und des Handels, in der Theilbarkeit der Land-
güter, in der Beschränkung der Steuern auf das reine Einkommen,
und in der freien Konkurrenz.

Das Industrie-System ist zwar in Bezug auf die Gleichberechtigung
der Erwerbsklassen ein Fortschritt gegenüber dem physiokratischen und
merkantilen; aber es leidet an ebensolcher Einseitigkeit wie jene beiden.
Denn nicht nur das Kapital oder die Natur oder die Arbeit, sondern
alle drei erzeugen Güter; das System jedoch, welches das Gleichgewicht
aller drei Faktoren herstellt und den Menschen gegen die schlimmen Folgen
einseitiger Ausbeutung der Einen durch die Andern schützt, muß erst noch
gefunden werden.

Über die finanziellen Zustände der Staaten in unserer Periode finden
wir folgende Angaben:

In England war die Accise, die bedeutendste Einnahmequelle, im
Jahre 1685, ohne alle Abzüge 585,000 Pfund ab, die Nettoeinnahme
aus den Zöllen betrug damals 530,000 Pfund. Diese Steuern drückten
jedoch das Volk weit weniger, als die „Rauchfangsteuer", obschon diese
jährlich blos 200,000 Pfund einbrachte. Sie konnte nur mittels Haus-
untersuchungen erhoben werden und erbitterte daher die auf die Freiheit
ihrer Wohnungen stolzen Engländer doppelt. Konnten die Armen diese
Steuer, was meistens der Fall war, am festgesetzten Tage nicht bezahlen,
so wurde ihr Hausgeräthe ohne alle Barmherzigkeit gepfändet, selbst die
Betten nicht ausgenommen; denn die Steuer war verpachtet und die
Pächter suchten sich daher ohne Rücksicht auf die Betroffenen zu bereichern.
Kamen ihre Angestellten („Rauchfanginduner") auf die Häuser zu, so
schrieen die Kinder, und die Weiber eilten, ihr Geschirr zu verbergen. —
Außer den genannten Steuern waren die königlichen Domänen die be-
deutendste Einnahmequelle; mit ihnen betrug die gesammte Einnahme der
Krone eine Million und vierhunderttausend Pfund, über welche der König
frei verfügte, denn die auf ihm lastenden achtzigtausend Pfund an Zinsen
für seine Gläubiger wurden jeweilen nur bezahlt, wenn ein gewissenhafter
Minister regierte, was vor Wilhelm's III. Thronbesteigung einzig unter
Danby der Fall war.

Der größte Theil der Civilregierung kostete übrigens die Krone
nichts, die Beamten der höhern Justiz lebten von Sporteln, diejenigen
der niedern auf Kosten der Städte und Grafschaften.

Einen eigentlichen Gesandten hatte England nur in Konstantinopel, wo ihn größtentheils die „türkische Compagnie" erhielt; in Frank-

reich war nur ein Geschäftsträger; das gesammte diplomatische Personal kostete unter Karl II. nicht viel mehr als zwanzigtausend Pfund. Nur um etwa die Hälfte stieg dieser Kostenpunkt unter seinem Nachfolger Jakob II., obschon derselbe auch nach Spanien, Dänemark und Schweden Geschäftsträger sandte.

Während so an den arbeitenden Leuten gespart wurde, überhäufte Karl II. seine Günstlinge und Kreaturen mit öffentlichem Gelte. Sein Zurückführer Monk, Herzog von Albemarle, bezog jährlich fünfzehntausend Pfund aus liegenden Gütern, der Minister Buckingham beinahe zwanzigtausend Pfund. Die höchsten Staatsstellen wurden eifrig zur Bereicherung benutzt. Das Einkommen eines weltlichen Peers schätzte man auf dreitausend, eines Oberkammerherrn auf fünftausend, eines Lord-Lieutenants von Irland auf vierzigtausend, eines ersten Lords des Schatzes oder Staatssekretärs auf hunderttausend Pfund jährlich!

Frankreich war im achtzehnten Jahrhundert in fünfunddreißig sehr ungleich große Provinzen getheilt, an deren Spitze Intendanten standen. Von denselben waren altfranzösisch: Angoumois, Anjou, Artois, Auvergne, Béarn, Berry, Bourbonnais, Burgund, Bretagne, Champagne, Comtat-Venaissin, Dauphiné, Foix, Franche-Comté, Gascogne, Guienne, Isle-de-France, Languedoc, Limousin, Lyonnais, Manche, Maine, Navarra, Nivernois, Normandie, Orleanais, Picardie, Poitou, Provence, Roussillon und Touraine, wozu noch das niederländische Flandern, das deutsche Lothringen und Elsaß und das italienische Corsica kamen. Die Bevölkerung betrug 1700 (ohne Lothringen, Avignon und Corsica) 19,669,320, 1762 (mit ersterm, aber noch ohne die beiden letzteren) 21,769,163 und 1790 (mit all jenem Zuwachs) 26,363,000 Seelen.

Die französischen Staatseinkünfte, welche im Jahre 1285: 240,000 Livres und 1500 neun Millionen betragen hatten, stiegen 1635 auf achtzig, 1655 auf sechsundneunzig, 1675 auf hundert, 1715 auf hundertfünfundsechzig und eine halbe, 1724 auf 332, 1774 auf 370 und 1789 auf 475 Millionen Livres. Die Staatsschulden (1500: 1,800,000 Livres), welche 1575 auf 340 Millionen gestiegen waren, sanken 1635 auf 250, 1655 auf 180, 1675 auf 27 Millionen herab, stiegen aber 1715 schon wieder auf 953 Millionen. Im Jahre 1774 betrugen sie zwar nur noch 235, 1789 aber wieder 557 Millionen!

Dritter Abschnitt.

Die Höfe.

A. Allgemeines.

Während der dreißigjährige Krieg dem Volke auf über hundert Jahre hinaus Freiheit und Wohlstand raubte, stärkte er auf der andern Seite im Gegentheil die Macht und den Besitz der Fürsten. Sie hatten sich während des Krieges mit Söldnern umgeben; sie behielten dieselben und hatten nun stehende Heere zu ihrer Verfügung, in deren Stärke, Geübtheit und Glanz sie mit einander mehr wetteiferten, als in dem Bestreben, ihre Völker glücklich zu machen oder die Kunst und Wissenschaft zu befördern. Im Bewußtsein ihrer Unüberwindlichkeit, ja Unantastbarkeit thaten und trieben sie, was ihnen gefiel. Vor einem Masaniello oder Cromwell oder einer Fronde glaubte man in Deutschland sicher sein zu können. War ja das Volk nicht nur ohne Waffen, — es hatte durch den Krieg Alles verloren, was es besessen, und brütete in dumpfer Verzweiflung dahin. Das geistige Streben der Zeit war nicht geeignet, das Leben der Höfe zu veredeln. Eine selbständige, frische, schöpferische deutsche Literatur und Kunst gab es schon seit Ende des sechszehnten Jahrhunderts nicht mehr; man zehrte unablässig von antiken Mustern, die man zudem fast nur noch durch die entstellten Bearbeitungen und mißverstandenen Nachahmungen der Italiener und Franzosen kannte, — und auch diese entartete Literatur und Kunst diente nicht zur Erhebung und Bildung des Geistes, sondern nur dazu, durch pikante Erzählungen die Langeweile zu vertreiben und durch schlüpfrige Schilderungen die Phantasie zu erhitzen. Im Uebrigen bestand die Beschäftigung der höheren Stände, namentlich der Höfe, aus politischen und persönlichen Intriguen, Putz und Klatsch, Trunk und Bankettten, Spiel und Liebeleien, von ausstattlicher Ausartung der letzteren in den verschiedensten Formen zu schweigen. Der Ton der Unterhaltung war diesem Leben angemessen, daher im höchsten Grade frivol, im Stile des Boccacio, des französischen Heptameron Margaretha's von Valois und der englischen Canterbury tales Chaucer's. Man feierte einander durch Gedichte in den schwülstigsten Ausdrücken und voll von überschwänglichen allegorischen Vergleichungen, aber arm an Geist, an Charakter und an Grundsätzen. So war denn auch der innere Verkehr der Familien, trotz jenes gegen Außen angenommenen Firnisses, ein äußerst roher und rücksichtsloser. Es kam nicht nur oft genug vor, daß Fürsten neben ihren Gemahlinnen noch andere tiefgehende Verbindungen anknüpften, sondern daß sie sogar der sich darüber beschwerenden hohen Ehehälfte in Gegenwart der fürstlichen Familie mit

„Maulschellen" aufwarteten, sie einsperren und bewachen ließen, sich von ihr, als kirchliches Oberhaupt des Landes, eigenmächtig schieden, um die bevorzugte Geliebte zu heiraten u. s. w.

Bei alledem herrschte vor der Welt, und besonders bei Festlichkeiten, ein äußerst steifes und unerbittliches Ceremoniell, dessen Nichtbeachtung oder Umgehung ernste Folgen herbeiführen konnte. Ja, ein Ceremonienstreit führte einmal beinahe zu einem Kriege zwischen zwei deutschen Kleinstaaten. Der Herzog Anton Ulrich von Sachsen-Meiningen (1687 bis 1763) hatte eine Bürgerliche, Philippine Cäsar, geheiratet, und war, weil Kaiser und Reich die Ebenbürtigkeit seiner Kinder nicht anerkennen wollten, auf den Adel so erbittert, daß er einst (1746) aus Laune einer geborenen Gräfin, aber Frau eines neugeadelten Bürgerlichen den Vortritt vor der ersten Dame des Hofes aus dem alten Geschlechte Gleichen zuerkannte und die sich dieser Demüthigung nicht fügende Letztere so hart behandeln ließ, selbst mit Einkerkerung, auch ihres Mannes, daß das Reichskammergericht, an welches sich die Freunde der Verfolgten gewendet, dem Herzoge Friedrich III. von Gotha den Auftrag ertheilte, die Gefangenen zu befreien. Es kam zu bewaffneter Exekution; der Krieg, der sich entwickelte, beschränkte sich jedoch auf die Gegend des Städtchens Wasungen, welchem man ähnliche Geniestreiche nachsagte, wie den mythischen Schildbürgern; dasselbe wurde mit dem Verluste eines Mannes eingenommen, worauf man in Meiningen Herrn und Frau von Gleichen sofort in einen Wagen setzte und dem gothaischen Heere zusandte. Die Erbitterung zwischen den thüringischen Häusern dauerte jedoch fort, bis Friedrich der Große den Schiedsrichter zwischen ihnen machte, und zwar charakteristischer Weise gegen Überlassung — zweihundert weimarscher Gardisten, über welche der Herzog von Gotha als Vormund des minderjährigen Herzogs von Weimar verfügte.

Dieser Menschenschacher ist leider nicht der einzige des achtzehnten Jahrhunderts. Solcher Handel erreichte seine Blüte zur Zeit des Krieges zwischen England und seinen ausständischen Kolonien in Nordamerika. Mehrere deutsche Fürsten benutzten diesen Anlaß, zur Befriedigung ihrer Gelüste und Launen, zur Ausstattung ihrer Mätressen, Küchen, Keller und Jagdreviere, ihre Unterthanen um gutes Geld loszuschlagen, d. h. dem Elend und Tode zu weihen, damit sie selbst sich des Lebens freuen konnten. Die Kleinherrscher von Hessen-Kassel (auf welches allein mehr als die Hälfte nachstehender Summen kommt), Braunschweig, Hanau, Ansbach, Waldeck und Anhalt-Zerbst verkauften während jenes Krieges 29,166 Mann an England, von welchen nicht weniger als 11,843 umkamen, und empfingen für jeden Verstümmelten oder Todten vom Käufer eine Entschädigung, die sie aber nicht den armen Hinterlassenen gaben, sondern in ihre Privat- (nicht einmal in die Staats-)Kasse fließen ließen. Der Landgraf von Hessen-Kassel erhielt für jeden Lebenden dreißig, für jeden Todten zwanzig (für jeden Solchen also im Ganzen sechzig) Thaler. Ja, in einem Briefe, der von diesem Fürstenmuster vorliegt (vom 8. Februar 1777 an den Grafen Schaumburg, Oberbefehlshaber seiner Truppen in Amerika) drückte derselbe förmlich seine Freude darüber aus, daß in einer Schlacht so viele Hessen gefallen, sowie seine Besorgniß, daß ihm weniger Todte angerechnet werden könnten, und endlich seine Unzufriedenheit mit einem Major, welcher dreihundert Entflohene gerettet, statt sie zu opfern, wie — sagte er prahlerisch-pathetisch bei — Leonidas in den Thermopylen. — Nur daß der Landgraf sich nicht selbst zu opfern gedachte wie der spartische König, und Letzterer seine Mitbürger nicht verkauft hatte, sondern mit ihnen für die Freiheit starb! —

Solche Schmach war übrigens nur die Konsequenz eines Regierungssystems, welches zwar dem Faustrechte des Mittelalters ein Ende gemacht hatte, aber von der Kultur und Humanität der neueren Zeit noch so wenig durchdrungen war, daß sein Verfahren gegenüber den Regierten wol geordneter, aber im Grunde wenig besser war, als das Faustrecht der Raubritter. Es war das System des modernen Absolutismus, welcher sich blos unter hervorragenden Geistern, wie Friedrich der Große und Josef II. zum „aufgeklärten Despotismus" veredelte, vor der französischen Revolution aber noch nirgends dem humanen Rechtsstaate Platz machte, zu welchem zu gelangen es blutiger Krisen bedurfte.

Das angedeutete Regierungssystem, welches in Europa während der zweiten Hälfte des siebzehnten und der ersten des achtzehnten Jahrhunderts unbedingt herrschte, ordnete ohne Rücksicht alle Interessen der Einzelnen Dem unter, was die jeweiligen Regierenden nach ihrer persönlichen Ansicht für das Wohl des Staates hielten. Man nannte dies lateinisch die Ratio status, in der beliebten deutsch-französischen Mischsprache: die Staatsraison. Dieser Name wurde zum ersten Male angewandt in der Schrift: „De ratione status in imperio nostro romano-germanico, welche 1640 von Bogislaw Philipp Chemnitz herausgegeben worden, und erhielt eine satirische Schilderung in dem ihr folgenden „Idohm Principum, das ist: Der Regenten Abgott, den Sie heutigs Tags anbeten und Ratio Status genannt wird, ic.", welches Buch 1678 erschien. Es enthält die Schilderung der Art und Weise, wie ein neu ernannter Rath von seinem Schwiegervater, dem Vicekanzler, in die Geheimnisse des Staatswesens eingeweiht wird. Der Letztere führt ihn in die (fingirten) Staatskammern, und zeigt ihm dort zuerst die „Staatsmäntel von allerlei Farben, von außen schön verbrämt, inwendig ganz schlecht gefüttert, zum Theil außer dem lüderlichen Futter mit Wolfs- und Fuchspelzen unternäht," — bant zu gebrauchen, wenn man den Unterthanen eine verdächtige Sache vorzutragen hat, um sie zu überreden. Schwarz sei weiß, denn muß man nothwendig mit Staatsraison dem Dinge ein Mäntelchen umgeben, um die Unterthanen zur Kontribution, Schätzung und anderen Auflagen willig zu machen," worauf die einzelnen Mäntel, wie: Eifer des Glaubens, Freiheit des Vaterlandes u. s. w. sarkastisch beschrieben werden. Der abgeschabteste unter denselben ist aber die „Wohlmeinung", welche umgehängt wird, wenn man die Leute mit Frohndiensten bis auf's Blut peinigt, unnöthigen Krieg anfängt, Unschuldige in's Gefängniß wirft, ungerechte Urtheile spricht u. s. w. Es folgen in einer andern Kammer die Staatslarven, welche schön bemalt sind. „Eid, Lästerung, Betrug" u. s. w. heißen und die Leute täuschen, welche gegen die Mäntel mißtrauisch geworden sind. Die dritte Kammer enthält „Scheermesser, messingene Becken, Schröpfköpfe, Schwämme, Beinschrauben, Brechzangen" und dergleichen „Baderzeug", welches dazu dient, sowol dem eigenen Volke, als fremden Staaten das Blut abzuzapfen. In der vierten Kammer sah man die Staatsbrillen, welche den Unterthanen die Augen blenden müssen, Geschenke der Regierung an das Volk unendlich mal größer, auferlegte Lasten unendlich mal kleiner, mißbeliebige Maßregeln aber in einem günstigen Lichte erblicken zu lassen, — auch eine Schachtel mit Staatspulver, um es den Leuten in die Augen zu streuen, und ein Fäßlein mit Hoferbsen, welche ausgestreut werden, damit verhaßte Personen ausgleiten und den Hals brechen, u. s. w. Zuletzt erzählt der Schwiegervater noch, wie er sich durch Schandthaten aller Art bereichert habe, und mit schneidendem Mißklange endet die erbarmungslos bissige, aber mit für jene Zeit staunenswerthem, männlichem Freimute die Krebsschäden der absolutistischen Staatsform aufdeckende Schrift.

Eine von den Liebhabereien nun, welchen zu fröhnen die Fürsten das eben sarkastisch geschilderte Regierungssystem der „Staatsraison" auf ihrem unglücklichen Lande lasten ließen, war die Religion. Wir hatten schon im ersten Bande Gelegenheit, darauf hinzuweisen, welche schändliche Folgen der barbarische Grundsatz „Cujus regio, illius religio" hatte und haben mußte, und zwar bei Protestanten sowol, als bei Katholiken. Ein Muster von Fürsten dieser Art, die ihr Land und Volk in eine konfessionelle Zwangsjacke zu stecken liebten und ihrer Passion für eine bestimmte Species von Religion ihr Land und dessen Ehre und Glück opferten, war Maximilian I., Kurfürst von Baiern, geboren 1573. Seit seinem siebenten Jahre wurde er auf Befehl seines fanatischen Vaters Wilhelm V. von den Jesuiten, und zwar zuerst von dem famosen Pater Possevin (s. Bd. I. S. 296) erzogen, unter dessen Anleitung er bald darauf bereits einen in Demut ersterbenden Brief an den Papst schrieb. Nebst seinen Brüdern mußte er dem Priester bei der Messe dienen, Rosenkränze und Amulete tragen, das Leben der Heiligen als bevorzugte Lectüre benutzen und den Katechismus des Canisius „neben dem täglichen Brot als die geistliche Speise" stets in Händen haben. Die ganze Tagesordnung der fürstlichen Schüler entsprach der jesuitischen Formenreiterei und Geistesnebelung. Nach der zur Leitung ihrer Studien aufgestellten Instruktion sollen „in der Schule der Prinzen keine anderen als christliche gute Bücher gesehen und gebraucht werden. Diese sollen das Feld behalten, die heidnischen Schwätzer und Fabelhansen (d. h. Cicero, Sallust, Livius, Virgil, Terenz und Horaz) aber ausgetrieben werden." Die Jesuiten nahmen Maximilian des Zehten in die „Verbrüderung der unbefleckten Empfängniß Mariä" auf und machten ihn zum Präfekten dieser Kongregation. Er drückte offen seine Freude über die Ermordung Heinrichs III. von Frankreich aus. Auf einer Reise nach Italien erregte er in dem Papste die Hoffnung, Deutschland, ja sogar die übrigen protestantischen Länder zum alleinseligmachenden Glauben zu bekehren. Seit 1697 durch Abdankung seines Vaters Herzog, that er zwar Manches zum Wohle des Volkes, aber weit mehr zu dem der Kirche und der Jesuiten insbesondere. Er wallfahrtete fleißig nach Aubach, wo das Mordkreuz Jesu, das Tischtuch des Abendmahls und das Tischtuch Mariä's aufbewahrt wurden, sorgte für die Verehrung der Heiligen, die wirksige Aufbewahrung von Reliquien, brachte mehrere Stunden täglich in der Jesuitenkirche zu, wählte Maria zu seiner speziellen Geschäftgin, betrieb nach Kräften die Heiligsprechung des Stifters seines Lieblingsordens, Ignaz von Loyola, welcher der fürstlichen Neigung zuliebe Wunder verrichten mußte, bewies in allen Lagen seine Demut und Unterwürfigkeit gegenüber dem geistlichen Stande, duldete, daß die Jesuiten das Volk bei Hunderten zu büßigen Geißelungen und übertriebenem Fasten, zum Gebrauche des Weihwassers bei allen möglichen Gelegenheiten, zur Annahme von Rößißen u. s. w. anhielten. Die Stadt Donauwörth brachte er, einen Streit derselben mit dem Kaiser benützend, in seine Gewalt und unterdrückte dort die reformirte Religion mit empörender Strenge, indem er z. B. die Protestanten an ihren Festtagen zu Frohndiensten zwang. Er war es bekanntlich, welcher 1609 dem protestantischen Bunde der Union die katholische Liga entgegensetzte, — zwei Bündnisse, denen der fürchterliche dreißigjährige Krieg seine Entstehung verdankte.

Es ist Aufgabe der politischen Geschichte, unter Anderm nachzuweisen, wie Maximilian der thätigste Betreiber dieses Krieges, dessen vollen Verlauf er (er starb 1651) erleben mußte, und der intellektuelle Urheber aller auf katholischer Seite verübten Greuel war und wie er die Abtretung des Elsaß an Frankreich betrieb, in der Hoffnung, von dieser Macht Hülfe gegen die Protestanten kommen zu sehen. Als durch den Krieg sein Land, wie alle deutschen, zerstört und verheert dalag, war seine erste Sorge, die — Leiber der Martyrer Kosmas und Damian mit den verloren geglaubten Köpfen zu vereinigen und nach München zu bringen!

Eine zweite Liebhaberei, welcher die Fürsten in der angegebenen Weise Glück, Eigenthum und Leben ihrer Unterthanen rücksichtslos darbrachten, war das Soldatenspielen; denn keinen andern Namen verdient der Mißbrauch des Lebens der Landeskinder zu anderm Zwecke als der Vertheidigung des Vaterlandes, namentlich zur Entfaltung unnichtigen Glanzes und leerer Pracht. Darin zeichnete sich kein Fürst in solchem Grade aus, wie Friedrich Wilhelm I. von Preußen, für welchen seine Unterthanen nichts waren als Stoff zu Soldaten. Schritt und Tritt im Marschiren, Blitz und Knall im Schießen ganzer Regimenter auf einen Nu, lärmende Trommeln, gewaltige Musik, glänzende Uniformen und Waffen waren seine höchsten Ideale, die aber noch übertroffen wurden durch große, schlanke Leute. Diese seine historische Leidenschaft kostete viel Blut, Thränen und Gold. Die Riesen aus ganz Europa wurden zusammengestohlen, um die berühmte Garde von Potsdam vollzählig zu erhalten; ja er opferte ihnen „Familie, Recht, Ehre, Gewissen und den Vortheil seines Staates." Ein Irländer kostete ihn neuntausend Thaler und die Gefahr eines diplomatischen Bruches mit England. Sogar Geistliche, Studenten und Edelleute befanden sich unter ihnen; denn der Lohn war größer als jeder andere; die Pfeifer waren Mohren. Seine Offiziere zog der Korporal-König den Beamten weit vor. Einst durfte ihn Einer, den er „Bärenhäuter" genannt, ungestraft „Hundsfott" schimpfen. Er wollte sich blos mit ihm schlagen, obschon er Tödtung im Duell mit dem Tode bestrafte, litt aber, daß sich ein anderer Offizier für ihn schlug, dem er dann den Tornister mit Thalern füllte und sie ihm selbst nach Hause zu tragen befahl. Und diese Offiziere waren im Ganzen ungebildete Leute; denn die Früchte des vom Könige gestifteten großen Kadettenhauses in Berlin kamen erst seinem berühmten Sohne zu gut.

Mehrere kleine Fürsten bestrebten sich, die Soldatenmanie Friedrich Wilhelms I. und seines Sohnes nachzuäffen, und dies Bestreben hatte Folgen, welche lächerlich gewesen wären, wenn unter ihnen nicht das arme Volk zu leiden gehabt hätte. Der Graf Wilhelm von Schaumburg-Lippe z. B. unterhielt noch in den letzten Zeiten des achtzehnten Jahrhunderts, an der Grenze seines winzigen Ländchens gegen Hannover, in dem See, den man das „Steinhudermeer" nennt, die mittels kostspieliger Befestigung des Bodens erbaute Festung Wilhelmstein, welche im tiefsten Frieden mit ungeheuren Kosten nach allen Regeln der Kriegskunst stets kriegsmäßig unterhalten wurde, und nicht nur, natürlicher Weise, nichts nützte, sondern die Regierung auch verhinderte, wichtigeren und wohlthätigeren Angelegenheiten ihr Augenmerk zu schenken. — Auf ähnliche Weise hielt Ludwig IX., Landgraf von Hessen, eine Kaserne zu Pirmasens, und darin ein unnützes Regiment, das er mit großen Kosten aus allen möglichen Nationen zusammengebracht hatte und stets vollzählig erhielt, bis nach seinem Tode (1790) sein Sohn der Narrheit ein Ende machte.

Neben der Liebhaberei für das Militär verdient zunächst erwähnt zu werden diejenige für Pracht und Glanz überhaupt, besonders die Sucht der kleinen Fürsten, durch solche Mittel groß zu scheinen. Diese kleinen Gernegroße, diese Zaunkönige grassirten besonders im mittlern und westlichen Theile des deutschen Reiches, diesem Paradiese der Kleinstaaterei;

dieser lächerlichen Heckenanstalt für liliputische Throne, Armeen und Bureaukratien, diesem unerschöpflichen Stoffe zur Verhöhnung menschlicher Thorheiten. Ohne Hülfsquellen und zugleich, wären auch solche vorhanden gewesen, ohne die Kraft, sie richtig anzuwenden und nutzbar zu machen, so auch nur ohne die leiseste Einsicht in ihre wahre Aufgabe und in das Wesen des Staates, kannten diese kleinen Fürsten kein anderes Interesse, als dasjenige, ihre Person möglichst wichtig und, wie sie meinten, groß zu machen, ohne sich im mindesten darüber zu beunruhigen, daß sie dabei ihr Volk zu Grunde richteten und ihren selbstsüchtigen Plänen opferten. Jeder von ihnen wollte seit dem siebenzehnten Jahrhundert ein Ludwig XIV. sein und das „l'état c'est moi" in's Werk setzen; seit der Mitte des achtzehnten Jahrhunderts war Friedrich der Große das beliebte Vorbild, und Keiner merkte, wie er dabei zum Affen wurde und bloß ein Zerrbild dessen lieferte, was er ernstlich bezweckte.

Als Typus dieser Race führen wir den jüngst von Karl Braun (Preuß. Jahrbücher Oct. 1869) drastisch geschilderten Fürsten Hyazinth von Nassau-Siegen an. Diese Herrschaft, von den übrigen, mannigfach zertheilten Erbstücken des Hauses Nassau getrennt, lag in Westfalen an der Sieg, bestand aus dem alten engen Städtchen Siegen und einigen Dörfern und war so glücklich, zwei Herren zu dienen und somit etwas zu vollbringen, was selbst das Evangelium für unmöglich erklärt hatte. Diese beiden Herren waren die ältere, seit 1626 katholisch gewordene und die jüngere, reformirt gebliebene Linie des Zweiges Nassau-Siegen. Die Landgemeinden waren zwischen beiden zur Hälfte getheilt, das Städtchen aber — beiden gemeinsam, es hatte zwei Schlösser für die beiden Fürsten, die sich in seinen Straßen nicht selten — Gefechte geliefert haben sollen. Hyazinth gehörte der älteren Linie an, war 1666 geboren, lebte der damaligen Erziehungsmethode für Fürstensöhne gemäß, in seiner Jugend höchst lüderlich, war den Jesuiten, der französischen Lebensweise und dem spanischen Regierungssystem ergeben, haßte Alles, was deutsch war und besonders was deutsch fühlte, und litt an der fixen Idee, König werden zu wollen, wie es sein Verwandter und Zeitgenosse Wilhelm III. von Oranien geworden war, nach dessen bevorstehendem kinderlosen Tode er den ersehnten Titel leicht zu erringen hoffte. Sobald dieser Tod 1702 eingetreten, nahm Hyazinth das Prädicat „Königliche Hoheit" an und wies alle Briefe zurück, auf welchen dasselbe fehlte. Seinen Hofstaat vergrößerte er in lächerlicher Weise und ließ seine Unterthanen hiefür tüchtig steuern. Ein pfiffiger italienischer Kammerdiener wurde zu den höchsten Aemtern und in den Grafenstand erhoben, die deutschen Beamten dagegen mißhandelt und verjagt. Gegen die für Letztere sich verwendende reformirte Siegener Linie ließ er mitten durch die Stadt eine Mauer und einen Thurm errichten und auf diesem ein Muttergottesbild und zwei Kanonen aufstellen. Das von Wilhelm III. hinterlassene Fürstenthum Oranien (Orange) in

Südfrankreich suchte er an sich zu reißen; Ludwig XIV. kam ihm aber
zuvor und vereinigte es kurzweg mit seinem Reiche. Während er nun den
Kaiser und das deutsche Reich für seine Erbansprüche in Bewegung setzte,
behandelte er zugleich Siegen mit der empörendsten Tyrannei und sog das
Ländchen jämmerlich aus. Da rief der reformirte Mitfürst in seiner und
des Volkes Noth die Preußen herbei, welche 1705 Siegen mit Zustimmung
der Bevölkerung besetzten, worauf letztere Mauer und Thurm niederriß.
Ein Vertrag setzte jedoch Hyazinth wieder in seine Stellung ein und die
alte Wirthschaft begann von Neuem, indem z. B. der Kammerdiener Graf
einen armen Greis von siebenzig Jahren, der vor einer Procession nicht
schnell genug auf die Kniee fiel, so mit dem Stocke schlug, daß er daran
starb. Da schritt endlich das Reich ein, aber so langsam, daß die Geduld
riß und das Volk selbst den Fürsten vertrieb, der zwar wieder zurückkehrte
und neuerdings wüthete, und einen Bauer ohne Recht und Gericht enthaupten ließ, 1707 aber endlich vom Kaiser entsetzt und den Unterthanen
alle Steuerzahlung an ihn verboten wurde, was sie sich gewiß nicht zweimal sagen ließen. Umsonst waren alle seine Bemühungen, wieder eingesetzt zu werden, bei der Theilung der oranischen Besitzungen erhielt er
nichts, und nun verließen ihn auch die Jesuiten. Er führte ein unstetes
Leben, erhielt jedoch noch 1742, ein Jahr vor seinem Tode, das Fürstenthum Hadamar.

Und solche Schand- und Spottgeschichten von Kleinstaaterei fielen
zu tausenden vor, bis das alte morsche Gebäude vor den Schlägen der
französischen Revolutionsarmee zusammenbrach und das deutsche Volk
lernte, auf sich selbst zu vertrauen und seine neuen Dränger vertrieb, wie
es längst die alten hätte vertreiben sollen.

Die Sucht zu glänzen trat besonders bei fürstlichen Hochzeiten hervor. Als 1686 Ludwig XIV. eine von seinen und der Montespan Töch-
tern verheirathete, wurde die erst zwölfjährige Braut von dem Gewichte der
Edelsteine beinahe erdrückt. Ihr Kopfputz war schwerer als sie selbst.
Ein Jahr darauf wurde ohne besondern Anlaß in Versailles ein Prachtfest
gegeben. In einem Saale errichtete man vier Kaufläden, welche mit
Allem versehen waren, was man in den vier Jahreszeiten zu tragen pflegte.
Jeder Laden wurde von einem Herrn und einer Dame gehalten; die Herren
waren Prinzen des königlichen Hauses, unter ihnen der Dauphin, die
Damen aber die beiden königlichen Mätressen, Montespan und Maintenon,
und zwei andere Hofdamen! Die Läden enthielten für mehr als fünfzehntausend Louis Goldstoffe, Juwelen und Edelsteine, um welche die Hofleute
spielten, ohne Geld einzulegen, und was sie gewannen, durften sie davon-
tragen.

Am kursächsischen (damals zugleich polnischen) Hofe in Dresden,
dem verschwenderischsten aller deutschen Höfe, wimmelte es unter August
dem Starken, dem Verführer der Aurora von Königsmark und Verehrer

der berüchtigten Tofel und so vieler anderer Weiber, die er regelmäßig nach ihrer ersten oder zweiten Geburt, oder auch früher verstieß. — von Günstlingen, Kastraten, Mätressen, Tänzerinnen, natürlichen Kindern (deren er 354 gehabt haben soll) und — Goldmachern. Für die Hochzeit seines Sohnes und Nachfolgers 1719, verwendete er vier Millionen, während sein Land Hunger litt.

Eine der schädlichsten Liebhabereien der Fürsten war auch die Jagd. Sie hielten zum Zwecke derselben zahlreiche Heere von Bedienten, welche sich gegen die armen Bauern, deren Felder und Weinberge vom Wilde verheert wurden, die empörendsten Mißhandlungen erlauben durften. Jede Selbsthülfe, welche sich die Geplagten erlaubten, wurde mit Festungshaft oder Zuchthaus bestraft, und das Gefolge der Jagd zog unbekümmert durch die blühenden Saaten. Auf den Bauernhöfen, welche vielfältiger Verpflichtung unterlagen und in den herrschaftlichen Zwingern wurden in die Tausende von Jagdhunden unterhalten, und wenn die Jagd auging, mußten die dazu gepreßten Bauern ihre Arbeiten verlassen und den Fürsten als Treiber dienen, ja sogar Teiche graben und mit weithergeholtem Wasser füllen, um dem Mächtigen das Vergnügen einer Wasserjagd zu verschaffen.

Während das System der „Staatsraison" die Fürsten und ihre Höflinge auf diese Weise schalten und walten und das Mark der Völker verzehren ließ, gebar sie, um von dieser Praxis jede Störung fern zu halten, das scheußliche Institut der geheimen Polizei. Das Vaterland derselben war Frankreich und ihr Vater der Minister Kardinal Richelieu. In einem Edikte von 1667 anerkannte Ludwig XIV. dasselbe zum ersten Male förmlich. Unter den verschiedenen Mitteln, welche diese Anstalt der Knebelung jedes freien Willens anderer als der regierenden Personen zur Erreichung ihrer Zwecke anwandte, ist eines der interessantesten die geheime Polizeischrift, diese „Höllenschrift", wie sie Aros-Lallemant nennt. Ihre Vervollkommnung verdankt sie dem Minister des Äußern unter Ludwig XVI. (seit 1774), dem Grafen von Bergennes (gest. 1787), unter welchem sie die französischen Agenten im Auslande benützten, um auf den Empfehlungskarten, welche sie nach Paris reisenden Fremden mitgaben, in gewissen harmlos scheinenden Zeichen den Charakter und sämmtliche Verhältnisse derselben zu schildern, so daß jeder Träger einer solchen Karte gewissermaßen einen Uriasbrief mit sich führte, ohne es zu wissen. Diese Zeichen bestanden vorzugsweise in den Verzierungen der Empfehlungskarten. Die Farbe derselben bezeichnete das Vaterland des „Empfohlenen", und zwar bald einfarbig bald in zwei Farben getheilt. Roth bedeutete z. B. Spanien, blau Frankreich gelb England u. s. w. Die Form der Einfassung (z. B. kreisrund, oval, achte, viereckig u. s. w.) bezog sich auf das Alter, die Linien derselben auf den Wuchs, eine Blume oder andere Zeichnung am obern Rande auf die Gesichtspitze (z. B. eine

Nase — schöne, ein Widderkopf — häßliche); ein um die Einfassung gewundenes Band zeigte den ehelichen Stand an, Knöpfe an derselben die Vermögensverhältnisse, verschiedene Verzierungen die mit der Reise verbundene Absicht, die Interpunktion hinter dem Namen die Religion oder philosophische Richtung, eine Linie unter dem Namen den Charakter, eine wie zur Registratur angebrachte Nummer die Kenntnisse.

Da jedoch diese Schrift zu zeitraubend und wegen des Erfordernisses eines Zeichners das Geheimniß gefährdet war, führte Bergennes statt ihrer eine bloße Chifferschrift ein, welche die Empfehlungskarte schmucklos und einfach erscheinen ließ. Das N vor der Numer der Registratur bezeichnete nun die Statur, der Strich oder das o hinter dem N die Verheiratung, die Numer selbst das Vaterland und das Alter, andere dabei angebrachte Zahlen den Charakter, das Vermögen, den Wuchs, die Mienen, den Zweck der Reise, den Stand und die Kenntnisse, Linien unter dem Namen je nach ihrer Form den Grad der Ehrlichkeit des Betreffenden, die Interpunktion, wie oben, die Religion u. s. w.

Neben der geheimen Polizei, und mit ihr in Verbindung, bestand auch eine **geheime Diplomatie**. Seit dem Tode des Kardinal-Ministers Fleury lenkte dieselbe in Frankreich der Prinz von **Conti** mit dem Könige hinter dem Rücken der Minister. Sie bezweckte zuerst die Verhinderung einer Allianz zwischen Österreich und Rußland, die Wahl Conti's zum Könige von Polen, und die Gewinnung der übrigen Mächte zur Mitwirkung hiebei. In diesem Sinne wurden auch die Gesandtschaften größtentheils neu bestellt, und mit ihnen eine Korrespondenz in geheimer Chifferschrift gepflogen. Der König und Conti scheiterten jedoch schmählich am Willen Choiseuls und der Pompadour, welche die Allianz Frankreichs mit Österreich und Rußland gegen Preußen durchsetzten. Conti trat zurück und an seine Stelle kam der bisher als Gesandter in Polen mit ihm in Verbindung gestandene Graf von **Broglie**. Aber auch ihm gelang es nicht, den russischen Einfluß in Polen zu brechen, und er fiel in Ungnade. In dieses Getriebe nun war auch der französische Gesandtschaftssekretär in Petersburg, Ritter d'**Eon**, eingeweiht, welcher 1728 zu Tonnerre in Burgund geboren und (faktisch!) auf die Namen Charlotte Genoveva Louise Auguste Andreas Timotheus d'Eon de Beaumont getauft war. Er wuchs als Knabe auf und bekleidete seit 1757 die genannte Stelle, in welcher er auf Befehl Ludwigs XV., zur Auskundschaftung politischer Geheimnisse, unerkannt in Weiberkleidern der Kaiserin Elisabeth als Vorleserin diente, welche Aufgabe seine zarte Gestalt und Stimme erleichterten. Er kehrte im folgenden Jahre nach Frankreich zurück, machte den Feldzug von 1761 als Dragoner-Hauptmann mit, zeichnete sich aus, wurde verwundet, und ging dann als Gesandtschaftssekretär nach London, wo er die Seele der Gesandtschaft war und bald selbst bevollmächtigter Minister wurde. Als er aber dem neuen Gesandten, den Grafen Guerchy, welchen auch wieder Gesandte werden sollte und durch mit demselben in Streit gerieth, erlaubte er sich in Zorne solche Excesse, daß er zurückgerufen wurde. Er verweigerte den Gehorsam, gab seine „Briefe, Memoiren und geheimen Verhandlungen" heraus und verfuhr dabei so indiscret, daß man in Paris daran dachte, ihn mit Gewalt zu entführen und in die Bastille zu stecken. Seine Drohungen, mehr zu sagen, brachten ihm eine Pension ein, wie er denn stets exorbitante Forderungen an seine Regierung stellte, die sich zusammen auf mehr als dreihunderttausend Livres beliefen! Seit den siebenziger Jahren aber verbreitete sich das sonderbare Gerücht, daß d'Eon ein Weib sei, ohne daß man weiß, ob dieß die Folge seiner allerdings auffallenden Taufnamen oder gewisser für weiblich geltender Charakterzüge, oder der erwähnten in Petersburg gespielten Rolle oder noch unerklärter Intriguen war. — Noch unbegreiflicher aber ist, daß der französische Hof ihm 1775 förmlich befahl, Weiberkleider anzuziehen, und daß d'Eon diesen sonderbaren Befehl sofort befolgte! Es war der zu Vielem brauchbare Beaumarchais, der ihn überbrachte, und von d'Eons Weiblichkeit fest überzeugt gewesen sein soll, da derselbe förmlich mit ihm cokettirte! Man stritt sich über sein Geschlecht; die Franzosen hielten ihn für ein Weib, die Engländer für einen Mann, und man wettete sogar darüber. Ja, Geschworene entschieden bei Anlaß einer Wette, d'Eon sei ein Weib, und es erschien ein Roman über sein Leben, nach welchem er aus Erbschaftsgründen früher als Mann ausgegeben worden sein sollte. Ja, er wurde sogar, obschon fünfzigjährig, besungen und erhielt Heirathsanträge! Nichts von allem Dem aber bewog ihn zu einer offenen Erklärung über sein wahres Geschlecht! Unterdessen kehrte er nach Frankreich zurück, und zwar in Männerkleidern, erhielt aber sogleich von Ludwig XVI. die Weisung, wieder Weiberkleider zu tragen, und man nannte ihn nun er sich selbst: die Chevalière d'Eon. Als man ihn, der das Ludwigskreuz über seiner Tracht trug, öffentlich neckte, ließ ihn die Regierung in Dijon einsperren, entließ ihn aber 1785 nach England. Der Nationalversammlung von 1791 bot er sich als Offizier an, indem er ihr schrieb, sein Herz empöre sich gegen seine Weiberkleider. Er wurde aber abgewiesen und trug trotz der Revolution, durch die doch alle königlichen Befehle aufgehoben waren, fortwährend die ihm verhaßte Tracht, wahrscheinlich um seiner Eitelkeit zu genügen und nicht in den Strom der Vergessenheit zu stürzen; ja er gab sogar — Fechtstunden in Weiberrocke und starb in demselben, von bitterer Armut heimgesucht, 1810; aber die Untersuchung seiner Leiche ergab, daß er ein vollkommener Mann war. Wir haben ein ungelöstes Räthsel vor uns!

Als ein Ueberrest fürstlicher Liebhabereien früherer Zeiten kam in der Periode, welche uns beschäftigt, noch das Halten von Hofnarren vor.

Als Don Juan von Oesterreich, natürlicher Sohn König Philipps IV. von Spanien, auf seiner Heimreise aus den Niederlanden (1659) durch

Paris kam, befand sich in seinem Gefolge eine Person, von welcher ein
Memoirenverfasser sagt, daß sie drei Jahrhunderte früher den französischen
Hof nicht in Erstaunen gesetzt hätte, nämlich eine Närrin in Männer-
kleidern, den Degen an der Seite, sehr häßlich, mit wilden, verstörten
Blicken, aber „viel Geist". Sie fand so viel Beifall, daß man Don
Juan bat, sie da zu lassen, als er abreiste; aber sie sagte Wahrheiten, die
sie verhaßt machten, und man verabschiedete sie bald wieder.

Später lebte am Hofe Ludwigs XIV. eine kleine und alte Frau, mit
vorstehenden Lippen und rothunterlaufenen Augen, deren Anblick Übelkeit
erregte, eine Art von Bettlerin, welche am Hofe die Rolle einer Hofnärrin
spielte und bei den Mahlzeiten des Königs und der Prinzen anwesend war,
wobei sie sang, die Leute beschimpfte und ihnen derbe Wahrheiten sagte.
Man nannte sie Madame Pannache, und Jedermann belustigte sich damit,
ihren Zorn zu erregen und sie dann durch Süßigkeiten zu besänftigen, die
man ihr mit anderen Speisen vermengt in die Taschen steckte. Die Einen
gaben ihr ein Goldstück, die Anderen Nasenstüber, worüber sie wüthend
wurde, da sie nicht wußte, von wem solche kamen. Wider ihre Absicht
machte sie den Grafen von Roye unglücklich, einen Hugenoten, der mit
seiner Familie nach Dänemark geflohen war, und dessen Gattin so unklug
war, in der vorigen Königin Ähnlichkeit mit der Pannache zu finden, über
deren Charakter die Königin sich sofort in Paris erkundigte, worauf die
Familie Roye das Land verlassen mußte, aber später in England Zuflucht
und eine Pairie erlangte.

Selbst kleine Höfe besaßen Hofnärrinnen; so befand sich z. B. um
1722 am Hofe der verwittweten Herzogin Emilie Agnes von Sachsen-
Weißenfels-Dahme, gebornen Gräfin von Reuß-Schleiz, die Hofnärrin
Kathrin Liese und ihr Sohn, und man hielt sie für die einflußreichste
Person in der Umgebung der Herzogin.

Unter den zahlreichen Hofnarren unserer Periode erwähnen wir nur
einige Wenige. — Des Kaisers Matthias Hofnarr Nelle trug am Reichstage zu Regensburg 1613 ein nettes Büchlein unter dem Arme. Als der
Kaiser fragte, was darin stehe, antwortete er: die Reichstagsakten, und
als Jener das Büchlein öffnete und nur leeres Papier fand, erhielt er die
Auskunft, es sei eben nichts verrichtet worden. Lips, der Narr Markgraf Philipps von Baden, rieth, die Juden, um welche es sich gerade handelte, in's Land aufzunehmen; man habe dann alle Religionen darin, ausgenommen die christliche, welche noch fehle! Friedrich I., König von
Preußen, ließ seinen lustigen Rath Putzmann, gerade weil die Geistlichkeit ihm ein christliches Begräbniß verweigerte, in der Peterskirche selbst
mitten unter den Geistlichen bestatten, weil er „ein Prediger der Wahrheit"
gewesen sei. Friedrich Wilhelm Freiherr von Lyan war Lustigmacher
am Hofe sächsischer Kurfürsten bis zu August II., König von Polen, und
starb 1735 als Kommandant der Festung Königstein. Ein wirklicher Hof-

narr des letzten Königs und seines Sohnes war der Baier Joseph Fröhlich; er trug einen ungeheuren Kammerherrnschlüssel, der ihm zugleich als Trinkbecher diente. Bei einem Besuche seines Herrn in Baireuth wollte er mit dem nachher so erwähnenden Gundling Brüderschaft machen, was aber Dieser nicht annahm. Fröhlich erhielt einen förmlichen komischen Absage, der zugleich eine Satire auf den Minister Grafen von Brühl war. — In Frankreich war unter Ludwig XIV. der Herzog von Roquelaure, ein Zwerg, der berühmteste Lustigmacher. Einst wegen eines schlimmen Streiches nach Spanien verbannt, kehrte er auf einem Wagen voll spanischer Erde nach Versailles zurück und erhielt Verzeihung. Nachher war er Gesandter nach Spanien und nach Rom. Er verstand es, den höchsten Herren ungestraft Nasenstüber und Fußtritte zu geben. — Killigrew, Karls II. von England Kammerdiener und Narr, drohte diesem liederlichen Fürsten, Cromwell aus der Hölle zu rufen, wenn er sich der Staatsgeschäfte nicht besser annehme. Bei einem Besuche in Paris stellte er sich vor Ludwig XIV. hinan; aber als er das Bild Christi zwischen dem dieses Königs und dem des Papstes aufgehängt sah, und der König ihm die Namen der Dargestellten nannte, antwortete er, er habe wohl gewußt, daß der Heiland zwischen zwei Schächern gekreuzigt worden, nicht aber, wie sie heißen. — Ein besonderer Liebhaber von Hofnarren war Peter der Große von Rußland; er soll deren nach und nach gegen hundert gehalten haben; manche wegen ihrer körperlichen Mißgestalt, Andere zur Strafe für begangene Dummheiten, dann Solche, die sich verrückt stellten, um einer Strafe zu entgehen und Solche, die er in's Ausland geschickt, um sich auszubilden, die aber unwissend heimgekehrt waren u. s. w. Ein solcher Narr wider Willen war der Hauptmann Aschaloff, welcher sich jedoch leicht in seine Rolle fand und Europa bereiste, um mittels seiner Thorheiten Geld zu sammeln, wobei er zweitausend Thaler „verdiente". Ein andrer Narr ließ sich am Hofe bald Patriarch von Rußland, bald König von Sibirien nennen, saß stets an des Kaisers Seite und Dieser belustigte sich oft damit, ihn sammt seinem Stuhle umzustoßen, daß er die Füße gen Himmel streckte. Als die russische Geistlichkeit mit der Betitelung eines andern Narren als Patriarch unzufrieden war, ernannte Peter denselben — zum Pabste. Ein Narr bekleidete stets die Stelle eines Königs der Samojeden. Ein Koch des Zaren mußte als Narr dienen, weil er Habari und deshalb zum allgemeinen Gespötte geworden war. Unter der Zarin Anna wurde ein Prinz Gallitzin zum Hofnarren gemacht, weil er seine Religion gewechselt, und mußte ein gemeines Mädchen heiraten und die Hochzeit in einem Hause von Eis, mit lauter Möbeln und sogar dem Bette aus diesem Stoffe, feiern. Ein öffentlicher, gleichsam aller Welt Hofnarr, war der halbverrückte Bader Teichmann aus Hirschberg in Schlesien, welcher seinen Beruf darließ, weil er sich einbildete, Dichter zu sein, um die Mitte des achtzehnten Jahrhunderts im Lande umherzog und von Spaßvögeln Schreiben verschiedener Monarchen erhielt, die ihn zu hohen Aemtern erhoben, z. B. zum chinesischen Mandarin, zum türkischen Pascha, und die er in vollem Ernste aufnahm. Der Fürstbischof von Breslau belustigte sich viel mit ihm. —

Mit den Hofnarren konkurrirten auch in unserer Periode noch die Zwerge. Friedrich I. und Friedrich Wilhelm I. von Preußen hielten welche, deren Einer an den Tag brachte, daß die Bedienten des erstern Königs täglich für achtzehn bis zwanzig Thaler Wachslichter stahlen! In Petersburg wurde 1710 eine Zwerghochzeit gefeiert, bei welcher zweiundsiebenzig Zwerge zusammenkamen. Die kleinen Leute pflanzten sich in jenem Lande ordentlich fort. Sehr bekannt war im achtzehnten Jahrhundert Nikolaus Ferry aus Salins in Burgund, welcher Hofzwerg des Ex-Königs Stanislaus von Polen, damals Herzogs von Lothringen, und „Bebé" genannt wurde. Er starb 1764, 23 Jahre alt und 33 Zoll hoch und erhielt eine lateinische Grabschrift. Noch 1785 figurirten im Münchner Hofkalender drei „Hofzwerge".

Ein Narr, François le Metel de Boisrobert, Spaßmacher des Kardinals Richelieu, zugleich Dichter, später Abt (!) zu Châtillon, Almosenier des Königs und Staatsrath, aber von ausschweifenden Sitten (gest. 1662), und ein Zwerg, Anton Godeau, ebenfalls Dichter, später Bischof zu Vence (gest. 1679), hatten großen Antheil an der Errichtung der französischen Akademie.

Den ersten Anstoß zur Abschaffung der Hofnarren gab der deutsche Dichter Moscherosch in seinen Satiren, in denen er diese Unsitte unerbittlich verspottete. Während des achtzehnten Jahrhunderts wurden die Narren nach und nach zu lustigen Räthen, wie wir gesehen, und verschwanden in der zweiten Hälfte desselben allmählig. —

Eine förmliche Ausdehnung des Hofnarrenwesens in's Große war das weltgeschichtliche Tabakskollegium des uns bereits durch seine Leidenschaft für die Soldaten bekannten Friedrich Wilhelm I. von Preußen, der sich mit dieser Einrichtung in der Geschichte des Humors eben so unsterblich machte, wie in jener des RamasGenthums. Zutritt hatte in der genannten merkwürdigen Gesellschaft, welche in der Regel alle Abende stattfand, und zwar je nach dem Aufenthalt des Königs in Berlin, Potsdam oder Wusterhausen, Jeder, der dazu gerufen wurde. Jeder Besuchende, der König voran, erhielt seine Tabakspfeife nebst Tabak und Feuerzeug, seinen Krug Bier und sein Glas. Bald war die Unterhaltung ernsthaft, bald scherzhaft. Die launigste Rolle spielte da ohne Zweifel Jakob Paul, Freiherr von Gundling, Sohn eines Landpastors und Bruder des Professors Gundling zu Halle. Er studirte, war Hofmeister und wurde 1705 Professor der Geschichte an der Ritterakademie zu Berlin. Nach Aufhebung derselben, mit dem Tode Friedrichs I., berief ihn dessen Nachfolger als Hofrath und Zeitungsreferenten. Seine Trunksucht aber, sein Hochmut und die ihm anhaftende komische Erscheinung machten ihn immer mehr zur Zielscheibe des Spottes und Witzes am Hofe, so daß zuletzt Alles ihn neckte und sich an seinem Zorne weidete. So wurde seine nicht unbedeutende Gelehrsamkeit durch seine entwürdigende Stellung am Hofe in den Hintergrund gedrängt, obschon er für gelehrte (freilich nicht geistreiche) Werke vom kaiserlichen und vom russischen Hofe großartige Geschenke erhalten hatte. Indessen bezog er eine ansehnliche Pension, erhielt den Freiherrn-, mehrere Raths-Titel und die Kammerherrnwürde, ja sogar jene eines Präsidenten der Societät der Wissenschaften; mußte aber als Ober-Ceremonienmeister eine höchst komische Kleidung tragen, einen rothen Rock, rothen Federbusch auf dem Hute, rothe Strümpfe und rothe Absätze an den Schuhen. Einst ließ man einen Affen in ganz gleicher Kleidung eintreten, als er bei Tafel saß, und eine Bittschrift überreichen, die ihn als Gundlings Sohn auswies. So spielte man ihm einen Possen über den andern, bis er 1731 zu Potsdam an den Folgen starker Getränke starb, die ihm ein Loch in den Magen gefressen hatten. Sein jüngst verfertigter Sarg hatte die Gestalt eines Weinfasses, und die Inschrift darauf war in entsprechendem Geiste abgefaßt und endete mit den Worten „Sage, Leser, wenn du liest, ob das nicht ein Schweinpelz ist!" Die Grabschrift war wo möglich noch unflätiger. Ein Freund und Günstling Gundlings war der Professor der Pandekten Bartholdi zu Frankfurt an der Oder, welcher wegen seiner Neigung zu Beschimpfungen schon in der Hausvogtei gesessen, am Hofe bei öfterem Besuche als Narr behandelt wurde und im Spitale zu Berlin an der Seite endete. Am Hofe zu Potsdam lebte auch Hackemann, vorher Professor zu Helmstädt, als Hofrath und Bibliothekar, lief einst davon, wurde in Wien katholisch, kehrte zurück und wurde wieder lutherisch, dann Professor zu Halle und später Landstreicher, als welcher er den Staupbesen erhielt. Ein anderer Narr des Tabakskollegiums war Salomon Jakob Morgenstern, welcher an der Universität zu Frankfurt 1737 in Anwesenheit des Königs, — in possenhafter Kleidung, einen Fuchsschwanz statt des Degens an der Seite, eine öffentliche Disputation über die Narrheit halten mußte, welcher alle übrigen Professoren zu opponiren hatten. Friedrich Wilhelm I. liebte auch komische Potentaten. Einen Grafen von Stein ernannte er unter allerlei astrologischen und kabbalistischen Phrasen nach Gundlings Tode zum Vicepräsidenten seiner Societät der Wissenschaften; dem Memoirenverfasser Freiherrn von Pöllnitz bescheinigte er zum Abschied von Berlin feierlich, daß er dem Hofe durch seine Spaßmachereien wichtige Dienste geleistet, weder Straßenräuber, noch Beutelschneider, noch Giftmischer gewesen, keine Jungfrauen geraubt noch verführt habe u. s. w. Pöllnitz wurde wiederholt katholisch und wieder protestantisch, um zu reichen Heirathen zu gelangen, so daß ihm Friedrich II. zuletzt rieth, sich auch noch beschneiden zu lassen. Der Schriftsteller David Faßmann war der komische Ge-

ſchichtſchreiber all' dieſer wirklichen und unwillkürlichen Narren des Tabakskollegiums.

An den deutſchen Höfen graſſirte im ſiebenzehnten und achtzehnten
Jahrhundert das Laſter der Gallomanie, der blinden Verehrung des
Franzoſenthums und der ſklaviſchen Nachahmung und Einführung aller
Übelſtände, an denen Frankreich krankte, ſo ſehr, daß alle Angelegenheiten
des Staates und namentlich das arme Volk furchtbar darunter litten. Beſonders peinlich berührt es, einen politiſchen und wiſſenſchaftlichen Geiſt
wie Friedrich den Großen dieſe Galeerenkette nachſchleppen zu ſehen. Wie
er überhaupt nur in der franzöſiſchen Sprache ſich gebildet ausdrückte und
die deutſche wie ein Bauer ſchrieb, wie er blos die franzöſiſche Literatur
ſchätzte, die deutſche verachtete und mißkannte, ſo franzöſirte er auch die
Finanzverwaltung ſeines Reiches. Um die überwuchernde Schmuggelei zu
verbannen, führte er bald nach dem ſiebenjährigen Kriege 1766 die
„General-Acciſe und Zollverwaltung" ein und übergab ſie durchweg
Franzoſen. An der Spitze ſtanden fünf Regiſſeurs mit je zwölftauſend
Thalern Gehalt, unter ihnen in den Provinzen zwölf Direktoren und
unter dieſen ein ganzes Heer von Inſpektoren, Kontroleuren, Viſitatoren,
Plombeurs und Garden zu Fuß und zu Pferde, — Alles Franzoſen. Der
Handel wurde gelähmt, das Volk ausgeſogen und deſſen Moralität durch
das übermäßige und leichtfertige Perſonal untergraben.

Dieſe Schmachzuſtände vereinigten ſich mit der ohnehin herrſchenden
Verſchwendung der Kleinſtaaterei, ſo daß Deutſchland, als es von der
franzöſiſchen Revolution überraſcht wurde, ſich in einem Zuſtande jämmer-
lichſter Zerriſſenheit befand. Unter dem „Reiche" verſtand man, wie
unter dem Landvolke zum Theil noch heutzutage, blos die kleinen Staaten
im Südweſten; weder Öſterreich noch Preußen zählten ſich dazu und
wurden von denen „im Reich' draußen" ebenſo ſehr gehaßt, wie ſie ſelbſt
einander haßten. Um den Kaiſer kümmerte ſich außerhalb Öſterreichs
Niemand, als wer Wappen oder Titel brauchte, die allein er ertheilen
konnte; ſonſt hing nur der Doppeladler an den Poſthäuſern, und wenn
der Kaiſer ſtarb, ertönte Trauergeläute. Die Rathsherren der elenden
ſchwäbiſchen Reichsſtädtchen fühlten ſich als Souveräne und mauſten ſich
gleich den Römern pompös: Senatus populusque. Als die Franzoſen
Mainz nahmen und von den Bürgern Wünſche zu einer Konſtitution verlangten, gingen dieſelben nicht über die engherzigſten Begriffe der einzelnen
Zünfte hinaus, — von politiſchen Ideen keine Spur!

Die erſten empfindlichen Folgen der Revolution, welche Deutſchland
ſpürte, war der ſeit 1790 ſtattfindende Einbruch der von jenem Welt-
ereigniſſe vertriebenen ſtarren Anhänger des geſtürzten Regierungsſyſtems
und der ſüderlichen Bourbonenſippſchaft, der ſog. Emigranten. Es
war, wie Alle erfuhren, die mit ihnen zu thun bekamen, in der Mehrzahl
rohes, ſittenloſes Geſindel, ſchlechter als der „Pöbel", vor dem ſie flohen.

von gebildeten deutschen Landesherren, namentlich aber von dem geistlichen Kurfürsten von Trier, dessen Residenz Koblenz auch ihr Hauptsitz wurde, gastfrei, ja zuvorkommend aufgenommen, benahmen sie sich, wo sie zu imponiren wußten und vermöge ihrer Anzahl sogar gewaltthätig auftreten konnten, wie die ehrlosesten Schufte. Familienglück zu zerreten war ihnen Kleinigkeit, Frauen und Töchter zu verführen — Zeitvertreib, Deutsche zu verhöhnen und zu mißhandeln — königliches Vergnügen. Lug und Trug, Gewissen- und Zuchtlosigkeit und — ansteckende Krankheiten kamen in ihrem Gefolge, und ihr zusammengelaufenen Heere, welche gegen die Freiheit ihres Vaterlandes kämpfen sollten, wurden selbst von den verkommensten Reichsstadt-Truppen verachtet.

Solches Gelichter war wenig geeignet, in Deutschland Sympathien für das gestürzte Regiment Frankreichs zu erwecken. Man zollte vielmehr, im Hinblick auf die eigenen unbefriedigenden Zustände, den Ideen der Revolution an vielen Orten und in vielen Kreisen offenen Beifall und besang sie ungescheut. Selbst unter „Vornehmen" wurde die Tricolore Mode, man trällerte arglos das Ça ira und die Marseillaise und schwärmte für die Menschenrechte. Seitdem jedoch der Kerker die königliche Familie umfing, und noch mehr, seitdem die Guillotine ihre schauderhafte Arbeit begann, waren alle gebildeten und besitzenden Deutschen völlig entrüstet und wandten ihr Herz kopfschüttelnd und trauernd vom westlichen Nachbarlande,

„wo der Sklave die Kette brach",

ab; ja der blutige Fortgang des welterschütternden Dramas trieb die Ersten der deutschen Geister so weit von jeder orthomonarchischen Idee weg, daß sie die einfachsten Grundlagen freier Zustände vergaßen und ein Goethe dichten konnte:

„Der Mensch ist nicht geboren, frei zu sein,
Und für den Edlen giebt's kein höher Glück,
Als einem Fürsten, den er ehrt, zu dienen,"

ja sogar der Dichter Fiesco's und Tells jammerte:

Wo sich die Völker selbst bestei'n,
Da kann die Wohlfahrt nicht gedeih'n!

Doch war damit noch nicht alle Opposition gegen schlimme Zustände todtgeschwiegen. Gegen solche erhob sich in Preußen, wo indessen schon unter Friedrich dem Großen und noch mehr unter dessen elendem Nachfolger politische Schmähschriften gegen die Regierung keine Seltenheit waren, — der Oberzollrath von Orlo, welcher in seinen heftigen Schriften „Das schwarze Buch", „Die preußischen Jakobiner", „Das gewiesene Preußen", hohe Beamte, wie den Gouverneur in Schlesien und dem getheilten Polen, Grafen Hoym, den Kanzler Goldbeck, den General Rüchel u. A. des Betruges und der Erpressung anklagte, und in der Haft, in welche er mit seinen Freunden fiel, sogar den König beschuldigte, daß er „keine Wahr-

heiten mehr hören, redliche Männer, wahre Patrioten, in den Kerker
werfen und die angezeigten Betrüger zu Dirigenten einer gegen sie nieder-
gesetzten Kommission ernennen wolle." Held's Schriften wurden konfiszirt, er selbst jedoch nach längerer Haft und schließlicher Verurtheilung,
endlich freigesprochen. Die gerügten Zustände aber führten zu dem
traurigen Falle des deutschen Reiches und Preußens am Anfange unseres
Jahrhunderts.

B. Einzelne Höfe.

Das Land, in welchem die soeben erwähnten Auswüchse der
„Staatsraison" vorzüglich ihren Sitz hatten, namentlich aber der sie alle
an Gehässigkeit und allgemeiner Verbreitung weit überbietende Unfug des
Mätressenthums, der mit dem ganzen übrigen Hofleben in so inniger
Verbindung stand, — welches Land daher sämmtlichen übrigen Ländern,
wo jene Auswüchse grassirten, zum Muster diente, war **Frankreich**,
und der König, welcher jenes System vorzugsweise hegte und pflegte
und dessen berüchtigter Ausspruch „l'état c'est moi" so zu sagen zum
Gesetze Europa's und der von uns behandelten Periode wurde, war
Ludwig XIV. Dieser Typus des Regenten im siebenzehnten und zu
Anfang des achtzehnten Jahrhunderts wurde schon von Jugend auf, nach
dem Willen des die Regierung führenden Kardinals Mazarin, derart
erzogen, daß man bedacht war, ihn stets männlicher und seinen nach-
geborenen Bruder, Philipp von Orleans, stets weibischer zu machen*),
wozu die stets wieder auftauchende und noch nie widerlegte Sage passen
würde, daß sein beseitigter Zwillingsbruder der bekannte **Mann mit
der eisernen Maske** war. In einem Alter, wo junge Leute sonst
blos zu **gefallen** suchen, **imponirte** er daher bereits, während dagegen
seinem Bruder blos Geschmack für Schmuck und Kleidung des weiblichen
Geschlechts eingeflößt, ja von der Königin-Mutter sogar darauf gehalten
wurde, daß er weibliche Kleidung trug und in solcher, umgeben von
ebenso angethanen jungen Höflingen, öffentlich erschien. Mazarin war
jedoch darauf bedacht, daß Ludwig's königliches Auftreten mehr den
Schein wahre, als sein Wesen ausmache, und sorgte daher bei Zeiten
für Umgarnung des jungen Königs mit Vergnügungen, damit er sich nicht
zu stark in die Staatsgeschäfte einmische und in Abhängigkeit vom Kardinal
verbleibe. Letzterer nahm keinen Anstand, hierzu eine seiner sieben Nichten
zu benutzen, die er aus Italien hatte kommen lassen. — Töchter seiner
zwei Schwestern, zwei Fräulein Martinozzi und fünf Fräulein Mancini.
Erstere fingen in ihren Netzen einen Prinzen von Conti und einen
Prinzen von Modena. Von den Mancini wurden die beiden älteren

---

*) Anquetil, Louis XIV., sa cour et le régent. 4 tomes. Paris 1793.

Herzogin von Mercœur und Gräfin von Soissons, die beiden jüngeren Herzoginnen von Meillerai (deren Mann den Namen „Herzog von Mazarin" annahm) und von Bouillon, während die Mittelste, Marie, dem Hauptzweck des Oheims diente. Nichts weniger als hübsch, mit gelb-bräunlichem Teint, langem und magerem Halse und ebensolchen Armen, großem Munde und glanzlosen Augen, wußte sie doch zu kokettiren und ging mit keinem geringern Gedanken um, als das Herz und wo möglich sogar die Hand des mächtigsten Monarchen seiner Zeit zu erringen.

Ihre Besuche waren nicht mit Erfolg gekrönt. In den kleinen Cirkeln, welche sie gab, erregte nicht sie, sondern die jugendfrische, hübsche und anmutige Mademoiselle de la Motte d'Argencourt Ludwigs Begierden, widerstand ihnen aber, obschon ihre Mutter so gewissenlos gewesen war, sich Mazarin als Hinterbringerin der Geheimnisse des Königs anzubieten, die sie erfahren würde, wenn derselbe ihre Tochter seiner Liebe würdigte! Dem schlauen Italiener war dies Wasser auf seine Mühle; er erzählte dem Könige Alles und rettete dadurch gründlich dessen Neigung zur schönen Argencour, die — natürlich — in ein Kloster ging. Ludwig machte sich über seine fehlgeschlagenen Absichten religiöse Skrupel, vergaß diese aber bald (erst sechzehn Jahre alt!) in den Armen der weniger spröden Kammerfrau Beauvais, — zu derselben Zeit, da er seine ersten Feldzüge unter Fabert und Turenne mitmachte (1654). Die intriguante Marie Mancini gab indessen ihre Hoffnung nicht auf und brachte es wenigstens dahin, daß die Königin-Mutter die Anwesenheit des Königs in den Soirén der Gräfin von Soissons, Mariens Schwester, beglückte. Es unterliegt keinem Zweifel, daß Mazarin sich in der stolzen Hoffnung gewiegt hatte, unter seinen herzoglichen und gräflichen Nichten auch eine Königin auftauchen zu sehen. Er fühlte jedoch bei Zeiten, daß er darauf verzichten mußte, und suchte nun wenigstens die Heirat des Königs mit Margaretha von Savoien zu Stande zu bringen, weil der Graf von Soissons mit diesem Hause verwandt war. Jetzt war es aber Marie, welche des Oheims Absichten durchkreuzte und durch ihre Einflüsterungen bei dem Könige, über den sie bereits nicht unbedeutenden Einfluß errungen hatte, bewirkte, daß er die savoische Prinzeß verschmähte, — und dies benützte sofort die Königin-Mutter, welche des Sohnes Verbindung mit einer ihrer Verwandten wünschte, indem sie dessen Heirat mit Maria Theresa, Infantin von Spanien, betrieb. Da nun Mazarins Pläne gescheitert waren, sah er sich genöthigt, Marie und ihre Schwestern (!) in ein Kloster zu schicken. Ihr Abschied vom Könige war rührend, Ludwig konnte seine Thränen nicht zurückhalten. „Sie weinen!" sagte Marie, halb zärtlich und halb vorwurfsvoll. „Sie sind ja König und ich gehe fort!" Die Liebenden unterhielten noch einige Zeit einen Briefwechsel, dessen Unterhändler aber verbannt wurden. Einmal besuchte der König

auch, doch nachdem seine Liebe bereits erkaltet war, das Asyl der Kardinals-
nichten. Um nun einer seiner Nichten, wo nicht einen König, doch
wenigstens einen königlichen Sprossen zu geben, beabsichtigte Mazarin
die Verbindung einer derselben mit einem Herrn von Courtenai, welche
Familie sich von Ludwig dem Dicken herleitete; aber der in Aussicht genommene Schwiegersohn erwies sich als ein geistloser Bergnägling.

Ludwig XIV. heiratete 1660 die spanische Infantin und hielt mit ihr
am 26. August einen pompösen Einzug in Paris. Marie Mancini aber
gerieth beinahe in Verlegenheit, welche Krone sie auf ihr Haupt setzen wollte.
Denn kein Geringerer, als Karl II. von England hatte, bevor er König
war, um sie geworben, sie aber nach seiner Thronbesteigung, trotz von
Mazarin angebotener fünf Millionen Mitgift verschmäht; dann wollten
die Herzoge von Lothringen und Savoien sie heimführen, aber nicht ohne
Mitgabe einer französischen Festung, was Mazarin natürlich verweigerte, —
worauf er sie endlich dem römischen Connetable Colonna gab, welcher
hunderttausend Livres Renten zu verzehren hatte. Es war des ränkevollen
Ministers letztes Werk; er starb 1661. Während der zwanzig Jahre
seiner Regierung hatte er ungeheure Reichthümer aufgehäuft. Eine
einzige seiner Nichten hinterließ ihrem Sohne, dem Herzog von Mazarin,
achtundzwanzig Millionen Livres. Marie aber trennte sich später von
ihrem brutalen Manne, führte ein herumziehendes Leben und verscholl
vollständig.

Von Mazarins Todesstunde an regierte Ludwig XIV. allein, ohne
Premierminister und ohne je wieder einen Geistlichen in seinen Rath aufzunehmen. Als Harlai de Chanvelon, Präsident der Versammlung des
Klerus, ihn nach dem Tode des Kardinals zu fragen wagte, an wen man
sich von nun an in Geschäften wenden müsse, vernahm er das kurze und
inhaltschwere Wort „à moi!" Der wohlunterrichtete Memoirenschreiber
Saint-Simon sagt von Ludwig: „Er hatte einen über die Mittelmäßigkeit
erhabenen Geist, das heißt mehr gesunden Verstand, als glänzenden, aber
einen der Ausbildung und Verfeinerung fähigen; er wußte von Andern
zu entlehnen, ohne daß es schien, als ob er sie nachahme oder ihnen diene.
Als er zu regieren begann, waren seine Minister im In- und Auslande
die kräftigsten, seine Generale die geschicktesten in Europa. Er lernte
Alles von ihnen." Am Hofe herrschte statt der frommen Königin-Mutter
und der schüchternen Königin, die Herzogin von Soissons, eine der Nichten
Mazarins. Sie wohnte in den Tuilerien, und ihre Gemächer waren der
Mittelpunkt der Galanterie und der Intriguen. Man lebte dort en famille,
unter mit Titeln geschmückten Personen, welche fast Alle verwandt, befreundet oder verbündet waren, und man empfing keine „neue" oder
unbekannte Leute." Hier bildete der König sich zu dem Grade der Liebenswürdigkeit, Höflichkeit und Majestät heran, welche ihm später so sehr
eigen waren.

Ludwig stand des Morgens gegen acht Uhr auf, betete, kleidete sich an, las Bücher, frühstückte einfach, erschien um zehn Uhr im Conseil seiner Minister, verließ es Mittags, besuchte die Messe, widmete die Zeit bis zum Diner und nach demselben seiner Familie, arbeitete dann mit den Ministern, gab Audienzen, brachte den Abend mit Konversation bei den Königinnen oder der Herzogin von Soissons mit Spiel, Spaziergängen oder im Theater zu und ließ dem Nachtessen noch Tanz oder kleine Bälle folgen. Zu diesen verwendete man namentlich die „Filles d'honneur", eine lebhafte und muthwillige Gesellschaft, welche unter dem Schutze der Herzogin von Navailles, einer Protegée Mazarin's, stand, und von deren Titel ein boshafter Beobachter jener Zeit sagte: er sei in seinem Lande schwer aufrecht zu erhalten. Die Dame d'honneur, wie die Herzogin hieß, hatte denn auch einen harten Stand gegen die Begierden des Königs, der ihre Schäflein in seiner Auswahl bestimmt glaubte und sie im Falle der Widerspenstigkeit mit seiner Ungnade bedrohte, ihr aber verzieh, als sie zu seinen Füßen ihren Entschluß kundgab, ihre Ehre aufrecht zu erhalten. Da aber die Soissons die Navailles eine „honthronne de vertu" nannte, begann der König seine Angriffe auf die Unschuld der Filles d'honneur neuerdings, bis deren Duenna ihre Gemächer mit eisernen Gittern versehen ließ. Der König nahm ihr aber einfach ihre Stelle und übertrug sie seiner Kupplerin, der Soissons, worauf seinen Wünschen nichts mehr im Wege stand. Wir greifen hier unserer Erzählung voraus, indem wir einschalten, daß die Soissons später zu Brüssel in Armuth und Verachtung starb, obschon sie die Mutter des berühmten Prinzen Eugen von Savoien war.

Kurze Zeit nach jenem Abenteuer gerieth aber der König in die süßen Bande der Vallière (wovon später). Als Opfer dieser Neigung fiel der Minister Fouquet, welcher, ohne von derselben Kenntniß zu haben, der königlichen Geliebten tausend Pistolen anzubieten gewagt hatte. Fouquet war ein gewissenloser Mensch, der mehrere hohe Staatsstellen nacheinander gekauft hatte und vom Volke ein Welt-Henker, von Madame de Motteville ein Hauptdieb genannt wurde. Durch Dienste, welche sein Bruder, ein Abbé, dem Kardinal Mazarin geleistet hatte, stieg er zum Finanzminister empor. Der Abbé, ein intriguanter und frecher Bursche, „mischte sich in Alles, entzweite die Familien, ließ Männer prügeln, schändete Frauen und Mädchen." Als eine Madame de Châtillon einst in seiner Abwesenheit in seinem Hause Briefe wegnahm, die er ihr nicht hatte zurückgeben wollen, begab er sich in ihrer Abwesenheit in ihr Haus, durchwühlte es, zerschlug die Spiegel und Porzellangeschirr und warf Möbel zum Fenster hinaus. Mit seinem Bruder entzweite er sich und warf ihm öffentlich, zu großem Skandale, vor, er habe fünfzehn Millionen verschwendet, besteche Alle, welche sich's gefallen lassen, und habe Damen, deren Namen er nannte, bald drei-, bald viertausend Pistolen gesandt.

Der Minister seinerseits blieb nichts schuldig, obschon er noch mehr that, als der Bruder sagte. Während in seinem prachtvollen Landhause, wo er sein Arbeitskabinet hatte, der ganze Hof antichambrirte und den unermüdlichen Fleiß des „großen Mannes" lobte, stieg er auf einer geheimen Treppe in den Garten hinab, wo ihn „mit Gold aufgewogene Nymphen", wie man theilweise wohl kannte, erwarteten! Den König suchte er zu betrügen, wo er konnte, und stellte falsche Rechnungen aus, auf welche aber Colbert, den Mazarin noch in den Staatsdienst eingeführt hatte, den König aufmerksam machte. Ludwig ließ dieses Treiben einige Monate hingehen, da Colbert stets den Schaden zu wenden wußte, und sann indessen nach, wie er den untreuen, aber mächtigen und in Folge seiner Bestechungen allseitig beliebten Diener verderben könne. Fouquet wurde von dieser Absicht bei Zeiten unterrichtet und suchte auf einer Reise mit dem König in Nantes, wo dieselbe in's Werk gesetzt werden sollte, unter der Volksmenge zu entkommen, als ihn Artagnan, Kommandant der Musketiere, ergriff und in das Schloß Angers führte. Von da brachte man ihn in die Bastille. Ende 1664, nach zweijährigem Processe, wurde er zu ewiger Verbannung verurtheilt und seine Güter konfiszirt. Die Minister hatten auf die Todesstrafe gehofft, und um ihnen einigermaßen gerecht zu werden, verwandelte Ludwig das Urtheil in lebenslänglichen Kerker, den der Gestürzte in der Alpenfestung Pinerol aushielt; sein Nachfolger wurde Colbert.

Als die einst von Ludwig angebetete „Madame" (so war ihr offizieller Titel), die Gattin seines Bruders, des „Monsieur", starb, gedachte er diese Stelle seiner Cousine zuzuwenden, welche den Hoftitel „Mademoiselle" führte. Dieselbe liebte jedoch einen reichen jungen Edelmann aus der Gascogne von extravagantem Charakter, Peguilin, später Graf von Lauzun. Er war ein Günstling des Königs und erhielt von ihm die Zusage der Ernennung zum Großmeister der Artillerie, welche aber der König, als den Kriegsminister Louvois sich dagegen erklärte, brach, worauf Lauzun erbittert seinen Degen zerbrach, der König aber schon den Stock aufhob, ihn für diese Unverschämtheit zu züchtigen, sich jedoch ermannte, den Stock zum Fenster hinaus warf und Lauzun in die Bastille sandte, wo sich derselbe wie ein Verrückter benahm. Der König bot ihm nun die Stelle eines Hauptmanns der Garden an, deren bisheriger Inhaber die ihm entzogene Würde erhalten hatte, und Lauzun nahm nach anfänglicher Weigerung an. Sonderbarer Weise ging die wiedererlangte Gunst soweit, daß Ludwig Lauzun's Verehelichung mit „Mademoiselle" erlaubte. Als aber der Hof sich entsetzte und Zeter schrie, nahm Ludwig auch dieses königliche Wort wieder zurück. Lauzun versuchte sein Glück bei der Montespan und verbarg sich unter ihrem Bette, als der König sie besuchte. Da hörte er, daß er, statt empfohlen — verrathen wurde, und nannte bei der nächsten Begegnung die Favoritin, welche ihm erzählte, wie sie zu seinem Gunsten gesprochen, eine schändliche Lügnerin. Sie berichtete es weinend dem König, und Lauzun wurde zum zweiten Male in die Bastille gesperrt, dann aber in ein niedriges Gewölbe zu Pinerol gebracht, wo Fouquet noch weilte. Die Beiden, gleich begierig, einander zu sehen, gelangten dazu, sich heimlich zu besuchen, und Fouquet fürchtete, nachdem er des Genossen märchenhafte Geschichte gehört, einen Wahnsinnigen vor sich zu haben!

„Mademoiselle" vermachte ihr Vermögen einigen der Kinder, welche die Montespan vom Könige hatte, um die Freiheit Lauzuns und ihre Vereinigung mit ihm zu erlangen. Der König verweigerte letzteres entschieden und gestattete dem Gefangenen blos eine Badekur und eine Reise unter Bedeckung. Aber er war, als er die Geliebte wieder sah, gegen ihre inzwischen ein halbes Jahrhundert alt gewordenen Reize unempfindlich, benahm sich kalt und — ließ sich wieder nach Pinerol zurückführen. Später finden wir ihn in England, wo ihm der entsetzte König Jakob II., Ende 1689, auftrug, die Königin und den Prinzen nach Frankreich zu bringen, was er inmitten vieler Gefahren glücklich bewerkstelligte. In Versailles begab er sich wieder an den Hof, als ob nichts geschehen wäre, und begann von Neuem zu intriguiren, wozu er die Maintenon gewinnen wollte, was diese aber ablehnte. Mit „Mademoiselle" führte er tolle Verzeihungs- und Versöhnungsscenen auf, bis sie starb, heiratete dann noch, führte ein glänzendes Haus und starb in unverwüstlichem Humor, 90 Jahre alt, 1723.

Solche orientalische Schicksalswechsel fielen an einem Hofe vor, welchen Madame de Sévigné folgendermaßen schildert: „Diese angenehme Verwirrung alles Dessen, was es vom Auserwähltesten gibt (die Hofzirkel nämlich), dauert von drei bis sechs Uhr. Wenn Couriere ankommen, so zieht sich der König einen Augenblick zurück, um seine Briefe zu lesen, und kommt dann wieder. Es gibt immer etwas Musik zu hören, was eine sehr gute Wirkung ausübt. Er plaudert mit den Damen, welche an diese Ehre gewöhnt sind. Beim Spiele spricht man ohne Ende: Wieviel Herzen haben Sie? Ich habe zwei, ich drei, ich eines, ich vier; er hat nur drei, nur vier, und man ist entzückt von diesem Geflatsch. Um sechs Uhr begibt man sich zu Wagen oder man fährt auf dem Kanal in Gondeln, wo man Musik hört. Um zehn Uhr kommt man zurück und findet die Komödie bereit. Mitternacht schlägt, und man macht Media nocho (spanischer Ausdruck für die nächtlichen Spaziergänge, Spiele, Intriguen u. s. w., unten S. 99)."

Dieser Hof nun wurde damals für anderthalb Jahrhundert aus der rauschenden Capitale, wo sich Parteien befehdeten, deren Streit den König anwiderte, wo die galanten Abenteuer nicht geheim gehalten werden konnten und wo ihn die gaffende Menge des Volkes und die zudringliche der Stellenjäger inkommodirte, — entfernt und an einen Ort verlegt, welcher vorher förmlich der Natur entrissen werden mußte, — Versailles.

Ludwig XIII. hatte dort ein Schlößchen gebaut, um nicht in einer elenden
Herberge oder in einer Windmühle übernachten zu müssen, wie ihm schon
begegnet war, wenn er im Walde von Saint-Léger jagte, in dem es weder
Straßen noch Ruhestationen gab. Ludwig XIV., der sich aus den angegebenen Gründen bereits nach St. Germain-en-Laye zurückgezogen hatte,
entschloß sich, Versailles zu vergrößern und zu verschönern, und nachdem
die Gartenkunst seines berühmten Lenôtre ihre stylfrigen Triumphe
gefeiert, verlegte er den Hof 1680 dahin, wohnte aber selbst erst seit dem
Tode der Königin, 1683, beständig dort. Mit den Arbeiten wurde stets
fortgefahren. Getrennte Gebäude wurden durch neue solche verbunden,
Hügel abgetragen, Höhlungen ausgefüllt, das sandige und feuchte Erdreich
befestigt, Canäle gegraben und Wasser gesucht, um sie zu füllen. Prächtige
Aquäducte nach Art der Römer wurden aufgeführt, um das Wasser der
entfernten Eure herzuleiten, sie mißlangen aber und blieben nutzlos.
Täglich arbeiteten zweiundzwanzigtausend Menschen und sechstausend
Pferde in Versailles. Man fabelte, im Angesichte dieser Anstrengungen,
daß Versailles vier Milliarden Livres gekostet habe. Die Rechnungen
jedoch, welche nach der Sage verbrannt worden sein sollen, sprechen blos
von 160 Millionen Livres. Bald wurde auch dieser Ort dem König zu
lärmend, und er wählte zu seinem Aufenthalte das tiefe Thal von Marly,
wo im Sumpfe Kröten und Schlangen hausten, und das erst ausgetrocknet
werden mußte. Man experimentirte dort in einem fort, und des Königs
Laune ließ bald Wälder in Seen, bald Wasserfälle in plastische Gruppen
verwandeln. Ein damaliger Schriftsteller sagt mit Bezug auf diese
Verschönerungswuth: „Ein Privatmann, der damit behaftet ist, ruinirt nur
sich selbst; ein König aber ruinirt sein Reich." Neben dieser Verschwendung
huldigte aber Ludwig auch der Pflege des Schönen. Er ließ mit großen
Kosten aus Rom Modelle kommen und gründete die Akademieen der
Malerei, Bildhauerei und Baukunst. Großmüthig unterstützte er die
Schüler dieser Anstalten durch Ankauf ihrer Werke, mit denen er seine
Schlösser und Gärten schmückte. Den gelähmten Handel belebte er durch
Gründung der indischen Kompagnie, durch Anlegung von Canälen und
Straßen. Er schuf Frankreich eine Flotte, verbesserte die Gesetze, verbot
die Duelle, begünstigte die Akademie der Wissenschaften, errichtete die
Sternwarte und das Invalidenhaus und organisirte die Sicherheitspolizei.

Die bereits erwähnten Liebhabereien Ludwig's XIV. verdunkelte indessen, mittelst allgemeinen Aufsehens und gebieterischer Geltendmachung,
diejenige seiner Mätressenwirthschaft. In diesem Punkte benahm
sich der französische Hof seit Langem mit der größten Schamlosigkeit, indem
er seine baarste Frivolität öffentlich zur Schau trug. Schon in der Zeit,
welche Gegenstand unseres ersten Bandes war, erlangte König Franz I.
trauriges Berühmtheit als der erste selbst, welcher, und zwar erwiesener
Maßen durch eigene Schuld, mit der damals aufgetretenen Weltseuche

der Syphilis angesteckt war, führte die heuchlerische Katharina von Medici, die Mutter der drei letzten Valois, stets eine Anzahl schöner und feiler Damen mit sich, mit welchen sie die Männer zu politischen Zwecken zu ködern suchte und welche sie in der schamlosesten Koketterie abrichtete, trug Heinrich III. die höfische Verderbenheit und Zügellosigkeit von der Weiberliebe auf die ihm eigenthümliche krankhafte Neigung zu jungen Männern über und ließ seine ausgeschämten „Mignons" in Weiberkleidern die Rolle frecher Dirnen spielen, — benahm sich endlich der sonst so volksthümliche Heinrich IV. in keineswegs volkgewinnender Weise als ausschweifender Verführer. Doch war bei all diesem ekelerregenden Treiben die königliche Würde noch nicht so tief gesunken, daß sie den von ihren Trägern zur Befriedigung sinnlicher Lüste benutzten Personen je einen Einfluß auf die Regierung oder gar einen Antheil an derselben eingeräumt hätte. Bei all' der Kechheit, mit welcher diese Werkzeuge der Unzucht auftraten, bei all' der Freiheit, die ihnen gestattet war, würde es im höchsten Grade verpönt gewesen sein, wenn sie sich über die ihnen angewiesene Sphäre erhoben hätten. Diese Ungeheuerlichkeit war der Periode vorbehalten, welche den Inhalt gegenwärtigen Bandes bildet, und in welcher sie so recht augenfällig die Schwäche und Entwürdigung des Stufe für Stufe sinkenden Königthums und des Landes Reife zu einer Revolution beweisen sollte.

Die eigentliche Mätressenherrschaft entwickelte sich allmälig unter der Regierung Ludwig's XIV. Die erste Vertreterin derselben, und zwar noch in der mildesten und unschädlichsten Weise, war Louise Françoise de la Baume Le Blanc de la Vallière, von alter Familie aus Bourbonnais, geboren 1644. Im Dienste der Orleans erzogen, wurde sie Ehrendame der Herzogin von Orleans, Henriette Stuart, in Fontainebleau und machte vor 1661 die Bekanntschaft des Königs, welcher ihrer Herrin (seiner Schwägerin) ganz besondere Aufmerksamkeit widmete und mit ihr und ihrem fröhlichen Hofstaate nächtliche Spazierfahrten, Spiele und Feste feierte. Ludwig war seit einem Jahre mit Maria Theresa von Spanien vermählt, fand aber an ihrer steifen Etikette wenig Gefallen; um seine Liebe zur Schwägerin zu verbergen, spielte er den Ritter der la Vallière, und aus dem Scherze wurde bald Ernst. Ohne schön zu sein, verdrängte sie, allein durch ihre Hingebung, auf einige Zeit alle anderen Neigungen im Könige, der für sie Versailles verschönerte und pompöse Feste abhielt, bei welchen in feenhafter Beleuchtung der Gärten und glänzender Kostümirung allegorische Aufzüge und Scenen aus den Rittergedichten aufgeführt wurden. Dabei lebte sie einfach und bescheiden, nur ihrer Liebe und der Frömmigkeit und suchte weder Einfluß noch Reichthümer. Ihrem Bruder aber, der ihr bei einer Begegnung in Anwesenheit des Königs zunickte, was des Letzteren Eifersucht erregte, gewährte Ludwig, als er seine Stellung zu ihr erfahren, bedeutende Gnade, und sein Sohn wurde später Herzog von la Vallière.

— Louise gebar insgeheim und erschien, um das Ereigniß zu verbergen, am Abend desselben Tages an einem Balle der Herzogin. Von ihren zwei ersten Kindern starb eines im zartesten Alter, das andere war todt geboren. Der König schuf ihr 1667 ein Herzogthum und erhob ihre zwei späteren Kinder, einen Sohn und eine Tochter, in den Grafenstand. Auf des Königs erstem Feldzuge im zuletztgenannten Jahre begleitete ihn die Geliebte und erlaubte sich, zum Entsetzen der Königin, ihr vorzufahren, um den König zuerst zu küssen. Aber auf derselben Reise geschah es auch, daß eine der Hofdamen der Königin, Françoise Athenais de Mortemart de Rochechouart, Gattin des Marquis von Montespan, eine volle üppige Schönheit im Gegensatze zur schmächtigen und blassen La Vallière, zwar ohne Herz, aber reich an Esprit, den König für sich gewann. Von da an erlebte Louise eine traurige Zeit; sie mußte den steigenden Einfluß der Nebenbuhlerin, die zunehmende Gleichgültigkeit und Härte des Königs mit ansehen, aber sie fügte sich resignirend, diente der Montespan selbst bei deren Toilette und fuhr mit ihr und der Königin in einem Wagen, den der König lenkte, so daß das Volk rief: Da kommen die drei Königinnen! Der französische Hof näherte sich immer mehr orientalischen Sitten, er hatte bereits einen Harem, — nicht umsonst war er mit dem Großsultan gegen Deutschland verbündet. Zweimal schon hatte sich die Vallière in ein Kloster geflüchtet, — zweimal hatte sie der König, erst selbst geholt, dann durch den Minister Colbert holen lassen. Sie wurde, je mehr ihre Reize schwanden, stets frömmer, aber auch zugleich fanatischer und suchte im Vereine mit Gleichgesinnten Proselyten zu machen. Endlich, im Jahre 1674, vollführte sie ihren lange gehegten Entschluß und zog, vom Könige losgelassen, ins Kloster zum Carmel an der Rue d'Enfer zu Paris, wo sie im folgenden Jahre, nach einer Predigt Bossuet's, die Gelübde ablegte, von der Königin selbst den Schleier erhielt und sich „Soeur Louise de la Miséricorde" nannte. Nur noch frommen Übungen lebend, schrieb sie auch ein mystisches Buch über die Barmherzigkeit Gottes, und starb 1710.

Ihre Nebenbuhlerin und Nachfolgerin, die Montespan, 1641 geboren, lebte auch nach Beginn ihres Verhältnisses zum König immer noch mit ihrem Manne, obschon dieser sie schlimm behandelte, also in doppeltem Ehebruche. Mit ihr begann das Mätressenthum seine gehäßige und häßliche Periode. Die Kirche, deren eigene Häupter übrigens nicht besser lebten, schritt schon ein Jahr nach dem Einzuge der Vallière ins Kloster ein und verweigerte der königlichen Buhlerin die Sakramente, worauf sich Ludwig, auf Zureden des eifrigen Bossuet, von ihr trennen wollte. Aber er vermochte es nicht, und das Verhältniß nahm wieder seinen Fortgang, denn auch unterbrochen durch öftere „Scrupel" Beider, welche der Minister Louvois oft zu beschwichtigen suchte. Die Montespan suchte zwar noch nicht im Staate zu herrschen, desto mehr aber am Hofe, und ihr cynisches Benehmen stach sehr gegen die stille Zurückgezogenheit ihrer Vorgängerin ab. — Sie suchte nach für den Ruhm des Königs zu wirken und veranlaßte die Abfassung der Geschichte seiner Thaten durch Boileau und Racine, die aber nicht vollendet wurde und sogar unbekannt blieb. Dem Könige gebar sie acht Kinder und hielt für dieselben eine Erzieherin, die ihr ebenso zuteilvoll werden sollte, wie sie der Vallière. Françoise d'Aubigné, so hieß sie, Enkelin des berühmten Hugenoten Theodor Agrippa d'Aubigné, war 1635 im Gefängnisse ihres Vaters zu Niort geboren und nach einem Aufenthalte in Westindien, wohin sie mit ihren Eltern gereist war und wo ihr Vater starb, durch unermüdliche Intriguen weiblicher Verwandten zur alleinseligmachenden Kirche bekehrt. Sie hatte dann den alten und lahmen Dichter Scarron geheirathet, welcher 1660 sie als gefeierte Wittwe hinterließ, welche die Hand des liederlichen Marquis von Villarceaux, mit dem sie Bekanntschaft pflog, ausschlug, desselben, welcher seine eigene Nichte dem König anbot, aber die lachende Antwort erhielt: „Bah, wir sind Beide zu alt, um Mädchen von fünfzehn Jahren zu verführen!" Durch das Ausbleiben einer ihrem Gatten gebührenden Pension ward sie bewogen, die bereits geäußerte Stelle bei der Montespan anzunehmen. Nun gelangte sie nach und nach dazu, ihre Herrin zu verdunkeln, indem Beide in Entfaltung von Pracht und Glanz wetteiferten, erhielt klingende Gunstbezeugungen vom König und 1674 kaufte er ihr das Schloß und Gut Maintenon, welches er sofort zum Marquisat erhob. Ehe sie in ein innigeres Verhältniß zu ihm trat, begab er sich in die Fesseln der Marie Angélique Scoraille de Rousille, die er zur Herzogin von Fontanges ernannte, aber, da sie in Folge einer Entbindung ihre Reize verlor, bald verließ, worauf sie in ein Kloster ging und darin 1681, erst zwanzig Jahre alt, starb. Ihr Andenken verewigte sie durch die Erfindung eines Kopfputzes. Auf der Jagd wehte ihr der Wind einst eine Haarlocke aus der richtigen Lage. Sie ließ dieselbe mit einem Bande befestigen, dessen Verknüpfungen auf die Stirne fielen, was dem König so gut gefiel, daß er sie bat, diese Coiffüre beizubehalten. Alle Hofdamen erschienen nun in „Fontanges". Der außerdem herrschende Kopfputz war damals ein Haargebäude von zwei Fuß Höhe, so daß sich das Gesicht einer Dame fast in der Mitte ihrer Gestalt befand. Ein Ende machte dieser Ungeheuerlichkeit die Gräfin von Shaftesbury, Gattin des englischen Gesandten in Paris, deren Ungezwungenheit, Unbescheidenheit, Schönpflästerchen und schlechtes Französisch allgemeines Aufsehen erregten und entzückend gefunden wurden. Die aufgebende Montespan aber ergab sich, nach vierzehnjähriger Herrschaft, — großer Sittenstrenge, suchte ihr Gewissen durch Wohlthaten zu beschwichtigen und ließ stets Leute in ihrem Schlafzimmer wachen, da sie sich sehr vor dem Tode fürchtete, der im Jahre 1707 eintrat. Nun rückte die Maintenon an die vielbegehrte Stelle einer Gebieterin des Gebieters vor, der bereits Großvater war, und ihr war es vorbehalten, die Religion und das Mätressenthum mit einander in Ein-

Gang zu bringen. Sie war im höchsten Grade devot und bigott und nahm sich vor, den König „zu Gott zurückzuführen." Ihr Einfluß stieg, als 1683 die Königin starb, welche den König nie ohne Zittern angeredet und mit seinen Maitressen in gutem Einvernehmen gestanden. Sie hatte eine mißgestaltete Negerin aus Spanien mitgebracht und soll in Folge des beständigen Anblicks derselben dem König ein Mädchen mit negerhaften Zügen geboren haben. Ein solches wurde wenigstens thatsächlich im Kloster Moret bei Fontainebleau auferzogen und durfte Niemanden sehen als die Königin und nach ihr die Maintenon. Letztere nahm beinahe alle Rechte der Verstorbenen ein und wurde sogar 1685 nächtlicher Weise im Kabinette des Königs und in Anwesenheit seines Beichtvaters, des Jesuiten Père la Chaise, durch den Erzbischof von Paris mit demselben getraut. Sie stieg eine Stufe weiter als ihre Vorgängerinnen, indem sie sich direkt in die Staatsangelegenheiten einmischte. Umsonst vereinigte sich gegen sie die Eifersucht der Montespan, welche sie um die Liebe des Königs, des Ministers Louvois, der sie um ihren Einfluß, und der Frau von Richelieu, die sie um ihre Stellung am Hofe beneidete. Man suchte ihr Protektion in allen möglichen Angelegenheiten, und die Gunst, bei ihr vorgelassen zu werden, war schwerer und schwerer zu erlangen. Die Vorträge der Minister wurden in ihrem Zimmer gehalten. Sie und der König saßen in Lehnstühlen, ein Tisch stand vor ihnen und an diesem zwei Taboureds, eines für den Minister, das andere für dessen Portefeuille. Während des Vortrags las, stickte oder spann sie und hörte zu, was gesprochen wurde. Selten jedoch sagte sie etwas dazu, und noch seltener war, was sie sagte, von Wichtigkeit. Wenn der König sie um ihre Ansicht fragte, geschah es mit dem Titel „votre solidité (!)." Er ging oft zu Fuß und den Hut in der Hand neben ihrer Kutsche her! Seit ihrer Herrschaft begann der König Moralität und Religiosität zu affektiren und verabscheute das Theater, während die Maintenon sich nicht scheute, Lotterien zu veranstalten und glänzende Feste damit zu verbinden. Ob sie Antheil an der Verfolgung ihrer früheren Glaubensgenossen gehabt habe, ist ungewiß, doch fällt dieselbe gerade in die von ihr bewirkte schwärmende Periode des Königs. Auf ihren Antrieb stiftete Ludwig die Erziehungsanstalt für verarmte Edelfräulein zu St. Cyr, in welche sie sich nach seinem Tode zurückzog und wo sie 1719 starb.

Ludwig XIV. liebte es, einen zahlreichen Hof zu haben. Er verlangte die beständige Anwesenheit aller Personen. Beim Aufstehen, beim Zubettegehen, beim Essen, in den Gärten, auf der Jagd, schaute er nach rechts und links, bemerkte Jedermann bis auf Jene, welche sich nicht warnen ließen, seine Aufmerksamkeit zu erregen, und nahm die Abwesenheit Aller, die zu seinem Dienste gehörten, und selbst Jener, deren Erscheinen blos die Sitte verlangte, sofort wahr. Auch hielt er auf strenge Zeitordnung, in welcher sein eigenes Beispiel vorleuchtete.

Seine Siege berauschten die glorreichsüchtigen Franzosen so sehr, daß man ihn auf Inschriften den „unsterblichen Mann", den „wiedererstandenen Heinrich IV." nannte und Saint-Simon schrieb, er habe aus den Erniedrigungen, deren Zeuge er war, geschlossen, daß Ludwig, wenn er sich hätte wollen anbeten lassen, auch wirklich Anbeter gefunden hätte! Es erschienen in jener Zeit zu Paris Kalender im größten Folio-Format, welche, außer der ganz winzigen Tabelle der Monate und Tage, in groß und scharf gezeichneten Stahlstichen bisweilen satirisch-humoristisch gehaltene Scenen aus dem socialen Leben (Theater, Duelle, Liebesintriguen u. s. w.) oder Karrikaturen, meistens aber, besonders von 1672 an, im herrschenden allegorischen Geschmacke der Zeit gehaltene, Ideen durch Personen versinnbildlichende Verherrlichungen der Thaten Ludwig's XIV. enthielten. Die Tendenz derselben war stets, einerseits den König als den eigentlichen Herrn der Erde geltend zu machen und andererseits die politischen Zustände der Zeit so zu zeichnen, daß Frankreich als der unschuldig angegriffene und darum auch billiger Weise schließlich triumphirende Theil, die übrigen Staaten aber als die muthwilligen und boshaften Friedensstörer erschienen, welche Auffassung ja in Frankreich und bei dessen Nachbarn bis auf den heutigen Tag herrscht. Jene Kalender hatten kein Vorspiel: Ludwig als Apollo im Sonnenwagen mit der Devise „Je plais à tous!" und dann wieder als Mars, von den Tugenden bedient, mit der Inschrift „invincible héros, la gloire te couronne, le temps est borné de tes faits glorieux etc." zu verehren. Schon 1674 wurde er ohne Umschweife „Empereur des Français" genannt und von ihm gesagt, daß er „alle Nationen der Erde mit Bewunderung und Schrecken erfülle". Ludwig nahm sich dabei die altrömische Costüme aus, in welcher der König und seine Generale dargestellt wurden, jedoch ohne die Allongeperücke auf dem Kopfe zu vergessen, auf welcher gravitätisch ein Lorbeerkranz ruht!" Im Jahre 1681 wurde eine Schaumünze die Einnahme von Straßburg gefeiert, dessen Magistrat hierauf vor dem Könige erschien, im Jahre 1687 die Ankunft einer samischen Gesandtschaft mit ihren spitzen Hüten zu Paris, im Jahre 1699 der gleichzeitige Triumph des „wahren Christenthums" über Calvin und Mohammed! Auf einem andern Bilde huldigen alle vier Erdtheile dem König, und die Überschrift heißt „la religion chrétienne établie ou maintenue dans les quatre parties du monde par la piété et le zèle de Louis le Grand" (sein stereotyper Titel). Bei einem Schlachtbilde heißt es in unverschämtester Großsprecherei: „Louis sur le champ de Mars va plus loin qu'Alexandre!" Bei Anlaß der Verwüstung der Pfalz werden die dortigen Städte mit ihren Wappen als Frauen dargestellt, die in erniedrigter Stellung über von französischen Helden (!) gehaltene Piken springen müssen, und dann wieder die deutschen Staaten als Kegel, nach denen die Franzosen werfen, mit der Inschrift: „Je les abats tous!" Auf ähnliche Weise werden auch alle übrigen Gegner des Königs

nachthut, so z. B. Wilhelm III. von England als Usurpator, dessen unschuldiges Opfer Jakob II. von Ludwig feierlich aufgenommen und beschützt wird, besonders aber Savoien, dessen Devise F. E. R. T. *) so ausgelegt wird: „Français espérez, Ramassez (!) tremblez!" Auf einem weitern Bilde erscheint Ludwig als Schulmeister und die übrigen europäischen Herrscher als ungezogene Buben, die er züchtigt. Im Jahre 1695 wird das Bombardement von Brüssel gefeiert, das von der Nacht des 13. bis zu jener des 15. August jenes Jahres zwei Drittel der Stadt in Asche legte. Beim Ryswicker Frieden (1697) heißt es: „Vive le Roi qui donne la paix à toute l'Europe!" und Europa liegt knieend zu den Füßen des Königs. Im Jahre 1699 feierte man die Errichtung seiner Reiterstatue. Gleich ihm wurden auch die Glieder seiner Familie vergöttert, so besonders sein ältester Enkel, der Herzog von Burgund, und zwar schon als Dikdastind mit Lorber, Scepter und Hermelin. Übrigens fanden diese Kalender auch in anderen Ländern Nachahmung, so in Deutschland (Augsburg) zur Verherrlichung der Siege über die Türken, in Amsterdam zur Feier des Sieges Wilhelm's III. am Boynesfusse. Zu Paris erschienen auch welche auf die jeweiligen Papstwahlen in Rom.

Die Kriege Ludwig's XIV., deren Triumpfe auf die angegebene Weise gefeiert wurden, hatten indessen ebenso leichtfertig und gewissenlos vom Zaun gebrochene Veranlassungen, wie die später von den Franzosen unternommenen bis zu dem höchstens letzten von 1870. Als deutliches Beispiel erzählt Saint-Simon folgendes. Als der König das Schloß Trianon baute und dieser Arbeit, da er keine Mätresse mehr hielt, alle seine Aufmerksamkeit schenkte, entdeckte er, daß ein Fenster zu eng war. Louvois, der Kriegsminister, behauptete das Gegentheil. Der König ließ es messen und hatte Recht, und Louvois war vor dem ganzen Hofe blamirt. Um sich aus der Schlappe zu ziehen und wieder zu Ehren zu bringen, wußte er nichts anderes zu thun, als die Wahl des Kardinals Fürstenberg zum Erzbischof und Kurfürsten von Köln zum Vorwande eines Krieges zu machen, indem er selbe als den Interessen des mit Frankreich verbündeten Hauses Österreich widerstreitend erklärte. In diesem Kriege wurde die Pfalz mit Feuer und Schwert verwüstet, Deutschland und Italien verheert und der Herzog von Savoien durch schmähliche Behandlung in das Lager der Feinde Frankreichs getrieben. So führten die Franzosen Krieg, und so hätten sie ihn auch 1870 als Sieger geführt! Die Eigenmächtigkeiten, die sich Louvois erlaubte, erschöpften indessen doch endlich die Geduld des Königs, der ihn 1690 in die Bastille sperren lassen wollte, — als Louvois am Tag vorher starb, — man glaubte allgemein — an Gift.

Der Hulgott (oder gar Gaugott!) der Franzosen wurde indessen

---

*) Heißt: Fortitudo ejus (des Johanniter-Ordens, als dessen Nachfolger das Haus Savoien sich betrachtet) Rhodum tenuit.

auf unsanfte Weise an seine Sterblichkeit erinnert. Er litt an einer Pestbeule und an einer Fistel. Um sie heilen zu können, in welcher Kunst man noch unsicherer war, als heutzutage, machte man in den Spitälern Versuche an Leuten, welche man entweder dafür zu bezahlen verhieß, oder denen man die Heilung vorspiegelte. Die Meisten starben als Opfer der ärztlichen Fehlschläge, und man beerdigte sie Nachts. Einige aber aus Unvorsichtigkeit am Tage, worauf sich das Gerücht erhob, sie seien wegen einer Verschwörung gegen den König heimlich vergiftet oder zu Tode gefoltert worden, und allgemeiner Schrecken sich verbreitete. Endlich unterwarf sich der König den für nöthig erachteten Operationen, und in allen Kirchen betete man für seine Heilung, die auch wirklich (post hoc, non propter hoc) eintrat.

Der Urheber des Gedankens: „l'état c'est moi" betrübte sein Volk sowol in religiöser Beziehung, wie wir später sehen werden, als in politischer. Im Jahre 1667 wurde das berüchtigte Edikt gegen die Auswanderungen erlassen. In Erneuerung eines ähnlichen tyrannischen Gesetzes des Kardinals Richelieu von 1629 wurden alle Auswanderungen ohne specielle Erlaubniß des Königs verboten.

Das Tyrannisiren lief indessen nicht ohne Opposition ab. Viele junge und ehrgeizige Höflinge traten in Heere des Kaisers, zwischen welchem und Frankreich der Krieg beständig in der Schwebe war, gegen die Türken. Unter ihnen befand sich der große Prinz Eugen. Um zu erfahren, wer es ihnen nachgethan hätte, fing der Minister Louvois die Briefe der jungen Höflinge auf und brachte sie in einem versiegelten Pakete dem König. Es befanden sich darunter aber auch solche vom Sohne und vom Schwiegersohne Ludwig's, und sie enthielten scharfe Satiren auf das herrschende Regiment. Der König wurde darin als ein Spießbürger verspottet, welcher mit seiner „Campagnarde" (Maintenon) vor der Zeit alt wurde; seine Vorliebe für Belagerungen und seine Abneigung gegen Schlachten wurden durchgehechelt, die langweiligen Hoffeste lächerlich gemacht und die Königliche Mätresse in keiner Weise geschont. Man kann denken, welche Gefühle diese Lectüre im Innern des Abgottes seiner Zeit hervorrief. So hörte der unberechtigte Briefcroeffner, gleich dem Horcher an der Wand, seine eigene Schande, und das System der Verletzung des Briefgeheimnisses, das damals am Hofe allgemein geübt wurde, rächte sich selbst. Die Briefstecker erlitten Verbannungen und die Prinzeß von Conti, Tochter des Königs, welche ebenfalls betheiligt war, mußte zur Strafe täglich vor dem hohen Vater erscheinen und seine vorwurfsvollen Blicke aushalten. Ihr Mann starb kurze Zeit nach der gestatteten Rückkehr.

Mit noch weit mehr Grund rächten sich die durch Aufhebung des Edikts von Nantes gereizten Protestanten mittels bitterer Satiren auf den König.

Ludwig XIV. büßte die Unthaten seiner Kriege und der Bedrückung der Protestanten durch den Verlust beinahe seiner ganzen Familie vor seinem Tode, den er verlassen und einsam erleiden sollte. Im Jahre 1711 starb sein Sohn, der Dauphin, im Jahre 1712 sein Enkel, sowie dessen Gattin und ältester Sohn, so daß sein jüngerer Urenkel, Ludwig XV., als Kind dem Herrn Europa's folgen mußte. Es fehlte damals nicht an Stimmen, welche diese auffallend rasch sich folgenden Todesfälle dem Gifte des Herzogs Philipp von Orleans, des Neffen des Königs, zuschrieben, der nach dem Aussterben der königlichen Familie die nächsten Thronansprüche hatte und nun an der Stelle des minderjährigen Thronfolgers die Regentschaft übernahm. Wäre er indessen schuldig gewesen, so hätte er auch den erst fünfjährigen schmächtigen Thronfolger beseitigt und so sein Werk vollendet. Der König starb 1715 im Alter von 77 Jahren, von denen er 72 regiert hatte, nach einer Reihe frommer Übungen, man sagte als Affiliirter der Gesellschaft Jesu, welche ihn unter der Vorgabe gewonnen habe, so seine Sünden am besten abbüßen zu können!

Den größten Einfluß auf den neuen Regenten übte sein verworfener Lehrer, der Abbé Wilhelm Dubois (geb. 1656 in Limousin) aus, der ihn frühzeitig in allen Ausschweifungen unterrichtet und ihm sogar die Gelegenheit zu solchen verschafft hatte, so daß er vorzüglich die Schuld trägt, die Leidenschaft angefacht zu haben, vor welcher kein Mädchen sicher war und welche den von diesen Verschwörungen Übersättigten noch überdies in die schmutzigsten Schlupfwinkel der Prostitution trieb. Dubois war von der englischen Regierung erkauft, die französische Politik nach ihrem Sinne zu leiten, was er gegen eine Pension von vierzigtausend Pfund Sterling that. Durch ihn kam auf diese Weise jene Anglomanie in Schwung, welche während des achtzehnten Jahrhunderts in Frankreich grassirte, übrigens aber auch ihre Vortheile hatte, indem sie die Neigung zur Philosophie und Naturwissenschaft nährte und so dem Aberglauben und der Bigotterie entgegenarbeitete. Die Regierung des Regenten und seines Lehrers bekundete jene charakterlose und feinde Richtung, welche mit der wissenschaftlichen Forschung liebäugelte, keineswegs aber Willens war, ihr im Kampfe gegen den sie verdammenden kirchlichen Glauben das geringste Recht widerfahren zu lassen und zugleich durch die genaueste Beobachtung aller kirchlichen Vorschriften sich nicht im Mindesten von der Anlösung zügellosester Unsittlichkeit abhalten ließ, — eine Richtung, welche für das achtzehnte Jahrhundert so verhängnißvoll werden sollte.

Das Leben des Regenten hatte folgende Tagesordnung: Den Morgen, der im Verlaufe seiner Herrschaft immer weiter hinaus geschoben wurde, widmete er den Geschäften, und zwar einem jeden solchen seinen bestimmten Tag und jede bestimmte Stunde. Einige erledigte er vor dem Ankleiden, empfing Leute bei seinem Lever, welches kurz war und welchem wenig wichtige Audienzen vorangingen und nachfolgten, wie z. B. solche, welche die Vergnügungen betrafen und nicht die kürzesten waren. Darauf wurden

nach einander die Geschäftsträger, die Vorsteher der Behörden, die fremden
Gesandten vorgelassen, bis zur Messe. An Sonn- und Festtagen hörte er
dieselbe in seiner Kapelle, an großen Festen ging er in Procession nach
seiner Pfarrkirche. Um zwei Uhr sah ihn alle Welt (!) seine Chokolade
nehmen. Er plauderte mit der Gesellschaft, sprach mit Denen, welche
wollten, verschmähte Niemanden, und diese Volksthümlichkeit trug viel bei,
ihm die Herzen der Pariser zu gewinnen. Nach diesem Frühstücke gab er
noch einige Audienzen, besonders den Damen. Es trat ihr einige Augenblicke bei seiner Mutter (Elisabeth Charlotte von der Pfalz) ein, welcher
er stets viele Achtung bezeugte, und er ließ keinen Tag vergehen, ohne den
König zu begrüßen. So oft er mit diesem Monarchen zusammenkam,
geschah es mit Verbeugungen und mit einer Ehrfurcht, welche entweder mit
aller Welt als Vorbild der Lebensart galt. Um fünf Uhr Abends bekümmerte man sich nicht mehr um Geschäfte. Im Winter kam die Oper
oder andere Schauspiele an die Reihe, im Sommer Spaziergänge in den
Umgebungen von Paris, Mahlzeiten bald bei ihm, bald im Luxembourg-
Palaste bei seiner Tochter, der Herzogin von Berri. Dieselben sahen eine
sonderbare Gesellschaft von einem Dutzend Hofleuten, welche der Regent
ohne Umstände niemals anders als seine Roués (wörtlich: Geräderte!)
bezeichnete, sowie von übelberüchtigten Weibern, welche er mit Frauen von
Stand, mit seinen Mätressen und mit seiner Tochter zusammenbrachte, und
von obskuren Leuten, wenn sie Geist hatten und die Ausschweifungen zu
verfeinern wußten. Die Speisen waren stets auserlesen. Bei diesen
Orgien wurden Freunde und gleichgültige Personen, Männer und Frauen
von ehrbarem Rang und Lebenswandel mit einer Freiheit kritisiert, welche
man zügellose Frechheit nennen konnte. Die skandalösesten Äußerungen
wurden am besten aufgenommen. Von Außen aber waren alle Zugänge
verrammelt, so daß selbst in den wichtigsten Angelegenheiten der Zutritt
zum Regenten bis am folgenden Morgen unmöglich war.

Eine der ersten Maßregeln des Regenten war die, daß er den
legitimirten Prinzen, d. h. den Kindern Ludwig's XIV. und seiner Mätressen, die Rechte königlicher Prinzen entzog, obschon seine eigene Gattin
eine Tochter der Montespan war. Es galt dies besonders seinem persönlichen Feinde, dem Herzog von Maine, auch einem Sohne der Montespan,
dessen Gattin, die Enkelin des großen Condé, erzürnt zu ihm sagte: „Nun
bleibt mir nur noch die Schande übrig, Sie geheirathet zu haben." Beide
Gatten vereinigten sich jedoch zur Rache. Im Jahre 1718 stellten sie sich
mit dem spanischen Gesandten in Paris, Cellamare, an die Spitze einer
Verschwörung, deren Mitglieder dem höchsten Adel angehörten, deren Zweck
der Sturz des Regenten und dessen Ersetzung durch den König von Spanien
war. Sie wurde jedoch entdeckt und alle Theilnehmer verhaftet, aber nach
einiger Zeit wieder freigelassen. Die Folge war ein Krieg mit Spanien
und der Sturz des dortigen mächtigen Ministers, Kardinal Alberoni.

Die eigene Tochter des Regenten, durch ihre Mutter von nicht besserer Abkunft, sich selbst aber besser plinkend, machte auf Verlangen ihres Vaters bei dem Besuche des Czaren Peter in Paris die Honneurs des französischen Hofes, und trat überall ihrer Mutter vor. Im Theater saß sie unter einem Thronhimmel umgeben von eigenen Garden und einem glänzenden Hofe. Von ihrem Vater schlecht erzogen, an die Gegenwart seiner Maitressen gewöhnt und einst auf seine Anordnung „ohne viele Draperien" gemalt, wurde sie seit dem Tode ihres Gatten, eines Enkels Ludwig's XIV., noch zügelloser. Ihre zahlreichen Liebhaber waren weder durch Charakter, noch durch Schönheit ausgezeichnet. Den langen dürren Stallmeister ihres Gatten, La Haie, wollte sie heirathen, sie zu entführen, nahm ihr Gardenkapitän, der kurze, dicke Graf Riom, herrschte in ihrem Palaste ebenso, wie einst Bonyun, der mit ihm verwandt war, bei „Mademoiselle". Mit einem Ungenannten soll sie heimlich vermählt gewesen sein; von Zeit zu Zeit aber machte sie religiöse Uebungen in einem Kloster mit, fastete streng und hörte die Vorstellungen der Nonnen über ihr Leben mit Gleichmuth an, ohne sich zu bessern. Sie starb erst 24 Jahre alt in Folge ihrer Ausschweifungen und durchwachten Nächte am Schlagflusse (1719) zu großer Betrübniß ihres Vaters, dem in Bezug auf sie dasselbe vorgeworfen wurde, wie dem Papst Alexander VI. und der Lucrezia Borgia; er betrauerte sie auch mehr wie ein Liebhaber, als wie ein Vater. Eine von ihr heimlich geborene Tochter soll in einem Kloster Flanderns erzogen worden sein.

Der Abbé Dubois, auf den wir hier zurückkommen, verheirathete sich insgeheim in seiner Heimat Brouvin, der Akt dieses Schrittes wurde jedoch von den Behörden unterdrückt und seiner Frau Stillschweigen auferlegt. Es scheint, daß Dubois gute Miene zum bösen Spiele machte, indem er von nun an allen seinen Ehrgeiz auf hohe geistliche Aemter setzte. An die Stelle des edeln und frommen Fenelon ließ sich der sittenlose Pfaffe zum Erzbischof von Cambrai ernennen, indem er die Ernennung vom darüber spottenden Regenten durch unverschämte Zudringlichkeit ablockte, wurde, nachdem er an einem Morgen schnell alle Weihen durchgemacht, 1720 feierlich installirt und stieg schon im folgenden Jahre, mittelst der Protection des Regenten, zum Cardinal, welche Würde ihm der Papst wegen seiner „großen Dienste" verlieh, die er der Kirche geleistet hatte. Die Franzosen, die ihn kannten, lachten und zeichneten Karrikaturen auf den neuen Kardinal, der trotz seines Purpurhutes fortfuhr zu fluchen und zu prassen wie vorher und selbst Personen, die seine Fürsprache nachsuchten, zu mißhandeln, wenn sie ihm ungelegen kamen. Auf geistlichem Gebiete konnte Dubois in Frankreich nicht höher steigen, und sein Ehrgeiz verlangte daher auch nach hoher politischer Stellung. Durch Intriguen schwindelte er sich schon im nächsten Jahre zum Premierminister empor. Als darauf der Graf Roch den Regenten, der nach seiner Meinung von dieser Wahl fragte, antwortete, Derselbe könne Dubois wol noch zum Papste, nicht aber zum ehrlichen Manne machen, wurde er in die Verbannung geschickt. Dubois genoß jedoch seiner Ehre nicht lange; er starb schon im folgenden Jahre an einer venerischen Krankheit, nach Empfang der Sakramente, und hinterließ enorme Schätze an Gold- und Silbergeschirr und über eine Million Livres an baarem Gelde, was aber nicht viel erscheint, wenn man erfährt, daß er von seinem Erzbisthum, von sechs Abteien, die er besaß, von seiner Ministerstelle, von der Oberintendanz der Posten, von seiner Kardinalspension und von seiner englischen Pension jährlich anderthalb (nach Anderen gar zwei) Millionen Livres bezogen hatte. Man dichtete auf ihn folgende beißende Grabschrift:

> Rome rougit d'avoir rougi
> Le maquereau qui git ici.

Dubois hatte den Regenten zu seinem Universalerben eingesetzt, was aber dieser nicht annahm, weil er ungerechtes Gut doch nicht antreten mochte; da indessen der König gleichzeitig volljährig geworden und gekrönt war, und die Regentschaft damit aufhörte, übernahm deren bisheriger Inhaber selbst die Stelle eines Premierministers, in welcher Ordnung zu schaffen ein schweres Stück Arbeit war. Um schneller au courant zu sein, verbrannte er einfach eine Menge uneröffneter Briefe. Er überlebte jedoch seinen Vorgänger nicht lange, ein Schlagfluß machte 1723 seinem Leben ein Ende; er war 49 Jahre alt und von Ausschweifungen durchaus erschöpft, aber in Geltsachen redlich geblieben und vom Streben erfüllt, das Land glücklich zu machen, das diese Absicht jedoch nicht anerkannte, sondern ihn um seiner Unsittlichkeit willen verhöhnte und verfluchte. Die damals unter dem Titel „Philippiques" gegen ihn geschleuderten Satiren ließen das Stärkste hinter sich, was das sinkende römische Kaiserthum in diesem Fache geleistet hatte.

Der Herzog von Bourbon-Condé, welcher dem Regenten als Premierminister gefolgt war, wurde bald durch einen neuen jener intriganten Kardinäle gestürzt, welche im siebenzehnten und achtzehnten Jahrhundert Frankreich beherrschten, durch den Kardinal Fleury, gewesenen Bischof von Fréjus und Erzieher des verstorbenen Vaters Ludwig XV. und des Letztern selbst, welcher solchen Ministerwechsel aus Unverstand vor sich gehen ließ, was nicht zu verwundern ist, wenn man weiß, daß dieser junge König auf den Antrag des Herzogs von Orleans, die Verbannten zurückzurufen, antworten konnte: „Ich habe Niemanden verbannt*)."
Seine Unschuld war übrigens damals noch so groß, daß er den Versuchen seiner Verführer, die ihm dies und jenes Mädchen überliefern wollten,

---

*) Les Fastes de Louis XV., de ses ministres, maîtresses, généraux, et autres notables personnages de son regne. 2 parties. A Ville-franche, chez la Veuve Liberté MDCCLXXXII.

stets mit den Worten widerstand: „Ich finde die Königin (Tochter des Polenkönigs Leczynski) noch schöner." Das Paar auf dem Throne lebte höchst glücklich und fromm. Nachdem ihnen nach einander drei Töchter geboren worden, baten sie die heilige Jungfrau, unter Empfang der Communion, um einen Prinzen. Die Erfüllung dieses Wunsches (es war der Dauphin, Vater Ludwig's XVI.) soll genau neun Monate später eingetreten sein; sie verursachte unendlichen Jubel in Frankreich.

Und wie kam nun dieser musterhafte junge Mann dazu, ein zweiter Tiberius zu werden? Es war das Werk des bald neunzigjährigen Pfaffen Fleury. Dieser Elende sah voraus, daß der König, wenn er von der ihre Reize nach und nach verlierenden Königin übersättigt wäre, auf den Einfall kommen könnte, selbst regieren zu wollen. Um dies zu verhüten, beschloß er, ihm andere Objekte des sinnlichen Vergnügens zu verschaffen. Der Beichtvater (?) der Königin wurde angewiesen, ihr, nachdem sie nun durch die Geburt eines Thronfolgers ihre Pflicht gethan, von nun an Beobachtung der Keuschheit anzuempfehlen. Ihre kalte Natur, verbunden mit Frömmigkeit, ließ sie diesem Rathe folgen, und es bestärkte sie darin der Umstand, daß der König einst betrunken bei ihr erschien. Er schwur, sich keine zweite Zurückweisung gefallen zu lassen, und nun hatten die Verführer gewonnenes Spiel. Sie übergaben ihm zuerst die Hofdame Madame de Mailly, die weder jung noch schön, aber haulich und frech war, und die Gaben geschmackvoller Toilette und anziehender Unterhaltung besaß. Es bedurfte großer Versicherungskunst, um den immer noch schüchternen König so weit zu bringen, als man ihn haben wollte, daß er nämlich „den Monarchen ganz über dem Menschen vergesse," aber das Werk der erfahrenen Buhlerin gelang endlich. Bald war das Verhältniß kein Geheimniß mehr, und der Gatte der Erlesenen, der Graf Mailly, erhielt einfach die Weisung, sich alles Umgangs mit seiner Frau künftig zu enthalten, während man ihrem Vater, welcher protestiren wollte, durch Geld den Mund stopfte. Fleury trieb die Heuchelei so weit, seinem Schüler Vorstellungen zu machen und erhielt die höchst willkommene Antwort: er solle sich an die Staatsverwaltung bekümmern und den König seine eigenen Angelegenheiten selbst besorgen lassen. Die Mailly mischte sich übrigens so wenig in die Regierung, wie die Vallière; sie suchte weder Einfluß noch Reichthum. Auf einige Zeit wurde sie durch ihre jüngere und attraguantere, zugleich auch herrschsüchtige Schwester, die noch nicht lange verheirathete Madame de Vintimille, verdrängt, die jedoch bald an der Geburt eines Sohnes starb, der dem Könige glich wie ein Ei dem andern und am Hofe Demi-Louis, offiziell Graf du Luc genannt wurde. Später theilte die Mailly die Gunst des Königs mit Mademoiselle de Charolois, Schwester des vertriebenen Herzogs von Bourbon-Condé und der Gräfin von Toulouse, welche beide Damen die berüchtigten Orgien der „Petits appartements" einführten, die, umgeben von den wollüstigsten Verzierungen, ein förmlich ceremoniöser Kultus des Bacchus und der Venus von feierlich installirten Priestern und Priesterinnen gefeiert wurde, welchem der König selbst als Oberpriester und seine jeweilige Favoritin als Oberpriesterin vorstand.

Diese Vorfälle erregten allgemeine Entrüstung; es erschienen Spottverse und Karrikaturen, in denen man des Königs nicht schonte. Inzwischen starb der elende Fleury 1743, jedoch nicht reich, wie Dubois, sondern in sehr mäßigen Glücksumständen. Aber das Land befand sich in noch schlimmeren. Wo der König sich blicken ließ, rief man, statt „Vive le roi," „Hunger, Elend, Brot!" Es starben in zwei Jahren mehr Menschen vor Hunger, als die Kriege Ludwig's XIV. hingerafft hatten. Der König war beinahe die einzige Person, welche den Kardinal beweinte; aber er nahm sich vor, nun selbst zu regieren. Er setzte ungeachtet der Hungersnoth die blutigen Eroberungskriege seines Urgroßvaters und der seit dessen Tode regierenden Minister fort und ließ auch natürlich Deutschland wieder verwüsten, was kein richtiger französischer Machthaber je versäumen durfte (bis endlich der Riegel gesteckt worden ist!). Und so unterstützte er auch den Prätendenten Karl Eduard Stuart, um den Erbfeind England zu Grunde zu richten.

Über der Politik vernachlässigte er indessen seine übrigen Liebhabereien keineswegs. — Nach wie vor jagte er mit Leidenschaft, verderbte seine Gesundheit durch Freuden der Tafel, kochte sogar selbst, drechselte, plauderte über Physik, Astronomie, Botanik, lateinische Sprache und besonders über Theologie, in welcher fest zu sein er sich gerne rühmte. Mit Strapaziosität beobachtete er alle kirchlichen Gebräuche Tag für Tag. Dadurch hoffte er sein lüderliches Leben gut zu machen. Madame de Mailly fiel nach einiger Zeit in Ungnade und es folgten ihr zwei weitere ihrer Schwestern, so daß der König aus dem Hause Nesle, dem sie angehörten, vier Mätressen besaß; die Mailly aber ergab sich von nun an natürlich der Frömmigkeit und versäumte keine Predigt und Messe, scheute sich auch nicht, offen als Büßerin aufzutreten.

Die dritte der Schwestern, die er zur Herzogin von Chateau-Roux erhob, übte bereits mächtigen Einfluß auf seine Regierung; sie war es, die ihn dazu brachte, selbst in den Krieg zu ziehen und damit seine sardanapalische Existenz zu unterbrechen. Schon damals nannte man es: eine freche Invasion bekämpfen, wenn es dem angegriffenen und gereizten Feinde gelungen war, die Grenze zu überschreiten. Der „geheiligte Boden Frankreichs" durfte nicht „besudelt" werden, die Franzosen hingegen wol auswärtigen, der nicht „heilig" war, verwüsten! Die patriotische Buhlerin folgte dem Könige selbst in den Krieg, ebenso ihre weniger begabte, aber üppigere Schwester; zusammen wohnten sie zwar im Quartier nicht, aber es wurde Vorsorge getroffen, daß ihre Wohnungen an einander stießen und eine geheime Verbindung zwischen ihnen hergestellt wurde, welche die

Arbeiter indessen ganz offen zu Stande brachten. Da wurde aber der König zu Metz so bedenklich krank, daß man für sein Leben fürchtete, und das ganze so langmüthige Volk vergaß seine Sittenlosigkeit und trauerte um ihn! Der Bischof von Soissons, welcher ihm die Sakramente verabreichen sollte, verlangte Entfernung der Mätressen und eine öffentliche Reue über seine Sünden. Der König zitterte vor der geistlichen Macht und that, was man verlangte; er genas aber und zog triumphirend in Paris ein (1744). Dies war kaum geschehen, so bereute er wieder sein Benehmen gegen die geliebte Chateau-Roux, er gab ihr alle Ehren (?) zurück und grenzte den Bischof von Soissons in seine Diöcese ein; sie starb aber schnell hinweg, — man meinte durch Schuld des Ministers Argenson, dessen Entsetzung sie verlangt, weil er ihr damals ihre Entfernung angekündigt hatte.

Um den König auf's Neue mit einem Gegenstande seiner unbändigsten Leidenschaft zu versehen, um welche Gunst sich viele Hofdamen umsonst bewarben hatten, veranstaltete man bei Anlaß der Hochzeitsfeier des sechzehnjährigen Dauphin mit einer spanischen Infantin auf dem Stadthause von Paris einen Maskenball, und lud dazu Alles ein, was geeignet war, die Sinne des Monarchen zu fesseln. Am meisten gefiel ihm sogleich eine reizende Diana; kaum aber hatte er sie angeredet, so entfloh sie und verschwand spurlos, da gelang es einer Andern, mittels ausgelassenster Koketterie, in höherm Maße, als bisher je, ihn zu fangen. Es war eine Person aus den niedersten Ständen, Tochter des gemeinen und trunksüchtigen Fleischers Poisson, damals seit kurzer Zeit Gattin des Halbedelmanns Normant d'Etioles. Der christliche Salbau warf ihr das Taschentuch zu, das sie hatte fallen lassen, und die Sultaninstelle war besetzt! Sie benutzte schnell ihr Glück, erklärte sich als absolute Mätresse des Königs, ließ ihren Mann, dessen Bitten und Vorstellungen umsonst waren, verbannen und erhielt den Titel einer Marquise von Pompadour, wie ihr Bruder Poisson denjenigen eines Marquis de Vandières, was der Volkswitz treffend in „Marquis d'avant-hier" abänderte.

Die Pompadour liebte Wissenschaften und Künste, spielte gut Komödie, wußte trefflich zu unterhalten und zu gefallen, die Neigung des Königs zu bewahren und an seiner Stelle zu regieren. Sie war die einflußreichste unter allen Mätressen der beiden von uns behandelten Jahrhunderte. Das Ministerium wurde ganz nach ihrem Sinne und von ihren Kreaturen besetzt und die ihr nicht Ergebenen wurden verdrängt. Einzig Argenson wurde wegen seiner Nützlichkeit beibehalten, obschon er beabsichtigt hatte, seine eigene Mätresse (!) zur königlichen Favorite zu erheben. Von dieser Zeit an ließ bezeichnender Weise die bisherige Liebe des Volkes zum Könige nach, welcher selten mehr nach Paris kam. Die Marquise wurde geradezu verachtet, kümmerte sich aber so wenig darum wie ihr Geliebter, der ihr die Ehrenbezeugungen einer Herzogin zuerkannte und ihr das regente Landhaus Bellevue schenkte, wo sie ihn durch Schauspiele von seinen Regierungs-

Sorgen zu zerstreuen suchte. Obschon sie wegen einer Krankheit, an der sie litt, den vertrauten Umgang mit dem Könige meiden mußte, blieb der Letztere dennoch ihr Sklave; er ernannte sie zur Oberaufseherin seiner Vergnügungen, und aus seiner Geliebten wurde sie zu seiner — Kupplerin! Im ganzen Reiche ließ sie neue und bisher unbekannte Schönheiten aufsuchen, um den Serail zu bevölkern, welchen sie nach ihrem Belieben regierte. So entstand der berüchtigte Hirschpark, jener Abgrund für Unschuld und Natürlichkeit, von wo aus die wieder entlassenen Opfer die Neigung zur Sittenlosigkeit und Ausschweifung in die Welt trugen, die sie dort aufgesogen hatten! Auf Staatskosten wurden sie von einer Menge Agenten und Unterhändler aufgesucht, hingebracht, gereinigt, bekleidet, parfümirt und zu Koketten erzogen. Auf Staatskosten wurden Jene, welche nicht das Glück hatten, dem verwöhnten Geschmacke des Sultans zu entsprechen, entschädigt und wieder heimgeschickt, Jene, welche jenes beneidenswerthe Glück hatten, belohnt, und Jene, welche gar einer Frucht der königlichen Liebe sich erfreuten, für deren Zukunft sicher gestellt. Man berechnete die durchschnittlichen Kosten einer jeden dieser Unglücklichen auf eine Million Livres und die Zahl der Aufgegriffenen auf zwei in der Woche, so daß in zehn Jahren eine Milliarde für diese königliche Laune daraufging, ohne den fortdauernden Unterhalt der königlichen Bastarde zu rechnen! Nach solchen Einrichtungen ist es nicht zu verwundern, wenn das französische Volk nicht mehr, wie bei des Königs Krankheit in Metz, weinte und jammerte, als des verrückten Damiens Messer ihn traf, sondern blos noch mit unbefangener Neugier nach seinem Befinden fragte und keinen Schritt in die Kirchen that, um seine Rettung zu erflehen.

Nachdem die Pompadour zwanzig Jahre lang im vollsten Sinne des Wortes Frankreich beherrscht hatte, fiel sie 1764 während einer Lustreise in eine gefährliche Krankheit und starb, in das Schloß Versailles gebracht, unter Bitten um Verzeihung für das durch sie bereitete Ärgerniß, an alle anwesenden Hofleute, worauf man jedoch, unter den Augen des plötzlich kalt gewordenen Königs, ihren Leichnam auf einer Tragbahre in ihr eignes Haus nach Paris schaffte. Merkwürdig ist nur, daß während der ganzen Zeit ihrer Herrschaft kein Beichtvater des Hofes je ihre Entfernung zu verlangen gewagt hat! Eine auf sie verfertigte Grabschrift lautete:

    Ci git qui fut quinze ans pucelle,
    Vingt ans catin, puis huit ans maquerelle!
    (Hier liegt, die Jungfrau fünfzehn Jahr',
    Dann zwanzig Dirn', acht endlich Kupplerin war.)

Sie hinterließ ihrem Bruder, nun Marquis von Marigny genannt (um nicht mehr d'avant-hier zu heißen), mehrere Millionen, und der Verkauf ihres Mobiliars dauerte ein Jahr. Marigny, welcher die Stelle eines Generaldirektors der Gebäude, Gärten, Künste und Fabriken des Königs erhalten und um sich für dieselbe auszubilden, Italien bereist hatte, sich aber nicht geringe Verdienste in jenen Angelegenheiten erwarb, verschied nach überlichem Leben ohne Nachkommen, noch Testament.

Unter den von der Pompadour erhobenen Ministern sind Zwei bemerkenswerth. Der Eine war der Abbé Bernis, von armer Herkunft, aber reich an Talenten. Sie ließ ihn bis zum Minister des Auswärtigen und zum Kardinal steigen; aber als er sich erkühnte, ihre verblühten Reize nicht mehr unwiderstehlich zu finden, erwirkte sie nach blos 16 Monaten Dienstleistung seine Entlassung. Nach dem Tode der mächtigen Feindin lachte ihm die Gunst wieder; aber er begnügte sich mit geistlichen Würden. Sein Nachfolger im Ministerium, auf den wir bereits hingedeutet haben, war der Graf von Stainville, später Herzog von Choiseul. Er erwarb die Gunst der Marquise dadurch, daß er ihr den geheimen Verkehr einer ihm verwandten Hofdame mit dem Könige verrieth; — sie wußte die gefürchtete Nebenbuhlerin schnell unschädlich zu machen, und protegirte nun Choiseul, der ihr Bewunderung zu heucheln wußte; seine Amtsverwaltung wurde indessen epochemachend für Frankreich.

Wie Ludwig XIV., so erreichte auch seinen Nachfolger die Nemesis für ein Leben und Wirken, wie es Fürsten nicht geziemt. Auch ihm starb sein einziger Sohn, der Dauphin, Vater Ludwigs XVI., erst 36 Jahre alt, (1765) an einer Brustkrankheit. Er theilte das Lasterleben des Hofes nicht und war überhaupt ein Vertreter der Lichtseiten der „guten alten Zeit." Ein friedlicher väterlicher König war sein Ideal, und er verabscheute daher auch die damaligen Himmelsstürmer, die „Philosophen" des achtzehnten Jahrhunderts. Voltaire rächte sich in edler Weise durch eine den Todten sehr ehrende Grabschrift. Bald folgen ihm seine Gattin und die Königin nach.

Der König, weit entfernt, durch solche Verluste zur Besinnung zu kommen, begnügte sich, den scheußlichen Hirschpark abzuschaffen, fuhr aber in seinem Lasterleben, ungeachtet seines zunehmenden Alters, fort. Eine Mätresse löste die andere ab, doch ohne der Pompadour von ferne an Einfluß gleich zu kommen. Den Sohn einer derselben, der Demoiselle Romans, ließ er auf seinen Namen taufen und versprach, ihn einst anzuerkennen; der Hof nannte ihn nie anders, als „Monseigneur". Als aber die Romans in Folge von Einflüsterungen eines Abbé, sich in die Geschäfte mischen wollte, veranlaßten die Minister, welche dies satt hatten, ihre Übersiedelung in — ein Kloster.

Die letzte Mätresse Ludwigs XV., welche sich einen Namen gemacht hat, war Marie Jeanne Vaubernier, genannt Manon, unehelich geboren 1746 zu Vaucouleurs, von mütterlicher Seite aus der Familie der Jeanne d'Arc stammend, aber, wie sie selbst sagte, mit größerer Neigung für die Rolle der Agnes Sorel begabt*). Nachdem sie mit ihrer Mutter nach

---

*) Mémoires de Madame la Comtesse Du Barri. 4 tomes. Paris 1829.

Paris gekommen, um ihren Unterhalt in einer dienenden Stellung zu
suchen, verfiel sie bald, da sie schön und sinnlich war, in lüderliches Leben,
war in einem Bordell und die Mätresse mehrerer Bischöfe und daraus
eines Haarkräuslers. Endlich fand sie des Königs Kammerdiener Le Bel,
der mit den „Entdeckungen" beauftragt war, als Mätresse eines als
Pflastertreter und Spieler lebenden Grafen Du Barry, der es jedoch
mit ihrer Treue nicht allzu genau nahm. Le Bel führte sie dem Könige zu,
der in ihr alle seine sinnlichen Erwartungen übertroffen fand und sie sogleich zur Favorite erhob. Um einen Titel zu haben, mußte sie sich zum
Schein mit dem Bruder ihres letzten Geliebten verheiraten und hieß daher
von nun an: Gräfin Du Barry. Doch brauchte es viel, um dem Hofe
ein ungewohntes Joch wieder aufzulegen. Die Töchter des Königs wurden durch Rücksicht auf die „Gesundheit des Vaters" dazu gebracht, die
neue Schmach zu dulden. Der König speiste jeden Abend bei der neuen
Beherrscherin des Hofes, und bald ließen sich Gräfinnen, Marquisen,
Herzoginnen, Prinzen u. s. w. herbei, die Einladungen anzunehmen,
welche die Du Barry mit der Bemerkung versah: „Sa Majesté m'hono-
rera de sa présence." Endlich wurde die Macht der zweiten Pompadour
so bedeutend, daß sie es zu Stande brachte, den Herzog von Choiseul, der
ihr zu huldigen verweigert hatte, um sein Ministerium zu bringen. Der
König entließ ihn in der schroffsten Weise. Es folgte ihm kein Mann von
Bedeutung nach, sondern von nun an besetzte der Kanzler Maupeou, eine
Kreatur der Du Barry, alle Ministerien mit talent- und gewissenlosen
Emporkömmlingen.

Unter solcher Wirthschaft feierte der Dauphin, der tugendhafteste und
unglücklichste aller Monarchen, der spätere Ludwig XVI., seine verhängnißvolle Hochzeit mit Marie Antoinette von Österreich (1770), bei welchem
Anlasse in Paris, während eines Feuerwerkes, in Folge von Nachlässigkeit
der Polizei, 133 Menschen todt gedrückt und 1100 bis 1200 verwundet oder
verstümmelt wurden und nachher starben! Ein schreckliches Omen! Man
hatte die Du Barry vom Hofe entfernen wollen, als die neue Dauphine
anlangte; sie blieb aber und wurde huldvoll begrüßt; denn die harmlose
junge Frau wußte in ihrer Unschuld nicht, Wen sie vor sich hatte!

Maupeou, das Geschöpf der Favorite, sorgte indessen durch sein skan-
dalöses Benehmen dafür, daß die prinzlichen Familien mit dem Könige
zerfielen und in Folge dessen den Hof verließen. Als der älteste Bruder
des Dauphin, der Graf von Provence, der spätere Ludwig XVIII., heiratete, lehnten die Prinzen die Einladung des Königs zu diesem Feste ab,
und es befand sich an demselben so gute Gesellschaft, daß an dem damit
verbundenen Balle mehreren hochgestellten Personen die Uhren und Geld-
beutel und einer Dame, während ein Herr sie mit Limonade bediente, ein
Armband gestohlen wurden. Zugleich herrschte Hungersnoth im Lande

und Arbeitsmangel in den Städten, und die Staatskasse machte Bankerott. — Die Du Barry hatte ihr durch ihre Bedürfnisse noch den Todesstoß versetzt, sie schätzte eben ihre achtzehnte Million daraus, als die Katastrophe eintrat. Ein gut Theil davon bezogen stets die beiden schamlosen Roués: ihr Scheingemahl und dessen Bruder, der sie einst unterhalten hatte; Maupeou trug reichlich bei durch Besoldung von Spionen, und der Minister Herzog von Aiguillon durch Unterhaltung geheimer Agenten an fremden Höfen. — König, Favorite und Minister wurden vom Volke verflucht, und bereits grollte das furchtbare Gewitter, das gegen den nächsten, ursprünglich schuldlosen König ausbrechen sollte!

Ludwig XV. sank immer tiefer. Selbst die Favorite bezeigte ihm Verachtung und nannte ihn, während er ihr, wie gewohnt, den Kaffee kochte, nur „La France". Dabei fielen durch ihr Benehmen am Hofe öffentlich Scenen vor, mit deren Erzählung wir unsre Feder nicht beschmutzen wollen. Der Dauphin und seine Gattin trugen hinwieder auch ihre Verachtung der Mätresse zur Schau, welche letztere hinwieder so weit ging, eine junge Hofdame von guter Familie, welche ihr nicht länger dienen wollte, — ausgeitschen zu lassen! Einen jungen Neger, welcher die Favorite bediente, ernannte der König zum Gouverneur des Schlosses Lucienne. Ohnwieder machten ihr zwei Minister, um durch sie in Gunst zu sein, die schwindelhafte Hoffnung, so gut als einst die Maintenon, die Gattin des Königs zu werden und zu diesem Zwecke durch den Papst von ihrem Scheingatten geschieden zu werden, weil sie vorher mit dessen Bruder gelebt hatte! Die Sache blieb eine Mystifikation, aber die Sultanin ihrerseits hatte die Keckheit, eine junge Verwandte des Prinzen von Conté, mit dem Sohne ihres sogenannten Schwagers Du Barry zu verheiraten, und der Prinz von Conté die Gemeinheit, sich die Einwilligung hierzu — um anderthalb Million ablaufen zu lassen, um mit dem Gelde seine Schulden zu bezahlen! Ein anderer Du Barry erhielt sogar vom König eine halbe Million als Heirathsgut, um eine reiche Erbin zu gewinnen. Und der Scheingatte der Favorite machte sich an, bei einer Brod-Emeute das Volk im Namen des Königs anzureden! Es fehlte nicht an derben Satiren und Enthüllungen über diese letzte französische Mätressenwirthschaft. Die Du Barry wandte beträchtliche Summen auf, solche zu unterdrücken, wozu sich unter Anderen der Dichter Beaumarchais hergab. Jetzt erst, nach so viel Jammer, Schmach und Schande, ließ sich der Klerus herbei, der Sultanin ein ernstes Wort zu sagen; aber der Brief, den der Erzbischof Beaumont an sie richtete und in welchem er sie bat, sich in ein freiwilliges Exil zurückzuziehen, blieb ohne Erfolg; denn sie konnte den frommen Mann, den Anhänger der Jesuiten, höhnend an ein galantes Abenteuer aus früherer Zeit erinnern, und zwar an ein solches mit der Superiorität eines Nonnenklosters. Dem Abbé Beauvais, welcher gegen sie unter dem Bilde Salomons und seiner Frauen predigte, sandte sie keck eine schriftliche Zurechtweisung! Der König aber erhob ihn zum Bischof, — damit er schweige! —

Dieser Abgrund von Verworfenheit schloß sich endlich am 10. Mai 1774 durch den Tod des elendesten Königs der neuern Zeit. An den Folgen des Genusses eines jungen Mädchens, das man bethört hatte, starb sowol dieses, dessen bereits vorhandene Blatternkrankheit heftig hervortrat, als der alte Sünder, der von derselben angesteckt worden war. Noch auf dem Todbette hatte er keine anderen Gedanken als an die Reize der ihn pflegenden Sultanin, die es bald nicht mehr sein sollte. Er ließ sie noch wegführen, ehe er todt war, um, wie er sagte, die Scene von Metz nicht zu erneuern, empfing dann die Sakramente und versprach (zu spät!) Besserung! Als er eine Leiche war, verließ der ganze Hof Versailles, und ohne Begleitung wurde er beerdigt. Niemand beweinte ihn; dagegen erschien das furchtbare Strafgedicht „L'ombre de Louis XV. devant Minos", welches ihn mit allen seinen Opfern und Mitschuldigen vor den Richtern der Unterwelt erscheinen ließ. Es wurde in den ersten Tagen der Regierung seines Enkels und Nachfolgers Ludwig XVI. durch den Henker zerrissen und verbrannt; die Wahrheit darin aber konnte man nicht zerstören!

Jean Du Barry, der Favorite ehemaliger Genosse, wurde 1794 in Toulouse guillotinirt. Wilhelm, ihr Scheingatte, starb dort 1811. Sie selbst erlitt ihre Strafe seit Ausbruch der Revolution. 1791 wurde ihr Landgut geplündert, ihr damaliger Geliebter aber, Brissac, guillotinirt und sein Kopf ihr auf die Tafel in ihrem Salon geworfen! 1793 wurde sie auf die Anklage eines von ihr emporgehobenen Dieners verhaftet; man beschuldigte sie des Verrathes gegen die Republik, weil sie nach London gereist war, um ihre geraubten Diamanten zu suchen; sie wurde zum Tode verurtheilt, und am 9. Dezember fiel ihr Kopf unter den heftigsten Angstrufen, die sie umsonst um ihr Leben ausstieß! —

Sic transit gloria mundi!

Zum getreuen Abbilde des französischen Hofes wurde der spanische, seitdem ein Enkel Ludwig XIV. den dortigen Thron bestiegen hatte. Das Leben und Treiben an demselben in dieser Periode knüpft sich vorzüglich an die vielgewandte Persönlichkeit der Prinzessin Orsini. Dieselbe war zwischen 1642 und 1652 als Tochter des französischen Edelmanns Ludwig de la Tremouille, Herzogs von Noirmautier geboren. Anna Maria, so hieß sie, heirathete zuerst, 1659, einen Herrn von Talleyrand, dem sie nach Spanien, dann nach Italien folgte, der aber schon 1670 starb. Eine zweite Ehe schloß sie 1675 mit Flavio bei Orsini, Herzog von Bracciano, dem ihr Aufwand seine Besitzungen nacheinander kostete, so daß sie oft vor seinem Zorne nach Frankreich floh. Nach stattgefundener Versöhnung starb er 1698. Die Freundschaft, welche die Maintenon ihr schenkte, verschaffte ihr 1701 die Stelle einer Kammerfrau bei der Gattin des neuen Königs von Spanien. Immer noch schön und dabei klug, intriguant und beredt, spielte sie bald eine bedeutende Rolle. Sie hatte die innigste Bedienung des Königs und der Königin auf sich, indem sie z. B. jeden Abend, wenn die Majestäten zu Bette gingen, den Degen des Königs, ein Nachtgeschirr und eine Lampe wegtragen mußte, welche letztere sie regelmäßig auf ihre Kleider schüttete. Auch stand der König nicht auf, ehe sie den Vorhang seines Bettes geöffnet hatte. Dasür aber beherrschte sie Beide. Sie arbeitete namentlich dem französischen Einfluß entgegen, den der dortige Gesandte, Kardinal d'Estrées, gegenüber dem spanischen Minister Kardinal Portocarrero geltend zu machen suchte, und der sich denn auch mit Eifer gegen sie wandte, den sie aber mit Geschick so zu pariren wußte, daß Ludwig XIV. sogar, der einsah, daß sie ihm von Nutzen sein könne, sie eigenhändig ersuchte, in ihrer Stellung zu bleiben. Sie vermittelte nun sogar diplomatische Verhandlungen und Alles ging durch ihre Hände, was die spanische Politik betraf.

Ihrem Wirken nahte indessen eine Katastrophe, seitdem an die Stelle des Kardinals d'Estrées dessen Neffe, der Abbé d'Estrées, getreten war, welcher in einer geheimen, von der Orsini aufgefangenen Korrespondenz das Königspaar stark beleidigte und das Verhältniß der Orsini, besonders ihr vertrautes Verhältniß mit ihrem Sekretär d'Aubigny arg bloßstellte; Ludwig XIV. versprach den Abbé abzurufen, verlangte aber dasür die Entfernung der Orsini. Der Tauschhandel wurde abgeschlossen, und die beiden feindlichen Personen verließen Spanien. Es ging indessen nicht, wie man erwartet hatte, die Königin (aus dem Hause Savoyen) arbeitete seit dem Wegzuge der Orsini nur noch eifriger gegen den französischen Einfluß, so daß man am Ende nichts besseres zu thun wußte, als die Orsini in Versailles glänzend empfangen, sie zu gewinnen suchen und wieder nach Madrid senden, wo sie 1705 im Triumfe einzog. Als die Königin 1714 starb, zog sich der König in den Palast eines Herzogs und die Orsini als Gouvernante des Prinzen von Asturien in ein benachbartes Kloster zurück, von wo sie eine Gallerie nach der Wohnung des Königs errichten ließ, um ihn zu beobachten, den sie nun ganz beherrschte. Sie säuberte das Ministerium in ihrem Sinne und von ihr hing der Beitritt Spaniens zum Frieden von 1715 ab. Ja sie hoffte, obschon nahe an siebenzig Jahre, nichts Geringeres als die Stelle der Königin einzunehmen. Vom Ehrgeize verblendet, suchte sie, als ihr klar wurde, daß dieser Plan sehlgeschlagen, nach einer möglichst unbedeutenden Braut, um selbe beherrschen zu können. Sie wählte aber, in eben so großer Verblendung, eine Prinzeß von Parma, bei der sie sofort in die schreiendste Ungnade fiel, ja sogar ohne Verzug verhaftet und über die Grenze geführt wurde, ohne daß man den König nach seiner Einwilligung fragte. In Paris erhielt sie eine Pension vom König, ging nach dessen Tod nach Avignon und Genua und endlich nach Rom, wo sie 1722 starb. Ihre Werkzeuge fielen mit ihr.

Nach ihr übte in Spanien den größten Einfluß der Kardinal Julius Alberoni aus. Zu Piacenza als Sohn eines armen Gärtners 1664 geboren, erhielt er erst spät Unterricht, studirte bei den Jesuiten, wurde 1690 Geistlicher, welchen Beruf er jedoch bald mit dem eines politischen Abenteuers vertauschte. Er begann als Dolmetscher des französischen Feldherrn Herzogs von Vendome, den er 1710 nach Spanien begleitete. Dem dortigen Hofe empfohlen, wußte er sich nach seines Herrn Tode in schlauer Weise bei der Orsini beliebt zu machen, die ihm eine Pension verschaffte. In der Erwartung, sie dadurch zu stürzen, gab er ihr die Wahl einer zweiten Gattin des Königs ein, die er ihr als harmlos darstellte, während er ihren Ehrgeiz kannte. Seine Machination gelang, wie wir sahen, und Alberoni's Vorschläge waren für die Wahl neuer Minister maßgebend. Als ausschließlicher Rathgeber der neuen Königin beherrschte er durch sie den unfähigen König und das Reich. Durch Zulassung eines päpstlichen Nuntius erkaufte er sich von Rom den Kardinalshut und wurde sofort auch erster Minister (1717), als welcher er sich bemühte, in Europa so viel Lärm als möglich zu verursachen. Er ließ Sardinien und Sicilien wieder erobern und hetzte die Stuarts und Karl XII. von Schweden gegen England, sowie die Türken gegen Österreich, während er mit Rußland, das hiedurch seiner Feinde ledig werden sollte, Freundschaft pflog. In Frankreich unterstützte er sowol Hugenotten als Jesuiten gegen den Regenten Orleans und zettelte die Cellamare-Verschwörung an (oben S. 107). Die Folge des Mißlingens der letztern war (1719) ein Krieg Frankreichs gegen Spanien, die Quadrupelallianz gegen dieses Reich und Alberoni's eigener Sturz. Er wurde plötzlich entsetzt und verbannt. Als er sich nach Rom begeben wollte, wurde ihm auch dies durch den Papst versperrt, endlich aber, nachdem er ein Asyl in der italienischen Schweiz gefunden, (1721) geöffnet. Er fungirte nun als Kardinal, seit 1735 als Vicelegat in Ravenna und starb 1752 in Rom.

In England beginnt eine eigentliche Hofgeschichte nach der Beendigung der ersten Revolution, als die Stuarts durch Monk zurückgeführt waren (s. unten Buch II, Abschn. 2 A.). König Karl II., der Sohn des Hingerichteten, den das Volk, um die frömmelnde Soldatenherrschaft los zu werden, mit Jubel empfing und um seiner romantischen Erlebnisse auf der Flucht und im Exil willen liebte und bewunderte, wird uns vom großen englischen Geschichtschreiber jener Periode geschildert als ohne Ehrgeiz, arbeitscheu und unwissend in Geschäften, die kennen zu lernen er nicht das geringste Verlangen trug, so daß sich selbst subalterne Schreiber über seine Bemerkungen lustig machten. Er hatte keinen Wunsch, als die Zeit durch Vergnügungen todt zu schlagen, und betrachtete es als einen erhabnen Einfall, als er, nach seiner Heimkehr zum ersten Male wieder einen ächt englischen Rinderbraten (loin) auf der Tafel erblickend, seinen Degen zog und den Braten — zum Ritter schlug (daher man solchen nun Sirloin nennt). Seine religiösen Ansichten waren so vag, daß sie beständig „zwischen Unglauben und Papstthum" hin und her schwankten. Er liebte gerade alles Das am meisten, was die Puritaner besonders haßten, daher er auch wieder nichts so sehr haßte, als diese Sekte, deren Gefangener er während seines Aufenthalts in Schottland so zu sagen gewesen. Für ihn regierte seit der Restauration sein erster Minister Eduard Hyde, Earl von Clarendon, geschätzt als politischer Schriftsteller, aber hart, von Rachedurst erfüllt gegen die Republikaner, die ihn vierzehn Jahre in der Verbannung zu leben genöthigt hatten, und fanatischer Anglikaner. Von derselben Gesinnung war auch das Parlament erfüllt, das nach der Restauration gewählt worden, daher beide, Minister und Parlament, den König verhinderten, seine den Gegnern versprochenen Concessionen und versöhnenden Maßregeln in's Werk zu setzen. — Dabei handelten aber die Unterdrücker des Landes stets im Namen des unfähigen Königs und brachten die Lehre von der absoluten Monarchie und von der Verwerflichkeit alles Widerstandes gegen die bestehende Gewalt zu allgemeiner Anerkennung, wozu die später zu erwähnende Rechts- und Staatslehre des Thomas Hobbes nicht wenig beitrug. Clarendons Tyrannei, sein hochfahrendes Benehmen gegen alle jüngeren Leute, die doch, bei seiner langen Abwesenheit, das Land besser kannten als er, und auf der andern Seite wieder seine Abneigung gegen das üppige Leben am Hofe, führten endlich seinen Sturz herbei; er mußte fliehen, wenn er seines Kopfes sicher sein wollte, und wurde auf Lebenszeit verbannt.

Seine Macht erbten jene fünf berüchtigten Männer, deren Namen für ewig durch das aus ihren Anfangsbuchstaben gebildete Schmachwort Cabal gebrandmarkt sind. Es waren dies: der herrschsüchtige Schatzkommissär, Sir Thomas Clifford, der intrigante Staatssekretär Heinrich Bennet, Earl von Arlington, eifriger Absolutist und Papist, der charakter- und sittenlose Georg Villiers, Herzog von Buckingham (welch' verhängnißvolle Familie in der englischen Geschichte!), der verrätherische Anton Ashley Cooper, Earl von Shaftesbury, später Lordkanzler, und der heuchlerische John, Herzog von Lauderdale, ehemaliger schottischer Covenanter und Verräther Karls I., jetzt Rathgeber seines Sohnes! Mit diesem „Cabal-Ministerium" begann, nach Macaulay, die Methode, das Parlament zu korrumpiren, statt es, wie früher, zu unterdrücken.

Mit ihm begann das „Cabinet", obschon die englischen Gesetze diese Einrichtung gar nicht kennen, dessen Bestellung daher auch jetzt noch nicht offiziell bekannt gemacht wird, seine Macht und seinen Einfluß auf die englische Politik kundzugeben.

Die Thaten der Cabal-Männer waren ihrem Charakter vollkommen angemessen, sie waren, wie sie alle, gewissenlos. —

Es war, zur großen Freude aller ehemaligen Republikaner und Puritaner und aller die katholisirenden Tendenzen, die Despotie und die Sittenlosigkeit des Hofes hassenden Männer anderer Parteien, ein dreifaches Bündniß Englands, der Niederlande und Schwedens gegen die Fortschritte der Eroberungssucht Ludwigs XIV. von Frankreich geschlossen worden. Die Konsequenzen dieses Bündnisses und die Art, wie es gegen sein System ausgebeutet wurde, machten Karl II. besorgt. Es empörte ihn unter Anderm, daß, als das Parlamentsmitglied Sir John Coventry im Hause über das Treiben des Hofes gespottet und darauf von Raufbolden im Auftrage des Königs überfallen und mit geschlitzter Nase wieder entlassen worden, er die Akte unterzeichnen mußte, welche diese Bösewichter bestrafte. Nun ging sein Streben nach einer derjenigen des französischen Königs ähnlichen Macht und nach einem dieselbe unterstützenden stehenden Heere. Um dies zu erreichen, wozu ihm in England keine Hülfe blühte, hatte er keine Scham, diejenige des Erbfeindes seines Landes anzurufen und sich zu diesem Zwecke der entwürdigendsten Demüthigung zu unterwerfen. Mit ihm einverstanden war sein Bruder Jakob, — sittenlos wie er, aber nicht, wie er, seine Laster wenigstens durch Geschmack und Heiterkeit beschönigend, sondern ein finsterer Fanatiker, bereits katholisch geworden und mehr für die Macht des Papstes, als seines Vaterlandes eingenommen. Das saubere Brüderpaar ließ seinen landesverrätherischen und sich selbst herabwürdigenden Plan durch seine Schwester, Henriette, Herzogin von Orleans, Schwägerin des gesuchten Lehnsherrn, befördern. Karl anerbot sich, Katholik zu werden, die Tripel-Allianz aufzulösen, Frankreich gegen Holland Hülfe zu leisten, — gegen Unterstützung mit Truppen und Geld, um das Parlament zu bändigen. Ludwig widerstand scheinbar, ließ sich aber endlich gnädig herbei, der „Sehnsucht nach Schmach" zu willfahren, indem er sich im Geheimen freute, einen so gefährlichen Gegner wie England los zu werden und zu seinen Füßen zu sehen. Um den neuen Sklaven noch fester an sich zu fesseln, benützte er dessen schwächste Seite, der auch er, doch nicht unter Vernachlässigung der Interessen seines Landes, ergeben war, die Weiberliebe. Karl hatte neben seiner Gattin, einer portugiesischen Prinzeß, bereits zwei hervorragende Mätressen, die stattliche Barbara Palmer, später Herzogin von Cleveland und die gemein-üppige Eleonore Gwyan. Ludwig sandte ihm nun eine dritte, die bald alle ihre Nebenbuhlerinnen überstrahlte, die durch ihre bloße heckende Erscheinung die Sinne mächtig aufregende, witzige und verschmitzte Französin Louise von Querouaille. Die Engländer nannten sie kurzweg „Madame Cartwell", — Karl erhob sie zur Herzogin von Portsmouth. Später wurde sein Harem noch vermehrt durch Hortensia Mancini, einer der Nichten des Kardinals Mazarin, welche ihren verrückten Gemahl, den Herzog von Mazarin, verlassen hatte und nach mannigfachen Irrfahrten, endlich bei dem englischen Könige eine Rolle spielte, der einst (oben S. 93) um ihre Schwester geworben und sie nachher verschmäht hatte.

Genau auf den Tag zehn Jahre nach seiner Rückkehr in das Vaterland (1670) verrieth Karl II. sein Volk, das ihn damals so vertrauensselig empfangen, an den französischen Despoten, durch einen Vertrag, in welchem er die erwähnten Verpflichtungen einging. Es wurde dem König, ungeachtet der Protestationen seines papistischen Bruders, gnädig gestattet, seinen Katholizismus nicht öffentlich zu bekennen, sondern noch fortwährend bei Festen den anglikanischen Gottesdienst mitzumachen, in dem nun Jakob nie mehr gesehen wurde. Auch wollte Karl nicht zugeben, daß die Töchter Jakobs aus seiner Ehe mit der Tochter des gestürzten Clarendon, welche ebenfalls Katholikin war und um diese Zeit starb, katholisch erzogen würden, — damit sein eigner Übertritt um so geheimer bleibe. — Und bei diesem schmählichen Spiele von Berrätherei und Heuchelei hatten die Cabal-Männer einander selbst betrogen. Clifford und Arlington, welche Katholiken waren, verheimlichten den Punkt der Conversion ihren drei protestantischen Collegen und legten ihnen eine Kopie zur Unterzeichnung vor, in welcher jener Artikel fehlte! Doch nahmen die Bethörten willig Gnadengeschenke von Ludwig an. Um nun den Schmachvertrag auszuführen, gaben der König und seine sauberen Minister dem Parlamente vor, es sei zur Bekämpfung Frankreichs eine Vermehrung der Flotte nothwendig, und die betrogenen Mitglieder bewilligten achthundertausend Pfund, die jedoch kaum für ein Kriegsjahr ausreichten. Daher begingen die Cabal-Männer die Schändlichkeit, den Goldschmieden, welche nach damaligem Gebrauche der Regierung Geld vorgestreckt hatten, das Kapital zu entziehen und blos noch die Zinsen zuzusprechen, in Folge dessen mehrere Häuser fielen und allgemeine Bestürzung eintrat. So betrog man das Land, um dessen Feinde zu unterstützen. Zugleich erließ die Regierung mehrere Gesetze, welche sonst nur das Parlament zu erlassen berechtigt war; eines derselben hob, nicht aus Toleranz, sondern aus berechneter Sympathie, die Strafgesetze gegen die Katholiken, und zugleich, damit es weniger auffalle, auch jene gegen die Dissenters auf. Nun waren aber damals die Freunde politischer Freiheit zugleich Feinde der kirchlichen, indem sie die Freiheit der katholischen Kirche, — nicht ganz mit Unrecht und mit deren eigenen Bestrebungen in Übereinstimmung, — für gleichbedeutend mit ihrer Herrschaft ansahen. Diese Partei füllte neunzehn Zwanzigstel des britischen Volkes, und mit ihnen waren sogar die Puritaner einverstanden, welche — ihre Freiheit nicht mit dem römischen Babel theilen wollten. So zwang das Parlament den König zur Aufhebung jener Befreiungsakte, und setzte an ihre Stelle die intolerante „Testakte", welche allen kirchlichen und weltlichen Beamten einen Eid und eine Erklärung zu Gunsten der — Hochkirche verschrieb! Unter solchen Umständen sah Ludwig XIV. ein, daß er gegen solch eigenkäufigen Beschluß nichts vermöge; er kündete Karl II. die versprochene Hülfe auf, und — das Cabal-Cabinet fiel, mit Schmach und Schande bedeckt. Die beiden Katholiken zogen sich zurück und die drei Protestanten — suchten mit der Mehrheit zu schwimmen, wie vorher gegen sie.

Karl II. Hof zu Whitehall war, nach Macaulay, „der Brennpunkt der politischen Intriguen und der fashionablen Lustigkeit; die Hälfte aller Mätreffen- und Kupplergeschäfte der Hauptstadt wurde unter seinem Dache abgemacht." Über Ehrenstellen und Vergünstigungen entschied nur die Laune des Königs und die Fürsprache seiner Mätreffen; durch selbe wurden unbeschäftigte Advokaten Richter, sittenlose Baronets Peers, unfähige Hofleute Kapitäne von Schiffen oder Landkompagnien. Der König verstand es durch dies und anderes, sich beliebt zu machen. Am Hofe Eingeführte hatten stets, auch ohne Einladung, Zutritt bei ihm, und er erzählte so trefflich Geschichten, daß man ihn gerne hörte, ohne sich dies aus obligater Schmeichelei erst einzureden. In den Galerien von Whitehall sammelte sich ungehemmt alles Volk, so oft eine Neuigkeit erwartet wurde oder sich verbreitete.

Karl II. schloß seine Laufbahn auf eine seiner würdige Weise. Am 1. Februar 1685 war die Galerie von Whitehall der Schauplatz überlichen Lebens und Treibens. Mitten unter Zechern und Spielern toste dort der König mit seinen drei Sultaninnen, der Engländerin Palmer-Cleveland, der Französin Querouaille-Portsmouth und der Italienerin Mancini-Mazarin. Es war ein Mahl wie Belsazar's, doch ohne feindlichen Einbruch. Nur die Nemesis hielt Gericht. Mitten in der Orgie fühlte sich Karl unwohl, und am andern Tage mußte er sich, nachdem er aufgestanden, wieder zu Bette legen. Sein Gesicht wurde schwarz und das Bewußtsein schwand. Die Französin warf sich verzweifelnd über ihn, mußte aber fort, als die Königin erschien, und zog sich in ihre Gemächer zurück, die der königliche Sklave ihr zu Gefallen dreimal hatte niederreißen und wieder aufbauen lassen, deren Kamin ganz in Silber ausgestattet war, und wo mehrere der Königin weggenommene Gemälde hingen. Das Vorzimmer und selbst das Schlafzimmer des Kranken füllte sich mit Hochstehenden, und Alles drängte sich in die Galerie herein. Mit Aderlässen, heißen Eisen und Salz aus Menschenschädeln (!), das man ihm auf die Zunge legte, brachte man ihn wieder zum Bewußtsein. Schon läuteten die Glocken in der Hoffnung auf Genesung, als ein Rückfall eintrat. Die betrogene Königin wurde vor Betrübniß ohnmächtig. Umsonst suchten ihn die anglikanischen Bischöfe zu bewegen, daß er in ihrer Kirchengemeinschaft sterbe, und die Uneingeweihten hielten, was papistische Gesinnung war, für Frivolität. Sein ultrakatholischer Bruder aber dachte nicht an die Sakramente der Kirche Beider, sondern nur an seine Erbfolge. Nur der französischen Mätresse fiel es ein, für einen Geistlichen zu sorgen. Das war aber eine schwierige Aufgabe. Katholische Priester waren öffentlich in England nicht geduldet, die Kleriker der Königin verstanden weder französisch noch englisch, und ein englischer Benediktiner, der dem König einst das Leben gerettet und daher niemals verfolgt wurde, hatte den Hergang der Ceremonie vergessen! Der gute John Huddleston wurde indessen von einem der Portugiesen in der Eile instruirt und von einem Kammerbiener über die geheime Treppe geführt, welche sonst die weiblichen Gäste besonderer Art passirt hatten. Nachdem das Krankenzimmer gesäubert, wurde der improvisirte Beichtvater, einen Mantel über der Stola und eine Perücke über der Tonsur, hereingebracht und machte seine Sache über Erwarten gut; aber der König erstickte beinahe an der Hostie. Man brachte die sämmtlich zu Herzogen gemachten Söhne seiner Favoriten vor das Bett, und am 6. Februar starb Karl, vom Volke aufrichtig betrauert. Sein Bruder, nunmehr Jakob II., ließ ihn höchst einfach, wie man fand, eines Königs unwürdig, bestatten.

Es bezeichnet diesen Jesuiten auf dem Throne der ersten protestantischen Macht Europa's, daß er unter seine obersten Räthe, als Gehülfen des Großsiegelbewahrers, einen Menschen berief, den man ob seiner juristischen Grausamkeit den englischen Carpzov (Bd. I. S. 331) nennen kann. Sir George Jeffreys, Oberrichter am Gerichtshof der Kings-Bench, war der Feind der Whigs und Sündenbock der Tories und eine herzlose Paragraphenseele. Gewohnt, die Sprache der verworfensten Menschen beider Geschlechter zu hören, wandte er selbe auch vor Gericht an, und sein Blick und seine Stimme waren gleich schrecklich für die Opfer seiner Wut, die er in den gemeinsten Ausdrücken andonnerte, wie er auch in solchen die Geschwornen einzuschüchtern suchte. Er richtete nie in würdiger Stimmung und zum Besten der Gerechtigkeit, sondern in der Erbitterung und in der Trunkenheit oder im Katzenjammer. Es war ihm ein Hochgenuß, Menschen zu quälen. Mit teuflischem Hohnlachen ließ er im Winter Weiber nackt ausziehen und peitschen. Früher Puritaner, hatte er sich stets darin gefallen, katholischen Priestern zu verkünden, daß sie bei lebendigem Leibe aufgeschnitten werden und ihre Gedärme verbrennen sehen sollten, war dann aber um Geld zum Hofe übergetreten. Seine erste That als Werkzeug desselben war die Behandlung der bekannten Rye-House-Verschwörung gegen die Thronfolge des katholischen Jakob (1683) und damit auch der Justizmord an Algernon Sidney.

Jakobs erstes Bestreben war, Das auf die Dauer zu thun, wovon sich sein Bruder wieder hatte abschrecken lassen, nämlich Ludwigs XIV. Vasall zu werden. Als dieser Fürst auf die Nachricht von Karls Tode sofort englische Wechsel für eine halbe Million Livres kaufte, vergoß Jakob Freudenthränen, natürlich erheuchelte, und bot dem ersehnten Lehnsherrn sofort an, ihm Belgien preiszugeben, da er nicht an das Wort seines Bruders dasselbe zu schützen, gebunden sei! Zur Darlegung seiner

Dankbarkeit und Ergebenheit sandte er an Ludwig als außerordentlichen
Geschäftsträger den Bruder seiner Mätresse Arabella Churchill, den schönen
und gewandten, aber ungebildeten, sitten- und gewissenlosen John Churchill, den einst Karl II. bei seiner Favorite, der Herzogin von Cleveland,
überrascht hatte! Für kriegerische Verdienste war er zum Lord erhoben
worden. Bald sandte Ludwig weitere anderthalb Millionen. Diese
Summen waren zur Bestechung des Parlaments und zur Anzettelung
eines absolutistisch-katholischen Aufstandes in England bestimmt! Die
Kriecherei gegenüber Frankreich erreichte einen solchen Grad, daß selbst der
Papst (Innocenz XI.), welchem die Macht Ludwigs unangenehm war und
die Gefahren eines gallikanischen Schismas zu drohen schienen, den englischen König vor allzu großem katholischen Eifer warnen mußte! Zu
Zeiten wurmte allerdings dem neuen Könige seine entehrende Stellung,
und er versuchte sich zu ermannen, aber ohne Erfolg. Seinen Fanatismus
legte er auf's Neue durch die Rücksichtslosigkeit an den Tag, mit welcher er
am Hofe die öffentliche Ausübung des katholischen Gottesdienstes herstellte,
während hinwieder seine Eitelkeit es sich nicht versagen konnte, die Krönung
durchzumachen, welche er doch durch die ihm verhaßten Geistlichen der Hochkirche vollziehen lassen mußte! — Früher, als Vicekönig von Schottland,
hatte er, der mit Recht über die Verfolgung der Katholiken klagte, doch mit
Lust die Covenanters zu Krüppeln foltern lassen, und so ließ er jetzt, als
König, die Dissenters öffentlich blutig peitschen und in Kerkern schmachten,
wozu ihm Jeffreys mit seiner ganzen thierischen Raserei behülflich war.
In Schottland wurden Männer um ihres Glaubens willen erschossen und
Mädchen ertränkt. — (Eine Ausnahme von der Verfolgung machten nur,
wie später näher erwähnt werden soll, die Quäker.) Alle Vorstellungen
überbot aber die Grausamkeit, welche nach dem Falle des unglücklichen
Monmouth, des Opfers förmlicher Schlächterei auf dem Blutgerüste, entwickelt wurde. Jeffreys hielt einen förmlichen Vernichtungsumzug gegen
die an jenem Unternehmen Schuldigen und Unschuldigen, unter denen die
Soldaten des Wüterichs Kirke bereits wie Bluthunde gewüthet hatten.
Alice Lisle, Wittwe eines Republikaners, hatte Verfolgten ein Asyl gewährt; Jeffreys zwang die Geschwornen durch seine rohen Invektiven und
durch seine richterliche Versicherung, daß ein Presbyterianer gleichbedeutend
mit einem Schufte sei, zur Schuldigerklärung und verurtheilte sie dann zum
Feuertode, den aber der König durch Enthauptung ersetzte. In Dorchester
ließ er 29 Personen ohne Richterspruch einfach hängen und dann 292 zum
Tode verurtheilen. In Somersetshire wurden in wenig Tagen 233 Gefangene gehängt, geschleift und geviertheilt. An jedem Kreuzwege und auf
jedem Marktplatze klapperten mit Ketten beladene Gebeine im Winde,
steckten Köpfe und Viertelskörper auf Pfählen und verpesteten die Gegend.
Jeffreys lachte und scherzte vor Freude und fluchte wieder dazwischen. Die
Zahl seiner Opfer auf dieser Reise schätzten Manche auf sechs- bis sieben-

hundert. Er selbst rühmte sich, mehr Hochverräther gehängt zu haben, als alle seine Vorgänger seit der normannischen Eroberung. Sein Eifer wurde von Jakob, der seinen „Feldzügen", wie er sie nannte, im Geiste mit dem größten Entzücken folgte, durch Ernennung zum Lordkanzler belohnt! — — Dabei sammelte er sich durch Beraubung der Angeklagten ein Vermögen und trieb einen einträglichen Handel mit Begnadigungen!

Jakobs II. zweite Gattin, Maria von Modena, machte es nicht besser. Vor seiner Thronbesteigung benahm sie sich anspruchlos und leutselig. Als Königin aber überkam sie der Teufel des Hochmutes und der Herzlosigkeit. Sie schämte sich nicht zu verlangen, daß mehrere hundert zur Deportation verurtheilte Rebellen ihr überwiesen werden sollten; denn dieselben wurden nach beschwerlicher Seereise, auf welcher sie wie Stockfische zusammengepfercht waren und haufenweise starben, in Jamaika an die Kaufleute und von diesen an die Pflanzer als Sklaven verkauft! Die Königin Maria machte, nach Abzug der Gestorbenen, mit ihrer Ladung ein Geschäft von tausend Guineen! Ihre Dienerinnen ahmten ihr nach und erpreßten mit des Königs Erlaubniß Geld von den Eltern der kleinen Mädchen, welche bei Monmouths Landung ihm die Fahne überreicht hatten und nun dafür im Gefängniß schmachteten!

Jakobs Ziel war bei all Diesem, einen „heilsamen Schrecken" zu verbreiten, um mit Hülfe desselben die Freiheit, d. h. die Herrschaft seiner Religion in England herzustellen. Umsonst warnte ihn sogar der Papst abermals durch seine Abgesandten, den apostolischen Vikar in Großbritannien und einen Nuntius, — der König war katholischer als der Papst! Umsonst legten selbst die vernünftigeren katholischen Peers dar, daß einer schnellen Erhebung ihrer Kirche bei der Abneigung des englischen Volkes gegen dieselbe ein noch schnellerer Rückschlag folgen würde; — er horchte lieber auf die ihm schmeichelnden Günstlinge, — verworfene Wüstlinge, — und auf den Jesuiten Edward Petre, welcher die Interessen seines Ordens am Hofe zu Whitehall vertrat, — und verließ sich auf den von den protestantischen Geistlichen gepredigten Grundsatz des passiven Gehorsams gegen die Obrigkeit. Es bildete sich am Hofe eine Partei zur Beförderung seiner Pläne, unter dem Namen nach noch protestantischen Staatssekretär Earl von Sunderland, der von Frankreich mit 25,000 Kronen jährlich bestochen war und zum Lord-Präsidenten stieg. Dieser Clique stand eine anglikanische gegenüber, welche des Königs Absichten zu vereiteln suchte. Der Lord-Schatzmeister, Lorenz Hyde, Earl von Rochester, stand an ihrer Spitze. Zu seiner Charakteristik dient, daß er und der Lordkanzler, der blutige Jeffreys, bei einem amtlichen Mittagsmahle, wo sie schwer betrunken waren, sich beinahe nackt auszogen und mit Mühe zurückgehalten wurden, auf einen Pfahl, an dem ein Schild zur Verzierung hing, zu klettern und von dort des Königs Gesundheit zu trinken. Was Jeffreys betrifft, so machte er beiden Parteien zu gleicher

Zeit Hoffnung, mit ihnen zu halten und wartete indessen zu, welche von beiden siegen würde. Rochester nun suchte seine Partei zu fördern, indem er der katholischen Königin bei dem König ein Gegengewicht entgegenstellte, indem er den Einfluß der protestantischen Mätresse Desselben zu erhöhen suchte. Es war dies Katharine Sedley, Tochter eines sittenlosen Cavaliers, und selbst ebenso schamlos als häßlich. Vom Könige sagte sie: sie könne nicht begreifen, was er an ihr finde; hübsch sei sie nicht, und wenn sie etwa Geist habe, so sei er nicht im Stande, dies zu beurtheilen! Die Königin litt sehr unter dieser Konkurrenz und der König versprach sowol ihr, als seinem Beichtvater wiederholt, von ihr zu lassen, sündigte aber stets wieder von Neuem. Er hatte sie zur Gräfin von Dorchester erhoben; aber er mußte sich dafür vor seiner Gattin mit einer Ruthe geißeln und die Mätresse fortschicken. Sie räumte das Feld, indem sie sich eine Martyrerin des Protestantismus nannte. Rochesters Macht sank von da an, und er fiel völlig, als er sich trotz des königlichen Antringens weigerte, katholisch zu werden. So gingen die Dinge auf abschüssiger Bahn immer weiter, bis die furchtbare Katastrophe eintrat, die Jakob II. und seiner ganzen Familie seinen Thron und sein Vaterland kostete, und damit für immer den stets mit Landesverrath verbundenen römischen Bestrebungen im Inselreiche ein Ende machte, — die zweite englische Revolution, deren Fortgang wir in die politische Geschichte verweisen müssen. — Umsonst hatte der geistig beschränkte Monarch seinem Glauben die Freiheit seines Reiches zu opfern gesucht, — umsonst hatte er in dem wegen seines immer deutlichern Hinsteuerns auf ein katholisches England ausgebrochenen Kampfe mit der Hochkirche, gleich dieser selbst, seine Todfeinde, die Presbyterianer, auf seine Seite zu bringen gesucht, denen beide Streitenden Gewissensfreiheit versprachen. — Die finsteren römischen Pläne hatten ein tapferes Volk gezwungen, fortwährend unduldsam zu verfahren, wenn es seine Freiheit und Unabhängigkeit bewahren wollte! Und das Haus der Stuarts trat von der geschichtlichen Bühne ab mit dem häßlichen Verdacht eines von den Jesuiten untergeschobenen Kindes, der niemals ganz beseitigt werden konnte, obschon dies zweifelhafte Kind nach dem Tode seines Vaters zu St. Germain bei Paris feierlich mit Pauken und Posaunen als König Jakob III. (ohne Land!) ausgerufen und in seinen fruchtlosen Prätensionen von der französischen Regierung unterstützt wurde.

Wir nehmen die Geschichte des englischen Hofes, mit Übergehung der Regierungszeit von Jakobs beiden Töchtern Maria (sammt ihrem Gatten Wilhelm III. von Oranien) und Anna, bei der Thronbesteigung des Hauses Hannover wieder auf. Der erste englische König aus demselben, Georg I., war der Sohn des ersten Kurfürsten von Hannover, der Herzogs von Braunschweig-Lüneburg; er war geboren 1660, diente im Reichsheere gegen Türken und Franzosen, und verehelichte sich mit seiner Base Sophia Dorothea, Tochter des Herzogs von Celle und einer gefürsteten Französin, — indem sein Vater dieselbe dem für sie bestimmten Prinzen von Braunschweig-Wolfenbüttel weglaperte. Die Neuvermählten verstanden sich jedoch nicht; denn die Prinzeß liebte bereits den jungen und schönen Grafen Philipp von Königsmark, den Bruder der durch ihr Verhältniß zu August II. von Sachsen und Polen berüchtigten Aurora, — der mit ihr in Celle erzogen war und ihr nun nach Hannover folgte. Die Liebenden suchten ihre Neigung anfangs möglichst zu verbergen; aber Königsmark blieb dessen nicht fähig, und vermochte sich je länger desto weniger zu bemeistern, während die Prinzeß sich nichts vergab. Nun lebte am Hofe eine Gräfin von Platen, welche die Mätresse des Kurfürsten war, der ihren Mann nach dem kaiserlichen Hofe gesandt hatte, — ihrerseits aber den Grafen Königsmark liebte, und daher die Todfeindin der Prinzeß war, — während ihre Schwester, die Frau von Wyl, die Gunst des Kurprinzen genoß, der dagegen seine Gattin auf das Verletzendste vernachlässigte. Königsmark unterlag der Verführung seiner Anbeterin, blieb aber der Vertraute seiner Angebeteten, welche von diesem unreinen Verhältnisse den Sturz ihrer Feindin hoffte. Als aber ihr Gemahl sie einst, da sie ihm über seine Mätresse die Wahrheit sagte, mißhandelte, beschloß sie zu fliehen und nahm zu diesem Zwecke Königsmarks Hülfe in Anspruch. Die Platen aber kam dem Plane auf die Spur, und der Haß gegen ihren untreuen Geliebten und ihre Feindin leitete sie. Sie verrieth Alles dem Kurfürsten, und als nun Königsmark, um Alles zu veranstalten, eine Reise nach Polen machte und dort am königlichen Hofe in einer Soirée, wo er berauscht war, alle seine Geheimnisse ausplauderte, die ein Hofmann, der zu Hannover in Ungnade gefallen, sofort dahin berichtete, um wieder aufgenommen zu werden, — da war der Plan vereitelt, ohne daß dessen Theilnehmer es ahnten. Königsmark begab sich in einer Nacht zur Prinzeß, um die Flucht auszuführen, war aber belauscht, wurde auf des Kurfürsten Befehl von gedungenen Garristen überfallen und ermordet und sein Körper heimlich beseitigt, die Prinzeß aber nach dem einsamen Schlosse Ahlden verwiesen, ihre Ehe getrennt, und sie verlebte den Rest ihrer Tage in traurigem Gefängnisse.

Ihr Gemahl wurde 1698 Kurfürst von Hannover und 1714 König von Großbritannien. Er trat die Regierung dieses Landes an, ohne dessen Sprache zu kennen. Sein Minister Robert Walpole, der weder deutsch, noch französisch verstand, beherrschte ihn in lateinischer Sprache". Georgs Manieren waren roh, seine Sitten zügellos. Seine Mätressen zeichneten sich durch Unschönheit aus. Die Eine derselben, Herzogin von Kendall, welche jeden Sonntag siebenmal die Kirche besuchte, wurde vom Volke ihrer Gestalt wegen die „Kletterstange", und die Zweite, Frau von Kielmannsegge, geborene Gräfin von Platen (Tochter jener Platen, die wir bereits kennen gelernt), vom Könige zur Gräfin von Darlington erhoben — der „Elephant" genannt, und Beide waren der Gegenstand des öffentlichen Spottes in London und der schamlosesten Satiren und Karrikaturen. Diese Weiber und die hannoverschen Stellenjäger, die dem Könige nachgefolgt waren, sogen das Land auf die unverschämteste Weise aus. Ja der König selbst sagte zu einem Bedienten, der moralische Strupel bekam: „Ach was, es ist ja englisches Gold; stiehl wie die Andern, und hörst du, nimm ja genug!" Mit seinem Sohne, wahrscheinlich weil er von der unglücklichen Gefangenen von Ahlden geboren war, dem spätern Georg II., lebte der König, wie dies in England meist der Fall war, in der bittersten Feindschaft. Der Letztere, geboren 1683, zur Regierung gelangt 1727, hielt sich — so weit war damals die Schamlosigkeit zur Regel geworden — obschon er seine Gattin zärtlich liebte, — „des Anstandes wegen" Mätressen, mit denen er zwar lebte, denen er aber keinen Einfluß gestattete. Die Königin theilte ihre Herrschaft über ihn mit dem alten Fuchs Walpole, der sich unter zwei so verschiedenen Regierungen zu halten wußte. Sie liebte die Literatur und die Theologie, welche letztere aber ihrem Glauben mehr von Schaden, als von Nutzen war, ließ die Hausgebete in einem Vorzimmer halten, wo ein Gemälde der — Venus hing, und weigerte sich auf dem Todbette, das Abendmahl zu nehmen. Am Hofe übten die beiden Herzoginnen von Marlborough und Buckingham den größten Einfluß aus; die Erste die Wittwe des berühmten Feldherrn, die Zweite die Tochter Jakobs II. und der Gräfin von Dorchester (oben S. 127). Die Letztere war einst am Hofe Georgs I. mit der Querouaille-Portsmouth, ehemaliger Mätresse Karls II., und einer Solchen König Wilhelms III. zusammengetroffen und hatte ausgerufen: „Wer hätte gedacht, daß wir drei H.... einander hier treffen würden!"

Ueberhaupt war damals das Leben am englischen Hofe und in der großen Welt dieses Landes so ausgelassen, daß Ehre, Tugend und Ruf nichts galten und Gegenstände des Spottes waren, daß man mit dem Titel „Wüstling" eine Dame so wenig beschimpfte als einen Herrn, daß es nichts Anstößiges war, sagen zu hören, das Hoffräulein Miß So und So habe ihre Entbindung glücklich überstanden, daß Herzoge öffentlich gegen ihre Gattinnen Klagen wegen Ehebruchs mit andern Herren des hohen Adels führten, und Frauen über ihre galanten Abenteuer ausführliche Memoiren schrieben. Ja man prügelte sich um Plätze in den Theaterlogen vornehmer Buhlerinnen.

Die Regierung Georgs II. wurde durch die fortgesetzten jakobitischen (stuartistischen) Aufstände beunruhigt. Ihnen fielen nach der für England glücklichen Schlacht bei Culloden (1746), durch Spruch des Hauses der Lords, die Köpfe der Lords Kilmarnock, Balmerino und Lovat zum Opfer, von denen der Erste seine Partinahme feierlich widerrufen hatte, der Zweite aber auf dem Schaffotte eine Rede zu Gunsten des Prätendenten hielt und der Dritte bis zum Todesgange scherzte. James Dawson, als Mitschuldiger, wurde nebst acht andern Verurtheilten gehängt, dann noch ehe er todt war, abgenommen, geviertheilt und sein Herz in's Feuer geworfen, wobei seine Geliebte zusah und nach der letzten Operation sofort verschied!

Georg II. starb 1760 plötzlich, nachdem ihm (1751), wie Ludwig dem XIV. und XV., sein ältester Sohn, der Prinz von Wales, Friedrich Ludwig, mit dem er beständig im Streite gelebt, im Tode vorausgegangen war. Ihm folgte sein Enkel Georg III. Alle Gefahren stuartistischer Reaktion waren nun vorüber. Lord Errol fungirte als Großkonstabler von Schottland in demselben Saale, in welchem sein Vater, Lord Kilmarnock, zum Tode verurtheilt worden war. Ein Zimmer zur Besichtigung des Krönungszuges, das bei der Krönung Georg's II. vierzig Pfund gekostet hatte, kam jetzt auf 350, und der König bezahlte für gemiethete Juwelen neuntausend Pfund. Den Hof des frommen Georg III. charakterisirt so ziemlich der Skandal, den ein an demselben weilendes Hoffräulein verursachte. Elisabeth Chudleigh, so hieß sie, hatte bereits die hohe Gunst Georgs II. genossen und war mit einem Herrn Hervey (späteren Grafen von Bristol), dem Bruder der oben (S. 62) genannten beiden Hervey's, heimlich vermählt und von ihm auch Mutter, gewährte aber zugleich ihre Gunst Anderen, so namentlich dem Herzog von Kingston, der sie lange als Mätresse unterhielt, ohne daß der König oder ihr Gatte etwas dagegen hatte. Erst als Letzterer sich anderwärts verehelichen wollte, klagte er gegen Elisabeth, die nun bald fünfzig Jahre alt war, auf Ehebruch; sie hatte aber den Trauschein vernichtet und ihre Kinder waren gestorben, so daß er abgewiesen wurde. Nun heirarte sie der Herzog von Kingston, dessen Erben sie aber wegen Bigamie verklagten. Der Fall kam vor das Oberhaus und erregte großes Aufsehen, da die Angeklagte in ganz Europa, das sie bereist hatte, bekannt und von Papst Pius VI., wie von Friedrich dem Großen sehr geehrt war. Mit dem Verfasser einer über sie erschienenen Posse führte sie einen Federkrieg in den gemeinsten Ausdrücken. Sie ging vor Gericht und wurde schuldig befunden, ihr aber die vom Gesetz angedrohte Brandmarkung auf die Hand erlassen und bloß die Sporteln auferlegt. Nun handelte es sich noch darum, den Widerspruch zwischen beiden Urtheilen aufzuheben; aber Hervey soll von der Angeklagten erkauft worden sein und in Folge dessen auf die Scheidungsklage verzichtet haben, so daß die Sache auf sich beruhen blieb. Elisabeth ging später nach Petersburg, wo sie von der ihr gleichgesinnten Kaiserin Katharina glänzend aufgenommen wurde.

Unter den deutschen Höfen (die wir, gleich den nordischen, größtentheils übergehen, indem wir auf Vehse's Werk, sowie auf Scherr's Hofgeschichten und Deutsche Kultur- und Sittengeschichte verweisen) war, wenn auch keiner der größeren, doch einer der an Ärgerniß reichsten der württembergische. Die Skandalchronik desselben beginnt mit dem Herzog Eberhard Ludwig (geb. 1676), der schon mit nicht ganz einem Jahre dem Namen nach seinem Vater Wilhelm Ludwig folgte. Im Kriege zeichnete er sich als kaiserlicher General vielfach aus. Im Frieden ergab er sich der Jagd und kostbaren Bauten (er gründete die Stadt Ludwigsburg) und daneben — einer schamlosen Mätressenwirthschaft nach französischem Muster. Seine erste Mätresse war Friederike Wilhelmine, Tochter des mecklenburgischen Obermarschalls Friedrich von Grävenitz, dessen ältester Sohn württembergischer Hauptmann war. Sie beherrschte vermöge ihrer Schönheit und ihres Geistes den Herzog zwanzig Jahre lang, trieb rastlose Verschwendung, unterstützte Abenteurer und sorgte namentlich für das materielle Wohl ihrer Familie, indem sie ihren zwei Schwestern reiche Heiraten und ihren drei Brüdern hohe Stellen verschaffte. Der Herzog erhob sie zur Gräfin von Urach, ließ sie in den Landständen neben sich sitzen, und wollte seine Gattin nach Hause schicken, wozu sie sich aber nicht verstand. Als der Kaiser einschritt, floh die Grävenitz nach Genf, und der Herzog — folgte ihr. Des Scheines wegen wurde sie 1709 an den alten österreichischen Grafen Wrbna verheiratet, der jedoch seinen Lohn dafür in Wien verzehrte und dort starb. Sonderbarerweise jedoch war derselbe Bruder, den sie emporgehoben, der Urheber ihres Sturzes. Als Oberhofmeister betrieb er eine Annäherung des Herzogs zu Preußen, wogegen jedoch seine Schwester opponirte, weil sie Vorwürfe wegen ihres Verhältnisses von dem strengen Könige besorgte. Der Bruder drang durch, der Herzog reiste nach Berlin, und nach seiner Rückkehr (1732) wurde die Geliebte verhaftet und der — Zauberei angeklagt. Es kam indessen ein Vergleich zu Stande, — der Herzog versöhnte sich mit seiner Gattin, und die Gestürzte verließ das Land. Sie starb 1744 in Berlin und hinterließ ein bedeutendes Vermögen.

Eberhard Ludwig war 1733 ohne Sohn gestorben und ihm war sein Vetter Karl Alexander (geb. 1684) gefolgt; welcher die Mätresse des Vorgängers zum Tode verurtheilen ließ und ihr auch ihre Geschwister und Neffen nachsandte. Auch der neue Herzog war ein Haudegen gegen Franzosen und Türken, aber sittenstreng. Im Jahre 1712 war er zu Venedig katholisch geworden (wir erkennen in ihm den Helden von Schiller's „Geisterseher"), woraus indessen nicht geringe Verwickelungen mit dem protestantischen Lande entsprangen, obschon er dessen Religion zu gewährleisten versprochen hatte.

Karl Alexander übte kein Mätressenwesen; dafür aber schadete er dem Lande durch andere Dinge mehr als sein Vorgänger, nämlich einerseits durch seinen Aufwand im Militärwesen, anderseits durch die schlimme Finanzwirthschaft, die unter ihm wucherte. Bei Abgang der Familie Grävenitz hatte mit derselben ein ökonomischer Vergleich stattgefunden, welchen ein Jude leitete, der dabei durch Betrügereien eine Einnahme von 60,000 Gulden machte. Dieser Jude, Josef Süß-Oppenheimer, 1684 zu Heidelberg geboren, schwang sich durch unbegreifliche Gunst des Herzogs

nach und nach zum Geheimen Finanzrathe empor, in welcher Stellung
er das Land vollkommen beherrschte, indem er dem Herzog schmeichelte,
einflußreiche Personen bestach und Andere durch Einschüchterung vom
Einflusse abhielt. Die von ihm besoldete Polizei und die ihm schaarenweise in das Land nachgekommenen Juden sorgten überall für Geltendmachung seines Willens. Wer ihm nicht huldigte oder sich an seinen und
seiner Bande Räubereien nicht betheiligen wollte, wurde um seine Stellung
gebracht. Dies drohte u. A. auch dem Mathematiker Georg Bernhard
Bilfinger (eigentlich hieß die Familie „Vielfinger", weil die meisten
ihrer männlichen Mitglieder je sechs Finger und je sechs Zehen an Händen
und Füßen, die weiblichen wenigstens einen Ansatz dazu gehabt haben
sollen), — Er war ein Anhänger des Philosophen Wolf, der ihm einen Ruf
nach Petersburg verschafft hatte, vorher aber, und seit 1732 wieder, Professor
in Tübingen und seit 1734 Geheimer Rath des Herzogs. Aber der Letztere
widerstand hinsichtlich seiner dem Drängen des Juden, mit dessen Werkzeugen
fast alle Stellen besetzt wurden und welcher jeden Widerspruch gegen seinen
Willen mit Kassation, Krummschließen, Auspeitschen und Hängen bestrafte.
Weder Personen noch Bittschriften konnten ohne ihn zum Herzoge gelangen.
Ja er fälschte sogar bereits unterschriebene Dekrete durch Einheftung neuer
Bogen. Ein Erpressungssystem drückte von oben herab das Land furchtbar.
Steuern und Sporteln wurden in enormem Maße bezogen. Die Münzprägung und das Tabaksmonopol benutzte Süß zu gewaltigen Einnahmen
in seine Tasche, schacherte außerdem noch mit Juwelen, Pferden, edlen
Metallen und betrog den Staat um die Zölle. Den Kassen des Landes
machte er gegen hohe Zinsen Vorschüsse und richtete Lotterien ein. Dabei
war er jedoch nicht geizig, sondern trieb bedeutenden Aufwand, besonders
in den Bahnen der äußeren Erscheinung, der Tafel und der Wollust. Die
„Landschaft" hetzte er durch Begünstigung des Katholizismus gegen den
katholischen Herzog auf und preßte sogar dem lutherischen Kirchenfond
Geld zu katholischen Kultuszwecken ab.

Endlich aber, als gerade der Herzog einen Staatsstreich gegen seine
protestantischen Unterthanen beabsichtigte, kam er auf die Betrügereien
des Süß. Dieser bat 1737 um seine Entlassung und erhielt sie unbegreiflicher Weise in ehrenvoller Weise. Da starb aber der Herzog
plötzlich, und sofort ließ die Herzogin den Juden verhaften und alle seine
Glaubensgenossen in Stuttgart prügeln und dem Hohne des Pöbels preisgeben.
Süß, von letzterem ebenfalls mißhandelt, wurde auf Hohenasperg eingesperrt,
zum Tode verurtheilt und am 30. Januar 1738 in rothem paßmirtem
Rocke auf einer Kuhhaut zum Richtplatz geschleift und an einem fünfzig Fuß
hohen eisernen Galgen, zu dem er in einem Käfig hinaufgezogen wurde,
gehängt. Die Synagoge zu Fürth feierte ihn als Glaubensmartyrer!

Des verstorbenen Herzogs minderjähriger Sohn und Nachfolger,
Karl Eugen, stand unter Vormundschaft des Herzogs Karl Rudolf von

einer Seitenlinie, und in dessen Regierung spielte Bilfinger die bedeutendste Rolle und ließ den Thronfolger in Berlin unter den Augen Friedrichs des Großen erziehen. Er starb 1750 in großer Frömmigkeit. Der neue Herzog aber entsprach den Erwartungen, die man von ihm hegte, nicht. Statt ein Nacheiferer Friedrichs des Großen, wie er meinte, wurde er nur ein Affe desselben. Er liebte nur das Vergnügen und begann seine Volljährigkeit mit der Entsetzung verdienter Männer ohne Tadel, bloß weil sie ihm zu schlicht und sparsam waren. Seinen Rathgeber, den verdienten Juristen J. J. Moser, ließ er auf Hohentwiel einsperren. Das ganze Land mußte ihm als Harem dienen, so daß ihn seine Gattin verließ. Er machte es jedoch billiger ab, als der Hirschpark-Ludwig, nämlich jede Vaterschaft mit — fünfzig Gulden! — Der Vermittler seiner Lüste, Oberst Rieger, wurde sein Faktotum, aber ebenso grundlos gestürzt, eingekerkert und — wieder erhoben. Der französische Graf von Montmartin wurde einflußreichster Minister und alle Ehrenmänner aus den höhern Aemtern verdrängt. Aber auch der Franzose erlebte wegen einer mißlungenen diplomatischen Mission nach Wien seinen baldigen Sturz. Den Herzog beherrschte von nun an seine Mätresse, Franziska von Bernardin, die er ihrem Gatten, dem Kammerherrn Leutrum in Baireuth, entführt hatte, zur Gräfin von Hohenheim erhob und 1784 morganatisch heirathete, was zwei Jahre später bekannt gemacht wurde. —

Nicht besser als an den weltlichen Höfen war das Leben an dem höchsten der geistlichen und auch über alle weltlichen sich erhaben dünkenden Hofe, dem päpstlichen zu Rom. Aus dem Tagebuch eines dort in den Jahren 1658 bis 1664 anwesenden Deutschen erfahren wir, daß damals der Bruder des Papstes den „Brot- und Schenkhandel" an sich gebracht hatte, „daß er damit nach seinem Gefallen wuchern konnte", und daß dessen Vettern, Cardinal Gisi und „Herr Augustin", „gar ein wildes und säuisches (!) Leben führten", so daß die Gemeinde und Einzelne darüber sich schwer beklagten. Dessenungeachtet beschirmte sie der Papst detsoort, obschon sie es so trieben, daß er genöthigt war, die Markgräfin von Santa-Croce, die Geliebte Augustin's, unter Androhung des Einsperrens in der Engelsburg, aus Rom wegzuweisen, und das Nämliche gegen das „veruchne Publikast", Leonora Comarina, zu verfügen, „weil sie für allen anderen ihresgleichen den größten Zulauf von vornehmen Herren gehabt, daß ihrer viel durch das übermäßige Geschenkgeben an ihren Mitteln merklich abgenommen." Im Jahre 1659 dictte die Königin Christine von Schweden, die apostolische Tochter Gustav Adolfs, bei dem Cardinal Barberini von „über hundert Schüsseln neuer Früchte", und der Cardinal Acquaviva schenkte der Königin vier silberne Handbecken voller frischer Weintrauben. Trotz der Fastenzeit waren alle Gassen Roms „voller Rumorerien und Gäukeleien, welche unter anderm auch drei Holzpfestreiter thun mußten, weil sie wider den Papst, seine Vettern und die Cardinäle etliche Schmäh-

schriften auf ihr ärgerliches Leben ausgeworfen." Sie mußten rücklings
auf Esels sitzend und den Schwanz in der Hand, mit jenen Schmähschriften
um und um behangen, durch die Stadt reiten. Dagegen entgingen der
Strafe jene Spaßvögel, welche im Carneval von 1662 Jesuitenkleider
und darauf den bezeichnenden Spruch „der Welt zum Verderb" trugen;
sie konnten sich in das spanische Quartier flüchten und lachten die nach-
setzenden Schergen aus. Mit heiligem Ernste trieb indessen damals der
Papst selbst Thorheiten; so übersandte er 1658 einem spanischen Prinzen
gesegnete Windeln, welche mit ihren Stickereien auf zehntausend
Kronen zu stehen kamen; hinwieder mußte das Königreich Neapel, als
päpstliches Lehen, stets noch jedes Jahr dem Papste einen Zelter mit siebentausend Kronen an Gold senden.

Die nämliche Zeit war indessen reich an Selbstmorden, Verbrechen
und Meutereien. Ein Abt stürzte sich aus „Überwitz" zum Fenster hinaus,
ein Augustinermönch erhängte sich, weil ihm Ämter, auf die er hoffte,
nicht zu Theil geworden, und mehrere reiche Wittwen, welche ihre Männer
vergiftet hatten, wurden hingerichtet. Im Jahre 1660 sollte ein römischer
Seidenwirker vor Gericht erscheinen. Er verbarg sich im Palaste des
Kardinals Rainald von Este, damaligen Vertreters der französischen
Interessen in Rom, dessen Diener dann die anrückenden päpstlichen Schergen
mit scharfen Schüssen zurückwiesen, so daß Mehrere todt blieben. Als
dann der Papst Truppen gegen den Kardinal marschiren ließ, begaben sich
die Kardinäle der französischen Partei, Barberini, Grimaldi, Mancini
und Astalli, nebst dem spanischen Gesandten und vielen römischen Fürsten,
Grafen, Freiherren und Edelleuten, zu Este, um ihn zu schützen. Da
ließ der Papst, auf Zureden des venetianischen Gesandten, seine Truppen
wieder abziehen, und die Posse endete mit der Verbannung von fünf
Dienern des Kardinals, der nun von der französischen Regierung die Aufstellung eines eigentlichen Gesandten in Rom verlangte. — 1662 fiel auf
der Sixtus-Brücke zwischen Franzosen und den dem Papste als Leibwache
und Henkersknechte dienenden Corsen ein Streit vor, worauf die Corsen
nach dem Palaste des nunmehrigen französischen Gesandten, Herzogs
von Crecquy, zogen, denselben absperrten und auf mehrere Franzosen,
wie auch auf die Fenster, an deren einem der Gesandte sich selbst befand,
und auf des Letztern Gattin schossen und von seinem Gefolge einen Edelmann, einen Lakaien und einen Pagen tödteten. Einige Zeit hindurch
waren weder Franzosen noch französisch Sprechende in Rom sicher vor
Mißhandlungen. Da bewaffnete der Kardinal von Este seine Leute und
zog mit ihnen, ein Gewehr unter den Kleidern, durch die Straßen Roms,
und die französisch gesinnten Kardinäle erschienen nicht mehr im Consistorium.
Der Papst sandte einen Courier zur Entschuldigung nach Frankreich, ließ
die Corsen festnehmen, soweit sie sich nicht flüchten konnten und löste ihre
Leibwache auf. Der König Ludwig XIV., der im höchsten Grade empört

war und den päpstlichen Nuntius aus Paris verwies, ja sogar über die Grenze bringen ließ, befahl seinem Gesandten, aus Rom abzureisen, was derselbe in Begleitung Este's that, indem er sich in Toskana niederließ. Indessen verfuhr die päpstliche Regierung lässig, entließ die nicht verhafteten Corsen straflos, that auch keine Schritte gegen den Polizeidirektor Mario Chigi, als Hauptmann der corsischen Leibwache, und den Kardinal Imperiali, Statthalter von Rom, welche von den Corsen als Anstifter ihres Attentats angegeben worden, und erfüllte auch die Satisfaktionsbegehren Frankreichs nicht. Erst als letzteres zum Kriege rüstete, wurden einige Corsen hingerichtet und Imperiali verbannt; aber es war zu spät. — Alexanders VII. stehendes Schreiben an den König wurde nicht beachtet, Spanien und die Schweiz in Frankreichs Interesse gezogen, Avignon von den Franzosen unter dem Jubel der Bevölkerung eingenommen und der streitige Glaubensartikel von der Unfehlbarkeit des Papstes, welche von den Jesuiten und der Sorbonne vertheidigt wurde, im Sinne der Jansenisten verworfen, und der Sorbonne die fernere Vertheidigung verboten und die Verkündigung des Gegentheils zur Pflicht gemacht, wofür der Hof Beweise zu bringen sich anerbot. Schon rückten die Franzosen (1663) in Italien ein, als endlich der Papst, unter Vermittelung Venedigs und Spaniens, Alles that, was Frankreich verlangte, die Kardinäle Imperiali und Chigi zur Abbitte nach Paris sandte, die ganze Nation der Corsen für ewig von allen Diensten im Kirchenstaate ausschloß und auf der Stelle ihrer Wache eine Schandsäule errichtete, mit einer lateinischen Inschrift, unter welcher schon am folgenden Tage ein Pasquill auf die päpstliche Politik angeheftet war, deren damals wie vor- und nachher bei allen Gelegenheiten zu Rom im Schwange waren.

 Ein kleinerer päpstlicher Hof, wenn auch ohne Papst, wurde immer noch zu Avignon gehalten. An demselben fanden Bälle statt, wobei die Vicelegaten selbst tanzten. Bei jeder Courante (ein alter Tanz) mußte die Dame, die sie tanzte, den Vicelegaten an seinem Platze — küssen! Die Musik bestand aus einem Violin oder einer Viola oder je einem Stücke von beiden Arten. Die theilnehmenden Männer trugen Mantel und Degen. Am hohen Donnerstage Abends fanden Processionen weißer, schwarzer, blauer, violetter und grauer Büßenden bei Fackelschein statt.

Zweites Buch.

Aberglaube und Geheimnißsucht.

Erster Abschnitt.
Auswüchse menschlicher Thorheit.

A. Aberglaube im Allgemeinen.

Alles Außerordentliche, Ergreifende, Erschütternde weckt die Neigung zum Räthselhaften, Geheimnißvollen, Wunderbaren, weil darin das Heilmittel für die mit Ersterm verbundenen Übelstände und Krankheiten der Zeit geahnt oder erwartet wird. So bot natürlicher Weise auch der dreißigjährige Krieg mit seinen Greueln vielen Anlaß zu abergläubischen Regungen und Handlungsweisen, zu tollen Visionen und eingebildeten Erscheinungen. „Man sah," erzählt Gustav Freytag, „am Himmel die schrecklichsten Gesichte, man fand die Anzeichen furchtbaren Unheils in zahlreichen Mißgeburten; Gespenster erschienen, unheimliche Laute klangen vom Himmel und auf der Erde. In Ummerstadt z. B., Herzogthum Hildburghausen, leuchteten weiße Kreuze am Himmel, als die Feinde einrückten. Als sie in die Kammerkanzelei eindrangen, trat ihnen ein weißgekleideter Geist entgegen und winkte ihnen zurück, und niemand konnte sich von der Stelle rühren. Nach ihrem Abzuge hörte man acht Tage lang im Chor der ausgebrannten Kirche ein starkes Schnauben und Seufzen. Zu Gumpershausen machte eine Magd großes Aufsehen im ganzen Lande. Sie erfreute sich der Besuche eines kleinen Engels, der sich bald in rothem, bald in blauem Hemdlein vor ihr auf's Bett oder den Tisch setzte, wehe schrie, vor Gotteslästerung und Fluchen warnte und schreckliches Blutvergießen verhieß, wenn die Menschheit nicht das Lästern, die Hoffart und die gestärkten und geblauten Krägen — damals eine neue Mode — abschaffen würde. Wie man aus den eifrigen Protokollen ersieht, welche die geistlichen Herren verschiedener Würden über die Halbblödsinnige aufnahmen, verursachte ihnen nur der eine Umstand Bedenken, weshalb das Engelein nicht sie selbst besuche, sondern eine einfältige Magd."

Gleich den alten Germanen glaubten auch die deutschen Soldaten des sechszehnten Jahrhunderts und nach ihnen jene des dreißigjährigen Krieges an die Möglichkeit, die Waffe tödlich, den Leib aber hieb-, stich- und kugelfest machen zu können. Sie hielten dieselbe Stelle, an welcher die Sage den Helden Siegfried verwundbar sein läßt, für „offen". Fahrende Schüler und Zigeuner waren ihnen die unfehlbaren Besitzer von Zaubergeheimnissen, die sie denselben abzulaufen suchten. Es waren in der von uns geschilderten Zeit einzelne Soldaten mit Namen bekannt, welche nach ihrer eigenen Behauptung und nach dem Glauben ihrer Kameraden „fest" oder „gefroren" waren. Die abergläubischen Krieger legten Talismane und Amulette an, um des nämlichen Glückes theilhaftig zu werden. Man nannte Solche, bei denen dies nach dem herrschenden Glauben der Fall war, „Pestulanten" (in vulgärer Sprache „Passauer"), und Jene, welche diesen Zauber sollten lösen können, „Solvanten". Es gab darüber Sagen in Menge. Bezauberte sollten die auf sie abgefeuerten Kugeln ruhig aus dem Busen gezogen haben. Man hielt sie aber für — dem Teufel Verfallene. Unter die angeblichen Mittel zur Bezauberung zählte man z. B. die Noth- oder Siegeshemden, welche unter verschiedenen abergläubischen Erfordernissen verfertigt (meist von Kindern oder Jungfrauen gesponnen, gewoben und genäht) sein mußten, wie auch andere unter beinahe nicht zu erfüllenden Bedingungen zu fertigende Gegenstände, die man auf der Brust trug. Auch sicher treffende Kugeln und Schwerter mußten unter besonderen abergläubischen Erfordernissen gefertigt sein. Der Teufel und die Kirche spielten dabei ihre seltsam vermischten Rollen (so mußte man z. B. das Abendmahl unter Anrufung des Teufels nehmen u. s. w.). Auch glaubte man, daß Gefrorene sogar Lebensmittel so fest machen könnten, daß Niemand darein zu schneiden im Stande wäre. Für verzaubert galten im dreißigjährigen Kriege Tilly's und Wallenstein's Leiber und Gustav Adolf's Schwert, ebenso, und noch lange nach dem Kriege, die Personen aller Herzoge und Prinzen von Savoien. Gegen den Scharfrichter jedoch, welcher, gleich dem Regimentsprofosen, stets für fest galt, nützte die Festmachung nichts, ebensowenig gegen Holzkeulen und Gold- oder Silberkugeln, namentlich wenn das zu letzteren verwendete Metall — ererbt war! Zu diesem soldatischen Aberglauben gesellte sich noch weiterer, z. B. man könne durch Beschwörungen in der Noth den drohenden Feinden das Bild zu Hülfe eilender Krieger vorzaubern u. s. w.

Im sechszehnten Jahrhundert hatten manche Kriegsoberste jeden Soldaten, welcher sich solchem Aberglauben ergab, hängen lassen. Die beste Persifflage desselben lieferte übrigens ein unbekannter Soldat des dreißigjährigen Krieges, welcher, von einem feigen Kameraden um ein festmachendes Mittel gebeten, auf einen Zettel dreimal schrieb: „Wehr' Dich, Hundsfott!" worauf Jener sich für fest hielt und durch diesen Glauben tapfer wurde. Geehrt wurden übrigens nur die Tapferen, die angeblich Festen blos gefürchtet oder gemieden.

Den Aberglauben der damaligen zügellosen Kriegssöldner theilten natürlich auch die oft mit ihnen zusammenhängenden und aus ihrer Mitte hervorgehenden Gauner. Der oben (S. 11) erwähnte „Hundssattler" bekannte in Baireuth vor Gericht, daß er gerade am Tage seiner Verhaftung das neunte schwangere Weib habe ermorden wollen, wie er das schon an acht anderen gethan, um ihnen die Frucht aus dem Leibe zu reißen und das Herz derselben roh zu verzehren, damit er „fliegen könne wie ein Vogel". Am Anfange unseres Jahrhunderts noch trieb der „schöne Karl" allen seinen Beischläferinnen die Frucht ab, „um aus dem Fette derselben die sog. Schlaflichter zu machen, bei deren Scheine die Bestohlenen vom Schlummer befallen bleiben" (Band 1. S. 359).

Der volksthümliche Aberglaube erhielt sogar offizielle Geltung. Noch im Jahre 1742, den 24. Dezember, wurde von einer deutschen Regierung ein Edikt erlassen, in welchem den Beamten und Räthen vorgeschrieben ward, in jeder Stadt und jedem Dorfe hölzerne Teller, worauf schon gegessen worden, und die mit näher angegebenen Figuren und Buchstaben an gewissen Tagen und Stunden mit frischer Tinte und neuer Feder beschrieben seien, aufzubewahren und bei Entstehung von Feuersgefahr mit den Worten „im Namen Gottes" ins Feuer zu werfen und, wenn solches dennoch um sich greifen sollte, dies dreimal zu wiederholen, worauf das Feuer gedämpft werden würde!!

Aber auch in den Kreisen der „gebildeten" Stände dauerte im achtzehnten Jahrhundert, trotz aller dasselbe theilweise beherrschenden Aufklärung, der krasseste Aberglaube fort. Denn wie die Aufklärung jener Zeit, welche keineswegs aus wissenschaftlicher Forschung entsprang, keinen andern Grund hatte, als den der Mode, so forderte diese allmächtige Gebieterin auch eine gewisse Hingabe an die räthselhaften Mächte der Finsterniß und des Wahns. Das Eine wie das Andere reizte die Neugierde und die Sucht nach dem Geheimnißvollen und beide gingen daher oft sogar in denselben Köpfen Hand in Hand. So kam es, daß Swedenborg, Saint-Germain, Cagliostro und Mesmer Zeitgenossen eines Voltaire, Rousseau, Lessing und Kant waren, und daß Männer wie Lavater, Mendelssohn und Hamann mit Vertretern beider Extreme in der innigsten Verbindung standen.

Die von uns im ersten Bande geschilderten Formen des Aberglaubens, wie die Astrologie, Alchemie, Chiromantie, Nekromantie u. s. w. waren theils erloschen, theils im Erlöschen begriffen, und die Mode setzte andere an ihre Stelle, weil die Geheimnißsüchtigen stets wieder neuer Nahrung bedürfen. So treffen wir daher in unserer Periode die Wiedererstehung der alten Kabbala, den Uebergang der Alchemie in die Form der Rosenkreuzerei, die Physiognomik, Kraniostopie, den sog. thierischen Magnetismus, die Teufelsbannerei, die Geisterseherei und noch manche andere Form des Aberglaubens.

Ein Beispiel des Wiederauflebens der Kabbala kennen wir aus dem Leben der Gräfin von Cosel, gewesenen Mätresse des Königs August II. von Polen, seit ihrer Entfernung vom Hofe. In ihrem Gefängnisse auf dem Schlosse Stolpen und während ihres spätern freiwilligen Aufenthaltes daselbst trat sie in so fleißigen Verkehr mit Juden, daß man glaubte, sie sei selbst zum Judenthum übergetreten. Es geschah dies jedoch blos zu kabbalistischen Zwecken. Sie vertiefte sich in die heiligen Bücher der Juden, welche sie für sich durch Orientalisten in's Deutsche übersetzen ließ. Ja sie fand ein Vergnügen daran, die Kleidung eines jüdischen Hohenpriesters aus dem alten Testament zu tragen. Indessen hatte diese Beschäftigung doch zur Folge, daß sie dem Christenthum abgeneigt wurde und gegen dasselbe sich geringschätzig äußerte.

Ein anderer Kabbalist war der in der Mitte des achtzehnten Jahrhunderts lebende Franzose Duchanteau. Er trat förmlich zum Judenthum über, indem er sich zu Amsterdam beschneiden ließ. Da ihn jedoch die Kabbala nicht recht befriedigte, warf er sich auf die Aufsuchung des „Steins der Weisen". Durch seine Grübeleien kam er auf die Idee, derselbe sei zu finden, wenn man sich ganz nackt in ein Zimmer einschließen lasse, darin ohne Speise und Trank vierzig Tage lang bleibe und in dieser Situation fortwährend — seinen Urin trinke, d. h., nach seiner mystischen Ausdrucksweise, das „Untere mit dem Obern" verbinde. Gleichgesinnte „Brüder" beobachteten ihn, als er diese Operation unternahm. „In den ersten Tagen litt er heftig Hunger und brennenden Durst; nach und nach aber reinigte und verdickte sich sein Urin und von da an minderte sich seine Pein. Dagegen erhöhten sich seine geistigen Kräfte oder wurden aufgeregter; er wurde täglich heiterer, geistreicher, beredter; das Erstaunlichste aber wäre, wenn sich, wie versichert wird, auch seine Körperkraft auffallend vermehrt hätte." Darin witterten die „Brüder" jedoch bald ein Fieber, bekamen Gewissensbisse und veranlaßten ihn, am sechsundzwanzigsten Tage seiner Hungerkur, das Experiment aufzugeben. Der letzte Urin, der von ganz merkwürdiger, andern Orts genau beschriebener Eigenschaft gewesen sein soll, wurde aufbewahrt! Duchanteau aber aß und trank am Abend des sechsundzwanzigsten Tages so viel als seine sechs Tischgenossen zusammen, ohne davon üble Folgen zu verspüren! Einen zweiten Versuch brachte er blos bis zum sechzehnten Tage und starb bald darauf an Entkräftung.

Aehnlichen Unsinn trieb der Genfer Revolutionär Etienne Clavières (s. Geschichte des Schweizervolkes vom Verfasser d. B., Bd. III. S. 14). Nach seiner Flucht aus Genf lebte er zuerst in England, wo ihm die

Regierung Ländereien zur Errichtung eines neuen Genf abtreten wollte, nach Ausbruch der französischen Revolution aber in Paris, wo er 1792 Mitglied des girondistischen Ministeriums war und sich nach dem Sturze dieser Partei 1793 im Gefängnisse mit einem Messer tödtete. Bevor er Minister geworden, suchte er in Paris den Stein der Weisen. Nach seiner Ansicht brauchte man dazu einen reinen Jüngling und eine reine Jungfrau, welche unter besonderer Konstellation verheiratet wurden. War ihr erstes Kind ein Knabe, so sollte man denselben gleich bei der Geburt in einen gläsernen Recipienten stecken, diesen in eine Retorte bringen und das Kind „am Feuer calciniren" (!). Letzteres würde sich dann nach vielfachen Verwickelten, den zwölf Arbeiten des Herkules entsprechenden (!) Processen in einen Stoff verwandeln, der zugleich Universalmedicin und Stein der Weisen wäre! Eine gewisse Fürstin im Auslande und ihr Minister sollen beabsichtigt haben, dieses Experiment auszuführen, von dessen Schwierigkeiten aber abgeschreckt worden sein!

Zu diesen Erscheinungen paßt die Thatsache, daß damals, nicht etwa blos im Scherze, sondern im Ernste, Schriften das Tageslicht erblickten, wie folgende: Christian Franz Paullini gab 1698 zu Frankfurt am Main heraus: Flagellum salutis, das ist: curiense Erzählung, wie mit Schlägen (!) allerhand schwere, langweilige und fast unheilbare Krankheiten curiret worden u. s. w. Nach einer allerdings humoristischen Einleitung werden, mit dem ganzen Aufwande damaliger medicinischer Gelehrsamkeit, sämmtliche Krankheiten, von der Melancholie bis zur Impotenz, nach dieser sämmtliche Fieber behandelt und ihre Heilbarkeit durch Schläge bewiesen — Im Jahr 1717 erschienen zu Hamburg Friedrich Eberhard Richter's Beweisgründe über die günstige Einwirkung der Musik auch auf Krankheiten. 1753 folgte, ohne Ortsangabe, „in der alten Knaben Buchdruckerei": der wieder lebende Hermippus oder curiense physikalisch-medizinische Abhandlung von der seltenen Art, sein Leben durch das Anhauchen junger Mägdchen bis auf 115. Jahr zu verlängern u. s. w. von Johann Heinrich Cohausen, Med. Dr., Senior der Münsterischen Leibärzte ein Büchlein voll Auskramung bedeutender philologischer Kenntnisse.

B. Dunkelmänner und Wanderärzte.

Wir gelangen zu einer bunten Gruppe von Leuten, welche das Gemeinsame haben, daß sie der Aufklärung feindlich gegenüberstanden und sie zu hemmen suchten und daß sie dazu den Beruf des Arztes, sei es am Leibe oder an der Seele, benutzten, ohne daß im Ganzen bei ihnen genau zu unterscheiden wäre, ob überhaupt und wo der Selbstbetrug aufhörte und der Betrug an Anderen anfing.

Zuerst führen wir unter Denselben den niederländischen Arzt Johann Baptist van Helmont auf, welcher aus adeliger Familie 1577 zu Brüssel geboren war. Schon im siebenzehnten Jahre hatte er absolvirt, was man damals Philosophie nannte und bereits auch in die Medicin gepfuscht. Er wandte jedoch, durch das Studiren ermüdet und durch seine adeligen Verwandten davon abgemahnt, bald seine Vorliebe der Schwärmerei zu, faßte eine Abneigung, ja sogar einen völligen Haß, gegen die Wissenschaften, nahm eine mystisch-religiöse Richtung an und verlegte sich, nach einem Traum, in welchem er sich selbst als eine von der Erde bis zum Himmel reichende Wasserblase erschien, unter welcher ein Abgrund gähnte und über welcher ein Sarg thronte, — auf das Beten. Ueber alle Dinge suchte er die vermißten Aufschlüsse — im Traume. Nachdem er seine Bücher weggegeben und Reisen gemacht, begann er dann, ohne Rücksicht auf Wissenschaft und Erfahrung, an der Hand von Träumen und Visionen, Arzneimittel zu bereiten, mit denen er Arme umsonst, Reiche aber um den zehnfachen Werth derselben behandelte. Von dem feurigen Wunsche erfaßt, seine eigene verrückte Seele zu erblicken, sah er in einem Traume einen Schein derselben durch eine Ritze, nach dreiundzwanzigjährigem Grübeln über diesen Traum aber seine Seele selbst, in menschlicher Gestalt, aber — ohne geschlechtliche Kennzeichen. Die Bekanntmachung dieser Tollheiten verschaffte ihm ungeheuern Zulauf von Patienten, und das war, was er wollte. Er selbst behauptete, Solcher jährlich „etliche Myriaden" zu kuriren. Aus Kröten und dem, was diese erbrachen, wenn man sie aufhängte, behauptete er Mittel gegen die Pest zu bereiten, an welcher nichtsdestoweniger mehrere seiner Kinder starben, während ein Kind und seine Frau durch Gift umgekommen sein sollen. Er selbst starb, arm geworden, wahrscheinlich durch seine Experimente, am Ende des Jahres 1644 am Seitenstechen, das er nicht kuriren konnte. Seine Werke zeugen von fabelhafter Unwissenheit in den Naturwissenschaften. Er will in einem Walde einen langen schwarzen Kasten mit einer Flamme auf dem Rücken herumhüpfen gesehen haben, worauf ein Platzregen erfolgte, behauptete, daß der Donner stets übernatürliche Ursachen habe, daß ein Blitzstrahl in einem ganzen Walde sämmtliche Bäume gewisser Arten in Brand stecken, andere Arten aber verschonen, daß ein solcher einen Kirchthurm unter die Erde drücken könne, daß die Fische verwandeltes Wasser seien und sich wieder in Wasser verwandeln lassen, was auch mit allen anderen Dingen der Fall sei, daß sich der Salpeter in Erde und jeder feste Körper in ein Salz verwandeln lasse, daß das Vitriolöl durch Berührung des Quecksilbers zu Alaun werde, daß er alle Metalle in Gold verwandeln könne u. s. w. Er hielt alle Dinge in der Natur für beseelt und glaubte, jede Seele, welche er Archeus nannte, bestehe aus „Lebensluft" und dem „Samenbilde", baue sich ihren Körper selbst und beschaue eigentlich blos Gott und alle Dinge nur durch ihn. Die Krankheiten entstehen nach ihm dadurch, daß der „Archeus" böse wird, in Wut geräth, Furcht empfindet u. s. w., und die Heilung besteht in seiner Bekänftigung. Und das ist noch lange nicht aller Unsinn, den er producirte.

Nicht gescheuter als er war sein einziger ihn überlebender Sohn, Franz Mercurius van Helmont, 1618 zu Vilvorden geboren. Gleich dem Vater war er ein Feind der Wissenschaft und ein Verehrer des „innern Lichtes". Er soll einst davon gelaufen und mit Zigeunern in der Welt umhergezogen sein. Andern Unterricht, als den verrückten seines Vaters, genoß er nicht und besuchte keine Universität. Im Bestreben, das „innere Schauen" seines Vaters noch zu übertreffen, wandte er sich einem mystischen Pantheismus zu, der voll Dunkelheiten war. In England, das er bereiste, hielt er es mit den Quäkern, in Rom gerieth er in die Hände der Inquisition, die ihn aber als unschädlich entließ. Aus den hebräischen Buchstaben suchte er ein „Naturalphabet" herzustellen, mit welchem man nach seiner Ansicht Taub- und Stummgeborene sprechen lehren konnte. An mehreren deutschen Höfen suchte er Einfluß zu gewinnen, indem er Alchemie trieb, unter Anderm behauptete, aus Lehm und Schwefel Eisen fertigen zu können, auch mit der Kabbala sich abgab und wahnsinnige Bücher schrieb. Zwar verwarf er die Dreieinigkeit, nahm aber Christus als ein Mittelwesen zwischen Gott und Menschen an, hielt alle Körper für beseelt, aber auch alle Seelen wieder für körperlich, dichtete eine eigene Schöpfungs- geschichte, als ob er dabei gewesen wäre, wußte genau, daß es sieben Welten gebe, deren jede siebentausend Jahre daure, von denen das letzte Tausend der Sabbath der Welt sei, daß am Ende der siebenten Welt oder nach fünfzigtausend Jahren alle Wesen selig werden, auch wenn sie vorher in der Hölle gewesen, die größten Sünder ausgenommen, welchen jenes Glück erst nach 365,000 Jahren begegnen würde. Auf das Jahr 1732 sagte er die allgemeine Bekehrung der Heiden, auf das Jahr 1777 die der Juden, auf das Jahr 3003 das Ende unserer Welt voraus u. s. w. Die Lichter des Himmels theilte er in warme Tag- und kalte Nachtlichter, und erklärte den Hagel im Sommer durch deren Zusammenwirken. Hitze und Kälte nannte er Geister; denn da die Asche verbrannten Holzes weniger umfangreich als dieses sei, so müsse das Übrige als Geist davon geflogen sein! Dies als kleine Probe seiner Verrücktheiten, deren er auch in der Medicin manche lieferte! Nach unstetem Leben, das er meist auf Reisen zu Fuß verbrachte, wobei er sehr mäßig lebte, starb er 1699 zu Berlin.

Weniger als die beiden Helmont der Schwärmerei und mehr dem be- rechneten Betruge ergeben war der abenteuernde Chemiker Johann Rudolf Glauber, welcher zwischen 1603 und 1605 in Franken, wahrscheinlich zu Karlstadt, geboren war. Er erhielt keinen andern Unterricht als in Apotheken und alchemistischen Laboratorien. Er ließ sich an mehreren Höfen zu dem grassirenden Goldmacherwahn gebrauchen und behauptete, im Jahre 1630 durch eine göttliche Offenbarung im Traume die Andeutung zu der Entdeckung des sogenannten Metallgeistes erhalten zu haben, den er dreißig Jahre später erfunden haben will. Als er indessen sah, daß die Goldmacherei ihn blos stets ärmer und kränker mache, entschloß er sich, nur mehr deren praktischeste Seite zu betreiben. Er ließ sich als Chemiker in einem großen Hause zu Amsterdam nieder und braute Arzneien, die er mit großem Lärm feilbot und durch seine gleichzeitigen zahlreichen Schriften empfahl, deren Zubereitung er aber als Geheimniß bewahrte. Verschwendung jedoch stürzte ihn in Schulden und vertrieb ihn aus seinem Hause. Da suchte er sich durch die angebliche Erfindung der Goldtinktur zu helfen, sowie durch Universalmedicinen, die noch überdies zu allen möglichen technischen Arbeiten dienen sollten. Er behauptete, Wein und Bier concentriren und wieder in die alte Gestalt verwandeln, Salpeter aus Holz sieden, Gold aus Salz und Seewasser schmelzen zu können, und Anderes, was er unter dem Titel „die Wohlfahrt Deutschlands" 1656 bis 1661 veröffentlichte. Die, welche ihm nicht glaubten, namentlich als er das noch jetzt so genannte Glaubersalz erfand, das alle Körper auflösen und verbranntes Holz wieder grün machen sollte, nannte er in seinen Schriften Narren, welche Narren blieben, wenn ihnen schon alle Professoren und Doktoren auf den langen Ohren säßen! Als Alles nicht die gehoffte Wirkung hatte, warf er der undankbaren Welt den Sack vor die Thüre (1659), und erklärte, nicht länger die Perlen vor die Schweine werfen zu wollen. Er hielt jedoch nicht Wort, sondern erfand das „feurige Wasser", welches das Pulver an Wirkung übertreffen würde und das er daher für die Türkenkriege anpries. Seine chemischen Experimente untergruben indessen seine Gesundheit; seit 1660 wurde er halb lahm, was ihn jedoch nicht an fortwährenden schriftlichen Aufschneidereien und Marktschreiereien hinderte, bis er endlich, beinahe ganz arm geworden, 1670 in Amsterdam starb. Seiner Schriften sind 32 an der Zahl.

Ein ganz ähnlicher Charlatan wie Glauber und ein Gegenstück zu ihm war sein Zeitgenosse Johann Joachim Becher, wahrscheinlich zwischen 1622 und 1625 zu Speier geboren. Seine Erziehung wurde vernachlässigt; er war Autodidakt, beschäftigte sich nacheinander mit den verschiedensten Wissenschaften und führte ein unstetes Leben auf Reisen durch mehrere Länder Europas von Italien bis Schweden. An Höfen spielte er den Alchemisten. Um 1658 wurde er in Mainz Doktor der Medicin und katholisch, letzteres um einer reichen Heirat und Ehrenstelle willen, die er am kurfürstlichen Hofe erhielt. Er bot seine chemischen Entdeckungen marktschreierisch aus und trat mit verschiedenen technischen Projekten hervor, wollte auch ein Perpetuum mobile erfunden haben und bethätigte sich an dem von dem unternehmenden Kurfürsten (von Schönborn) begünstigten Plane eines Donau-Rhein-Kanals. Daneben beschäftigte er sich auch mit einer neuen Polizeiordnung und mit einer allgemeinen Sprache und Schrift, brachte jedoch in letzterer Beziehung nur ein Lexikon mehrerer

Sprachen zu Stande, welches die verschiedenen Wörter mit Zahlen bezeichnete. Er erhielt daher die von dem Kurfürsten auf diese „Entdeckung" gesetzte Belohnung nicht, sondern wurde blos zur Tafel geladen, worüber er sich sehr ungehalten zeigte und seine Entdeckung mehr ohne Vorausbezahlung mitzutheilen drohte. So machte er sich durch seine Aufgeblasenheit unmöglich und beglückte nacheinander mehrere andere deutsche Höfe mit seinen vielen Projekten. In München machte er sich 1665 durch einen Entwurf finanzieller Wohlfahrt des Landes bemerkbar, der aber nur darin bestand, daß der Kurfürst alleiniger Inhaber aller Gewerbe und alles Handels sein sollte. Es folgten großartige Pläne zur Ausbreitung des Seidenbaues, zur Anlegung einer deutschen Kolonie in Guyana, bis er wieder allgemein verhaßt war und seine Projekte dem kaiserlichen Hofe in Wien antrug. Hier führte er nicht zu unterschätzende Verbesserungen ein, z. B. die Kartoffeln, die Fayencefabrikation, die Strumpfwirkerstühle u. s. w.; aber sein Unternehmen einer ostindischen Compagnie endete mit dem Bankerott und seiner Flucht aus Wien. Ähnlich trieb er es an verschiedenen Orten. Die Holländer wußte er so zu blenden, daß sie ihm 1678 zu Harlem ein großes Haus zur Errichtung von Seiden-Maschinen bauten; allein der Schwindel endete wieder schlimm und er versuchte endlich sein Glück in England, wo er Bergwerke auszubeuten vorgab, aber schon 1682 zu London starb. Sein Charakter verband großes Talent mit der weitgehendsten Gewissenlosigkeit; mit der größten Frechheit kramte er die kecksten Lügen aus und kannte keinen andern Beweggrund zum Handeln als den krassesten Eigennutz. Unter seinen 56 Schriften ist die bezeichnendste seine „närrische Weisheit und weise Narrheit oder einhundert so politische als physikalische, mechanische und merkantilische Concepten und Propositionen" (Frankfurt 1682 ff.).

Diesen vielseitigen Schwindlern gegenüber sehen wir im achtzehnten Jahrhundert Leute ganz verschiedenen Charakters auftreten, welche ihre Thätigkeit mehr ganz bestimmten Zweigen des Wissens und Handelns widmeten, ohne jedoch in denselben etwas Anderes als bodenlose Fantastereien in's Leben zu rufen. Als ihr bekanntester Vertreter, zugleich als notorisches Haupt des Kampfes gegen die damalige Aufklärung, und endlich als Repräsentant der Leichtgläubigkeit seiner Zeit, die sogar von offenbaren Gauklern sich bethören und blenden ließ, erscheint uns Johann Kaspar Lavater, im Jahre 1741 aus geachteter Familie zu Zürich geboren*). In seiner Jugend unbehülflich und daher selbst von seinen Eltern zurückgesetzt, gab sich sein Geist nach und nach durch Zeichnen und Bauen kund und entwickelte sich schon früh sein frommer, schwärmerischer Sinn, der ihn im reifern Alter zum Propheten des Glaubens, der herrschenden Aufklärung gegenüber, stempelte. Schon mit zehn Jahren entschloß er sich,

---

*) Bodemann, Friedr. Wilh.; Johann Kaspar Lavater. Gotha 1856.

geistlich zu werden, und vertiefte sich von nun an die Bibel, die nach seiner Anschauung eine solche Seligkeit in ihm hervorrief, wie sie Leibniz, Wolf und Newton nicht bewirken konnten. Er versenkte sich mit Begeisterung in die Art mystischen Christenthums, wie sie aus solcher Einseitigkeit hervorgehen muß, und empfing, nach zurückgelegten Studien, 1762 die kirchliche Weihe. Seine erste That als Geistlicher war jedoch keine theologische, sondern eine politische. Die Ungerechtigkeiten, welche der zürcherische Landvogt Felix Grebel in Grüningen verübte (Schweiz.-Gesch. des Verf. II. S. 602, Note 4), bewogen ihn, ohne Rücksicht auf den hohen Rang desselben, im Vereine mit seinem Freunde und Berufsgenossen Heinrich Füßli, gegen den schlimmen Beamten aufzutreten, den sie ungescheut „Thrann, Bösewicht, Heuchler, Meineidigen" nannten, und dem sie in feurigen Worten mit Rache drohten. Und ihr Beginnen wurde in der That mit Erfolg gekrönt; der Schuldige mußte fliehen und wurde in strenge Strafe verfällt. Nach diesem bereiste Lavater mit Füßli und Felix Heß Deutschland und hielt sich namentlich in Berlin, wo der Mangel an Frömmigkeit ihm zuwider war, und bei dem halbrationalistischen Prediger Spalding in Pommern auf. Mit den berühmtesten Männern der Zeit, mit Gellert, Gleim, Ernesti, Zollikofer, Mendelssohn, Ramler, Klopstock, Michaelis, Köstner und Moser, sowie mit dem berüchtigten Bahrdt, trat Lavater auf dieser Reise in Beziehungen. Nach seiner Rückkehr verheiratete er sich 1766 mit einem anspruchlosen frommen Mädchen und führte ein musterhaftes Hauswesen. In seiner Amtsthätigkeit als Prediger folgte er der bereits angeführten, von ihm angenommenen Richtung, blieb aber dabei nicht ohne Anfechtung. Man warf ihm vorzüglich vor, er predige nur das Evangelium, nicht die Moral. Diese Anschuldigung entsprach ganz dem Geiste der Zeit, welcher die Tendenz befolgte, die Moral der Religion zu substituiren. Da jedoch die Moral allein dies nicht im Stande ist, sondern blos ihre innige Verbindung mit Kunst und Wissenschaft, so verfielen die moralisirenden Rationalisten der Zeit in die Verirrung, in ihren Volksbelehrungen auf der Kanzel platte, alltägliche, füglich der Presse und der Selbsterfahrung zu überlassende Dinge zu behandeln. Dürfen wir den Angaben streng religiöser und daher befangener Zeugen glauben, so kam es damals vor, daß man am Christtage an die Krippe Betrachtungen über die Stallfütterung (?!), am Charfreitage über den Werth des hinterlassenen Bildes eines Verstorbenen für die Familie, an Ostern über das Frühaufstehen oder die Gespensterfurcht, an Pfingsten über die Gewitter, bei Anlaß der Heilung des Mondsüchtigen über den — Mondschein predigte, ja daß sogar Studenten der Theologie bei dieser Funktion sich der Burschensprache bedienten!

Lavater vertrat dieser Verflachung gegenüber jedoch nicht die starre Orthodoxie, sondern ein „innerlich lebendiges Christenthum", welches demjenigen der Pietisten und Herrnhuter am nächsten kommen mochte, im

Gegensätze zu ihnen aber und zu anderen Sekten, welche an Christus blos seine Lehren, Wunder, Gottheit u. s. w. verehrten, die Absicht betonte, den ganzen ungetheilten Christus zu bekommen und dabei die stete Fortdauer der Gaben der Weissagung und Wunderwirkung behauptete. Er berücksichtigte stets die Zeitverhältnisse und knüpfte an dieselben in dichterischer und hinreißender Sprache seine Belehrungen und Warnungen. Diese imponirten und wirkten stets in bedeutendem Maße; denn ihnen stand in dem Wesen und in der Ausdrucksweise des Redners ein Hülfsmittel zur Seite, das einzunehmen und zu gewinnen nie verfehlte. Lavaters Persönlichkeit war höchst liebenswürdig. Alle Zeitgenossen schildern seine Erscheinung als höchst ideal, die Enthusiasten und Schwärmer als „überirdisch, himmlisch, göttlich." Sein Blick war liebevoll, seine Gesichtsfarbe blaß, sein Bau zart und schlank, seine Haltung edel und demüthig zugleich, sein Gang schwebend. Nicht nur Mystiker wie Hamann und Jacobi, und Dichter wie Herder und Goethe waren von ihm entzückt; es waren dieß auch der nüchterne Zimmermann, der aufgeklärte Reinhold, der frivole Wieland. Er war leutselig und freundlich mit Jedermann und namentlich kein weltscheuer Feind der Freude und des Vergnügens, besonders aber ein unermüdlicher Freund und Tröster der Armen und Kranken. Sowol durch seine damals in ihrer Art einzigen Predigten, als noch mehr durch seine religiösen Schriften, theils in prosaischem, theils in poetischem Gewande, aber stets mit mystisch-sentimentaler Färbung, welche eine starke Verbreitung fanden*), errang er sich einen weitausgebreiteten Ruf. — Von Nah und Fern wallfahrtete man zu seinem bescheidenen Pfarrhause, die berühmtesten Männer und Frauen des Jahrhunderts, Glieder des höchsten Adels, selbst Fürsten und Fürstinnen. Auch berief man ihn oft auswärts, um ihn über religiöse Angelegenheiten zu berathen. Seine Korrespondenz war daher sehr ausgedehnt; einst soll er über fünfhundert Briefe zu beantworten gehabt haben. Und all dieses war schon in den dreißiger Jahren seines Lebens der Fall: Einen Ruf nach Bremen (1786) lehnte er auf die Bitte seiner zürcherischen Gemeinde zu St. Peter ab. Die Reise, welche er bald darauf durch Deutschland unternahm, glich einem Triumphzuge. Seine anfängliche Bescheidenheit ist durch solche Erfolge, und wurde nach und nach durch eine nicht unbeträchtliche Eitelkeit verdrängt, die ihn zu schroffem, oft leidenschaftlichem Kampfe gegen die Aufklärung trieb, worin ihn sein ungeschlachter Landsmann und College Pfenninger, sowie drei Nichttheologen, der nordische Magus Hamann, der Wandsbecker bote Claudius und der Geisterseher Jung-Stilling unterstützten, indem sie kämpften wie die heutigen Frommen, d. h. stets von unbewiesenen Voraus-

*) Zu den letzteren gehört die „Messiade", zu den ersteren aber namentlich: Pontius Pilatus oder die Bibel im Kleinen, Handbibliothek für Leidende, Handbibliothek für Freunde, Geheimes Tagebuch eines Beobachters seiner selbst, Nathanael oder die Göttlichkeit des Christenthums u. s. w.

jehungen (z. B. der Offenbarung, der Gottheit Christi u. f. w.) ausdrückten.
Eine gemüthliche Seite Lavaters als dieses aufklärungsfeindlichen Wirksamkeit ist seine Freundschaft zu Menschen, die gar nicht seinem theologischen
Gesichtskreise angehörten, wie z. B. Goethe und Basedow, deren Zusammentreffen mit ihm auf einer Baderreise zu Lust der Ersten in seiner bekannten
drastischen Weise schildert:

     Prophete rechts, Prophete links,
     Das Weltkind in der Mitten.

Lavaters „besserer Mensch" war gar gut, tolerant und herzlich. Je mehr
aber der Theolog diesen bessern Menschen überwucherte, desto mehr klüfteten
auch jene und andere Freundschaften auseinander, so daß Goethe nach und
nach den Zürcher Propheten immer härter beurtheilte und am Ende sogar
spotten konnte:

  „Schade, daß die Natur nur einen Menschen aus dir schuf;
  Denn zum würdigen Mann war und zum Schelmen der Stoff!"

Sonderbar und zum Verdachte mangelnder Lauterkeit führend waren allerdings Lavaters Beziehungen zu den Betrügern Gaßner und Cagliostro und zu
dem mindestens zweideutigen Mesmer, und die begeisterte Anerkennung, die
er Diesem zollte, indem er den genannten italienischen Abenteurer einen
Mann nannte, wie die Natur nur alle Jahrhunderte Einen forme! (Sein
Verhältniß zu Mesmer und Gaßner werden wir später besprechen.) Ebenso
förderten die Huldigungen, die ihm auf seinen Reisen von den Frommen
allerwärts dargebracht wurden, zu der stark verbreiteten Meinung heraus,
daß er an der Spitze einer zahlreichen, im Dunkeln wirkenden Sekte stehe.
Er wurde daher mannigfach verkannt und verleumdet, ein Pietist, Obskurant,
Kryptokatholik, sogar Jesuit gescholten. Dazu mußte sogar ein Krucifix
dienen, das er in seinem Zimmer hatte, und das Käppchen, das er trug;
ja aus einem Kranze von Rosen machte man einen — Rosenkranz. Allerdings verurtheilte er den katholischen Kultus nicht, sondern hob dessen berechtigte Seite hervor, stand mit dem katholischen Theologen Sailer
in vertrauten Beziehungen und schrieb an Stolberg nach dessen Übertritt
einen keineswegs mißbilligenden, ja sogar ermunternden Brief, in welchem
er aber auch die Inquisition in entschiedenen Worten verdammte.

War auch in dieser Toleranz ein gesunder, wenngleich ziemlich ver-
hüllter Kern, so liegt ein solcher noch offener in seinem patriotischen
Wirken, das er in seiner Theilnahme an der „helvetischen Gesellschaft" an
den Tag legte, in welcher auch seine volksthümlichen und kräftigen, wenn
schon des ästhetischen Schliffs ermangelnden „Schweizerlieder" entstanden.
Ja er schwärmte sogar für den Beginn der französischen Revolution.
Desto entrüsteter aber äußerte er sich über die nachfolgende Schreckensherrschaft und ebenso über die Vergewaltigung und Ausplünderung der Schweiz
durch Frankreich im Jahre 1798, und erließ ein flammendes Manifest an
das französische Direktorium über dessen Unterdrückungs- und Raubsucht

gegenüber der Schweiz, das in hunderttausend Exemplaren verbreitet wurde. Die Franzosen verlangten wütend seine Bestrafung, die aber die helvetische Regierung zu unterlassen den Mut hatte. Als jedoch Lavater sich für die wegen angeblicher Verbindung mit Österreich deportirten Zürcher verwendete und gegen die herrschende Tyrannei predigte, wurde er in Baden, wo er die Kur benutzte, ergriffen und nach Basel gebracht. Bald wieder entlassen, da man ihm nichts anhaben konnte, wurde er am 26. September 1799 von einem der nach der siegreichen Schlacht bei Zürich gegen die Russen in diese Stadt einziehenden Franzosen, dem er nicht so viel Geld geben konnte, als derselbe verlangte, in den Leib geschossen, und krankte an dieser Wunde bis zu seinem durch dieselbe herbeigeführten Tode am 2. Januar 1801.

Lavaters für unsern Zweck wichtigste Thätigkeit bilden seine Untersuchungen über die Physiognomik. Er legte sie in einem Prachtwerke von vier Quartbänden nieder, welche 1775 bis 1778 erschienen und den Titel tragen: Physiognomische Fragmente zur Beförderung der Menschenkenntniß und Menschenliebe, sowie darunter das Motto: Gott schuf den Menschen sich zum Bilde! Die Bände sind als „Versuche" bezeichnet und in „Fragmente" mit „Zugaben" eingetheilt. Das Ganze ist daher kein systematisches Werk; bald wird dieser, bald jener physiognomische Gegenstand behandelt, bald nur die zahlreichen beigebundenen Kupferstiche erklärt, welche Silhouetten und Porträts von Menschen, von einzelnen Sinnesorganen und von Thieren enthalten. Den Haupttheil des ersten Bandes bilden die physiognomischen Grundsätze Lavaters; darauf folgen die ins Einzelne gehenden Untersuchungen ohne eine Spur von Anordnung.

Die erste Anregung zum Studium und zur Behandlung der Physiognomik erhielt Lavater durch seine Beschäftigung mit der Zeichnungskunst. Er entwarf Menschenköpfe, Porträts und entdeckte sowol zwischen ihren Gesichts-, als zwischen den Charakterzügen ihrer Träger gewisse Ähnlichkeiten, die ihn zur Erforschung dieser Erscheinungen antrieben.

Fragen wir nach den Ansichten, welche ihn hierin leiteten, so erhalten wir in seinem Werke folgende Auskunft. Mit einem Panegyrikus auf die Schönheit der menschlichen Gestalt beginnend, darauf seine Abneigung gegen Charlatanerie betheuernd und die Veranlassung seiner physiognomischen Studien erzählend, definirt er die Physiognomik als „die Fertigkeit, durch das Äußerliche eines Menschen sein Inneres zu erkennen." Das Äußere und Innere des Menschen stehe, fährt er dann fort, in einem genauen Zusammenhange, und sucht dies an der Hand der damals herrschenden Psychologie nachzuweisen. Er behauptet ferner, daß sowol „alle Gesichter der Menschen, alle Gestalten, alle Geschöpfe nicht nur nach ihren Klassen, Geschlechtern, Arten, sondern auch nach ihrer Individualität verschieden," — als auch, daß „eben so wenig zwei vollkommen ähnliche Gemütscharaktere, als zwei vollkommen ähnliche Gesichter zu finden seien."

Diese äußerliche Eigenthümlichkeit ist, was man Physiognomie nennt, und jeder Mensch beurtheilt unwillkürlich sämmtliche Menschen und Dinge nach ihrer Physiognomie und schließt nach der letzteren auf den innern Werth der ersteren. Diese Beurtheilung ist die Physiognomik, von welcher als eine Abart die Pathognomik, d. h. die Erkennung der vorübergehenden Gemüthszustände (Affekte, Leidenschaften) zu unterscheiden ist. Von der eigentlichen Physiognomik behauptete nun Lavater, daß sie so gut eine Wissenschaft sei als die Physik, als die Arzneikunst, als die Theologie (dies gewiß!), als die „schönen Wissenschaften" (!). Gleich darauf aber verwahrt er sich, daß sie blos Wissenschaft, und verlangt, daß sie auch Gefühl sei. Lavater will also theilweise fühlen, welcher Charakter aus einer Physiognomie spreche, theils darüber wissenschaftliche Regeln aufstellen; er unterscheidet daher zwischen der empirischen Physiognomik, welche auf dem Eindrucke, und der theoretischen, welche auf der Vergleichung und Schlußfolgerung beruht. Und über den ersten Theil dieses Dualismus ist er nicht hinausgekommen. Es ist ihm nicht gelungen, die Physiognomik zu einer Wissenschaft zu erheben, wie es auch niemals Jemanden gelingen wird. Er hat großen Aufwand von Scharfsinn mit Ausbietung aller Kräfte der zeichnenden Kunst verbunden, um zu beweisen, daß „jeder Gedankenzustand, jeder Empfindungszustand der Seele seinen Ausdruck auf dem Gesichte", daß „unähnliche Zustände der Seele nicht ähnliche Ausdrücke des Angesichts und ähnliche Zustände nicht unähnliche Ausdrücke haben." An der Wahrheit dieser Ansicht im Großen und Ganzen hat nie Jemand gezweifelt, aber feste Regeln darüber aufzustellen, hat sich nicht nur als unmöglich, sondern auch als durchaus überflüssig erwiesen. Eine allgemein gültige Physiognomik ist unausführbar und hätte, auch wenn sie ausführbar wäre, keinen Werth; diese angebliche Wissenschaft ist und bleibt Sache des Gefühls und der individuellen Auffassung und verschließt sich aller ernsten und consequenten Forschung. Lavaters Werk ist ein merkwürdiges Denkmal einer unschädlichen, ja sogar in manchen Dingen höchst anziehenden und zu Beobachtungen anregenden Form von Aberglauben, insofern man unter dieser Bezeichnung die Forderung versteht, bloße Gefühle für absolute Wahrheit zu halten; es hat großes Aufsehen erregt und einen erbitterten Kampf zwischen den Anhängern und Gegnern der Physiognomik hervorgerufen; aber es blieb ohne Einwirkung auf die Nachwelt, ohne Nachfolger und beharrliche Jünger, und seine Bemühungen sind spurlos verschwunden und vergessen. Die Physiognomik ist Schwärmerei geblieben und hat es niemals auch nur zu einer einzigen festen und zuverlässigen Regel gebracht. Und so ist denn auch Lavaters vierbändiges Buch ein lyrisch-didaktisches Gedicht mit großen Schönheiten, obschon der Stil mehr schwülstig als poetisch, — aber kein wissenschaftliches Werk, denn es wird schwerlich zwei Menschen geben, welche die von Lavater aufgeworfenen physiognomischen Fragen nach den Eigenschaften seiner

Charakterköpfe in völliger Übereinstimmung unter sich und mit dem Frager beantworten. Lavater meinte es ernst und heilig, wollte ein Prophet seiner Lehre sein; mit rhetorischem und poetischem Feuer trug er seine Gedanken vor, und Tausende jubelten ihm zu; aber auf seinem Fundamente weiter zu bauen war unmöglich; denn es zerfiel bei der leisesten Berührung in Sand.

Lavaters physiognomische Bestrebungen, die in der Sache eigentlich nichts Neues waren, sondern blos in der Form und in dem darauf verwendeten Fleiße, fanden höchst verschiedene Beurtheilung. Auf der einen Seite wurden sie in den Himmel erhoben, auf der andern verhöhnt und vernichtet. In ersterer Beziehung anerkannte Goethe der Physiognomik Verdienste um die Kunst, Zimmermann des Verfassers Scharfsinn, Wieland und Herder die darin liegenden Wahrheiten, und Jacobi schwärmte für die neue „Offenbarung", ohne daß jedoch Einer von ihnen an eine wissenschaftliche Zukunft derselben glaubte.

Zur Verspottung seiner „Wissenschaft" hat Lavater selbst die erste Veranlassung gegeben, indem er dieselbe auch auf die Thiere ausdehnte, wo sie nothwendig komisch wirken mußte. Er bildete selbst Schlangenköpfe ab und erkannte daraus in seiner biblischen Gläubigkeit, daß sie „gebildet seien, in die Ferse zu stechen und zertreten zu werden!" „Das Urtheil Gottes sei ihnen auf die platte, kraftlose Stirne geschrieben". u. s. w. Ja er verirrte sich sogar bis zu den Insekten, aus deren Gestalt er ihren Charakter erkennen wollte, indem er vergaß, daß der Zusammenhang zwischen beiden eben nur Produkt des Menschengehirns ist. In gutmüthig-humoristischer Manier spottete Claudius über die Physiognomik. „Das ist 'n Buch, schrieb er in seinem drastisch gedrungenen Stile, wie mir in meiner Praxis noch keins vorgekommen ist. Was da für Gesichter darin stehen! Einige sind rabenschwarz (die Silhouetten), das müssen wol Afrikaner sein. Soviel ich verstanden habe, sieht Herr Lavater den Kopf eines Menschen und sonderlich das Gesicht als eine Tafel an, darauf die Natur in ihrer Sprache geschrieben hat: Allhier logiret in dubio ein hochtrabender Geselle, ein unruhiger Gast, ein Poet, ein Wildbieb, ein großer unruhiger Mann, eine kleine freundliche Seele u. s. w. Es wäre sehr naiv von der Natur, wenn sie so jedwedem Menschen seine Kundschaft an die Nase gehängt hätte, und wenn irgend einer die Kundschaften lesen könnte, mit dem möchte der Henker in Gesellschaft gehen. Darum schämen sich auch einige Leute wol so, schlagen die Augen nieder und mögen einen nicht gerade ansehen . . . . . ." Wirklich war man so sehr auf das physiognomische Kritisiren und sogar Spioniren versessen, daß man beinahe nicht mehr wagte, unmaskirt über die Straße zu gehen. „Silhouetten und Wachsporträts überschwemmten die Wände," und wurden von Jedem, der auf seine Vorzüge neugierig oder eitel war, an Lavater nach Zürich zur Kritik gesandt. Daher setzte Musäus den Spott fort in seinen „physio-

gnomischen Reisen", und **Lichtenberg**, der satirische Opponent gegen
allen Unsinn und alle Schwärmerei jener Zeit, beurtheilte im Göttinger
Almanach in humoristischer Nachahmung von Lavaters bombastischer Ausdrucksweise eine Sammlung von Zöpfen, sowie von Hunde- und Schweine-
schwänzen, die er zu diesem Zwecke zeichnete und in Holz schneiden ließ.
So grenzte das Erhabene an das Lächerliche! Umsonst schmähte und
schimpfte der Arzt **Zimmermann**, zugleich Lavaters treuester Schüler
und der vertrackteste Schweifwedler und Weihräucherer vor allen wirklichen
und vermuteten Größen, über diese Profanirung des Göttlichen. Die
Weltgeschichte warf den bestechenden Flitter verächtlich bei Seite.

Gewissermaßen eine Verknöcherung und Firirung der Physiognomik
erblicken wir in der beinahe gleichzeitigen Lehre des Franz Jos. **Gall**, geboren 1758 zu Tiefenbrunn, daß das Gehirn kein einheitliches, sondern
ein in verschiedene Theile mit verschiedenen Fähigkeiten zerfallendes sei,
deren Gall einige über dreißig zählte, die dem Menschen nach seiner Ansicht angeboren sein und sich in Erhöhungen der Hirnschale ausprägen
sollen, z. B. der Zerstörungstrieb gerade über dem Ohre, der Verheim-
lichungstrieb gerade über dem vorigen, der Trieb der Selbstachtung am
Hinterhaupte, der Religiosität auf dem Scheitel, der Hoffnung zu beiden
Seiten desselben, der Idealität rechts und links oben an der Stirne, der
Größen-, Gewichts-, Farben-, Ordnungs- und Zahlensinn von innen nach
außen in beiden Augenhöhlen, der Sprachsinn zu hinterst in denselben u. s. w. Diese Kraniologie oder Schädellehre, jetzt Phrenologie
genannt und den Anspruch erhebend, die gesammte Psychologie in sich zu
fassen, wurde von Gall zu Wien in öffentlichen Vorträgen gelehrt, welche
die Regierung überwachte, und dann nach Paris verpflanzt, wo er 1828
starb, nachdem er mehrere Werke in französischer Sprache geschrieben. Sein
erster Schüler von Bedeutung war Kaspar **Spurzheim**, geboren 1776
bei Trier, welcher die Schädellehre nach England brachte und nach Abfassung mehrerer französischer und englischer Schriften 1832 starb. Erst
in neuerer Zeit hat die Phrenologie größere Ausdehnung erlangt doch
ohne sich allgemein geltend machen zu können, da ihre Behauptungen
wissenschaftlich nicht nachweisbar sind, was schon daraus hervorgeht, daß
den Erhöhungen des Schädels keine inneren Vertiefungen entsprechen.

Einem schädlichern, weil das Gehirn in bedenklicher Weise um-
nebelnden, von ernstem Schaffen und Forschen abhaltenden, in das Gebiet
des Unschönen und Verzerrten übergreifenden Aberglauben, als die heitere
und mit dem Schönen im Bunde stehende Physiognomik und die dasselbe
wenigstens nicht störende Schädellehre, treffen wir in dem sogenannten
thierischen Magnetismus des Franz Anton **Mesmer**. Dieser
Mann, der es weiter gebracht, als Lavater, nämlich bis zu einer noch in
unseren Tagen fortgaukelnden und fortschwindelnden Schule, und den die
Freunde des Fortschrittes für einen ebenso großen Betrüger halten, wie

seine Anhänger für einen Heiligen, für einen zweiten Platon*), — wurde 1734 zu Ignang im Amte Radolfzell am Bodensee geboren und blieb, seine Jugend in der freien Natur zubringend, wie sein Biograph und Schüler Justinus Kerner meint, in sich jene Kraft aus, die ihn angeblich befähigte, in dem in seiner Nähe der Aber entnommenen Blute Veränderungen oder mit seiner Hand in den Körpern der Menschen besondere Empfindungen hervorzurufen. Nach vollendeten Studien wurde er 1766 zu Wien Doktor der Medicin und verheiratete sich dort mit einer Witwe, von der er sich später wegen ihrer Verschwendung scheiden ließ. Seit dem Jahre 1772 suchte er den Magnetismus und die Elektrizität zu Heilungen zu benützen, glaubte aber schon ein Jahr darauf, daß er „ohne Berührung des Magnets mit seiner bloßen Hand viel kräftiger auf den Organismus einwirke," indem er eine Kraft annahm, welche „das All durchdringe und alle Körper verbinde", und welche sich sowol im Magneten, als im Menschen befinde! Diese angebliche Entdeckung nannte er den t h i e r i s c h e n M a g n e t i s m u s und machte darauf Anspruch, denselben zu einer Wissenschaft zu erheben. Er begann durch Heilungen von Krankheiten mittels Streichens der Hand über den kranken Körper Aufsehen zu erregen, und vervollkommnete sich noch mehr in diesem Schwindel, dem die Wundersucht seiner Zeitgenossen bereitwillig entgegenkam. Man glaubte in seiner Gegenwart krankhafte Gefühle zu haben, wenn er aufsah, schläfrig zu werden, Kranke geriethen in Convulsionen und warfen Schleim aus, wenn er mit dem Finger auf sie wies, ja sogar wenn eine Mauer zwischen Beiden war und sie einander nicht sehen konnten. Er heilte, wie man annahm, durch Berührung der Ohren die Taubheit. Durch Berührung mit der Hand rief er Übelkeiten, durch Hinwegthun mit derselben das Aufhören solcher herbei. Ja er wirkte sogar durch Hinweisen auf das Spiegelbild eines Menschen auf dessen wirklichen Körper ein. Später gebrauchte er indessen statt der bloßen Hand auch ein sogenanntes magnetisches Becken, d. h. ein Gefäß mit sogenannten magnetisirten Körpern, wie Wasser, Glas, Sand, Steinen u. s. w., in welchem der Kranke einen Stab hielt. Die Kranken wurden auch, durch Bildung einer Kette mit den Händen magnetisirt. Man beobachtete an denselben bereits in der ersten Zeit des Auftretens Mesmers, daß sie irre redeten, worin Kerner bereits die Vorboten des später entdeckten Schlafwachens und Hellsehens erblickt. Die Art, wie Mesmer nach seiner eigenen Erzählung zu seinen Ideen kam, kennzeichnet ihn hinlänglich als Fantasten und Schwärmer: „Ein verzehrendes Feuer, sagt er, erfüllte meine Seele. Ich suchte die Wahrheit nicht mehr voll zärtlicher Neigung, ich suchte sie voll der äußersten Unruhe. Felder, Wälder und die entlegensten Einöden galten allein noch

---

*) Justinus Kerner. — Franz Anton Mesmer aus Schwaben, Entdecker des thierischen Magnetismus. Frankfurt a. M. 1856.

Reize für mich. Da fühl' ich mich näher bei der Natur. In der heftigsten Bewegung glaubte ich zuweilen, daß mein von ihren vergeblichen Lockungen ermüdetes Herz sie wild von sich stieße. O Natur, rief ich bei dergleichen Anfällen aus, was willst du von mir? Bald hingegen glaubte ich sie zärtlich zu umarmen oder voll der höchsten Ungeduld zu beschwören, sie möchte doch meine Wünsche erfüllen. Zum Glück hatte meine Heftigkeit in der Stille der Wälder niemand als die Bäume zu Zeugen. Denn wahrlich, ich muß einem Wahnsinnigen sehr ähnlich gesehen haben." Diese Wendung ist bezeichnend.

Mesmer theilte seine Grundsätze, die er in 27 Thesen formulirte, 1775 allen Akademien der Wissenschaften mit, wurde aber von einer derselben kurz abgewiesen, von allen anderen dagegen nicht einmal einer Antwort gewürdigt.

Um von den Grundansichten Mesmers einen Begriff zu geben, führen wir die vier ersten seiner Thesen an:

I. Es findet ein wechselweiser Einfluß unter den Himmelskörpern, der Erde und allen belebten Wesen statt.

II. Eine Flüssigkeit, die allgemein verbreitet und so ausgedehnt ist, daß sie keinen leeren Raum gestattet, deren Feinheit mit Nichts verglichen werden kann, und welche ihrer Natur nach fähig ist, alle Eindrücke der Bewegung anzunehmen, fortzupflanzen und mitzutheilen, ist das Hülfsmittel bei diesem Einfluß.

III. Diese wechselseitige Wirkung ist mechanischen Gesetzen unterworfen, die bis jetzt ganz unbekannt waren.

IV. Aus dieser Thätigkeit entspringen abwechselnde Wirkungen, die man wie Ebbe und Flut betrachten kann. U. s. w.

Diese Lehre stieß sofort auf vielen Widerspruch, und Manche, auf welche der neue Prophet als auf Freunde und Anhänger gerechnet hatte, überschütteten ihn nun mit Angriffen und mit Hohn. Dazu trug namentlich eine Kur bei, die er um jene Zeit vollführte. Ein blindes Mädchen, mit dem Familiennamen Paradies in Wien, das als talentvolle Klavierspielerin von der Kaiserin Maria Theresia beschützt wurde, aber von mehreren Ärzten erfolglos behandelt worden war, soll unter der „magnetischen" Behandlung Mesmers nach und nach sehend geworden sein. Diese Veränderung machte sie aber nicht glücklich, sondern die wechselnden Eindrücke, die sich ihr nun darboten, und die zudringlichen Besuche, die man ihr machte, erzeugten in ihr Schwermut, ja beinahe Verzweiflung; das Klavierspielen wurde ihr in Folge der Zerstreuung ihrer Sinne schwerer. — Nun behaupteten die Gegner Mesmers, es beruhe Alles auf Betrug, die Paradies sei immer noch blind, und ihr Vater wurde selbst gegen Mesmer eingenommen und wollte die Patientin ihm entreißen, wobei sich ein wilder Auftritt entwickelte, in Folge dessen die Patientin wieder blind geworden sein soll. Mesmer will sie, die wegen Krankheit sein Haus nicht verlassen sowie, nochmals zum Sehen gebracht haben; aber der Sohn ihrer Eltern, welche ihrer Blindheit wegen eine Pension von der Kaiserin bezogen und dieselbe zu verlieren fürchteten, entfernte sie von dem Magnetiseur, worauf sie wieder (aber noch?) blind war. Dieser Vorfall bewirkte, daß Mesmer, trotz mancher anderer glücklicher Kuren und trotz seiner Ernennung zum Mitgliede der Akademie, den in Wien ihm drohenden Verfolgungen durch eine Reise entging, die er nach Paris unternahm. Die dortige Akademie wollte jedoch nichts von seiner Lehre wissen. Dagegen ehrten ihn gutmüthige Schwärmer, wie Lafayette u. A., und begünstigten die Errichtung magnetischer Heilanstalten. Die Revolution zerstörte diese und vertrieb ihn. Nach Beendigung dieser Sturmzeit hielt er sich abwechselnd in Frankreich, der Schweiz und Deutschland auf, bis er 1815 zu Meersburg am Bodensee starb. Er war in seiner letzten Zeit sogar als Rathgeber in politischen Fragen benutzt worden. Bezeichnend ist, daß er sich im Schreiben, seitdem er in Frankreich gewesen, meistens der französischen Sprache bediente. Seine Schriften gab Wolfart 1814 in Berlin heraus. Er hinterließ in denselben, wir müssen auch dies sagen, mehrere vernünftige medicinische Lehren, unter andern die, daß das Unterbinden der Nabelschnur vor Lösung der Nachgeburt der Gesundheit des Kindes höchst schädlich sei, ja sogar die Kinderblattern erzeuge, daher erst nach Lösung der Nachgeburt der Strang abgeschnitten werden sollte. Dagegen grenzen die Erzählungen Kerner's von Mesmer's magnetischer Einwirkung auf Thiere, namentlich auf Vögel, die ihm stets nachflogen, an das Fantastische, wenn nicht geradezu an das Lächerliche.

Erst während des Aufenthaltes Mesmer's in Frankreich und durch einen Franzosen entstand jene Weiterentwickelung seines Systems, welche man im Gegensatze zum einfachen Magnetismus den Somnambulismus nennt. Puisegur, so hieß der Erfinder dieser neuen Gattung von Schlafadel, den er namentlich in Straßburg ausbildete, wollte dem Magnetismus nur dann Heilungskraft zuschreiben, wenn sich durch denselben Schlafwachen und „inneres Schauen" kundgab. Mesmer selbst war durch diese Neuerung, welche sich rasch auch nach Deutschland verbreitete, gar nicht erbaut und erklärte sie für einen verderblichen Mißbrauch. Doch war er weit entfernt, den Somnambulismus zu leugnen, den er vielmehr an der Hand einer selbstgemachten unwissenschaftlichen Physiologie in einer verworrenen Weise zu erklären suchte, welche klar zu finden nur einem Justinus Kerner möglich war.

Während jedoch Mesmer den „thierischen Magnetismus", Puisegur aber erst den Somnambulismus als Heilmittel proclamirte, war es unserm Doctor vorbehalten, beiden Erscheinungen die mystisch-religiöse Färbung ihrer Richtung zu ertheilen. Er verehrte „diese von sich gegebene Kraft" als einen „Strahl der Gottheit", als einen „Engelsstern der menschlichen Natur", als ein „Analogon der unendlich vollkommnen Ur-

phetischen Gabe der Bibelmänner", als eine „von der Natur selbst dargebotene Bestätigung der biblischen Divinationsgeschichten" und als Mittel, „die Exaltation zu bewirken". Er stellte unter dem Beistande seines Bruders, welcher Arzt war, selbst Versuche magnetischer Heilung mit seiner Frau an, und die Letztere soll im angeblich magnetischen Schlaf Dinge gewußt und ausgesagt haben, die ihr im Wachen unbekannt waren. Ähnliche Erfolge soll er auch bei anderen Kranken erzielt haben. Auch glaubte er angeblichen Augenzeugen, daß magnetisirte Somnambulen Schriften durch einen dicken Pappendeckel gelesen hätten. Es ist jedoch bezeichnend, daß Lavater von Mesmer sagte, sein Auftreten sei zu „theatralisch", „eigennützig" und „zerstreut" gewesen, und er habe mehr versprochen als geleistet, während hinwieder Mesmer's Bewunderer Kerner Lavatern beschuldigte, den Magnetismus dem wohlfeilen Spotte des Unglaubens und der Unwissenheit ausgesetzt zu haben.

Ein unbedingter Anhänger und Verehrter Mesmer's war unter den Zeitgenossen dagegen Eberhard Gmelin, Arzt zu Heilbronn, welcher seine angeblichen Erfahrungen im Gebiete des thierischen Magnetismus, weil dieser Ausdruck unter den Aufgeklärten sehr verpönt war, unter dem Titel „Materialien zur Anthropologie" herausgab. Ein anderer Jünger des neuen Evangeliums war Wienholt in Bremen, der den thierischen Magnetismus als „besondere Naturkraft" und „ausgezeichnetes Heilmittel" bestätigt fand und in fünfzehn Jahren achtzig Kranke auf diese Weise behandelte, bei denen indessen die Erfolge sehr ungleich waren. Manche der Kranken blieben ohne alle Veränderung und Manche starben eben, wie an anderen Kuren auch. Beide Jünger waren aber sehr undankbar gegen ihren Meister, dessen Namen sie in ihren Schriften fast nie auch nur nannten! Die Blüthezeit des thierischen Magnetismus und Somnambulismus fiel indessen erst, in Verbindung mit der Schelling'schen Philosophie, in die unheilvolle Restaurationsperiode unseres Jahrhunderts; allein trotz aller Bemühungen sogar eines Hufeland, der Professoren Wolfart, Kluge u. A. in Berlin und der Schwärmer Ennemoser, Eschenmayer, Passavant u. A. vermochte er nicht durchzudringen und gerieth endlich in allgemeinen Mißkredit, da es ihm nicht gelungen war, auch nur den Schatten einer wissenschaftlichen Begründung seiner Lehre hervorzubringen und ihm nichts anderes entsprang, als die zwei hirnverwirrenden, krankhaften, bodenlosen Wechselbälge: Ob und Tischrücken, mit welchen wir uns im folgenden Bande beschäftigen werden.

Umgab sich Mesmer's Lehre, wenn schon ein unheimliches, lichtscheues Treiben hervorrufend, doch mit dem Scheine wissenschaftlicher Grundlage, so trat dagegen der rohe plumpe Betrug auf in den Hantierungen seines und Lavater's Zeitgenossen und Geistesverwandten, Josef Gaßner. Geboren 1727 zu Bludenz in Vorarlberg, trat derselbe in den katholischen Priesterstand und wurde Pfarrer zu Klösterle in derselben Landschaft.

Die Praxis der Teufelsbeschwörung an für besessen gehaltenen, d. h. hysterischen oder verrückten Personen, welche nicht selten mit dem Abgange eines Bandwurms endet, war noch im aufgeklärten achtzehnten Jahrhundert durchaus nichts Seltenes; sie wurde vielmehr von Bischöfen beschützt und von den Mönchsorden, besonders aber von den Jesuiten, häufig in Scene gesetzt, wobei es die ärgerlichsten Auftritte absetzte. — Gaßner soll auf diese Industrie durch heftige Kopfschmerzen verfallen sein, welche er, da ihm die Ärzte nicht helfen konnten, dem Teufel zuschrieb und durch Anrufung des Namens Jesu zu heilen glaubte. Von da an verlegte er sich mit Eifer auf den Exorcismus und erzielte, wie man meinte, auch bei anderen Personen Heilungen. Sein Ruf gewann nun eine solche Verbreitung, namentlich seitdem er (1774) zu Kempten seinen „Unterricht wider den Teufel zu streiten" im Drucke herausgegeben, daß er in dem genannten Jahre nach Meersburg, dem damaligen Sitze des Fürstbischofs von Konstanz, berufen wurde. Vom Jubel des Volkes empfangen, behandelte er sofort eine taube Frau, einen blinden Pfarrer, einen lahmen Kaplan und eine „Besessene", aber ohne die drei Ersten zu heilen und ohne zu beweisen, daß die Letztere wirklich besessen war. Als man vielmehr bei einem angeblich mit Parorismus behafteten Mädchen offenbaren Betrug entdeckte, jagte der Bischof den Wunderthäter mit Schimpf und Schande fort, und bewirkte, daß ihn sein Bischof, der von Chur, nach Hause rief. Es ging aber nicht lange, so ließ der Bischof von Regensburg den Teufelsbeschwörer nach Ellwangen kommen. Es entstand ein großer Zulauf dahin. Gaßner rief bei den Kranken, unter denen sich welche aus den höchsten Ständen befanden, Krämpfe hervor und stillte sie durch den bloßen Ausspruch: „Cesset!" Er kommandirte auch im Namen Jesu, daß die Kranken den Verstand sofort verlieren und dann wieder erhalten sollten, und lachte dabei auf die unwürdigste Weise. — Ja er rief in ihnen Zorn und wildes Toben hervor und behandelte sie zugleich auf die roheste Weise. Ein aufmerksamer Augenzeuge, dem wir die Erzählung dieser Fälle verdanken, nahm dabei nichts wahr, als daß der Teufelsbeschwörer die Kunst besaß, die Fantasie des Kranken so zu lenken, daß derselbe that, was Jener wollte. Diese Schaustellungen nannte man in Ellwangen die Gaßner'sche Komödie, und es befanden sich stets viele Zuschauer in derselben, der Adel in vorderster Reihe. Gaßner verhörte die Kranken und befragte sie, wie sie zum Teufel gekommen, worüber sie genaue Auskunft gaben; aber seine Befehle an die bösen Geister wurden gar oft nicht befolgt und setzten ihn dem Gelächter der Ungläubigen aus.

Der Lärm dieser launigen Komödien erfüllte das aufgeklärte Deutschland. Es erschienen eine Masse von Broschüren für und wider den Wunderthäter. Und so konnte es nicht fehlen, daß auch Lavater, der Patriarch der Aufklärungsgelehrten jener Zeit, auf den neuen Propheten aufmerksam wurde. Derselbe hatte schon vorher durch den Glauben Anstoß erregt, den er einer „Prophetin" seiner Heimat schenkte, welche im Rufe stand, durch Gebete Wunder zu wirken, die er dann aber selbst für eine Schwärmerin erklären mußte. Als nun Gaßner auftrat, war Lavater wieder weit entfernt, dessen Treiben für Betrug zu halten. Er trat mit ihm, und mit andern Personen über ihn, in Korrespondenz, wobei es unbegreiflich ist, daß trotz der genannten, von Augenzeugen beobachteten, plumpen Betrügereien, Ärzte unserm Lavater versichern konnten, ihre Patienten seien von Gaßner vollkommen geheilt worden, erklärlicher aber, daß sich der charakterlose Zimmermann hierzu hergab. Nachdem Lavater auch dem Theologen Semler, dem geharnischten Gegner des Teufelsglaubens, die Frage vorgelegt, was von Gaßner zu halten, und die Antwort erlangt, es seien entweder psychologische Vorgänge oder Betrug, was er bewirke, reiste er 1778 selbst nach Augsburg, wo sich der Exorcist damals befand, und wurde, obschon er keine seiner Kuren mit ansah, von der Kraft desselben völlig überzeugt. Freilich glaubte er nicht an Gaßner's Lehre, daß alle Übel vom Teufel herrühren; aber es war ihm dasselbe, den Teufel und die Göttlichkeit der „Schrift" zu leugnen. Gaßner's Ruf nahm indessen schon damals ab, namentlich da er sich sogar erdreistete, Todte auferwecken zu wollen, die aber todt blieben, und mit angeblich besessenen Mädchen unzüchtige Handlungen vornahm. Er starb im Jahre nach dem zuletzt genannten, und war bereits verschollen und vergessen*). Die Erzbischöfe von Prag und Salzburg hatten schon 1776 durch besondere Hirtenbriefe alles Exorciren in ihren Diöcesen verboten.

Eine Teufelsbeschwörerin war auch die Gattin des spanischen Generals Marquis de la Croix, geborene von Jarente, Tochter des Marquis von Sénes. In ihrer Jugend höchst weltlich gestimmt, lebte sie einige Zeit, von ihrem Manne getrennt, als Geliebte des Vicelegaten Aquaviva in Avignon, welches sie vollständig beherrschte, kehrte dann zu ihrem Manne zurück, der Vicekönig von Gallicien wurde, und ging als Witwe nach Lyon, wo eine Krankheit sie plötzlich zu so großer Frömmigkeit bekehrte, daß sie, mit der gewöhnlichen nicht zufrieden, auf den Einfall kam, die Dreieinigkeit enthalte eigentlich vier Personen, deren vierte — Melchisedek sei. Sie begann dann, Krankheiten durch Teufelsaustreibung zu heilen, welche sie durch Gebet, Handauflegen, Weihwasser und Öl zu bewerkstelligen glaubte. Die ausgetriebenen Teufel meinte sie in verschiedenen Gestalten zu sehen, wie z. B. denen chinesischer Pagoden u. s. w., und wollte überdies Erscheinungen ganzer Geisterschaaren, bald in Processionen

---

*) Die aufgedeckten Gaßnerischen Wunderkuren. Aus authentischen Urkunden beleuchtet und durch Augenzeugen bewiesen. 1775. — Lustiges Abentheuer eines geistlichen Don Quixotte Pater Gaßner's Teufelsbeschwörer in Ellwangen. Berlin 1776. — Sammlungen von Briefen und Aufsätzen über die Gaßnerischen und Schröpferischen Geisterbeschwörungen, herausgegeben von Johann Salomo Semler. 2 Bde. Halle 1776.

vom Büßenden, bald in Bällen von Angehörigen verschiedener Jahrhunderte, bald in Feuerwerken gehabt haben. Sie imponirte damit, und vielleicht nicht weniger mit ihrer Schönheit, deren Reste auch das Alter nicht zu tilgen vermochte, sogar ungläubigen Schriftstellern aus dem Kreise der Encyklopädie, welche dann selbst wieder Gespenstererscheinungen hatten! Andere aber merkten ihre schwache Seite, führten sie auf das Eis oder hielten sie zum Besten, indem sie Spukgeschichten veranstalteten und sie zur Beschwörung einluden. Sie scheint in allem Ernste an die Wahrheit ihrer Erscheinungen geglaubt zu haben, denn in allen übrigen Angelegenheiten blieb sie gistreich und war stets liebenswürdig in Gesellschaft und wohlthätig gegen die Armen. Als ein Besessener, den sie beschwor, ihr in voller Gesellschaft alle ihre Sünden vorhielt, antwortete sie mit Thränen bitterer Reue über ihr früheres Leben. Die Revolution hielt sie für ein Werk des Teufels.

Zu ihren Anhängern gehörte der sonderbare Jakob Cazotte, 1720 zu Dijon geboren und bei den Jesuiten erzogen. Er bekleidete ein Amt bei der Marine, dann auf der Insel Martinique, wo er sich ein schönes Vermögen ersparte, dasselbe aber verlor, nachdem er es den Jesuiten zur Aufbewahrung anvertraut hatte. Er lebte hierauf in Paris und stand als Dichter mit den Literatenkreisen in Verbindung. Da er in seiner Novelle „der verliebte Teufel" die Teufelslehre Bodin's (Bd. I, S. 348) benutzt hatte, hielten ihn Wundersüchtige für einen Besitzer geheimer Wissenschaften und brachten ihn in die Gesellschaft der Martinisten, welche ihn vollends zum Mystiker machten. Auf diesen seinen Standpunkt stützt sich denn auch die wunderliche Prophezeiung, welche die Sage ihm in den Mund legte, daß er nämlich im Jahre 1788 in einer lustigen Gesellschaft frivoler Herren und Damen mit Seherworten die Revolution und den blutigen Tod der meisten Anwesenden vorhergesagt habe, und zwar mit allen Spezialitäten, die natürlich erst erzählt wurden, nachdem sie wahr waren. Die Revolution im Allgemeinen vorherzusehen, war in jenem Jahre keine Kunst mehr. Cazotte selbst, dem Septembermord mit Noth entgangen, wurde am 25. September 1792 guillotinirt.

C. Abenteurer und Geisterseher.

An die Teufelsbeschwörer schließen sich zunächst die zur Abwechselung nicht bloß Teufel, sondern allerlei Geister beschwörenden und daneben auch sonst allerlei tolles Zeug treibenden Abenteurer. Wir beginnen die Reihe dieser saubern Patrone mit dem vielgestaltigsten unter ihnen, dem sogenannten Grafen Saint-Germain. Nach den glaubwürdigsten Annahmen war derselbe ein elsässer Jude, Namens Simon Wolff. Andere hielten ihn für einen Marquis von Betmar aus Portugal, wieder Andere für einen Jesuiten Aymar aus Spanien oder für den Sohn des Steuereinnehmers zu San-Germano in Piemont. Er sprach die bedeutendsten europäischen Sprachen mit gleicher Leichtigkeit. Seit dem Jahre 1750 trat er, zuerst unter dem Namen eines Marquis von Montferrat, auf; in Benedig hieß er Graf Bellamare, in Mailand Chevalier Welldone, in Genua Graf Soltikoff, in Deutschland Graf Tzarogy (Anagramm aus Ragotzy), zuletzt überall, namentlich in Frankreich, Graf Saint-Germain. Völlig enträthselt ist er niemals worden, selbst nicht von so scharfblickenden Beobachtern wie Friedrich der Große. Er erlangte sich Zutritt an allen Höfen und mischte sich sogar in die diplomatischen Angelegenheiten, so z. B. arbeitete er am französischen Hofe unter Ludwig XV. der Allianz mit Oesterreich entgegen und ließ sich von seinem Gönner, dem Kriegsminister Graf Belleisle, dem Gegner Choiseul's, nach den Niederlanden senden, um einen Frieden zu unterhandeln. Der dortige, hiermit umgangene französische Gesandte, der Schweizer Affry, bewirkte jedoch, daß Choiseul die Auslieferung des Abenteurers verlangte, der jedoch schnell nach England floh. Während der Revolution, welche Peter III. stürzte und Katharina II. emporhob, war er in Petersburg und soll sich an jenem Ereignisse betheiligt haben. In den siebenziger Jahren hielt er sich als Rathgeber verschiedener Fürsten in Deutschland auf und starb 1780 bei dem Landgrafen Karl von Hessen in Eckernförde. Eigentlichen Schaden hat Saint-Germain, wenigstens scheinbar, nie gestiftet. Er liebte es besonders, glauben zu machen, daß er mehrere hundert Jahre alt sei und vermöge eines Elixires niemals älter zu werden scheine als ungefähr 50 bis 60 Jahre. Doch stellte er keine bestimmten Behauptungen über sein Alter auf, sondern erzählte blos, er habe in diesen und jenen vergangenen Zeiten mit diesem und jenem berühmten Manne gesprochen, z. B. mit Karl V. oder Franz I., und schilderte dann jene Zeit so treu, als hätte er wirklich darin gelebt. Er lebte sehr mäßig, und sein Rath, den er hochstehenden Personen ertheilte, betraf nicht gerade Goldmacherei im ältern Sinne, sondern verschiedene industrielle Recepte und Projekte. Junge Fürsten, wie z. B. den Markgrafen von Ansbach, behandelte er ziemlich wegwerfend.

Der nächste, aber weit gefährlichere Geistesverwandte Saint-Germain's war der mit gleicher Anmaßung den Grafentitel führende Cagliostro. Derselbe hieß von Hause aus Giuseppe Balsamo, war 1743 zu Palermo geboren, wahrscheinlich von jüdischer Abstammung und Sohn eines bankerotten Bandhändlers und nahm den Namen Cagliostro's von dem Gatten seiner Pathin an. Er wurde in einem Kloster erzogen, gewann dort Geschmack an Chemie und Medicin, mußte aber wegen boshafter Streiche fliehen. Er übte sich hierauf sowol im Zeichnen, nicht zu künstlerischen, sondern zu Zwecken der Fälschung, als auch im Raufen und

fachten, gab sich mit Schatzgraben und Kuppeln ab, schwindelte den Leuten
Geld ab und machte falsche Testamente. Dann begab er sich auf Reisen
und besuchte zuerst von Messina aus den Orient. Hier scheint er sich sein
später den Leuten vorgelegene romantische Lebensgeschichte zusammen-
gestoppelt zu haben, nach welcher er in Mekka und Medina erzogen und
in Aegypten in geheimen Wissenschaften ausgebildet worden sein wollte.
Für seinen Stammvater gab er Carl Martell aus (sein mütterlicher Ur-
großvater hieß nämlich Martello). Nach seiner Rückkehr wußte er sich in
Malta als Alchemist bei dem Großmeister einzuschmeicheln und erhielt von
ihm Empfehlungen nach Rom und Neapel. An einem dieser Orte heirathete
er 1770 ein armes aber schönes Dienstmädchen, machte falsche Wechsel,
floh und gelangte über Bergamo, wo er sich für einen preußischen Obersten
ausgab, aber ein noch schlauerer Betrüger ihn bestahl, nach London. Dort
lebte er — von den Reizen seiner Frau und wurde öfter wegen Gaunereien
verhaftet, bis er, wegen Versilberung einer reichen Tochter, fliehen mußte.
Hierauf hielt er sich als Quacksalber in Paris, in den Niederlanden und
in Deutschland auf, besuchte Palermo, wo er wegen seiner alten Streiche
verhaftet, aber von einem durch seine Frau gewonnenen Prinzen mit Gewalt befreit wurde, bereiste in — preußischer Uniform Spanien, wo er
Schönheitswasser, sowie Seide und Gold machte und Kabbala trieb, ließ
sich dann in London als Freimaurer aufnehmen und hielt von nun an bei
verschiedenen Lanzern seine berüchtigten "ägyptischen Logen" ab, in denen
er als "Groß-Kostha" den bestehenden zahlreichen Systemen ein neues
noch schwindelhafteres an die Seite setzte, das er in den Pyramiden Aegyptens
erlernt haben wollte. Unbegreiflicher Weise blendete er alle Welt, worin
ihn freilich seine gewandte Menschenkenntniß unterstützte. Er wußte
genau, wie er sich zu benehmen hatte, und während er in Paris den Bon-
vivant spielte und alle Frivolitäten mitmachte, trat er in den ernsteren
Kreisen Deutschlands als Sittenprediger auf. Materialisten beschäftigte
er ebenso eifrig mit der Verwandlung der Metalle, als Idealisten mit der
Geisterwelt. Obschon sein gesellschaftliches Benehmen ungeschliffen war,
was die Gutmüthigen seinen orientalischen Reisen zuschrieben, verehrte, ja
vergötterte man ihn, trug sein Bild auf Fächern, Ringen und Medaillons,
errichtete ihm Büsten, und viele Freimaurer anerkannten ihn als ihren
Obern. Den Männerlogen gesellte er auch Frauenlogen (sogenannte
Adoptionslogen) bei, in welchen seine Frau den Vorsitz führte. Er gab
nun sogar vor, 150 Jahre alt und der Sohn eines Engels zu sein und
den Engeln gebieten zu können, sowie den Stein der Weisen zu besitzen,
über dessen Erlangung er die unverschämtesten Mährchen auftischte. Nach
einem derselben sollte zu dem angegebenen Zwecke ein Gebäude errichtet
werden, in welchem 13 "Altmeister" mittels Gebet und allerlei Experi-
menten die Unsterblichkeit erlangen könnten. Ein solches Gebäude ließ er
in der That auf einer Anhöhe bei Basel errichten. In seinen Logen be-

— 161 —

nahm er ein herbeigeholtes Kind, das er natürlich vorher unterrichtet hatte, zu Visionen von Engeln u. vergl. Das sogenannte magisch-philosophische System, welches er lehrte, war eine Zusammensetzung unsinniger Phrasen, von denen man nicht begreift, wie sie im Zeitalter der „Aufklärung" imponiren konnten. Moses, Elias und Christus waren nach demselben die drei Hauptvorsteher des Erdballs, von dem sie sich nach höheren Regionen hinaufgeschwungen; sie schufen nun selbst neue Welten und theilten diese Fähigkeit auch ihren „treuen Schülern" mit. Ihre nächsten Untergeordneten waren die unbekannten Oberen der Freimaurer, zu denen Cagliostro selbst gehören wollte, und welche stufenweise die Fähigkeit haben sollten, durch eine geheime Arznei Methusalem's Alter zu erreichen, Gold zu machen, mit Geistern zu verkehren und endlich gleich den Hauptvorstehern zu den Himmel zu fahren. Auch sollten die Wunder der heiligen Schrift immer noch bewirkt werden können. So pflanzte und beförderte der Gaukler überall die Neigung zur Mystik und zum Aberglauben. Er trug zugleich Verehrung der Juden und der — Jesuiten zur Schau und seine geheimnißvolle Chiffre war I. H. S. (das Jesuitenzeichen!). Allein die Tage seines Ruhmes waren gezählt! — In Berlin verrechnete er sich bereits, indem er vorgab, die Siege Friedrich's seien einer Gesellschaft von Magiern in Ägypten, an deren Spitze Alexander der Große stehe, zu verdanken. Man lachte ihn aus. Auch in Petersburg stieß er auf viele Ungläubige, und in Paris wurde er in die berüchtigte „Halsbandgeschichte" (s. Brockhaus, Convers.-Lex., Art. Lamothe) verwickelt, welche, nebst Cagliostro's Schwindeleien, in Goethe's „Groß-Kophta" dramatisch bearbeitet ist. Den dabei in starkem Maße betheiligten Kardinal Rohan und er 1785 ein, bei ihm mit Heinrich IV., Voltaire und Rousseau zu speisen, und mußte einige Zeit in der Bastille zubringen. Ungeachtet der nach seiner Entlassung von seinen Anhängern ihm gefeierten prachtvollen Feste 1786 aus Frankreich verbannt, erließ er aus England ein Schreiben an die Franzosen, in welchem er Zerstörung der Bastille und Aufhebung der Lettres de cachet „prophezeite." In Deutschland entlarvte ihn die Schriftstellerin Elisa von der Recke durch ihren Bericht über seinen Aufenthalt acht Jahre vorher in Mitau*) —, indem sie ihn zugleich als Emissär der Jesuiten anklagte, und nun sah er seines Bleibens nirgends mehr. Umsonst verbreitete er einen neuen Roman über sein Leben**). — Alle Regierungen vertrieben ihn, und als er nun nach Rom kam, bemächtigte sich 1789 die Inquisition seiner und verurtheilte ihn, nicht als Betrüger,

*) Nachricht von des berüchtigten Cagliostro Aufenthalte in Mitau im Jahre 1779, und von dessen dortigen magischen Operationen. Von Charlotte Elisabeth Constantia von der Recke, geb. Gräfin v. Medem. Berlin und Stettin, bei Friedrich Nicolai 1787.
**) Confessions du Comte de C.... avec l'histoire de ses voyages. Au Caire 1787.

Henne, Neuere Kulturgeschichte. II.   11

sondern als Freimaurer zum Tode, worauf jedoch Papst Pius VI. ihn zu lebenslänglichem Kerker begnadigte, in welchem er 1795 starb. Seine Frau war in ein Kloster gesteckt worden. Im Gegensatze zu dem großen und stattlichen Saint-Germain war er klein und schiefte. Interessant ist Goethe's Besuch bei der von dem Abenteurer schmählich verlassenen Familie desselben in Palermo während seiner italienischen Reise (1787), auf welche wir verweisen.

Neben den vagirenden und betrügerischen Geistersehern gab es indessen auch seßhafte und Solche, welche, wie wenigstens mit Wahrscheinlichkeit anzunehmen ist, Niemanden wissentlich betrogen, sondern von ihrer eigenen Fantasie betrogen waren und in der bürgerlichen Gesellschaft eine angesehene Stellung einnahmen. Den ersten Geisterseher dieser Art im achtzehnten Jahrhundert lernen wir in dem englischen Geistlichen John Beaumont kennen, welcher 1705 eine Schrift über Geister, Erscheinungen und Hexenwesen herausgab. Er behauptete, mit der in Schottland angeblich vorkommenden Gabe des „zweiten Gesichtes" ausgerüstet zu sein, Geister zu sehen, aber nicht mit körperlichen Leibern, die aber mit ihm sprachen, vor ihm sangen und läuteten, und ihn sogar schlugen und sich zu ihm in's Bett legten.

Mehr Aufsehen als dieser harmlose hypochondrische Visionär erregte gegen das Ende des achtzehnten Jahrhunderts in ganz Europa der Geisterseher Emanuel von Swedenborg, geb. 1688 zu Stockholm, gestorben 1778 zu London. Dieser Mann, welchen Kant den Erzgeisterseher unter allen Geistersehern, den Erzfantasten unter allen Fantasten nennt, über den der größte Theil seines Buches „Träume eines Geistersehers" handelt und von welchem er besorgt, daß ein künftiger Philostratus aus ihm einen neuen Apollonios von Thana schmieden könnte, — lebte, seitdem er 1747 seine Bergämter zu Upsala aufgegeben, zu Stockholm ohne Amt und Beruf, aus seinem beträchtlichen Vermögen, und widmete sich ausschließlich der Geisterseherei und der Schriftstellerei über dieselbe. Er scheint von seinen eingebildeten Wahrnehmungen vollkommen überredet gewesen zu sein, und man konnte ihm keinen Betrug nachweisen. Dagegen wurde er der Mittelpunkt eines völligen Sagenkreises. Sein Hauptwerk, in welchem Kant auch nicht einen Tropfen Vernunft findet, zählt acht Quartbände, ist betitelt: Arcana coelestia und in plattem Stile geschrieben. Es besteht aus Berichten über seine Erscheinungen und aus verrückten, an die Bibel geknüpften Betrachtungen darüber, oder wie Kant sagt, aus Wahnsinn und Wahnwitz. Erstere, die Erscheinungen, theilt Swedenborg in drei Arten: die Befreiung vom Körper, ein Zustand zwischen Schlafen und Wachen, in welchem er Geister sah, hörte und sogar fühlte, was ihm aber nur drei- oder viermal begegnete. — die Wegführung durch den Geist in andere Gegenden, die er deutlich wahrnahm, ohne doch, da er zu gleicher Zeit an seinem Wohnorte wandelte, sich zu verirren, was zwei- oder drei-

aus wären, und endlich die gewöhnlichen Erscheinungen, die er täglich im wachenden Zustande hatte. Er lehrte, daß alle Menschen in innigster Verbindung mit der Geisterwelt ständen oder zu empfinden, während dagegen sein, Swedenborg's Innerstes „aufgethan" sei. Der Mensch habe ein inneres und ein äußeres Gedächtniß, dieses für die sichtbare Welt, jenes für die Geisterwelt, indem darin alle Vorstellungen, die der Mensch je hatte, sich nach dem Tode aufbewahrt werden. Die Geister nun haben keine Empfindung von der körperlichen Welt, sondern verkehren bloß mit dem innern Menschen und bilden mit der Seele der Menschen eine Gemeinschaft. Nach dem Tode verändern die Seelen ihre Stellen nicht, können aber mancher die Erscheinung menschlicher Gestalt geben. Swedenborg behauptete, durch seinen innern Sinn nicht nur mit abgeschiedenen Menschenseelen, sondern auch mit Bewohnern anderer Welten reden zu können. Wir wollen es unterlassen, diesen Unsinn weiter zu spinnen, und verweisen bezüglich des Restes auf Kant. Die hervorragendsten Erscheinungen des Sehers, von welchen wir sprechen, haben ihre ganze Begründung bloß im Gerüchte und entbehren jeder Spur eines Beweises. Wir erwähnen ihrer drei. Die erste hatte zur Veranlassung die Gelegenheit der Witwe eines holländischen Gesandten in Schweden, welche von einem Goldschmiede wegen eines Silberservices belangt wurde, aber in Glauben stand, dasselbe sei von ihrem Manne bezahlt worden. Swedenborg, um seinen Rath angegangen, benachrichtigte die Dame nach einigen Tagen, daß in einem verborgenen Fache die Quittung für die fertige Schuld liege. Man suchte und — fand! Die zweite Erscheinung ist die allgemein bekannte, welche Swedenborg 1759 bei seiner Rückkehr aus England in Gothaborg hatte, indem er dort im Geiste eine zu Stockholm ausgebrochene Feuersbrunst wahrgenommen haben soll. Völlig dunkel aber ist die dritte, in das Jahr 1761 fallende Erzählung, daß eine Königin von Schweden unsern Seher mit Aufträgen an ihren verstorbenen Bruder begehrt habe und durch seinen Bericht, dessen Inhalt er von Niemandem konnte erfahren haben, über den wir aber nichts vernehmen, im höchsten Grade überrascht worden sei. Mit diesen Märchen, wie sie Kant qualificirt, verlassen wir den Propheten des Geisterreichs, dessen Lehre von einer nach ihm benannten Sekte in England seit noch fortgepflanzt wird.

War Swedenborg der seßhafte Geisterseher der vornehmen Welt, die allein im Stande war, sein stehen Pfund Sterling kostendes verrücktes Buch zu kaufen, so folgte ihm als Geisterseher des Volkes der Deutsche Jung-Stilling. Johann Heinrich Jung, bekannter unter seinem Schriftstellernamen Stilling, wurde 1740 im Nassauischen geboren, war erst Schneider, studirte dann aber zu Straßburg Medicin, lebte als Arzt und Professor, namentlich als geschickter Augenoperateur, zu Elberfeld, Heidelberg, Kaiserslautern, Marburg und starb 1817 als Geheimer Hofrath zu Karlsruhe. Für die Spezialitäten seines Lebens verweisen wir auf seine romanhaft und populär zugleich bearbeitete Selbstbiographie, welche seit 1777 in sechs zierlichen Bändchen erschien, deren erstes die Jugend, das zweite die Jünglingsjahre, das dritte die Wanderschaft, das vierte sein häusliches Leben (1789), das fünfte seine „Lehrjahre" (1804), das sechste (1817) sein Alter enthält. — Auch er war, gleich Lavater, ein Freund Goethe's, obschon seine mystisch-fromme Richtung, die ihn namentlich auch mit den Herrnhutern in Berührung brachte, zu dieses Dichters Weltlust schlecht paßte. Sein Leben und Tod war ein Kultus zu Gunsten Jesu, vor welchem, wie bei allen christlichen Mystikern, Gott bescheiden zurücktreten und froh sein mußte, besser wegzukommen als Uranos und Kronos bei den alten Griechen. Sein Schwiegersohn, der rationalistische und dennoch ihm innig befreundete Kirchenrath Schwarz in Heidelberg, sagte von ihm, er wäre für seinen Welterlöser jeden Augenblick freudig in den Tod gegangen, und fand, Jung wäre geeigneter gewesen, Seftstifter zu werden, was ihm allerdings Schwärmer oft zugemuthet, er aber beharrlich abgelehnt habe, wie er auch diese Leute in seinem Roman „Theobald oder die Schwärmer" bekämpft hat und der „Kirche" treu geblieben ist. Intoleraut war er nicht und schloß seine Konfession, selbst die Juden nicht, von der Seligkeit aus, welche doch fromme Leute sonst gerne gepachtet zu haben glauben. Dagegen bekämpfte er mit „heiligem Ernst" unchristliche Ansichten. Sein Familienleben war musterhaft, wie das Lavater's, ohne Mißton, heiter und fromm zugleich. Er war zweimal verheirathet; seine erste Frau war das Opfer ihrer Thätigkeit in einer verkehrten Lebensperiode; die zweite verhalf ihm zu besseren Verhältnissen. Beide, wie er selbst, fanden ihre höchste Freude im Wohlthun.

Indem wir uns nun zur Schattenseite seines Wirkens wenden, welche die erwähnte Lichtseite im Gedächtnisse der Nachwelt beinahe überwuchert hat, finden wir dieselbe vertreten in seinem Buche: Theorie der Geisterkunde, in einer natur-, vernunft- und bibelmäßigen Beantwortung der Frage: was von Ahnungen, Gesichten und Geistererscheinungen geglaubt und nicht geglaubt werden müsse. (Nürnberg 1808.) Dem Titel gegenüber ist das Bildniß der sogenannten „weißen Frau", Gräfin Agnes von Orlamünde, eingeheftet, und das Buch dem Großherzog Karl Friedrich von Baden, dem Patriarchen der Fürsten und Christus-Verehrer auf dem Throne, gewidmet. Es beginnt mit der Frage: Kann die menschliche Einbildungskraft etwas erdichten oder erschaffen, zu dem sie keinen Stoff, keine Materie hat? „Jeder vernünftige, redliche Denker," sagt Stilling, „wird antworten: nein!" Daraus folgert er denn „unwidersprechlich", daß der Mensch niemals etwas von einer unsichtbaren Geisterwelt geahnt hätte, wäre dieselbe ihm nicht geoffenbart worden. Denn die Thiere hätten keine Geistererscheinungen, weil ihnen keine Geisterwelt geoffenbart werden! Frage man nun aber, wo sich eine solche Offenbarung finde, so antwortet der ächte Israelit sowol, als der gläubige Christ: „In der Bibel." So bewegt sich der Verfasser in einem Zirkelschluß: Weil die Menschen an eine Offenbarung glauben, so gibt es eine solche, und weil es eine solche gibt, muß man dran glauben. Nach jedem Volk, seit Anfang der Geschichte, sagt Jung, haben Ahnungen, Gesichte und Geistererscheinungen geglaubt und Christus habe diesen Glauben nicht bekämpft, vielmehr selbst getheilt. Es ist natürlich, daß mit einer solchen Lehre das kopernikanische Weltsystem, welches die Erde zu einem untergeordneten Weltkörper erniedrigt und daher die Erlösung durch Christum zum Unsinn stempelt, unverträglich ist; Stilling geräth daher auf die geistreiche Unterscheidung: dieses neue Weltsystem gelte nur für unsere sinnliche und trügerische Anschauung, für die übersinnliche, die Geisterwelt sei blos das alte, ptolemäisch-biblische Weltsystem richtig. Und auf diese anticipirte Knaberei gründet sich nun Stilling's sogenannte Geisterkunde. Weil die Bibel lehre, daß es gute und böse Engel und Geister gebe und selbe auf uns einwirken, habe weder die Vernunft noch die Natur etwas dagegen einzuwenden (!!), vielmehr finde der aufmerksame Beobachter zu Zeiten unläugbare (!) Spuren solcher Einwirkungen! Vernunft und Natur seien nicht auf die Geisterwelt angewiesen, Geistererscheinungen u. s. w. seien Ausnahmen von der Regel und sie zu suchen schwere Sünde. Stilling erwähnt dann des zuletzt erwähnten Mittels zur Erkenntniß der Geisterwelt, des thierischen Magnetismus und Somnambulismus, welche Erscheinungen in ihm einen unbedingten Gläubigen finden, und gibt dann seine Seelentheorie zum Besten. Dieselbe behauptet, jeder Naturforscher wisse (!), daß „ein gewisses höchst feines und höchst wirksames Wesen die ganze Schöpfung, soweit wir sie erkennen, erfülle." Stilling will dieses „Wesen": seine Himmelsluft (!) oder mit einem Worte, „Äther" nennen. Es sei Newton's Sensorium Dei, Euler's Quelle des Lichts u. s. w. Licht, Schall, Elektrizität, Galvanismus, vielleicht auch die magnetische Kraft des Eisens, seien „höchst wahrscheinlich" nur verschiedene Erscheinungen dieses einen „Wesens," und dasselbe sei der „Übergang aus der Sinnen- in die Geisterwelt und der Mittler zwischen beiden." Ferner: Alle Ärzte und Naturforscher stimmen darin überein (?): daß im Gehirne und in den Nerven des Menschen ein „feines Wesen" oder Kraft sei, von welcher alle Bewegungen, das Leben und die Empfindung, folglich auch die Wirkungen aller fünf Sinne, herrühren; dieses Wesen werde „Kraft", „Nervensaft" (!) oder „Lebensgeist" (!) genannt. Nun beweise der thierische Magnetismus, daß diese Grundkraft in Gehirn und Nerven nichts Anderes als der eben erwähnte Äther sei. Der Mensch zerfällt daher nach Stilling in drei Theile: den Körper, jenes Ätherwesen, das „Seele" genannt werden kann, und den „nach dem Bilde Gottes erschaffenen" Geist. Seele und Geist zusammen bilden die „Menschenseele" und diese wird durch den thierischen Magnetismus so weit gebracht, daß sie nicht zur überhaupt ohne Behälfe des Körpers sehen, sondern selbst noch weit klarer sehen kann als in ihrem „Fleischkerker". Der Somnambulismus ist also nach Stilling der vollkommenste Zustand des menschlichen Lebens, denn die mit ihm Begabten lesen in den Seelen Anderer! Ja, es wird behauptet, man könne durch „lange Uebungen im Wandel vor Gott in Entzückungen und in den Zustand des magnetischen Schlafes" gelangen, und in demselben können „sehr weit geförderte fromme Seelen auch mit guten Geistern oder gar Engeln in Rapport kommen," was „die Erfahrung lehrt(?!)," ja sogar „mit Gott und Christo Umgang haben (!!), obschon dies bloße Täuschung der Einbildungskraft sei." Stilling führt an, daß ein frommes Frauenzimmer in ihren Entzückungen mit Engeln aufgehen war und tiefe singen ließ; der Gesang sei aber ein „gemeiner Gassenhauer" gewesen! —— Es könne auch vorkommen, fährt er fort, daß sich ein Mensch bei lebendigem Leibe an einem entfernten Orte zeigen könne, indem sich seine Seele auf einige Zeit vom Körper entbinde und frei wirke. Sichtbar aber mache sie sich, indem sie „aus dem Dunstkreis Materie an sich ziehe, daraus einen Körper bilde, der dem ihrigen ähnlich sei, und sich dann mit Dem, dem sie erscheinen wolle, in Rapport setze. So können sich Menschen sogar selbst erscheinen (Doppelgänger). Auf diese Weise gehe es denn auch zu, wenn ein Verstorbener erscheine. Stilling weiß ganz genau, daß die Geisterwelt an dem nämlichen Orte sei, wo die Körper- und Sonnenwelt; die abgeschiedenen Seelen kommen nämlich zunächst in den „Scheol" oder „Hades", und dieser befinde sich in unserer Atmosphäre, gehe in den Erdkörper hinab, bis — da, wo die Hölle anfange, und steige ebenso hinauf, bis da, wo im reinen Äther der Aufenthalt der Seligen beginne!!! Wir denken, diese Probe von Unsinn werde genügen, und fügen der Vollständigkeit wegen nur noch bei, daß Stilling auf ähnliche Art auch noch andere mystische Vorgänge erklärt, die Ahnungen als Offenbarungen eines „Schutzengels", an deren wirkliche Existenz Stilling fest glaubt, das geisterhafte Erblicken von Leichenzügen vor dem Tode des Betreffenden als Mittheilung von den dazu im Geisterreich getroffenen Anstalten an Leute, die mit der krankhaften Gabe hiefür ausgestattet seien, sogar die Hexerei (!!) als wirklichen Umgang mit bösen Geistern (!!), der zwar an sich dem Menschen minder Schaden bringe, aber doch dem Satan, an welchen Stilling glaubt, zuzuschreiben sei u. s. w. Den Rest des mitleiderregenden Buches bilden Erzählungen von Geistererscheinungen. Als dasselbe 1808 durch die Regierung von Basel verboten und durch den König von Würtemberg beanstandet wurde, schrieb Stilling als Nachtrag die „Apologie" seiner Theorie der Geisterkunde, in welcher er seine Ansichten vertheidigte.

Die das achtzehnte Jahrhundert wie ein rother Faden durchziehende Lust am Geheimnißvollen und Wunderbaren begnügte sich nicht mit einzelnen Geisterschern, sondern erfand auch Geistergeschichten, welche all-

willkürlich seyen, von Mehreren zugleich erlebt worden sein müßten, oder wenigstens Fortsetzungen solcher, welche schon in früheren Zeiten spuckten. Am Hofe des Kurfürsten Johann Philipp von Trier, zu Ehrenbreitstein (1756 — 1768) sah ein wachhaltender Soldat an mehreren Abenden spät hinter dem lesend in seinem Zimmer auf- und abgehenden Kurfürsten einen Mann in grauem Rocke herschleichen und ihm Schnippchen schlagen. Als er ihn fassen wollte, derselbe aber plötzlich verschwand, beruhigte ihn der Kurfürst, es sei ein alter Bekannter. An demselben Hofe sah ein anderer Gardist einen längst verstorbenen Kurfürsten mit Gefolge durch die Gänge schweben und in einer Kirche einer geisterhaften Lesung beiwohnen. Als man im Herbst 1767 die Winterwohnung des Kurfürsten in Stand setzte, erschien dem Tapezierer ein Herr in rothdamastenem Schlafrocke und sagte: Der, für den man die Zimmer bereite, werde sie nicht beziehen. Bald darauf wurde der Kurfürst krank und starb. In der Silberkammer des Schlosses sah man oft geisterhafte Versammlungen u. s. w.

Da somit die künstlichen Geistererscheinungen, als die Erzählungen von angeblich wirklich vorgefallenen Anlaß haben, sah man sich veranlaßt, der Abwechslung wegen auch lebende, aber abwesende und weit entfernte Personen den Augen ihrer Angehörigen vorzuführen. In den ersten Jahren des achtzehnten Jahrhunderts ließ sich in Tribourg ein Unbekannter nieder, der sich als Reservemajor ausgab, vorzüglich aber den Damen zeigte, was ihre abwesenden Verwandten trieben, sie auch dadurch in Erstaunen setzte, daß er sofort ihre Namen und sogar ihre Geheimnisse kannte. Er führte die Neugierigen in seine abgelegene Wohnung, aus welcher ihnen schwerlich ein durchdringendes Licht entgegenleuchtete, aber auf seinen Befehl sofort wieder verschwand. Dort angekommen, kleidete er sich um und erschien nun in knappem schwarzem Kleide, die Arme und Unterschenkel entblößt, die Füße in Sandalen. Er öffnete dann ein Cabinet, in welchem über einem Altar mit blauer Flamme darauf ein Spiegel hing. Nachdem er an allen vier Wänden brennende Kerzen aufgestellt, allerlei Formeln und Gebete hergesagt und Pulver in die blaue Flamme geworfen, die nun roth wurde, verbreitete sich ein Rauch oder Nebel über den Spiegel und ließ dann Scenen mit lebend scheinenden Personen sehen, in welchen der Besucher seine Angehörigen in für ihn überraschenden Lagen erblickte. Da bei affektirte der Magier auf so täuschende Weise Schrecken und Angst vor den angeblichen Geistern, welche dies bewiesen, daß man von der Einwirkung übernatürlicher Mächte überzeugt sein mußte. Gesprochen durfte während der Operation nicht werden, indeßen den Neugierigen ein Kuß auf die Bewunderung, so sobren die Erscheinung auf und der Zauberer verließ schnell mit dem Besucher das Gemach aus Furcht vor der Rache der Geister.

Der im achtzehnten Jahrhundert noch fortlebende Glaube an Teufelsbeschwörungen, Geistersehen, Zauberei und andern Plöhlen war noch

ein unblutiger Rest des während der Zeit der Hexenprocesse grausam
wüthenden Teufelswahnes, und er beherrschte die Gemüter der Menschen
und sogar der Gebildeten in solcher Weise, daß er eine zahlreiche Literatur
in's Leben rief, welche sowol über den angedeuteten Aberglauben selbst, als
über die Mittel, ihn zu bekämpfen und zu zerstören, Rechenschaft und Aufschluß ertheilte.

In die Zeit der Hexenprocesse selbst, wenn auch in die ihres allmäligen Verschwindens, fällt noch Dr. Eberhard David Hauber's,
Schaumburg-Lippe'schen Superintendenten, Bibliotheca, acta et scripta
magica oder Gründliche Nachrichten und Urtheile von solchen Büchern und
Handlungen, welche die Macht des Teufels in leiblichen Dingen betreffen
(in drei Bänden, Lemgo 1739—45). Das Werk, in wenig umfang-
reichen „Stücken" (wie man damals die Lieferungen nannte) erschienen
und nach Art der Zeitschriften eingerichtet, ist der „Offenbarung der Wahrheit und der Vertilgung des Aberglaubens" gewidmet; es beginnt mit den
Aktenstücken über die Hexenprocesse, worunter die dieselben betreffenden
päpstlichen Bullen, Recensionen des Hexenhammers und der Schriften für
und wider Hexerei, und fährt mit Erzählungen von Geister- und Gespenstergeschichten aus früherer und damaliger Zeit und angeblicher aus dem
Himmel gekommener Briefe und sogenannter Prosezeiungen fort, welche
gründlich kritisirt und welchen die Kunststücke der chinesischen und indischen
Taschenspieler, wie auch umherziehender einheimischer, gegenübergestellt
werden, und bringt die Keulenschläge eines Thomasius und anderer Licht-
freunde gegen den Aberglauben.

Eine Fortsetzung zu obigem Werke bilden Elias Kaspar Reichard's,
Professors in Magdeburg, „vermischte Beiträge zur Beförderung einer
nähern Einsicht in das gesammte Geisterreich, — zur Verminderung und
Tilgung des Unglaubens und Aberglaubens," in zwei Bänden (Helmstedt
1781 und 1788). Der Inhalt ist ebenfalls ohne Ordnung zusammengetragen, aber gleichförmiger als in dem vorigen Werke; die bereits außer
Gebrauch gekommenen Hexenprocesse werden wenig mehr berücksichtigt,
desto mehr aber die jetzt noch in beinahe allen nicht durchweg höher gebildeten Familien im Schwange gehenden Erscheinungen, Ahnungen,
Visionen und dergleichen tolles Zeug.

Schon vor dieser Fortsetzung, 1777—86, erschien zu Frankfurt und
Leipzig und zu Stuttgart, in drei Bänden, von Ernst Urban Kelles,
Superintendenten zu Wildbad: Das Grab des Aberglaubens,
welches nun, in geordneter Reihenfolge, von den Ursachen der Naturerscheinungen, Verwünschungen, Träumen, Wahrsagerei im Kaffeesatz,
Ahnungen, Kommen-Darwischen, Bleigießen, den Zahlen zwölf und dreizehn, der Todtenuhr, der Todtenbeschwörung, den Wehrwölfen, Ge-
spenstern, Wünschelruthen, vom Teufel, Blut- und Schwefelregen, Un-
sichtbarmachen, Kartenschlagen und Punktiren, von der weißen Frau und

vielen andern Aberglauben handelt. Die Haltung des Buches ist nicht
entschiedener als die der vorigen. Voran steht die Definition: Der Aberglaube schreibt einer Sache eine Wirkung zu, die sie niemals hat, und es
folgt der energische Aufruf: Jedermann arbeite an der Bahre des Aberglaubens.

Noch im Jahre 1777 folgte (in Leipzig) das Buch von Justus
Christian Hennings, Hofrath und Professor in Jena: Von den
Ahnungen und Visionen. Die Anordnung ist streng systematisch und
philosophisch, die Haltung ernst und streng gegen den Aberglauben. Ein
zweiter Theil (1783) enthält merkwürdiger Weise eine Art Psychologie der
Thiere und Untersuchungen über Ahnungen derselben. Von dem nämlichen
Verfasser erschienen 1781 in Altenburg die „Visionen neuerer und neuester
Zeit, philosophisch in ein Licht gestellt" und 1784 in Weimar das Buch
„von den Träumen und Nachtwandlern," welche Erscheinungen durchweg
natürlich erklärt werden. Gewissermaßen eine Zusammenfassung des
gesammten Gebietes der Dunkelheit liefert Fischer's „Buch vom Aberglauben" (Leipzig 1791—94), das zwar kräftig gegen diese Pest loszieht,
aber noch — an den Teufel glaubt und auch in Papier, Bildern u. s. w.
ganz das Ansehen eines abergläubischen Volksbuches hat. In unserm
Jahrhundert folgten Münter's „Merkwürdige Visionen und Erscheinungen nach dem Tode, zur Verminderung des Aberglaubens rc."
(3 Bde. Hannover 1805—11). Nach dem Erscheinen von Stilling's
Theorie der Geisterkunde (oben S. 164) kamen endlich noch dazu: Geister
und Gespenster, in einer Reihe von Erzählungen (sämmtlich natürlich erklärt), als nothwendiger Beitrag zu Stilling's Theorie (Basel 1810).

Zum Schlusse der Geschichte der Abenteurer des achtzehnten Jahrhunderts müssen wir noch eines Solchen erwähnen, der insofern eine Ausnahme machte, als er zu seinen Zwecken keineswegs vorzugsweise des Aberglaubens und der Früchte desselben zu bedürfen glaubte, sondern es vorzog
und wagte, frischweg nur als Lebemann und Verfolger chevaleresker Liebhabereien aufzutreten und die Thoren seiner Zeit zu blenden. Dieser
merkwürdige Mann hätte es vielleicht nicht so weit gebracht, als dies wirklich der Fall war, wenn er nicht durch seine Geburt einem Staate angehört
hätte, welcher vermöge seiner originellen Lage und Verfassung als ein
Eldorado des Geheimnißvollen und Schauerlichen galt. Venedig mit
seinen düstern Kanälen, hohen steinernen Palästen, schwarzen Gondeln,
verschleierten Donnen, mit seinen edeln Geschlechtern, dem imposanten
Senate, den beweihräucherten und doch ohnmächtigen Dogen, dem Buccen-
tauro, der Seufzerbrücke, den Bleidächern, den geheimen Verhaftungen und
Executionen, war für jeden Romantiker ein Inbegriff aller Gestalten und
Situationen, wie er sie sich mit Vorliebe dachte und unter denen er leben
und schwärmen zu können wünschte. Hier, in diesen Umgebungen des
Schauers und der Abenteuer lebte die aus Spanien stammende Familie

Casanova, deren Haupt, Cajetan Josef Jakob, den Reizen einer Schauspielerin, der Tochter eines Schusters, folgend, jetzt die Bretter betrat, welche die Welt bedeuten, und später mit ihr in London weiter, nach seinem Tode trat sie noch in Petersburg, Warschau und Dresden auf. Dieser Ehe entsprangen unter Anderen drei Söhne. Der Aelteste unter ihnen, der, welchen wir oben andeuteten, Jakob, war 1724 in Venedig geboren, studirte in Padua die Rechte und war schon mit 16 Jahren Doctor derselben. Dann wurde er Geistlicher und erhielt als Abbate die niedern Weihen, dann Soldat, Violinspieler und Kabbalist, endlich auch Gefangener in den Bleikammern, aus denen er sich durch außerordentliche Klugheit retten konnte. Von nun an lebte er auf Reisen, und zwar mit Vorliebe in den großen Städten und an den Höfen. Als Spieler und galanter Abenteurer erregte er in ganz Europa Aufsehen und wußte sich mit Leichtigkeit in die Sitten und Anschauungen jedes Landes zu finden. Der Papst ernannte ihn (warum ist nicht recht klar) zum Ritter vom goldenen Sporn. Er selbst nannte sich „Herrn von Seingalt". Dabei schrieb er mehrere Bücher, von denen das wichtigste seine mit großer Offenheit geschriebenen, aber höchst berüchtigten Memoiren sind. Nur nebenbei machte er den Lieblingsneigungen seiner Zeit eine Concession durch seine Beschäftigung mit den bereits absterbenden Geheimwissenschaften der Kabbala und Alchymie, und nur war es, was ihm in seinen ältern Tagen die Freundschaft des Grafen Waldstein verschaffte, der ihn aus Paris mit sich nach seinen Gütern zu Dux in Böhmen nahm. Dort starb er als Bibliothekar des Grafen, und zwar mit Ostentation die Sakramente der Kirche empfangend, im Jahre 1803. Seine beiden jüngeren Brüder, Franz, geboren 1727 zu London, und Johann, geboren 1730 zu Venedig, schufen sich als Maler einen Namen und lebten meist in Dresden, wo der Letztere 1795 starb (der Erstere 1805 bei Wien). Casanova war der letzte Abenteurer, der von sich sprechen machte; mit ihm sinken die Thorheiten und Sonderbarkeiten des achtzehnten Jahrhunderts in's Grab.

Zweiter Abschnitt.
Religiöse Gesellschaften.
A. Großbritannien.

Die formalistische Geist- und Charakterlosigkeit des Zwitterdinges von anglikanischer Kirche war es, welche den geistig beschränkten, aber kraftvollen Puritanismus wider Willen auf die Bühne der Geschichte hinauf beschwor und groß zog. Die Verfolgungen ihrer Glaubensgenossen in Frankreich, in den Niederlanden und im britischen Reiche machten aus den Puritanern jenes düstere, weltinfischene und unerbittliche Geschlecht, das unter Psalmensingen und Bibelcitiren den Kopf eines Königs abzuschlagen wagte! Ihre doppelte Opposition gegen den römischen Kirchenstaat und die anglikanische Staatskirche lehrte sie ihre Kräfte sparen und enge zusammenhalten, um den Kampf für Gottes Ehre, wie sie glaubten, aufnehmen zu können. Schon zur Zeit der Königin Elisabeth war besaßen sie die Mehrheit im Unterhause; allein die Gefahr, in welcher sich damals noch der Protestantismus als solcher gegenüber den katholischen Restaurationsbestrebungen befand, gebot ihnen, der Königin, die sie so hart verfolgte, ihre Feindschaft mit hingebender Treue zu vergelten.

Nachdem aber alle Gefahr vorbei war, daß noch Jemand Lust bekommen könnte, das Schicksal der Armada zu theilen, und der englische Protestantismus sicher da stand, brach allmälig der alte Haß zwischen der englischen Staatskirche und der auch nach England verpflanzten schottischen Volkskirche mit Macht hervor. Die Hochkirche zeigte sich in ihrem wahren Lichte als Feindin aller freien Forschung und als bloßes Bastardkind des Papstthums, dessen verletzende Anmaßungen sie auf dem freien Boden Englands und in einer Zeit aufstrebenden religiösen Unabhängigkeitsgefühles fortzusetzen sich erkühnte. Sie entpuppte sich als bloßes Organ der Staatspolizei mit Bezug auf den Glauben, ohne Überzeugung von der Wahrheit und ohne Festigkeit in der Lehre, — und zwar als eine Staatsanstalt, welche nur in England selbst Sinn und Geltung hat. Macaulay erzählt uns, daß die englischen Gesandten in fremden protestantischen Staaten feierlich demselben reformirten (also puritanischen) Gottesdienst beiwohnten, den ihre Königin zu Hause verfolgte, und daß selbst ihre Hauskapellen aller anglikanischen Kultusformen entbehrten. Daß England die Calvinisten, die Glaubensgenossen seiner Puritaner, in allen Staaten des Auslandes eifrig gegen katholische Verfolgungen beschützte, ist bekannt genug.

Während so die englische Regierung nach Außen die Einheit des Protestantismus betonte, klafften im Innern des Landes die religiösen Gegensätze zwischen den beiden protestantischen Parteien immer weiter auseinander. Auf der einen Seite näherte sich die Hochkirche immer mehr dem römischen Wesen, dessen Ceremonien sie sich, wie gegenwärtig wieder, anzueignen suchte. Auf der andern aber nahmen die Puritaner, durch diese Bestrebungen und den damit verbundenen, gegen sie geübten Druck gereizt, eine immer feindlichere Stellung, nicht nur gegen alles katholisirende und hierarchisirende Wesen, sondern das Kind mit dem Bade ausschüttend, sogar gegen alle christlichen Formen und Principien ein. Sie waren, beinahe unwillkürlich und instinctgemäß, bald mehr Juden als Christen, warfen die christliche Demut und den Grundsatz, seine Feinde zu lieben, über Bord, indem sie vielmehr Widerstand gegen allen Druck und Haß gegen alle nicht ihre Ansichten Theilenden predigten, beriefen sich mit Vorliebe auf das Alte Testament, gaben in der Taufe hebräische Namen, nannten den Sonntag „Sabbath" und feierten ihn auch auf jüdische Weise. Sie verbannten Orgel und Musik aus der Kirche, ja endlich auch aus dem Leben, verachteten alle schönen Künste, verpönten die „heidnische" griechische und lateinische Sprache, ja sie verwarfen zuletzt alles Vergnügen als sündlich und gotteslästerlich. Spiel, Jagd, Trinkgelage, Volksfeste wurden so schwere Vergehen wie Musik, Poesie, Malerei und das Lesen der Künstler. Damit stimmte denn auch die äußere Erscheinung der Puritaner überein. Sie schnitten gräuliche, weltschändliche Gesichter, richteten die Blicke gegen Himmel, sprachen durch die Nase und fast nur in alttestamentlichen Bibelstellen, trugen die Haare rund geschnitten und die Kleider nach besonderer schlichter, schmuck- und farbloser Mode. Während die Anhänger der Hochkirche in den sich erhebenden Zwistigkeiten zwischen Krone und Parlament das göttliche Recht der Könige auf ihre Fahne schrieben, eiferten die Puritaner gegen Despotie und Vorrechte und machten sich zu Kämpen der Volksvertretung.

So standen die Sachen, als auf Jakob I. sein Sohn Karl I. folgte (1625), unter dessen Regierung die lange gestauten und genährten Gegensätze endlich zum Ausbruche kamen. Der zwar feingebildete und sittenreine König, dessen (nach Macaulay) treuloser und unredlicher Charakter aber die Katastrophe beschleunigte, war ebenfalls der bischöflichen Kirche ergeben; er war zwar kein „Papist", glich aber mehr einem solchen, als einem Puritaner. Auch versicherten damals die englischen Katholiken, sie hätten noch nie so viel Ruhe und Sicherheit genossen, wie unter König Karl (Ranke), dessen Gattin Henriette eine französische Prinzeß war. Das Nachsuchen durch Häscher in den Häusern, ob römische Priester darin verborgen seien, hatte aufgehört, seitdem sich des Anlaß der Heirat des Königs, dessen damals noch lebender Vater Jakob I. durch einen Vertrag mit Frankreich hierzu verstanden. (Noch kurz vorher waren in England

katholische Kinder mit Gewalt protestantisch erzogen und dabei bis an den
Tod eingesperrt worden, was man im Parlament mit den Worten entschuldigte: Sie wären zu Grunde gegangen, wenn sie nicht — zu Grunde
gegangen wären!) Zahlreiche junge und zwar höchst eifrige katholische
Geistliche kamen aus den Seminarien Spaniens, der spanischen Niederlande, Frankreichs und Italiens nach England, wo man bereits fünfhundert katholische Weltpriester, dreihundert Ordensmänner und unter
diesen hundertundsiebzig Jesuiten zählte, welche bei den vornehmen
Familien Schutz und Aufnahme fanden. Je vornehmer die Herren und
Damen waren, desto ceremoniöser wollten sie sein und waren daher häufig
geheime oder offene Katholiken. An ihrer Spitze stand der am Hofe angesehene Thomas Howard, Graf Arundel, und zwei Minister und ein
Staatssekretär gehörten zu ihnen. Mit Pomp und Ostentation feierte man
den farben- und ceremonienreichen römischen Kultus in ihren Privatkapellen,
in denen der Gesandten katholischer Mächte und in derjenigen der Königin.
Ein Agent der Letztern war nach Rom abgegangen und ein römischer Agent
tauchte in London auf. Derselbe, ein geborener Schotte, der aber seinen
Namen italianisirt hatte, wagte es, vom Könige die Aufhebung des Eides
der Treue zu verlangen, soweit er sich auf die geistliche Würde desselben
beziehe, und ihn dadurch nachgiebig stimmen zu wollen, daß er versicherte
er halte den König für höher als das Parlament. Aus solchen Unterhandlungen, welche indessen zu keinem Ziele führten, schloß man damals
vielfach, eine Hinneigung Karls zu dem Plane, England zur katholischen
Kirche zurückzuführen. Zu dieser Annahme trug auch der Umstand bei, daß
die Anglikaner, welche an der Synode zu Dordrecht theilnahmen, wo (1619)
der Arminianismus verdammt, der Calvinismus aber mit seiner strengen
Gnadenwahl aufrecht gestellt und zweihundert unterhaltslüstige Geistliche
verbannt wurden, gegen diese Beschlüsse protestirten, was sie bei den
fanatisch calvinistischen Puritanern in den Verdacht katholischer Sympathien brachte. Sonderbar! Während die Arminianer in Holland,
die Partei eines Grotius und Oldenbarnevelds, als die Freisinnigen und
Aufgeklärten galten, wurden sie in England, wo sie mit den Anglikanern
zusammenfielen, von den Puritanern reactionärer Gesinnungen beschuldigt.

Die Absicht der Rückkehr zum römischen Katholizismus hatte nun
allerdings Karl I. nicht; dazu war er zu herrschsüchtig. Er dachte nicht
daran, zu Gunsten des Papstes einen Theil seiner Gewalt abzutreten;
aber eben darum trugen seine Plane katholischen Charakter. Alle seine
drei Reiche sollten nicht blos seiner weltlichen, sondern auch seiner geistlichen
Herrschaft unterworfen werden, und zwar die nicht anglikanischen Unterthanen ebensowohl als die anglikanischen. Das war das einzige Streben
seines „kirchlichen Ministers", des bekannten Erzbischofs Laud von
Canterbury, der in formeller Beziehung sich nicht genug dem katholischen
Wesen nähern konnte, — wie die politisch-militärische Unterdrückung des

Lander das Ziel des weltlichen Ministers, Thomas Wentworth, Earl von Strafford. Die Thrannei dieser beiden Männer rufen auf empörende Weise zu, und kein Gerichtshof gewährte den Bürgern den Schutz gegen sie. Wir wollten oder konnten sie nicht, da die Richter unter ihnen nichts als Werkzeuge der Despoten waren, die Sternkammer des peinlichen und die Hohe Commission des kirchlichen? "Von aller Controle des Parlaments befreit," sagt Macaulay, "entwickelten sie eine Raubgier, eine Gewaltthätigkeit und eine böswillige Energie, von denen kein früheres Zeitalter sich eine Vorstellung gemacht hatte." "Die Regierung konnte durch ihren blinden Gehorsam ohne Beschränkung Geldstrafen erkennen ließen, an den Pranger stellen und verstümmeln." Kein Mann von Bedeutung war, der nicht "die Härte und Gier der Sternkammer" kennen gelernt, nur die "Hohe Commission" war allgemein verhaßt. Es fehlte endlich England nichts mehr als ein stehendes Heer, um ebenso despotisch regiert zu sein, als Frankreich.

Unter solchen Verhältnissen begannen die verfolgten Puritaner, nach Amerika auszuwandern. Schon hoffte die Regierung, hierdurch die unruhigen und widerspenstigen Rundköpfe loszuwerden, und ging nun ohne Säumen an das gehässige Werk, dem gesammten Reiche die englicanische Religionsform aufzudringen zu wollen. Der König und Laud (für Strafford war der Schritt zu unpolitisch) begannen sein Arbeit in Schottland, wo Jacob I. bereits Bischöfe und einen Erzbischof aufgestellt und die Kniebeugung beim Abendmahl eingeführt hatte. Karl vermehrte nun in seinem Uebermuth die Zahl der Bischöfe, gab ihnen sogar das Ernennungsrecht der Lords of articles, d. h. der Vorberathungskommission des Parlaments in die Hand und führte auch in Schottland eine "Hohe Kommission" ein, welche nach der Behauptung der Schotten die spanische Inquisition an Grausamkeit übertraf. Ja, er ernannte den schottischen Erzbischof Spottiswood zum Reichskanzler. Dann ging er an die Einführung der englischen Liturgie in Schottland. Aber sie gelang nur in der königlichen Kapelle. Wo man es sonst wagte, setzte es Tumult und Widerstand ab. Als 1637 in der großen Kirche St. Giles zu Edinburg das von den Bischöfen und englischen Beamten natürlich begünstigte Experiment beginnen sollte, und der Dechant eben auf Geheiß des Bischofs aus der Liturgie zu lesen begann, erhob sich unter dem Volke ein wildes Geschrei. Man beschimpfte die beiden Geistlichen, nannte das Buch papistisch, jesuitisch und die Weiber warfen ihre Kirchenstühle nach den Beiden. Man entfernte die Lärmenden mit Gewalt, worauf sie von Außen durch Steinwürfe in die Fenster und lautes Toben ihren Abscheu gegen die nun vor sich gehende arge Ceremonie kundgaben. Niemand wagte, die Schotten zu strafen, und die Bischöfe selbst sahen sich gezwungen, für die Einführung der Liturgie Aufschub zu beantragen, bis der König entschieden habe, was der Geheime Rath annahm. Nun trat eine Versammlung von Abellen

Geistlichen und Bürgern in Edinburg gesammelt, und richtet eine Bittschrift an den König, wider die beabsichtigten Neuerung aufgesetzt. Der letztere verweigerte aber einen Bescheid, ehe die Unruhen gestillt wären. Sie wurden aber nicht gestillt; Tumulte und Versammlungen folgten sich; die Urheber der Bittschrift wuchsen zu einem mächtigen Bunde an, der sich bald über das ganze Land verbreitete, und so entstand der berüchtigte der schottische Covenant, d. h. Vereine zum Schutze der heimischen Kirche. Eine Urkunde wurde 1638 in der Kirche Blackfriars zu Edinburg unterzeichnet und unter der Begleitung jauchzender Kinder und vor Freude weinender Weiber durch die Straßen der Stadt getragen. Die Covenanters verlangten Abschaffung der Bischöfe und organisirten sich kriegerisch, als man ihr Verlangen nicht berücksichtigte.

Zugleich begann der denkwürdige Kampf zwischen Krone und Parlament in England, oder zwischen den beiden sich drohend und immer mächtiger erhebenden Parteien der Cavalliere und der Rundköpfe. Dabei lud sich die Regierung in ihrer despotischen Blindheit selbst ihre nachherigen größten Feinde auf den Hals. Um den wachsenden Auswanderungen nach Neu-England, dem Paradies der Puritaner, Einhalt zu thun, verbot sie den Abgang der zu diesem Zwecke befrachteten Schiffe. Das erste von diesen Verbote betreffene Fahrzeug enthielt bereits die energischen und einflußreichen Unterhausmitglieder Pym und Hampden und den noch wenig beachteten festen Oliver Cromwell. Sie mußten wieder aussteigen und dableiben. —

Der ernste und düstere Puritanergeist erhob sich wie ein grollender Blitz und verfolgte seine Feinde immer tiefer in die Enge. Es folgten sich jene erschütternden Ereignisse, die der politischen Geschichte angehören: Laud's Einkerkerung, Strafford's Hinrichtung, des Königs Weichen aus London, der Bürgerkrieg zwischen seinen und des Parlaments Truppen, seine Verhaftung und das furchtbare Gericht über sein Haupt, welches letztere der dämonische Cromwell auf dem Schaffotte von Whitehall eisenherzig in die Hände nahm und vollzührte!

Die anglikanische Kirche wurde aufgelöst und die schottisch-presbyterianische an ihre Stelle gesetzt. Statt der Bischöfe und Erzbischöfe regierten stufenweise aufsteigende Kirchenversammlungen den Glauben der Briten, doch ohne je mit ihrer Organisation ins Reine zu kommen. Denn durch Cromwell gerieth die englische Republik in die Hände der über die gemäßigten Presbyterianer triumphirenden fanatischen „Independenten", deren von dem Oberhaupte des Staates bestellte „Pfaffen" als Geistlichen abmimten, die ohne liturgisches Buch und ohne Chorhemd beteten und das Abendmahl an langen Tischen austheilten, um welche die Gläubigen saßen.

Die nämliche greuliche Tyrannei, unter welcher früher die Presbyterianer geschmachtet, traf jetzt deren Feinde. Den Gebrauch des anglikanischen Common prayer book traf schwere Strafe, selbst wenn es

Kinder am Krankenbette der Eltern lasen. Niemand durfte wagen, etwas auf calvinistischen Cultus zu tadeln, letztern sich nicht fügende Geistliche wurden mißhandelt und vertrieben, an den sog. „Ghözendienst" erinnernde Kirchen, Grabmäler, Kunstwerke und Alterthümer mit vandalischer Wut zerstört oder beschädigt, die Jesus- und Madonnen-Gemälde in der königlichen Bildergallerie verbrannt, antike Statuen durch Steinmetzen „anständig gemacht!" Westen und Maskeraden wurden verboten, die „Maibäume" umgehauen, in den Dörfern, wo puritanische Soldaten einmarschirten, Tanz, Glockengeläute und Erntefeste unterdrückt, die Theater (s. Bd. I. S. 619) niedergerissen, die Schauspieler verfolgt, die Bärenhetzen verpönt, nicht aus Mitleid mit den gehetzten Thieren, sondern aus Fanatismus gegen Vergnügungen, denn die eingefangenen, jenem Gebrauche bestimmten Bären wurden von den Puritanern an Bäume gebunden und erschossen. Den allzu vertrauten Umgang zwischen Unverheiratheten traf schwere Strafe, den Ehebruch sogar der Tod. Alle Vergnügungen des schön altenglischen Weihnachtsfestes (merry Christmas) wurden abgeschafft und das Fest zu einem Bußtage umgewandelt, wogegen sich aber das Volk empörte, wie gegen keine andere Maßregel.

Aber die puritanische Freistaat wurde ungeachtet aller dieser Thorheiten stark und gefürchtet. In Irland ließ Cromwell durch seine „frommen" Krieger Kirchen anzünden, in welche sich die Bewohner geflüchtet hatten, und verbot ihnen, Irnauden zu schonen, — und dieses Land sowol als Schottland mußten der Republik huldigen. Cromwell wußte überdieß sie, wie es darauf das „lange" englische Parlament nach seinem Willen säuberte und ihm das „kurze" Parlament bald nachsandte. Das letztere war die komische Person in der englischen Revolution. Die Mitglieder nannten sich „Heilige". Ihre Namen waren entweder alttestamentliche, oder fromme Devisen, wie „Wiedergeboren", „Sei treu im Glauben", oder gar ganze Bibelsprüche. Der Bruder eines Mitgliedes des Lederhändlers Prisegott Barebone, hieß „If Christ had not died for us I would have been damned Barebone", so daß man ihn der Kürze halber nur „Damned Barebone" nannte. Nach jenem Bruder hieß man die ganze Versammlung auch, in höchstem Spotte, „Barebone (Barfüßer-) Parlament". Doch waren die Vorschläge so vernünftig, das stehende Heer und die Zehnten abzuschaffen und die Wahl der Geistlichen durch die Gemeinden einführen zu wollen. Freilich haben sie diese Lichtseite wieder durch den Beschluß auf, Niemanden zum Staatsdienste zuzulassen, von dessen Frömmigkeit das Haus sich nicht hinlänglich überzeugt habe. Die Folge davon war, daß jeder Ehrgeizige ein Heuchler wurde, die Kleidung, Stellung, Manieren und Redearten der Puritaner zu den seinigen machte, und im Geheimen that, was er wollte. Der durch ihre langen Reden gelangweilte kräftige Cromwell regierte von als Protector, die heiligen Hunde aus das Meer — und das Parlament

nahm die zweite Stelle ein. Und er starb im Gefühle der Macht; ein
Beispiel einzig in seiner Art war, daß ihm sein freilich schwacher Sohn nachfolgte. Seine Unfähigkeit und sein Zerfall mit den Heiligen, deren Wesen
ihm anwiderte, ließ die Presbyterianer und durch den ehrgeizigen Monk,
nachher Herzog von Albemarle, sogar die Stuarts wieder an's Ruder
kommen, worin England eine vollkommene Befreiung von der Soldatenherrschaft sah, ohne in dem Drange nach diesem Ziele an eine Garantie
seiner Freiheiten zu denken. So war denn die puritanische Revolution
beseitigt. — — Das Volk begrüßte den zurückkehrenden König Karl II.
mit Jubel und Festen, wie einen Retter aus langer „königsloser, schreck-
licher" Zeit. Nur die Reste des republikanischen Heeres grollten noch
fruchtlos, verloren sich aber nach ihrer Auflösung ohne alle Störungen
unter das Volk, aus dem sie hervorgegangen waren, und unter dem sie
nun friedlich und fleißig lebten, als ob sie niemals Pulver gerochen hätten.
Es war eine von jenen Episoden der Geschichte vorübergegangen, welche
in sonderbarer dämonischer Weise bittern Ernst und die überwältigendste
Komik verbanden und politischen Fortschritt an die verrücktesten theologischen
Schrullen knüpften.

Nach der Restauration der Stuarts wütete kleinliche Rache gegen
deren Feinde. Cromwell's Überreste wurden ausgegraben, gehängt,
geviertheilt und verbrannt, die Königsmörder mit Blut und Eisen
verfolgt.

Die anglikanische Kirchenverfassung wurde in ihrer extremsten Schroff-
heit wieder hergestellt und der König durch Minister und Parlament,
die fanatisch hochkirchlich bestellt waren, verhindert, auch nur die geringste
der Concessionen, die er den Gegnern feierlich verheißen, in's Werk zu
setzen. Niemand konnte mehr ohne bischöfliche Ordination zu einem kirchlichen Amte gelangen. Zweitausend Geistliche, die sich dieser Anordnung
nicht fügen konnten, wurden an einem Tage entsetzt und ihnen selbst
die Versorgung versagt, welche das presbyterianische „lange Parlament"
den entsetzten Anglikanern gewährt hatte. Die puritanische Verfolgung
wurde vom Verfahren gegen die „Nonconformisten" weit überboten. Wer
den Gottesdienst der „Dissenters" besuchte, konnte vom einzelnen Friedensrichter ohne Jury schuldig erklärt und nach dem dritten Male auf sieben
Jahre über das Meer deportirt werden, aber ja nicht nach Neuengland,
wo er Gleichgesinnte fand, — und wenn er vor der Zeit zurückkehrte, so
verfiel er — dem Tode! Die Gefängnisse waren mit „Dissenters" angefüllt. Dabei stürzte sich, um den Gegensatz zur puritanischen Herrschaft
recht anschaulich zu machen und um sich für die langen Entbehrungen
zu entschädigen, Alles in die tollsten Vergnügungen, und beinahe kein
Laster galt mehr für unerlaubt, indem die Geistlichen der Hochkirche keine
Zeit hatten, gegen solches loszuziehen, sondern dieselbe der Verfolgung
der Dissenters widmen mußten.

Nachdem so England gebändigt und der Puritanergeist in demselben unterdrückt war, versuchte man dasselbe, wie unter Karl I., so nun auch jetzt wieder, in Schottland. Die englische Regierung beschloß, auch dort eine bischöfliche Regierung einzuführen. Durch das Mittel doppelten, politischen und religiösen Zwanges unterwarf man zwar das Volk; aber es grollte, indem es dem „götzendienerischen" Kultus annehmen mußte und im Geheimen behielt der „Covenant" fortwährend seine Anhänger, die sich, aus den Städten vertrieben, auf der Haide und im Gbirge bewaffnet versammelten und oft sich erhoben,* um dafür gleich Thieren gejagt, gefoltert, eingekerkert, mißhandelt und gehängt zu werden.

Ebenso ging es in Irland, wo statt der weniger zahlreichen Presbyterianer die Katholiken, und in ihnen auch die keltischen Urbewohner, auf die unmenschlichste Weise verfolgt wurden, welchem indessen, in Folge der Hinneigung des Königs zum Katholizismus, bald wieder Einhalt gethan wurde.

Diese Gewaltthaten bewirkten jedoch in allen drei Reichen das Gegentheil dessen, was sie bezweckten. Die öffentliche Stimme nahm sich der Verfolgten an und wandte sich mit doppeltem Eifer gegen das Lasterleben und den „geheimen Katholizismus" des Königs und seines Hofes, wozu noch beitrug, daß Karl II. eine katholische Königin auf den Thron setzte und deren Religion im Geheimen sogar selbst annahm. Seine ebenfalls katholische Mätresse Quterouaille (oben S. 121) bestärkte ihn nur in seinem neuen Glauben, und nach seinem Tode folgte sein Bruder Jakob, der seinen Katholizismus nun auch öffentlich zur Schau trug und die Grausamkeit gegen die schottischen Covenanters auf die Spitze trieb. Unter ihm wurde auch gegen die Presbyterianer in England, namentlich durch den wüthenden Richter Jeffreys (oben S. 124) blutiger gehaust, als früher unter dem Erzbischof Laud.

Mit welchem fanatischen, ja man kann sagen wahnsinnigen Muthe die Presbyterianer diese Verfolgungen ertrugen, zeigen mehrere uns überlieferte Beispiele von Männern, die sich, in der Schlacht verwundet, mit kaltem Blute selbst amputirten, bis zum Tode am Galgen sich als Republikaner bekannten und in der Sprache der Bibel redeten und über dem steinharten König laut die Wahrheit sagten. Weder Hinrichtungen, noch Deportationen, noch Konfiskationen beugten diese starren Herzen.

Es war eine finstere, unbalbsame Zeit. Die bis aufs Blut verfolgten Presbyterianer selbst, wenn sie auch die Katholiken nicht von der Seligkeit ausschlossen, verlangten doch deren Verfolgung durch die Strafgesetze, und stimmten hierin mit ihren Unterdrückern und Todfeinden, den herrschenden Anglikanern, überein, wie nicht minder darin, daß sie die Arianer, Quaker und Juden der Seligkeit unwürdig erklärten und doch auf ihrer Verfolgung nicht bestanden! Denn bezüglich der Katholiken hielten die protestantischen Engländer an der Ansicht fest, eine Kirche,

deren Kasuisten (die Jesuiten namentlich) den Meineid unter Umständen
für erlaubt erklärten und der Meinung waren, daß den Ketzern keine Treue
zu halten sei, habe als eine unsittliche keinen Anspruch auf Duldung;
eher noch hätte das Heidenthum solchen; selbst ein Locke war davon
überzeugt.

In Schottland endeten die presbyterianischen Streitigkeiten nach dem
Sturze Jakob's II. durch die förmliche Aufhebung des Episkopates von
Seitz der Convention.

In seiner strengsten Konsequenz erhielt sich der Puritanismus in
Amerika, wo er die eigentliche Grundlage der neuen Staatenbildung wurde,
die nachher dem Mutterlande so heiß machte und es ohne Zweifel einst tief
in Schatten stellen wird. Es war im Jahre 1620, als die ersten
Puritaner, die „Pilgerväter" genannt, mit dem Schiffe „May-Bower"
— neue Argonauten nach dem goldenen Bließe der Glaubensfreiheit! —
nach Neu-England fuhren. Im Jahre 1631 erhielten sie auch ihren
Propheten in der Person des jungen Roger Williams, der unter ihnen
Duldsamkeit predigte und den Grundsatz der „freien Kirche im freien Staate"
oder der Trennung von Kirche und Staat zuerst verkündete. Freilich
erhoben sich gegen ihn wutschnaubend die alten strengen Puritaner, deren
Leben ein Kampf für vorgefaßte Meinungen war und welche die eigenen
Leiden um des Glaubens willen nicht abhielten, über Andere aus derselben
Ursache solche zu verhängen. Sie verschrieen den kühnen Neuerer als
Ketzer, den 1634 die Gemeinde zu Salem als Prediger wählte. Er wurde
im folgenden Jahre aus Massachusetts verbannt und floh in die Wildniß
zu den Rothhäuten, deren Verehrung er in hohem Grade gewann, so daß
die Verfolger später froh waren, ihn zur Besänftigung der gegen die
Weißen aufstehenden Urbewohner des Landes zu benutzen. Er rettete
wirklich die Kolonieen vor dem drohenden Untergange, gründete dann die
neue Ansiedelung Rhode-Island, erwirkte ihr 1643 persönlich in England
ihre Selbständigkeit und wurde bei der Heimkehr als Befreier mit Ehren
überhäuft. So verfocht er auch die Rechte der neuen Kolonie 1652
persönlich bei Cromwell. Er starb im frohen Genusse seines Wertes 1683,
84 Jahre alt, und seine Grundsätze sind die herrschenden in der größten
und freiesten Republik der Welt geworden.

Das puritanische Wesen erzeugte wider Willen noch andere, mit ihm
mehr oder weniger verwandte Auswüchse religiöser Narrheit. Vereinzelt
war zur Zeit der Revolution das Auftreten des verrückten Schneiders
Lewis Muggleton, welcher in den Wirthshäusern, selbst tüchtig
Bier trinkend, Denen mit der Verdammniß drohte, welche nicht auf sein
Zeugniß glauben wollten, daß Gott nur sechs Fuß hoch und die Sonne
nur vier Meilen von der Erde entfernt sei. Er wurde durch den blutigen
Richter Jeffreys an den Pranger gestellt und vom Pöbel mit Ziegelsteinen
beinahe todt geworfen.

Ernster war die ebenfalls zu jener Zeit von sich gehende Stiftung der „Gesellschaft der Freunde", vom Volke spottweise die „Quäker" genannt, durch Georg Fox. Dieser neue Prophet war 1624, im Todesjahre Jakob Böhme's, in der Grafschaft Leicester geboren, als Sohn armer Webersleute. Ohne etwas gelernt zu haben, wurde er Schuster und nach einiger Zeit durch „Stimmen vom Himmel" zu dem Plan inspirirt, das menschliche Geschlecht aus seiner Verderbtheit zu reißen. Er hatte Visionen, lebte lange als Einsiedler und zog nach gehöriger Vorbereitung als Prediger umher. Obschon er sein Handwerk aufgegeben trug er doch stets dessen lederne Tracht, und hieß daher beim Volke „der lederne Mann". Weil er einst einem Kanzelredner widersprach, wurde er eingesperrt, und von dieser „Prüfung" leiten die Quäker die Stiftung ihrer Sekte ab (1649). Er heilte nun Kranke durch Gebet, trieb Teufel aus und sammelte Jünger um sich, welche in ihren Versammlungen in Verzückung fielen. — Von ihren Geistesverwandten, den Puritanern, denen diese neue Konkurrenz unbequem war, verfolgt, unterschieden sie sich zwar von den übrigen Sekten der in diesem Artikel höchst fruchtbaren angelsächsischen Nationalität durch die höchst weisen Einrichtungen, daß sie kein Glaubensbekenntniß aufstellten, den Glauben vielmehr der Erleuchtung jedes Einzelnen durch den heiligen Geist überließen, kein Priesterthum anerkannten, sondern diesem Berufe jeden Einzelnen gewachsen fanden und den Eid, sowie den Krieg verwarfen. Dagegen verfielen sie in andere Thorheiten. Sie redeten, nicht aus Vernunft, sondern aus biblischen Gründen, Niemanden anders als mit „Du", vermieden den Gebrauch der üblichen Monats- und Wochentags-Namen, weil dieselben aus dem Heidenthume stammen, daher sie dieselben nur numerirten, ebenso die Bezeichnung des Wetters als „schlecht", weil Alles gut sei, was Gott gemacht, das Wetter also bloß regnerisch, windig u. s. w., nicht „schlecht" sei, verweigerten den Waffendienst sogar zum Zwecke der Vertheidigung des Vaterlandes und verachteten Kunst und Wissenschaft. Auch verbannten sie aus religiösen Gründen (die betreffend Bibelstelle ist uns jedoch nicht bekannt) den Gebrauch der Knöpfe, indem sie insgesammt ihre Röcke mit Hasten zumachten. Unter dem „Worte Gottes" verstanden sie übrigens nie die Bibel, sondern nur das „innere Wort der Erleuchtung".

Nach mehreren Skandalen, welche Fox durch Schmähungen auf Geistliche verursachte, und in Folge deren er wiederholt in's Zuchthaus gesperrt und vom Volke oft geprügelt, ja gesteinigt wurde, vergrößerte er die Zahl seiner Anhänger, nahm endlich auch das weibliche Geschlecht auf, — alles mitten unter den Stürmen der Revolution, — erlangte den besonderen Schutz Cromwell's, hielt 1658 eine allgemeine Versammlung der Quäker aus ganz England ab und machte auch in Schottland Propaganda, wo ihn jedoch die Bergbewohner mit Spießen verjagten. Unter der Restauration wurde er bescheidener, was ihn aber nicht vor österm Gefängnisse schützte, ging 1671 nach Amerika, suchte nach seiner Rückkehr den Papst, den Sultan und die Juden zu bekehren, durchwanderte predigend auch Holland und Deutschland und starb endlich 1691 im Anblicke seltener Erfolge. — Es saß aber ein scheußlicher Wurm in der Frucht, und es kam vor, daß fanatische Quakerinnen das unsittlichste Leben führten und, wie z. B. Hannah Stranger und Martha Simons, die Freundinnen des verheirateten Quakerpredigers Naylor, den „Sohn Gottes" unter dem Herzen zu tragen behaupteten.

Eine sonderbare Erscheinung ist, daß die Quaker mit dem intoleranten König Jakob II. auf gutem Fuße standen. Dies erklärt sich daher, daß sie ihren Ursprung nicht in der Revolution selbst hatten und mit den Katholiken die beiden äußersten Extreme des britischen Sektensystems bildeten, die von den zwischenliegenden mehr oder weniger orthodoxen protestantischen Genossenschaften in gleicher Weise gehaßt und verfolgt wurden, und daß Beide, wenn auch aus verschiedenen Gründen, in Verwerfung des Suprematseides (keine geistliche Gerichtsbarkeit im Auslande anzuerkennen) zusammentrafen. Zudem huldigten sie dem Prinzipe des passiven Gehorsams und lehnten sich niemals gegen die Regierung auf. Ihr größter „Bruder", William Penn, der viel Verfolgte, war ein Vertrauter des Königs und in dessen Kabinet stets willkommen, so daß er von Bittsuchern belagert und um seine Fürsprache angegangen, von strengen Protestanten aber und von seinen eigenen „Brüdern" als Papist, ja als Jesuit, verschrieen wurde. Unter Karl II. hatte er Land in Nordamerika (Pennsylvanien) von der Krone erhalten, — wohin unter dem Chiliasten Bernhard Küster (1693) auch ein Haufe gleichgesinnter Deutscher zog, — aber große Enttäuschungen erlebte und nicht unbedeutende Spaltungen unter den „Brüdern" herbeiführte. Der hochgepriesene Koloniengründer und Menschenfreund war leider nicht unempfindlich gegen die Gunst des Hofes, und seine Quakergrundsätze geriethen in's Schwanken. Er gab sich dazu her, für seine Religionsgenossen neben den Katholiken eine Freiheit zu erwirken, welche den übrigen protestantischen Dissenters verweigert wurde. Er führte die ruchlose Verhandlung zwischen den Ehren-(!) Damen der Königin und den Eltern der verhafteten Kinder, die wir erwähnt (S. 126)! Er wohnte selbst den Hinrichtungen der Rebellen Monmouth's bei und stand neben dem Galgen derselben! Zugleich führte er ein gar nicht sittliches Leben und gab sich endlich zu der Führung schimpflicher Unterhandlungen zwischen den katholisirenden Maßregeln Jakob's II. und den widerstrebenden Hochkirchlern her. Nach dem Sturze Jakob's II. aber betheiligte er sich mit Eifer an den Verschwörungen zu dessen Gunsten und war daher oft in Lebensgefahr.

Unter den späteren Quakern waren es Georg Keith und Robert Barclay, welche der Sekte den rohen und plumpen Charakter, den sie durch Fox erhalten, nahmen und sie verfeinerten. Küster, der sich zwei dentlich gegen sie benahm, war 1700 nach Europa zurückgekehrt, und starb 1715, 98jährig, im Waisenhause zu Hannover.

Etwa hundert Jahre nach den Quakern entstanden die Methodisten. John Wesley und sein Bruder gründeten diese Sekte 1729 und verpflanzten sie schon 1735 nach Amerika. Mit ihnen war besonders eng verbunden Lady Selina Huntingdon, welche man die „Königin" der Methodisten nannte. Whitefield, ihr Kaplan, bat sie einst um vierzig Pfund für einen bedrängten „Heiligen". Als sie einwenden wollte, sie habe kein Geld, wies er auf ihre Uhr und ihren Schmuck, bemerkte, sie brauche keinen solchen eiteln Tand und ruhte nicht, bis sie ihm die Sachen überließ. Als sie ihn später besuchte, fand sie das ihr Abgenommene — im Besitze seiner Frau. Horaz Walpole erzählt diese Anekdote in seinen Briefen. Als man diesen geschwätzigen Staatsmann um seine Meinung über die neue Sekte fragte, antwortete er: „Ich habe versucht, darüber in's Klare zu kommen und eines ihrer Bücher gelesen. Der sichtbare Theil scheint bloß in einer strengern Zucht zu bestehen als die unserer Kirche ist, unter der Hülle des alten verbrauchten Gewächses mystischer Andacht. Man nimmt z. B. eine Metapher, etwa: unsere Leidenschaften sind Unkraut. Nun läßt man sogleich jede weitere Schilderung der Leidenschaften aus dem Spiele und gibt Alles auf, was sich auf Unkraut bezieht; in seinen Rüstungen würde ein ächter Methodist mit der größten Zerknirschung von Bohnen reden — damit fängt man Mordthaten und Krämer." Die Sekte vermehrte sich reißend, besonders unter dem schönen Geschlechte, dessen Glieder, davon wir ein Beispiel in der Visionärin Jane Leade u. A. kennen, die buntesten und tollsten Gesichte im Traume und Wahne hatten.

Die Apostel der neuen Kirche wandten sich besonders an die Lasterhaften, die Trinker und Spieler. In ihren Versammlungen sangen Knaben und Mädchen Hymnen nach der Melodie schottischer Balladen, da, wie Wesley sagte, kein Grund vorhanden sei, dem Teufel seine besten Sangweisen zu lassen; die Gesänge dehnten sich aber in unendliche Länge. Die Kapellen waren hübsch, mit gothischen Fenstern und elegantem Mobiliar. Ausgewählte Damen saßen auf Balkonen, die Uebrigen auf Bänken, der Vorsteher an einem Tisch in einer dunkeln Nische. Wesley sprach, nach Augenzeugen, mit den Manieren eines Schauspielers. In seinen auswendig gelernten Reden, die er schnell abhaspelte, liebte er es, die Gelehrsamkeit zu tadeln und Geschichten zu erzählen.

B. Deutschland.

Der Zweck der deutschen Reformation war, wie bereits erwähnt, nicht ein negativer, nicht etwa die Trennung der Kirche an sich gewesen, sondern im Gegentheil ein positiver, nämlich die Wiederherstellung der durch das römische Flitter- und Formelwesen, durch die materielle Habsucht und Streitlust der Päpste zerstörten Glaubenseinigkeit des Volkes. Luther hatte das, was dem Volke noth that, d. h. was letzteres instinktmäßig dafür hielt, mit seiner rücksichtslosen Derbheit und mit seinem unerbittlichen Festhalten am genauen Wortlaute der Bibel, wie nicht minder mit seiner Appellation an das deutsche Gemüt, das er durch den Volksliederton seiner geistlichen Gesänge zu packen wußte, trefflich aufzufinden verstanden. Seine Nachfolger jedoch waren unfähig, sein Wesen in seiner Gesammtheit aufzufassen; sie griffen einen einzigen Zug heraus, und zwar den schwächsten, der scharfen Zugluft des Fortschrittes der Zeiten am meisten ausgesetzten, — den blinden Eifer für den Buchstaben des „Wortes Gottes" und damit die Streitlust für vorgefaßte und willkürliche Auslegung desselben. Für das Uebrige waren sie unempfänglich. Luther's deutsches Wesen vertauschten sie mit fremdländischem; sie verachteten, vernachlässigten und verderbten sogar die Muttersprache und affektirten die Liebe der Humanisten zum klassischen Alterthum, — ohne deren Gabe des Eindringens in den Geist desselben, ohne ihre über Engherzigkeiten erhabene freie, offene Weltanschauung zu theilen. Es waren zänkische Gesellen, welche die Kanzel zum Tummelplatze für theologische Spitzfindigkeiten, ähnlich den Scholastikern des Mittelalters, machten, ließen im Uebrigen das Volk Volk sein und ignorirten dessen Seelenzustände und Gemütsbedürfnisse, weil sie selbe eben nicht verstanden. Was hatte das Volk vom Streite um Rechtfertigung durch den Glauben, um Gnadenwahl u. dergl.? Es wollte im Leiden erhoben, im Unglücke getröstet, in Verirrungen berathen, in der Bibel belehrt sein, und dies boten ihm die neuen Zionswächter nicht.

Es war daher natürlich, daß eine volksthümlich-religiöse Reaktion gegen die theologische Gelahrtheit auch in Deutschland eintreten mußte, wie in Großbritannien die Despotie der Hochkirche die Demagogie der Presbyterianer und Puritaner hervorgerufen und damit indirekt die Republikanisirung Amerika's veranlaßt hatte. Die Erscheinungen, in welchen sich die Reaktion verwirklichte, hingen meist mit dem traurigen Wahne des sog. Chiliasmus zusammen, den viele närrische und vagirende Prediger verkündeten, und waren theilweise unabhängig für sich bestehende, theilweise einen größern Maßstab annehmende. Zu den vereinzelten ersteren gehört die den Geschlechtsgenuß sowol, als alle Arbeit verbannende Gemeinde der Engelsbrüder, welche der eifrigste und beinahe wahnsinnig fanatische Anhänger Jakob Böhme's, Johann Georg Gichtel (geb. 1638 zu Regensburg, gest. 1710 zu Amsterdam) stiftete. Ein Wanderprediger ähnlicher Sorte war Quirinus Kuhlmann, dem wir als Dichter wieder begegnen werden. Zu Breslau 1652 geboren, durchwanderte er beinahe ganz Europa, um seine neue Religion, das „Kuhlmannsthum" zu verkünden und Gemeinden zu stiften; bis er 1689 in Moskau auf Betrieb der dortigen protestantischen Geistlichkeit verhaftet, gefoltert und — verbrannt wurde.

Folgenreicher war die seit dem Jahre 1674 mit dem Namen „Pietismus" bezeichnete Richtung, die aber keineswegs ein System neuer Lehren und Grundsätze enthielt, sondern wesentlich blos eine in Vergessenheit gerathene Methode, die religiösen Bedürfnisse des Volkes zu befriedigen, aufstrebte. Als Stifter des Pietismus gilt Philipp Jakob Spener, welcher 1635 im Elsaß geboren war. Schon in der Jugend ernst, fromm, glaubensfest, profanen Vergnügungen abhold, wirkte er, nach vollendeten Studien, erst als Erzieher, dann seit 1666 als Seelsorger zu Frankfurt am Main. Er hielt Versammlungen (Collegia pietatis) ab, in welchen er die Bibel erklärte, worüber dann die anwesenden Männer sich besprachen, die Frauen aber schweigend zuhörten. Das Anwachsen seiner Zuhörer nöthigte ihn später, seine Vorträge in eine Kirche zu verlegen, was aber die Eifrigsten unter seinen Schülern nicht mehr befriedigte, so daß sie die kirchliche Gemeinschaft verließen und so dem spätern Separatismus und Sektenwesen Bahn brachen. Spener selbst, der diesen Schritt nicht billigte, wurde 1686 nach Dresden und 1691 als Oberconsistorialrath und Propst nach Berlin berufen, wo er 1705 starb, nachdem er das Meiste zur Stiftung der Universität Halle beigetragen hatte. — Sein bedeutendster Parteigänger und zugleich der einzige nennenswerthe Schriftsteller des Pietismus, war Gottfried Arnold, geb. 1666 zu Annaberg, Hauslehrer in Dresden, wo er mit Spener bekannt wurde, später Professor der Geschichte in Gießen, dann Hofprediger in Allstädt, gest. 1714 als Pastor in Perleberg. Außer mehreren mystischen Schriften schrieb er die große „unparteiische Kirchenund Ketzerhistorie", in zwei Foliobänden von 1230 und fast 1800 Seiten, wozu noch ein dritter kam, der auf 1100 Seiten die zahlreichen für und gegen das Werk erschienenen Streitschriften enthielt. Er nahm darin für alle von der Kirche verfolgten Ketzer Partei und bekämpfte den Glaubenszwang mit feurigen Worten. Thomasius nannte das Buch das „beste nach der Bibel." — Ein besonders beglückter Freund Spener's war Doktor Petersen, welcher mit seiner auf Spener's Empfehlung ihm (1680) angetrauten Gattin, Eleonore von und zu Merlau, sich in Fantasien über die Offenbarung des Johannes und das tausendjährige Reich vertiefte und damit vielen Skandal erregte. Seines „Irrlehren" wegen 1692 als Superintendent zu Lüneburg entsetzt, zog er sich mit der Gattin in die Einsamkeit eines Landgutes zurück und gründete dort eine geistliche „Vereinigung", welcher auch Eleonorens Freundin Rosamunde von Asseburg (1672 geb.) eine höchst schwärmerische Visionärin, angehörte, welche besonders in Jesu Wunden schwelgte und eine Verehrerin Jakob Böhme's war. — Sowie auch die verzückte Regina Bader, welcher der Satan, ihr auch die leibhaftige Dreieinigkeit erschien; sie lief von Hause weg

zu ihren Heiligen, wurde aber mit Gewalt von ihrer Regierung (der
württembergischen) heimgeholt. Sie mußte Kirchenbuße thun und drei
Jahre Strafarbeit aushalten. Ein anderer mit dem Pietismus zusammenhängender Mann von Ruf war der sonderbare Schwärmer Johann Konrad
Dippel, geb. 1673 auf Schloß Frankenstein bei Darmstadt, gest. 1734
auf Schloß Wittgenstein. Trotz der Schlösser, auf denen er das Leben
begann und schloß, war dasselbe kein ritterliches, sondern das eines Wind-
beutels und Abenteurers. Er ergab sich sogar der bereits veralteten
Astrologie und Chiromantie, zuletzt aber in Straßburg vorzugsweise dem
Pietismus, doch ohne ihm innerlich anzugehören. Er gab vor, Visionen
zu haben, schrieb Schmähschriften gegen das „protestantische Papstthum",
trieb daneben Goldmacherei, erfand bei dieser Gelegenheit das Berliner
Blau, war oft wegen Schulden im Gefängniß und auf der Flucht und
trat in Holland und Schweden, hier sogar am Hofe, als Arzt auf, —
ohne je irgendwo Ruhe zu finden. Sein Standpunkt war stets durchaus
rationalistisch.

Der Geist, der die neue Erscheinung erfüllte, ging bald über Spener's
schlichte, ungekünstelte, ja in Manchem sogar beinahe rationalistische
Frömmigkeit hinaus, wurde ein schwärmerischer und sentimentaler (welche
Charakterzüge Spener'n nicht zukamen), gefiel sich in schüchternem Lispeln
im Gebete, in welchem Luther gleichsam getrotzt hatte, und verirrte sich
in die abergläubische, dem alten Orakelwesen nachgeahmte Manie, das
Schicksal durch Öffnen der Bibel oder des Gesangbuches auf Gerathewohl
zu befragen und die Stelle, auf welche der Daumen zu liegen kam, als
Antwort zu betrachten (das spöttisch so genannte Däumeln).

Die neumodischen Frommen fielen von dem Extrem, in welches sich
die Sitten der Zeit verrannt hatten, in das entgegengesetzte. Sie verbannten und verdammten Romane, Theater, Tanz, Weintrinken, ja sogar
die Freude an den Reizen der Natur, die schönen Künste und alle Vergnügungen und gingen in den einfachsten, düstersten und so viel als möglich verhüllenden Gewändern einher, vorzugsweise in der Tuchfarbe, die
man „Pfeffer und Salz" nannte. Sie hießen sich „die Stillen im Lande",
hielten ihr Leben für besser und würdiger als dasjenige der „Welt", welcher
sie das „Leben in Christo" gegenüberstellten. Zwar übten sie viele Wohlthätigkeit aus, doch vorzugsweise gegen Gesinnungsgenossen. Dem weiblichen Geschlechte widmete man ganz besondere Aufmerksamkeit, da die neue
Richtung demselben, ihrem Charakter gemäß, zusagen mußte, und Frauen
wurden auch wirklich die eifrigsten Apostel des Pietismus. Die gelehrte
Holländerin Anna Maria von Schurmann zu Utrecht widerrief sogar
1670 alle ihre Schriften, die doch nichts Unchristliches enthielten. Mit
regstem Interesse beobachteten sie die Seelenkämpfe und Wandlungen,
welche sie und Andere durchmachten, führten Tagebücher über ihre frommen
Empfindungen, die gar zu oft aus hohlem Phrasengestingel und ange-

fernem Bombast bestanden, und schrieben einander „tiefgefühlte" Briefe ähnlichen Inhalts.

Diese Stilübungen der Pietisten blieben indessen wenigstens in formeller Beziehung nicht ohne Einfluß auf die Literatur, in welche sie das Genre der Tagebücher und Briefe eigentlich erst einführten. Und so trugen sie auch ohne Absicht zur Erweiterung der Anschauungen bei, indem sie fleißig reisten, theils freiwillig, um gleichgestimmte „schöne Seelen" in anderen Ländern zu besuchen und mit ihnen fromme Gedanken auszutauschen, theils unfreiwillig, wenn sie von intoleranten orthodoxen Pfaffen und regiersüchtigen Regenten aus ihrer Heimat vertrieben wurden. Denn auch gegen diese höchst harmlosen Unterthanen übte die „Staatsraison" ihr Unterdrückungssystem und kühlte an ihnen ihr Müthchen. Dann ist auch nicht zu verkennen, daß die Pietisten trotz ihrer Extravaganz in der Sittenstrenge, oder vielleicht gerade in Folge derselben, in günstiger Weise auf das moralische Leben einwirkten, wie sie hinwieder auch durch ihre Diskussionen über religiöse Gegenstände dem blinden Nachbeten geistlicher Autoritäten mit Erfolg entgegenarbeiteten. Auch ist ihnen seit den Verwüstungen des dreißigjährigen Krieges die erste sorgsame Pflege für das Schul-, wie für das Armenwesen zu verdanken. Durch ihres Genossen Francke verdienstvolle Stiftungen in Halle, dem damaligen Rom der Pietisten, wo deren Glaube an der Universität von Francke, Breithaupt und Anton systematisch gelehrt wurde, erscheinen sie als die Väter und Mütter der nachher so zahlreich aufsprossenden Waisenanstalten. Bei solchen Anlässen waren sie auch überhaupt die Ersten, welche durch freiwillige Beiträge wohlthätige Anstalten in's Leben riefen.

Doch diese Wohlthaten der neuen Richtung kamen eher Allen zu gut, als ihren eigenen Anhängern. Bald genug traten die schlimmen Folgen einer so einseitigen Seelenthätigkeit zu Tage. Die Frommen thaten bald nichts mehr als mit Gott verkehren, der Jedem von ihnen ganz besondere Aufmerksamkeit schenkte und gleichsam mit Jedem ein geistiges Conto-Corrent führte, in welches er sein Soll und Haben an Tugenden und Sünden eintrug, — oder mit dem Teufel kämpfen, und machten sich durch sonderbare Gestikulationen und Ausrufungen, sogar auf der Straße, ebenso bemerkbar und jedenfalls lächerlicher, als durch die von ihnen verpönten Lustbarkeiten der Fall gewesen wäre.

Obschon der Pietismus sich an allen Höfen, an den meisten Universitäten und in einer großen Menge von bedeutenden Orten verbreitete, und sein Jargon von der Erweckung, vom Durchbruch der Gnade, vom Reiche Gottes u. s. w. überall geläufig wurde, und Jeder, der bei frommen Fürsten, oder Regierungen Protektion suchte, im Beten, Händeringen, Seufzen u. s. w. Virtuosität erlangte, geriethen doch im achtzehnten Jahrhundert, als Bildung und Wissenschaft wieder überhand nahmen, jene jedem forschenden Geiste ärgerlichen und elfenhaften Übungen, zu denen noch recht skandalöse Mißbräuche der Frommen kamen, in immer wachsenden verdienten Mißkredit. Gegen die Mitte des Jahrhunderts, besonders aber seit des alten Fritz Regierungsantritt, verloren die Pietisten ihre einflußreichen Stellungen und zogen sich, als die wahren „Stillen im Lande," in ihre ursprünglichen bescheidenen Konventikel zurück.

In dieser Zurückgezogenheit widmeten sie sich neben ihren mystischen Grillen theilweise der Wohlthätigkeit, mit deren Übung sie ein ehrbares und rechtschaffenes Leben verbanden, — theilweise aber verirrten sie sich in die seit den ältesten Zeiten mit der mystischen Frömmelei verbundene geschlechtliche Ausschweifung unter religiöser Maske. Ein merkwürdiges Beispiel dieser Verirrung bot der Anfang des achtzehnten Jahrhunderts dar. Wir meinen das Treiben des Gottfried Justus Winter und der Eva von Buttler. Der Erstere, 1677 zu Merseburg geboren, studirte in Marburg Theologie und schloß sich dann den hessischen und thüringischen Pietisten an. In Eisenach knüpfte er mit der genannten Dame, einziger Tochter des verstorbenen Edelmanns Hannibal von Buttler, welche seit ihrem fünfzehnten Jahre mit dem Pagenhofmeister Jean de Besiat in unglücklicher Ehe lebte, und wegen ihrer pietistischen Richtung von der lutherischen Geistlichkeit exkommunizirt war, ein Verhältniß an und machte mit ihr Ausflüge zu den pietistischen Vereinen Erfurts. Als dies Anstoß erregte, zog sich Winter nach Eschwege zurück, wo er zwanzig „engverbundene" Seelen um sich sammelte und die noch junge und schöne Eva brieflich vermochte, ihren Mann heimlich zu verlassen und zu Winter und dessen Genossen zu ziehen, unter denen sich sogar Professoren und Doktoren befanden. Sie wurden jedoch von den Behörden, weil sich Manche von ihnen in Weinberghäuschen u. s. w. auf „ganz unchristliche und viehische (!) Weise zusammenthaten" und dies als gute Werke anpriesen, im September 1702 verwiesen, soweit sie dem Orte fremd waren. Winter und Eva begaben sich mit ihren Anhängern nach der kleinen Grafschaft Sayn-Wittgenstein, deren Regent sie zuvorkommend aufnahm und ihnen freie Religionsübung gewährte, ja sogar den Hof Saßmannshausen schenkte.

Durch tapferes Psalmensingen, salbungsvolle Predigten, hohen Stand mancher Mitglieder und reiche Geldmittel bienieten die Frömmler die Welt. Winter verkündete den jüngsten Tag und das tausendjährige Reich, die Versagung der Welt und behauptete, daß er und Eva von Gott besondere Offenbarungen empfangen hätten. Bald jedoch verlautete, daß unter diesen Anhängerschilde schändliche Ausschweifungen begangen würden, daß Winter und Eva die in ihre Gemeinschaft eintretenden Weiber durch eine Art von Beschneidung unfruchtbar machten und die eintretenden Männer veranlaßt würden, sich mit Eva zu bergehen, was man in der Sekte „geistige Vereinigung" nenne, sowie daß unter den Mitgliedern das bei den ersten Christen üblich gewesene Küssen in weitester Ausdehnung wieder hergestellt werde. Ehrlichere Pietisten, wie z. B. ein gewisser Bjarcer Dilthey, welche sich selbst überzeugen wollten, was an diesen „Vertraulichungen" sei, wurden schlauer Weise von den eigentlichen Mysterien der Gesellschaft ferngehalten, bis der Genannte durch unvermutet anlangende frühere Genossen, die nun aber gründlich enttäuscht waren, die Wahrheit über das Lasterleben der Muker ersah. Eva rechtfertigte dieses in einer Disputation mit Dilthey auf die freche Weise mittels Bibelstellen, aber Viele, die noch Scham hatten, traten nun aus. Der wahrscheinlich bestochene Graf ließ zum Scheine eine Untersuchung führen, die aber kein Resultat hatte, und behielt die saubere Rotte im Lande, ja ermahnte sie im Mai 1704, sich durch Errichtungen von Übelgesinnten „nicht stören zu lassen", und sicherte ihnen fernere „Gewissensfreiheit" zu. Die Folge war reicher Zugang der ausgetretenen Mitglieder durch neue, welche in schamlosester Weise von Eva unterrichtet wurden, man erklärte die schnöde Fleischeslust nur durch ungemessene Befriedigung derselben; jedoch nur mit ihr, als mit einem „heiligen Fleische", werde diese scheinbare Unreinlichkeit ein Mittel zur Reinigung, ein Gottesdienst! So sammelte sich das geile Weib einen förmlichen Harem von zehn Männern, unter denen sich auch ein Vater mit zwei Söhnen befand, außerdem nahmen acht Frauenspersonen an der Gesellschaft Theil, unter ihnen Eva's Mutter. Mit Eva und Winter bildete der Medicinstudent Appenfelder eine Art von Dreieinigkeit, während der Jurist Engenaus der Eva, von der sich ihr Mann jetzt scheiden ließ, ihr Vermögen verschaffte und den Theolog Vinter aus dem Proselyten machte, jedoch von dem Schriftsteller Dippel eine derbe Abfertigung erhielt.

Die Glieder der Secte bildeten eine Familie mit Gemeinsamkeit der Arbeit, des Besitzes und der Frauen, beziehungsweise Männer. Ihre Lehre behauptete das Hervorgehen des Menschengeschlechts aus einer „ewigen Natur", und zwar in der Gestalt eines Zwitters, erst später seien die Geschlechter geschieden worden. Was durch die Sünde des alten Adam und der alten Eva verloren gegangen, müsse durch den neuen Adam (Winter) und die neue „Eva" wiederhergestellt werden, und diese „Kinder der Verheißung erzeugen." Dazu noch viel unsinniges Phrasenwerk. Die fleischlichen Vermischungen wurden sogar als religiöse Acte in Gegenwart Aller begangen und sogar die Taufe in diese Form gekleidet! Auch fanden sämmtliche urkundliche „Übergaben" der Mitglieder an solche des andern Geschlechtes statt.

Eine gewaltige Störung erlitt dieses „Zusammenleben", als die „Schwester" Sidonie von Calenberg, bei welcher die übliche Operation der Verschneidung (durch „Zerquetschung" der Eierstöcke) nicht gelungen war, im Hause der Gesellschaft von einem Kinde entbunden wurde, welches sogleich, wie man es an Brust der Muker sehen, — wie

schmachtete! Endlich veranlaßte doch diese Schandthat den Grafen, den Pächter des Gutes mit Beobachtung des Treibens der Mucker zu beauftragen. Das letztere fand durch in den Wänden der Versammlungszimmer angebrachte Oeffnungen statt und besetzte reiche Ausbeute. Man ertappte drei Paare, darunter Winter, Eva, Appenfelder und Siwerts, in flagranti, verhaftete sie und brachte sie in's Gefängniß zu Hanke. Sie wurden dann einem aus Bauern bestehenden Gerichtshofe unterstellt, dessen Mitglieder ihre neugierigen Frauen hinter einer spanischen Wand zuhorchen ließen, und die nicht bereits Verhafteten ließ man laufen, während man ihren im Versammlungshause zurückgelassenen Schatz von etwa viertausend Thalern an baarem Gelde und Werthsachen — confiscirte, — welches Verfahren dem gewandten Juristen Bergenius nur zu viel Stoff zu einer glänzenden Beschwerdeschrift an das Reichskammergericht darbot. Während die Akten an die Universität Marburg zur Beurtheilung versandt wurden, fanden die Verhafteten Gelegenheit zu entspringen (im März 1706). Sie gingen nach Neukar zu Bergenius und dann mit ihren sich wieder sammelnden Brüdern und Schwestern nach Usingen, wo sie sich mit einem dort bereits ebenfalls bestehenden Pietistenvereine ähnlicher Richtung verschmolzen. Ihre Existenz wurde jedoch schwierig, als das gräflich Wittgenstein'sche peinliche Halsgericht sie wegen Gotteslästerung und Unzuchtsmordes vorlud und, als sie nicht erschienen, die sonstfüchtige Habe förmlich dem gräflichen Staatsschatze einverleibte. Aus dieser Lage retteten sich Winter, Eva, Appenfelder und fünf andere Genossen, indem sie den Weg einschlugen, in welchen die Verbindung von Religion und Sinnlichkeit zuletzt immer einmündet, indem sie nämlich zur römisch-katholischen Kirche übertraten. Um den Schein zu wahren, ließ sich Eva mit Appenfelder, der den Namen eines Dr. Konrad annahm, nach katholischem Ritus (die Geschiedene!) trauen und darauf vereinigte sich die gesammte Secte im Städtchen Lugde, einer zum Bisthum Paderborn gehörigen Enclave bei Pyrmont. Auch Bergenius kam später hin, ebenfalls zum Scheine mit der Tochter des Bürgermeisters verheiratet, und wurde zum Vocalisten des Bischofs von Paderborn ernannt! Die Sectirer gingen zwar bei den Jesuiten, ihren Geistesverwandten, zur Beichte; aber sie behielten daneben ihre Hausordnung und setzten mit Vorsicht ihre schamlosen Orgien fort. Auch errichteten sie eine sogenannte „Regierung", deren Director Bergenius wurde und welche gegen die Mitglieder der Secte das Strafrecht übte. Es wurden neue Dogmen und Gebräuche eingeführt und Gottesdienste gehalten, welche aus katholischen und pietistischen Elementen gemischt waren, und bei deren Darstellung man wirklich schwankt, ob die ganze Erscheinung blos Heuchelei oder auch Fanatismus und Schwärmerei war, so sehr erinnert Alles an die Verkehrtheiten und Gräuel der Münsterer Wiedertäufer und anderer Genossenschaften des Unsinns. Es wurde z. B. die „Dreifaltigkeit" durch Beifügung der „Sophia (Weisheit)" auf vier

Personen vermehrt, letztere Rolle Eva zugetheilt und alle vier auf feierliche Weise eingeweiht.

Endlich aber nahte der Sturz des Schwindels. Ein abgefallener „Bruder", Sebastian Reuter, denuncirte die Bande, und am 22. Februar 1706 wurden zwanzig Mitglieder, darunter auch Bergenius, verhaftet. Winter („Gott Vater") und Ichtershausen (der neue „heilige Geist") wurden gefoltert und am 15. Mai zehn Mitglieder theils auf zehn Jahre, theils für immer des Landes verwiesen, zwei Andere, sowie Eva, Ichtershausen und Appenfelder, gestäupt und verwiesen, Winter aber zum Tode verurtheilt, jedoch vom Fürstbischof zur Geißelung und Verweisung begnadigt. Eva's Mutter, Sidonie von Calenberg und deren Schwester wurden entlassen und Bergenius rettete sich durch eine Vertheidigungsschrift, welche der berühmte Thomasius ein Meisterstück nannte, und durch Anrufung der pietistischen Universität Halle, so daß er ohne Strafe davon kam. Von dem weitern Leben der Betheiligten und ihrem Ende ist nichts bekannt. Der Erzähler des sonderbaren Handels, Ludwig Christiani, nennt Eva treffend einen „Johann von Leiden im Unterrock."

Eine ganz andere, reinere und ehrenhaftere Gestalt nahm der protestantische Pietismus wieder an in der von dem Grafen Nikolaus Ludwig von Zinzendorf, dem Sohn eines Freundes und Verehrers von Spener, gestifteten Brüdergemeine.

Zinzendorf wurde am 26. Mai 1700, nur dreizehn Tage vor dem Tode seines Vaters, des kursächsischen Konferenzministers Georg Ludwig, des „Lieblings aller Frommen", zu Dresden geboren. Er wurde von seiner sehr frommen Mutter, welche wieder zu ihren Eltern nach Groß-Hennersdorf in der Ober-Lausitz gezogen war, und nach deren 1704 erfolgter zweiter Vermählung mit dem preußischen Feldmarschall von Natzmer, dem sie nach Berlin folgte (ihr Kind also zurückließ!), von seiner Großmutter und seiner Tante erzogen, im beständigen Verkehre mit den Größen des Pietismus, Spener, Francke u. A. Er wuchs zum stattlichen schönen Jüngling heran und verband mit glühender Begeisterung für den „gekreuzigten Christus" eine reiche Fantasie und eine bedeutende Rednergabe. Seine „Glaubenszuversicht" war schon als Kind so groß, daß er „seinem Heilande" Briefe schrieb und sie zum Fenster hinauswarf, in der Ueberzeugung, sein „himmlischer Freund" werde sie schon finden, und nach dem Abendmahle den dasselbe Genießenden mit doppelter Ehrerbietung begegnete, weil sie, nach seinem Glauben, „wahrhaftig Christum selber in sich trugen". Sein erstes Taschengeld schenkte er dem ersten ihm Begegnenden. Schon früh veranstaltete er vertrauliche Gesellschaften, die man „Banden" nannte, zu gegenseitiger Erbauung, einst gerade, als die Truppen Karls XII. von Schweden in das Schloß eindrangen, um Kontribution zu holen, was dieselben so ergriff, daß sie von ihren Absichten abstanden. Er faßte den festen Entschluß, Theologie zu studiren; seine

Angehörigen aber sandten ihn 1710 mit der Absicht, ihn dem Staatsdienste zu widmen, in das Pädagogium Francke's nach Halle. Dort wurde
er, auf Verlangen seiner einfältigen Großmutter, unvernünftig streng behandelt. Sein religiöses Gefühl entwickelte sich so, daß bei der ersten
Kommunion „die Andacht seiner Seele hoch aufflammte und sein ganzes
Herz in Rührung, Dank und Gelübde zerschmolz." Dabei zeichnete er
sich in den alten Sprachen aus, sowie in der Rede- und Dichtkunst. Als
seine kindliche Lust am Spiele, die er sich noch nicht hatte nehmen lassen,
bei den Überfrommen Anstoß erregte, ließ er dasselbe, wie schon vorher
das Tanzen, bei Seite. Dagegen bemühte er sich, Personen aller Stände
und Glaubensbekenntnisse „zu Christo zu führen", las und betete mit
ihnen an abgelegenen Orten. So gründete er sieben Gesellschaften, die
in ein Bundesverhältniß zu einander traten und zum einzigen Zwecke
„Christum" hatten, dessen Bild das Ordenszeichen war. Ein spezielles
Bündniß schloß Zinzendorf mit dem Berner Friedrich von Wattenwil, zur
Bekehrung der Heiden. Mit einer lateinischen Rede gegen das Schulge-
zänke der Gelehrten, schied er im sechszehnten Jahre von Halle, um nach
dem Willen seines Vormundes die Burg des Pietismus mit Wittenberg,
derjenigen der Orthodoxie, zu vertauschen. Er fand aber in dem
trockenen Kreise der dogmenfesten Verstandesmenschen „kein Herz". Er
las Luthers und Speners Werke, aber stets mit der Bibel daneben, um
das „Menschliche" durch das „Göttliche" zu beaufsichtigen, und trat Allen
gegenüber energisch für seine Ansichten, oder wie er es nannte, „für
Christum" auf. Im neunzehnten Jahre verließ er Wittenberg, wählte
Utrecht zur Fortsetzung seiner Studien und frommen Übungen und ging
später nach Paris, wo er den gerade damals im härtesten Kampfe befindlichen Jansenisten seine Sympathien zuwandte, aber den Versuchen
ihres damaligen Hauptes, des Kardinals Noailles, ihn zum Katholizismus
zu bekehren, Standhaftigkeit entgegensetzte. Im Jahre 1720 kehrte er
nach Deutschland zurück. Auf der Reise suchte er, statt der schönen Landschaften, wie andere Reisende, nur Menschen. Zwischen Bamberg und
Würzburg zog Theodore, Gräfin von Castell, sein Herz an, da „auch ihre
Seele in Christo bräunte", und er sah in ihr gleich die „gottkorene"
Gefährtin seiner Tage, — trat sie jedoch aus Selbstverläugnung seinem
fürstlichen Freunde, Heinrich XXIX. von Reuß zu Ebersdorf ab. In
gleicher Weise opferte er seine Herzensneigung, Prediger zu werden, dem
Wunsche seiner Familie und wurde 1721 Hof- und Justizrath zu Dresden.
Unwillkürlich wirkte er in seinem Amte gleich einem Prediger und brachte
viele „Verlorene" zur Kirche zurück. Im folgenden Jahre kaufte er von
seiner Großmutter das Gut Berthelsdorf in der Oberlausitz. Nach
manchen Bedenken endlich zur Ehe entschlossen, vermählte er sich mit seines
einstigen Nebenbuhlers Heinrich von Reuß Schwester, Erdmut Dorothea.

Mit dieser Veränderung in seinen Lebensverhältnissen fiel noch eine andere wichtige Begebenheit zusammen, die für ihn und seinen Namen höchst folgenreich werden sollte. Er kam zu derselben Zeit in Berührung mit den „mährischen Brüdern", den vom Schicksale schwer geprüften Überbleibseln der einst so siegesstolzen Husiten, deren Nachkommen sich seit 1522 an Luther angeschlossen hatten, aber durch den dreißigjährigen Krieg abermals furchtbar decimirt worden waren. Eine Schaar dieser Unglücklichen wandte sich an den durch seine Frömmigkeit und Mildthätigkeit weit berühmten Zinzendorf, der ihnen jedoch wenig Aufmerksamkeit schenkte und blos zugab, daß sie sich auf dem Hutberge in seiner Besitzung Berthelsdorf anbauen durften, bis er selbst durch das Entstehen einer neuen Kolonie überrascht wurde und ihr dann seine ganze Liebe zuwandte. Er predigte seinen Schützlingen, schrieb für sie erbauliche Werke, Katechismen, Gesangbücher und beschwichtigte ihre theologischen Zweifel und Streitigkeiten durch evangelische Liebe, wie er auch zugleich fest gegen intolerante Bestrebungen lutherischer Pastoren auftrat. Seine Kolonie „Herrnhut" nahm zu, und er reiste selbst nach Mähren, um Gesinnungsgenossen dem Kerker zu entreißen, während zu Hause Unzufriedene gegen ihn wühlten. Nachdem deren Aufführer wohnsinnig geworden, gab Zinzendorf 1727 der „Brüdergemeine" eine Kirchenverfassung und Kirchenzucht, ließ sie jedoch bei Luthers Glaubensbekenntnis bleiben. Durch das Loos wurden Älteste und Oberälteste gewählt, der Graf zum Vorsteher und sein Freund Watteville zu seinem Gehülfen. Es begann nun ein beinahe ununterbrochenes Leben der Andacht und Frömmigkeit; Zinzendorf hielt „wunderbare Gebetstunden", nahm „Prüfungen der Herzen" vor, und machte „Erweckungsreisen", um „das über und über gefüllte Gefäß des Glaubens und der Liebe auch anderwärts auszugießen."

Aus Mangel an Schutz von Seite des schweizerischen und katholisch gewordenen August des Starken begab sich Zinzendorf 1732 in „freiwilliges Exil" nach Schwaben, „predigte dort so gewaltig, daß die Menschen förmlich hinter ihm herliefen," und trat in den längst von ihm ersehnten geistlichen Stand. Nun lebte er abwechselnd zu Hause und auf Reisen in Begleitung seiner Familie und zwölf Gleichgesinnter durch ganz Deutschland und bis Holland und Livland, überall drängte man sich, ihn zu hören. Im Jahre 1736 aber wurde er „wegen falscher Lehre und gefährlicher Prinzipien" aus Sachsen verwiesen, während doch eine amtliche Kommission bei neuntägiger Untersuchung in Herrnhut nichts Nachtheiliges entdecken konnte. Indessen predigte Zinzendorf auf der Ronneburg, die er zum einstweiligen Aufenthaltsorte gewählt, überzeugte den König Friedrich Wilhelm I. von Preußen, bei dem er drei Tage in Berlin blieb, von der Ungerechtigkeit seiner Verfolgung, und besuchte dann England, wo er sich den gesinnungsverwandten Quäkern und Methodisten näherte und Beide beeinflußte. Nach seiner Rückkehr wurde er in Folge eines Examens auf Befehl des Königs von Preußen als Bischof der mährischen Kirche ordinirt, und nun gestattete ihm auch Sachsen die Rückkehr. Jetzt sandte er Missionäre auch nach fremden Erdtheilen und ließ sich selbst zu einer solchen Missionsreise bestimmen, um nicht an Opfermut hinter seinen Freunden zurückzubleiben. Er schrieb auf dem Meere sein Testament und fuhr nach Westindien, wo ihm die europäischen Behörden in seinen Bestrebungen zum Seelenheile auch der Sklaven alle möglichen Hindernisse entgegenstellten und die seinen Worten lauschenden Neger mißhandelten. Ja, der König Christian VI. von Dänemark hatte den Befehl nach St. Thomas erlassen, Zinzendorf zu verhaften; die Botschaft kam jedoch erst dort an, als der Missionär wieder nach Europa abgereist war. Der König aber, vom Zustande seiner Neger unterrichtet, sah sein Unrecht ein und verfügte Verbesserungen. Mit vierzig bis fünfzig Begleitern besuchte Zinzendorf die Schweiz, wurde aber in Genf mit Steinen beworfen. Im September 1741 trat dann der Ruhelose eine neue Seereise an, fuhr nach New-York und Philadelphia, wo er den Ideen der neuen Welt gemäß, vor einer zahlreichen Gesellschaft, unter der sich auch Franklin befand, seinen Grafenstand niederlegte, aber mit Feindseligkeiten lutherischer und reformirter Pfaffen zu kämpfen hatte. Dann drang er in damals noch am Delaware wuchernde Urwälder zu den Indianern. Auf der Heimreise soll, so wird erzählt, auf sein Wort ein Sturm sogleich sich gelegt haben!

Bald zeigten sich jedoch die Konsequenzen eines solchen, zwar herzlich gemeinten und von Liebe zu den Menschen erfüllten, aber einseitig auf Beten und Singen gerichteten Strebens. Die Schüler Zinzendorfs fielen von dem heiligen Ernst ihres Meisters ab und verloren sich, mit dem ihm Heiligsten spielend, in eine ganz verrückte Begeisterung für „Christi Blut und Wunden." Man dichtete Verse, in denen auf widerliche Weise die Worte „Wundenflut, Wundengut, Wundenblut, Wundenmut, Herzenswunden, Geißelwunden, Nägelschrunden, Speerschlitzwunden" einander jagten. Freilich hatte Zinzendorf selbst dazu Anlaß gegeben, indem er gedichtet:

„Ein Kreuzluftvögelein,
Kränkelein vor Liebespein
Nach Jesu Seitenschrein",

und so war es natürlich, daß jene sonderbaren Schwärmer in dem „Seitenschrein" förmlich wühlten, ihn zu einem „Seitenhöhlchen" sublimirten, und darin sogar ein „Wundenwürmlein" fanden. Er selbst „jauchzte" anfangs über diese scheußlichen Geschmacklosigkeiten, die er sogar drucken ließ, aber endlich giengen ihm die Augen auf, und er that sein möglichstes, jene klaffenden „Wunden" zu heilen.

Nachdem Zinzendorf neue Missionsreisen gemacht, besonders in Holland und in England, wo er drei Jahre nacheinander blieb, brach der siebenjährige Krieg aus. Sowol die Preußen als die Österreicher schützten Herrnhut durch Verordnungen gegen die Kriegsgreuel. Wie sehr Zinzen-

dort alle aristokratischen Vorurtheile in wirklich christlicher Weise abgelegt
hatte, zeigt, daß er seine Tochter aus der Ehe mit der Fürstin von Reuß
mit seinem Hauslehrer und sich selbst in zweiter Ehe mit der Tochter eines
Glaubensgenossen, der in Mähren eingekerkert gewesen und Wagner von
Beruf war, verheirate. Er war aber durch vieles Arbeiten, Schreiben
und Wandern erschöpft, und fühlte im Jahre 1760 sein Ende nahe. Ein
Katarrhfieber warf ihn auf das Krankenlager und ein Stickfluß nahm ihm
die Sprache. Er verlangte seine „Kinder" zu sehen; gegen hundert versammelten sich um sein Sterbebett und waren bei seinem Tode am 7. Mai
zugegen. „Die Posaune erschallte, sagt seine Biographie, und die Gemeine
strömte auf dem Betsaal zusammen." Es wurde gebetet und gesungen und
Alles zerfloß in Thränen. Der Verstorbene wurde im weißen Bischofs-
talare in violettbeschlagenem Sarge ausgestellt und am 16. Mai unter
großen Feierlichkeiten und in Anwesenheit von 32 Predigern und Diakonen
der Brüdergemeine aus Holland, England, Amerika und Grönland und
von zweitausend Gemeindegliedern bestattet, wobei man von ihm gedichtete
Lieder sang.

So lebte nur endete ein Mann, welcher religiöse Vorurtheile, die er
ehrlich und ernst als wahr annahm, mit dem Zauber der Humanität,
Toleranz und Rechtlichkeit zu umkleiden wußte und in der Geschichte der
menschlichen Beirrungen und Einseitigkeiten als ein Lichtpunkt dasteht.
Sein Werk, geleitet von seinen drei ihn überlebenden Töchtern, vermählt
mit zwei Herren von Wattenwil aus Bern und einem Grafen von Dohna,
blühte fort und besteht noch heute.

Wir schreiten zu den kulturhistorischen Ereignissen innerhalb der
katholischen Kirche in deutschen Landen.

Die damals unter polnischem Schutze stehende freie, deutsch sprechende
und protestantische Stadt Thorn besaß in Folge der Privilegien König
Sigismund Augusts von 1557 das Recht der freien Ausübung des lutherischen Glaubens in ihren sämmtlichen Kirchen bis auf eine, welche die
Protestanten mit den Katholiken gemeinsam benützen mußten. Diese Kirche
wurde jedoch schon 1596 durch Sigismund III. den Katholiken allein zuge-
sprochen und eine andere Kirche den Benediktiner-Nonnen eingeräumt, so daß
die Protestanten nur noch zwei Kirchen besaßen, obschon mit Ausnahme der
Dienstboten und Arbeiter ihnen die ganze Stadt angehörte. Damit waren
aber die Katholiken immer noch nicht zufrieden. Dem bestehenden Gymnasium wurde 1605 ein solches der Jesuiten an die Seite gesetzt, nach erfolgter Störung durch die erbitterten Bürger zwar wieder aufgegeben,
jedoch 1611 neuerdings eingerichtet. Von den Schweden 1656 verjagt,
kehrten die unabtreibbaren Jesuiten nach dem Frieden von Oliva wieder
zurück, und erlaubten sich fortwährend solche Übergriffe und zudringliche
Bekehrungsversuche, wie auch Beleidigungen und durch ihre Schüler Mißhandlungen der Protestanten, und traten gegen eine harmlose Schrift des

Professors Arend, in welcher der Hohepriester Kaifas „Pontifex maximus" genannt war, worin sie eine Beleidigung des Papstes sehen wollten, so gehässig auf, und im Jahre 1724 benahmen sich bei Anlaß einer Procession die Jesuitenschüler, meist Polen, mit solch' herausfordernder Frechheit gegen die Bürger, daß endlich ein völliger Krieg zwischen beiden Parteien in der Stadt entstand, in welchem der Pöbel das Jesuitenkollegium, aus dessen Fenstern die Schüler auf das Volk Steine warfen und schossen, angriff, erstürmte und verwüstete. Die bewaffnete Bürgerschaft stellte selbst wieder die Ruhe her und der Magistrat ordnete eine Untersuchung gegen beide Parteien an. Die Jesuiten aber gaben eine Schrift heraus, in welcher sie auf nichts von dem Vorgefallenen so vieles Gewicht legten, als daß Heiligenbilder zerstört worden seien (was nicht der Fall war) und dabei — geblutet hätten. Da lud die stets für die Jesuiten parteiische polnische Regierung im Namen Augusts II. die Stadtgemeinde Thorn vor ihr Gericht, und ließ die Sache, nach einseitiger Anhörung der Jesuiten, durch eine Kommission aus lauter Polen und Katholiken untersuchen. Viele Personen wurden als wirkliche oder angebliche Theilnehmer am Sturme auf das Jesuitenhaus verhaftet, — wer aber die polnischen Beamten bestach, — ohne Weiteres entlassen. Die Kommission stellte endlich sechszehn Personen vor das Gericht und nahm von der Stadt eine Brandschatzung von 59,000 polnischen Gulden an Zehrungskosten und 2950 Dukaten an Gebühren. Das Gericht trat in Warschau zusammen und eines seiner Mitglieder plädirte für die Jesuiten und entflammte durch Vorweisung durchstochener und verbrannter Heiligenbilder den zusehenden polnischen Pöbel zur höchsten Wut. Die Vertheidigungsrede des Advokaten der Thorner wurde auf die Replik des Anklägers und die Rede eines Jesuiten todtgejubelt. Endlich verurtheilte das Gericht, unter Vorbehalt eines Bestätigungseides der Kläger (der Jesuiten), den Präsidenten Rösner und Vicepräsidenten Zerned des Magistrates von Thorn, welche ihr Möglichstes zur Aufrechthaltung der Ordnung gethan hatten, sowie zehn genannte und drei ungenannte (weil wahrscheinlich entflohene) Bürger, die an der angeklagten That betheiligt sein mochten, zum Tode, vier davon, als angebliche Heiligenschänder, zu vorhergehender Abhauung der rechten Hand und Einen zu nachheriger Viertheilung, zwei Beamte zur Entsetzung und Gefängniß, und viele andere Bürger zu Gefängniß verschiedener Zeitdauer, theilweise auch zu Peitschenhieben. Ferner wurde bestimmt, daß künftig alle Behörden und die Stadtsoldaten von Thorn zur Hälfte aus Katholiken bestellt, die Marienkirche den Protestanten genommen und den Franziskanern übergeben und bei jeder Störung von Processionen oder katholischen Leichenzügen die Stadt Thorn mit 500 Dukaten gebüßt werden solle. Über alle nicht katholischen Druckschriften wurde endlich Verbrennung durch den Henker, über zwei lutherische Prediger die Acht verhängt, jede Druckschrift in Thorn einer katholischen Censur unterworfen und das lutherische Gymnasium aus der Stadt auf ein Dorf verlegt. Der König von Polen bestätigte diesen Justizmord an einer Stadt seines ursprünglichen Stammes und Glaubens; nur Zernecke wurde später begnadigt. Polnische Truppen besetzten die Stadt, aus welcher ein Theil der Verurtheilten, die nicht verhaftet waren, hätte fliehen können, es aber verschmähte. Die Jesuiten verweigerten die Leistung des vorbehaltenen Eides, als gegen ihre Regel verstoßend, ließen ihn aber, — den schändlichen Meineid, — durch erkaufte Zeugen schwören! Durch Mönche versuchte man noch, unter Vorspiegelung der Begnadigung, sie zur katholischen Kirche zu bekehren, jedoch umsonst. Sie betheuerten sämmtlich ihre Unschuld und wollten bei ihrem Glauben bleiben. Am 7. December, früh Morgens, bei Fackelschein, wurde die schmähliche Blutthat verübt und zwar bei Ungeschicklichkeit des betrunkenen Henkers unter unmenschlichen Grausamkeiten und teuflischen Späßen. Acht Wittwen und achtundzwanzig Waisen trauerten. Die Jesuiten triumfirten und ihre Schüler begleiteten den Henker — mit Musik aus der Stadt! Sie aber und der eifrigste Betreiber der Blutthat, der Fürst Lubomirski, welcher bald darauf erblindete, wurden von allen menschlich und rechtlich Denkenden verwünscht. Das ganz freisinnige Europa fluchte dem fanatischen Polen, und August II. mußte sich vor dem Reichstage in Regensburg zu rechtfertigen suchen*).

Diesem Beispiele des katholischen Glaubenshasses im Norden folgte bald ein ebenso empörendes im Süden. Schon im sechzehnten und siebenzehnten Jahrhundert hatten mehrere Fürst-Erzbischöfe von Salzburg versucht, ihr Land gänzlich von den protestantischen „Irrthümern" zu reinigen, indem sie deren zahlreiche Anhänger erbarmungslos aus der Heimat trieben. Trotzdem verschwand die neue Lehre dort nicht, und ihre Bekenner versammelten sich, auch ohne Prediger, heimlich, während sie sich äußerlich nothgedrungen als Katholiken benahmen. Am Anfange des achtzehnten Jahrhunderts regierten noch, wie zeitweise schon vorher, humane Kirchenfürsten, als demselben jedoch 1727 Leopold Anton von Firmian folgte, begann dessen fanatischer Hofkanzler Räll, mit Hülfe der Jesuiten, eifrig gegen die heimlichen Protestanten zu wirken. Man nahm, dies zu thun, den ersten Anlaß daher, daß 1728 Papst Benedikt XIII. den Katholiken den Gruß vorschrieb: Gelobt sei Jesus Christ, worauf geantwortet werden mußte: Von nun an bis in Ewigkeit! Durch diesen Gruß kam man, wie die Pfaffen behaupteten, zweihundert Tage aus dem Fegfeuer, und wenn man ihn in der Sterbestunde aussprach, erhielt man zweitausend Jahre Ablaß. Wegen dieser schwindelhaften Versprechungen verschmähten es die Evangelischen, sich dieses Grußes zu bedienen, und verriethen sich dadurch. Da drangen Geistliche und Häscher

---

*) Fr. Börne, Thorns Schreckenstage im Jahre 1724. Ein Beitrag zur Geschichte der Jesuiten. Danzig 1825.

in ihre Wohnungen, durchsuchten sie nach ketzerischen Büchern, verbrannten diese und überlieferten die Besitzer der Geld- oder Kerkerstrafe. Einzelne der Verfolgten flohen schon seit 1729 aus dem Lande. Selbst Todtkranke wurden vom Lager weggerissen und vor die unmenschlichen Glaubensrichter geführt, und Viele schmachteten in den furchtbaren Kerkern des Schlosses Werfen, in welche sie, viele Klafter tief, an Ketten hinabgelassen wurden, worauf man einen eisernen Deckel auf die Öffnung fallen ließ und die Elenden ohne Luft und Licht im Schmutze starben. Andere kamen, nach fürchterlicher Exekution mit dem Ochsenziemer, mit Geldstrafe davon. Dazwischen quälte man sie unermüdlich mit Bekehrungsversuchen. Nun wollten sich die Protestanten (1731) durch eine Abordnung an den Kaiser wenden. Die erste solche wurde an der Grenze angehalten, nach Salzburg zurückgesandt und in scheußliche Kerker geworfen. Die zweite gelangte nach Regensburg, bewirkte aber nichts, als daß eine Regierungskommission abgesandt wurde, ihre Beschwerden zu prüfen. Bei diesem Anlasse fanden sich über zwanzigtausend Protestanten im Salzburgischen. Sie wurden, nachdem die Kommission abgereist, von den Geistlichen öffentlich in der Kirche verflucht, und ihnen alle kirchlichen Dienste, wie Taufe, Trauung, Beerdigung u. s. w. verweigert, worauf sich die Geächteten selbst zu helfen suchten und diese Dienste selbst verrichteten. Sie setzten sich mit einander in Verbindung und schwuren auf einer Versammlung in Schwarzach, ihre Finger feierlich in ein Salzfaß tauchend, bei ihrem Glauben unerschütterlich zu verharren. Man nannte diesen Schwur den Salzbund. Der Erzbischof, welcher davon hörte, verbot alle Versammlungen und ließ kaiserliche Truppen in das Land rücken und bei den Evangelischen einquartieren, deren man zugleich über siebenzig Nachts aus den Betten riß und mit Kappen über den Gesichtern am Morgen unter Glockengeläute in Salzburg einführte, mißhandelte, einkerkerte und auf alle Weise schreckte und zu bekehren versuchte. Die härteste Behandlung erlitt der eigentliche Anführer der Protestanten, der Schmied Rupert Stulebner zu Hüttau. Mit läppischer Wut verbrannten die Pfaffen evangelische Bücher, mit der größten Raserei waren sie auf — die Bibel erpicht. Die einquartierten Soldaten aber nahmen den Unglücklichen an Geld und Gut, was sie fassen konnten.

Inzwischen gelangten die Gesandten der evangelischen Stände am deutschen Reichstage mit einem Gesuche an den Kaiser, welcher aber nichts that, als daß er den Evangelischen, nach angeblichem Wortlaute des westfälischen Friedens, die — Auswanderung erlaube. Der Erzbischof machte diese Erlaubniß sofort zum Befehle und trieb mitten im Winter 1731 auf 1732 mit Hülfe von Soldaten alle nicht Römisch-Katholischen wie Vieh aus dem Lande, — und zwar die nicht angesessenen Arbeiter sofort, gleichviel wo man sie fand, ohne daß sie nur etwas von ihren Habseligkeiten mitnehmen durften. Da folgten die Angesessenen freiwillig nach.

obschon man sie mit Gewalt zurückhalten wollte und im Schrecken vor dem
großen Menschenverluste sogar auf die sich nicht Fügenden schoß, so
manche Katholiken schlossen sich ergriffen und gerührt an. Die Auswanderung dauerte den ganzen Winter. Sie ging vorerst auf bairisches
Gebiet. Aber drei Abgeordnete der Vertriebenen gingen nach Berlin und
baten König Friedrich Wilhelm I. um Schutz und Aufnahme in seinen
Landen. Er sagte denselben nicht nur zu, sondern ließ auch durch seinen
Gesandten dem Erzbischofe von Salzburg mit Repressalien drohen, falls
die Vertreibung in dieser Härte fortdauerte. Dänemark, Hessen und
Holland ließen die nämlichen Drohungen hören. Salzburg aber entsprach
denselben nur soweit, daß es einen Theil der Protestanten zurückhielt, um
abermals ihre Bekehrung zu versuchen. Als aber alles nichts half, glaubte
man die Auswanderer durch Erhebung schamloser Abzugsgelder und namenlose Quälereien abzuschrecken und suchte in wahnsinnigem Widerspruche zu
verhindern, was man früher befohlen, weil die Gequälten dies nun selbst
wünschten und man vor den Folgen der bösen That — zu spät — zurückbebte. Vielen behielt man mit Gewalt ihre Kinder zurück, um wenigstens
diese selig zu machen! Als bereits Vierzehntausend ausgewandert waren
und das Land zu veröden drohte, ließ der geängstete Erzbischof, vom Gewissen gequält, die Grenzen besetzen und alle Reisenden durchsuchen; auch
wurden Lügen verbreitet, als gingen die Auswanderer schrecklichen Schicksalen entgegen. Trotzdem waren bis 1733 dreißigtausend Salzburger
ausgewandert. Die meisten gingen nach Preußen, Andere nach anderen
deutschen Staaten, besonders den Städten Augsburg und Nürnberg, sowie
nach Holland, Schweden und Amerika*).

C. Frankreich.

Während auf der größern britischen Insel zwei religiöse Parteien
einander mit den Waffen bekämpften und gegenseitig im Besitze der Gewalt
ablösten, in Deutschland aber der Streit zwischen den Glaubensansichten
seit dem Ende des dreißigjährigen Krieges, der indessen vorwiegend
politische Ursachen gehabt, ohne materielle Waffen und auch ohne zu einem
Ziele zu kommen, geführt wurde, erfolgte in Frankreich nach dem Tode
Heinrich's IV., der den Hugenotten so weit möglich gerecht geworden, eine
allmälige, aber sichere und rücksichtslose Unterdrückung aller von der
herrschenden katholischen Kirche abweichenden religiösen Ansichten.

Die erste derselben, die sich einen Namen und Ausbreitung errang,
war die der Jansenisten. Ihren Ursprung hatte sie in Holland, wo

---

*) Dobel, Dr. Karl Friedr., kurze Geschichte der Auswanderung der
evangelischen Salzburger. Kempten 1835.

seit der Mitte des sechzehnten Jahrhunderts Streitigkeiten über des Augustinus Glaubenssatz von der Vorherbestimmung der Seligkeit durch die Gnade Gottes die theologischen Kreise erregten und namentlich an der Universität Löwen zwischen dem Professor der Theologie, Michael Bajus (de Bay), damals Kanzler, und den Jesuiten entbrannten und selbst nicht aufhörten, als Bajus durch eine päpstliche Bulle (1569) zum Widerrufe gezwungen wurde, und ebenso wenig als die theologische Fakultät für ihn gegen die Jesuiten auftrat und sie zu einem Vergleiche brachte (Bajus hatte sogar das Amt eines Inquisitors erhalten und starb 1589). Vielmehr brach der Streit auf's Neue aus, nachdem der Jesuit Molina in einem berühmten Buche die Gnadenwahl, wenn auch nur theilweise, bestritten hatte, worauf ihn Papst Clemens VIII., ein Anhänger dieser sonderbaren Lehre, hatte verdammen wollen, aber zu früh starb (1605). Umsonst untersagten Paul V. und Gregor XV. jeden Streit über diese aus der Luft gegriffene Hypothese. Da trat der Mann auf, von welchem die genannte Sekte ihren Namen hat: Cornelius Jansen (Jansenius), so nach seinem Vater, Jan Otthe, genannt, 1585 bei Leerden in Holland geboren. Als Student in Löwen Zuhörer eines eifrigen Anhängers des Bajus, pflog er dort und in Paris enge Freundschaft und Gesinnungsgemeinschaft mit dem Franzosen Jean Duvergier (Vergerius), welcher 1620 Abt des Benediktinerklosters St. Cyran wurde, nach dem man ihn oft benennt. Beide waren von den Lehren des Kirchenvaters Augustinus begeistert, in welchen sie den wahren Geist des Evangeliums zu entdecken glaubten, so daß sie natürlicher Weise zu der Ansicht gelangten, daß die katholische Kirche, welche nicht der augustinischen, sondern der von den Jesuiten begünstigten pelagianischen Lehre huldigte, einer Reform bedürfe. Ihr geistiger Entwickelungsgang war somit jenem Luther's und Calvin's ähnlich; aber ihnen lag jeder Gedanke an Trennung von der Kirche ferne. Ihre Gedanken tauschten sie einander mittels einer Geheimsprache aus; Jansen beschäftigte sich mehr mit der Reform der Lehre, Duvergier mehr mit jener der Kirchenverfassung. Ersterer arbeitete seit 1627 rastlos an seinem Hauptwerke über die Lehre Augustin's von der menschlichen Natur und führte für die Grundsätze desselben einen eifrigen Kampf gegen die Jesuiten, worin ihn die gelehrtesten niederländischen Theologen unterstützten. Mit weit weniger Sachkenntniß und Ausdauer bekämpfte er übrigens auch die Protestanten. Seit 1636 Bischof von Ypern, setzte er sein Werk rastlos fort; als er es beendet hatte, 1638, starb er, im Mai dieses Jahres; seine Freunde ließen es 1640 drucken. Es wurde von den Jesuiten heftig angegriffen und von der römischen Inquisition verboten, in Paris aber nachgedruckt, wo Duvergier, nun der hauptsächliche Träger der Grundsätze Jansen's, inzwischen Beichtvater eines Ordens geworden war, welchen der zweideutige Bischof von Langres unter dem Namen „Orden zur Verehrung des heiligen Sakraments" gestiftet hatte, und dessen Treiben in „auffallender, übertriebener Askese, fanatisch-mystischer Richterhascerei, pomposer Kleidung und prächtiger Ausstattung der Kirche" bestand. Der Bischof hatte für seine Stiftung im Quartiere des Louvre zu Paris ein Haus erworben, welches man das Sakramentshaus nannte. Zur Priorin desselben wurde auserseben Jacqueline Arnauld, seit 1602 (ihrem zehnten Lebensjahre!), unter dem Namen „Schwester Angelika". Äbtin des am Anfange des dreizehnten Jahrhunderts gestifteten Cistercienserklosters Port-Royal, welches erst drei Meilen südlich von Versailles lag, seit 1626 aber wegen ungesunder und enger Bauart nach der Vorstadt St. Jacques in Paris versetzt war. Sie verließ 1633 ihr Kloster und bezog das Sakramentshaus. Duvergier war es jedoch, welcher den Plan vereitelte, ganz Port-Royal ihr nachfolgen zu lassen, den Extravaganzen des Sakramentshauses ein Ende machte und endlich bewirkte, daß Angelika 1636 nach Port-Royal zurückkehrte, wo sie jedoch die Abtei ihrer jüngern Schwester Agnes abtrat; 1638 aber wurde das Sakramentshaus aufgehoben. Duvergier blieb Beichtiger von Port-Royal und übte durch seine Glaubensstärke und Begeisterung einen ungewöhnlichen Einfluß auf seine Beichtkinder aus, welche seine Grundsätze einsogen und hierdurch, wie sie versicherten, „sich wie umgeboren fühlten und in den Thränen der Reue eine Wonne fühlten, welche sie in Scherz und Freude nie gekannt hatten." Beinahe alle Schwestern waren „mit diesem Geiste der Buße und Freude im inwendigen Menschen erfüllt" und „unterhielten sich oft über ihr gegenwärtiges Glück und den Dank, den sie Gott schuldig seien, — und die Einigung ihrer Herzen war so groß, daß auch das strenge Stillschweigen ihnen zur gegenseitigen Ermunterung wurde." Wir reproduciren diese mystische Ausdrucksweise, um den Geist von Ort und Zeit zu kennzeichnen. Port-Royal wurde so unter Duvergier's Leitung der Heerd des Jansenismus, einer Richtung, welche an dem Widerspruche litt und krankte, katholisch sein zu wollen und doch eine Sekte zu sein, d.h. gegenüber der römischen Beschränkung auf Beobachtung der von der Kirche vorgeschriebenen Formen und Handlungen, ihren Gliedern die fromme Versenkung in sich selbst, also eine unkatholische Selbstthätigkeit, zur Pflicht zu machen. Die ganze Körperation lebte und webte in Augustin's Lehre von der Gnadenwahl. Weil aber diese Lehre diejenige Luther's und Calvin's gewesen und derjenigen der Jesuiten von der absoluten Willensfreiheit schnurstracks entgegen lief, so wurde folgerichtig Duvergier von jenen frommen Vätern als Ketzer angeklagt und acht Tage nach Jansen's Tode, am 14. Mai 1638, auf Befehl des Kardinals Richelieu, seines persönlichen Feindes, verhaftet. Fünf Jahre lang schmachtete er im Kerker zu Vincennes, und diese Leiden brachen seinem Körper so, daß er acht Monate nach seiner Freilassung, im Oktober 1643, starb, nachdem er vorher noch zu seinem Arzte gesagt hatte: „Sagen Sie den Jesuiten, wenn ich todt bin, sie sollen nicht triumphiren; ich hinterlasse Zweif, welche stärker sind als ich." Es waren dies zwölf seiner Freunde und Anhänger, deren bedeutendster der Doktor Anton Arnauld, Bruder der Äbtissinen Angelika und Agnes und Verfasser der „Apologie de Jansenius et de la doctrine de St. Augustin" war, und welche sich sämmtlich, seit seiner Gefangennehmung, in dem alten von den Damen verlassenen Port-Royal (jetzt Port royal des champs, zum Unterschied von Port royal de Paris genannt) niedergelassen und dort eine Art jansenistischer Einsiedlergemeinde gegründet hatten. Aber auch die Schwestern im städtischen Port-Royal fuhren fort, nach den nämlichen Grundsätzen, wie unter Duvergier zu leben, zu wachen, zu fasten und zu beten. Beide Anstalten hielten Schulen, jede für junge Leute ihres Geschlechtes, welche, in strengem Gegensatze zu der äusserlichen Dressur und slavischen Unterwürfigkeit der Jesuiten, zu innerlicher Frömmigkeit und Selbsterziehung angehalten wurden. Der Einsiedlerverein insbesondere wurde zum Centralpunkte der augustinisch-jansenistischen Lehre und damit auch der Opposition gegen die Jesuiten. Er vermehrte sich durch viele neue Mitglieder sowol, als durch zeitweise zur Erbauung und zum Studium in seiner Mitte sich aufhaltende Männer, und pflog mit Gleichgesinnten schriftlichen Verkehr. Seine Blütezeit aber erreichte er durch seine Berührung mit dem berühmten Mathematiker Blaise Pascal (nach altfranzösischer Schreibweise Blaius Paschal) *).

Pascal wurde als Sohn des Parlamentsrathes und Präsidenten der Cour des aides, Stephan Pascal, zu Clermont in der Auvergne, 19. Juni 1623, geboren. Schon in seiner Kindheit beginnt die Mystik zu spielen, indem die Sage ihn durch die Beschwörungen einer Hexe in eine gefährliche Krankheit fallen lässt, welche die Urheberin jedoch, auf Versprechungen und Drohungen des Vaters, in eine — Katze zu verpflanzen sich bewogen liess (!). In früher Jugend seiner Mutter beraubt, die er niemals recht gekannt, vielmehr in seiner mystischen Anschauung von der menschlichen Fortpflanzung als einer Entwürdigung des Geistes gering geachtet zu haben scheint. Im Jahre 1631 zog die Familie Pascal nach Paris, wo sich der Vater vorzüglich mit der Mathematik, seiner Lieblingswissenschaft, beschäftigte dieselbe aber seinem nach ihrer Kenntniss begierigen Sohne so lange vorenthielt, bis dieser nach seiner Ansicht so viel von den alten Sprachen gelernt hätte, um sie gründlich verstehen zu können. Der junge Pascal fühlte jedoch einen so kräftigen Antrieb zu jener Wissenschaft, dass er sich heimlich von selbst in ihr auszubilden begann und ohne Anleitung mit Kohle auf dem Zimmerboden mathematische Figuren zeichnete, deren Linien er, da er die richtigen Ausdrücke nicht kannte, „Balken" nannte. Sein Vater überraschte ihn hierbei und war so erstaunt, dass er dem Talente des Sohnes nun freien Lauf liess und ihn angeblich schon im zwölften Jahre,

---

*) Dreydorff, Dr. Johann Georg: Pascal, sein Leben und seine Kämpfe. Leipzig 1870.

wahrscheinlich aber erst später, zu Berathungen mit gelehrten Mathematikern und Naturforschern zuzog, deren Bewunderung er durch eine im siebenzehnten Jahre geschriebene Abhandlung über den Kegelschnitt erntete, während der große Descartes, der von dem Wunderkinde hörte, die Sache kühl aufnahm und an der Selbständigkeit der Arbeit zweifelte, worin ihm übrigens Pascal selbst theilweise recht gab. Letzterer schritt jedoch weiter und erfand im achtzehnten Jahre eine Rechenmaschine, auf welche er von dem Staatskanzler Séguier ein Patent erhielt, das vor Nachahmungen schützte, — die aber trotz ihrer Berühmtheit sich nicht bewährte und wegen ihrer Kostspieligkeit, Komplizirtheit und Unzuverlässigkeit aufgegeben werden mußte.

Pascal hatte zwei Schwestern, deren ältere Gilberte, die jüngere Jacqueline hieß. Die Letztere, — gleich ihrem Bruder ein Wunderkind, doch nicht in der Mathematik, sondern bereits seit ihrem achten Jahre in der Poesie, — erfreute sich mit zwölf Jahren schon einer solchen Berühmtheit, daß sie an den Hof gezogen wurde, die Königin bedienen mußte und Diese, sowie ihre Hofdamen besang. Die Hofluft wirkte jedoch so schädlich auf die junge Dichterin, daß das kindliche Gemüt derselben in frivolem Tone unterging und sie, als sie mit dreizehn Jahren von den Blattern etwas entstellt war, Gott dankte, daß er ihr durch ihre Narben eine Garantie der Bewahrung ihrer Unschuld gegeben habe! Als nun ihr Vater (1638) von dem mächtigen Kardinal Richelieu als „Unzufriedener" verfolgt wurde und fliehen mußte, spielte Jacqueline in einer vor dem Minister aufgeführten Kinderkomödie eine Hauptrolle und gefiel ihm darin so, daß er ihr Alles zu gewähren versprach, um was sie bitten würde, worauf sie natürlich um ihres Vaters Begnadigung bat. Dies wurde nicht nur gewährt, sondern der alte Pascal erhielt auch die Stelle eines Intendanten der Normandie und zog 1640 mit seiner Familie nach Rouen, wo sich im folgenden Jahre Gilberte verheiratete. Auch hier trat Jacqueline als Dichterin auf und besang mit fünfzehn bis sechzehn Jahren die — unbefleckte Empfängniß Maria's! Und zwei Jahre später bekämpfte sie bereits die sinnliche Liebe in Versen!

Eine wichtige Veränderung in der Pascal'schen Familie ging vor, als der Vater 1646 auf dem Eise der glattgefrorenen Straße fiel und ein Bein brach. Die beiden ihn behandelnden Chirurgen, geborene Edelleute, die diese Kunst aus Menschenfreundlichkeit erlernt und in ihren Häusern Spitäler errichtet hatten, waren von einer sehr frommen Richtung und zwar von der jansenistischen, von deren Häuptern (Jansen, Duvergier, Arnauld u. A.) sie die Werke den Pascals zu lesen gaben, und bekehrten die ganze Familie, Vater, Kinder und Schwiegersohn, zur Lossagung von den Eitelkeiten der Welt und zum Beginne eines sich selbst verleugnenden Lebens in Christo. Bei unserm Blaise Pascal indessen war diese „Bekehrung" noch so wenig eingedrungen, daß er keineswegs, wie ihre vollständige Durchführung verlangt hätte, seine wissenschaftlichen Studien aufzugeben gesonnen war, — vielmehr in den folgenden zwei Jahren wichtige Entdeckungen bezüglich des Druckes der Atmosphäre und des Gewichtes der Quecksilbersäule machte. Dagegen glaubte er, den ihm auferlegten frommen Pflichten zu genügen, indem er seine wankelmüthige Schwester Jacqueline, welche eben damals einige Bewerber um ihre Hand abgewiesen hatte und gegenüber einem neuen schwankte, — statt seiner ausschließlich für das Reich Gottes zu gewinnen und der Welt abwendig zu machen suchte. Zugleich beging er die unbegreifliche Schmählichkeit, im Vereine mit einigen Freunden einen Kapuziner zu Rouen, welcher sich mit philosophischen Untersuchungen beschäftigte, durch Unterredungen auf's Eis zu führen und dann bei seinen kirchlichen Oberen als Ketzer anzuklagen. Durch Vermittlung des Vaters Pascal, der den frommen Bubenstreich seines Sohnes gut machen zu müssen glaubte, kam der Angeklagte mit einem Widerrufe seiner „Ketzereien" davon, obschon er die Rechtgläubigkeit seiner Ansichten bewiesen hatte.

Der Glaubenseifer Pascal's scheint indessen nicht von Dauer gewesen zu sein. Während er mit seiner Schwester Jacqueline, angeblich seiner gestörten Gesundheit wegen, nach Paris zog, mit ihr dort die Bußpredigten des zum Verbande von Port-Royal gehörenden Singlin anhörte, ja die Schwärmerin sich entschloß, in das gleichnamige Kloster zu treten und Beide dies dem Vater in Rouen verheimlichten, soll der Bruder ein sehr weltliches, ja sogar ausgelassenes Leben geführt haben, und zwar mit Bewußtsein und Absicht ganz nach den Grundsätzen des Epikuräers Montaigne. Während er nie anders als vier- oder gar sechsspännig fuhr und auf diese Weise Schulden machte, starb sein Vater (1651), und der Sohn schrieb sofort wieder einen sehr frommen Trostbrief an seine ältere Schwester, und — während die bekehrte Jacqueline für seine Erleuchtung betete, setzte er nicht nur mit dem Erbtheile des Vaters sein bisheriges Leben fort, sondern suchte jetzt die Schwester von definitiver Ablegung des Klostergelübdes abzuhalten, damit ihr Erbtheil nicht dem Kloster verfalle; ihn beschämte jedoch die Äbtin Angelika mit dem Verzichte auf dasselbe! Seine wissenschaftlichen Studien hatte er in dieser unerfreulichen Zeit fast ganz bei Seite gelassen und schrieb dafür, nach eigenen Erfahrungen, eine „Rede über die Leidenschaften der Liebe". Und es waren wol eher seine Enttäuschungen in diesem Kapitel, als die von den frommen Jansenisten betonte Rettung seines Lebens bei einem Sturze der Vorderpferde seines Wagens über eine Brücke in die Seine, was im Jahre 1654 seine endliche „Bekehrung" herbeiführte. Er beichtete — seiner Schwester, und als die „unwiderstehliche Gnade" ganz bei ihm durchgebrochen war, schrieb er auf ein Blatt Papier eine Aufeinanderfolge exaltirt frommer Sprüche und Bibelstellen, in denen er vor dem „Gott Abraham's, Isaak's und Jacob's, — nicht der Philosophen und Weisen, — der Welt entsagte und sich Christo und — seinem Beichtvater unterwarf, — und nähte dasselbe in sein Kleid ein. Der Mathematiker war ein jansenistischer, d. h. katholisch-pietistischer Schwärmer geworden und schrieb eine Abhandlung „über die Bekehrung des Sünders", welche jedoch Fragment blieb. Zu seinem Beichtvater wählte der schon mit einunddreißig Jahren kindisch Gewordene von Jansenisten Singlin, einen Mann ohne theologische Bildung, wie seine Bewunderer von ihm alles Ernstes rühmen (!), — welcher jedoch dies Amt erst annahm, nachdem er dazu durch eine „göttliche Offenbarung" (!) ermächtigt worden. Pascal bezog, um sich der „Gnade" ganz hingeben zu können, eine Zelle in „Port-Royal auf dem Lande", wo er nach Herzenslust betete, fastete, sich allen kirchlichen Ceremonien unterwarf und das Mißtrauen, mit dem die frommen Väter den Naturforscher und Mathematiker empfingen, zu beseitigen strebte, indem er die von ihm früher verehrten Philosophen der — christlichen Offenbarung unterordnete, unter ihnen aber den Skeptikern den Vorzug vor den tugendstolzen Stoikern gab, weil Jene des Menschen zerknirschtes Nichtswissen lehrten, welches ja dem Mysticismus in die Hände arbeitet, damit er mit seiner Gnade nachhelfen könne! Diese letztere Ausführung ist der Gegenstand eines zwar in trefflichem Stile geschriebenen, aber im Inhalte höchst schwachen und unbefriedigenden Gespräches Pascal's mit de Sacy, einem der Männer von Port-Royal. Jetzt staunten Letztere die „Wunder der Gnade" an dem belehrten und gedemüthigten Weltweisen an! Der neue Adept aber vergaß nun sogar die Liebe zu seinen Schwestern und bewies seine krankhafte Stimmung hinlänglich dadurch, daß er die Krankheit „des Christen naturgemäßen Zustand", die Gesundheit aber — gefahrdrohend nannte.

Doch — noch einmal raffte er sich empor! Er schritt zu einer That, der größten, ja der einzigen von Bedeutung in seinem Leben, — indem er dasselbe System, dessen Auswüchse ihn einst zur Denunziation des armen Kapuziners von Rouen getrieben hatten, in seinen Quellen aufsuchte, enthüllte und mannhaft bekämpfte, — die Moral der Jesuiten! Die Veranlassung dazu war folgende:

Die Sorbonne hatte sich in zwei Parteien getheilt, von welchen die eine die Grundsätze des Molina, die andere jene des Jansen verfocht, und beide hatten sich nach Rom gewandt, um die Verdammung ihrer Gegner zu bewirken. Hier legten die Jesuiten dem Papste Sätze aus Jansen's Werken vor, welche dann die Mehrheit der Sorbonne für ketzerisch erklärte, und am 9. Juli 1653 verdammte Papst Innocenz X., auf Antrieb der Jesuiten, durch die Bulle cum occasione die genannten Sätze, obschon er Jansen's Buch nie gelesen hatte. Die Jansenisten aber, ferne von der männlichen Kraft der Protestanten des vorhergehenden Jahrhunderts, unfähig, durch einen kühnen Entschluß die Trennung von Rom auszusprechen, hatten den Papst demüthig um Ablaß und Segen gebeten und seine Entscheidung abzuwenden gesucht. Ablaß und Segen erhielten sie, — aber verdammt wurden sie doch! Als nun Doktor Anton Arnauld zweifelte, ob die verurtheilten Sätze auch wirklich in Jansen's Werken ständen, und zugleich, nach den Evangelien, behauptete, daß dem Petrus einst die „Gnade" gefehlt habe, wurde er vor den Richterstuhl der glaubenseifrigen Sorbonne geladen, zeigte sich aber schwach, bat Papst und Bischöfe um Verzeihung und sprach sich sogar zu Gunsten der päpstlichen Verdammung aus!! Aber was hilft Untreue an den Grundsätzen und Charakterlosigkeit gegenüber dem römischen Fluchsystem? Er wurde trotz Allem verurtheilt und 1656 von der Sorbonne ausgeschlossen. Niedergeschlagen beriethen sich inzwischen die jansenistischen Mönche von Port-Royal, unter ihnen auch Pascal, — was zu thun sei. Man beschloß, an das Publikum zu appelliren. Arnauld's Entwurf einer solchen Berufung fand keinen Beifall, und nun wandte er sich selbst an den jungen Pascal. Der gewandte Stilist schrieb, — und es entstanden die welthistorischen **Provinzialbriefe** (lettres à un provincial)! Ihr eigentlicher Zweck war, die Jansenisten zu vertheidigen; gegenwärtig sieht und schätzt man in ihnen nur noch das Gegentheil, den Angriff auf die Jesuiten, die Feinde der Jansenisten! Pascal begann dies Werk im Januar 1656 mit einem „Briefe an einen Freund in der Provinz"; — daher der Name. Er schrieb unter dem Pseudonym „Louis de Montalte," und in einem Stile, der das Muster der gebildeten französischen Sprache bis auf die Gegenwart geblieben ist; er ist reich an Witz und Humor, furchtbar in seiner Ironie; wir vergessen ganz, daß wir es mit dem sich demüthig und selbstverläugnend Jesu und seinem Beichtvater unterwerfenden Büßer von Port-Royal zu thun haben; in den Provinzialbriefen wenigstens ist von dieser Selbstverläugnung nichts zu finden.

Dieselben bestehen in Berichten eines Jansenisten über dessen Gespräche mit einem Jesuiten. Der erste derselben, nach Pascal's anfänglicher Absicht auch der einzige, beschäftigt sich blos mit dem Streithandel der Jansenisten und der Sorbonne und mit der Verurtheilung Arnauld's. Die ketzervertilgende Sorbonne mit ihren „Bettelmönchen" wird ihres alten Nimbus schonungslos entkleidet und mit unsterblicher Lächerlichkeit bedeckt. Die jansenistischen Schrullen von der Gnadenwahl, welche dazwischen spielen, verschwinden vor der Macht der Satire in ihr Nichts.

Umsonst suchte die Polizei Verfasser und Verleger des Briefes zu entdecken. Ihre Bemühungen hatten keinen andern Erfolg, als daß der zweite erst Anfangs Februar erscheinen konnte. Er ist wieder eine oratio pro domo, indem er die Kirche unter dem Bilde eines Kranken darstellt, welcher von drei Ärzten, einem Jansenisten, einem Jesuiten und einem „Neu-Thomisten" behandelt, aber natürlich nur vom ersten geheilt wird. Es ist eine ermüdende Darstellung der zwar weit auseinander gehenden, aber für unsere Zeit gleich ungenießbar und unverständlich gewordenen

Lehren der Jesuiten und Jansenisten von der damals unvermeidlichen vertrackten Gnade, dieser leeren Gefühlsspielerei — und wird selbst durch die pikante Sprache Pascal's kaum lesbar. Auch der dritte Brief gehört in diese Kategorie; er bemüht sich, die Rechtgläubigkeit Arnould's zu beweisen. Interessant werden die Briefe erst wieder vom vierten an, indem sie nun gegen die Jesuiten auftreten. Doch ist der vierte noch allzu theologisch; den Kern des Cyklus bilden der fünfte bis elfte Brief, welche sich mit der Moral der Jesuiten beschäftigen. Sie sind die erste und bisher beste, unübertroffene Enthüllung des Dichtens und Trachtens jener Heuchlerbande geblieben. Ihr Inhalt ist im Wesentlichen derjenige der von uns im ersten Bande (S. 282 ff.) gegebenen systematischen Darstellung dieses Pfuhles von Verworfenheit, den noch heute ein Gury, Kenrik u. A. für die wahre Moral halten, — worauf wir somit verweisen.

Die acht letzten Provinzialbriefe endlich sind nicht mehr an den „Freund in der Provinz," sondern an die gegeißelten „ehrwürdigen Väter" selbst gerichtet und nicht mehr im frivol-spöttischen Tone der früheren, sondern im leidenschaftlichen Feuer sittlicher Entrüstung geschrieben. Er behandelt in dieser Weise nach einander die Lehren der Jesuiten vom Almosen, von der Simonie, vom Bankerott (bei Anlaß von Escobar's Lehre, daß der Bankerottirer Alles unterschlagen dürfe, was er „nothwendig brauche"), vom Morde (Escobar, Molina u. A. lehrten, daß man eine Ohrfeige mit Tödtung erwiedern dürfe")*) und von der Verleumdung (welche die Jesuiten dem persönlichen Feinde gegenüber für erlaubt erklärten). Bei letzterm Anlasse hielt sich jedoch Pascal besonders lange dabei auf, seine eigene Rechtgläubigkeit gegenüber ihrer Anfechtung durch die Jesuiten zu beweisen, und zwar mit allzu ermüdender und peinlicher Ängstlichkeit und Wäschweifigkeit, so daß seine Polemik in nicht erfreulicher Weise versiegte und zu weiblicher Abwehr wurde. Dieses lahme Ausklingen der vorher so volltönenden Glocke unseres Schriftstellers erhält noch einen widerlichen, neuerdings an sein Verfahren gegen den Kapuziner von Rouen erinnernden Beigeschmack dadurch, daß er, wie Petrus, seinen Herrn, nämlich Port-Royal, auf die unverschämteste Weise verläugnete, mit welchem Kloster er verst behauptete, in keinerlei Verbindung zu stehen und mit Leuten von dort niemals gelebt zu haben! Dem Lehrbuch der Gnade hat also, scheint es, wie dem Petrus, auch einmal die Gnade gefehlt! Er muß auch von seinen Feinden etwas gelernt haben! Der Mann war eben, trotz der Keckheit, mit welcher er als Anonymus den Jesuiten erklärte, sie seien würdig, gepritscht zu werden, eigentlich recht herzlich feig.

Das Jahr 1656 war der Glanzpunkt — der einzige — in Pascal's

---
*) Neuestens bekanntlich noch übertroffen durch einen Peter Bonaparte, der eine angebliche Ohrfeige als genügend hiezu erachtete!

kurzem Leben. Seine Briefe erregten ungeheures Aufsehen, ja Begeisterung. Die vielen Gegner der Jesuiten unter der niedern Geistlichkeit jubelten heimlich und offen. Die Geistlichen von Paris forderten sogar alle Pfarrer Frankreichs auf, sich mit ihnen zur Verdammung der jesuitischen Grundsätze zu erheben. Zahlreiche Eingaben Solcher gingen an die Generalversammlung des französischen Klerus, welche dieselben nicht zurückzuweisen wagte, sondern zum Scheine eine Kommission ernannte, um „verderbliche Neuerungen in Sachen des Glaubens und der Moral" zu untersuchen. Und das Ende vom Liede war, — ächt katholisch! — daß diese Kommission ihr Werk mit einem — man staune! — Wiederabdrucke des Beichtbüchleins von Karl Borromäus erledigte!! Die Versammlung hatte eben nichts Anderes erwartet und war froh, auf diese höhnische Weise die Klippen umschifft zu haben, als der Jesuit Pirot durch Vertheidigung der Probabilitätslehre die Gegner seines Ordens auf's Neue reizte. Pascal trat mit kleineren Schriften abermals auf, und die Jesuiten, welche einen neuen Sturm gegen sich heranziehen sahen, ließen nach ihrer alten trefflichen Politik ihren Pirot im Stich und verdammten 1659 sein Buch!

Jetzt war die schönere Zeit Port-Royals und Pascal's vorbei. Ersteres begann schwach und Letzterer wieder kindisch, wie er schon gewesen, zu werden. Es kam für die Jansenisten das bedenklichste Stadium, welches eine Religionsgesellschaft durchmacht, — der für eine so vorgeschrittene Zeit jämmerliche Versuch, ihre Existenz durch das Wunder zu retten!

Jede Religion, welche mit dem Wunder operirt, spielt va banque. Sind Zeit und Ort ihres Entstehens dazu angethan, sich durch das Wunder imponiren zu lassen, so gründet sie sich ein mächtiges Reich der Zukunft; ist dies nicht der Fall, so zerstört sie sich selbst und gibt sich der Lächerlichkeit preis. Das Letztere war der Fall bei den Jansenisten. Ihre Wunder waren übrigens auch nicht originell, sondern knüpften in höchst unselbständiger Weise an die katholische Reliquienverehrung an. Das sinkende Nonnenkloster Port-Royal, dem, wie es scheint, die „wirksame Gnade" doch keine „genügende" war, hatte von dem Reliquiensammler de la Poterie, der sich großer Kundschaft erfreute, einen angeblichen Dorn aus der Dornenkrone Jesu zur zeitweiligen Benutzung erhalten, hielt ihm zu Ehren feierliche Processionen, und es neigten sich vor ihm singend und betend alle Nonnen und deren Pensionärinnen. Bald begann der „heilige Dorn" (Sainte épine), wie man ihn nannte, seine Schuldigkeit zu thun, d. h. Wunder zu wirken. Das erste vollbrachte er an Pascal's Nichte, der zwölfjährigen Tochter seiner Schwester Gilberte Perier, welche durch seine Berührung von einem für unheilbar gehaltenen Augenübel befreit wurde. Doch war die Zeit bereits so stark vom Zweifel angefressen, daß man es für nöthig hielt, den behandelnden Arzt (der die Patientin indessen seit zwei Monaten nicht mehr gesehen hatte!) zuzuziehen und durch ihn das Wunder bestätigen zu lassen. Der Arzt war nicht so gefällig, wie man

wünschte; er anerkannte zwar, daß die Heilung nur durch ein Wunder
habe geschehen können, garantirte aber nicht, daß sie dauerhaft sei und daß
das Übel nicht wiederkehren könne. Aber das Wunder mußte sich vollenden, und zwar durch Gottes eigenes Eingreifen. Kurz darauf fiel der
Arzt in ein heftiges Fieber, und dies brachte ihn auf den Gedanken, daß
er sich versündigt, und sofort verkündete er des Wunders unzweifelhafte
Wirksamkeit. Die fromme Jacqueline besang dasselbe ohne Säumen in
fünfundzwanzig zehnzeiligen Strophen schlechter Verse und unästhetischer
Krankheitsschilderungen.

Alle katholischen Autoritäten, welche von dem Wunder hörten, anerkannten es; die Jesuiten allein, wenn sie es auch nicht läugnen konnten (?),
suchten doch an seiner Auslegung herumzumäkeln. Nachträglich erinnerte (!)
man sich sogar, daß das Wunder durch einen während des Winters im
Klostergarten blühenden Baum und Nachts vorher (?) durch ein Traum-
gesicht der Mutter Agnes voraus verkündigt worden war. Und so wurde
aus der abgeschmackten Geschichte ein ganzer Cyklus von jansenistischen
Wundern! Selbst Pascal war von der Höhe des geistvollen Schriftstellers
und berühmten Kämpfers gegen die Hyder des Jesuitismus bereits so weit
herabgesunken, daß er, wie seine Schwester, die Mutter des Wunderkindes,
bezeugt, „von dieser Gnade lebhaft ergriffen war und sie als eine ihm
selbst widerfahrene betrachtete," weil er des Kindes Pathe war. In der
Schwindel wirkte so auf ihn, daß er seine Feder, welche die Heuchler so
scharf gezüchtigt, nun wider ihren Gegenpol, die „Ungläubigen", spitzte.
Es entstanden seine „Pensées", in welchen er die Wahrheit des Christenthums und alles Heil der Welt in den Wundern suchte. Im Wunder
„des heiligen Dorns" speziell aber erblickte er „ein Strafgericht über die
Jesuiten (deren Verderbtheit er in den Büchern der Makkabäer vorhergesagt fand!) und einen Beweis für die Rechtgläubigkeit Port-Royals."
Die überschwängliche Sprache, die er darüber führt, grenzt an die Fantasien
eines Wahnsinnigen. Wer nicht glaubte was er, hatte jetzt in seinen
Augen „allen gesunden Menschenverstand verloren." Die Jansenisten
waren ihm die „Auserwählten", sein Jahrhundert „das letzte" (!!).

Natürlich gaben diese Vorfälle den Jesuiten Waffen in die Hände.
In derselben Manier, welche der Verfasser der Provinzialbriefe selbst sie
gelehrt hatte, sandten sie die Flugschrift „Rabat-Joye des Jansenistes" in
die Welt hinaus, worin sie betonten, daß das Wunderthun ein Monopol
der Kirche sei, in welches Einzelne nicht pfuschen dürften; der Wunder
bedürfe es übrigens für die Gläubigen nicht, sondern blos für die Ungläubigen. Habe daher Gott durch den heiligen Dorn ein Wunder gewirkt, so habe er hierdurch den Jansenisten zeigen wollen, daß das Blut
seines Sohnes, mit welchem die Dornenkrone benetzt worden, zum Heile der
ganzen Welt (und nicht blos der durch die Gnade Auserwählten!) geflossen
sei, — und er habe zugleich den Jansenisten die ihnen unbekannten Tugenden

der Demut und des Gehorsams lehren wollen. Vielleicht werden aber auch die „übrigen Ketzer" durch dieses Wunder zum Verstande kommen u. s. w.

Pascal's Erwiderung zur Rettung des Wunders im Sinne der Jansenisten war bereits sehr schwach, eine höchst langweilige, breitgetretene Wundertheorie, welche mit dem tollen Gedanken schließt: das Wunder solle den Ausschlag geben, wenn innerhalb der Kirche die Wahrheit zweifelhaft und zu einem Streitgegenstande geworden sei. — Aber Alles half ihm nichts; — es war umsonst, daß er ausdrücklich erklärte: die Kirche könne ebensowenig ohne Papst existiren, als der Körper ohne Kopf, und wer sich vom Papste trenne, sei verloren! Der Papst Alexander VII. erklärte „alle weiteren Verhandlungen mit den Jansenisten für überflüssig und abgebrochen." Damit war der Fluch der Halbheit an den Jansenisten erfüllt. Sie wollten nicht Protestanten sein, und — Rom stieß sie aus! Sie wollten Wunder für sich sprechen lassen, und Rom desavouirte sie!

Als nun der päpstliche Wille vollzogen, d. h. die Jansenisten zur Unterwerfung gezwungen oder aufgelöst werden sollten, bewiesen merkwürdiger Weise die Frauen von Port-Royal in der Stadt mehr Mut und Stärke, als die Männer von Port-Royal auf dem Lande. Während Letztere entweder, wie Arnauld, de Sacy, Singlin u. A., ein ihnen vorgelegtes Formular, welches die Sätze Jansen's in dürren Worten verdammte und Diesen als falschen Ausleger Augustin's bezeichnete, — unterschrieben, weil sie im Falle des Ungehorsams als Ketzer erklärt wurden, — oder aber die Flucht ergriffen, harrten die Nonnen aus, bis man sie mit ihren Schülerinnen gewaltsam vertrieb, und Angelika starb 1661 während der Verfolgung, ohne etwas unterzeichnet zu haben. Es war die Zeit, in welcher sich auch andere Frauen für die jansenistische Marotte begeisterten. So die bekannte Antoinette Bourignon, 1616 zu Lille, mit das Gesicht bedeckenden schwarzen Haaren und an die Nase gewachsener Oberlippe geboren. Sie hatte in ihrer Heimat und in den Niederlanden Erscheinungen und trieb ihr Sektenwesen bis nach Schleswig. 1680 starb sie zu Franeker in Holland; sie hatte mehrere mystische Bücher geschrieben und ihre Anhänger nannten sie die „zweite Mutter Christi." — Nach ihr sollten Regierungen, Handel und die Ehe aufgehoben werden! — Was Pascal betrifft, so stand dieser schon seit der Zeit der Provinzialbriefe, aus nicht recht klaren Gründen, mit Port-Royal nicht mehr im früheren Verhältnisse. Der dem Papste sich anschließende König Ludwig XIV., dies Werkzeug der Jesuiten, ließ 1660 die Provinzialbriefe durch den Henker öffentlich zerreißen und verbrennen, und dies reizte ihren Verfasser so, daß er damals energisch gegen die (kirchliche) Inquisition und die (königliche) Censur loszog und vom irrenden Papste der Gegenwart an einen gerechtern Papst der Zukunft und an den „unsichtbaren Herrn der Kirche" appellirte. Es traf ihn aber die Nemesis für seine Verläugnung Port-Royals, — Port-

Royal verließ ihn jetzt! Und zur selben Zeit starb seine Jacqueline, nachdem sie noch einer Nichte Angelika's ihre Bedenken gegen das genannte Formular in einem Briefe dargelegt hatte, welcher bezüglich seiner Sprache den Provinzialbriefen an die Seite gestellt wird, daher wol nicht ohne Pascal's Mitwirkung entstand. Von Schmerz erregt, warf nun Letzterer den Port-Royalern ihre Charakterlosigkeit in bittern Worten vor und lud sie zu einer Besprechung über das gemeinsame Schicksal in seine Wohnung, denn er lebte längst nicht mehr im Kloster. Es kam zu so heftigen Scenen, daß Pascal — in Ohnmacht fiel, worauf ihn Alle liegen ließen!

Er verbrachte seitdem den Rest seines kurzen, frühreifen und frühwelken Lebens in Stillen, frommen Betrachtungen, ließ sich von allen Gelegenheiten fleißig in Kenntniß setzen, wo es Reliquien zu verehren oder Andachten zu verrichten gab, und starb, ohne den Jansenismus abzuschwören, als frommer, gläubiger Katholik, erst 39 Jahre alt, am 19. August 1662 nach zweimonatlicher Krankheit. Ohne seine religiösen Grillen und Vorurtheile wäre er ein großer Mathematiker und gefeierter Schriftsteller geworden.

Zu eben derselben Zeit begann ein Mann, der in vielen Stücken Pascal's Gegensatz genannt werden kann, das Hauptwerk seines Lebens, dessen wir bei dieser Gelegenheit erwähnen. Wie Pascal der Erneuerer des gelehrten jansenistischen Klosters Port-Royal, so wurde zu eben jener Zeit der Graf Bouthillier de Rancé der Reformator des absichtlich die Gelehrsamkeit und die gesammte Weltlichkeit verwerfenden Ordens der Trappisten. Zu Paris 1626 geboren, bildete sich derselbe in den alten Sprachen aus, wurde schon frühe Domherr zu Notredame, und Abt von Latrappe, 1651 Priester, drei Jahre darauf Doktor der Theologie, lebte jedoch sitten- und zügellos, bis er durch den Tod zweier seiner Geliebten so erschüttert wurde, daß er sich in die Einsamkeit zurückzog, dann in seine Abtei ging (1662), dieselbe von den entarteten Mönchen säuberte und mit Hilfe von Cisterciensern dort das außerordentlich strenge Leben einführte, welchem die Trappisten noch ergeben sind. Er starb dort, durch die selbst auferlegten Entbehrungen geschwächt, auf Stroh und Asche 1700. Das Studiren der Mönche verwarf er ganz und gar, weil es nur den menschlichen Stolz nähre.

Unterdessen war der französische Hof, welcher die Jansenisten nur aus politischen Gründen verfolgte, um sich keine neuen Hugenotten heranzuziehen, einmal nahe daran gewesen, sich wegen einer Differenz mit dem päpstlichen Stuhle auf die Seite der Jansenisten zu neigen, als der Jesuit Ferrier ihn bewog, sich mit Rom zu vergleichen. Die Frucht dieses Vergleichs war eine Bulle, welche alle französischen Geistlichen, Lehrer, Mönche und Nonnen verpflichtete, die Sätze des Jansenius zu verdammen und dies zu beschwören. Vier Bischöfe erklärten sich gegen diese Maßregel; aber der König setzte 1667 ein besonderes Gericht ein, welches die

Jansenisten vertrieb, einkerkerte, des Priesterthums entsetzte, — ohne daß von den Richtern Einer gewußt hätte, wer Jansen gewesen und was er gelehrt! Das seit der Vertreibung der Nonnen bewachte Kloster Port-Royal dagegen wurde 1668, natürlich gegen Verzicht auf allen Jansenismus, wieder freigegeben.

Indessen hatte die Verfolgung, wie immer, ihr Objekt mit der Martyrerkrone geschmückt und die Zahl der Jansenisten sich vermehrt, sogar durch Hochgestellte im Kirchen- und Staatsdienste, am Hofe und an den hohen Schulen. Man ließ daher in der Strenge nach; nur Arnauld mußte in die Verbannung ziehen und starb 1694 in den Niederlanden. Eine 1667 erschienene, von ihm und anderen Jansenisten bearbeitete Bibelübersetzung wurde, wegen ihres Abweichens von der Vulgata, vom Könige verboten und von den Päpsten Clemens IX. und Innocenz XI. verdammt. Der letztere Papst verwarf jedoch auch 65 Sätze der „laxen Moralisten" von der Gesellschaft Jesu. Dagegen erließ Clemens XI., aus Erbitterung gegen die vermittelnde Haltung des Kardinals Anton von Noailles, Erzbischofs von Paris, der Unterstützung des Königs gewiß, 1705 die Bulle „Vineam Domini", welche nicht nur die Verdammung der Jansenisten bestätigte, sondern auch in den Vorschriften über den Vollzug dieser Verdammungen die Rechte der gallikanischen Kirche empfindlich verletzte. Die damals noch sämmtlich national gesinnten französischen Bischöfe machten aber in einer Versammlung zu Paris, welcher Noailles vorsaß, die Annahme der Bulle von den Bedingungen abhängig, „daß die Bischöfe nach göttlichem Rechte befugt wären, Glaubenssachen zu richten, daß Bullen der Päpste nur dann die ganze Kirche verpflichteten, wenn sie von der Gesammtheit ihrer Hirten angenommen worden, und daß diese Annahme allemal von dem Urtheile der Bischöfe abhänge." Um sich für diese Keckheit zu rächen, bewirkten die Jesuiten, daß der Papst das Frauenkloster Port-Royal aufhob, und 1710 wurde dessen Gebäude auf Befehl des Königs niedergerissen und die darin bestatteten Reste der Jansenisten ausgegraben.

Die Urheber dieser Gewaltstreiche waren stets die jesuitischen Beichtväter des Königs, erst der ehrgeizige und sich schamlos bereichernde Père La Chaise und nach ihm der düstere, gewaltthätige und fanatische Le Tellier, der nach dem Tode des Königs vertrieben wurde und 1719 zu Amiens starb.

Um nun aber den jansenistischen Geist und mit ihm wo möglich auch die gallikanische Kirche auszurotten, warf sich die Wut der Jesuiten vorläufig auf die vom Pater Paschasius Quesnel, einem 1685 aus Paris geflüchteten Jansenisten, in Holland herausgegebene Übersetzung und Erklärung des Neuen Testamentes, welche selbst Papst Clemens XI. bewundert hatte. Auf jesuitischen Antrieb, namentlich Le Tellier's, verboten mehrere

Bischöfe das Buch als ketzerisch, und der nämliche **unfehlbare** Papst verdammte es 1708, als „voll aufrührerischer, gottesläſterlicher janſeniſtiſcher Lehren". In Frankreich wurde das betreffende Breve nicht angenommen, und der Kampf der Parteien entbrannte auf's Neue. Endlich bewirkten die Jeſuiten die Bulle Unigenitus vom September 1713, welche Quesnel's Neues Teſtament, als von der Vulgata abweichend, verbot und verdammte. Auch gegen dieſe Bulle erhob ſich in Frankreich ſtarke Oppoſition, und als mit dem Tode Ludwig XIV. der jeſuitiſche Einfluß am Hofe aufhörte, appellirten die oppoſitionellen Biſchöfe 1717 vom Papſte an ein **allgemeines Concil**, wogegen derſelbe 1718 Alle, die ſich der Bulle widerſetzten, in den Bann that. Es befehdeten ſich die Parteien der „Acceptanten" und „Appellanten"; die eingeſchüchterte franzöſiſche Regierung verbot 1719 allen Streit über die Bulle, die bedeutendſten oppoſitionellen Biſchöfe, unter ihnen Noailles, wurden zum Schweigen gebracht und 1730 mußte das Parlament die Bulle als „Reichsgeſetz" regiſtriren, die Appellanten aber ſchweigen oder ſich flüchten. Da ſuchten die zähen Janſeniſten noch einmal vergeblich ihre Rettung im **Wunder**. Der zu ihnen gehörige überfromme Diakon François de **Paris** war 1727 an der Strenge ſeiner Bußübungen geſtorben; er wurde von ſeiner Partei für einen Heiligen gehalten, und nun erfuhr man von wunderbaren Heilungen, welche durch die von ſeinem Grabe genommene Erde erfolgen ſollten. Das Volk ſtrömte an den Platz der Wunder, Schwärmer beteten, predigten und prophezeiten dort, wurden von Krämpfen und Zuckungen ergriffen, entblößten ſich aus religiöſer Schwärmerei auf unzüchtige Weiſe und hatten Viſionen. Es half nichts, daß die Regierung 1732 den Kirchhof St. Medard, wo dies verfiel, zumauern und durch eine Wache beſetzen und die „Convulſionärs" in's Gefängniß werfen ließ. Die Unfuge waren hierdurch nicht auszurotten, Schwärmer holten ſich heimlich Erde vom „Grabe ihres Heiligen" und hielten heimliche Zuſammenkünfte. Die Wunder und Schwärmereien dauerten fort und belehrten den Parlamentsrath de **Montgéron**, der dem Könige 1737 das Buch „la vérité des miracles opérés par l'intercession de Mr. de Paris" überreichte, wofür er in die Baſtille geſetzt wurde, in welcher er ſtarb. Ein anderer ſonderbarer Kauz, Karl Marie de la Condamine (1701 in Paris geb., 1784 geſt.) welcher ſich durch die merkwürdigſte Neugierde bekannt machte, alle Perſonen behorchte und alle Briefe las, die er erhalten konnte, wünſchte ebenfalls in die Geſellſchaft der „Convulſionärs" zugelaſſen zu werden. In Verſammlungen derſelben wurden, wie Condamine und der Deutſche Herr von Gleichen bezeugen, mehrere Male Mädchen bald auf Kreuze, bald in Kreuzform auf Bretter genagelt und zu Gottes Ehre auf eigenen Wunſch mit Holzſcheiten geſchlagen. Man glaubt indeſſen, die Operation ſei nur Schein, eine Art Taſchenſpielerei geweſen.

Trotzdem gab es immer noch „Appellanten", welche im Geheimen ihre eigenen Priester hatten. Um diesem abzuhelfen, befahl 1752 der Erzbischof von Paris, Beaumont, auf den Vorschlag der Jesuiten: keinem Sterbenden das Sakrament zu reichen, der nicht einen Beichtzettel von seinem ordentlichen Pfarrer vorweisen würde. Damals summten, wie Voltaire sagt, Insekten, welche aus den Cadavern des Molinismus und des Jansenismus emporgestiegen waren, in der Hauptstadt umher und stachen die Bürger. Man dachte weder an die Siege, noch an die Niederlagen der französischen Heere mehr. Es gab in Paris fünfzigtausend wahnwitzige Fanatiker, „welche nicht wußten, in welchem Lande die Donau oder die Elbe fließen und glaubten, um der Beichtzettel willen stürze das Weltall ein!" Daher der höllische Lärm, der sich erhob, wenn wieder neue Verweigerungen der Sakramente bekannt wurden. Umsonst untersagte der Staatsrath auf Befehl des Königs die gegenseitige Benennung der Unterthanen als „Neuerer", „Jansenisten", „Semi-Pelagianer" u. s. w. „Es war, als ob man Narren befohlen hätte, weise zu sein!" Die Hirtenbriefe widerspenstiger Bischöfe wurden auf Anordnung des Parlaments von Paris vom Henker verbrannt und die Urtheile dieser Gerichtsbehörde wieder vom Könige kassirt, so daß dieselbe mehrmals ihre Funktionen einstellte, bis sie zu Fortsetzung solcher gezwungen ward. Der König, der so gern vermittelt hätte, wußte sich nicht mehr zu helfen. Dies verursachte solche Unannehmlichkeiten, daß König und Bischöfe die Entscheidung des Papstes nachsuchten, worauf Benedict XIV. erklärte, es seien nur Denen die Sterbesakramente zu verweigern, welche als öffentliche Gegner der Bulle Unigenitus bekannt seien.

Diese Streitigkeiten waren indessen die Veranlassung zum Versuche eines Königsmordes, indem sie dessen Urheber den Kopf verrückten. Es war dies Robert Franz Damiens, 1714 zu Arras geboren und wegen seiner Bosheit schon früh „Robert der Teufel" genannt. Er wurde Diener im Jesuiten-Collegium zu Paris und dann in Privathäusern, in deren einem er seinen Herrn vergiftete, während er in einem andern 240 Louisd'or stahl, was ihn zur Flucht nach den österreichischen Niederlanden zwang. Hier beschäftigte er sich mit den jansenistischen Streitigkeiten Frankreichs und sprach mehrmals die Absicht aus, den dortigen König zu tödten, wenn er wieder hinkomme. Am 4. Januar 1757 vollführte er zu Versailles mit einem langen Federmesser sein Attentat, als Ludwig XV. eben in die Kutsche stieg, um nach Trianon zu fahren, brachte aber nur eine Blutung, keine offene Wunde zu Stande, worauf er verhaftet wurde. Im Gefängnisse hatte er die Keckheit, an den König zu schreiben, indem er als Grund seiner That die geringe Thatkraft aufführte, die Ludwig jenen kirchlichen Händeln gegenüber bewiesen, an denen allein der Erzbischof durch seine Verweigerung der Sakramente schuld sei. Der Brief zeugte übrigens deutlich von Geistesstörung. Der Unglückliche wurde am

28. März auf dem Greveplatze in Paris auf eine der barbarischesten Weisen hingerichtet, welche die Geschichte kennt. Zuerst wurde ihm die rechte Hand verbrannt, dann zwickte man ihn mit glühenden Zangen und goß Oel, geschmolzenes Blei und Pechharz auf die Wunden. Darauf versuchten vier Pferde 50 Minuten lang umsonst, ihn zu viertheilen, worauf dem noch Lebenden die Henker an Armen und Beinen das Fleisch und die Sehnen abschnitten. Er lebte noch immer und verschied erst, als man ihm die Arme abhieb! Das ganze Schauspiel dauerte anderthalb Stunde, während welcher er das volle Bewußtsein behielt, achtmal nach seinen zerrissenen Gliedern schaute und noch Scherze äußerte! — — —

In der Revolution verschwanden endlich alle Spuren des Jansenismus in Frankreich, wo derselbe ohne die Intriguen der Jesuiten gar nicht aufgetaucht wäre und eigentlich, da weder seine Anhänger, noch seine Gegner etwas Richtiges von Jansen und dessen Werken wußten, nichts war als ein schwärmerischer, gegen die geistige Despotie und Verflachung der Jesuiten verzweifelt ankämpfender Alt-Katholizismus. Er hatte indessen wenigstens die Genugthuung, daß seine Verfolger, die Jesuiten, bald nach seiner Unterdrückung auf schimpflichere Weise fielen, freilich nicht für immer.

Länger als in Frankreich, d. h. bis auf den heutigen Tag, erhielten sich die Jansenisten in ihrer ursprünglichen Heimat Holland, wo die Zahl der dortigen Anhänger Jansen's sich stets durch flüchtige französische Glaubensgenossen vermehrte. Ju ihnen gehörte auch der siebente katholische Bischof von Holland, Peter Codde (1688 gewählt), ein Freund Quesnel's, welcher eine strenge Kirchenzucht einführte und das Kirchengebet in der Landessprache halten ließ. Er wurde auf Antrieb der Jesuiten 1702 nach Rom citirt, zwei Jahre später entsetzt und nach seinem Tode, 1710, ihm ein christliches Begräbniß verweigert. Seitdem zerfielen die holländischen Katholiken in zwei Parteien, die Anhänger der Jesuiten und der Jansenisten, beziehungsweise französischen Appellanten. Letztere ließen ihre Priester von französischen Bischöfen dieser Richtung weihen und errichteten zwei Bisthümer in Harlem und Deventer, wozu später noch ein Erzbisthum in Utrecht kam, dessen Inhaber, nebst dem Bischofe von Deventer, vom Papste Leo XII. 1825, mit dem Banne belegt wurde. Die holländischen Jansenisten nehmen jedoch an Zahl ab, — ohne Schaden für den Fortschritt; denn ihr Glaubensbekenntniß unterscheidet sich von dem römisch-katholischen einzig durch — Verwerfung der Bulle Unigenitus! Im Uebrigen anerkennen sie, unter gewissen Beschränkungen, sogar die Unfehlbarkeit des Papstes!

Die weit beklagenswertheren Schicksalsgenossen der Jansenisten in Frankreich waren die Hugenoten. Seit dem Tode ihres edeln Beschützers Heinrich IV. begann die Verfolgung ihres Glaubens auf's Neue wach zu werden. Merkwürdiger Weise geschah dies Hand in Hand mit neuer Befestigung des Gallikanismus. In beiden Erscheinungen ist das

eine Streben zu erkennen, sie Frankreich eine einige und unabhängige
Kirche aufzustellen, stark im Innern und stark nach Außen. Diese Kirche,
die französisch-katholische, mußte sich daher zugleich gegen Papstthum und
Protestantismus wenden, das erstere raubte ihr die Freiheit, der zweite
die Einheit.

Schon der grauenhafte Tod Heinrich's IV. veranlaßte das Pariser
Parlament, die Schrift des Jesuiten Marians zu Gunsten des Königsmordes zu verurtheilen und dies auch gegenüber einem Buche des Cardinals
Bellarmin zu Gunsten des Papsthums zu versuchen, welch letzteres man
jedoch nicht wagte. Der einflußreichste und gelehrteste Professor der
Sorbonne, Edmund Richer, schrieb gegen die Allmacht und Unfehlbarkeit
des Papstes und verlangte die Versammlung öfterer Concilien. In der
Ständeversammlung von 1614 forderte der dritte Stand Erneuerung
des alten französischen Gesetzes, daß der König die Krone allein von Gott
habe und keine Macht, auch die geistliche nicht, die Unterthanen vom Eide
der Treue lossprechen könne. Die Geistlichkeit jedoch sah darin einen
Eingriff in ihr Gebiet, und der Adel half ihr, — den Antrag zu beseitigen.
Die beiden bevorzugten Stände unterstützten einander sofort auch darin,
die Einführung der Beschlüsse des trienter Concils in Frankreich zu verlangen. Gegen diese hierosfreundlichen Tendenzen des Adels trat jedoch
eine Minderheit unter dem Prinzen von Condé auf, mit ihr verbanden
sich die Protestanten, und Beide wußten sich soviel Achtung zu verschaffen,
daß die Rechte der Hugenotten feierlich bestätigt wurden.

Die Letzteren waren jedoch so unvorsichtig, ihre Verbindung mit
Hofparteien fortzusetzen, und dies war ihr Verderben. Es brach aus,
als sie wegen der entlichen Vereinigung der Provinz Béarn, ihres Haupt-
bollwerkes, mit der Krone, bewaffnet auftraten; sie unterlagen (1621)
den königlichen Truppen. Noch schlimmer wurde ihre Lage seit dem
Emporsteigen des Cardinals Richelieu (1624) zur Stelle eines ersten
Ministers. Die Hegemonie eines mächtigen und einigen Frankreich in
Europa war sein Ziel. Obschon er sich zur Erreichung des letztern mit
den Protestanten des Auslandes verband, befolgte er in diesem Punkte
die Politik Franz I. und suchte im Lande selbst die Glaubensverschiedenheit
auszumerzen, damit es von allen innern Kämpfen gereinigt werde. Die
Geistlichkeit beförderte diese Absichten eifrigst nach Kräften. Nach neuen
Religionskriegen fiel 1628 durch die Einnahme von La Rochelle der
letzte Rest der hugenottischen Macht; das geschwächte England hatte nicht
vermocht, es zu verhindern.

Die Hugenotten waren jetzt nur noch aus Gnade geduldete Unterthanen. Sie spielten keine Rolle mehr, mit in den folgenden Jahren erregten die Jansenisten, wie wir gesehen, größeres Aufsehen als sie. Dies
war ihnen jedoch günstig. Sie lebten friedlich und unbehelligt, als gute
und treue Unterthanen des Königs, den sie gegen alle seine Feinde unter-

flüchten. Mazarin, Richelieu's Nachfolger seit 1642, bewilligte ihnen sogar 1659 eine Provinzialsynode, und als nach des zweiten Kardinal-Regenten jenes Jahrhunderts Tode, 1661, Ludwig XIV. die Selbstregierung antrat, stellte er das vielfach verletzte Edikt von Nantes in vollem Umfange wieder her. Es wurde jedoch bald wieder (1663) illusorisch gemacht durch das Gesetz gegen die „Relaps", d. h. die convertirten Hugenotten, welche zu ihrer Religion zurückkehrten. Nach demselben traf sie lebenslängliche Verbannung. Damals lebten die Hugenotten in der Zahl von anderthalb bis zwei Millionen nicht mehr streitsüchtiger und gefürchteter, sondern fleißiger, redlicher und geachteter Bürger, worunter die bedeutendsten Beförderer der Industrie in allen möglichen Artikeln, und zwar in den meisten Provinzen zerstreut. Zugleich zählten sie aber auch hervorragende Prediger, Aerzte, Naturforscher und Dichter in ihren Reihen und glänzten auf ihren drei Akademien zu Sedan, Montauban und Saumur.

Die beinahe göttliche Macht indessen, nach welcher Ludwig XIV. strebte, was ihn zu so manchen tollen Schritten verleitete, beschwor auch über die französischen Protestanten neues Verderben herauf. Er hoffte seinen Ruhm zu erhöhen, wenn er die Vereinigung der in seinem Reiche lebenden Kirchen zu Stande brächte. Zu diesem Zwecke war er bereit, auf katholischer Seite Concessionen zu bewilligen, wie z. B. die Abschaffung des Cölibates, die Vermeidung der Behandlung streitiger Glaubenspunkte, eine Verminderung der Klöster und die Aufstellung eines, vom Papste wol unabhängigen, französischen Patriarchen. Auf der Synode zu Charenton, 1673, wurde jedoch durch das Uebergewicht der strenggläubigen Calvinisten nicht nur dieses Ansinnen verworfen, sondern selbst dessen hauptsächlicher Verfechter seiner geistlichen Würde entsetzt. Dies ärgerte den König, und seine Stimmung wurde noch verschlimmert durch die grundlose Besorgnis, daß seine reformirten Unterthanen mit seinen Feinden, den Holländern, als ihren Glaubensgenossen, gemeinsame Sache machen könnten. Einheit des Glaubens wollte er nun einmal in seinem Reiche haben, so gut wie Einheit der politischen Interessen. Diesem Streben kam der Umstand zu Hülfe, daß die Protestanten nicht mehr, wie früher, Prinzen, hohe Adelige, Staatsmänner und Feldherren unter sich zählten, namentlich seitdem der große Turenne u. A. ihrer Carrière zulieb konvertirt hatten, und es bestürmten den König noch mehr ganz unverhüllt Aufforderungen der katholischen Geistlichkeit, „die Ketzerei auszurotten", wenn er in seinen Kriegen von Gott Sieg erwarte.

Kaum vergönnte eine vorübergehende Friedensperiode Zeit dazu, so begannen die Verfolgungen. Zuerst wurden die von Heinrich IV. eingeführten „gemischten Kammern", d. h. Gerichtshöfe aus Mitgliedern beider Glaubensformen aufgehoben, dann, 1680, geborenen Katholiken der Uebertritt zur reformirten Kirche und ebenso die gemischten Ehen, bei den „protestantische Hebammen verpönt, die Taufe der Kinder innerhalb

24 Stunden nach der Geburt vorgeschrieben (damit die oft weit entfernten reformirten Geistlichen die Handlung nicht vornehmen konnten), das siebente Lebensjahr zum Übertritt in die katholische Kirche für genügend und die konvertirten Kinder zur Forderung einer Pension von den Eltern berechtigt erklärt, die Protestanten vom Dienste bei den Finanzen und der Marine, von den Staatspächtereien und von den Gemeindeämtern ausgeschlossen, endlich ihnen alle Privilegien des Ranges und sogar die Ausübung von Handwerken entzogen. Dazu kamen noch außerordentliche Chikanen jeder Art, welche sich die katholischen Beamten ungestraft gegen die Protestanten erlauben durften. Die Parlamente begannen sogar ohne Weiteres, die reformirten Predigten einzustellen, reformirte Kirchen zerstören zu lassen, ja die Protestanten an der Auswanderung zu verhindern und ihre Güter zu versteigern. Am wütendsten verfuhr dasjenige von Toulouse, am mildesten das von Paris. Das katholische Volk betheiligte sich nicht an der Raserei, es beschämte seine Vorsteher. Die Protestanten aber benahmen sich würdig; als eine Kirche in den Cevennen zerstört wurde, zogen die ihr angehörenden sechstausend Männer in ruhiger Haltung und ohne Waffen zu einem Bettage in Montpellier und versöhnten sich mit alten Familienfeinden. An einem Tage in ganz Südfrankreich versammelten sich die Protestanten betend in ihren Kirchen oder auf den Ruinen der zerstörten. Aber das Volk wurde gegen sie aufgehetzt und die Urheber des Gedankens, in Toulouse sechszig Geistliche zugleich, wurden in die Kerker geworfen.

Als sich die Protestanten durch diese Gewaltthaten nicht belehren ließen, versuchte man es durch die damalige Haltung der katholischen Geistlichkeit in Frankreich. Der König, welcher, wie nach Einheit des Glaubens, so auch nach nationaler, vom Papste unabhängiger Organisation der Landeskirche strebte, gewann die Geistlichkeit dadurch, daß er ihr begreiflich machte, er hätte die Macht, sie für seine Kriege in Mitleidenschaft zu ziehen, wolle es aber nicht, wofür sie ihm starke freiwillige Beiträge an die Kriegskosten gab. Als nun der König in einer Angelegenheit, welche die kirchlichen Rechte des Staates betraf, der Pfründenverleihung nämlich, mit dem Papst in Zwist gerieth, schrieb er, auf den Wunsch der Geistlichkeit seines Landes, 1681 eine Versammlung derselben aus. Dieselbe äußerte sich mit Entschiedenheit gegen die Unfehlbarkeit des Papstes und nahm 1682 vier Sätze an, welche 1) die Unabhängigkeit der weltlichen Macht von allen geistlichen Eingriffen, 2) die Überordnung der Concilien über das Papstthum, 3) die Nothwendigkeit der Beistimmung der Kirche in geistlichen Fragen, und 4) die Beobachtung der staatlichen Gesetze in weltlichen Fragen vorschrieben, und zwar in der von dem Prediger Bossuet redigirten Form. Der König gab zwar denselben seinen vollen Beifall, vertagte aber die Versammlung aus Furcht vor weitergehenden Beschlüssen und vor dem Zerfall mit dem Papste.

Dagegen wurden die "vier Grundsätze der gallikanischen Kirche" als Waffe gegen die Protestanten benutzt. Man hoffte, denselben dadurch jeden Grund zum Fortbestande als besondere Kirche abzuschneiden. Die Sache machte jedoch keinen Eindruck auf sie; die kirchliche Gewaltherrschaft des Königs erschien ihnen noch weit abschreckender, als jene des fernen und nicht mächtigen Papstes. Nun schritt der Despotismus weiter. Man belastete die Protestanten mit mehr Steuern und Einquartierungen, als die Katholiken und begünstigte in ganz auffallender Weise die zum Katholizismus Übertretenden. Der König warf einen eigenen Fond zur Unterstützung der "Bekehrungen" aus, dessen Verwaltung er dem Konvertiten Pellisson übertrug. Man vertheilte aus denselben Summen unter die Bischöfe und gab ihnen zu verstehen, es wäre dem Könige sehr erwünscht, große Verzeichnisse von Konvertiten zu erhalten. Die Bekehrungen wurden taxirt, je nach ihrer Wichtigkeit; der gewöhnliche Preis war sechs Livres auf den Kopf, für eine angesehene Familie fielen erst 12 Livres ab. Die Verzeichnisse wurden mit den Quittungen und mit Jeder der letzteren die Abschwörungsformel eingesandt. Je mehr Geld ein Bischof erhielt, desto eifriger waren seine Bekehrungen. Doch brachte man es damals in einer Provinz nur auf drei- bis vierhundert Bekehrungen im Jahre. Auch der König glaubte an die Aufrichtigkeit der Übertritte, die auf Furcht beruhten! Die Maintenon arbeitete damals an der Ausbildung seiner Bigoterie, und seine Bekehrungswuth nahm täglich zu. So wurde es denn möglich, rascher und kräftiger einzuschreiten, als dies mittels der Bekehrungen am Geld geschah. Man fing an, die protestantischen Kirchen darweg niederzureißen; 1679 begann man mit zweiundzwanzig solchen und jedes Jahr kamen mehrere dazu. Schon 1680 war daselbst die Versammlung des katholischen Klerus voll Lob und Dank gegen den König und hoffte, auf das Glück, die Ketzerei zu seinen Füßen sterben zu sehen!" — Der Intendant Nicolas Josef Foucault erhielt 1685 die Bewilligung, die reformirten Kirchen der Landschaft Bearn zu zerstören, fünfzehn als "überflüssig" und die übrigen fünf, weil darin gegen die königlichen Edikte gehandelt worden sein sollte! Jesuiten predigten als Missionäre über den Ruinen! Dann ließ Foucault Truppen kommen, mit deren Hülfe erstaunlich viele "Bekehrungen" erfolgten. Er verjagte die Prediger und spottete dann, sie hätten ihre Heerden schmählich verlassen. Den noch nicht "Bekehrten" wurde im Namen des Königs die Bekehrung befohlen, und wo sie nicht sofort erfolgte, fielen Dragoner ein und verübten die scheußlichsten, durch die Bezeichnung der "Dragonaden" berüchtigten Mißhandlungen. Man nannte dieselbe auch "die Bekehrung durch Einquartierungen" oder, noch drastischer, "die gestiefelte Mission". Alles geschah, nachdem der tolerante Colbert wegen allzugroßer Milde in Ungnade gefallen war, unter unmittelbarer Leitung des königlichen Beichtvaters, des Jesuiten La Chaise, und des Kriegsministers

Louvois, dessen Vater, der Reichskanzler Le Tellier, an der Spitze der Justiz, dessen Bruder an jener der Geistlichkeit, wie er selbst an jener des Militärs sich befanden, wie auch Ludwig's Günstling, der junge Herzog von Rochefoucauld, sein Schwiegersohn war. Seine Maßregeln waren würdig der von ihm zweimal angeordneten Verwüstung der Pfalz (1674 und 1689) und der schmählichen Intriguen gegen die tapferen Feldherren Turenne und Catinat, die er spann. Die Dragonaden wurden so wirksam gefunden, daß man sie auch auf die übrigen Provinzen ausdehnte, in welchen noch Unbekehrte lebten. —— und sie hatten bei den Eingeschüchterten ungeheuern Erfolg! Die „Bekehrungen" wuchsen in die Zehntausende; in Nismes allein fanden in drei Tagen sechszigtausend statt. Man hatte ja England nicht zu fürchten; sein König Jakob II. war der eifrigste Katholik Europa's. Daher schrak man vor nichts mehr zurück, übergab das Collegium von Sedan den Jesuiten, entzog den protestantischen Offizieren ihre Pensionen und untersagte den Protestanten jeden gelehrten Beruf, ja sogar jeden Unterricht in höheren Wissenschaften! Ja, man wollte ihnen das Recht des Zeugnisses vor Gericht entziehen, was indessen der alte Le Tellier nicht zugab. Da nahm man ihnen wenigstens die Führung der Civilregister weg. So war denn kein Hinderniß mehr vorhanden, „den letzten Schritt zu thun. Am 22. October 1685 wurde das Edikt von Nantes, zur Zeit der Ferien des Parlamentes von Paris, vom König aufgehoben. Der Akt, durch welchen dies geschah, gründete sich auf den Übertritt der meisten und „besseren" Reformirten zur katholischen Kirche, untersagte die Ausübung der reformirten Religion, verordnete die Zerstörung ihrer Kirchen, die Verbannung ihrer Prediger, und verbot die Auswanderung aller Übrigen bei schwerer Strafe, die auch die dazu behülflichen Schiffskapitäne treffen sollte.

Der Geist der Bartholemäusnacht war zurückgekehrt. Hätte auch das Widerrufs-Edikt den Zwang zur Konversion nicht aufgenommen, sondern den Verfolgten noch wenigstens freien Handel und Wandel bewilligt, so wurde doch diese Klausel thatsächlich nicht beobachtet. Man fuhr fort, den Reformirten Dragoner als Einquartierung einzulegen und befreite die Konvertierten wieder davon, indem man die Übrigen desto stärker belastete. So wurde z. B. die Stadt Orange durch stets nach einigen Stunden immer wieder wachsende Einquartierung total „bekehrt". Die diesen Unmenschlichkeiten Entfliehenden wurden, wenn man sie einholte, in scheußliche Kerker geworfen. Nur unter den furchtbarsten Gefahren und Mühseligkeiten war eine Flucht möglich, und doch gelangten etwa eine halbe Million Protestanten nach der Schweiz, Deutschland, Holland und England, wo sie die von ihnen betriebenen Industriezweige einführten. In dem verödeten, aber dafür glaubenseinigen Frankreich hielt man jedoch mit Aufgeboten und Bewaffnung der katholischen Bevölkerung die „Bekehrungen" (in Languedoc z. B. 200,000) aufrecht.

Als man nun aber die Wahrnehmung machte, daß die Neubekehrten auf dem Todbette die Sakramente ablehnten und dadurch bewiesen, sie seien im Herzen „Ketzer" geblieben, erließ man das furchtbare Gesetz, wer die Sakramente verweigere, solle nach dem Tode auf der Erde geschleift und seine Güter konfiscirt werden, im Falle der Genesung aber solle er zu einer Buße, die Männer überdies zur lebenslänglichen Galeere, die Frauen zur Einsperrung verurtheilt und jedenfalls die Güterconfiskation verhängt werden. Man bewog den König zur Unterschrift, indem man ihm bemerkte, dieselben Strafen treffen auch die ohne Erlaubniß Auswandernden und die Duellanten! Der Vollzug fand wirklich statt! Kaum war der Priester bei einem Sterbenden gewesen, der seinen Hokuspokus nicht mitmachen wollte, so verschaffte sich der süße Pöbel den Spaß, den kaum erkalteten Todten durch die Straßen zu schleifen! Da erhoben die Jansenisten ihre Stimmen wieder gegen diese Greuel an ihren Leidensgenossen, und nicht ganz umsonst; man gab den Wink, sie möglichst zu vermeiden. Ja, die Maintenon selbst, die allen Scheußlichkeiten gegen die Glaubensgenossen ihres Großvaters und Vaters Beifall geklatscht hatte, wurde von denselben übersättigt, verließ ihren Bund mit Schwert und Skapulier, d. h. mit Louvois und La Chaise und schloß sich dafür an den milden Fenelon und an die Töchter Calvari's, welche diesen edeln Priester zu Füßen saßen, der sich bemüht hatte, zwischen den Jesuiten und Jansenisten die Mitte zu finden, den Katholizismus mit der Humanität zu vereinigen und die Schrecken der Dragonaden durch seine sanften Zusprüche an die davon Betroffenen und durch Belehrung derselben zu lindern. Sein Lohn war die schaudervollste Verleumdung aus dem Munde La Chaise's, der ihn von der Liste der für das Bisthum Poitiers Vorgeschlagenen strich und ihn zwang, bei dem Könige für sein Wirken abzubitten. Neben ihm verkehrte mit der Maintenon nun auch der Jansenist Aguesseau und ebenfalls die bekannte Schwärmerin Jeanne Marie de la Mothe-Guyon, 1648 zu Montargis geboren. Sie hatte beabsichtigt, Genf zur katholischen Kirche zu bekehren und mußte wegen ihrer das Volk aufregenden Lehren (aus Eifersucht der Priester) in ein Kloster gehen, aus dem ihr die Maintenon heraushalf. Später in die Bastille gesetzt und darauf nach Holland geflohen, starb sie 1717 zu Blois. Sie ließ sich zur Qual alle Zähne ausreißen, goß geschmolzenes Blei auf den Leib, schrieb mystische Bücher und galt als ein Haupt der sogenannten Quietisten, zu denen sich auch die Buhlerin Ninon de l'Enclos zählte! —

Als endlich beinahe ganz Europa sich gegen Ludwig XIV. verband, der Name des Verfolgers der Hugenotten überall nur noch mit Verwünschungen verbunden ausgesprochen wurde und man die Vertriebenen im Auslande mit offenen Armen empfing, ja der Papst Innocenz XI. sogar dem Könige vorwarf, der gethane Schritt komme nicht der Religion, sondern der Politik zu gut, die Verblendung der „katholischen Monarchie" aber so weit ging, den verdächtigen Hugenoten nicht einmal den Dienst für das bedrohte Vaterland zu gestatten, ermannten sich ehrenhafte Bürger, an ihrer Spitze der berühmte Marschall Vauban, die Aufhebung der an den Protestanten verübten Ungerechtigkeiten, die Wiederherstellung ihrer Kirchen und eine Amnestie für die Flüchtlinge zu verlangen. Vauban stellte dem Minister Louvois das Furchtbare der Auswanderung von Hunderttausenden, der Entfernung von sechszig Millionen Franken und des zu Grunde gerichteten Handels vor, sowie daß von den Vertriebenen neuntausend den Feinden als Matrosen, sechshundert als Offiziere und zwölftausend als Soldaten dienten, und daß alle Sekten sich stets durch die Verfolgung verstärkten. Der Erfolg dieser Verwendung war ein Gesetz, welches das Schicksal der Protestanten ein wenig besserte, und sie erwiesen sich als gute Patrioten. Weitere Milderungen traten nach dem Tode des in Ungnade gefallenen Louvois (1691) ein*). Die im Lande gebliebenen ungebildeten Hugenoten aber ließen sich hiedurch nicht beschwichtigen. In den Cevennen, wo sie einsam und abgeschieden lebten und die Scenerie der Natur sowol, als ihre ländliche Beschäftigung ihnen Gelegenheit und Muße zu Grübeleien boten, verfielen sie, ohne Geistliche, die sie leiteten, in die wildeste und roheste Schwärmerei, und Viele von ihnen glaubten Offenbarungen zu haben, zu weissagen und Wunder zu wirken. Als man zu Anfang des achtzehnten Jahrhunderts in Paris von dieser neuen Versündigung gegen die alleinseligmachende Staatskirche hörte, wurden Truppen gegen die Unglücklichen gesandt, welche sich verzweiflungsvoll zur Wehre setzten und die Truppen schlugen. Die Camisards, wie die Verfolgten nach ihrer Bekleidung genannt wurden, verwarfen den ihnen angebotenen Frieden, und siegten neuerdings. Ihre militärischen Maßregeln wurden alle von dem „Geiste" diktirt, und dieser besorgte auch die Mannszucht; d. h. die klügeren Führer benutzten den religiösen Fanatismus der Menge, sich durch solche nicht fehlschlagende Mittel Gehorsam zu verschaffen. Die Armeebefehle waren stets mit Beten, Singen und Schluchzen verbunden. So entwickelte sich ein völliger Rachekrieg mit gegenseitiger Wut und Erbitterung. Umsonst bot man den Camisarden, welche man nicht überwinden konnte, Belohnungen an, falls sie das Land verlassen wollten; sie verlangten unbedingte Glaubensfreiheit und der Kampf wütete fort. Erst 1704 gelang es dem Marschall Villars, den Anführer Cavalier zur Kapitulation zu bewegen, worauf dann die übrigen Rebellenführer nachfolgten, und bis 1706 war der Krieg beendet und die nicht bekehrten Insurgenten im Auslande zerstreut. Unter ihnen befand sich als einer der hervorragendsten der Advokat Elie Marion, welcher seines Berufes wegen vor dem Kriege katholische

---

*) Eclaircissements historiques sur les causes de la révocation de l'édit de Nantes et sur l'état des Protestants en France. 1788.

Gesinnung hatte heucheln müssen. Die geistreiche Offenbarungs- und Wundersucht hatte auch ihn ergriffen. Lange lebte er in Verzückungen, Beten und Fasten und trieb solche Tollheiten auch während des Krieges, indem er gleich den anderen Inspirirten vorgab, der „Geist" treibe ihn dazu an. Nach der Kapitulation begab er sich 1705 nach Genf und England, wo er in London wieder durch Offenbarungen Aufsehen erregte, weßhalb er und drei andere Narren seines Schlages von der Gemeinde der französischen Flüchtlinge, die man die „savoyische" nannte, ausgeschlossen und von der weltlichen Gewalt als falsche Propheten an den Pranger gestellt wurden. Sie begaben sich darauf, vom „Geiste" getrieben, nach Deutschland, machten aber in allen Staaten jämmerliches Fiasko, indem man ihre Verzückungen verlachte. In Schweden ging es ihnen nicht besser, und sie wollten eben ihr Glück in der Türkei versuchen, als Marion auf der Reise zu Livorno starb; seine Gefährten zerstreuten sich. Ein anderer Inspirirter, Durand Fage, trieb seine Tollheiten immer nur im Vereine mit jungen Mädchen; er verscholl in London. — In Frankreich aber waren bis zur Revolution alle protestantischen Kundgebungen verstummt.

Doch auch die Revolution war so wenig frei von schwärmerisch-religiösen, als von fanatisch-irreligiösen Erscheinungen. Man sah die widerliche Affenkomödie des „Cultus der Vernunft", wie das lächerliche Oberpriesterthum Robespierre's zur Feier des „höchsten Wesens", welcher Revolutionär, wie Scherr treffend sagt, einen ausgeprägt pfäffischen Zug in seinem Wesen hatte und die Ideen Rousseau's ohne Wahl der Mittel durchaus in die Wirklichkeit übertragen zu sollen glaubte. Dieser revolutionäre Hohepriester war besonders der Abgott der Frauen, welche seine Gegner „Betschwestern" nannten. Seine Proklamirung der zwei stereotypen Dogmen des Rationalismus, des Daseins eines höchsten Wesens und der Unsterblichkeit der Seele, und das pompöse Fest, mit welchem dieser Spruch ex cathedra gefeiert wurde (20. Prairial oder 8. Juni 1794), waren seine letzten öffentlichen Handlungen. Er war ein „Pfaffe" und mußte daher fallen, nicht als Schreckensmann, denn seine Feinde waren weit terroristischer und blutiger, — sondern als „Pfaffe". Dazu mußte nun u. A. eine einfältige Schwärmerei dienen, welche damals in Paris austrat. Eine gewisse Katharina Theot, damals bald achtzig Jahre alt, glaubte sich seit etwa fünfzehn Jahren, obschon bald in die Bastille, bald in das Irrenhaus gesperrt, ein, sie sei eine neue, zur abermaligen Empfängniß des Herrn bestimmte Jungfrau, erfreute sich, seitdem ihr die Revolution freie Hand ließ, eines treuen Anhanges von dreißig bis vierzig Gliedern, darunter Mesmerianer und Swedenborgianer, und feierte mit ihnen eine Art Gottesdienst in ihrer Dachkammer. Barère, der „Anakreon der Guillotine" genannt, beschloß, diese Vorgänge zu Robespierre's Nachtheil zu benützen und wies einen seiner Anhänger, Senart, an, sich in die Mysterien der „Mutter Gottes" einweihen zu lassen, die er dann sofort, nachdem sie über ihn die „Gnade ausgegossen", verhaften ließ. Ein untergeschobener Brief von ihr, die gar nicht schreiben konnte, an Robespierre wurde ausgebeutet. Allerdings war er es, der die Behaftete rettete, indem er die Akten gegen sie entfernte. Die „Mutter Gottes" starb im Gefängniß; aber ihr angeblicher Beschützer erntete für seine Bluthaten, wenn auch nicht wegen derselben, einen grausen Tod — durch Menschen, welche es tausendmal mehr verdient hatten.

Als Anhang zu den zahlreich angeführten christlichen Thorheiten bringen wir einige jüdische solche.

Am Anfange des siebenzehnten Jahrhunderts lebte Nicolas Antoine aus Brieh in Lothringen. Nachdem er bei den Jesuiten studirt, trat er in Metz zur reformirten Kirche über und studirte in Sedan und Genf deren Theologie. Da er sich nun sonderbarer Weise vom alten Testamente mehr angezogen fühlte, als vom neuen, so wandte er seine ganze Neigung dem Judenthume zu. Umsonst suchte er aber bei den Juden zu Metz, Amsterdam und Padua die Beschneidung nach, welche sie nur gebornen Judenkindern zu ertheilen erklärten, worauf er zwar öffentlich den Christen spielte, im Herzen aber Jude war und den Kultus dieser Nation heimlich übte. Er wurde Pfarrer zu Divonne bei Genf, machte sich aber bald verdächtig, und als er sah, daß er entdeckt war, lästerte er offen das Christenthum. Als Wahnsinniger in den Spital zu Genf gebracht und nach angeblicher Heilung als Gotteslästerer eingesperrt, wurde er nach weitläufiger Untersuchung 1632 erdrosselt und dann verbrannt.

Zu Kopenhagen wurde 1644 Holger Pauli geboren, welcher schon mit zwölf Jahren in der religiösen Narrheit soweit vorgerückt war, daß er „einen Bund mit Gott" schloß. In der Folge schrieb er seinen Vornamen, erst aus Irrthum, dann in Anspielung auf die Sündflut, Düger (Elblattträger). Er behauptete, die hebräische Sprache von Gott selbst erlernt zu haben, hatte Gesichte und Offenbarungen, erwarb als Kaufmann zugleich Reichthümer, verlor sie aber, indem er sich in seinen Spekulationen von Erscheinungen bestimmen ließ, und bildete sich nun ein, er sei dazu erwählt, das Reich der Juden in Palästina wiederherzustellen und ihr König zu werden, und alle Mächte Europa's würden ihm hierzu behülflich sein, wofür er einen ausführlichen Plan aufsetzte. Auch predigte er das Erscheinen des Messias (auf das Jahr 1720), die Ankunft des tausendjährigen Reiches und eine neue aus Juden- und Christenthum gemischte Religion. Im Jahre 7000 sollte das jüngste Gericht eintreten. Um den Juden zu gefallen, behauptete er, ihres Stammes zu sein und schmähte das Christenthum, wo er konnte, indem er die Dreieinigkeit den „Cerberus" nannte. Endlich wurde er zu Amsterdam in das Tollhaus gesperrt. Wieder befreit, starb er 1715 zu Kopenhagen.

Was die Juden selbst betrifft, so dauerte in unserer Periode im Wesentlichen dasselbe Verfahren gegen sie fort, wie in der vorigen (Bd. I. S. 500). Im achtzehnten Jahrhundert wurden sie in der ganzen Schweiz nirgends geduldet, als in den beiden Dörfern Endingen und Lengnau in der Grafschaft Baden (jetzt Kanton Aargau), wo sie von den dort regierenden Kantonen zu verschiedenen Zeiten Schirmbriefe erhalten hatten. Die „christliche" Bevölkerung hat umsonst um ihre Verbannung, da sie sich übermäßig bereicherten, das Land aussögen und ihre Schuldner von Haus und Hof trieben, was die Juden in ihrer Gegenvorstellung durchaus bestritten. Doch durften sie keine liegenden Güter erwerben, hingegen 1755 und 1764 Synagogen bauen und Begräbnißplätze erwerben. In der Pfalz wurden die Juden noch am Ende des siebenzehnten und zu Danzig in der Mitte des achtzehnten Jahrhunderts beschuldigt, Kinder gemartert und geopfert zu haben. In Preußen erließ Friedrich II. 1756 ein Reglement, welches die Rechte der Juden in seinen Staaten genau feststellte und ihren Wandel in enge Schranken bannte, da sie den „christlichen Kaufleuten und Einwohnern vielen Schaden zugefügt hätten."

Dritter Abschnitt.
Ethische Gesellschaften.

A. Ursprung.

Die theologischen Streitigkeiten auf dem Papiere und auf den Kanzeln und die ihnen entsprechenden Kämpfe auf dem Schlachtfelde zwischen Heeren verschiedenen (obschon beiderseits vorgeblich christlichen) Glaubens, wie die dem nämlichen Systeme des Fanatismus huldigenden Verfolgungen aller Andersgläubigen durch die Oberhäupter der Staaten, hatten nicht anders können, als die vernünftig denkenden Menschen von aller Einseitigkeiten der sogenannten Konfessionen abzuschrecken und sie dahin zu bringen, daß sie ihr Heil weder im Katholizismus, noch im Protestantismus mehr suchten, sondern in einer von allen theologischen Vorurtheilen und Symboldeuteleien befreiten, hell in die Welt blickenden, aufgeklärten Humanität. Es war dies eine Richtung, welche namentlich auf dem freien Boden Englands Anklang fand, wo ihr die, freisinnige Ansichten in Glaubenssachen verkündenden Schriften eines Thomas Morus (Utopia) und Sir

Francis Bacon (Neue Atlantis) vorgearbeitet hatten. In höherm, wir
möchten sagen modernerm Maße predigte diese rein menschliche Gesinnung
der im Jahre 1641 nach England geflohene Prediger der böhmischen
Brüder Amos Komensky, lateinisch Comenius (geb. 1592 in
Mähren). Durch die Barbarenhorden des kaiserlichen Heeres seiner
Handschriften, dann seiner Frau und Kinder und endlich mit 30,000
akatholischen Familien auch seines Vaterlandes beraubt (1627), wirkte er
zu Lissa in Polen als Sprachlehrer, begann seine Didactica magna, ein Lehrbuch aller Wissenschaften, schrieb 1631 sein Sprachbuch „Janua linguarum",
welches in zwölf europäische und vier asiatische Sprachen (die arabische,
türkische, persische und mongolische) übersetzt wurde, ließ 1639 in England
seinen Prodromus pansophiae erscheinen, welchem 1648 die Novissima
linguarum methodus und noch 1650 sein Orbis pictus folgten. Außer
vorübergehenden Aufenthalten in England, Schweden und Ungarn, wo
man ihn als berühmten Pädagogen feierte, brachte er sein späteres Leben
erst als Bischof der Brüdergemeinde in Lissa, und nachdem diese Stadt
1656 von den Polen verbrannt worden, in Holland zu, wo er 1671 zu
Amsterdam starb. Er war ebensosehr geschätzt als Schriftsteller über die
wichtigsten Fragen der Menschheit, wie als Pädagog, in welcher letzteren
Thätigkeit wir ihn später näher kennen lernen. Er verkündete und lehrte
allgemeine Toleranz; aller Religionen und werkthätige Menschenliebe.
Zuerst von der Hoffnung beseelt, alle christlichen Glaubensbekenntnisse in
eines vereinigen zu können, warf er, nachdem er die Unmöglichkeit dieses
Beginnens eingesehen, alle konfessionelle Beschränktheit weg und begab sich
auf die Höhe unbefangener vorurtheilsloser Humanität. In der Überzeugung, daß diesem Ideale der Papst und das Haus Österreich, als Boll-
werke des Fanatismus, die größten Hindernisse bereiteten, verhinderte ihn
weder seine heiße Menschenliebe, den Untergang jener Mächte, selbst mit
Hülfe der Türken zu wünschen, — noch seine vernünftige Einsicht, auf
damalige Visionen und Prophezeiungen, welche jenen Untergang verkündeten,
Gewicht zu legen und solche sogar selbst im Drucke herauszugeben („Lux
in tenebris").

Nirgends hatten die reinen und humanen Grundsätze des Comenius
einen so fruchtbaren Boden gefunden, wie in England, wo eben damals
das Aufgeben der gothischen Baukunst zu Gunsten der Renaissance eine Emancipation vom mittelalterlichen Dogmatismus und eine
Aneignung freierer Ansichten mit sich führte. Die weiten Hallen, die
schlanken, lustigen, von niederdrückenden Bogen unabhängigen, blumen-
gekrönten Säulen und die niederen, mit dem Gebäude verwachsenen, über
dasselbe wenig hervorragenden Thürme und Kuppeln, wie sie die sogenannte Wiedergeburt des Alterthums erstehen ließ, drückten eine die Menschheit im weitesten Maße umfassende, Überhebungen nicht duldende, Freiheit
mit thätiger Menschenliebe verbindende Gesinnung aus. Freilich war

dieser Baustil durch allerlei geschmackloses Schnörkelwerk verunstaltet; aber
dies war nur ein Auswuchs des damaligen Geschmacks überhaupt, der sich
auch in der damaligen Poesie aller Nationen durch die widerwärtigen
Hirtengedichte offenbarte; denn eine vollständige Wiederherstellung ver-
gangener Richtungen, wie sie im sechzehnten Jahrhundert in Bezug auf
das klassische Alterthum angestrebt wurde, ist niemals möglich und jeder
Versuch dazu mit unsichern Tasten und mißlungenen Schritten verbunden.
Der Vater der englischen Renaissance, Inigo Jones (s. Band I. S. 557)
führte den durch diese Schule der Baukunst vertretenen Geist regenerirter
Humanität auch in die Bauhütten der Steinmetzen ein, die sich in England
schon längst Free-masons (Freimaurer) nannten, welche Benennung zuerst
in einem Parlamentsbeschlusse vor 1350 vorkommt. Als Vorsteher dieser
Brüderschaft veranstaltete Jones vierteljährliche, statt der früheren blos
jährlichen, Hauptversammlungen der Logen (engl. lodges vom lat. locus,
Ort). Diejenigen Maurer, welche einseitig am Handwerke hingen und
für ideale Bestrebungen keinen Sinn hatten, wurden veranlaßt, in die
Zünfte zurückzutreten, während auf der andern Seite begabte Männer, die
nicht zum Handwerke gehörten, aber an der Baukunst auch an den geistigen
Bestrebungen der Zeit überhaupt Interesse vertrieten, sich den Logen unter
dem Titel „angenommener Brüder" anschlossen.

Freilich litten die Logen, weil sich in ihren Mauern der verschiedensten politischen und religiösen Ansichten befanden, schwer unter der englischen Revolution und den Bürgerkriegen, die auf sie folgten; allein die
später wiederkehrende Ruhe, die wissenschaftlichen Forschungen, denen die
unter Carl II. gestiftete königliche Gesellschaft der Wissenschaften, im
Gegensatze zu theologischen Grübeleien, großen Vorschub leistete, und
endlich die Vertreibung des auf's Neue zu Glaubenskämpfen herausfor-
dernden Jakob II. gestatteten den Freimaurern, sich wieder zu erholen und
ihre Arbeiten fortzusetzen. Dazu hatte namentlich auch der Wiederaufbau
der im Jahre 1666 größtentheils abgebrannten Stadt London und insbesondere der Paulskirche, dieses protestantischen Gegenbildes der Peterskirche in Rom, beigetragen, deren Baumeister, Christopher Wren, der
Brüderschaft angehörte. Nachdem jedoch diese Bauten vollendet waren,
nämlich um die Zeit des Todes König Wilhelms III. (1702) und demzufolge die Bauleute Mangel an Arbeit litten, fühlten die Freimaurerlogen
auf empfindliche Weise das Unzureichende ihrer bisherigen Organisation.
Die Bauleute von Fach schwanden immer mehr zusammen, indem sie dahin
gingen, wo ihnen Arbeit winkte, und die „angenommenen Brüder", bisher
die Mindern an Zahl, sahen sich verwaist und ihre Lokale verödet. Man
begann zu begreifen, daß es nicht genüge, Nichtmaurer aufzunehmen, sondern daß nun, wenn die Logen fortdauern und ihre humanen Grundsätze
weiter verbreiten wollten, einmal sich vom Handwerke und dessen materiellen
Fesseln befreien und dann ein Band der Vereinigung unter den einzelnen

Werkstätten schaffen müsse. Es waren keine weltumgestaltenden großen
Geister, keine mit ehernen Zügen in das Buch der Weltgeschichte einge-
grabenen Namen, deren Träger den neuen Gedanken faßten, aus der
Werkmaurergesellschaft eine geistig zu fassende Freimaurer-Brüderschaft
zu bilden, an die Stelle des materiellen den symbolischen Bau zu setzen.
Zwei Theologen, der Presbyterianer (und französische Flüchtling) Theophil
Desaguliers (zugleich Naturforscher und Mathematiker), und der
Anglikaner James Anderson, im Vereine mit dem Alterthumsforscher
Georg Payne, standen an der Spitze der Männer, welche im Jahre 1717
die Vereinigung von vier Logen der Maurer Londons zu einer Großloge
und die Wahl eines Großmeisters und zweier Großaufseher bewirkten, in welchen Handlungen eben die Stiftung des heutigen Freimaurerbundes besteht; die wahre Geschichte kennt keine andere; nur
die Fabel dichtete ihm einen entferntern Ursprung an.

Es waren wesentlich die humanen und philanthropischen Grundsätze
des Comenius, welche die englischen Freimaurer leiteten, die nun keine
Handwerksgenossenschaft mehr bildeten, sondern eine Gesellschaft von
Männern aller Stände und Berufsarten, wie nicht minder aller Religionen, die sich in dem höhern Gefühle der Menschlichkeit begegneten und
keinen andern Maßstab der Menschenwürde kannten, als die Sittlichkeit,
Herzensgüte und Wahrheitsliebe. Die neuen Freimaurer behielten die
Sinnbilder der Werkmaurer, ihre Sprüche und Gebräuche bei; nur legten
sie dieselben in moralischem Sinne aus. Sie bauten nicht mehr Häuser
und Kirchen, sondern einen geistigen Tempel der Menschheit, benutzten
das Winkelmaß nicht mehr zum Messen der rechten Winkel an Quater-
steinen, sondern zur Berichtigung der Unebenheiten des menschlichen Charakters, den Zirkel nicht zum Anbringen von Verzierungen an Bauwerken,
sondern zum Einschlusse aller Menschen in einen brüderlichen Familienkreis.

Wenn aber auch die Freimaurer die konfessionellen Unterschiede und
die von Menschen erfundenen Dogmen nicht berücksichtigten, wie sie gleicher
Weise die politischen Parteien ob der Liebe zum Vaterlande, zu Gesetz und
Ordnung vergaßen, — so warfen sie doch die Religion im Allgemeinen
nicht weg, sondern hielten fest an jenen zwei einzigen Glaubensgrundsätzen,
welche nie absichtlich erfunden worden, sondern in Geist und Herz der
Menschen stets von selbst aufgetaucht sind, — am Dasein Gottes und an
der Unsterblichkeit der Seele. Sie eröffneten daher auch ferner, wie schon
die Bauleute, jede Loge, und schlossen eine jede mit Gebet zum „allmächtigen Baumeister der Welt" (dem Demiurgos der Gnostiker!) und hielten
Gedächtnißfeiern für abgeschiedene Brüder, von denen sie sich des Ausdrucks
bedienten: „er ist in den ewigen Osten hinübergegangen," — d. h. dahin,
wo das Licht herkommt. In der Beibehaltung dieser beiden Fundamente
des Glaubens schlossen sich daher die Freimaurer an die damals unter den

Gebildeten verbessernde, vorzugsweise durch den englischen Philosophenfürsten Locke begründete Schule des Deismus an.

Der neue Bund breitete sich bald aus. Schon in den ersten Jahren seines Bestandes befanden sich, Brüder*), wie sich die Maurer schon vor Gründung des Bundes genannt hatten und auch seitdem nannten, in allen Hauptstädten Europa's und in fast allen Städten Großbritanniens und der Niederlande, betrachteten jedoch stets London als ihre gemeinsame Mutterstadt. Die Großloge, als gemeinsame Oberbehörde, hatte es daher an der Zeit, dafür zu sorgen, daß einerseits die Einheit des Bundes nicht zerrissen, andererseits den Entfernungen der Brüder unter sich Rechnung getragen würde. Einer ihrer ersten Beschlüsse ging dahin, daß, mit Ausnahme der erwähnten vier alten Logen, künftig ohne Ermächtigung mittels einer brieflichen Urkunde des jeweiligen Großmeisters und Zustimmung der Großloge — keine Loge als regelmäßig und gesetzlich erachtet werden solle.

Auf Grundlage dieser Bestimmung entstanden nun Logen an verschiedenen Orten; ihre Vertreter bildeten eben die Großloge und wählten den Großmeister, was früher die Gesammtheit der vier alten Logen gethan hatte. Aenderungen der alten Einrichtungen („Landmarks") und neue Verordnungen mußten dagegen in den einzelnen Logen sämmtlichen Brüdern, den jüngsten Lehrling nicht ausgenommen, zur Genehmigung oder Verwerfung vorgelegt werden. Die allgemeinen Verordnungen wurden seit 1720 durch Anderson mit den alten Urkunden der Brüderschaft verglichen und bearbeitet, woraus das sogenannte Constitutionenbuch (the Constitutions of the Freemasons) entstand, das 1723 herausgegeben wurde. Dasselbe blieb bis heute die erste Urkunde und die Grundlage des Freimaurerbundes. Es enthält: 1) eine kurze Geschichte, angeblich der Freimaurerei, in Wirklichkeit der Baukunst, von Erschaffung der Welt an (natürlich stark mit Mythen und Sagen vermischt), 2) die alten Pflichten oder Grundgesetze (Old Charges) der Freimaurer, 3) die allgemeinen (sogenannten alten) Verordnungen, welche Payne zusammengetragen hatte, 4) die Approbation des Buches, nur als Anhang freimaurerische Lieder*).

Einen zweiten Grundstein des freimaurerischen Wesens legte die Großloge 1724 durch die Einsetzung eines „Ausschusses für Mildthätigkeit", aus welchem das noch bestehende Institute of Charity, „der Stolz und die Freude der englischen Brüderschaft" entsproße, und betrat damit eine der schönsten Stufen des Wirkens der Freimaurer, diejenige der Hülfe in Noth und Elend, nicht nur der „Brüder", sondern aller Menschen.

---

*) Neues Constitutionen-Buch der Alten und Ehrwürdigen Brüderschafft der Frey-Maurer, Worin die Geschichte, Pflichten, Regeln u. s. w. derselben, Auf Befehl der Großen Loge Aus Ihren alten Urkunden, glaubwürdigen Traditionen und Logen-Büchern, Zum Gebrauch der Logen verfasset worden Von Jakob Anderson, D.D. Aus dem Engl. übersetzet. Franckfurt am Mayn 1741. — Vergl. Findel, Geschichte der Freimaurerei, 2. Aufl. (Leipzig 1866) S. 626—841.

Die innere Gliederung des Bundes endlich wurde vollendet durch die Einführung der Grade. Diejenigen Brüder nämlich, welche das Amt eines Meisters, d. h. des Ersten unter den einander an Rechten gleichen Genossen oder Gesellen, bekleidet hatten, traten nach Ablauf ihrer Amtsdauer nicht mehr, wie früher, unter die einfachen Gesellen zurück, sondern bildeten eine eigene Abtheilung, die der Meister, — und andererseits wurden die Neuaufgenommenen nicht mehr sofort Gesellen, sondern hatten vorerst einige Zeit als Lehrlinge zuzubringen. So entstanden die drei Grade der Lehrlinge, Gesellen und Meister, wahrscheinlich um das Jahr 1720. Die Beförderung der Lehrlinge zu Gesellen und Dieser zu Meistern, welche vorzunehmen erst nur die Großloge das Recht hatte, wurde bereits 1725 jeder einzelnen Loge bewilligt.

Schon innerhalb des ersten halben Jahrhunderts nach Gründung des Freimaurerbundes entstanden, theils durch reisende englische Brüder, theils durch in England aufgenommene Fremde, Logen in allen civilisirten Ländern, die sich, wenn ihrer in einem Lande viele wurden, auch zeitig zu unabhängigen Großlogen vereinigten. In Irland konstituirte sich eine Großloge 1730, in Schottland und Frankreich solche 1736, in den Niederlanden die Loge des Großmeisters im Haag 1734, zu Hamburg eine Provinzialloge von England 1740, zu Frankfurt am Main 1742 die Loge zur Einigkeit, zu Berlin 1744 die große Mutterloge zu den drei Weltkugeln (durch Friedrich den Großen). In Spanien bürgerte sich der Bund (vorübergehend freilich) schon 1727 ein, in Nordamerika (Boston) und Italien (Florenz) 1733, in Portugal 1735, in Polen und in der Schweiz (Genf) 1737, in Rußland 1738, in Dänemark 1743, in Schweden 1755.

So verzweigte sich der ursprünglich überall von London ausgegangene Bund in Logen einzelner Orte, welche sich dann wieder zu nach und nach unabhängig werdenden Großlogen vereinigten. Eine gemeinsame Organisation und Verfassung erhielten diese Körperschaften nie, entwickelten sich abgesondert, und kannten bis auf den heutigen Tag kein anderes Band, als ähnliche (durchaus nicht gleiche) Zwecke, Einrichtungen, Erkennungsmittel und Gebräuche, die gegenseitigen Besuche reisender Brüder, vereinzelte Kongresse und die Unterhaltung freundschaftlicher Korrespondenz.

Der Zweck des Bundes ist sehr verschieden angegeben worden, und wird auch von den einzelnen Theilen des Bundes sehr verschieden angeschaut. Den Einen liegt er klarer, Anderen verschwommener vor Augen und wird leider nur zu oft durch klangvolle aber inhaltleere Frasen ausgedrückt oder vielmehr — verhüllt. Im Ganzen aber wird er nirgends ein anderer sein können, als: in allen Menschen ohne Rücksicht auf Herkunft und Glauben, Stand und Beruf, das Gefühl der brüderlichen Zusammengehörigkeit zu erwecken und sie zur Ausübung menschenfreundlicher, humaner

Thaten anzufeuern. Die hauptsächliche Einkleidung dieses Zweckes ist thatsächlich mit mehr oder weniger Modifikationen, gegenwärtig überall die W o h l t h ä t i g k e i t.

Als die hervorragendsten Eigenthümlichkeiten, welche den Freimaurerbund von anderen Vereinen und Gesellschaften unterscheiden, werden betrachtet: das Geheimniß und die Ceremonien.

Das sogenannte Geheimniß rührt von der Geheimhaltung der Kunstgriffe des Steinmetzenhandwerks durch die dasselbe ausübenden Korporationen her. Nach dem Aufgeben desselben durch den neuen Bund pflanzte sich die Geheimhaltung auf diesen über, denn einerseits war es in einer Zeit, in welcher die religiösen Verfolgungen an der Tagesordnung waren, gefährlich, von Brüderlichkeit aller Menschen zu sprechen, und andererseits war der neue Bund, so gut wie jeder andere, eifersüchtig auf die von ihm geschaffene Idee und daher keineswegs geneigt, sie zum öffentlichen Gemeingute herabzuwürdigen. Diese beiden Motive haben in unsrer Zeit ihren Sinn und ihre Bedeutung verloren, und so furchtbare Geheimnisse von seher die Uneingeweihten im Bunde vermuteten, so hat sich doch noch jeder Aufgenommene sowol, als Jeder, welcher freimaurerische Schriften in die Hände bekam und studirte, hinlänglich überzeugen können, daß die Freimaurer k e i n e Geheimnisse haben und auch thatsächlich nichts geheimhalten, als ihre Erkennungsmittel (Zeichen, Griff und Wort), was zur Verhütung von Mißbrauch des Bundes zu selbstsüchtigen und betrügerischen Zwecken unumgänglich nothwendig ist. Zur Geheimhaltung derselben, sowie alles Dessen, was in den Logen verhandelt wird, verpflichtete früher ein Eid, dessen furchtbare Worte gegenüber der Harmlosigkeit Dessen, was er schützen sollte, einen beinahe komischen Eindruck machten, der aber mit der Zeit überall außer Gebrauch kommt.

Ebenso sind auch die ceremoniellen und rituellen Gebräuche der Freimaurer ein Erbtheil der Steinmetzen. Noch jetzt besitzt jedes korporativ organisirte Handwerk eigenthümliche Gebräuche zur Aufnahme neuer Mitglieder, sowie zur Eröffnung und zum Schluffe der Verhandlungen. Diejenigen der Steinmetzen wurden ursprünglich auch diejenigen des untersten (und zuerst einzigen) Grades der Freimaurer; mit der Ausbildung mehrerer Grade aber wuchsen auch die Gebräuche bei Beförderung in dieselben in's Ungeheuerliche und theilten sich mit der Zeit in eine Menge von Systemen. Den Inhalt entnahm man theils den Gebräuchen der Kirche, wie auch der Klöster und der Ritterorden, theils dunkeln und verworrenen Vorstellungen von den ägyptischen und griechischen Mysterien, den Essäern, Pythagoräern u. s. w. Ihren Kern bildete stets die vielfach modifizirte Einführung des Kandidaten in die Loge seines neuen Grades, welche mit einer unerschöpflichen Anzahl mannigfaltiger Prüfungen (nach den Handwerksgebräuchen meist „Reisen" genannt) verbunden war und noch ist, wobei sich die fruchtbare Fantasie des schwärmerischen achtzehnten Jahr-

hunderts in erschütternden Schreckmitteln gefiel, hinter denen aber nichts
steckte, als harmlose moralische und philanthropische Lehren.

So war der Bund eigentlich ein Lamm im Wolfspelze und täuschte
die ganze Welt unabsichtlich, wie er deren ungebildeten Theil noch gegenwärtig täuscht, ohne es zu wollen. Wie der Aberglaube der Massen sich
der Freimaurerei bemächtigte und deren Glieder beinahe die Rolle der
nach und nach aus der Mode kommenden Hexen und Hexenmeister spielen
ließ, so daß das Volk an vielen Orten die sich versammelnden Störche für
verwandelte Freimaurer und Diese für Schüler des Teufels hielt, der sich
ihnen in Gestalt eines schwarzen Hundes zeige, — so wandte sich auch der
Verdacht der Kirche und des Staates schon frühzeitig gegen den für revolutionär und ketzerisch gehaltenen Bund, und wir werden im Folgenden
sehen, daß die Wirkungen dieses Verdachtes nicht überall ein so gutes
Ende nahmen, wie in den Niederlanden. Dort erließen die Staaten
von Holland und Westfriesland am 30. November 1735 eine Verordnung,
durch welche die Brüderschaft der Freimaurer (de voorschrevene confrerien,
welke zich geeven de naam van vrije metzelaars), trotz der vortheilhaften
Berichte, welche über sie eingegangen, aus Furcht vor „Pflanzschulen von
Faktionen und Debauchen", aufgelöst wurde. Als dessenungeachtet die
Loge von Amsterdam zu arbeiten fortfuhr, ließ der Magistrat ihre
Mitglieder verhaften und vor sich führen, worauf dieselben aber die Gerechtigkeit ihrer Sache mit solcher Kraft der Überzeugung verfochten, daß
der Magistrat sie entließ, ja sogar seinen Sekretär abordnete, sich aufnehmen zu lassen und Bericht zu erstatten. Der letztere fiel dann so
überaus günstig aus, daß beinahe alle Mitglieder der Behörde sich ebenfalls
aufnehmen ließen, — und schon 1740 nahm die holländische Regierung
die Freimaurer gegen die Geistlichkeit in Schutz, die ihnen die Absolution
verweigerte, und verbot letzterer alle Einmischung in freimaurerische
Angelegenheiten.

Ehe wir nun erzählen, wie der Freimaurerbund dort behandelt und
verfolgt wurde, wo man der Vernunft nicht so zugänglich war, wie in
Holland, wird es erforderlich sein, der Verirrungen zu erwähnen, in welche
er verfiel, und welche nicht ohne Einwirkung auf die Leiden bleiben konnten,
die er erduldete.

B. Verirrungen.

Der Freimaurerbund bestand noch nicht lange, als er bereits
vermöge seiner ausgesprochenen Konfessionslosigkeit und seines Widerwillens gegen allen Glaubenszwang die Aufmerksamkeit einer Reaktionspartei auf sich zog, welche in ihm eine Stütze der erwachenden Aufklärung
erkannte. Diese Reaktionspartei war der Jesuitenorden, der seine
oben (Band I. S. 374) geschilderte Aufgabe niemals aus den Augen ließ.

Wie er im sechzehnten und Anfangs des siebenzehnten Jahrhunderts die Folgen der Reformation mit aus zu gutem Gelingen so unschädlich als möglich für seine Zwecke zu machen gesucht, sah er zu seiner Bestürzung hinter der zertreten geglaubten Opposition gegen das Papstthum eine neue gegnerische Phalanx emportauchen, welche um so gefährlicher erschien, als sie allen Dogmatismus wegwarf und daher mit der alten Kirche keinerlei Anhaltspunkt mehr gemein hatte, wie dies bei sämmtlichen Fraktionen des Protestantismus noch der Fall war. Gegen diese neue Gegnerin, die Aufklärung, mußten andere Waffen in's Feld geführt werden, als gegen den Protestantismus. Sie besaß keine Heere, — daher richteten Kanonen und Piken nichts gegen sie aus, — sie zählte ihre Anhänger nicht unter dem Volke, — daher mit Predigten und dem Beichtstuhle nicht gegen sie vorzugehen war, — sie hatte ihren Anhang unter den Gebildeten und ihre Vorsteher und Magistrate unter den Schriftstellern. Ein eigentliches, festes, greifbares Organ hatte ihr bis dahin gefehlt, als plötzlich der Bund der freien Maurer wie aus dem Nichts emporstieg. — Jetzt mußte die Gelegenheit ergriffen und benutzt, jetzt konnte, so begannen die Jesuiten zu hoffen, wenn man klug verfuhr, der Schlange des „Unglaubens", wie man die Unbotmäßigkeit gegen vorgeschriebenen Glauben von jeher nannte, — der Kopf zertreten werden.

Der Plan, den sie nun faßten, war ein wohl ausgedachter, geistreich kombinirter. Sie knüpften ihn an politische Absichten, und zwar an solche, welche das Mutterland der Freimaurerei, England, betrafen und gleichsam das Nest des „Drachen der Aufklärung" auszunehmen bestimmt waren. Die zum Katholicismus zurückgekehrten und vertriebenen Stuarts trachteten eben damals, mit materieller Hülfe Frankreichs und mit intellektueller des Papstes, nach der Rückkehr auf ihren verlorenen Thron, — und da die Bestrebungen verbannter Könige und Prinzen stets etwas Poetisches und Romantisches haben, so konnten durch Erregung dieser Gefühle alle Schwärmer, und zugleich durch das geltend gemachte Princip der Legitimität alle Adeligen und Legitimisten, wie durch die Konfession der Prätendenten alle Katholiken gewonnen werden. Nun war der Freimaurerbund eine geheime Gesellschaft und als solche natürlich ein Sammelplatz aller Schwärmer, Mystiker und Romantiker. Ferner war in ihm der Adel stark vertreten; nach den vier ersten Großmeistern der Großloge von England, welche noch Werkmaurer gewesen, gehörten alle späteren dem höchsten Adel des britischen Reiches an; wir finden unter ihnen die Herzoge von Montagu, Richmond, Norfolk, Chandos u. s. w., nicht zu gedenken einer Menge von Viscounts; Earls und Lords. Und was endlich das katholische Element betrifft, so hatte die Maurerei mit demselben Ceremonien und seit einiger Zeit auch pomphafte Umzüge und glänzende Kleidung der Würdenträger, eine hierarchische Abstufung und kosmopolitische Verbrüderung gemein. Mit einigem Aufwande jesuitischer Kniffe konnte daher der Bund allmälig und unmerklich, wie ein damaliger Schriftsteller sagt, „zu einem Schutze, zu einer Miliz der Gesellschaft Jesu gemacht", und in dieser Weise die Gesellschaft des Johannes (des Schutzheiligen der Maurer) zur Schule der Vorbereitung auf die Gesellschaft Jesu herabgewürdigt werden. Erwägt man ferner, daß die adeligen Häupter der Freimaurer sich der Herleitung des Bundes von Handwerkern schämen mochten, so war es leicht, sie durch Auftischung von Fabeln, die ihnen eine „edlere" Abstammung vorspiegelten, zu irgend welchen Zwecken zu gewinnen. Gelang es einmal, die Maurer soweit zu bringen, so konnte durch Rückgabe des mächtigsten protestantischen und vorzugsweise aufgeklärten Reiches an einen katholischen König nicht nur der Heerd der Aufklärung zerschlagen, sondern auch zu weiteren katholischen Eroberungen der Weg gebahnt werden.

Es galt daher vor Allem, die Geschichte der Freimaurerei in Verwirrung zu bringen, d. h. zu fälschen, und es ist wirklich merkwürdig und beinahe ohne Beispiel, wie in der That wenige Jahre nach der Entstehung des Bundes dieselbe in vollständige Vergessenheit gerieth. Ueberall eher begann man sie zu wittern, als in den Handwerksgenossenschaften; man begann sie in den alten Mysterien, bei den Gnostikern, den Tempelrittern, den Rosenkreuzern zu suchen, ja sogar in den maurerischen Symbolen Bestätigungen der Alchemie, der Geisterseherei, der Kabbalistik u. s. w. zu finden.

Unsere geäußerte Ansicht bezüglich katholisch-stuartistischer Umtriebe erhält aber die beste Bekräftigung in der Thatsache, daß im Jahre 1740 der schottische Baronet Michael Andreas Ramsay (geb. 1686), katholischer Konvertit und Erzieher der Söhne des Prätendenten Jakob (genannt der III.), als stuartistischer Flüchtling in Paris, wo er Großredner der Großloge war, eine Rede hielt, in welcher er die Lehrlinge — Novizen (!), die Gesellen — Professen (!) und die Meister „Vollkommene" nannte und die Behauptung des aufstellte, die Freimaurer seien während der Kreuzzüge in Palästina entstanden, hätten sich dort mit den Johanniter-Rittern verbunden (daher ihre Logen Johannis-Logen hießen!) und nach den Kreuzzügen sich zuerst in Schottland, dann in England u. s. w. fortgepflanzt. Diese historische Lüge gewann die Adeligen und blendete die nicht wissenschaftlich Gebildeten, und sofort entstanden in Frankreich eine Menge sogenannter höherer Grade, in welchen der aus der Bibel bekannte Baumeister des salomonischen Tempels, Hiram, die Hauptrolle spielte. Man benützte eine Mythe der französischen Handwerksgenossenschaften, nach welcher Hiram von treulosen Gesellen erschlagen worden, um zur Rache für diesen Mord aufzurufen, unter welchem man die Hinrichtung Karls I. und die Vertreibung Jakobs II. verstand. Diese sogenannten höheren Grade nannte man nach dem angeblichen Wiedergeburtslande der Maurerei „schottische" und nach dem Schutzheiligen Schottlands „St. Andreas-Grade". Die Namen derselben verfielen durch das Bestreben, pomphaft und erhaben zu tönen, in Lächerlichkeit; sie hießen z. B. Ritter der ehernen Schlange, Fürst der Gnade, Groß-Inquisitor (!), Fürst des königlichen Geheimnisses, Affen- und Löwenritter, ja sogar „Kaiser vom Osten und Westen". Ihre Versammlungen nannte man und nennt man noch jetzt „Kapitel" und „Konsistorien".

Zu gleicher Zeit tauchte bezeichnender Weise in England der sogenannte Royal-Arch-Grad auf, welcher die Erzählungen vom Wiederaufbau des Tempels in Jerusalem nach der babylonischen Gefangenschaft (d. h. von der Wiederherstellung der christlichen Glaubenseinheit nach Vernichtung der Reformation und Aufklärung) zum Inhalte hatte. Der Vorsteher, Serubabel genannt, trug ein Kleid von Purpur und Scharlach, die Versammlung hieß „Kapitel", der Bund „Orden" (welche Benennung seitdem allgemein wurde), die drei maurerischen Grade „Stuhlgrade". Die Schreiber trugen Chorhemden, ein Wahlspruch lautete „Nulla salus extra (!)" und als Zweck war die Vereinigung der Menschen in eine Heerde unter einem Hirten angegeben. Da nur ein Theil der englischen Maurer diese Neuerung anerkannte, zerfielen dieselben seitdem in zwei Großlogen, und ihre Einigkeit war gebrochen! Divide et impera!

Die Fabel Ramsay's von einem Zusammenhange der Freimaurer und der Johanniter motivirte sich nach seinem Tode (1743 zu St. Germain bei Paris) insofern, als man einsah, daß die Ableitung von einem noch existirenden Ritterorden sich nicht werde aufrecht erhalten können, sondern visiren müsse, von diesem bevormundet zu werden. Man machte sich daher, (ohne daß der Urheber dieser Variation bekannt wäre) zu dem seit vier Jahrhunderten aufgelösten Tempelorden und fabricirte die Sage: einige der Verfolgung und Ausrottung ihres Ordens in Frankreich entgangene Templer, unter ihnen der Großkomthur Harris und der Marschall Aumont (welche nie gelebt haben) seien auf ihrer Flucht nach Schottland gekommen und hätten dort, um leben zu können, als gemeine Maurer gearbeitet. Nachdem sie kaum von dem Tode und einem angeblichen Testamente des unglücklichen Großmeisters Molay, in welchem derselbe die Fortsetzung des Ordens gewünscht haben sollte, Kenntniß erhalten, hätten sie noch in demselben Jahre den „Freimaurerorden" gestiftet und 1314 auf der Insel Mull das erste „Kapitel" gehalten. — ein Mährchen, welches die Großloge von Schottland selbst niemals anerkannt hat.

Ins Leben trat dieser neue Templerwahn zuerst durch das Kapitel, welches 1754 im Jesuiten-Collegium Clermont zu Paris durch den Ritter von Bonneville unter Anhängern der Stuarts gegründet wurde. Die Mitglieder trugen die Rüstung und Kleidung der Templer und ihr Ritual war eine Inscenirung der erzählten Sage. Bald verbreitete sich dieses System, durch die Jesuiten anerkannt, über die französischen Logen, und bald erklärte sich die bisher noch von Englands Großloge abhängige französische unabhängig, um den neuen Tendenzen ungestört leben zu können, und räumte in ihren Statuten den sogenannten schottischen Meistern das Recht der Vormundschaft und Oberaufsicht über alle Freimaurer der drei alten Grade ein. Die größten Versammlungen des „Ordens" hießen von da an Concilien, und die höchsten Grade reproducirten in ihren Gebräuchen die katholischen Kirchenceremonien.

Mittlerweile hatte der blühende Unsinn auch in Deutschland Eingang gefunden. Seit 1742 bestand eine „schottische Loge" in Berlin, und der Baron C. G. von Marschall wirkte für diese Idee. In noch höherm Maße aber gelang dies einem Manne, welchen man den deutschen Don Quijote nennen könnte. Sein ganzes Dichten und Trachten der Idee einer Wiederherstellung der mittelalterlichen Ritterorden widmend, wurde er, obschon ohne schöpferischen Geist und nur ein betrogenes und mißleitetes Werkzeug Anderer, zu einer der einflußreichsten Persönlichkeiten seiner Zeit im Gebiete der geheimen Gesellschaften. Es war Karl Gotthelf von Hund und Altengrottkau, reicher Gutsbesitzer in der Lausitz (geboren 1722). Auf seinen Reisen, die er nach dem Tode seiner Jugendgeliebten unternahm, der ihn so sehr ergriffen haben soll, daß er deshalb sich nie vermälte, — trat er zu Frankfurt am Main in den Maurerbund, zu Paris aber zugleich in den neuen Templerorden und in die — katholische Kirche, worauf er dem Prätendenten Karl Eduard Stuart vorgestellt wurde, welcher, wie man ihm zu verstehen gab, einer der höchsten Ordensobern war, und dessen Uniform Hund von da an in Paris trug. Später kam er in Mastricht mit dem „Ritter von der goldenen Sonne" zusammen, dessen wahren Namen er nicht erfuhr, von dem er aber in geheimnißvoller Weise zum „Heermeister" des neuen Ordens für Deutschland ernannt wurde. Nach seiner Rückkehr gründete er auf einem seiner Güter, welches den ominösen Namen Unwürde führte, eine Loge, in welcher er mit anderen großen Kindern Templer spielte. Die dortigen Ordenskapitel führten lateinische Protokolle und Korrespondenzen und beriethen den Plan, Waisenhäuser zu stiften und dieselben allmälig in Kriegsschulen zur Rekrutirung des Ordens zu verwandeln.

Dies harmlose Treiben stand nun allerdings entweder gar nicht mit den Jesuiten in Verbindung, oder war wenigstens ein ganz unschätzlicher Ableger des Treibens derselben, die einen ehrlichen Schwärmer von Hunds Schlage zu keinen ernsten Schritten verwenden konnten.

„Um diese Zeit, sagt der bereits angedeutete Zeitgenosse*), brach der siebenjährige Krieg aus. Die französischen Kriegsvölker kamen nach Deutschland, und mit ihnen viele Jesuiten. Bei der französischen Armee, besonders bei dem Kommissariat, waren denn auch Freimaurer von höheren

---

*) Beytrag zur neuesten Geschichte des Freymaurerordens in neun Gesprächen, mit Erlaubniß meiner Obern herausgegeben, Berlin 1786, S. 51 ff.

Graden in großer Zahl, und es war keine geringe Spekulation von
einigen solcher Herren, diese mysteriöse Waare in Deutschland zu Gelde zu
machen. Ich habe einen französischen Commis gekannt, der einen ganzen
Wagen voll Freimaurerdekorationen zu ungefähr 45 verschiedenen Graden
mit sich führte, die er für Geld von Straßburg bis nach Hamburg
austheilte. Von dieser Zeit an begnügte sich fast keine einzige deutsche
Loge mehr mit den drei symbolischen Graden; aber fast jede hatte eine
andere Reihe von höheren Stufen, je nachdem sie einem andern Klingel-
beutel in die Hände gefallen war, und so veränderte sie auch ihr System,
wenn ein neuer Apostel ankam, der sie reformirte."

Ein solcher Apostel des Schwindels war der Marquis von Lernais
oder Lernay, welcher als Kriegsgefangener nach Berlin gekommen war
und dort die jesuitische Lehrweise des Kapitels von Clermont beförderte.
Ein Anderer war der zu Berlin als „Ritter von Jerusalem" angeweihte
Theolog Philipp Samuel Rosa, früher Superintendent, aber wegen
ärgerlicher Liebschaften entsetzt; er ließ sich in Halle nieder und bereiste
von dort aus Deutschland, um mit Hochgraden Handel zu treiben, während
er daneben auch Gold zu machen vorgab. Ein Dritter tauchte auf in dem
süchsischen Vikarier J. G. Leuchte, auch Becker genannt, der sich nach
dem Frieden von 1708 als „Baron von Johnson a Fluen" herum-
trieb, in Jena ein Hauptkapitel der Tempelherren gründete und selbst Rosa
blendete, der kaum, als sein Rindvieh fiel, aus Halle vertrieben wurde. Als
Hund von dem Spektakel hörte, den Johnson mit seinem Mitterweier trieb,
hielt er ihn für den von ihm längst gesuchten „unbekannten Obern", huldigte ihm in vollem Ornate vor dem Ordenskapitel des Konventes von
Altenberge (in Sachsen-Gotha), 1764, kniend, entdeckte aber endlich
seine Betrügerei und entlarvte ihn, worauf der Schwindler floh, aber ergriffen, auf die Wartburg gebracht und bis an seinen Tod (1775) in
hartem Kummer verwahrt wurde. Nun war Hund unbestrittenes Oberhaupt der neuen Templer in Deutschland und gründete die sogenannte
„stricte (im Gegensatze zur lauten) Observanz", ein System von
sieben Graden, nämlich den drei alten, dem vierten des „schottischen
Meisters", dem fünften des „Novizen", dem sechsten des „Tempelherrn"
und dem siebenten des Eques professus (!). Alle Ritter trugen lateinische
Ordensnamen. Hund hieß Eques ab ense, Andere z. B. a sole, a luna,
a cygno, a balaena, a scarabaeo, a camero bovo, a talpa (!) u. s. w.
Sechsundzwanzig deutsche Fürsten gehörten dem Orden an, der bald über
sämmtliche deutschen Logen herrschte, sein eingebildetes Weltreich in Provinzen, Bisthümer, Präfecturen und Commenden theilte, Apostel der stricten
Observanz nach Frankreich und anderen Ländern sandte, und sogar bewirkte, daß sich ihm der Groß-Orient des letztgenannten Landes anschloß.
„Hierdurch nun veränderte sich, sagt unser Zeitgenosse, der Geist der Freimaurerei ganz und gar. Statt daß sie jetzt Freiheit, Gleichheit und

Bruderband (dieses Trio schon 1786!) die Stützen des Ordens gewesen waren, so handelte man nun nach politischen Rücksichten, führte eine unerhörte, auf seine Art von Recht noch Zutrauen gegründete Subordination ein, — — und die Aufnahme in den sogenannten hohen Orden wurde mit theurem Gelde bezahlt und hierunter die schlaue Absicht verborgen, die Kassen ansehnlich zu machen — — und zuletzt einen Reichthum zusammenzuscharren, den vielleicht in der Folge Die, welche den ganzen Plan erfunden hatten, ad majorem Dei gloriam genäßt haben würden (S. 68 ff.)." Die teutschen Logen, welche sich dem anmaurerischen Flitterkram und Kinderspiel nicht fügten, wurden verachtet, ja verketzert, und die wackere Loge zur Einigkeit in Frankfurt am Main, welche an der Spitze derselben stand, konnte ihre Unabhängigkeit nur dadurch retten, daß sie sich von London aus als englische Provinzialloge erklären ließ.

Die Herrlichkeit des neuen Templerthums war nicht von langer Dauer. Hunds Vermögen ging durch den Krieg und durch die Opfer, die er dem Orden brachte, auf die Neige; denn er wurde in seiner Schwärmerei und Gutmütigkeit arg mißbraucht, und es hieß, "manche große und kleine Lichter hätten aus den Kassen ansehnliche Summen in saccum gesteckt und wären auf einmal reich geworden." Die Deputirten der Logen zu den öfteren Conventen ließen es sich wohl sein und traten mit Pracht auf. Namentlich aber erschien von Zeit zu Zeit ein Abgesandter der angeblichen unbekannten Oberen unter dem Namen und der Gestalt eines „Ritters vom rothen Federbusche" bei Hund, bot ihm Altien zu fünf- und zehntausend Thalern an, zum Zwecke von Handelsoperationen in Labrador, wo der Orden große Etablissements besitze, und Hund mußte aus seiner Provinz jährlich fünfhundert Thaler hergeben, — ohne (natürlich!) je etwas aus Amerika zurückzuerhalten. So kam es, daß er endlich seine Güter dem Orden zu verschreiben wünschte und demselben sogar anbot, ihm auf seinen Tod andere zu verschreiben, falls er auf die einen Gelt erhielte, wodurch die neuen Templer für 42,000 Thaler einen Werth von einer halben Million Thaler erhalten hätten! Aber der Orden hatte selbst kein Gelt und wußte auch keines zu schaffen!

So bekamen die Jesuiten endlich Hund's Spielerei, als sie ihnen nichts mehr einbrachte, satt, und sie erkoren sich nun zum Werkzeuge den protestantischen Theologen Johann August von Starck (geb. 1741 in Schwerin), der 1766 in Paris katholisch wurde, aber nichtsdestoweniger nachher Professor der Theologie in Königsberg, dann Oberhofprediger und Generalsuperintendent daselbst und später in Darmstadt war. Er stellte der weltlichen Templerei Hunds eine geistliche, das sogenannte Klerikat der alten Templer, entgegen und behauptete, nur diese besitze die wirklichen Geheimnisse der Templer, auch sei das bisher unbekannte Oberhaupt des Ordens ihm bekannt und Niemand anders, als der „Ritter von der

goldenen Sonne", d. h. der Prätendent Karl Eduard Stuart; er täuschte
damit in der That den Don Quijote des achtzehnten Jahrhunderts, und
bewirkte, daß die Ritter Herrn von Hund fallen ließen. Dieselben waren
jedoch keineswegs geneigt, sich den Klerikern zu unterwerfen, deren katholischer Pomp Mißbehagen erregte, und wählten 1772 auf dem Convente
zu Kohlo in der Lausitz keines der Häupter beider Systeme, sondern den
Herzog Ferdinand von Braunschweig zum Großmeister des
Ordens. Ja, auf dem Convente zu Braunschweig, 1775, wurde endlich
Hund, welcher bloßer Heermeister geblieben, ernsthaft nach seinen Legiti-
mationen gefragt, und, als er solche nicht zu bieten wußte, von der Leitung
des Ordens entfernt, — welches Schicksal ihm das Jahr darauf (zu
Meiningen) das Herz brach. Er wurde im Ritterornate vor dem Altar
der Kirche zu Melrichstadt beigesetzt.

So hatten in Deutschland die Pläne der Jesuiten noch zu keinem
Ziele geführt und zugleich wurde ihr Orden durch Clemens XIV. aufgelöst. Trotzdem gaben sie ihre Pläne nicht auf, suchten sich auch im Exile
eine neue Existenz zu gründen, und rüsteten zu diesem Zwecke einen neuen
Apostel aus, einen räthselhaften Menschen, von dem weder die Zeit noch
der Ort seiner Geburt und seines Todes bekannt sind, der sich aber gegenüber Vertrauten als Sendling der Jesuiten bekannte. Er nannte sich
Gugomos, Freiherr und Professor der Künste, war badischer Kammerjunker und Regierungsrath, auch Mitglied der strikten Observanz unter
dem Namen „Ritter vom triumfirenden Schwan", und trat zum ersten
Male in die Öffentlichkeit durch seine 1776 ausgehende Einladung zu
einem Convente nach Wiesbaden, auf welchem er, wie er behauptete,
Unterricht in der wahren Templerei ertheilen wolle. Es lag in dem wider-
spruchsvollen Geiste jener aufgeklärten und doch daneben so leichtgläubigen
Zeit, daß dieser sonderbaren Einladung viele Ritter, unter ihnen sogar
einige Fürsten, folgten und die Lügen und Schwindeleien des neuen
Propheten mit Bewunderung anhörten. Gugomos rühmte sich genossener
Einweihungen, deren Schilderung auffallend an die Exercitien der Jesuiten
erinnerte, wies Insignien und Vollmachten eines „heiligen Stuhles" auf
Kypros vor, welche Crucifixe und ähnliche katholische Verzierungen trugen,
und behauptete, der Orden, dem er angehöre, und von welchem der
Templerorden blos ein Zweig gewesen, sei schon vor Mose entstanden und
habe unter seinen Großmeistern ägyptische, jüdische und andere Könige,
griechische Philosophen, selbst Christus, sowie Apostel und Päpste gezählt.
— die Templer hätten sich in Kypros (also nicht in Schottland!) fortgepflanzt, und die dortigen Erzbischöfe seien die rechtmäßigen Nachfolger der
Großmeister. Die freimaurerischen Grade, faselte er, seien eine spätere
Neuerung des ursprünglich ritterlichen und klerikalen Systems, dessen
Organisation, nach seinen Angaben, vollkommen derjenigen des Jesuitenordens glich. Zur Belehrung in den geheimen Wissenschaften, fuhr er

fort, müsse ein heiliger Tempel erbaut werden, bei dessen Einweihung das
„natürliche Feuer" vom Himmel fallen werde. Mehrere durchschauten den
Charlatan, Andere gingen in's Garn und ließen sich von ihm anwerben.
Bei dieser Operation mußten sie fasten, ihre Meinungen über verschiedene
ihnen vorgelegte Fragen aufsetzen, welche letzteren nach unserm Zeitgeschick
„so abscheulich, so teuflisch und doch dabei so zweideutig listig abgefaßt
waren, daß sie sich zugleich moralisch, religiös und chymisch (?) andeuten
ließen, eine unvorsichtige Beantwortung aber als Dokument gegen den
Beantworter hätte gebraucht und Diesen von dem Herrn Aufnehmer hätte
abhängig machen können." (Völlig jesuitische Schulmethode!) Dann
mußten die Kandidaten an die unbekannten Oberen lateinische Bittschriften
richten, sich dem „heiligen Stuhle" (angeblich in Cypres, wirklich in Rom!)
unterwerfen, und das Versprechen ablegen, „unter Umständen gegen ihr
Vaterland die Waffen zu tragen (wie es ächten Jesuiten geziemt!)." Als
indessen Gugomos sah, wie wenig Zutrauen man ihm schenkte, verschwand
er plötzlich — und mit ihm auch die Einwirkung der Jesuiten auf die
deutsche Maurerei. Die an der Spitze der letztern stehenden Ritter waren
aber des Spiels mit unbekannten Oberen endlich müde, und als man einen
Abgeordneten, den Uralvater Karl Eberhard Wächter, „Ritter von der
Kirsche", nach Italien gesandt hatte, wo er bei dem Prätendenten Karl
Eduard in Florenz Audienz erhielt. Dieser aber augenscheinlich ¿ Freimaurer
gewesen zu sein, nahm die Templerei rasch an Ansehen ab und wurde zuletzt 1782 auf dem Convent in Wilhelmsbade bei Hanau, in Folge
der Aufklärungen, welche der ehemalige Schriftsteller Christoph Bode
über das Treiben der Jesuiten mit ihren Werkzeuge gab, förmlich aufgelöst. Über ihrem Grabe blühte die ächte Maurerei schon im folgenden
Jahre im „Eklektischen Bunde" neu auf, während Bode's kühnerer Entwurf eines allgemeinen deutschen Freimaurerbundes (1790) scheiterte.
Ein Theil der Maurer aber, welcher sich mit der Einfachheit eines Bundes
der Menschenliebe nicht begnügen konnte oder wollte, weil er möglichst
mit fantastischen Gauklereien und Schwindeleien besser zugänglich war,
wandte sich neuen am Horizonte des Geheimbünderthums aufsteigenden
Gestirnen zu. Das eine derselben, das sogenannte schwedische System,
erhob sich im Norden, das andere, das neue Rosenkreuzerwesen,
im Süden.

Die schwedischen Maurer hatten in der Mitte des achtzehnten Jahrhunderts das auch bei ihnen eingedrungene ächte englische Maurerthum zu
einfach und schlicht gefunden, und verlangten nach mehr Glanz und Pomp,
Geheimnissen und Abstufungen. Diesem vermeintlichen Bedürfnisse suchte
der fantastische König Gustav III. abzuhelfen durch die Bearbeitung eines
neuen, des schwedischen Systems, welches aus der wirklichen Maurerei,
der strikten Observanz und dem, was man unter „Rosenkreuzerei" verstand, vorzüglich aber aus dem Systeme von Clermont, zusammengeflickt

— 240 —

warts und bei dessen Schöpfung die Schriften und Lehren Swedenborgs (s. oben S. 102) nicht unwirksam gewesen sein mögen. Gustav verband mit diesem Unternehmen zugleich den Plan, mittels der Freimaurer, die er durch Pomp gewann, die lästige Adelspartei zu stürzen. Nun war eben damals ein deutscher Freimaurer, Johann Wilhelm Ellenberger, durch Adoption von Seite seines mütterlichen Oheims Zinnendorf genannt, seines Standes Militärarzt, mit der strikten Observanz zerfallen, welcher er als „Ritter vom schwarzen Stein" und als Präfekt der Mark Brandenburg angehört hatte. Er sandte 1765 einen Freund mit aus der Kapitelskasse entnommenem Reisegelde nach Schweden, wo derselbe durch Intriguen die Akten des neuen Systems zu bekommen wußte, und gründete dann nach demselben mehrere neue Logen in Norddeutschland, welche 1770 zu der sich so nennenden „Großen Landesloge von Deutschland" zusammentraten. Ungeachtet der Protestationen von Schwedens Großloge gegen dieses Unterfangen erhob sich das künstliche Gebäude zu verhältnißmäßiger Blüte, sah seinen Stifter im Vollgenusse seiner Macht als Ordensmeister 1782 bei Eröffnung einer Loge mit dem Hammer in der Hand am Schlagflusse sterben, und erfreut sich noch heute der allerhöchsten Protektion und des Anhangs aller dem Fortschritte feindlichen Maurer*). Das schwedische System hat zum Grade und beruht auf der Lehrung, daß gewisse Geheimnisse von Christus an sich durch die Apostel, die Tempelherren und die Baugenossenschaften hindurch fortgepflanzt hätten, und daß ein Neffe des Templer-Großmeisters Beaulieu, auf Anleitung von dessen letztem Nachfolger, dem bereits gefangenen Molay, in die Gruft seines Oheims hinabgestiegen sei, wo er in einem verborgenen Kasten die Insignien und Urkunden des Ordens gefunden habe, die dann von Paris nach Schottland und von da nach Schweden geflüchtet worden seien. Die Symbole, Ceremonien und Lehren bestehen aus katholischem Blendwerk und „erhabenem Unsinn." Das schwedische System bildet auch den Inhalt der unkritischen und von Lügen über die Maurerei wimmelnden Schrift „Sarsena".

Ob die neuen Rosenkreuzer des achtzehnten Jahrhunderts mit den älteren des siebenzehnten (s. Bd. I. S. 357) zusammenhängen, ist ungewiß, desto sicherer aber, daß jene, gleich den neuen Templern, unter jesuitischer Leitung und Aufsicht standen. Während man die ritterlichen Norddeutschen durch die Templerei zu beschäftigen wußte, heißte man die zu tiefsinnigen Untersuchungen geneigten Süddeutschen mittels Größeln über die Geheimnisse des Orients in die „alleinseligmachende" Kirche zu

---

*) Vergl. Findel, J. G.; die Schule der Hierarchie und des Absolutismus in Preußen. Eine Vertheidigung des Freimaurerbundes wider die Angriffe der „hochleuchtenden" Großen Landesloge der Freimaurer von Deutschland. Leipzig 1870.

führen oder wenigstens durch Vertiefung in abergläubisches Treiben von
aller Betheiligung an der überhandnehmenden Aufklärung abzuziehen.
Obskure Leute, welche der maurerischen Geschichte durchaus fremd sind,
d. h. Werkzeuge der Jesuiten, standen an der Spitze der neuen Gold-
und Rosenkreuzer, welche um das Jahr 1760 (zur Zeit Rosa's und Johnson's!) auftauchten, und gaben vor, unter „unbekannten Oberen" zu
arbeiten. Sie lockten durch anonyme Briefe und räthselhafte Abgesandte
Solche zum Verkehre mit ihnen, bei denen sie alchemistische Neigungen
voraussetzten, benützten sie, unter Vorspiegelungen goldener Ernten, so
lange sie sie brauchen konnten, und ließen sie dann plötzlich im Stiche, so
daß alle Nachforschungen nach dem Orden fortan vergeblich waren. Mit
dem Freimaurerbunde hingen sie nicht zusammen, sondern benützten dessen
Logen und Glieder nur zu ihren Zwecken, wo sie konnten. Die Zahl
ihrer Grade war neun (1) Juniores, 2) Theoretici, 3) Practici, 4) Philo-
sophi, 5) Minores, 6) Majores, 7) Adepti exenti, 8) Magistri, 9) Magi);
ihre Mitglieder trugen sonderbare Namen, z. B. Fraxinus, Philimanes,
Orades, Mandrabulus, Chrysophiron, Gorbianus, Johannes de Sapientia
u. s. w.; ihre Logen hießen „Kreise", deren Vorsteher „Direktoren", und
die Brüder der unteren Grade kannten außerhalb ihres Kreises kein Mitglied des Ordens. Den Oberen gegenüber, welche man als „heilige
Kongregation" und deren Oberhaupt als M. M. (Magnus Magus, der große
Zauberer — von Rom?) bezeichnete, — war vollkommen blinder Gehorsam und unumschränkte Beichte alles Dessen, was sie wissen wollten,
vorgeschrieben. Die Sache des Ordens wurde für diejenige Gottes und
Christi ausgegeben, das Losungswort desselben war: „Auf daß Gott und sein
Wort mit uns sei!" Fromme Redensarten, gemischt mit unverständlichen
und mystischen, bildeten ihre Sprache; ihre verrückte Beschäftigung bestand
scheinbar in kabbalistischer Auslegung der Bibel und anderer angeblich
heiliger oder geheimer Bücher, unsinniger Deutung der Naturereignisse,
Geisterseherei und Teufelsbannerei, Goldmacherei, Bereitung von Lebens-
elixiren, ja sogar in Versuchen, durch chemische Processe Menschen zu erzeugen! In Wirklichkeit aber arbeiteten sie für den Jesuitenorden und
dessen Zwecke, und steuerten auf Unterwerfung der Freimaurer unter denselben los. Den Neuaufgenommenen wurde ein Büschel Haare abgeschnitten (die Tonsur!); die Mitglieder trugen in den Versammlungen
weiße und schwarze Schärpen, in den höheren Graden priesterliche Ge-
wänder und silberne oder goldene Kreuze. In den Ceremonien spielten
Crucifixe und Rauchwerke eine bedeutende Rolle. Man versprach den
Aufgenommenen, im neunten und höchsten Grade würden sie alle Geheimnisse der Natur erfahren und die Oberherrschaft über Engel, Teufel und
Menschen erlangen. Nach der Behauptung der Rosenkreuzer erstreckte sich
ihr Orden über ganz Europa und Vorderasien.

Gleich der Templerei hatte auch die Rosenkreuzerei ihre Apostel und

falschen Propheten. Der erste unter denselben war der berüchtigte Johann
Georg Schrepfer, geboren 1739 zu Nürnberg, erst Soldat, dann
Kaffeewirth zu Leipzig*). Ohne daß man wußte, ob und wann er Frei-
maurer geworden, errichtete er 1772 in seiner Wirthschaft auf eigene Faust
eine sogenannte schottische Loge, um die Zahl seiner Gäste zu vergrößern,
und behauptete, eine bessere Maurerei zu lehren, als die eigentlichen Logen.
Von einer solchen (Minerva in Leipzig) zurechtgewiesen, benahm er sich
trotzig, erschien in derselben mit einer Pistole, streute Zettel auf den
Straßen umher, auf welchen er die Mitglieder beleidigte und maurerische
Gebräuche verrieth, wurde aber endlich auf Befehl des Herzogs Karl von
Kurland, Protektors der sächsischen Logen, verhaftet und erhielt auf der
Wache Stockprügel, die er bescheinigen mußte. Da nun aber ängstliche
Brüder zu Braunschweig, welche fürchteten, er würde die maurerischen
„Geheimnisse" veröffentlichen, seine Versöhnung mit der Loge Minerva
bewirkten und angesehene Männer sich bethören ließen, an seinen Gaukeleien
Theil nahmen, hinter welchen er geheime Kenntnisse zu verbergen vorgab,
vergaß sich selbst der Herzog von Kurland und sank zu einem Schüler des
Schwindlers herab, den er hatte durchprügeln lassen. Seitdem stolzirte
Schrepfer in französischer Uniform mit Degen einher, und gab sich unter
dem Namen eines Obersten und Barons von Steinsberg oder Steinbach
für den Bastard eines französischen Prinzen aus. Zugleich gab er in
seiner Loge, wo eigentlich maurerische Arbeiten nie vorkamen, Vorstellungen
in Geisterseherei. Unser mehrerwähnte Zeitgenosse und Augenzeuge erzählt: „Ich selbst bin bei Schrepfer's Operationen gegenwärtig gewesen
und will Ihnen offenherzig erzählen, was ich gesehen habe: Ich habe gesehen, daß Menschen, welche das Wunderbare liebten, ihre eigenen Sinne
übertäubten, nicht sehen wollten, daß sie auf die gröbste Art betrogen
wurden, sondern sich überzeugten, die erschienene Figur sei wirklich ein
Geist, sehe wirklich ihrer seligen Frau oder ihrem seligen Vater gleich; ich
habe gesehen, daß schwache Köpfe und Schwärmer weiß für schwarz und
schwarz für weiß ansahen, weil sie das Vorurtheil mit hinbrachten, es
müsse also sein; ich habe gesehen, daß Andere durch gewisse Mittel über-
täubt wurden, so daß sie in ihrer erhitzten Phantasie wirklich erblickten,
was nicht da war; ich habe gesehen, daß Andere, welche die Sache nicht
genau untersuchten, hintergangen wurden, und daß Manche, aus Furcht
vor der allgemeinen Stimme, welche für die Sache war, obgleich sie das
Ding besser wußten, dennoch nicht das Herz hatten, den Betrug zu ent-
larven. — Alle diese beförderten im Volke den Glauben an Schrepfer's

---

*) Sammlungen von Briefen und Aufsätzen über die Gaßnerischen und
Schröpferischen Geisterbeschwörungen, herausgegeben von Joh. Salomo Semler.
2 Bde. Halle 1776.

Wunderwerke, so wie es einige Jahre nachher auch mit Gaßnern ging."
(Welch trefflicher Kommentar zu den Wundergeschichten aller Zeiten und
Völker!) Der Nämliche fährt fort: „In dem Zimmer, in welchem die
Beschwörungen geschahen, stand ein großes Billard, die Wege um dasselbe
her wurden noch dazu mit Stühlen, worauf Crucifixe u. dergl. lagen, versperrt. Die, welche den Geist sehen sollten, befanden sich jenseits, der
Geist erschien diesseits des Billards. Und damit Schrepfer noch vollends
gewiß sein konnte, daß Niemand so schnell dem Geiste auf den Leib springen
dürfe, mußten alle Zuschauer auf beiden Knieen liegen. Er ließ nicht
Jeden zu; man mußte sich überzeugt und gläubig stellen, um gegenwärtig
sein zu dürfen. Die Beschwörungen waren abenteuerlich, aber lang, ermüdend, betäubend, in den Zwischenfristen wurde Punsch gereicht." ——
Dieser Punsch war offenbar mit betäubenden Ingredienzien vermischt, welche
dem Zwecke des Beschwörers zu Hülfe kamen und die Zuschauer glauben
machten, sie sähen mehr als da war. Über die erscheinenden Geister sagt
der Augenzeuge: „Er öffnete die Thüre wie ein anderer Mensch und war
nichts mehr und nichts weniger, als ein vermummter Sterblicher, ja einst,
als Schrepfer's Frau ihrer Entbindung nahe war, habe ich sehr deutlich
einen — schwangern Geist erscheinen gesehen." Ein anderer enttäuschter
Schüler Schrepfer's, Johann Samuel Schlegel, Mitglied der Loge Minerva,
später Meister vom Stuhl der Loge Balduin zu Leipzig, berichtet: Schrepfer
habe seine magischen Arbeiten in zwei Klassen getheilt, in die pneumatische,
wo Geister erschienen, und in die elementarische, wo in finsteren Zimmern
auf seine Beschwörung jede verlangte Person in einem andern Lichte erschien; auch habe ein von ihm beschworener Stern ungewöhnliche und dicke
Strahlen geworfen; in einem Walde habe er Sturmwetter entstehen, große
Knalle und andere Dinge hören lassen. Ja er beschwor sogar Sterne und
behauptete, solche versetzen zu können, obschon er ihre Namen und Stellung
nicht einmal kannte. Den Zuschauern bei den Geistererscheinungen, vor
deren Beginn er sich schon am Morgen desselben Tages einschloß, bis am
Abend die Stunde der Vorstellung kam, — war der Gebrauch von Brillen
und Gläsern verboten, und die Vorstellungen fanden stets bei dem Scheine
blos eines Lämpchens statt. Die Geister erschienen in dickem, fast un-
durchsichtigem Rauche von oft betäubendem Geruch, meldeten sich gewöhnlich
mit großem Geräusch, sogar Gebrüll, und Schrepfer's Haupthelfer war,
wie Schlegel versichert, sein erster Marqueur. Schlegel erkannte einmal,
als er sich unter einem Tische verborgen hatte, an den Füßen des
Geistes die am vorigen Tage in seinem Laden gekauften Schuhschnallen,
und als er einmal die Thüre verriegelt hatte, mußte der brüllende Geist
trotz seines Polterns draußen bleiben.

Schrepfer's Zweck war wahrscheinlich, im Interesse der Rosenkreuzer
die strikte Observanz, welche sich den Jesuiten nicht mehr gefügig bewies,
in Mißkredit zu bringen und zu stürzen. Daher seine stets katholisches

Gepräge tragenden Ceremonien). — Freunden vertraute er an, er habe den Auftrag, den Freimaurerbund mit dem aufgehobenen Jesuitenorden zu verschmelzen und stehe unter des Herzogs von Orleans Protektion; auch hätten ihm die Jesuiten einen Theil ihrer geretteten Schätze in Verwahrung gegeben. Um seine Macht zu beweisen, ließ er in dem Palaste des Herzogs von Kurland zu Dresden, der besonders dazu eingerichtet war, vor seinen Getreuen den Geist des verstorbenen Marschalls von Sachsen erscheinen. Er selbst schlug während seines dortigen Aufenthaltes seine Wohnung im Polnischen Gasthofe auf und empfing den Herzog nur noch mit leichtem Kopfnicken. Als aber seine Oberen ihn zu plump und marktschreierisch fanden, ließen sie ihn fallen. Seitdem war er genöthigt, Schulden zu machen, um sein verschwenderisches Leben fortsetzen zu können, und als er endlich am Rande des Ruins und seiner Entlarvung durch Scharfsichtigere stand, ging er am Morgen nach einer in gewohnter Weise gehaltenen Geisterloge, am 8. Oktober 1774, mit vier seiner Anhänger in das Rosenthal bei Leipzig, um ihnen, wie er sagte, eine wunderbare Erscheinung zu zeigen, entfernte sich dort in ein Gebüsch und erschoß sich da. Vorher hatte er einem Freunde als Unterpfand für ein Darlehen von tausend Louisd'or eine angeblich mit Ordensgeheimnissen gefüllte Kiste übergeben. Als man sie nach seinem Tode öffnete, waren — alte Wäsche und Steine darin. Nach einer andern Erzählung hatte er ein Paket mit den angeblichen Jesuitenschätzen bei einem Bankhause deponirt, in welchem man aber bei der Untersuchung blos — leeres Papier fand.

Unter den Zeugen seines Todes befand sich der zweite Apostel der Rosenkreuzer, der von der strikten Observanz zu diesen übergelaufene kursächsische Kammerherr und spätere preußische Major Johann Rudolf Bischofswerder; er war es, welcher den Herzog von Kurland für Schrepfer gewonnen hatte. Nach des Letztern Untergang lebte er eine Zeit lang als Einsiedler, um der Rache getäuschter unbekannter Oberen zu entgehen, wähnte dann in dem Gaukler Gugomos ein neues Licht zu erblicken und wollte für ihn nach Cypern reisen, um die Geheimnisse der Templer zu holen. Durch die Gunst des Kronprinzen Friedrich Wilhelm, des unmündigen Thronfolgers des alten Fritz, stieg er in des Letztern Todesjahr, 1786, zum Kriegsminister, und gewann den etwas ältern Johann Christoph Wöllner, früher Prediger, für seine Ansichten, der dann 1788 ebenfalls zum Minister stieg, und Beide wußten den neuen, eiteln, geistesbeschränkten und wundersüchtigen König Preußens, Friedrich Wilhelm II., für die Rosenkreuzerei, deren Direktor in Berlin Wöllner war, zu gewinnen und verwickelten sogar die Großloge zu den drei Weltkugeln in das dunkle Treiben dieses Ordens, dessen wahre Tendenzen sie endlich auf die schmählichste Weise enthüllten. Während sie im Einverständniß mit der sogenannten Gräfin Lichtenau, der Maitresse des Königs, den Letztern durch Geisterbeschwörungen und tolle Gelage verblödigten, gaben sie der

Aufklärung und Toleranz, welche unter Friedrich dem Großen in Preußen geherrscht hatte, durch ihr berüchtigtes, den Glaubenszwang einführendes Religionsedikt von 1788 (ein Jahr vor der französischen Revolution!) den Todesstoß und führten zugleich die Censur wieder ein. Gegen diese schändliche Orgie, welche Frömmelei, Aberglaube, Tyrannei und Unzucht im süßen Vereine feierten, erhoben sich jedoch furchtlos die Stimmen freisinniger Männer, wie Biester und Gedike, und es war ein böses Omen, als der Prinz Friedrich von Braunschweig, in dessen Palast die Rosenkreuzer alchemistische Experimente machen wollten, die nach der Aussage des Chemikers Klaproth das Gebäude in die Luft gesprengt hätten, die Bande auseinanderjagte und die Hexenküche abbrechen ließ. Es ging nur noch bis zum Tode des Königs, — und das Gebäude der Rosenkreuzerei selbst flog mit Krachen in die Lüfte!

An Nachahmungen dieser wahnwitzigen Gesellschaft fehlte es nicht. In Süddeutschland blühten kurze Zeit die „**Ritter und Brüder Eingeweihten St. Johannes des Evangelisten aus Asien**," mit dem Hauptsitze in Wien, vom Freiherrn Hans Heinrich von Ecker und Eckhofen gestiftet, — in Norddeutschland die **afrikanischen Bauherren** des Kriegsraths Köppen in Berlin, an verschiedenen Orten die **Kreuzbrüder** oder **Kreuzfrommen** des Grafen Christian von Haugwitz, in Frankreich die Anhänger Claude von St. Martin's, **Martinisten** oder auserwählte Crèns genannt, die **Philaletheu**, die **Sonnenritter**, die **unbekannten Philosophen**, die **Centralisten**, die **Illuminirten von Avignon** u. A., — meist Schöpfungen und Werkzeuge der formell aufgehobenen, aber wirklich fortexistirenden Jesuiten, — in Italien die **Zappatori**, welche sich speziell die Vernichtung des Freimaurerbundes zur Aufgabe machten und eine Axt zum Sinnbilde hatten, welche bestimmt war, den Baum der Maurerei umzuhauen. Die Axt aber ist vergessen und der Baum blüht noch!

Die allgemein grassirende Geheimbundsucht gab auch noch anderen geheimen Gesellschaften das Leben, welche an dem Kampfe der Grundsätze nicht Theil nahmen, sondern einen harmlosen Verkehr theils blos unter Männern, theils unter beiden Geschlechtern mit maurerischen oder der Maurerei ähnlichen Formen bezweckten. Zu den in Deutschland auftretenden androgynen (Männer- und Frauen-) Orden gehörten: der Orden der **Glückseligkeit**, 1745 in Hamburg von Kretz aus Nürnberg, nach dem Muster des französischen Ordens de la félicité, gestiftet, mit einer Symbolik, welche dem Seewesen und einer Reise nach den Inseln der Glückseligkeit entnommen war, der 1748 in Celle bestehende Orden der **Weisheit**, der 1757 aus Frankreich in Deutschland eingeführte Orden der **Hoffnung** oder Espérance-Orden, der Orden der **Kette** oder der **Pilgrime**, der um 1760 in Thüringen bestandene Orden „**Plaisir sans chagrin**," dessen unter einer „Großmeisterin" stehende

Brüder und Schwestern grüne Ringe trugen und sonderbare Namen (z. B. frère gallopin, soeur nonchalante u. s. w.) führten, der Orden der Holzhacker (Fendeurs), derjenige der Argonauten auf einer Teich-Insel im Braunschweig'schen u. a. Blos aus Männern bestanden die Orden: der Tugend und Ehre (aus England eingeführt und daher auch V. a. H., d. h. Virtue and Honour genannt), der Eintracht (Kentorbienorden), der Einigkeit u. a. Das Wesen aller bestand in moralischer Schwärmerei und Gefühlsschwelgerei. Auch die bereits erwähnten Studentenorden gehören hieher. Betrügerischer Natur waren, außer den von Cagliostro (s. oben S. 160) gestifteten ägyptischen Logen, die gemeiner Prellerei dienende Dukatensocietät des Grafen Ludwig von Neuwied, der Rosen- und der Harmonieorden, welche beiden der als Frau verkleidet umherreisende Ungar Matthäus Grossinger in's Leben rief, um Aufnahmsgelder zu ernten u. s. w.

Außer dem Betruge bemächtigte sich auch der Spott des geheimen Ordenswesens und schuf komische geheime Gesellschaften, von welchen wir nur zwei, eine französische und eine deutsche, erwähnen wollen.

Im Jahre 1742 entstand zu Caen in der Normandie die Gesellschaft der Francs-Peteurs, deren Absicht es war, die Freimaurer, wegen ihrer großartigen Apparate zu harmlosen Zwecken, lächerlich zu machen. Ihre Beamtungen und Aufnahmsgebräuche waren den freimaurerischen in komischer Weise nachgeahmt, und die Mitglieder verpflichteten sich, als „erklärte Feinde aller Vorurtheile," de peter librement, souvent et méthodiquement. Die Logen hießen Cases; das Abzeichen war ein goldener Zephyr mit der Inschrift: „A la liberté"; aufnahmefähig waren nur Männer zwischen zwanzig und sechszig Jahren, da „Ältere nicht fähig wären, die ernsten Aufgaben der Gesellschaft zu erfüllen."

So frivol hier der französische, so jovial erwies sich gleichzeitig der deutsche Humor. Als Goethe in Wetzlar weilte, bildete sich dort (1771) der „Ritterbund", ein satirisches Spiegelbild der „strikten Observanz", deren Mitglied sein Stifter, Friedrich von Goué, war und so sich selbst verspottete. Die Mitglieder führten Ritternamen, sprachen im Stile des Ritterthums, wie man sich dieses dachte, behandelten die „vier Haimonskinder" als symbolisches Buch, wozu Goethe einen Kommentar schrieb, und hatten vier Grade. Diese hießen, in sarkastischer Verhöhnung der in der Aftermaurerei stets auf die höheren Grade verschobenen, aber nie ertheilten Aufschlüsse 1) der Übergang, 2) des Übergangs Übergang, 3) des Übergangs Übergang zum Übergang, und 4) des Übergangs Übergang zum Übergang des Übergangs. Nur die Eingeweihten verstanden den tiefern Sinn dieser Grade.

Das Beispiel der erwähnten androgynen Orden hatte indessen auch auf die Freimaurerei selbst ansteckend zurückgewirkt. Doch war es blos Frankreich, das Heimatland jener Orden, wo die Maurerei der Frauen,

auch „Adoptionsmaurerei" genannt, blühte und besonders, dem weiblichen
Geschlechte angepaßte Ceremonien und Grade besaß (Vorsteherin vor der
Revolution war die unglückliche Prinzeß von Lamballe!). In Deutschland nahmen nur wenige, an Mitgliederzahl arme und blos kurze Zeit
bestehende Logen diese Verirrung an. — Die unbeabsichtigte Einweihung
einer Dame kam in Irland einmal vor. Elisabeth Aldworth, die Tochter
des Viscount Doneraile, in dessen Hause eine Loge ihre Versammlungen
hielt, belauschte als junges Mädchen durch eine Oeffnung in der Wand
eine maurerische Aufnahme. Sie wurde entdeckt und, um nichts zu verrathen, selbst aufgenommen. In ihren späteren Jahren zeichnete sie sich
durch ihre Wohlthätigkeit aus und erschien einst bei einem öffentlichen Aufzuge in maurerischer Bekleidung an der Spitze der Brüder. —

Treffend zeichnet unser anonymer Zeitgenosse die im achtzehnten
Jahrhundert grassirende Geheimbundsucht nebst den sie begleitenden Un-
geheuerlichkeiten mit folgenden Worten: „In der Zeit, da ich in dem
Rufe von höheren Kenntnissen stand, ohne je mich solcher Dinge gerühmt
zu haben, besuchten mich eine Menge Liebhaber der Kunst, Mystiker und
Abenteurer. Wie manchen reisenden Goldmacher lernte ich da kennen, der
nicht nur keine gesunden Menschensinne hatte, sondern auch, indem er sich
der höchsten alchymistischen Kenntnisse rühmte und in die Tiefen der
zeugenden Natur dringen wollte, wahrlich nicht hätte klar demonstriren
können, woher es kommt, daß ein Kessel voll Wassers auf dem Feuer zum
Kochen gebracht werden kann! Wie mancher Universalarzt, der nicht deutlich wußte, wie die Verdauung bei den Menschen geschieht! Es kamen
auch Schüler aus fremden Mysterienschulen zu mir und erzählten mir, wie
ihre Oberen mit ihnen verfuhren; und da schlug ich denn zuweilen die
Hände über dem Kopf zusammen, aus Verwunderung, welcher kindischen
Spielereien sich diese zuweilen bedient hatten, um sehr vernünftige Menschen
zu hintergehen, und noch mehr darüber, daß es ihnen so oft gelungen war.
Ein verständiger Mann erzählte mir: er müsse seinem Aufnehmer die
Briefe einhändigen, welche derselbe ihm befohle, an die Oberen zu schreiben;
der Recipient lege dieselben in seiner Gegenwart auf den Ofen, und in
wenig Minuten fände er — statt seines Briefes die Antwort darauf liegen.
— Offenbar war dies der plattesten, bekannteste Betrug. Er mußte nämlich den Brief mit einer chymischen Tinte schreiben, welche durch die Hitze
verschwindet, und dann erscheint die Antwort, welche schon vorher auf das
Papier mit einer Tinte geschrieben war, die nur durch die Wärme zum
Vorschein kommen kann. — Ein Anderer sagte: die Oberen hätten ihm
einen Stein verehrt; denselben müsse er in der Tasche tragen; zu gewissen
Zeiten nun fange der Stein an, brennend heiß zu werden; das geschehe
immer, wenn die Oberen ihn an etwas erinnern wollten; wenn er denselben dann hervorzöge, so erschienen brennende Buchstaben daraus. —
Gewiß war dieser Stein nichts weiter, als ein hohler, durchsichtiger Körper,

gefüllt mit einer Materie, die, wenn sie durch die größere Wärme dessen, der ihn bei sich trug, erhitzt wurde, schmolz und Buchstaben erscheinen ließ. Ich selbst kann dergleichen Bilder verfertigen. — Damals forschte ich auch fleißig nach alten Manuskripten, Freunde theilten mir einige mit, und ich spürte nach, wo ich wußte, daß dergleichen aufbewahrt wurden. Ich ließ mich Geld und Mühe nicht verdrießen, bekam alte Rosenkreuzerpapiere, alchymische Processe, Geisterbeschwörungen und mehr solcher Waare in Menge. Aber der gesunde Menschenverstand empörte sich bei dem unsinnigen, widersprechenden Zeuge, das darin stand."

C. Verfolgungen.

Alle die erwähnten Verirrungen, welchen mehrere bedeutendere Abtheilungen des Freimaurerbundes, dem Zuge der Zeit nach dem Geheimnißvollen und Glänzenden folgend, anheimfielen, konnten indessen niemals ganz den ursprünglichen edeln und humanen Grundcharakter entstellen oder gar verdrängen, welcher seiner Stiftung zu Grunde liegt. Der Bund hat daher auch in der Zeit seiner schreiendsten Entartung viel, wenn auch nach Beseitigung derselben noch mehr, zur Beförderung religiöser und politischer Duldsamkeit und Gerechtigkeit und zur Abschaffung barbarischer Einrichtungen und Gebräuche beigetragen, und aus diesem Grunde ist er auch von allen Machthabern, Sekten und Individuen, welche ihre Usurpationen, Mißbräuche und Interessen durch ihn gefährdet sahen, stets auf die gehässigste und grausamste Weise angegriffen und verfolgt worden.

An die Spitze dieser Feldzüge gegen den Geist der Humanität stellen wir, wie billig, jene, welche von dem sogenannten „Stellvertreter" des Stifters der „Religion der Liebe" ausgingen, als der Stelle, welche immer vorangeht, wenn es den Kampf gegen Erleuchtung und Hebung der Menschen gilt. »Schon zwanzig Jahre nach der Stiftung des Freimaurerbundes, als bereits auch in Rom durch Engländer eine Loge gegründet, doch schon wieder eingegangen war, im Jahre 1738, erließ Papst Clemens XII. die Bulle „in eminenti", durch welche er die Freimaurer ertommunicirte, ihnen keine andere Absolution, als durch den jeweiligen Papst gestattete und die Geistlichen als „Inquisitoren der ketzerischen Verderbtheit" anwies, gegen die Übertreter des Bannfluchs vorzugehen und zu inquiriren und sie als der Ketzerei gar sehr verdächtig mit angemessenen Strafen zu belegen und in Schranken zu halten, — nöthigenfalls auch mit Anrufung der Hülfe des weltlichen Armes." Begründet wurde diese Extommunikation: 1) durch den Umstand, daß die Freimaurer jeder Religion und Sekte angehören und sich , mit einer gewissen zur Schau getragenen Rechtschaffenheit begnügen (!)", 2) dadurch, daß sie im Geheimen arbeiten und sich durch einen Eid unter Androhung der schwersten Strafen zur Wahrung der Geheimnisse verpflichten, 3) daß sie die schwersten Schäden nicht blos der Ruhe des weltlichen Staates, sondern auch dem geistlichen Wohle der Seele zufügen, 4) daß sie im Widerspruche mit den bürgerlichen und kanonischen Gesetzen stehen. All' dies wurde einfach behauptet, ohne den leisesten Versuch zu einem Beweise des Gesagten zu machen!

Als sich gehorsame und gläubige Katholiken durch diesen Bannfluch vom Eintritt in den Freimaurerbund abgehalten glaubten und doch der grassirenden Geheimbundsucht nicht widerstehen konnten, entstand für Solche der Mopsorden, welchem Weltliche und Geistliche, Männer und Frauen, aber nur Katholiken, angehörten*). Der damals unter den Hunderacen besonders beliebte Mops galt den Mitgliedern als das Sinnbild ihrer Treue und Ergebenheit (gegen Rom?). Jede Loge hatte zwei Großmöpse, deren Einer ein Mann, der Andere eine Dame war. Die Ceremonien waren eine sehr unästhetische Nachäffung der freimaurerischen. Der Aufnahmesuchende kratzte an der Thüre der Loge, wie Hunde thun; öffnete man nicht sogleich, so fing er an zu heulen. Er wurde dann eingeführt und an einer Kette im Kreise herumgeführt, während die Mitglieder mit Stöcken, Degen, Ketten u. s. w. den Kandidaten, dessen Augen verbunden waren, zu schrecken suchten und beständig dazu schrieen: memento mori! Es folgten nichtssagende Fragen und Antworten, sowie Prüfungen, zu welchen gehörte, daß der neue Mops so weil als möglich herausstrecken und so lange als möglich draußen lassen und darauf den Hintertheil eines kleinen Mopses von Wachs oder anderm Stoffe küssen mußte u. s. w. Das Erkennungszeichen bestand darin, daß man mit den Fingern einen Maulkorb vor dem Munde bildete und die Zunge herausstreckte. Der Neuaufgenommene küßte alle Mitglieder, die Männer wohin er wollte, die Damen auf die Wange. Den Schluß der Ceremonie bildeten allegorische Erklärungen der Aufnahme und der Logendekorationen, zu denen ein Palast der Liebe, ein Band der Wollust (!), ein Gefäß der Vernunft u. s. w. gehörten. Der in Deutschland und Frankreich verbreitete Mopsorden dauerte jedoch nur kurze Zeit.

Die Bulle Clemens XII. wurde zwar im Kirchenstaate vom Kardinal-Staatssekretär Firrao bekannt gemacht, den Freimaurern Güterkonfiskation, Todesstrafe, Niederreißen ihrer Versammlungshäuser angedroht und den Kandidaten des Bundes bei Geld- oder Galeerenstrafe die Anzeige zur Pflicht gemacht; in den übrigen Ländern aber wurde die Bulle so wenig

---

*) Vergl. „Der verrathene Orden der Freymäurer und das offenbarte Geheimniß der Mopsgesellschaft. Aus dem Französischen übersetzt, mit Kupfern. Leipzig 1745."

beachtet, daß Papst Benedikt XIV., welcher selbst Freimaurer gewesen sein soll, sich genöthigt fand, sie durch die Bulle „Providas" von 1751 zu bestätigen. Der Erfolg war jedoch derselbe, obschon auch das zweite Verdammungsorgan Europa's, die altersschwache Sorbonne in Paris, 1748 den verhaßten Bund verflucht hatte. Derselbe bestand aber nicht nur fort, sondern wuchs sogar, obschon ihn der Felsen Petri zu zermalmen drohte, und der letztere schwieg daher einstweilen, weitere Schritte auf günstigere Zeiten verschiebend, wie wir sehen werden. Obschon auch die übrigen Regierungen, welche während der drei letzten Jahrhunderte Italien mißhandelten, das Beispiel des heiligen Stuhls nachahmten, hatte das Verbot des Bundes dennoch weder in Toskana, noch in Venedig, weder in Sardinien, noch in Neapel auf die Dauer einen Erfolg!

Dagegen war dies in ausgedehntem Maße der Fall auf der iberischen Halbinsel, dem Eldorado der Inquisition. In Lissabon hatten es 1743 der schweizerische Goldarbeiter Johann Coustos und der französische Juwelier Mouton gewagt, eine Loge zu gründen, wurden jedoch verrathen, in die Kerker der Inquisition geworfen, fürchterlich gefoltert, dann der Erste, als Protestant, auf die Galeeren gesandt, der Zweite aber, als Katholik, entlassen. Ähnliches erduldeten später noch Andere. In Madrid ließ, in Folge der ersten päpstlichen Verdammungsbulle, König Philipp V. 1740 mehrere Freimaurer in die Kerker der Inquisition werfen und zu den Galeeren verurtheilen. Als sich trotzdem der Bund ausbreitete, beschloß der Franziskaner und Inquisitionsbeamte Josef Torrubia, um seinen Ehrgeiz zu befriedigen, das Verderben des Bundes. Er ließ sich, unter der angenommenen Maske eines Weltpriesters, 1751, nachdem ihn der päpstliche Pönitentiarius des Eides der Verschwiegenheit entbunden, in eine Loge aufnehmen, klagte dann bei der Inquisition die Freimaurer „der ärgerlichsten und gottlosesten Gepränge, Lehren und Handlungen, der Sodomie, Zauberei und Ketzerei, des Atheismus und Aufruhrs" an, und verlangte die Achtung der Mitglieder, die Einziehung ihrer Güter und zu guter Letzt ihre Verbrennung in einem „erbaulichen Auto da fé, zu größerer Beherrschung des Glaubens und Stärkung der Gläubigen." Die Maurerei wurde zwar sofort durch Ferdinand VI. unterdrückt, die erhobenen Anklagen jedoch so wenig begründet gefunden, daß man auf das angenehme Schauspiel der rauchenden Scheiterhaufen verzichten mußte. Einige Jahre später, 1757, wurde ein Franzose, Tournon, welcher von der spanischen Regierung berufen worden, die Fabrikation kupferner Schnallen in Madrid zu lehren, auf die Anklage eines seiner Lehrlinge als Ketzer, Zauberer und Maurer verhaftet, da man in den Verzierungen seines freimaurerischen Diploms Zauberfiguren zu erblicken glaubte. Obschon Tournon nur in Frankreich Logenversammlungen beigewohnt und nicht einmal gewußt hatte, ob es in Spanien auch Maurer gebe, dagegen so unklug gewesen war, seinen Angestellten den Eintritt in den Bund anzurathen, hob die Inquisition eine strenge Untersuchung gegen ihn an, machte es ihm u. A. zum schweren Vorwurfe, daß die Maurer blos an **einen Gott**, statt an die Dreieinigkeit, glauben, und verurtheilte ihn dann, „aus besonderer Milde," zu einjähriger Haft und nachheriger Verbannung aus Spanien; während seiner Einsperrung aber mußte er die Exercitien des „heiligen" Ignatius von Loyola durchmachen, täglich den Rosenkranz „herbeten," den Katechismus auswendig lernen, an den hohen Festen beichten, knieend seine „Ketzereien" abschwören und sich verpflichten, niemals wieder maurerischen Versammlungen beizuwohnen, ja sogar sich nie wieder als Maurer zu bekennen. — Auch aus der neuesten Zeit werden wir sowol in Spanien, als in Portugal Verfolgungen von Freimaurern zu berichten haben.

Es dauerte lange, ehe die Verfolgungen der Freimaurer im Süden Europa's auch im Norden der Alpen Nachahmung fanden. Es geschah dies erst, als eine außerhalb des Bundes entstandene Gesellschaft denselben zu ihren Zwecken benutzte, — nur in diametral entgegengesetztem Sinne, als dies der Jesuitenorden versucht hatte, wenn auch in ganz ähnlicher Weise. Es war nach der Aufhebung der sogenannten Gesellschaft Jesu, als in einem gewesenen Schüler derselben der Gedanke aufblitzte, Das, was jener Orden angestrebt, mit ähnlichen Mitteln zu Gunsten der Aufklärung zu versuchen, die jetzt enthüllten und offen liegenden Fäden, welche die Jünger Loyola's überall angeknüpft hatten, zur Förderung dessen zu benutzen, was Jene bekämpft, — Das zu vernichten, zu dessen Vertheidigung Jene sich vereinigt hatten. Es war Adam **Weishaupt**, geboren 1748, seit 1773 Nachfolger der Jesuiten auf dem Lehrstuhle des kanonischen und des Naturrechts an der Hochschule zu Ingolstadt. Die Intriguen, welche die beseitigten Patres aus Neid und Haß gegen ihn spannen, brachten in ihm jenen Gedanken zur Reife, den er schon als Studirender gefaßt hatte und in welchem ihn ein Freund bestärkte, — und die Gründung einer Loge der Rosenkreuzer oder asiatischen Brüder in der Nachbarschaft, deren Glieder seine besten Schüler zu verlocken suchten, führte die Verwirklichung herbei. Am 1. Mai 1776 stiftete er, wahrscheinlich zunächst aus jenen Studenten, den Orden der **Perfektibilisten**, welchen Namen er später in denjenigen der **Illuminaten** umwandelte. Um denselben zu stärken und zu verbreiten, ergriff er zweierlei Maßregeln; die erste derselben bestand in der vollständigen Übertragung des hierarchischen Regierungssystems der Jesuiten auf den neuen Orden, die zweite in der Herbeiziehung der Freimaurerei zur Beförderung der Ordenszwecke. Zu diesem Zwecke ließ sich Weishaupt, dem die eigentliche Grundidee der Freimaurerei eine terra incognita war, indem er nur die Verirrungen des Bundes kannte, in die Loge zu München aufnehmen. Ein Freimaurer höheren Grade, Franz Xaver **Zwach**, pfalzbairischer Regierungsrath zu Landshut, begünstigte Weishaupt's Pläne, und der Marquis

Costanzo von Costanza, bairischer Kämmerer, wurde 1779 vom Stifter des neuen Ordens nach Frankfurt a. M. gesandt, um in den dortigen Logen für die Illuminaten zu werben. Diese Mission hatte beinahe keinen anderen Erfolg, als die Gewinnung eines begeisterten jungen Freimaurers, der mit Bode zu den Kämpfern gegen die jesuitische Einrichtung gehörte und bereits die höheren Grade der „strikten Observanz" besaß, — des Freiherrn Adolf von Knigge, geboren 1752, und bekannt durch sein vielgelesenes Buch über den Umgang mit Menschen. Er ward, nach Weishaupt, der thätigste Beförderer des Illuminatismus und führte Bode u. A. dem Orden zu, der indessen noch erst in den Kinderschuhen stak und noch seine gehörige Organisation besaß. Knigge unternahm es, diesem Mängel abzuhelfen, bearbeitete die einzelnen Grade, gab ihnen durchgreifenderen Bezug auf den altpersischen Feuer- und Lichtdienst, und suchte so eine vollständige Schule der Aufklärung herzustellen, — doch ohne je mit dieser Arbeit an ein Ende zu gelangen.

Ein oberster Vorsteher, der General (wie bei den Jesuiten), sollte das Ganze leiten, unter ihm in jedem Lande ein National, in jeder Provinz (beziehungsweise in jedem Kreise des deutschen Reiches) ein Provinzial, in jedem kleinern Kreise ein Präfekt stehen. Jedes Mitglied kannte nur seine nächsten Neben- und bloß einen Übergeordneten, und erhielt einen fingirten Namen (Weishaupt z. B. hieß Spartacus, Zwack: Cato, Costanzo: Diomedes, Knigge: Philo u. s. w.), wie auch jedem Land und jeder Stadt ein fremder Name gegeben wurde, z. B. Österreich: Ägypten, München: Athen u. s. w. Auch bediente man sich einer geheimen Schrift (der Zahlen statt der Buchstaben) und eines geheimen (des persischen) Kalenders, sammt dessen Zeitrechnung. Die Grade des Ordens kamen nun in gehörige Ordnung. Für die Neueintretenden, wenn sie noch im Jünglingsalter standen, war die sogenannte Pflanzschule bestimmt. In derselben mußte der Novize, wie er zuerst hieß, und als welcher er außer dem ihn Anwerbenden kein Mitglied kennen lernte, sich durch Abfassung einer ausführlichen Lebensbeschreibung, genaue Auskunft über alle seine Verhältnisse und Führung eines Tagebuches ausweisen, daß er zur Beförderung tätig und zum Ordenszwecke brauchbar sei. War dies der Fall, so trat er als Minerval in eine Art gelehrter Gesellschaft, die sich besonders mit Beantwortung von Fragen aus dem Gebiete der Sittenlehre beschäftigte; auch mußte der Minerval über seine Vorstellungen und Erwartungen vom Orden Rechenschaft ablegen und dem letztern Gehorsam geloben. Wer sich als Minerval auszeichnete, wurde in der Versammlung dieses Grades unerwarteter Weise zum Leiter derselben unter dem Titel eines kleinen Illuminaten ernannt und erhielt nun Unterricht in der Behandlung und Beobachtung der Untergebenen, über welche er Bericht erstatten mußte. Dann wurde der Illuminat durch die drei alten Grade der Freimaurerei hindurchgeführt und erhielt darauf den Grad des Großen Illuminaten, dessen Aufgabe es war, die Charaktere der Mitglieder zu studiren und Diejenigen zu leiten und zu beaufsichtigen, welche wieder Andere unter sich hatten. Auf diesen Grad folgte jener des dirigirenden Illuminaten, dessen Glieder den einzelnen Ordensabtheilungen vorstanden. Auf diesen letztern sollten noch vier höhere Grade folgen, die des Priesters, Regenten, Magiers (!) und Königs, welche zusammen „die Mysterien" hießen, aber niemals in Ausführung gebracht worden sind, obschon erst in ihnen nach Knigge's Plan die eigentlichen Zwecke des Ordens enthüllt werden sollten. Dieselben bestanden nicht in einer plötzlichen und gewaltsamen, wol aber in einer allmäligen und friedlichen Revolution, welche die Ideen der Aufklärung des achtzehnten Jahrhunderts zum Siege bringen und durch Gewinnung aller hervorragenden geistigen Kräfte für den Orden bewirkt werden sollte. Man hatte es dabei vorzüglich auf allmälige Besetzung aller einflußreichen Staatsämter mit Ordensbrüdern abgesehen, welche dann ihre Grundsätze leicht zur Geltung gebracht und, wie der Plan des Ordens träumte: das Menschengeschlecht zu einer einzigen Familie, jeden Hausvater zum Priester der Seinigen und die Vernunft zum einzigen Gesetzbuche der Menschen erhoben hätten!

Der Orden nahm im Verhältnisse zu der kurzen Zeit seines Bestehens rasch zu und die Zahl seiner Mitglieder stieg auf etwa zweitausend, wozu freilich der Umstand, daß jeder Einzelne, der hierzu die Vollmacht eines Ordensobern erhalten hatte, Aufnahmen treffen konnte, sehr viel beitrug. Es traten gesellschaftlich und wissenschaftlich hervorragende Männer in Menge in die Reihen der Illuminaten, wie z. B. die Herzoge Ferdinand von Braunschweig, Ernst von Sachsen-Gotha, Karl August (damals noch Prinz) von Sachsen-Weimar, der spätere Fürstbischof Dalberg, der spätere Minister Montgelas, der Philosoph Baader, die Professoren Semmer in Ingolstadt, Woldenhauer in Kiel, Feber in Göttingen u. A., der Erzieher Leuchsenring in Darmstadt, der Bischof Häfelin in München, die Schriftsteller Bahrdt, Biester, Gedike, Nicolai u. A. Nicht hinlänglich verbürgt, doch behauptet worden, ist die Mitgliedschaft Goethe's, Herder's und Pestalozzi's.

Außerhalb Deutschlands hatte indessen der Orden noch nicht Wurzel gefaßt, als seine glänzenden Träume furchtbar zertrümmert werden sollten. Die Keime seines Verderbens lagen in der Nachahmung jesuitischer Einrichtungen, in der unvorsichtigen Aufnahme vieler Personen, welche entweder durch anstößiges Betragen, oder durch Mangel an Eifer und Thatkraft dem Bunde schadeten, und in der Uneinigkeit, welche sich nach und nach zwischen Weishaupt und Knigge, den beiden „Areopagiten", wie ihr hochtrabender Titel lautete, — immer schärfer entwickelte. Während Jenem nur am Zwecke des Bundes lag, alles Formenwesen aber nur „werthloses Kinderspielzeug und unnützer Flitterkram" schien, schrak umgekehrt Dieser, als seiner Weltmann, vor den Konsequenzen der Be-

Strebungen seines Genossen zurück, fürchtete sich vor freigeistigen Büchern, wie sie Weishaupt unter den Mitgliedern verbreitete, und hätte es weit lieber gesehen, wenn sich der Orden nach dem Muster der Freimaurer, nur in etwas abweichender Weise, mit Ceremonien, Graden und Geheimnissen befasst und irgend ein unschädliches und unschuldiges Ideal von Menschenwohl und Bruderliebe sich vorgesetzt hätte. Unter solchen Umständen riss Mangel an Disciplin und Eifer im Orden ein, und Weishaupt schrieb einst klagend an Zwack: „Ich bin aller Hülfe beraubt. Sokrates, der ein Capitalmann wäre, ist beständig besoffen, Augustus steht im übelsten Ruf, Alcibiades sitzt den ganzen Tag vor der Gastwirthin und schmachtet."

Weit ärger jedoch als dieser sich entwickelnde Sturm im Innern, arbeiteten die allgemach laut werdenden Angriffe von Außen her am Verderben des Ordens der Illuminaten, denn nun Feinde der verschiedensten Gattung wie Pilze emporwuchsen. Einmal gehörten dazu die Freimaurersysteme von reactionärer oder abergläubischer Richtung, wie die Rosenkreuzer, Asiaten, Afrikaner, Schweden, die Reste der strikten Observanz u. s. w., dann solche Illuminaten, welche ihre Erwartungen vom Orden getäuscht sahen oder von einem Verrath desselben an die Feinde der Freiheit und des Lichtes Vortheile hofften und daher mit dem Vorsatze, ihn zu verderben, austraten, — und endlich vor Allen die, ungeachtet der formellen Aufhebung ihres Ordens durch Clemens XIV., im Verborgenen stets fortintriguirenden Jesuiten, die unter dem moralisch verworfenen, bigotten und despotischen Kurfürsten Karl Theodor wieder großen Einfluss in Baiern gewannen, — und dies war das Land, in welchem die Illuminaten ihre meisten und ältesten Mitglieder zählten.

Ein von dem Orden einst mit seinem Aufnahmegesuch zurückgewiesener Buchhändler, Namens Strobl, ein unverschämter und roher Halbwisser trat im Jahre 1783 zuerst mit Anklagen gegen die Illuminaten auf, gegen welche er die Schrift von Babo „Gemälde aus dem menschlichen Leben," herausgab. Mit ihm vereinigten sich bald zwei abgefallene Ordensglieder, der Professor Westenrieder und der Canonicus Danzer, worauf auch fünf weitere Mitglieder, sämmtlich an der marianischen Akademie in München, an ihrer Spitze Illschneider, aus dem Orden traten und die Jukasse an ihm spielten. Eine neue von Strobl verlegte Schrift verwickelte auch die Freimaurer in die Anklagen gegen die Illuminaten, welche auf revolutionäre und landesverrätherische Gesinnungen, auf Mangel an Glauben und auf alle möglichen Laster und Verbrechen lauteten. Dies genügte bei einem Regenten von dem Schlage Karl Theodor's. Er verbot am 22. Juni 1784 kurzweg alle geheimen oder ohne landesherrliche Ermächtigung gestifteten Gesellschaften, worunter natürlich voraus Freimaurer und Illuminaten verstanden waren. Obschon beide Bünde gehorchten, der erste mit einer öffentlichen Vertheidigung und einer Vorstellung an den Kurfürsten, der zweite mit dem Verlangen um Untersuchung und Aufforderung an die Verleumder zum Beweise ihrer Aussagen, erschien am 2. März 1785 ein zweites Verbot aller geheimen Vereine und Versammlungen, dessen Urheber und herzlose Vollstrecker der Beichtvater Karl Theodor's, Pater Frank, ein Exjesuit und konfiscirter Pfaffe, und der Minister Freiherr Aloys Xaver von Kreitmayr, Verfasser der bairischen Civil- und Kriminalgesetzbücher, waren. Es galt, unter dem grundlosen Vorwande, daß das erste Verbot nicht befolgt worden sei, die Vernichtung der Ordensglieder, denen man auf rechtlichem Wege nichts anhaben konnte. Weishaupt wurde sofort seiner Stelle entsetzt, zu einem öffentlichen Glaubensbekenntniß verurtheilt, aus Ingolstadt verbannt und aller Vertheidigung für unfähig erklärt, und mußte seine in den Wochen liegende Gattin zurücklassen, deren sich einige seiner Freunde annahmen, wodurch sie sich selbst Verfolgung zuzogen. Ähnliche Schicksale erlitten Zwackh, Baader, Costanzo und viele andere hervorragende Männer, während die adeligen Höflinge, die dem Orden ebenfalls angehörten, unbehelligt blieben. Durch rohe Hausdurchsuchungen verschaffte man sich Papiere, deren man auch in den Kleidern des bei Regensburg an des fliehenden Weishaupt Seite vom Blitz erschlagenen Priesters Lang fand, und schöpfte daraus Vorwände zu neuen Anklagen, neuen Dekreten und neuen Verfolgungen, welche alle so grundlos waren, wie sie schonungslos vollzogen wurden. Weishaupt, auf dessen Kopf ein Preis gesetzt war, fand ein Asyl bei dem Herzog Ernst von Sachsen-Gotha als dessen Hofrath, schrieb dort die Geschichte seines Ordens und lebte bis 1830. Diese Verfolgung der Illuminaten in einem Lande, wo ihre Verbindung ihre Wurzeln hatte, gab ihr den Todesstoß, indem die übrig bleibenden Mitglieder den Mut zur Fortsetzung ihres Werkes verloren, und der eingeschüchterte Knigge predigte in seinem „Umgange mit Menschen" salbungsvoll gegen alle geheimen Gesellschaften*).

Die Unterdrückung des Illuminaten-Ordens in Baiern, von welcher auch die dortigen Freimaurer schuldlos mit betroffen wurden, verfehlte nicht, auf das benachbarte Österreich ihre Einwirkung auszuüben. Dort war der deutsche Kaiser Franz I., Gemal und Mitregent der Beherrscherin der österreichischen Erblande, Maria Theresia, selbst Freimaurer. Im Jahre 1731 im Haag durch eine Abordnung der englischen Großloge als „Bruder Lothringen" in den Bund aufgenommen, war ihm dennoch der Geist der ächten Freimaurerei fremd. Seine Gattin, welche in der strengen Aufrechterhaltung der katholischen und absolutistischen Überlieferungen des habsburgischen Hauses das einzige Heil des Reiches sah, und demzufolge dem aus dem protestantischen und konstitutionellen England

---

*) Originalschriften der Illuminaten und gegen dieselben. Verzeichniß im Allg. Handb. der Freimaurerei, Art. Illuminaten.

stammenden Bunde abgeneigt war, suchte denselben wiederholt zu unterdrücken und ließ u. A. 1743 die Loge zu den drei Kanonen in Wien, deren Mitglied Franz war, durch hundert Grenadiere überfallen und achtzehn Brüder gefangen nehmen, wobei der anwesende Franz über eine Hintertreppe entkam und später die Freilassung der Verhafteten bewirkte. Vertheidigte so zwar Franz den Bund gegenüber der Kaiserin, so wandte er dessenungeachtet seine Sympathie und Thätigkeit nicht dessen reinen und idealen Tendenzen, sondern ausschließlich den oben geschilderten Verirrungen zu, in welche die Freimaurerei zu fantastischen und selbstsüchtigen Zwecken hineingerissen wurde. Es waren die neuen Rosenkreuzer, jene Werkzeuge der Jesuiten, welche sich unter Verheimlichung ihres Namens in die Staaten der alles Sektenwesen hassenden Kaiserin einzuschleichen und durch ihre alchemistischen Experimente, Bruderkuren und Geisterbeschwörungen den alles Abenteuerliche liebenden Kaiser ganz für sich einzunehmen wußten. Dies benützten auch außerhalb des Bundes zahlreiche Schwindler und Gauner, am kaiserlichen Hofe ihr Glück zu versuchen. Zu Diesen gehörte der Alchemist Seefeld, welcher mit dem Kaiser oft „arbeitete", übrigens aber an seinem Wohnorte Rodaun bei Wien seiner Wohlthätigkeit wegen so geachtet und seiner angeblichen Wissenschaft wegen so berühmt war, daß die Wiener noch lange, nachdem die Polizei sein Laboratorium ohne Rücksicht auf die kaiserliche Gunst zerstört und ihn nach einer Festung abgeführt hatte, zu den Ruinen der alchemistischen Herrlichkeit wallfahrteten. Ein Anderer, wahrscheinlich Rosenkreuzer, war Magnus Paul Schindler, welcher die Kunst elastischer Tänze und in Gegenwart des Kaisers geübt haben soll, sich vom Boden in die Höhe zu heben und langsam wieder sinken zu lassen, übrigens als Betrüger entlarvt wurde. Ein Dritter, Wenzelbet mit Namen, ließ mittels Räucherwerkes Verstorbene erscheinen, wobei einst, aus unbekannten Gründen, das Gespenst Kaiser Karl's VI. dessen kaiserlichen Schwiegersohn unsanft zu Boden geworfen haben soll, und brachte einst in einer Mondnacht die Todten von St. Stephan's Friedhof aus ihrer Ruhe und zu scheußlichem Spektakel! Als Franz I. 1765 unvermuthet starb, machte sich Wenzelbet schnell aus dem Staube. Damals existirte in Wien auch eine geheime Gesellschaft von Männern und Frauen, welche sich „Brüder vom schwarzen Ost" und „Schwestern von der schwarzen Feige" nannten, Grafen, Baroninnen u. s. w. unter sich zählten und sich in ihren Orgien zu Auffrinn der wildesten Sittenlosigkeit überließen, aber endlich und theilweise (d. h. soweit sie nicht dem hohen Adel angehörten!) hart bestraft wurden. Die Zahl der Geheimbündler, Alchemisten, Geisterseher u. s. w. soll damals in Wien dreizehntausend betragen haben!

Nach dem Tode des Kaisers und der Aufhebung des Jesuitenordens war den Rosenkreuzern und ihren Geistesverwandten in Wien der Boden entzogen. Zu ihrer besonnten Unterdrückung trug das Weib Maria

Theresia's erster Leibarzt, Gerhard Freiherr von Swieten, ein Schüler Boerhave's, bei. Er erwirkte bei der Kaiserin die Ermächtigung, alle Häuser Wiens zu untersuchen, damit ihm keine Alchemisten, Geisterbanner und Schatzgräber entgingen, erlitt zwar die Beschränkung, gegen hochgestellte Personen der Kirche und des Staates nichts unternehmen zu dürfen, und räumte dann unter den Jüngern des Aberglaubens mit der grausamsten Härte auf, bis ihm die Kaiserin, als auch Jesuiten mitbetroffen wurden, Einhalt gebot.

Diese Katastrophe des Aftermaurerthums war der ächten Freimaurerei günstig. Diese, welche sich unter ihrem „Bruder" Franz I. geringer Gunst und Berechtigung hatte rühmen können und unter der Witwenschaft Maria Theresia's wenigstens geduldet wurde, erlebte, nachdem sie von dem Banne der strikten Observanz befreit war, ihre Blütezeit in Österreich unter Josef II., der dem Bunde nicht angehörte. Es fehlte zwar nicht an Versuchen, diesen Kaiser gegen die Freimaurer einzunehmen. Er erklärte jedoch: „daß er zwar in die Geheimnisse der Freimaurerei nicht eingeweiht sei; da er aber wisse, daß dieselbe nur gute Zwecke verfolge, indem sie Nothdürftige unterstütze und es sich statutenmäßig vorgesetzt habe, das menschliche Elend nach Möglichkeit zu beseitigen und die Wissenschaften zu befördern, gestatte er, daß in seinen gesamten Staaten die Freimaurerlogen fortbestehen und so lange auf seinen Schutz rechnen dürften, als sie sich den Landesgesetzen fügen würden."

Die Freimaurer Österreichs zählten unter Josef II. sechs Provinziallogen in Österreich, Böhmen, Galizien, Ungarn, Siebenbürgen und der Lombardei, welche unter der „Großen Landesloge" in Wien standen und 45 einzelne Logen umfaßten, darunter acht in der Residenz. Die gebildetsten und geachtetsten Männer des Reiches gehörten dem Bunde an, wie der Landesgroßmeister, Oberstkämmerer Freiherr von Dietrichstein, der um die Aufhebung der Folter und andere Verbesserungen vielfach verdiente Freiherr Josef von Sonnenfels, Fürst Karl von Liechtenstein, Graf Franz von Esterhazy, der Philosoph Reinhold, der Naturforscher Born, die Dichter Alxinger, Denis und Blumauer, die großen Musiker Haydn und Mozart und viele Andere. Es ist bezeichnend, daß Denis, Blumauer, Born und Reinhold vorher Jesuiten gewesen, seit Aufhebung des Ordens aber sich dem Gegenpole desselben zugewandt hatten. Die Logen legten Bibliotheken, physikalische Kabinette, naturhistorische Sammlungen an und hielten wissenschaftliche Zeitschriften; diejenigen Wiens gaben das „Wiener Journal für Freimaurer" heraus, welches kräftig gegen den Aberglauben und die Unwissenheit arbeitete, — und die Loge zur wahren Eintracht, unter Born, Alxinger und Blumauer, machte es sich zur speziellen Aufgabe, das Mönchthum zu bekämpfen. Mozart's Zauberflöte ist bekanntlich eine musikalische Darstellung maurerischer Ideen. Die Königin der Nacht ist die Personifikation der aus

Herrschsucht die Menschen verdummenden Kirchenherrschaft, Sarastro der Freimaurerei, Tamino des aufgeklärten Fürstenthums, das sich mit Pamina, dem aus der Nacht hervorgehenden Lichte, vermählt; Papageno und sein Weibchen stellen das ungebildete, in den Tag hinein lebende Volk dar, Monostatos die brutale Gewalt u. s. w. Die Prüfungen des Helden sind eine Nachahmung der freimaurerischen Aufnahme-Ceremonien nach damaligem System.

Auch die Wohlthätigkeit wurde in reichem Maße geübt. Die Logen zu Prag stifteten 1778 auf Anregung des Grafen Künigl ein Waisenhaus, diejenigen Wiens unterstützten die von der Überschwemmung der Donau im Jahre 1784 Betroffenen mit Nahrung und Kleidung, anderer edler Thaten nicht zu gedenken, die von den Feinden des Bundes zum Danke nur verspottet wurden, wie z. B. die Ausstattung von Waisenkindern zu Linz im Jahre 1783. Unter den gebildeten Ständen genoß die Maurerei großen Ansehens, und es gehörte zum guten Tone, maurerische Abzeichen in Miniatur an den Uhrenketten zu tragen.

Diese Blüte der österreichischen Maurerei war aber auch ein Anlaß zum Übermute und zur Sorglosigkeit, so daß sich damals viele unreine Elemente in die dortigen Logen einschlichen und namentlich das System der „Asiatischen Brüder" sich einzunisten und das Terrain zu erobern suchte, welches die Vorgänger dieser Schwindler, die Rosenkreuzer, verloren hatten. Unter seinem Schutze machten sich die Schatzgräber, Goldmacher und Geisterseher wieder so breit wie ehemals und erfrechten sich, den rechtmäßigen Maurerlogen gegenüber zahlreiche Winkellogen zu gründen und zu Nestern ihres unsaubern Treibens heranzuziehen. Gleichzeitig gaben sie sich aber auch eine politische Bedeutung, indem sie den unter Josef II. aufwuchenden Trennungsgelüsten der Ungarn zum Deckmantel dienten. In Wien soll es in den achtziger Jahren des achtzehnten Jahrhunderts zwanzigtausend asiatische Brüder gegeben haben, und zwar unter dem Schutze des Grafen Palffy, Provinzialgroßmeisters von Ungarn. Hinter dem Invalidenhause auf der Landstraße besaßen sie ein großartiges Laboratorium und richteten durch ihren Schwindel manche Familien zu Grunde. Mit Ausnahme der Loge Born's, zur wahren Eintracht, wurden alle Logen Wiens mehr oder weniger vom Asiatismus angesteckt. Der Ungar Szelely unterschlug zur Betreibung asiatischer Thorheiten über neunzigtausend Gulden aus der ihm anvertrauten Kasse der ungarischen Leibgarde und kam dafür an den Pranger. Fürst Karl Podstazky-Liechtenstein wurde durch Versuche des Goldmachens zum Fälscher und mußte — die Straßen kehren. Zu Geistercitationen benutzten die Schwindler meist die Ruine Mödling bei Wien. Dort wollten auch im August 1784 acht Adepten ihr Wesen treiben und den Geist des letzten Templergroßmeisters Molay beschwören, daß er ihnen einen vergrabenen Templerschatz zeige, als der Pfarrer Michael Korn in der Brühl

bei Mödling, ein eifriger und aufgeklärter Freimaurer, etwa dreißig mit
Knitteln und Dreschflegeln bewaffnete Bauern herbeiführte und die Rücken
der Charlatane tüchtig zerbläuen ließ.

Dem aſiatiſchen Unweſen ein Ende zu machen, beſchloß endlich der
ſchon erwähnte freiſinnige Maurer Ignaz von Born, ſeit Aufhebung
des Jeſuitenordens, dem er angehört hatte, Aufſeher des Naturalienkabinets
zu Wien und Hofrath, Verfaſſer wuchtiger und witziger Schriften gegen
die Mönchsorden, auch Illuminat unter dem Namen Furius Camillus.
Obwol die Sache nie recht klar geworden iſt, ſpricht doch große Wahr-
ſcheinlichkeit dafür, daß es Born war, welcher, nach Auflöſung der Freimaurer und Illuminaten in Baiern, als Sekretär des öſterreichiſchen Landes-
großmeiſters, Grafen Dietrichſtein, durch Dieſen, einen wackern, aber nicht
geiſtreichen Mann, den Kaiſer zu einer Maßregel beſtimmte, welche den
Vorwant leihen ſollte, die öſterreichiſchen, namentlich aber die wiener
Logen, von den aſiatiſchen und anderem der Aufklärung ſchädlichen Elementen
zu ſäubern und dann insgeheim den Illuminatismus unter freimaureriſcher
Geſtalt in Oſterreich wieder aufleben zu laſſen. Die erwähnte Maßregel
des Kaiſers beſtand in einem Handbillet vom 11. December 1785, durch
welches er in die „ſogenannten Freimaurergeſellſchaften, deren „Gaukeleien" zu erfahren er wenig vorwitzig jemals geweſen," Ordnung
bringen wollte, und demzufolge verordnete: es dürfe künftig in einem
jeden Lande nur eine Loge beſtehen und abgehalten werden, und zwar blos
in der Hauptſtadt; blos wenn ſie nicht alle „Verbrüderte" in ſich faſſen
könne, ſei noch eine zweite oder dritte zu geſtatten. Jede Loge habe ihre
Verſammlungen mit Tag und Stunde dem Magiſtrate zu melden, ihre
Mitgliederverzeichniß dem Landeschef einzureichen, wie auch dieſer der
Staatsregierung, und die Veränderungen im Logenmeiſteramte anzuzeigen.
Auf die Abhaltung anderer Freimaurerverſammlungen, als der geſtatteten,
wurde der nämliche Preis zur Entdeckung und Beſtrafung geſetzt, wie auf
das Hazardſpiel (!). Die nächſte Folge war die völlige Auflöſung der
Aſialen. Ihre reichen orientaliſchen Koſtüme wanderten zu den —
Maskenverleihern, ihre Kleinodien zu den Goldſchmieden, und in ihrem
großen Laboratorium wurden ihre Diplome und Pergamente, um ſie der
Polizei nicht in die Hände fallen zu laſſen, mit ſolcher Haſt verbrannt,
daß ob dem furchtbaren Rauche Feuerlärm entſtand und der enttäuſchte
Pöbel das Haus ſtürmen wollte.

Darauf folgte die Säuberung der Freimaurerlogen. Born bewirkte
die Verſchmelzung der acht wiener Bauhütten in blos zwei zu nicht mehr
als je 180 Mitgliedern; — aber es begann auch die Rache der ausgemerzten
Brüder! Unter den Letzteren befand ſich der talentvolle Schriftſteller
Franz Kratter aus Oberdorf am Lech in Schwaben, Sekretär des
Fürſten von Liechtenſtein. Seine Entfernung aus der Loge hatte den

poppelten Grund der Hinneigung zu asiatischen Tendenzen und die Ergebenheit gegen den Kurfürsten von Baiern, den Verfolger der Illuminaten. Er schrieb mit Unterstützung seines Bruders eine leidenschaftliche und partheiische, aber interessante Schmähschrift „über die neueste Maurer-Revolution in Wien," und betrachtete mit Behagen die Bestürzung, in welche die wiener Brüder über dieselbe geriethen. Seine sorgfältig bewahrte Anonymität wurde jedoch durch einen weiteren Vorfall aufgedeckt. Born hatte bei Anlaß der Unterdrückung der Freimaurer und Illuminaten in Baiern und des damit verbundenen Ausschlusses der Mitglieder beider Bünde von allen bairischen Aemtern und Stellen an den Präsidenten der kurfürstlichen Akademie der Wissenschaften in München, deren Mitglied er war, ein Schreiben gerichtet, in welchem er mittheilte, daß er Freimaurer sei, dies aber „nicht nur nicht bereue, sondern es sich zur Ehre anrechne, einer Verbindung anzugehören, deren wesentliches Unterscheidungszeichen Rechtschaffenheit und deren vorzüglichste Pflichten Gottesfurcht, Treue gegen den Landesfürsten und Wohlthätigkeit gegen den Nebenmenschen seien; da er nun als Freimaurer nicht mehr Mitglied einer kurfürstlichen Collegiums sein könne, ersteres aber bleiben wolle, so verlange er Streichung seines Namens aus dem Verzeichnisse der Akademiker."

Darauf diktirte Kratter'n sein angebor'ner bairischer Patriotismus „Anmerkungen" zum Briefe Born's, die aber sein früherer Verleger nicht annehmen wollte, worauf er sie einem Anderen anbot, der sie, als Wedrner, sofort Born mittheilte. Und nun benahm sich Keiner der beiden Feinde lobenswerth. Born behielt das Manuscript, sandte das dafür verlangte Honorar an den von Kratter bezeichneten Ort, ließ durch seinen Bedienten aufpassen, wer es abhole, entdeckte so den Thäter und lud ihn dann zu einer Zusammenkunft im „Freimaurer-Casino", wo er Stellen aus dem Manuscripte vorlas, auf den Namen des Verfassers rathen ließ und Dieser dann genannt und von allen Seiten mit Schimpf überhäuft wurde, — seine Autorschaft aber — läugnete und sich entfernte. Diesen Vorfall veröffentlichte er dann in einem pompös ausgeschmückten, ihn selbst zum Märtyrer stempelnden Schriftchen „Freimaurer-Autodafé in Wien". Da er hierfür die Censur einzuholen vergessen, wußte sich Born's Partei durch ihre Verbindungen mit den Behörden dasselbe zu verschaffen, und so erschien gleichzeitig damit eine (höchst schwache) Widerlegung von einem Anhänger Born's, welche der gewandte Kratter mit einer Replik vernichtete, so daß Fürst Dietrichstein fernere Widerlegungen untersagte. Dagegen trat noch ein klassischer Grobian in einer neuen Schrift für den „armen Kratter" auf.

Solche unerquickliche Vorgänge konnten nicht dazu dienen, die österreichische Freimaurerei zu heben. Durch das in ihre Freiheit eingreifende Dekret Josef's ohnehin geschwächt, suchte sie dahin, bis es einem zweiten dramer gelang, sie vollends zu untergraben. Leopold Alois Hoffmann, so hieß derselbe, war Professor und Schriftsteller in Wien, gehörte den Orden der Freimaurer, Asiaten und Illuminaten (!) an; schrieb 1785 in Pest, wo er eine Stelle erhielt, die erste Schmähschrift gegen die Wiener Logen und gründete, nach Wien zurückgekehrt, mit Unterstützung des Kaisers Leopold II., dessen Rath er wurde, die „Wiener Zeitschrift," in welcher er aus Anlaß des Ausbruchs der französischen Revolution „gegen alle kirchliche und staatliche Aufklärung mit dem Dolche der Verleumdung und Verdächtigung kämpfte und die Logen in versteckten Ausdrücken als Herde aller Umwälzungen bezeichnete," wogegen die drei Prager Logen 1792 eine würdige und männliche Abfertigung veröffentlichten. Hoffmann's Judas-Treiben hatte aber seine Wirkungen. Leopold's Nachfolger, Franz II., beantragte 1794 bei dem Reichstage zu Regensburg die Unterdrückung aller Logen im deutschen Reiche. Er drang zwar damit nicht durch; aber die österreichischen Logen, als sie seine Abneigung gegen ihren Bund wahrnahmen, lösten sich sofort freiwillig auf, um der Gewaltanwendung zuvorzukommen, und zeigten dies in würdiger Sprache dem Kaiser an. Im Jahre 1801 verpflichtete Letzterer nachträglich alle Staatsbeamten, sich von jeder „geheimen Verbindung" fernzuhalten.

Die Rolle des Leopold Alois Hoffmann fand auch außerhalb Österreichs Nachahmer. In Teutschland versuchte der Geheimerath Ludwig Adolf von Grolmann in Gießen, ein Freund Starck's (in der strikten Observanz „Ritter vom rothen Kreuz"!), die Illuminaten, denen er doch selbst angehört hatte, — (1794) als Urheber der französischen Revolution zu denunziren, — in Frankreich der Abbé und Chorherr Augustin Barruel (1797), ein leidenschaftlicher Bewunderer der Inquisition, des Mönchs- und Feudalwesens, die Freimaurer als Vorläufer der Jakobiner darzustellen, und in England der Seeoffizier und spätere Professor John Robinson (1797), von einem weniger befangenen, doch ebenso irrigen Standpunkte, die Freimaurer überhaupt herabzuwürdigen. Die Schriften aller Drei hatten keinen Erfolg und wurden vielfach widerlegt. Die französische Revolution aber bewies schlagend die Schuldlosigkeit der Freimaurer an ihr dadurch, daß sie dieselben hart verfolgte, indem deren Bund dem Principe der Öffentlichkeit und der Gleichberechtigung Aller zuwider erklärt und als aristokratisch verschrieen wurde. Der damalige Großmeister, der berüchtigte Herzog von Orleans, erklärte, nachdem er sich „Bürger Egalité" genannt: er habe das „Fantom" der Gleichheit, welcher die Maurerei anhänge, gegen die Wirklichkeit derselben aufgegeben; es solle in der Republik keine Geheimnisse geben, und er werde sich daher in nichts mehr mischen, was auf die Freimaurerei Bezug habe. Noch in demselben Jahre fiel aber sein Kopf unter der Guillotine und besiegelte die „Wirklichkeit der Gleichheit", — und die meisten Mitglieder der beiden eifrigen Logen „Contrât social" und „Neuf soeurs," wie auch die Girondisten, die meist Freimaurer waren, mußten durch das nämliche Ende erkennen lernen, daß die „wirkliche" Gleichheit ein weit furchtbareres Fantom war, als jene, welche sie in der Bruderkette gesucht hatten. Nur drei Logen zu Paris bestanden während der Schreckensherrschaft im Geheimen fort, und erst der Sturz der Jakobiner, dieser angeblichen Zöglinge der Freimaurer, rief den bereits zum Tode bestimmten Bruder Alexander Louis Roëttiers de Montaleau aus dem Kerker und gestattete ihm, 1795 als Großmeister den aufgelösten Großorient von Frankreich wieder herzustellen.

Drittes Buch.

Forschung und Wissenschaft.

Erster Abschnitt.
Die Wissenschaft der Natur.

A. Wissenschaftliche Thätigkeit.

An der Spitze der Naturwissenschaften in unserer Periode steht der Name Newton (s. Bd. I. S. 391).

Isaak Newton, der Vater der gründlich von allen Schlacken des Aberglaubens gereinigten Naturforschung, war zu Weihnacht 1642 des alten oder 5. Januar 1643 des neuen Kalenders zu Woolsthorp in England geboren und bezog 1660 die Universität Cambridge. Vor Allem zur Mathematik hingezogen, entdeckte er 1664 die Differentialrechnung. Zwei Jahre später soll ihn, der von der Pest in seine Heimat getrieben worden, ein vom Baume fallender Apfel auf das Gesetz der Gravitation gebracht haben. Nach demselben ist die gegenseitige Anziehung der materiellen Theilchen immer der Masse der sich anziehenden Körper proportional, zieht diese Kraft der Schwere nicht blos die Körper auf der Erde an, sondern wirkt auch in jede beliebige Entfernung hinaus, indem ihre Wirkung im umgekehrten Verhältnisse der Quadrate der Entfernungen steht, und erhält sie die Planeten in ihren Bahnen um die Sonne und die Trabanten in den ihrigen um die Planeten auf gleiche Weise, wie sie die Bahn eines auf die Erde geworfenen Körpers erzeugt. Newton berechnete nach seiner Beobachtung die Bewegung des Mondes, griff jedoch fehl, weil er den Durchmesser der Erde zu klein annahm. Davon entmuthigt und mit optischen Untersuchungen beschäftigt, suchte ihn zuerst sein Freund Hoole durch Anfragen über seine Ansichten auf die Gesetze des Falls in Anwendung auf die Himmelskörper zurückzubringen, doch ohne Erfolg. —

Erst nachdem 1670 eine neue Gradmessung in Frankreich durch Picard
vorgenommen und ihre Ergebnisse 1682 zu Newton's Kenntniß gelangten,
und als 1684 Edmund Halley, der Berechner des nach ihm benannten
Kometen von 1607, nach seiner Rückkehr von der Beobachtung des südlichen
Sternhimmels auf St. Helena, ihn um Rath fragte, suchte er in seinen
Papieren nach, berechnete nach der nun genau ermittelten Größe des Erd-
radius die Fallräume des Mondes und eines frei auf die Erde fallenden
Körpers, zeigte, daß die Monde nicht nur von ihren Planeten, sondern
auch von der Sonne, und ebenso die Planeten unter sich angezogen werden, —
und trug diese seine Lehre der „königlichen Societät der Wissenschaften"
in London vor, welche 1662 von mehreren Naturforschern mit Unterstützung Carls II. gegründet worden, in einer Zeit, wo die religiösen und
politischen Streitigkeiten aus der Mode und dafür das „Experimentiren"
in dieselbe gekommen war, wo Alles, Hoch und Niedrig, in den Laboratorien
arbeitete und, wie Macaulay so ergötzend schildert, für Luftpumpen,
Mikroskope, Fernröhre und Blutumlauf schwärmte. Dieser thätigen Gesellschaft überreichte dann Newton seine die gesammten mechanischen Wissenschaften umfassenden „Philosophiae naturalis principia mathematica",
welche er 1687 nach nur anderthalbjähriger Arbeit vollendet hatte, und
erhielt dafür feierlichen Dank; auch ließ die Gesellschaft das Buch drucken,
doch nicht auf ihre Kosten, wie sie zuerst beschlossen, es unterblieb in Folge
von Hooke's Neid. Laplace nannte es das größte Werk des menschlichen
Geistes. Es wurde das Gesetzbuch der neueren Astronomie. Durch Newton's
Entdeckung wurden Kepler's Gesetze bestätigt, es wurden die Störungen
der Planetenbahnen, die Abweichungen des Mondlaufs, die Gestalt der
Weltkörper, die Ebbe und Fluth u. s. w. durch dieselbe genau erklärt
und die Astrologie auf immer vernichtet, — und die Welt wird seitdem
durch unabänderliche Gesetze, nicht mehr durch das Wunder und die Willkür
regiert.

Doch hatte auch dieser große Forscher noch seine Schwächen, die jedoch
nicht mit seinem Fache zusammenhingen. Er litt an einer sonderbaren
Liebhaberei, zu den apokalyptischen Schriften der Bibel, die er zu erklären
suchte; es ist indessen mit Sicherheit anzunehmen, daß er, hätte er sich
blos damit beschäftigt, — nicht berühmt geworden wäre! In religiösen
Dingen war nämlich Newton der Ansicht, daß Gott die nach Gesetzen
sich bewegende Welt hie und da nachhelfen müsse, welcher kindlichen Idee
Leibniz eifrig entgegentrat. Newton starb 1727 in Kensington. Seinen
Entdeckungen konnte bis heute noch nichts Wesentliches beigefügt werden.

Durch Newton war der Anstoß zu weiteren Forschungen im Welt-
gebäude gegeben. Wir senden ihnen die Namen ihrer Urheber voraus.

Ein naher Landsmann des großen Entdeckers unseres Weltsystems
war Johann Hevel, geb. 1611 zu Danzig, wo er seit 1641 Rathsherr
war, und seit 1641 in seinem Hause eine Sternwarte besaß. Die

Stellaeburgum hieß und in glänzender Einrichtung mit Brahe's Uranienburg wetteiferte, aber 1679 durch einen Brand zu Grunde ging; er wandte zu seinen Messungen Sonnen- und Pendeluhren an; sein Tod erfolgte 1688. — Giovanni Domenico Cassini, 1625 bei Nizza geboren, war schon seit 1650 Professor der Astronomie in Bologna, wurde aber 1669 nach Paris berufen, wo er 1712 starb und sein Sohn, Enkel und Urenkel ihm als Direktoren der Sternwarte folgten. — Der bedeutendste Zeitgenosse Newton's war wol Christian Huyghens, geboren 1629 im Haag; schon 1651 stellte er eine Quadratur des Kreises und der Hyperbel auf. Nachdem er Akademiker in Paris geworden, vertrieb ihn die Aufhebung des Edikts von Nantes wieder nach seiner Heimat, wo er 1695 starb. Ihm ist eine bedeutende Verbesserung der Fernröhre, sowie die Anbringung des Pendels an den Uhren, die erste Andeutung einer Abplattung der Erde und viele andere, später zu erwähnende physikalische sowol, als wichtige mathematische Entdeckungen zu verdanken. — Mit ihm wetteiferte an Bedeutung Edmund Halley, 1656 bei London geboren, 1676 von der englischen Regierung wie erwähnt nach St. Helena gesandt, von wo er den großen Catalogus stellarum australium zurückbrachte, darauf 1703 Professor in Oxford, 1720 königlicher Astronom in Greenwich, gestorben 1742. — James Bradley, geboren 1692 zu Sherborne in England, verließ die Theologie zu Gunsten der Astronomie, folgte Halley 1721 als Professor in Oxford und 1741 als königlicher Astronom, und starb 1762, nachdem er 1748 das Schwanken der Erdachse entdeckt hatte. — In der Zeit nach Newton erwarb sich in unserer Periode den größten Ruhm Friedrich Wilhelm Herschel, 1738 zu Hannover geboren. Als Regimentsmusiker ging er 1759 nach England und wurde dort Organist, dann Musikdirektor. Die Verfertigung seines ersten Telescops 1774 machte zuerst auf sein astronomisches Genie aufmerksam; es folgten, nachdem er königlicher Astronom geworden, weitere, staunenswerthe Spiegelteleskope und zuletzt 1785 sein vierzigfüßiges Riesenrohr. Er starb erst 1822 zu Slough.

Für Verbreitung astronomischer Kenntnisse in Frankreich wirkte besonders Jerome Lefrançais de Lalande, geboren 1732 zu Bourg-en-Bresse, Astronom aus innerm Berufe, 1753 nach Berlin gesandt, um die Parallaxe des Mondes zu berechnen, seit 1762 Professor seines Faches zu Paris, Verfasser mehrerer astronomischer Werke, gestorben 1807.

„Schlußstein des kopernikanischen Systems" nennt Humboldt die Entdeckung der Geschwindigkeit des Lichtes (von 196,000 Meilen in der Sekunde) durch Olaus Römer (an den Verfinsterungen der Jupiterstrabanten und ihrem Eintritt in den Schatten ihres Planeten) 1674, und der Aberrations-Ellipse der Fixsterne (an der Geschwindigkeit des Lichtes) durch Bradley, 1727. Das merkwürdige Gesetz der Bewegung des Mondes um seine Achse fand Cassini; die Theorie dieses Trabanten der Erde in Anwendung auf Längenbestimmungen zur See aber Halley,

der auch den Durchgang der Venus vor der Sonne beobachtete, um
daraus an verschiedenen Orten die Parallaxe der Sonne zu berechnen.
Die Messung der Gebirge des Mondes ist Herschel, die Bestimmung
der Umdrehung des Jupiter Cassini, die Entdeckung der Streifen
an Mars und Jupiter Huyghens zu verdanken. Die von Galilei
entdeckten Ringe des Saturn berechnete und beschrieb zuerst 1656
Huyghens, ihre Veränderungen 1666 Hevel und ihre Theilung
1684 Dominic Cassini; die senkrechte Stellung der Achse dieses
Planeten auf seiner Bahn und dessen Rotation fand Herschel; 1665 entdeckte Huyghens den ersten und größten Trabanten desselben (den sechsten
nach der Entfernung), welchem 1671 — 1684 Cassini vier weitere und
1788 Herschel die beiden letzten (die nächsten) folgen ließ. Den Uranus
sahen 1690 Flamsteed und 1756 Tobias Mayer, ohne zu wissen, daß es
ein Planet war, was erst 1781 William Herschel entdeckte, der ihn
Georgium sidus nannte, während ihm die Engländer stets den Namen
des Entdeckers geben, der auch nacheinander sechs Trabanten desselben
fand. Das merkwürdige Thierkreislicht, diesen wahrscheinlichen
gemeinsamen Saturnring der sonnennahen Planeten, beobachtete zuerst
1658 — 1661 Childrey, und Cassini bestimmte 1683 die räumlichen
Verhältnisse desselben. Kometen fand Cassini zwei zu Rom; derjenige Halley's erschienen wie bereits. Die Theorie, daß die Meteore
eine Art kleiner Weltkörper seien, stellte zuerst 1794 Chladni auf.
Die Rotationsdauer der Sonne bestimmte 1630 Scheiner mit
Hülfe der Sonnenflecken (Bd. I. S. 388). Die periodischen Sterne
der vorigen Periode (Bd. I. S. 385 ff.) stellten ihr Erscheinen ein,
dagegen erkannte 1638 und 39 Johann Phokylides Holwarda,
Professor in Franeker, den veränderlichen Lichtwechsel des 1608
von Bayer gefundenen Sternes am Halse des Wallfisches, und in der
zweiten Hälfte des siebenzehnten Jahrhunderts entdeckte man weitere
periodisch veränderliche Sterne im Medusenhaupte, in der Wasserschlange
und im Schwan. Huyghens beschrieb 1656 den Nebelfleck am
Schwerte des Orion und seitdem Marius (Bd. I. S. 384) den Nebelfleck
in der Andromeda mit einem Kerzenlicht verglichen, das man durch einen
halb durchsichtigen Körper betrachtet, war der Unterschied der Nebelflecke
gegenüber Galilei's Sternhaufen und Sternschwärmen, z. B. den Plejaden
und der Krippe im Krebs, eine bekannte Thatsache. Herschel beobachtete
bereits Nebelflecke und Sternhaufen von über fünfzigtausend Sternen.
Das Verhältniß der Doppelsterne zu einander beobachtete seit 1778
Herschel und veröffentlichte darüber wichtige Aufschlüsse.

So machten sich die Forscher Nordeuropa's in den weiten Räumen
des Alls heimisch, während im Süden unseres Erdtheils noch 1771 die
Universität Salamanca sich weigerte, Vorträge über Naturwissenschaft
zu veranstalten, indem Newton nichts lehre, was gute Logiker und Meta-

physischer Silbe, Gassendi und Descartes aber nicht so rechtgläubig seien wie Aristoteles!!

In Frankreich wirkte als Apostel der Newton'schen Entdeckungen und Lehre Pierre Louis de Maupertuis, geboren 1699 zu St. Malo, seit 1723 Akademiker, seit 1728 Mitglied der englischen Königlichen Societät. Durch seine sich an Newton anschließenden Schriften "Sur les loix de l'attraction" und "Discours sur la figure des astres" veranlaßte er 1736 den Minister-Kardinal Fleury, wissenschaftliche Expeditionen auszurüsten zur Prüfung von Newton's Lehre, daß die Erde an den Polen abgeplattet sei. Die eine ging unter La Condamine nach Peru, die andere mit Maupertuis nach Lappland, und beide bewiesen die Wahrheit von Newton's Aussage. Diesem seinem Triumfe verdankte Maupertuis 1740 die Ernennung zum Präsidenten der Berliner Akademie durch den neuen König Friedrich II. Indem er darauf die neuen Entdeckungen auf die Religion anwandte, suchte er in seinem "Essai de cosmologie" nachzuweisen, daß Gott weder aus den Wundern des Weltalls noch aus der Erkenntniß seiner Endabsichten bewiesen werden könne, sondern nur aus der Nothwendigkeit einer letzten Ursache aller Dinge; denn die Natur, behauptete er, verbrauche für jeden Zweck immer den möglichst geringen Aufwand von Mitteln (?). In seinem "Essai de philosophie morale" suchte er zu beweisen, daß die Sittenlehre von der Glaubenslehre unabhängig sei und das weiseste Leben in Ausübung der moralischen Gebote des Christenthums bestehe. Später gerieth er mit Voltaire (s. unten) in Streit, weil derselbe über Newton ein lesbareres Buch geschrieben, als Maupertuis im Stande war, that sich durch Gehässigkeit auch gegen andere Gleichstrebende und durch Eitelkeit (sogar durch bunte und auffallende Kleidung) hervor und trat in allem Ernste mit den einfältigsten Vorschlägen auf, so z. B. ein Loch bis in den Mittelpunkt der Erde zu graben, um zu sehen, wie sie im Innern beschaffen sei, einigen Patagoniern oder Verbrechern die Hirnschale zu öffnen, um das Wesen der Seele zu entdecken u. s. w., wofür ihn Voltaire als "Doktor Akakia" lächerlich machte. Diese Demütigung beschleunigte das Ende des sonst schon kränklichen Mannes, welcher auf einer Reise 1759 zu Basel starb.

Sein bedeutendster Landsmann und Fachgenosse war Josef Louis Lagrange, 1736 von französischen Eltern zu Turin geboren und 1766 von Friedrich dem Großen nach Berlin berufen, das er erst nach dem Tode seines Gönners verließ. In Paris von der revolutionären Regierung bei der Münze und bei den Berechnungen der Kriegsgeschosse verwendet, zierte er die neue polytechnische Schule, die Normalschule und das "Bureau der Längen". Von Napoleon sehr geehrt, starb er 1813.

Unter den übrigen hervorragenden Mathematikern unserer Periode zeichnen sich fünf Männer aus, welche durch ein sonderbares Spiel des

Schicksals sämmtlich durch Geburt oder Abstammung der Statt angehören, in welcher Maupertuis starb. — Der Älteste von ihnen, Jakob Bernoulli, war Ende 1654 zu Basel geboren, sollte erst Theolog werden, lebte in Genf und Südfrankreich als Erzieher, berechnete 1680 einen mit abergläubischer Furcht erwarteten Kometen, den er aber für den Trabanten eines transsaturnischen Planeten hielt, bereiste die Niederlande und England, wurde 1687 Professor der Mathematik in seiner Vaterstadt, kam auf das Geheimniß der Differenzial- und Integralrechnung, welche Leibniz (von welchem später) 1684 nur auf eine dunkle Weise bekannt gemacht, erfand die logarithmische Spirale und die sogen. Bernoulli'schen Zahlen, bearbeitete die Wahrscheinlichkeitsrechnung, beschäftigte sich auch mit Astronomie und Physik, in denen er manche wichtige Aufschlüße ertheilte, und starb 1705. — Sein jüngerer Bruder und Schüler Johannes, zu Basel 1667 geboren, der ebenso rasch auffaßte und gewandt arbeitete, als sein Bruder und Lehrer durch Ruhe und Tiefe imponirte, gerieth in Folge dieser Charakterverschiedenheit und seines Ehrgeizes mit Jenem in einen langen wissenschaftlichen Streit, wurde 1695 Professor der Mathematik zu Gröningen in Holland, folgte 1705 seinem Bruder in Basel nach und starb dort 1748. Er bearbeitete zuerst die Exponentialgrößen und ergriff die Partei von Leibniz in dessen berühmtem Streite mit Newton um die Ehre der ersten Entdeckung des Infinitesimalcalculs. — Sein Sohn Daniel, 1700 zu Gröningen geboren, sollte Kaufmann, dann Arzt werden, lebte in letzterer Eigenschaft zu Venedig, wurde 1725 Professor der Mathematik zu Petersburg, kehrte 1733 als Professor der Anatomie und Botanik nach Basel zurück, schrieb ein großes Werk über Hydrodynamik, fühlte sich aber dort wegen Mangels an wissenschaftlichem Leben sehr beengt, ohne daß jedoch Unterhandlungen über seine Berufung nach Berlin, welche Maupertuis betrieb, oder über seine Rückkehr nach Petersburg zu befriedigendem Abschlusse gelangten; die Übertragung der Physik befriedigte ihn einigermaßen — er verhalf der Newton'schen Lehre auf dem Festlande zum Durchbruche, brachte 1779 die Uhren von Basel, welche seit dem vorigen Senckli allein angenommen in der Welt um eine Stunde vergingen, dahin, daß sie sich der richtigen Zeit fügten, und starb 1782. — Unter den Oheimen der Familie Bernoulli waren noch sieben weitere tüchtige Mathematiker. Eine zweite Basler Familie, welche mit ihr in der Pflege dieser Wissenschaft wetteiferte, waren die Euler. — Leonhard Euler, 1707 zu Basel geboren, Johannes Bernoulli's Schüler, sollte Theolog, dann Arzt werden, wurde 1727 auf Daniel Bernoulli's Verwendung mathematisches Adjunkt der Akademie zu Petersburg, dann Akademiker, folgte 1741, als die Tyrannei des russischen Hofes unerträglich wurde, einem Rufe als Direktor der mathematischen Akademieklasse zu Berlin, kehrte aber 1766 auf schmeichelhafte Einladung Katharinen II. nach Petersburg zurück, wo er jedoch erblindete und erblindete bei einem Brande alle seine Schriften und beinahe das Leben verlor, dessenungeachtet aber geistig gesund blieb und erst 1783 starb. Ihm sind neben vielfachen mathematischen Arbeiten, wichtige Leistungen in der Berechnung des Schachspiels, in der Geographie, Hydrostatik, Hydronautik und besonders in der Nautik und Schiffbaukunst zu verdanken. Als Astronom berechnete er die Kometen, die Sonnenfinsterniß und den Venusdurchgang von 1769 und viele andere Erscheinungen und Probleme. Sein Sohn Johann Albert, 1734 in Petersburg geboren, war bei der dortigen Akademie bis zu seinem Tode 1800 beschäftigt und der rechte Arm seines Vaters.*).

Während der in unserm ersten Bande behandelten Periode war die Physik (s. dort S. 382—391) so zu sagen ganz in der Astronomie aufgegangen; die Astronomen waren damals sämmtlich auch Physiker. In unserer Periode war dies bei vielen Forschern immer noch der Fall; aber die beiden Wissenschaften als solche sonderten sich deutlicher von einander.

Namentlich **Galilei** hatte sich unter den Astronomen der Reformationsperiode durch seine Entdeckungen in der Physik einen unsterblichen Namen erworben. Ihm und seinem Zeitgenossen **Stevinus** verdanken die Gesetze der Bewegung und des Gleichgewichts ihre Entstehung und damit die Mechanik ihre Entwickelung zu höchster Blüte. Galilei war kaum von den Lebenden geschieden, als die Lehre vom Luftdrucke auftauchte**). **Evangelista Torricelli** aus Florenz (1608—1647), der Erfinder des **Barometers**, war es, welcher sie zuerst erprobte, und, nachdem Mariotte das Gesetz entdeckt, „daß die Volumina einer und derselben Luftmasse im umgekehrten Verhältnisse der sie zusammendrückenden Kräfte stehen," — der vagen Idee ein Ende machte, als habe die Natur einen Abscheu vor dem leeren Raume (horror vacui). Wahrscheinlich wurde durch seine Lehre **Otto von Guerike** (1602—1686), Bürgermeister zu Magdeburg, zur Erfindung der **Luftpumpe** (1650), der Luftwage, der magdeburger Halbkugeln u. s. w. geführt, welche neue Erscheinungen damals allgemeines Aufsehen und Staunen erregten.

Descartes, welchen wir später als Philosophen kennen lernen werden, begann zuerst, die Naturgesetze aus den ihren Kundgebungen zu Grunde liegenden Ursachen consequent herzuleiten. Aber ihm stand noch die mangelhafte Kenntniß der mechanischen Kräfte im Wege. Zwischen ihm und Snellius ist die Entdeckung des Gesetzes der **Brechung der Lichtstrahlen** streitig, sicher aber gebührt ihm die noch jetzt gebräuchliche Form desselben. Ebenso erklärte er die Erscheinung des **Regenbogens**.

---

*) Näheres über die berühmten Basler Mathematiker in Wolf's Biographien zur Kulturgeschichte der Schweiz. Zürich 1859—62.

) Vorzüglich nach dem Art. **Physik von Hankel in Ersch u. Gruber's Encyklopädie.

Weiter schritt Huyghens vor. Er bestimmte zuerst die Bewegung eines zusammengesetzten Pendels, dessen erste Anwendung auf die Uhren sein Werk ist. Auch stellte er die Gesetze der Bewegung im Kreise, des Stoßes u. s. w. auf, und war, bezüglich des Lichtes, der Urheber der **Undulations- oder Vibrationstheorie**, nach welcher das Licht durch wellenförmige Bewegungen entsteht, die sich vom leuchtenden Punkte durch Schwingungen, nach Art der Schallwellen, in dem sog. Äther, einer sehr dünnen und elastischen Flüssigkeit, ausbreiten und die Sehnerven treffen, die sie wieder in Schwingungen versetzen. Die Verschiedenheit der Farben wird hiernach durch die verschiedene Dauer oder Schnelligkeit der Ätherschwingungen hervorgebracht, von welch letzteren die langsamsten der rothen, die schnellsten der violetten Farbe entsprechen. Huyghens wandte diese Theorie auf die kurz vorher durch Bartholinus entdeckte doppelte Brechung der Lichtstrahlen im isländischen Kalkspathe an, an erkannt wurde aber ihr Werth erst in unserm Jahrhundert, und sie ist gegenwärtig die herrschende in der Wissenschaft. Daß sie damals nicht durchdrang, ist dem Umstande zuzuschreiben, daß alle bisher erwähnten Forschungen sämmtlich verdunkelt wurden durch Newton's glänzende Lehre von der **Anziehung der Körper**, welche wir bereits (S. 263) erwähnt haben. Dieser große Astronom leistete aber auch der Optik wichtige Dienste durch seine Arbeiten über die verschiedene Brechbarkeit der Strahlen und über die Farben dünner Platten, indem er die Entdeckung Hooke's, daß jede Farbe eine genau bestimmte Dicke des Plättchens erfordert, näher erforschte; er erklärte die Entstehung der Farben als eine Folge der verschiedenen Brechbarkeit der Strahlen des Sonnenlichtes, und gründete auf seine Anschauung der Sache seine Theorie vom Lichte, die der Huyghens' gegenübertrat, und sie damals verdrängte, die **Emanations- oder Emissionstheorie**, nach welcher das Licht aus materiellen, höchst kleinen Theilchen bestehen sollte, welche von jedem selbstleuchtenden oder erleuchteten Körper ausgehen und in das Auge gelangen. Einzig Leonhard Euler wagte gegen Newton den Kampf zu Gunsten der Undulation, der indessen mit sehr mangelhaften Waffen geführt wurde, und namentlich noch der Bestätigung durch Versuche entbehrte. Der Sieg der richtigen Ansicht war der neuesten Zeit vorbehalten.

Anders in der Lehre vom Schalle. Die Mathematiker waren es vor Allem, welche sich ihr widmeten und die Luftschwingungen, welche Niemand als Ursache des Schalles bestritt, erforschten. Taylor, D'Alembert als Bernoulli und Euler untersuchten die Schwingungen der Saiten, der letztere, sowie Newton und Lagrange, die Bewegungen der Luft, durch welche der Schall fortgepflanzt wird, jedoch auf der Grundlage einseitiger Annahmen und daher mit unsicheren Resultaten. Newton's Berechnung der Geschwindigkeit des Schalles blieb fast um ein Sechstel hinter dem wirklichen Betrage zurück (968 engl. Fuß statt 332,05 Meter in der

Sekunde). Den bedeutendsten Namen in der Akustik errang sich indessen in unserer Periode Ernst Florens Friedrich Chladni, geboren 1756 zu Wittenberg, von ursprünglich ungarischer Abstammung. Er widmete sich auf der Fürstenschule zu Grimma der Musik, studirte dann in seiner Vaterstadt die Rechte, wurde 1782 in Leipzig Doktor derselben, ging dann aber zur Mathematik und Physik über und stellte allerlei Versuche an, bei denen er u. A. fand, daß jede nicht gar zu kleine Metall- oder Glasscheibe manigfache Töne erzeuge, wenn man sie an verschiedene Stellen halte und anschlage. Im Jahre 1787 veröffentlichte er seine "Entdeckungen über die Theorie des Klangs", worin er zeigte, daß fast alle Körper in demselben Grade tonfähig seien, als sie schwingungsfähig sind, und daß Änderungen in den Schwingungsarten auffallende Änderungen der Töne mit sich führen; dann theilte er auch Näheres über seine eigenen Versuche mit. Er hatte messingene Scheiben in ihrem Mittelpunkte in Schraubstöcke gespannt und ihnen nicht allein durch Anschlagen verschiedene Töne entlockt, sondern noch stärkere und anhaltendere mit dem Violinbogen daran hervorgebracht. Auch hatte er solche Platten, oder auch gläserne, während sie tönten und schwangen, mit Sand bedeckt und dann beobachtet, daß die Sandkörner von den schwingenden Stellen der Scheibe wiederholt in die Höhe geworfen wurden, auf der ruhigen Stelle aber ruhig liegen blieben, so daß die verschiedenen Töne verschiedene regelmäßige Klangfiguren erzeugten. Im Jahre 1790 erfand Chladni ein aus schwingenden Stäben bestehendes musikalisches Instrument, das Euphon, und später ein zweites, den Clavicylinder, welche beide er öffentlich spielte und welche sehr einfach gebaut waren, und machte noch verschiedene Entdeckungen im Gebiete der Töne. Seiner Theorie der Meteorsteine erwähnten wir bereits. Nach Veröffentlichung werthvoller Schriften über Akustik starb er 1827 in Breslau.

In Bezug auf die Erscheinung der Wärme wurde bis zur Mitte des achtzehnten Jahrhunderts keine wissenschaftliche Entdeckung von Bedeutung gemacht, ausgenommen in der Meteorologie. Hooke erkannte den Einfluß der Erdumdrehung auf die Wärme, sowie die oberen und unteren Strömungen warmer und kalter Luft vom Äquator nach den Polen und wieder zurück, was Halley näher erläuterte. Das bereits 1630 von dem holländischen Bauer Cornelius Drebbel erfundene Thermometer gelangte erst um die erwähnte Zeit zu wirklicher Brauchbarkeit, namentlich seit an die Stelle der von Drebbel noch angewendeten Luft Flüssigkeiten getreten waren, welche die Akademie del cimento in Florenz zuerst anwandte. Bacon von Verulam hatte den Dampf noch für in Luft verwandeltes Wasser gehalten, und noch um 1743 glaubte man, er bestehe aus Kügelchen, welche durch ihre Leichtigkeit in der Luft emporstiegen. Und doch hatte bereits 1737 Wallerius bewiesen, daß der Dampf von der Luft verschieden sei, indem auch in luftleerem Raume Dämpfe sich bilden können.

Aber er glaubte doch noch, zur Erhaltung der Dämpfe in der Luft sei letztere nothwendig, und der Genfer Horaz Benedikt v. Saussure (1740—99) meinte, die Dämpfe in der Luft seien in dieser in chemischer Auflösung begriffen. Saussure's Mitbürger Jean Andrè de Luc (1727—1817) bestimmte 1762 den Siedepunkt des Wassers bei verschiedenen Barometerständen. James Watt und Boulton erforschten von 1764 an die Spannkraft des Dampfes. Klarere Begriffe über den letztern entwickelte Dalton am Anfange unseres Jahrhunderts.

Ebenso lange ruhte die Lehre vom Magnetismus, obschon bereits William Gilbert am Anfange des siebenzehnten Jahrhunderts geahnt hatte, daß die Erde ein großer Magnet sei. Der englische Mechaniker Graham wurde 1698 von seiner Regierung mit einem eigenen Schiffe ausgesandt, um die Abweichungen der Magnetnadel von der Richtung des Meridians festzustellen, worauf er seine Beobachtungen in einer Karte darstellte, deren von Halley erläuterte Curven man nach dem Letztern benannte. Im Jahre 1722 fand sodann Graham die täglichen Veränderungen im Stande der Magnetnadel und 1741 der Schwede Hiorter die Einwirkung des Nordlichtes auf dieselbe, deren Störungen in den Andern leider Forscher sich zu gleicher Zeit zeigten. Äpinus erklärte 1759 die beiden Pole des Magnets als hervorgebracht durch einen Mangel oder Überschuß einer magnetischen Flüssigkeit, welche beim Magnetisiren ihre gewöhnliche Stelle verlassen habe. Coulomb stellte 1784 statt einer einzigen zwei magnetische Flüssigkeiten, eine nordmagnetische und eine südmagnetische auf. Derselbe bestätigte das 1760 von Tobias Mayer aufgestellte Gesetz, daß die Intensität der gegenseitigen Einwirkungen zweier magnetischer Pole im umgekehrten Verhältnisse der Quadrate der Entfernungen stehe.

Mit dem Magnetismus wurde noch lange die Elektrizität vermengt. Ihren Unterschied wies zuerst Gilbert nach; auch ertheilte er zuerst anderen Körpern als dem Bernstein durch Reiben die Eigenschaft der Anziehung nahe gebrachter leichter Körper. Otto von Guericke verfertigte, um das Reiben zu vervollkommnen, die erste Elektrisir-maschine aus einer um eine Axe gedrehten Schwefelkugel, welche z. B. eine Feder abwechselnd anzog und abstieß. Diese Versuche wurden jedoch nicht weiter beachtet. Wall beobachtete neben dem elektrischen Lichte den Laut des elektrischen Funkens und verglich letztern mit Blitz und Donner. Newton fand 1675, daß eine geriebene Glasplatte mit der entgegengesetzten Seite leichte Papierstückchen anzog. Einer wissenschaftlichen Erforschung der Elektrizität brach zuerst Stephan Gray 1729 Bahn, indem er den Unterschied zwischen Leitern der Elektrizität und Isolatoren fand, und 1733 fügte Dufay denjenigen zwischen positiver und negativer Elektrizität hinzu, sowie die Wahrnehmung, daß Körper von gleichnamiger Elektrizität sich abstoßen, von ungleichnamiger sich anziehen. Bose in

Wittenberg und Winkler in Leipzig vervollkommneten die Elektrisirmaschine und Gordon in Erfurt entlockte ihr bereits empfindliche Schläge, die selbst kleine Vögel tödteten. Andere vermehrten die Wirkungen der Maschine und breiteten sie auch auf die Chemie aus. Beinahe gleichzeitig entdeckten der Domherr Kleist in Pommern und Annäus in Leyden die elektrischen Wirkungen der sogenannten Leydener Flasche. Seit 1747 beschäftigte sich der Nordamerikaner Benjamin Franklin mit diesen Erscheinungen und gelangte zu der Ansicht, daß das elektrische Feuer durch das Reiben nicht hervorgebracht, sondern blos gesammelt werde und daß es ein in mehreren Materien, wie im Wasser und in den Metallen verbreitetes Element sei. Er wies dann 1752 mittels eines Drachen die Elektrizität der Gewitterwolken nach, was ihn zur Erfindung des Blitzableiters führte. Die wichtigste und letzte Entdeckung im Gebiete der Elektrizität während des vorigen Jahrhunderts war aber diejenige des Galvanismus. Alois Galvani (1737—98), Professor der Anatomie zu Bologna, entdeckte 1780 bei physiologischen Versuchen mit präparirten Fröschen, deren Vorder- und Hinterleib nur noch durch Nerven zusammenhing, daß sie bei jedem Funken einer Elektrisirmaschine zuckten, wenn man sie mit einem Messer berührte. Er forschte dieser Erscheinung nach, welche einfach in der Vertheilung der Elektrizität durch die Atmosphäre lag, und gelangte zu verschiedenen Hypothesen, namentlich zu jener einer „thierischen Elektrizität", welche jedoch dahinfielen durch die Entdeckung seines Landsmannes Alessandro Volta aus Como (1745—1827), Professor in Pavia, welcher seit der Veröffentlichung der Versuche Galvani's (1791) sich mit denselben angelegentlich beschäftigt hatte. Galvani's Ansicht jedoch bald verließ und die Ursachen der Elektrizität, welche die Zuckungen der Frösche bewirkte, in der Berührung ungleichartiger Leiter der Elektrizität fand. Dies führte ihn darauf eine Reihe von ungleichartigen Leitern, zuletzt von aufeinandergeschichteten abwechselnden Paaren von Metallen zu konstruiren, welche von der größten Wichtigkeit namentlich für die Chemie geworden ist.

Diese letztgenannte Wissenschaft[*]) ist die verständige Tochter der närrischen Mutter Alchemie (Bd. I. S. 354 ff.), aus deren Fantasmen sich allmäßig die Wahrheit herausgeschält hat. Wie die letzten Astrologen auch die ersten Astronomen, so waren die letzten Alchemisten die ersten Chemiker. Schon Alchemisten des Mittelalters, wie Albertus Magnus, Thomas von Aquino, Roger Baco, Raimund Lullus u. A. ahnten chemische Wahrheiten, noch mehr Agrippa von Nettesheim und Theophrastus Paracelsus. Den von uns bereits in der Geschichte des Aberglaubens erwähnten Schwärmern van Helmont, Vater und Sohn, und den beiden

---

[*]) Vorzüglich nach dem Art. Chemie von Th. Schreger in Ersch und Gruber's Encyklopädie.

Charlatans Glauber und Becher haben wir vollends wirkliche chemische Entdeckungen zu verdanken. Helmont der Vater wußte bereits, daß feste und flüssige Körper durch Wärme zu Gasen würden, welchen Namen er erfand; Becher theilte die Mineralien zuerst nach ihren chemischen Verhältnissen ein und entwarf eine Theorie der Gärung, und Glauber lieferte überhaupt mannigfache Anregungen zu chemischer Wissenschaft. Letztere begründete eigentlich der Irländer Robert Boyle (gest. 1691), welcher der Alchemie den Todesstoß versetzte. Er führte den Gebrauch der Reagentien ein, und untersuchte die Beschaffenheit der Atmosphäre. Letztere Thätigkeit setzte der Engländer John Mayow (gest. 1697) fort, indem er zuerst den Stoff abzog, den die Lungen der Thiere mit Menschen einathmen und dadurch dem Blute Wärme mittheilen. Er nannte ihn Spiritus nitro-aëreus, dargestellt hat ihn erst im Jahre 1727 Hales (gest. 1761) aus dem Blei. Fr. Geoffroy (gest. 1731) wies das Verhältniß der Salze und der Säuren nach. G. E. Stahl (gest. 1734) begründete den, freilich ernst wissenschaftlich gemeinten Irrthum des Phlogiston, d. h. eines hypothetischen Stoffes, welcher die Ursache der Brennbarkeit der Körper sein sollte, indem diese nämlich verbrennen, sobald er sie verließe. So entstand die phlogistische Schule der Chemie. Torbern Bergman (gest. 1784) untersuchte die chemische Verwandtschaft und stellte darüber die ersten Gesetze auf. Karl Wilhelm Scheele (gest. 1786) aus Stralsund erforschte die Ursachen und Erscheinungen der Verbrennung näher, und der Engländer John Priestley (gest. 1804) entdeckte am 1. August 1774 die „dephlogistisirte Luft", welche Bergman „Lebensluft" und Scheele „Feuerluft" genannt hatten. Bei diesen Versuchen fand sich nun aber, seitdem man die Luft zu wägen verstand, daß sowol die atmosphärische Luft, als das Wasser, welche beide bisher für einfach gehalten worden, und deren zweites durch Verbrennung von Sauer- und Wasserstoff hervorgebracht ward, aus je zwei verschiedenen gasförmigen Stoffen bestehen, deren einer in beiden ehemals für Elemente geltenden Stoffen enthalten war. Diese großartige Entdeckung, welche der phlogistischen Chemie ein Ende setzte, machte der französische Chemiker Laurent Lavoisier, geboren 1743 zu Paris, Generalpächter, Vorsteher der Königl. Pulverfabriken und Inhaber noch anderer Aemter; wegen seiner Eigenschaft als Generalpächter wurde er am 8. Mai 1794 guillotinirt. Er war es, der jenen sowol die Luft als das Wasser mitbildenden Stoff, denselben, welchen Mayow gcahnt, Hales dargestellt, aber erst 1774 der englische Chemiker Cavendish (wie schon 1766 den Wasserstoff) wirklich entdeckt hatte. — Oxygen (Sauerstoff) und die von ihm eingegangenen Verbindungen mit anderen Stoffen Oxyde nannte, und 1775 den Stickstoff entdeckte. Es entsprach indessen dem fantastischen Charakter des vorigen Jahrhunderts, daß nun in einer Versammlung der bedeutendsten französischen Chemiker der Name „Phlogiston" auf ein

Papier geschrieben und durch ein Frauenzimmer feierlich den Flammen übergeben wurde! Auch begnügte man sich damit, an die Stelle des Phlogiston, als die Verbrennung verhindernden, den Sauerstoff als dieselbe fördernden Körper zu setzen, ohne sich um die Ursachen der Verbrennung zu bekümmern. Daneben fehlte es auch nicht an Versuchen, der antiphlogistischen Chemie zu opponiren (wie F. A. C. Gren, gest. 1798), sowie die phlogistische mit derselben zu verbinden. Indessen stellte der französische Chemiker Claude Louis Berthollet eine neue Verwandtschaftstheorie auf, die sich aber nicht erhalten konnte, und der Deutsche Heinrich Klaproth, geb. 1743 zu Wernigerode, gest. als Professor in Berlin 1817, vervollkommnete die chemische Analyse und entdeckte mehrere Erden und Metalle. Dazu kam noch das gleichzeitige Auftauchen der Pflanzenchemie. Comus stellte 1774 zuerst Metalle aus ihren Oxyden durch den elektrischen Funken her, von Marum erzeugte durch dasselbe Mittel das Wasserstoffgas aus Wasser, Weingeist, Kampfer und Ammonium; Deiman und von Troostwyk bewirkten 1790 in Amsterdam auf ebendieselbe Weise die Erzeugung des Sauer- und Wasserstoffgases aus Wasser und die Wiederherstellung des leztern. Eine neue Periode in der Chemie begründete endlich Volta's Entdeckung (oben S. 273), welche erst in unserm Jahrhundert ihre Triumfe gefeiert hat.

Die Geologie*) oder Kenntniß des Innern der Erde und seiner Gestaltungen ist eine neue Wissenschaft. In der ersten Zeit der von uns behandelten Periode hatte man nicht nur von jenem keine Ahnung, sondern glaubte auch in Bezug auf die Erhebung der Gebirge die abenteuerlichsten Dinge. Der Jesuit Riccioli hielt noch im siebenzehnten Jahrhundert den Mont-Cenis für viermal so hoch als den Montblanc und dem Kaukasus gab er gar eine Höhe von zehn deutschen Meilen. Schon gegen Ende des sechszehnten Jahrhunderts hatte man zwar begonnen, Höhen zu messen, aber auf unzuverlässige Weise, so daß Snellius am Anfange des siebenzehnten Jahrhunderts den Pic von Teneriffa auf 27,000 und den Aetna auf 25,000 Fuß schäzte. Auf die Erforschung der Erdinnern war zuerst der vielseitige Lionardo de Vinci (Bd. I. S. 526) verfallen, indem er die Versteinerungen oceanischer Pflanzen und Thiere auf Bergen als Beweise ehemaligen Meeresbodens erklärte und daraus auf die Bildung der Höhen und Thäler und auf die Entstehung der Schichten schloß, wofür aber seine Zeitgenossen kein Verständniß hatten. Nach der Entdeckung der neuen Welt begann man, durch die dortigen großartigen Vulkane angeregt, die Krater derselben etwas zu untersuchen und über den Unterschied zwischen erloschenen und thätigen Vulkanen nachzudenken. Der

---

*) Peschel, Oskar, Geschichte der Erdkunde (München 1865), S. 381 ff., 626 ff.

Holländer Varenius in Mitte des siebenzehnten Jahrhunderts gab
bereits eine Übersicht der Vulkane unserer Erde. Auch über die Erdbeben
begann man schüchterne Mutmaßungen laut werden zu lassen. Der französische Astronom Jean Baptiste Morin entdeckte 1616 in ungarischen Bergwerken die Wärme des Erdinnern. Weiter schritt der große Leibnitz,
welcher 1691 eine Thätigkeit innerer Glutheerde von den Schichten-
bildungen des Wassers unterschied, und die Überlagerung verschiedener
Schichten verschiedenen Zeiten des Niederschlages zuschrieb. Nachdem schon
vor Leibnitz der Däne Steno die ersten idealen Querschnitte gezeichnet,
entwarf am Anfange des achtzehnten Jahrhunderts Johann Jakob
Scheuchzer aus Zürich die ersten solchen nach der Natur. John
Woodward dehnte die Beobachtungen der Schichten auf entferntere
Länder aus, Strachey untersuchte 1719 genauer die Kohlenflötze von
Somersetshire, und John Mitchell 1760 die senkrechte Schichtenordnung
vom Kalk abwärts bis zur Kohlenführung in England und am Lorenzo-
strome. Der deutsche Bergmann Johann Gottlob Lehmann erklärte
1756 die senkrechte Reihenfolge der Schichten als eine Altersordnung und
unterschied als solche die Urgebirge, die Flötzgebirge und das Schwemm-
land. Saussure (oben S. 272) machte der Vorstellung von einem
Centralfeuer ein Ende, fand, daß der Granit die ursprünglichste Gebirgsart
sei und zeigte, daß die Schichten der Seitengebirge stets gegen die Central-
kette geneigt seien. Der große Reformator der Geologie und Mineralogie
und Begründer der Geognosie Abraham Gottlob Werner (geb. 1750
in der Oberlausitz, seit 1775 Inspektor und Lehrer der Bergakademie
zu Freiberg, was er bis zu seinem Tode blieb, der 1817 in Dresden
eintrat) anerkannte Lehmann's Eintheilung, spezifizirte sie nach den
einzelnen Gesteinsarten und stellte zuerst den Begriff der Formationen auf,
deren ältere und tiefere ohne Ausnahme den späteren und obern voraus-
gehen. Bezüglich der Entstehung der Ergebilde glaubte er, dieselben alle
auf das Weltmeer zurückführen zu müssen, und legte den Vulkanen nur
eine geringe Bedeutung bei.

Versteinerungen hatte zuerst 1517 Fracastoro gesammelt und
beschrieben; aber lange nachher wußte man noch nicht, ob man sie für
Thiere und Pflanzen oder für "Naturspiele" halten sollte, gegen welche
Träumerei noch Leibnitz kämpfen mußte, wenn auch seine Protogäa
kaum weniger fantastisch erscheint. Lister stellte 1671 die Behauptung
auf, daß jene Gebirgsart durch eigene Fossilien charakterisirt sei.
Bourguet sprach 1729 die Abstammung der Fossilien von Pflanzen
und Thieren aus. Als man aber, in der Mitte des achtzehnten Jahrhunderts
im hohen Norden Reste von Palmen, wie von Elefanten traf, konnte man
sich diese Erscheinung nicht erklären und fantasirte von Verirrungen jener
Thiere oder Wegschwemmung durch Fluten. Erst Werner begann, die
Versteinerungen im Verhältnisse zu den Formationen zu betrachten, um

der englische Ingenieur Smith entwarf 1799 eine Schichtentafel nach paläontologischen Merkmalen für England.

Die Mineralogie*) hing meist mit der Chemie zusammen. Außer der Mischung der Mineralien, welche Gegenstand der Chemie ist, beschäftigte man sich erst nur mit der Form der Krystalle und der ihnen ähnlichen Mineralien. Es war dies u. A. die Veranlassung der Entdeckung doppelter Strahlenbrechung im Kalcit durch Erasmus Bartholin um 1670 (oben S. 270). Steno (1669) und Gulielmini (1688) beobachteten die Streifung und Zusammensetzung der Krystalle und die Unveränderlichkeit der Winkel, Bohle (1672) die Krystallisation des Wismuts und Scheuchzer (1702) die Einschlüsse in Krystallen. Linus glaubte noch, die Krystallisation der Steine komme von einem beigemischten Salze. Wall, Dufay und J. H. Pott leiteten die Phosphorescenz vieler Mineralien aus einer Art von Bewegung der Theilchen her. Die Eintheilung der Mineralien war aber in der ersten Hälfte des achtzehnten Jahrhunderts noch so verworren, daß sie von den willkürlichsten und sonderbarsten Dingen wimmelte. Einer Kritik der Kennzeichen der Mineralien brach zuerst (1768) Wallerius Bahn. Romé de l'Isle, Bergman und Werner vervollständigten in den siebenziger Jahren seine Forschungen durch das wiederaufgenommene Studium der Krystalle und zeigten den Zusammenhang der verschiedenen Gestalten einer Species. Noch weiter führte Leblanc die Krystallographie. Äpinus und Wilson entdeckten 1762 die Krystall-Elektrizität durch Erwärmen. Cronstedt stellte das Verhältniß der Erde zu den Steinen und dieser zu den Felsarten und Versteinerungen fest und führte das Löthrohr in die Mineralchemie ein. Er, sowie Black, die Chemiker Scheele, Klaproth u. A. entdeckten seit 1751 neue Stoffe, das Nickel, Mangan, Chlor u. s. w., stellten sie dar und charakterisirten andere.

Für die Botanik**) war eigentliche wissenschaftliche Forschung erst seit dem Anfange des sechzehnten Jahrhunderts thätig. Außer dem oben (Bd. I. S. 396) erwähnten Konrad Geßner war damals Otto Brunfels (gest. 1532) einer ihrer „Väter" gewesen. Ihnen folgten die Deutschen Johann Thal und Theodor von Bergzabern, die Italiener Mattioli und Colonna, der Franzose Dalechamp, der Engländer William Turner u. A., während zugleich die botanischen Gärten zunahmen (Bd. I. S. 378 u. 414). Die erste systematische Anordnung der Pflanzen verdankt man dem Italiener Andreas Cäsalpinus (gest. 1603), Professor zu Pisa, und die bisher vollständigste Namengebung den Brüdern Johann

---

*) Kobell, Franz von, Geschichte der Mineralogie von 1650—1860. München 1864.

**) Vorzüglich nach dem Art. Pflanzenkunde von A. Sprengel in Ersch u. Gruber's Encyklopädie.

und Kaspar Bauhin aus Basel (gest. 1613 und 1624). Die Wissenschaft wurde, außer durch die Königliche Gesellschaft Englands, gehoben durch die seit 1652 bestehende deutsche Gesellschaft naturforschender Aerzte, welche 1677 zur „kaiserlichen Akademie der Naturforscher" wurde und durch die 1665 von Colbert gestiftete Königlich französische Akademie der Wissenschaften. Der Professor zu Bologna, Marco Malpighi (gest. 1694), Grew, Sekretär der britischen Gesellschaft der Wissenschaften, und der Holländer Anton Leeuwenhoek waren die Schöpfer der Lehre vom Bau der Gewächse. Robert Hooke und andere Engländer untersuchten die Pflanzen mikroskopisch, Perrault und andere Franzosen physiologisch; Trimmfetti und andere Italiener behaupteten eine Urzeugung der Gewächse. Joachim Jung aus Lübeck, Professor in Hamburg, verbesserte die botanische Kunstsprache und der Schotte Robert Morrison, Professor in Oxford, die Charakteristik und Methodik der Pflanzengattungen, worin ihm der große Arzt Boerhave nachfolgte. Künstliche Systeme, gebaut auf die Regelmäßigkeit oder Gestalt der Corolla, stellten die Professoren Quirin Rivinus in Leipzig und Pitton de Tournefort in Paris (gest. 1708) auf. Seit dem Aufblühen der europäischen Kolonien in fremden Erdtheilen wurden auch exotische Pflanzen fleißig gesammelt und namentlich durch Holländer und in deren Diensten in Ostindien stehende Deutsche, unter den Engländern, besonders durch den Seemann Dampier, beschrieben und in Prachtwerken bekannt gemacht. Durch wissenschaftliche Leistungen zeichneten sich auch die jeweiligen Leiter der großen botanischen Gärten in Paris (1633 angelegt) und London aus, kein Land aber besaß deren mehr, als das kleine Holland, in Amsterdam, Haag, Leyden, Utrecht u. s. w. Auch diejenigen der Fürsten und Universitäten Deutschlands vervollkommneten sich, und es entstanden selbst welche in Polen und Finnland. Nicht zu vergessen sind die Leistungen mehrerer jesuitischer Missionäre in fernen Ländern für die Botanik, und der Garten, den dieser Orden in Rom hielt. — Im achtzehnten Jahrhundert brachten die Professoren Vaillant in Paris und Camerarius in Tübingen mehr Licht in die Lehre vom Geschlecht und von der Befruchtung der Pflanzen. Dillenius in Gießen und Schenchzer in Zürich untersuchten mehrere Pflanzenklassen näher. Heinrich Barthard in Wolfenbüttel ahnte bereits die Idee einer Eintheilung der Pflanzen nach den Staubfäden. Engelbrecht Kämpfer brachte Europa die ostindischen und japanischen, Gmelin die sibirischen, Burmann die westafrikanischen, Catesby die nordamerikanischen Pflanzen.

Eine wirkliche wissenschaftliche Behandlung der Botanik in höherem Sinne begründete aber erst Carl Linné, geboren zu Raeshult in Schweden 1707. Obschon arm aufgewachsen und vernachlässigt, faßte er schon früh warme Zuneigung zur Botanik. Er studirte, mit den größten Schwierigkeiten kämpfend, erst nach und nach eigentliche Medizin, bereiste Lappland, beschäftigte sich in Holland, wo er die botanischen Gärten benützte und seine meisten Werke schrieb. Im Jahre 1735 erschien sein „Systema naturae", in welchem er die Pflanzen nach ihren geschlechtlichen Verhältnissen ordnete und in vierundzwanzig nach denselben benannte Klassen eintheilte. Nach dem Besuche Frankreichs, Englands und Deutschlands kehrte er nach Hause zurück, fand aber so wenig Beachtung, daß er als Schiffsarzt in die Flotte eintreten mußte, — endlich aber durch Protektion eine Stelle als königlicher Botaniker und die Präsidentschaft der Akademie erhielt. Seit 1741 Professor in Upsala, seit 1747 königlicher Leibarzt, seit 1774 aber an Geist und Körper schwach, starb er 1778. Sein System fand zwar erst nur langsam, aber endlich allgemeine und glänzende Würdigung und Anerkennung und überwucherte alle anderen Versuche einer Pflanzeneintheilung, so namentlich den ersten solchen eines sog. natürlichen Systems, denjenigen Albrecht Haller's, geb. 1708 zu Bern, den wir später als Dichter auftreten sehen werden. In Tübingen und Leyden zum Arzt ausgebildet, praktizirte derselbe in seiner Vaterstadt, botanisirte dabei fleißig, wurde aber wenig geschätzt, nahm 1736 trotzdem nur ungern den Ruf als Professor der Anatomie, Chirurgie und Botanik in Göttingen an, wo gleich der Einzug seiner jungen Gattin das Leben kostete. Er gründete 1739 den dortigen botanischen Garten, eine Zeichnungsschule zum Dienste der Naturwissenschaften, eine Hebammenschule und die Gesellschaft der Wundärzte, sogar eine reformirte Kirche, kehrte aber 1753 nach Bern zurück, wo er in Staatsämtern wirkte und dabei seine große schweizerische Flora herausgab, aber aus dem oben angedeuteten Grunde mit Linné in einen bittern Streit gerieth, der jedoch den großen Schweden nicht verhinderte, des Schweizers Namen in mehreren Pflanzennamen zu verewigen. Kaiser Josef II. besuchte persönlich den greisen Gelehrten 1777, welcher im folgenden Jahre starb. Während sein Beispiel noch nach und nach zu zahlreichen Floren der verschiedenen Länder Europa's anregte und damit zugleich die Kenntniß der Pflanzenarten zunahm, deren Linné bloS zehntausend kannte, während man jetzt hunderttausend zählt, die bloS äußerlichen Merkmale der Pflanzen daher nicht mehr zu ihrer wissenschaftlichen Erforschung hinreichten, entstand endlich das längst geahnte „natürliche" System Antoine Laurent de Jussieu's, das unter den drei Hauptabtheilungen der Akotyledonen, Monokotyledonen und Dikotyledonen fünfzehn Klassen zählte und in unserm Jahrhundert mit seinen seitherigen Verbesserungen dem Linné'schen den Rang abgelaufen hat. Sein Urheber, 1748 in Lyon geboren, bildete sich in seinem Fache bei seinem ebenfalls als Botaniker verdienten Oheim Bernard (1699—1777) aus, wurde Lehrer am botanischen Garten und Reformator desselben, stellte sein System 1774 auf, veröffentlichte es aber erst 1789, beaufsichtigte während der Revolution die Spitäler, wurde 1804 Professor, 1808 Mitglied der Universitätsbehörde, 1822 aber ungerechter Weise entlassen und starb in hohem Alter 1836. — In gleicher Zeit war das ähnliche Tendenzen verfolgende, aber jetzt vergessene System des würtembergischen Arztes Gärtner in Kalw (gest. 1791) entstanden.

Die Zoologie hatte seit Geßner, den wir im ersten Bande kennen lernten, keinen hervorragenden Bearbeiter, bis im achtzehnten Jahrhundert der so eben behandelte Linné, dessen zoologische Leistungen, obwol zum ersten Male auf Anatomie begründet, seine botanischen nicht erreichten, und der beinahe mehr unter die Schöngeister, als unter die Naturforscher gehörende Buffon einander bekämpften. Georg Ludwig le Clerc, Graf von Buffon, nach der hochtrabenden Inschrift seiner Büste „majestati naturae par ingenium", war zu Montbard in Burgund 1707 geboren, mithin ein Altersgenosse Linné's. Nach mehreren Reisen wurde er 1739 Intendant des königlichen Gartens und schrieb in prachtvoller Sprache, aber ohne tiefe und ernste Wissenschaft seine berühmte umfangreiche „Naturgeschichte", und zwar im Vereine mit anderen Schriftstellern, Daubenton voran, die jedoch Einer nach dem Andern, durch seine Eitelkeit und Selbstüberschätzung abgestoßen, wieder zurücktraten. Der glänzendste Theil ist die „Geschichte der Vierfüßer", eigentlich eine geistreiche Biographie der betreffenden Thiere, wie sein Buch über die „Epochen der Natur" als ein schöner Roman erscheint. Mit letzterm und seiner „Theorie der Erzeugung" erregte er den Ärger der Kirche; denn er gehörte durch und durch der schrecklichen Klasse der Aufklärer an. Er starb auf seinem Stammschlosse leidend ein Jahr vor dem Ausbruche der Revolution seines Vaterlandes. Ein anderer Naturforscher des achtzehnten Jahrhunderts, dessen Thätigkeit größtentheils der Zoologie angehört, war Lazaro Spallanzani, 1729 im Modenesischen geboren, 1799 gestorben. Er schrieb über die Verdauung, über die Fortpflanzung der Frösche, über die Infusorien, über den Blutumlauf und über einen an den Fledermäusen beobachteten „sechsten Sinn". Eine einheitliche wissenschaftliche Zoologie schuf erst unser Jahrhundert.

Eine spezielle Naturgeschichte des Menschengeschlechts oder eine ethnische Anthropologie (Ethnographie) entwickelte sich nach und nach mit der zunehmenden Kenntniß fremder Erdtheile. Doch wagte man noch nicht, sie zu klassifiziren, namentlich da getreue Abbildungen fehlten. Die Völker Europa's jedoch theilte man schon am Anfange des siebenzehnten Jahrhunderts in Romanen, Germanen und Slawen. Die Eintheilung der Menschen in Racen begann, nachdem der niederländische Anatom Peter Camper (geb. 1722 in Leyden, gest. 1789 im Haag), Verfasser einer Abhandlung über die Unfähigkeit der Affen zum Sprechen, im Jahre 1767 den Gesichtswinkel entdeckt hatte. Der erste Versuch einer solchen Eintheilung, von Büsching in dessen „neuer Erdbeschreibung" (1777), unterschied die Menschen oberflächlich in Weiße, Schwarze und „eine mittlere Sorte". Eine verbesserte, aber immer noch unvollständige, schuf Johann Friedrich Blumenbach, geboren 1752 zu Gotha, seit

1776 Professor in Göttingen, Begründer der vergleichenden Anatomie und Vorläufer Cuviers in der wissenschaftlichen Zoologie. (Er starb erst 1840.) In seinem Buche „de generis humani varietate nativa" (1775) stellte er, an der Hand seiner reichhaltigen Sammlung von Schädeln aller Nationen, — nach Schädelbildung, Haut, Haar, Augenstellung und Mundform, seine bekannten fünf Abarten der Menschheit auf: 1) die kaukasische, 2) die amerikanische als Übergang von jener zur 3) mongolischen, und 4) die malaiische als Übergang von der kaukasischen zur 5) afrikanischen. Eine Sammlung von Wörtern zur Vergleichung der Sprachen, welche zuerst Leibniz angeregt, ordnete Katharina II. von Rußland an, die auch durch Pallas u. A. eine linguistische Bibel ausarbeiten ließ. Josef Banks entdeckte 1771 die Verwandtschaft der malaiischen Sprachen von Madagaskar bis zu den Sandwichs- und der Osterinsel, und englische Gelehrte seit 1778 (Halhed voran) diejenige zwischen dem Sanskrit und den altklassischen Sprachen, und 1790 gab der Deutsche Johann Philipp Wesdin die erste Sanskrit-Grammatik heraus.

B. Praktische Anwendung der Naturwissenschaften.

Wir beginnen diesen Gegenstand mit der Landwirthschaft*), welche wir im ersten Bande übergangen haben, daher wir ihre Leistungen seit dem fünfzehnten Jahrhundert nachholen müssen. Diesem Productionszweige stand damals die gedrückte Lage der leibeigenen Bauern höchst hinternd im Wege. Diese unglücklichen Leute mußten beinahe alle ihre Zeit und Kräfte und beinahe allen Ertrag des Bodens, den sie bearbeiteten und des Viehes, das sie besorgten, dem Adel oder der Geistlichkeit widmen, von welchen bevorzugten Ständen sie ihr Land und all dessen Zubehörde zu Lehen trugen, und denen sie dafür Zinse entrichten und lästige Dienste leisten mußten. Den Lehensherren war in der Art und dem Maße dieser Lasten ziemlich großer Spielraum gegeben (oben S. 21). Erst als nach und nach landbauende Einwanderer erschienen, später auch Stadtbewohner sich dem Ackerbau in der Umgegend der Städte widmeten, und so zwischen die müßigen Grundbesitzer und die Leibeigenen ein freier Bauernstand trat, konnte von einer eigentlichen Verbesserung der Landwirthschaft die Rede sein, die aber hart mit der ungenügenden Production, mit Mißwachs, Theuerung und den Folgen von Krieg und Seuchen zu kämpfen hatte. Seit Ende des fünfzehnten und Anfang des sechszehnten Jahrhunderts

---

*) W. Löbe: die Landwirthschaft und ihr Einfluß auf das sociale und materielle Wohl der Staaten und Völker. Leipzig 1853. — Fraas, C.; Geschichte des Landbau- und Forstwissenschaft seit dem sechszehnten Jahrhundert bis zur Gegenwart. München 1865. —

begann der Adel aus Eigennutz seine Äcker nebst den darauf haftenden Lasten zu verpachten, und zwar an arme Bauern, die gänzlich von ihren Pachtherren abhängig waren. Fürstliche Domänen wurden dagegen erst an Edelleute, die von der Landwirthschaft nichts verstanden, und von diesen wieder weiter an Bauern verpachtet oder Solchen zur Bewirthschaftung überlassen. Die Folgen dieses Systems waren einseitige Aussaugung und Ausnützung des Bodens ohne Rücksicht auf die Fortdauer des Ertrags und Vernachlässigung der Viehzucht, des Düngers und des Futterbaues. Man erkannte diese Abständere seit Anfang des siebzehnten Jahrhunderts, suchte das Versäumte und Vernachlässigte einzuholen und gutzumachen, baute die Brache mit Hülsenfrüchten und Handelsgewächsen, namentlich mit Tabak, Krapp und Oelpflanzen an, und bald blühte, besonders in den Ländern am Rhein, in Thüringen, Sachsen und der Mark Brandenburg, die Landwirthschaft wieder auf. Bereits haben wir über die Verwüstungen des dreißigjährigen Krieges trauen gelernt (oben S. 5 bis 7), welche nothwendig jene Verbesserungen wieder rückgängig machen mußten, und es bedurfte nach Beendigung desselben rastloser Bemühungen, um den zerstörten Landbau wieder zu heben. Mehrere Fürsten gingen hierin voran und der Adel folgte theilweise ihrem Beispiele, indem er an der Stelle der zu Grunde gerichteten Pächter die Behauung des Landes selbst in die Hand nahm, und zugleich begannen auch Schriftsteller über Landwirthschaft aufzutauchen, deren Werke zwar wenig Werth hatten, aber doch zum Nachdenken und zur Nacheiferung anregten. Zu ihnen gehören z. B. das „schlechte und gerechte Haushaltungsbuch" von Hacmann (1674), das „Haus-, Feld-, Arzney- Koch- Kunst- und Wunderbuch" von Thiemen (1682), die „Haus- und Feldschule" von Beyeler (1699), welche alles Mögliche, sogar Astronomie, Heraldik und — Thieromantie, enthielt, und als ausführlichstes der „Oeconomus prudens et legalis" (1702 von Florinus, wie sich der Pfalzgraf Franz Philipp nannte). Noch höher stieg die neue Wissenschaft im achtzehnten Jahrhundert; es entstanden da überdies ökonomische Lehrstühle an mehreren Universitäten. Der ausgezeichnetste unter den Inhabern derselben war Beckmann in Göttingen, geboren 1739 zu Hoya, gestorben 1811 als Professor der Oekonomie an der Universität der genannten Stadt. Seit 1770 gab er seine berühmte „physikalisch-ökonomische Bibliothek" heraus und wurde durch seine Studien der Begründer der **Kameralwissenschaft**, die er trotz der ihr entgegenstehenden Eifersucht der älteren Fakultäten mittelst seiner ausgebreiteten Kenntnisse in den Naturwissenschaften auf eine höhere Stufe zu bringen suchte, ohne jedoch ihr allgemeine Anerkennung erkämpfen zu können. Die Kameralisten waren es, welche durch ihre Untersuchung der Güterverhältnisse namentlich zur Untergrabung der Leibeigenschaft und damit auch zu anderen socialen Reformen beitrugen. Diese ihre freisinnigen Grundsätze schlugen zuerst in Dänemark unter der Rewaltung des Grafen Bernstorff (seit 1746) und dann in Toscana unter dem Großherzog, (später Kaiser) Leopold durch. In Deutschland that das Meiste zum Besten der Landwirthschaft und ihrer Jünger Friedrich der Große. Ihm folgten Josef II. und Katharina II. Dazu kamen besondere kameralistische und speziell landwirthschaftliche Lehranstalten, zuerst die 1774 eröffnete zu Kaiserslautern, welche 1779 den Titel einer Hochschule erhielt, aber schon 1784 mit der Universität Heidelberg vereinigt wurde. Eine kameralistische Fakultät entstand an der Universität Gießen; ihr bedeutendster Lehrer wurde August Schlettwein. Unter den damaligen landwirthschaftlichen Schriftstellern zeichnete sich der Präsident von Bendendorf aus, als landwirthschaftlicher Topograph seit 1764 von Horned in Österreich. Mit den Bemühungen dieser Männer gingen parallel die in allen Ländern Europa's, namentlich seit der Mitte des achtzehnten Jahrhunderts erstehenden landwirthschaftlichen Gesellschaften, die meisten in Frankreich (schon 1719), in England (seit 1723), in der Schweiz (1747 in Zürich und 1760 in Bern), in Deutschland (seit 1762), dann auch in Italien, Skandinavien und in den russischen Ostseeprovinzen. Ihre Sammlungen und Beobachtungen gaben den ersten Anlaß zu periodischen Veröffentlichungen über landwirthschaftliche Gegenstände, zuerst in Dublin, dann in Paris, Bern, Celle u. s. w. Sogenannte Haushaltungsmagazine, von Einzelnen herausgegeben, bestanden schon seit 1730 zu Erfurt, seit 1748 zu Hamburg u. s. w.

In praktischer Beziehung ging mit diesen Bestrebungen Hand in Hand die Einführung neuer Futtergattungen. Die Kartoffeln, seit 1647 in Deutschland bekannt, waren bis Anfang des achtzehnten Jahrhunderts so zu sagen ein Luxusgewächs, und wurden für gesundheitswidrig gehalten. Nach und nach jedoch errangen sie sich Anerkennung. Man begann, von den früher zu zwei Drittheilen brach liegenden Feldern, nachdem man den zweiten Theil schon geraume Zeit mit Hülsenfrüchten, Kohl, Rüben u. s. w. bebaut, den dritten mit Kartoffeln zu bepflanzen, was den Boden bedeutend verbesserte, die Viehzucht beförderte, hierdurch den Dünger vermehrte und endlich mehr und besseres Getreide erzeugte. Die große Theuerung von 1771 und 1772 bewies die Zweckmäßigkeit des Kartoffelbaues, dessen Produkte nicht nur als Viehfutter, sondern auch als Nahrungsmittel der Menschen immer größere Ausdehnung gewannen. Ihm folgte die Begründung des Kleebaues durch Johann Christian Schubart, genannt Edler von Kleefeld (geb. 1734 zu Zeitz, gest. 1787 in dessen Nähe), welcher den guten Gedanken hatte, die Thorheiten der „strikten Observanz", an denen er früher Theil genommen, zu verlassen und mit landwirthschaftlichen Wirken zu vertauschen. Der Klee bot einen höchst passenden Gegenstand für die Bepflanzung der Brache dar und führte endlich die Sommerstallfütterung des Rindviehes herbei. Nun konnte auch Grasland, dessen man zur Fütterung nicht mehr bedurfte, in

Ackerland verwandelt werden. Den Kleebau verbesserte in bedeutendem
Maße die Erfindung und Einführung des Gipsens des Klees; das Futter
wurde hiedurch vermehrt, und die Veredelung des Viehstandes machte
große Fortschritte. Außer dem Kleebau führte aber Schubart auch den
Tabak- und Krappbau ein und leuchtete durch sein Beispiel in guter
Wirthschaftsführung voran. Sein Hauptbestreben war die Abschaffung der
Brache und des Triftganges, und die Hebung des gedrückten Bauern-
standes. Die Glieder des letztern verehrten ihn daher, wie die großen
Grundbesitzer ihn verfolgten; die Fürsten aber suchten seine Grundsätze zu
verwirklichen, — außer Friedrich und Josef namentlich die Herzoge von
Koburg, Weimar, Anhalt und Holstein.

Schubarts nächster Nachfolger war Albrecht Thaer, seines Berufes
Arzt, geboren 1752 zu Celle, gestorben 1828 zu Möglin. Er stellte seit
1784 ein naturgemäßeres System der Landwirthschaft auf. An die Stelle
der trotz der erwähnten Reformen immer noch herrschenden Dreifelderwirthschaft setzte er den Fruchtwechsel. Er hatte gefunden, daß
der Acker durch alljährliches Tragen nicht ausgesaugt werde, sondern blos
durch Vorenthalten Dessen, was er zur Wiederherstellung seiner Kräfte
bedarf, daß daher das Nichttragen den Acker am meisten entkräfte. Durch
schwächere Besäung fruchtbaren und stärkere magern Landes erzielte er
reichere Ernten. Er wandte die Chemie auf die Landwirthschaft an,
empfahl den deutschen Landwirthen vorzüglich die englische Landwirthschaft
als Vorbild, und bewirkte hiedurch ein allgemeines Durchdringen ratio-
neller Anschauungen und Verbesserungen im Gebiete der Bodenkultur.
Die weiteren Folgen seiner Bestrebungen werden wir im dritten Bande
kennen lernen.

Wie die wissenschaftliche Behandlung der Landwirthschaft, so nahm
auch das Bestehen einer Forstwirthschaft überhaupt in unserer
Periode seinen Anfang. Das Mittelalter hatte keine andere Rücksicht auf
die Wälder gekannt, als die Erhaltung derselben zu Gunsten der Jagd.
Wer einen Wald anzündete, sollte nach den Forstweisthümern dreimal in's
ärgste Feuer geworfen werden; wenn er wieder herauskam, so war der
Frevel gesühnt. Wer Bäume schälte, dem sollte der Nabel herausge-
schnitten und an einen Baum genagelt und der Delinquent um diesen getrieben werden, bis die Gedärme herumgewickelt waren. Erst nachdem die
frühere Sorglosigkeit in Bezug auf die Wälder Holzmangel herbeigeführt
hatte, begann man Forst- und Waldordnungen zu erlassen (zuerst 1465
eine nassauische, 1482 die sächsische, 1531 die brandenburgische, denen,
namentlich im siebenzehnten Jahrhundert, welche in fast allen deutschen
Fürstenthümern und Reichsstädten folgten). Dieselben betrafen vor Allem
die Regelung des Holzverkaufes und der Holzabfuhr, die Anweisung,
welches Holz zu schlagen sei, die Vorsorge gegen Waldbrände, die Maßregeln bei der Bepflanzung, u. s. w. Die Literatur der Forstwirthschaft

war bis zum Ende des siebenzehnten Jahrhunderts noch mit derjenigen der Landwirthschaft vermengt; nur das Jagdwesen erfreute sich selbstständiger Behandlung. Seit Anfang des achtzehnten Jahrhunderts erschienen kann aber auch selbständige Bücher über Forstwirthschaft, zuerst die Sylvicultura oeconomica von Hans Karl von Carlowitz, welcher sich, gewiß viel für einen Edelmann! gänzlich des Eingehens auf die Jagd enthielt. Der Verfasser, polnisch-sächsischer Kammerrath und Oberberghauptmann, schrieb mit humanistischer und philosophischer Bildung und mit tüchtiger Kenntniß der forstbotanischen Physiologie, war aber noch reich an Irrthümern, wie er denn z. B. glaubte, daß die Pflanzen, welche man verbrennt, wieder aus der Asche „hervorkommen", daß sie nach der Verwesung sowol, als nach der Aufzehrung durch das Vieh wieder aus dem „Miste" hervorwachsen. Harz, Moose und Schwämme hielt er für „Auswürfe" der Bäume. In seinen Einzelheiten legte er aber viele gesunde Ansichten an den Tag. Sein Nachfolger im Fache, der bürgerliche Döbel, verfiel sonderbarer Weise von Neuem in die Jagdliebhaberei. Auch er vermengte noch Irrthümer und Richtiges in ausgedehntem Maße. Die späteren Forstschriftsteller beschäftigten sich vorzüglich mit dem Streben, die Bäume zu vermehren; in ihren Büchern trifft man mehr Erfahrung als wissenschaftliche Kenntnisse. Wilhelm Gottfried Moser's (würtembergischen Forstbeamten) „Forstökonomie" (1757) verlangte zum ersten Male regelmäßige „Umtriebszeiten". Johann Gottlieb Beckmann, zu unterscheiden von dem oben erwähnten Kameralisten, erwarb sich durch seine Schriften viele Verdienste um die Holzsaat im Großen, und berechnete zuerst den Holzzuwachs. Bessere wissenschaftliche Kenntnisse beginnen bei J. F. Enderlin (1767); Professor Gleditsch in Berlin (1774) und Ludwig Walther (1787) folgten ihm. Es wurden nun auch fremdländische Bäume in Deutschland angepflanzt, und es entstanden forstwissenschaftliche Lehranstalten, 1770 in Berlin (durch Gleditsch), 1772 in Wernigerode, 1785 zu Kiel, 1788 Cotta's zu Zillbach (später nach Tharand versetzt) u. s. w. Damit bereitete sich die rationelle Behandlung des Forstwesens in neuester Zeit vor.

Indem wir zu den Leistungen des Gewerbfleißes übergehen, erwähnen wir dessen in unsere Periode fallende Errungenschaften nach der Stellung, welche sie zu den Bedürfnissen der Menschen einnehmen.

Den nothwendigsten unter den letzteren entsprechen die Lebensmittel, deren Gewinnung Aufgabe der Landwirthschaft ist, während ihre Bereitung und Verbreitung in das Gebiet der Industrie fällt. Der Kaffee wurde erst 1655 in Frankreich eingeführt, wo ihm die Ärzte erst eine heftige Opposition machten, weil sie ihn, gleich dem Tabak, für Gift hielten. Die Holländer waren die Ersten, welche ihn aus Mokka nach Batavia verpflanzten. Im Jahre 1714 sandte der Bürgermeister von Amsterdam Ludwig XIV. einen Kaffeebaum, um damit die französischen

Kolonien in Westindien zu bepflanzen; der französische Seemann Clieux führte ihn 1720 nach den Antillen, indem er ihn auf dem Schiffe nothdürftig mit der schwachen Portion Wasser begoß, die ihm, bei eingetretenem Mangel daran, zugemessen war. Der Zimmt wurde 1749 durch Poivre, zugleich mit dem Pfeffer, der von ihm seinen Namen hat, aus Kochinchina nach der Isle de France gebracht. Den Runkelrübenzucker hatte bereits 1605 Olivier de Serres geahnt; die ersten Versuche damit machte der Chemiker Marggraf in Preußen 1781. Der französische Arzt Helvetius, Vater des Philosophen dieses Namens, erfand 1755 die billige Suppe, welche später von ihrem Verbreiter, dem menschenfreundlichen Engländer Rumford, den Namen erhielt. Réaumur entdeckte im achtzehnten Jahrhundert das künstliche Gefrierenmachen des mittels Einwirkung mit Salzen gemischten Schnees; Boerhave brachte mit Salzen allein künstliches Eis hervor. Der Florentiner Procopio führte dann 1760 in Paris den Genuß der Eislimonade ein.

Im Interesse der **Bekleidung** und des **Schmuckes** verbesserte **Berthollet** 1787 das Waschen, indem er zur Reinigung der Wäsche oxydirte Salzsäure anwandte. Der irische Chemiker Higgins machte das Verfahren billiger durch Anwendung des Kalkschwefels. Chaptal erfand 1799 die Dampfwäsche. Unter den zu Kleidungsstücken verwendbaren Farben wurde 1704 oder 1709 zu Berlin durch Diesbach und Dippel das Berlinerblau erfunden, aber erst 1724 durch Woodward bekannt gemacht und seit 1752 erst erprobt. Im nämlichen Jahrhundert entdeckte Fougeroux die Bereitung des neapolitanischen Gelb. Die ihrer **Wolle** wegen geschätzten **Merinoschafe** wurden aus Spanien schon 1723 in Schweden, 1765 in Nord-Deutschland, 1782 in England, Amerika und im Kapland, und erst 1786 in Frankreich eingeführt. Raymond und Ford erfanden in Frankreich 1797 eine Maschine zur Tuchfabrikation, welche die früheren bedeutend übertraf. Eine Tuchscheermaschine hatte schon 1790 Delarche aus Amiens, eine Tuchrauhmaschine 1791 die Brüder Granger aus Annonay erfunden. Die erste größere **Spinnmaschine** seit Erfindung des **Spinnrades** durch Jürgen in Braunschweig (1530) stellte der Engländer Combe 1718 her. Sie hatte 26,586 Räder und brachte in 24 Stunden 518,304,460 Yards Organzin-Seidenfaden hervor. Diese Erfindung wurde 1767 durch Hargreaves und 1770 durch Arkwright (dieser mit Anwendung auf Baumwolle) so sehr vervollkommnet, daß diese Beiden oft als die Erfinder betrachtet werden. Die ersten **Mousselingewebe** wurden 1670 in England eingeführt, in Frankreich die Fabrikation dieses Zweiges 1781 eingerichtet. Die **Seidenfabrikation** blühte in Frankreich schon unter Franz I. und Heinrich IV. Die Kunst, die Stoffe glänzend zu machen, erfand im siebenzehnten Jahrhundert Ottavio Meg in Lyon. Im Jahre 1709 brachte es der Rechnungskammerpräsident Bon in Montpellier dahin, die

Gewebe der Gartenspinnen, in denen diese ihre Eier ablegen, gleich der
Seide zu Strümpfen und Handschuhen zu verwenden. Die neuere Seiden-
glättungsmethode erfand 1717 Jurnies in Lyon und 1738 Falcon eine
Maschine zur Erleichterung des Fadenziehens. In England wurde um
die Mitte des achtzehnten Jahrhunderts der Druck auf Gewebe erfunden
und 1759 in Frankreich eingeführt. Die Spitzen, deren Klöppeln um
1561 Barbara Uttmann im sächsischen Erzgebirge eingeführt hatte,
wurden in Frankreich, wo man sie aus Italien her kannte, seit 1629 in
Alençon und Argenton fabrizirt, und von dort aus nach den Niederlanden
und England verpflanzt. Die Filigranarbeit in Gold und Silber
verbesserte Michel 1793. Die Strumpfwirkerei soll in Frankreich
erfunden und dem Minister Colbert vorgelegt, durch die Eifersucht der
Mützenwirker aber abgewiesen und in England eingeführt worden sein,
woher sie noch in demselben Jahrhundert wieder nach Frankreich gelangte.
Die Schuhe von heutiger Beschaffenheit wurden 1633 in England erfunden und seit 1670 Schnallen daran befestigt. Regen- und Sonnen-
schirme trug man in Frankreich seit 1680.

In Bezug auf die Gewinnung und Verarbeitung der Mineralien
beginnen wir mit dem Könige dieses Naturreichs, dem Diamant. Man
trug ihn in Frankreich seit 1393; Agnes Sorel war die erste, welche Diamanten im Kopfschmucke trug; seit dem Anfange des fünfzehnten Jahrhunderts kannte man die Kunst des Diamantschleifens, seit Philipp II.
diejenige, diesen Edelstein zu graviren, seit Ludwigs XIV. Zeit diejenige, ihn
zu brillantiren. Im Jahre 1622 wurden in Ostindien, wo man bis
dahin nur die Minen von Bizapur (seit dem fünfzehnten Jahrhundert)
kannte, diejenigen von Golkonda, 1728 aber diejenigen Brasiliens entdeckt. Die Verflüchtigung des Diamanten im Feuer des Reverberirofens,
welche bereits Newton geahnt hatte, entdeckte man 1777; 1781 fand
Lavoisier, daß der glänzende Stein — bloße Kohle sei. Die zwar nicht
zum Mineralreiche, sondern zum Thierreiche gehörenden, aber den Diamanten so oft an die Seite gestellten Perlen wurden zuerst 1680 in
Paris nachgemacht; im Jahre 1760 fand Linné ein Mittel, den gewöhnlichen Austern, bei hinlänglicher Fütterung, Perlen zu entloden. Den
gleich den beiden genannten Produkten zum eleganten Luxus gehörenden
Email begann 1719 Pierre Majeis in einer von ihm erfundenen
Mühle durch Zermalmung geeigneter Steine zu bereiten. Die Kunst der
Bereitung des Stahls und derjenigen des Blechs besaßen die französischen Hugenoten; der Widerruf des Edikts von Nantes trieb mit
ihnen auch ihre Geheimnisse aus Frankreich, bis im Jahre 1702 Réaumur dieselben theilweise wieder entdeckte. Erst 1786 aber verbesserten
Berthollet, Monge und Vandermonde das Verfahren und stellten es ganz
wieder her. Die Fabrikation des Bleiweißes vervollkommnete Montgolfier, indem er 1790 statt der Einwirkung des Essigs auf das Blei die

Biersäure und andere Substanzen verwandle. Die Bergwerke Englands
ertrugen namentlich Zinn (am Ende des siebenzehnten Jahrhunderts
1800 Tons Zinn, ein Drittel des jetzigen Gewinns), Kupfer und
Eisen. Das erste Steinsalzlager wurde bald nach der Restauration
in Cheshire entdeckt. Von Steinkohlen wurden am Ende der Regierung Karls II. 350,000 Tons in die Themse gebracht (jetzt braucht
London 3½ Million Tons jährlich).

Unter den im Leben und Treiben der civilisirten Menschheit vorkommenden Geräthen konnte das jetzt so stark gebräuchliche Glas
lange nicht als hauptsächlicher Stoff emporkommen. Als im Jahre 1640
ein Franzose die Kunst entdeckte, das Glas hämmerbar zu machen, wurde
der finstere Richelieu von der nämlichen Furcht ergriffen, wie einst Tiberius
gegenüber einem römischen Arbeiter, den er hatte enthaupten lassen; auch
der sonst vernünftige Kardinal besorgte die Herabsetzung des Metallwerthes und ließ den unglücklichen Entdecker im Kerker verderben. Die
Luxusgefäße unserer Periode, wie schon derjenigen unseres ersten Bandes,
bestanden in Majolika und Fayence*). Die Fabrikation dieser
nach dem spanischen Majorka und dem italienischen Faenza benannten
Thongefäße, welche durch Beimengung von Kupfer einen dunklern, durch
solche von Silber einen hellern Farbenton erhielten, erhielt in Spanien
durch die Austreibung der Mauren, die sich ihr besonders widmeten, den
Todesstoß. In Italien zeichnete sich durch Pflege dieses Kunstzweiges
im fünfzehnten Jahrhundert die Bildhauerfamilie della Robbia zu
Florenz aus, die Blüte desselben dauerte bis in die zweite Hälfte des sechszehnten Jahrhunderts, um das Jahr 1772 aber verschwand er in Italien.
In Frankreich hatte ihn ein Schüler der della Robbia, Polisty, (1510
bis 1589) eingeführt, und sein Bruder sowol, als zahlreiche Nachahmer
lieferten herrliche Arbeiten in verschiedenen Fabriken. 1673 wurde zu
Rouen eine königliche Manufaktur der Fayence durch Ermund Potherat
begründet; sie litt in hohem Maße durch die Erfindung des Porzellans
und ging 1786 ganz ein. Unter Ludwig XIV., als dieser König und sein
Adel ihr Silbergeschirr dem Lande opferten (1672 — 1689), wurde fast
nur von Fayence gespeist, besonders aus der Fabrik von Clérissy zu
Moustiers in der Provence, welche aber ebenfalls durch die Revolution ein
Ende nahm. — Das Porzellan, ein chinesisch-japanisches Fabrikat,
das aber seinen europäischen Namen wahrscheinlich einer Verwechselung
mit der italienischen Pozzuolanerde verdankt, kam im fünf- oder sechszehnten
Jahrhundert nach Europa. Im Jahre 1709 aber gerieth der sächsische
Apotheker Josef Friedrich Böttger (1682—1719) bei goldmacherischen

---

*) Die spanisch-maurische, italienische und französische Majolika und Fayence.
Mitgeth. v. H. v. Scharff-Scharffenstein. Beil. zu Nr. 22 u. 23 (1868)
der Deutschen Kunstzeitung.

Versuchen 1709 auf die Bereitung des Meißner Porzellans. Réaumur führte diese Industrie in Frankreich ein, und 1749 erfand in Paris der Goldschmied Taunay die Porzellanmalerei. Den zur Verzierung von Geräthen dienenden Firniß, ebenfalls ursprünglich eine chinesische Erfindung begann im siebenzehnten Jahrhundert in Europa der Eremit Jamart zu bereiten. Die am besten hier anzuknüpfenden Maße und Gewichte befanden sich in unserer Periode in einer grenzenlosen Verwirrung. Doch traten im siebenzehnten und achtzehnten Jahrhundert mehrere gelehrte Männer wie Huyghens, Mouton, Dusay, La Condamine und b'Anville mit der Forderung der Einführung gleichmäßiger Maß- und Gewichtseinheiten auf. Ihre Bemühungen wurden aber erst mit Erfolg gekrönt, als 1790 die französische Nationalversammlung, auf Vorschlag der Akademie der Wissenschaften, das metrische System einführte, welches auf der Grundlage des Meters, d. h. eines angeblichen zehnmillionsten Theiles des Viertelsmeridians, als Längenmaßes, das Are als Flächenmaß, das Stere als Körpermaß, das Litre als Flüssigkeitsmaß, das Gramm als Gewicht einführte und hieraus auch das Münzsystem entwickelte, womit zugleich eine Verbesserung der Münzprägung eintrat.

Die Messung des **Raumes** führt uns auf jene der **Zeit**. Beide verbindet die Messung der Erdkugel nach Länge und Breite. Der Ausgangspunkt der Breite kann nicht zweifelhaft sein; derjenige der Länge aber schwankte stets und schwankt noch jetzt. Unter Ludwig XIII. führte Frankreich selbst, das nachher zuerst hiervon abfiel, die Messung nach dem Meridian der Insel Ferro ein. Während die Naturwissenschaften in der von uns angegebenen Weise vorschritten, wetteiferten die civilisirten Staaten Europa's in Bemühungen, zuverlässige Mittel zur Bestimmung der Länge auf dem Meere zu finden. Einen Preis hiefür, im Betrage von zwanzigtausend Pfund Sterling, erhielt 1765 Harrison in England. Um zu solchen Resultaten zu gelangen, mußte sich die **Uhrenfabrikation** vervollkommnen. Während Deutschland schon um 1500 Peter Hele's (Bd. I. S. 392) Nürnberger-Eier gekannt und damals der Astronom Georg Purbach in Wien bereits eine Sekundenuhr besessen, kamen die Uhren erst 1697 nach England. Huyghens brachte 1647 das Pendel an den Uhren an, welches der Uhrmacher Clement in London verbesserte; die Spiralfeder wurde 1674 von Hooke, Huyghens oder Hautefeuille erfunden, die Maschine zum Einschneiden der Zahnräder von Hooke. Der Genfer Gruet in London führte um dieselbe Zeit noch andere Verbesserungen ein und die Repetiruhren erblickten das Licht der Welt, deren Erfinder nicht mit Sicherheit bekannt ist. Der bereits genannte Harrison bewirkte seine erwähnte Reform durch die Erfindung des Chronometers.

Einen großen Umfang hat die Industrie, soweit sie der **Naturwissenschaft** und den **Naturgesetzen** dienstbar ist. Unter den verschiedenen **Wagen**, um Größenverhältnisse festzustellen, verdankt die

hydrostatische zur Erforschung der Metallmischungen ihre Entstehung Boyle
im siebenzehnten Jahrhundert, die arithmetische, welche in allen Rechnungs-
arten arbeitet, Cassini (1668) und die ein Parallelogramm bildende Wage
Roberval (1669). Der Veränderungs- oder Azimuthal-Zirkel, welcher
auf dem Kompaß die Abweichungen der Magnetnadel angibt, entstand
1700. Unter den im Wasser oder mit demselben arbeitenden Vorrichtungen verdient das Taucherschiff die erste Erwähnung, welches
Dionis zu Bordeaux 1777 mit acht Rudern unter dem Wasser fahren
ließ. Ein Kleid, um einen Menschen auf der Oberfläche des Wassers zu
erhalten, Staphander genannt, soll zuerst unter Ludwig XIV. der Ritter
Lauquer aus Blasen bereitet haben; andere Erfinder folgten mit ähnlichen
Vorrichtungen nach. Newton berechnete 1700 zuerst die Geschwindigkeit
eines Schiffes. Descartes hatte 1637 die hydraulische Presse erfunden; Mariotte stellte 1680 das bis dahin beste hydraulische System
auf. Johann Jordan aus Stuttgart erfand 1683 den wüstembergischen
Siphon. — Die Feuerspritzen 1699 der Holländer van der Heyden.
Das bereits erwähnte Barometer Torricelli's (S. 268) versah Hooke
mit dem Zifferblatt. Picard entdeckte 1676 seine Phosphorescenz beim
Schütteln im Dunkeln, und seit 1715 wandte man es zu Höhenmessungen
an. Descartes gab seinen Namen den „cartesischen Teufelchen", kleinen
Figuren von Email, in einem Gefäße voll Wasser mittels kleiner Hohl-
kugeln von Glas aufgehängt, welche je nach Beschaffenheit der Luft am
Eingange des Gefäßes steigen oder fallen und so als Barometer dienen.
Das Haar-Hygrometer führten Saussure 1783 und Deluc 1788 ein.
— Zur Messung der Wärme fester Körper wurde im siebenzehnten Jahrhundert von Musschenbroek das Pyrometer erfunden und im achtzehnten
öfters verbessert. Die Wärme in flüssigen Körpern mißt Drebbel's (S. 270)
Thermometer, welches Amontons am Ende des siebenzehnten Jahrhunderts zu einem vergleichenden erhob. Renaldin aber gab ihm die von
Newton 1701 ausgeführte Annahme des schmelzenden Eises und des sie-
denden Wassers als fester Punkte. Gabriel Fahrenheit aus Danzig
(1686—1736) brachte 1714 seine Verbesserung und Gradeintheilung,
der Schwede Andreas Celsius (1701—1744) sein hundertgradiges
und der französische Akademiker René Antoine Réaumur (1683—1757)
sein achtziggradiges Thermometer zu Stande, welches aber Deluc wesentlich
verbesserte. Auf dem Gebiete des Lichtes (s. Band I. S. 386 und oben
S. 268) erfand Dollond 1758 die achromatischen Fernröhre. Die
Erfindung des Mikroskops ist streitig zwischen Drebbel (1621),
Zacharias Jansen und Fontana, seine Vervollkommnung gebührt Hooke,
seine weitere Verbesserung Huyghens und Torricelli. Daß die Telescope
zu astronomischen Zwecken verschärfende Mikrometer erfand Huyghens
1659; Maraldus und August verbesserten es, Kircher und Gascoigne erfanden zweckmäßigere. Das Panorama verdankt seinen Ursprung dem

Edinburger Robert Barker 1787, seine Verbesserung dem Amerikaner Robert Fulton 1799. Die Kunst, Thiere auszustopfen und zu conserviren, übte zuerst Réaumur, welcher dazu Stroh und Weingeist anwandte. Schöffer führte später die Methode ein, die Thiere in zwei Theile zu trennen und diese mit Gips auszufüllen. Der Abbé Manesse wandte seit 1786 Alkalien gegen das Verderbniß der ausgestopften Thiere an. In Holland und England begnügte man sich, die Thiere wie sie sind in luftdicht verschlossene Glaskästen zu stellen. Eine weiter gehende Nachahmung der Natur wagte Baucanson mit seinen Automaten, unter welchen die schwimmende, fressende und sogar absondernde Ente (1740) das größte Aufsehen erregte. Nach und nach wagte man sich auch an die Menschen und die sogenannten Androiden, d. h. menschliche Automaten tauchten auf, Baucanson's Flötenspieler schon 1723. Der Abbé Mica verfertigte 1788 zwei eherne Köpfe, welche deutlich die menschliche Sprache nachahmten, zerbrach sie aber, als die französische Regierung sie nicht kaufen wollte. Nachgeahmte Menschengestalten waren auch die Marionetten, welche zwar schon das Alterthum kannte, für unsere Zeit aber Jean Brioché (wenn die von Cervantes im Don Quijote erwähnten nicht älter sind) im siebenzehnten Jahrhundert in's Leben rief.

Diese bereits dem Vergnügen und der Kunst gewidmete Nachahmung der Natur leitet uns zunächst zu den musikalischen Instrumenten. Die Theorie des Widerstandes der Saiten entwickelte im siebenzehnten Jahrhundert Amontons; Taylor und Johann Bernouilli entdecken die Gesetze ihrer Schwingungen. Eine Maschine zur Verfertigung der Saiten erfand Elsener 1793. Dem jetzigen Klavier ähnliche, jedoch unvollkommenere Instrumente kannte man schon seit dem Mittelalter und bildete sie zu Anfang des sechszehnten Jahrhunderts zum „Klavichord" aus, neben welchem das „Hackebrett" Anwendung fand, wie auch das seit dem vierzehnten Jahrhundert bekannte Spinett, das im siebenzehnten und achtzehnten sehr beliebt war. Sie alle übertraf der seit dem sechszehnten bekannte Flügel. Seit 1711 aber führte Bartolomeo Cristofali aus Padua das Fortepiano ein, welches die Deutschen Silbermann und Stein verbesserten. Hohlfeld in Berlin schuf 1757 das „Geigenklavier", Müller in Wien die Titanaklasis, Johann Jakob Schnell 1790 das Anemochord. Der Abbé Poncelet schuf am Anfange des achtzehnten Jahrhunderts die sogenannte Geschmacks-Orgel, eine närrische Idee, nach welcher jeder Ton einen Tropfen einer Flüssigkeit von verschiedenem Geschmacke aus einer Flasche lockte! Ein neues Saiteninstrument erfand 1716 Pantaleon Hebenstreit und benannte es nach seinem Vornamen.

Je nach Umständen können auch die dem Verkehre gewidmeten gewerblichen Erfindungen dem Vergnügen dienen. Am Anfange des acht-

zehnten Jahrhunderts, gegen 1714, begegnen wir einem „**Windwagen**"
(Char à vent), der mit einem Segel versehen war und auch zur Landwirth-
schaft verwendet wurde. Von diesem spurlos verschwundenen Luft und
Erde verbindenden Amphibium wenden wir uns zu dem zukunftreichern
Luftschiffe. Am Anfange des achtzehnten Jahrhunderts tauchte der
Vorschlag Laurent's zu einem Luftschiffe in Gestalt eines Vogels auf,
fand aber keine Ausführung. In Portugal stieg 1736 der Physiker
Don Guzman vor König Johann V. mittels eines mit Papier überzogenen
Holzgeflechtes, unter welchem Feuer brannte, in die Höhe, stieß aber an
das Dach des Palastes und fiel wieder zur Erde. Einem zweiten Versuche
kam die Inquisition zuvor, aus deren Kerkern der König den unglücklichen
Luftschiffer mit Noth retten konnte. Der Versuch, in die Luft zu steigen,
glückte zuerst den Brüdern Josef und Etienne Montgolfier aus der
Auvergne, Nachkommen von Huguenoten und Erfindern des „hydraulischen
Widders". Durch den Anblick der Wolken wurden sie auf die Idee gebracht, künstliche Wolken zu verfertigen, was aber mißlang. Durch aus-
dauernde Versuche und Studium des Wesens der Gase gelangten sie endlich
zur Fertigung von **Ballons**, womit der erste Versuch am 4. Juni 1783
zu Annonay stattfand. Der erste Ballon war aus Leinwand, mit Papier
gefüttert, mit durch Wärme verdünnter Luft gefüllt, 39 Fuß dick, 430 Pfund
schwer, konnte 400 Pfund tragen und stieg 7200 Fuß weit. Die Akademie
nahm sich der Sache an, und ließ, da die Montgolfier ihre Erfindung als
Geheimniß bewahrten, dieselbe durch Professor Charles ausführen. Nach
großer Mühe gelang am 28. August 1783 die Auffahrt des ersten mit
Wasserstoffgas gefüllten Ballons, den die Bauern, bei denen er niederfiel,
jämmerlich zerrissen. Etienne Montgolfier, von Eifersucht erfüllt, ließ am
19. September zu Versailles einen Ballon mit lebenden Thieren aufsteigen
und am 21. Oktober bei Paris zum ersten Male einen solchen mit Menschen;
Pilâtre de Rozier und der Marquis d'Arland waren die ersten Luft-
reisenden, welche nur schwer die königliche Erlaubniß zu ihrem waghalsigen
Unternehmen erlangen konnten. Als es glücklich ablief, folgten Andere
nach, Charles selbst und sein Gehülfe, der Mechaniker Robert, zuerst.
Blanchard stieg 1784 mit Rudern und Steuer empor und überfuhr
1785 in der Luft die Straße von Calais, nicht ohne große Gefahr, in's
Meer zu fallen. Bald darauf fielen Pilâtre und sein Gefährte im Herab-
steigen todt. Zur Verhütung ähnlicher Unglücksfälle gerieth man auf
die Idee des **Fallschirms**. Professor Lenormand hatte sich bereits 1783 aus dem ersten Stockwerke eines Hauses zu Montpellier mit
zwei Regenschirmen in den Händen herabgelassen, ohne Schaden zu nehmen.
Blanchard machte die ersten Versuche mit Thieren. Garnerin und seine
Frau wagten es selbst, indem sie den Ballon verließen und mit dem Fall-
schirme herabkamen. Robertson's und Cocking's Verbesserungen dieser Erfindung mißlangen und der Letztere fand (1836 bei London) seinen Tod

dabei. Dies Schicksal traf auch 1819 zu Paris Blanchard's unglückliche Gattin.

Eine schnellere Verwirklichung als die auch jetzt noch nicht erreichte **regelmäßige Luftschifffahrt**, erlebte, wenn auch noch nicht in der uns beschäftigenden Periode, die Verwendung der **Dampfkraft** zu Gunsten des Verkehrs. Indessen treffen wir bereits ihre allmälige Entdeckung auf der Reise an, welche wir durch die beiden Jahrhunderte der Aufklärung vollführen. Schon unter Kaiser Karl V. wurde (1545) zu Barcelona ein von dem Schiffskapitän Blasco de Garay erfundenes Schiff ohne Ruder und Segel probirt, dessen Maschine aus einem Wasserkessel bestand und an dessen Seiten Räder angebracht waren; man ließ die neue Erscheinung jedoch unbeachtet. Der französische Mechaniker Salomon de Caus beschrieb in einem Werke von 1614 eine Maschine, welche als Vorläuferin der Dampfmaschine gelten kann, und bald darauf trieb der Ingenieur Giovanni Brancas mit Dampfkraft ein Schaufelrad. Der Despot Richelieu fürchtete jedoch auch diese Entdeckung und soll Caus in das Irrenhaus zu Bicêtre haben sperren lassen. Hier wurde der Unglückliche, nach dem authentischen Berichte der berühmten Courtisane Marion Delorme, 1641 von ihr und dem englischen Abenteurer Marquis von Worcester besucht, welcher Letztere hier von der verunglückten Entdeckung hörte und später im Tower zu London, wo er als Royalist und Papist eingekerkert war, die Sache näher studirte. Er berichtete über die von ihm sich selbst zugeschriebene neue Idee unter einer Menge schwindelhafter Projekte, konstruirte jedoch selbst keine Maschine. Letzteres that zum ersten Male Dionysius **Papin**, ein Franzose, der aber zu Marburg Professor war, im Jahre 1698, indem er auf Befehl des Landgrafen Karl von Hessen eine Maschine fertigte, die man den Papinianischen Topf nennt und noch jetzt zum Kochen anwendet. Diese Idee soll der englische Kapitän Thomas **Savery** ausgebeutet und mit derjenigen Worcesters vermengt haben; nach seinen Angaben stellte dann 1705 **Newcomen** eine Maschine her, die jedoch mehr eine atmosphärische als eine Dampfmaschine genannt werden konnte, und die man in den Minen von Cornwales zum Wasserpumpen gebrauchte. Ein dabei beschäftigter Knabe, Humfrey **Potter**, verbesserte sie 1718 bedeutend. Alle diese Erfinder überstrahlte jedoch weit **James Watt**. Zu Greenock in Schottland 1736 geboren, bildete er sich schon früh durch Mathematik und Physik, und arbeitete in London und Glasgow als Mechaniker. Seit 1762 studirte er besonders Papin's Erfindung und damit die Dampfkraft, dann Newcomen's Maschine, und ersann endlich 1775 eine verbesserte solche, behufs deren Herstellung er sich mit Mathias Boulton, Besitzer einer großen Maschinenfabrik zu Soho bei Birmingham, vereinigte. Hier entstand nun und vervollkommnete sich stets Watt's neue Dampfmaschine, die „Sklavin der Zukunft", und brachte das Fabrikweſen zu immer größerm Flor. Seit 1800 zurückgezogen, ſtarb der große Erfinder 1819.

Durch weit ſtärker von einander verſchiedene Phaſen, als Luftboot und Dampfkraft, hatte ſich der Telegraph hindurchzuarbeiten. In älteren Zeiten hatten meiſt Feuerzeichen dieſe Stelle eingenommen. Erſt im ſiebenzehnten Jahrhundert regte der ſchon erwähnte Marquis von Worceſter einen optiſchen Zeichentelegraphen an, den der taube Franzoſe Amontons (1663 geb.) ausbildete. Hooke kam 1684 auf den Gedanken, durch bewegliche Lineale geometriſche Figuren zu telegraphiren, welche eine beſtimmte verabredete Bedeutung hatten. Einen ſolchen Telegraphen errichtete 1765 Edgeworth zwiſchen London und Newmarket, während zugleich der Profeſſor Bergſträßer in Hanau eine „Signalpoſt" zwiſchen Leipzig und Hamburg vorſchlug. Verſuche einer ſolchen gelangen 1786 bei Hanau, blieben aber unbeachtet. Der franzöſiſche Ingenieur Claude Chappe gelangte dagegen 1790—1793 zur Errichtung einer Telegraphenlinie zwiſchen Paris und Lille, beſtehend aus auf Anhöhen und Thürmen von gegenſeitiger deutlicher Sichtbarkeit errichteten Häuschen, welche auf einer Plattform eine Stange trugen, an der ſich Flügel bewegten und verſchiedene, die Buchſtaben, Zahlen u. ſ. w. bedeutende Figuren bildeten. Solche Telegraphenlinien dehnten ſich bald über ganz Frankreich aus, und eine Nachricht gelangte z. B. von Straßburg nach dem 120 Stunden entfernten Paris in nicht ganz ſechs Minuten. Im achtzehnten Jahrhundert drang die neue Einrichtung nach Schweden und England, im neunzehnten nach den deutſchen Staaten, Rußland, der Türkei und Oſtindien, und dauerte, bis ſie durch die elektriſche Telegraphie verdrängt wurde, die indeſſen bereits in unſerer Periode geahnt worden iſt. Schon 1746 leitete Profeſſor Winkler in Leipzig die Elektrizität an Drähten unter der Pleiße hindurch. Schon 1753 rieth ein Vergeſſener zur Einrichtung eines Gedankenaustauſches durch Drähte, deren 24 (nach den Buchſtaben) von einem Orte zum andern gelegt werden ſollten. Einen ſolchen Telegraphen fertigte 1774 Leſage in Genf.

Dem Vergnügen und dem Verderben zugleich dient die Feuerwerkerei, welche in unſrer Periode um 1743 der Artilleriſt Ruggieri in Bologna vervollkommnete. Marggraf erfand ſpäter das „grüne Feuer". Unter den bloßes Verderben ſpendenden Waffen und Kriegswerkzeugen erwähnen wir die Bomben, welche gleich den Mörſern zuerſt 1521 bei der Belagerung von Mézières Anwendung fanden, nach andern Angaben aber erſt unter Ludwig XIII., 1634 bei Lamothe, — die glühenden Kugeln, zuerſt 1675 gegen Stralſund durch den „großen Kurfürſten" geſchleudert, die Batterien à ricochet, 1697 bei Ath, die ſchwimmenden Batterien, 1782 durch den franzöſiſchen Ingenieur Darçon gegen Gibraltar gebraucht. Der Salpeter wurde ſeit etwa 1625 in England fabrizirt. Die Steinschloßflinte (snall) wurde 1630 in Frankreich bekannt, aber erst 1702 eingeführt. Das Bayonnett, das schon 1671 eingeführt war, wurde im Kriege erst 1792 von den Franzosen bei Turin im Kampfe gebraucht.

Unter den Werken des **Friedens** sind die erhabensten die den Geist des Menschen verbreitenden der Literatur und bildenden Künste. Die Industrie dient ihnen durch Vervielfältigung der Mittel ihrer Verbreitung. — Die Bereitung des **Papiers** machte lange Zeit keine wesentlichen Fortschritte, obschon **Papiermühlen** schon seit dem vierzehnten Jahrhundert existirten. Im Jahre 1786 gelangte Leorier de l'Isle dazu, Papier aus verschiedenen Pflanzen zu fertigen; die Fabrikation unendlich langen Papiers erfand 1799 Louis Robert zu Essonne in Frankreich. Die **Buchdruckerkunst** (Bd. 1. S. 78) machte im siebenzehnten Jahrhundert Rückschritte, indem sie an Geschmack und Gewandtheit viel einbüßte. Im achtzehnten Jahrhundert ermannte sie sich jedoch wieder. Es gab in demselben eine Zeit, wo in Deutschland die gothische Schrift in Gefahr gerieth, ganz durch die lateinische verdrängt zu werden; der Buchdrucker **Breitkopf** in Leipzig hielt sie jedoch aufrecht und verbesserte den Schnitt ihrer Lettern. In England führte bessere und schönere solche **Laskerville** (seit 1756), in Frankreich F. A. **Didot** ein, worin des Letztern Sohn Firmin weiter wirkte, indem er auch die schrägen Buchstabenkegel einführte und den Lettern die scharfe Ausprägung gab, die sie seit neuerer Zeit haben. Im achtzehnten Jahrhundert wurde auch nach und nach die **Stereotypie** erfunden, ungewiß durch wen, erst seit den neunziger Jahren aber wirklich ausgeführt, namentlich durch Didot. Um den **Notendruck** machte sich besonders Immanuel Breitkopf (1752), sein eigentlicher Hersteller, verdient, welcher auch **Landkarten** mit Typen ausführte. Der **Holzschnitt** erlitt in unserer Periode eine vollständige Unterbrechung. Der **Kupferstich** dagegen, der seit dem fünfzehnten Jahrhundert schon verschiedene Phasen durchgemacht und im sechszehnten durch Albrecht Dürer, den Erfinder der Aetzkunst, bedeutenden Aufschwung erhalten, wurde im siebenzehnten durch Rubens und Callot gefördert, in Deutschland durch die sogenannte Schwarzkunst oder geschabte Manier bereichert, und erlebte im achtzehnten in Italien durch Morghen, Fontana und Andere, in Deutschland durch Chodowiecki u. s. w. eine wahre Glanzperiode.

Die höchste, weil von den genauesten Kenntnissen bedingte und bei richtigem Verständniß und vernünftiger Ausübung für den Menschen heilsamste Anwendung der Naturwissenschaft ist die **Heilkunde**. Dennoch ist sie als wahrhaft wissenschaftliches System eine der jüngsten und auch gegenwärtig noch unvollkommensten Töchter des menschlichen Geistes. Im siebenzehnten Jahrhundert bestand sie noch rein in einer unwissenden und handwerksmäßigen Praktik, welche der unsterbliche Molière mit Recht in seinem „eingebildeten Kranken" lächerlich gemacht hat, — ohne daß indeffen wichtige Entdeckungen in Bezug auf das Studium der Körper zu medicinischen Zwecken ganz ausgeblieben wären. So erfand Christopher Wren, Professor in Oxford, 1659 die Transfusion des Blutes von Thieren in die Adern von Menschen, welche zwar sein Schüler Boyle einzuführen suchte, was aber als gefährlich wieder aufgegeben wurde. Derselbe Wren brachte 1660 die Injektion, d. h. die Kunst auf, die Blutgefäße todter Thiere mit einer farbigen Flüssigkeit zu füllen, welche darnach hart wird und die genaue Beobachtung der feinsten Verzweigungen gestattet. Diese Neuerung vervollkommneten kurze Zeit später die holländischen Ärzte Jan Swammerdam und Ruysch. Der Erstere, 1637 zu Amsterdam geboren und seit 1667 dort praktizirend, machte sich, außer der bereits erwähnten Injektion, besonders um die mikroskopische Untersuchung verdient. In späteren Jahren durch übertriebenes Studiren hypochondrisch geworden, sank er zu einem Verehrer der verrückten Bourignon (oben S. 209) herab, verachtete die Naturforschung und starb, mit sich und der Welt zerfallen, an langen Körperleiden 1685 in seiner Vaterstadt.

Eine wissenschaftliche Heilkunde auf physiologischer Grundlage dagegen datirt erst seit Hermann Boerhave. Dieser große Arzt, 1668 bei Leyden geboren, vertauschte als Anhänger Spinoza's die anfangs ergriffene Theologie nach langem Kampfe mit der Medicin, inaugurirte 1701 seine wissenschaftliche Laufbahn mit einer Vertheidigung des Hippokrates, den er jedoch später zu Gunsten einer eklektischen Richtung wieder verließ, war seit 1709 Professor in Leyden, stellte ein System der Krankheiten, ihrer Ursachen, Natur und Behandlung auf, eröffnete ein klinisches Hospital, wurde aus ganz Europa konsultirt, was ihm bedeutende Reichthümer einbrachte, bethätigte sich auch in Botanik und Chemie, und starb 1738, nachdem er vorher noch entschieden zu Hippokrates zurückgekehrt war. Boerhave's bedeutendster Schüler war der uns bereits (s. oben S. 279) als Botaniker bekannte Haller. Ihm gehört die wichtigste physiologische Entdeckung seit Harvey's Blutumlauf (Bd. I. S. 398) an, nämlich diejenige, daß die Irritabilität der thierischen (und menschlichen) Körper ausschließlich in den Muskeln, die Sensibilität aber in den Nerven ruhe. Man kann sagen, daß seitdem die Ärzte und Anatomen des achtzehnten Jahrhunderts sich in zwei Lager, für und wider Haller, theilten und sich oft mit der größten Leidenschaftlichkeit bekämpften. Ohne in diesen Streite seine Ruhe und Würde zu verlieren, wandte sich Haller mit ebenso großem wissenschaftlichen Eifer der Entwickelungsgeschichte des Eies zu, dann der Bildung des Skelettes, und schuf endlich eine vollständige Physiologie (Elementa physiologiae corporis humani. Lausanne 1757—1766) in acht Bänden, welches Werk diese Wissenschaft eigentlich schuf und daher epochemachend war.

Haller war auch einer der eifrigsten Apostel des Impfens. Die ältere und gefährlichere Form dieser Praxis, die Inokulation der Blattern, war seit den ältesten Zeiten in Asien bekannt und gelangte wahrscheinlich im sechzehnten Jahrhundert nach Europa. Durch Lady Montague 1620 nach England gebracht, wurde sie zuerst 1721 an Verbrechern versucht und erst 1755 in Frankreich ausgeübt. An ihre Stelle trat aber bald die Vaccination. Der englische Arzt Eduard Jenner (geboren 1749 zu Berkeley in Gloucester, seit 1770 dort praktizirend, 1823 dort gestorben) war es, welcher zuerst bemerkte, daß die Personen, welche Kühe melkten, von diesen mit den sogenannten Kuhpocken angesteckt wurden und dann von den Kinderblattern frei blieben, auch von der Inokulation keine Wirkung verspürten. Nachdem er diesen Gegenstand seit 1775 untersucht, impfte er zum ersten Male 1796, errang bald großen Ruf und seit 1802 großartige Nationalbelohnungen; aber auch an Gegnern fehlte es nicht. Und noch gegenwärtig existiren über die Zweckmäßigkeit der Kuhpockenimpfung die widersprechendsten Ansichten. Ein Präservativ gegen eine andere Krankheit, die weit gefährlichere Syphilis, und zwar ein höchst einfaches, erfand am Ende des vorigen Jahrhunderts der englische Arzt Condom, von welchem es seinen Namen erhielt; ungeachtet seiner dabei obwaltenden menschenfreundlichen Absichten, wurde er darob so sehr verunglimpft und herabgewürdigt, daß er genöthigt war, seinen Namen zu ändern. Nicht weniger Entrüstung, und zwar gerechtere, erntete die ebenso gutgemeinte Empfehlung einer gleichmäßigen und schmerzlosen Todesstrafe durch den französischen Arzt Josef Ignaz Guillotin, dessen Name ebenfalls einen häßlichen Klang erhielt, obschon das Mordwerkzeug, das man darauf einführte, das längst bekannte, aber wenig gebrauchte Fallbeil, mit seiner Person nichts zu schaffen hatte; eingeführt wurde es von dem Wundarzte Antoine Louis in seinem eigenen Todesjahre 1792.

Ein eigenes medicinisches System schuf im achtzehnten Jahrhundert der schottische Arzt John Brown (1735 geboren, 1788 nach lüderlichem Leben am Schlagflusse gestorben und durch seine Streitsucht unvortheilhaft bekannt). Es war der „Brownianismus" oder die sogenannte Erregungstheorie, nach welcher das Leben durch die „Thätigkeit der Erregbarkeit" entsteht, welche ihren Sitz im Nervenmarke und den Muskelfasern hat und durch Reize veranlaßt wird, die theils allgemein, theils örtlich wirken, theils äußere (Luft, Wärme, Lebensmittel, Arzneien, Gifte), theils innere (Bewegung, Empfindung, Denken, Affekte. u. s. w.) sind. Durch zu starke Vermehrung oder Verminderung der Erregbarkeit entstehen die Krankheiten. Sie ist trotz zahlreicher Anhänger wieder völlig aufgegeben worden.

Für das Aufblühen der Chirurgie wirkte in unserer Periode namentlich die französische Akademie der Chirurgie, 1731 durch die Bemühungen La Peyronie's gestiftet. Die chirurgische Anatomie schuf 1744—55 Desault. In England zeichneten sich Cheselten (1688 bis

1762) und dessen Schüler Sharp aus. In Deutschland trug die Chirurgie zuerst Lorenz Heister (1683—1758) zu Helmstedt vor, dem besonders Siebold in Würzburg und Richter in Göttingen folgten.

C. Reisen und Länderentdeckungen*).

Indem wir an die Erforschungen unseres Planeten in der früher von uns beschriebenen Periode (Bd. I. S. 372—76) anknüpfen, beginnen wir eine neue solche, welche dadurch charakteristisch ist, daß in ihr die Engländer als die hervorragendsten Seefahrer und Länderentdecker auftreten. Nach einer längern Unterbrechung geographischer Forscherfahrten begann 1576 Martin Frobisher die Expedition nach dem unbekannten Norden der neuen Welt, um eine so sehr ersehnte Nordwest-Durchfahrt aufzufinden, und brachte sogenannte Nordwesterze mit, welche falsche Hoffnungen alchemistischer Ausbeute erregten. Seit 1585 erforschte John Davis jene kalten Regionen und drang bis zu der nach ihm benannten Straße, deren Eismassen auch seine zweite Fahrt aufhielten, nicht jedoch die dritte. Das von Davis Versäumte holte seit 1610 der große Heinrich Hudson nach und fand eben die Hudsonsbay, als er von seinem meuterischen Schiffsvolke in schwanker Schaluppe dem Verderben preisgegeben wurde. Sein bedeutendster Nachfolger war William Baffin, ein hochgebildeter Seemann, welcher weit jenseits der Davisstraße 1616 die Baffinsbay erreichte. Nach dem Jahre 1632 endeten für unsere Periode die Nordwestfahrten. Länger als diese hielten, und zwar zu Lande, die Nordostfahrten an, die jedoch einen andern Zweck, den der Eroberung, hatten. Seit 1577 betrieben verbannte Kosaken, deren erster Führer Jermak Timosejew war, die Besitznahme Sibiriens, welches damals angebliche Nachkommen Dschingischan's inne hatten. 1581 fiel die Feste Sibir, bei deren Wiedereinnahme 1584 Timosejew fiel. Von Rußland unterstützt, und nun glücklich, gründeten die Kosaken Tobolsk, vernichteten das sibirische Reich, drangen weiter gegen Osten, bauten 1619 Jenisseisk und 1632 Jakutsk, erreichten 1639 den großen Ocean, 1646 das nördliche Eismeer und 1661 entstand Irkutsk.

Indem wir uns nach dem Süden wenden, finden wir die Portugiesen, deren großer Seeheld Albuquerque 1511 Malakka genommen, 1577 zu Makao in China niedergelassen und 1601 bei Timor nach Goldländern forschend. Weiter südlich suchten die Spanier das „unbekannte Südland" ohne Erfolg. Die Holländer Jakob Le Maire und Willem Schouten entdeckten 1616 das Cap Hoorn. Neuholland wurde von den Seefahrern der

---

*) Peschel, Oskar; Geschichte der Erdkunde bis auf A. v. Humboldt und Karl Ritter. 5. München 186 S 269 ff.

Nation, deren Namen es trägt, schon seit 1605 erforscht und war 1642 bereits von drei Seiten (Nord, West und Süd) bekannt, in welchem Jahre Abel Tasman Vandiemensland entdeckte, worauf er 1643 auch Neuseeland passirte. Im letztgenannten Jahre entdeckte Martin de Vries Jeso und Sachalin im Norden Japans. So kannte man in der Mitte des siebenzehnten Jahrhunderts die Erde bereits zu zwei Dritteln; und sonderbarer Weise ruhten nun die überseeischen Entdeckungen über ein Jahrhundert! Blos im russischen Auftrage entdeckte der Däne Vitus Bering 1728 das Ostende Asiens, nicht aber die Straße, die seinen Namen trägt, die erst 1730 ein Russe fand, während Bering erst 1741 die amerikanische Nordwestküste erreichte und bald darauf an seinen Anstrengungen starb. Andere, wie die Deutschen Müller, Fischer, Gmelin und der Franzose Delisle, erforschten indessen Sibirien näher. Kamtschatka war seit 1697 besiedelt, 1711 entdeckten Russen die Kurilen, 1760 wurde Nowaja-Semlja umschifft und 1770 die ersten Inseln von Neu-Sibirien entdeckt.

Den Wiederbeginn der großen Seereisen eröffnete 1764 der Commodore Byron ohne Resultat. Samuel Wallis durchforschte 1766 die Inselflur der Südsee und lehrte auf Poumotu und Taiti an, während der Kapitän eines seiner Schiffe, Carteret, der sich von ihm getrennt hatte, mehrere andere Inselgruppen durchfuhr. Der Franzose Bougainville entdeckte 1765, nachdem er Taiti besucht, das man damals die neue Rytherea nannte und als ein Eden von Unschuld und Schönheit pries, die Samoa- oder Schifferinseln u. a. Um den Durchgang der Venus vor der Sonne auf Taiti zu beobachten, trat 1769 der berühmte James Cook (geboren 1728 in Yorkshire) seine erste Reise an, begleitet von dem Astronomen Green und dem Botaniker Banks, führte seinen Auftrag aus, nahm die schon bekannten Inseln auf, umschiffte beide Inseln Neu-Seelands, fand endlich die Ostküste Australiens, nahm die Botanybay in Besitz, wo 1788 schon die berüchtigte Verbrecher-Kolonie angelegt wurde, und entdeckte die Trennung zwischen Neuholland und Neuguinea. Auf seiner zweiten Reise, seit 1772, wurde Cook von dem deutschen Gelehrten Johann Reinhold Forster und dessen Sohn Georg begleitet, mit denen das Interesse ihres Volkes an ferneren Ländern und ihren Naturerscheinungen erwachte. Anfangs 1773 überschritt er den südlichen Polarkreis, wurde jedoch durch die schwimmenden Eisberge am Auffinden des ersehnten Südlandes verhindert. Er entdeckte dann die nach ihm benannten Inseln und Neukaledonien, fand die verloren geglaubten Marquesas und die Osterinsel und vollendete die Rundreise um die Erde. Nun war festgestellt, daß sich das fabelhafte Australland nicht über den Polarkreis erstrecke. Seine dritte Reise trat Cook 1776 an, um von Westen her eine Durchfahrt nördlich von Amerika zu suchen. Er entdeckte 1778 die Sandwichsinseln von Neuem, erreichte das nordwestliche Amerika und die Beringsee, durchfuhr die Beringstraße, wurde vom Eise gezwungen, seinen Plan auf-

zugeben und fand bald darauf, 1779, auf den Sandwichsinseln seinen
beklagenswerthen Tod durch die Eingeborenen. Kurze Zeit darauf, 1788,
verschwand in den australischen Gewässern der 1741 geborene und 1785
von Ludwig XVI. auf eine Entdeckungsreise ausgesandte Graf Johann
Franz Lapeyrouse. Vielleicht wäre er ein Nebenbuhler Cook's geworden.

So weit die Weltreisen unseres Zeitraums. Es wurden in demselben
aber auch speziellere Räume wissenschaftlich erforscht. Im Jahre 1672
stellte auf Anordnung der französischen Akademie Jean Richer Beobachtungen in Guiana an und verglich die Länge des Sekundenpendel,
aus welcher man später die Abplattung der Erde an den Polen erkannte.
Der Deutsche Engelbert Kämpfer (1651—1716) erforschte in
holländischem Dienste 1689—94 Japan, besonders in botanischer Beziehung. Josef Pitton de Tournefort entdeckte seit 1700 auf einer
Orientreise, daß die Pflanzen in vertikaler Erhebung auf dieselbe Art
abwechseln, wie in Entfernung vom Äquator. Louis Feuillé, Astronom
und Schüler Cassini's, nahm seit 1707 die Westküste Südamerika's auf
und bestimmte 1724 den Abstand Ferro's von Paris und die Höhe des
Pits von Teneriffa. Maupertuis brachte von seiner (S. 266) erwähnten
gelehrten Reise nach Lappland 1737 die Gewißheit der Pol-Abplattung
nach Hause, und 1739 bestätigten dies die französischen Messungen am
Äquator in Südamerika. König Friedrich V. von Dänemark ließ 1761
Arabien und den indischen Ocean durchforschen, von welcher Reise nur
Karsten Niebuhr (1733—1815) zurückkehrte (1767). Dieser Deutsche
war der erste Landreisende, welcher die geographischen Längen durch die
Abstände des Mondes von der Sonne oder von Fixsternen maß. Sein
Landsmann Simon Pallas (1741—1811) durchforschte in russischem
Auftrage 1765—74 den Ural und Sibirien und stellte wichtige Be-
obachtungen über Pflanzengeographie und Ethnographie an. Im Innern
Europa's bestieg Horaz Benedikt Saussure von Genf (1740—99),
dem nur ein Führer vorangegangen, 1787 den Montblanc und maß ihn,
wie auch andere Alpenhöhen, die Wärme der schweizerischen Seen, die
geologischen Schichten, auch die Bläue des Himmels (mit seinem Cyano-
meter) u. s. w.

Die Größe der Erde ermittelte zuerst durch die Messung eines Erd-
bogens der Holländer Willebrord Snellius 1617, irrte sich aber um
$^{3}/_{57}$ des Ganzen. Genauere Resultate erzielte 1669 und 1670 Picard
bei Amiens. Über die Irrthümer hierin kam man aber in unserer Periode
nicht hinaus. Der englische Astronom John Hadley erfand 1731 den
Spiegeloktanten zum Winkelmessen auf dem Meere. Später wurde derselbe zu einem Sextanten vergrößert. In der genauen Bestimmung der
Länge nach den Abständen des Mondes trugen Leonhard Euler (oben
S. 267) und Tobias Mayer aus Würtemberg den Sieg davon.

Auf geographischen Karten ward seit 1569, wo Mercator's (gest. 1595) Erdkarte erschien, stets dessen geradlinige Projektion angewandt, seit der Mitte des siebenzehnten Jahrhunderts auf Seekarten ausschließlich. Die Karten waren aber noch lange höchst ungenau; deutsche Spezialkarten, von den Geographen verfertigt, deren jeder beträchtlichere Staat Einen angestellt hatte, führten zuerst Korrektheit ein, besonders Henneberger's Karte von Preußen (1584). Beinahe hundert Jahre später (1680) ließ Domenico Cassini, mit Benutzung der Berechnungen Picard's, auf dem Boden eines Thurmes der Pariser Sternwarte eine Weltkarte nach den neuesten astronomischen Angaben herstellen. Die verbesserte Längenaufnahme wandte zuerst Guillaume Delisle seit 1700 auf seinen Karten an. Ihm folgte in der Bescheerung guter Karten Jean Baptiste d'Anville (1697—1782). Cäsar Franz und Jean Domenico Cassini schufen 1744—89 den großen topographischen Atlas von Frankreich in 180 Blättern, der zusammengesetzt eine 37 Fuß hohe und 34 Fuß breite Riesenkarte bildet.

Die deutsche Kartographie wurde verbessert durch Johann Baptist Homann in Nürnberg (1664—1724). Die erste bessere Karte der Schweiz lieferte der Arzt Johann Jakob Scheuchzer aus Zürich (1672 bis 1733), der seine Ausbildung namentlich in Nürnberg gewonnen und sich um die geographische Erforschung und Beschreibung der Centralalpen bedeutende Verdienste erwarb*), indem er der Erste war, der physikalische Instrumente auf die Alpenhöhen trug (der freigesinnte Mann lebte stets im Kampfe mit der orthodox-protestantischen Geistlichkeit). Noch lag aber in der Mitte des achtzehnten Jahrhunderts die sichere Ortsbestimmung in Deutschland und der Schweiz ganz im Argen. Später auftauchende Verbesserungen aber wurden von den Regierungen, sogar von jener Friedrich's des Großen, aus militärischer Beschränktheit — geheim gehalten und nur unter höchst erschwerenden Bedingungen ihre Veröffentlichung gestattet. Ja es kam vor, daß 1764 die Platten einer neuen Karte der Burggrafschaft Nürnberg vernichtet wurden.

Eine physikalische Erdkarte hatte 1665 der Jesuit Athanasius Kircher verfertigt. Genauere Angaben der Meeresströmungen finden wir auf den Karten Delisle's. Benjamin Franklin lehrte 1775 durch Thermometerbeobachtungen die Ufer des Golfstroms bestimmen. Halley hatte 1686 eine Windkarte veröffentlicht; Richard Hawkins erkannte die Gesetze der Passate und der Windstillen. Cotta gab 1774

---

*) Οὐρεσιφοίτης helveticus sive itinera per Helvetiae alpinas regiones facta annis 1702—1711 plurimis tabulis aeneis illustrata a Joh. Jac. Scheuchzero etc. Lugduni Batavorum MDCCXXIII. Auf dem Titelbilde steht: Sumptibus D. Isaaci Newton, Equitis aurati, Societatis regalis praesidis etc. — Naturhistori des Schweitzerlands. Zürich 1816 u. 17.

in Frankfurt Regenkarten für zehn europäische Orte heraus. Zimmermann in Braunschweig entwarf 1777 eine Erdkarte zur Verbreitung der Säugethiere. Angaben über Flächeninhalt und Bevölkerung der Länder hat, nachdem Gottfried Achenwall 1748 den Namen und Begriff der Statistik aufgestellt, 1754 Friedrich Büsching eingeführt. Gatterer kam in seinem Abriß der Geographie (1775) zuerst auf die Idee einer Bezeichnung der Länder nach Naturgrenzen, z. B. pyrenäische Halbinsel, Nord-, West-, Ost-Alpenländer u. s. w. Reinhold Forster bereitete die vergleichende Geographie vor durch die Beobachtung, daß alle Continente sich nach Süden zuspitzen, und Kant dehnte dies Gesetz auf die Halbinseln aus. Eine einheitliche wissenschaftliche Geographie aber gab es nicht, bevor Alexander von Humboldt und Karl Ritter ihre weltumgestaltende Thätigkeit eröffneten.

*

Zweiter Abschnitt.

Die Wissenschaft des Geistes.

A. Die Begründung der neuern Philosophie und Aufklärung.

Das in allen geistigen Thätigkeiten gegenüber dem klassischen Alterthum so tief gesunkene Mittelalter hatte überhaupt keine Philosophie, d. h. denkende Betrachtung der Dinge, gekannt, ausgenommen soweit es die Wahrheit der durch die Kirche aufgestellten Dogmen zu erweisen versuchte. Das Reformationszeitalter strebte dagegen nach Befreiung der Philosophie aus diesem Knechtsdienste bei der Theologie. Dabei gelangte es einerseits, in Bruno, Campanella und Vanini, sowie in Jakob Böhme, zur Aufstellung selbständiger philosophischer Ansichten, denen jedoch die methodische Begründung fehlte, andererseits, in Francis Bacon zur Auffindung philosophischer Methoden, die aber zu keinem Princip führten. Zur Aufstellung von Principien und zugleich zur Begründung derselben auf dem Wege des selbständigen und schöpferischen Denkens brachte es erst die Periode der Aufklärung, in deren Kulturgeschichte wir begriffen sind. Dieselbe machte drei verschiedene Phasen durch. In der ersten handelte es sich um den genannten Zweck ohne alle Nebenabsichten, einzig und allein zum Besten der menschlichen Denkthätigkeit. Es ist die Zeit der Begründung der neuern Philosophie im siebenzehnten Jahrhundert; ihr gehören deren Begründer im Allgemeinen: Cartesius und dessen Schüler und der selbständige Spinoza an, und nach ihnen die Väter einseitig sich von ihnen abzweigender Geistesrichtungen: des modernen Realismus (Locke) und des modernen Idealismus (Leibniz). — Die zweite Phase kennzeichnet sich durch die Verbindung der Philosophie mit den Tendenzen der Zeit, welche auf Ablösung von jeder Autorität und auf Niederreißen aller den Fortschritt zur reinen Humanität hemmenden socialen und religiösen zuletzt auch politischen Schranken hinausliefen. Es ist die eigentliche Aufklärungsthätigkeit des achtzehnten Jahrhunderts, in welcher diese nach leiblicher und geistiger Befreiung dürstenden Tendenzen vorwiegen, und die rein auf Resultate des Denkens gerichtete philosophische Forschung in den Hintergrund gedrängt wird. Nachdem sich diese Art und Weise geistiger Beschäftigung in Folge der Verschiedenartigkeit der Bedürfnisse, und daher auch der aufklärenden Tendenzen, nach Ort und Zeit zersplittert und in Folge mehr oder minder gelungener Verwirklichung der angestrebten Ideen verflüchtigt, machte das dem höher organisirten Menschen angeborene Bedürfniß einer Untersuchung und Erörterung der Ursachen des Seins sein unvergängliches Recht geltend und führte in der dritten Phase zur Wiedergeburt der hintangesetzten Philosophie, in einer, seit den großen Hellenen nicht mehr dagewesenen Originalität und Großartigkeit, in dem Geiste des großen Denkers von Königsberg.

Der erste wirkliche Philosoph der Neuzeit, René Descartes, genannt Renatus Cartesius, war 1596 zu La Haye in Touraine geboren. In einem Jesuitencollegium unterrichtet, widmete er sich mit Vorliebe der Mathematik, welche er für die einzige sichere Wissenschaft hielt, während er die Naturwissenschaft bei den Jesuiten nicht kennen gelernt, die Moral als ein auf Sand errichtetes Gebäude betrachtete, die Theologie als überflüssig zum seligen Leben erkannte und die damalige Philosophie als bloßes Wortgefecht durchschaut hatte. Er entschloß sich daher, „künftig keine Wissenschaft zu suchen, welche er nicht in sich selbst oder in der Anschauung der Welt finden könnte," und nahm daher — Kriegsdienste. Zuerst trat er in jene Hollands wo er fortfuhr, sich mit Mathematik zu beschäftigen; dann in jene Baierns, wo er 1619 im Winterquartier zu Neuburg an der Donau über Philosophie nachzudenken begann. Dabei eine Zeit lang in religiösen Skrupeln befangen, gelobte er eine Wallfahrt nach Loreto, die er auch, nachdem er die Schlacht bei Prag mitgemacht und heimgekehrt war, vollführte. Seit 1625 erregte er in Paris als ausgezeichneter Mathematiker Aufsehen und unternahm es nun, durch sein Vermögen unabhängig gestellt, die Philosophie ebenso genau beweisen zu wollen, wie die Mathematik. Oft durch naturwissenschaftliche Studien und durch Reisen unterbrochen, schrieb er seit 1629, meist in Holland lebend, sein Hauptwerk „Meditationes philosophiae primae," in welchem er das Dasein Gottes und die Immaterialität der Seele zu beweisen suchte. Schon vor der Vollendung des Werkes wurden die Grundsätze des Descartes durch Freunde verbreitet und erfreuten sich zuerst auf der Universität

Unrecht bedeutenden Anhangs, erregten aber auch Streit, da ihre Gegner den Philosophen als Atheisten anklagten. 1642 erschien sein Werk, gegen welches hauptsächlich Hobbes, Gassendi und der Jansenist Arnauld (s. oben S. 201) auftraten. Im nächsten Jahre folgten seine Principia philosophiae. Er unterrichtete die Prinzeß Elisabeth von der Pfalz und seit 1649 in Schweden die Königin Christine, starb aber dort, in Folge des Klima's und ungeschickter ärztlicher Behandlung, schon 1650.

Descartes geht in seinem philosophischen Systeme von dem Grundsatze aus, daß der Mensch an Allem zweifeln müsse, was ihm im Mindesten zweifelhaft erscheine. Hierdurch bricht er auf das Entschiedenste mit der Autorität, welche in früheren Zeiten die Theologie über das menschliche Sinnen und Denken ausübte, und leitet alle Erkenntniß der Dinge rein aus dem menschlichen Geiste ab, womit er sich als den ersten freien, unbefangenen Denker seit dem Alterthum ausweist. Er macht mit Allem, was außer dem Ich besteht, tabula rasa und beginnt seine Entwickelung des Wesens der Dinge völlig von vorn, indem er den denkenden Mann den gleichen Proceß willkürlich durchmachen läßt, welchen er als Kind bereits unwillkürlich vollendet hatte. Der Mensch soll also, will Descartes, nicht nur an der Existenz der sinnlichen Dinge, selbst des eigenen Körpers, zweifeln, indem die Sinne vielfach täuschen, sondern sogar an den Wahrheiten der Mathematik, da es je möglich sei, daß Gott uns absichtlich zum Irrthum geschaffen hätte. An Gott selbst zu zweifeln, wie die Konsequenz erfordert hätte, wäre denn doch in jener Zeit, wo noch Ketzerverfolgung blühte, allzu gewagt gewesen! Nur Eines nimmt Descartes von seiner Überzeugung, daß an Allem zu zweifeln sei, aus, nämlich die Existenz des Denkenden. Daraus nämlich, daß Dieser zweifle, folge, daß er auch existire. „Cogito, ergo sum," ist daher der Fundamentalsatz der cartesianischen Philosophie. Außer dem Denken gehört nach dieser nichts zur Natur des Denkenden; alles Andere ist außer ihm; von allem Anderen kann er nur dann sagen, daß es wirklich sei, wenn er es bestimmt und klar erkannt. Die Entdeckung dieser Wirklichkeit geht mittels der Ideen vor sich. Letztere sind theils angeboren, theils beigebracht, theils selbstgemacht.

So ist klar, daß die Annahme angeborener Ideen mit dem Systeme des Descartes nicht im Einklange steht, denn wenn er von vorn herein an Allem zweifelte, so mußte er auch an der Herkunft unserer Ideen zweifeln und dieselben erst untersuchen, ehe er sie irgendwo hersetzte. Bei dieser Untersuchung mußte er aber entdecken, daß das Kind keine Ideen hat und auch niemals haben würde, wenn sie ihm nicht von außen beigebracht würden. Es ist aber augenscheinlich, daß Descartes nur deshalb angeborene Ideen annahm, um die Idee Gottes unter dieselben zu rechnen, d. i. um nicht an ihr zweifeln zu müssen. Er behauptet nämlich, ohne allen Nachweis, daß die Idee Gottes sich im Geiste des Menschen „vorfinde", daß sie dort von

Gott selbst eingepflanzt sei — während die gesammte Religionsgeschichte
zeigt, daß diese Idee stets entweder selbstgemacht oder angelernt, außerdem
aber gar nicht vorhanden war, wie es noch jetzt wilde Stämme gibt, die
keine Ahnung von ihr haben.

Auf diese Annahme gestützt, sucht nun Descartes auf verschiedene
Arten das Dasein Gottes zu beweisen, wobei er jedesmal von ihm selbst
ausgeht, also einen vollständigen Zirkelbeweis liefert. Nachdem nun aber
das Dasein Gottes für Descartes bewiesen ist, fällt aller Zweifel und alle
Täuschung weg; denn das vollkommenste und daher auch wahrhaftigste
Wesen kann nicht täuschen, unsere Vernunft daher auch nichts erfassen,
was nicht — wahr wäre. Über den trotzdem faktisch vorhandenen Irr-
thum geht unser Philosoph hinweg, indem er ihn einfach ein Nichterkennen
der Wahrheit nennt, welches Nichterkennen in unserer Endlichkeit und Unvollkommenheit seinen Grund habe. Es kann nicht entgehen, daß diese
Beweisführung sehr bequem ist und auf leichte, wenn auch bei scharfem
Denken unhaltbare und leicht wieder in Nichts zerfallende Weise über die
Schwierigkeiten wegspringt, welche sich dem menschlichen Heißhunger nach
Erkenntniß der dunkeln Fragen in den Weg stellen.

Der so bewiesene Gott ist, nach der cartesianischen Nomenklatur, die
einzige wahre Substanz, d. h. das Einzige, was so existirt, daß es zu
seiner Existenz keines Andern bedarf. Er ist Ursache seiner selbst, schafft
aber zwei Substanzen im weitern Sinne, welche dies nur in sofern sind,
als sie zu ihrer Existenz blos die Mitwirkung Gottes nöthig haben; es
sind dies: die Substanz des Denkens, der Geist, und die Substanz der
Ausdehnung, die Körperwelt. Die Vereinigung von Geist und Körper im
Menschen ist nur eine mechanische, weil gewaltsame, zweier von einander
unabhängiger Faktoren. Descartes glaubte nun, weil er keine Durch-
dringung von Seele und Leib annahm, auch den Sitz der Seele bestimmen
zu müssen, d. h. den Punkt, wo sie mit dem Körper zusammentrifft. Er
ertheilt diese Ehre der Zirbeldrüse, und zwar deshalb, weil außer ihr alle
andern Theile des Gehirns gedoppelt seien, was bei dem Sitze der Seele
nicht der Fall sein dürfe, weil sie sonst alle Objekte doppelt wahrnehmen
würde! In der Zirbeldrüse werden daher nach Descartes alle Gedanken
zu Stande gebracht.

Auch Cartesius hing demnach immer noch trotz der anscheinenden
Voraussetzungslosigkeit, von welcher er ausging, an dem leidigen, vom
Dünkel der Menschen ausgeheckten Dualismus, auf dem die Herrschaft der
Kirchen über die Gemüter, der Theologen über die Wissenschaft beruht. Ja,
er war es, der diesen Dualismus in die neuere Philosophie herüberschleppte,
welche, trotz aller Versuche, nicht mehr aus demselben herauskommen zu
können scheint. Dagegen hat er sich das Verdienst erworben, daß er das
Selbstbewußtsein des Menschen zuerst wissenschaftlich begründete und damit
eigentlich der selbständigen Forschung erst Bahn brach.

Sein bester Schüler und Nachfolger von Bedeutung war der Holländer Arnold Geulinx, geboren 1625 zu Antwerpen, gestorben 1669 als Professor zu Leyden. Er unterwarf das gegenseitige Verhältniß der Seele und des Körpers einer nähern Untersuchung. Die Thatsache, daß wir unsern Körper bewegen, ohne zu wissen, wie dies geschieht, führte ihn auf die Behauptung, daß diese Bewegungen also auch nicht durch unsern Willen hervorgebracht werden; er wußte jedoch keinen andern Ausweg zur Erklärung dieses Räthsels, als daß er alle Bewegungen des menschlichen Körpers dem Willen Gottes zuschrieb; Geulinx sah also, wie Schwegler bemerkt, in der Vereinigung von Geist und Körper „geradezu ein Wunder." Ebenso forschte der Franzose Nikolaus Malebranche (geboren 1638 zu Paris, gestorben 1715) nach der Art und Weise, wie der Geist zur Erkenntniß der körperlichen Dinge gelange. Diese Erkenntniß kann, nach ihm, weder aus dem Geiste selbst hervorgehen, der ja den Gegensatz zur Körperwelt bildet und letztere nicht vergeistigen kann, was zu ihrer Vorstellung nöthig ist, — noch aus den körperlichen Dingen, welche als Gegensatz des Geistes für diesen nicht verständlich sind. Und aus diesem Dilemma flüchtet sich auch Malebranche wieder zu Gott, der allein die beiden ewigen Gegensätze, und also auch jede Verbindung zwischen Geist und Körper, vermitteln kann.

So wurde für die Philosophen die Kluft zwischen Materie und Geist, in Folge der Befangenheit in theologischen Vorstellungen, immer weiter, und die Philosophie schien ihre Bemühungen als fruchtlos aufgeben und das Scepter, das sie zu ergreifen im Begriffe stand, der Theologie, welcher sie es genommen, wieder abtreten zu müssen — als die cartesianische Lehre ihre Vollendung in einem unabhängigen Geiste von seltener Weitherzigkeit und Schärfe der Anschauung fand, welcher Geist sie vor dem Falle rettete, indem er der lauernden und bereits hohnlächelnden Theologie den Rang dadurch abließ, daß er die Philosophie auf eigene Füße stellte und mit kühner Stirne ihr einen sicherern Standpunkt anwies, als die Theologie für ihre Hypothesen jemals hatte finden können. Es war Spinoza.

Baruch Spinoza, einer jüdischen, aus Portugal vor der christlichen Verfolgung nach Holland gewanderten Familie angehörend, wurde 1632 zu Amsterdam geboren und sollte Rabbi werden, zog aber bald den talmudischen Spitzfindigkeiten die klassische Welt und die cartesianische Philosophie vor. Seine Liebe zu der gelehrten Tochter des Arztes van den Ende, bei welchem er Unterricht nahm, wurde nicht erwiedert, und zugleich zerfiel er mit seinen Glaubensgenossen, welche ihn heftig verfolgten, ja sogar zu tödten versuchten und endlich exkommunizirten und verfluchten. Er veränderte, ohne sich taufen zu lassen, seinen hebräischen Namen in den gleichbedeutenden lateinischen „Benedikt" und nahm seinen Aufenthalt zu Rhynsburg, dann zu Haag, indem er sich mit dem Schleifen optischer Gläser erhielt und die Muße zu seinen in lateinischer Sprache abgefaßten Werken verwendete. Obschon er großen Ruf erlangte und bedeutende Gelehrte ihm aufsuchten, wie z. B. Leibniz, oder mit ihm korrespondirten, blieb er arm, und die ihm vom Kurfürsten Karl Ludwig von der Pfalz angebotene Professur der Philosophie in Heidelberg lehnte er aus Scheu vor den Theologen ab. Die Schwindsucht machte 1677 zu Haag seinem Leben ein Ende.

Spinoza's bedeutendste Werke sind: Principia philosophiae Cartesianae (1663), Cogitata metaphysica, more geometrico demonstrata, Tractatus theologico-politicus (1670). Das wichtigste, die Ethik, wurde erst nach seinem Tode, aber noch im Jahre desselben, von seinem Freunde, dem Arzte Ludwig Meyer, herausgegeben. Zwei andere, Tractatus politicus und Tractatus de emendatione intellectus, blieben unvollständig. Dazu kommen noch zahlreiche Briefe, unter welchen derjenige an seinen abgefallenen Anhänger Albert Burg, der ihn überreden wollte, zum Katholizismus überzutreten, und den er widerlegte, sich auszeichnete.

Von der Lehre des Cartesius ausgehend, erblickte Spinoza darin einen Widerspruch, daß Jener nur e i n e w a h r e S u b s t a n z und doch wieder Substanzen in weiterm Sinne annahm, — und dies mit Recht; denn diesen Widerspruch konnte nur ein willkürlicher theologischer Machtspruch lösen, was in den Lehren der beiden Cartesianer Geulinx und Malebranche noch greller hervortrat. Spinoza verwarf solche Nothbehelfe und zog die wahre Konsequenz der cartesianischen Lehre, indem er erklärte, es gebe überhaupt nur e i n e Substanz, weil es außer dem substantiellen Sein kein Sein geben könne, und diese Substanz umfasse alles Seiende. Spinoza gab ihr den hergebrachten Namen „Gott"; allein sein Gott ist wesentlich etwas Anderes, als der Gott oder die Götter irgend einer Religion. Er brach daher gründlich mit aller Theologie, welcher er einen philosophischen Gott entgegenstellte, der im Grunde nichts Anderes ist, als die verklärte, weil mit ihrem Schöpfer in Eins vereinigte W e l t. Spinoza's Substanz (oder Gott) ist Ursache ihrer selbst, ewig, unerschaffen, und außer ihr ist nichts. Da nach einem Grundsatze Spinoza's jede Bestimmung eine Verneinung ist, d. h. jede Zutheilung einer Eigenschaft an einen Gegenstand den Begriff desselben beschränkt, was, in's Unendliche fortgesetzt, zuletzt seine Vernichtung herbeiführt, so hat die Substanz (oder Gott) keine Eigenschaften, sie ist unbestimmbar, weil sie unbeschränkbar und unvereinbar ist, wornach die von den Theologen Gott zugeschriebenen Eigenschaften wegfallen.

Was war nun aber mit den zwei abgeleiteten Substanzen des Descartes zu thun, mit dem Geiste und der Körperwelt, deren Dasein und unendliche Manigfaltigkeit doch nicht zu leugnen ist?

Spinoza löste diese Frage, indem er diese beiden abgeleiteten Substanzen „A t t r i b u t e" nannte. Da jedoch nach seiner Lehre die Substanz keine Bestimmungen duldet, so läßt er die Attribute, welche er „Verstand" und „Ausdehnung" nennt, nur äußerlich von dem betrachtenden menschlichen Geiste an der Substanz wahrgenommen werden. Die Attribute sind daher unabhängig von der Substanz. Unter sich aber sind sie ohne Zusammenhang, ohne gegenseitige Einwirkung, so daß ein Körper nur einen Körper, eine Idee nur eine Idee hervorbringen kann. Der Mensch ist daher nicht eine Vereinigung von Geist und Körper, wie die Theologie will, sondern ein einziges Ding, welches Leib und Seele als Attribute an sich hat; d. h. unter dem Attribute des Denkens betrachtet, erscheint er als Geist, unter dem der Ausdehnung als Körper. Solche Einzelwesen, welche Spinoza „Modi" nennt, sind aber bloße Erscheinungen, indem wirkliche Existenz bloß der Substanz zukommt; sie sind nicht Theile der Substanz, indem diese weder zusammengesetzt, noch theilbar ist. Die Modi erscheinen nur durch die Einbildung als Dinge; ihre Vielheit ist nur ein Produkt der Vorstellung. Man kann daher sagen, daß Spinoza die Welt, d. h. die Welt der Erscheinungen, leugne und außer Gott nichts anerkenne, während hinwieder offenbar sein Gott nichts ist, als die Welt, die Natur, das All, abgesehen von dessen wechselnden Einzelerscheinungen. Sein System ist deshalb in gehässiger Absicht von seinen Feinden oft „Atheismus" genannt worden. Es ist dies insofern falsch, als das Wesen des eigentlichen Atheismus darin besteht, nur die Einzelwesen als wirklich existirend zu betrachten. Spinoza's System ist daher, im Gegensatz hierzu, mit Bezug auf die Leugnung der Realität der Welt „Akosmismus", mit Bezug auf die Leugnung alles außerhalb Gott Bestehenden „Pantheismus" zu nennen. Wird hingegen unter „Gott" nicht schlechthin die „absolute Substanz", die dunkle räthselhafte Quelle des Seins, sondern ein persönlich gedachter, mit Selbstbewußtsein, Allwissenheit und Allmacht ausgestatteter Schöpfer aller Dinge verstanden, von welchem altjüdischen Begriffe Spinoza förmlich abgefallen ist, — in diesem theologischen Sinne ist des Letzteren System allerdings, gleich allen philosophischen, ein atheistisches. Spinoza's Substanz mag „Gott" heißen, aber sie ist kein Gott; diese Bezeichnung für sie ist ebenso willkürlich, als die Vorstellungen und Lehren der Theologen von Gott es sind. Die Substanz aber, sie möge so oder so genannt werden, ist in ihrem Sein so sicher, daß jedes philosophische System sie seitdem angenommen und nur nach Zeit und Ort verschieden modifizirt hat.

Für die praktische Philosophie Spinoza's wirkt dessen theoretische bestimmend ein, indem sie die Annahme eines freien Willens nicht zuläßt; denn der Mensch, als dieser Modus, steht in einer Reihe bewegender Ursachen ohne Anfang und Ende. Weil die Menschen diese Ursachen nicht kennen, wähnen sie, sie seien frei. Daraus folgt denn ferner, daß die Begriffe von Gut und Böse keiner Wirklichkeit entsprechen, sondern nur aus Vergleichung der Dinge unter einander hervorgehen. Es gibt nichts wirklich Böses, weil es nichts gibt, was gegen Gottes Willen geschieht (seinen Willen kann aber Spinoza's Substanz nicht haben, ja er

spricht ihr solchen anderswo ausdrücklich ab!). Was wir g u t nennen, ist
lediglich das uns Nützliche, was wir böse nennen, das, was uns am
Guten verhindert. Nützlich aber ist, was zum Erkennen beiträgt, und die
höchste Tugend daher; Gott erkennen und lieben. In dieser höchsten Tugend
besteht die wahre Seligkeit, — eine jenseitige belohnende solche kennt also
Spinoza nicht.

Bei aller Berechtigung und Großartigkeit von Spinoza's Aufstellung
einer e i n e n Substanz ist der merkwürdige Philosoph die Erklärung des
Daseins der erscheinenden Welt schuldig geblieben, und die göttliche Substanz nach seiner Auffassung ist daher, bei aller ihr zu Grunde liegenden
Wahrheit, ohne Zweck und daher auch ohne Werth; denn für uns hat nun
einmal blos das Erscheinende solchen; alles Übrige wird stets ein Spiel-
zeug des Geistes sein und niemals zu irgend einer Gewißheit führen.

Weder Descartes und seine unmittelbaren Anhänger, noch Spinoza
waren über den Dualismus von Geist und Materie hinausgekommen; sie
Alle hatten umsonst eine Vermittelung der beiden Gegensätze versucht; dieselbe war stets an der Unmöglichkeit gescheitert, zwei Dinge in Einklang zu
bringen, von denen das Eine (und wol auch das Andere!) eine von den
Menschen gemachte Abstraktion, eine Hypothese ist.

Nach diesem Mißlingen wurde die ewige philosophische Streitfrage
über das Verhältniß jener beiden Formen des Seins auf andere Weise in
Angriff genommen. Man ließ die unausführbare Vermittelung bei Seite
und machte sich an die beiden Extreme selbst, um von ihnen aus zur Erkenntniß der Wahrheit zu kommen. So entstanden zweierlei Schulen,
eine solche, welche das materielle, und eine solche, welche das ideelle Prinzip
zu ihrer Richtschnur wählte. Der ersten wandten sich die praktischeren
Engländer und Franzosen, der zweiten die schwärmerischen Deutschen zu.
In die Phase der Begründung der neueren Philosophie und der Enthaltsamkeit
derselben von der Parteinahme für Tendenzen der Zeit, gehören noch die
Begründer der beiden Schulen, L o c k e auf realistischer, L e i b n i z auf
idealistischer Seite.

John Locke, im nämlichen Jahre wie Spinoza (1632) zu Wrington
bei Bristol geboren, von seinem militärischen Vater anfangs streng, dann
aber immer freier erzogen, studirte in Oxford, fühlte sich schon früh vom
alten Schulzopfe abgestoßen und gewann durch das Lesen der Werke von
Descartes Neigung zur Philosophie, neben welcher er später noch die
Medizin zu seinem Berufsfache wählte. Nachdem er seine Studienjahre
durch eine Reise mit der englischen Gesandtschaft nach Deutschland unterbrochen, wurde er ein ausgezeichneter Arzt, ließ sich jedoch von seinem
Freunde Lord Ashley bestimmen, seine Zeit wiederholt öffentlichen Angelegenheiten zu widmen. Er war Reisebegleiter des Grafen von
Northumberland und später Erzieher von Ashley's Sohn, dem er auch
eine Lebensgefährtin aussuchte, und Sekretär des Vaters, welcher inzwischen

Großkanzler von England und Graf von Shaftesbury wurde, dessen politischen Sturz 1673 er theilte, mit dem er aber auch nach sechs Jahren wieder in das Staatsleben zurückkehrte. Beide traten von dem Despoten Jakob II. zum Prinzen Wilhelm von Oranien über und gingen nach Holland, wo Shaftesbury starb, während Locke 1689 nach der zweiten englischen Revolution heimkehrte und Kommissär des Handels und der Kolonien wurde, welche Stelle er 1700 niederlegte, um sich in der Zurückgezogenheit mit Erklärung der Bibel und Rechtfertigung des Christenthums zu beschäftigen. Er starb 1704 auf dem Landgute eines Freundes zu Oates.

Locke schrieb nicht lateinisch, wie die früheren Philosophen, sondern in seiner Muttersprache. Sein Hauptwerk, 1670 begonnen und 1690 vollendet, ist: „Essay concerning human understanding" (Abhandlung über den menschlichen Verstand). Seine Philosophie, welche sich ausschließlich mit dem Erkenntnißvermögen befaßt, beruht, wie Schwegler sagt, auf zwei Gedanken, einem negativen: es gebe keine angeborenen Ideen, und einem positiven: alle unsere Erkenntniß stamme aus der Erfahrung, daher sein Grundsatz: nichts sei in der Erkenntniß enthalten, was nicht vorher mit den Sinnen wahrgenommen worden. Wir fügen bei, daß diese beiden Gedanken vollkommen dem gesunden Menschenverstande entsprechen.

Um den leider noch jetzt grassirenden Wahn von „angeborenen Ideen" zu zerstören, weist Locke nach, daß es gar keine Grundsätze gebe, welche allgemein zugestanden werden, daß alle Völker verschiedene moralische Begriffe haben, die Philosophen unter sich über den einfachen Begriff des Seins uneinig seien, daß Kinder und Blödsinnige von abstrakten Begriffen nichts verstehen u. s. w. Es sei, sagt er, ein Widerspruch, zu sagen, daß den Menschen, sobald sie ihre Vernunft gebrauchen, die angeborenen Ideen, die ihnen als Kindern unklar gewesen, zum Bewußtsein kämen; denn man könne nicht Dasselbe zugleich wissen und nicht wissen. Die Kinder lernen zuerst konkrete Begriffe und erst später Ideen kennen; zum Bewußtsein letzterer gelange Niemand ohne Raisonnement, und auch mit solchem nur nach und nach. Das Kind weiß nur, daß süß nicht sauer ist; aber es weiß nicht, daß darin ein Gegensatz liegt, welch' letzteres es zuerst wissen müßte, wenn es angeborne Ideen gäbe. Es gibt daher keine solchen, und der Verstand des Kindes ist ein „weißes Papier, worauf nichts geschrieben steht." Die Ideen kommen dem Menschen erst durch die Erfahrung, und diese besteht entweder in Empfindung durch das Mittel der Sinne, oder in Thätigkeit des Verstandes, in Reflexion; Empfindung und Reflexion sind „die beiden Fenster, durch welche das Licht der Ideen in den dunkeln Raum des Verstandes bringt." Die Ideen sind nach Locke entweder einfache oder zusammengesetzte. Die einfachen erhält der Verstand durch einen Sinn, wie die Idee der Farben, der Töne u. s. w., oder durch mehrere Sinne, wie die Idee der Bewegung, oder durch die Reflexion, wie die

Ideen des Denkens, des Wollens u. s. w., oder durch Empfindung und Reflexion zugleich, wie die Ideen der Kraft, der Einheit u. s. w. Aus diesen einfachen Ideen bildet der Verstand, durch ihre Verbindung unter einander, die zusammengesetzten, welche wieder in drei Klassen zerfallen, nämlich in Ideen der Modi, der Substanz und der Verhältnisse. Unter die Modi gehören die Modifikationen von Raum, Zeit, Denken, Zahl, Kraft u. s. w. Die Substanzen selbst sind unbekannt; wir kennen von ihnen nur ihre Attribute. Verhältnisse aber sind alle Verbindungen von je zwei Dingen unter einander, wie z. B. Ursache und Wirkung.

Mit diesen Ansichten wurde Locke der Begründer jener Richtung, welche das Materielle als das einzig Wirkliche zuerst andeutete, nachher aber offen verkündete und das Geistige als bloßes Abgeleitetes, später aber geradezu als ein Nichts behandelte.

Dieser Richtung gegenüber entstand im gedankenreichen, von selbstständiger praktischer Thätigkeit damals noch abgewandten Deutschland eine ihr diametral entgegengesetzte, welche in merkwürdiger gleichzeitiger Parallele den Geist dieselbe Rolle spielen ließ, wie die Locke'sche Schule die Materie, und umgekehrt.

Der Gründer dieser spiritualistischen Richtung war Gottfried Wilhelm Leibniz. Als Sohn eines Professors zu Leipzig 1646 geboren, seines Vaters aber früh beraubt, machte er sich auf den Universitäten von Leipzig und Jena mit der Gesammtheit der damaligen Wissenschaften vertraut. Schon mit siebenzehn Jahren schrieb er eine philosophische Dissertation in lateinischer Sprache und mit zwanzig Jahren promovirte er zu Altdorf in Franken als Doktor der Rechte und schlug eine ihm dort sogleich angebotene Professur aus, worauf er als Advokat und Publizist eine Zeit lang in Mainz lebte. Seine Lieblingsstudien waren daneben, und zwar schon als Student, wie auch noch später, einerseits der Versuch, die Philosophie mathematisch zu konstruiren, wie Descartes, und anderseits das Streben nach einer allgemeinen Sprache und Schrift für die ganze Erde. Im Jahre 1669 schrieb er sein erstes größeres Werk (lateinisch): Nova Methoda, die Jurisprudenz zu lernen und zu lehren, in welchem er die Willkürlichkeit und die Verworrenheit in der damaligen Gesetzgebung und Gesetzesauslegung bekämpfte, was großes Aufsehen erregte. Noch in demselben Jahre folgte eine Schrift, in welcher er mittels Aufstellung politischer Grundsätze die Wahl des Herzogs Philipp Wilhelm von Pfalz-Neuburg zum König von Polen befürwortete. Trotz seiner Jugend und seiner protestantischen Religion wurde er im folgenden Jahre Rath des Kurfürsten von Mainz, und suchte dann durch eine politische Schrift in deutscher Sprache den drohenden Bruch zwischen Deutschland und Frankreich abzuwenden, indem er dem Könige Ludwig XIV. von Frankreich die Eroberung Egyptens anrieth, damit er Deutschland und Holland in Ruhe lasse. Er baute diesen Gedanken in einem lateinischen Briefe an den

König weiter. Ja, derselbe war ihm so sehr ernst, daß er, als ihn die Reise mit einer kurmainzischen Gesandtschaft 1672 nach Paris führte, eine Unterredung mit Ludwig in St. Germain erwirkte, um ihm jenen Plan einer Civilisation des Orients genehm zu machen. Der kurzsichtige und eitle Monarch befolgte jedoch den Rath nicht, den ein späterer Beherrscher Frankreichs ohne Kenntniß von Leibnizens Schritten und Schriften ausführen sollte, und bemerkte nur ironisch: die Zeiten der Kreuzzüge seien vorbei. Mit derselben Gesandtschaft ging Leibniz auch nach London. Nachdem er in Paris sich unter Huyghens in der höhern Mathematik ausgebildet, erfand er 1677 die Differenzialrechnung und wurde im nämlichen Jahre Rath und Bibliothekar des Herzogs Johann Friedrich von Braunschweig-Lüneburg, worauf er für den ganzen Rest seines Lebens seinen Wohnsitz zu Hannover aufschlug. Unter dem Nachfolger des Herzogs stieg er zum Hofrath und Historiographen, als welcher er Abhandlungen über Geschichtschreibung verfaßte und einen diplomatischen Codex, sowie die älteren braunschweigischen Geschichtschreiber herausgab. Für den vorigen Herzog hatte er dessen Recht, Gesandtschaften an fremden Höfen halten zu dürfen, in einer Streitschrift vertheidigt; für den nunmehrigen verfocht er dessen Erhebung zur Kurfürstenwürde, — Letzteres in deutscher Sprache. Weit merkwürdiger waren aber Leibnizens Bestrebungen zur Verschmelzung aller christlichen Konfessionen in einer Kirche, welche er vorzüglich im Auftrage des Hofes von Hannover unternahm. Angeregt waren sie besonders durch den französischen Hoftheologen Bossuet, und auch der österreichische und brandenburgische Hof nahmen lebhaftes Interesse an der Sache. Leibnizens Eifer für dieselbe, den er durch eine Menge Schriften und unzählige Briefe, sowie durch viele Reisen und Zusammenkünfte bewies, erregte an vielen Orten den Verdacht, daß er heimlicher Katholik sei, obschon er den ihm zugemutheten Übertritt zur römischen Kirche wiederholt abgelehnt hatte. Die Wahrheit war, daß er im Grunde keiner einzelnen Konfession huldigte, aber eine Anzahl von Dogmen als unentbehrliche Merkmale des Christenthums ansah, dessen Verbreitung er daher sogar durch das Mittel der Jesuiten-Missionen beförderten half, indem er zu diesem Zwecke nicht davor zurückbebte, heidnischen Völkern gegen die Taufe die Bibliothekerei zu gestatten! Als jedoch bei jenen Einigungsversuchen die Katholiken auch nicht zur Aufopferung eines einzigen Iota von den Beschlüssen des tridenter Concils zu bewegen waren, gaben die Protestanten jede Hoffnung eines Erfolges auf, und Hannover brach 1706 die Verhandlungen für immer ab. Die „irenischen" Bemühungen, wie man sie nannte, hatten indessen das Gute, daß sie die gegenseitige Toleranz wesentlich beförderten und die seit dem westfälischen Frieden als ausgemacht angesehene Unmöglichkeit fernerer Religionskriege noch mehr befestigten.

Mit dem Gedanken einer Encyklopädie der Wissenschaften beschäftigt, betrieb Leibniz gegen Ende des siebenzehnten Jahrhunderts die Errichtung von Akademien der Wissenschaften in den europäischen Hauptstädten. Seine Bemühungen dießfalls hatten zuerst 1700 in Berlin Erfolg, wo die neue Königin von Preußen, die Tochter seines Kurfürsten, als Freundin der Wissenschaften glänzte und Leibniz in hohem Grade auszeichnete. Im geistigen Verkehr mit ihr, der durch peripatetische Spaziergänge im Hofgarten zu Charlottenburg genährt wurde, entstand des Philosophen „Theodicee", eine freie Darstellung seines Systems. Ihr Sohn jedoch, Kurfürst Georg Ludwig, der spätere englische König Georg I., kränkte ihn unverdienter Weise durch kleinliches Mißtrauen. Dagegen ehrten ihn fremde Machthaber, wie Peter der Große, und der damalige deutsche Kaiser Karl VI. durch hohe Stellen, und Prinz Eugen von Savoien schenkte ihm seine Freundschaft. Seine staunenswerthe Thätigkeit erstreckte sich, neben Beförderung aller möglichen Verbesserungen im geselligen und staatlichen Leben, auf die Zusammensetzung einer Rechenmaschine, wie auf eine politische Schrift zu Gunsten der Besitznahme Neuenburgs durch Preußen; auch war er es, der 1701 zu Hannover die erste wissenschaftliche Zeitschrift in deutscher Sprache, die „monatlichen Auszüge", in's Leben rief und die Deutschen ermahnte, ihre Sprache mehr zu gebrauchen und besser auszubilden. Auch schrieb er in französischer Sprache so gewandt wie in deutscher und lateinischer, besonders in das Journal des Savants; in derselben Sprache polemisirte er, in Form eines Dialogs, gegen Locke, dessen Verhältniß zu sich selbst er treffend mit demjenigen des Aristoteles zu Platon verglich. Auch mit den Naturwissenschaften befaßte er sich und war der Erste, welcher die Natur der Versteinerungen erkannte, die der Aberglaube vorher für — Teufelswerk gehalten. Sein reichbewegtes Leben endete zu Hannover 1716 durch die Gicht. Wir werden nach Darlegung seiner Ansichten begreifen, warum sein Sekretär Eckart der Einzige war, der dem Sarge des berühmten Mannes zum Grabe folgte, und warum außer einer Lobrede Fontenelle's in der pariser Akademie sich zu seinem Ruhme keine Stimme erhob. Weder die von ihm gestiftete berliner, noch die londoner Akademie gedachten seiner mit einem Worte! — Für seine Schriften hatte er nicht einen Kreuzer Honorar bezogen, seinen Gehalt durch Krieg und Hofvergnügen oft verkürzt sehen müssen, dagegen für seine Rechenmaschine zwölftausend Thaler und für wissenschaftliche Reisen große Summen geopfert, und doch — sechzigtausend Thaler hinterlassen über welche Erbschaft eine unbedeutende Verwandte — vor Freude starb. Freilich war er nie verheiratet gewesen und hatte auch, so viel bekannt, seine galanten Abenteuer gehabt. Jedenfalls war er einer der vielseitigsten Gelehrten, welche die Kulturgeschichte kennt.

Sein in beinahe Allem an Platon erinnerndes philosophisches System ist in seinem Hauptwerk, sondern nur in vielen kleineren Schriften enthalten und daher schwierig darzustellen. Dasselbe steht sowol der Lehre des Descartes und Spinoza, als seinem Gegenpol, dem Locke'schen Systeme,

— 314 —

gegenüber. Gleich Spinoza nimmt zwar Leibniz eine Substanz an, welche er aber als thätige Kraft auffaßt. Sie ist auch ihm ein Einzelwesen, eine Monade, wie er es nennt, aber nicht das Einzige. Es giebt vielmehr eine ungeheure Menge von Monaden, alles untheilbare, unausgedehnte, geistige, vorstellende Wesen, jede ein Abbild der Welt im Kleinen und in ihrer Art ein kleiner Gott. Jedes Ding in der Welt besteht aus Monaden, lebt daher nicht von sich, sondern nur durch die Monaden. Die unorganische Natur besteht aus Monaden, die in einer Art von Schwindel oder Schlaf befangen sind, die Pflanzenwelt aus bewußtlos-thätigen, die Thierwelt aus empfindenden, den Mensch aus vernünftigen Monaden. Die Verschiedenheit der Monaden stellt aber zugleich in ihrer Einheit eine absolute Harmonie dar, welche von Gott vorausbestimmt (prästabilirt) ist. Gott ist nach Leibniz der Grund aller Monaden, die Ur-Monas, deren Erklärung in seinen Schriften jedoch bedeutend schwankt und an großer Unklarheit leidet. Da seine Monaden geistige Wesen sind, so giebt es auch keinen Tod, und alle Wesen sind in ihren Monaden, die sich freilich beim scheinbaren Tode trennen, wie sie bei der scheinbaren Geburt sich vereinigten, unsterblich. Mit den vorstellenden Monaden verträgt sich nun freilich die von Locke geläugneten angeborenen Ideen ganz, besslich; denn der aus vernünftigen Monaden bestehende Geist bedarf seiner sinnlichen Eindrücke zu seinen Gedanken, wie überhaupt es nach Leibniz nichts wirkliches Materielles giebt, die scheinbare Materie vielmehr nur aus verworren vorstellenden Monaden besteht.

Zu unterscheiden von seiner seinen Konfession huldigenden Philosophie ist die Theologie, welche Leibniz in seiner unwissenschaftlichen „Theodicee" aufstellt und in welcher er sich mit dem positiven Christenthum gut zu stellen suchte, wie er auch gelegentlich oft zur „Ausrottung der Freigeisterei und des Unglaubens" aufforderte. Er behauptet, Gott habe unendlich viele Welten als möglich vor sich gehabt und darum die bestehende, als die beste ausgewählt. Das scheinbar dieser Annahme widerstreitende Uebel unterscheidet er in das metaphysische, die Endlichkeit und Unvollkommenheit der Dinge, welche mit endlichen Wesen nothwendig verbunden sei, in das physische, welches als Strafe und Besserungsmittel dient (immer!!), und in das moralische, welches er verschieden erklärt, bald als von Gott zugelassen, weil vom falschen seine „Freiheit" bestehe, bald als nicht wirklich vorhanden, sondern als bloße Beschränkung des Guten u. s. w. Wie schwach und nichtssagend diese „Erklärung" ist, liegt auf der flachen Hand und wie wenig Werth diese Theorie für die Kulturgeschichte hat, zeigt die darin enthaltene blinde Rechtfertigung der tollsten Dogmen, sogar der wirklichen Gegenwart Christi im Abendmahl, und der Persönlichkeit des Teufels. Er behauptet dabei von der findischen Voraussetzung ausgehend, daß altüberlieferte und weitverbreitete Ansichten auch richtig seien (!!) — erschien ihm das gar nicht krauß war und er auch der Verficherung vertrauter Freunde innerlich über jene Dogmen lachte!! — So gerieth er zwischen Stühle und Bänke. Die Gläubigen schrieen über ihn, weil er seine Ansichten aus der Reflexion ableitete, die Freigeister mußten ihn als Anwalt der Geistesknechtschaft mißachten.

Die Philosophie des Zeitalters der Aufklärung war, soweit sie sich noch nicht den Tendenzen der Zeit unterordnete, sondern unabhängig für sich spekulirte, von dem Dualismus zwischen Geist und Materie ausgegangen, wie er sich dem oberflächlichen Beobachter aufdrängt. Sie hatte diesen Dualismus in Cartesius ohne weiteres als gegebene Thatsache hingenommen, und dieser Denker hatte ihn nicht anders zu vermitteln gewußt, als durch einen Deus ex machina, welches Letztern Aufgabe Geulinx und Malebranche noch weiter auszudehnen suchten. Dies Beginnen drohte überhaupt allem unbefangenen Denken den Todesstoß zu versetzen, als Spinoza auftrat und sagte: Der Dualismus, über den ihr euch die Köpfe zerbrecht, steckt eben blos in euern Köpfen allein; die zwei durch weite Kluft getrennten Arten des Seins, sie sind nur eure Anschauungen von dem Einen, dem All, dem Göttlichen, außer dem Nichts ist, als Schein. Das war scharf und kräftig gesprochen; aber es befriedigte nicht. Die Welt der Erscheinung trat dem Menschen allzu deutlich und oft allzu hart und rauh gegenüber, als daß er sich hätte einreden lassen, sie sei blos Schein. Ein gesunder Realismus erwachte, welcher sich nicht abhalten ließ, die Dinge zu betrachten wie sie sind und in ihnen Wirkliches aufzufinden. Aber die Ansichten klafften in den weitesten Extremen auseinander. Locke sah in den Dingen blos Körperliches, Leibniz blos Geistiges. Woran sollte man sich halten? Man stand da wie Buridan's Esel zwischen seinen zwei Heubündeln. Wer konnte da ein treffenderes Wort sprechen, als die unerbittliche Skepsis? Sie that es durch den Mund des Franzosen Pierre Bayle*).

Als Sohn eines protestantischen Predigers zu Carla, einem kleinen Städtchen der französischen Grafschaft Foix am 18. November 1647 geboren, studirte er erst auf der Akademie zu Puylaurens, seit 1669 aber, da er dort wenig Fortschritte machte, auf dem Collegium der Jesuiten zu Toulouse, was Protestanten damals oft thaten, obschon es von ihren Synoden verboten war. Die Folgen dieses Schrittes traten aber bald hervor; denn die Jesuiten brachten ihn dahin, zur katholischen Kirche überzutreten, hätschelten ihn in hohem Maße und verzierten seine an öffentlicher Disputation nach damaligem Gebrauche vertheidigten Sätze mit dem Bilde

---

*) Histoire de Mr. Bayle et de ses ouvrages. Par Mr. de la Monnoye. Amsterdam MDCCXVI. Das Leben des weltberühmten Herrn Peter Bayle, wie solches zuerst in französischer Sprache von Hn. des Maizeaux aufgesetzt und nunmehro seiner Schönheit und unzähliger Merckwürdigkeiten wegen in's Deutsche übertragen von J. H. Stoß, P. P. Hamburg MDCCXXXI.

der heiligen Jungfrau. Ja sie versuchten auch seine Familie zu bekehren und ließen durch ihn ein Schreiben an seinen Bruder richten, welcher ebenfalls Prediger war, um ihn von der Nichtigkeit des Protestantismus zu überzeugen. Vater und Bruder ließen sich jedoch keinen Schwindel vormachen und sandten einen Vetter des jungen Convertiten nach Toulouse, der sich in dessen Wohnung einquartirte und die Rückbekehrung vorbereitete. Vater und Bruder kamen nach und erhielten von ihm das Geständniß seiner Überrumpelung durch die Jesuiten. Schon im August 1670 floh Bayle heimlich aus Toulouse und schwur vor seinem Bruder den Katholizismus wieder ab. Natürlich fühlte er sich jetzt in Frankreich nicht mehr sicher und begab sich daher nach Genf. Eine Erzieherstelle, zu welcher ihn der Graf von Dohna zu Coppet am Genfersee berief, entsprach seiner Wißbegierde nicht: er sehnte sich nach wissenschaftlichem Leben und zog daher 1674 nach Frankreich. Er hielt sich als Erzieher zu Rouen, dann zu Paris auf, wo er nun seiner Sehnsucht fröhnen, sich satt mit Gelehrten sprechen und an Büchern laben konnte. Bald that er sich durch seine Talente so sehr hervor, daß er eine an der reformirten Akademie zu Sedan erledigte Professur der Philosophie erhielt. Hier vertheidigte er einem Jesuiten gegenüber die Philosophie des Descartes. Als alle Welt wegen eines erscheinenden Kometen zitterte, bewies er in einem essenen Briefe, daß diese Weltkörper nichts bedeuten. Er konnte jedoch bei der herrschenden Censur nicht dazu gelangen, diesen Brief drucken zu lassen. Inzwischen hatten die Verfolgungen der Protestanten in Frankreich den Grad erstiegen, der zur Aufhebung des Edikts von Nantes führte. Im Jahre 1681 ließ Ludwig XIV., Verträge und Rechte mit Füßen tretend, gleich anderen protestantischen Anstalten auch die Akademie von Sedan aufheben, worauf jedoch Bayle, durch die Gunst eines zu Sedan studirenden Holländers, von der Stadt Rotterdam eine Pension und den Auftrag, über Philosophie zu lesen, erhielt, was bald darauf zu einer Professur an der neuerrichteten Schola illustris wurde, an welcher neben ihm auch sein Gönner und College von Sedan, der Prediger Jurieu, mit seiner Verwendung als Professor der Theologie angestellt wurde. Nun erschien zu Köln sein Brief über den Kometen, doch aus Klugheit absichtlich so verfaßt, daß man in dem Verfasser einen Katholiken vermuten mußte. Ebenso verdeckte er seine Ueberherrschaft in der Kritik, welche er über die gehässigrömische „Geschichte des Calvinismus" von Maimbourg schrieb. Beide Bücher, unter sich von der größten Unähnlichkeit des Stils, erregten großes Aufsehen und fanden unendlichen Beifall. Da jedoch Jurieu ebenfalls ein Buch gegen Maimbourg geschrieben, begann der empfindliche und unumgängliche Mann, als man Bayle's Geheimniß entdeckte, und Letztern ihn weit veranlaßte, seinen Haß auf ihn zu werfen. Er unterstützte ihn zwar noch seit 1684 in der Herausgabe der gelehrten Zeitschrift „Nouvelles de la république des lettres", welche in Amsterdam erschien und in ihrem

Hauptteile der Besprechung polemisch-religiöser Werke gewidmet, auch nicht etwa blos für Gelehrte, sondern für ein größeres Publikum berechnet war. Als aber die Verfolgung der Protestanten in Frankreich auf's Höchste stieg, Bayle's Bruder selbst, statt seiner, den man nicht erreichen konnte, eingekerkert wurde und im Gefängniß starb, die Dragonaden blühten, und Bayle nun gegen diese Gräuel in anonymen Briefen nachwies, „was das ganz katholische Frankreich unter der Regierung Ludwig's des Großen sei," und in einer andern Schrift*) die gewaltsamen Bekehrungen geißelte, und zwar auch solche von Seite protestantischer Regierungen, schrieb Jurieu gegen letztere eine sog. Widerlegung**), in welcher er den „philosophischen Kommentar" „gottlos" nannte und ihm vorwarf, die verderbliche Lehre von der Gleichgültigkeit der Religionen sehr verwegen und frei vorgetragen zu haben. Noch schärfer jedoch trat er gegen eine andere Schrift auf***); welche den flüchtigen französischen Protestanten die Bekehrung angerathen, und behauptete in einer Gegenschrift keck in die Welt hinaus, Bayle sei der Verfasser derselben und stehe an der Spitze einer Verschwörung gegen die Protestanten im Interesse Ludwig's XIV. Bayle's würdige Rechtfertigung („La Cabale chimérique" betitelt) reizte Jurieu und dessen orthodoxe Genossen nur zu weiteren ungemessenen Angriffen und Verleumdungen, und kein Mittel war ihnen zu schlecht, den ruhig lebenden und nur gegen Insulten sich wehrenden Gelehrten zu Grunde zu richten. Der Kampf zwischen diesem protestantischen Ketzerrichter und ihrem Opfer dauerte in der unerquicklichsten Weise fort, und endlich brachten es Erstere 1693 dahin, daß Bayle's Buch über die Kometen von den holländischen orthodoxen Pastoren untersucht und ketzerisch befunden wurde, worauf der Magistrat von Rotterdam dem kühnen Zerstörer der Kometenfurcht, ohne alle Angabe von Gründen, seine Besoldung entzog und ihn seiner Stelle entsetzte. Es soll dies letztere jedoch auf Befehl des Königs und Statthalters Wilhelm III. geschehen sein, welcher die erwähnte

---

*) Commentaire philosophique sur ces paroles de Jésus-Christ, Contraignez-les d'entrer (Compelle intrare), on l'on prouve par plusieurs raisons démonstratives, qu'il n'y a rien de plus abominable, que de faire des conversions par la contrainte, et on l'on refute tous les sophismes des convertisseurs à contrainte, et l'apologie que St. Augustin a faite des persecutions, traduit de l'Anglois du Sieur Jean Fox de Bruggs par M. J. F. à Canterbury chez Thom. Litvell 1686.

**) Des droits de deux Souverains en matière de Religion, la Conscience et le Prince: pour détruire le dogme de l'Indifférence des Religions et de la Tolérance universelle, contre un livre, intitulé: Commentaire philosophique sur ces Paroles de la parabole: Contrains-les d'entrer.

***) Avis important aux Réfugiés sur leur prochain retour en France. Donné pour Etrennes à l'un d'eux en 1690 par Mr. C. L. A. A. P. D. P. A. Amsterdam chez Jaques le Censeur 1690.

Verleumdung von Bayle's Betheiligung an einer Verschwörung ohne Untersuchung geglaubt habe!

Bayle tröstete sich in seiner unfreiwilligen, aber ihm bald liebgewordenen Muße mit der Abfassung seines größten und Lieblingswerkes, des berühmten Dictionnaire historique et critique, welches seit 1695 erschien und dessen erste, 1697 beendete Auflage in zwei Bänden so schnell vergriffen war, daß schon im nächsten Jahre eine neue folgte. Nach wirklich riesenhaftem und weder je durch Familiensorgen noch durch Ausschweifungen unterbrochenem Arbeiten, ja gerade während desselben starb er am 28. December 1706, im Beginne seines sechzigsten Altersjahres, und hinterließ einem Geschwisterkinde zehntausend Gulden und seine Handschriften, seine Bücher aber seinen Freunden. Seine Zeitgenossen rühmten ihm hohe Uneigennützigkeit, Großmut, Herzensgüte, Dienstfertigkeit, Wahrheitsliebe, Einfachheit und angenehme Umgangsformen nach. Seine Einbildungskraft war fruchtbar, sein Gedächtniß reich, sein Stil natürlich und frei, aber nicht ohne Schwächen, die indessen in der Zeit begründet waren, deren weitläufige und unklare Darstellung noch jetzt die Forscher zur Verzweiflung bringt.

Bayle hat kein philosophisches System aufgestellt, und war doch ein bedeutender philosophischer Kopf. Mit Scharfsinn und Sachkenntniß untersuchte er alle Systeme der Denker und unterwarf alle ihre Punkte dem Messer seiner skeptischen Kritik. Niemals sagte er: das und das ist so und so, sondern blos: es ist nicht so; denn wenn es sich so verhielte, würde dies und jenes daraus folgen. Die Grundsätze jedoch, welche sich aus seinen Folgerungen ergeben, sind die ersten Keime der auf seine Zeit folgenden Aufklärung des achtzehnten Jahrhunderts; sie enthalten die Verwerfung des Aber- und Wunderglaubens, die Geißelung aller Despotie, allen Glaubenshasses, aller Verfolgung um der Überzeugung willen. Bayle war weder ein Anhänger von Descartes, noch von Spinoza, weder von Locke noch von Leibniz; er ahnte, daß mit den metaphysischen Träumereien dieser Geistesheroen, so tief und ernst gemeint sie waren, nichts ausgerichtet, die Menschheit nicht weiter gebracht, ihr keine Wahrheit geoffenbart werde. Er verlangte daher Untersuchung des wirklich Vorhandenen, Verwendung des als gut Erkannten zum Besten der Menschheit und Verwerfung des als schlecht Nachgewiesenen. Dabei war er von rührender Gerechtigkeit gegen alle Meinungen und Standpunkte und von heiligem Eifer beseelt, aus Allem, selbst dem scheinbar Verwerflichen, das Gute herauszufinden und nutzbar zu machen. Er wagte es, einem damals noch mehr als jetzt (und jetzt noch stark!) waltenden Vorurtheile gegenüber die Unabhängigkeit der Moral vom Glauben und die Vereinbarkeit von Sittenstrenge und Unglauben, ja sogar von Atheismus, zu behaupten. Freilich wechselte er in Manchem seine Ansichten oft, und bei seinen Beweisführungen weiß man am Ende sovoviel wie am Anfang; allein es ist zu bedenken, daß wir noch jetzt nicht im Stande sind und sicher auch niemals sein werden, bezüglich der Beschaffenheit übersinnlicher Dinge irgend etwas zu beweisen oder auch nur einen selbst Denkenden absolut Befriedigendes zu behaupten. Bayle's Philosophie ist daher, wie diejenige Faust's, die einzig richtige und ehrliche; sie endet nämlich mit dem Geständnisse, daß wir nichts wissen können! Einen Mann aber deshalb als Gottesläugner und Ketzer zu verleumden, waren eben nur Pfaffen und Zeloten im Stande, wie sie die Zeit der auf dem Schlachtfelde abgeschafften, auf dem Papier aber noch fortdauernden Religionskriege stets noch gebar. Durch diesen Mann indessen war größtentheils der tendenziösen Aufklärung des achtzehnten Jahrhunderts der Weg vorgezeichnet; sein „Dictionnaire" wurde beinahe die Bibel der damals vorwärts Strebenden, und an seiner Polemik gegen alles Verrottete, Unwahre und Ungerechte stählten sich die Kämpen für das Morgenroth einer besseren Zukunft.

B. Die Kämpfe der Philosophie und Aufklärung des achtzehnten Jahrhunderts in England und Frankreich.

Der Kampf der erwachenden freien Ideen gegen die Bevormundung der menschlichen Gewissen und Handlungen brach zuerst in England aus, welches auch in der Freiheit seiner politischen Zustände dem übrigen Europa voraus war, seitdem es am Ende des siebzehnten Jahrhunderts der Tyrannei des Hauses Stuart für immer ein Ende gemacht hatte. Es war wenigstens einmal Sicherheit des Rechtes erkämpft, die Willkür der Könige und Minister gebrochen, Rede- und Preßfreiheit unantastbar geworden. Trotzdem war die herrschende Partei nichts weniger als der Freiheit geneigt und hielt Zustände aufrecht, welche die Opposition aller frei und selbständig Denkenden mit Gewalt herausforderten. Die Toleranz war noch nicht soweit gediehen, die verschiedenen Ansichten über Religion ertragen zu können. Die anglikanische Kirche beherrschte den Staat und die Universitäten; neben ihr genossen nur jene Sekten, welche die Dreieinigkeit verehrten und nicht katholisch waren, beschränkte politische Rechte. Papisten, diese freilich aus Furcht vor Wiederholungen stuartistischer Erlebnisse, und Deisten waren in gleicher Weise verpönt. Wie die adeligen Familien das politische, so beuteten die anglikanischen Geistlichen das religiöse Leben für sich allein aus. Und so oft die Tories an das Staatsruder gelangten, vernichteten sie alle auch noch so bescheidenen Reformen der gemäßigt-liberalen Whigs. Schlosser sagt: „Die Umstände waren es, die dem erwachten Skeptizismus und der Lehre des gesunden Verstandes gegen die herrschende positive Kirchenlehre und gegen die verknöcherte Schulweisheit Kraft und neuen Reiz gaben. Es entstand eine Klasse von Schriftstellern, die ihren ganzen Witz gegen die herrschende Lehre richteten. Wir werden freilich den eigentlich entscheidenden Angriff von Paris und Berlin ausgehen sehen, Waffen, Rüstzeug, Materialien und Vorkampf müssen wir aber in England aufsuchen."

Schon das siebenzehnte Jahrhundert hatte in England kühne Geister gegen die willkürlichen Behauptungen der Orthodoxie auftreten sehen. Im Einklange mit der Philosophie Locke's, deren Urheber in religiösen Dingen so vorsichtig war, richteten sie deren Konsequenzen gegen das positive Christenthum. Der Kriegs- und Staatsmann Herbert, Schriftsteller in lateinischer Sprache, wollte außer dem Dasein Gottes und der Belohnung und Bestrafung im jenseitigen Leben keine Glaubenssätze anerkennen. Während dagegen der Wüstling Rochester am Hofe Karls II. den vollständigsten Materialismus bekannte und die Unsterblichkeit läugnete, bekämpfte Charles Blount (1654—1693) in seiner Übersetzung von des Philostrates Appollonius von Tyana und in anderen Schriften die christlichen Wunder und wollte das Christenthum nur in der Vernunft erbliden. So entstand und vergrößerte sich eine Schule, welche die der Freidenker oder der Theisten hieß, während ihre orthodoxen Feinde sie „Atheisten" nannten.

Der Name der „Freidenker" (Free-Thinkers) erscheint zuerst auf dem Titel eines Werkes von Anthony Collins (geb. 1676), einem jugendlichen Freunde Locke's (A discourse of Free-Thinking, occasioned by the rise and growth of a Sect call'd Freethinkers. London 1713). Er ging frisch über die Locke noch aufklebenden religiösen Rücksichten hinaus und erklärte der Offenbarung und der Theologie offen den Krieg, ohne sich jedoch näher über einzelne Glaubensansichten auszusprechen. Schon einige Zeit vor ihm trat in diesem Sinne der 1670 oder 1671 zu Redcastle bei Londonderry in Irland geborene John Toland auf, welcher mit sechszehn Jahren vom Katholizismus zum Protestantismus übergetreten war und bereits mit zwanzig Jahren eine Streitschrift gegen die Geistlichen (den Stamm Levi, wie er sie nannte) erlassen hatte. In seinem „Christenthum ohne Geheimnisse" (Christianity not mysterious) verbannte er aus dem Christenthum sowol das „Unvernünftige" als das „Übervernünftige", ohne deshalb noch Wunder und Offenbarung zu leugnen. Trotzdem geiferte die Geistlichkeit gegen ihn, weil er ihre „Geheimnisse", wie die Taufe, das Abendmahl u. s. w., als so natürliche und gar nicht mysteriöse Dinge, wie in Wasser tauchen, Brot essen, Wein trinken, entlarvt hatte, das irische Parlament, auf dessen Insel er damals lebte, ließ sein Buch durch den Henker verbrennen (die beliebte Art der Hohlköpfe, den Geist widerlegen zu wollen) und er mußte vor drohender Haft nach England fliehen. Weit entfernt, sich schrecken zu lassen, schrieb er 1704 an die Königin Charlotte von Preußen, die Gönnerin Leibnizens (s. oben S. 313), die „Letters to Serena", in welchen er die Religion überhaupt auf das Vorurtheil zurückführte. In den zwei letzten dieser Briefe, welche nicht mehr an Serena, sondern an einen Spinozisten gerichtet sind, bekämpfte er Spinoza's ruhende und thatenlose „Substanz" und behauptete, in der Substanz liege vielmehr Kraft und Bewegung, und die einzelnen Dinge seien die Erscheinungen und Wirkungen der Substanz. Er erklärte den „Stoffwechsel" als einzigen Inhalt alles Seins, das Denken als bloße Thätigkeit des Gehirns, und trat so bereits zum Materialismus über. Diese Lehre jedoch suchte er zu verklären in seinem lateinischen „Pantheistikon", welches 1720 mit dem Druckorte „Kosmopolis" erschien. Er handelte darin von einer angeblich bestehenden pantheistischen Gesellschaft, welche er die sokratische nannte. Die Angaben, welche er über dieselbe macht, sind ein Gemisch aus antiken, besonders dem Platon entnommenen Sitten und Gebräuchen und aus den Ceremonien der damals neu entstandenen oder vielmehr (s. oben S. 227) aufgefrischten Freimaurerlogen, deren einer Toland angehört haben mag. An die Stelle der christlich-theistischen Anschauungen des Freimaurerbundes traten jedoch ganz antik-pantheistische, und das in drei Theile getheilte Ritual geht ungefähr in folgendem Tone fort, von welchem wir die ersten Fragen und Antworten als Beispiel geben:

  Vorsteher: Quod felix faustumque sit...
  Antwort: Das Sokratische Symposion hat begonnen.
  Vorsteher: Es lebe die Philosophie.
  Antwort: Und es lebe die Kunst.
  Vorsteher: Heilig seien die Wahrheit, Freiheit und Gesundheit, die drei höchsten Güter des Weisen.
  Antwort: Jetzt und immerdar u. s. w.

Solche Symposien feiern die von Toland erdachten sokratischen Brüder an den Tag- und Nachtgleichen und bei Aufnahmen, und halten dabei Unterredungen über die Gesetze der Natur und der Vernunft und über die „falschen Offenbarungen und Wundermärchen des althergebrachten Volksglaubens". Außerhalb der brüderlichen Zusammenkünfte aber, sagt Toland, „bekennt Jeder seine väterliche oder Landesreligion; sollte dieselbe jedoch grausame, tyrannische, wollüstige oder intolerante Grundsätze enthalten, so steht er es in seiner Pflicht, zu einer milderen, reineren und freieren überzugehen. Sie behaupten nicht allein die Freiheit zu denken, sondern auch die zu handeln, jedoch mit Verabscheuung aller Ungebundenheit. Sie sind allen Tyrannen feind, mögen diese despotische Monarchen, oligarchische Optimaten oder anarchische Demagogen sein."

  Toland starb ruhig und zufrieden, ohne das Bedürfniß „geistlichen Trostes" und ohne Widerruf seiner Grundsätze, am 11. Mai 1722 in ländlicher Zurückgezogenheit auf seinem Gute zu Putney.

  Sahen wir in Collins und Toland Feuerseelen, welche nach raschem, ungezügeltem Fortschritte brannten, so erblicken wir dagegen einen ruhigern

Kämpfer für dieselbe Sache in Anthony Ashley Cooper, Graf von Shaftesbury, dem Enkel jenes Gönners Locke's. Zu London 1670 geboren, wurde er von einer Lehrerin (!) in die alten Sprachen eingeführt, war Mitglied des Parlaments und zwar beider Häuser nach einander, schlug jedoch unter König Wilhelm die höchsten Staatsämter aus und starb, da seine Gesundheit schwach war, schon 1713 zu Neapel. Seine Werke entsprechen ganz der schon in früher Jugend in ihm geweckten Liebe und Begeisterung für das klassische Alterthum, in dessen unvergänglichen Hallen sein nach Schönheit dürstender Geist ganz lebte und webte. Den besten Mustern der Hellenen und Römer ist sein Stil nachgebildet, was ihn jedoch nicht verhinderte, in der pseudo-klassischen Dichtung der Franzosen seiner Zeit die größte Annäherung an die Alten zu finden. Mit diesem Wahne steht auch im Einklange, daß er Shakespeare für roh und wild ansah. Die Schönheit war für ihn die wahre Tugend und umgekehrt die Tugend die wahre Schönheit, und weil er diese Schönheit und Tugend so hoch stellte, konnte er sich nicht mit Locke's Verwerfung der angeborenen Ideen befreunden, indem er, freilich unklar genug, die Tugend für „ein durchaus Wesentliches und in sich selbst Begründetes, nicht durch äußere Einrichtungen Entstandenes" erklärte. An dem Streite zwischen der Kirche und den Freidenkern betheiligte er sich nicht; aber im Einklange mit Letztern und im Widerspruche mit ersterer behauptete er, die Religion schwäche und irre die Tugend nur, statt sie zu heben, betrachte nur Hoffnung und Furcht, nicht das Gute an sich, als Triebfedern zur Ausübung desselben, während die Tugend vom Glauben unabhängig sei. Ebenso läugnete er jede Verbindlichkeit der Offenbarung und vertheidigte die freie Forschung in der Bibel als einzige Bedingung wahrer Frömmigkeit, wie er hinwieder die blinde Buchstabengläubigkeit als bloße Heuchelei oder kopflose Schwärmerei brandmarkte. Auf diese Grundsätze baute Shaftesbury ein ausführliches System der Moral, welches obigem gemäß natürlich zugleich ein System der Schönheit ist und im Ganzen darauf hinausläuft, daß eben gut, wie schön, Das sei, was das Wohl des Ganzen bezwecke, — eine Anschauung, welche allerdings nichts weniger als christlich, sondern durchaus antik ist.

Shaftesbury's Lehre von der Tugend gegenüber stellte sein Altersgenosse, Bernard de Mandeville, aus französischer Familie in Holland geboren und als Arzt nach London gekommen, wo er 1733 starb, ein sonderbares „System des Lasters" auf, indem er 1706 in London ein Flugblatt verbreiten ließ, welches „der summende Bienenkorb, oder ehrlich gewordene Schurken" betitelt war und eine Fabel enthielt, die unter dem Bilde eines Bienenschwarmes die Schwächen und Laster der Menschen und ihre Stände schilderte, sodann einen Zustand der Rechtschaffenheit schilderte, unter welchem weder Krieg, noch Laster, weder Noth, noch Luxus, freilich aber auch weder Ruhm noch Kunst zu finden waren, und daraus schloß, daß es unmöglich sei, Größe eines Staates mit dessen Rechtschaffenheit zu verbinden, daher das Laster als nothwendig erscheine. Das originelle Schriftstück wurde 1714 bis 1732 fünfmal mit Vermehrungen neu aufgelegt. Offen verkündete der aller Ideale baare, herzlose, selbstsüchtige und pessimistische Verfasser seine Absicht, das Volk zu verdummen und zu knechten. Mit Heftigkeit trat er Shaftesbury entgegen, zergliederte dessen System, suchte zu beweisen, daß die Vereinigung der Selbstsucht des Einzelnen mit den Bedürfnissen der Gesammtheit, worin Jener die Tugend sehe, eben keine wahre Tugend sei, welch' letztere nicht blos ein Glück, sondern namentlich auch, was Shaftesbury nicht gelehrt, eine Pflicht sei, und that sich dann darauf zu Gute, daß diese Lehre christlicher sei, als jene seines Gegners. Und wirklich ist auch nichts so spezifisch christlich, als die Nothwendigkeit des Lasters, welchem das positive Christenthum ja einen eigenen Gegengott vorsetzt. Mandeville war daher mit seiner diabolischen Philosophie das Schooskind der — orthodoxen Geistlichkeit!

So kämpften auf Tod und Leben die Kirche und der freie Gedanke, und es konnte wirklich keine ärgere Satire auf das von ersterer in Anspruch genommene Monopol der Tugend und Moral geben, als daß die Freidenker als Lobredner letzterer auftraten, während Erstere die Vertheidiger des Lasters unter ihre schützenden Fittige nahm.

Welche Stellung nahm aber das Publikum in diesem Kampfe ein? Wir können dies am Besten aus den sogenannten moralischen Wochenschriften ersehen, welche damals in England Mode wurden und als Organ der gewöhnlichen bürgerlichen Sphäre betrachtet werden können. Die erste derselben war der „Tatler" (Plauderer), welchen Richard Steele (geb. 1675 zu Dublin, gest. 1729) seit dem April 1709 unter der Maske des „Isaak Bickerstaff", einer von dem Dichter Swift fingirten komischen Person, dreimal wöchentlich herausgab. Das Blatt war populär geschrieben, und, dem Titel gemäß, vorzüglich für das weibliche Geschlecht berechnet; es enthielt Neuigkeiten aller Art, Sittenschilderungen, Aufsätze über Theater, Poesie, Kunst, Nachrichten über Vergnügungen aller Art u. s. w. Die besten englischen Schriftsteller arbeiteten mit, am eifrigsten der Dichter Addison, welchem Steele selbst mehr Verdienste um das Blatt zuschrieb, als sich selbst. Mit dem Sturze des Whigministeriums 1710 hörte der politische Charakter des Blattes auf, während die Sittenschilderungen umfassender wurden und an Frische und Lebendigkeit ihres Gleichen suchten. Seit dem Beginne des Jahres 1711 ließen Steele und Addison den „Tatler" eingehen und begannen an dessen Stelle den täglich erscheinenden Spectator (Zuschauer), welcher nicht mehr den Isaak Bickerstaff, sondern einen jüngern Gentleman ohne Namen, unter dem Addison sich selbst zeichnete, nebst einem Kreise seiner Freunde sprechen ließ. Den Hauptinhalt bildeten Erzählungen aus dem Leben; jeden Sonnabend kam dazu eine religiöse Abhandlung. Im December 1712 wurde der Spectator aufgegeben und an seiner Stelle im März 1713 der Guardian (Vormund) gegründet, dessen ebenfalls täglich erscheinende Nummern sich mit Unterhaltungen einer Familie, bestehend aus Witwe und Kindern und deren Vormund, über die verschiedensten Gegenstände des Lebens füllten. Die Politik jedoch, in welche sich Steele neuerdings einließ, gab dem Blatte den Todesstoß, und als der Herausgeber sein Glück mit anderen, nur kurze Zeit bestehenden Blättern versuchte, wurde er im März 1714 wegen angeblichen Hochverraths aus dem Parlamente gestoßen, während dagegen Addison einen achten Band des Spectator herausgab. Mit der Thronbesteigung des Hauses Hannover erlangten Steele und Addison hohe Ehrenstellen, und damit hatten die moralischen Wochenschriften ihr Ende erreicht, nachdem sie einen mächtigen und sehr günstigen Einfluß auf das häusliche, literarische und öffentliche Leben Englands ausgeübt hatten. Auf die Freidenker jedoch waren sie nicht gut zu sprechen. Schon im Jahre 1709 nannte der Tatler dieselben „elende Lumpen, die ohne Witz, Kenntniß und Einsicht ihre rohe Anschauungsweise nur aus elendem Ehrgeiz zu Markte führen"; es seien entweder Narren, über die man höchstens lachen könne, oder Schlechtgesinnte, die man peitschen lassen sollte; in Unglücksfällen (so sprach und spricht noch stets der aus Gewohnheit religiös Gefärbte) seien sie hülflos und verloren und haben keine Zuflucht als den Selbstmord (Toland bewies das Gegentheil!). Dem Verfasser des Freidenkerbuches, Collins, wollte der Guardian die „Wohlthaten der Luft und des Wassers" entziehen. So war dies noch von dem Geschmacke des „ruhigen Bürgerthums", aber einem Steele, der als Whig Feuer und Flammen gegen die Tories spie, stand es schlecht an, die Freidenker an demselben Kampfe für Fortschritt und Licht in der Religion verhindern zu wollen, den er selbst in der Politik führte. Hand in Hand mit diesen Ausfällen gingen Streitschriften der Geistlichen gegen die „Atheisten"; aber sie konnten den Flug des Geistes nicht aufhalten; sie sind vergessen wie die Angriffe der Wochenschriften, während deren moralische Abhandlungen und Erzählungen ebenso unsterblich sind wie die Werke der Freidenker. Denn wenn auch die meisten Gebildeten vor den Consequenzen eines Toland zurückschreckten, so waren sie doch mit der Opposition gegen die herrschenden faulen Kirchenzustände sehr einverstanden.

Dieser gemäßigten Fortschrittsschule gehörte vorzüglich Matthew Tindal an (geb. 1656). Er schrieb 1730 in hohem Alter das Buch „Christianity as old as the Creation", worin er weitläufig und ohne Zusammenhang darzulegen suchte, daß es nur eine wahre Religion gebe, nämlich die mit der Vernunft übereinstimmende; dies sei im Christenthum der Fall; dasselbe sei uralt, durch Christus nur erneuert worden, und das Unvernünftige, durch welches dasselbe entstellt worden, sei später hinzugekommen; also sei das Christenthum, d. h. der Geistliche Deismus, die wahre Religion. Eine ebenso überflüssige, als bequeme Beweisführung! Ihm folgte 1737 Thomas Morgan mit dem Buche "the moral philosopher", in welchem er die von Tindal erfundene Urreligion näher untersuchen und die Ursachen ihrer Entstellung prüfen wollte. Morgan leitete letztere lächerlicher Weise von — den gefallenen Engeln her, durch welche die angeblichen Wunder der Bibel den Menschen vorgespiegelt, sowie Aberglaube und Abgötterei geschaffen worden seien.

Anders als diese Fantasten, welche nur um ihrer Polemik gegen die Wunder, nicht um ihrer unhistorischen Märchen willen angegriffen wurden, trat der Handwerker Thomas Chubb (geb. 1679 und gest. 1747 bei Salisbury) auf. In sehr vielen kleineren Schriften wandte er sich seit 1715 gegen die gesammte Dogmatik, wollte die Religion nur in der Moral finden, das Dasein Gottes und alles von ihm Ausgehende mit der Vernunft in Einklang bringen, die kirchlichen Dogmen aber als vernunftwidrig nachweisen. Von Christus gab er seltsamer Weise zu, daß er Wunder gewirkt, nicht aber, daß er Gottes Sohn sei, und warnte vor dem Weltgerichte. Auch seine Lehre ist demnach willkürlich und inkonsequent genug, obschon er sich vor historischen Erdichtungen hütete.

An diese Deisten, welche die Religion um ihrer selbst willen schrien und daher von den nach ihrer Meinung vorhandenen Auswüchsen zu reinigen suchten, dabei aber an der ewig unübersteigbaren Schranke unseres Wissens scheiterten, reihen wir eine Gruppe solcher Schriftsteller, welchen die Religion nicht mehr Selbstzweck, sondern blos ein zweckmäßiges Mittel war, um den Pöbel im Zaume zu halten, während sie selbst im Innern nichts von ihr hielten und sich ihretwegen auch in keiner Weise bemühten. Nennenswerth ist unter ihnen blos der bekannte Minister Bolingbroke. Er verabscheute und haßte die Freidenker und Deisten, weil sie durch ihre Lehren die Religion und damit eines der vorzüglichsten "Werkzeuge" des Staates untergrüben, indem er es als ein ausschließliches Vorrecht weniger Gebildeten betrachtete, den Glauben der Kirche zu kritisiren. Er that letzteres selbst in seinen "Briefen über den Nutzen und das Studium der Geschichte". Außer dem Dasein Gottes und der Weltschöpfung betrachtete er alles nicht durch die Sinne Wahrnembare, also namentlich das gesammte Jenseits, als "Fabeln und Träume". Als politische Anstalt fand er die Religion für England in der Form der Hochkirche, für kleine Fürstenthümer in der lutherischen, für kleine Republiken in der calvinistischen Form passend, wünschte also überall eine Staatsreligion, zu welcher sich alle Beamten bekennen sollten; er wollte aber deshalb ebenso wenig in einem Staate blos eine Religion dulden, als alle möglichen oder gar keine. Von Grundsätzen war also bei ihm durchaus nicht die Rede.

In ähnlicher Weise wie Bolingbroke gegenüber der Religion, verhielt sich gegenüber der Moral Philipp Stanhope. Earl von Chesterfield, welcher Alcibiades und — Bolingbroke als seine Ideale verehrte. Zu London 1694 geboren, verlebte er nach vollendeten Studien seine Jugend im Haag und zu Paris mit Spielen und Liebesabenteuern und mit der Übung in weltmännischen Manieren. Nach seiner Heimkehr glänzte er als Hofmann und Parlamentsredner, war 1746 bis 1748 Staatssekretär und starb 1773. Seine literarischen Leistungen bestanden in seinen Briefen an seinen Sohn, welcher 1733 als Folge einer gewissenlosen Verführung geboren war, den er indessen angemein liebte und den er auf allen Schritten mit seinen Lehren und Räthen begleitete. Letztere sind der Inhalt der erwähnten Briefe, welche besser sind als ihr Ruf. Sie verbreiten sich in englischer, französischer und lateinischer Sprache erst über alle Gegenstände der Mythologie, Geschichte, Literatur und vieler anderer Fächer, in spätern Jahren aber besonders über die Erfordernisse eines feinen Tons, über alle Specialitäten des Hoflebens, verirren sich dann aber allerdings in die abscheulichste Anleitung zur Verführung einer verheiratheten jungen Frau. Dieser Rath hatte indessen keine Folge; der Sohn zog rechtmäßigere Neigungen vor, vermählte sich, vom Vater wenigstens die Kunst der Verstellung lernend, heimlich, starb jedoch schon 1761 und hinterließ dem Rathgeber eine Schwiegertochter und zwei Enkel, für welche indessen Jener gewissenhaft und liebevoll sorgte. Unmittelbar nach dem Tode Chesterfield's, welcher seine Briefe keineswegs für die Öffentlichkeit bestimmt hatte, wurden dieselben von seiner Schwiegertochter eigenmächtig herausgegeben und dafür ein Honorar von 1575 Pfund Sterling eingelöst. Im Jahre 1774 erschienen bereits vier Auflagen davon.

Der leichtfertigen Moral eines Chesterfield gegenüber schwieg indessen die ernste Überzeugung von der Nothwendigkeit streng sittlicher Grundsätze nicht. Im Geiste Shaftesbury's ließ sich die sogenannte schottische Moralistenschule vernehmen, jedoch nicht mit der Weihe des Geschmackes und der Schönheit, sondern mit der Schärfe des nüchternen Verstandes. Ihr Patriarch war Francis Hutcheson, geboren 1694 in Irland, 1729 Professor in Glasgow, gestorben 1747. Er erblickte das Gute in den Handlungen, welche das Beste der anderen Menschen bezwecken und den Zweck dieser Handlungen in der Glückseligkeit, d. h. in der Befriedigung unserer guten Neigungen, keineswegs aber in der Befriedigung der Leidenschaften, welche nur vergänglich ist. Dem in Schottland verbreiteten heimlichen Glauben gegenüber, daß die Freude an der Schönheit Sünde und Verderbniß sei, behauptete er die Übereinstimmung der Schönheit mit der Tugend, vertheidigte die Ausübung der Kunst und bekämpfte den Aberglauben entschieden, obschon er die biblische Offenbarung nicht aufgab. Kompliciter verfuhr Adam Ferguson, geboren 1724, 1764 Professor in Edinburg, gestorben 1816, mit seinen drei Gesetzen des Willens, nämlich dem der Selbsterhaltung, dem der Geselligkeit und dem der Auszeichnung.

Der berühmteste Philosoph Schottlands war aber David Hume, geboren 1711 zu Edinburg, 1752 Bibliothekar daselbst, später in diplomatischen Stellungen in Paris und London, gestorben 1776, den wir als Historiker wieder finden werden. Seine Philosophie kann als die Ergänzung der Locke'schen betrachtet werden. Er beschränkte sich indessen vorzüglich auf die Untersuchung des Verhältnisses zwischen Ursache und Wirkung, und zwar in höchst abstrakter Sprache und ohne bedeutende und für uns noch interessante Resultate. Die Hauptsache ist, daß er sich durch seine Forschungen zu einem ausgebildeten Skeptizismus gegenüber allen allgemeinen Begriffen und so am Ende auch dazu geführt sah, die wirkliche Existenz des Ich oder Selbst zu läugnen, welches vielmehr nur ein Komplex vieler, rasch aufeinander folgender Vorstellungen sei und auf einer Illusion beruhe. Die Konsequenz dieser Auffassung war die Verwerfung der persönlichen Unsterblichkeit. Verständlicher ist Hume's „natürliche Geschichte der Religion", in welcher er den ältesten Zustand der Menschen in der Wildheit und die Entstehung der Religion in der Aufsuchung von Ursachen der Naturerscheinungen erblickte. Thatsachen liefert er indessen keine, um seine Behauptungen zu begründen.

So hatte es die schottische Philosophie, in Anknüpfung an die Locke'sche, bis zur völligen Läugnung des geistigen Elements gebracht, als der Lehre Hume's seine von uns nur kurz zu erwähnenden Landsleute Cudworth und Reid entgegentraten. Ersterer mit einem monotheistischen, Letzterer (1764) mit einem den herrschenden Ansichten seiner Zeit und der Zweckmäßigkeit angepaßten Systeme. Kurze Zeit vorher war dagegen in einem andern Theile des britischen Reiches ein Denker aufgetreten, welcher Hume's Richtung ebenso scharf bekämpfte, wie Reid ihnen Beiden gegenüber that. Georg Berkeley, geb. 1684 in Irland, 1734 Bischof in England, gestorben 1755, lehrte, daß unsere sinnlichen Empfindungen blos in sich selbst bestehen und keineswegs uns die Wahrnehmung äußerer Gegenstände vermitteln. Was man Dinge nennt, existirt nach ihm blos in unserer Vorstellung; es gibt daher keine materielle Außenwelt, sondern nur Geister oder denkende Wesen, denen die Empfindungen von — Gott beigebracht werden, in welchem allein alle Ideen vorhanden sind. Mit dieser Thorheit, welche mit derjenigen Hume's, daß es kein Ich gebe, um den Vorrang zu streiten scheint, glaubte Berkeley dem Materialismus und Atheismus den Weg versperrt zu haben. Daß er sich täuschte, zeigte die gleichzeitige französische Philosophie.

In England war der Kampf der freieren, aufgeklärten Ideen gegen die veralteten Zustände vorbereitet worden, gelangte aber, da sich seine Theilnehmer auf die sonderbarste Weise zersplitterten und kein gemeinsames Ziel verfolgten, zu keinem bestimmten und klaren Resultate. Anders in Frankreich, das zwar den ersten Anstoß zu seinen Angriffen gegen das System der Unfreiheit von England aus erhielt, darin aber eine solche

Selbstständigkeit, Klarheit und Übereinstimmung im Großen und Ganzen
entwickelte, daß es der hauptsächlichste Schauplatz der geistigen Kämpfe des
achtzehnten Jahrhunderts, ja die eigentliche Heimat des denselben regierenden Geistes wurde.

Die Franzosen, deren Hof immer tiefer im entwürdigenden und ent-
kräftigenden Mätressenwesen versank, deren Adel nur in Frivolität und
Ausbeutung des Volkes, deren Geistlichkeit nur in Heuchelei und Unwissenheit sich auszeichnete, deren Beamte und Richter jeder Bestechung zugäng-
lich waren, vor Oberen krochen, während sie selbe bestahlen, und gegen
Niedere hochfahrend und herrisch waren, während sie selbe bis auf die
Haut ausplünderten, — diese Franzosen waren gezwungen, ein Panier
besserer Zukunft aufzupflanzen und darauf zu schreiben: Nieder mit dem
religiösen Zwang, — Freiheit des Gedankens! Nieder mit den feudalen
Einrichtungen, — persönliche Freiheit! Fort mit den Zollplackereien, —
Einführung des freien Handels! Abschaffung der Schranken zwischen den
Ständen, — Gleichheit vor dem Gesetze! Nieder mit der Sklaverei in
den Kolonien, mit der Folter, der Inquisition; Haß dem Kriege! Ewiger
Friede, Vervollkommnung der Menschheit, Fortschritt und Freiheit!

Es waren dies keine Frasen, sondern Schmerzensschreie, ausgepreßt
durch namenloses Weh, das dem Volke dessen Bedrücker verursachten, durch
die Wunden, die ihm empörende Zustände und Einrichtungen geschlagen
hatten! Die brutale Unterdrückung der so harmlosen Jansenisten und die
empörende Vertreibung der ruhigen und die Wohlfahrt des Landes hebenden
Protestanten durch die wortbrüchige Aufhebung des Edikts von Nantes
sollte sich furchtbar rächen. Es hatte nichts gefruchtet, tief religiöse Ideen,
welche blos von der Staatskirche abwichen, niederzuschmettern; statt ihrer
sollten andere auftauchen, welche nicht blos auf die offizielle Form des
Seligwerdens verzichteten, sondern auf das Seligwerden im Jenseits überhaupt, ja am Ende auf alle Religion!

Und die Regierung schien gegen diese Gefahr blind zu sein; noch
wütete sie gedankenlos gegen das Ungefährliche, während das Gefährliche
ihren Thron bereits zu unterwühlen begann. Noch in der Mitte des
Jahrhunderts fanden die oben (S. 216 ff.) erwähnten Grenel gegen
die Protestanten Anwendung. Und es war sicher mehr Furcht vor dem
Protestantismus, als vor der Religionslosigkeit, zu welcher sich die in
Staat und Kirche Herrschenden nach Bolingbroke's Muster selbst bekannten, daß Dieselben jede freie Äußerung verpönten, jede Schrift strenger
Censur unterstellten oder sogar ganz herauszugeben untersagten, und die
Schriftsteller mittels Denunciation und der berüchtigten Lettres de cachet
in die Bastille und andere Gefängnisse warfen.

Die Schriftsteller wußten sich freilich zu helfen. Sie lachten über
die Unterdrückung und setzten Alles in Bewegung, um günstige, wo möglich gleichgesinnte Censoren zu erhalten, oder benützten die Freundschaft

Hochgestellter, um durch deren Vermittelung die Censur zu umgehen, indem die Manuskripte mit deren Siegel befördert oder zur Zeit von Nachforschungen in deren Wohnungen versteckt wurden, wozu sich ; B Malesherbes als Direktor der königlichen Buchdruckerei und der Kanzler Maupeou hergaben. Auch kam es den Helden der Aufklärung wohl, daß eine der Stützen des von ihnen angegriffenen Systems selbst, die berüchtigte Pompadour, sie begünstigte und mit ihnen selbst im Palaste ihres königlichen Anbeters geistsprudelnde Zusammenkünfte hielt. Auch war die Freundschaft auswärtiger, geachteter, oft auch gefürchteter Souveräne für jene Geistesheroen nicht ohne Wirkung. Friedrich II., Katharina II., Josef II., Christian VII. von Dänemark und Gustav III. von Schweden bewunderten die französischen Aufklärer nicht nur, sondern suchten auch deren Grundsätze in ihren Ländern zu verwirklichen. Geschmiedet aber wurden die Pfeile des Geistes der Aufklärung vorzüglich in den Salons oder sogenannten Bureaux d'esprit von Paris. Seitdem der elende Ludwig XV. regierte oder vielmehr von Mätressen und Günstlingen regiert wurde, beschränkte sich die Thätigkeit des von den Jesuiten geleiteten und in Versailles weilenden Hofes auf die Politik, und daneben auf — Kirchlichkeit, Jagd und — Wollust. Alle anderen Interessen, Mode, Bildung, Kunst, Wissenschaft, wurden von der Hauptstadt zu die Hand genommen, und so begab sich die letztere in eine Art Opposition zum Hofe, die, mit der wachsenden Kühnheit der Schriftsteller, einen immer schärferen Charakter annahm. Die Salons, wo dieser Geist gepflegt und durch den Haß des Minister-Kardinals Fleury gegen Alles, was Geist verrieth, nur genährt wurde, erhoben sich zur geistigen und besonders literarischen Regierung Frankreichs, welcher gegenüber man die Bigotterie der Königin und die Geschmacklosigkeit der Pompadour verlachte. Die Leitung dieser zwanglosen Versammlungen befand sich in den Händen geistreicher Frauen. Den Anfang darin machte die Frau von Tencin, die uneheliche Mutter d'Alemberts, den sie ausgesetzt hatte und ignorirte, die sich zur Zeit der Law'schen Schwindeleien (oben S. 68 f.) auf zweideutige Weise bereicherte und unter der Anklage, einen ihrer Liebhaber getödtet zu haben, eine Zeit lang gefangen saß, bis sie durch den Einfluß von Freunden befreit wurde. Trotzdem stand sie mit Papst Benedikt XIV. in Correspondenz und verschaffte ihrem Bruder den Kardinalshut. Als Schriftstellerin wurde sie durch mittelmäßige Romane bekannt. Die geistreiche Gesellschaft ihrer Salons, zu welcher Fontenelle, Montesquieu, der noch junge Helvetius u. A. gehörten, und welche sie ihre „Menagerie" (¹) nannte, zog nach ihrem Tode (1749) in die Salons und das Haus der Madame Geoffrin, einer bereits Fünfzigjährigen, mehr vornehmen und berechnenden, als selbst gebildeten und innerlich sogar braven Mannes. Außer den Staatsmännern, Schriftstellern und Künstlern Frankreichs trafen sich dort alle hervorragenden Fremden, wogegen die Herrin des

Hauses auf ihren Reisen an den Höfen von Wien, Warschau und Petersburg glänzende Aufnahme fand. Einen schwachen Versuch, mit ihr zu koukurriren machte eine Zeit lang Madame du Deffant; sie wurde jedoch bald von ihrer nicht schönen, aber liebenswürdigen Gesellschafterin Julie l'Espinasse überstrahlt, einer natürlichen Tochter der Gräfin Albon (getauft 1732 zu Lyon), — daher sie dieselbe zu großem Aufsehen, man kann sagen in Europa, plötzlich entließ, worauf sich die „Geistreichen" trennten, die Älteren, wie Montesquieu, Voltaire u. A., bei der Älteren blieben, die Jüngeren zu der Jüngeren zogen, so besonders d'Alembert, der, obwohl ihr Schicksalsgenosse, nun auch ihr Geliebter wurde, mit ihm Diderot u. A., kurz, die Encyklopädisten (s. unten). Der treuen Liebe d'Alemberts zog sie jedoch bald die flammendere des jungen Spaniers Marquis de Mora vor, die der Philosoph, obschon gebrochenen Herzens, hingebend duldete, — bis Jener von seinem Vater nach Hause gesandt wurde; da vergaß sie ihn wieder zu Gunsten des militärischen Grafen Guibert, als sie bereits — über vierzig Jahre zählte, und der verzweifelnde Spanier, kaum zurückgekehrt, starb, ohne den Verrath erfahren zu haben. Von Guibert schnöde verlassen, aber noch immer eine Königin der Salons, starb sie 1776. Radikaler oder wenigstens frivoler waren die Cirkel, welche die Materialisten Holbach, Helvetius u. A. um sich sammelten. Diese Männersalons waren weit freier und locker als die Damengesellschaften, aber auch gründlicher und wissenschaftlicher. Man diskutirte ohne Scheu alle Fragen der Philosophie, Religion, Literatur, Kunst u. s. w. und daneben persiflirte man offen die Kirche und den Staat, ja selbst Geistliche und Adelige hielten es für guten Ton, die Lehren umzustürzen, von denen sie lebten, — kurz, es war eine Art von Tollhaus, in dem man auf einem Pulverfasse mit angelegter Lunte tanzte!

Die Männer der französischen Aufklärung, so sehr in manchen Beziehungen ihr Wirken ein Ganzes bildet, zerfallen für uns in mehrere Gruppen, je nachdem sie ihre hauptsächlichste Thätigkeit mehr der Philosophie, der Pädagogik, der Politik oder der Poesie zuwendeten. Hier beschäftigen uns die „Philosophen" oder die Aufklärer im engern Sinne, deren Reihe wir wie billig mit ihrem anerkannten Haupte und Führer, oder, wie sie ihn nannten, mit ihrem „Patriarchen", Voltaire, beginnen lassen.

Dieser von der Reaktion der Neuzeit Vielverlästerte, von der französischen Jugend Vergötterte wurde unter dem Namen Franz Maria Arouet 1694 als Sohn eines jansenistischen Notars zu Paris geboren und mit zehn Jahren in ein dortiges Jesuitencollegium geschickt, in welchem die adeligen Zöglinge jeder ein eigenes Zimmer, die bürgerlichen aber je eines für ihrer fünf hatten, und in welchem er nichts lernte als Lateinisch, Rhetorik und Versemachen, sich aber in letzterm bald so auszeichnete, daß Hof und Stadt auf ihn aufmerksam wurden. Mit sechzehn Jahren aus der Anstalt getreten, besuchte er auf den Rath seines Pathen, des Abbé von Chateauneuf, und wider den Willen seines Vaters, frivole Gesellschaften und ging 1713 als Page des Marquis, eines Bruders jenes Abbé, nach den Niederlanden, wo er mit der verlassenen Braut des Comisackenführers Cavalier, Olympia Dunoyer, ein zartes, aber harmloses und bald aufgelöstes Verhältniß pflog. Heimgekehrt, setzte er sein früheres Leben fort und widmete sich der Poesie, was dazu beitrug, daß er wegen einer Satire auf den lüderlichen Regenten Philipp von Orleans, die aber nicht er gerichtet, aus Paris verbannt wurde. Kaum begnadigt und vom Regenten empfangen, mußte er wegen eines zweiten Gedichtes, das aber diesmal sein Werk war, auf beinahe ein Jahr in die Bastille wandern. Mit großem Beifall wurde nach seiner Freilassung sein erstes Stück Oedipo 45 mal aufgeführt, und um diese Zeit nahm er, da ihm sein Familienname nicht gefiel, angeblich von einem kleinen Gütchen seiner Mutter, wahrscheinlicher nach einem Anagramme von Arouet l. j. (d. h. le Jeune) den Namen Voltaire an. Seine Zeit zwischen triumphirendem Herumziehen auf den Schlössern seiner adeligen Gönner und einem Processe mit seinen Justern, die jansenistischen Schwärmereien (oben S. 212) nachmachenden Bruder theilend, machte er die Bekanntschaft des lyrischen Dichters J. B. Rousseau, mit dem er sich jedoch entzweite, und des englischen Weltmannes Bolingbroke, dessen Charakter auf ihn nicht ohne Einfluß war, und hatte mehrere bald ernstere, bald losere Verbindungen mit schönen Frauen. Nachdem er durch sein Epos „Heinrich IV. oder die Ligue" großen Ruhm geerntet, ließ ihn ein angeschossener Adeliger, der Feldmarschall war, ohne je im Felde gewesen zu sein, und der ihn schmählich mißhandelt hatte, aus Furcht vor einem ihm drohenden Duell 1726 in die Bastille sperren, aus der man ihn nach vierzehn Tagen zwar entließ, aber durch den Kerkermeister nach Calais begleitete, von wo er nach England ging. Dort blieb er beinahe drei Jahre und sog die Grundsätze ein, mit welchen er nachher die englische Aufklärung in Frankreich auf eine kräftigere Stufe heben sollte. Nachdem er sich gründlich mit den dortigen Zuständen und Kämpfen und mit den hervorragenden Personen derselben bekannt gemacht, kehrte er zurück und verband sein poetisches Wirken mit prosaischen Geistesthätigkeiten, die ihm ein namhaftes Vermögen einbrachten. Seine kecken Gedichte jedoch schufen ihm immer mehr Feinde, erst das auf den Tod der ihm befreundeten Schauspielerin Adrienne Lecouvreur, der man ein kirchliches Leichenbegängniß verweigerte, und kann sein Glaubensbekenntniß in Form einer Epistel, das er jedoch feige verleugnete, und endlich der „Tempel des Geschmacks", in welchem er die schlechten Dichter, Künstler und Gelehrten geißelte, ungeachtet des glänzenden Erfolges seiner Zaire. Als aber vollends seine „Briefe über die Engländer", auch „philosophische Briefe" genannt, erschienen, welche den freieren Zustand der Nachbarinsel so schilderten, daß sich die Machthaber Frankreichs gewesen wähl-

— 382 —

ten, erging 1734 ein Verhaftsbefehl gegen ihn, der ihn, da er rechtzeitig davon Kenntniß erhielt, zur Flucht nöthigte. Er brachte nun fünfzehn Jahre größtentheils bei der bevorzugtesten seiner Freundinnen, der Marquise du Châtelet auf ihrem Landgute Cirey in der Champagne, mit literarischen Arbeiten und Unterhaltungen zu. Paris war ihm schon im ersten Jahre nach der Flucht wieder offen gestanden, und er besuchte die Hauptstadt auch oft mit der Freundin zusammen. In der Zwischenzeit wurde Mathematik und Physik getrieben, welchen Wissenschaften die Marquise sehr ergeben war; es wurde eine kleine Bühne errichtet und darauf von ihr und ihren Gästen Theater gespielt; Voltaire selbst gab sich besonders historischen Studien hin. In einem Lehrgedichte, „der Weltmensch", schilderte er, im Gegensatze zu biblischen Tradition, Adam und Eva in komischer Weise als häßlich und elend, was soviel Staub aufwarf, daß er sich für einige Zeit nach Holland flüchten mußte. Bald indessen war er wieder in Gunst bei dem Hofe und schmeichelte dem als „Sieger" heimkehrenden Ludwig XV. in allegorischen Schaustücken an. Zugleich geizte er auch mit solcher Begierde nach einer Stelle in der Akademie, daß er es sogar nicht verschmähte, seinen früheren Lehrern und geistigen Antipoden, den Jesuiten, die an Hofe so mächtig waren, übertriebene Artigkeiten zu sagen und sogar ihre Moral gegen begründete Vorwürfe zu rechtfertigen, wie er auch jedesmal, wenn ihm eine Stelle seiner Werke zu schaden drohte, dieselbe für untergeschoben oder verfälscht erklärte und, wenn es ihm in den Kram diente, selbst dem Papst, dessen Kirche er untergrub, seiner Ergebenheit versicherte. Den akademischen Sitz eroberte er glücklich durch seine Künste.

Dagegen gelang es ihm nicht, sich in der Hofgunst zu erhalten. Suchte ihm schon der neidische Kreton fast sein ganzes literarisches Leben hindurch beim Publikum den Rang abzulaufen, so stellte ihm jetzt der Hof, den er durch ein Lobgedicht auf die Pompadour gereizt, den Dramatiker Crebillon gegenüber. Doch wußte sich unser Philosoph gleichzeitig wieder bei dem bigotten Vater der auf ihn wüthenden Königin, dem Exkönige von Polen Stanislaus Lescinski, jetzt Herzog von Lothringen, in Gunst zu setzen. Als die Marquise, 43 Jahre alt, an einem kalten Trunke im Wochenbett starb, worüber er vor Schrecken in Ohnmacht fiel, wandte er sich ganz einem fürstlichen Gönner zu, mit dem er in der Zwischenzeit in geistigen Verkehr getreten war. Es war dies kein Anderer als Friedrich der Große, welcher, schon als Kronprinz, für die französische Literatur der Aufklärung begeistert und sie an seinem „Musenhofe" zu Rheinsberg pflegend, im Jahre 1736 die Korrespondenz mit Voltaire eröffnet hatte, welche über vierzig Jahre bis zu des Letztern Tode dauerte. Er ehrte in unserm Philosophen den Führer der Kämpfer für Aufklärung, den Vertreter des ächt französischen esprit, und den Meister einer Sprache, die seine eigene geistige Muttersprache war, weil er sich nicht damit befassen mochte, die noch rohe deutsche, die er nie liebte, zu veredeln. Sobald er daher von der läſtigen Vormundſchaft ſeines Vaters befreit war, lud er, als er am Rheine die Huldigung ſeiner dortigen Gebietstheile entgegennahm, obſchon fieberkrank, den Bewunderten zu einem Stelldichein auf dem Schloſſe Moiland bei Kleve ein und empfing ihn bald darauf in Rheinsberg und in ſeiner Hauptſtadt Berlin. Nach verſchiedenen Intriguen politiſcher Art, welche wir im nächſten Buche erzählen wollen, wo von der politiſchen Wirkſamkeit des großen Königs die Rede iſt, — erhielt Voltaire einen Ruf Friedrichs nach deſſen Reſidenz, dem er aber erſt nach dem Tode der Marquiſe folgte und nachdem er ſich hatte überzeugen müſſen, daß er am franzöſiſchen Hofe ſeine persona grata ſei. Der letztere ertheilte ihm (er war Titularkammerjunker und Hofhiſtoriograph) trockenen Abſchied und unſer Philoſoph kam in der Mitte des Jahrhunderts nach Potsdam, woran ihn weder die Vorſtellungen ſeiner pariſer Freunde, noch die Klagen einer verlaſſenen Nichte hinderten, und wo er den Kammerherrnſchlüſſel und zwanzigtauſend Livres Gehalt, nebſt freier Wohnung, Tafel und Equipage erhielt und an keine Beſchäftigung gebunden war. Er konnte im Palaſt franzöſiſches Theater ſpielen, worin er ſelbſt auftrat, und ſeine Werke las oder vielmehr „verſchlong" der König auf ſeinen Feldzügen. Das Letztere war beſonders der Fall mit Voltaire's Geſchichte des Zeitalters Ludwigs XIV., in welchem er die Schandthaten dieſes Königs zwar ohne Beſchönigung ſchilderte, ihn aber mit Entfernung vom Schauplatze und — Mangel an Bildung entſchuldigte, überall jedoch für Toleranz und für Verbeſſerungen im Staatsleben auftrat. Dagegen ließ er ſich, mit ſeinem glänzenden Einkommen nicht zufrieden, in Gemeinſchaft mit einem Juden, in unſaubere Spekulationen mit abgewertheten ſächſiſchen Steuerſcheinen ein. Der Philoſoph und der Jude betrogen einander gegenſeitig und führten einen unerquicklichen Proceß, welchen Voltaire — als Chriſt(!) — natürlich gewann. Der König las ihm gehörig den Text darüber und gab ihm gute Lehren für die Zukunft. Bald jedoch traten an die Stelle des Judenhandels Geſchwätze und Streitigkeiten zwiſchen Voltaire und ſeinen am Hofe Preußens ſchmarotzenden Landsleuten, erſt dem Atheiſten Lamettrie, Vorleſer des Königs, der ſich aber bald darauf an einer Paſtete tot aß, und kann dem Mathematiker Maupertuis, Präſidenten der Berliner Akademie, welchen Voltaire in einer Art Donquiſotiade, der „Diatribe des Doktor Akakia" (oben S. 266) lächerlich machte, die er, entgegen dem Friedrich gegebenen Verſprechen, drucken ließ, und die dann ganz Europa das Zwerchfell erſchütterte. Der König, ohnehin durch Voltaire's Auftreten erzürnt, mit dem er bereits anonym öffentliche Schmähbriefe gewechſelt hatte, ließ 1752 den Akakia verbrennen, worauf Voltaire ſeinen Kammerherrnſchlüſſel und Orden zurückſandte. Sie wurden ihm zwar wieder gebracht; aber er nahm Urlaub und reiſte 1753 ab. Nachdem er bald vier-, bald ſechsſpännig fahrend, nach Leipzig gekommen, von wo aus er Maupertuis abermals nedte, auch des Königs Gedichte verhöhnt haben sollte, ließ ihm Letzterer zu Frankfurt, wohin er sich weiter begab, einen Hinterhalt stellen, ihm Orden und Schlüssel und seine Gedichte abfordern, seine Effekten durchsuchen und ihn aufhalten, bis er das Verlangte hergegeben. Voltaire tröstete sich mit der Gunst des elenden Kurfürsten Karl Theodor von der Pfalz in Schwetzingen. Nach neuem Hofleben im ersehnten Paris lüstern, ging der alte Heuchler, um sich dort wieder möglich zu machen, in Kolmar, wo er seine „Annales de l'empire" drucken ließ, öffentlich zur Kommunion; aber der Versuch war fruchtlos.

Nach einem zweiten vergeblichen Versuche, sein Glück in Lyon zu machen, begab er sich nach Genf, kaufte sich Landsitze an dessen herrlichem See, wohnte mit Vorliebe in einem solchen bei Genf, den er „Délices" nannte und verschönerte, und wo er zahlreiche Gäste empfing. Dazu erwarb er 1758 noch das Schloß Ferney auf französischem Gebiete mit weiter Herrschaft und gab diesem endlich, indem er die anderen Sitze verkaufte, den definitiven Vorzug. Er lebte nun ruhig als Landökonom, Schriftsteller und Direktor seines ihm stets folgenden Haustheaters, seiner Lieblingsunterhaltung, — ohne weitere bewegte Erlebnisse. Auch bestanden seine Werke von da an fast nur in kleinen Flugschriften, die er in der Schweiz und den Niederlanden drucken und nach Frankreich verbreiten ließ, doch stets unter falschem Namen! Denn er war, schrieb er damals, satt der Mißhandlungen von Seite der „Frömmler und Buben", und wollte ihnen daher den Krieg machen, — freilich nur aus dem Hinterhalte.

In einem Gedichte über das Erdbeben von Lissabon und in seinem Reiseroman „Candide" kritisirte Voltaire die Hypothese von der Güte dieser Welt an der Hand der zahl- und namenlosen Unglücksfälle, welche in ihr vorkommen und verspottete an zwei Philosophen, einem Optimisten und einem Pessimisten, das Unfruchtbare des Ergründenwollens der Frage, ob diese Welt gut oder schlecht sei, bis er zu dem Schlusse kam, daß der Mensch nur durch die Arbeit glücklich werde. In dem frühern Reiseroman „Zadig", welcher orientalische Färbung trägt, hatte er den Mutterwitz über alles Unglück und über borniten Aberglauben triumfiren lassen, und in dem unvollendeten „Mikromegas" durchschwebte er sogar mit Riesen aus fernen Weltkörpern das All und persiflirte die Kleinheit der Menschen unserer Erde und ihre Selbstüberhebung. In den nämlichen Cyklus romantischer Einkleidung der tiefgreifendsten Fragen, wobei ihm stets die Tendenz wichtiger war, als Charakteristik, Verwickelung und Wahrscheinlichkeit, gehört auch „l'Ingénu" in welchem der Natur- und der Kulturmensch einander entgegengesetzt und die Unsitten der Pariser und ihres Hofes unter Ludwig XIV. gezeißelt werden.

Eine andere Gattung der Literatur bebaute er in seinen philosophischhistorischen Schriften. Für die Marquise hatte er eine „Philosophie der Geschichte" verfaßt und ihr einen „Essay sur l'esprit et les moeurs des

nations" folgen laſſen, der ſich in der Periode Karl's des Großen an das
bis dahin reichende theologiſch gefärbte Werk Boſſuet's anſchloß. So
wurde Voltaire einer der Schöpfer der Kulturgeſchichte. Als ihre Faktoren
betrachtete er zwei: einen bleibenden, die menſchliche Natur, und einen veränderlichen, die Meinungen und Gewohnheiten, als ihren Inhalt, in
peſſimiſtiſcher Auffaſſung, einen „Wuſt von Verbrechen, Thorheiten und
Unglücksfällen, dazwiſchen, wie Wohnungen in einer Einöde, hie und da
Tugenden und Glücksfälle zerſtreut ſind." Es iſt freilich zu beachten, daß
ſein Buch größtentheils das unſelige Mittelalter umfaßt; das Ende ſchließt
ſich an ſein „Siècle de Louis XIV." an. Von der Einwirkung übernatürlicher Mächte auf die Geſchichte der Menſchen will Voltaire nichts wiſſen;
die letztere beſteht ausſchließlich im Kampfe des Menſchen mit ſich ſelbſt
und mit der Natur.

Dieſe Schriften führen uns auf Voltaire's philoſophiſche An-
ſchauungen. Ein Syſtem ſeiner Grundſätze hat er niemals aufgeſtellt, iſt
daher kein Philoſoph der Schule. Aber der Name eines Lebensphilo-
ſophen kann ihm niemals ſtreitig gemacht werden. Er beſchäftigte ſich
allerdings nicht mit metaphyſiſchen Grübeleien über das Sein und Nicht-
ſein, die Subſtanz und die Attribute; aber er forſchte, ſo frivol er in
manch anderen Dingen ſchrieb, ernſt nach über die wichtigſten Fragen,
welche den Menſchen und die Welt berühren. Er that dies theils als
Mitarbeiter an der großen Encyklopädie von d'Alembert und Diderot,
theils als Verfaſſer eines eigenen „Dictionnaire philosophique", das er
jedoch, wie ſtets, verleugnete, als es ihm Gefahr drohte, und mehrerer
kleinerer Schriften, wie z. B. „le philosophe Ignorant", „Tout en Dieu",
„Il faut prendre un parti" u. ſ. w. Allen dieſen Büchern war eine
Jugendarbeit für die Marquiſe, der „Traité de Métaphysique" vorangegangen, in welchem er ſich für Locke's Lehre von den Sinnen als einziger
Brücke der Erkenntniß ausſprach.

Voltaire's Stellung zur Frage nach dem Daſein Gottes iſt die, daß
er einmal annimmt, der Glaube an einen Gott ſei — für den Beſtand der
menſchlichen Geſellſchaft nothwendig, — wenn Gott daher nicht wäre,
müßte man ihn erfinden, — als Zügel nämlich für die ungebildete Klaſſe,
— nicht als Grundſatz! Dann bemühte er ſich aber auch das Daſein
Gottes für ſich ſelbſt zu beweiſen, um ſich die Herkunft der beſtehenden
Intelligenz zu erklären. Ihm war ſowol die Materie, als die Schöpfung,
d. h. die göttliche Einwirkung auf die Materie, ewig. Die Geſammtheit
der Dinge geht nach ihm fortwährend von Gott aus und führt in ihren
Zwecken wieder zu ihm zurück. Jede Selbſtthätigkeit der Materie bekämpfte
er entſchieden. Deſſenungeachtet iſt aber ſein Gott nicht allmächtig. Er
hat die Welt nur unter gewiſſen Bedingungen ſchaffen, d. h. formen
können, und daraus iſt das Übel erklärlich. Dagegen iſt er gerecht,
und hier kommt Voltaire auf ſeine Theorie der Zweckmäßigkeit zurück, —

er belohnt das Gute und bestraft das Böse. Aber wann soll dies geschehen? Für sich glaubte Voltaire: einzig und allein in diesem Leben; denn, an der Locke'schen Philosophie festhaltend, sah er die „Seele" als ein mit den Sinnen nicht Wahrnehmbares, nur für einen Begriff, für eine „Eigenschaft" des Menschen, nicht für ein selbstständiges, vom Körper trennbares Wesen an, und verwarf daher jedes Leben nach dem irdischen Tode und damit auch alle jenseitige Vergeltung. Gäbe es eine immaterielle Seele, räsonnirte Voltaire, so müßten auch die Thiere unsterblich sein, weil ja auch sie Seelen haben! Für das Volk dagegen meinte er, gleich den Glauben an Gott, auch denjenigen an die persönliche Unsterblichkeit und jenseitige Vergeltung als nützlich aufrechterhalten zu sollen und tadelte das Alte Testament, daß in ihm die Unsterblichkeitslehre fehle. In späterer Zeit schien er jedoch selbst bisweilen gegen Außen sich dieser Annahme hinzugeben und zu schwanken, ob die Unsterblichkeit anzunehmen sei oder nicht, während er dann zur Abwechslung wieder sich selbst und den Glauben an das Jenseits verspottete. Hinsichtlich der Freiheit des Willens, dieses letzten Artikels in dem Trio des Theismus, verhielt sich Voltaire zur Zeit seines Verkehrs mit der Marquise und mit Friedrich affirmativ und behauptete, nur die Leidenschaften führten zu dem Glauben, daß der Mensch nicht frei sei. Mit der Zeit jedoch beobachtete er die völlige Unabhängigkeit der menschlichen Vorstellungen vom Willen und das Vorhandensein einer Ursache zu jeder Wirkung und kam so zu der Ansicht, daß nicht der Wille, sondern blos das Handeln frei sein könne.

Mit Locke verwarf Voltaire die angeborenen Ideen, hielt aber die Empfänglichkeit jedes Menschen für die Begriffe von Recht und Unrecht fest, hinsichtlich welcher in der Hauptsache alle Völker gleiche Ansichten hegen. Die Moral war denn auch, wie er wiederholt betonte, für ihn der Ersatz der Religion, und seine moralischen Lehren zeichnen sich durch große Reinheit aus, die er freilich im Leben nicht immer beobachtete!

Gegenüber dem Christenthum verhielt er sich, nicht nur nach dem damaligen Zustande, sondern auch überhaupt, durchaus feindlich, einerseits des asketischen Charakters dieser Religion, andrerseits der Widersprüche wegen, welche sich so zahlreich in den angeblich geoffenbarten Schriften derselben finden. Konnte es für ihn, wie für jeden denkenden Menschen, etwas Widersinnigeres geben, als einen Gott, der die Menschen blos wegen der unter ihnen herrschenden sinnlichen Liebe, die er ihnen ja selbst gegeben, sämmtlich ersäuft, und später, nachdem diese Maßregel nichts genützt, sich als Kind gebären und als Mann an's Kreuz schlagen läßt, ohne daß dies die Menschen im Geringsten besser machte? Er konnte, wie noch jetzt wir, nicht begreifen, was es heiße: für die Sünden Anderer sterben und hinterher Alle verdammen, welche von einem solchen Tode unschuldiger Weise nichts erfahren haben! — Voltaire veröffentlichte Stücke aus dem Testamente eines 1732 in der Champagne verstorbenen Pfarrers, Jean Meslier mit Namen, welcher über das Christenthum noch schärfer urtheilte als Voltaire selbst, ja bis zum Atheismus und zur Lehre des Königsmordes schritt.

Voltaire's Schriften verbreiteten sich auch über die sogenannte heilige Schrift des alten und neuen Testaments und deren Gestalten. Im erstern fand er, nicht mit Unrecht, lauter Ungereimtheit und Thorheit, und die Evangelien hielt er — des alten Testamentes für würdig! Jesus verglich er mit Fox, dem Stifter der Quäker, und stellte ihn als einen sittenreinen Schwärmer, — einen ländlichen Sokrates, dar, dessen Reden und Handlungen aber so ungenau, widersprechend und mit unmöglichen Wundern vermischt seien, daß wir das Wahre nicht mehr vom Falschen unterscheiden können. Daß Jesus eine neue Religion habe stiften wollen, glaubt Voltaire nicht; er habe nur das Judenthum zu reinigen beabsichtigt. Das Christenthum sieht er richtig als eine Mischung von Platonismus und Judenthum, seine Organisation als ein Werk Roms an. Die Kirchengeschichte ist ihm eine Kette von Verirrungen, Fälschungen und Grausamkeiten, welchen nach seiner Rechnung fast neun und eine halbe Million Menschen zum Opfer gefallen seien, — die Reformation, deren Nothwendigkeit er völlig verkennt, ein ganz überflüssiger Kampf eines Irrthums gegen einen andern, wobei er sich sehr über den groben Luther ärgert. Die Reformation habe, meint Voltaire, die Klöster nur aufgehoben, um die ganze Welt in ein Kloster, d. h. ein jeder Heiterkeit und ästhetischen Bildung entbehrendes Jammerthal zu verwandeln. Man hat sich oft gestritten, was mit Voltaire's viel citirtem Ausspruche „écrasons l'infâme" gemeint sei. Der Zusammenhang des Textes, wo jene Worte vorkommen, zeigt, daß das Infame weiblich gedacht ist, und aus damit in Verbindung stehenden Äußerungen geht unzweifelhaft hervor, daß es die christliche Kirche bezeichne, d. h. die mordende, verbrennende oder wenigstens verdammende Kirche, deren in Praxis die erhabenen Grundsätze ihres Stifters ein leerer Schall geworden sind. Und der nämliche Philosoph konnte es nicht umgehen, auf seiner Herrschaft eine neue Kirche zu errichten, welcher er die stolze Inschrift gab: „Deo erexit Voltaire", und er konnte sich wenigstens rühmen, sie keinem Heiligen gewidmet zu haben. Freilich sandte der Papst Reliquien für das „Gotteshaus", aber Niemand fragte, wem sie gehörten.

Voltaire verkündete indessen nicht nur aufgeklärte Grundsätze, — er übte sie auch aus. — Er machte, wie Wenige gleich ihm, mehrere Riesenkämpfe gegen den Fanatismus und die Barbarei durch und sühnte durch sie reichlich seine Fehler und nicht zu entschuldigenden Handlungen. Diese Kämpfe hatten folgenden Verlauf:

Im Jahre 1761 wurde zu Toulouse eines Abends nach dem Nachtessen der Sohn des dortigen protestantischen Kaufmanns Jean Calas, Marc-Antoine, an einer Thüre erhängt gefunden. Vater, Mutter, Bruder und ein auf Besuch anwesender Freund gaben sich verzweifelnden Klagen hin, und alle Rettungsversuche waren vergeblich. Da erhob sich unter dem fanatischen Pöbel das Gerücht, der Sohn, welcher im Begriffe gewesen, katholisch zu werden, sei deshalb von seinem Vater, einem schwachen Greise, erwürgt worden, obschon Calas bereits einen andern (abwesenden) convertirten Sohn hatte, dem er trotz übler Aufführung stets gewogen gewesen. Die ganze Familie sammt der katholischen Magd und dem besuchenden Freunde wurde verhaftet und in Eisen geschmiedet. Die weißen Büßermönche hielten für den Erhängten als Martyrer ein pompöses Todtenamt. Die Gefangenen wurden gefoltert, der Vater Calas trotz beharrlicher Versicherung seiner Unschuld zum Tode durch das — Rad verurtheilt und am 9. März 1762 wirklich gerädert, der Sohn auf Lebenszeit verbannt, die Mutter, der Freund und die Magd entlassen, die Töchter in ein Kloster gesteckt. Ein während des Processes abwesender Sohn der Familie erzählte den Hergang Voltaire und Dieser schrieb nun seine Abhandlung über die Toleranz, Briefe über Briefe an alle Behörden Frankreichs, drei Jahre lang, bis der König den Proceß revidiren ließ, in Folge dessen das Urtheil über Jean Calas nichtig, der Hingerichtete unschuldig erklärt und die Familie entschädigt wurde. Die Überzeugung hatte sich endlich Bahn gebrochen, daß der angebliche Martyrer sich selbst erhängt; aber ein Unschuldiger war dafür aus bloßem Religionshasse der fürchterlichsten Todesstrafe unterworfen worden!

Noch während die Familie Calas im Kerker schmachtete, bot sich Voltaire schon ein zweiter Anlaß zum Wirken für Gerechtigkeit. Die Tochter der protestantischen Familie Sirven in Castres bei Toulouse wurde durch den dortigen Bischof ihren Eltern entrissen, gewaltsam in ein Kloster gesperrt und dort, als sie sich nicht sogleich bekehrte, hart gezüchtigt. Sie wurde stumpfsinnig, konnte entspringen und stürzte sich in einen Brunnen. Sofort behauptete die fanatische Masse, die Eltern und Schwestern hätten die Unglückliche ertränkt, weil sie im Begriffe gestanden, sich zu bekehren. Die Familie konnte sich jedoch noch zu rechter Zeit flüchten und gelangte in die Schweiz, wo sie sich an Voltaire wandte. Dieser säumte nicht, sich ihrer Sache mit der nämlichen Wärme anzunehmen, wie derjenigen der Calas, und ruhte nicht, bis die Sirven, nach neun Jahren Anstrengung, freigesprochen wurden.

Ein dritter Fall hatte einen unglücklichern Ausgang. Zwei junge Männer zu Abbeville, de la Barre, siebenzehn, und d'Etallonde, achtzehn Jahre alt, waren angeklagt, ein hölzernes Crucifix beschädigt, vor einer Procession den Hut nicht abgenommen, irreligiöse Lieder gesungen und vor Voltaire's philosophischem Wörterbuch — gekniet zu haben. Erwiesen wurden bloß die Procession und die Lieder; trotzdem aber verurtheilte man Beide: Etallonde zum Ausschneiden der Zunge, Abhauen der rechten Hand und darauf folgender Verbrennung bei lebendigem Leibe, — de la

Barre zum Rade und darauf folgender Verbrennung. Der Erste konnte entfliehen, der Zweite aber wurde gefoltert und dem Urtheile gemäß 1766 hingerichtet. Trotz aller Anstrengungen gelang es Voltaire nicht, die Kassation des Urtheils zu bewirken; aber den entronnenen Genossen des Gemordeten empfahl er dem Könige von Preußen, der ihm eine Offiziersstelle verlieh, ließ ihn auf Urlaub zu sich kommen, um die Sache seines Genossen zu betreiben, und ihm Unterricht ertheilen, und betrieb bei Friedrich seine Beförderung.

Dagegen erwirkte Voltaire die Ehrenrettung des Gouverneurs von Französisch-Indien, Arthur, Graf von Lally-Tolendal, welcher in Folge falscher Anklage auf Hochverrath mit einem Mundknebel zum Schaffot geführt und enthauptet, und des armen Gärtners Montbailly, der als angeblicher Muttermörder lebend gerädert und verbrannt, während seine mit ihm angeklagte Frau im Gefängniß wahnsinnig wurde. Wie in diesen Fällen Voltaire mit allem Feuer der Begeisterung für eine gerechte Sache, die Folter und barbarische Todesstrafen bekämpfte, so verwendete er sich auch mit Eifer für Aufhebung der Leibeigenschaft.

Aber auch ohne durch kriminalistische Unthaten veranlaßt zu sein, wirkte Voltaire viel Gutes, und zwar in einer Weise, die seltsam mit seiner sonstigen Habsucht kontrastirte. Als ein Landmann in Ferney für eine Schuld von 7500 Francs im Gefängnisse lag, ließ der Philosoph diese Summe für ihn auszahlen, und sagte, als man ihn darauf aufmerksam machte, daß er das Geld wol nie wieder zurück erhalte: „Man verliert nichts, wenn man einen Vater seiner Familie, einen Bürger dem Staate wieder schenkt." Ein anderer dortiger Landmann, der ihm 600 Francs schuldete, verlor sein Vieh; Voltaire sandte ihm zwei schöne Kühe und seinen quittirten Schuldschein. Einem Dritten, der durch einen ungerechten Proceß ruinirt war, gab er tausend Thaler, um ihm die Unannehmlichkeiten einer Wiederaufnahme des Processes zu ersparen. Eine Witwe der Umgegend, von ihren Gläubigern verfolgt, wandte sich an ihn, worauf er ihr nicht allein das Erforderliche ohne Zins lieh, sondern ihr Grundstück, welches verkauft worden, zu höherm Preise ankaufte als es werth war, und ihr den Überschuß übergab. Als die Jesuiten eines benachbarten Ortes ein Gut, das für 15000 Francs verschuldet, aber viermal so viel werth war, um diesen Preis an sich ziehen wollten, schaffte er denselben her und ermöglichte so der bedrängten Familie, ihr Eigenthum zu behalten und sich so zu erholen, daß dieselbe nach der Aufhebung des Ordens dessen dortige Güter erwerben konnte.

Besonders lebhaft aber erwachte sein Sinn für Wohlthätigkeit, wenn er damit das Interesse für die Literatur verbinden konnte. Er war auf ein Mädchen aufmerksam gemacht worden, Marie Corneille, welches für eine Enkelin des berühmten Dichters dieses Namens galt, aber nur seine Seitenverwandte war. Er nahm sie zu sich, erzog sie selbst, gab zu

ihren Gnaden die Werke ihres großen Verwandten heraus, auf welche vom
Könige und Fürsten zu hunderten von Exemplaren subskribirten, und verheiratete die Pflegetochter dann sehr glücklich. Auch der Gatte, ein junger
Edelmann der Nachbarschaft, mußte zu ihm ziehen, und es ist rührend zu
lesen, wie der Alte von Ferney für das Paar in liebenswürdigster Weise
besorgt war.

Voltaire's Leben in Ferney war anfangs keineswegs das eines Einsiedlers; stets fanden sich dort Besuche von Berühmtheiten der Welt, besonders aber der Literatur ein. Ebenso korrespondirte er mit Solchen sowol, als mit gekrönten Häuptern, namentlich mit der Kaiserin Katharina II. von Rußland, welche er schmeichelnd (wie indessen schon ihre
saubere Vorgängerin Elisabeth!) die „Semiramis des Nordens" nannte,
und mit Friedrich dem Großen, der sich, nach einigen gegenseitigen unan-
genehmen Auseinandersetzungen, wieder mit ihm versöhnt hatte und ihn
nun aufforderte, den Kampf, welchen Bayle begonnen und die Engländer
fortgeführt, — zu vollenden, aber ihm Kammerherrnschlüssel und Orden,
ungeachtet seines Wunsches, diese „brimborions" und „bagatelles" wieder
zu erhalten, nicht wiedergab, obschon er seine Werke stetsfort bewunderte
und überall mit sich führte. Erst in späterer Zeit wurde Ferney, in Folge
eines dummen Streiches von Voltaire's Nichte, einsamer.

Mit der Geistlichkeit stand Voltaire zu Ferney nicht schlecht. Einen
Jesuiten hielt er Jahre lang im Hause — als Schachspieler, und den
Kapuzinern erwies er so viel Gutes, daß deren General in Rom ihn zum
wirklichen Vater der Kapuziner im Ländchen Gex ernannte. Als aber einmal Voltaire, da viele Diebstähle in der Gegend vorkamen, sich erlaubte,
in seiner Kirche das Wort zu ergreifen und eine Rede gegen den Diebstahl
zu halten, exkommunizirte ihn der Bischof von Annecy. Da er jedoch die
katholischen Gebräuche stets befolgte, nicht aus Furcht vor dem Volke oder
vor ewigen Strafen, sondern um den noch in Kraft bestehenden bürgerlichen Nachtheilen der Exkommunikation zu entgehen und sich zugleich über
die Gesichter der Geistlichen bei Ertheilung der Sakramente an den Anti-
christen zu amüsiren, stellte er sich krank und zwang hiedurch die Geistlichkeit, ihm Beichte und Abendmahl zu gewähren! Das that der Schalk im
74sten Altersjahre, in welchem er noch 18 bis 20 Stunden im Tage
arbeitete!

Als Gesellschafter war er unübertrefflich, lebhaft, witzig, im Theater
nahm er mit ganzer Seele an der Handlung theil und störte sie oft durch
seine Ausrufe, wie er, wenn er im Liebhabertheater selbst spielte, so ergriffen war, daß er seine Rolle vergaß. Gegen die Damen war er äußerst
galant. Seine Lebensweise war unregelmäßig; weder im Essen und
Trinken, noch im Schlafen band er sich an gewisse Stunden, genoß aber
Alles höchst mäßig. Eigentlich gesund war er nie und doch zäh; zu den
Ärzten hatte er wenig Zutrauen; im Übrigen war er sehr reinlich. Er

liebte Aufwand, war gegen Untergebene nachsichtig und gar nicht mißtrauisch; seine Wohlthätigkeit kennen wir schon; seit er in Ferney lebte, verschenkte er auch seine Werke an bedürftige Buchhändler, Schauspieler u. s. w. Vertriebene Genfer nahm er in Ferney auf und baute ihnen Häuser. In seinen letzten Jahren mußte er jedoch noch ökonomische Sorgen erleben, indem der Herzog Karl von Würtemberg ihm die Renten eines Darleihens entzog.

Seine Zeit, d. h. die gebildete Welt derselben, feierte ihn in hohem Maße und bewies damit, wie reif sie zur Abschüttelung des Pfaffenjoches war. Die Pariser errichteten ihm 1770 eine Statue im Nationalinstitute, wozu auch Friedrich der Große beitrug. Er wähnte, das Zeitalter der Vernunft sei angebrochen und die anständigen Leute würden bald den Himmel auf Erden haben; für die canaille fand er die alten Zustände gut genug, obschon sein weitblickender Geist sich nicht verhehlen konnte, daß eine Revolution in Frankreich im Anzuge sei und einen „höllischen Lärm" hervorrufen werde. Demokratisch war er gar nicht gesinnt; sein Ideal war eine durch die „Philosophen" als Staatsmänner geleitete aufgeklärte Monarchie. So war er auch mehr Diplomat als Völkerbeglücker, und sympathisirte mit der Theilung Polens und den Kriegen gegen die Türken, letzteres freilich mit der schwärmerischen Hoffnung einer Befreiung Griechenlands!

In seinen letzten Lebenstagen arbeitete seine eitle Nichte an einer Reise nach Paris; um die Huldigungen der Weltstadt einzuziehen. Im vierundachtzigsten Jahre (1778) ließ er sich bewegen, dieselbe zu wagen, und kam in veraltetem Kostüm im Rom der Moden an. Die Huldigung fand in hohem Maße statt; er wurde von Besuchen und Schmeicheleien fast erdrückt. Der bornirte König Ludwig XVI. verhielt sich jedoch kalt, und die Pfaffen suchten den Freigeist zu drangsaliren. Aber das bewegte Leben nach langer Zurückgezogenheit strengte den Greis allzusehr an. Er verfiel in ein Fieber. Nachdem er eine Erklärung ausgestellt, daß er in Verwünschung des Aberglaubens sterbe, bequemte er sich, nach seiner inkonsequenten Art, auch noch der Beichte, mit der Versicherung, in der heiligen katholischen Kirche sterben zu wollen, nahm aber das Abendmahl nicht, indem er sarkastisch bemerkte, er speie Blut und wolle das seinige nicht mit jenem Gottes vermischen. Auf die Vorstellungen eines Freundes erwiederte er: man müsse mit den Wölfen heulen, am Ganges wäre er mit einem Kuhschwanze in der Hand gestorben! Noch war es ihm indessen möglich, einen Triumf in der Akademie und eine großartige stürmische Ovation von Seite der Menge aus allen Altern und Ständen im Theater und seine feierliche Aufnahme zum Freimaurer zu erleben, und wollte nun, da der König damit sehr unzufrieden war, wieder heimkehren, was er jedoch auf Zureden wieder aufgab, als sich sein Zustand in Folge angefangner strenger Arbeit am Wörterbuche der Akademie verschlimmerte und am 30. Mai gegen Mitternacht sein Tod eintrat. Die letzte Ölung nahm er nicht, und auf die Frage, ob er an die Gottheit des Erlösers glaube, antwortete er, man solle ihn im Frieden sterben lassen. Was von Gewissensbissen in der Todesstunde erzählt wird, ist Fabel. Die Geistlichkeit verweigerte ihm ein ehrliches Begräbniß, und das letztere fand zu Seellières bei Troyes statt, wo sein Neffe Titularabt war. Das Verbot des dortigen Bischofs kam zu spät. Der große Fritz schrieb ihm eine Gedächtnißrede. Katharina II. kaufte seine Bibliothek; sein Vermögen erbte die einfältige Nichte und heiratete noch mit 68 Jahren*).

Voltaire hatte weniger die Bedeutung des Vertreters eines bestimmten philosophischen Systems, als diejenige eines Wort- und Chorführers im Interesse der Aufklärung. Seine religiöse Stellung nahm im Ganzen den Standpunkt der englischen Deisten ein, entfernte sich jedoch weiter als diese vom Zauberkreise der Offenbarung. Schon seine Ablehnung der persönlichen Unsterblichkeit und sein Schwanken in Bezug auf die Freiheit des Willens ließ indessen ahnen, daß die Negation immer weiter schreiten werde, bis sie die Grenzen des Möglichen erreicht haben würde. Sie that dies wirklich, wie es unter den englischen Deisten schon Toland vorgezeichnet hatte, und mit der nämlichen Anmaßung, ohne naturwissenschaftliche Kenntnisse über den Zusammenhang der Dinge abzuurtheilen zu wollen, indem sie noch bei Voltaire's Lebens- und Blüthezeit, aber in der Periode seines Rücktritts aus der Pariser Atmosphäre vom halben Deismus dieses Philosophen zum offenen Materialismus und Atheismus überging, dessen Wortführer den Voltaire in der Beherrschung der gebildeten französischen Welt ablösten. Wir unterscheiden indessen in ihrem Kreise mehrere in manchen Dingen von einander abweichende Richtungen, die aber im Wesentlichen wieder auf ein gemeinsames Ziel lossteuern. Es sind dies

1) die neuenglose Weiterbildung der Locke'schen Philosophie durch Condillac und dessen Schule;

2) die leidenschaftliche Aufklärungsphilosophie mit wissenschaftlichem Charakter, die Männer der Encyklopädie und die des Natursystems;

3) die derselben Tendenz huldigenden, aber unwissenschaftlichen Autoren: Lamettrie, Helvetius, St. Lambert, Volney.

Der hervorragendste französische Lockeaner, und der einzige von dem Zeitgeiste unabhängige Philosoph dieser Nation, Etienne Bonnot de Condillac, Bruder des Abbé Mably, wurde 1715 zu Grenoble aus adeliger Familie geboren und zum Geistlichen bestimmt. Seit 1746 mit

---

*) Lettres inédites de Mr. Voltaire. Publiées par Mr. J. B. à Genève MDCCLXV. — Lettres de M. de Voltaire à ses amis du Parnasse. Avec des notes historiques et critiques. à Genève MDCCLXVI. — La vie de Voltaire, par M.*** à Genève MDCCLXXXVI. — Vie de Voltaire, par le marquis de Condorcet; suivie des memoires de Voltaire, écrits par lui-même. 1789. — Voltaire. Sechs Vorträge von D. F. Strauß. Leipzig 1870.

er als philosophischer Schriftsteller auf, zuerst mit dem „Essay sur l'Origine des Connaissances", dem der „Traité des Sensations", sein Hauptwerk, und viele andere Schriften folgten, bis er 1780 starb.

Condillac modifizirte die Locke'sche Lehre dahin, daß es nicht, wie der Urheber derselben meinte, zwei Quellen der Erkenntniß, Sinnesempfindung und Reflexion, sondern nur eine einzige, die Sinnesempfindung gebe; denn die Reflexion sei bloß „ein Kanal, durch welchen die Ideen aus den Sinnen in den Geist geleitet werden." Er vergleicht den Menschen mit einer Bildsäule; welche gleich ihm organisirt ist und zu welcher, wie in ihm, durch äußere Eindrücke auf die Sinne nach und nach alle Ideen hervorgerufen werden müßten, wie im Menschen der Fall ist. So leitet er sämmtliche menschliche Geistesthätigkeiten aus der sinnlichen Wahrnehmung ab, und so besteht am Ende der Geist aus weiter nichts, als aus Resultaten der Sinnenthätigkeit, und damit ist der Kampf gegen die herrschenden Ideen über Voltaire hinausgeschritten, es ist an Stelle des Deismus der Materialismus begründet.

Ein Schüler und Freund Condillac's, Pierre Jean George Cabanis, geboren 1757, gestorben 1808, warf des Lehrers Statue weg und wollte nur am lebenden Menschen Beobachtungen anstellen. Durch die letzteren gelangte er zu der Ueberzeugung, daß Körper und Geist Eines und Dasselbe seien, daß Physiologie, Erkenntnißlehre und Moral in eine einzige Wissenschaft zusammenfallen. Alle Thätigkeiten und Zustände des Geistes reducirte er auf solche des Gehirns und der Nerven, das Denken auf eine Thätigkeit des Gehirns, wie das Athmen eine solche der Lungen, das Verdauen des Magens ist u. s. w., und die Gedanken werden vom Gehirne, wie sie durch die Sinne hineingelangt sind, durch die Sprache, Mimik u. s. w. wieder abgesondert. So fand er auch in Gott nichts Andres, als das Naturgesetz. Einige Jahre vor seinem Tode jedoch, unter dem Eindrucke der Reaktion, welche am Anfange unsres Jahrhunderts eintrat, änderte Cabanis sein System und ließ sich, nach der beliebten Weise im Alter müde und schwach werdender Denker, „zu Gott führen." Dieser Rückzug ist es indessen nicht, was seinen Namen bekannt gemacht hat, nur seine ursprüngliche Lehre that dies, und sie sammelte auch viele Nacheiferer und Schüler um ihn. Unter ihnen hat die meiste Bedeutung Claude Graf Destutt de Tracy, geboren 1754, gestorben 1836, Theilnehmer an allen Revolutionen seiner vielbewegten Zeit. Seinem Hauptwerke „Eléments d'Idéologie" entnahm der corsische Usurpator seine beliebte Bezeichnung für alle Träumer, d. h. überzeugungstreuen Männer. Er ordnete die Wissenschaft vom menschlichen Geist in die Naturwissenschaft ein, und zwar speziell in die Zoologie und begann das von Cabanis skizzirte System derselben förmlich auszubauen, doch ohne dies Werk vollenden zu können. Seine beabsichtigten Theile sind: Ideologie, Grammatik, Logik; Oekonomie,

Moral, Politik; Physik, Geometrie und Arithmetik. Allerdings noch ein buntes Chaos!

Wir kommen von den Systematikern der Philosophie ohne Tendenz zu denen der nach bestimmten Zielen ringenden Aufklärung. Diese sprachen aus, was Jene, denen es blos um Grundsätze des Denkens zu thun war, verschwiegen hatten; sie zogen die Konsequenzen der materialistischen Lehre, nicht nur mit Bezug auf die Thätigkeit des Geistes für sich, sondern auch mit Bezug auf den Verkehr der Menschen unter sich, also vornehmlich die wichtigen moralischen, socialen und religiösen Konsequenzen. Wir gruppiren diese Gelehrten der Aufklärung in Diejenigen, welche ihre Ansichten alphabetisch, und in Jene, welche sie systematisch ordneten, oder in die Mitarbeiter an der „Encyclopädie" und in die Verfasser des „Natursystems".

Die berühmte französische „Encyclopédie" entstand, indem die französische Übersetzung einer 1728 erschienenen englischen Cyclopedia durch Uneinigkeit der Unternehmer scheiterte und der Verleger sich damit an Diderot wandte, mit welchem sich darauf d'Alembert zu dem großen Zwecke verband, ein selbständiges, ausführliches, wissenschaftliches und alles Veraltete rücksichtslos angreifendes Nationalwerk zu liefern. Das Erscheinen desselben begann mit dem ersten Jahre der zweiten Hälfte des achtzehnten Jahrhunderts. Sorbonne und Kirche wütheten, man las es nur noch mehr; die Polizei legte Beschlag darauf, — sie wagte aber die Fortsetzung nicht zu verbieten. Jedes Jahr erschien ein Band. Nach dem siebenten derselben verdoppelten sich die Angriffe. Zu den Klerikalen Bomben gesellten sich diejenigen Fréron's, weil dessen Feind Voltaire das Unternehmen protegirte, und Rousseau's, dem der Artikel „Genève" nicht gefiel. Da hob die Regierung das 1746 ertheilte Patent auf, indem sie den Schaden, den das Werk anrichte, größer fand als den Nutzen, und d'Alembert trat von dem Unternehmen zurück. Man wartete neun Jahre mit der Herausgabe, während welcher Zeit Diderot rastlos arbeitete, und veröffentlichte 1766 auf einmal zehn Bände. Die Verleger kamen auf acht Tage in die Bastille; den Verkauf jedoch hinderte Niemand, angeblich weil der König in dem Werke befriedigenden Aufschluß über die Verfertigung des Pulvers und die Pompadour über diejenige der Pommade gefunden hatte. Schon 1774 gab es vier Übersetzungen des Werks, das den Buchhändlern über zwei und eine halbe Million Livres Reinertrag, dem Hauptarbeiter Diderot aber nur 2500 Livres vom Bande und dann noch 20,000 Livres einbrachte.

Es bezeichnet den Standpunkt der Encyklopädie, daß sie Das, was Bayle in seinem Dictionnaire (oben S. 318) blos als Zweifel ausgesprochen, ked behauptete. Die Artikel waren kluger Weise so eingerichtet, daß unter dem bekanntern Ausdrucke die herrschende Lehre, unter anderen wenigen bekannten deren Widerlegung abgehandelt wurde. Wenden wir und aus den beiden auf dem Titel genannten Herausgebern, Diderot und d'Alembert, zu

Denis Diderot, der als Mensch Achtungswertheste, ja man kann sagen: der Tadelloseste unter den französischen Aufklärern jener Zeit, war 1713 zu Langres, als Sohn eines Messerschmiedes geboren, studirte, gleich Voltaire, bei den Jesuiten und erhielt, als zukünftiger Geistlicher, schon mit zwölf Jahren die Tonsur. Als er jedoch mit einem Jesuiten, wahrscheinlich als Missionär, abreisen sollte, verhinderte dieß sein Vater und sandte ihn nach Paris in ein weltliches Collegium. Die Theologie war jedoch so wenig nach seinem Geschmacke, daß er zur Jurisprudenz überging; er verließ aber auch diese, schlug die energische Forderung seines Vaters, einen Beruf zu ergreifen, in den Wind und erhielt sich von Schreiben und Stundengeben, um ganz seinem Lieblingsstudium, der Literatur, leben zu können, dem zu Liebe er endlich auch jene Erwerbszweige aufgab, und lieber hungern, als abhängig sein wollte. Trotz dieses Elendes verheirathete er sich, ließ sich aber, da ihn seine Frau nicht verstand, in andere Verhältnisse ein, die ihn bald unglücklich, bald wieder glücklich machten. Die Beleidigung einer einflußreichen Dame, die er sich in seiner „Lettre sur les aveugles" zu Schulden kommen ließ, brachte ihn 1749 auf drei Monate in den Kerker des Schlosses von Vincennes, welchen seine Frau mit ihm theilte. Dort besuchte ihn Rousseau und sagte bei ihm der Gedanke zu seiner später zu erwähnenden Schrift gegen die Civilisation; doch hat entweder sich die allzu verschiedenen Charaktere, ohne daß einem von beiden alle Schuld beizumessen wäre.

Der „Lettre sur les aveugles, à l'usage de ceux qui voient," folgte 1751 das Gegenstück: „Lettre sur les sourds et muets à l'usage de ceux qui entendent et qui parlent." In beiden versuch er eingehende Studien über diese zwei Klassen von Unglücklichen. Als die Encyklopädie, an welcher Diderot riesenhaft arbeitete, wie bereits erwähnt, verfolgt wurde und d'Alembert ihn verließ, wurde ihm für das Werk eine Zuflucht von dem Souverain Preußens und Rußlands angeboten, seine Vaterlandsliebe aber hielt ihn trotz der Verfolgung in Frankreich fest. Für diese Hingebung belohnte ihn auf scheußliche Weise der Verleger Le Breton, welcher heimlich alle ihm anstößig scheinenden Stellen in jenen zehn mit einander erscheinenden Bänden verändern ließ, welche Gewissenlosigkeit ihm Diderot in einem drohen Briefe verwies, in dem er ihm versicherte, er sei vor Schmerz über das Geschehene „auf den Tod verwundet." Den Rath Voltaire's und anderer Freunde jedoch, zu fliehen und dem Schicksal La Barre's zu entgehen, befolgte er nicht, und man wagte auch nicht Hand an ihn zu legen. Das Werk, an dem er dreißig Jahre gearbeitet, verschaffte ihm kein sorgloses Leben; freilich verstand er es auch nicht, sparsam zu sein, — eine Kunst, welche selten genug mit dem Genie verbunden ist. Um ihm in seiner Noth etwas aufzuhelfen, kaufte ihm die

Kaiserin Katharina seine Bibliothek für 15,000 Livres ab, ließ sie ihm jedoch auf Lebenszeit und besoldete ihn als ihren „Bibliothekar" mit 1000 Livres jährlich, die man jedoch zu bezahlen vergaß, was man später mit einer Abschlagssumme von 50,000 Francs für „fünfzig Jahre voraus" gut machte. Diderot reiste 1773 nach Petersburg, um der Kaiserin zu danken, die ihn sehr gut aufnahm und sich über seine Aufrichtigkeit im Sprechen freute, ihm jedoch umsonst eine glänzende Stellung in Rußland anbot. Schon während des dortigen Aufenthaltes hatte seine Gesundheit durch das Klima gelitten, und er wurde nie mehr gesund, bis 1784 ein Schlag seinem Leben ein Ende machte. „Der erste Schritt zur Philosophie ist der Unglaube," war sein letztes Wort, — von voltaire'scher Pfaffenfeindschaft kein Rede, obschon ein Geistlicher ihn zu bekehren versuchte. Trotzdem wurde er in einer Kirche begraben, und blos sein Bruder, Chorherr in Langres, verlangte die Verbrennung seiner Papiere, die aber bereits mit seiner Bibliothek nach Petersburg gewandert waren.

Diderot's Kopf war schön und geistvoll, seine Rede feurig und begeistert, seine Unterhaltung fesselnd, seine Bildung vielseitig, sein Stil hastig und ungestüm, seine Werke daher oft oberflächlich oder übertrieben, doch mit Ausnahme einer Jugendschrift keusch und würdig, sein Charakter ehrlich, aufrichtig und menschenfreundlich, seine Stimmung turnit heiter und festlich. Wohlthätigkeit machte ihm weit mehr Vergnügen als Befriedigung der sinnlichen Bedürfnisse.

In seinen Überzeugungen schritt Diderot stufenweise vom Christlichen Glauben an die Vorsehung durch den confessionslosen Deismus zum Naturalismus fort. Auf der ersten Stufe schrieb er den „Essai sur le Mérite et la Vertu," auf der zweiten die „Promenade d'un Sceptique," die „Pensées philosophiques" u. s. w., auf der dritten die „Interprétation de la nature" und die Encyklopädie. Diese letztere Richtung befolgte er von etwa 1749 an bis zu seinem Tode und anerkannte, ihr zufolge, weder einen persönlichen Gott, noch eine persönliche Unsterblichkeit, noch einen Unterschied zwischen Materie und Geist. Den Geist faßte er als eine Eigenschaft der Materie auf, welche ihr auch sämmtlichen, auch den unbedeutendsten Atomen, aus denen er die Materie zusammengesetzt glaubte. Die ganze Natur war ihm daher beseelt, ja sie war ihm das einzige wirkliche „Individuum", von dem alle lebende Wesen bloße Theile seien. Damit war natürlich die Annahme eines freien Willens unverträglich. Tugend und Laster, die er übersetzte „Rechtthun" und „Übelthun" (bienfaisance et malfaisance) genannt wissen wollte, hielt er für die nothwendigen Folgen gewisser Ursachen, den Unterschied des Guten und Bösen aber für einen ewigen und unveränderlichen, indem gut sei, was den Gottheit des Einzelnen dem Wohle der Gesammtheit unterordne, und böse das Gegentheil. — Lohn und Strafe endlich für Mittel, die Schlechten zu bessern und die Guten zu ermuntern. Nach den Folgen dieser Lehre fragte er nicht.

sondern nur nach ihrer Wahrheit. Sein Leben ist indessen das beste
Zeugniß für sie.

Diderot's Mitarbeiter, Jean le Rond d'Alembert, wurde 1717
zu Paris geboren, von seiner natürlichen oder vielmehr unnatürlichen
Mutter, der Salondame Tencin (s. oben S. 329) bei einer kleinen Kirche
in der Nähe von Notre-Dame ausgesetzt und von einer armen Glasersfrau,
Rousseau mit Namen, auferzogen. Seine Mutter bekümmerte sich niemals
um ihn, während sein Vater, der Artillerie-Kommissär Destouches,
wenigstens die Kosten seiner Erziehung bestritt und ihm eine Pension
hinterließ. D'Alembert wohnte in dankbarer Anhänglichkeit gegen dreißig
Jahre bei seiner Pflegemutter. Sein Lieblingsfach auf der Schule (einer
jansenistischen: Collège Mazarin) wurde die Mathematik, und umsonst
suchte er nach einander die Jurisprudenz und Medizin sich anzueignen.
Seit 1739 lieferte er der Akademie der Wissenschaften mathematische
Arbeiten und wurde schon 1741 ihr Mitglied, wie 1746 auch derjenigen
von Berlin. Seit 1749 bearbeitete er für die Encyklopädie deren Einleitung und die mathematischen und physikalischen Artikel, sowie mehrere
literarische und philosophische. Wir kennen bereits seinen mutlosen Rück-
tritt von diesem Unternehmen; aus Habsucht geschah derselbe nicht; denn
bald schlug er eine glänzende Stelle als Erzieher des Sohnes der Kaiserin
Katharina aus, und ebenso diejenige eines Sekretärs der berliner Akademie.
Seit 1772 war er fortwährender Sekretär der französischen Akademie und
lebte meist diesem Institute und seiner Korrespondenz, besonders mit Friedrich II. und Voltaire. Sein Verhältniß zur Espinasse kennen wir bereits
(S. 330); obschon er es mit Anderen theilen mußte und so sehr ihn dies
schmerzte, blieb er ihr dennoch treu, und nach ihrem Tode (1776), ohnehin
krank, fühlte er sich gebeugt und lebensfatt, bis er ihr (1783) nachfolgte.
Den zudringlichen Priester hatte er weggeschickt.

Seine Unterhaltung war fließend und gewandt, aber etwas trocken
und nicht fesselnd, seine Äußerungen waren zurückhaltend, aber durchaus
aufrichtig, sein Leben sparsam, doch wohlthätig; vor Allem liebte er, wie
wir bereits sahen, die Unabhängigkeit; seine Fehler bestanden in etwas
Eitelkeit und in großem Hange zum Zorne und zur Ungeduld und in
Mangel an Muth und Energie; seine Manier, sich zu geben, war härter
als er im Innern dachte. Seine Grundsätze stützten sich auf Locke's
Philosophie, die er gleich Condillac noch schärfer faßte; hinsichtlich der
übersinnlichen Dinge äußerte er sich nicht. In der Einleitung zur Encyklopädie gab er ein vollständiges System der Wissenschaft auf Grundlage
desjenigen Baco's von Verulam, das jetzt allerdings veraltet ist. Ein
ähnliches Werk war der auf Friedrich II. Wunsch geschriebene „Essai sur
les éléments de Philosophie," in welchem er die religiösen Fragen ganz
überging. Nur an Voltaire schrieb er einst: in allen metaphysischen
Dunkelheiten finde er blos den Skeptizismus vernünftig, — er fühlte sich

gesucht, anzunehmen, daß alles, was wir wahrnehmen, nur Sinnes-
erscheinung sei, und er komme immer wieder auf die Frage jenes indischen
Königs zurück: warum es überhaupt etwas gebe? — dies sei in der That
das Staunenswertheste, oder auf den Wahlspruch Montague's „Was
weiß ich?" Seine Philosophie war Resignation, wie die der Buddhisten.

Sahen wir in den beiden Wortführern der Encyklopädisten erst einen
noch schlechteren Materialismus, bei Diderot zurückgehalten durch ideale
Bestrebungen und durch Annahme einer Lebenskraft, wenn auch nicht als
selbstständigen Wesens, bei d'Alembert durch Unsicherheit über das Immaterielle, — so tritt uns dagegen der vollkommen rücksichtlose, alle Scham
megwerfende, nackte Materialismus in dem viel genannten und vielver-
lästerten Buche (das Beiwort „berüchtigt" wollen wir zarteren Seelen
überlassen): „Le Système de la Nature" entgegen. Dasselbe erschien
1770 unter dem falschen Autornamen des 1760 verstorbenen Sekretärs
der Akademie, Jean Baptiste Mirabaud. Es zeichnete sich nicht durch ge-
winnende Form aus, da es in schlechtem Stile, schleppend und langweilig
geschrieben ist, wol aber durch unerwartete Kühnheit; denn es sprach zum
ersten Male ohne Rückhalt aus, es sei nichts vorhanden, als die ewig
durch sich selbst existirende Materie, und der alles kommt und in welche
alles zurückkehrt. Der Mensch müsse wieder zur Natur und Vernunft
zurückgeführt werden, denn er sei das Werk der Natur, von deren Gesetzen
er sich nicht befreien kann. Was über der Natur stehend gedacht werde,
sei Hirngespinnst. Der Mensch bestehe daher nicht aus Körper und Geist,
seine gesunde Natur sei nur die unter einem besonderen Gesichtspunkte betrachtete sinnliche; die Gedanken, Vorstellungen, Leidenschaften u. s. w.
nur Wirkungen der äußeren Eindrücke, das Ergebniß der durch die Bewegung der Materie unter sich verbundenen Stofftheile. Was man
„Gott" nenne, sei nur die Materie selbst und deren unaufhörliche Bewegung und Thätigkeit. Nichts befinde sich in Ruhe, die Natur verwandle
sich daher stets, ihre Stoffe wechseln, ihre Theilchen trennen sich, um neue
Körper zu bilden; aber das Ganze der Materie bleibe immer dasselbe.
All dies geschehe mit Nothwendigkeit, nach ewigen Gesetzen, und die Be-
griffe von Ordnung, Zweck und Regelmäßigkeit seien nur willkürlich vom
Menschen gemachte. Der Tod sei nur eine Veränderung der Bestandtheile
des Wesens, wie das Leben eine fortlaufende Kette von Bewegungen der
Stofftheile des Körpers. Der Mensch sei ein begnügtes Wesen, seine
Seele nur Eigenschaft des Körpers, ohne angeborene Ideen; solche seien
nur Produkt der Erziehung, Nachahmung und Gewohnheit. Ein freier
Wille sei unmöglich, da er den Menschen außerhalb der Natur lege; der
Wille werde vielmehr durch die äußeren Dinge beherrscht. Als Handlungen
seien nothwendige Wirkungen von Ursachen; Verbrecher dürften daher nicht
bestraft werden, sondern seien gleich wie Wahnsinnigen zu bedauern. Der
Glaube an Unsterblichkeit sei nur ein Ausdruck der Liebe zum Leben, und

ein Wunsch; für dessen Verwirklichung nichts spreche. Warum denn fürchten auch die an Unsterblichkeit Glaubenden den Tod? Das wahre Glück bestehe nicht in einem zweiten Leben, sondern in Erwerbung der Liebe der Mitmenschen! „Meine Mitmenschen," sagt das Natursystem, „begünstigen mein Glück nur, wenn mein Glück das ihrige nicht beeinträchtigt. Um meines Glückes willen muß ich also ihre Freundschaft, Anerkennung und Hilfe suchen; es ist ein Vortheil, tugendhaft zu sein. Tugend ist die Kunst, sich glücklich zu machen, indem man zum Glücke des Andern beiträgt."

So viel Aufrichtigkeit und Kühnheit versetzte die Gläubigen in Raserei, — erschreckte die Halben und Ängstlichen. Voltaire und Friedrich II. griffen das Buch heftig an, d'Alembert war betroffen und entrüstet. Nur Diderot und seine nächsten Freunde verloren den Kompaß nicht, sondern anerkannten die Konsequenz ihrer Grundsätze.

Der Verfasser des Natursystems wurde erst nach seinem Tode durch den Encyklopädisten Grimm bekannt. Es war der aus Deutschland stammende, 1723 zu Heidenheim in der Pfalz geborene, aber schon früh nach Paris gekommene und ganz französisch erzogene Baron Paul Heinrich Dietrich von Holbach, ein reicher Gönner der Philosophie und fleißiger Schriftsteller, doch stets anonym. Indessen hatten ihn Diderot und Andere in seinem Wirken unterstützt. Er war ein treuer Freund und edler Wohlthäter und nicht übermäßiger Lebemann, und starb im Februar 1789, wenige Monate vor Ausbruch der Revolution.

Das „Natursystem" hatte, soweit es bei den damaligen mangelhaften naturwissenschaftlichen Kenntnissen möglich war, eine von ernstem wissenschaftlichem Streben geleitete und in Vielem die heutige Kraft- und Stofflehre anticipirende Begründung des Materialismus geliefert, und so Dasjenige in zusammenhängender und konsequenter Weise gelehrt, was die „Encyklopädie" sowol ohne Zusammenhang, als, bei der Klugheit der Herausgeber und der Feigheit des Verlegers, ohne Konsequenz aufgestellt hatte. — Nun war aber das wissenschaftliche Gewand Denen unbequem, welche die nämliche Lehre, wie jene Werke sie enthielten, nicht aus dem Triebe nach Wahrheit annahmen, sondern zum Vorwande eines wüsten, oder wenigstens leichtfertigen Lebens benützten.

An der Spitze dieser frivolen Materialisten, welche weniger in die Geschichte der Wissenschaft, als in jene der Verirrungen derselben gehören, steht Julien Lamettrie, ein 1709 zu St. Malo geborener französischer Arzt, welcher wegen Satiren gegen seine Berufsgenossen nach Holland fliehen mußte, dann von Friedrich II. als Vorleser nach Berlin berufen wurde und dort 1751, als Akademiker, in bereits (S. 333) angegebener unwürdiger Weise starb. Sein Leben war das eines Wüstlings; doch bethätigte er sich trotz seines kurzen Lebens als fleißiger Schriftsteller. In Holland schrieb er (1745 und 1746) die Histoire naturelle de l'Ame und l'Homme Machine, in Berlin 1751; L'Homme Plante, Système d'Epicure, Vénus metaphysique und mehrere andere. Seine Grundsätze gipfeln in der Ansicht, daß das Höchste, was der Mensch erreichen könne, der Sinnengenuß sei. Das Glück, welches der Mensch im Denken und Wissen und in der innern Zufriedenheit finde, nennt er unsicher, ja oft schädlich; glücklicher als der Denker sei der Träumende, der Berauschte, ja sogar der Wahnsinnige! Sowol die Wissenschaft als die Moral werden herabgesetzt, die religiösen Fragen gar nicht berührt, obschon zu Lamettrie's Glücklichen auch der Blindgläubige gehören müßte! Von wissenschaftlicher Begründung ist in Allem keine Spur. Dem Genie Friedrich's aber gereichte es zur Unehre, einem solchen Subjekte selbst eine Lobrede zu schreiben und in der Akademie vorlesen zu lassen.

Ein Nachfolger Lamettrie's war der persönlich achtbarere, aber eitle und schwache Claude Adrien Helvetius, 1715 zu Paris geboren, Sohn des Leibarztes der Königin und Urenkel des Alchemisten Johann Friedrich Schweizer aus Anhalt, der seinen Namen latinisirt hatte und dessen Sohn als Arzt nach Paris gezogen war. Mit dreiundzwanzig Jahren schon Generalpächter und dadurch reich, genoß er das Leben durch und durch und spielte später den Mäcen und zugleich den poetischen und philosophischen Dilettanten, je nachdem ihm eine literarische Erscheinung auffiel, die er dann nachahmte. Sein Material sammelte er als Gastgeber in der Unterhaltung mit den Eingeladenen. So war Montesquieu's Geist der Gesetze für ihn (1758) der Anlaß, sein einziges Buch, de l'Esprit, zu schreiben. In demselben geht er von Condillac's Erkenntnißlehre aus und schließt daraus, ähnlich wie Lamettrie, „weil Alles aus der Empfindung stamme, könne nur die Selbstliebe und der persönliche Vortheil der Beweggrund der menschlichen Urtheile und Handlungen, außer Ziel also nur die Lust und die Vermeidung der Unlust sein." Jeder ist nach ihm sich selbst Alles, die Andern nichts, die Aufopferung des Einzelnen für das Ganze — Thorheit, und Gemeinwesen können nur existiren, wenn sie den Einzelnen an den Vortheil des Ganzen fesseln. Den Geist nährt, wie Helvetius meint, blos die Leidenschaft, deren Weckung in dem Einzelnen Aufgabe der Erziehung, im Staate der Gesetzgebung sei.

Dieser harmlose Unsinn erregte die Angst und Wut der Machthaber und der Frommen und zwar sowol der Jansenisten, als der Jesuiten. Der Erzbischof von Paris und die Sorbonne klagten den Verfasser der Untergrabung der Moral und des Friedens in Staat und Kirche an, das Parlament ließ das Buch verbrennen, der Verfasser und der Censor wurden ihrer Ämter entsetzt. Dieser Windmühlenkampf bewirkte gerade das Gegentheil des Beabsichtigten; man verschlang das verfolgte Buch, und es erlebte stufzig Auflagen in kurzer Zeit und Übersetzungen in alle europäischen Sprachen, unter welchen Gottsched die deutsche besorgte! Die wissenschaftlichen Vertreter der Aufklärung und selbst des Materialismus in Frankreich verurtheilten es gleich den Werken Lamettrie's, und diesmal stimmte auch Friedrich der Große ein. Am erbärmlichsten verhielt sich Helvetius selbst. Während er sich zu einem Widerrufe seines Buches gegenüber Geistlichkeit und Behörden erniedrigte, wiederholte er seine Behauptungen in einem zweiten, noch verworrenern Buche: de l'Homme, in welchem er jedoch den damaligen Despotismus in seinem Vaterlande schonungslos geißelt. Es erschien indessen erst nach seinem Tode, welcher 1771 eintrat. Ernst kann es ihm mit seinen ausgesprochenen Ansichten nicht gewesen sein; denn er war persönlich ein edler Mensch, ein aufopfernder Freund und Wohlthäter und strafte so mit seinem Leben sein Buch Lügen.

Der Standpunkt von Lamettrie und Helvetius war für den denkenden Menschen so unbefriedigend und für den moralischen so abstoßend, daß ihre Gesinnungsgenossen, d. h. die Gegner einer grundsätzlichen Sittenlehre, nicht mehr in der nämlichen Weise aufzutreten wagten, sondern ihre Ansichten in ein prinzipielles Gewand zu hüllen suchten, welchem Unternehmen aber die wissenschaftliche Unfähigkeit dieser Schriftsteller unübersteigliche Schranken entgegensetzte. Der Erste von ihnen war ein Mann, welcher merkwürdiger Weise den zwei größten französischen Literaten des achtzehnten Jahrhunderts in Liebessachen hinderlich war. Charles François Marquis von St. Lambert, einer von den adeligen Roués jener Zeit, welche blind an dem Ruin ihrer eigenen Kaste arbeiteten, 1716 in Lothringen geboren, stach zuerst dem alternden Voltaire bei der ebenfalls nicht mehr jungen, aber noch lüsternen Marquise du Chatelet aus und war dann der Geliebte der Gräfin d'Houdetot, welche Rousseau während seines Aufenthaltes bei Madame d'Epinay in Montmorency von ihm abwendig zu machen suchte. Er veröffentlichte seine Schriften zwar erst seit 1797, hatte sie aber vierzig Jahre früher bearbeitet. Sein Tod trat 1803 ein. Sein Catéchisme universel sucht zwar einen festen Unterschied zwischen Recht und Unrecht aufzustellen, sieht ihn aber, wenn auch nicht wie seine Vorgänger in der bloßen Sinnenlust, doch auch nur in der Empfindung der Lust und des Schmerzes überhaupt. Doch will er das individuelle mit dem allgemeinen Glücke verknüpfen und legt hingebende Menschenliebe an den Tag, worin er sich wieder Diderot und Holbach näherte. Frivol ist seine Schreibart nicht, aber durchaus oberflächlich, seicht und nach Schöngeisterei haschend. Ähnlich verhielt sich Constantin François de Chasseboeuf, genannt Volney, geboren 1758 zu Craon in Anjou, welcher Reisen nach dem Morgenlande unternahm, durch Robespierre's Sturz der Guillotine entging, dann Amerika besuchte, Napoleon Bonaparte's Staatsstreich begünstigte, unter ihm Graf, nach der Restauration Pair wurde und 1820 starb. Sein Catéchisme du citoyen français (1793) will die Sittenlehre als „Naturwissenschaft" mathematisch genau bestimmen, was ihm aber natürlich nicht gelingt, sondern ein Phrasengeklingel

heißt. Alle Sittlichkeit leitet er von der Selbstliebe ab, welche aber nur im rechten Maße wahr ist, sonst, als Selbstsucht, sich selbst zerstört. Davon behält sich eine vernünftige, für uns nicht mehr bedeutende Klassifikation der Tugenden. Mehr Interesse bieten immer noch Volney's in glänzendem poetischen Stile geschriebene „Ruinen", eine Glorification der Aufklärung und eine Art Apokalypse derselben, eine wuchtige Geißel gegen das Pfaffenthum und daher ein wohlthuender Contrast gegen seine und St. Lambert's trockene Katechismen. Diese Hominis auf die so herrlich aufgetretene und in so wüsten Blutträume erstickte Revolution war das letzte Wort der französischen Aufklärung; sie hatte ihre Aufgabe erfüllt und ihre Errungenschaften reklamirten behutsamt die Diplomatenfeder und den Soldatensäbel im osteuropäischen Bunde. Ihr Geist aber wird stets in allen Bestrebungen nach Befreiung von geistiger Vormundschaft leben!

C. Die deutsche Philosophie des achtzehnten Jahrhunderts.

Während die englische und französische Philosophie des achtzehnten Jahrhunderts sich fast durchweg in den Dienst der diese Zeit bewegenden socialen und religiösen Ideen begaben, wurde in Deutschland die Wahrheit vor Allem um ihrer selbst willen gesucht, ohne deßhalb die Tendenzen der Aufklärung fallen zu lassen, und damit eine Wiedergeburt der seit dem Alterthum immer noch mehr oder weniger dogmatischen oder wenigstens scholastischen Philosophie angebahnt und das mit der alten Zeit und deren Anschauungen unterhandelnde System Leibnizens überwunden.

Der erste Vertreter dieser Richtung ist Christian Wolf, in seinem Wirken für Aufklärung und seiner Verfolgung der Dunkelmänner ein Nachfolger des von uns später, unter den Rechts- und Staatslehrern, zu erwähnenden Thomasius. Er war als Sohn eines Handwerkers 1679 zu Breslau geboren, gewann schon früh reges Interesse für Philosophie und Mathematik, und wurde 1706 auf die Empfehlung von Leibniz, mit dessen System er sich einverstanden erklärt hatte, ohne es noch völlig zu erfassen, als Professor der Mathematik nach Halle berufen, wo er aber nach und nach ganz zur Philosophie überging. Seine bedeutendsten Schriften in letzterm Fache, welche er seit 1712 herausgab, sind sämmtlich „vernünftige Gedanken" betitelt und beziehen sich, nach den weiteren Beifügungen dieses Ausdrucks, auf Logik, Metaphysik, Moral und Politik. Sein nicht völlig durchdachtes System steht zwischen Leibniz und Locke mitten drin, indem er weder, wie Ersterer, die Beseeltheit aller Materie anerkennen konnte, noch, wie Letzterer, alle Konsequenzen der Erkenntniß durch die Sinne ziehen wollte. Sein Standpunkt ist daher etwas

schwankend und die Folge davon die Wiederauffrischung des alten Dualismus eines Descartes und seiner Nachfolger.

Wichtiger als seine Metaphysik, die ja doch bei keinem Denker jemals
sichere Resultate oder überhaupt etwas Anderes als Hypothesen liefern
kann, ist daher die durch ihn bestimmte Stellung der Philosophie. Er
war der erste Deutsche, welcher dieselbe als die Wissenschaft schlechthin auffaßte und außer ihr keine Erkenntniß, also auch nicht in der Theologie,
gelten lassen wollte. Nicht, daß er deßhalb den Boden der positiven Religion verlassen hätte. Er behauptete vielmehr Reiz, auf demselben zu
verharren und trat gegen die englischen Freidenker und französischen
Skeptiker auf, wollte aber die religiösen „Wahrheiten" aus der Philosophie
ableiten, was er in gezwungener Weise sogar auf die Offenbarung der
Bibel anwandte. So weit zurück wie Leibniz, ging er jedoch nicht.
Die Wunder wagte er nicht zu leugnen, äußerte sich aber, selbe seien nur
ein Beweis der Macht, — nicht der Weisheit — Gottes, die Wunder
der Natur seien größer als die übernatürlichen und durch letztere möchte
die Ordnung der Natur verletzt werden. Es ist klar, daß dies einer
Verwerfung der Wunder völlig gleichkommt! In der Sittenlehre definirte
er das Gute als Das, was den Zustand des Menschen vollkommener, das
Böse als Das, was ihn unvollkommener mache. Die Handlungen des
Menschen, behauptete er, seien, weil ihr Erfolg gut oder böse werde, schon
an sich eines oder das andere und werden nicht erst durch Gottes Willen
dazu gemacht, ja wären das, was sie sind, auch wenn es keinen Gott gäbe!
Mit Eifer trat er für die Unabhängigkeit der Moral vom Glauben ein
und kämpfte gegen den Wahn, daß ein Atheist (obschon er diese Richtung
verabscheute!) nothwendig schlecht sein müsse. Nicht der Unglaube, sondern
die Unkenntniß des Guten und Bösen mache schlecht, und dies sei auch bei
Gläubigen der Fall!

So war in Deutschland die Grundlage der Aufklärung, aber unter
strenger Aegide der Philosophie, ausgesprochen, und zwar bezeichnender
Weise von demselben Manne, der zuerst ein treues, wenn auch noch kein
elegantes Deutsch schrieb, was weder von Leibniz, noch von Thomasius
gesagt werden kann.

War schon der so kluge und gemäßigte Leibniz den Theologen ein
solcher Greuel gewesen, daß sie nicht einmal seiner Leiche folgten, so mußte
der aufrichtigere und freisinnigere Wolf sie vollends empören. Als der
Letztere es gar wagte, in einer lateinischen Rede die Lehre des Konfutse
zu erheben, brach der Sturm gegen ihn los, der auch an Nichtchristen
Tadelloses fand. Die Theologen, an ihrer Spitze der Prediger Grent-
haupt und der Wohlthäter Francke, eröffneten den Kampf gegen ihn und
ließen durch den Privatdocenten Städler eine Schmähschrift gegen ihn abfassen. Wolf verlangte und erhielt 1723 des Letztern Entsetzung wegen
Beschimpfung eines Kollegen, worauf der Theolog Lange in einer Deut-

schrift, welcher sich auch mehrere servile Mitglieder der philosophischen Fakultät und leider auch der bereits alternde Thomasius, einst Kämpfer für dieselben Grundsätze, anschlossen, Wolf als Fatalisten denunzirte. Ja, man ging so weit, durch den Hofnarren Gundling und einige Offiziere dem bornirten König Friedrich Wilhelm I. einblasen zu lassen, nach Wolf's Lehre dürften durchbrennende Grenadiere nicht bestraft werden, weil sie nur der Nothwendigkeit ihres Schicksals folgten! Das hieß des Königs schwache Seite angreifen und bewirkte, daß er durch Kabinetsordre den Aufklärer wegen „Lehren gegen die im göttlichen Worte geoffenbarte Religion" entsetzte und binnen achtundvierzig Stunden bei Strafe des Stranges aus seinen Staaten verwies. Die Theologen erschraken selbst über dieses ihre kühnsten Hoffnungen überschreitende Resultat, nur Francke war so sehr im Glaubensfanatismus befangen, daß er Gott für diese Erhörung seiner Gebete inbrünstig dankte.

Wolf hatte schon vor Beendigung seines Handels einen Ruf nach Marburg erhalten und zog jetzt dahin. Seine Lehre, welche man meist mit der Leibniz'schen in Verbindung brachte, verbreitete sich zugleich immer mehr an den deutschen Hochschulen, obschon deren Jachweise Fakultäten sie verdammt hatten, und gewann alle jüngeren Lehrer und die Studenten für sich. Es half nichts, daß der bigotte König von Preußen Wolf's Werke unter mehreren anderen „atheistischen" Schriften bei „sechsundzwanzigjähriger Karrenstrafe" verbot. Selbst ein Graf von Wied ließ seine Theologen nach Wolf bilden. Die englische und französische Akademie ernannten Letztern zum Ehrenmitglied, Rußland und Schweden beriefen ihn, was er ablehnte, selbst in Italien las man seine Werke, und 1735, nach Francke's Tode, sah man sich in Berlin veranlaßt, die Wolf'sche Sache auf's Neue untersuchen zu lassen. Das Gutachten der dazu bestellten Kommission fiel ganz anders aus, als das frühere von Lange; Letztern wurde Schweigen auferlegt, und 1739 empfahl der König sogar Wolf's Philosophie den Kandidaten der Theologie und wollte den Vertriebenen nach Frankfurt an der Oder berufen. Wolf lehnte dies ab, nahm aber nach des Königs Tode von dessen Nachfolger Friedrich II., der längst ein Verehrer des Philosophen war, seine Wiederanstellung in Halle an, wo er Ende 1740 als Vicekanzler und Geheimerath unter Musik und Jubel festlich empfangen wurde. Der alternde Lehrer fand sich jedoch in Halle nicht mehr heimisch; weil seine Lehre allgemein bekannt geworden, hörte man ihn nicht mehr an, und er starb vereinsamt 1754. Seine Grundsätze aber blieben die herrschenden im gebildeten Deutschland bis auf Kant; bis zum Jahre 1787 zählte man bereits 107 Schriftsteller seiner Schule, und bald darauf nahmen seine Anhänger alle bedeutenderen Lehrstühle der Philosophie in Deutschland ein. Zur Verherrlichung der Wolf'schen Lehre wurde sogar durch den Grafen Ernst Christoph von Manteuffel, welcher den König zu Wolf's Gunsten umgestimmt hatte, in Berlin die halb gelehrte, halb

seiner Gesellschaft der Aletheophilen gestiftet, welche in Leipzig,
Stettin und anderen Orten Zweigvereine erhielt und deren eifrigste Missionäre der Dichter Gottsched und dessen Gattin waren. Die ganze Gesellschaft krankte indessen noch, und zwar in höherem Maße als Wolf
selbst, an der Manie, die Philosophie mit der Offenbarung in Einklang
bringen zu wollen, ja Manteuffel war sogar geneigt, die lutherische Konfession, einige Prüfung und Läuterung vorbehalten, als die vortrefflichste
zu preisen, während die kühnere Frau Gottsched den Glauben an Gott,
Unsterblichkeit, Belohnung und Strafe als für alle Menschen genügend
erklärte. Selbst eine Bibel erschien im Sinne der Wolf'schen Lehre; sie
war 1735 zu Wertheim gedruckt und durch den Erzieher der dortigen
Grafen, Johann Lorenz Schmidt, verfaßt; unter dem Gewande einer
höchst nüchternen und prosaischen, alle Poesie des Originals und Luther's
verwässernden Sprache faßte sie den Inhalt der „heiligen Bücher" rein
philosophisch auf. Die darüber rasenden Theologen bewirkten auf einige
Zeit die Gefangensetzung Schmidt's, der aber standhaft blieb, obschon selbst
Wolf sich nicht schämte, ihn zu denunciiren, — und sein Leben fast ganz als
Flüchtling hinbrachte, ohne seine Überzeugung zu ändern.

Nach und nach jedoch wurden die Ansichten der englischen Freidenker
bekannt und verbreitet, während zugleich auch die dem Deismus huldigenden
Freimaurerlogen in Deutschland eindrangen. Umsonst wollten dagegen die
Theologen und verketzerten den Deismus als „Atheismus". Die Anschauungen der Gebildeten wurden unabhängiger vom Joche der „Offenbarung" und näherten sich mehr und mehr den Anforderungen der Vernunft, ohne darum von den Grundlagen der Wolf'schen Philosophie
abzugehen.

In dieser Zeit der Alleinherrschaft der letztern wagte es indessen ein
merkwürdiger Mann, sich als Schüler Spinoza's zu bekennen, — jedoch
nicht ohne vorher mannigfache Wandelungen des Geistes durchgemacht zu
haben. Johann Christian Edelmann, so hieß er, war 1698 zu
Weißenfels geboren, studirte in Jena, wurde Hauslehrer, gesellte sich, in
Folge des Lesens von Arnold's Ketzerhistorie, den Pietisten zu, schloß sich
namentlich Dippel an, stand auch mit Zinzendorf in Verbindung, mit dem
er aber zerfiel, arbeitete an der pietistischen Bibelübersetzung zu Berleburg,
fand sich aber endlich durch die sinnlosen Schwärmereien, welche dort vorfielen, so abgestoßen, daß er sich nach harten Seelenkämpfen von den
Frömmlern lossagte und sich zu seiner großen Beruhigung auf die Seite
der englischen Freidenker schlug. Er wurde nun heiterer Lebensphilosoph
und Naturfreund und wanderte, der Sitte seiner Zeit entgegen, in langem
Bart und „schlechter Mennonistenkleidung" umher, in welchem Aufzuge
er, von der Wache in Potsdam aufgegriffen, in Friedrich Wilhelm's I.
Tabakskollegium, ein Jahr vor dessen Tode, geführt wurde und mit dem
Könige eine seltsame Unterredung hatte, die schon oft abgedruckt worden ist

und in welcher er dem orthodoxen Monarchen gegenüber den Standpunct
des Urchristen einnahm. Dieser aber genügte ihm nicht mehr lange.
Durch den Satz Spinoza's, den er jegundlich gelesen: Gott sei das inne-
wohnende, nicht abgesonderte Wesen der Dinge, wurde er Anhänger des
konfessionslosen Denkers von Amsterdam. Erst jetzt warf er den Glauben
an die Offenbarung der Bibel weg und begründete dies in seinen Schriften
„die Göttlichkeit der Vernunft" und „Moses mit aufgedecktem Angesicht",
welche letztere in Gesprächen zwischen „Fichtlieb" und „Blindling" besteht.
Er popularisirte darin die Lehre Spinoza's, indem er deren scholastische
Rinde ablöste und ihren Kern aufdeckte. Seine gesunde Auffassung derselben bestätigt nur unsere Ueberzeugung, daß Spinoza's Gott eigentlich
nur ein Name für die Natur selbst ist, indem er es noch nicht wagte, den
hergebrachten Namen des höchsten Wesens aufzugeben. Edelmann sagt:
„Wir sind die Bächlein, Er ist die Quelle, wir sind die Strahlen, Er ist
die Sonne." Die Materie ist nach ihm der Schatten von dem Wesen
Gottes. Wie der Schatten nothwendig so alt sein muß, als der Körper,
der ihn wirft, so hat auch Gott nie ohne Materie existirt. So bestritt
denn auch Edelmann gegenüber Leibniz und Wolf die Hypothese einer
„besten Welt" unter mehreren denkbaren solchen und nannte sie eine
Philomorie (Liebe zur Thorheit). Nun brachen die Verfolgungen der
Theologen gegen den armen Apostel herein, und man zwang ihn 1744 in
Neuwied zur Ablegung eines Glaubensbekenntnisses. Er that es, zwar
mit weniger Entschiedenheit als im „Moses", aber doch in Uebereinstimmung
damit und mußte stehen, um der Verhaftung zu entgehen. Die Haupt-
punkte des Bekenntnisses waren ein Programm der Aufklärung zu nennen:
1) erkannte er ein einiges, ewiges, unveränderliches Sein und Wesen, aus
dem Alles hervor- und in welches Alles zurückgeht (d. h. die Natur, genannt
Gott), 2) was die Menschen von diesem Wesen denken und lehren, nannte
er Stückwerk, dasselbe enthalte keine Verbindlichkeit zum unbedingten
Glauben, 3) war ihm die Bibel eine mangelhafte Sammlung alter Schriften,
welche weder die einzige, noch die hauptsächlichste Quelle unserer Gottes-
erkenntniß sei, 4) verlegte er Himmel und Hölle in das Gewissen, gab
jedoch (augenscheinlich zur Beschwichtigung der Feinde und im Widerspruch
mit seinem Systeme) in unklaren Ausdrücken ein Fortleben desselben nach
dem Tode zu; 5) qualifizirte er Christus als Mensch, wie wir es sind,
aber mit ausnehmenden Gaben und Tugenden (wieder eine kleine Concession?), 6) betonte er, eine neue Religion habe Christus nicht stiften,
sondern bloß die Menschen in Liebe vereinigen wollen, gab dann in etwas
gewundenen Ausdrücken 7) die Auferstehung und das Richteramt Christi
„im Größe" zu, erklärte 8) den Teufel als elende Lüge der Pfaffen und
bekannte 9) freimüthig seine Hoffnung, daß es mit diesen Lügen doch ein
Ende nehmen werde. — Noch kühnere Schriften zogen ihm noch wüthendere
Verfolgungen zu, als bisher, und 1750 wurden seine Werke zu Hamburg

wo er damals selbst war, durch den Henker verbrannt. Später lebte er
unangefochten in Berlin. Proselyten suchte er nie zu machen. Auch
länger als die Christen, die am Ende milde geworden, schmähten ihn die
Juden; sogar der milde Moses Mendelssohn nannte ihn einen „hölzernen
Mann", der aber so viel Blei im Kopfe habe, als Eisen an den Schuhen,
während ihn der Aesthetiker Sulzer „recht artig" fand. Er starb verborgen
und beinahe vergessen 1767 zu Berlin an einem Schlagflusse. Er hatte
ohne kirchliche Gebräuche beerdigt zu werden verlangt.

Wir haben sowol bei Wolf, als bei Edelmann gesehen, daß mit der
Thronbesteigung Friedrich's des Großen (1740) das in 1stgifter
Weise den Geist bevormundende Korporalstocks-System des Vaters dieses
Königs fiel und für Forscher und Denker jeder Richtung in Preußen möglichste Freiheit eintrat. Diese Freiheit nahm auch der König für sich selbst
in Anspruch; wie er keiner Kirche angehören, aber gegen alle gerecht sein
wollte, so ordnete er sich auch keinem philosophischen System unter. Wol
hatte er in seinen jüngeren Jahren demjenigen Wolf's große Aufmerksamkeit erwiesen; aber die schwerfälligen Bände dieses Philosophen, die erst
in's Französische übersetzt werden mußten, um dem König genießbar zu
werden, erhielten sich nicht in seiner Gunst. Friedrich folgte vielmehr
dem Strome der Zeit und wandte seine Sympathien den englischen Freidenkern, und zwar auf der Grundlage des Locke'schen Systems, mit noch
größerem Enthusiasmus aber bald darauf der französischen Aufklärungs-Phi-
losophie zu. Sein Mentor wurde, wie wir bereits sahen, Voltaire, und der
preußische Hof wimmelte von aufklärerischen Franzosen. Voltaire's dem
englischen Deismus entnommene Theorie vom höchsten Wesen wurde auch
diejenige Friedrich's; mit größerer Entschiedenheit aber als der Franzose
verwarf der deutsche König die persönliche Unsterblichkeit und that sich in
seinen französischen Gedichten etwas darauf zu gut, nicht aus Hoffnung
auf Lohn und Furcht vor Strafe das Gute auszuüben, sondern um des
Guten selbst willen. Weit über seinen später weggeworfenen Mentor scherz
er aber hinaus in der Protektion, die er einem Lametrie angedeihen ließ;
den Voltaire und selbst den Führer der Naturalisten, Diderot, verachtete.
Der größte Mann Deutschlands im achtzehnten Jahrhundert stand der
Kulturbewegung seines eigenen Vaterlandes fremd und theilnahmlos
gegenüber, wie er auch nur in französischer Sprache fließend und elegant
schrieb, im Deutschen ein fürchterliches, fehlerhaftes Jargon, und er gehört
in Bezug auf seine Sympathien mehr der französischen Bewegung an;
dennoch aber hat er auf die Entwickelung Deutschlands in fortschreitendem
und nationalem Sinne den günstigsten und tiefsten Einfluß ausgeübt, und
es geschah dies vorzüglich in Folge der von ihm angeordneten und stets
gehandhabten unbedingten Glaubensfreiheit und der in's Leben gerufenen
Verbesserungen in der Rechtspflege (Aufhebung der Folter und Hexen-
prozesse), so daß hieran Verzeigungen um der Überzeugung willen zu

Unmöglichkeit konnten auch die Männer der freien Forschung ungestört an ihrem erhabenen Werke weiterbauen konnten.

So handelte es sich denn seit Friedrich's Zeit nicht mehr um den Kampf zwischen Katholizismus und Protestantismus oder zwischen Luthertum und Calvinismus, sondern nur noch um jenen zwischen Autorität und Vernunft, Glaubenszwang und Denkfreiheit. Wolf's Schüler selbst warfen den Rest der Ungen Rücksicht ihres Meisters auf die Offenbarung weg und es trat die Periode des Rationalismus in's Leben, in welcher sich die Werke der englischen Deisten, der französischen Aufklärer und der deutschen Vernunftgläubigen in regem Austausch der Ideen und Werke dreier Nationen durch das Mittel der Übersetzung begegneten und gemeinsam für die Befreiung des Menschen von den Fesseln vorgeschriebener Dogmen arbeiteten. Diese Erscheinung bewirkte, daß auch die Offenbarungsgläubigen nach und nach theilweise nachdrückten und hier diesen, dort jenen Punkt ihres alleinseligmachenden Holuspokus opferten, um nicht ganz von der Zeit überflügelt und bei Seite geworfen zu werden. Diese verschiedenen grundsatz- und charakterlosen Schattirungen und Vermischungen bieten jedoch für unsere Zeit kein Interesse mehr dar. Wir übergehen daher den Viertels-Rationalismus eines S. J. Baumgarten (Henkers des Ästhetikers), J. A. Ernesti und J. D. Michaelis und den halben Rationalismus eines A. F. W. Sack, Joachim Spalding und J. F. W. Jerusalem, und führen nur, als Chorführer der Richtung, den ganzen Rationalisten Hermann Samuel Reimarus an. In Hamburg 1694 (im gleichen Jahre wie Voltaire) geboren, wurde er 1728 dort Gymnasialprofessor und starb 1760 als allgemein geachteter, musterhaft sittlicher Mensch. Er stellte sich entschieden verneinend der kirchlichen Offenbarungslehre entgegen und suchte an ihrer Stelle eine eigene Vernunftreligion, auf der Grundlage der Verehrung Gottes und der Annahme einer persönlichen Unsterblichkeit, aufzustellen. Die positive Richtung verfocht er in zwei Schriften, welche 1755 und 1760 herauskamen, mit weit mehr Geist aber die negative, in einem 1744 begonnenen Werke, das er aber während seines Lebens nicht herauszugeben wagte; erst Lessing, der Bekannte seiner Kinder, veröffentlichte seit 1774 Theile davon, welche unter dem Titel der „Wolfenbüttler Fragmente" bekannt wurden; das mit dem Titel „Schutzschrift für die vernünftigen Verehrer Gottes" versehene Buch erschien niemals ganz, — einen Auszug des Merkwürdigsten lieferte Strauß 1862.

Auf Reimarus haben Spinoza, Bayle, Collins, Morgan und Wolf Einfluß ausgeübt, wohl bekannt aber waren ihm die übrigen englischen, sowie die französischen Freidenker. Seine Polemik galt, in drei Theilen, dem alten, dem neuen Testament und dem protestantischen Lehrbegriffe. Er bestritt die Wunder, den moralischen Werth der jüdischen Helden und ihrer Handlungen, die Offenbarung, die materiellen Vorstellungen von Gott, die Hinweisungen auf Jesus als den Messias. Er suchte zu beweisen, daß der Tod Jesu dessen Zwecke nicht habe erfüllen können, daher seine Erlösung darstelle, und daß die Auferstehung eine Erfindung der Jünger sei. Er vernichtete durch zwingende Logik die Lehren vom Sündenfall, von der Erbsünde und von der Erlösung. Dabei beging er jedoch den Fehler, nicht einzusehen, daß die unmöglichen und unvernünftigen Überlieferungen der heiligen Geschichte auf subjektiven Thatsachen, auf absichtsloser Selbsttäuschung beruhten; er ließ sich durch den Eifer für Aufklärung verleiten, in Allem Betrug zu erblicken. Ist auch diese Einseitigkeit durch die gründlichere und billigere neueste Forschung beseitigt, so verdankt doch letztere immerhin dem negativen Auftreten der Aufklärer von der Ehrenhaftigkeit eines Reimarus viele Anregungen.

Nach und nach bemächtigte sich die Richtung des entschiedenen Rationalismus, welche Reimarus vertrat, auch protestantischer Theologen. Als hervorragendsten unter ihnen nennen wir Johann Salomo Semler, geboren 1725 zu Saalfeld, seit 1752 Professor der Theologie in Halle, gestorben 1791. In seiner Jugend vom Pietismus angesteckt, entriß er sich demselben bald kräftig, machte sich mit den Schriften der englischen Deisten bekannt und faßte endlich den Mut, die Orthodoxie vom freisinnigen Standpunkte aus zu bekämpfen, freilich von einem sehr gemäßigten, wie übrigens von einem Theologen nicht anders zu erwarten war, der Theolog bleiben wollte. Fest hielt er, und zwar aus Überzeugung, noch an der Offenbarung und an den christlichen Heilsmitteln, wie am Gebete, faßte jedoch all' dies nicht in dogmatischem, sondern lediglich in moralischem Sinne auf. Die Moral allein hielt er für den letzten Zweck der Religion und des Christenthums insbesondere. Er gab daher innerhalb des letzteren jede mögliche Modifikation der religiösen Ansichten zu und verwarf die dem Menschen bestimmte Dogmen aufdrängende Theologie, welche nicht in der Religion, sondern nur in der Kirche wurzle. Jeden Glaubenszwang nannte er unchristlich und nur aus politischen Gründen herrührend. Näher jedoch bestimmte er nicht, worin die „Offenbarung" bestehe, wo die ächte, d. h. moralische Religion aufhöre und die Theologie anfange und was eigentlich die Christen, wenn Jedem der Glaube freigestellt würde, noch Gemeinsames besäßen, und wurde darum sowol von den Aufgeklärten, als von den Orthodoxen nicht wenig in die Enge getrieben. Klarer dagegen ist sein Verhalten gegenüber der Bibel. Er betrachtete ihre Entstehung gleich derjenigen jedes andern Buches und verfocht das Recht der freiesten und ungehindertsten Beurtheilung und Auslegung ihres Textes. Die Entstehung des neutestamentlichen Kanons in gegenwärtiger Gestalt setzte er kühn an das Ende des zweiten Jahrhunderts. Auch beleuchtete er die christliche Kirchengeschichte und ihre Gresel mit schonungsloser Aufdeckung derselben, welchen Bestrebungen übrigens sein breiter und geschmackloser Stil vielen Eintrag thut.

Einen großen Gegensatz zu Reimarus und Semler bildet das überaus thätige Treiben des berüchtigten Doktors Karl Friedrich Bahrdt, der wir eigentlich eher unter die Rubrik der Schwindler und Abenteurer, als unter diejenige der Philosophen und Aufklärer setzen müßten, wenn er nicht als Schriftsteller sich einen Namen erworben und unter vielem Verwerflichen auch manches Gute geschrieben hätte, — der daher auch ebenso gut in die Geschichte der deutschen Aufklärung gehört, als ein Lamettrie in jene der französischen. Bahrdt war 1741 zu Bischofswerda in der Lausitz geboren, kam jedoch früh mit seinem Vater, welcher Prediger war, nach Leipzig. Er widmete sich der Theologie; seine schönen Geistesanlagen litten jedoch einerseits unter seiner Grundsatzlosigkeit, andererseits unter seinem sittenlosen Lebenswandel. Schon 1762 war er Prediger in Leipzig, 1767 Professor geworden, wurde aber wegen seiner Ausschweifungen entsetzt. Trotzdem erhielt er 1769 eine Professur in Erfurt, wo er, wie er selbst sagt, nicht aus Grundsatz, sondern aus Haß gegen die ihn anfeindenden Theologen, gegen die Orthodoxie aufzutreten begann, aber, als ihm dies eine Untersuchung zuzog, durch eine rechtgläubige Abhandlung sich die theologische Doktorwürde errang. Da indessen seine Stellung durch seine Streitsucht und sein Leben unhaltbar wurde, folgte er 1771 einem durch Ernesti und Semler vermittelten Rufe nach Gießen. Hier warf er nun einen Glaubenssatz nach dem andern weg und schrieb eine rationalistische Umbildung des Neuen Testamentes, die ihm viele Feinde machte. Der drohenden Verfolgung entzog er sich, indem er 1775 die Leitung der Salis'schen Erziehungsanstalt zu Marschlins in Graubünden übernahm. Er zerfiel jedoch mit dem Besitzer, dem er so wenig entsprach, wie seine Stellung ihm, und ging im folgenden Jahre als Superintendent der Grafschaft Leiningen nach Dürkheim an der Hardt, wo er im Schlosse zu Heidesheim eine neue philanthropische Lehranstalt errichtete. Um für dieselbe Zöglinge zu sammeln, reiste er 1777 ohne Sprachkenntnisse und mit bloß zwei Gulden und vierundzwanzig Kreuzern nach Holland und England, fand überall Unterstützung zur Fortsetzung seiner Reise und ließ sich in London als Freimaurer aufnehmen. Nach seiner Rückkehr erfuhr er jedoch, daß die inzwischen erschienene zweite Auflage seines Neuen Testamentes dem Reichshofrathe Anlaß geboten habe, ihm alles auf Religion bezügliche Lehren, Schreiben und Predigen zu untersagen und ihn seiner Ämter und Würden verlustig zu erklären. Umsonst rechtfertigte er sich mit dem protestantischen Grundsatze der freien Forschung; der mächtigste Graf von Leiningen konnte ihn nicht mehr schützen und Bahrdt sich daher nach Halle, wo die preußische Regierung seine weitere Verfolgung hindern konnte und aus Gründen der Gewissensfreiheit auch wollte. Er erregte jedoch durch sein Benehmen aus Ärgerniß, ließ durch boshafte den würdigen Semler und Andere von sich, bewarb sich um alle möglichen Stellen, hielt über die verschiedensten Gegenstände Vorträge und schmähte in der gemeinsten Weise Jeden, der ihm irgendwie in den Weg trat oder zu treten schien. Seine schriftstellerische Ehre setzte er zudem aufs Spiel durch die Schmähschriften, welche er in einem 1787 von ihm angekauften Weinberge errichtete, und welche seinen Feinden Anlaß gab, verleumderische Gerüchte über ihn zu verbreiten. In die gleiche Zeit fällt ein Unternehmen, zu welchem er seine maurerischen Verbindungen benutzte, und von welchem schwer zu sagen ist, wie weit sich der Eifer für Aufklärung und schwindelhafte Absichten darein theilten. Er stiftete eine Verbindung meist junger Leute mit freimaurerischen Formen und entschiedeneren Tendenzen, als dieser Bund, in Folge der oben (S. 235 ff.) erzählten Verirrungen, damals in Deutschland befolgte. Als ihm jedoch dies Beginnen von Seite der Loge zu Halle untersagt wurde, verbreitete er durch Korrespondenz das ihm angeblich durch einen unbekannten Fremden mitgetheilte Projekt eines neuen Geheimbundes unter dem Titel der „Deutschen Union", an welchem bereits zweiundzwanzig „verbündete Maurer" betheiligt sein sollen. Er errichtete 1788 ein eigenes Comptoir für Betreibung des „Werbegeschäftes", das, wie er selbst erzählt, in der ersten Epoche die Hauptsache sein sollte. Die Deutsche Union sollte, so lautete der von Bahrdt verbreitete Plan, den Fanatismus und Aberglauben stürzen und die Aufklärung der Menschheit, als den großen Zweck des Stifters des Christenthums, fortsetzen. Zu diesem Behufe war eine vollständige Organisation Deutschlands nach Provinzen und Diöcesen mit Comptoirs und einem Unionshause entworfen. Die Thätigkeit der Union aber sollte darin bestehen, durch Einrichtung von Lesegesellschaften für aufgeklärte Schriften, den Buchhandel nach und nach ganz an sich zu ziehen und alle „guten Köpfe" für sich zu gewinnen. Ein zweiter, verbesserter Plan gab der Union eine maurerische Gestalt, stellte drei Grade auf, welche Ritualien erhalten sollten, und erweiterte den Zweck auf Verbesserung der Volksreligion und der Erziehung, Belohnung entschiedener Verdienste, Versorgung verdienstvoller Menschen im Alter und Unglück, sowie der Wittwen und Waisen von Unionsmitgliedern u. s. w.

Endlich denunzirte ein gewisser Kandidat Röper, welchen Bahrdt in seinem Hause aufgenommen und als Sekretär verwendet hatte, den Letztern sowol als Stifter der Deutschen Union, einer verbotenen Gesellschaft, wie als Verfasser zweier Schriften gegen das damals erschienene intolerante Religionsedikt des preußischen Ministers Wöllner, nämlich eines Kommentars über dasselbe und eines dasselbe verhöhnenden Lustspiels, welche beide Schriften er bei Bahrdt gefunden. Umsonst versicherte Letzterer, nicht der Verfasser zu sein; nach gerichtlicher Untersuchung und einer damit verbundenen Haft von dreißig Wochen wurde er wegen des Lustspiels zu zweijähriger Festungshaft verurtheilt, obschon seine Unterschrift so wenig erhoben wurde, als jene des Kommentars, die man nicht für erwiesen annahm; wegen der Union aber wurde die Sache fallen gelassen. Die Strafe wurde indessen auf dem Wege der Gnade auf ein Jahr herabgesetzt und in Magdeburg erstarren. Nach seiner Entlassung setzte er seine Wirthschaft in Halle fort; in Folge langer Krankheit starb er aber schon 1792. Im Gefängnisse hatte er eine seiner besten Schriften „Handbuch der Moral für den Bürgerstand" in dem weitherzigen und philanthropischen Geiste der Zeit und mit sorgfältiger Schonung der religiösen Anschauungen geschrieben. Äußerst geschmacklos und fad ist dagegen sein zehnbändiges Werk „Ausführung des Plans und Zwecks Jesu", in welchem er die Wunder als Thatsachen angab, aber in höchst gezwungener Weise natürlich zu erklären und zugleich nachzuweisen suchte, daß Jesus an der Spitze einer geheimen Gesellschaft gestanden und den Kreuzestod nur zum Scheine durchgemacht habe, um dem Messiasglauben ein Ende zu machen und für Wahrheit zu wirken. Mit einer beinahe die Bekenntnisse Rousseau's erreichenden Aufrichtigkeit, aber starken Bemühungen zu seiner Beschönigung, schrieb er seine Lebensgeschichte, in welcher er unter Anderem bekannte, daß der Leichtsinn bei ihm eine Krankheit geworden sei.

So war seit Wolf auch die deutsche Philosophie auf dem besten Weg gerathen, gleich der französischen in die Dienste einseitiger Tendenzen zu gerathen und das uneigennützige, interesselose Streben nach Wahrheit zu Gunsten individueller, nicht gehörig verarbeiteter Lieblingsmeinungen aufzugeben. Kann schon die Ceremonitur Reimarus und Semler von vielem Vorwurfe nicht freizusprechen, so ist es um so weniger der gutmüthige Lärmschläger Bahrdt. Schon zur Zeit des Wirkens der Genannten trat indessen eine Umkehr zur Besserung ein, indem die sogenannten „Popularphilosophen", wenn sie auch als Menschen nicht von auffallend beschränkten Richtungen frei blieben, doch als Schriftsteller mehr die Wissenschaft pflegten, als ihre Privatmeinung, und so die Vorläufer des großen Mannes wurden, der nur an der Wahrheit zu dienen, den Thron der Philosophie für Deutschland eroberte!

An der Spitze der sogenannten Popularphilosophen steht der durch seine Eigenschaft als Buchhändler mit nicht zu unterschätzendem Einfluß ausgestattete Christoph Friedrich Nicolai, geboren 1733 zu Berlin. Nachdem er die pietistische Erziehung, die er im Waisenhause zu Halle durchgemacht, abgeschüttelt und sich mit der neueren Philosophie bekannt gemacht, trat er in das Geschäft seines Vaters und betheiligte sich mit Eifer zugleich an dem Erwachen bessern Geschmackes in der Literatur, indem er den damaligen sich befehdenden deutschen Dichterschulen von Gottsched und Bodmer, unter denen keine etwas Mustergültiges leistete, das Beispiel Milton's und Shakespeare's empfahl, durch welches Streben er mit Lessing in freundschaftliche Beziehungen kam. Mit ihm und Moses Mendelssohn schrieb er seit 1757 die „Bibliothek der schönen Wissenschaften und der freien Künste", seit 1759 aber, nachdem er Besitzer der väterlichen Buchhandlung geworden, die „Briefe, die neueste Literatur betreffend", welche sich jedoch auf Dichtung und Wissenschaft beschränkten, und, wie ein Zeitgenosse sagt, durch ihre Kühnheit in der literarischen Welt ebenso viel Schrecken verbreiteten, als Friedrich's des Großen Heere in der politischen. Nach Lessing's Weggang trat seit 1765 an die Stelle der Literaturbriefe die besonders dem Kampfe für theologische und philosophische Aufklärung gewidmete „Allgemeine Deutsche Bibliothek", welche sich bis in unser Jahrhundert erhielt. Durch diese Zeitschrift wurde Nicolai das eigentliche Haupt der von ihr vertretenen Richtung, obschon sein Wirken ein unklares und inkonsequentes war. Er selbst liebte es, sich als frommer Christ zu betragen, fleißig in die Kirche zu gehen und das Abendmahl zu nehmen, und in seiner Zeitschrift vertheidigte er das Christenthum und die Offenbarung, nur daß er dann wieder die Übereinstimmung von beiden mit der Vernunftreligion nachzuweisen suchte und dabei im religiösen Gebiete doch nichts Anderes unangetastet ließ, als Gott, Unsterblichkeit und Tugend. Diesen Standpunkt beobachtete er auch in seinem Roman „Sebaldus Nothanker", für welchen ihm die Kaiserin Katharina eine goldene Medaille verlieh und Männer wie Lessing, Wieland und Fichte ihr Lob aussprachen. Dieser Ruhm nährte aber eine solche Eitelkeit in ihm, daß er gegen die später eintretende Blüte der deutschen Literatur und deren Koryphäen Goethe, Schiller, Kant, Fichte und Andere in der kopflosesten und abgeschmacktesten Weise, als gegen angebliche Verderber des Geschmackes schmähend und lästernd auftrat. Vergessen und verachtet starb er 1811.

Wir Nicolai als frommer Christ, so gefiel sich sein Mitkämpfer für Aufklärung, Moses Mendelssohn, in der Rolle eines orthodoxen Juden. Man scheute sich damals durchaus nicht, so lächerlich dies heute wäre, allen Hokuspokus einer Kirche mitzumachen, deren innerste Grundlagen man gleichzeitig untergrub. Nur waren schon damals, wie noch heute, die Juden in Bezug auf ihre Religion weit ängstlicher als sie und die Christen in Bezug auf das Christenthum, und halten, wie noch heute, den freisinnigen Christen eifrigst das positive Christenthum anfeinden, während sie an der Thora und dem Talmud kein Iota antasten ließen, und sonderbarer Weise fiel dies (und fällt noch!) Niemanden auf, als ob es so sein müßte!

Zu diesen Leuten gehörte auch der von den freisinnigen Christen ebenso vergötterte, wie von den Juden als Abtrünniger verlästerte und doch Jude vom Kopf bis zur Sohle gebliebene Mendelssohn. Als Sohn eines Schreibers und Lehrers an der jüdischen Schule zu Dessau 1729 geboren, wurde er so sehr mit Studiren angestrengt, daß er auf Lebenszeit nicht nur kränklich, sondern selbst buckelig blieb. Seinem Lehrer Rabbi Fränkel folgte er 1743 nach Berlin und hatte mit Noth und Elend hart zu kämpfen, wie nicht minder einerseits mit der jüdischen Engherzigkeit, welche allen Verkehr mit Christen und alle Anlehnung an die neue Zeit verpönte und anderseits mit der christlichen Unduldsamkeit und Judenverachtung.

Nachdem er heimlich die lateinische Sprache erlernt und sich im deutschen
Stile und in der Philosophie ausgebildet, wurde er Hauslehrer bei einem
jüdischen Seidenfabrikanten, dann dessen Buchhalter und Korrespondent
und nach seinem Tode Geschäftsantheilhaber. Schon mit vierundzwanzig
Jahren wurde er Lessing's Freund, der in ihm einen zweiten Spinoza
ahnte, und durch ihn, der die „philosophischen Gespräche" des Juden
zu dessen Überraschung drucken ließ, zum Schriftsteller. In dem genannten
Werke vertheidigte er im Geiste der Leibniz-Wolff'schen Philosophie gegenüber Voltaire Leibnizen's Wahn, daß die bestehende Welt die bestmöglichste
sei, und war in gleichem Sinne mit Lessing gegen Maupertuis auf. Bald
fand er jedoch seine bisherige Schule im Punkte ihrer Geringschätzung
der Sinnenempfindung zu einseitig und stellte sich in demselben auf Locke's
Seite, so daß er sich seinem System völlig anschloß. Weder in diesen
Fragen jedoch, noch in der Untersuchung über die Empfindung des Schönen,
welcher er sich ebenfalls, doch nicht epochemachend, hingab, errang
Mendelssohn seinen höchsten Ruhm, sondern in sogenannten metaphysischen Fragen. In der Beantwortung einer Preisfrage der Berliner
Akademie 1763, über das Deutliche in der metaphysischen Wissenschaft
errang er den ersten, — Kant den zweiten Preis, die Tiefe des Letzteren
war den Preisrichtern unergründlich, das Nachbeten Wolff'scher Ansichten
durch Mendelssohn weit geläufiger. Der jüdische Philosoph wurde durch
dies Ereigniß das Haupt der deutschen Deisten und kämpfte als solches
einerseits gegen die bestehenden Religionen und Kirchen (d. h. gegen die
christlichen, keineswegs aber gegen die alttestamentische, mosaische) und
andrerseits gegen den französischen Materialismus; er wurde der Prophet
der nüchternen pseudogmatigen Religion, welche alle Offenbarung und
Wunder niederwirft, vor den Hypothesen eines Gottes und einer Unsterblichkeit aber schreckenbleich ausruft: „Bis hieher und nicht weiter!", und
sich dann anmaßt, diese Hypothesen durch Beweise feststellen zu wollen,
deren Grundlagen aber wieder nur die Hypothesen selbst in ewigem
Zirkelschlusse sind.

Moses Mendelssohn schrieb über jede dieser beiden deistischen
„Wahrheiten" ein eigenes Buch. Zur Begründung der Unsterblichkeits-
theorie schuf er, nach Plato's Vorgange, den „Phädon", indem er den
Inhalt dieses Gespräches, mit Beibehaltung derselben daran theilnehmenden
Personen, derselben anziehenden und gewandten Sprache und derselben
leichten, sophistischen Beweisversuche, gewissermaßen modernisirte, d. h.
durch Einschaltung der Ansichten neuerer Philosophen vermehrte und
popularisirte. Mendelssohn's Phädon besteht aus drei Gesprächen. Im
ersten sucht er die Unsterblichkeit daraus zu beweisen, daß die Seele ein
vom Körper verschiedenes, selbständiges Wesen sei; dann fiel es ihm erst
ein, daß dies letztere selbst erst bewiesen werden müsse, was er im zweiten
Gespräche auf unklare und gezwungene Weise versuchte; im dritten

Gespräche beschäftigte er sich, die Unsterblichkeit aus dem im Menschen vorhandenen Streben nach derselben, beziehungsweise nach höherer Vervollkommnung, und aus der Nothwendigkeit einer Belohnung und Bestrafung zu erweisen. Die Bestimmung der Formen, unter welchen die Unsterblichkeit stattfinde, lehnte er ab, ließ sich aber anderswo vernehmen, daß er sich einen individuellen Geist ohne Körper nicht denken könne, womit dann freilich die ganze Seifenblase zerplatzt. Für unsere Zeit hat Phädon keine Bedeutung mehr. Damals aber erregte er großes Aufsehen und jeder fühlende Christ wollte von dem philosophischen Juden belehrt und getröstet sein, daß auch sein liebes Ich nicht der Vernichtung gewidmet sei.

Die Gottesidee behandelte Mendelssohn in den „Morgenstunden", welche 1785, kurz vor seinem Tode, erschienen. Auch hier geht er wieder von der unbewiesenen Voraussetzung eines „allervollkommensten Wesens" aus, welches (natürlich wenn es ist!) nicht unmöglich, auch nicht blos möglich sein könne, sondern wirklich sein müsse, und sucht dies mit großem Aufwande von Beredsamkeit zu beweisen. Im unvollendeten zweiten Theile bemühte er sich, die „Vorsehung" zu „retten", zwar in erhabener, begeisterter Sprache, aber eben mit derselben Ohnmacht, mit welcher dies noch heute und ewig versucht wird! Sein Hauptmotiv ist am Ende, wie bei Voltaire, nur das Bodenlose des „Trostes", während jeder Trost an sich ein Nothbehelf ohne innere Wahrheit, ja mit offenbarer Vermäntelung der Wahrheit ist! Daß sich Mendelssohn ein Leben ohne Gott und Jenseits nicht als ein vernünftiges denken konnte, zeigt, daß er noch nicht völlig zum Begriffe der Humanität durchgedrungen war, welche stets das hohe Ideal der möglichsten Beglückung aller Wesen, und zwar ohne selbstsüchtige Zwecke verfolgt. Es stimmt wehmütig, daß er an seinem Freunde Lessing, als es hieß, derselbe sei Spinozist gewesen, verzweifeln wollte und so darlegte, daß er sich zu dem Geiste seines charaktervollen Stammesgenossen nicht erheben konnte.

Es war eigentlich nur consequent, daß Mendelssohn der Deist die Taufe nicht annahm. Im Glauben sind Deismus und Judenthum wesentlich identisch, und die Christen jener Zeit waren nicht wenig überrascht, den Wahn fallen zu sehen, als ob der Deismus ein geläutertes Christenthum wäre. Daß aber der jüdische Philosoph an den veralteten und lächerlichen Ceremonien seiner Religion festhielt, widert uns ebenso sehr an, als daß Voltaire beichtete. Beides sind Schwächen, doch liegt diejenige Mendelssohn's im Erkennen, diejenige Voltaire's im Willen. Freilich fällt mit den Ceremonien das Judenthum und wird zum wirklichen Deismus; aber was würde dies am Ende schaden? — Indessen hat sich Mendelssohn das Verdienst erworben, die Dürre und Nüchternheit des Rationalismus unserer Väter durch Wärme des Gemütes und Erregung der Fantasie belebt zu haben.

Ein weiteres Verdienst Mendelssohn's ist, die Juden der deutschen Bildung näher gebracht zu haben, und zwar in einer Zeit, wo sie noch von den Regierungen despotisch unterdrückt und vom Pöbel barbarisch mißhandelt und verfolgt wurden. Dieser Umstand begeisterte ihn zu seiner besten, weil an Thatsachen anknüpfenden Schrift „Jerusalem" (1783), worin er die Gewissensfreiheit, mit besonderer Rücksicht auf seine Stammes- und Glaubensgenossen, vertocht und in oft begeisterter Sprache (theilweise aber viel zu breitspurig) vertheidigte und die Trennung von Staat und Kirche forderte. Mit seinem da ausgesprochenen Hauptgrundsätzen, soweit sie nicht die von ihm vertheidigte göttliche Offenbarung der mosaischen Gesetze betreffen, kann auch der moderne Mensch durchaus sympathisiren. Kant und Mirabeau bewunderten das Buch, und es beweist seine Wahrheit durch den seither erfochtenen Sieg seiner Prinzipien. Der Verfasser starb am 4. Januar 1786.

Die übrigen Popularphilosophen sind von geringerer Bedeutung. Es gehören zu ihnen: Johann August Eberhard, geboren 1739 zu Halberstadt, Freund Nicolai's, Mendelssohn's und Lessing's, Prediger, seit 1778 Professor in Halle, gestorben 1809, Verfasser der gut gemeinten, aber sehr weitschweifigen „Apologie des Sokrates", in welcher er gegen die Beschränkung der Seligkeit auf die Christen eiferte — eigentlich ein Streit um des Kaisers Bart, so lange die „Seligkeit" keine erwiesene Thatsache ist. — Johann Heinrich Schulz, Prediger zu Gielsdorf bei Berlin der Cossä, der es wagte, statt in der Perücke, mit dem Zopfe die Kanzel zu besteigen, daher er „Zopf-Schulz" genannt wurde (wann und wo einen Bart-Schulz geben?), und der, im Gegensatze zu Mendelssohn's Trennung von Kirche und Staat, die Aufhebung der Religion und Theologie und ihre Ersetzung durch eine moralische Staatskirche verfocht, welche ihn die Reaktion nach Friedrich's des Großen Tod verfolgte und der unwürdige Nachfolger desselben entsetzte, — dann die Moralisten Garve und Steinbart und der Humorist Johann Jakob Engel, Herausgeber des „Philosophen für die Welt". Die letzten Vertreter der eigentlichen Aufklärung des achtzehnten Jahrhunderts waren F. Gedike und J. E. Biester, Illuminaten, Gegner der Rosenkreuzer und Jesuiten, mit ihrer einflußreichen „Berlinischen Monatsschrift", welche Nicolai verlegte und an welcher Kant mitarbeitete.

Mit dem letztgenannten Namen dagegen begegnen wir einem Geiste, welcher die zwar verdienstvolle, aber einseitige und philosophisch schwach begründete Richtung, der das aufgeklärte Deutschland im vorigen Jahrhundert huldigte, überwand und mit Titanenkraft die Geistes des Denkens in neuer und überwältigender Form auf den Kampfplatz der Zeit stellte.

Immanuel Kant wurde am 22. April 1724 als Sohn eines Sattlers zu Königsberg in Ostpreußen geboren. Seit 1740 besuchte er die dortige

Universität, mit der Absicht, sich der Theologie zu widmen. Schriftsteller wurde er 1747 durch eine Schrift über die „Schätzung der lebendigen Kräfte", Privatdocent an der Universität 1755, als welcher er über philosophische und naturwissenschaftliche Fächer vortrug. In den ersten Jahren seiner Thätigkeit wandte er sich mit Vorliebe der Naturwissenschaft zu, mit Bezug auf welche sein wichtigstes Buch die „allgemeine Naturgeschichte und Theorie des Himmels nach Newton's Grundsätzen" ist, worin er ausführte, daß die Natur an unabänderliche Gesetze und an einen von Gott gemachten Plan der Vollkommenheit gebunden sei. Alles noch im Banne der Wolf'schen Lehre. Seit dem Jahre 1762 dagegen war er ausschließlich der Philosophie ergeben. Seine ersten hieher gehörigen Arbeiten betrafen die Logik und Metaphysik, und zwar zunächst im Anschlusse an Hume's Skeptizismus, nach welchem ihm jene beiden Wissenschaften in ihrer damals herrschenden Gestalt als „leere Hirngespinnste" erschienen. Er protestirte gegen den Wolf'schen Wahn, die Philosophie mathematisch beweisen zu können, und gegen die Anmaßungen der damaligen Philosophen überhaupt, Alles, auch das Unbestimmbarste, genau erklären zu wollen. Ein eigentlich neues System deutete er zum ersten Male an in den „Träumen eines Geistersehers, erläutert durch Träume der Metaphysik" (1706), worin er in äußerst anziehender Sprache die Fantasien der bisherigen Philosophen mit Geisterseherei zusammenstellte. Erst mit 46 Jahren, 1770, wurde er Professor, — erst mit 57 Jahren, 1781, gab er sein erstes Hauptwerk, die Kritik der reinen Vernunft, 1787 das zweite, die Kritik der praktischen Vernunft, 1790 das dritte, die Kritik der Urtheilskraft heraus. 1793 erschien seine „Religion innerhalb der Grenzen der bloßen Vernunft" und ein Jahr darauf gab er seine Professur wegen Altersschwäche auf. Nachdem er kindisch geworden, starb er 1804. Genüsse des Lebens hatte er, außer den Studien, niemals gekannt. Er war weder jemals verheiratet, noch kam er während seines ganzen Lebens über die nächste Umgebung von Königsberg hinaus, was aber die Weite und Tiefe seines Blickes, wie er sie in seiner großen philosophischen Trilogie an den Tag gelegt, nicht beeinträchtigte. Schon bei Lebzeiten, doch erst in seinen späteren Jahren, erlangte sein Name einen großen Ruf, und aus ganz Deutschland kamen die Weisheitdurstigen, ihn zu sehen und zu hören.

Als Einleitung in die Lehre Kant's können wir seine „Träume eines Geistersehers" betrachten.

Kant beginnt mit der Untersuchung, was ein Geist sei. Er gesteht zuvörderst seine Unwissenheit in dieser Frage, gegenüber der eingebildeten Bielwisserei Anderer. Dann gelangt er zu dem Schlusse, daß unter Geistern nur einfache, mit Vernunft begabte Wesen, welche keinen Raum ausfüllen und daher immateriell sind, verstanden werden können. Damit ist aber noch nicht einmal die Möglichkeit, geschweige die Wirklichkeit solcher Wesen bewiesen, und ebensowenig, ob die menschliche Seele ein solches sei." Kant ist zwar geneigt, das Dasein immaterieller Naturen in der Welt zu behaupten und seine Seele selbst in die Klasse dieser Wesen zu versetzen; allein die Frage, wie es komme, daß ein Geist und ein Körper zusammen Eins ausmachen und wodurch diese Einheit wieder aufgehoben werde, übersteigt seine Einsicht. Über diese Ungewißheit kommt er daher so wenig hinaus, wie irgend ein Anderer, aber er versucht es wenigstens, die bestehende Hypothese vom Geistigen, die man vor ihm als eine schlechthin festgestellte, des Nachweises nicht bedürftige Thatsache angesehen, zu erklären. Es gibt in uns, führt er aus, ein Gefühl, daß unser Wille einer geheimen Macht unterworfen sei, welche ihn zwingt, seine Absichten nicht blos auf das eigene, sondern auch auf Anderer Wohl zu richten. Er nennt diese Macht den „allgemeinen Willen", welcher in der Welt der denkenden Naturen eine „moralische Einheit" nach blos geistigen Gesetzen begründe. Er möchte dies aus einer Kraft erklären, welche die Geister in ähnlicher Weise verbinde, wie Newton's Gravitation die Körper, und wünscht daher, die menschliche Seele möchte Bestandtheil einer Geisterwelt sein und diese Eigenschaft nach dem Tode fortsetzen. Alles jedoch nur nach Maßgabe des göttlichen Willens, nicht nach willkürlicher Anordnung menschlicher Weisheit. Daß aber der Mensch durch seine Sinne jemals abgeschiedene Seelen oder reine Geister wahrnehmen könne, verneint unser Philosoph bestimmt, und fügt bei, von der „andern Welt" könne eine anschauende Kenntniß nur erlangt werden, indem man etwas von dem Verstande einbüße, den man für die gegenwärtige völlig habe. Die Geisterseherei will er daher an der Hand der Erfahrung als krankhafte Einbildung preisgeben, „ohne jedoch," wie er nachher, Obigem widersprechend, hinzufügt, „ihr gänzlich alle Wahrheit abzuleugnen." Soweit der erste oder dogmatische Theil. Im zweiten oder historischen beschäftigt sich Kant mit dem Geisterseher Swedenborg, dessen erstaunliche Gaben (oben S. 162) er aus dem „Hörensagen" ableitet und dessen Werken er allen Aufwand von Verstand abspricht. — Interessant ist die Angabe des Zwecks, welche Kant mit diesen Ausführungen verfolgte. Er wollte damit der Metaphysik abgeben, in welche er „das Schicksal habe verliebt zu sein", ob er sich gleich von ihr nur seiten einiger Gunstbezeugungen rühmen könne. Diese Wissenschaft leiste, meint er, zweierlei Vortheile: erstens: den Aufgaben ein Genüge zu thun, die das forschende Gemüth aufwerfe, wenn es verborgeneren Eigenschaften der Dinge durch Vernunft nachspähe; — aber hier täusche der Ausgang nur gar zu oft die Hoffnung. — zweitens: einzusehen, ob diese Aufgaben aus demjenigen, was man wissen kann, auch bestimmt seien, und welches Verhältniß diese Frage zu den Erfahrungsbegriffen habe, darauf sich alle unsere Urtheile jederzeit stützen müssen. Insofern sei die Metaphysik „eine Wissenschaft von den Grenzen der menschlichen Vernunft." Dieses Geständniß ist nur eine Paraphrasirung des einfachen Jacobi'schen, „daß wir nichts wissen können", und bestätigt vollkommen des Verfassers dieses Buches Urtheil über die Metaphysik (Einleitung S. 5 ff.). Das große Verdienst Kant's ist aber nach Ueber, daß er zuerst gewagt hat, das ganze geistige Gebiet als Hypothese und alle Versuche, dasselbe näher zu bestimmen, als Träume hinzustellen. Das Jenseits ist ihm nur eine angenehme Hoffnung, aber freilich noch eine solche, welche er nicht entbehren zu können glaubt.

Dies sind die Grundideen des Riesenwerkes der Kant'schen Kritik. Es kann nun nicht unsere Aufgabe sein, den Inhalt desselben vollständig darzustellen. Die rein metaphysischen Begründungen müssen wir schon um der dunkeln, schwierigen und für Laien im Gebiete übersinnlicher Erörterungen unverständlichen Sprache willen übergehen und beschränken uns darauf, diejenigen Resultate der Philosophie Kant's aufzuführen, welche für unsere Zeit und für das Interesse der gebildeten Welt überhaupt noch von Interesse sein können.

Kant hat die seit dem siebzehnten Jahrhundert auseinandergehenden Richtungen des Sensualismus oder Realismus und des Spiritualismus oder Idealismus wieder zu vereinigen gesucht, indem er der ersten, der Schule Locke's, zugab, daß das Ich allerdings nur durch die Erfahrung Erkenntniß sammle, und der zweiten, der Schule Leibnizens, daß es dann aber mit Hülfe im Verstande enthaltener Begriffe frei der Außenwelt gegenübertrete. In ersterer Beziehung nannte er das Ich das theoretische, in zweiter Beziehung das praktische. Während die Außenwelt den Stoff zur Erkenntniß liefert, gibt das erkennende Subjekt die Form dazu, nämlich die Begriffe des Verstandes; ohne das Zusammenwirken von Außenwelt und Verstand gäbe es keine Erfahrung. Dies Zusammenwirken jedoch hat zur Folge, daß wir die Dinge nicht so erkennen, wie sie wirklich sind, sondern nur, wie sie uns erscheinen. Anderseits aber können wir nichts erkennen, wofür es keine Erfahrung gibt, — der Verstand allein liefert keine Erkenntniß, wenn seinen Begriffen nicht sinnlich erkannte Außendinge entsprechen; das Uebersinnliche kann daher nicht erkannt werden. Der übersinnlichen Ideen, welche die Vernunft, d. h. die höhere Entwicklung des Verstandes, ohne Erfahrung bildet, gibt es nun drei: Seele, Welt als Ganzes und Gott (psychologische, kosmologische und theologische Idee). Wir können weder erkennen, ob es eine Seele als vom Körper unabhängiges geistiges Prinzip im Menschen gebe, und welches nach dem Tode ihr Schicksal, — noch ob die Welt Grenzen in der räumlichen Ausdehnung und zeitlichen Dauer habe oder nicht, — noch ob es ein höchstes Wesen gebe, das die Welt erschaffen habe und leite. Es kann weder bewiesen werden, daß einer dieser Ideen thatsächliche Verhältnisse entsprechen, noch daß dies nicht der Fall sei; es kann hier überall nur Vermutung stattfinden. Alle Versuche von Beweisen in diesen Dingen beruhen auf Trugschlüssen, d. h. auf Voraussetzungen, die nicht erwiesen werden können, sondern wieder nur auf ihren eigenen Folgerungen beruhen und mit diesen fallen.

Die Eigenthümlichkeit des Verfahrens Kant's besteht nun darin, daß er, was er mit der einen Hand in der „Kritik der reinen Vernunft" niederreißt, mit der andern Hand in der „Kritik der praktischen Vernunft" wieder aufzubauen sucht. Er geht dabei von der Freiheit des Willens aus, welche, wie er sagt, als „inneres Faktum" in uns gegeben, Thatsache der innern Erfahrung sei. Die Freiheit ist die Form, mit deren Hülfe die Neigungen und Begierden, als Stoff, das Handeln hervorbringen. Die erstere ist für alle Menschen gemeinsam; sie spricht mit „kategorischem Imperativ": Du sollst, während die sinnlichen Bestandtheile des Willens sehr verschieden sind, und unter den Menschen als mannigfaltige „Maximen" vorkommen. Aus beidem, Imperativ und Maxime, geht das oberste Gesetz der Moral hervor: man solle so handeln, daß die Maxime des Willens eines Jeden zugleich als Princip allgemeiner Gesetzgebung gelten könne, und dies moralische Gesetz solle die einzige Triebfeder des Willens sein. Kant übertreibt jedoch diesen Grundsatz in der Weise, daß er die Pflicht für unverträglich mit der Neigung hält. Er forscht dann weiter nach dem „höchsten Gute", und findet dasselbe dann vollständig, wenn sich die höchste Tugend mit der höchsten Glückseligkeit verbindet. Die Verwirklichung der ersteren findet er in der Unsterblichkeit der Seele, als einzig möglicher Art und Weise unendlichen Fortschritts zur Vollkommenheit, die Verwirklichung der zweiten im Dasein Gottes, als der einzig möglichen Quelle der Glückseligkeit. So nimmt also Kant als „Forderungen der praktischen Vernunft" dieselben Ideen an, welche er als von Seite der reinen Vernunft unbeweisbar dargelegt hatte, d. h. Kant will wissen, daß diese Ideen „Objekten entsprechen"; aber der Mensch kann sie nicht erkennen. Da indessen dieselben allein auf der Moral beruhen, so ist für Kant auch alle Religion in der Moral enthalten und beruht allein auf ihr. Er verwirft daher die Dogmatik und will nur eine moralische Kirche, welche zugleich eine allgemeine, eine von Aberglauben und Schwärmerei reine, eine freie und eine unveränderliche sein soll. Die Vernunft ist ihm die oberste Richterin religiöser Schriften, das Historische der letzteren an sich gleichgültig. „Reich Gottes" nennt er die Verwirklichung des Vernunftglaubens, womit das Ende der Geschichte eintreten soll.

Kants Lehre kommt einer vollständigen Revolution in der Geschichte der Philosophie gleich. Er hat der alten scholastischen Methode des Behauptens ohne Beweis, des Aufstellens von Hypothesen als Gesetzen, welchem sogar noch ein Spinoza, trotz seiner Unabhängigkeit von der Theologie, ergeben war, mit einem Schlage ein Ende gemacht. Dem Übersinnlichen hat er seine richtige Stellung angewiesen, als bloße Forderung der praktischen Vernunft, d. h. als blos durch Nachdenken hervorgebrachte, freiwillige, nicht allgemein verbindliche Annahme. Der Theologie, oder genauer genommen der Dogmatik, als Wissenschaft, ist damit der Todesstreich versetzt und zugleich auch die Art an den unfruchtbaren Baum der Metaphysik gesetzt, den jedoch Kant noch nicht umzuhauen wagte, obschon in seinem eigenen System dessen Werthlosigkeit so gut wie eingestanden ist. Die Kant'schen Postulate des freien Willens, der Unsterblichkeit und des Daseins Gottes sind, trotz ihrer Forderung durch die praktische Vernunft, um nichts gewisser geworden, und die praktische Vernunft der Gegenwart besteht auch ohne sie.

Seit dem Erscheinen von Kant's Kritiken trat deren Lehre dieselbe Herrschaft auf den deutschen Hochschulen an, welche vorher die Wolf'sche Philosophie eingenommen hatte, die jetzt keine Beachtung mehr fand. Kantianer bearbeiteten mit Eifer das gesammte Gebiet der Wissenschaften; in der Philosophie wurde des Meisters System namentlich weiter gebaut und verbessert von Reinhold, Bardili, Schulze, Beck, Fries, Krug und Bouterwek. Die über diese Epigonen hinwegschreitenden Nachfolger des Weisen von Königsberg, Fichte und Herbart, fallen in die nächste Periode der Kulturgeschichte.

Dagegen fand Kant's Kriticismus auch Widerstand. Schwärmerische und gläubige Richtungen konnten die Beschränkung der Erkenntniß auf die sinnliche Erfahrung und die Herabsetzung der Grundlagen aller Religion von absoluten Wahrheiten zu bloßen Forderungen der praktischen Vernunft nicht ertragen und suchten daher wieder neue Ausgangspunkte für das denkende Ich. Zu diesen Rittern des Gemütes, die sich aus den unbequemen Fesseln der Vernunft loszuringen und dafür die nach ihrer Ansicht leichteren des Glaubens anzulegen strebten, gehören Hamann, Herder und Jacobi.

In der nämlichen Stadt wie Kant, aber sechs Jahre später, am 27. August 1730, wurde Johann Georg Hamann, als Sohn eines Wundarztes, geboren, dessen Bruder den zweiten Theil des Schauerromans der „asiatischen Banise" geschrieben hatte*). Er widmete sich vorzüglich der Philologie und gab schon im zwanzigsten Jahre mit Freunden eine Zeitschrift „Daphne" heraus. Er war seit 1752 Hauslehrer in Liefland und dann in Kurland und machte sich zudem in ausgedehntem Maße mit der ältern und neuern Literatur bekannt; lebhaft bewunderte er die französische Encyclopädie und Kant's Philosophie. Im Jahre 1756 besuchte er, in der Absicht, sich dem Handel zu widmen, Berlin, die deutschen Seeplätze, Amsterdam und London, wo er in schlechte Gesellschaft und in Schulden gerieth, zugleich aber sich in die Bibel vertiefte, die er in extrem schwärmerischem und mystischem Geiste auffaßte, womit er sich

---

*) Gildemeister; Johann Georg Hamann's, des Magus im Norden, Leben und Schriften. 8 Bde. Gotha 1857.

zu den Bestrebungen der gebildeten Welt seiner Zeit in den schroffsten
Gegensatz brachte. Nachdem seine Plane fehlgeschlagen, kehrte er nach
Riga zurück, wo er in der Familie Berens, für welche er gereist war,
Liebe und für Beichte und Abendmahl schwärmte. Dunkle Empfindungen,
innere Stimmen und Bibelstellen leiteten ihn zu Allem, selbst zu Heiraths-
gedanken. Seit 1759 lebte er in Königsberg wieder ganz der Literatur.
Seine schriftstellerische Laufbahn begann er, veranlaßt durch seinen Freund
Berens und den großen Kant, welche ihn besuchten, mit den „Sokratischen
Denkwürdigkeiten". Er gelangte aber Absicht, aus innerem Antrieb dazu,
und ein philosophisches System stellte er weder auf, noch nahm er dasjenige eines Andern an. Seine Ausdrucksweise ist kurz, der Weitläufigkeit
abgeneigt, reich an Bildern und Farben, an Witz, Humor und Ironie,
dabei aber dunkel und schwer verständlich. Die mathematische Methode
in der Philosophie verwarf er und läugnete die Annahme, daß die
Mathematik den Verstand schärfe, was nach ihm die Sprachlehre weit mehr
thue. Sein Standpunkt war getheilt zwischen Glauben und Zweifel,
indem er überzeugt war, daß alles menschliche Wissen Stückwerk sei.
Seinen Zweifel wandte er jedoch, in verdächtiger Unbefangenheit, ausschließlich auf die Philosophie, ja sogar auf die Naturwissenschaft, seinen
Glauben aber auf die — Bibel an, welche er „das größte Muster und
den feinsten Probestein aller menschlichen Kritik" (!) nannte. In seinen
Schriften liebte er es, in irgend einer Maske aufzutreten, z. B. als
„franzährender Philolog", als „Oberzöllner Zachäus", meistens aber als
„Magus im Norden", und ebenso seinen Bekannten Namen aus dem
Alterthum oder Mittelalter zu geben. Die Titel seiner Werke waren
ebenso dunkel als diese selbst, doch so gewählt, daß sie, wenn enträthselt,
den Inhalt deutlich angaben.

Hamann's „Sokratische Denkwürdigkeiten" (1759) entwickeln sein
System des „Nichtswissens". „Unser eigen Dasein," sagt Hamann,
„und die Existenz aller Dinge außer uns muß geglaubt und kann
auf keine andere Art ausgemacht werden." Und weiter: „Was man
glaubt, hat daher nicht nöthig bewiesen zu werden, und ein Satz kann
noch so unumstößlich bewiesen sein, ohne deshalb geglaubt zu werden (?)."
„Der Glaube ist kein Werk der Vernunft und kann daher auch keinem
Angriffe derselben unterliegen (?), weil Glauben so wenig durch Gründe
geschieht, als Schmecken und Sehen." Von Sokrates sagt er: „Mein
Sokrates steht als Geist groß und nachahmungswürdig. Das Christenthum würde seinen Glanz verdunkeln." Das Buch besteht übrigens aus
oft geistreichen Rhapsodieen, die sich an Ereignisse aus dem Leben des
Sokrates knüpfen, und fand nicht vielen Beifall, und noch weniger
Verständniß, was den Verfasser zu dem „Nachspiele", betitelt „Wolken",
veranlaßte. Verstanden wurde er bloß von seinem Antipoden Kant, mit
welchem er häufig korrespondirte und der mit ihm eine „Physik für Kinder" (!)

zu schreiben beabsichtigte, welcher tolle Gedanke (der Mystiker als Naturforscher!) aber nicht zur Ausführung kam. An einen Freund schrieb Hamann über Kant: „Wir stehen so mit einander, daß ich bald eine sehr nahe, bald eine sehr entfernte Verbindung mit ihm zu haben voraussehe."

Hamann entwickelte eine merkwürdige Arbeitskraft. Während er seine zahlreichen Schriften verfaßte, las er sämmtliche griechische und römische Klassiker im Original, beschäftigte sich mit dem Arabischen und anderen orientalischen Sprachen, und vervollkommnete sich so im Französischen, daß er mehrere Bücher in dieser Sprache schrieb. Diese Vielseitigkeit verhinderte ihn jedoch nicht, auf die einseitigste Weise über die Bestrebungen der Aufklärung abzuurtheilen und Die herabzuwürdigen, die nicht gerade seinen Glauben hatten, nämlich den lutherischen, für welchen er gegen „Theismus" und „Papstthum" stritt. Ja dieser „Glaube" riß ihn so weit hin, die Wissenschaft zu verachten, die demselben unbequem erschien, so daß er, wie er sagt, „den neuen Hypothesen der Sternkunst so gehässig war, ohne sie zu verstehen," daß er ihnen, „ohne zu wissen worum, nach dem Leben stand, vielleicht blos, weil sie ihn — in seiner Andacht störten!" — Die reinste Umkehr der Wissenschaft! — Hamann sparte darum sein Salz. Voltaire, den er den „wahren Lucifer des Jahrhunderts" nannte und in dessen Charakter er „ein leuchtendes Beispiel von der Scheinheiligkeit des Unglaubens" fand, sowie dessen Gesinnungsgenossen, die „Tartüffe des Unglaubens", — zu bekämpfen und so auch seinen eigenen großen König in versteckter Weise zu zwicken. Bezeichnend ist es, daß er sich des ebenfalls mit der religiösen Aufklärung zerfallenen Rousseau annahm, für dessen „neue Heloise" er begeistert war und ihr einen „neuen Abälard" folgen zu lassen beabsichtigte. Auch ist es ein sonderbares Zusammentreffen, daß er, gleich Rousseau, mit einer ungebildeten Person in wilder Ehe lebte, ihre vier Kinder zwar auferzog, die Ehe aber aus nichtssagenden Gründen unterließ. Eine erstaunliche Liebhaberei hatte Hamann dafür, die Recensionen seiner Werke in besonderen Aufsätzen zu widerlegen und die Recensenten durch Verstellung ihrer eigenen Worte lächerlich zu machen. In diesem Fall kam er namentlich oft gegenüber seinem sonstigen Freunde Mendelssohn, dessen „Literaturbriefe" sich wiederholt mit ihm beschäftigten. Wie mit dem jüdischen Vertreter des damaligen deutschen Rationalismus, stand Hamann auch mit dessen feinstem Geiste, Lessing, in Korrespondenz, während Herder sein jüngerer, eigentlich von ihm auferzogener Freund war. Durch ihn wurde Goethe auf Hamann aufmerksam und gab sich der Einwirkung der Schriften desselben so sehr hin, daß Gildemeister findet, der Faust sei in Vielem eine Kopie des Magus im Norden. So begrüßte hinwieder auch Hamann Goethe's Erstlingswerke als eine „Morgenröthe" der deutschen Literatur. Am besten verstand er sich mit seinem mystischen Bruder Lavater. Beide apostrophirten einander in dithyrambischem Pathos.

Viele Sonderbarkeiten Hamann's lassen sich übrigens erklären durch seine bedrängte Lage. Er bekleidete seit 1767 die Stelle eines Übersetzers bei der (s. oben S. 90) in französischen Händen liegenden preußischen Finanzverwaltung, konnte keine Beförderung erlangen, erlitt vielmehr Abzüge von seinem Gehalte, opferte in sechs Jahren sein Vermögen, seine Gesundheit und die Kraft seiner Augen und gerieth in eine Schuldenlast von 700 Thalern, so daß er 1776 zum Verkaufe seiner Bibliothek Zuflucht nahm, was durch eine plötzliche Krankheit verhindert wurde. Seine Beschwerden wurden von den Vorgesetzten mit französischer Arroganz verhöhnt. Erst 1777 stieg er zum „Packhofsverwalter" empor. Er war übrigens stets kränklich, wie er auch von Jugend auf an schwerer Zunge und Kahlköpfigkeit litt. Er ließ sich wegen Letzterer mit einem Tuche um den Kopf zeichnen und hielt einst dessen große Zipfel, nachdem er jenen Umstand, wie es scheint, vergessen, für von seinen Feinden angebrachte — Eselsohren.

Mit der Zeit wurde Hamann's „Ekel vor allem Thun und Treiben des Sociale" immer größer, seine Hypochondrie nahm zu, und er entzog sich beinahe allem Umgange. Sein „Christenthum" wurde ausschließlicher, und er ärgerte sich sogar über allegorische Statuen aus der griechischen Mythologie. Als seines Freundes und Wohlthäters Kant „Kritik der reinen Vernunft" erschien, die er mit Sehnsucht erwartet hatte, durch welche ihm aber „alle metaphysischen Untersuchungen vereitelt wurden", bereitete er sich lange auf eine „Metakritik über den Purismum der Vernunft" vor. Er gab sie zwar aus Schonung gegen Kant nicht heraus, aber er behandelte Letztern mit Ironie und nannte seine „reine Vernunft" Blendwerk. Nach Hamann ist die Quelle der Philosophie nicht die Vernunft, sondern blos die **Sprache**, welche er in einer frühern Schrift als direkt von Gott eingegeben nachzuweisen versucht hatte. Die höchst verworrene Auseinandersetzung seiner Hypothese überzeugte jedoch natürlich Niemanden, daß durch diese Schrift Kant überwunden sei.

Neben der „Metakritik", der wichtigsten von Hamann's Schriften, steht als zweite seine Entgegnung auf Mendelssohn's „Jerusalem" (oben S. 366), unter dem Titel „Golgatha und Scheblimini, von einem Prediger in der Wüste" (1784). Er faßte nämlich erstere Schrift als eine gegen das Christenthum feindliche auf und stellte den Mendelssohn'schen Klagen über die Unterdrückung des Judenthums durch dessen mächtigere Tochter das wahre, sich erniedrigende Christenthum gegenüber. Er that dies in geschickter Zusammenstellung eigener Worte und Satztheile Mendelssohn's; der eigentliche Zweck aber war, die Berliner Aufklärer, Schulz, Biester und Andere zu treffen; für unsere Zeit haben indessen beide Schriften gleich wenig Bedeutung mehr.

Das waren Hamann's unnütze und jetzt verschollene Feldzüge gegen die „natürliche Religion". Der alternde Magus wurde nicht mehr milde, gegen alle Aufklärung zu eifern. Von Kant sagte er, bei Erscheinen von dessen „Metaphysik der Sitten", der Scharfsinn sei sein böser Dämon, „fast wie Lessing's seiner." Eine erfreulichere Erscheinung daneben ist seine Sorge für die Erziehung und Ausbildung seiner Kinder, die bei dem Umstande, daß er ihnen die Ehre einer ehelichen Geburt nicht gegönnt, als ein unerklärliches Räthsel erscheint.

Nachdem Hamann wegen seiner gründlich zerstörten Gesundheit lange vergeblich um einen längern Urlaub gebeten, wurde er 1787 endlich von seiner als überflüssig erklärten Stelle barsch entlassen. Er verließ nun, einem längst ersehnten Ziele folgend, Königsberg und begab sich nach Münster in Westfalen, um dort bei seinem Freunde Buchholz und in Pempelfort bei Düsseldorf im Hause des Philosophen Jacobi Kuren zu gebrauchen. Diese bestanden theilweise in Magnetismus, der ihm natürlich nichts half. In Münster wurde er auch mit der Fürstin Amalie Gallizin, Tochter des preußischen Generals von Schmettau (geb. 1748), bekannt, welche in ihrer Jugend der freigeistischen Philosophie ihrer Zeit ergeben war, sich dann aber belehrt und seit längerer Zeit nichts mehr gelesen hatte, als die Bibel und — Hamann's Schriften, und in deren schöngeistig-frommem Kreise sich Jacobi und alle übrigen der Aufklärung Widerstehenden trafen. In ihrer Gegenwart starb der Kranke am 19. Juni 1788.

Hamann's Bedeutung besteht in seiner Antipodenstellung zu seinem Freunde und Mitbürger Kant und in seiner Eigenschaft als Vorläufer und Lehrer Herder's. Ohne diese Verhältnisse hätten wir ihn neben seinem Geistesbruder Lavater in die Geschichte des Aberglaubens und der Mystik, statt in jene der Philosophie, versetzen müssen.

Hamann's bedeutendster Schüler, Johann Gottfried Herder, wurde 1744 am 25. August zu Mohrungen in Ostpreußen geboren. Sein Vater, ein Schullehrer, erzog ihn in strenger Ordnung und Pünktlichkeit; der dortige pedantische und prügelsüchtige, aber gerechte Rektor Grimm unterrichtete ihn in den Wissenschaften, und der kränkliche Sonderling Prediger Trescho, der ihn zum Famulus annahm, suchte in ihm eine mystisch-fromme Richtung zu wecken. Im Jahre 1762 aber nahm ihn ein russischer Militärwundarzt von schwedischer Abkunft mit sich nach Königsberg, um ihn Medicin studiren zu lassen. Herder konnte jedoch, seiner empfindlichen Nerven wegen, dieser Wissenschaft keinen Geschmack abgewinnen, und zog es vor, sich der Theologie zu widmen. Daneben erhielt er eine Lehrstelle am Friedrichs-Collegium. In der lebhaftern Umgebung verlor er bald seine frühere Schüchternheit. Besonders günstig wirkte Kant auf ihn, bei dem er Philosophie hörte und dessen Ideen ihn begeisterten, während er ihrer metaphysischen Einkleidung weder Verständniß noch Interesse abgewann, da sein Gemüt andere, poetischere Bedürfnisse hatte. Letzteren entsprach besser ein älterer Freund, den er in Königsberg gewann, und den er wie einen Heiligen anstaunte —

Hamann. Eine Berufung an die Domschule zu Riga entfernte 1764
Herder'n von Königsberg, von welcher Stadt er kurz nach einer verheerenden
Feuersbrunst mit dem Gedichte „die Eiche Königsbergs" Abschied nahm.
Der erst zwanzigjährige Lehrer und Prediger erwarb sich große Achtung.
Im Jahre 1766 ließ er sich als Freimaurer aufnehmen und arbeitete
für zeitgemäße Entwickelung des Bundes. Um die Welt und die Kultur-
bestrebungen seiner Zeit besser kennen zu lernen, trat er 1769 eine größere
Reise an. Zu Schiffe begab er sich zuerst nach Nantes, um sich in der
französischen Sprache auszubilden. Dann machte er sich in Paris mit dem
Kulturzustande Frankreichs und mit den Chorführern der dortigen Literatur
bekannt. Er war jedoch durch die dortigen Zustände nicht befriedigt
und nahm die Stelle des Reisebegleiters eines holsteinischen Prinzen an,
zu welchem er durch die Niederlande nach Eutin eilte, um dann mit ihm
Deutschland zu durchkreuzen und den nächsten Winter in **Straßburg**
zuzubringen, wo er mit Goethe und Jung-Stilling *verkehrte und seine
nachherige Gattin kennen lernte*. Da ihm jedoch seine Stellung wegen
des Neides der Höflinge nicht zusagte, nahm er seine **Entlassung** und
ging auf einen Ruf hin, nach dem Bestehen einer schmerzhaften und
dazu mißlungenen Operation am Auge, 1771 als Konsistorialrath nach
Bückeburg. Des Grafen Wilhelm von Schaumburg-Lippe wunderliche
Liebhabereien jedoch (s. oben S. 80), das unerquickliche Hofleben, und
die damit verbundene Unmöglichkeit, Herder's Pläne nothwendiger Reformen
im Kirchen- und Schulwesen zu verwirklichen, verstimmten ihn in hohem
Grade, und nur die Freundlichkeit der ihn allein würdigenden Gräfin
versüßten ihm den Aufenthalt. Im Jahre 1773 führte er seine Braut
Caroline Flachsland heim; auch sie wurde eine innige Freundin der Gräfin.
Herder lebte nun auf, wirkte begeistert für Religion und Poesie und begann
seine philosophisch-historischen Schriften mit der „Ältesten Urkunde des
Menschengeschlechtes" (1774). Als aber die Gräfin (1776) starb, folgte
Herder gern dem Rufe als General-Superintendent nach Weimar. Dort
empfing ihn die Freundschaft Goethe's und des Herzogs Karl August
und — der Neid der Pfaffen. Den größten Widerstand gegen Ver-
besserungen im Erziehungswesen fand er auch hier wieder auf geistlicher
Seite. Dafür entschädigten ihn die geistigen Genüsse an dem die Kunst
und Literatur liebenden und die großen Geister der Zeit um sich
sammelnden Hofe. Seine durch geringen Gehalt begründeten ökonomischen
Bedrängnisse wurden durch großmüthige Hülfe von unbekannter Hand ge-
lindert. Der Markgraf Karl Friedrich von Baden beabsichtigte, im
Vereine mit anderen Fürsten (Preußen, Sachsen, Hannover u. a.) die
Errichtung eines deutschen Nationalinstituts für Wissenschaft und Kunst,
mit Herder an der Spitze, — und 1788 erfreute ihn der Freiherr und
Domherr Friedrich von Dalberg, Bruder des Coadjutors von Mainz,
mit dem Antrage, sein Begleiter nach Italien zu sein. Wenige Wochen

nach Goethe's Rückkehr aus dem Wunderlande reisten der katholische und
der protestantische Würdenträger zusammen dahin ab. In Rom, wo er
so recht in dem Genuße der Kunstsammlungen und Ruinen schwelgte,
trennte er sich von Dalberg, weil eine angenommene, von Demselben mit-
genommene Dame sich in unerträglicher Weise aufführte, und ging im
Gefolge der dort anwesenden Herzogin Amalia von Weimar nach Neapel,
wo ihn die Natur entzückte, wie in Rom die Kunst. Den Rückweg machte
er selbständig und war 1789 im Juli wieder bei Hause. Von nun an
war er einerseits mit seinen Bestrebungen nach Schulreform, anderseits
aber mit dem Kampfe gegen die Kant'sche Philosophie beschäftigt, in welch
letzterer er die Auflösung der Religion und Moral zu erblicken glaubte.
Er stand in immer wachsendem Ansehen und Ruhm, als seine geschwächte
Gesundheit schon am 18. December 1803, vor vollendetem sechszigstem Jahre,
seinen Tod herbeiführte. — Er war menschenfreundlich, edel und rein,
durch und durch poetisch gestimmt, aber zur Schwermut und zum Zweifel
an der Möglichkeit der Erfüllung seiner Ideale geneigt. Hamann's härischen
Haß gegen die Aufklärung kannte er nicht; er ließ dieser Gerechtigkeit
widerfahren, bekämpfte aber ihre Konsequenzen, wo er sie für schädlich
hielt. In seinen Schriften ist kein unduldsames, gehässiges Wort zu finden;
sie sind völlig vom Geiste der Schönheit durchweht.

Sein Hauptwerk blieben die „Ideen zur Philosophie der Geschichte
der Menschheit". Unter „Geschichte der Menschheit" verstand man im
achtzehnten Jahrhundert, was man heute Kulturgeschichte nennt,
unter „Philosophie" derselben, zur Unterscheidung von ihrer eigentlichen
Darstellung, die Aufstellung von Grundsätzen über ihr Wesen und ihren
Inhalt. Daraus haben dann spätere Philosophen eine eigene Wissenschaft,
„Philosophie der Geschichte", herauszuklügeln versucht, indem sie in die
Geschichte ihre Lieblingsideen hineinzulegen unternahmen, eine glückliche
Weise, gleich der sogenannten Naturphilosophie, vorübergegangene Liebhaberei. Herder hatte diese Anmaßung noch nicht. Seine „Ideen" sind
rein kulturgeschichtliche, auf Thatsachen beruhende und mit untrüglichen,
gemachten Hypothesen und Fantasien den Leser verschonende. Das Buch
ist ein wahrhaft universelles, von Begeisterung für die Großartigkeit der
Welt und ihrer Erscheinungen erfüllet. Es beginnt mit der Stellung
der Erde in der Welt, in deren Anordnung der Verfasser die „höchste
Weisheit" findet, ohne dem Leser individuelle Anschauungen vom Übersinnlichen aufdringen zu wollen. Die Elemente walten, bei aller religiösen
Auffassung, nach Naturgesetzen in unwandelbarer Unterordnung unter
dieselben, und Herder findet es unphilosophisch, wenn Voltaire das
Erdbeben von Lissabon zum Anlasse nahm, die Gottheit anzuklagen,
die jene Naturgesetze eben walten lasse; Schöpfung und Untergang
der Welten und ihrer Bestandtheile sind bloß eine Abwechselung von
Gestalten und Formen, und das Innere der Natur, über allen Nam-

erhaben, ersteht immer als Phönix aus der Asche und blüht mit jungen
Kräften.

Es wird dann die Gestalt der Erdoberfläche betrachtet und darauf
deren Organismen, die Pflanzen, die Thiere, nach ihrer Verbreitung und
ihrer Wichtigkeit für die Menschengeschichte. Herder behauptet die Ver-
änderlichkeit der Organismen nach den Klimaten und die Bildung aller
lebenden Geschöpfe durch die Natur nach „einem Hauptplasma der
Organisation". So steht er auch gar nicht an, den Menschen ein
„Mittelgeschöpf unter den Thieren", d. h. „die ausgearbeitete Form" zu
nennen, in der sich die Züge aller Gattungen um ihn her im feinsten
Inbegriffe sammeln. Dabei fällt natürlich jede willkürliche Schöpfung
weg und die Darwin'sche Theorie ist in ihrer Grundidee anticipirt. Herder
schreckt daher nicht davor zurück, den Affen mit dem Menschen zu vergleichen, obschon er jeden „genetischen" Zusammenhang zwischen beiden
verwirft, und ihm mehr als Instinkt, ja sogar Streben nach Vervollkommnung zuzuschreiben. So verleiten ihn die Vorzüge des Menschen vor
den übrigen Geschöpfen, die er beredt und schön aufzählt, keineswegs zu
fantastischer Überhebung unseres Geschlechtes, sondern erfüllen ihn nur mit
Dankbarkeit gegen die schaffende Natur. So ist ihm auch Religion nicht
ein Kramladen dürrer Dogmen und flitterhafter Kultusformen, sondern
„ein kindlicher Gottesdienst", eine Nachahmung des Höchsten und Schönsten
im menschlichen Bilde, mithin die innigste Zufriedenheit, die wirksamste
Güte und Menschenliebe. Ebenso faßt er die Unsterblichkeit, nicht als eine
dem Glauben aufzuzwingende Thatsache, sondern lediglich als eine Hoffnung auf; denn Niemand habe noch in unserm Gehirne ein „geistliches
Gehirn", den Keim zu neuem Dasein entdeckt. Zwar bemüht er sich, die
Fortdauer der Seele als „organischer Kraft", und zwar sowol vor der
Geburt, als nach dem Tode, glaubwürdig zu machen, kommt aber, wie
Andere auch, über das Gebiet der krasenhaften Hypothese nicht hinaus.
Diese besteht bei ihm darin, daß der Mensch zugleich das höchste Glied
unter den Geschöpfen der Erde und das niederste unter denjenigen einer
höhern Welt sei.

Herder geht nun zur „Organisation" der einzelnen Völkergruppen
der Erde über, deren er sechs, die bekannten fünf Menschenracen und dazu
die Nordpolarvölker, zählt, verficht aber eifrig ihre Zusammengehörigkeit
und ihre strenge Scheidung von den Thieren. Er betrachtet dann die
Einwirkung des Klimas auf die Menschen und deren Bildung, Gesetze,
Religion u. s. w. und untersucht die Frage nach ihrem ältesten Sitze, wobei
er die biblische Tradition nicht historisch und die Paradiesessage nur als
ein Sinnbild des ältesten schuldlosen Zustandes der Menschen auffaßt.

Im zweiten Bande, der uns nicht weiter beschäftigen kann, werden
dann die einzelnen Völker und Zeitperioden behandelt: China, Tibet, Indien, Babylon, Persien, Palästina, Karthago, Ägypten, — Griechenland,

Italien, — die Kelten, Finnen, Germanen, Slawen, — die Einführung des Christenthums, dessen Stifter Herder ganz als Menschen auffaßt, die Völkerwanderung, der Islam, die Kreuzzüge und das neuere Europa. Der Grundgedanke und das Resultat des Ganzen ist das Walten der „Vorsehung" in den Geschicken der Menschen, was zwar mit tiefem Gefühl und ehrender Überzeugung durchgeführt, aber natürlich nicht wissenschaftlich nachgewiesen werden kann. ––– Das Buch ist jetzt begreiflicher Weise, in Folge der neueren naturhistorischen und literarisch-kritischen Entdeckungen, überflüssig geworden, auch abgesehen davon, daß den Verfasser seine kühne Fantasie und sein poetischer Geist allzu oft zu Gewaltsamkeiten verleiten, die jetzt komisch erscheinen; für uns hat es aber deßhalb Bedeutung, daß es zur Zeit seines Erscheinens das Orakel aller poetisch gestimmten und zugleich sern denkenden Menschen war und ungemein bewundert wurde.

In der Poesie liegt überhaupt Herder's philosophisch-religiöser Standpunkt. Als eifriger Kämpfer trat er den trockenen, nüchternen, alles Ideale roh beseitigenden Rationalisten entgegen, indem er in der Bibel, statt sie, wie Jene, zu verwässern und zu verspotten, die ihr eigene erhabene Poesie nachwies, worin er freilich oft zu weit ging und höheres Alter als das der Religionsbücher anderer Völker, sowie unmögliche Übereinstimmungen mit den wissenschaftlichen Forschungen finden wollte, so z. B. in seiner „Ältesten Urkunde des Menschengeschlechts".

Dieser poetische Charakter von Herder's Philosophie und Religion ist denn auch der Grund des Mangels an einem eigentlichen System bei ihm. Er schwebt von einem poetischen Gedanken zu einem andern und verwickelt sich dabei oft in die größten Widersprüche. Während er hier die rationalistische Deutung der Bibel bekämpft und von „Offenbarung" spricht, äußert er sich dort in einer Weise, welche alle Inspiration und selbst alle Dogmatik ausschließt. Während er hier an der Vorsehung und der Gottheit festhält und diese in der gesammten Geschichte nachweisen will, singt er, in den „Gesprächen über Spinoza's System", das Lob dieses Denkers, allerdings des der Poesie Günstigsten, und so schwärmt der gottbegeisterte Theolog Herder für den Philosophen, dem, wie wir oben zeigten, „Gott" im Grunde nur ein Ausdruck für die schaffende Natur war.

Der letzte bedeutendere Gegner Kant's und der letzte Philosoph des achtzehnten Jahrhunderts, eigentlich bereits nur noch ein philosophischer Dilettant, war Friedrich Heinrich Jacobi. Zu Düsseldorf 1743 geboren, widmete er sich dem Handel, studirte jedoch daneben (in Genf) Philosophie und stieg dann in seiner Heimat zu hohen Würden. Nachdem er dort und auf seinem nahen Landsitze Pempelfort Gleichgesinnte um sich gesammelt und mehrere Bücher geschrieben, auch mit Wieland einen schöngeistigen „deutschen Merkur" herausgegeben, wurde er 1804 an die neue Akademie der Wissenschaften in München berufen, 1807 deren Präsident und starb 1819. Seine Schriften, sämmtlich in Brief-, Gespräch- und

Romanform abgefaßt, enthalten kein System, sondern zerstreute, oft unklare und ungeordnete, wenn auch geistreiche Gedanken. Er war ein Freund Hamann's, Wieland's und Herder's, im Leben aber, bei aller Liebenswürdigkeit und Freigebigkeit, eitel, flatterhaft und gleich seinem Bruder, dem sentimentalen Dichter J. G. Jacobi, höchst geziert und verkünstelt.

In seinen philosophischen Ansichten ging er von Spinoza aus, den er 1785, in Briefen an Mendelssohn, in Deutschland zuerst eigentlich bekannt machte. Er hält die Lehre des großen Juden für Fatalismus und Atheismus, weil der Gott desselben nicht mit Vernunft und Willen begabt sei, nicht nach Zwecken wirke, daher keine Person und also auch kein Gott sei. Dieses Ergebniß sei jedoch, fährt er fort, nothwendig dasjenige eines jeden Versuches, die Dinge beweisen und erklären zu wollen, also jeder Philosophie. In diesem Beginnen sei kein Unendliches zu finden, weil alles Nachzuweisende bedingt sei, also kein Gott. Ein Solcher könne nicht bewiesen werden, und jede Philosophie habe daher ein Interesse an der Läugnung Gottes. Da sei kein anderes Rettungsmittel als der G l a u b e, durch welchen a l l e i n sowol das Sinnliche als das Übersinnliche erkannt werde.

Natürlich wurden diese Ansichten von allen Seiten als vernunftwidrig und fortschrittfeindlich verworfen. Um sie zu rechtfertigen, suchte Jacobi 1787 in seinem Gespräche „David Hume" darzulegen, daß sein Glaube kein blinder Autoritätsglaube sei; derselbe stütze sich nicht auf fremdes Ansehen, sondern auf innern Drang. Es ging dies nicht ohne Gewaltsamkeit. Während er früher die Vernunft gleich dem Verstande als gottlos verurtheilt, nannte er jetzt seinen Glauben „Vernunft" und setzte dem prüfenden und erklärenden Verstande die nicht erklärende, sondern geradezu entscheidende Vernunft oder den „Vernunftglauben" entgegen. Das „innere Gefühl" ist ihm dabei das Maßgebende, der Inhalt seiner Philosophie. Von diesem Standpunkte polemisirte er dann gegen Kant, dem er verwarf, das Dasein der wahrgenommenen Gegenstände außerhalb des Wahrnehmenden zu läugnen, während er es dagegen Kant als ein Verdienst anrechnete, eine „Wissenschaft des Übersinnlichen" unmöglich gemacht zu haben. Während er jedoch Kant gegenüber mit Freundschaft und Schonung auftrat, nannte er dessen Schüler Atheisten, welche die Begriffe der Gottheit, Freiheit und Unsterblichkeit, die dem Meister noch heilig gewesen seien, niedertreten.

Jacobi war der letzte Philosoph, der, wie auch Kant in der Entgegenstellung der reinen und praktischen Vernunft noch gethan, sich damit beschäftigte, Verstand und Gefühl von einander zu trennen und jedem seine Sphäre anzuweisen. Durch ihn wurde endlich diese Trennung so schroff, daß sie nachher gar nicht mehr in Frage kam, das Gefühl von der Philosophie ganz ausgeschieden und der Religion und Kunst überlassen werde, erstere aber sich blos noch auf den prüfenden Verstand verließ, — und dies ist der Charakter der neuesten Philosophie, die uns im nächsten Bande beschäftigen wird.

Dritter Abschnitt.
Die Wissenschaft der Erziehung.
A. Die methodische Pädagogik.

Der Zustand des Erziehungswesens, wie er bei Beginn unserer Periode beschaffen war, bedurfte im dringendsten Maße einer Verbesserung. Während auf protestantischer Seite geisttödtende und freiheiterdrückende Alleinherrschaft der alten Sprachen die Schulen aller Fruchtbarkeit für Leben, Staat und Wissenschaft beraubte, fügten diesem Übelstande die spezifisch katholischen Schulen noch den Fanatismus für Wiederausbreitung ihrer Kirche hinzu. Diese letzteren Schulen befanden sich, soweit sie von Bedeutung waren, in den Händen der Jesuiten, welche, ohne wählerisch in ihren Mitteln zu sein, alle Anstalten, die sich ihnen nicht freiwillig ergaben, einfach zu Grunde richteten. In Posen z. B. hatten die Jesuiten schon im sechzehnten Jahrhundert die nicht von ihnen gestifteten katholischen Schulen untergraben; im Jahre 1618 zerstörte der von ihren Schülern aufgehetzte Pöbel die evangelischen Kirchen und Schulen und die Schule der böhmischen Brüder. In Böhmen rissen sie nach der Schlacht auf dem weißen Berge, 1621, das gesammte Schulwesen an sich, dessen Leitung sie der Universität und den Weltgeistlichen aus den Händen nahmen, und verjagten noch in demselben Jahre die protestantischen Prediger aus dem ganzen Königreiche. Bei alledem waren evangelische Eltern oft so taub oder blind, daß sie ihre Kinder dennoch den Jesuitenschulen anvertrauten und sich dann hinterher wunderten, wenn dieselben zur katholischen Kirche übertraten.

Unter solchen Umständen regte sich der Wunsch nach besseren Schuleinrichtungen in denkenden Männern bereits seit dem Beginne des siebenzehnten Jahrhunderts, — natürlich anfangs in noch unbehülflicher, ungeordneter und wenig durchgearbeiteter Weise, nach und nach jedoch mit stets hellerm und freierm Bewußtsein Dessen, was noth thue. Die Anhänger des neu erwachenden Geistes im Schulwesen eiferten vor Allem gegen den bisherigen Mangel an Methode, gegen den herrschenden „Gedächtnißkram", gegen die Bestrafung der Schüler, besonders die körperliche; sie riefen nach Beachtung der Individualität in den Schülern, nach Pflege der Muttersprache, nach Unterricht in den Realfächern, nach Einführung der Leibesübungen und hellerer, gesünderer Schulzimmer. Dabei verirrten sie sich jedoch durch ihr allzu gründliches und deshalb in Pedanterei ausartendes Wesen in Mißachtung der Fantasie. Über dem Bestreben, die Gedanken eines Kunstwerkes erschöpfend zu analysieren und auszulegen, vergaßen sie die Schönheiten desselben, wie sie über der Gegenwart die Vergangenheit vergaßen und daher auch das Studium der Geschichte vernachlässigten.

Der Erste dieser Neuerer, der noch vor Ausbruch des dreißigjährigen Krieges auftrat, war Wolfgang Ratich, geboren 1571 in Holstein. Seine neue Methode, welche er zuerst erfolglos dem Erbstatthalter der Niederlande, dann 1612 dem deutschen Reiche auf dem Wahltag zu Frankfurt anbot, verlangte, daß die Jugend vor Allem ihre Muttersprache „recht und fertig lesen, schreiben und sprechen lerne." Sie fand bald Anklang; mehrere Fürsten ließen sie von Professoren ihrer Universitäten prüfen, und die Prüfung fiel günstig aus. Ratich erhielt Rufe nach der Reichsstadt Augsburg und dem Hofe von Weimar, und der Fürst von Anhalt-Köthen ließ eine eigene Druckerei einrichten, um Ratich's Schulbücher zu drucken, und richtete die Schulen seines Landes nach der Methode desselben ein. Man trieb nun in den drei unteren Klassen blos das Deutsche, erst in der vierten das Lateinische und in der sechsten das Griechische. In der ersten Klasse lernte man die Buchstaben kennen, in der zweiten Lesen und Schreiben vereinigt und in der dritten die Sprachlehre. Das Lateinische wurde gelernt, indem man aus dem Terentius die Grammatik „abstrahirte". Indessen bewährte sich weder Ratich's Methode, noch war sein Benehmen gegen Obere und Collegen tadellos, und da er zugleich Lutheraner war, reizte es die reformirten Köthener, ein wenig Inquisition zu spielen und ihn seines Glaubens wegen zu verfolgen. Er wurde 1619 gefangen gesetzt und 1620 entlassen, nachdem er einen Revers unterzeichnet, daß er nicht mehr versprechen, als er habe halten können. Von da an wollte ihm nichts mehr glücken. Seine fürstlichen Gönner ließen ihn fallen, und die Gutachten der Gelehrten fielen nicht mehr günstig aus, wozu freilich Ratich's eitles Vorhaben, seine „Erfindungen" an einem Könige theuer verkaufen zu wollen, und sein pedantisches Wesen viel beitrugen. In Unterhandlungen mit dem schwedischen Kanzler Oxenstierna begriffen, starb er 1635 am Schlage. Während die mechanische und geistlose Ausführung seiner Methode mit ihm in's Grab sank, überdauerten ihn dagegen manche von ihm angeregte bahnbrechende Ideen.

Der dreißigjährige Krieg, in dessen genußvolle Zeit Ratich's früheres Leben fiel, wirkte in höchst nachtheiliger und zerstörender Weise auf das deutsche Schulleben. Kamen die feindlichen Heere einer Schule, so wurde sie aufgelöst und die Schüler entlassen, und an ihre Stelle entweder eine dem Standpunkte der Sieger entsprechende Schule oder gar keine mehr gesetzt. Die Früchte kaiserlicher oder bairischer Siege ernteten stets die Jesuiten. Dennoch wirkte in dieser trostlosen Periode ein zweiter, größerer Reformator des Schulwesens, der uns bereits (S. 225) bekannte Amos Comenius. Als er 1642 einen Ruf nach Schweden erhielt, sagte zu ihm der Kanzler Oxenstierna: er habe sich als Gesandter in Deutschland mit mehreren Männern über die herrschende Schulmethode besprochen, Ratich, welcher zu diesen gehörte, habe ihm, statt sich im Gespräche zu äußern, einen dicken Quartanten zu lesen gegeben, den er überwanden, aber dabei entdeckt habe, daß Ratich zwar die Gebrechen der Schule nicht übel aufdecke, jedoch unzureichende Heilmittel vorschlage; was er (Comenius) aufstelle, sei fester gegründet. — Auch den Comenius selbst würdigte Ratich gar keiner Auskunft über seine Methode. — Nachdem der westfälische Friede den Krieg beendet hatte, war Comenius der Erste, welcher den Fürsten zurief (in der novissima linguarum methodus): „Ihr habt Vieles zerstört, o ihr Mächtigen, erbauet nun wieder Vieles!"

Des Comenius pädagogische Grundsätze sind ungefähr folgende: Die Menschen sind Ebenbilder Gottes, von Natur gut und durch den sogenannten Sündenfall ihrer guten Eigenschaften nicht beraubt; sie streben daher nach Wissen und sind des Unterrichts bedürftig, Alle, ohne Unterschied der Geburt, der Glücksgüter, des Geschlechtes. Der Unterricht muß in Schulen stattfinden und für Alle Alles umfassen, nicht in sämmtlichen Specialitäten, aber in der Hauptsache. Die bisherigen Schulen aber sind unzulänglich. „Realien lehrt man nicht, mit Latein dagegen verwendet man fünfzehn bis zwanzig Jahre und bringt es doch zu nichts." Nach der „natürlichen" Unterrichtsmethode, welche Comenius vorschlägt, soll der Unterricht in früher Jugend beginnen. Er soll sich auf Sache und Wort (Realien und Sprachen) zu gleicher Zeit beziehen. In den Sprachen soll man mit den Schriftstellern und ihrer Erklärung beginnen und die Grammatik erst folgen lassen. Die Grammatik fremder Sprachen soll derjenigen der Muttersprache angemessen sein. Vom Verstehen einer Sprache schreite man zum Schreiben und dann zum Sprechen fort. Auswendig soll der Schüler nichts lernen, was er nicht begriffen hat. Alle Studien sollen unter sich zusammenhängen, ein Ganzes bilden. Jede Kunst lerne man durch Übung und schreite stets vom Leichtern zum Schwerern vorwärts.

Eine hauptsächliche Bedeutung, die Opposition gegen den einseitig philologischen Unterricht, verräth Comenius in folgender plastischen Stelle seiner Didactica magna: „Die Jugend recht unterrichten heißt nicht, ihr einen Mischmasch von Worten, Phrasen, Sentenzen und Meinungen, die man aus Autoren zusammengelesen, einstopfen, sondern ihr das Verständniß für die Dinge öffnen, damit hieraus, wie aus einem lebendigen Quell, viele kleine Bäche sich entspinnen. Bis jetzt haben die Schulen nicht darauf hingearbeitet, daß die Kinder wie junge Bäume aus eigener Wurzel

Triebe entwickelten, sondern nur daraufhin, daß sie sich mit anderweitig abgebrochenen Zweiglein behängten. So lehrten sie die Jugend, sich nach Art der äsopischen Krähe mit fremden Federn zu schmücken. — — Fast Niemand lehrt Physik durch Anschauung und Experimente, Alle unterrichten durch mündlichen Vortrag des aristotelischen Werkes oder irgend eines andern. In Summa: die Menschen müssen, so viel als möglich, angeleitet werden, ihre Weisheit nicht aus Büchern zu schöpfen, sondern aus Betrachtung von Himmel und Erde, Eichen und Buchen, das heißt: sie müssen die Dinge selbst kennen und erforschen, nicht blos fremde Beobachtungen dieser Dinge und Zeugnisse von denselben. Und so würden wir wieder in die Fußstapfen der Alten treten."

Von des Comenius oben genannten Werken enthält die Janua reserata tausend Sprüche in hundert Abschnitten, welche, wie er meint, alles Wissenswerthe enthalten. Der erste Abschnitt handelt vom Ursprunge, der neunundneunzigste vom Untergange der Welt; der hunderste nimmt Abschied vom Leser. In einer Umarbeitung dieses Buches sandte er der Janua ein Vestibulum (Vorhalle) voraus, worin die Fundamente der Sprache gelegt werden sollten. In der darauf folgenden Janua (Thür) sollte das Nothwendige des Baues der Sprache zusammengefügt, in dem den Schluß bildenden Atrium (innerer Hof) die Ausschmückungen desselben hinzugefügt werden. Auf das Atrium sollten die Palatia der Klassiker folgen. Die christliche Opposition seiner früheren Jahre gegen die heidnischen Schriftsteller gab Comenius in seinen späteren Jahren, als der Humanismus an der Stelle der Gnade bei ihm zum „Durchbruche" gelangte, vollständig auf, und empfahl Seneca für den lakonischen Stil, Cicero für den Periodenbau, Terenz für den Dialog. In seinem Alter jedoch eiferte er wieder mit bedeutendem Eifer im Interesse des „Evangelii" und der „davidischen Freude am Gesetze Gottes" gegen die Heiden. Der Orbis pictus des Comenius ist eine „mit Bildern versehene Janua"; es ist darin Alles abgebildet, sogar die menschliche Seele (als schattenloses Abbild des Körpers!).

Nach dem die ganze menschliche Erziehung umfassenden Studienplane des Comenius beginnt selbe bereits im Mutterleibe. Unser Pädagog gibt bereits die Verhaltungsregeln für die Mutter, wie sie noch jetzt gelten. Bis zum sechsten Jahre befindet sich das Kind in der Schule der Mutter und lernt durch Benennung aller Gegenstände, Erinnerung an Thatsachen u. s. w. bereits die Grundlagen aller Wissenschaften kennen. Es folgt bis zum zwölften Jahre die deutsche (beziehungsweise die Schule der Muttersprache), bis zum achtzehnten die lateinische Schule, deren sechs Klassen genannt werden: Grammatica, Physica, Mathematica, Ethica, Dialectica und Rhetorica, und zuletzt, bis zum vierundzwanzigsten Jahre, die Academia (Universität). Einen spätern durch alle Alter gehenden Schulplan nannte er die Schola pansophica, welche eine Art republikaötiſcher Verfaſſung mit einem Senate, Conſuln, Prätoren u. ſ. w. haben ſollte.

Die gegen die Alleinherrſchaft der alten Sprachen in den Schulen gerichteten Bemühungen eines Ratich und Comenius hatten während des ſiebenzehnten Jahrhunderts, trotz der mannigfachen Ehre, welche dieſe beiden Pädagogen genoſſen, noch wenig Erfolg. Noch war es in allen Gymnaſien mehr oder weniger ſtreng durchgeführtes Geſetz, daß die Schüler täglich lateiniſch ſprechen mußten und dieſe Sprache als zweite Mutterſprache betrachtet wurde. Erſt gegen Ende des ſiebenzehnten Jahrhunderts begannen wenigſtens deutſch geſchriebene Grammatiken der lateiniſchen Sprache aufzutauchen. Am Anfange des achtzehnten Jahrhunderts fing man allgemach an, die bisher eifrig betriebenen Aufführungen lateiniſcher Stücke zurücktreten zu laſſen und durch deutſche oder gemiſcht deutſchlateiniſche oder gar deutſch-franzöſiſche, und zwar im Non plus ultra des verdorbenen Geſchmackes aus der Zeit Ludwig's XIV., zu erſetzen. Bereits 1715 klagten gelehrte Schulzöpfe, daß die „ernſte deutſche Nation auf Abſchaffung der lateiniſchen Rede ausgehe und man auf den Kathedern der Univerſitäten und in den Schulen nur die deutſche Mutterſprache höre." Der erſte deutſche Profeſſor, welcher den Mut hatte, in der Mutterſprache zu lehren, war (ſeit Stiftung der Univerſität Halle 1695) der wackere Thomaſius. Da überhaupt der Eifer für das Lateiniſche abnahm und man es nicht mehr gut lernte, erklärten ſich denn ſelbſt die Verehrer des Lateiniſchen, um ihre Lieblingsſprache nicht entarten und verderben zu ſehen, für Einführung der deutſchen Sprache in den Schulen. Das Deutſche wurde nun in die Schulpläne aufgenommen und ſyſtematiſch gelehrt, wie früher blos das Lateiniſche.

Aber eine neue Gefahr drohte der mühſam ſich erhebenden deutſchen Sprache, die freilich noch ſo roh und ungeſchliffen war, daß ſie kaum auf Geltung in der Literatur Anſpruch machen konnte. An die Stelle des lateiniſchen trat in der gebildeten Welt der franzöſiſche Geſchmack. Mit allen, auch den ſchlechteſten Mitteln, Schmeichelei, Lüge, Verleumdung, ja Zwang ſuchten die Franzoſen den damals in politiſcher Beziehung ohnmächtigen Deutſchen ihre Sprache, und nicht nur dieſe, ſondern auch ihre Sitten oder vielmehr Unſitten aufzudrängen. Ja es gab charakterloſe Deutſche, welche auf Einführung des franzöſiſchen als allgemeiner Bildungsſprache in Deutſchland hofften! Auch wurde letzteres von Frankreich her mit der ihm früher unbekannten Bevorzugung der Adeligen unter den Schülern angeſteckt, und Solche ließen ſich vom Unterrichte im Griechiſchen befreien, um die gewonnene Zeit für das Franzöſiſche zu verwenden, das man für ſie für unentbehrlich hielt. Es kamen dazu Heraldik, Genealogie und — Tanzen als „adelige Unterrichtsgegenſtände". Sogar Mathematik wurde für Adelige beſonders gelehrt, und ihnen, um ſie zu

Dilettanten in allem Möglichen zu bilden, auch Kriegskunst, Baukunst, Astronomie und Botanik beigebracht! —

Unterdessen fühlte man auf den bürgerlichen Schulen, je mehr man sich mit den Realien, statt mit dem bloßen Sprachenlernen abgab, desto mehr den Mangel guter Wörterbücher und des Comenius Orbis pictus genügte nicht mehr, da er, wie der Rektor Feuerlein zu Nürnberg klagte, Schneider-, Schuster-, Weber-, Küchen- und Kellerlatein, nicht aber die nothwendigsten Wörter enthalte. Der bildlichen Darstellung konnte man sich indessen nicht mehr entschlagen, und Feuerlein rieth einmal, die zu lehrenden Dinge auf Holz und Kupfer zu illustriren und sodann die Schüler spazieren zu führen und ihnen auf Feldern, in Gärten, in Mühlen, in Werkstätten u. s. w. die zu benennenden Dinge vorzuzeigen. Als ein passendes Buch zum anschaulichen Unterricht in der Mathematik wurde am Anfange des achtzehnten Jahrhunderts zu Nürnberg an des Comenius Stelle Johann Christoph Sturm's „Mathesis compendiaria" eingeführt. Sie enthielt auf 79 Folioseiten einen Abriß der allgemeinen Mathematik, der Arithmetik, Geometrie, Optik, Kriegs- und Civilbaukunst, Kosmographie, Chronologie, Gnomonik, Mechanik und — Chiromantie!

Der überhandnehmende Eifer zur Einprägung von Realien führte endlich im Jahre 1739 zur Gründung der ersten **Realschule**. Sie fand durch den Prediger Semler in Halle statt. Semler forderte von einer Schulbildung für das Leben: Kenntniß von Gewicht und Maß, vom Gebrauche des Zirkels und Lineals, Wissenschaft des Kalenders, der Astronomie, Geographie, Kenntniß der Metalle, Mineralien, Hölzer, Farben, von Ackerbau, Gartenbau, Honigbau, einiges von Anatomie und Diät, das Nothwendigste von der Polizeiordnung, von der Geschichte des Vaterlandes und der „halleschen Chronika", die Landkarte Deutschlands sowol als des Herzogthums Magdeburg im Besondern. Der große Jurist Thomasius, der Philosoph Wolf, der Philolog Cellarius, der Arzt Hofmann, billigten die Ansichten Semlers, und so auch 1706 die Berliner Societät der Wissenschaften. Semler hoffte noch mit 70 Jahren von seiner Idee der „Okularbemonstration" (Anschauungsunterricht), daß die bisherigen „Marterstuben" der Schulen künftig zu „Freudenstuben" werden dürften. Die erste bedeutendere deutsche Realschule stiftete 1747 zu Berlin der dortige Prediger Johann Julius Hecker, ein Zögling der später zu erwähnenden Francke'schen Anstalten. Er verlangte nämlich neben den Gymnasien, welche für die Fakultätsstudien vorbereiten, Schulen, welche die Schüler für den Bürger- Künstler-, Militär- und Landwirthstand tüchtig machen, und seine Realschule zerfiel in die deutsche, die lateinische und die Realschule im engern Sinne. Letztere umfaßte die mathematischen und naturwissenschaftlichen Fächer und das Zeichnen, konnte sowol von Schülern der deutschen, als der lateinischen Schule besucht werden, und war wieder in die Manufaktur-, Architektur-, Ökonomische, Buchhalter- und Bergwerksklasse getheilt. Ihr Unterricht wurde von einer Sammlung unterstützt, in welcher man Modelle von Gebäuden, Schiffen, landwirthschaftlichen Instrumenten, Kaufmannswaaren u. s. w. hatte, sowie von einem botanischen Garten und einer Maulbeerplantage. Die Studien der verschiedenen Lebensrichtungen waren in dieser Anstalt noch nicht grundsätzlich und konsequent von einander getrennt, und die tägliche Anzahl von elf Lehrstunden strengte den Kopf noch allzu sehr an. Es blieb demnach für die Reform noch viel zu thun übrig.

An die Bestrebungen eines Ratich und Comenius schließen sich dem Geiste nach außerhalb Deutschlands unmittelbar die pädagogischen Grundsätze des englischen Philosophen Locke an, dessen Leben wir bei Anlaß der Besprechung der philosophischen Leistungen unserer Periode skizzirt haben. Locke nahm von seiner Eigenschaft als Arzt und als Erzieher zweier Generationen einer adeligen Familie Anlaß, sich in seinem Buche „Some thoughts concerning Education" sowol über die leibliche, als über die geistige Erziehung des Menschen auszusprechen, und er ist wol der Erste, der darüber ein vollständiges System aufgestellt hat, wobei er indessen die Einseitigkeit beging, nur jene Kreise zu berücksichtigen, in welchen er sich bewegte, d. h. jene, in welchen die Kinder durch „Hofmeister" erzogen werden, und auf das Zusammenleben der Jugend in Schulen, welches doch die einzig mögliche Art der Erziehung für Unbemittelte ist, geringschätzig, ja verdammend herabsah.

Locke schreibt der Erziehung den größten Einfluß auf den körperlichen und geistigen, besonders aber auf den sittlichen Zustand der Menschen zu. Nach seiner Ansicht sollen die Kinder nicht zu warm gekleidet werden, selbst im Winter, bei Wind und Wetter ohne Kopfbedeckung gehen, die Füße täglich in kaltem Wasser waschen, die Knaben schwimmen lernen, bei jeder Jahreszeit sich im Freien bewegen. Enge Kleider verdammt er, ebenso daß man Kindern Fleisch, sowie gewürzte und gesalzene Speisen zu essen und Wein zu trinken gebe. Er empfiehlt frühes Schlafengehen und Aufstehen, hartes Lager, wenig Arznei.

In moralischer Beziehung warnt er vor Putzsucht, Naschen, Nachgiebigkeit gegen Kinderlaunen, verwirft die Ruthe sowol, als Belohnungen durch Geld, Putz und dergleichen, empfiehlt dagegen Lob und Tadel in Gegenwart Anderer. Er mahnt, nicht zu viele Regeln zu geben, die Manieren der Kinder nicht beständig zu meistern, nicht in Leidenschaft zu strafen, die Kinder nicht zu schimpfen, sondern mit ihnen zu räsonniren, sie auch nicht auf frischer That zu schlagen, sondern erst nach einiger Zeit oder dann durch „einen Bedienten" unter Aufsicht der Eltern (!). Locke liefert dann eine ausführliche Darstellung von seinem Ideale eines Hofmeisters und geht auf die Behandlung einzelner Fehler der Kinder über. Darauf beginnt er die Besprechung der einzelnen Erziehungsgegenstände mit der Religion. Er verwirft die Einpflanzung des Aberglaubens,

empfiehlt aber, die Kinder das Vaterunser, den Glauben und die zehn
Gebote, nicht durch Lesen, sondern durch Vorsagen, auswendig lernen zu
laſſen! Auch ein Locke mußte der Hochkirche Concilienen machen, den
mangelhaften Dekalog und das unſinnige Credo als Erziehungsmittel
empfehlen! Unter den Sprachen, in deren Methode er ganz Ratich und
Comenius folgt, empfiehlt er, zuerſt das Franzöſiſche, dann das Lateiniſche, zuletzt, doch nur für Gelehrte und durch Selbſtunterricht, — das
Griechiſche. Mit nüchterner Sprache verwirft er alle Ausbildung in der
Poeſie — nicht etwa die bloße, allerdings eitle Abrichtung zum Verſe-
machen, und auch jene in der Muſik, während er dagegen das Tanzen
warm vertheidigt! Drollig iſt ſeine Zumuthung an die Mutter, mit den
Kindern — Lateiniſch zu lernen (!), praktiſch dagegen jene, daß die Kinder
neben ihren Studien ein Handwerk lernen ſollen. —

B. Die pietiſtiſche Pädagogik.

Der Fortgang der Reform und Neuerung im Erziehungsweſen weiſt
mitten zwiſchen den der Aufklärung und der Befreiung von veralteter
Autorität huldigenden Beſtrebungen auch eine ſolche auf, deren Träger
gerade im Gegentheil Ergebenheit gegen das Princip der Autorität auf
ihre Fahne ſchrieben. Es waren dies die von uns bereits oben (S. 184)
erwähnten Pietiſten. Wie unter ihnen ihr eigentlicher Stifter, Spener,
die religiöſe, ſo vertrat ſein jüngerer Zeitgenoſſe Auguſt Hermann Francke
die pädagogiſche Richtung. Geboren 1663 zu Lübeck, ſtudirte er als Gym-
naſiaſt zu Gotha, als Akademiker zu Erfurt und Kiel, lernte in Hamburg
hebräiſch, wurde in Leipzig Doktor der Theologie und öffentlicher Bibel-
erklärer und in Lüneburg Prediger. Hier durch den verknöcherten Zuſtand
der damaligen Theologie in Zweifel gerathen, wurde er, wie er glaubte,
durch plötzliche göttliche Eingebung erleuchtet. In Hamburg errichtete er
1687 eine Kinderſchule, wurde 1690 Diakon in Erfurt, aber ſchon im
folgenden Jahr als „Stifter einer neuen Sekte" entſetzt. Noch in dem-
ſelben Jahre wurde er jedoch Profeſſor der griechiſchen und der orientaliſchen
Sprachen an der im pietiſtiſchen Geiſte neu gegründeten Univerſität Halle
und zugleich Paſtor der Vorſtadt Glaucha daſelbſt. Hier begann nun ſeine
hauptſächlichſte Wirkſamkeit, die Stiftung der ſeinen Namen verewigenden
wohlthätigen Anſtalten. Sie wird in folgender Weiſe erzählt. Die
Armen, welche zu beſtimmten Zeiten in Francke's Pfarrhaus kamen, ſpeiſte
er nicht vor der Hausthüre mit Brot ab, ſondern ließ ſie in ſeine Zimmer
kommen, wo er die Jüngeren unter ihnen katechiſirte und mit Allen betete.
Seit 1695 brachte er in ſeiner Stube eine Armenbüchſe an. Mit einem
in dieſelbe gelegten milden Beitrage von ſieben Gulden gründete er eine
Armenſchule, indem er Bücher kaufte und einen armen Studenten an-

nahm, um arme Kinder täglich zwei Stunden daraus zu unterrichten.
Bald gesellten sich den armen Kindern auch solche wohlhabender Eltern
bei, welche Schulgelder bezahlten, aus welchen der Lehrer besoldet werden
konnte. Als man von diesen edeln Bestrebungen hörte, unterstützte man
von allen Seiten her Francke mit milden Beiträgen. Als seine Wohnung
der zunehmenden Kinderschaar zu eng wurde, miethete er ein Lokal im
Nachbarhause und bildete zwei Klassen, aber — in nicht sehr christlicher
Unterscheidung, eine für die armen, die andere für die "Bürgerkinder", jede
mit einem eigenen Lehrer. Mit Zunahme der Beiträge gründete er nun
auch eine Waisenanstalt und kaufte für die Armenschule ein eigenes Haus.
Beide bevölkerten sich aber so sehr, daß 1698 bereits ein eigenes Waisenhaus errichtet war und hundert Kinder beherbergte, deren im Ganzen
fünfhundert unterrichtet wurden. Die milden Gaben flossen immer reich-
licher, wenn auch nicht stets in einem dem gerade waltenden Bedürfnisse
entsprechenden Maße. Es trat daher hie und da Geldmangel ein, und
wenn in einem solchen Augenblicke der Noth gerade eine neue Sendung
eintraf, so stärkte diese wunderbare Hülfe Gottes, wie Francke in gläu-
bigem Gemüte den Zufall auffaßte, sein wirklich rührendes und erhebendes
Gottvertrauen. Prinz Ludwig von Würtemberg vermachte dem Waisenhause Francke's fünfhundert Dukaten; König Friedrich I. von Preußen
schenkte ihm zweitausend Thaler, hunderttausend Mauersteine und dreißigtausend Dachsteine. Seit 1698 bestand auch die durch Francke's Gehülfen
Elers gegründete Buchhandlung, welche Francke's Schriften und Schulbücher verlegte und ihren Überschuß der Waisenhauskasse zufließen ließ,
und seit 1700 die Apotheke des Waisenhauses, welche ihren Ruf durch
eine angeblich aus Gold bereitete Arznei, deren Geheimniß Francke anvertraut worden, begründete. Im Jahre 1705 bestanden die Francke'schen
Anstalten aus dem Waisenhause, mit 55 Knaben, welche studirten, 45,
welche ein Handwerk lernen wollten, 25 Mädchen und 17 Personen, welche
die Haushaltung besorgten, — dem Schulseminar mit 75 Kandidaten des
Lehramtes, dem Freitische für 64 arme Studenten, der eigentlichen Schule
mit 800 Schülern (die 125 Waisenkinder inbegriffen) und 67 Lehrern,
dem Pädagogium (Lehranstalt für höhere Stände) mit siebenzig Schülern
und 17 Lehrern, der Buchhandlung und Buchdruckerei mit vierzehn, der
Apotheke mit acht Angestellten, dem Witwenhause mit vier Witwen und
dem orientalischen Collegium mit elf Personen. Francke starb 1727 nach
langen Körperleiden in rührend frommer Stimmung und hinterließ: das
Pädagogium mit 82 Schülern und 38 Lehrern und Angestellten, die lateinische Schule des Waisenhauses mit drei Inspektoren, 32 Lehrern,
400 Schülern u. s. w., die deutsche Bürgerschule mit vier Inspektoren,
98 Lehrern, acht Lehrerinnen und 1725 Schülern beider Geschlechter, die
Waisenanstalt mit 100 Knaben, 34 Mädchen und zehn Aufsehern, Freitische mit 255 Studenten und 360 armen Schülern, 53 Angestellte in

Haushaltung, Apotheke und Buchhandlung, und besondere weibliche Anstalten mit fünfzehn Fräulein, acht Pensionärinnen und sechs Witwen.

Francke leitete seine Anstalten ganz und gar in dem Geiste Spener's. Er gründete sie auf den biblischen Glauben, den er aber nicht blos aus dem Kopfe, sondern auch aus dem Herzen ableitete und auf das Verlangen, die Seelen „Christo zuzuführen." Glauben und Liebe schätzte er höher als Wissenschaft, ohne deshalb letztere zu verachten. Er bethätigte sich in derselben durch seine Vorträge über Theologie, besonders über Methode des theologischen Studiums an der Universität, wobei er indessen nicht unterließ, die Studirenden zur Bekehrung und zum Gebete zu ermahnen. Jeder Student der Theologie wurde von der dem pietistischen Geiste huldigenden theologischen Fakultät unter Aufsicht genommen und mußte ihr vierteljährlich über seine Studien Rechenschaft ablegen und für die Zukunft Rath holen. Bei der Liebe der Studenten zur Ungebundenheit fand jedoch die „stille, fromme, fast klösterliche Zucht," welche Francke einführte und die man mit derjenigen der Brüder vom gemeinsamen Leben (s. Bd. 1. S. 75) vergleichen könnte, wenig Anklang: denn man häufte Andachtsübung auf Andachtsübung, nährte fromme Rührungen und Erweckungen auf alle Weise, betete, predigte, ermahnte, sang bei jeder Gelegenheit. Dem fügte sich natürlich nur ein kleinerer Theil der größtentheils anderen Neigungen ergebenen Studenten. Diese gefügigen Jünger, etwas über hundert zählend, wurden als Lehrer in den Francke'schen Anstalten verwendet und hiezu in dem unter denselben befindlichen Seminar vorgebildet. Da sie sich zum Lehramte blos auf drei Jahre verpflichteten, so ist klar, daß sie niemals ausgebildete Lehrer wurden, sondern daß stets Anfänger in diesen Anstalten lehrten.

In den „deutschen Schulen" Francke's wurde anfangs (seit 1697) blos Religion, Lesen Schreiben und Rechnen gelehrt, wozu später Naturkunde, Geschichte, Geographie u. s. w. kamen. In den lateinischen Schulen wurde außerdem noch in der lateinischen, griechischen und hebräischen Sprache und in der Musik unterrichtet. Im Griechischen wurde mehr das neue Testament, als die alten Klassiker benützt. Seit 1709 zählte die lateinische Schule sieben Klassen und unter ihren Lehrfächern figurirten auch Malen, Physik Anatomie und Logik. Im Pädagogium, welches 1695 entstand, indem Francken drei junge Edelleute zur Erziehung übergeben wurden, und 1711—1713 ein eigenes großes Haus erhielt, wurden, außer den bereits genannten Lehrfächern, auch Astronomie und die Anfangsgründe der Medicin und der Theologie gelehrt, und die Schüler übten sich in ihren Freistunden im Drechseln, Glasschleifen, Malen, Zeichnen u. s. w. Die Klassen waren so eingerichtet, daß ein Schüler sich nicht in allen Fächern in ein und derselben Klasse befinden mußte, sondern je nach seinen Fortschritten in den einzelnen Fächern das eine in der einen, das andere in der andern Klasse besuchen konnte.

Außer den Schulanstalten bezog sich Francke's Wirksamkeit auch auf das Bibel- und Missionswesen. Sein Waisenhaus erhielt 1710 den Vertrieb der vom Freiherrn von Canstein, einem Freunde Spener's, veranstalteten Bibelausgabe für die Armen. Dieselbe erschien zuerst 1713, und die Anstalt druckte bis zum Jahre 1795 eine Anzahl von 1,659,883 Bibeln, 883,890 neuen Testamenten, 16,000 Psaltern und 47,600 Spruchsammlungen Sirachs, alle genau nach Luther's Übersetzung. König Friedrich IV. von Dänemark, welcher Francken zu Gunsten dieses Unternehmens 1271 Dukaten geschenkt hatte, wandte sich an den unternehmenden Pädagogen auch zum Zwecke der Errichtung einer Mission in der dänischen Besitzung Trankebar auf Ostindiens Küste Koromandel, und Francke sandte 1706 zwei Missionäre dorthin, wo sie die Bibel in's Tamulische übersetzen und Wörterbuch und Grammatik dieser Sprache, sowie geistliche Lieder in derselben schrieben. Unterstützung von Seite einer englischen Missionsgesellschaft veranlaßte seit 1728 Verbreitung jener lutherischen Mission auch nach Madras, Kalkutta und anderen Orten. Es ist den halle'schen Missionären nachzurühmen, daß sie sich mehr mit Heranbildung der eingeborenen Jugend, als mit zudringlicher Jagd nach den Seelen Erwachsener beschäftigten. Francke selbst schrieb seit 1710 eine „Geschichte der evangelischen Missionsanstalten in Indien." — Seine Anstalten gingen nach seinem Tode sämmtlich an seinen zweiten Sohn Gotthilf August über. —

C. Die revolutionäre Pädagogik.

Hatten die ersten pädagogischen Reformer der Neuzeit sich darauf beschränkt, die Alleinherrschaft der alten Sprachen in der Schule zu erschüttern, ohne damit ein bestimmtes Streben nach der Geltendmachung irgendwelcher kulturhistorischer Grundsätze an den Tag zu legen, so suchten dagegen die Pietisten in Francke's Anstalten den erzieherischen Fortschritt mit der Autorität der Bibel in Einklang zu bringen. Dieser Versuch blieb aber nicht ohne sein Gegentheil; es trat ihm derjenige gegenüber, mit den veralteten Götzen des frühern Schulwesens auch alle übrigen, — die ganze bisherige Rüstkammer der Autorität, zu stürzen und an ihre Stelle Das zu setzen, was der Menschengeist nach seiner eigenen freien Überzeugung als das Rechte und Wahre erfaßt hatte.

Der Begründer dieser neuen Richtung im Erziehungswesen war eine Person mit demjenigen einer neuen Gestaltung des Staatsrechtes, in welcher Beziehung wir ihn später kennen lernen werden; — es war Jean-Jacques Rousseau, den wir zu charakterisiren glauben, wenn wir ihn als den Repräsentanten des noch völlig instinktiven und daher auch ungeregelten, von aller Logik und Klarheit der Gedanken noch fernen

Bruches mit jeder Autorität der Welt bezeichnen. Rousseau ist das Kind, welches die Ruthe, mit der es geschlagen worden, verbrennt und dabei sorglos das Haus mit brennen läßt. Er ist die personifizirte Neuzeit in den Kinderschuhen, welche blos weiß, daß sie mit dem Frühern brechen muß, aber noch nicht ahnt, was an dessen Stelle zu setzen sei. Wir haben es daher folgerichtig mit einem Wesen zu thun, das von allen Banden der Autorität, und der dieser gehorchenden civilisirten Welt überhaupt losgelöst ist, im Meere der unkultivirten Natur umherschwimmt und noch unsicher nach einem festen Ufer tastet, an dem es landen könnte, — ohne ein solches zu finden. Ohne diese Auffassung wäre es schlechterdings nicht zu begreifen, wie Rousseau der Schöpfer einer Erziehungsmethode sein konnte, — ohne je selbst erzogen worden zu sein, noch Jemanden erzogen zu haben, — der Begründer eines Staatsprincips, — ohne von dem Wesen des Staates eine vernünftige Idee zu haben, — der Prediger einer Moralität, welche er niemals ausgeübt, noch in seinen Schriften befördert hat, und einer Religion, von welcher er nicht den geringsten geistigen Vortheil genossen, — und der Feind der Civilisation, an deren Entwickelung er mit bauen half. — Ebenso wäre nicht zu begreifen, wie er ein Leben von der Art, wie er es führte, mit der schamlosesten Offenheit in seinen „Confessions" beschreiben konnte, wenn nicht angenommen werden müßte, daß er sich gründlich von allen Rücksichten auf hergebrachte Anschauungen entbunden und neue solche erst schaffen zu sollen glaubte! —

Jean-Jacques Rousseau wurde, als Sohn eines unbemittelten Uhrmachers, am 29. Juni 1712 zu Genf geboren, welcher puritanisch-calvinistisch aristokratischen Republik ohne weit über ihre Mauern hinausreichendes Gebiet und Interesse, seine Familie seit zwei Jahrhunderten bürgerlich angehörte. Seiner Mutter durch seine Geburt beraubt, wurde er von seinem Vater fehlerhaft oder vielmehr fast gar nicht erzogen, was sich natürlich noch verschlimmerte, als sein Vater wegen eines Duells aus Genf fliehen mußte, ohne für den Sohn irgendwie zu sorgen. Nach unruhig und zuchtlos verbrachten Knabenjahren entlief er im sechzehnten Jahre, aus Furcht vor einer Strafe, aus der Vaterstadt, wurde von einem katholischen Pfarrer in deren Nähe an die Frau von Warens bei Annecy in Savoien und von dieser in das Hospiz der Katechumenen nach Turin gewiesen, wo er zum katholischen Glauben bekehrt und zugleich von seinen Mitschülern so gründlich verderbt wurde, daß er nach seiner Entlassung, als Bedienter, sich des Diebstahls eines Schmuckgegenstands und der falschen Anklage eines Dienstmädchens schuldig machte. Nachdem er in mehreren Familien gedient, sich jedesmal in die Frau vom Hause verliebt hatte, und zeitweise mit betrügerischen Abenteurern herumgezogen war, kehrte er zu Frau von Warens zurück, die jetzt in Chambery wohnte, ihn mit wenig Erfolg in verschiedenen Fertigkeiten (Musik, Tanzen, Fechten u. s. w.) unterrichten ließ und endlich zum Geliebten annahm. In der

Einbildung, an einem Herzpolypen zu leiden, reiste er auf ihre Kosten
nach Montpellier, um seine angebliche Krankheit heilen zu lassen und hatte
auf dem Wege die wunderlichsten Abenteuer. Nach der Rückkehr fand er
aber seine Stelle bei der mütterlichen Freundin bereits besetzt und ging
nun, 1741, nach Paris, wo er durch ein von ihm irrig für neu gehaltenes
System, Noten zu schreiben, emporzukommen suchte und 1743 eine Stelle
als Sekretär bei dem französischen Gesandten in Venedig erhielt. Hier
lebte er, die wichtigsten Geschäfte seines unfähigen Vorgesetzten selbst be-
sorgend, in Streit mit ihm und in liederlichem Leben achtzehn Monate
lang, bis er entlassen wurde und wieder nach Paris zurückkehrte. Er erhielt sich hier mit Notenschreiben, verband sich 1745 mit einer gemeinen
Person ohne Bildung und Herz, Therese Levasseur, lebte mit ihr in wilder
Ehe und mit ihrer rohen Familie zusammen, und sandte die ihm von ihr
geborenen Kinder, einer allgemeinen Unsitte der Zeit und den bedrängten
Umständen, in denen er sich befand, nachgebend, — in's Findelhaus, das
erste mit einem Erkennungszeichen, die späteren ohne solches. Sein eigener
Vater hatte ihn ja auf ähnliche Weise verlassen! Zu gleicher Zeit erwarb
er die Freundschaft der geistreichen Frau von Epinay und des großen
Diderot. Bisher hatte er sich auf literarischem Felde nur durch Lustspiele
bekannt gemacht; auf das Gebiet des geistigen Kampfes trat er erst 1749,
indem er eine Preisfrage der Akademie von Dijon: ob der Fortschritt in
Kunst und Wissenschaft zur Verbesserung oder zur Verschlimmerung der
Sitten beigetragen habe, auf Diderot's Rath und entsprechend den trüben
Erfahrungen seines eigenen Lebens, in dem Sinne beantwortete, daß er
den Naturzustand als das höchste Glück des Menschen pries, und die
Civilisation als dessen Verderben verurtheilte. Das Barocke dieser Ansicht
verschaffte ihm Gelegenheit, eine glänzende Beredsamkeit zu entwickeln und
gewann ihm den Preis. Eine Krankheit bewog ihn, auch so zu leben, wie
er geschrieben, d. h. Alles zu verbannen und zu vermeiden, was irgendwie
entbehrt werden konnte, so daß er eine Art Diogenes der neueren Zeit
wurde. Das Lustspiel „le devin du village" welches er dichtete und
komponirte (1751), und wofür er eine Belohnung vom Könige und von
der Pompadour abzulehnen die Ehrenhaftigkeit hatte, verschaffte ihm mehr
Ruhm, als die Beantwortung einer zweiten Preisfrage (1753) über den
Ursprung der Ungleichheit unter den Menschen. Als er im folgenden
Jahre seine Vaterstadt Genf besuchte, die ihn mit Stolz auf seinen berühmten Namen begeistert empfing, kehrte er zur protestantischen Kirche
zurück, nicht aus Überzeugung, — obschon er dem Katholizismus ebensowenig aus solcher angehört hatte, — sondern aus patriotischer Liebe zu
seiner protestantischen Vaterstadt. Bei der Ceremonie des Übertritts verhinderte ihn dann auch sein innerlicher Indifferentismus an irgend welchen
anderen Antworten auf die Fragen der Pastoren, als „ja" und „nein!"

Seit 1756 sammt Theresen und ihrer alten Mutter in dem reizenden

Landaufenthalte „Hermitage" der Frau von Epinay bei Montmorency unweit Paris weilend, schrieb Rousseau den sentimental-wollüstigen Roman „la nouvelle Héloise" und verkehrte mit seinen Freunden und Wohlthätern, Diderot, Grimm und der Frau von Epinay, welche, unglücklich verheiratet, schon viele Prüfungen des Herzens durchgemacht hatte und nun Grimm liebte, Rousseau's Sonderbarkeiten aber wie eine nachsichtige Mutter trug. Den ersten Schritt zur Störung dieses schönen Verhältnisses bildete Rousseau's schwärmerische Liebe zur häßlichen Gräfin von Houdetot, einer Schwägerin der Madame d'Epinay, welche unglücklich vermählt war und mit St. Lambert (S. 351) ein Liebesverhältniß pflog, dem sie jedoch treu blieb. Um Rousseau von ihr zu entfernen, wollte ihn Madame d'Epinay auf eine Reise nach Genf mitnehmen, worin Diderot sie unterstützte. Rousseau lehnte es aber ab, zerfiel mit Letzterm, dessen Materialismus er ohnehin bekämpfte und der die Liebe zur Einsamkeit verspottete, und dann durch seine Undankbarkeit gegen Madame d'Epinay auch mit dieser, und wurde von da an stets verbissener und menschenscheuer. Sein Roman aber wurde von der Frauenwelt förmlich verschlungen. Es folgte ihm der später zu erwähnende „Contrat social", sein politisches, und 1762 sein pädagogisches Programm, der Roman „Emile". Mit beiden war der Krieg gegen die bisher waltenden Zustände erklärt, und nun begann die Verfolgung des nach hohen Idealen ringenden, aber über die Natur derselben unklaren und daher unglücklichen Schriftstellers. Das Parlament von Paris verurtheilte den „Emile" zum Feuer und den Verfasser zum Gefängnisse. Er floh nach Genf; aber auch dort war sein Geisteskind bereits dem Henker übergeben und öffentlich zerrissen und verbrannt worden, ohne daß man es nur gelesen hatte; es geschah eben nur aus Gefälligkeit gegen Frankreich! Zugleich ächtete man den Verfasser und sperrte die Verkäufer des Buches ein! Auch zu Yverdon im Gebiete Berns wies man den Rastlosen weg; aus Neuenburg, wo ihn Friedrich der Große duldete und Rousseau in gerechtem Zorne sein genfer Bürgerrecht aufgab, floh er aus Furcht vor dem bigotten Pöbel, und so war auch sein Aufenthalt auf der Petersinsel im Bielersee nur kurz. Endlich war ihm Sicherheit zu Straßburg und endlich auch wieder in Paris vergönnt, unter der Bedingung, daß er nichts mehr gegen Staat und Religion schreibe. Nach einem einjährigen Besuche in England, wo er den ersten Theil seiner „Confessions" schrieb, begannen bedenkliche Störungen seiner Geistesthätigkeit aufzutreten, welche sich besonders dadurch kundgaben, daß er die fixe Idee faßte, stets von Feinden umgeben zu sein, welche ihm alles Mögliche in den Weg legten, — welcher Wahn dadurch noch größer wurde, daß gerade damals (1768) Corsica und Polen, welche ihn um Verfassungen gebeten hatten, ihre Selbständigkeit verloren. Während eines Landaufenthaltes in Ermenonville starb er, wenig über einen Monat nach Voltaire, am 2. Juli 1778. Man behauptet vielfach, er habe sich aus Schmerz über eine Untreue seiner bereits sechzigjährigen Therese vergiftet; jedoch liegen hiefür keine Beweise vor, obschon seine Geistesstörung ein solches Ende aller Schuld entkleiden würde!

Rousseau war zwei Leidenschaften, der Sinnlichkeit und dem Ehrgeize, ergeben; sie verleiteten ihn zu allerdings entwürdigenden, jedoch aus den traurigen Verhältnissen seines Lebens und seiner Zeit erklärbaren Handlungen; daß sie aber sein Emporsteigen zu hohem Ruhm als Politiker, Pädagog und Dichter nicht verhindern konnten, beweist schlagend, daß in ihm ein nicht zu beugender Geist lebte, der gerade durch seine Zügellosigkeit seine Kraft an den Tag legte, die Fesseln, in welchen die Welt damals noch gefangen lag, zu zerreißen und der Menschheit den Weg zu neuen Stufen ihrer Entwickelung anzudeuten, ja sogar den Gang welterschütternder Ereignisse im Voraus zu bestimmen; denn wer wollte leugnen, daß die französische Revolution aus einer Reihe verunglückter Versuche bestand, die Ideen seines Socialvertrages in die Wirklichkeit überzutragen?

Rousseau war äußerst einfach in seinem Leben; er aß und trank wenig und begnügte sich mit den schlichtesten Hausgeräthen und Kleidern. Er legte die Goldtressen und die weißen Strümpfe, sowie den Degen ab und setzte eine „runde Perücke" auf (warum denn überhaupt noch eine Perücke?). Dagegen liebte er den Luxus im Schreiben, warf seine Werke nur auf goldberändertes Papier hin, bestreute es mit Silbersand und heftete es mit blauer Seide zusammen. Dabei schwärmte er für die Unabhängigkeit, trieb sie jedoch bis zur Wildheit und befand sich nirgends lieber als in der Einsamkeit. Er ist der größte Prophet der Begeisterung für die Naturschönheiten geworden, welche ein so charakteristischer Zug der Neuzeit ist, seit der geschmacklosen Rococo-Zeit aber in den geradlinigen Taxushecken und quadratförmigen Blumenbeeten verknöchert war. In der Naturschilderung war er unnachahmlich und die ihr gewidmeten Stellen seiner Werke gehören zu dem Begeistertsten und Herrlichsten dieser Art literarischer Thätigkeit. Sein Hang zur ungekünstelten Natur auf dem Lande nährte seine volksfreundliche Gesinnung und verhinderte ihn zeitlebens, ein Welt- und Hofmann zu werden. Er war stolz auf seine Armut und eitel auf seine Zerlumptheit und Unreinlichkeit. Im Weitern verbanden sich in ihm ökonomische Uneigennützigkeit und republikanischer Stolz zu dem Bestreben, den Beruf eines Schriftstellers nur um seiner selbst, nicht um des Erwerbes willen auszuüben. Der Stolz auf seine Schriftstellerwürde entartete jedoch fortwährend zu krankhafter Gereiztheit und zu dem Wahne, daß sich Alles zu seinem Untergange verschworen habe. Die Gebilde seiner Fantasie beherrschten ihn so sehr, daß man sagen kann, er habe eigentlich eine Art von Traumleben geführt. Er lebte völlig in seinen Gefühlen, und man beurtheile ihn völlig falsch, wenn man Das, wozu er sich von demselben hinreißen ließ, wie z. B. gereiztes Auftreten gegen Jene, von denen er sich beleidigt glaubte, für Ausflüsse bösen Willens hielt. Auch war es keineswegs Heuchelei, wenn er anders handelte, als er lehrte, sondern Schwäche gegenüber den Verderbtheiten seiner Zeit und dem Elende seines Lebens.

Diese Züge bestimmten denn auch sein Verhältniß zu den berühmten Menschen seiner Zeit, mit denen er bekannt und befreundet war, nach und nach aber sämmtlich verfeindet wurde. Wir sprechen hier von seinen Beziehungen zu Voltaire (s. oben S. 330 ff.). Diesem seinem ältern Zeitgenossen gegenüber bietet er einen merkwürdigen Kontrast dar, wie ihn nur der Freund der Einsamkeit, der Gegner der Civilisation, der glühende, aber thatenlose Schwärmer für Moralität und Recht, der aller Selbstbeherrschung unfähige Büchermensch — dem Verehrer des bewegten gesellschaftlichen Lebens, dem Feinde aller Unkultur, dem kühlen berechnenden Denker aber praktischen Wohlthäter, dem frivolen Spötter, dem überall sich duckenden Weltmanne gegenüber darbieten kann. Wol waren Beide ohne persönliche Moral, aber aus verschiedenem Grunde, Rousseau aus Schwäche, Voltaire aus Eigennutz, was aber Keinen von Beiden hinderte, Moral zu predigen.

Den ersten Anlaß einer Berührung zwischen den zwei größten Franzosen des achtzehnten Jahrhunderts bot Voltaire's auf seinen Landsitzen zu Délices und Ferney errichtetes Haustheater, an welchem viele Genfer, ungeachtet des freuden- und kunstfeindlichen Geistes der Stadt Calvin's, theilnahmen, und woher d'Alembert Anlaß nahm, die Genfer zur Errichtung eines Theaters in Genf selbst aufzufordern. Hiegegen trat nun Rousseau, sowol aus übertriebenem genferischem Patriotismus, als aus angewöhnter Feindschaft gegen die Civilisation und somit auch gegen die Kunst, mit einer feurigen Entgegnung auf, in welcher er das Theater als den guten Sitten und den republikanischen Einrichtungen zuwider verwarf. Voltaire machte sich nun mit Recht darüber lustig, daß Rousseau selbst Stücke, — und zwar wie Ersterer meinte — schlechte, geschrieben habe. Unendlichen Spott ergoß Voltaire über die Genfer's Schriften gegen die Civilisation und schrieb ihm, er habe sich bei deren Lesung versucht gefühlt, — auf allen Vieren zu gehen! Diese anfangs harmlosen Differenzen entwickelten sich nach und nach zu förmlicher Feindschaft. Hatte Voltaire Rousseau's genannte Schriften sarkastisch als solche „gegen die Menschheit" bezeichnet, so riferte nun Letzterer, des Erstern Schriften seien „gegen die Gottheit" gerichtet. Es folgten förmliche Wutausbrüche des heißblütigen Demokraten, die der Mann von Welt mit Lächeln aufnahm; erst als Rousseau sich durch den Brief an d'Alembert von der Partei der Encyklopädie lossagte, nannten ihn seine Gegner in einem Schreiben an Ebendenselben einen „Gynaren", „Abtrünnigen" und „Fanatiker". Als der „Emil" in Genf verbrannt wurde, mochte der frivole Besitzer von Ferney dies dem Verehrer des calvinistischen Geistes gönnen, wogegen Letzterer die Genfer tadelte, daß sie die viel gefährlicheren Schriften Voltaire's duldeten, die seinigen aber nicht. Dies nahm Letzterer als Denunziation auf und nannte nun den Gegner einen bösartigen Narren, der sich etliche Dauben von des Diogenes Faffe geborgt, „um daraus hervor die Leute anzubellen." So vergaßen zwei geistvolle Menschen, von der Verderbniß ihrer Zeit angefressen, daß sie für so manche gemeinsame Ideen der Aufklärung in Einigkeit und gegenseitiger Nachgiebigkeit weit mehr hätten wirken können, als indem sie sich zur Freude der Finsterlinge herumbalgten und so zwei Parteien von Schülern heranzogen, die den beiderseitigen Haß später in einem Blutbade ausfochten, die Voltaireaner als Girondisten, die Epigonen Rousseau's als Jakobiner! —

Seine moralischen und damit auch seine pädagogischen Grundsätze baute Rousseau auf die **Freiheit des Willens**, in welcher er das eigentliche Kennzeichen erblickte, das den Menschen vom Thiere unterscheide und aus welcher er die Fähigkeit des Menschen, sich zu vervollkommnen, folgerte. Die Quelle, aus welcher der Mensch die Erkenntniß seiner Freiheit schöpft, ist ihm „das innere Gefühl". Mit beredter Sprache äußert er sich über die Freiheit des Willens folgendermaßen:

„Wenn der Mensch thätig und frei ist, so handelt er aus sich selbst; aber nicht Alles, was er frei vollbringt, gehört in den von der Vorsehung aufgestellten Plan und kann ihm angerechnet werden. Sie will das Böse nicht, das der Mensch thut, indem er die Freiheit mißbraucht, welche sie ihm giebt; aber sie verhindert ihn nicht, es zu thun, sei es, daß von Seiten eines so schwachen Wesens dieses Böse in ihren Augen nichtig erscheine, sei es, daß sie es nicht verhindern kann, ohne die Freiheit des Menschen zu beeinträchtigen und ein noch größeres Übel zu verursachen, indem sie seine Natur herabwürdigt. Sie hat ihn frei gemacht, damit er nicht das Böse, sondern das Gute aus Wahl thue. Sie hat ihn in den Stand gesetzt, diese Wahl zu treffen, indem er von den Fähigkeiten Gebrauch macht, mit welchen sie ihn begabt hat; aber sie hat dermaßen seine Kräfte beschränkt, daß der Mißbrauch der Freiheit, die sie ihm läßt, die allgemeine Ordnung nicht verwirren kann. Das Böse, welches der Mensch thut, fällt auf ihn zurück, ohne am Weltplane etwas zu ändern, ohne zu verhindern, daß die Menschheit fortbestehe, ungeachtet sie am Bösen theilnimmt. Murren, weil Gott uns nicht verhindert, Böses zu thun, heißt murren, daß er uns eine vorzügliche Natur gab, daß er unseren Handlungen die Moral verlieh, welche sie veredelt, daß er uns das Recht zur Ausübung der Tugend ertheilte. Das höchste Glück besteht in der Zufriedenheit mit sich selbst; um diese Zufriedenheit zu verdienen, sind wir auf die Erde gesetzt und mit der Freiheit beschenkt, werden wir durch die Leidenschaften versucht und durch das Gewissen im Zaume gehalten. Was konnte die göttliche Macht mehr zu unseren Gunsten thun? Konnte sie einen Widerspruch in unsere Natur legen und den Preis für gute Handlungen Dem ertheilen, welcher nicht die Macht hat, Böses zu thun? Wie? Um den Menschen am Bösen zu verhindern, hätte er auf den Instinkt beschränkt und zum Thiere herabgewürdigt werden sollen? Nein, Gott meiner Seele, ich werde Dir niemals einen Vorwurf daraus machen, sie nach Deinem Bilde geschaffen zu haben, damit ich frei, gut und glücklich werden könne, wie Du!"

Erklärt also Rousseau die Freiheit des Willens als die Hauptbedingung der Moral, so fragt es sich, woher er ihre Ausübung ableitete. Daß die Gewohnheit letztere bewirke, verwarf er, weil die moralischen Ideen im Grunde überall dieselben sind; ebenso wenig erklären sie sich aus dem persönlichen Interesse, so daß Rousseau schließt, daß es im Grunde der Seele ein angeborenes Prinzip der Gerechtigkeit und der Tugend gebe, nach welchem wir unsere Handlungen und jene Anderer als gute oder schlechte beurtheilen, und dies Prinzip nennt er „das Gewissen". Dabei bleibt dann aber seine Moral stehen; denn in der Erklärung Dessen, worin das Gewissen bestehe, verwickelt er sich in Unklarheiten und Widersprüche, über welche er nicht hinauskommt, — weil überhaupt Niemand über sie hinauskommen kann. Rousseau aber war über diese unlösbaren Widersprüche so erbittert, daß er um ihretwillen nicht nur die falsche Philosophie, welche das Gewissen leugnet, sondern alle Philosophie überhaupt verwarf und verachtete, dem Himmel dankte, von ihrem Apparat befreit zu sein, und erklärte: wir könnten Menschen sein, ohne gelehrt zu sein.

Dies sind also die moralischen Ideen, auf welche Rousseau sein System der Erziehung gründet, wie er es vorzüglich im „Emile" dargelegt hat. Freilich muß man sich wundern, wie nach Rousseau, der in seinen Schriften den Grundsatz aufstellte: Alles sei gut, wie es Gott erschaffen, und werde schlecht unter den Händen des Menschen, — überhaupt noch eine Erziehung denkbar sei. Aber Rousseau hat diesen Satz nicht so schlimm gemeint, wie er aussieht. Der natürliche Mensch, wie ihn unser Philosoph aus dem civilisirten und künstlichen Menschen herausschälen will, soll Alles wieder gut machen, was dieser verderbt hat. Indem Rousseau der abscheulichen Lehre, welche die Kirche über die „Erbsünde" ausgeheckt hat, und nach welcher der Mensch böse geboren wird, diejenige gegenüberstellte, daß Alles, was Gott geschaffen, gut sei; suchte er nachzuweisen, daß blos die Gesellschaft den Menschen böse mache und daß es demnach die Aufgabe der Erziehung sei, den Menschen dahin zu bringen, daß er zu seiner wahren Natur zurückkehre. Es war eine falsche Theorie, aber sie entstand natürlicher Weise aus Opposition gegen eine ebenso falsche. Daß der Mensch von Natur völlig indifferent, daß die angeborenen Ideen ein Märchen seien, ahnte weder die orthodoxe, noch die revolutionäre Pädagogik. Das große Verdienst indessen, welches sich Rousseau trotz der Unrichtigkeit seiner Theorie um die Menschheit erwarb, bestand in dem Unternehmen, den

Menschen zu lehren, daß er Mensch sei, ehe er etwas Anderes, Beamter, Priester, Soldat, Kaufmann u. s. w. werde.

So besteht denn die ganze Erziehungslehre Rousseau's aus Irrthümern, über welche die gegenwärtige Zeit weit hinaus ist, welche aber durch ihre Verkündigung dazu beigetragen haben, daß man über die Erziehung nachzudenken begann, während man früher dieselbe instinktiv nach jeweilen waltenden Vorurtheilen und landläufigen Meinungen betrieben oder auch wol auf den bloßen Unterricht beschränkt hatte, ohne auf die moralische Ausbildung des Menschen irgend welche Rücksicht zu nehmen.

Als erster Punkt ist zu erwähnen, daß Rousseau, gleich Locke, die häusliche Erziehung für die beste hält. Auch der Demokrat war somit noch von jenem Vorurtheile befangen, das blos auf eine aristokratische Auswahl von Familien Anwendung finden kann. Doch hat er eben dadurch, daß er das Objekt der Erziehung, das Kind, isoliren wollte, die Wege gewiesen, wie auf das spezielle Wohl eines jeden Einzelnen eingewirkt werden könne. Durch seine Lehre, daß das Kind von jeder Verweichlichung fern gehalten und vielmehr abgehärtet werden solle, brach er der Aufmerksamkeit auf die Gesundheit der Schulkinder Bahn, durch die Forderung der Vermeidung unnöthiger Strenge — der Sorge für freie selbständige Entwickelung der Charaktere.

Es entsprach ferner dem revolutionären, gegen alles Bestehende gewaltig anstürmenden Charakter Rousseau's, daß er verlangte, die erste Erziehung solle rein negativ sein, d. h. nicht in der Einprägung der Tugend und der Wahrheit, sondern in der Abwehr des Lasters und des Irrthums bestehen. Seine Absicht war dabei, die Kinder nicht mit abstrakten, ihnen unverständlichen Begriffen zu quälen und zuerst der Kindheit ihren freien Verlauf zu lassen, ehe man die Kleinen zu Weisen mache, was, nach Rousseau, so viel hieße, als sie zu Papageien zu machen. Richtig hatte indessen bereits Voltaire bemerkt, daß keine Idee den Kindern so früh geläufig werde, als die des Unterschiedes zwischen Gut und Böse, ja daß dieselbe so früh komme als die Erkenntniß, daß zweimal zwei vier sei.

Rousseau will ferner die Strafe, welche den Kindern auferlegt wird, niemals als solche, sondern als „eine natürliche Folge der bösen Handlungsweise" betrachtet wissen. Gegen die Lüge z. B. solle man nicht „deklamiren", auch nicht dieselbe bestrafen, sondern einfach dem lügnerischen Kinde nichts mehr glauben, bis es sich seinen Fehler abgewöhnt.

Über die Angewöhnung der Kinder zur Großmut sagt Rousseau: wenn man dieselben durch Erfahrung überzeuge, daß der Freigebigste bei Theilungen am meisten gewinne, so mache man sie nur scheinbar freigebig und in Wirklichkeit geizig, und eine solche Freigebigkeit werde aufhören, wenn sie nichts mehr eintrage. Er ertheilt daher den höchst sonderbaren Rath, dem Kinde vorzugeben, die Armen hätten gewollt, daß es Reiche gäbe, und die Letzteren hätten versprochen (!), alle Jene zu ernähren, welche sich weder durch Vermögen, noch durch Erwerb erhalten könnten. Rousseau hatte indessen offenbar die wohlmeinende, doch unausführbare Absicht, jene Unwahrheit durch beständige Wiederholung zur Wahrheit zu machen; aber es ist ihm so wenig gelungen, als den Pfaffen mit ihren Märchen.

Die bisher erwähnten Grundsätze Rousseau's beziehen sich auf das Kindesalter bis zum zwölften Jahre, von welchem der revolutionäre Pädagog überdies alle und jede Bücher fernhalten will, mit einziger Ausnahme des — Robinson Crusoe (von Daniel de Foe), an welchem er besonders hervorhebt, daß er die Kinder von der Macht des Menschen und der Kraft seines Willens überzeuge. Namentlich verurtheilt er die Fabeln, deren Moral diesem Alter nicht angemessen sei.

Bezüglich des reifern Jugendalters verlangt Rousseau, daß man den heranwachsenden Jüngling einmal das glänzende Loos Anderer nicht bewundern, sondern vielmehr nach den Schattenseiten betrachten lehre, ihm ferner einpräge, sich weder auf seine Geburt, noch auf seine Gesundheit, noch auf seinen Reichthum zu verlassen und ihm alle Wechselfälle des Schicksals vor Augen führe, und endlich ihn anhalte, alle Menschen zu lieben, sich zu keiner bestimmten Rangklasse, sondern zu allen zu zählen und Niemanden zu verachten.

Von Büchern gestattet Rousseau der reifern Jugend sowol die Geschichte, welche ihr den Menschen, als die Fabeln, welche ihr dessen Fehler vorführen, ohne ihn zu beleidigen.

Die Erziehung soll auf diese Weise mehr in Übungen, als in Lehren bestehen; vor Allem soll Wohlthätigkeit geübt werden.

Für den Fall, daß dem Jüngling eine unverdiente thätliche Beleidigung widerfahren sollte, gestattet er ihm, „sich selbst Gerechtigkeit zu verschaffen," spricht sich jedoch nur dahin aus, daß er darunter nicht das von ihm verworfene Duell verstehe, und verschweigt, was er unter der erlaubten Selbsthülfe verstehe. Auf die Bitte eines Geistlichen um Aufklärung hierüber sprach er sich im Jahre 1770 in einem Briefe dahin aus, daß er es in einem solchen Falle für gerechtfertigt hielte, den Beleidiger, wenn dieser ein Höherer wäre, an dessen Leben Vieles läge, durch eine kecke That zu schrecken und dann sich selbst zu tödten, — wenn er aber ein Gleichgestellter wäre, ihn zu tödten und die verdiente Todesstrafe hinzunehmen. Es braucht kaum erwähnt zu werden, daß dies eines der Paradoxa ist, welche des Feindes aller Civilisation und des Vertreters einer anarchischen Übergangsperiode vom Zustande der Knechtschaft zu einem geträumten bessern vollkommen würdig sind.

Ein anderes Paradoxon Rousseau's ist sein Rath, der Jugend bis zum Alter von achtzehn oder zwanzig Jahren Nichts von Gott oder Religion zu sagen. Eine solche Ansicht ist schon deshalb kindisch, weil, so lange die Welt steht, eben alle Eltern und Lehrer ihren oder den ihnen anvertrauten Kindern stets ihre eigenen religiösen Ansichten einzuprägen suchen werden, ohne auf die Ansichten Anderer hierüber die mindeste Rücksicht zu nehmen. Freilich ist das Motiv, welches unsern Pädagogen zu dieser Maxime bewegt, höchst achtungswerth; er will die erhabene Idee Gottes nicht durch ihre Mittheilung an Solche, die sie nicht fassen können, verunehren. Aber ein Rath, der von vorn herein sicher ist, niemals befolgt zu werden, verliert dadurch allen Anspruch auf praktischen Werth.

Unter den Abschnitten (Büchern) von Rousseau's „Emil", welchem die angeführten pädagogischen Ansichten entnommen sind, ist einer ausschließlich der **weiblichen Erziehung** gewidmet. Ein französischer Literarhistoriker (Barni) findet, daß sich dieses Buch des „Emil" („Sophie" betitelt) vor den übrigen nicht nur durch jene Frische der Farbengebung auszeichne, welche der Verfasser seinen „Confessions" zu geben liebte, indem er die Einsamkeit malte, in welcher er es schrieb, sondern auch durch die Tiefe der Beobachtung und die Richtigkeit der Gedanken. „Es scheint uns, als ob wir hier in eine neue Welt einträten. In den vorhergehenden Büchern, wo es sich um den Mann handelte, fanden wir überall das Falsche neben dem Wahren, oder wenigstens die Wahrheit entstellende Übertreibung; hier ist Alles oder beinahe Alles wahr und zugleich tief und gefühlvoll." Dies ist um so wunderbarer, als Rousseau den größten Theil seines Lebens an der Seite einer gefühl- und schamlosen Dirne zubringen konnte. Es scheint indessen, daß ihn gerade dieser Umstand bewog, das Gegentheil, das Ideal des Weibes, um so höher zu schätzen. Was ihn aber verhinderte, hinsichtlich der Frauen in solche pädagogische Verirrungen zu verfallen, wie hinsichtlich der Jünglinge, ist wahrscheinlich der Umstand, daß er in den Letzteren die künftigen Träger seiner absonderlichen politischen Ideen sah und darnach drechseln wollte, während er die Frauen mit Unbefangenheit betrachtete. In jener Zeit herrschten unter dem weiblichen Geschlechte die Verachtung der Scham als eines Vorurtheils, die Achtlosigkeit auf den guten Ruf, die Untreue in der Ehe, die Gleichgültigkeit gegen das Geschick und gegen die Zukunft der Kinder. Rousseau stellte sich all diesen Übelständen entgegen, indem er den damaligen Frauen die Schamhaftigkeit als natürliches Gefühl und als erste weibliche Tugend, die sorgfältige Erhaltung nicht nur der Ehrbarkeit, sondern auch der Ehre, die strenge Treue zwischen den Ehegatten und die Pflichten gegen ihre Kinder einschärfte. Rousseau verficht nicht nur die Trennung der Geschlechter beim Unterrichte, sondern auch die Verschiedenheit ihrer Erziehung, ohne deshalb zu verlangen, wie dies so vielfach unverständige Männer thun, daß die Frauen blos der Haushaltung leben. „Die Natur will," sagt Rousseau vielmehr, „daß die Frauen denken, daß sie urtheilen, daß sie lieben, daß sie wissen, daß sie ihren Geist bilden, wie ihre Gestalt; dies sind die Waffen, welche sie ihnen giebt, um die Kraft zu ersetzen, welche ihnen fehlt, und um die unsrige zu lenken. Sie sollen viele Dinge lernen, aber nur jene, welche ihnen zu wissen geziemt."

Rousseau verlangt, daß die Mädchen in früherm Alter über Religion unterrichtet werden, als die Jünglinge; denn „wenn man," sagt er, „warten wollte, bis sie fähig wären, in diese tiefen Fragen einzudringen, würde man Gefahr laufen, mit ihnen niemals davon zu sprechen." Während er will, daß die jungen Männer sich ihre Religion selbst auswählen, findet er es geboten, daß die Mädchen dieselbe von ihren Vätern oder Gatten annehmen.

Was indessen Rousseau unter Religion versteht, ist wesentlich nur die Moral. Er räth, in der Erziehung alle jene „geheimnißvollen Dogmen" wegzulassen, „welche für uns nur Worte ohne Gedanken sind" und die Menschen „eher zu Narren als gut machen." Die Mädchen sollen keine Theologinnen und Disputirerinnen sein, sondern sich stets unter den Augen Gottes fühlen, ihn zum Zeugen ihrer Handlungen und Gedanken nehmen, das Gute ohne Prahlerei thun, weil Er es liebt, das Übel ohne Murren ertragen, weil Er sie dafür entschädigen wird u. s. w.

„Emil" ist ein pädagogischer Roman, durch welchen Rousseau für seine Grundsätze Propaganda machte. Er endet in grellem Mißtone mit Trennung der unglücklichen Ehe zwischen dem Musterschüler Emil und der Musterschülerin Sophie. Ein auffallenderes Mißtrauensvotum hätte der Verfasser seiner Theorie nicht ertheilen können.

Was indessen die Ketzerrichter von Paris und Genf gegen den „Emil" erbitterte, ist weder dessen pädagogische Theorie, noch der Inhalt des Romans als solchen, sondern eine in den letzten eingeschobene Episode, welche als das „Glaubensbekenntniß eines savoischen Vikars" bezeichnet ist. In demselben legt er seine eigenen religiösen, beziehungsweise irreligiösen Ansichten und Grundsätze nieder. Seine Dogmen sind Gott und die Unsterblichkeit, sein Standpunkt mithin der Deismus der Aufklärung des achtzehnten Jahrhunderts. Er entwickelt jene Dogmen rein aus dem Verstande; auf das Steckenpferd der Frommen, den „Trost am Sterbebette", hält er nichts. Das Gewissen allein ist seine Richtschnur. Er anerkennt nur eine Offenbarung, die der Natur. Die Falschheit jeder andern sogenannten Offenbarung weist er aus den Widersprüchen zwischen und sogar innerhalb den einzelnen positiven Religionen nach, versucht aber dennoch, aus denselben eine gemeinsame Religion zusammenzusetzen, welche eben nichts Anderes als der bereits genannte Deismus ist. Sonderbar nimmt sich dazwischen eine poetische Tirade auf Jesus aus, welchen er trotz aller Opposition gegen die Dogmen der Bibel als Gott und Gottessohn feiert.

So war sein ganzes Dichten und Trachten aus Widersprüchen zusammengesetzt. Aber mit denselben hat er einer neuen Zeit den Weg gebahnt.

Während im heißblütigen und unruhigen Frankreich blos die politischen Ideen Rousseau's, die uns später beschäftigen werden, Wurzel faßten und die pädagogischen zurückdrängten, fanden dagegen allein die letzteren in dem gründlich denkenden und den „Landesvätern" ergebenen Deutschland Anklang. Die Verwirklichung der revolutionären Erziehungsgrundsätze des großen Genferbürgers in Deutschland ist in der Kulturgeschichte zusammengefaßt in das Wort „Philanthropin"; ihr Träger und Herold war der originelle Pädagog Basedow.

Johann Bernhard Basedow war 1723 zu Hamburg geboren. Nachdem er seine Jugend auf ähnliche Weise wie Rousseau, doch nicht in gar so extravaganter Weise verbracht, nämlich mit Davonlaufen und anderen tollen Streichen, studirte er zu Leipzig, und zwar, wie er selbst sagt, beinahe nur auf seiner Stube, und wandte sich einer Richtung zu, welche „zwischen dem Christenthum und dem Naturalismus" stand. Seine pädagogische Laufbahn begann er 1749 als Hofmeister in Holstein, setzte sie 1753 als Professor der Moral und schönen Wissenschaften auf der Ritterakademie zu Sorö fort, welche Stelle er 1761 wegen seiner für freigeistig angesehenen, obschon harmlosen „praktischen Moral" aufgeben und mit einer andern am Gymnasium zu Altona vertauschen mußte, schrieb aber hier wirklich freigeistische Bücher und wurde deshalb nebst seiner Familie in Hamburg und Altona excommunicirt. Endlich erhielt er von der dänischen Regierung eine Pension und widmete sich nun ganz der Abfassung pädagogischer Werke. Es erschienen seitdem von ihm: 1) „Agathokrator oder von Erziehung künftiger Regenten" (1771), von dessen Wirkungen er sich großartige Erwartungen machte, die aber unerfüllt blieben, — 2) das „Methodenbuch für Väter und Mütter der Familien und Völker" (3. Aufl. 1773), „ein Plan aller seiner auf das Schulwesen gerichteten Wünsche und Vorsätze", — und 3) sein Hauptwerk, das „Elementarwerk mit Kupfern für Kinder," ein Orbis pictus jener Zeit, in vier Bänden Text und hundert Kupfertafeln über alle Gegenstände der Erziehung (vorbereitet seit 1768, vollständig erschienen 1774). Das Elementarwerk wurde von vielen europäischen Regierungen, besonders der dänischen und russischen, von einer Menge reicher Privaten und sogar von Klöstern (z. B. Einsiedeln) mit reichen Geldmitteln unterstützt und sein Verfasser war in kurzer Zeit das pädagogische Orakel des aufgeklärten Europa geworden. Charakteristisch für dieses Buch ist die Sucht, Alles, auch das Abstrakte, abzubilden. Wir finden da nacheinander: die Lebensmittel, die „übeln Gewohnheiten der Kinder bei Tische", die Kleidungsstücke, die „Fehler, wodurch Kinder selbe verderben," die Wohnungen, die Vergnügungen der Kinder und der Erwachsenen (dabei Abbildung des „Spazierens" zu Fuße, zu Pferde und im Wagen!), die Thiere und ihre Benutzung, natürlich geschieden in „Hausthiere" und wilde Thiere, „ein Gebirg und kahle Felsen", darauf Maulesel und kletternde Gemsen und auf demselben Bilde einen

See mit fliegenden Fischen(!), „das schnelle Rennthier vor dem Schlitten", „die possirlichen Affen an der Kette", den „prächtigen Pfau", die „schnatternde Ente", die „Hühnertreppe", „die von der Katze verfolgte Maus", — den menschlichen Körper und dessen Theile, den Kranken mit dem Arzte und einen „Tisch mit Arzenei", „eine Frau, die sich die Adern öffnen läßt", die Wirksamkeit der fünf Sinne (beim Gesichte z. B. Einer, der in die Wolken sieht!), Versinnlichungen des Gedächtnisses, der Erfahrung u. s. w., der Triebe, — dann allerlei Landschaften, die Beschäftigungen in den vier Jahreszeiten, Abbildungen der Verstandesthätigkeiten (z. B. bei der Vergleichung ein Knabe, der vor einem Hengst, einer Stute, einem Maulthier und einem Esel steht!), die Handwerke, dann wieder Theile der Thiere und der Pflanzen, die Mineralien u. s. w., stets Alles durcheinander. Den Zweifel z. B. illustrirt ein Kesselflicker, der nach dem Wege fragt, den Geschlechtstrieb ein Vater, der mit seinem Kinde scherzt, und — Verlobte, die es ansehn (!), die Erkenntniß Gottes — Leute, welche eine Wolke anstaunen, auf welcher der hebräische Name Gottes steht! Unter den „Völkern" figuriren auch — Riesen und Zwerge als solche! Unter dem Titel „unangenehme Stellungen" wird ein Bild erläutert: Zur Rechten ein sitzender und ein stehender Mann mit einwärts gebogenen Beinen und Füßen. Zwischen ihnen eine Jungfrau mit hervorgestrecktem Kopfe und mit symmetrisch gehaltenen Händen. Die sitzende Person hat eine unangenehme Symmetrie, lehnt sich hinten an, sperrt die Beine zu weit auseinander u. s. w., u. s. w.

Schon 1771 wurde Basedow durch den jungen Fürsten Leopold Friedrich Franz von Anhalt-Dessau mit 1100 Thalern Gehalt nach dessen Residenz berufen und gründete hier, mit reicher Unterstützung des Fürsten an Grund und Boden, Gebäuden und Geld, sein berühmtes „Philanthropin", wozu er sich 1774 am 11. September zu Frankfurt am Main entschlossen hatte, wo er mit Goethe und Lavater seine durch Erstern (oben S. 147) beschriebene Zusammenkunft hatte, und von wo aus er mit Beiden jene fröhliche Rheinreise unternahm, die den unermüdlichen Pädagogen nicht verhinderte, stetsfort an seinem Werke zu arbeiten.

Basedow's erster Gehülfe am Philanthropin, wie schon vorher am Elementarwerk, war Christian Heinrich Wolke. Schon 1770 war er zu Basedow nach Altona gekommen und hatte dessen erst drei Vierteljahre alte, nach Rousseau's Emil „Emilie" genannte Tochter zum Gegenstande seiner pädagogischen Versuche nach Rousseau's Grundsätzen auserkoren. Er ging dabei von dem nüchternen Grundsatze aus, Alles bei seinem wahren Namen zu nennen, z. B. einem Bilde nie den Namen der Sache, welche es darstellt, zu geben, sondern dasselbe stets als Bild zu bezeichnen. Schon mit ein und einem halben Jahre sprach das Wunderkind richtig und konnte buchstabiren, noch ehe es lesen lernte; letzteres hatte sie in einem Monat los. In drittehalb Monaten lernte sie nach

Bedürfniß eines Kindes französisch sprechen. Man gewöhnte sie, vor keinem Naturgeschöpfe Schrecken oder Ekel zu empfinden, prägte ihr von der Religion blos jene Dinge ein, welche „als eine Vorbereitung zur Tugend, zum Vertrauen auf Gott und zur Zufriedenheit nützen können," und machte sie ohne Umstände auch mit dem Ursprunge des Menschen bekannt (!). Mit vier und einem halben Jahre begann Wolke, sie auch lateinisch zu lehren, und sie lernte es fertig! Emilie sollte gleichsam als Muster für die zu erwartenden Leistungen des Philanthropins dienen.

Nachdem diese Anstalt siebenzehn Monate bestanden, gründete Basedow zur Verbreitung seiner Grundsätze und zur Bekanntmachung der Erfolge seiner Anstalt eine Zeitschrift unter dem Titel „Philanthropisches Archiv". Er lud gleich in der ersten Nummer (1. Februar 1776) in einer Anrede an seine Leser, welche er „Kosmopoliter" titulirte, auf den kommenden Mai zu einer öffentlichen Prüfung ein. In dieser Einladung sprach er sich über die Grundsätze seiner Anstalt aus, namentlich in Bezug auf die Religion. Das Philanthropin beschränke sich nämlich, sagte er, auf das allen Christen ohne Unterschied der Konfession Gemeinsame, mit Verbannung aller theologischen Streitigkeiten. Jeden zwölfjährigen Knaben, der ihm nicht allzu verdorben gesendet würde, versprach er innerhalb vier Jahren, „ohne Zwang und Unlust," auf jede „höhere Fakultät" einer Universität vorzubereiten, sogar mit Einschluß des Lehrganges der philosophischen Fakultät.

Man sieht, die Einladung war nicht frei von Charlatanerie, und so war es auch das versprochene Examen, — nicht in betrügerischer Absicht, sondern entsprechend dem mit Feuereifer die älteren Anschauungen zerstörenden und mit Titanensinn Neues anstrebenden, im Systeme Rousseau's verwirklichten revolutionären Geiste der Zeit. Viele Männer von Ruf aus nahen und entlegenen Gegenden Deutschlands, unter ihnen z. B. Nicolai, Campe, Bode (Wieland, Goethe und Lavater waren erwartet, aber nicht erschienen), kamen, der Prüfung beizuwohnen, über welche Basedow selbst einen ernsten, Professor Schummel aus Magdeburg unter der Maske eines zwölfjährigen Schülers Fritz einen launigen Bericht herausgab, die aber genau übereinstimmen. Die Anstalt hatte damals dreizehn Zöglinge mit Einschluß von Basedow's Kindern Friedrich und Emilie, bis auf Letztere lauter Knaben. Wolke war Examinator, und zwar ganz in lateinischer Sprache. Erst kommandirte er verschiedene körperliche Bewegungen, darunter auch Nachahmungen der Handwerker; dann ließ er hinter die Tafel geschriebene Worte durch Angabe ihrer Gattung errathen, dann die Stimmen der Thiere nachahmen. Als charakteristische Episode folgte die Aufstellung eines Gemäldes, welches eine der Entbindung nahe Frau mit den Vorbereitungen zu diesem Ereignisse darstellte. Die Kinder wurden angehalten, dies mit Ernst zu betrachten und so aufzufassen, daß es allein vernünftig sei, den Kindern ihre

Geburt von der Mutter mitzutheilen, damit sie wissen, was sie Dieser zu
verdanken hätten, und nicht etwa dem Storche! Im Rechnen producirten
sich die Schüler mittels Aussprechens kolossaler Zahlenreihen, im Zeichnen
dadurch, daß sie den mit Absicht falsch zeichnenden Wolke korrigirten.
Andere Lehrer der Anstalt examinirten im Lateinischen, Französischen, in
der Geschichte und Mathematik. An jedem Prüfungstage wurde auch eine
Art von Basedow erdachten höchst nüchternen deistischen Gottesdienstes gehalten. Die Feierlichkeit schloß mit der Aufführung eines französischen
und eines deutschen Lustspieles durch die Zöglinge und mit einer Rede
Basedow's, in welcher er um Unterstützung seiner Anstalt bat. Letztere
wurde ihm vor- und nachher in reichlichem Maße zu Theil, und zwar
namentlich durch Solche, welche in seinen Grundsätzen entweder die Verwirklichung der ihrigen sahen, wie z. B. die Freimaurer, oder welche von
denselben Besserung ihrer Verhältnisse oder Vortheil hofften, wie z. B. die
Juden. Unter Letzteren interessirte sich besonders Moses Mendelssohn
um Basedow's Unternehmen. Von schwerem Gewichte war es jedenfalls,
daß sich 1777 der große Kant (in der Königsberger-Zeitung) zu Gunsten
desselben aussprach. Er sah in der Anstalt die erste, welche einem völlig
durchdachten Erziehungsplane Bahn brach, — ohne indessen gegen die
dabei begangenen Fehler blind zu sein.

Das Philanthropin war übrigens so reich an Mängeln und Miß-
griffen, daß es die von ihm gehegten Erwartungen nicht rechtfertigen
konnte. Oft wechselte es seine Lehrer. Basedow selbst trat noch im
Jahre jenes Musterexamens, weil er seine Unfähigkeit zur Führung der
ökonomischen Angelegenheiten einsah, von der Leitung zurück, überließ sie
Campe, nahm sie aber, als dieser sie schon nach einem Jahre in Folge von
Basedow's Streitsucht wieder aufgab, neuerdings ein, doch um nach einigen
Jahren seine Stelle an Wolke abzutreten, mit dem er zerfallen war und
sich in öffentlichen Schmähschriften herumbalgte, nachdem er von einem
Freunde desselben, der früher Hülfslehrer bei ihm selbst gewesen, in einem
Wirthshause durchgeprügelt worden! Während Lehrer wie Salzmann
und Matthisson der Anstalt Ruf zu verschaffen suchten, hatte sich Basedow
durch Spiel- und Trunksucht erniedrigt, wie er auch in seinem Benehmen
äußerst roh und selbst unreinlich und dabei ungemein geizig war, die meiste
Zeit, auch beim Arbeiten, im Bette lag, gegen die Wohlthäter seiner Anstalt
sich Unverschämtheiten und Drohungen erlaubte, wenn sie nicht gleich
thaten, was er wollte, und allerlei schmutzige und unnütze Schriften in die
Welt hinaus sandte. Trotz alledem jedoch und ungeachtet viele tüchtige
Pädagogen, welche im Stillen mehr leisteten, als der schreiende und
lärmende Basedow, seine Methode als eine zu nichts führende enthüllten,
behauptete sich unser Prahler auf der erstiegenen Höhe des Ruhmes und
zählte sogar den frommen Lavater zu seinen Bewunderern. Er starb
jedoch ruhig und gefaßt, wenn auch arm, an einer Krankheit 1790 zu

Magdeburg. Seine Tochter Emilie hatte im Jahre vorher einen Prediger geheiratet.

Das Philanthropin überdauerte ihn. Bei vielen Fehlern hatte es auch sehr gute Seiten. Es wurde darin dem Standesdünkel und dem Modenteufel gründlich entgegen gearbeitet. Die Zöglinge mußten Handwerke lernen, wie Drechseln, Hobeln u. s. w., landwirthschaftliche Arbeiten üben, z. B. Dreschen; sie wurden abgehärtet, durften weder Puder und Pommade in die Haare schmieren, noch Zöpfe und Perücken tragen, — ebensowenig auch verzierte Kleider und Manschetten. Sie trugen den Hals frei und hatten Matrosenkleider von blau und weiß gestreiftem Zwillich an, turnten und machten Fußreisen. Das Princip der Anschauung diente vorzüglich dazu, den Kindern die Begriffe und die damit zu verbindenden Vorstellungen auf die Dauer einzuprägen. Zur Zeit seiner Blüte, im Jahre 1782, zählte das Philanthropin 53 Schüler aus allen Ländern Europa's, von Rußland bis nach Portugal. Es fand zahlreiche Nachahmungen, so 1775 durch den Graubündner Ulysses von Salis zu Marschlins, 1776 durch den Grafen von Leiningen zu Heidesheim, unter der Leitung des ebenfalls von Lavater empfohlenen, aber schon nach einem Jahre von Marschlins weggegangenen Doktors Bahrdt (s. oben S. 360), welche Anstalt jedoch schon 1779 wieder einging, — dann durch Campe in Hamburg und die noch heute bestehende Anstalt Salzmann's in Schnepfenthal (1784 gegründet). Campe, einer der eifrigsten Philanthropisten, verpflanzte Rousseau's und Basedow's Ansichten in seine vielgelesenen Kinderschriften, in welchen er den von Rousseau gepriesenen Robinson Defoe's abschwächte und die Entdeckung Amerika's, wie auch eine Sammlung von Reisebeschreibungen durch die eingestreuten Gespräche zwischen Vater und Kindern verwässerte und langweilig machte. Verdienstvoller ist sein „Revisionswerk des gesammten Schul- und Erziehungswesens" und für Kinder nicht ohne Nutzen seine „Kinderbibliothek". Viel gelesen und benutzt wurde in jener Zeit auch Salzmann's gemüthliches, aber pedantisches und langweiliges „Elementarwerk". Unterhaltender, weil abwechselnder und belebter ist Weisse's noch lange Zeit beliebter „Kinderfreund".

„Höher," sagt Schlosser, „als alle die genannten Erudationsschriftsteller (eben Basedow, Campe und Salzmann) und ihre Bücher, steht ohne allen Streit der Schweizer Pestalozzi und sein nicht sowol für Kinder als für's Volk geschriebener Volksroman." Johann Heinrich Pestalozzi, der eigentliche Reformator der Erziehung in der neuern Zeit, war 1746 in Zürich geboren, als Sohn eines Arztes und einer Verwandten des spätern österreichischen Generals Hotze (ursprünglich Hotz). Seines Vaters früh beraubt und von seiner Mutter und der alten treuen Magd Babeli sparsam aber sorgfältig erzogen, wuchs er unbeholfen und von seinen Kameraden verspottet, aber im Grunde doch geliebt, auf, genoß den Unterricht der beiden in der deutschen Literaturgeschichte Epoche machenten Professoren Bodmer und Breitinger, bildete mit Lavater und mehreren Anderen einen Freundesbund, der gegen alle Mißbräuche im öffentlichen Leben anstrat, und ergriff mit Begeisterung, obschon Stadtbürger, die Partei des von der Stadt unterdrückten Landvolkes. Ein sterbender Jugendfreund jedoch, Blautschli, ermahnte ihn, sich keine bewegte, sondern eine ruhige Laufbahn zu wählen, und eine Krankheit, die er sich durch sein angestrengtes Studium zugezogen, bewog ihn, den Büchern Lebewohl zu sagen und sich der Landwirthschaft zu widmen. Er kaufte eine Strecke Landes in der Nähe des Schlosses Habsburg im Aargau, baute sich dort ein Haus und nannte das Gut „Neuhof". Zwei Jahre nach seinem Einzuge dort, 1769, heiratete er die Schwester eines Freundes, Anna Schulthes, welcher er in dem Briefe, in dem er ihr seine Liebe gestand, auch offen und in rührender Weise seine Lage und seine Fehler auseinandersetzte. Da jedoch sein Unternehmen nicht gedieh und das Haus, welches ihn zu demselben mit Geldmitteln unterstützt hatte, diese zurückzog, gerieth er in bittere Noth, ermannte sich jedoch und errichtete auf dem Gute eine Anstalt zur Erziehung armer Kinder, welche 1775 eröffnet wurde und bald fünfzig Zöglinge zählte. Die Verkorbenheit der Kinder jedoch, das zudringliche Benehmen ihrer undankbaren Eltern und Pestalozzi's unpraktische Versuche, mit den Zöglingen eine Spinn- und Webe-Industrie zu Stande zu bringen, — stürzten ihn in Schulden, zehrten sein Vermögen auf und nöthigten ihn, die Anstalt nach fünf Jahren aufzugeben, ja brachten ihn eigentlichem Mangel nahe. Unter solchen Umständen entstand sein erstes bedeutenderes Werk „Abendstunden eines Einsiedlers", eine Reihe von Aphorismen, in welchen er seine pädagogischen Grundsätze zum ersten Male aussprach. Wir entnehmen denselben die für seine erzieherische Richtung charakteristischsten:

„Durch Übung wachsen die Gaben."

„Die Geisteskraft der Kinder darf nicht in ferne Weiten gedrängt werden, ehe sie durch nahe Übung Stärke erlangt hat."

„Der Kreis des Wissens fängt nahe um einen Menschen her an und dehnt sich von da konzentrisch aus."

„Den Wortlehren, der Rederei, müssen Realkenntnisse vorangehen."

„Reiner Kindersinn ist die wahre Quelle der Freiheit, die auf Gerechtigkeit ruht, und reiner Vatersinn ist die Quelle aller Regierungskraft, die Gerechtigkeit zu üben und Freiheit zu lieben erhaben genug ist." —

Durch Sätze wie folgende:

„Glaube an Gott ist vertrauender Kindersinn der Menschheit gegen den Vatersinn der Gottheit,"

„Aus dem Glauben an Gott erwächst die Hoffnung des ewigen Lebens,"

„Der Glaube an Gott heiligt und befestigt das Band zwischen Eltern und Kindern, zwischen Unterthanen und Fürsten," u. s. w.

Stellte er sich mit Entschiedenheit der Lehre Rousseau's entgegen, daß man den Kindern nichts von Gott mittheilen solle, wie auch Pestalozzi's Erziehungsprinzip auf der Liebe der Eltern ruhte, nicht auf der **Abrichtung durch einen Hofmeister**, wie bei Emil.

Im Übrigen aber, in der Verwerfung des Dogmen- und Wunderwesens sowol, als in der Ersetzung leeren Wort- und Gedächtnißkrams durch reale Kenntnisse, waltet zwischen beiden großen Pädagogen wesentliche Übereinstimmung.

Eine solche Übereinstimmung bestand in manchem grundlegenden Punkte auch zwischen Basedow und Pestalozzi. In ihren Resultaten jedoch gingen diese beiden Erzieher so weit auseinander, daß das ursprünglich gemeinsame Hervorgehen der Grundsätze Beider aus der Schule Rousseau's kaum mehr erkennbar ist.

Ein erfahrener Schulmann neuerer Zeit sagt über das Verhältniß zwischen Beiden folgende treffende Worte:

„Gemeinschaftlich mit einander hatten Pestalozzi und Basedow das ernstliche Streben, daß es besser werde mit der Menschheit durch die Erziehung; Beide hatten einen Elementarunterricht und Elementarbücher, Beide hatten ein Institut zur Realisirung ihrer Gedanken, Beide wollten einen Bildungsgang, welcher angemessen sei dem kindlichen Alter und stufenweise fortschreite." — „Beide aber sind wieder wesentlich verschieden: Pestalozzi geht aus von dem Kinde selbst, und von dem Ewigen und Wesentlichen seiner Natur; Basedow von einem Buche, aus welchem das Kind lernen soll. Pestalozzi will, daß das Kind sich entwickle, entfalte, sein geistiges Leben sich gestalte und ausbilde aus sich heraus; Basedow will Kenntnisse von außen in das Kind hinein bringen, daß es lerne und sich durch Lernen bilde. Basedow hat sich an die gebildeten Stände gewendet und fing an mit der Jugend von gesitteten Ständen, und wurde von diesen unterstützt; Pestalozzi, umfassend die ganze Menschennatur, fing an mit den allerverwahrlostesten Kindern, ganz von unten, und war froh, daß er Bettelkinder erhielt und eine Wohnung, um mit seiner Idee Versuche im wirklichen Leben zu machen. Das Philanthropin, auf Gold und Silber gebaut, verschwand; Pestalozzi's Institut, auf dem Herzen der ganzen Menschennatur errichtet, hielt ohne Gold und Silber auf seiner tiefen und breiten Unterlage als Geistesinstitut so manchen Kampf aus."

Der leitende Grundgedanke von Pestalozzi's Erziehungssystem ist übrigens: werkthätige Humanität. Keiner seiner Vorgänger hatte dieselbe noch verkündet. Rousseau nährte in seinem einsamen Hofmeisterszögling ohne Kameradschaft und Wetteifer den Egoismus, — Basedow pfropfte den Philanthropinschüler mit „praktischen Kenntnissen" voll und pumpte ihm dafür Herz und Gemüt für seine Mitmenschen aus. Anders Pestalozzi. Er erst war der Herkules, welcher der Hyder des barbarischen Stock- und Prügelsystems die Köpfe abhieb. Zur Zeit seines Auftretens wurden die Kenntnisse dem Gedächtniß eigentlich eingebläut. Die Volksschule stand unter Menschen, welche eher Korporale als Lehrer waren. Ein schwäbischer Schuljubilar — Häuberle hieß der Ehrenmann, — berechnete die von ihm während seiner Amtsthätigkeit von 51 Jahren und 7 Monaten ertheilten körperlichen Strafen auf 911,527 Stockschläge, 124,010 Ruthenstreiche, 30,989 Plötchen und Klapse mit dem Lineal, 136,715 Handschmisse, 10,235 Maulschellen, 7905 Ohrfeigen, 1,115,800 Kopfnüsse und 22,763 Notabenes mit Bibel, Gesangbuch, Katechismus und Grammatik. 777 mal hatte er Schüler auf Erbsen, 613 mal auf ein dreieckiges Scheit knien lassen; 5001 hatten "Esel tragen", 1707 die Ruthe hoch halten müssen, anderer selbsterfundener Strafen nicht zu gedenken. Schimpfwörter hatte er über dreitausend im Vorrathe, wovon er ein Drittel selbst erdacht, die anderen dem reichen Schatze der schwäbischen Volkssprache entnommen. Sonst war das Auswendiglernen von Psalmen, besonders des 119ten, eine beliebte Strafe, — eine solche war aber schon das Sitzen in den dunkeln ungesunden Schulstuben an sich! ——

Weit mehr Epoche als die "Abendstunden eines Einsiedlers" machte Pestalozzi's folgendes Werk. Durch seinen Freund, den Buchhändler Füßli, der ihn seiner unpraktischen Projekte wegen derb anließ, in einer schriftlichen Arbeit aber humoristisches Talent entdeckte, aufgemuntert, wandte er sich der erzählenden Literatur zu und schrieb, ohne Plan, wie es ihm gerade in den Kopf kam, den unsterblichen Volksroman "Lienhard und Gertrud", ein aus dem Leben des Volkes frisch herausgegriffenes Charakterbild. Iselin in Basel übernahm die Korrektur von Pestalozzi's vernachlässigter Orthographie und Stilistik, und Decker in Berlin verlegte 1781 das Buch, in dessen Heldin Gertrud der Verfasser eine Erzieherin malte, wie sie ihm als Ideal vorschwebte.

Pestalozzi konnte sich jedoch selbst nicht wieder erreichen. Sein Versuch, in einem zweiten Volksromane: "Christoph und Else" (1782) manche Theile von "Lienhard und Gertrud" zu erläutern, mißlang durchaus. Er ließ daher diese Gattung schriftstellerischer Thätigkeit liegen und beschränkte sich auf Schriften, welche Reformen im socialen Leben bezweckten, sowie auf philosophisch-politische, und versuchte sich daneben auch, in an Rousseau erinnernder Weise, mit Hypothesen über die Urzustände des Menschengeschlechtes. Dabei bewegte er sich auf einem sehr gemäßigten, gegen Revolution wie gegen Absolutismus in gleicher Weise eifernden Standpunkte.

In eine fruchtbringende Thätigkeit auf seinem wahren Gebiete warf ihn erst der Einbruch der Franzosen in die Schweiz im Jahre 1798. Die Züchtigung des von Pfaffen zur Verweigerung des Bürgereides mißleiteten

Nidwalden durch eine französische Armee, welche nach tapferer Gegenwehr der Bergsöhne den Flecken Stans verheerte und plünderte, war für ein wohlwollendes Mitglied des damaligen helvetischen Direktoriums, Legrand, Veranlassung Pestalozzi dorthin zu senden, der dann dort die scheußlich vernachlässigten Kinder der Gemordeten und Beraubten um sich sammelte und sie zu erziehen versuchte. Hier war die erste Übungsstätte für die pädagogischen Ansichten, die sich von nun an in seinem rastlos denkenden Kopfe ausbildeten. Bisher hatte er nur Ideen geäußert, die sich an die Schulen Rousseau's und Basedow's anschlossen, noch von Beiden in wesentlichen Dingen sich unterschieden; er hatte gleich Jenen dazu beigetragen, am Gebäude der alten Erziehung und des alten Systems der Volksunterdrückung und Volksverdummung zu rütteln. Von nun an begnügte er sich nicht mehr damit, sondern begann ein neues Haus aufzubauen, in welchem die Jugend des kommenden neunzehnten Jahrhunderts ihre Erziehung und Bildung erhalten sollte. Als er, durch die Kriegsereignisse gezwungen, welche seine Schule zu Stans 1799 in ein Militärlazareth verwandelten, die undankbaren Eltern seiner Kinder verlassen mußte, war er nicht mehr der fantastische Schwärmer und unbeholfene Schriftsteller von ehedem, sondern ein sein Amt gehörig ausübender Schulmeister, als welcher er zuerst in Burgdorf auftrat, doch nur, um bald darauf, 1800, eine eigene Anstalt dort zu gründen, deren Schicksale und Folgen in die Geschichte unseres Jahrhunderts und somit in den letzten Band dieses Werkes gehören.

Noch erübrigt uns zu berichten, was in unserer Periode für die Erziehung jener Unglücklichen geschah, denen von Geburt oder durch Unglück die Benutzung der edelsten Sinnesorgane versagt ist.

Sonderbarer Weise beginnen die Bemühungen für den Unterricht der Taubstummen früher als für denjenigen der Blinden. Im Mittelalter nach den Ansichten der Kirchenväter als Ungläubige (!!) verachtet, erhielten sie, merkwürdig genug, zur Zeit des Wütens der spanischen Inquisition, in einem dortigen Mönche, Pedro de Ponce, ihren ersten Beschützer; im Jahre 1570 unterrichtete derselbe bereits vier Taubstumme in Sprache und Schrift. Nach und nach traten auch in anderen Ländern, zuerst in England und Deutschland, dann in Frankreich, Taubstummenlehrer auf; aber erst im achtzehnten Jahrhundert erweiterte sich die Sorgfalt von Einzelnen der Unglücklichen auf deren ganze Klasse. In Frankreich war es der Abbé Michel de l'Epée, welcher, wegen jansenistischer Gesinnungen seines geistlichen Amtes entlassen, eine Zeichensprache für Taubstumme erfand und 1760 in Paris die erste Taubstummenanstalt gründete, die aber erst in der Revolutionszeit, nach seinem 1789 erfolgten Tode, 1791, zur Staatsanstalt erhoben wurde. In Deutschland besaß der sokratische Autodidakt Samuel Heinicke eine Privatanstalt zu Eppendorf bei Hamburg, wo er Cantor war, welche er aber 1778 auf Veranlassung des Kurfürsten Friedrich August von Sachsen nach Leipzig verlegte, wo er 1790 starb. Entgegen dem Epée'schen Systeme, das auf Schrift und Pantomime beruhte, verlegte sich das Heinicke'sche vor Allem auf das Sprechenlernen. Bald darauf entstanden die Anstalten zu Wien, Prag und Berlin.

Auch die Blinden waren früher verachtet, ja in Frankreich sogar öffentlich verspottet und mit lächerlichem Aufputze behängt worden. Zuerst nahm sich ihrer Valentin Hauy an, namentlich bestärkt durch die blinde Klavierspielerin Therese von Paradies (s. oben S. 153), welche 1784 aus Wien nach Paris kam. Noch im nämlichen Jahre errichtete er mit Hülfe der philanthropischen Gesellschaft seine erste Anstalt, gab den Blinden vorzüglich Unterricht in der Musik, dann im Lesen mit erhabenen Metallbuchstaben, im Schreiben mittels Rahmen, in der Geographie mittels gestickter Karten. Im Jahre 1791 wurde diese Anstalt vom Staate übernommen und mit der Taubstummenanstalt vereinigt, 1795 aber wieder davon getrennt.

Viertes Buch.
Recht und Staat.

Erster Abschnitt.
Die ideale Rechts- und Staatslehre.

A. In England und den Niederlanden.

Das Zeitalter der Reformation hatte keine andere Entwickelung der Begriffe von Recht und Staat gekannt, als diejenige aus der in der Bibel enthaltenen angeblichen Offenbarung. Ihm war, wie Luther lehrte, alle Obrigkeit von Gott verordnet, und aus dem Willen des Letztern wurde daher auch alle rechtliche und staatliche Ordnung abgeleitet. Bei alle dem hatte jedoch erst das Reformationszeitalter begonnen, über die Prinzipien des Rechtes und Staates nachzudenken, was im Mittelalter bei der vorgeblich von Gott selbst angeordneten Lehensverfassung in geistlicher und weltlicher Beziehung für überflüssig, ja sogar für frevelhaft erachtet worden wäre.

Das Zeitalter der Aufklärung jedoch, welches sich über die Einseitigkeit der ganz und gar in theologischen Begriffen aufgehenden Reformationszeit erhob, konnte auch nicht bei den Vorstellungen stehen bleiben, welche sich letztere von dem Wesen des Rechtes und des Staates machte; es mußte diese Begriffe von der Theologie frei machen, um sie aus dem Menschen allein zu entwickeln, über welchen hinaus wir nicht im Stande sind, sie herzuleiten. Nur den Gedanken des Menschen können die Vorstellungen entspringen, welche in dem Zusammenleben der Individuen unserer Gattung ihre nothwendige Voraussetzung haben. Auf diesem Grundsatze beruht das Natur-, Völker- und Staatsrecht, d. h. die Erforschung des natürlichen, internationalen und nationalen Rechtes der neuern Zeit. Die Männer, welche sich dieser äußerst fruchtbaren und

folgenreichen Beschäftigung hingaben, zerfallen nach ihrer Herkunft in drei
Gruppen, von denen jede, ungeachtet der unter ihren Gliedern sich offen-
barenden Verschiedenheiten, einen gemeinsamen politischen Charakter trägt.

Die erste Gruppe umfaßt die Niederländer und Engländer,
— Vertreter von Staaten, welche die von ihren Naturrechtslehrern aufgestellten Grundsätze auch sofort verwirklichten und an die Stelle des
Absolutismus und der brutalen Gewalt den konstitutionellen Rechtsstaat
setzten. Ihnen folgen die Deutschen, deren zahllose Fürstenthümer
weder Aufsehen erregende Rechtsverletzungen von Seite der Fürstenmacht,
noch mehr als passiven Widerstand von Seite des Volkes erfuhren. Den
Schluß machen die Franzosen und Italiener, deren absolutistische
Herrscher während der ganzen uns beschäftigenden Periode eine Schandthat
auf die andere häuften und damit ihre Völker zwangen, nicht nur nach
dem Rechtsstaate, dessen Prinzipien ihre Dränger verlachten, sondern
geradezu nach einer vollkommenen Umwälzung zu trachten.

Der Mann, welcher die Überzeugung von der Entwickelung der
Rechts- und Staatsbegriffe aus dem Bewußtsein des Menschen und frei
von religiöser Bevormundung zuerst gewann und damit das moderne
Natur- und Völkerrecht begründete, war Hugo Grotius.

Hugo de Groot (wie sein Name vor der beliebten Latinisirung hieß)
war als Sohn des Bürgermeisters von Delft in Holland am 10. April
1583 geboren, studirte an der Hochschule zu Leyden, deren Curator sein
Vater war, mit großem Fleiße, war schon mit sechzehn Jahren Doktor
der Rechte und mit vierundzwanzig Generaladvokat von Holland, Seeland
und Westfriesland. Er war in gleich ausgezeichnetem Maße bewandert
in der Kenntniß der alten Klassiker, der Rechtsprinzipien, der Mathematik,
Philosophie und Theologie. In der Politik hielt er es mit der republikanischen Partei des biedern Oldenbarnevelbt, in der Religion mit der
Richtung der Arminianer oder Remonstranten, welche gegen die calvinistische
Engherzigkeit der Gomarianer oder Contraremonstranten in Opposition
traten und meist Republikaner waren, während der beschränktern und
fanatischern Gegenansicht das gemeine Volk huldigte, das sich zu den
monarchischen Planen und Gelüsten der Oranier gebrauchen ließ. Die
Republikaner und Arminianer wurden der Masse als Aristokraten und
Ungläubige bezeichnet und blutig verfolgt. Oldenbarnevelbt mußte sein
greises Haupt auf das Blutgerüst legen und der gerade die Hälfte der
Jahre des Märtyrers (sechsundvierzig) zählende Grotius ein auf Lebenszeit berechnetes Gefängniß im Schlosse Löwestein betreten, aus dem ihn
jedoch seine treue Gattin Maria von Reigersberg in einer Bücherkiste
befreite. Er entkam glücklich nach Frankreich, dessen König Heinrich IV.
ihn schon als fünfzehnjährigen Begleiter Oldenbarnevelbt's auf einer Ge-
sandtschaftsreise kennen gelernt hatte.

Grotius, der bereits als Generaladvokat seine schriftstellerische Lauf-

bahn mit der Abhandlung „Mare liberum", zu Gunsten der Freiheit des
Handels, speziell des holländischen gegenüber den spanischen Anmaßungen,
begonnen, setzte sie nun im Exile fort mit seinem welthistorischen Hauptwerke: „De jure belli ac pacis." Sein freier Sinn war indessen die
Ursache, daß ihm der tückische Richelieu die von Frankreich ihm zuerkannte
Pension (1631) entzog. Dafür berief ihn der Kanzler Oxenstjerna (1634)
nach Schweden, welches Reich Grotius zehn Jahre lang als Gesandter in
Paris vertrat. Kaum nach Schweden zurückgekehrt, fand er die Hofluft
ungünstig und wollte den Rest seines Lebens in dem sein Unrecht einsehenden Vaterlande zubringen. Er sollte es jedoch nicht mehr erblicken
und starb auf der Heimreise zu Rostock am 27. August 1645.

Die hauptsächlichsten Grundsätze des Hugo Grotius sind in seinem
genannten Hauptwerke niedergelegt, welches er zuerst treffender „Völkerrecht", später aber, aus unbekannten Gründen, weniger deutlich „Recht
des Krieges und Friedens" betitelte. Es war kaum erschienen, so widerfuhr ihm, wie jedem großen Erzeugniß des menschlichen Geistes, (1627)
die Ehre, auf den päpstlichen Index gesetzt zu werden. Dies vermehrte
nur das bereits durch dasselbe erregte Aufsehen, und es wurde wiederholt
aufgelegt und herausgegeben, in alle europäischen und die wichtigsten
orientalischen Sprachen übersetzt und von unzähligen Gelehrten ausgezogen,
commentirt, angegriffen und vertheidigt.

Grotius war der erste Rechtslehrer, welcher es wagte, den zehn Geboten Mose's die Eigenschaft einer Grundlage des Völkerrechts abzusprechen,
da sie nicht von allen Völkern als Autorität anerkannt seien. Er suchte
das Rechtsprinzip vielmehr in der menschlichen Natur auf, welcher es durch
den Willen Gottes eingepflanzt sei. Daraus schließt er, was ihm vielfach
als Unglaube schwer zur Last gelegt wurde, daß die Menschen auch dann
ein Naturrecht haben würden, wenn kein Gott wäre.

Den Begriff des natürlichen Rechtes leitet Grotius, in Verbindung
mit den Fähigkeiten der Sprache und des Urtheils, aus dem Triebe zur
Geselligkeit ab, die er als sittliche Nothwendigkeit erklärt. Diesen Trieb
erhebt die menschliche Vernunft zum bewußten Rechtssinn. Grotius bleibt
jedoch auffallender Weise dabei stehen, diesen Trieb und Rechtssinn den
einzelnen Menschen zuzuschreiben, aus deren Zusammentritt erst der
Staat entspringt; daß eine Einheit von Menschen, als Grundlage des
Staates, schon durch die Natur (durch Lage, Klima, Abstammung) gegeben
sei, ahnt er nicht. Er spricht es zwar noch nicht, gleich seinen Nachfolgern,
bestimmt aus, daß der Staat aus einem Vertrage der Bürger entstehe;
aber er leitet alles Staatsrecht aus der Verbindlichkeit der Verträge ab.
Es fehlt bei ihm daher eine Begründung der Macht, welche die Gesammtheit den Einzelnen gegenüber ausübt. Nach seinen Ansichten könnte daher
der Staat nur über die ihm freiwillig Angehörenden Gewalt ausüben; er könnte Niemanden zwingen, ihm zu gehorchen.

Grotius unterscheidet vom Naturrechte das „Willensrecht" (jus voluntarium), und das letztere wieder in das göttliche, welches von Gott, wie z. B. dem Mose, und in das bürgerliche, welches vom einzelnen Staate gegeben wird. Den Dekalog der Juden erklärt er nur für dieses Volk verbindlich und das der gesammten Menschheit gegebene göttliche Gesetz (bei der Schöpfung, nach der Sintflut und durch Christus) nur soweit als es bekannt geworden. Durch die Äußerung, daß Gott selbst das Naturrecht so wenig ändern, als eine mathematische Wahrheit unwahr machen könne, bekennt er sich deutlich als Anhänger der Vernunft und Gegner des Wunderkrams.

Die oberste Gewalt im Staate kommt nach Grotius einerseits dem Staate als Ganzen, anderseits dem in demselben Regierenden zu, und fällt, wenn der Wahlfürst stirbt oder die Dynastie des Erbfürsten endet, stets wieder an das Volk zurück. Letzterm gibt er jedoch noch nicht unter allen Umständen das Recht, den seine Gewalt mißbrauchenden Fürsten zur Rechenschaft zu ziehen und zu bestrafen; es besitzt dasselbe nicht, wenn es sich dem oder den Machthabern ohne Vorbehalt politischer Rechte unterworfen und die Gleichsetzung zwischen Staatsherrschaft und Privateigenthum des oder der Regierenden (den Patrimonialstaat) zugegeben hat, welchem Zustande jedoch Grotius den freien Staat weit vorzieht, wie er auch die Gewalt des Fürsten nicht nur durch das Naturgesetz selbst, sondern auch durch Versprechungen den Unterthanen gegenüber beschränkt wissen will. Die Verbindlichkeiten eines Staates dauern nach seiner Ansicht fort ohne Rücksicht auf die in demselben stattgefundenen Regierungsveränderungen, und der Fürst darf seine Privatschulden nur auf die Privaterben, nicht auf den Thronfolger, die öffentlichen Verbindlichkeiten aber nur auf Letztern vererben. Den Krieg strebte Grotius, wenn nicht zu verbannen, doch durch Mahnung der Kriegführenden zu Recht und Menschlichkeit zu mildern.

Grotius schrieb auch ein Werk über die Wahrheit der christlichen Religion (ebenfalls lateinisch), worin er dieselbe mit dem Heidenthum, Judenthum und Islam vergleicht und über alle drei triumfiren läßt. Nimmt er dabei auch, was er damals nicht anders durfte, Offenbarung, Wunder und die Authenticität der Evangelien in Schutz, so geht doch aus seinem Räsonnement deutlich genug hervor, daß er vom blinden Glauben nichts wissen wollte, sondern die Prüfung des Glaubens durch die Reflexion mit Eifer versocht.

Die Niederländer waren im neuern Europa die Ersten gewesen, welche nicht nur etwa alte Freiheiten gegenüber deren Unterdrückung wieder herstellen und bewahren wollten, wie die Schweizer, Hanseaten und Reichsstädte des Mittelalters oder die Communeros Spaniens, sondern mit Bewußtsein eine neue Freiheit gründeten, die Ersten, welche den ewig wahren Grundsatz praktisch durchführten, daß kein Volk einem andern unterworfen

sein dürfe, indem sie Spaniens Joch abschüttelten. Und auch nachdem sie
dies gethan, waren sie wieder die Ersten, welche, wenigstens in ihren gebildetsten und geistreichsten Elementen, — Oldenbarnevelbt, Grotius und
deren Genossen, die absolutistischen Gelüste ehrgeiziger Volksführer, der
Oranier, bekämpften.

Ihr Beispiel ahmten zuerst die Engländer nach; sie waren es,
welche durch die Ausdauer und Hartnäckigkeit ihres Kampfes gegen die
Despotie einen politischen Fortschritt in Europa überhaupt möglich machten,
der ohne ihre Anstrengungen erstickt worden wäre. Freilich war der Geist
der Zeit der Art, daß dieses hohe Ziel der Freiheit nicht ohne Beihülfe
religiöser Geistesrichtungen erreicht werden konnte. Die Vorstellungen
und Anschauungen des Zeitalters der Reformation waren noch so mächtig,
daß ohne ihre Einwirkung dem Volke keine politischen Ideen beizubringen
waren. Die Überzeugung von der Unabhängigkeit der rechtlichen und
staatlichen Begriffe von den religiösen lebte eben noch ausschließlich in den
Gebildetsten. Um eine politische Idee dem Volke verständlich zu machen,
mußte dieselbe aus der Bibel, diesem dehnbaren und bequemen „Worte
Gottes", begründet werden. Und mit dessen Sprüchen stählten und
wappneten sich denn auch jene Eisenmänner, die Rundköpfe, zogen
psalmensingend in die Schlacht, verrichteten Wunder der Tapferkeit, saßen
mit Würde und ohne Erbarmen über ihren tyrannischen König zu Gericht
und sahen ohne Rührung vor dem Palaste Whitehall sein Haupt fallen.

Der erste englische Naturrechtslehrer war John Selden. In der
Grafschaft Sussex 1584 geboren, studirte er in Oxford und London. Als
Schriftsteller trat er zuerst 1618 mit einer Streitschrift gegen die angeblich
göttliche Einsetzung des Zehntens auf und erbitterte hierdurch die Geistlichkeit in hohem Grade. König Jakob I. zwang ihn zum Widerrufe;
derselbe und sein Nachfolger Karl I. ließen den kühnen Schriftsteller, der
auch gegen die Übergriffe der königlichen Gewalt schrieb, wiederholt in's
Gefängniß setzen. Auf Befehl Jakob's hatte er eine Streitschrift gegen
des Hugo Grotius Buch „Mare liberum" begonnen, die er „Mare clausum"
nannte und worin er die Herrschaft Englands über das Meer versocht.
In seinen Streitigkeiten mit der Regierung unterließ er die Fortsetzung,
vollendete sie aber endlich auf Befehl Karl's. Als Abgeordneter der Universität Oxford im Parlamente stimmte er stets gegen die königliche Macht,
erlebte deren Sturz und starb unter der Herrschaft der Republik als
Curator der Universität Oxford, Archiv- und Admiralitätsbeamter, im
Jahre 1654.

Selden's Hauptwerk ist das „Natur- und Völkerrecht nach der Lehre
der Hebräer", in sieben Büchern und in lateinischer Sprache. Er spricht
darin offen seine Bewunderung gegenüber dem Werke des Hugo Grotius
aus. Während jedoch dieser sein Hauptaugenmerk auf das „menschliche
Recht" richtet, beschränkt sich Selden auf das „göttliche Recht". Er nennt

das Naturrecht: „das Recht des göttlichen Willens" und verwirft daher
die Annahme der menschlichen Vernunft als einer Quelle desselben. Dem
göttlichen Naturrechte, das in den menschlichen Gemütern unmittelbar
vorhanden sei, stellt er noch ein göttliches positives Recht an die Seite,
wie es Gott in bestimmten Geboten, z. B. denen des Adam, Noah,
Mose u. s. w. gegeben habe. Selden bewegte sich daher ganz in dem
Ideenkreise der englischen Republikaner, welche alles Recht aus göttlicher
Eingebung ableiteten. Durch seine dem Grotius gezollte Anerkennung
jedoch und durch seine Ableitung des göttlichen Naturrechts aus der Seele
des Menschen beweist er klar genug, daß er sich im Grunde auf dem
nämlichen Standpunkte befand wie Jener, den herrschenden Ideen aber,
gleich ihm, seinen Tribut entrichten mußte.

Unter Selden's Gesinnungsgenossen bewies sich, seiner nebelhaften
und unfruchtbaren Theorie gegenüber, als praktischer Politiker der große
Dichter John Milton, dessen Leben wir bei Anlaß der britischen Poesie
werden kennen lernen. Im Alter von 36 Jahren (1644) veröffentlichte
er seine erste bedeutendere Schrift, „Areopagitica" genannt, eine Vertheidigung der Preßfreiheit und eine Polemik gegen die Censur, scharf,
bestimmt und von großherziger Gesinnung getragen. In seiner Eigenschaft als Staatssekretär der Republik unter Cromwell (nie standen ein
größerer Staatsmann und ein größerer Dichter zusammen an der Spitze
eines Landes) fuhr er in seiner politisch-schriftstellerischen Thätigkeit fort und
beschäftigte sich zugleich mit der englischen Geschichte. Es bedarf bei solcher
Thätigkeit solchen Geistes kaum der Versicherung, daß Milton die Republik
in freierem Geiste auffaßte, als die Rundköpfe, daß er kein bibelspruch-
berleiernder und psalmenkrächzender Barebone war und mit den Leuten,
die er gewiß innerlich belächelte, nur hielt, weil sie, wenn auch unter
anderm Lichte, dasselbe Ziel verfolgten.

Die erste republikanische Theorie der Neuzeit entwickelte Milton in
dem Buche über „das Recht der Könige und der Magistrate".
Er geht darin von dem Grundsatze aus, daß alle Menschen von Natur
freigeborene Wesen seien. Ihre Zunahme an Zahl, fährt er fort, habe
sie veranlaßt, Einen, den König, an ihre Spitze zu stellen und ihm Weitere,
die Magistrate, beizuordnen. Um der Willkür derselben zu steuern, seien
Gesetze eingeführt und zur Berathung derselben Räthe und Parlamente
ernannt worden. Im Hinblick auf diese Entstehung der Könige spricht
ihnen Milton das Recht ab, sich als souveräne und natürliche Herren
des Landes zu benehmen. „Zu sagen," fährt er fort, „der König habe
ein eben so gutes Recht auf seine Krone und Würde wie jeder Privatmann
auf sein Erbgut, das heißt die Unterthanen den Sklaven und dem Haus-
vieh des Königs gleichstellen oder seiner Besitzung, die er um Geld kaufen
und verkaufen kann. Aber sogar wenn sein Erbrecht von der Art wäre,
weshalb sollte es weniger gerecht sein, daß ein König, der die gesetzliche

Ordnung verletzt, sein Recht an das Volk verlöre, als daß ein Privatmann, der dasselbe im Kleinen thut, sein Vermögen an den König zur Strafe verliert? Man müßte denn meinen, die Völker seien um der Könige willen, und nicht die Könige um der Völker willen geschaffen worden und Alle zu einem Körper vereinigt, seien geringer als er allein, eine Meinung, welche ohne eine Art von Hochverrath an der Menschenwürde nicht zu behaupten ist. Ferner zu sagen, die Könige seien Niemandem als Gott verantwortlich, heißt alles Gesetz und jede geregelte Regierung umstürzen. Denn wenn sie jede Rechenschaft verweigern können, dann sind alle Krönungsverträge und alle Eide, die sie schwören, leerer Schein und Spott. Wenn dann ein König Gott nicht scheut, so werden unser Leben und unsere Güter nur von ihrer Gunst und Gnade abhängig, wie von einem Gott, nicht von einem sterblichen Magistrat; eine Lage, die sich höchstens die Schmarotzer der Höfe und ganz verdummte Menschen gefallen lassen." Milton fügt diesen goldenen Worten bei, daß kein christlicher Fürst, der sich nicht aus Hochmut den heidnischen Cäsaren gleichstelle, so unvernünftig handeln und so niedrig von seinem Volke denken werde, unter welchem ihn Tausende an Weisheit, Tugend und Adel der Gesinnung übertreffen, und folgert endlich, daß das Volk, von dem alle Autorität ausgehe, sowol das Recht habe, Könige zu wählen, als sie auch wieder zu verwerfen.

Als der französische Philolog Saumaise (Salmasius) im Auftrage des Prätendenten (spätern Königs Karl II.) eine Vertheidigung von dessen Vater, dem hingerichteten Karl I. schrieb und darin das englische Volk „ungerechten und frevelhaften Königsmordes" beschuldigte, schrieb Milton, dem dafür die Republik tausend Pfund Sterling bezahlte, die zermalmende „Vertheidigung des englischen Volkes", welche in den Augen des ganzen gebildeten Europa den Gegner moralisch todtschlug. Andere polemische Schriften Milton's waren: Εἰκονοκλάστης (der Bilderstürmer) gegen ein angeblich aus dem Nachlasse Karl's I. stammendes Buch, betitelt Εἰκὼν βασιλική (Bild eines Königs), — das Recht des Staates in kirchlichen Dingen, und mehrere andere von geringerer Bedeutung.

Es gibt nicht leicht einen schärfern Kontrast zwischen zwei Zeitgenossen, als zwischen dem so überaus ehrlichen Republikaner Milton und seinem nächsten (an Jahren aber ältern) Nachfolger, den man mit Recht den englischen Machiavelli nennen könnte, dem (wie Bluntschli ihn nennt) radikalen Royalisten Thomas Hobbes.

Im Jahre 1588 zu Malmesbury geboren, erreichte er ein beträchtliches Alter, ehe er Gelegenheit hatte, seinen Namen bekannt zu machen. Er hielt stets eifrig zur königlichen Partei und verließ schon 1640 sein Vaterland aus Abneigung gegen die zunehmende antiroyalistische Bewegung. In Paris wurde er Lehrer des vertriebenen Kronprinzen Karl Stuart (des spätern Königs Karl II.) und lebte an dessen Prätendentenhofe, bis ihn die ihm feindlichen Kirchenmänner vertrieben, worauf er (1652) nach dem unter ihm ebenfalls feindlicher Regierung befindlichen Vaterlande zurückkehrte, jedoch seiner Gesinnung treu blieb, die ihm von Cromwell angebotene Staatssekretärstelle ausschlug und erst nach der Restauration des Königthums Ämter und einen Gehalt annahm. In hohen Ehren und hohem Alter starb er 1679.

Hobbes war ein eigenthümliches Doppelwesen. Auf dem Gebiete der Kirche verfocht er den Fortschritt, auf dem des Staates die Autorität, doch auch wieder in gewissermaßen fortschrittlicher Weise. Die Klerikalen haßten ihn als Ketzer, die Republikaner und Constitutionellen als Absolutisten. Den Schlüssel zu dieser seltsamen Anomalie bieten seine zwei politischen Hauptwerke: de cive (1646) und „Leviathan oder von Inhalt, Form und Macht des kirchlichen und bürgerlichen Staates" (1651), beide lateinisch.

Hobbes war ein scharfer Denker. Pufendorf sagt von ihm: er sei „der Erste gewesen, welcher in der Erkenntniß des Naturrechts die scholastische Methode weggeworfen und dasselbe nach Art der mathematischen Studien behandelt habe." Dies kann indessen nur in Bezug auf seine Untersuchungen im Gebiete des Rechtes und Staates gesagt werden, in welchem allein seine Thätigkeit von Bedeutung ist; seine Äußerungen über die theoretische Philosophie sind zu unwesentlich, um erwähnt zu werden.

Seine Ausführungen über das Naturrecht baut Hobbes auf die paradoxe Ansicht, daß der Mensch von Natur keinen Trieb zur Geselligkeit habe, sondern einen solchen nur zufällig durch die Ereignisse erhalte. Jeder Mensch verlange mehr Nutzen und Ehre für sich, als für Andere, Jeder sei sich selbst der Erste. Hobbes tritt somit dem Hugo Grotius schnurstracks entgegen; ihm ist nicht der Friede, wie Diesem, sondern im Gegentheile der Krieg der natürliche Zustand der Menschen, der gesellige Zustand dagegen kein natürlicher, sondern ein künstlicher. Nur durch die Zucht wird der Mensch fähig zur Gesellschaft. Der natürliche Zustand des Hobbes nämlich, der Kampf Aller gegen Alle, ein Zustand, in welchem Jedem Alles erlaubt ist, weil Alle einander gleich sind und Jeder herrschen will, kann nicht von Dauer sein, weil er das Menschengeschlecht vertilgen würde. Die Furcht vor einem solchen Ende erweckt das Bewußtsein, daß der Friede besser sei als der Krieg; die Menschen suchen daher Frieden. Die Mittel zu letzterem finden sie in den „natürlichen Geboten", d. h. im Naturrechte. Das erste dieser Gebote heißt: suche Frieden; wenn Du ihn nicht findest, so hilf Dir durch Krieg; es lehrt somit die Selbstvertheidigung, bei welcher alle Mittel erlaubt sind, und aus ihr folgt wieder das Recht des Einzelnen, Solche, welche dabei in seine Gewalt kommen, zum Gehorsam zu zwingen. „Nichts ist absurder, sagt Hobbes, als Den wieder stark und zum Feinde zu machen, den man in seiner Gewalt hat." Gleich Starke aber, die einander nichts anhaben können, vereinigen sich zu gegenseitiger Hülfe. Es mußte sich unseres Naturrechtslehrers eine furchtbare Verzweiflung am guten Willen der Menschen bemächtigt haben, welche ihm die Worte entlockte: „Jeder Mensch hat die Begierde, sich Andere durch Gewalt und List zu unterwerfen; jeder muß sich vor dem Andern in Acht nehmen."

Um nun den zur Fortdauer der Menschheit nothwendigen Frieden zu begründen, muß Jeder von dem ihm zustehenden Rechte auf Alles „ablassen", d. h. Etwas davon Anderen abtreten; diese gegenseitige Abtretung ist ein Vertrag. Verträge aber müssen, nach einem zweiten Naturgesetze, gehalten werden, und in diesem Halten besteht die Gerechtigkeit. Andere solche Naturgesetze sind die gewöhnlichen Moralvorschriften, z. B. sich nützlich zu erweisen, Niemanden zu verachten, Stolz, Eigennutz, Ungerechtigkeit zu meiden, die Zeugen anzuerkennen. Das Naturrecht ist nach Hobbes göttlich, aber nicht geoffenbart. Die Bibel stimmt nach ihm nicht deshalb mit den natürlichen Gesetzen überein, weil sie von Gott geoffenbart ist, sondern weil sie „natürliche, der menschlichen Natur gemäße Bestimmungen" enthält.

„Wenn aber die natürlichen Gesetze," fährt Hobbes fort, „auch erkannt werden, so geben sie nicht zugleich Sicherheit." „Die Menschen müssen durch Furcht zusammengehalten werden, sonst veruneinigen sie sich wegen ihres Privatnutzens", und sind fortwährend der Gefahr ausgesetzt, den Krieg Aller gegen Alle zurückkehren zu sehen. Eine „sichtbare Macht" muß daher die Begierden und Leidenschaften durch Strafen zügeln, sie muß dafür sorgen, daß die natürlichen Gesetze und Verträge gehalten und bewahrt werden. Die Macht entsteht dadurch, daß die Menschen ihre eigene Macht auf Einen oder auf Mehrere übertragen. Alle ordnen sich einem einzigen Willen unter, den sie als den ihrigen anerkennen. Dieser eine Wille, der „große Leviathan", wie sich Hobbes bezeichnend ausdrückt (das Ungeheuer, welches durch das Zusammenwachsen vieler Ungeheuer entsteht!), ist der Staat oder die bürgerliche Gesellschaft, die „bürgerliche Person", der „sterbliche Gott".

Der Staat entsteht nach Hobbes entweder durch Unterwerfung aus Furcht oder aus Sehnsucht nach Schutz. Im ersten Falle ist der Staat der „natürliche, väterliche oder despotische", im zweiten der „institutive oder politische". In jenem verschafft sich der Herrscher Angehörige durch seinen Willen, in diesem geben sich die Bürger einen Herrscher nach ihrem Willen. Beide Arten des Staates sind nicht Reiche der Freiheit, sondern der Nothwendigkeit. Erst der Staat schützt Leben und Eigenthum; ohne ihn sind beide außer aller Sicherheit, also eigentlich so gut wie nicht vorhanden. Der Staat hat daher das Recht, die sich ihm nicht Fügenden zu zwingen, das Recht zu strafen, Frieden zu schließen, Krieg zu erklären. Diese Rechte übt die höchste Gewalt im Staate aus, welche außerdem die

Gesetze gibt, die Beamten und Räthe und die Führer im Kriege wählt. Die höchste Gewalt ist absolut und ungetheilt; ohne dies herrscht Bürgerkrieg! Der Machthaber ist der Kopf des Staates, die Seele und Vernunft desselben.

Entweder ist nun die höchste Gewalt nur einem Menschen übertragen, oder Mehreren oder Allen (Monarchie, Aristokratie, Demokratie). Tyrannei, Oligarchie und Anarchie sind nicht Abarten dieser Staatsformen, sondern nur Ausdrücke von Ansichten der Bürger über die Herrschaft. Die beste dieser Formen ist keine bestimmte, sondern die jeweilen bestehende (!). In jedem Staate indessen herrscht das Volk, nur in der Demokratie selbst, in der Aristokratie durch Bevorzugte, in der Monarchie durch den Fürsten, d. h. der Machthaber wird zum wahren Volk, — die Übrigen sind blos — Menge! Im Verlaufe spricht sich jedoch Hobbes immer deutlicher zu Gunsten der Monarchie und zu Ungunsten der zwei übrigen Formen aus. Nur in der Monarchie ist die Berathung und Beschlußnahme immer möglich, weil deren Theilnehmer nicht erst zusammentreten müssen.

Damit der Friede bewahrt werde, muß sich der Monarch einen Nachfolger wählen, — ohne dies ist die Form des Staates nicht vollkommen. Der beste und natürlichste Nachfolger ist der älteste Sohn. Das ist der Gipfel von des „radikalen Absolutisten" Beweisführung. Die erbliche absolute Monarchie ist sein Ideal, und außer ihr kein Heil! Nur der Herrscher kann nach ihm Recht und Unrecht unterscheiden, das Eine befehlen, das Andere verbieten. Ja er ist sogar oberster Herr des Eigenthums seiner Unterthanen und ihr einziger Richter, während er dagegen von ihnen nicht gerichtet werden darf, ja sogar den bürgerlichen Gesetzen gar nicht unterworfen ist. Damit solche schöne Lehren nicht umgestürzt werden, will Hobbes bezeichnender Weise das Lesen der alten griechischen Schriftsteller, welches in Monarchien Revolution verursache, nicht gestatten; er will von ihren „aufrührerischen Schriften" nichts wissen; dagegen aber sucht er sich mit der Bibel auf guten Fuß zu setzen und sogar zu beweisen, daß seine Lehre mit derselben übereinstimme; seine Auslegung der Bibel ist jedoch keine einer Autorität nachgebildete, sondern von eigener, origineller Erfindung. Schon Adam und Eva schlossen nach ihm einen „Vertrag" der Unterwerfung mit Gott, brachen ihn aber: solche Verträge schlossen später Abraham, Mose u. s. w. Ueberhaupt ist für Hobbes die Religion lediglich eines der Mittel des Staates; denn er gibt letzterm das Recht, die Gottesverehrung willkürlich zu bestimmen. Niemand darf, nach ihm, bei Strafe, die Bibel anders auslegen, als es der höchsten Gewalt beliebt. Eine allgemeine Kirche anerkennt er daher nicht, sondern so viele Kirchen, als es Staaten gibt, nicht mehr und nicht weniger. Damit verwirft er sowol den Katholizismus, als alle Sekten, und will nur von Staatskirchen wissen. Wenn aber der Staat zu Christus in Widerspruch tritt? — Dann soll man lieber den zeitlichen, als den ewigen Tod sterben, d. h. sich von dem ungläubigen Staate ruhig abschlachten lassen!

Es ist nicht zu läugnen, daß Hobbes in Manchem an Machiavelli erinnert. Nicht nur hat er mit ihm die Vertheidigung der absoluten Monarchie, sondern auch die Rücksichtslosigkeit gemein, mit welcher er die Interessen der Gesammtheit denen der Machthaber unterordnet. Beide Politiker kennen kein Volk, sondern nur Pöbel, Beide verachten die Menschennatur ingründlich, sonst würden sie dieselbe nicht zu solcher Erniedrigung verdammen, was sie doch thun, indem sie ihr zumuten, lediglich als Mittel zur Befriedigung der Herrschsucht des Fürsten zu dienen. Doch walten zwischen Beiden wieder tiefgreifende Verschiedenheiten. Das Buch Machiavelli's ist ein Schrei der Verzweiflung, hervorgerufen durch sein eigenes und seines Volkes Elend; er will zu teuflischen Mitteln greifen, um beiden ein Ende zu machen. Die beiden Bücher des Hobbes dagegen erscheinen als trockene Beweisführungen ohne andere zwingende Veranlassung, als den Wunsch, die vertriebenen Stuarts wieder auf den Thron zurückzuführen, als bloße gegen die Cromwell'sche Republik geschleuderte Parteischriften, welche weder dem Verfasser, noch seinem Volke etwas nützen konnten; denn Beide befanden sich vor und nach der Restauration in gleich günstigen Verhältnissen. Und doch haben die Hobbes'schen Bücher zu dieser Restauration ohne Zweifel nicht wenig beigetragen und dem Verfasser einen großen Namen in seiner Zeit verschafft, während das Werk Machiavelli's zur Zeit seines Lebens unbeachtet und ohne alle Folgen blieb. Dagegen ist in neuester Zeit Hobbes so zu sagen vergessen, während Machiavelli als Rathgeber aller Usurpatoren und Eroberer in höchster Blüte steht. So spielt die Geschichte mit ihren Figuren!

Gegen Hobbes erhoben sich zahlreiche Gegner sowol aus dem ultraroyalistischen und orthodoxen Oxford, als aus dem constitutionellen und puritanischen Cambridge. An letztgenannter Universität wurde der Baccalaureus Scargil, der als Vertheidiger von Hobbes auftrat, seiner Würde entsetzt, zum Widerrufe gezwungen und vertrieben. Eine Menge Bücher wurden gegen Hobbes geschrieben und wieder andere zu seinen Gunsten. Für uns haben sie keine Bedeutung mehr, ausgenommen etwa dasjenige „de legibus naturae" von Richard Cumberland, geboren 1632 zu London, protestantischem Prediger, durch Wilhelm III. Bischof von Peterborough, gestorben 1709. Er beschuldigte Hobbes der Auflösung aller Moral und alles Glaubens und widerlegte seine Theorie von der absoluten Willkür jedes Einzelnen durch Hinweisung auf den dieselbe verbannenden Willen Gottes.

Der erste selbständige Denker über Recht und Staat, welcher nach Hobbes auftrat, war der uns bereits bekannte Philosoph Spinoza (S. 306 ff.). Es gehören hierher gerade seine erste und seine letzte

Schrift, der **Tractatus theologico-politicus** und der **Tractatus politicus**, von denen jedoch nur Letzterer von politischer Bedeutung ist, obschon er unvollendet blieb. Spinoza geht, wie Hobbes, von dem Naturzustande aus. In demselben gibt es weder Gesetz noch Sünde, daher auch keine Religion; Alles hängt von der Nothwendigkeit der Natur ab. So ist es in diesem Zustande Naturrecht, daß der große Fisch den kleinen verschlingt, daß der Mensch sich einzig und allein von seinem Nutzen bestimmen läßt. Ganz wie Hobbes erklärt auch Spinoza, daß von Natur Jeder Recht auf Alles habe, die Menschen daher von Natur Feinde seien. Erst aus dem gegenseitigen Bedürfnisse, einander gegen Fremde beizustehen, leitet er die Bildung der menschlichen Gesellschaft durch Vertrag ab. Dieser Vertrag zwingt jedoch nach seiner Ansicht nur insoweit zur Haltung, als es Jeder in seinem Nutzen findet; denn wenn Einer erkennt, daß der Vertrag ihm Schaden zufügen würde, so wird er ihn brechen und das mit Recht. Wer jedoch mächtiger ist, als ein Anderer, kann denselben zur Haltung des Vertrages zwingen, und es ist unvernünftig, dem Mächtigern nicht gehorsam zu sein; denn Letzterer „wünscht die Macht zu behalten und sucht deßhalb das allgemeine Wohl zu fördern, das Ganze vernünftig zu leiten" (!!). Nach Spinoza ist im Staate das Wohl Aller, nicht blos das Wohl des Herrschers, das höchste Gesetz, und hierin unterscheidet er sich vortheilhaft von Hobbes, der das Gegentheil, wo nicht ausdrücklich behauptete, doch offenbar meinte, — obschon Beide darin irren, daß sie dem Staate einen unsittlichen, weil nicht im Sittengesetze, sondern blos in der Furcht vor dem Übel begründeten Ursprung verleihen. Freilich war eine andere Ableitung in jener Zeit barbarischer Kriege und rechtloser Zustände nicht wol möglich.

Gleich Hobbes concentrirt auch Spinoza alle Macht im Staate in dessen „höchster Gewalt", welche das „Recht hat, zu thun, was sie für gut findet, und die Unterthanen nicht beleidigen kann." Ungleich Jenem aber gibt er nicht der Monarchie, sondern der Demokratie den Vorzug unter den drei alten Staatsformen, und macht auch dem Monarchen und der Aristokratie den Schutz der Gesetze und das Wohl des Ganzen zur ersten Pflicht. Die Aristokratie begründet er durch die Wahl, in der Monarchie aber zieht er die erbliche vor. Kurz vor seinem Tode bekämpfte er noch die absolute Monarchie und erklärte es als einen Irrthum zu glauben, daß Einer allein die höchste Staatsgewalt besitzen könne. In der Demokratie dagegen hat nach ihm Jeder das Stimmrecht und das Recht, Staatsgeschäfte zu führen. Ausgenommen sind Weiber, Kinder, Sklaven, Verbrecher und Alle, die nicht eigenen Rechtes sind.

Völlig weicht aber Spinoza von Hobbes ab, soweit es sich um das Verhältniß des Staates zum Glauben handelt. Während der Anglikaner, der Tendenz seiner Konfession folgend, für die Staatskirche auftritt und alle individuelle Überzeugung dieser unterordnen, d. h. unterdrücken will;

wird der aus dem Judenthum Hinausgeworfene und doch nicht Getaufte ebenso folgerichtig zum feurigen Kämpen der **Glaubensfreiheit**. Spinoza stützt sich dabei auf die Unmöglichkeit, Gefühle und Gedanken zu beherrschen, spricht daher der Staatsgewalt das Recht, den Glauben ihrer Unterthanen zu bestimmen, durchaus ab und gestattet ihr nur, solche Äußerungen zu bestrafen, welche die Staatsordnung stören oder bedrohen; ja er widerräth ihr auch, Kirchen von Staatswegen zu bauen, und verlangt für jede Glaubensgemeinschaft die Freiheit, selbst für ihren Gottesdienst zu sorgen, vorausgesetzt, daß sie den Staat nicht angreife und seine Grundlagen nicht untergrabe. — „Welches Übel," sagt er, „kann für einen Staat größer sein, als wenn man rechtschaffene Männer, weil sie anders denken und nicht heucheln können, als Gottlose des Landes verweist? Was kann verderblicher sein, als wenn Männer nicht wegen eines Verbrechens, einer Schandthat, sondern weil sie freien Geistes sind, für Feinde gehalten und zum Tode geführt werden, und das Schaffott, das Schreckbild der Schlechten, zur schönsten Schaubühne wird, um das höchste Beispiel der Duldung und Tugend zur höchsten Schmach für die Staatsmajestät zur Schau zu stellen?" Durch diese Worte erhebt er sich in höchst edler Weise zum Anwalt seiner unglücklichen Landsleute und Gesinnungsgenossen Oldenbarnevelde und Hugo Grotius.

Wir verlassen Spinoza mit den schönen Worten seines „politischen Traktates", welche, wie Bluntschli sagt, verdienten, mit goldenen Buchstaben über den Thoren der Residenzen und Rathhäuser eingegraben zu werden: „Aus den Grundlagen des Staats folgt, daß der letzte Endzweck desselben nicht sei, zu herrschen, die Menschen durch die Furcht zu bezähmen und unter eines Andern Gewalt zu bringen, sondern im Gegentheil einen Jeden von der Furcht zu befreien, damit er, soweit dies für ihn möglich ist, sicher lebe, d. h. sein natürliches Recht zu existiren, ohne seinen eigenen und des Andern Schaden am besten behaupten möge; es ist nicht der Zweck des Staates, Menschen aus vernünftigen Geschöpfen zu Thieren oder zu Automaten zu machen, sondern daß ihr Geist und Körper ihre Fähigkeiten ungefährdet entwickeln, daß sie sich ihrer freien Vernunft bedienen, nicht in Haß, Zorn und Betrug mit einander streiten und sich gegenseitig befeinden. Der Endzweck des Staates ist also im Grunde die Freiheit."

Die von Spinoza, neben mannigfachen Überbleibseln des ältern, rohern Staatsrechtes seiner Zeit, auftauchenden freieren Ideen nahm auf und erweiterte zugleich ein anderer großer Philosoph, den wir bereits kennen gelernt, der Engländer John Locke (s. oben S. 309). Wie Milton die erste englische Revolution und Hobbes die darauf folgende Restauration, so vertrat Locke die zweite englische Revolution, durch welche das Haus Stuart für immer vom britischen Throne gestürzt wurde. Locke machte in seinen Schicksalen diese Revolution gründlich mit. Er litt unter der despotischen Regierung Karl's II. und Jakob's II. durch die blutige Verfolgung aller freisinnigen Ideen in Politik und Religion. Dieselbe trieb ihn in die Verbannung, konnte aber seinen unabhängigen Geist, seinen unentwegten Freisinn nicht beugen, wie auch die hohen Ehren, die man nach der Einsetzung eines neuen Herrscherhauses dem Heimgekehrten anbot, ihn nicht bewegen konnten, seine persönliche Freiheit und stille Zurückgezogenheit preiszugeben. Es bedurfte in der ersten Zeit seines Auftretens, wo die durch Hobbes genährten und in ein System gebrachten absolutistischen Grundsätze unumschränkt herrschten, wirklich hohen Mutes, für die Freiheit aufzutreten, wie er es in seinem Entwurfe einer Verfassung für Carolina in Amerika, in seinen Briefen über Toleranz und in seinen Abhandlungen über Staatsregierung (treatises of government) wagte, — der erste Rechtslehrer, welcher nicht mehr lateinisch, sondern in seiner Muttersprache schrieb.

Locke's Entwurf einer Verfassung für Carolina hatte seine Veranlassung in der Schenkung dieser Provinz durch Karl II. an mehrere englische Lords, welche dann unsern Philosophen mit der genannten Arbeit beauftragten; sie wurde, wie Bluntschli sagt, „das Ideal einer liberalen Aristokratie in englischem Stile, aber für die amerikanische Kolonie, welche der demokratischen Anspannung aller Volkskräfte bedurfte, unbrauchbar."

In seinen Briefen über Toleranz spricht sich Locke im Sinne Spinoza's offen für Glaubensfreiheit und für Trennung von Kirche und Staat aus, wie sie jetzt in Amerika herrscht. „Die Sorge für den Glauben," sagt Locke, „ist kein bürgerliches Interesse und die Obrigkeit hat keine Macht über die Seele empfangen; denn Niemand kann seinen Glauben dem Gebot eines Andern unterwerfen und die öffentliche Gewalt kann nur äußere Dinge bezwingen; die Religion aber ist eine Überzeugung des Gemüts, die keinen äußern Zwang erträgt. Die Kirche dagegen ist eine freiwillige Verbindung zu gemeinsamer Gottesverehrung, und Niemand ist schon von Geburt Glied einer bestimmten Kirche; denn nichts wäre absurder, als zu denken, daß die Religion sich von den Eltern auf die Kinder vererbe wie das Vermögen." Es ist wirklich unbegreiflich, wie so einfache und selbstverständliche Grundsätze im zähen Europa fast zweihundert Jahre nach ihrer ersten Proklamation noch nicht einmal, sogar bei den sonst eifrigsten Verfechtern der Freiheit, durchdringen konnten.

Die von Locke verfochtene Toleranz erstreckt sich, zur Beschämung mancher Freisinnigen sogar in neuester Zeit, nicht etwa nur auf die Christen, sondern auch auf Juden, Mohammedaner und selbst Heiden, ja ausdrücklich selbst auf „unvernünftigen Glauben", und schließt jede Bestrafung und jede Entziehung bürgerlicher Rechte um des Glaubens willen entschieden aus. „Das Christenthum," sagt Locke ungefähr, „ist nun so sicherer die wahre Religion, je mehr es auf die Kraft der Wahrheit vertraut, je weniger es zu falschen Mitteln greift, die Menschen zu bekehren." In vollständigem Widerspruche damit entzieht er jedoch hintennach die von ihm verkündete allgemeine Duldung den — Katholiken und den — Gottesläugnern, Ersteren, weil sie ihr Haupt außerhalb des Staates haben und gelehrt werden, Ketzern kein Wort zu halten, und Letzteren, weil sie die Offenbarung verwerfen, welche Locke anerkannte! So befleckte er selbst, in ächt menschlicher Schwäche, sein so feierlich aufgestelltes Panner.

Von Locke's beiden „Abhandlungen über die Regierung" ist die erste gegen die Schrift „Patriarcha" (1680) von Robert Filmer's gerichtet, in welcher die Lehre von Hobbes noch übertrieben und die absolute Fürstengewalt von der „ursprünglichen väterlich-absoluten Gewalt Adams (!)" hergeleitet war, — eine Thorheit, welche in der englischen Hochkirche und am Hofe Jakob's II. die herrschende wurde, aber vor Locke's Angriffen gründlich zerfiel. Gegen denselben Filmer wandte auch der Republikaner Algernon Sidney, welchen 1683 das Henkerbeil traf, seine scharfen und unerbittlichen, die Volkssouveränität vertheidigenden „Discourses concerning government". Die zweite Abhandlung, das umfassendste staatsrechtliche Werk Locke's, geht, gleich Hobbes und Spinoza, auf den Naturzustand zurück. In diesem nimmt er eine natürliche Freiheit und Gleichheit der Menschen an. Näher bestimmt ist dieselbe durch das Naturgesetz, welches Jeden anhält, „weder sich selbst zu zerstören, noch das Leben, die Gesundheit, die Freiheit und den Besitz der Anderen zu verletzen." Locke's Naturzustand ist daher keineswegs, wie der von Hobbes, ein Kriegszustand, sondern nur „Mangel an öffentlicher Autorität"; Gewaltthat und Unrecht, die Grundlagen des Kriegszustandes, will die Natur nicht, wie sie auch nicht die von den Absolutisten gelehrte Macht des Stärkern über den Schwächern, also keine Willkürherrschaft, kein Faustrecht, will.

Durch Überlassung der dem Einzelnen von Natur zukommenden Macht an die Gesellschaft, d. h. an eine über die bloße Familie hinaus schreitende Zusammengehörigkeit von Menschen, zu dem Zwecke, „sich und das Ihrige zu bewahren," tritt die bürgerliche Freiheit an die Stelle der natürlichen. Erstere unterscheidet sich von letzterer durch Anerkennung gesetzlicher Autorität, schließt aber gleich ihr jede Willkürherrschaft aus. Die Regel, nach welcher Autorität und Freiheit sich verhalten, ist das Gesetz, „eine Anleitung des freien und vernünftigen Willens, das Richtige zu thun."

Die Einwände gegen die Theorie der Entstehung des Staates als Vertrag, daß nämlich erstens kein Staat wirklich so entstanden und zweitens jeder Mensch schon als Glied eines Staates geboren werde, will Locke durch den Hinweis auf die dunkle und unbekannte Entstehung der Staaten

im Alterthum und durch die Freiheit des Menschen von Geburt an
widerlegen, — doch gelingt es ihm nicht ohne Zwang und willkürliche
Annahmen. Sonderbarerweise hält Locke den Eintritt in den Staat
nicht aber den Austritt aus demselben, für ein Werk der Freiheit des
Einzelnen.

Locke ist der Erste, welcher die einzelnen Gewalten im Staate von
einander unterscheidet. Die höchste derselben ist die gesetzgebende;
ihr untergeordnet sind die exekutive, welche im Innern die Ausführung
der Gesetze besorgt, und die föderative, welche im Verhältnisse zu
auswärtigen Staaten die Rechte des Landes wahrt; beide in den Händen
derselben Person, welche aber die Gesetzgebung nur unter Mitwirkung
Vieler und ohne Willkür ausüben darf. Dem Inhaber der gesetzgebenden
Gewalt ist dieselbe aber nur vom Volke anvertraut; denn nur der
Gemeinschaft selbst kommt die Souveränetät im Staate zu, welche aber
der Gesetzgeber ausübt, „so lange die öffentliche Ordnung besteht". Eine
absolute Macht, welche über Leben und Eigenthum des Volkes verfügt,
anerkennt daher Locke nicht. Vielmehr ist das Volk, wenn die Regierung
ihre Gewalt dazu mißbraucht, ihm ihren Willen aufzuzwingen, berechtigt,
der Gewalt die Gewalt entgegenzusetzen. Eroberung, Usurpation und
Tyrannei verwirft Locke mit Entschiedenheit als rechtlose und gewaltthätige Akte, und erklärt ihnen gegenüber den Widerstand für berechtigt,
wenn auch nur in dem Falle, wenn die ungesetzlichen Handlungen der
Machthaber sich über die Volksmehrheit ausbreiten oder doch so beschaffen
sind, daß sich Jedermann durch sie bedroht fühlt.

Der erste Denker über den Staat, welcher die Annahme der älteren
Staatsrechtslehrer von einem staatlosen oder Naturzustande der Menschen
wegwarf, war Shaftesbury (s. oben S. 322). Er behauptete, die
ältesten Menschen seien den neueren in Allem ähnlich gewesen und hätten
ebenfalls gemeinsame Bedürfnisse gehabt. Die Gesellschaft sei daher ein
natürlicher Zustand des Menschen, und ohne sie hätten niemals Menschen
gelebt. Damit tritt Shaftesbury vorzüglich Hobbes entgegen, welchem er
vorhält, daß die Menschen, wenn sie auch, wie Dieser meinte, von Natur
Wilde wären, sich um so weniger einer Gewaltherrschaft unterwerfen
würden. Den besten Staat sieht Shaftesbury in dem möglichsten Gleich-
gewichte der Gewalt und in deren Einschränkung durch gute Gesetze. Die
unumschränkte Gewaltherrschaft macht nach ihm jede Tugend unmöglich.

Damit war die englische (wie schon vor ihr mit Spinoza die niederländische) Rechts- und Staatsphilosophie erschöpft; sie konnte der Natur
der Sache gemäß nicht weiter schreiten als zur größtmöglichsten, mit fester
staatlicher Autorität vereinbaren bürgerlichen und geistigen Freiheit.

B. In Deutschland.

Im Herzen Europa's, in dem Anfangs unserer Periode vom dreißigjährigen Kriege grauenvoll verwüsteten sogenannten römischen Reiche, unter Zuständen, welche von einem Volke nichts, sondern nur von zahlenden und blutenden Unterthanen, vom Staate nichts, sondern nur von absoluten Landesvätern und deren Dienern etwas wußten, konnte sich aus sich selbst heraus keine denkende Ansicht von Recht und Staat bilden, weil sein selbstständiges, selbstthätiges Handeln und Regen eines freien Volkes waltete, wie bei den nordwestlichen Nachbaren. Der forschende und grübelnde Geist der Deutschen, seit dem tragischen Ende des Bauernkrieges zu Thaten nicht mehr fähig, wurde indessen durch die welthistorischen Bestrebungen jener Nachbaren an- und aufgeregt, und die Phllosophie der Letzteren, wenn auch nicht ihre Thaten, fand in Deutschland tüchtige Fortarbeiter.

Samuel Pufendorf, der Erste derselben, war 1632 zu Flöha bei Chemnitz als Sohn eines Landpfarrers geboren und zum Gelehrten bestimmt und erzogen. Er vertauschte jedoch die ihm als Berufsfach zugedachte Theologie seit 1657 zu Jena mit der Rechtswissenschaft, indem er sich unter Weigel's Leitung besonders mit dem Naturrechte beschäftigte. Er konnte jedoch, da er weder über „glänzendes Metall" zu verfügen hatte, noch sich zu „krummen Bücklingen" verstehen wollte, in seinem Vaterlande keine Anstellung finden und wurde Hauslehrer und Sekretär bei dem schwedischen Gesandten in Kopenhagen. Dort gerieth er in dänische Kriegsgefangenschaft und begann in dieser das Studium des Grotius und Hobbes. Sein erstes Werk „Elementa jurisprudentiae universalis" (1660) verschaffte ihm den zu seinen Gunsten gestifteten Lehrstuhl des Natur- und Völkerrechts an der Universität Heidelberg. Sein etwas derbes und satirisches Auftreten gegen den alten Schulzopf und das Hofceremoniell machte ihm Feinde, so daß er es vorzog (1670), eine Professur zu Lund in Schweden anzunehmen. Von hier, wo er in Folge seines Freisinns von der lutherischen Orthodoxie als Ketzer angegriffen wurde, rief ihn der König Karl XI. als Historiographen nach Stockholm, später aber der große Kurfürst als Geheimerath nach Berlin, wo er 1694 starb.

Pufendorf's Schriften sind sämmtlich lateinisch abgefaßt. Die erste von Bedeutung unter ihnen ist die unter dem falschen Namen Severinus von Monzambano 1667 in Genf erschienene „vom Zustande des deutschen Reiches", welche große Verbreitung fand, obschon oder gerade weil sie vielfach verboten wurde. Sie ist so eingekleidet, als wäre sie von einem Italiener verfaßt, welcher Deutschland bereist hätte, um es kennen zu lernen.

Dieses Buch, welches zum ersten Male die Schattenseiten der deutschen Zustände zu enthüllen wagte und der wissenschaftlichen Forschung und Beurtheilung ihr Recht zuerkannte, war ein für die deutsche Staatswissenschaft Epoche machendes. Es bekämpft zuerst die Meinung, daß das deutsche Reich eine Fortsetzung des römischen sei, die es an der Hand der Geschichte als irrig nachweist. Dann tritiret es die verschiedenen deutschen Staaten dem Range nach. Von Österreich sagt es, daß sich dessen Fürsten in allen ihnen günstigen Dingen als Glieder des Reiches, in allen ihnen widrigen Dingen aber als eine vom Reiche getrennte Macht betrachtet hätten. Von den geistlichen Kurfürsten: die Nachfolger der Fischer und Weber seien zu gewaltigen Reichsfürsten geworden. Prophetisch ahnt es, daß die Reichsstädte sich auf die Dauer der fürstlichen Gewalt nicht werden erwehren können, und daß die Fürsten auf die reichsunmittelbare und landsässige Ritterschaft wie auf eine Beute lauern. Es wird dann die Entstehung des Lehenswesens, des Königthums und der Fürstenthümer abgehandelt. Vom Reiche selbst erlaubte sich Pufendorf die damals unerhörte Behauptung: es sei keine wahre Monarchie, weil die Reichsstände faktisch vom Kaiser unabhängig und letzterer machtlos, und doch auch keine Aristokratie, weil sich ja alle Gewalt der Fürsten vom Kaiser ableite. Daß es keine Demokratie sei, brauchte er nicht zu beweisen. Die Verfassung des Reiches nennt er geradezu ein Monstrum. Es wird dann das Volk und das Land geschildert und mit den Nachbarn verglichen, unter welchen nur Frankreich als zu fürchten, doch keineswegs als unüberwindlich dargestellt wird, wenn Deutschland einig wäre. Für letztern wünschbaren Zustand kämpft das Buch mit Eifer. Es beklagt namentlich die Zerrissenheit in Konfessionen, die Ohnmacht des Reichskammergerichtes und der kaiserlichen Gewalt. Gegenüber der Schrift des Bogislaus Philipp Chemnitz, welcher 1640 unter dem Namen Hippolytus a Lapide eine Schrift herausgegeben hatte, in welcher vorgeschlagen wurde, zur Heilung der deutschen Zustände die Besitzungen des Hauses Habsburg zu theilen und das Reich in eine Bundesaristokratie zu verwandeln, verwahrt sich Pufendorf gegen jede Schwächung einer deutschen Macht, die nur den fremden zu gute komme, und schlägt einen bleibenden „Bundesrath" vor, der die Schwachen schützen, keine Souveränität unter den Reichsgliedern dulden, jede Einmischung fremder Mächte verhindern, ein Bundesheer halten, allen Konfessionen gleiches Recht und gleichen Schutz gewähren, sogar für Besetzung der Schulstellen mit tüchtigen Männern sorgen solle. Am Ende empfahl der Verfasser noch die Aufhebung der geistlichen Fürstenthümer und der Klöster und die Vertreibung der Jesuiten, „damit die vergebliche Priesterherrschaft aufhöre, nicht mehr die Hälfte des deutschen Bodens in den Händen des römischen Klerus sei und die Nation zu innerm Frieden gelange."

Das Naturrecht stellte Pufendorf in dem größern Werke „Acht Bücher vom Natur- und Völkerrecht" und in dem kleinern „Von der Pflicht des Menschen und Bürgers" dar.

Er stellt sich im Gegensatze zu Hobbes wieder auf den Standpunkt des Grotius, indem er den Naturzustand als einen solchen des Friedens erklärt. Als Ursache der Bildung von Staaten anerkennt er sowol die gesellige Natur des Menschen (wie Grotius), als die Furcht vor Schaden (wie Hobbes). Besonders aber sucht er nachzuweisen, daß das Recht nicht etwa eine bloße Sache der Zweckmäßigkeit und Nützlichkeit, sondern eine sittliche Idee sei, welche Gott dem Menschen eingepflanzt habe. Als erste Bedingung derselben erklärt er die natürliche Religion, d. h. den Glauben an Einen Gott, — nicht etwa geoffenbarte Konfessionen.

Zur Bildung des Staates genügt nach Pufendorf nicht die Übereinstimmung des Willens der Individuen, sondern es ist ein zweiter Vertrag erforderlich zwischen der „bestimmten Obrigkeit" und Denen, welche ihr Gehorsam geloben.

Der herrschenden Meinung gegenüber, daß die oberste Gewalt im Staate von Gott komme, führte Pufendorf aus, daß der Staat in seiner historischen Erscheinung ein Werk des Menschen sei, mittelbar aber auch auf den göttlichen Willen bezogen werden könne, da ja dem Menschen das Bedürfniß zum Staate eingepflanzt habe. Unvernünftig aber sei es, anzunehmen, daß die „Königliche Majestät" unmittelbar von Gott abgeleitet, mit göttlichem Geiste erfüllt sei.

Die Theilung der Gewalten geht bei Pufendorf sehr in's Spezielle. Außer der gesetzgebenden Gewalt nimmt er eine Straf-, Urtheils-, Kriegs- und Friedens-, Steuergewalt u. s. w. an, die aber nicht getrennt, sondern in einer obersten Gewalt verbunden sein sollen.

Außer den drei regelmäßigen Staatsformen des Aristoteles anerkennt Pufendorf, wie schon aus seinem Werke über Deutschland erhellt, auch unregelmäßige, wenn z. B. eine einheitliche oberste Gewalt fehlt. Die oberste Gewalt ist nach ihm souverän, keiner andern Gewalt unterworfen, unverantwortlich und über die menschlichen Gesetze erhaben; er ist daher der absolutistischen Staatsform geneigt, doch nicht in solchem Maße wie Hobbes; denn er bestreitet, daß die bloße Willkür des Fürsten Recht sei, und will dem Letztern die Pflicht auferlegen, die von ihm gegebenen Gesetze zu halten und die Stände an denselben mitwirken zu lassen (welche damals in Deutschland ganz außer Gebrauch gekommen, ja fast vergessen waren). Nach Pufendorf kann der Fürst (was er nach Hobbes nicht kann) den Unterthanen Unrecht thun. Dagegen auferlegt er den Letzteren die Pflicht, der bestehenden Regierung zu gehorchen, ja sogar einem Usurpator, der den rechtmäßigen Fürsten vertrieben hat, — so lange Derselbe die Regierungspflichten übernimmt. Weiter läßt er sich nicht in solche heikle Fragen ein.

Die Wirkung der von Pufendorf verkündeten Grundsätze war ein glänzender Sieg freierer Anschauungen — wenigstens im Schoße der wissenschaftlich gebildeten Welt. Für diese war nun die Unabhängigkeit des Naturrechts von der Theologie, für welche Hugo Grotius zuerst Bahn gebrochen, eine vollendete Thatsache. Die allgemeine Überzeugung hiervon griff zuerst in Schweden Platz, wo die Regierung Pufendorf gegen dessen orthodoxe und ihn deshalb heftig angreifende Collegen in Schutz nahm. Langsamer ging der Sieg der geistigen Freiheit in dem geknechteten Deutschland von Statten. Die theologische Fakultät zu Leipzig verdammte Pufendorf's Natur- und Völkerrecht und der dortige Professor Valentin Alberti, ein ehemaliger Studienkamerad des Verfassers, veröffentlichte ihm gegenüber ein „der orthodoxen Theologie (wörtlich!) angepaßtes Naturrecht". Ein anderer Glaubensstreiter, Veit Ludwig von Seckendorf (geb. 1626), schrieb, das scheinbar angegriffene Christenthum zu retten, den „Christen-Staat" (1686). Pufendorf vertheidigte sich gegen diese Bücher mit seiner „Apologie", in welcher er unter Anderm den Vorwurf, daß er von der „rechtgläubigen" lutherischen Religion abgefallen, mit den schönen Worten zurückwies: „Es ist die Weise der Leute, die kein eigenes Urtheil haben, aber von dem Hasse der Secten erfüllt sind, jeden Andersgläubigen mit Schauder zu betrachten. Aber so treu wir dem Glauben unserer Kirche bleiben, so soll der theologische Haß der christlichen Secten nicht das Gebiet der Philosophie, der Medizin und der Jurisprudenz in Flammen setzen." Das Naturrecht, sagte er an einer andern Stelle, müsse für die Nichtchristen wie für die Christen gelten und habe keine andere Grundlage als das den Menschen in's Herz geschriebene Gesetz, — und an einer andern: die Pflicht der Humanität verbinde alle Menschen und das Naturrecht sei Sache der Menschheit.

So platzten die ewigen Gegensätze der Autorität und der Freiheit aufeinander. Doch, auch die Vermittelung sollte ihre Stimme vernehmen lassen. Sie that es durch den Mund des uns als Philosoph bekannten Leibniz (s. oben S. 311), der zwar in seiner Bewunderung für Grotius sich auf den Standpunkt des Fortschrittes stellte, in seiner Opposition gegen Pufendorf aber seine Ängstlichkeit gegenüber entschiedenem und consequentem Fortschreiten an den Tag legte. Er konnte oder wollte die große Errungenschaft Pufendorf's nicht anerkennen, welche in der Überzeugung lag, daß das Recht mit der Theologie nichts zu schaffen habe, und behauptete daher, die Rechtswissenschaft dürfe sich nicht auf das diesseitige Leben beschränken; denn für die Ausübung der Pflichten des Menschen auf der Erde sei die Rücksicht auf jenseitige Belohnung und Strafe ein wichtiger Beweggrund. Leibniz verlangt, daß das Naturrecht sich nicht nur mit den Pflichten des Menschen gegen den Menschen, sondern auch mit jenen gegen Gott beschäftige, daß es sich nicht von der „natürlichen Theologie", d. h. der „vernunftgemäß begründeten philosophischen Theologie", trenne. Er nimmt drei Grade des Naturrechts an. Der erste ist das strenge Recht (jus strictum), nach welchem die Menschen im Frieden leben, bis Verletzungen unter ihnen den Krieg hervorrufen, der zweite die Billigkeit (aequitas), welche sogar bei Verletzungen keinen Krieg, sondern Sühne und Strafe will, der dritte die Pietät gegen den Willen eines Höhern, der Natur, Gottes oder einer menschlichen Macht. Die aus Justinian's Corpus juris entnommenen Regeln dieser drei Grade heißen: Verletze Niemanden, gib Jedem das Seine und lebe ehrbar. Alle drei Grade genügen jedoch nicht zum Heile der Menschen. Zur Herstellung vollkommener Harmonie zwischen Tugend und Nutzen, Laster und Schaden ist die Unsterblichkeit und das Reich Gottes erforderlich, d. h. ein Universalstaat, in welchem alle Seelen unmittelbar von Gott selbst regiert werden, und von welchem Leibniz keineswegs die Nichtchristen ausschließt. Dieser Gedanke ist vom religiösen Standpunkte allerdings erhaben; allein für die Rechtsverhältnisse der Menschen hat er keinen Werth, weil er aus einer bloßen Hypothese besteht.

Ein größeres Verdienst Leibnizens, als seine Parteinahme für die Theologie, als sein nur in zerstreuten Meinungen und Ansichten, nicht in einem durchdachten Systeme bestehendes Naturrecht, ist sein Auftreten zu Gunsten des deutschen gegen das Überwuchern des römischen Rechtes, seine Verwendung dafür, daß das Corpus juris blos wissenschaftliche, nicht aber offizielle Geltung haben sollte, und sein Vorschlag zu einem neuen deutschen, kurzen und klaren Gesetzbuche, das aus den vaterländischen Rechtsquellen und Rechtsübungen zusammenzusetzen sei. —

Auf ihn, den Wortführer der Vermittlung, folgte indessen unbeirrt ein Schüler Pufendorf's mit ebenso entschiedener Gesinnung zu Gunsten des Fortschrittes im Rechtsleben und noch dazu mit ausgesprochener deutscher Vaterlandsliebe. Es war Christian Thomasius.

Am ersten Tage des Jahres 1655 zu Leipzig geboren, als Sohn eines orthodoxen und am Kampfe gegen Pufendorf betheiligten Professors, und daher auch in diesem Geiste erzogen, wandte das Studium der Apologie Pufendorf's seinen Geist der neuen forschenden Richtung zu, und er begann in Leipzig seit 1679 als Docent über das Naturrecht nach Pufendorf's Werke vorzutragen, und fiel dabei 1685 in die seltsame Verirrung, in einer Schrift nachweisen zu wollen, daß die Polygamie nicht gegen das Naturrecht verstoße. Dagegen erwarb er sich den hohen Ruhm, daß er 1688 der erste deutsche Hochschullehrer war, welcher es wagte, Vorträge in seiner Muttersprache zu halten. Seine Feinde haben dieses Verdienst dadurch auszulöschen versucht, daß sie behaupteten, er habe nicht lateinisch verstanden. Diese Verleumdung ist jedoch dadurch widerlegt, daß er vor dem genannten Jahre selbst ebenfalls lateinisch vorgetragen, dies auch nachher noch theilweise that und daneben mehrere lateinische Bücher schrieb. Sein deutscher Vortrag ärgerte indessen die alten Schulzöpfe entsetzlich;

noch mehr jedoch that dies die von ihm herausgegebene erste gelehrte Zeitschrift in deutscher Sprache. Unbeschreibliche Wut erfaßte die Anhänger des Alten; sie lechzten nach Rache, wozu sich ihnen auch die Gelegenheit darbot. Als Hektor Gottfried Masius, Doktor und Professor der Theologie und königlich dänischer Hofprediger, in seiner Schrift „über das Interesse der Fürsten an der wahren Religion" den lutherischen Glauben auf Unkosten des katholischen und reformirten erhob, weil derselbe lehre, daß alle fürstliche Gewalt unmittelbar von Gott komme, erhob sich gegen dieses verwirrte Machwerk Thomasius 1689 in seinen „freimüthigen, jedoch vernunft- und gesetzmäßigen Gedanken", indem er jene Ansicht vom Ursprunge der Obrigkeit als unvernünftig und unhistorisch nachwies und seine Verständigung als eine Heuchelei entlarvte. Masius schwärzte nun seinen Gegner, wo er konnte, als Majestätsbeleidiger an und der König von Dänemark ließ den Thomasius Schrift durch den Henker verbrennen und verlangte vom Kurfürsten Sachsens die Bestrafung des Verfassers. Die Kanzeln erdröhnten vom Zungenkampfe gegen ihn, und das sächsische Oberconsistorium verbot ihm jede Herausgabe von Büchern ohne vorhergehende Censur. Die orthodoxen Censoren machten reichen Gebrauch von dieser Ermächtigung zur Darniederhaltung des Fortschrittes und untersagten Thomasius sogar die Herausgabe seiner „Logik", blos weil sie nicht in lateinischer, sondern in deutscher Sprache abgefaßt war.

Bisher hatte der kursächsische Hof den Hetzereien gegen Thomasius nicht nur kein Gehör geschenkt, sondern sogar gegen Masius Schritte zu thun beabsichtigt. Als aber eine Heirat zwischen einem sächsischen Herzog und einer brandenburgischen Prinzeß bei dem genannten Hofe politische Bedenken erweckte und die Theologen letztere wegen der Verschiedenheit der Konfession zwischen beiden Brautleuten nährten, Thomasius aber diese Engherzigkeit scharf tadelte, hinderte der Hof nicht mehr, daß ihm das Consistorium jede fernere Vorlesung an der Universität und jede Herausgabe von Schriften bei Strafe untersagte, ja sogar seine Verhaftung und die Einleitung eines „Inquisitionsverfahrens" gegen ihn anordnete. Thomasius floh, ging nach Berlin und erwirkte bei dem Kurfürsten 1690 die Erlaubniß zu Vorträgen an der Ritterakademie zu Halle, welche bald so stark besucht wurde, daß der Kurfürst in dieser Stadt 1690 eine **neue** Universität gründete.

Am Anfange seiner Thätigkeit in Halle trat Thomasius in enge Verbindung mit den gleich ihm von den Orthodoxen verfolgten Pietisten und deren Führer Franke (s. oben S. 388). Er mußte jedoch bald einsehen, daß die Grundsätze derselben mit dem Fortschritte in der Wissenschaft unvereinbar seien, und Locke's Werke gewannen ihn wieder ganz der Sache der Aufklärung, und stählten ihn zum Kampfe für die Freiheit in jeder Richtung.

Er schrieb in seinen Abhandlungen offen den Mangel an politischer

Freiheit in Deutschland dem Umstande zu, daß die Deutschen damals von den Engländern, Holländern und Franzosen in der Gelehrsamkeit überragt wurden, welcher Vorwurf freilich in noch höherm Maße die Italiener und die Spanier traf, und hoffte, daß die allmälig erwachende Freiheit auch die wissenschaftliche Thätigkeit wecken werde.

Weit kräftiger jedoch trat Thomasius gegen die drei größten Schandflecken der Menschheit auf, deren Reste in jener Zeit noch fortwucherten, gegen die Ketzerverfolgung, die Hexenprocesse und die Folter. Er wies 1697 nach, daß Ketzerei kein Verbrechen sei und daher nicht bestraft werden könne und sprach den Fürsten das Recht hiezu gänzlich ab. In der Opposition gegen den Hexenglauben waren ihm zwei andere verdiente Männer vorangegangen. Der Eine, Balthasar Bekker, geboren 1634 in Friesland, war Prediger in Amsterdam und Anhänger der cartesianischen Philosophie und schrieb 1691 bis 1693 seine „betoverde wereld" (bezauberte Welt), worin er die Unvernunft des Glaubens an Teufel und böse Geister darlegte. Er wurde entsetzt und so verfolgt, daß er 1698 aus Erschöpfung starb. Der Andere, ebenfalls ein Holländer, Anton van Dale, bekämpfte denselben Aberglauben in zwei lateinischen Dissertationen. Durch diese und andere Männer überzeugt, bewies dann Thomasius in den zwei ersten Jahren des achtzehnten Jahrhunderts der staunenden Welt, daß alle Hexerei und Zauberei blos Einbildung sei, und trug so nicht wenig zur Aufhebung jenes traurigen Wahns in Preußen bei. Endlich geißelte er 1707 zum ersten Male gründlich das Foltersystem, doch hier mit weniger Glück, indem dasselbe außerhalb Preußen, wo Friedrich der Große es gleich nach seiner Thronbesteigung aufhob, noch über hundert Jahre lang die Rechtspflege schändete. So erwarb er sich unermeßliche Verdienste um die Kultur und hatte die Genugthuung, daß Leipzig 1709 sein Unrecht erkannte und ihn zurückrief, was er aber ablehnte, indem er vorzog, in dem ihm liebgewordenen Halle seine letzten Tage zu verbringen, die er 1728 glücklich und geachtet schloß.

Im Angesichte der genannten großen Thaten des Thomasius ist sein eigentliches natur- und staatsrechtliches System von wenig Bedeutung. Er setzte es auseinander in den beiden Werken „Drei Bücher der göttlichen Rechtsgelahrtheit" (lateinisch und deutsch) und „Fundamenta juris naturae et gentium."

Wie Pufendorf, aber mit mehr Verständniß für Religion (dafür auch theilweise mit biblischer Befangenheit), unterschied er streng zwischen Religion und Recht, Kirche und Staat, was er auch durch seine (lateinische) Geschichte des Streites zwischen Kaiser- und Papstthum im Mittelalter bewies, und ebenso auch zwischen Recht und Moral oder äußerer Ordnung und innerem Seelenleben. Seine Lehre bietet im Ganzen nicht viel Hervorragendes, auch im Übrigen lehnte er sich meist an Pufendorf an;

wo er eigene Ansichten aufstellte, blieben dieselben oft unvollständig und
ungenügend.

Ihm unähnlich, traten die beiden Rechtsgelehrten Cocceji, der
Vater Heinrich (1644—1719) und der Sohn Samuel (1679—1755),
beide preußische hohe Beamte, gegen Grotius und Pufendorf auf, indem
sie Macht und Recht der Staatsregierung in lutherischer Art aus dem
Willen Gottes ableiteten und damit sogar hinter Leibniz zurückgingen,
der die Quelle des Naturrechts nur im **Wesen Gottes** erblickt hatte.

Mehr Bedeutung für die Nachwelt als sie, wenn auch weniger als
Thomasius, erhielt dessen Nachfolger Christian Wolf (s. oben S. 352),
welcher die Lehre desselben mit derjenigen von Leibniz zu vereinigen
suchte. Das Naturrecht erklärte er in dem darüber 1746 herausgegebenen
lateinischen Buche rein aus der moralischen Natur des Menschen und
„leitete überhaupt alles menschliche Recht aus der vorausgesetzten menschlichen Pflicht ab, welche von Gott in die menschliche Natur eingepflanzt
sei." Von ihm zuerst hören wir den nachher so ominös gewordenen
Namen der „angeborenen Menscheurechte" nennen. Wol ohne zu ahnen,
welche Konsequenzen später daraus gezogen würden, lehrte der ernste
deutsche Professor, daß von Natur alle Menschen frei und gleich seien, dieselben Rechte und Pflichten hätten, daß kein Vorrecht angeborenes Recht
sei und daß von Natur kein Mensch eine Gewalt über die Handlungen
eines Andern besitze. Alles einige Jahre vor dem Auftreten Rousseau's.
Als die moralische Aufgabe des Menschengeschlechtes erklärte Wolf die
Vervollkommnung. Ohne Arbeit gibt es aber keine Vervollkommnung, also ist jeder Mensch zur Arbeit sowol berechtigt als verpflichtet.
Im Gegensatze zu Thomasius, welcher Recht und Moral scharf schied, vermengte Wolf beides. Diese Unsicherheit läßt ihn dann in der Lehre vom
Staate seine über Freiheit und Gleichheit aufgestellten Grundsätze
vergessen. Zwar muß er anerkennen, daß alle Staatsgewalt ursprünglich
vom Volke komme, und daß dieses sich gewisse Rechte selbst vorbehalten
könne, wenn es seine Gewalt der Regierung übertrage; aber er erlaubt
der letztern aus „Sorge für das gemeine Wohl" starke Eingriffe in die
persönliche Freiheit. Die Regierung soll, meint er, Jeden zur Arbeit anhalten, die Preise der Waaren festsetzen, die Unterthanen zum Kirchen-
besuche anhalten (!), weder pietistische Zusammenkünfte, noch Atheisten und
Deisten im Lande dulden (!!), die Censur gegen Druckschriften ausüben, ja
sogar die Folter handhaben. Dafür aber soll sie auch gute Straßen und
öffentliche Lustgärten anlegen, Schauspiele und musikalische Aufführungen
anordnen, die Poesie pflegen, für die Gesundheit durch Entfernung übler
Ausdünstungen sorgen u. s. w. Zwang und Sorgfalt zugleich wollte er
in der Vorschrift der Beobachtung ästhetischer Grundsätze bei Bauten angewandt wissen und verlor sich dabei so in's Spezielle, daß er als Gesetz
aufstellte, ein Fenster solle so breit sein, daß zwei Personen bequem darin

liegen und die Aussicht betrachten können. Was die gegenseitigen Pflichten der Regenten und Unterthanen betrifft, so stellte Wolf die Lehren des Longfutse und die Einrichtungen der Chinesen als Muster auf.

Bisher hatten die Ideen des Fortschritts und der Aufklärung auf dem Gebiete des philosophischen Rechtes in Deutschland blos in den Köpfen und Büchern der sie pflegenden Gelehrten gelebt; sie waren Utopien geblieben, deren Verwirklichung die kühnsten Wünsche sich nicht als in nächster Zeit bevorstehend träumen ließen. Noch wucherte das Feudalwesen in üppigster Blüte; die gesellschaftliche und rechtliche Ungleichheit unter den Menschen und die drückendste Unfreiheit des größten Theiles derselben waren nicht nur in die bestehenden Verhältnisse, sondern auch in die Überzeugung der Betheiligten, selbst Derjenigen, welche sehr darunter litten, fest eingewurzelt. Freiere und hellere Ideen als die herrschenden hatten daher mit unübersteiglichen Schwierigkeiten zu kämpfen, wenn sie in's Werk gesetzt werden sollten; es war dies nur möglich, und auch dann nur schwer und langsam, wenn die Verkündiger und Vertreter solcher Ideen selbst an die Spitze des Staates traten und dadurch Gelegenheit erhielten, zur Verwirklichung derselben beizutragen.

Es war dies erst lange nach dem Tode eines Pufendorf, Leibniz und Thomasius und im hohen Alter Wolf's, gegen die Mitte des achtzehnten Jahrhunderts der Fall, als nämlich einer der feurigsten Kämpen des Fortschrittes, ein Verfechter desselben in Wort und That, den Thron eines neugeschaffenen Reiches bestieg und dem dort unter seinem Vater (S. 80 u. 88) eingenisteten militärischen, politischen und theologischen Zopfregimente den Garaus machte. Friedrich II., der Große, König von Preußen seit 1740 (geb. 1712, gest. 1786), war dieser seltene Mensch, der erste und bisher an Bedeutung allein gebliebene gekrönte Aufklärer. Vor und nach seiner Thronbesteigung war er als Schriftsteller thätig, — stets in französischer Sprache, welche das Mittel des Gedankenaustausches für das gebildete, wie die lateinische Sprache für das gelehrte Deutschland war.

Seine erste Schrift politischer Natur, zwei Jahre vor seinem Regierungsantritte geschrieben, behandelte den „gegenwärtigen Zustand des europäischen Staatswesens." Er erkannte darin die größte Gefahr für Deutschland in dem Streben Österreichs nach Erweiterung seiner Hausmacht und in den landesräuberischen Plänen und Handlungen Frankreichs, und geißelte die deutschen Fürsten ob ihres Gottesgnadenwahns, ihrer Habgier, Tyrannei und Volksverachtung.

Sein politisches Hauptwerk aber, ein Jahr später begonnen, von Voltaire herausgegeben und bald nach Friedrich's Thronbesteigung anonym in Holland erschienen, ist der Antimachiavelli. So sehr Friedrich mit dem geistreichen Florentiner (Band I. S. 42 ff.) im Streben nach dem Ruhme seines Vaterlandes, in der entschiedenen Opposition gegen veraltete Zustände und in der diplomatischen Kunst der Verstellung übereinstimmte, so sehr stieß ihm, der freilich nicht um seine Existenz kämpfen mußte und nicht nöthig hatte, sich einem Höhern zu empfehlen, die Wahl der Mittel ab, die jener dämonische Italiener für die rathsamsten gehalten hatte. Namentlich mußte es den Vertreter der emporstrebenden Aufklärung reizen, dem Buche den Krieg zu machen, welches der geheime Rathgeber der von ihm verachteten und bekämpften Despoten war. In dem Eifer dies zu thun verkannte er die guten Absichten Machiavelli's und faßte ihn ganz einseitig auf als den Verfasser des Fürstenbuches, wie es vorliegt, als einen „Lehrer des Verbrechens", den „Begünstiger jeder Tyrannei", ein „moralisches Ungeheuer", ja als den „schändlichsten und verworfensten Menschen." Desto gerechter war der königliche Schriftsteller gegen den Inhalt des ihm verhaßten Buches, und desto ausgezeichneter im positiven Theile seiner Kritik, welcher an freisinniger Begründung des Staatsrechtes in nichts hinter den kühnsten aus dem Volke hervorgegangenen Rechtslehrern zurückblieb.

Auch Friedrich der Große anerkannte, daß alles Fürstenthum aus dem Volke hervorgegangen und der einzige Zweck des erstern die Wohlfahrt des letztern sei. Der Fürst ist, nach ihm, nicht der absolute Herr, sondern der erste Diener der von ihm geleiteten Völker. Wiederholt nannte er sich auch als König den „ersten Diener des Staates." Die Usurpation der fürstlichen Gewalt, welche Machiavelli gelehrt und empfohlen, verwarf Friedrich entschieden, ebenso auch die Heuchelei, und ebenso die Theorie der Furcht des Volkes vor dem Fürsten.

Als sein politisches Ideal betrachtet Friedrich im „Antimachiavelli" die englische Verfassung, ohne sie jedoch in seinem Lande einzuführen, das ihm hiezu vermöge geringer politischer Bildung und Freiheit (die ja doch zu schaffen waren!) noch nicht reif schien. Er betrachtete jeden Staat als einen eigenen Organismus mit besonderm Charakter und sogar „Temperament", mit seiner Zeit der Jugend und des Alters, seinen Krankheiten und seiner Fähigkeit zu weiterer Entwickelung seines Lebens. Mit tiefem Bewußtsein hielt er an der Trennung von Staat und Kirche, an der Verwerfung jeder Verfolgung um des Glaubens willen fest, und ewig wahr und treffend bleibt sein famoser Ausspruch: „In meinen Staaten kann Jeder nach seiner Façon selig werden."

Die nämlichen Grundsätze wie im Antimachiavelli sprach Friedrich noch im fünfundsechzigsten Altersjahre (1777) in einem „Versuche über die Regierungsformen und die Pflichten der Souveräne" aus. Entsprach er ihnen in seinem Thun auch nicht immer, so gleicht er eben hierin allen Menschen, die zu nie stark genug sind, stets so zu handeln, wie ihr Inneres sie antreibt.

Friedrich der Große war eine lebendige Verwirklichung der deutschen Träume von besseren Rechts- und Staatszuständen. Über ihn hinaus gingen dieselben in der Periode, welche uns gegenwärtig beschäftigt, noch nicht. —

C. In Frankreich und Italien.

Die Entwickelung der staatsphilosophischen Ideen in den romanischen Ländern Südwest-Europa's war durch die extrem despotischen Regierungen vorgezeichnet, wie sie sich dort, in Nachahmung des römischen Imperatorenthums, ausgebildet hatten und sich weder wie in England und den Niederlanden durch die Reaktion alter ständischer Einrichtungen, noch, wie in Deutschland, durch Fügung des Volkes in den durch Siege glänzenden, aufgeklärten Despotismus, sondern nur durch eine Revolution der Massen beseitigen ließen. Eine solche fand in Frankreich statt, wo originelle Köpfe mit neuen Ideen über Staat und Recht aufgetaucht waren; — in Italien, wo nur der Widerhall der französischen Stimmen laut wurde, stürzten auch nur französische Waffen die verkommenen Tyrannen; in Spanien, wo kein politischer Denker überhaupt auftrat, blieb auch die geistlich-politische Camarilla über die von uns geschilderte Zeit hinaus am Ruder.

Die spekulative Rechts- und Staatslehre der Franzosen wurde seit Bodin's Vorgange (Bd. I. S. 319 ff.) zuerst von Peter Gassendi gepflegt. Geboren 1592 in der Provence, wurde er Domherr in Dijon, dann Propst und Professor der Mathematik in Paris, 1617 aber der Philosophie in Aix; seit 1628 hielt er sich längere Zeit in Holland auf, schrieb gegen Cartesius und starb 1655. Er beschäftigte sich auch viel mit Astronomie, beschrieb das Leben des Kopernikus und Brahe und verkehrte eifrig mit Kepler und Galilei. Sein Hauptwerk aber sind die animadversiones in decimum librum Diogenis Laërtii, qui est de vita, moribus placitisque Epicuri (Lugduni 1649). Er beginnt mit Untersuchungen über den ursprünglichen Zustand der Menschen und nimmt an, daß derselbe zuerst allerdings, nach der Sage der Alten, von einem goldenen zu einem eisernen Zeitalter fortgeschritten, später aber durch Gerechtigkeit und Humanität wieder gemildert worden sei. Der Naturzustand führt nach ihm, wie nach Grotius und Hobbes, zu Streit und Verbrechen; um ihm daher zu entgehen, wird der Mensch gesellig, die Natur selbst treibt ihn dazu; die menschliche Geselligkeit ist aber vernünftig und bringt daher Verträge hervor, sowie eine höchste Macht, welche das verletzte Recht wieder herstellt und die nämlichen Pflichten hat, ob sie einem Fürsten, Optimaten oder dem Volke übertragen sei. Gassendi äußert sich indessen nicht, welcher von diesen Staatsformen er den Vorzug gebe. Damals hätte übrigens auch Niemand wagen dürfen, eine andere als diejenige Regierungsform zu preisen, welche eben herrschte, — die despotische. — Die Gewaltherrschaft der beiden französischen Kardinalminister, Richelieu und Mazarin, und nach ihnen ihres gelehrigen Schülers Ludwig XIV., dessen berüchtigter Ausspruch „l'état c'est moi" das Schibboleth aller Absolutisten geworden ist,

die das Volk nur um des Herrschers willen vorhanden glauben, — war
eine grauenhafte Reaktion gegen die aufgeklärte und volksthümliche Regierung Heinrichs IV., und versetzte der im sechszehnten Jahrhundert zur
Herrschaft unter den Gebildeten gelangten humanistischen Richtung einen
so gefährlichen Stoß, daß dieselbe ohne den Geist erleuchteterer Männer
vernichtet worden wäre und nur als Geächtete, Verfolgte und Verbannte
ein elendes Dasein fristen konnte, bis der Aufschwung der Bildung im
achtzehnten Jahrhundert sie unter neuer weiteren Kreisen genießbarer
Gestalt wieder zur Geltung brachte.

Die philosophische Rechts- und Staatslehre schritt seit jener qual-
vollen Zeit der Unterdrückung Stufe für Stufe der Lehre von der weitesten
Freiheit zu. Wir werden nacheinander die theokratisch-feudale Staatslehre durch Bossuet, die aufgeklärt-monarchische durch Fenelon, die
aristokratische durch Saint-Pierre, die konstitutionelle durch Montesquieu und die demokratische durch Rousseau auftauchen sehen.

Ganz nach dem Sinne und Geschmacke des Despoten Ludwig XIV.
konstruirte den Staat der Hoftheolog desselben, der gallikanische, d. h.
Rom gegenüber selbständige, die vom katholischen Glauben Abweichenden
aber bis auf's Blut verfolgende Prediger Bossuet, Bischof von Meaux
(geb. 1627, gest. 1704). In seinem Buche „La Politique selon les
doctrines de la Sainte Ecriture", welches indessen erst nach seinem Tode,
1700, erschien, baute er die Staatslehre völlig auf die Religion und die
Bibel. In der von Gott eingesetzten Familie sieht er das Vorbild des
Staates, im Familienvater dasjenige des Monarchen. Aber auch der
Usurpator und Eroberer erlangen die Rechte des Letztern. Alle Gewalt
und Regierung ist von Gott, keine aber der Monarchie vorzuziehen, welche die
älteste, die festeste und die einheitlichste ist. Alle Menschen werden als
Unterthanen geboren und haben keine politischen Rechte; die Monarchen
aber sind „Götter dieser Erde", Statthalter Gottes, sie sind unveront-
wortlich und heilig, müssen aber väterlich, d. h. wohlwollend und vernünftig, nicht nach Laune und Willkür handeln. Die Majestät des
Fürsten ist ein Abglanz derjenigen Gottes, der ganze Staat ist im Fürsten,
der Wille des ganzen Volkes in seinem Willen enthalten. Zwar soll der
Mensch Gott mehr gehorchen als dem Fürsten, darf aber auch gegen die
offenbare Ungerechtigkeit des Letztern nichts thun als Vorstellungen machen
und — beten. Nur religiöse Motive(!) würden eine Auflehnung rechtfertigen. Die religiösen Pflichten sind aber auch die ersten des Königs.
Derselbe darf keinen abweichenden Glauben oder gar Unglauben dulden,
die Todesstrafe soll er jedoch nur anwenden in Fällen von Kirchenraub
und Auflehnung der Sekten. Mit solchen Grundsätzen eines geistlichen
Herrn ließen sich freilich die Verwüstungen der Pfalz und die Nieder-
metzelungen der Protestanten rechtfertigen.

Ganz anders Fenelon, der als Repräsentant der Humanität und

Toleranz neben seinen Zeitgenossen, als einem solchen des Fanatismus und Despotismus, steht. Der Erzbischof von Cambrai (geboren 1651, gestorben 1715), Erzieher des Enkels, wie Bossuet des Sohnes des Königs (von welchen beiden Prinzen Keiner den Thron bestieg), schrieb kein systematisches Werk über Staatsphilosophie, sondern legte seine in dieses Fach einschlagenden Grundsätze in seinem berühmten pädagogisch-politischen Romane „Telemach" nieder. Auch er ergreift zwar die Partei der Monarchie (wie durfte er anders?), aber einer über Vorurtheile und Götterdünkel erhabenen. In seinem Preise der Regierung des Minos auf Kreta läßt er den König durch Gesetze gebunden sein, nur Gutes zu thun, er läßt ihn nur um des Volkes, nicht das Volk um seinetwillen da sein. Fenelon's König widmet dem Volke alle seine Zeit und Sorge; er liebt sein Volk mehr als seine Familie, und der liebenswürdige Schriftsteller ging noch weiter, — er liebte die Menschheit mehr als sein Vaterland. Dafür fiel der Verkündiger der Wahrheit in Ungnade bei dem Könige, welcher der Staat selbst sein wollte, während der Schmeichler Bossuet in Ehren und Würden stieg.

Nur langsam konnte unter solchen Zuständen die Wahrheit und die Freiheit das Recht erringen, sich zu äußern. Sie begann dies nach dem Tode des blutigen Despoten, erst unter der Herrschaft des frivolen und sittenlosen Regenten von Orleans, dann unter jener des unfähigen Ludwig XV. Ihr erster schüchterner Vertheidiger in dieser Zeit war der Abbé von St. Pierre, 1658 im Schlosse Saint-Pierre-Eglise in der Normandie geboren, gestorben 1743. Er studirte bei den Jesuiten, wurde aber ein Anhänger von Descartes und schrieb schon im zwanzigsten Jahre ein Projekt zur Verminderung der Processe. Nach seiner Priesterweihe beerbte er seinen Vater, den Marquis von St. Pierre, und zog nach Paris, wo er sich mit seinem Landsmann und Freunde, dem Mathematiker Barignon, in gemeinsamer Wohnung zu regelmäßigen Disputationen über alle möglichen wissenschaftlichen Gegenstände verband. Der Abbé wandte sich jedoch immer entschiedener moralischen und politischen Untersuchungen zu, trat 1695 in die Akademie, wo er die Partei der „Neuen" gegenüber den „Alten" ergriff, und wurde Almosenier der Herzogin von Orleans, einer bairischen Prinzeß, welche im Geheimen, trotz ihrer Conversion, Protestantin blieb. Er sprach wenig, aber mit treffendem Witz, und schrieb einen unbehülflichen, ungenießbaren Stil. Die Kriege der Zeit Ludwig's XIV. brachten den human und edel denkenden Mann auf die Überzeugung von der Verwerflichkeit des Menschenmordes im Großen zum Zwecke der Schlichtung von Fürstenhändeln. Er begann daher sein Projekt eines ewigen Friedens, eine menschenwürdige Erweiterung seines ersten, bereits genannten. Die zwei ersten Bände dieses Werkes, des ersten, das er herausgab, erschienen 1713, im Jahre des Friedens von Utrecht, bei welchem der Verfasser als Sekretär fungirte, der dritte Band 1717. Er

— 442 —

erhielt dafür den Beifall des großen Leibniz, und hat den Regenten Frankreichs um seine Initiative in der großen Unternehmung, die er befürwortet. In weiteren Schriften, welche Reformen im französischen Staatswesen bezweckten, wagte er es, dem gestorbenen Ludwig XIV. seine unheilvollen Kriege vorzuwerfen und ihm den Beinamen des „Großen" streitig zu machen. Auf heftige Anklagen des Kardinals Polignac und des Bischofs (späteren Kardinals) Fleury wurde er dafür von der Akademie einstimmig ausgestoßen. Nun gründete er eine Art freier Akademie, d. h. eine Gesellschaft zu freier Besprechung der weltbewegenden Fragen, einen Club nach englischer Art, ihre Mitglieder theilten sich in Diskutirende und Zuhörende. — man nannte sie Club de l'Entre-sol. Der zum Minister emporgestiegene Kardinal Fleury verbot aber endlich ihre Zusammenkünfte. Hochbetagt, antwortete Saint-Pierre auf die Frage Voltaire's, der ihn besuchte, was er vom Tode halte, er betrachte ihn wie eine Reise auf das Land. Aus Gefälligkeit gegen die bei seinem Ende Anwesenden beichtete er, rief aber gleich den Geistlichen zurück und sagte zu ihnen, er glaube kein Wort von allem dem und diese Beichte sei der einzige Verrath an seinen Grundsätzen gewesen.

Der Abbé von Saint-Pierre war ein Projektmacher von Beruf, ein Politiker durch und durch. Er fragte nicht, was an sich wahr, sondern was praktisch sei, und vertheidigte daher auch gegen Voltaire die Unsterblichkeit der Seele als eine „dem Menschen werthvolle und seine Übel vermindernde" Hoffnung. Als Hauptaufgabe des Lebens betrachtete er die Wohlthätigkeit und das mäßig genossene Vergnügen; es lag ihm daher daran, das Leben so angenehm als möglich zu machen. Er bekämpfte auch sich die Tyrannei einzelner Minister und verlangte, daß der Staat neben dem Könige durch Behörden von mehreren Mitgliedern regiert und diese durch zahlreiche Vertreter des Beamtenthums, des Adels und der Geistlichkeit frei gewählt würden. Er wollte also die Monarchie untergraben, oder zur Demokratie übergehen, er bestimmter eine aristokratische Monarchie. Seinen Entwurf eines ewigen Friedens, dessen ersten Gedanken er Heinrich IV. zuschreibt, der bekanntlich den Plan eines europäischen Bundes zur Verhinderung der Kriege gefaßt, — dachte er ausgeführt zu sehen durch einen ewigen Bund der Fürsten, welche nach ihren Mitteln zur gemeinsamen Sicherheit und zu den Kosten der Aufrechthaltung derselben beitragen würden. Diesen Bund wollte er jedoch nicht, wie sein Vorbild, auf eine neue Eintheilung Europa's, sondern auf die durch den Frieden von Utrecht festgestellten Zustände bauen, und darin liegt die Unmöglichkeit der Verwirklichung seines Projektes begründet; denn mit einer durch Eroberungssucht und Willkür der Fürsten und ohne Rücksicht auf die Völker geschaffenen Vertheilung der Länder war ein friedlicher Zustand auf die Dauer unvereinbarlich. Trotzdem bleibt dem Gedanken Saint-Pierre's das Verdienst, eine Anregung gegeben zu haben, welche noch gegenwärtig immer wieder, und zwar in stets zunehmendem Maße, ihre hohe Berechtigung, dringende Nothwendigkeit und tiefe Begründung in der Erkenntniß der civilisirten Menschheit beweist.

Dem „Projektmacher" des ewigen Friedens folgte als erster tiefdenkender Staatsphilosoph des achtzehnten Jahrhunderts und als erster Anwalt der politischen Freiheit in Frankreich Karl, Baron von Montesquieu, geboren ein Jahrhundert vor der französischen Revolution, 1689, auf dem väterlichen Schlosse Brède bei Bordeaux. Er studirte die Rechte, wurde 1714 Parlamentsrath und bald darauf Präsident des Parlamentes von Bordeaux. Die dortige Akademie war sein Werk, und er benützte seine Mußestunden erst zu naturwissenschaftlichen, dann zu politischen und historischen Arbeiten. Im Jahre 1721 erschienen seine Lettres persanes, doch anonym und außerhalb Frankreichs, in Köln, — sie erregten durch ihren glänzenden Stil und ihren pikanten Inhalt so großes Aufsehen, daß die Buchhändler auf der Straße die Vorübergehenden am Ärmel zupften und sie baten: „Bitte, schreiben Sie mir persische Briefe!" Sein Amt verkaufte er 1725 und bewarb sich nun um einen Sitz in der Akademie, was ihm nur dadurch gelang, daß er schnell eine von allen die Religion angreifenden Stellen gesäuberte Ausgabe seines Buches drucken ließ und dem Kardinal Fleury überreichte. Dann ging er auf Reisen, besuchte Deutschland, Ungarn, Italien, die Schweiz, Holland und England, zog sich nach seiner Rückkehr auf sein Schloß zurück und schuf in der Einsamkeit erst die Betrachtungen über die Ursachen der Größe und des Verfalls der Römer (1734) und dann seinen berühmten Esprit des loix (1748), von welchem Bellaire, obschon kein Freund des Buches, sagte: „das Menschengeschlecht hatte seine Besitztitel verloren, — Montesquieu hat sie ihm zurückgegeben." In der ironischen Défense de l'Esprit des loix vertheidigte er sein Werk gegen klerikale Angriffe, die ihn einen Atheisten nannten. Im Jahre 1755 starb Montesquieu; vorher weigerte er sich, zudringlichem Jesuiten gegenüber, seine Werke zu widerrufen, aber ließ sich doch die Sakramente verabreichen, ohne dies, wie Saint-Pierre, als Abfall von seinen Grundsätzen zu erklären.

Montesquieu's größte Leidenschaft war das Studium. Er selbst sagt von sich: „Ich leide an der Krankheit, Bücher zu schreiben und mich ihrer zu schämen, wenn sie geschrieben sind." Die Arbeit am „Geiste der Gesetze" kostete ihm beinahe das Gesicht und zuletzt das Leben. Er fühlte sich indessen stets glücklich und zufrieden dabei. Freilich war er reich und ohne Sorgen; aber er konnte von sich sagen, er habe in seinem Leben viel Thorheiten, aber niemals etwas Böses verübt. Einst befreite er auf eigene Kosten den in marokkanische Sklaverei gerathenen Vater eines jungen Mannes, der ihm in Marseille zufällig als Bootsführer gedient hatte. In seinen Ansichten beschränkte er das Wesen der Religion auf die Moral, und letztere gründete er einerseits auf verbindliche Gebote, anderseits auf die Freiheit des Handelns, und beklagte sich darüber in seinen Werken mit großer Würde und Erhabenheit aus.

Die schriftstellerische Thätigkeit Montesquieu's zerfällt in zwei Perioden. In der ersten, derjenigen der „persischen Briefe", verfuhr er negativ, indem er in Voltaire's Manier, unter der Maske eines nach Paris reisenden und sich dort aufhaltenden Persers alle politischen, socialen und religiösen Mißverhältnisse seiner Zeit dem Spotte preisgab, vom Absolutismus Ludwig's XIV. und seinem Papiergelde bis zum Dogma von der Dreieinigkeit und zu den Gebräuchen der Messe. Positiv dagegen trat er in seiner zweiten Periode, derjenigen des „Geistes der Gesetze" auf, indem er ein Gemälde des Staates entwarf, wie er ihn sich zum Heile der Freiheit der Bürger dachte. Den Übergang zwischen beiden bildeten die „Betrachtungen über die römische Geschichte", in welcher Montesquieu durch das Beispiel eines berühmten Volkes zeigte, welches die Ursachen der Verbesserung und der Verschlechterung der politischen Zustände sind.

Der „Geist der Gesetze", Montesquieu's Hauptwerk, enthält in drei starken Bänden (und 31 Büchern) eine Kritik der rechtlichen und staatlichen Einrichtungen sämmtlicher Völker und Zeiten. Das Meiste vom Inhalte dieses Werkes kann als veraltet angesehen werden; von Wichtigkeit für uns sind blos die allgemeinen rechtsphilosophischen Grundsätze, welche der Verfasser aufstellte.

Montesquieu erklärt das „Gesetz im Allgemeinen" als die „menschliche Vernunft, soweit sie alle Völker der Erde beherrsche; die politischen und bürgerlichen Gesetze sollen (wie er sagt) nur die besonderen Fälle sein, in welchen diese menschliche Vernunft Anwendung findet. Sie sollen so sehr für das Volk berechnet sein, welchem sie gegeben werden, daß es rein zufällig ist, wenn diejenigen eines Volkes einem andern passen können."

Der Verfasser des „Geistes der Gesetze" unterscheidet, von dem früheren Staatsrechtslehrern abweichend, drei Arten der Regierung: die republikanische, monarchische und despotische. Die erste findet statt, wenn die höchste Gewalt in den Händen des gesammten Volkes (Demokratie) oder eines Theiles desselben (Aristokratie) liegt; die zweite, wenn ein Einziger nach Gesetzen, die dritte, wenn ein Solcher ohne Gesetz, blos nach seinem Willen und seinen Launen herrscht. Das unterscheidende Kennzeichen der (unrichtig) so genannten „monarchischen" Regierungsform sind aber nicht nur die Gesetze, sondern auch der Bestand eines Adels. „Ohne Monarch, sagt Montesquieu, kein Adel, ohne Adel kein Monarch." Die Abschaffung der Vorrechte des Adels, des Klerus und der Städte führt nach ihm entweder eine Republik oder eine Despotie herbei. Es geht daraus hervor, daß unter der „monarchischen" Regierungsform wesentlich die europäisch-feudale, unter der despotischen die asiatische verstanden wird.

Jede der drei Regierungsformen Montesquieu's hat ihr Prinzip: dasjenige der Republik ist die Tugend, nicht irgend eine solche des Einzelnen, sondern die Liebe zum Gemeinwohl, d. h. in der Demokratie zur Gleichberechtigung, in der Aristokratie zur Mäßigung. Das Prinzip der Monarchie ist die Ehre, dasjenige der Despotie aber die Furcht. In der Verderbniß dieser Prinzipien liegt auch diejenige der betreffenden Regierungen. Die Eintheilung der letzteren ist aber verfehlt und jedenfalls weit unpassender als die alte aristotelische, wie sie namentlich Machiavell (Bd. I. S. 318) präcisirt hatte. Die Despotie ist keine Art, sondern nur eine Entartung der Regierung, und die Aristokratie läßt sich nicht mit der Demokratie zusammenwerfen. Montesquieu's Schema läßt sich nur dadurch erklären, daß er eine verbesserte französische Monarchie im Auge hatte, welche er die rechte Mitte zwischen Republik und Despotie einnehmen zu sehen wünschte. Schade nur, daß eine solche niemals zu Stande gekommen ist! Und die englische Verfassung, welche Montesquieu als Muster aufstellte, paßt einmal nicht für Frankreich und ist überdies keine reine, sondern eine gemischte monarchisch-aristokratische.

Das Werk Montesquieu's ist hauptsächlich ein Kampf gegen die Despotie. Nur weil er diesen besser so durchzuführen hofft, opfert er die Gleichberechtigung der Bürger auf; er glaubt hierdurch ihre Freiheit zu sichern. Die Freiheit besteht, nach ihm, nicht darin, daß man thun kann, was man will, sondern darin, daß man thun kann, was man soll und nicht gezwungen wird zu thun, was man nicht soll. Er vermischt also die Politik mit der Moral, wie es die religiösen Machthaber verschiedener Zeiten thaten. Montesquieu findet dann, daß weder die Demokratie noch die Aristokratie (von der Despotie zu schweigen) „ihrer Natur nach freie Staaten seien", — ohne dies näher nachzuweisen, — und erkennt das Prädikat „frei" nur den „gemäßigten Staaten", wie er die Monarchie nach seiner Auffassung nennt, zu. Die Mäßigung findet er darin, daß Niemand von seiner Gewalt Mißbrauch machen kann. Damit dies nicht geschehe, muß eine Gewalt die andere beschränken. Solcher Gewalten giebt es drei im Staate: die gesetzgebende, die vollziehende und die richterliche. Diese schon aus älterer Zeit stammende Eintheilung der Gewalten vervollkommnete Montesquieu dahin, daß er ihre Trennung verlangte, was früher weder gefordert, noch in's Werk gesetzt worden war. Er sieht in ihrer Vereinigung den Ruin des Staates, was er namentlich an den italienischen Republiken zeigt. Besonders gilt dies von der richterlichen Gewalt. Sie soll nicht einer stehenden Behörde, sondern zeitweise aus dem Volke gezogenen und streng nach dem Gesetze, nicht nach ihrer Überzeugung, richtenden Leuten übertragen werden. Die Gesetzgebung dagegen soll den Abgeordneten des Volkes zustehen, zu deren Wahl jeder rechtliche Bürger berechtigt ist, die Vollziehung aber dem Monarchen. Zwischen den beiden letzteren Gewalten findet jedoch unser Staatsrechtslehrer die

Aufstellung einer vermittelnden und überwachenden Macht nothwendig, um mit den Volksabgeordneten gemeinsam die Gesetzgebung zu besorgen, und so einerseits dem Monarchen gegenüber die Freiheiten des Volkes, andererseits dem Volke gegenüber die Rechte des Monarchen zu vertheidigen. Diese Stellung soll der A d e l einnehmen, dessen Körperschaft erblich sein muß, einmal ihrer Natur gemäß (als ob da von Natur die Rede sein könnte), und sodann um seine durch sich selbst g e h ä s s i g e n Vorrechte zu bewahren (ein sonderbares Geständniß, wie Barni mit Recht beifügt!). Auf diese Weise suchte Montesquieu aus der in Folge besonderer örtlicher und zeitlicher Verhältnisse entstandenen englischen Verfassung ein Ideal für Frankreich herauszukünsteln!

Wir verdanken indessen diesem Beginnen die Idee der u n a b h ä n g i g e n J u s t i z, welche dem Bürger eine ungemeine Rechtssicherheit darbietet. Letztere fand indessen Montesquieu mit Recht illusorisch ohne gute Strafgesetze. Er verbreitet sich daher auch über diese und stellt den Grundsatz auf, daß die Strafen der besondern Natur des Vergehens entsprechen sollen. Er bekämpft daher die Anwendung derselben Strafe gegen mehrere unter sich wesentlich verschiedene Verbrechen (wie z. B. damals der Strang für den Mord und für den Straßenraub, das Feuer für Letzerei, Hexerei und „widernatürliche Unzucht" angewendet wurde), sowie die gegen „unbedachtsame Worte" und gegen die sogenannte Majestätsbeleidigung ausgeübte Strenge und die polizeiliche Spionirerei. Man sollte, sagt Montesquieu, mehr darauf denken, die Verbrechen zu verhüten, als sie zu bestrafen, und in den Strafen die Milde und Mäßigung an die Stelle der Strenge und Grausamkeit setzen, und er behauptet, die Gemüthsart der Menschen eines Landes entspreche den dort üblichen Strafen, — je nach der Beschaffenheit letzterer sei sie sanft oder roh. Mit diesen Ansichten stimmt dann auch überein, daß Montesquieu die Folter als einen Ausfluß despotischer Regierungsform mit Entschiedenheit verwirft.

Die Civilgesetzgebung ist Montesquieu's schwache Seite. Um durch Dick und Dünn die englischen Zustände zu vertheidigen und mit ihnen natürlich auch der Aristokratie förderlichen Majorate, läugnet er die Naturgemäßheit des Erbrechts und will letzteres ganz den Gesetzen überlassen. Sogar das Eigenthum will er von letzteren abhängig machen.

Um so wichtiger sind dagegen seine Ansichten über die religiöse Freiheit. Alle Akte, welche das Verhältniß zwischen Gott und Menschen betreffen will er dem menschlichen Richterarme entzogen wissen. Es gibt daher nach ihm kein Verbrechen der Gotteslästerung, und demzufolge verwünscht er auch in beredter und feuriger Sprache die Inquisition. Beschränkter denkt er hinwieder in Bezug auf die Duldung der verschiedenen Gottesverehrungen. Er kennt nicht nur keine volle Glaubensfreiheit, sondern nicht einmal volle Toleranz. Nach seiner Meinung sind es blos die intoleranten Religionen, welche sich zu verbreiten suchen, und der Staat thut daher gut, außer der anerkannten Religion keine neue solche aufzunehmen; sind solche aber schon vorhanden, so mag er sie dulden, soll jedoch verlangen, daß sie weder den Staat, noch sich einander gegenseitig beunruhigen. Ein trauriges Maß von Freiheit!

Als Gegner der Despotie ist es von Montesquieu nur konsequent, daß er mit Kraft die Sklaverei und die Leibeigenschaft bekämpft und auch einem freien Menschen das Recht abspricht, sich oder gar seine Kinder zu verkaufen. Doch brauchte es damals noch Muth hierzu, da erst noch der große Kanzelredner Bossuet die Leibeigenschaft an der Hand der Bibel vertheidigt und Ludwig XIV. 1673 dem Negerhandel die erste Concession ertheilt hatte. Trotzdem wagte es Montesquieu, diese Scheußlichkeiten mit der Lauge seines bittersten Spottes zu übergießen. So ist er, trotz aller seiner Schwächen, zum Verfechter einer Reihe von Ideen des entschiedensten Fortschritts und der Humanität geworden.

Das Staatsideal Montesquieu's war, weil einem einzelnen fremden und durchaus von den Franzosen verschiedenen Volke entnommen, so wenig geeignet, den Drang aller Gebildeten Frankreichs nach freieren Staatsformen zu befriedigen, daß es sich keiner nachhaltigen Wirkung auf dieses Land erfreuen konnte und bald vor einem neuen Stern erbleichen mußte, der in dem uns bereits als pädagogischer Schriftsteller bekannten Genferbürger Jean Jacques Rousseau (oben S. 392 ff.) am Horizont aufging.

Rousseau's staatswissenschaftliche Schriften sind: diejenige über den Ursprung der Ungleichheit unter den Menschen, der Gesellschaftsvertrag und die Briefe vom Berge. Die erste, welche gleich der ihr vorangegangenen Preisschrift als eine jugendliche Extravaganz zu betrachten ist und ohne wissenschaftliche Begründung einfach gegen alles Bestehende losgieht, kann uns hier nicht weiter beschäftigen. Sie ist es, in welcher Rousseau den ihm so sehr zum Vorwurf gemachten Gedanken der Vorzüglichkeit des wilden, thierähnlichen Zustandes aussprach, so daß Voltaire spotten konnte, er habe sich nach Lesung des Büchleins versucht gefühlt, auf allen Vieren zu gehen. Es war auch dort, wo Rousseau lehrte, daß Derjenige, der zuerst ein Stück Landes umzäunt und dasselbe das seinige genannt, und dem die Einfältigen dies geglaubt hätten, der Gründer der menschlichen Gesellschaft gewesen sei, — und dadurch der Vater der modernen Socialisten mit ihrem „Eigenthum ist Diebstahl" wurde. —

Rousseau's politisches Hauptwerk, der Contrat social, ou Principes du droit politique (Amsterdam 1762), ist eigentlich nur das Bruchstück eines unvollendeten größern Werkes über politische Einrichtungen, und umfaßt daher, im Gegensatze zu Montesquieu's drei dicken Bänden, nur ein ziemlich dünnes Bändchen, das in vier Bücher getheilt ist. Das erste Buch zeigt, wie der Mensch aus dem Naturzustande in den bürgerlichen übergeht und welches die wesentlichen Bedingungen des Staatsvertrages sind; das zweite handelt von der Gesetzgebung, das dritte von der Regierungsform, und das vierte zeigt die Mittel zur Befestigung der Staatsverfassung auseinander.

Der Mensch, beginnt Rousseau, ist frei geboren und dennoch überall in Ketten geschmiedet. Woher dies rühre, wisse er zwar nicht; aber er wolle die Frage lösen, wie diesem Zustande abgeholfen werden könne. Die älteste und die allein natürliche Form der Gesellschaft ist die Familie; die letztere ist daher das Vorbild der politischen Gesellschaften; das Staatsoberhaupt entspricht dem Vater, die Unterthanen den Kindern, nur mit dem Unterschiede, daß im Staate an der Stelle der elterlichen Liebe, welche nicht stattfindet, das „Vergnügen des Befehlens" tritt. Nun hat aber kein Mensch eine natürliche Autorität über Seinesgleichen, und da die bloße Gewalt kein Recht begründet, so bleiben blos die Verträge als Grundlage jener gesetzlichen Ordnung unter den Menschen. Denn der Mensch kann sich selbst keinem Andern ergeben. Auf seine Freiheit verzichten, heißt seiner Menschenwürde, den Rechten der Menschheit, ja sogar seinen Pflichten untreu werden. Die Sklaverei ist daher kein rechtlicher Zustand und kann auch durch den Krieg nicht begründet werden, da derselbe kein Verhältniß von Mensch zu Mensch, sondern nur von Staat zu Staat ist. Der Staatsvertrag kann daher nicht durch Unterwerfung entstehen, und wenn Hugo Grotius, gegen welchen, wie gegen Hobbes, der ganze Contrat social gerichtet ist, dem Volke das Recht ertheilt, einen König zu ernennen, so giebt er damit selbst zu, daß es schon vor der Königswahl ein Volk sei und also über seine Einrichtungen verfügen könne. Der Gesellschaftsvertrag besteht nun darin, daß ein Jeder seine Person und seine Macht unter die oberste Leitung des allgemeinen Willens stellt. Alle zusammen nehmen den Namen „Volk", jeder Einzelne den eines „Bürgers" (Citoyen) an und Alle sind Theile des „Souveräns", und solidarisch gegen Verletzungen verbunden, und die Grundstücke der Einzelnen bilden zusammen das Gebiet des Staates, welches also nicht, wie die usurpatorischen Machthaber wollen, dem ersten Besitzergreifenden gehört. Auf diese Weise geht der Mensch vom natürlichen zum bürgerlichen Zustand über. Doch ist dies nicht in historischer Weise zu verstehen, als ob es je geschehen wäre oder geschehen würde, sondern in rechtlicher, daß es nämlich so geschehen sollte. Rousseau schrieb keine Geschichte der Staaten, sondern er zeichnete ein Bild, wie dieselben sein sollen.

Aus dem bisher Gesagten geht nun hervor, daß der gemeinsame Wille allein die Rechte des Staates leiten kann. Im zweiten Buche zeigt nun Rousseau, daß die Souveränetät, d. h. die Ausübung des allgemeinen Willens, niemals an Einzelne abgegeben, sowie daß sie untheilbar ist und nicht in verschiedene Staatsgewalten zerschnitten werden kann. Der einzelne Bürger muß dem Staate alle Dienste leisten, welche er kann; aber der Staat darf seine Angehörigen mit keiner dem Gemeinwesen schädlichen Verpflichtung belasten, ja er kann dies nicht einmal beabsichtigen. Neben dieser **Freiheit** besteht im Staate auch die **Gleichheit** Aller an Rechten, wie an Pflichten. Diese Rechte und Pflichten werden durch das **Gesetz** festgestellt. Das Gesetz ist stets allgemein und betrifft nicht besondere Verhältnisse; es kann sich nicht auf einzelne Personen beziehen, also z. B. Niemanden mit der obersten Gewalt bekleiden. Ein durch Gesetze regierter Staat ist daher nach Rousseau eine **Republik**. Das den Gesetzen unterworfene Volk ist auch ihr Urheber; aber es kann sie nicht selbst abfassen und überträgt daher diese Aufgabe den Gesetzgebern, d. h. außerordentlichen Menschen, die aber keine Gewalt im Staate besitzen dürfen; denn das Volk kann sich keiner solchen entäußern. — An der Hand der Geschichte und Völkerkunde untersucht Rousseau die Frage, welches Volk nun zur Gesetzgebung (d. h. zu einer neuen!) geeignet sei, und antwortet: dasjenige, welches noch nicht das wahre Joch der Gesetze getragen, — welches keine tief eingewurzelten Gewohnheiten oder Mißbräuche besitze, welches, ohne sich in die Händel seiner Nachbarn einzumischen, jedem derselben allein widerstehen könne und sich selbst genug sei. Als Beispiel kennt er in Europa nur — die Insel Corsica!

Im dritten Buche definirt Rousseau die **Regierung**: als eine vermittelnde Körperschaft zwischen dem Souverän und dessen „Untergebenen" zum Zwecke ihres gegenseitigen Verkehrs, zur Vollziehung der Gesetze und zur Aufrechthaltung der Freiheit. Die Regierung ist ein vom Volke aufgestelltes Organ, welches sich mit den einzelnen Angelegenheiten beschäftigt, wie die Gesetzgebung mit den allgemeinen, und sich überhaupt zu letzterer verhält, wie die physische Kraft oder die Gewalt zur moralischen oder zum Willen. Die Regierung ist daher nicht der Souverän, sondern das Volk ist dies, und die Regierenden sind nicht die Herren, sondern die Diener (Minister) des Volkes. Das letztere kann die Befugnisse der Regierung beschränken, abändern und zurücknehmen, wenn es ihm beliebt. Voltaire hat sich über letztern Ausspruch entsetzt und seine Wahrheit bestritten, indem er vergaß, daß Rousseau nicht von thatsächlichen, sondern von idealen Verhältnissen sprach.

Rousseau theilt die Regierungen nach alter Weise ein in die **Demokratie**, wo der Souverän die Regierung dem ganzen Volke oder dessen größtem Theile, in die **Aristokratie**, wo er dieselbe einer kleinern Zahl, und in die **Monarchie**, wo er sie einem einzigen Magistrate überträgt. Diese Eintheilung ist sehr ungenau. Die Regierung kann nicht faktisch vom gesammten Volke oder dessen größerm Theile ausgeübt werden; ihre Ausübung durch eine kleinere Anzahl ist keine Aristokratie, wenn sie nicht an gewisse persönliche Eigenschaften geknüpft ist, und ihre Ausübung durch einen Einzelnen ist keine Monarchie, wenn dieser Einzelne nicht auch die Souveränetät ausübt (wie z. B. der Doge von Venedig) oder nach bestimmter Zeit wieder abtreten muß (wie der amerikanische Präsident). Freilich gibt Rousseau selbst zu, daß eine Demokratie, wie er sie versteht, niemals existirt habe und niemals existiren könne, außer unter Göttern (!) und daß sie eigentlich eine Regierung ohne Regierung wäre. Es ist merkwürdig, daß Rousseau, der Prophet der Demokratie par excellence, die Demokratie nach seiner Eintheilung schließlich dadurch verurtheilt, daß er ihr vorwirft, die Bürgerkriege und inneren Unruhen mehr zu begünstigen, als irgend eine andere Regierungsform, und daß er sodann sein unbedingtes Lob der wählbaren Aristokratie (im Gegensatze zur „natürlichen" und „erblichen") ertheilt, womit aber natürlich die Demokratie gemeint ist, in welcher das souveräne Volk, ohne sich durch Repräsentanten vertreten zu lassen (was Rousseau als den Tod seiner Freiheit erklärt), die Ausübung der Regierung einer beschränkten Anzahl überträgt. Mit unerbittlicher Strafrede verwirft Rousseau die Monarchie, die er zwar für große Staaten nothwendig, aber zu gutem Regieren beinahe untauglich findet. In der Wahlmonarchie findet er die Wahlagitationen höchst gefährlich für die Ruhe des Staates, in der erblichen Monarchie die Gefahr der Regierung eines Kindes, Blödsinnigen oder Ungeheuers abschreckend. Alles verschwöre sich, sagt er, um einen zur Regierung Anderer berufenen Mann der Gerechtigkeit und der Vernunft zu berauben, und es scheine nicht, daß die große Mühe, die man sich gebe, junge Prinzen in der Kunst des Regierens zu unterrichten, gute Früchte trage. — Rousseau spricht endlich noch von „gemischten Regierungen", die er jedoch kurz abfertigt. Aus dem Ganzen seiner politischen Auseinandersetzungen geht hervor, daß er sein Ideal, wie Montesquieu in England, in seiner Vaterstadt Genf erblickte, deren Verhältnissen er auch die erste praktische Anwendung seiner Theorie in der politischen Streitschrift der „lettres de la montagne" widmete, einer demokratischen Antwort auf die vom Generalprokurator Tronchin gegen Rousseau's „gottlose" Schriften geschleuderten aristokratischen „lettres de la campagne"*). Rousseau vertheidigt in seinen Briefen mit Feuer die politische und religiöse Freiheit.

Im vierten Buche des Socialvertrags hat für uns nur noch jenes Kapitel Interesse, welches von der Religion im Staate handelt (die übrigen betreffen die Staatseinrichtungen im alten Rom). Nach einem fantastischen Abriß der Religionsgeschichte spricht sich Rousseau dahin aus, daß zwischen der Religion des Menschen und jener des Bürgers zu unterscheiden sei. Die erstere sei innerlich, die letztere äußerlich, mit offiziell vorgeschriebenen Dogmen und Kultus. Dazu komme die vom Staate unabhängige Religion, die der Priester, wie sie sich z. B. in den buddhistischen und in den römisch-katholischen Staaten findet. Die letztere nennt er die schlechteste, die zweite findet er verwerflich, soweit sie sich auf Irrthum und

---

*) S. des Verf. Geschichte des Schweizervolkes II. S. 344 ff.

träge gründe, gut aber, sofern sie die Liebe zum Vaterlande einpräge (es sind die griechische und römische Religion gemeint). Er zieht sonach die erste, die rein menschliche, vor, worunter er das reine Christenthum versteht, das sich auf die Verehrung Gottes und die Liebe der Menschen unter sich beschränke. Da jedoch das Christenthum die Knechtschaft und Abhängigkeit lehre, so passe es nicht in eine Republik. Rousseau findet daher, um die eigentliche Religion habe sich der Staat nicht zu bekümmern und solche dem Gewissen des Bürgers zu überlassen; aber er dürfe einen „bürgerlichen Glauben" zu social-politischen Zwecken vorschreiben, ohne dessen Bekenntniß man unmöglich guter Bürger oder treuer Unterthan sein könne. Ohne Jemanden zu diesem Bekenntniß zu zwingen, solle der Staat berechtigt sein, Diejenigen, welche nicht daran glauben, als „Unverträgliche" zu verbannen. Wer aber, nachdem er diese Dogmen anerkannt, seinen Unglauben an sie zur Schau trage, sei des Todes schuldig! Die Dogmen der „bürgerlichen Religion" sollen einfach und wenig zahlreich sein und der Erklärungen entbehren. Sie zerfallen in positive: das Dasein einer mächtigen, weisen, gütigen, vorsehenden und fürsorgenden Gottheit, ein künftiges Leben, das Glück der Gerechten, die Bestrafung der Bösen, die Heiligkeit des Staatsvertrags und der Gesetze, — und in negative: die Verurtheilung der Unduldsamkeit. Dabei solle man alle Religionen dulden, deren Dogmen den Pflichten des Bürgers nicht zuwider sind; wer aber behaupte, außer der Kirche sei kein Heil, solle aus dem Staate vertrieben werden. Die Gründe, aus welchen Heinrich IV. die römische Religion annahm, sollten, schließt Rousseau sein Werk, jeden ehrlichen Mann und besonders jeden vernünftigen Fürsten veranlassen, sich von ihr loszusagen.

Dieser religiöse Theil ist der schwächste von Rousseau's Buch. Er predigt Toleranz und will doch so intolerant sein, Leute zu verbannen oder gar zu tödten, welche nicht glauben, was er selbst glaubt. Er will Demokrat sein und doch seine eigene Ansicht zur herrschenden erheben! Sonderbares Spiel des Schicksals! Derselbe Gegenstand, welcher dem „Gesellschaftsvertrag", nach so vielen ernsten und würdigen Stellen, ein lächerliches Ende gibt, ließ auch jenen Mann, welcher die Übertragung dieses Buches in die Wirklichkeit zur Aufgabe seines Lebens machte und ihr Ströme Blutes opferte, — seine Laufbahn mit der komischen Scene der Proklamirung des „höchsten Wesens" schließen, auf welche in kurzer Zeit das Blutgerüst folgte! Aber die vernünftigen Theile des Buches, dessen Verfasser vor dem Ausbruche der Revolutionen in Paris und Genf beinahe vergöttert wurde, haben Robespierre und dessen bitter ernst gemeinten Thorheiten überdauert und beherrschen jetzt die politischen Ansichten der Aufgeklärten zweier Erdtheile!

Wenden wir uns nun zu den italienischen Rechts- und Staatslehrern. Der älteste derselben, Giovanni Battista Vico, war 1668 zu

Neapel von armen Eltern geboren*). Er studirte mit Eifer Philosophie und Jurisprudenz, wurde Erzieher und trat schon mit 16 Jahren in einem Processe für seinen Vater auf. Neun Jahre brachte er auf dem Schlosse des Bischofs der Insel Ischia zu und gab sich in jener so herrlichen Landschaft ganz den Wissenschaften hin, in denen ihm ein dem Horizonte seiner Landsleute ganz fremdes Licht aufging. Mit 29 Jahren wurde er Professor der Rhetorik an der Universität seiner Vaterstadt mit 100 Thalern (!) jährlichen Gehaltes, heirathete zwei Jahre später ein nicht einmal des Schreibens und ebenso wenig der Haushaltung kundiges, aber edelgesinntes Mädchen. Die Kinder, die sie ihm gebar, waren einige wohlgerathene Töchter, daneben aber ein geistig mittelmäßiger und ein sogar lüderlicher Sohn. Trotz seiner regen literarischen Bethätigung, in welcher Bacon und Grotius seine Vorbilder waren, konnte er nicht zum Lehrstuhle der Jurisprudenz gelangen, sondern mußte einem unbedeutenden Menschen weichen. Ohne weitern Dank für sein Streben zu ernten, als die Erhebung zum Historiographen durch den König Karl III. bei dessen Thronbesteigung 1735, doch mit dem alten erbärmlichen Gehalte, aber auch ohne deshalb irgend Jemanden zu zürnen, starb er an Schwäche 1744. Seine Werke sind theils lateinisch, theils italienisch geschrieben. Die wichtigsten sind: de augmentis scientiarum, de universi juris uno principio et fine uno, del diritto universale und Principi di una scienza nuova d'intorno alla commune natura delle nazioni.

Vico's Bedeutung, die erst nach seinem Tode erkannt wurde, liegt vor Allem in der Philosophie der Geschichte und damit erst in zweiter Linie in der Rechtsphilosophie. Vico war ein Gegner des Cartesius, den er so auslegt, als hielte er das Denken für die Ursache des Seins, statt für das Kennzeichen desselben, und stellt ihm gegenüber den Satz auf: Der Mensch denke, weil er aus Geist und Körper zusammengesetzt sei. Dagegen schloß er sich der Monadenlehre von Leibniz an, verwahrte sich jedoch feierlich gegen den Verdacht des Pantheismus. Seine Metaphysik ist verworren, d. h. nicht nur unklar und haltlos wie eine jede solche, sondern durchaus ungeordnet. Die geschichts- und rechtsphilosophischen Anschauungen Vico's sind auf jene von Grotius, Hobbes und Pufendorf gegründet, sowie auf jene seines nächsten italienischen Vorgängers Gravina (1664—1718), Professors in Rom (in dem Werke: „de origine juris"). Vico hat sich noch nicht zur Unterscheidung der Moral und des Rechts erhoben. Als Grundlage der Einigung unter den Menschen betrachtet er das Wahre und die Vernunft, denen er die Nützlichkeit unterordnet. Die Entstehung der Staaten sieht er in der Unterwerfung der Schwachen unter

---

*) G. B. Vico, Studii critici e comparativi di Carlo Cantoni. Torino 1867. Besprochen von Dr. Gustav Eberts, Zeitschrift für Völkerpsychologie und Sprachwissenschaft. 6. Band. Berlin 1869.

die Starken, daher nach ihm alle Völker ursprünglich Patrizier und Plebejer hatten, unter welchen ersteren der König als ein primus inter pares figurirte. Die höchste Macht gehörte zuerst den versammelten Vätern. So leitet er die politischen Verhältnisse aus historischen Thatsachen, nicht aus Fantasien ab. Weil nun, fährt er fort, die Aristokraten die socialen Interessen der unteren Klassen vernachlässigen, erheben sich letztere, verfallen jedoch der Herrschaft einzelner Ehrgeiziger, bis sich das Volk aus dem Wirrwarr des Bürgerkrieges unter die Regierung eines Einzelnen flüchtet. Vico langt somit am Ende bei der Monarchie an und zieht auch diese Staatsform allen übrigen vor. In ähnlicher Weise deducirt er aus dem konkreten Volksgeiste auch den Ursprung der Sprache, der Poesie, der Mythologie, deren Figuren er richtig bereits aus den Naturkräften und kulturhistorischen Momenten ableitete; endlich stellte er noch Forschungen über die Entstehung der homerischen Gedichte und über die römische Geschichte an. Montesquieu soll Vico viel zu verdanken haben.

Der nächste Nachfolger und größte Verehrer Vico's war sein Landsmann Cajetan Filangieri (geboren 1752, gestorben 1788). In der Absicht, mit Montesquieu zu wetteifern, wollte er dem „Geiste der Gesetze" gegenüber die „Regeln der Gesetzgebung" finden. In scharfer Opposition gegen das mittelalterliche System des Feudalwesens und Aberglaubens, ist er ein glühender Vertheidiger des Fortschritts und der Menschenliebe, huldigt aber nicht der Demokratie, sondern der von den Gesetzen abhängigen aufgeklärten Monarchie. In seiner jugendlichen Unerfahrenheit erhoffte er alles Heil der Welt von der Kaiserin Katharina II. Im Rechtsleben verlangte er Einführung der Schwurgerichte, öffentliche Anklage, Abschaffung der Folter und anderer Barbareien, im Staatsleben Preßfreiheit, welche nöthig sei, um den Richterstuhl der öffentlichen Meinung von Allem, was geschieht und geschehen soll, in Kenntniß zu setzen. Mächtig eifert er gegen den Adel und die Kleinstaaterei. In religiöser Beziehung erklärt er sich, obschon dem Katholizismus aus Überzeugung ergeben, für die Toleranz, für Reinigung des Christenthums von Mißbräuchen und Versöhnung desselben mit der Philosophie, und gegen die fernere Absonderung des Priesterstandes von der übrigen Menschheit. Ob das Gift der Pfaffen oder anhaltendes Arbeiten dem Leben Filangieri's ein frühes Ende machte, ist ungewiß. Ein Jahr nach seinem Tode begann die Verwirklichung seiner Träume, aber nicht im Osten, wie er gewähnt, sondern im Westen Europa's.

Zweiter Abschnitt.

Die Reformen im Rechts- und Staatsleben.

A. Die politisch-sociale Reform.

Das Gebiet der praktischen Politik gehört nur insofern in die Kulturgeschichte, als die Vorgänge innerhalb desselben in fortschreitenden Thaten des Menschengeistes bestehen und so die menschliche Kultur befördern. Ohne solche Vorgänge ist das praktische Rechts- und Staatsleben kulturfeindlich, dem Fortschritte abgewandt und dem Geiste schädlich. Die Politik ohne Bebauung des geistigen Lebens und Züchtung seiner Früchte ist daher ohne Moral, weil sie blos Selbsterhaltung ist. Wie dem Einzelnen zum Zwecke seiner Selbsterhaltung, wenn sie bedroht ist, Alles erlaubt sein muß, selbst der Mord, so betreibt auch der Staat als Ganzes, wenn seine Selbsterhaltung in Frage kommt, unter Umständen den Mord im Großen, d. h. den Krieg, und kann und darf darob nicht getadelt werden; denn es ist eine traurige Nothwendigkeit. Solche Zustände und Übergänge schließen dann nicht nur allen Fortschritt in der Kultur aus, hemmen nicht nur alle Entwickelung der Ideen des Wahren, Schönen und Guten, sondern machen diese Entwickelung sogar rückgängig und verkehren den Fortschritt in Rückschritt. Nur im Frieden ist daher ein Fortschreiten der Kultur möglich. Aber nicht alle Friedenszeiten sind in gleicher Weise dem Fortschritte günstig, wie wir bereits an der vollkommenen Fortschrittlosigkeit des Mittelalters und an den ungleichartigen Leistungen anderer Zeiträume gesehen haben, und wieder sind nicht alle Friedenszeiten fähig, sich zur Ausdehnung des Fortschrittes in der Kultur auf das Rechts- und Staatsleben zu erheben, indem es in der fixen Idee mancher Machthaber liegt, ihr Vortheil erheische den vollkommenen Stillstand aller Verhältnisse und ihre Macht laufe durch den Fortschritt Gefahr. Von einer solchen Hineinziehung der politischen Zustände in das Gebiet der Kultur war denn auch weder im Mittelalter, noch im Reformationszeitalter die Rede. Im erstern handelte es sich um Aufrechterhaltung des Feudalwesens und der Hierarchie, im letztern um Feststellung der Machtgebiete beider Kirchen, der alten mit ihrem Kirchenstaate und der neuen mit ihren Staatskirchen. Zu anderen Bestrebungen politischer Art war weder Zeit noch Raum vorhanden. Auch in unserer Periode gab es eine solche fortschrittlose, die Politik von der Kultur chinesenhaft absperrende Friedenszeit, diejenige nämlich, während welcher die beiden Kardinalminister Richelieu und Mazarin herrschten. Und doch waren in dem nämlichen Lande bereits kulturpolitische Thaten vorangegangen, als deren Träger wir das geniale Paar des Königs

Heinrich IV. und seines Ministers Sully kennen. Sie sind die ersten
Kulturpolitiker, welche uns auf unserm Forscherwege begegnen. Sully
bekämpfte die Verschwendung und den Luxus und nannte Ackerbau und
Viehzucht die beiden nährenden Brüste des Staates. Von dem herrschenden
Merkantilsystem (oben S. 64 ff.), dem er im Übrigen, namentlich durch
Verhinderung der Metallausfuhr und durch Schutzzölle huldigte, — hatte
er den Mut abzugehen, indem er den Wohlstand seines Landes nicht auf
Unkosten anderer Länder gründen wollte. Er arbeitete an der Befreiung
des Bauernstandes von der Ausnutzung desselben durch selbstsüchtige Gutsherren und Finanzbeamte und schützte das Vieh sowol, als die landwirthschaftlichen Werkzeuge gegen die Beschlagnahme durch harte Gläubiger; er
baute Straßen und Kanäle, lockerte die Monopole der Handwerkerzünfte
und vermehrte die Wehrkraft des Landes.

Sully war indessen, wie Warlo sagt, blos der Vorläufer des von
ihm durch die vorher angedeutete doppelte Kardinalsfinsterniß getrennten
Colbert, von 1660 bis 1683 Ministers und Vertrauten Ludwig's XIV.
Vom Kaufmannsgehülfen zum Geschäftsführer Mazarin's emporgestiegen,
folgte er Diesem, soweit es der König gestattete, in der Beherrschung Frankreichs. Die Finanzen traf er in der Zerrüttung, in welche sie Fouquet
(S. 95) gebracht, Industrie, Handel und Ackerbau im Ruine. Er
räumte sofort unter den gewissenlosen Finanzbeamten auf und brachte
Ordnung in ihre Menge, in ihr Geschäft und in die Mittel zu dessen
Betreibung, in die Steuern. Er fuhr zwar im Ganzen fort, bezüglich der
Nationalökonomie dem Merkantilsysteme zu huldigen, indem er die Produkte
ausländischer Industrie mit Einfuhrzöllen belastete. Dagegen begünstigte
er die Einfuhr der Rohstoffe; die Ausfuhrzölle auf inländische Fabrikate
hob er auf und ließ Getreide nur bei sehr günstigen Ernten aus dem Lande
führen. Zum Schutze seiner handeltreibenden Landsleute in fremden
Staaten instruirte er seine Gesandten und errichtete neue Handelskonsulate,
wie er auch den Handel dem Adel eröffnete, indem er das Vorurtheil brach,
als verletze selber die Standesehre. Durch Herabsetzung der Weggelder
und Flußzölle, Aufhebung innerer Zölle, Verbesserung der Straßen, Reform des Postwesens und Bau des Languedoc-Kanals beseitigte er weitere
Hindernisse freien Verkehrs. Den Seehandel förderte er durch Aufhebung
der Matrosenpresse, Unterdrückung der Seeräuber, Bauten von Häfen
und Seearsenalen, Vermehrung der Flotte und Gleichstellung der Kriegs-
und Handelsflotte. Dem Landhandel kamen zu Gute die Errichtung von
Handels- und Gewerbekollegien, die Feststellung eines mäßigen Zinsfußes,
die Errichtung einer Zettelbank, die Herbeiziehung fremder Gewerbsleute,
die Ermunterung neuer Industriezweige durch Prämien, die Einführung
einer Prüfung für angehende Meister in Handel und Gewerken. Es
blühten bald Tuchfabriken von Holländern, Krappfärbereien von Italienern,
Strumpfwebereien von Engländern auf; die Gobelinstapeten und Teppiche

Frankreichs übertrafen bald das Ausland; die Stickereien, Spitzen, Seidenstoffe, Spiegel und Metallarbeiten wetteiferten wenigstens mit denselben. Colbert leitete Alles selbst, machte sich sogar mit der Fabrikation aller einzelnen Industrieprodukte vertraut und nahm sich des Wohles der Arbeiter väterlich an. Ebenso regelte er das Forstwesen und den Fischfang, stellte Sully's Ackerbaugesetze wieder her, setzte den Salzpreis und die Grundsteuer herab und errichtete Landgestüte. Die Vermehrung der Bevölkerung beförderte er durch Steuerfreiheit junger Eheleute, sowie mit vielen Kindern gesegneter solcher. Er errichtete Kranken- und Arbeitshäuser, bekämpfte den Bettel und die dem Müßiggange günstigen kirchlichen Anstalten, hob überflüssige Feiertage auf, führte ein umfassendes See- und Handelsrecht und schnellere Justiz, sowie Schiedsgerichte ein und bereitete ein einheitliches Gesetzbuch, gleiche Münze, Maß und Gewicht vor. Auch die Wissenschaft vergaß er nicht, belohnte hervorragende Gelehrte des In- und Auslandes, unterstützte wissenschaftliche Reisen, vermehrte die königliche Bibliothek und den botanischen Garten, errichtete die Sternwarte, die Akademie der Wissenschaften und der Inschriften, sowie des Bauwesens, und die französische Malerschule in Rom. Dennoch aber erntete der thätige und uneigennützige Staatsmann keinen Lohn seiner Bestrebungen. Seine Ergebenheit an das königliche Interesse machte ihn dem Adel, seine Strenge dem Volke verhaßt und eine Beleidigung von Seite des Königs gab ihm den Tod, den — Niemand betrauerte, ja dem das von ihm nach Kräften beglückte Land vielmehr — Flüche nachsandte. Und doch war er es gewesen, welcher die „Bourgeoisie" zu ihrem nachherigen Kampfe gegen die bevorzugten Stände und gegen die Krone fähig gemacht und gestärkt hatte!

Das Ende des siebenzehnten und der Anfang des achtzehnten Jahrhunderts, jene Periode der Kriege Ludwig's XIV. gegen Deutschland und der Türkenkriege, des spanischen Erbfolge- und des nordischen Eifersuchtskrieges, jene Blüthezeit der Allongeperücken und der Steifheit in allem Thun, — bildet abermal eine Zeit des Stillstandes in der Kulturpolitik des civilisirten Europa, während sie dagegen den merkwürdigen Aufschwung eines bis dahin von unseren Vorfahren völlig zum barbarischen Asien gerechneten Landes im Osten unseres Erdtheiles und die Vorbereitung seiner Einführung in die Kulturkreise Europa's mit ansah. Diese eigenthümliche Erscheinung war das Werk eines einzigen Mannes. Peter Alexjewitsch, genannt der Große, Czar von Moskau, später Kaiser von Rußland und damit der Hersteller des orientalischen Kaiserthums, der Gebieter vom despotischen Meere bis an die Ostsee, vom Kaukasus bis Novaja Semlja, und zugleich Oberlehensherr von Dänemark, Schweden und Polen, — (s. oben S. 87) — hat das „Volk seiner Russen" mit der Ruthe aus Asien nach Europa gejagt, freilich ohne ihm einstweilen mehr als einen dünnen Firniß von Civilisation zu verleihen. Aus mehreren europäischen

Ländern, besonders aus Schweden und Deutschland, ließ er Handwerker
und Künstler nach Rußland kommen, sowie Werkmeister zur Einrichtung
von Fabriken und Bergwerken. Im Schiffsbau versorgte ihn Holland;
die Franzosen aber erhielten die Aufgabe, den östlichen Barbaren gesellschaftlichen Schliff und Anfänge von Esprit beizubringen. Während er
selbst keine Spur von feinerer Sitte an sich hatte und sich Rohheiten, ja
Schamlosigkeiten erlaubte, welche die offensten Geschichtschreiber nur
in Umschreibungen anzudeuten wagen, während er seinen ältesten Sohn
als Verbrecher hinrichten, dessen Mutter in Kerker und Mißhandlung verkommen ließ und eine finnische Soldatendirne zur Kaiserin erhob, suchte er
seinen Hof in der neuen Kapitale, die er in die Sümpfe der Newa hinein-
baute, in westeuropäischer Weise zu reformiren, beschränkte sich jedoch auf
das Nothwendigste, während er die Sorge für Pracht und Glanz der
emporgekommenen Gattin überließ. Diese Metamorphose bestand jedoch
nur nach außen und gab oft genug durch die unflätigsten Saufgelage, in
denen der Autokrator das Großartigste leistete, ja Andere wider Willen
und Kraft zur Nachahmung zwang, — traurige Kunde von ihrer Oberflächlichkeit. Peter's Sparsamkeit ging indessen so weit daß der ganze
Hofstaat kaum sechszigtausend Rubel jährlich kostete. Man sah weder
Silbergeschirr, noch Livreen, weder Kammerjunker noch Pagen. Zehn bis
zwölf Dentschiks, junge Leute aus guten Familien, und ebenso viele Grenadiere
der Garde bildeten den ganzen Hof. Im öffentlichen Dienste führte Peter
sechszehn Rangklassen ein, innerhalb welcher nur wirklicher Dienst emporhob und außerhalb welcher es überhaupt keinen Rang gab. Er selbst war
stets grob und einfach gekleidet und prügelte seinen Minister Menzikoff,
den emporgestiegenen Pastetenbäckerjungen, und andere vornehme Gauner
eigenhändig, wenn er ihren Schurkereien auf die Spur kam, — doch ohne
daß es etwas nützte. Mit Rohheit wollte der originelle Reformator die
Rohheit vertreiben, am Hofe selbst kamen oft genug Knutenexekutionen,
ja sogar Verstümmelungen und Hinrichtungen vor, bei der bekannten
Niedermetzelung der Strelitzen verlangte Peter von den fremden Gesandten,
daß sie mit Hand anlegen sollten, und hieb selbst hundert Köpfe ab. Ungeachtet aller Schlechtigkeit Menzikoff's, der überdies kaum lesen und
schreiben konnte, behielt aber der Czar stets diesen „brauchbaren" Staatsmann, den er zuletzt nur noch durch Wegnahme des Geraubten und Entsetzung von Ehrenstellen bestrafte, — auch dies jedoch umsonst! Peter
selbst und Katharina, welche er einst an den Pfahl führte, auf welchem
ihres Geliebten, Moens de la Croix, Kopf steckte, starben an den Folgen
unmäßigen Trinkens und anderer Ausschweifungen. Nur für kurze Zeit
erhob Menzikoff die Letztere, seine Gönnerin, — allen Erbfolgegebräuchen
zum Trotz, auf den Thron, um bald darauf durch seine schamlose Tyrannei
(1727) seinen Opfern nach dem furchtbaren Sibirien zu folgen, das er
nicht wieder verlassen sollte. — Rußland aber einer Weiberherrschaft zu

überlassen, die in der Geschichte ihres Gleichen an Ausgeschämtheit sucht. —

Der nächste bedeutende Reformator auf dem Throne nach Peter war Friedrich der Große. Um seine kulturpolitischen Thaten zu würdigen, müssen wir vorerst auf die gegenüber der seinigen so sehr kontrastirende Regierung seines Vaters, Friedrich Wilhelm I. (oben S. 18, 80 und 88), einige Blicke werfen. Dieser originelle und viel verleumdete Regent war im Ganzen, bei all' seiner Unwissenheit, Rohheit und Tyrannei und bei seinem Geize ein biederer, gerader, deutscher Charakter, was bei der französischen Nachäfferei, die im übrigen Deutschland herrschte, nicht genug zu schätzen war; auch hat er seinem Sohne mehr vorgearbeitet, als man gewöhnlich glaubt. Während die andern Höfe in Luxus oder Schande oder in beidem schwelgten, lebte dieser „Puritaner auf dem Throne" höchst einfach und sparsam, und sein Hof war sittenstreng, freilich dabei auch ungebildet; es galten an demselben nur fromme Leute, und von Poesie wußte man nichts, wenn nicht die geistlichen Lieder dazu gerechnet werden, an deren Stelle indessen die „gebildeteren" Höfe nur schlüpfrige Verse zu setzen wußten. Was aber noch mehr zu seinen Gunsten spricht, ist seine Gerechtigkeit gegen alle Religionsparteien, während in anderen deutschen Staaten die jeweilige Staatskirche die von ihr Abweichenden mit der empörendsten Unduldsamkeit verfolgte und unterdrückte. Die gehässigen Verfluchungen, welche sich noch im vorhergehenden Jahrhundert lutherische Pfaffen gegen die Reformirten erlaubt, die sie beinahe nicht einmal als Christen anerkennen wollten, wurden nicht mehr geduldet. Obschon Friedrich Wilhelm I. nicht umhin konnte, sich dem herrschenden französischen Modetone damaliger Welt soweit zu fügen, daß er seine Kinder französisch erziehen ließ, hielt er doch, wo er konnte und durfte, die Ehre der deutschen Sprache aufrecht. Freilich war er dieselbe keineswegs fehlerfrei zu schreiben im Stande, und dabei haßte er auch alle Wissenschaft und Kunst, die übrigens oft darnach war, daß sie nichts besseres verdiente. Die Zeitungen suchte er zu unterdrücken, bis sie ihm durch Bekanntmachung der Thaten seiner Truppen unentbehrlich wurden; aber er wußte sie wenigstens durch strenge Censur unschädlich zu machen. Auch auf die Rechtspflege der Gerichte gab er nichts, hielt seinen eigenen Verstand für den passendsten Richter über Leben und Eigenthum seiner Unterthanen, und griff daher in despotischer Weise in die Befugnisse der Behörden ein. Er unterwarf Schuldige, die dies oft nur nach seinen Begriffen waren, nicht nur den grausamsten Foltern und Strafen, sondern sogar höchsteigenhändiger Mißhandlung. Alle ihm Begegnenden zitterten vor ihm; denn er pflegte sie über Alles auszufragen und nach Umständen mit seinem Stocke zu traktiren. Verschwender ließ er in's Zuchthaus oder in die Festung sperren, Kindesmörderinnen in Säcken, die sie selbst nähen mußten, ertränken, Verschiedene auf dem hölzernen Esel reiten oder am Pranger stehen. Die öffentlichen

Dirnen, deren Zunahme indeffen mit derjenigen feiner Soldaten, denen er das Heiraten erfchwerte, Hand in Hand ging, ließ er von Zeit zu Zeit auffangen und in die Zuchthäufer fperren, was freilich nichts nützte; am andern Tage waren die lüderlichen Häufer meift wieder voll. Abends neun Uhr ließ er die Gäfte aus den Wirthshäufern treiben, bis er fand, es fchade feinen Einkünften. Dabei duldete er aber keine Vorrechte des Adels vor dem Bürgerftande, behandelte vielmehr erftern ftrenger und war der Erfte, der die Axt an das Junkerthum legte, deffen Glieder er oft ohne Umftände hinrichten ließ. In feinem großen Sohne unterdrückte er nach feiner Anficht ariftokratifchen Leichtfinn und ausländifche Sitten. Befonders wüthend war er auf verfchwenderifche Moden, wie auch auf das Theater und auf frivole Lüfte, die er an dem Hofe feines Zeitgenoffen Auguft von Sachfen und Polen laut genug tadelte. Mit feinem ebenfo einfachen, wenn auch bedeutend weniger mäßigen Nachbar Peter taufchte er Fabrikarbeiter, die er gewaltfam aufgreifen und nach Rußland führen ließ, gegen große Soldaten aus. Merkwürdiger Weife war er jedoch, trotz feiner Sparfamkeit, ein Freund des Bauens, und zwar koftbaren. Berlin und Potsdam ließ er beinahe ganz neu aufbauen, was viele rechtliche Leute, die er zu neuen Bauten zwang, zu Grunde richtete. Er begünftigte die Schafzucht und die Fabrikation der Wolle, wie den Handel mit folcher, während er die Baumwolle ftreng verfolgte und überall zu verbannen fuchte, zu welchem Zwecke er einen Grenadier zum Generalfiskal erhob. Seinem Charakter gemäß verachtete er Rang-, Titel- und Ceremonienwefen, benutzte aber die herrfchende Sucht nach diefen Dingen zum Vortheile feiner Kaffe, bei welcher fchamlofer Stellenkauf im Schwange war. Daneben wetteiferte auch feine Luft an tollen und graufamen Jagden mit feiner Soldatenliebhaberei.

Als der fterbende Friedrich Wilhelm I. 1740 feinem Sohne Friedrich II. einen gefüllten Staatsfchatz und ein wohlgerüftetes Heer hinterließ, mochte er wol ahnen, daß mit dem ftets von ihm gehaßten Trotzkopfe ein neues Syftem auf den Thron fteigen werde, dem indeffen manche Einrichtungen des alten fehr wohl kamen. Der Grundgedanke der Regierung Friedrich's war derfelbe, wie derjenige der Regierung feines Vaters, — die uneingefchränkte Monarchie, — nur wurde fie jetzt aus einer pietiftifchen zu einer aufgeklärten. An die Stelle der fteifleinenen „Puritaner" am Hofe kamen witzige, frivole, franzöfifch gebildete Cavaliere; der vertriebene Wolf wurde, wie wir fchon gefehen (S. 352), nach Halle zurückberufen, obfchon feine trockene Gelehrfamkeit den neuen König nichts weniger als erbaute. Die Riefengarde und die Jagdwildniffe wurden aufgegeben, um nützlicheren und energifcheren Befchäftigungen Platz zu machen. Wie Peter die Ruffen durch die Deutfchen, fagt Schloffer, wollte Friedrich, der feines Vaters Rohheit mit dem Deutfchthum verwechfelte und fich Feinheit und Bildung nur franzöfifch denken konnte, — die Deutfchen durch die

Franzosen civilisiren. Der Hof und die Berliner Akademie sprachen französisch, und der König, der die damals nach und nach erwachende deutsche Literatur nicht kannte oder nicht kennen wollte (oben S. 90 und 357), dachte und schrieb nur in der Sprache, die sich bereits seit hundert Jahren als die Nachfolgerin der römischen ansah.

Friedrich begann mit Verbesserung des Militärwesens und der Gesetzgebung. Zu seinem Gehülfen in Vereinfachung der letztern und in ihrer Säuberung von den „gelehrten mit spitzfindigen römischen und den veralteten deutschen" Rechtssatzungen wählte er den allem Pedantismus abgeneigten Rechtskenner Samuel Cocceji (oben S. 436), den er 1746 zum Großkanzler erhob, der zwar in seinen theoretischen Ansichten einer vergangenen Zeit angehörte, aber ganz dazu paßte, in einen Wirwarr von Recht und Unrecht schnelle militärische Ordnung zu bringen. Dies System wäre ein höchst verderbliches gewesen, wenn nicht Friedrich selbst mit seinem erleuchteten Geiste in Alles hineingeblickt, an Allem mitgearbeitet hätte. Er machte sich selbst zum obersten Richter, Verhaftung und Begnadigung hingen allein von ihm ab. Den in Preußen von jeher heilig gehaltenen Grundsatz der Duldung aller Glaubensbekenntnisse hielt Friedrich mit mehr Konsequenz und Freisinn aufrecht, als alle seine Vorgänger und Nachfolger. Er ließ nicht nur alle katholischen Einrichtungen im eroberten Schlesien fortbestehen, sondern erbaute selbst eine katholische Kirche in Berlin und weigerte sich, gegen die katholische Geistlichkeit einzuschreiten, wenn sie solchen ihrer Beichtkinder die Sakramente versagte, welche je nach Laune in dem einen Punkte katholisch sind und im andern nicht, indem er von dem richtigen Standpunkte ausging: wer sich nicht in allen Punkten seiner Kirche füge, thue besser, sich ganz von ihr zu trennen.

In den Spezialitäten der Verwaltung beging Friedrich viele Mißgriffe, indem er Manches durch despotisches Einschreiten regeln zu können wähnte, was nur durch uneingeschränkte Freiheit gedeihen kann. Und dennoch gelang es ihm, sowol das neu erworbene Schlesien, als das ferne Ostfriesland so fest an seinen Staat zu knüpfen, daß sie nach verhältnißmäßig kurzer Zeit nicht mehr gewünscht hätten, demselben nicht anzugehören, ja sogar ihrem neuen Vaterlande alle durch die schwierigen Zeiten erforderten Opfer willig brachten. Unter die Wohlthaten, welche diese Verhältnisse herbeiführen halfen, gehörte namentlich die Herstellung der Handels- und Gewerbefreiheit, der Anbau wüster Ländereien, die Einführung der Seidenzucht, die Errichtung von Kanälen, die Reinigung von Häfen u. s. w. Wie er trotz der damaligen Kleinheit seines Staates dem ganzen europäischen Festlande gegenüber die Spitze bot und dem deutschen Namen wieder Achtung verschaffte, mag die politische Geschichte darthun.

Eine der bezeichnendsten Erscheinungen in Friedrich's Leben und Treiben ist aber der Umgang mit den von ihm nach Berlin gezogenen Franzosen und der Einfluß, den diese Windbeutel auf ihn errangen. Wir

erwähnten bereits sein Verhältniß zu **Voltaire** (S. 382), **Maupertuis** (S. 267) und **Lamettrie** (S. 849), und wollen unter
vielen Andern ähnlichen Gelichters nur noch Einen nachtragen, den **Marquis d'Argens**. Nachahmungen der „persischen Briefe" Montesquieu's,
die er in Holland, wohin ihn Ausschweifungen, Schulden und Händel getrieben, als „jüdische", „chinesische" u. s. w. veröffentlichte, erwarben ihm
durch ihr kühnes Austreten gegen religiöse Anschauungen, trotz ihrer Weit-
schweifigkeit und Geschmacklosigkeit, die Empfehlungen Voltaire's bei Friedrich, der ihn zum Direktor der Klasse der schönen Wissenschaften an der
Berliner Akademie ernannte. Er glaubte sich in dem „gelehrten" Deutschland dadurch besonders wichtig zu machen, daß er seine Schriften aus den
alten Griechen speiste, Schriften der Letzteren übersetzte und mit seinem
eignen Senf herausgab, wenn sie in seinen Kram paßten, d. h. frivol
genug waren.

Wichtiger und folgenreicher waren indessen Friedrich's Beziehungen
zu dem „Patriarchen" **Voltaire** selbst*). Den Anfang derselben
kennen wir schon. In seinem ersten Briefe mahnte Voltaire, der sich
bereits als Friedrich's Mentor betrachtete, seinen fürstlichen Freund zur
Wahrheitsliebe, zum Kampfe gegen Tyrannei und Aberglauben; bald
nannte er sich den Aristoteles des neuen Alexander und Berlin ein neues
Athen; dann beförderte er den Alexander wieder zum Sokrates, nannte
ihn „Prinz-Philosoph", ja sogar „Gott Friedrich". — Alles weder aus
Ueberzeugung, noch aus bloßer Schmeichelei, sondern in der Hoffnung auf
eine Anstellung am preußischen Hofe, nachdem er am französischen unmöglich geworden. Friedrich bestieg eben den Thron, als Voltaire den
„Antimachiavelli" (oben S. 437), den der Verfasser ihm zur Durchsicht
gegeben, im Haag ohne Wissen und Willen desselben und mit willkürlichen
Abänderungen drucken ließ. So unangenehm dies dem jungen Könige
war, konnte er es nicht mehr ungeschehen machen. Er machte gute Miene
zum bösen Spiele, und die längst erwartete Einladung Voltaire's
nach Potsdam folgte dem ersten persönlichen Zusammentreffen der Beiden in
Cleve. Der Philosoph erschien auf Besuch, aber „mit geheimen Aufträgen des französischen Hofes," den damals der Kardinal Fleury beherrschte. Als Friedrich darauf kam, hatte das Verhältniß seine schöne
Seite verloren; es war ein schwarzer Schatten hineingefallen und hatte
gegenseitige Verstimmung herbeigeführt. Friedrich muß von da an seinen
Glauben an die Menschheit verloren haben; denn er, der noch bei seiner
Thronbesteigung in einem französischen Gedichte gesungen:

    Desormais mon peuple que j'aime,
    Est l'unique Dieu que je sers,

---

*) J. **Beneden**, Friedrich der Große und Voltaire. Leipzig 1859.

schrieb jetzt aus dem schlesischen Feldzuge, der freilich schon an sich nicht
mehr „antimachiavellistisch" war, dem mephistophelischen Rathgeber, mit
dem er bald schmollte, bald wieder anknüpfte:

> Croyez moi, c'est peine perdue
> Que de prodiguer le bon sens
> Et d'etaler des argumens
> Aux boeufs qui trainent la charrue,

und hatte somit bereits die Ansicht Voltaire's gewonnen, welcher ihm einst
von den „Thieren" geschrieben, „welche man Menschen nenne." In
seinem Innern aber kämpfte er einen furchtbaren Kampf gegen seine
politische Rolle, verdammte in seinen Briefen mit scharfen Worten den
Krieg und nannte dessen Theilnehmer „Banditen, Barbaren, Unmenschen!"
Voltaire, der die gleiche Ansicht hegte, tröstete ihn durch den Titel des
„Großen"; denn er war der Erste, der ihm denselben gab. Nachdem er
so Friedrich's Mißtrauen wieder eingeschläfert, gab er, seinen alten Plan
stets verfolgend, dem Könige vor, in Frankreich von der Geistlichkeit verfolgt zu werden, welche Erdichtung er mit dem französischen Minister
Amelot verabredet hatte, und erschlich sich hierdurch Aufnahme in dem
Palaste, welchen Friedrich im Haag besaß, berichtete von dort aus Alles
nach Paris, was er über seinen königlichen Freund erfuhr, — theilweise in
Chiffreschrift, — verlangte dann wieder von ihm, daß er dem französischen
Hofe die Versicherung ertheile, es äußere sich über denselben Niemand
vortheilhafter als Voltaire, erreichte aber, obschon das ganze Treiben
geheim blieb, den oben (S. 333) erwähnten Ruf des bethörten „Antimachiavelli" an den preußischen Hof, nach manchen Zwischenfällen und
oft in Folge gegenseitiger Neckerei unterbrochener Korrespondenz, erst im
Jahre 1750. Durch ihn vervollständigte sich die schöngeistige Gesellschaft
in Sanssouci, in welcher außer den bereits erwähnten Franzosen noch der
Italiener Algarotti, vielseitiger Gelehrter und Künstler (gestorben 1762
zu Pisa), der Schotte Lord-Marschall Keith (später Gouverneur von Neuenburg, gestorben 1778) und andere Fremde hervorragten, neben welchen
Friedrich beinahe keinen Deutschen seiner Freundschaft würdigte, — daher
auch sein Mangel an Kenntniß seines eigenen Volkes. Er war indessen
trotz dieser Fremdenmanie so weit entfernt, die Unsitten fremder Höfe zu
billigen oder nachzuahmen, daß er Voltaire's schamlos überbrachte Grüße
der Pompadour beantwortete: er kenne die Person nicht, was den Intriguanten jedoch nicht verhinderte, der Königinnen eine Erwiederung der
Grüße in Versen zu melden, und zugleich in einem Briefe an den Herzog
von Richelieu — Friedrich auf's Neue zu verrathen. Wir kennen
Voltaire's Benehmen und schmutzige Händel in Berlin bereits, und ebenso
seine tolle Abreise von dort und die Abenteuer nach derselben (a. a. O.).
Friedrich's Worte, daß er Voltaire wie die Schale einer ausgepreßten
Orange bei Seite werfe, und das Autodafé, das er dem gegen Maupertuis

geschleuderten „Doktor Akakia" widmete, erweckten in Voltaire Nachedurst, und er schrieb 1759 an den Grafen d'Argental: er habe den Willen und das Recht, die Verurtheilung des Königs der Nachwelt zu hinterlassen. In einem Briefe an den Herzog von Richelieu hatte er die Frechheit, Friedrich „seine Mätresse" zu nennen, und zwar kurz nachdem er sich mit ihm versöhnt hatte. — Ungeachtet der häßlichen Scenen auf Voltaire's Rückreise aus Berlin war Friedrich noch oft genug der Dupe seines Ruhmesgenossen, der ihn abwechselnd verherrlichte und an — Richelieu und die Pompadour verkaufte; denn er sah eben in ihm die Verkörperung der Grundsätze, denen er und die Geistreichen des Jahrhunderts huldigten und nach welchen er zu regieren sich bemühte. Voltaire war ihm auf die Dauer unentbehrlich, sei es persönlich, sei es mittels Korrespondenz, und derselbe Voltaire ließ eine Ausgabe seiner Pucelle drucken, in welcher eine auf Friedrich gemünzte, zwar von des Verfassers Freunden als untergeschoben erklärte, aber von ihm nicht desavouirte Stelle vorkommt, welche den König unnatürlicher Laster beschuldigte, zu welcher Verleumdung seine bekannte Gleichgültigkeit gegen das weibliche Geschlecht Anlaß bieten mochte. Und das war zu der Zeit, als die europäischen Großmächte sich gegen das aufstrebende und alleinstehende Preußen verbanden! Aber der alleinstehende Simson schlug die Filister und dupirte aun selbst bei Roßbach die Franzosen, die ihn so lange, mit Voltaire's Hülse, zu dupiren geglaubt hatten. Sein in mehreren Briefen kundgegebener Entschluß, sich im Falle einer Niederlage das Leben zu nehmen, hatte Bedenken und Zaudern hervorgerufen, und er hatte dies gehörig benutzt! Voltaire war darüber so erbost, daß er von da an Friedrich in seinen Briefen nur noch mit dem unübersetzbaren Schimpfnamen „Luc" benannte, seine erwähnten schamlosen Anklagen in seinen Briefen ofen wiederholte, ja jogar Friedrich's ihm anvertraute Satiren auf die „Weiberherrschaft" in Petersburg, Wien und Versailles und auf das positive Christenthum eigenmächtig veröffentlichte und dem Könige schrieb, man habe selbe im Nachlasse von Maupertuis zu Basel gefunden! Erst als es sich darum handelte, ein Denkmal für Voltaire aufzustellen und Dieser hiefür auf einen Beitrag von Friedrich hoffte, begann er wieder mit Achtung vom Könige zu sprechen. Friedrich aber hielt nach Voltaire's Tode dessen Leichenrede in der Akademie und wies die ihm aus dem Nachlasse desselben durch Beaumarchais übersandten, mit schändlichen Lästerungen gegen ihn selbst angefüllten Memoiren des Verstorbenen zurück, ohne ihre Veröffentlichung zu verhindern, die denn auch erfolgte. — Wir haben uns mit dieser Episode, betreffend den Verkehr zwischen zweien der bedeutendsten Männer des vorigen Jahrhunderts, so eingehend beschäftigt, weil sie auf das Wirken des großen Reformers, mit dem wir uns eben beschäftigen, manches Licht wirft, und zeigt, wie er für seine Hingabe an eine fremde Nation und deren damaligen größten Genius belohnt, und wie er trotzdem nicht abgeschreckt wurde von dieser Richtung und sich nicht entschließen konnte, sein eigenes Volk, das ihn vergötterte, besser zu würdigen und an dessen damaligen großen Kulturfortschritten theilzunehmen. So entfremdete er sich gewissermaßen Allem; die ihn liebten, mißachtete er, — die er bewunderte, verhöhnten und befleckten ihn, — und sein Volk drückte er in seinen späteren Jahren mit habsüchtigen Finanzmaßregeln, mit der französirten Zollverwaltung (oben S. 90) und mit dem unseligen Versuche, den Kaffee zum Monopol zu machen, auf die unverantwortlichste Weise. So mußten sich die Herzen von ihm entfernen, und er stand daher in seinem Alter, mit zerrissenem Herzen und verfehltem Streben, einsam und verlassen da! — Und nach seinem Tode geschah das Gegentheil dessen, was er beabsichtigte. Nicht dem französischen Geiste der Überfeinerung und Frivolität kam der bessere Theil seiner Wirksamkeit zugut, sondern vielmehr dem seinen Absichten fremden und gleichgültigen Geiste deutscher Tüchtigkeit und Innigkeit; denn er war eben trotz allem Fremdthuns doch ein Deutscher gewesen, und seine Landsleute allein sahen sich durch seine Thaten zu hohem Streben hingerissen und folgten seinem Banner.

Unter den Vermittlern dieser Übertragung der Richtung Friedrich's des Großen in das deutsche Bewußtsein, dieses Mundgerechtmachens der Idee aufgeklärter Alleinherrschaft für ein an feudale Vielherrschaft gewöhntes Volk, erblicken wir voran eine Reihe verdienter deutscher Staatsrechtslehrer und Politiker, welche sich keineswegs, wie die von uns im vorigen Abschnitte Erwähnten, mit Aufstellung abstrakter Methoden abgaben, nach welchen regiert werden sollte, sondern auf der konkreten Grundlage des Bestehenden die politischen Verhältnisse und ihre mögliche Verbesserung und Weiterentwickelung besprachen. Wir können sie daher als Gehülfen der großen Reformer des achtzehnten Jahrhunderts betrachten, und als die Ersten, welche an dem morschen, faulen Stamme des „heiligen römischen Reiches" mit seinen mehreren hundert Souveränetäten geistlicher und weltlicher Fürsten, sowie der Reichsstädte und Reichsdörfer zu schütteln wagten. Ihren Senior lernen wir in Johann Jakob Moser kennen, welcher sein Leben, wie das „Staatslexikon" sagt, „mit einer nur dem deutschen Charakter eigenthümlichen Offenheit, Naivetät und Geradheit" selbst beschrieben hat. Er war als Sohn eines württembergischen Beamten am Anfange des Jahres 1701 zu Stuttgart geboren, studirte, des Vaters früh beraubt, in Tübingen, doch mehr in Büchern, als in den Vorträgen, und wurde dort schon 1720 Professor der Rechte, erhielt aber keine Zuhörer und begab sich deshalb 1721 nach Wien. Da jedoch eine Anstellung dort vom Übertritte zur katholischen Kirche abhängig gemacht wurde, kehrte er nach Hause zurück und lebte von Privatarbeiten, während seine Vorschläge zu Reformen am Reichskammergerichte unbeachtet blieben. Ohne zu verzagen, brachte er dieselben Vorschläge in Wien an, wo er zwar Arbeit erhielt und sich niederlassen wollte, aber 1726 eine ihm angebotene

— 465 —

Regierungsrathsstelle in Stuttgart vorzog, die er nachher wieder mit seiner
Professur in Tübingen zu vertauschen genöthigt war, bis sie ihm, nach
mancherlei Quälereien neidischer Collegen und der Censur, bei einem
Regierungswechsel erster Stelle wieder zufiel. Mit kolossaler Arbeitslast
überhäuft, nahm er 1736 einen Ruf als Professor nach Frankfurt an der
Oder an. Sein Auftreten gegen Mißbräuche und gegen den schlechten
Witz Friedrich Wilhelm's I. mit Morgenstern (oben S. 89) verursachte
ihm solchen Verdruß und Ungnade, daß er 1739 seine Entlassung nahm.
Er zog sich nun nach Ebersdorf in den reußischen Landen zurück, wo er sich
in Zinzendorf'schen Kreisen der Frömmigkeit und für sich der Bearbeitung
des „Teutschen Staatsrechtes" widmete, welches Werkes Veröffentlichung
ihm der Tabakscollegienkönig umsonst zu verbieten suchte. Dazwischen
wurde er zu Gesandtschaften bei zwei Kaiserwahlen und damit verbundenen
Rechtsgutachten verwendet. Nach einigen Jahren hessischer Staatsdienste
in Homburg und Hanau kehrte er wieder, als Landschaftskonsulent, nach
Stuttgart zurück und war die Seele des württembergischen Staatsdienstes.
Es war jedoch für seinen unabhängigen Charakter, der die Rechte der
Landschaft dem Hofe gegenüber fest vertrat, nicht möglich, unter der
Maitressen- und Günstlingswirthschaft des Despoten Karl Eugen zu bestehen; er wurde wegen seiner Charakterfestigkeit des Hochverrathes beschuldigt und 1759 auf Befehl des Herzogs, als Opfer für den Widerstand
der „Landschaft", in Hohentwiel eingesperrt, hart behandelt und sogar
der Schreibmaterialien beraubt. Trotzdem schrieb er mittels verschiedener
spitziger Gegenstände auf die Wand und auf ungebleichtes Papier eine
Menge geistlicher Lieder, theologischer und juristischer Abhandlungen.
Endlich, nach zehnjähriger Kerkerhaft, wurde er auf Verwendung Friedrich's
des Großen, und als diese den Herzog nicht bewog, es ohne Demütigung
zu thun, auf Beschluß des Reichshofrathes entlassen. Noch zurückgezogen,
aber thätigem Alter starb er 1785 zu Stuttgart. Sein Leben lang
zeichnete ihn rastloser Fleiß, unbeugsame Ehrlichkeit und Wirken für geset-
liche Freiheiten des Volkes aus, für die er als Martyrer gelitten hat.
Das Verzeichniß seiner Schriften füllt allein 57 Seiten seiner Selbstbiographie!

Moser's jüngster Nacheiferer in derselben Art der Thätigkeit
war Johann Stephan Pütter, 1725 zu Iserlohn geboren. Er studirte
zu Marburg (bei Wolf), Jena und Halle, wurde schon 1742 Kanzler
zu Marburg, dann Advokat und hierauf Docent, 1747 aber Professor
zu Göttingen, um dessen junge Hochschule er sich in hohem Maße
verdient machte. Er unterrichtete die dort studirenden englischen Prinzen
und vollführte eine Menge ehrenvoller staatsrechtlicher Aufträge. In
hohem Ansehen und rüstigem Fleiße alt und gelehrt kindisch geworden,
starb er 1807. Er war der eigentliche Ordner des von Moser geschaffenen

deutschen Staatsrechtes, in dessen Wirrwarr er unter seinen Zeitgenossen sich fast allein völlig zurechtfinden konnte.

Moser's Name und Talent jedoch ging hauptsächlich auf seinen Sohn, Karl Friedrich Moser über, welcher 1723 zu Stuttgart geboren war und den Vater auf dessen vielen Reisen begleitete, nach und nach auch in dessen Geschäften unterstützte. Seit 1747 stand er fast beständig in hessischen Diensten aller Zweige dieses Hauses, bis er sie, 1766, mit den kaiserlichen vertauschte. Seit 1774 aber leitete er wieder, als erster Staatsminister, die Staaten jenes hessischen Landgrafen, der durch die Kaserne von Pirmasens (oben S. 80) komische Berühmtheit erlangt hat, und wurde durch Entfernung aller Mißbräuche und umfassende Sparsamkeit der Segen des von seinen Fürsten vernachläßigten Landes. Endlich aber durch Neider, vorzüglich wegen beabsichtigter Aufhebung des Lottospiels, angeschwärzt, nahm er 1780 seine Entlassung; damit aber nicht befriedigt, bewirkten seine Feinde auch noch, daß er wegen angeblicher Willkür, Amtsmißbrauchs, Unwahrheit und Verwirrung des Landes in Anklagezustand versetzt und als Majestätsbeleidiger entsetzt wurde. Die Beschlagnahme seines Vermögens wurde nur durch Befehl des Reichshofrathes verhindert. Erst nach dem Tode des Kasernenlandgrafen erhielt er Genugthuung, und starb 1798 in Ludwigsburg.

Der jüngere Moser war von Charakter ebenso ehrenhaft wie sein Vater, aber, — wie Bluntschli sagt, mehr ein Mann der That als der Schrift; sein Stil war voll Mark und stets schlagfertig, sein Scharfblick bewundernswürdig, sein Freimut ungestüm und dessen Aeußerungen kühn, seine Bilder farbenreich und klar. Mit unerbittlicher Wahrheit zeichnete er das verdorbene Hof- und Fürstenleben seiner Zeit; aber er arbeitete einer neuen Weltperiode vor, ohne deren Ideen zu fassen, wie er auch Friedrich den Großen nicht zu verstehen erklärte und stets im Horizonte des Patrimonialstaates befangen blieb. Die beste unter seinen Schriften, von denen übrigens keine, was den Stil betrifft, die Mittelmäßigkeit überstiegen hat, — war „der Herr und der Diener", worin er seine Gedanken und Beobachtungen über Erziehung und Charakter der deutschen Fürsten niederlegte, und darüber klagte, wie Wenige es unter Denselben gebe, welche die deutsche Freiheit nicht mißbrauchen, wie Wenige für das Wohl ihres Landes arbeiten, und wie schädlich die einseitig militärische Ausbildung auf sie wirke. Und solche Erinnerungen an die Fürsten, daß auch sie Menschen seien, waren höchst nothwendig zu einer Zeit, wo die Kriecherei so weit getrieben wurde, daß selbst ein Bürger einer freien deutschen Hansastadt einen Landgrafen von Hessen anwinseln durfte: wenn Gott nicht Gott wäre, wer sollte billiger Gott sein, als Ew. Hochfürstliche Durchlaucht? Solcher Schmach gebührte die derbste Züchtigung. Ähnlich geißelte Moser auch den bereits (S. 76) erwähnten Menschenschacher

der Fürsten, ihre Eitelkeit, ihr Mätressenwesen, den schleppenden Geschäfts-
gang ihrer Behörden, die Elendigkeit und Unbrauchbarkeit vieler
Minister u. s. w.

Mit Karl Friedrich Moser hat in seinen Ansichten und in seiner
Wirksamkeit sehr viele Ähnlichkeit sein Zeitgenosse Justus Möser.
Er war 1720 zu Osnabrück als Sohn eines dortigen Beamten geboren
und war als wilder Junge einst nahe daran, nach Amerika durchzubrennen,
wurde aber von seinen Eltern entdeckt und wieder heimgebracht. In der
Schule ersann er mit seinen Genossen eine eigene „gelehrte Sprache",
studirte dann zu Göttingen und Jena und bekleidete seit 1742 Beamtungen
in seiner Heimat, seit 1762 die eines Justitiarius beim Kriminalgerichte
seiner Vaterstadt, nachdem er während des siebenjährigen Krieges eine
Mission nach England besorgt hatte. Osnabrück bildete seit dem westfälischen Frieden das sonderbare Zwitterding einer geistlichen Herrschaft
beider (!) Konfessionen. Das Domkapitel bestand theils aus katholischen,
theils aus protestantischen Domherren und den Fürstenstuhl hatte abwechselnd ein vom Domkapitel ernannter katholischer und ein dem Hause
Braunschweig angehörender protestantischer Bischof inne. Nach dem
siebenjährigen Kriege kam die Reihe an den sieben Monate alten (!)
Herzog von York, Sohn Georg's III. von England und Hannover unter
der Vormundschaft seines Vaters. Das Domkapitel bildete mit der
Ritterschaft und den Vertretern der Städte die Landstände, und Möser
nahm die seltsame Doppelstellung eines Rathgebers der Ritterschaft und
zugleich eines solchen der Regierung ein, was sich nur durch allseitiges
Vertrauen in seine Rechtlichkeit und Tüchtigkeit erklären läßt. Nachdem er
1773 durch den Tod seines einzigen hoffnungsvollen Sohnes alle Aussicht
auf Nachkommenschaft verloren, starb er 1794. Möser's umfangreichstes
Werk ist die „Osnabrückische Geschichte", welche jedoch nur bis zum
Jahre 1180 gediehen ist. Seine kleineren Schriften, welche meist in dem
von ihm 1766 bis 1782 redigirten „Osnabrückischen Intelligenzblatte"
erschienen, wurden theils von seiner Tochter unter dem Titel „Patriotische
Phantasien" (Berlin 1778) herausgegeben, theils erschienen sie als
„vermischte Schriften".

Wie Karl Friedrich Moser die Ideen der neuen Zeit nicht verstand,
so lehnte sie Möser, der sie wohl verstand, mit Bewußtsein ab, soweit sie
nicht nach seinen Begriffen dem strengen, positiven, historischen Rechte
gemäß waren. Er war lediglich ein Mann des Rechtes, alles Andere
war ihm gleichgültig, und so konnte er darüber spotten, daß „seit einiger
Zeit die Menschenliebe zur Mode geworden", und sich verwahren, daß
man in Reformen des Staatslebens auf Religion und Humanität, statt
nur auf Recht und Polizei Rücksicht nehme. Er ging in Betrachtung
jeder Einrichtung auf die ältesten Zeiten zurück, wies in diesen die Ent-

stehung derselben und damit ihren Sinn und Zweck nach und vertheidigte sie auf dieser Grundlage. So erschien er als ein Gegner der Bestrebungen zur Herbeiführung größerer Freiheit und Gleichberechtigung unter den Menschen. Er wollte eine ruhige, gesetzmäßige Entwickelung auf Grund gegebener Rechtszustände, an denen möglichst wenig, am liebsten gar nicht gerüttelt werden sollte. Das Höchste war ihm die Korporation, namentlich der Bauerhof und dessen alte Satzungen, dem gegenüber der Einzelne nichts galt. Daher sprach er sich gegen das Christmachen der unehelichen Kinder, ja sogar der Schächer, gegen die Beerdigung der Selbstmörder auf den Friedhöfen, ja sogar für die Folter und die Brandmarkung aus, während er sich in Bezug auf die Leibeigenschaft sehr vorsichtig verhielt, so daß man ihn bei sich zu Hause für einen Gegner, auswärts aber für einen Anhänger derselben hielt. So sind wir, nicht mit Unrecht und nicht nur von unserm, sondern sogar vom Standpunkte seiner Zeit, deren Gebildete bereits weit über ihn hinaus waren, versucht, ihn als einen Vollblut-Reaktionär zu verurtheilen. Und dennoch steht er überall unter den Vorboten der neuern Reformen! Wir müssen dies zu erklären versuchen. Einmal war er der Erste, welcher die Zustände des alten Deutschen historischer Forschung unterwarf, wenn auch nicht mit dem Erfolge, den die neueste Wissenschaft in diesem Gebiete erzielt hat. Dabei bedauerte er es aber ausdrücklich, daß die deutschen Kaiser die Fürstenhoheiten so sehr emporwuchern ließen und dem Reichstage nicht ein Unterhaus nach englischem Muster an die Seite setzten. Sind aber schon diese Ansichten wesentlich fortschrittlich und der politischen Stagnation des Mittelalters und der Reformationszeit keineswegs hold, so sind dies, ungeachtet der erwähnten allerdings reaktionären Aeußerungen, noch mehr seine Vorschläge zu einer Reform des Adels, von dem er ein Festhungen in der Nation nach Art des englischen verlangt, und sein Anlaufen gegen die geistlose und entnervende Bureaukratie, Polizeiwillkür und Vielregiererei, an deren Stelle er die Selbstregierung der Gemeinden gesetzt wissen wollte. Ebenso tief er auch, als grundweiser Gegner des Absolutismus, nach einem Volksheere, das den regulären Truppen gleich geübt und gleichgestellt werden sollte, und nach Einführung der Geschworenengerichte, wie er auch stets die Unabhängigkeit der Justiz verfocht. Die Religion betrachtete er lediglich als zweckmäßige Staatsanstalt und schwärmte von diesem Standpunkte gleich Leibniz für die Vereinigung der Konfessionen, während er von Mysticismus und Pietismus so wenig etwas wissen wollte, als von Rousseau's Naturreligion, gegen welche er ein humoristisches Sendschreiben erließ. Nach seiner Ansicht sollte der Staat weder eine Religion begünstigen, noch eine solche beschränken, wol aber — die Atheisten verbannen. Er war auch für Reform der Schule, aber nicht in dem weitgehenden Maße eines Basedow und Rousseau, er verlangte Abhärtung der Jugend, Errichtung von Realschulen, Vorwalten der

Phantasie gegenüber dem Verstande. Seine ganze ungetheilte Liebe schenkte er aber dem Bauernstande, in welchem er die Grundlage des gesammten Staates erblickte, dessen Wohl er vor Allem gefördert und besorgt und dessen alte Sitten er gewahrt zu sehen wünschte. Mit seinen politischen Anschauungen war aber noch nicht seine ganze Vielseitigkeit erschöpft. In seinen „patriotischen Phantasien" begegnen wir einer merkwürdigen Fülle von Gedankenstoff, der ihn beschäftigte. Wir finden darin ein „Schreiben einer Mutter über den Putz der Kinder", eine Abhandlung, daß reicher Leute Kinder ein Handwerk lernen sollten, eine Mahnung, für guten Leinsamen zu sorgen, wenn der Linnenhandel sich bessern solle, etwas zur Verbesserung der Armenanstalten, Gedanken über die vielen Lotterien (die er unbedingt verdamme), einen Vorschlag, wie der Theuerung des Korns am besten auszuweichen, die Vortheile einer allgemeinen „Landesuniform" (eine Satire auf Moden und Orden), die Befürwortung der Abschaffung des Branntweintrinkens; sogar die Hogarth'sche Linie der Schönheit wird bedacht, die Anlegung neuer Mühlen besprochen, ein Vorschlag zu einer Zettelbank gebracht, die Frage aufgeworfen: Sollte man nicht jedem Städtchen seine besondere politische Verfassung geben? u. s. w. Noch aber haben wir einen erfreulichen Punkt in Möser's Wirken zu berühren; es ist dies sein ächt deutsches Wesen und seine entschiedene Opposition gegen die Nachäffung der Franzosen, so daß er unter Anderm gegen die Gottsched'sche Nachahmungssucht und gegen Friedrich's des Großen Vergötterung alles Französischen in heiligem Ernste auftrat und die deutsche Sprache und Literatur sammt ihrem neuen Heros Goethe eifrig vertheidigte. Im Einklang damit war auch sein Stil wahrhaft deutsch und körnig, kurz und klar, kräftig und launig.

Die Mahnungen Möser's aber, so sehr sie auf dem Bestehenden beruhten, fanden gleich jenen der beiden Moser, bei den deutschen Regierungen nur taube Ohren, bis, wie Welcker treffend andeutet, das Völkergericht der Revolution über sie hereinbrach.

Eine weit entschiedenere Richtung schlug August Ludwig Schlözer ein. Im Fürstenthum Hohenlohe-Kirchberg 1735 als Pfarrerssohn geboren, studirte er in Wittenberg und Göttingen Theologie, wollte als Missionär nach Indien gehen, wurde aber statt dessen Hauslehrer in Schweden, begann sich dort politischen Studien zu widmen, erhielt, nachdem er sich in diesem Fache zu Göttingen ausgebildet, 1761 einen Ruf nach Petersburg, um an der Akademie, später als Professor zu wirken, begründete die russische Geschichtschreibung, ging aber 1769 als Professor nach Göttingen, wo er über Geschichte und Staatsrecht las und schrieb und nach einigen Jahren den Plan faßte, eine Zeitschrift herauszugeben. Er that dies seit 1775, zuerst unter dem Titel „Briefwechsel", in fliegenden Blättern, welchem nach einem Jahre der „Neue Briefwechsel" als förm-

liches Zeitungsblatt folgte. Den politischen Neuigkeiten gesellten sich,
seinem Plane gemäß, bald auch Urtheile, zuerst blos über auswärtige
Angelegenheiten, und zwar in möglichst konservativem Sinne, dann aber
immer mehr auch über deutsche Zustände bei; und er zog nach und nach
immer muthiger und fester gegen alle Mißbräuche und Tyranneien, gegen
Volksunterdrückung und Geheimnißkrämerei, gegen Censur und Inquisition,
gegen Jesuiten und Obskuranten, und gegen alles Veraltete und Faule
los. Von 1782 an nahm das Blatt den Titel „Staatsanzeigen" an
und deckte immer schonungsloser alle Schmach auf, an welcher Deutschland
krankte. Besonderes Aufsehen erregte sein Donnern gegen die Hinrichtung
des Pfarrers Waser in Zürich (s. des Verf. Schweiz. Gesch. II. S. 504),
welche unter Anderm eine Folge der von demselben in Schlözer's Blatt
veröffentlichten Aktenstücke war.

Die Dunkelmänner und Despoten schrieen laut auf, donnerten gegen
Schlözer, nannten ihn „Reichsfeind" und „Religionsverächter"; aber da
Schlözer die hannöverisch-englische Regierung niemals angriff, vielmehr
durch Dick und Dünn vertheidigte, auch mehrerer despotischen Dinge sich
annahm, weshalb vielfach geglaubt wird, er sei dafür bezahlt worden*),
so ging es lange und bedurfte einer hannöverschen Behörden selbst miß-
fallenden Stelle, bis die Regierung seines Landes ihm (1796) die fernere
Herausgabe seines Blattes untersagte. Die in Nordamerika und später
in Frankreich sich erhebende republikanische Staatsform verstand er indessen
noch nicht und starb während der tiefsten Erniedrigung seines Vaterlandes 1809. Außer seiner politischen Thätigkeit gebührt ihm besonders
das Verdienst, die neue, von seinem Lehrer Gottfried Achenwall
(1719—1772), Professor in Göttingen, geschaffene Wissenschaft der
Statistik weiter gebildet und der Gegenwart überliefert zu haben.

Wirkten die soeben genannten deutschen Schriftsteller auf die nachfolgende Reform des Staatsrechtes ein, so that dies in Bezug auf das
noch reformbedürftigere, weil unter weit ärgeren Schäden leidende Strafrecht ein Italiener, der Marchese Cesare Bonesano de Beccaria,
1735 zu Mailand geboren. Bigott erzogen, wandte er sich erst in
reiferen Jahren, durch eigene Überzeugung geweckt, freisinnigen Ansichten
zu, in welchen ihn die englischen und französischen Philosophen bestärkten.
Durch seinen Freund Veri und seine Gattin ermutigt, veröffentlichte er,
dem in seiner Vaterstadt herrschenden Geiste geradezu widerstrebend, im
Jahre 1764 sein berühmtes Werk „dei delitti e delle pene" (von den
Verbrechen und Strafen). Dasselbe verdankte seine Entstehung mittelbar
dem Justizmorde von Calas (1761, s. oben S. 337), in Folge dessen

---

*) Schlosser, Geschichte des achtzehnten Jahrhunderts. 3. Aufl. Bd. III.
S. 327.

die Voltaire's Einschreiten mit Jubel begrüßenden und zugleich das tiefe
Bedürfniß einer Reform der Strafgesetzgebung fühlenden Encyklopädisten
nach mehreren Orten geschrieben hatten, um Angriffe gegen die
herrschenden Rechtszustände hervorzurufen. So hatten sie sich unter
Anderm auch nach Mailand gewandt, wo Beccaria und der genannte Veri
mit gleichgesinnten Freunden eine Gesellschaft, il Caffé genannt, bildeten
und ein Blatt unter dem nämlichen Titel herausgaben. Beccaria, von
dem Gegenstande begeistert, obschon mehr philosophisch und historisch,
als juristisch gebildet, ließ sein Buch anonym zu Monaco erscheinen. Er
wurde aber von den Feinden neuer Ideen entdeckt und verfolgt; doch
nahm sich der österreichische Statthalter Graf Firmian seiner an, schützte
ihn und bewirkte sogar 1768 die Errichtung eines Lehrstuhls der Staats-
wirthschaft in Mailand zu Beccaria's Gunsten. Ein größeres Werk über
Gesetzgebung unterdrückte er aus Furcht vor Verfolgungen und starb 1793
an einem Schlagflusse.

Die Wirksamkeit von Beccaria's Buch kann nur mit jener des
Deutschen Thomasius (oben S. 435) verglichen werden, welcher eigentlich
hieher gehörte, wenn er sich nicht auch mit dem idealen Staatsrechte beschäftigt hätte. Die Aufhebung der Folter, welche den wichtigsten
(zwölften) Paragraph im Buche des großen Italieners einnahm, kann
hauptsächlich als sein Werk betrachtet werden, wie die Abschaffung der
Hexenprocesse als dasjenige von Thomasius. Er wies nach, daß sie eine
gegen einen Angeklagten, gegen den kein Beweis vorliege, verhängte
Strafe sei. Sei aber die Schuld bewiesen, so erscheine das erfolterte Geständniß als überflüssig. Außerdem sprach er sich gegen geheime Anklagen,
gegen verfängliche Fragen und gegen die Nöthigung des Angeklagten zur
Eidesleistung aus. Noch wichtiger aber ist, obschon diese Bestrebung bis
heute in den meisten und größten Ländern fruchtlos geblieben, daß er auch
ein Gegner der Todesstrafe war, an deren Stelle er, als viel wirk-
samer und zweckmäßiger, die lebenslängliche Einsperrung zu setzen verlangte. Sein Schlußergebniß war: Jede Strafe, die nicht eine Gewaltthätigkeit Eines oder Mehrerer gegen einen einzelnen Bürger sein soll,
müsse durchaus öffentlich, schleunig, nothwendig, so gelinde als sie nach
Beschaffenheit der Umstände sein könne, mit dem Verbrechen überein-
stimmend und durch die Gesetze bestimmt sein.

Da die Barbarei in der Strafrechtspflege, wie wir sie (Bd. I. S. 325 ff.)
geschildert haben, in unserer Periode beinahe unverändert immer noch
fortdauerte und selbst in neuen Gesetzbüchern immer wieder auf-
gewärmt wurde, — so ist begreiflich, daß Beccaria's Buch ungeheures
Aufsehen erregte, und es bedurfte nur der bald folgenden großen
politischen Umwälzungen, um seine Grundsätze nach und nach in's Leben
zu rufen.

II. Die staatskirchliche Reform.

Das rege Streben der gebildeten Kreise des achtzehnten Jahrhunderts nach Aufklärung trug um so mehr Früchte, je weniger die dasselbe begünstigenden Regierungen von fremden finsteren Mächten abhängig waren, also vor Allem im protestantischen Europa und, schon mehr wider Willen der Herrschenden, im gallikanischen Frankreich. — Diese Thatsache mußte nothwendig in den katholischen, und zwar namentlich in den an das Papstthum mehr oder weniger eng geketteten Ländern, unter den gebildeteren und denkfähigeren Klassen der Bevölkerung den Wunsch erwecken, es ihren Gesinnungsgenossen der geistig freieren Länder gleich zu thun und sie antreiben, Schritte zu thun, welche den Wetteifer auf diesem Gebiete ihnen ermöglichten. Dazu gab es dort, wo weder die Reformation durchgedrungen, noch, wie in Frankreich, eine in gewissem Maße nationale Kirche entstanden war, in kirchlichen Dingen also Rom unbedingt gebot, nämlich in Portugal, Spanien, Italien und den österreichischen Staaten, kein anderes Mittel, als durch irgend eine frische That oder mehrere solche sich einen gewissen Grad der Unabhängigkeit von Rom zu erkämpfen. In diesem Beginnen schritt der äußerste Westen Europa's voran; es war das kleine Portugal, wo sich der sogenannte katholische Liberalismus der neueren Zeit zuerst kundgab, und der Name, an den sich sein dortiges Auftreten knüpft, ist derjenige Sebastian Josef's von Carvalho und Mela, später Grafen von Oeyras und endlich Marquis von Pombal. Schon als Page des Königs Johann I. wurde er durch fortwährende Plane und Entwürfe bemerkbar und lästig und deshalb in diplomatischen Aufträgen nach London und nach Wien gesandt, was jedoch nur die Folge hatte, ihn näher mit der europäischen, namentlich französischen Aufklärung bekannt zu machen. Durch die Gunst seiner Königin wurde Pombal 1750 als Minister nach Hause gerufen und regierte nun, da bald nach seiner Ankunft der König starb, an der Stelle des minderjährigen Nachfolgers Josef, eines feigen, wollüstigen und abergläubischen Menschen. Von Anfang an zur Rolle eines diktatorischen Reformators entschlossen, machte es indessen Pombal wie die übrigen Reformer des achtzehnten Jahrhunderts; er fing Vieles an und führte wenig durch, kannte weder Rücksichten, noch Maß und Ziel, und bewirkte daher Gutes und Schlimmes untereinander. Der erste Kampf des kraftvollen Mannes galt dem Jesuitenorden, der Portugal damals ganz in den Händen hatte und den er über Alles haßte. Handhabe dazu boten die besonders seit Pascal bekannten schlechten Moralgrundsätze der Jesuiten, die weltliche Herrschaft, welche sie sich in Paraguay auf spanischem und portugiesischem Gebiete unter den Indianern errichtet und die schmutzigen Handelsspekulationen des Paters Lavalette in Westindien, wodurch 1756 eine Menge der größten französischen Handels-

häuser schwere Verluste erlitten, die der Orden durch — Seelenmessen
zu ersetzen sich anbot, vom Pariser Parlament aber 1760 zum Schadens-
ersatze verurtheilt und von allen Handelsgeschäften ausgeschlossen wurde.
Im Einklange damit hatte schon früher (1741) Papst Benedikt XIV. allen
Geistlichen Handel und Gewerbe verboten und in der Bulle immensa
pastorum der Jesuiten Treiben in fremden Erdtheilen, ihren Ungehorsam
gegen jenes Verbot verurtheilt und ihnen untersagt, die Indianer als
Sklaven zu behandeln, wie sie bisher gethan. Hiedurch war nun namentlich
das Jesuitenreich in Paraguay betroffen, dessen patriarchalische Zustände
damals so viel Aufsehen erregten und bald, sogar von Aufklärern, über
alles Maß gepriesen, bald heftig angegriffen wurden.

Als sich nun die ihren jesuitischen Oberen blind ergebenen Indianer
gegen einen in Paraguay stattgefundenen Gebietsaustausch zwischen Spanien
und Portugal mit den Waffen, von Jesuiten kommandirt, erhoben, ergriff
Pombal diesen Anlaß eifrig und sandte 1755 ein Heer nach Südamerika,
mit dem Auftrage, die erwähnte Bulle des Papstes strenge zu vollziehen
und dem Jesuitenstaate ein Ende zu machen. Zugleich hielt ihn das
in jenem Jahre Lissabon zerstörende furchtbare Erdbeben und das hiedurch
verursachte namenlose Elend nicht ab, an die Durchführung seiner Plane
zu gehen. Er hob die Ketzerverbrennungen auf, beschnitt die Macht der
Inquisition, wies jede Strafe überhaupt an die weltlichen Gerichte und
beschränkte das Recht der Klöster, Novizen aufzunehmen. Gingen diese
Maßregeln gegen die Kirche, so traf Pombal hinwieder auch den Adel
mit der Aufhebung jener Schenkungen, durch welche die Krone Ländereien
in ihren überseeischen Besitzungen an einzelne vornehme Familien vergabt
hatte. Unzufriedenheit mit den Anordnungen des mächtigen Ministers
wurde mit Kerker, ja mit dem Tode bestraft, und es herrschte eine wahre
Schreckenszeit, während zugleich das blühende Jesuitenreich in Paraguay
mit Feuer und Schwert unterworfen wurde. Aus Anlaß des Erdbebens
ließ Pombal die Kornmagazine der Regierung öffnen, die Ausfuhr von
Getreide verbieten und die Einfuhr vom Zolle befreien, sowie die ein-
gestürzten Wasserleitungen wieder herstellen; die in Folge des Elends
entstandenen Räuberbanden aber unterdrückte er durch massenhafte Hinrichtungen. Als nun die Pfaffen allesammt heftig gegen Pombal predigten
und ihn als Urheber des Erdbebens hinstellten, auch Einfluß auf den
König erschleichen wollten, verbannte der Minister das einflußreichste
Mitglied der Jesuiten in Portugal, den Pater Malagrida und darauf
alle übrigen Jesuiten vom Hofe und ließ sie 1757 mit Gewalt fortbringen.
Des bigotten Königs Unterschrift zu dieser Maßregel erlangte er durch
die Vorgabe, derselbe sei durch die Jesuiten bedroht, und nur er, Pombal,
könne ihn gegen sie schützen. Den übrigen Höfen gegenüber aber rechtfertigte er das Geschehene durch eine eigene an sie versandte Schrift. Vom
Papste verlangte er eine Reform des Ordens, und Derselbe ordnete sie 1758

auch wirklich an. Der mit ihrem Vollzug beauftragte Kardinal Saldanha
verbot den Jesuiten das Predigen und Beichtehören. Ein Attentat auf
den König, von einer Familie veranstaltet, von deren weiblichen Mitgliedern der lüderliche König zwei, unter Vorwissen ihrer Gatten, seiner
Liebe gewürdigt hatte, welche Familie aber mit den Jesuiten eng verbunden
war, gab Pombal Veranlassung zu grausamem Einschreiten gegen die
Familienglieder und zugleich gegen die Jesuiten, deren Häuser bewacht
wurden. Nach einer an Folterungen und anderen Greueln reichen Untersuchung folgten schauderhafte Hinrichtungen. Die Güter der Jesuiten
wurden mit Beschlag belegt, wogegen der Papst, die Kardinäle und
hunderte von Bischöfen umsonst protestirten. Dann ließ Pombal (1759)
113 Jesuiten auf ein Schiff bringen und nach Rom führen und alle
Glieder des Ordens bei Todesstrafe aus Portugal verbannen. So folgte
bald eine zweite Fracht, ohne die geringste Schonung gegen die zum Theil
alten und gebrechlichen Männer anzuwenden. Darauf suchte Pombal
Streit mit dem Nuntius und ließ ihn 1760 durch Dragoner an die
Grenze bringen. Malagrida, als angeblicher Haupturheber des Attentats,
obschon ein blödsinniger Greis, wurde von dem aufgeklärten Minister
den Dominikanern übergeben und von Diesen als — Ketzer verbrannt!
Alle diese grausamen, aber, mit Ausnahme der letztgenannten, der Aufklärung dienenden Thaten ließ Pombal stets durch Flugschriften begründen
und rechtfertigen, welche in Spanien nicht gelesen werden durften, in
Oesterreich aber, auf Veranlassung von Kaunitz, sogar in den Zeitungen
berichtet und erklärt wurden. Nun sorgte der revolutionäre Minister für
bessern Unterricht an Stelle des jesuitischen, für Errichtung von Volksschulen, deren es beinahe keine gab, für Reform der Universität Coimbra,
für ein neues Collegium zur Ausbildung vornehmer Söhne und für eine
Gewerbeschule, in welche arbeitsscheue Bursche mit Gewalt gebracht
wurden. Er schaffte die Monopolien ab, nahm den Getreideverkauf als
Staatsregal in Anspruch, gab den aus fremden Erdtheilen nach Portugal
gebrachten Sklaven die Freiheit. Er reformirte mehrere Mönchsorden,
schaffte Feiertage und überflüssige Gebräuche ab und begünstigte Literatur
und Buchhandel, während er jedoch die Censur, freilich in seinem Sinne,
fortbestehen ließ, welche Gunst merkwürdiger Weise auch der Inquisition,
ja sogar den Autos da fé gewährt wurde; doch fanden sie seit Malagrida
keinen Vollzug mehr. Vieles that er auch für Ackerbau, Handel und
Verkehr, für Schönheit und Reinlichkeit der Hauptstadt, doch nichts für
bessere Wohnungen der Armen. Ein Heer schuf er eigentlich erst, wozu
ihm das mit Portugal gegen Spanien verbündete England einen deutschen
Organisator, den durch seine Irrfahrten und seine Miniaturfestung (oben
S. 80) bekannten und den (oben S. 60) angeführten adeligen Abenteurern
anzureihenden Grafen Wilhelm von Schaumburg-Lippe (späteren Beschützer Herder's) sandte, der fast in ganz Europa gedient hatte und nun

die Portugiesen nach preußischem Muster drillte. Als der Graf wieder heimreiste, übernahm Pombal, der vorher nie eine Uniform getragen, selbst den Oberbefehl. Bei allen diesen Reformen aber schmachtete Portugal unter der furchtbarsten Despotie, die um so ungerechtfertigter war, als sie aufgeklärt sein sollte; die Kerker wimmelten von Gefangenen, deren Überfluß man nach den mörderischen Klimaten von Afrika und Brasilien brachte; eine politische Inquisition pflanzte Mißtrauen in alle Kreise des Landes. — Als der König gefährlich erkrankte, gab Pombal, beinahe achtzig Jahre alt (1777), sein Schicksal voraussehend, seine Entlassung ein und überlieferte dem Staate einen reich gefüllten Schatz. Dem König folgte seine Tochter Maria I., welche mit päpstlicher (!) Dispensation ihrem leiblichen Oheim, wie hinwieder ihr Sohn ihrer eigenen Schwester (!), angetraut war. Da sie sehr fromm, sogar abergläubisch war, hob sie nach und nach die Reformen Pombal's wieder auf und befreite, was löblicher war, sofort alle seine Opfer aus ihren Kerkern. Den Jesuitenorden konnte sie nicht zurückrufen, weil er inzwischen vom Papste aufgehoben war. Es fehlte nicht an heftigen Anklagen gegen den abgetretenen Minister. Seine Vertheidigungsschrift wurde öffentlich verbrannt und eine Untersuchung gegen ihn angehoben, von der Königin aber das strenge Urtheil kassirt, worauf er bald (1782) starb.

Das Beispiel Portugals in Verfolgung der Jesuiten wurde merkwürdiger Weise ansteckend für alle Staaten, in denen damals das sonst so gut katholische Haus Bourbon regierte, und es war, als ob noch einmal der Geist des Ahnherrn Heinrich IV. über seine Enkel oder vielmehr über deren Minister gekommen wäre.

Frankreich ging voran. Wir erwähnten bereits des Processes Lavalette, welcher zur Folge hatte, daß der Orden gerichtlich außer das Gesetz gestellt, durch die Regierung aber noch anerkannt war. Das Urtheil des Parlamentes lautete auf Erklärung aller die Jesuiten schützenden Bullen und anderer päpstlicher Verordnungen als Verletzungen der französischen Gesetze; es verbot dem Orden die Novizenaufnahme und das Schulhalten, verurtheilte ihre Schriftsteller als Sittenverderber und Hochverräther und ihre Bücher zum Feuer. Der Hirschparkkönig schützte aber die Verurtheilten, gewährte ihnen ein Jahr Aufschub des Urtheils, holte ein Gutachten der Geistlichkeit ein, welches für die Jesuiten günstig ausfiel, und nun arbeiteten bei ihm die Pfaffen für, der Minister Choiseul und die Pompadour aber gegen den Orden. Der König mußte sich nicht anders zu helfen, als durch ein Gesuch an den Jesuitengeneral Ricci, die anstößigsten Punkte der Ordensverfassung abzuändern, erhielt aber nur die bekannte Antwort: „Sint ut sunt, aut non sint." Nun ließ Ludwig der Sache ihren Lauf. Im Jahre 1762 wurden alle Archive und Bibliotheken der Jesuiten in Frankreich versiegelt und der Vermögensstand aller Collegien aufgenommen, worauf sich die als ungeheuer reich bekannten

Jesuiten insolvent erklärten. Dann verfügte das Parlament, das Fortbestehen des Ordens sei mit dem Wohle des Reiches unverträglich, verbot den Jesuiten das Tragen ihrer Ordenskleidung, entband sie vom Gehorsam gegen ihren General und löste ihre Collegien und Häuser insgesammt auf. Gegen den die Jesuiten durch einen Hirtenbrief in Schutz nehmenden Erzbischof von Paris, Beaumont, leitete das Parlament einen Proceß ein, während es zugleich Rousseau's Emil durch den Henker verbrennen ließ, gegen welches Buch derselbe Erzbischof ebenfalls einen Hirtenbrief geschrieben hatte! Als auch der Papst für die Jesuiten auftrat, verdammte und unterdrückte das Parlament 1764 seine Breven. Da suchte der König durch einen tollen Widerspruch den Streit zu beendigen; er kassirte zugleich alle Verfügungen des Parlaments gegen die Jesuiten und hob zugleich den Orden in Frankreich auf!

Zunächst folgte Spanien. Der dortige König Karl III., der 1759 den Thron Neapels gegen den des Mutterlandes vertauscht hatte, war in seiner neuen Stellung von Männern umgeben, welche der Aufklärung anhingen und den französischen Minister Choiseul bewunderten. Der Genuese Grimaldi, ganz Choiseul's Werkzeug und ein Anhänger der Grundsätze Diderot's, war Minister des Auswärtigen. Ihm standen zur Seite der charakterfeste Schriftsteller Campomanes, der gebildete und patriotische Aranda, der im Staatskirchenrechte bewanderte Figuerra, dann aber auch der egoistische Olavides und der schwankende Manino (später Graf von Florida-Blanca). Durchaus ein Mann des aufgeklärten Despotismus (doch nicht in Glaubenssachen!), ließ sich Karl III. leicht gegen die Jesuiten, als die gefährlichsten Nebenbuhler jeder Macht, einnehmen, worin er sogar mit ausgezeichnet frommen Männern einig ging, wie z. B. mit dem Erzbischof Palafox von Mexiko, der die Jesuiten Amerikas entlarvt hatte und für den nichtsdestoweniger die Heiligsprechung verlangt worden war. Sein Generalvikar hatte schon 1747, unter Beistimmung des Volkes, den Jesuiten, welche ohne Vorweisung von Vollmachten waren, die Beichte und die Predigt untersagt, wofür die frommen Väter den Erzbischof so verfolgten, daß er fliehen mußte und dann seine Heiligsprechung hintertrieben. Karl III. ließ die Erlasse, mittels welcher die Inquisition auf Verlangen der Jesuiten Briefe von Palafox gegen Letztere zum Feuer verurtheilt hatte, aufheben und dann eine Untersuchung gegen das Treiben des Ordens in Amerika anheben. Als nun 1766 der Finanzminister Squillace, schon als Ausländer und Aufklärer verhaßt, durch die Verwandlung des Handels mit Öl und anderen Lebensmitteln in ein Monopol zu Madrid einen Volksaufstand hervorgerufen hatte, bei welchem der Pöbel sein Haus stürmte, die Jesuiten hoch leben ließ und den König in dessen Palast belagerte, bis dieser gezwungen die Entlassung Squillace's versprach, was er dann auch ungern genug hielt, ließ Karl, aus Rachedurst wegen dieses Zwanges, durch Aranda eine strenge Untersuchung gegen die Anstifter des Aufstandes anheben, welche man dann glücklich in den Jesuiten entdeckte. Nach gehöriger Vorbereitung wurden 1767 alle Jesuiten Spaniens, über fünftausend, in einer Nacht verhaftet und, unter Beschlagnahme ihrer Güter, eingeschifft und nach Rom geführt, — ganz wie unter Pombal, nur schneller und umfassender. Dann wurde durch königliches Edikt der Orden in Spanien aufgehoben, seine Mitglieder als Verbrecher erklärt, aber zugleich mit einer ärmlichen Pension bedacht. Die grausam zusammengepferchten Patres wollte der Papst nicht einmal landen lassen, so betroffen war Clemens XIII. über das Schicksal seiner Lieblinge und über den von Spaniens Regierung in ihrer Anzeige von der gesandten „Ladung" an den Tag gelegten Hohn. In Spanien aber fuhren Aranda, Campomanes und ihre Genossen, so sehr ihnen auch der Beichtvater des Königs entgegenarbeitete, — mit Reformen fort. Das oberste geistliche Appellationsgericht wurde vom Nuntius unabhängig gemacht, sowie die klösterlichen Orden von deren römischen Generalen, die kirchlichen Asyle beschränkt, so auch die Censur, und für päpstliche Breven das königliche Placet eingeführt. Den Unterricht in den Schulen erhielten statt der Klöster die Weltgeistlichen (damals ein Fortschritt!), neue Seminarien traten an die Stelle der jesuitischen. Im Jesuitenkollegium fand eine Anstalt für Oekonomie und Industrie Platz. Zum ersten Male wurden Volkszählungen angeordnet. Als aber der König älter, den Einflüsterungen seines Beichtvaters zugänglicher und gegen Aranda's Richtung mißtrauischer wurde, und als des Letztern Freund Olavides, geborener Peruaner, als Generalintendant von Andalusien, deutsche und andere Kolonisten ohne Auswahl, noch Rücksicht auf ihre Befähigung, nach der öden Sierra Morena lockte, unter welchen sich auch Protestanten befanden, griff die Inquisition letztern Punkt auf und hob, nachdem Aranda glücklich als Gesandter nach Paris gebracht worden, einen Proceß gegen Olavides an, in welchem einer der Kolonisten, ein bairischer Kapuziner, den Ankläger spielte. Olavides wurde 1776 als Ketzer in das Gefängniß der Inquisition gesteckt, das Theater, welches er, um den blutigen Stiergefechten entgegenzuarbeiten, in Sevilla eingerichtet, geschlossen, nach längerer Unterbrechung wieder Autos da fé gehalten, die Bannflüche gegen die Ketzer wieder öffentlich verlesen und jeder Spanier über zehn Jahre gezwungen, beizuwohnen, und endlich Olavides nach zweijähriger Haft zu einem öffentlichen Widerruf gebracht. Er konnte zwar der Einsperrung in ein Kloster durch die Flucht entgehen, trat aber während der französischen Revolution aus Furcht vor derselben freiwillig zur katholischen Orthodoxie zurück. Aranda, von Paris aus, und Campomanes als Minister wirkten zwar noch einige Zeit in bisheriger Weise, wenn auch vorsichtig, fort, namentlich für bessere Rechtspflege im Geiste Beccaria's; aber unter dem nächsten Könige Karl IV. ging es, nicht ohne Mitwirkung des nunmehrigen Grafen von Florida-Blanca als Ministers, wieder rückwärts.

Was Spanien that, durfte damals Neapel nicht lassen. Seit dem fünfzehnten Jahrhundert ein Vasallenreich der westlichern Halbinsel, war es seit der Mitte des achtzehnten Jahrhunderts eine Sekundogenitur derselben (wie heute umgekehrt Spanien eine solche Italiens!). Als der erste selbstständige König Neapels seit der Fremdherrschaft, Karl IV., als Karl III. zur Krone Spaniens befördert wurde, 1759, ließ er dort seinen bewährten Minister Tanucci als Regenten für seinen noch jungen Sohn Ferdinand zurück, welcher Letztere zu nichts Anlagen zeigte, als zu einem thätigen Lazzarone. Das Reich, welches das sämmtliche Italien einnahm, zählte damals 112,000 Geistliche und zwar 22 Erzbischöfe, 116 Bischöfe, 56,500 Priester, 31,800 Mönche und 23,000 Nonnen, in der Stadt Neapel allein 16,000 geistliche Personen. Alle waren von weltlichen Gerichten befreit, und so auch Jene, welche sich in ihre Asyle flüchteten. Schon als Karl noch in Neapel regierte, hatte man, um diesen Übelständen zu steuern, ein Konkordat mit Rom eingeleitet, die Regierung aber, als dasselbe für sie ungünstig ausfiel, die Bestimmungen desselben zu ihren Gunsten zu deuten begonnen. Sie verfügte, um die Zahl der geistlichen Schmarotzer zu vermindern, daß auf je tausend Seelen nicht mehr als ein Priester geweiht, daß päpstliche Bullen nicht ohne königliches Placet veröffentlicht werden, daß die Geistlichkeit keine neuen Güter erwerben dürfe und der bischöfliche Bann gegen königliche Verordnungen ohne Wirkung sei. In diesem Geiste fuhr Tanucci auch nach dem erwähnten Regierungswechsel fort zu regieren. Er zog auf dem Festlande zehn, in Sicilien achtundzwanzig Klöster ein, deren Güter er zum Vortheile des Staates verwendete; er schmälerte die geistlichen Zehnten zuerst ein und schaffte sie dann ab, verbot der Geistlichkeit den Erwerb liegender Güter, beschränkte die geistliche Gerichtsbarkeit, setzte die Zahl der erlaubten Geistlichen (einer auf Tausend) um die Hälfte herab und entzog die Gültigkeit auch älteren Bullen, welche nicht vom Staate bestätigt waren. Endlich wurde noch in demselben Jahre, da die Jesuiten aus Spanien vertrieben worden, 1767, in Neapel ein Gleiches gethan. Sie wurden aus dem ganzen Reiche an die römische Grenze geschafft, und hier fand man nicht einmal eine Anzeige an den Papst oder eine Entschuldigung nothwendig.

So durfte auch der vierte bourbonische Staat Europa's, oder die spanische Terziogenitur in Italien, Parma, nicht zurückbleiben. Der minderjährige Herzog, welcher seit 1765 regierte, stand unter französischer Vormundschaft, da Ludwig XV. sein mütterlicher Großvater war. Auch hier schaffte der Regent Du Tillot die Appellation in geistlichen Gerichtssachen nach Rom und die Gültigkeit der päpstlichen Bullen ab (1768). Da erließ der Papst, was er gegen die größeren Staaten nicht gewagt hatte, ein heftiges Breve gegen Parma, berief sich auf die Bulle In coena Domini, welche vorschreibe, „daß die Geistlichkeit der weltlichen Macht nicht gehorchen dürfe, wenn es die Rechte der Kirche gelte," excommunicirte den

Herzog und drohte dem Lande mit dem Interdikt, dem Herzog, dem Minister
und allen Betheiligten mit dem Banne, wenn jene Verfügung nicht zurück-
genommen werde. Du Tillot antwortete mit einer höhnischen Proklamation und mit der Verhaftung aller Jesuiten, welche auch hier wieder nach
Rom gesandt wurden. Alle bourbonischen Staaten aber traten für Parma
und gegen die Abendmahlsbulle ein, ihre Gesandten verlangten vom Papste
die Aufhebung jenes Exkommunikationsbreve und ihre Minister ergriffen
neue Maßregeln gegen die geistliche Gerichtsbarkeit in ihren Staaten, ja
das königliche Gericht in Neapel verfügte wegen der Eingriffe des Papstes
in die weltliche Gerichtsbarkeit die Einziehung der päpstlichen Enklaven
Benevento und Pontecorvo. Tanucci machte bekannt, der Papst sei nicht
mehr als ein anderer Bischof, und das Pariser Parlament verfügte die
Unterdrückung des Breve gegen Parma. Ja es gesellten sich noch andere
Staaten der Bewegung bei. Der Großmeister von Malta vertrieb die
Jesuiten ebenfalls, Venedig verdammte die Abendmahlsbulle und Modena
hob Klöster auf.

Da regte sich endlich auch Österreich und das katholische Deutsch-
land. Josef, Mitregent seiner Mutter, und Kaunitz waren ohnedies
Gegner der Jesuiten und ihres Beschützers, Clemens XIII., und ähnlicher
Ansicht war auch van Swieten, der Rathgeber der Kaiserin, so daß sich
Maria Theresia bestimmen ließ, die bis dahin vom Papste und den
Bischöfen in der Lombardei ausgeübten Rechte über Personen und Güter
der Geistlichkeit einer eigenen Oberbehörde in Mailand zu übertragen, die
Geistlichkeit zum Verkaufe aller seit 1722 erworbenen Güter anzuhalten
und die Appellation nach Rom abzuschaffen.

Zu derselben Zeit war in Deutschland ein Kirchenrechtslehrer aufgetreten, welcher im Wesentlichen alles Das, was in den Ländern bour-
bonischer Fürsten und in Portugal gegen die kirchliche Hierarchie unter-
nommen worden, in ein System brachte. Es war Johann Nikolaus von
Hontheim, Weihbischof von Trier, gerade so alt wie das Jahrhundert,
welcher im Jahre 1765 unter dem Pseudonym „Justinus Febronius" das
Werk „de statu praesenti ecclesiae et legitima potestato Romani ponti-
ficis" (zu Bouillon) herausgab. Die weltlichen Regierungen katholischer
Länder und ihre zahlreichen Anhänger, d. h. damals alle Gebildeten weltlichen und sehr viele geistlichen Standes, begrüßten das „Evangelium des
liberalen Katholizismus" mit Jubel; in Portugal wurde eine besondere
Ausgabe davon veranstaltet; der Spanier Campomanes berief sich in allen
seinen kirchenrechtlichen Handlungen darauf; namentlich aber machte es
Josef II. so sehr zu seiner Richtschnur, daß man seitdem das darin verfochtene System mit Vorliebe den „Josefinismus" genannt hat.
Hontheim aber, dessen Autorschaft nicht geheim blieb, wurde von den
Dunkelmännern und von seinen Oberen, namentlich auf Betrieb des jesuitischen Beichtvaters des Erzbischofs von Trier, so lange gepeinigt, bis er

eine Erklärung abgab, welche einem Widerrufe ähnlich war, während er die Nichtigkeit dieser erzwungenen Formel in einer gleichzeitigen, seine Ansichten bekräftigenden Druckschrift darthat. Er starb in hohem Alter 1799.

Inzwischen kehrte sich der Unwille der aufgeklärten Katholiken auch in Deutschland vorzüglich gegen die Jesuiten. Sogar in dem bigotten Baiern brach sich dieser Geist Bahn. Unter dem Kurfürsten Maximilian Josef wirkte der Theiler Ferdinand Sterzinger, ähnlich wie Thomasius, gegen die Hexenprocesse, welche noch um 1750 unter anderen zwei Mädchen von dreizehn Jahren zu Opfern hatten und von den Jesuiten aufrecht erhalten wurden. Der Kurfürst schützte den von den frommen Vätern angegriffenen Sterzinger und errichtete um 1769 das geistliche Rathscollegium in München unter der Direktion seines Geheimrathes Peter von Osterwald, mit dem Zwecke, die Welt- und Klostergeistlichkeit zu den Steuern an den Staat herbeizuziehen und die Novizenaufnahme zu beschränken. Auch schrieb Osterwald, wie Hontheim, aber deutsch, gegen die Unthätigkeit und Habsucht der Geistlichen, welches Buch die Pfaffen verdammten, der Kurfürst aber billigte. Auch hier wurde das Placet eingeführt und die Jesuiten, zu gleicher Zeit sogar auch im geistlichen Kurfürstenthum Mainz, als Feinde des Staates erklärt, weil sie Bellarmin's aufrührerische Schriften in tendenziöser Weise aufrischten.

Unter diesen Verhältnissen starb der jesuitenfreundliche Papst Clemens XIII. 1769 und ihm folgte unter demselben Papstnamen, als Clemens XIV., sein Gegener, Lorenzo Ganganelli. Die Wahl war das Werk Josefs II. im Vereine mit den jesuitenfeindlichen Regierungen Südeuropa's; der Kaiser hatte persönlich mit Choiseul, Aranda und Pombal korrespondirt und Maria Theresia, wenn auch ungern, mußte sich fügen. Die Intriguen des jesuitischen Erzbischofs von Wien, Migazzi, scheiterten und die Kasuisten der Gesellschaft Jesu wurden in Österreich verboten. Es war hohe Zeit, den Bestand der katholischen Kirche zu retten, denn wenn der neue Papst nicht gegen die Jesuiten eingeschritten wäre, so hätten die Regierungen, welche sie bereits vertrieben hatten, ohne Zweifel später oder bald ihre Länder von der römischen Kirchenhoheit losgerissen. Ganganelli hatte daher bei seiner Wahl den angewiesenen Schritt zuzusagen wissen, begann aber seine Wirksamkeit mit anderen Reformen, z. B. mit Abschaffung des Verlesens der Abendmahlsbulle und Zurücknahme des Breves gegen Parma, wodurch er jene Regierungen zu beschwichtigen und sich den Schritt zu ersparen hoffte, für den er die Rache der Jesuiten fürchtete. Aber es half nichts. Frankreich erklärte Avignon und Venaissin (oben S. 135) und Neapel Benevento und Pontecorvo zu behalten, bis das Verlangte erfüllt sein würde. Ganganelli mußte gehorchen. Er schloß 1772 das römische Seminar, dann die übrigen Collegien des Kirchenstaates, und erließ endlich am 23. Juli, bezeichnungsweise 16. August 1773 das welthistorische Breve „Dominus ac redemptor noster", durch welches der Orden aufgehoben wurde. Man sah es als Klugheit oder gar Arglist an, daß die wichtigsten Beschuldigungen gegen die Jesuiten in dem Breve übergangen wurden. Es waren dies: das despotische System und die mechanische oberflächliche Methode im Schulunterricht, die Herrschaft des Ordens durch affiliirte Laien in allen Ländern, Orten und Ständen, das Spionirwesen in der Beichte und deren Mißbrauch, dessen sich die Väter notorisch schuldig machten, die in ihren Schriften gelehrte schlechte Moral, und ihr reich begüterter, blutgehorsamer und daher der politischen Ordnung höchst gefährlicher Staat im Staate. Diese Vorsicht nützte aber Ganganelli nichts; er starb ein Jahr nach seiner That, wol der kühnsten eines Papstes. Man ist jedoch gegenwärtig so gefällig, der katholischen Geschichtsmacherei gegenüber zuzugeben, daß dieser Todesfall nicht jesuitischem Gifte zuzuschreiben sei; wir wollen es nicht untersuchen; im Widerspruche mit Busenbaum's und Mariana's Grundsätzen stände die That keineswegs*).

Die Aufhebung des Ordens nützte auch der Welt nichts; denn wenn auch das Ungeziefer verjagt wurde, — der Unrath, aus dem es entstanden und von dem es sich nährte, der Obskurantismus, die Dunkelmännerei, treffend auch Jesuitismus genannt, bestand fort. Sogar das unabtreibbare Gezücht selbst erhielt sich in den Ländern akatholischer Regierungen, wie im griechischen Rußland, wo Katharina in der Frivolität des Ordens nichts Abstoßendes finden konnte, und im protestantischen Preußen, wo Friedrich es sich nicht hätte nachsagen lassen, daß sich der Sieger von Roßbach vor den Vertriebenen seiner Besiegten fürchte. Aber auch dort, wo das Gezücht nicht mehr selbst schwärmte, summte und stach, war seine Abwesenheit dem Fortschritte nicht nur nicht förderlich, sondern es war nichtsdestoweniger eine allgemeine, fast epidemische Rückwärtserei bemerkbar. Der beinahe unumschränkten Herrschaft, welche die Aufklärung noch in der Mitte des Jahrhunderts in den gebildeten Kreisen Europa's ausübte, war nach und nach, namentlich seit dem Anfange der siebenziger Jahre, doch ohne daß deshalb die Äußerungen des fortschrittlichen Geistes an Kraft und Verbreitung abgenommen hätten, jene bedenkliche Reaktion zur Seite getreten, deren verschiedene Wandelungen wir bereits, im Anschlusse an ähnliche Erscheinungen früherer Zeit, betrachtet haben. Es gehören hieher: das Wiederauftauchen der Kabbala (S. 139), das Wirken Lavater's (S. 144 ff.), welchem das ähnliche Hamann's (S. 371) und Jacobi's (S. 379), sowie Hippel's, Zimmermann's und Claudius', die wir bei den Jüngern der „schönen Literatur" wieder treffen werden, sekundirte, die

---

*) Die Jesuiten zählten zur Zeit der Aufhebung ihres Ordens 24 Profeßhäuser, 669 Collegien, 176 Seminarien, 61 Novizenhäuser, 335 Residenzen, 273 Missionen und 22,600 Mitglieder, wovon die Hälfte Priester, — die kurzrödigen Jesuiten nicht gerechnet.

Gaukeleien Mesmer's und Gaßner's (S. 151 ff.), Saint-Germain's und Cagliostro's (S. 158 ff.), Swedenborg's und Jung-Stilling's (S. 163 ff.), denen in Frankreich der schwärmerische Seher Saint-Martin entsprach, sodann Johnson's, Rosa's, Hund's, Gugomos' und Stark's (S. 235), Schrepfer's, Wöllner's und Bischofswerder's (S. 242), — welchem unverschämt-zudringlichen Schmeißfliegen- und Wespenschwarm freilich die Männer der Aufklärung nichts schuldig blieben. Doch gelang, wie wir bereits gesehen, in Portugal der Sturz Pombal's, in Spanien Aranda's, in Baiern die Unterdrückung der Illuminaten (S. 254), in Österreich der Freimaurer (S. 260); denn die Exjesuiten schlichen emsiger umher und wühlten tiefer, um sich wieder in ihre Dachshöhlen verkriechen und warm betten zu können, als vorher die anerkannten Jesuiten, und das Gewürm ließ sich nicht zertreten, zuckte nur und giftelte fort, um das schandlose Wort Borgia's (Bd. I, S. 305) wahr zu machen*).

  Der hellste Punkt während dieser unerquicklichen Gaukel- und Schaukelzeit, — abgesehen von der sich gleichzeitig herrlich erhebenden deutschen Literatur und von dem im Westen aufgehenden glänzenden Sterne der Freiheit Amerika's, war das Wirken Kaiser Josef's II., in welchem sich der sogenannte liberale Katholizismus zu seinem Höhepunkte erhob, um nachher wie ein glänzendes Meteor in — Nichts zu zerplatzen. Denn diese Erscheinung krankte, ähnlich wie der Jansenismus (oben S. 200), an einem unlösbaren Widerspruche; sie wollte zugleich katholisch und freisinnig sein, während eines das andere unbedingt ausschließt; sie suchte mit despotischer Gewalt (gesetzlich und friedlich hatte sie noch nie existirt) die Disciplin einer Kirche zu untergraben und ihren Kultus zu beschränken, deren Glauben sie zu theilen affektirte, während sie ihn in Wahrheit nicht theilte. Und sie hat damit dem Fortschritt der Kultur noch niemals einen Dienst geleistet; stets folgte ihr eine finstere Reaktion; stets wurden durch ihre Äußerungen die Dunkelmänner zu Martyrern gestempelt und, wenn man sie an öffentlichem Wirken hinderte, zu desto gefährlicherm Wühlen unter der Decke veranlaßt, wodurch der alles Bodens unter dem Volke baare liberal-despotische Katholizismus bald gestürzt wurde und machtlos am Boden lag. —

  Josef II., der Bannerträger des „Josefinismus" wurde 1765 als Nachfolger seines Vaters Franz I., römischer Kaiser. Daß er nicht auch an seiner frommen Mutter Stelle die Regierung der österreichischen Erblande erhielt, verhinderten Adel und Klerus im richtigen Vorgefühle seiner Richtung; er wurde blos Mitregent und erhielt als Solcher in selbstän-

---

*) In Baiern diktirten die Exjesuiten seit 1780 bereits wieder die Katechismen und Schulbücher, verdrängten auch den schwächsten Schimmer von Licht und wollten z. B. nicht dulden, daß man sage: an Gott glauben, statt „in Gott"! Ja, es kamen damals „Verurtheilungen" zum Unterrichte in der christlichen Sitten- und Glaubenslehre vor! —

biger Weise nur die Besorgung des Kriegswesens, auf welchem Gebiete
denn auch seine Reformen begannen. In seiner Eigenschaft als Kaiser
aber ging er vor Allem an die Verbesserung des Rechtsganges vor den
zwei unbehülflichen Reichsmaschinen des Kammergerichts und des Reichshofrathes, in deren Sintflut er sich jedoch nicht zurechtfand und vor deren
aufgethürmten Aktenbergen er ermattet umkehren mußte. Die Inhaber
der Richterstühle waren unnahbar; die Reichshofräthe, noch weit un-
fleißiger als die Kammerrichter, galten allgemein als bestechlich, ihr
Präsident, Graf Harrach, den der alte Moser (oben S. 464) mit einem
chinesischen Reichsoberrichter verglich, hielt den Bericht verlangenden Kaiser
ungebührlich hin, und ein Handbillet des Letztern, welches Abstellung der
Mißbräuche verlangte, wurde erst nach drei Monaten mit Ausflüchten beantwortet. Ebensowenig richtete Josef gegen das Kammergericht aus, wo,
wie Pütter (S. 465) erzählt, „sich ausgezeichnete Männer und Lehrer des
Rechts als Sollicitanten gebrauchen ließen, um dem Mächtigen und Reichen
zu Gefallen den Armen und Schwachen durch Rechtskniffe zu unterdrücken,"
und wie Derselbe und Schlözer bezeugen, weder Aufsicht noch Ordnung
waltete und besonders starke Bestechung von Seite der Juden stattfand.
Auch hier endete daher, namentlich da der Kaiser als Solcher dem Kammer-
gerichte, das nur vom Reiche abhing, nichts befehlen konnte, die von ihm
verordnete Visitation nach neun Jahren voll unendlicher Chicanen der
Juristen und der Reichsstände — mit Bestrafung einiger Bestechenden und
Bestochenen und mit geringfügiger Revision des Verfahrens. Der Kaiser
war endlich daran verzweifelt, die verhunzte Juristensprache auch nur
einigermaßen zu verstehen, und so verzweifelte er endlich auch daran, im
Reiche überhaupt etwas helfen zu können und wandte seine Kraft ausschließlich seinen Erbstaaten zu, die er vorerst zu vergrößern suchte, ehe er ihre
inneren Angelegenheiten selbständig leiten durfte; er verfolgte solche Zwecke
im baierischen Erbfolgekriege und in seiner Verbindung mit Katharina II.
zu gemeinsamen Absichten auf die Türkei, die aber beide zu nichts führten.
Um so eifriger gab er sich nach dem Tode seiner Mutter (1780), der ihn
zum Alleinherrscher erhob, dem Bestreben hin, in seinem Reiche Aufklärung
und Toleranz zu fördern, aber einzig und allein in der Weise, wie sie ihm
sein Inneres vorzeichnete, ohne alle Rücksicht auf bestehende Verhältnisse,
auf den Willen und die Neigung seiner Unterthanen und auf die Meinung
seiner Zeitgenossen. Despotisch verfügte er, hart und streng, ja sogar oft
wirklich ungerecht setzte er seinen Willen durch; in keiner Weise kümmerten
ihn die alten Rechte und Herkommen seiner entlegenen und stammesfremden
Unterthanen in Ungarn und Belgien. Er wollte sein Reich zu einem einheitlichen, und noch mehr, zu einem deutschen machen, und bedachte die un-
überwindlichen Schwierigkeiten einer solchen Maßregel bei der buntscheckigen
Zusammensetzung seiner Staaten nicht. Dabei ließ er sich aber die Freude
nicht nehmen, ein leutseliger Herr zu sein, ließ Jedermann vor sich und

hörte Jeden an, der sich in dem berühmt gewordenen „Controlsrgange"
der Hofburg blicken ließ.

Mehr Erfolg als in irgend welchen Angelegenheiten leuchtete ihm in
den kirchlichen und religiösen, und er baute auf der Grundlage jener Anfänge
fort, welche bereits unter seiner Mutter (oben S. 479) zu Stande gekommen waren. Freudig unterstützte ihn hierin der nicht nur josefinisch,
sondern sogar voltairianisch gesinnte Kaunitz. Des Josefinismus eifrige
Beförderer aber waren die Freimaurer Born, Sonnenfels und mehrere
Andere minder bedeutenden Namens, die sich um den Kaiser schaarten.

Zuerst ließ Josef „eine allgemeine Toleranz" verkündigen, jedoch
blos zu Gunsten der größeren Glaubensgenossenschaften, nämlich außer
den bis dahin herrschenden Katholiken, der Lutheraner und Calvinisten (der
„augsburgischen" und „helvetischen" Konfession); die kleineren Kirchen
und Sekten wurden nicht nur wie vorher unterdrückt, sondern sogar, wie
z. B. die böhmischen Abrahamiten, blutig verfolgt, aus ihren Sitzen
vertrieben oder unter die ungarischen Grenzregimenter gesteckt! — Ferner
hob der Kaiser den unmittelbaren Zusammenhang der Mönchs- und
Nonnenklöster mit Rom auf und beschränkte die Gewalt des Papstes über
die österreichische Geistlichkeit. Er verbot die Bekanntmachung päpstlicher Erlasse ohne Billigung der weltlichen Regierung (das Placet, die
Herzenssache der späteren Josefiner!), sowie die Richtung von Gesuchen
um Enthebung von kirchlichen Verordnungen und um geistliche Befreiungen
nach Rom, statt an die Landesbischöfe, die Annahme von Gunstbezeugungen
aus Rom ohne Erlaubniß der Regierung, die Anstellung von Mönchen
und anderen nicht in Seminarien Gebildeten als Ortsgeistliche, die Bezahlung von Messen im Auslande, die Unterdrückung von Büchern durch
Bischöfe, welche die staatliche Censur gestattet hatte, u. s. w. Umsonst
wüteten die Exjesuiten und drohte sogar der Erzbischof von Trier, ein
sächsisch-polnischer Prinz, dem Kaiser mit der Hölle! Der Letzter, hierdurch vielmehr zu Weiterm angespornt, begann mit der Aufhebung der
Klöster, und zwar der armen zuerst, weil sie den Müßiggang und Bettel
am meisten beförderten. In den acht Jahren von da bis zu seinem Tode
befreite er seine Staaten von mehr als 30,000 geistlichen Schmarotzern,
und doch blieben immer noch 1324 Klöster mit 27,000 Insassen übrig.
Auf erheblichen Widerstand stieß diese Maßregel nur in Belgien, die
pompöse Reise des Papstes Pius VI. nach Wien fruchtete so wenig wie
mehrere Vorstellungen des Erzbischofs Migazzi und des Primas von
Ungarn (in Gran) zu Gunsten der Bettelmönche, und diese hohen Pfaffen
alle mußten sich in die Sache fügen und gute Miene zum bösen Spiele
machen. In dem bereits begonnenen Versuche, die Hierarchie seines Reiches
ganz von Roms Macht loszureißen, wagte jedoch Josef nicht fortzufahren,
namentlich da er zweifelte, ob er an den vereinigten Bischöfen nicht einen
gefährlichern Feind erhielt, als am Papste, und er reiste 1783 nach Rom,

um mit dem Haupte der Kirche freundliche Beziehungen aufrechtzuerhalten. Als jedoch im folgenden Jahre der Papst einen Nuntius nach Baiern sandte, wo derselbe die päpstlichen Rechte ausüben sollte, als hiegegen der Erzbischof von Mainz, als Primas des Reiches und der von Salzburg, als Oberhirt Baierns, protestirten, als sich ihnen Der von Köln, des Kaisers Bruder und selbst Der von Trier anschlossen, Salzburg und Mainz aber sich an den Kaiser wandten, verordnete Dieser (1785), daß dem Nuntien untersagt sein solle, irgend eine geistliche Gerichtsbarkeit in Deutschland auszuüben. Mainz und Köln vollzogen die Verordnung sofort, und die vier Erzbischöfe hielten eine Zusammenkunft in Ems, wo sie durch ihre Hoftheologen 23 Punkte aufsetzen ließen (die Emser Punktation), in welchen sie an die Stelle des päpstlichen ein bischöfliches Kirchenrecht setzten. Aus dieser Maßregel hätte eine teutsche Nationalkirche entstehen können; allein der Kaiser, an den sich die vier Kirchenfürsten Deutschlands wandten, that aus dem bereits erwähnten Grunde nichts für die Sache; so wenig wie er von oben, trauten die Bischöfe von unten dem reformatorischen Beginnen, und der bigotte Theil des Adels und Volkes wurde durch die Nuntien ohnehin gegen das „ketzerische" Unternehmen bearbeitet. Der gleichzeitige gegen Östreichs Oberherrschaft in Deutschland gerichtete Fürstenbund Friedrich's II. unt mehrerer kleiner Fürsten machte das Projekt vollends scheitern und die französische Revolution mit ihren Kriegen begrub es in Vergessenheit.

Einen ähnlichen Versuch wagten damals die Bischöfe von Toscana, wo Josef's Bruder Leopold regierte. Sie wollten an die Stelle des jesuitlichen, äußerlichen, den jansenistischen, innerlichen Gottesdienst setzen und die Eingriffe Roms in ihre Rechte zurückweisen, und Leopold unterstützte sie. Die Beschlüsse des Provinzialconcils von Pistoja fielen ganz in diesem Sinne aus (1787), waren aber natürlich bei dem italienischen Volkscharakter, der sich seinen poetischen Götzendienst nicht nehmen läßt, nicht durchzuführen. Desto segensreicher war im Übrigen die mit der Wirksamkeit des Bruders wetteifernde Leopold's in allen Zweigen des Staatswohles auf lange Zeit hinaus. Und doch war es derselbe Leopold, welcher, nach Josef's frühem Tode (1790) an das Reich berufen, aus Furcht vor den Folgen der französischen Revolution die ersten reaktionären Schläge gegen des Bruders freisinniges, aber in vielen Punkten aus Kurzsichtigkeit oder Rücksichtslosigkeit mißlungenes System führte! —

C. Die revolutionäre Reform.

Wir bezeichnen so jene kulturpolitischen Maßregeln, welche durch gewaltsamen Umsturz der bestehenden Regierung oder Regierungsform ermöglicht wurden oder auch mit einer solchen Veränderung in irgend einem engen Zusammenhange standen. Das erste Beispiel dieser Art bietet uns ein sehr kleines, aber seit ungefähr hundert Jahren in straffer Einheit absolutistisch regiertes Reich dar. — Dänemark. König Friedrich V. (1746—1766) überließ die ihm zukommenden autokratischen Befugnisse einer Klike adeliger Minister, meistens Holsteiner, und es war, wie Schlosser erzählt, unmöglich, Ämter zu erhalten, wenn man nicht bei einem dieser Herren von Bernstorff, Rantzau, Moltke, Reventlow, Danesskiold u. s. w. Kammerdiener, Koch, Kutscher oder Lakai gewesen war; ja sogar solche Stellen, welche gelehrte Kenntnisse erforderten, wurden an dergleichen Leute vergeben, und manche höhere Beamte bezogen jährlich bis dreißigtausend Thaler vom Staate. Und doch waren dies dieselben Minister, welche einen Basedow und Klopstock unterstützten, während sie durch ihr von einem Franzosen gedrilltes Heer von Mecklenburg und Hamburg die Gelder erpreßten, welche Dänemark selbst zu dessen Unterhalt nicht erschwingen konnte, und sich, um den Gelüsten Rußlands auf einen Theil Schleswigs und Holsteins zu entgehen, in schmähliche Abhängigkeit von Frankreich begaben. Friedrich's V. Nachfolger Christian VII., welcher mit siebenzehn Jahren den Thron bestieg, aber durch Ausschweifungen sich frühzeitig zum Cretin abschwächte, gerieth aus der französischen in russische Vormundschaft, welche die dortigen Gesandten Saldern und Filosofoff mit Brutalität ausübten. Durch sie kam der Minister Bernstorff bald allein an's Ruder; die Königin aber, Karoline Mathilde, eine Schwester Georg's III. von England, wurde auf alle Weise zurückgesetzt und gedemüthigt und auf eine Reise des Königs nach ihrem Vaterlande und nach Frankreich nicht einmal mitgenommen. Auf dieser Reise aber, 1768, schloß sich dem Hofstaate ein Mann an, der für Dänemark verhängnißvoll werden sollte. Es war der damalige Stadtphysikus zu Altona, Johann Friedrich Struensee. Nach der Rückkehr wurde er als Leibarzt angestellt. Durch pietistische Erziehung zum Freidenker gemacht und auf der Reise in Paris der unbedingteste Verehrer der dortigen Aufklärer und Philosophen geworden, moralischer Grundsätze und idealer Bestrebungen aber baar, verband er sich zur Erreichung seiner ehrgeizigen Zwecke sofort mit der Königin, und zwar im vertraulichsten Maße, machte den König ganz zu Beider Werkzeug, stieg zum Konferenzrath und begann sofort, an der Untergrabung der Adels- und Beamtenherrschaft zu arbeiten. Er gelangte dazu, den vornehmen und frömmelnden, aber ehrlichen Bernstorff zu stürzen und an seiner Stelle alleiniger Herr Dänemarks zu werden, worin ihn namentlich sein Freund, der nunmehrige Kammerherr Enevold Brandt, unterstützte. Im Jahre 1770 begann er, obschon blos noch Kabinetssekretär, seine Reformen mit Aufhebung der Censur und Abschaffung der Hofsitte und Ehrenauszeichnungen. Ohne Rücksicht auf das Land, in welchem er wirkte, erließ er alle Verordnungen in deutscher Sprache und kränkte auch ohne Bedenken die Landesreligion, indem er die „dritten"

Feiertage aufhob. In Allem, was er that, suchte er stets die Ansichten der französischen Encyklopädisten und Voltaire's zu verwirklichen und Friedrich's II. Reformen nachzuahmen und experimentirte so auf leichtfertige Weise. Gutes und Schlechtes wurde untereinander eingeführt. Es wurden allerdings die Besetzungen öffentlicher Ämter mit Privatbediensteten untersagt, die Frondienste und andere Lasten auf ein bestimmtes gesetzliches Maß zurückgeführt, die Monopolien, Zünfte und Innungen aufgehoben, die Vorrechte gewisser Familien auf die Wahl des Magistrats von Kopenhagen abgeschafft, aber auch die Gemeindefreiheit der Residenz unterdrückt und selbe der Regierung unterstellt, und so überhaupt Alles ohne Beachtung bestehender und theilweise berechtigter Verhältnisse umgestaltet. Endlich erhob sich Struensee selbst zum Kabinetsminister, sowie sich und Brandt zu Grafen, und setzte seine Unterschrift der königlichen gleich, während er zugleich königlichen Aufwand machte. Aber an seinem Glücke nagten bereits Neid und Haß geschäftig. Die Nationaldänen, die Altlutheraner, der Adel, die Stadtbürger, Alle waren durch ihn verletzt. Es kam zu Tumulten Unzufriedener, wobei sich Struensee durch seine an den Tag gelegte Furcht selbst am Meisten schadete. Der fromme Kandidat Guldberg, Vertrauter der auf das neue Regiment eifersüchtigen Königin-Wittwe, trat an die Spitze der Verschworenen, und der von Struensee selbst emporgehobene Graf Rantzau spielte den Intriguanten. Die Verschworenen überfielen den König (1772) und zwangen ihn, die Verhaftung Struensee's und Brandt's zu befehlen. Das Ende des Drama's, die Hinrichtung Beider, nach vorhergehender erbaulicher „Belehrung", und die Scheidung der Königin, sind bekannt genug. Der Reaktion unter Guldberg folgte dann des jüngern Bernstorff gemäßigt reformatorisches Ministerium.

So endete eine überstürzte Reform in Blut, während zu gleicher Zeit eine aus Blut entsprungene Reformregierung, die dies freilich fast blos dem Scheine nach war, ruhig fortbestand. Es war diejenige Katharina's II. von Rußland, ursprünglich Sophie Auguste von Anhalt-Zerbst. Nachdem sie 1744 als Braut des Großfürsten Peter von Holstein-Gottorp, nach der unverschämten russischen Praxis, die Komödie des Uebertritts zur Popenreligion durchgemacht und im folgenden Jahre vermählt worden, zeigte sie schon früh, obschon eine Deutsche, dieselbe über alles Maß hinausgehende Mannssucht, mit welcher die bisherigen den Thron einnehmenden drei russischen Weiber, Katharina I., Anna und Elisabeth, die Geschichte dieses Landes befleckt hatten. Ja, Katharina II. übertraf in der Folge hierin noch alle Erwartungen und Vorstellungen und unterschied sich am Ende nur noch dadurch von gemeinen Dirnen, daß sie nicht, wie solche, bezahlt wurde, sondern selbst ihre unzähligen Liebhaber bezahlte. Der Erste derselben von Bedeutung war, durch eine eigenthümliche Ironie der Weltgeschichte, der nachherige letzte König des Landes, dem seine Geliebte selbst den Untergang bereitete, Stanislaus Ponia-

sowohl. Freilich machte es ihr Gemahl nicht besser. Mit Dirnen aus dem russischen Adel lebend, verschmähte er die feine französische Bildung, welcher sich Katharina bei allen ihren Excessen doch hingab, und gefiel sich in einem Wachtstubenton, während er zugleich Bewunderung Friedrich's affektirte, in Reformen dilettirte, von denen er nichts verstand, die griechische Kirche offen verachtete und zuletzt Spuren von Wahnsinn zeigte. Die beiden Gatten haßten einander so, daß Peter, seit er als III. dieses Namens Kaiser war, bereits mit dem Gedanken umging, Katharina zu verstoßen, als ihm diese durch die bekannte Thronrevolution von 1763, mit Hülfe der Orloffs, zuvorkam, deren ältester, Gregor, ihr Geliebter war, wobei Peter als blutiges Opfer fiel und die „Beschränkung des Thrones durch den Meuchelmord" begann, welche seitdem als Rußlands Verfassung galt. Das ungeschminkte Laster und die griechisch-kirchliche Heuchelei triumfirten. Und wie kam es nun, daß dieses aller Scham und Zucht und alles Gewissens baare Weib ein halbes Jahrhundert lang als Abgott Europa's, als Semiramis des Nordens, besonders als Oberpriesterin der Aufklärung, namentlich in Frankreich und Deutschland, gefeiert werden konnte, sogar von moralischen und ernsten Männern, wie Diderot, Schlözer, Büsching u. A.? Es wirkte hiezu die Größe ihres Reiches, der Einfluß, den sie in den Nachbarstaaten Dänemark, Schweden und Polen ausübte und der förmlicher Oberherrschaft gleichkam, der Schrecken, in welchem sie die langsam sterbende Türkei durch ihre glänzenden Siege erhielt, der Schutz, den sie aus politischen Gründen den polnischen Dissidenten angedeihen ließ, welche durch die dortigen Ultrakatholiken aller Rechte beraubt wurden, die Huldigungen, welche tatarische und andere fremde Stämme ihr darbrachten, die glänzende Flotte, welche sie nach Griechenland sandte, und der Glanz und Pomp, den die russischen Heere und Gesandtschaften bei all' diesen Gelegenheiten entwickelten. All' dies blendete und imponirte und ließ vergessen, wie die Polen unterdrückt, die Griechen schmählich im Stiche gelassen wurden, und Katharina wurde — die Große genannt. Was sie aber außerdem bei den Gebildeten und Aufgeklärten beliebt machte, welche bloße materielle Macht und Größe sonst kalt ließ, das war das Interesse, welches sie für Künste und Wissenschaften zur Schau zu tragen verstand. Sie schrieb Bücher zur Unterstützung der Erziehung ihrer Enkel, sie interessirte sich in uneigennütziger Weise um Diderot, wie wir oben (S. 346) sahen, sie übersetzte den Abschnitt aus Marmontel's (von welchem später) historischem Roman „Belisar", der über Toleranz handelt, in's Russische und ließ ihn in ihrem Reiche verbreiten, während ihn die Sorbonne von Paris verdammte, sie schwärmte mit Voltaire für ein neues Griechenthum am schwarzen Meere, d. h. durch Ukasen erzwungene neue Industrien und Handelsplätze (das verunglückte Cherson!), sie spielte in ihrem Alter, nachdem sie sich materiell übersättigt, noch einen sentimentalen Liebesroman mit dem jungen Lanskoy und betrauerte seinen Tod auf poetische Weise. Wie schlecht paßte denn die Herrschaft, welche ein kühner, aber herzloser Verschwender vom Schlage Potemkin's, nach Gregor Orloff ihr mächtigster Günstling, über diese Monarchin ausübte, die freche Lüge, mit welcher er ihr auf ihren Reisen gemalte Städte und Dörfer als wirkliche vorspiegelte, Heerden zusammentreiben und Bauern gut kleiden ließ, die gefühllose Befriedigung, welche sie über die hinterlistige oder blutige Unterwerfung ganzer Länder (Taurien und Polen!) durch den Tyrannen empfand, der den entfloh'nen Tatarchan Sahim Girai förmlich verhungern ließ, indem er, der überhaupt nie etwas bezahlte, auch dessen Pension selbst verzehrte, bis der Verzweifelnde nach der Türkei floh und von dem elenden Sultan erdrosselt wurde!

Bei alledem aber war Katharina II. eine großartige Erscheinung. Wie wenige Monarchen, selbst männlichen Geschlechts, verstand sie die Geschichte und ihre Momente aufzufassen und zur rechten Zeit zu benutzen, die Kulturerscheinungen derselben zu würdigen und deren Träger zu schätzen. So war sie denn auch ernstlich bemüht, durch Reformen den Zustand des Reiches zu verbessern. Schon im Anfang ihrer Regierung wurde der Salzpreis herabgesetzt, die Folter abgeschafft, der Handel geregelt, Hospitäler und Armenhäuser gestiftet, dann gegen die Käuflichkeit der Ämter und gegen die Übergriffe der Beamten eingeschritten und die Gewalt der Statthalter beschränkt. Dabei vergaß die kluge Kaiserin nicht, den Adel und den Klerus durch Concessionen zu beschwichtigen, erstern mit Überlassung der Offiziersstellen, letztern mit Herausgabe der eingezogenen Klostergüter. Sie machte auch Anstrengungen zur Durchsäuerung Rußlands mit europäischer Civilisation; allein dies war mit den geringsten Erfolge gekrönt, und was geschah, mehr Schein als Wesen, gerade wie die berüchtigten touristischen Dörfer Potemkin's. Der Firniß über dem Barbarenthum der slavisirten Mongolen Osteuropa's war immer wieder bald abgekratzt!

Hatte Katharina mit Gewalt eine neue Regierung, Struensee aber ein neues Regierungssystem eingeführt, so that dies Gustav III. von Schweden in Bezug auf eine neue Regierungsform. Die bis dahin dort herrschende war rein aristokratisch; es regierte eine Anzahl im Reichsrathe sitzender Adeligen, der König war ein „Schatten", die Stände ein „Schreckbild". Jenachdem sich das letztere äußerte, war im Reichsrathe die russische Partei der „Mützen" oder die französische Partei der „Hüte" obenan. Bezeichnender Weise wurden gerade um die Zeit, da Katharina sich durch Blut emporschwang, die Hüte durch die Mützen verdrängt. Da erwachte in dem jungen Kronprinzen Gustav, dessen Vater Adolf Friedrich keine Kraft zeigte, dessen Geist aber durch die Literatur der Aufklärung genährt war, der kühne Gedanke, sein Volk, namentlich aber seinen künftigen Thron, von der Adelstyrannei zu befreien. Im Jahre 1769 verlangte er, mit Einwilligung des von ihm bestimmten Vaters,

vom Reichsrathe die Einberufung der Reichsstände, und als dies nur mit
willkürlichen Einschränkungen geschah, wurden die widerspänstigen Reichs-
räthe einfach abgesetzt. Gustav hatte, wie Schlosser sagt, alle die glänzenden Eigenschaften eines Königs, welche der große Friedrich, sein Oheim,
verachtet, aber keine derjenigen, durch welche Derselbe groß geworden.
Seine Energie war mehr die eines Mannweibes, als eines Mannes, seine
Art, Intriguen zu spinnen, ganz weibisch (welchem Zuge auch seine Art,
der Liebe zu pflegen, entsprochen haben soll), sein Leben ausschweifend und
vergnügungsvoll, seine Moral durchaus lax. Nachdem er eine Reise nach
Paris gemacht, zu welcher er mit Mühe von den Ständen die Mittel erhielt, und dort die Rolle, die er spielen wollte, einstudirt hatte, wurde er
1771 durch den Tod des Vaters König. Mit Hülfsgeldern des gewissenlosen französischen Ministers Aiguillon und mit persönlichem Beistand des
Grafen Vergennes (oben S. 83) arbeitete er auf seinen Zweck hin,
täuschte die Stände und schmeichelte dem Reichsrathe und zugleich wieder
dem Volke, während er mit dem französischen Gelde die Truppen —
gewann. Nachdem Alles vorbereitet war, ließ er, im Jahre des Sturzes
Struensee's, den Reichsrath von seinen Soldaten umzingeln und einschließen, bewirkte mit schönen Reden und bunten Aufzügen den Rest, dem
er noch durch öffentliches Abfingen eines geistlichen Liedes einen frömmelnden Anstrich gab, und führte, unter aufgepflanzten Kanonen, an
Stelle der Adelsherrschaft die unumschränkte Monarchie ein. Indessen
wurde durch ihn, wie Schlosser sagt, endlich wieder Ordnung und Recht in
Schweden eingeführt; im Uebrigen aber that er mehr für Hoffeste, Ringelrennen, Maskenbälle, Theater, Kunstbauten und französirte Literatur,
wofür enorme Summen verschwendet wurden, als für das Wohl des
Volkes, wie er auch die Presse viel strenger einschränkte als die gestürzten
Oligarchen. So war Gustav, im Gegensatze zu Struensee, ein rück-
schreitender Reformator und fiel daher, seiner durchaus würdig, auf einem
Maskenballe unter Pauken und Trompeten, durch den Schuß des in
räthselhaftem Verhältnisse zu ihm stehenden Ankarström, während der
französischen Revolutionszeit, die sein Ideal, die überlieke Monarchie,
zusammenschlug!

Von den monarchischen zu den republikanischen Revolutionen übergehend, gedenken wir, zugleich mit den letzteren, der politischen Bewegungen
eines Landes, das mit demselben in die engste Berührung verflochten
wurde.

Schon bald nach der Mitte des achtzehnten Jahrhunderts trat in
England, wo die beiden Adelsparteien der Whigs und Tories sich um
die Herrschaft stritten und nur so weit sich um das Volk bekümmerten, als
sie es zu ihren Zwecken benutzen konnten, ein Volksmann auf, der bereits
die Talente und Fehler der französischen Revolutionäre in sich vereinigte.

Wilkes, so hieß er, war von häßlicher Erscheinung; er hatte keine

Zähne und schiefe, seine Unterhaltung bestand in plumpen Zoten, sein öffentliches Auftreten und Sprechen war schauspielerhaft und seine Feder von Gift getränkt. Aber er haßte trotzdem Niemanden, behandelte selbst seine Gegner persönlich mit Schonung und war der Abgott des Volkes, dessen Wahlspruch lange Zeit „Wilkes and Liberty!" hieß. Seine Popularität begann mit der Verhaftung, welche man in Folge seines Auftretens in seinem Blatte „the North Briton" gegen den Pariser Frieden (1763) gegen ihn verhängte, ohne die gesetzlichen Formen dabei zu beobachten, und mit der lächerlichen Maßregel, die das Parlament ergriff, das sein Blatt als „Schmähschrift" durch den Henker zu verbrennen befahl, dem es aber das Volk aus den Händen riß! Wilkes, gegen welchen außerdem ein obscönes Pasquill sprach, gegen welches der Lord Sandwich*), ehemaliger Genosse seiner Ausschweifungen, klagte, wurde auf vier Jahre verbannt, die er in Frankreich zubrachte, später aber, bei Anlaß des nordamerikanischen Aufstandes von der Opposition zurückgerufen und in's Parlament gewählt, von der Regierung aber als „outlaw" in's Gefängniß geworfen, vom Volke dagegen befreit und im Triumf herumgetragen, was einen blutigen Zusammenstoß mit den Truppen herbeiführte. Ja, vor dem königlichen Palaste führte man Karl's I. Hinrichtung auf. Während das Parlament Wilkes trotz wiederholter Wahl wiederholt ausschloß, sah man überall sein Bild hängen, und eine Aristokratin bemerkte deshalb: „Er baumelt überall, nur nicht da, wo er sollte." Excesse des Volkes, die auf seinen Wink zum Aufstande geworden wären, hielt er stets im Zaume, ja verspottete selbst den Eifer seiner Anhänger, trat später ganz auf die Seite der Regierung und endete sein Leben in behaglicher Stellung als Kämmerer der Stadt London (er starb 1797). In diesen späteren Jahren versicherte er, „niemals ein Wilkit gewesen zu sein," und versetzte einer Frau aus dem Volke, welche ihn mit „Wilkes und Freiheit" begrüßte: „Halt's Maul, alte Närrin, das ist längst vorbei!"

In die Zeit von Wilkes' Popularität fiel eine noch schärfere Opposition gegen das herrschende System in Großbritannien; sie trat während der Zeit von Mitte 1769 bis Anfang 1771 in Briefen hervor, welche unter dem Pseudonym Junius in der Zeitung „Public advertiser" und später in besonderer Ausgabe erschienen und ungeheures Aufsehen erregten. In geistreichem Stile und mit tiefgehender Kenntniß der öffentlichen Verhältnisse traten sie für Aufrechthaltung der Rechte und Freiheiten des englischen Volkes gegen König und Ministerium auf. Es wurde darin mit bitterm Hohne auf Montesquieu und andere Rechtslehrer hingewiesen, welche die englischen Zustände im Auslande priesen, während dieselben doch so heruntergekommen seien, daß Ereignisse wie das ungerechte Verfahren

---

*) Nach ihm wurden die Hawaii-Inseln benannt, weil er Cook's Entdeckungsfahrten als Marineminister befördert hatte.

gegen Wilkes und die englische Politik gegen Irland und Nordamerika beweisen. Der Name des Verfassers blieb sogar dem Verleger unbekannt, der das Manuscript auf geheimnißvolle Weise erhielt und durch selbes reich wurde. In neuester Zeit glaubte man ihn in Sir Philipp Francis, Beisitzer des hohen Rathes von Indien in Kalkutta, später Parlamentsmitglied (gest. 1813), entdeckt zu haben.

Es ist bereits angedeutet, daß zur Zeit Wilkes' und der Briefe des Junius der Aufstand der britischen Kolonien in Nordamerika ausbrach. Der Krieg gegen diese Bewegung war unter dem englischen Volke höchst unbeliebt, und seit dem Jahre 1770 wurde zu London bereits in Zeitungen und Adressen und sogar im Munde des Lordmayors vor dem Könige eine Sprache gegen die Regierung geführt, welche man mit Fug revolutionär nennen kann. Die Verhaftung des Lordmayors und Maßregeln gegen die Presse schürten nur das Feuer, namentlich als 1775 Wilkes jene erste Bürgermeisterstelle der Welt bekleidete. Während dieser Zeit nahm unter den Staatsmännern, welche für die Sache der Freiheit und des Fortschrittes eintraten, Edmund Burke die erste Stelle ein. Im Jahre 1730 zu Dublin geboren, wurde er 1764 Parlamentsmitglied. Einer mehrere Jahre früher erschienenen Satire, in welcher er den Argumenten Bolingbroke's (S. 325) gegen die Religion in spöttischer Weise solche gegen den Staat zur Seite stellte und sich den Anschein gab, als ob er den Naturzustand empföhle, folgten 1770 die „Gedanken" über die Ursachen der damaligen Mißstimmung, worin er sich für die freisinnigen Grundlagen der englischen Verfassung, für die Rechte des Volkes und gegen die Kabinetsregierung aussprach. Im Parlamente, wo er sich indessen eine theatralische, oft sogar an's Lächerliche grenzende Haltung und Manier angewöhnte (und z. B. einst einen Dolch zog und schwang!), glänzte er als einer der größten Redner neuerer Zeit und erregte besonders durch seine Theilnahme für die sich erhebenden Nordamerikaner Aufsehen, suchte jedoch umsonst statt des Krieges eine Vermittelung herbeizuführen. Er betonte namentlich das Selbstbesteuerungsrecht der Kolonien und das Unrecht, das ihnen durch Besteuerung vom Mutterlande aus zugefügt werde. Ebenso stellte er sich auch mannhaft unter die Ankläger des blutigen Väterlichs Warren Hastings in Indien. Als aber die französische Revolution seine Freisinnigkeit auf eine noch höhere Probe stellte, war er bereits geistig und körperlich alt und trat nicht nur feindlich, sondern selbst fanatisch gegen die dort sich erhebende neue Ära der Freiheit auf. Von allen Reaktionären gelobt, starb er 1797.

Konsequenter als Burke blieb sich sein jüngerer Zeitgenosse und früherer Freund Charles James Fox (geb. 1748 als Sohn Lord Holland's); größer an Talenten, aber auch an Lastern und dabei frei von aller Affektation und dem politischen Wankelmut, doch reich an Herzensgüte und gewinnender Anmut. Sein Leben war ein Kampf gegen seinen großen Redner-

kühler William Pitt, einen jüngern Sohn des gleichnamigen, aber zum Lord Chatham erhobenen Ministers, des Verfechters gemäßigter Freiheit, des Gründers der englischen Seemacht und Helfers Friedrich's des Großen. Der jüngere Pitt, 1759 geboren, legte sittliche Strenge und heftige Härte und Unduldsamkeit an den Tag. So bekämpften sich heiße Fantasie und kalter Verstand. Beide Männer waren sich als Redner ebenbürtig, und ihre Fehde ist die Geschichte Englands am Scheidepunkte zweier Jahrhunderte. Foxens Ministerium bedeutete stets die Freiheit und den Frieden (den 1806 sein Tod vereitelte), Pitt's aber (der schon mehrere Monate vorher todt war) den Krieg bis auf's Messer gegen die neueren, seit Ende des achtzehnten Jahrhunderts aber allerdings durch einen gewissenlosen Despoten vertretenen Ideen.

Der alte Chatham war 1778 während seiner heftigen Rede im Parlament gegen die Anerkennung der Freiheit Nordamerika's sterbend zu Boden gestürzt. Sie bahnte sich nichtsdestoweniger ihren Weg. Und elf Jahre darauf folgte ihr diejenige Frankreichs nach! Und beide verknüpfte mit der englischen Opposition eines Willes, Junius, des jungen Burke und Fox die Gestalt eines der ehrlichsten und treuesten Demokraten jener Zeit, der in England die ostindische Militärbrutalität und Millionenfischerei eines Clive angriff, den „Common Sense" in Amerika und die „rights of man" in Frankreich verfocht, — Thomas Payne, des unermüdeten Kämpfers gegen den alten Burke, den Peter von Amiens der Revolutionsfeinde. So tauschten auch die beiden werdenden Republiken unter sich bezeichnende Vertreter ihres Wesens gegeneinander aus. Für Amerika wirkte in Frankreich der ehrenfeste, einfache Buchdrucker Benjamin Franklin, während in Amerika für Frankreich der unzuverlässige Marquis Lafayette Erfahrungen sammelte. Und so wie diese beiden Männer, wurden auch die beiden neuen Republiken grundverschieden, an Charakter wie an Leistungen. Dort, über dem Ocean, nun seit hundert Jahren dieselbe Republik mit derselben Verfassung, sogar nach einem fünfjährigen Bürgerkriege! und lauter Cincinnatusse nach einander an der Spitze, und kein einziger Cäsar! Diesseits aber ein steter Wechsel von Monarchie, Oligarchie und Anarchie, und noch nie eine Spur von wirklicher, geordneter Demokratie mit thatsächlicher Rechtsgleichheit, und an der Spitze lauter Cäsaren, Augustusse, Claudiusse und Neronen und kein einziger Cincinnatus! Und woher dieser schroffe Gegensatz? Dort wirthschafteten Germanen mit ihrem eigenen Gut, hier romanisirte Gallier mit germanischem Gut, mit dem sie sich, wie ein Vogel mit fremden Federn, schmückten. Die Volksfreiheit ist ein altgermanisches Gut, während die Gallier stets Brennussen und Druiden gehorchten. Die Volksfreiheit verpflanzte sich aus Niedersachsen nach Britannien, während in der Folge in Germanien selbst das nach gallischem Muster feudalisirte und hierarchisirte Fürstenthum sie überwucherte, das germanische Alpenland aber frei blieb, bis hier ein Patriziat dieselbe Rolle spielte, wie hinwieder ein Millionenadel in England. Aber im Inselreiche, wie in der Gletscherburg blieben noch zahlreiche Freiheitsreste übrig, dort Parlamente und Schwurgerichte, hier Landesgemeinden und der Genfer Conseil général. Dort studirte diese Reste ein Montesquieu, von hier brachte sie ein Genferkind selbst, der verhetzte Jean Jacques Rousseau in die Metropole seiner Muttersprache. So lernten die Franzosen ihnen bisher fremde ungermanische Freiheitsverschaften kennen, beather in monarchisch-constitutionellem, hierher in republikanisch-demokratischem Gewande, und deuteten sie mit der ihrer Nation von jeher eigenen Gewandtheit aus. Und beide Richtungen traten nebeneinander auf im Kampfe gegen das Alte, den die finanziellen Reformen eines Turgot und Necker heraufbeschworen, die aber drei Stände aber beschwichtigen sollten, bis ein Abbé Sieyès den Tiers-état aus „Nichts" zu „Allem" machte. Montesquieu's Geist kämpfte in dem genial-überlichen Donnerredner Mirabeau, Rousseau's Geist in dem salbe-tugendhaften, den Paragraphen des Contrat social Hekatomben von Menschen opfernden Theistenpriester Robespierre. In Blutströmen wurde der „Geist der Gesetze" durch den „Social-Vertrag" erstickt, nachdem dieser noch nebenbei Rousseau's Haß gegen den Spötter Voltaire im Blute der Girondisten gekühlt, und es herrschte eine Verfassung, welche im Wortlaute den Geist der nordamerikanischen, in der Praxis aber die Tage eines Marius und Sulla wiedergab. Die Grundsätze und Ideen der Revolution sind germanisch, — wir dürfen sie als unser Eigenthum reclamiren, — nur ihre Excesse, nur die Septembermorde, die Guillotine, der langjährige Eroberungskrieg, sind unbestritten gallischen Gewächs, seit Cäsar's achtjähriger Arbeit verwischt mit römischem, in engem Bunde zu gemeinsamer Rache an den Nachkommen der Kimbern und Teutonen!

So war es dann auch ein Deutscher, welcher nach der titanischen Revolution deren höhere Ideen zuerst in ein System brachte, daraus aber nicht, wie die Franzosen, die Consequenz des ewigen Krieges, sondern vielmehr jene des ewigen Friedens zog, — Immanuel Kant (oben S. 366). Die Früchte seiner Thätigkeit auf diesem Felde wuchsen aus dem Schooße seiner Kritik der praktischen Vernunft und reisten erst in seinem höheren Alter. Auch in ihm hatte Unterdrückung den freien politischen Blick geweckt. In der Nacht, die auf Friedrich's hellen Tag und Abend hereinbrach, in dem wüsten Traume, den die frömmelnden Charlatans Wöllner und Bischofswerder (oben S. 244) über Preußen heraufbeschworen, trat auch Kant's ehrwürdiges Haupt vor dieser Gaukelbande nicht zurück. Es erfrechte sich, ihm 1794 die fernere Veröffentlichung „solcher Schriften", wie seine „Religion innerhalb der Grenzen der Vernunft" zu untersagen. Er gehorchte, solange das dunkle Regiment herrschte; aber als er wieder auftreten durfte, wandte er sich der Politik, statt der Religion zu. Trotz seines hohen Alters sind seine Ansichten von freiem Geiste durchweht, verrathen jedoch einiges Schwanken zwischen der Begeisterung für die neu sich erhebenden demokratischen Ideen und dem Abscheu vor den in Frankreich begangenen Entweihungen derselben. Im Ganzen hielt er sich ziemlich enge an Rousseau, mit welchem und dessen Vorgängern er den Staat auf den Gesellschaftsvertrag gründete, denen gegenüber er aber zuerst einen Unterschied zwischen dem Einzelwillen der Zusammentretenden und deren Gesammtwillen ahnte. Den bürgerlichen Zustand gründet er auf die Freiheit jedes Gliedes als Menschen, auf die Gleichheit Aller als Unterthanen und auf die Selbständigkeit eines Jeden als Bürgers. Die nähere Ausführung dieser Prinzipien erinnert in bedeutendem Maße an die Erklärung der Menschenrechte durch Sieyes. Statt der despotischen väterlichen verlangt er eine vaterländische Regirung. Von der Gleichheit jedoch macht er eine Ausnahme zu Gunsten des Staatsoberhauptes, während er alle erblichen Vorrechte verwirft. Für alle Bürger verlangt er Mitwirkung zur Gesetzgebung. Bezüglich der Staatsform unterscheidet er die republikanische und die despotische, von welchen jede wieder monarchischen, aristokratischen oder demokratischen Charakter tragen könne. Auffallender Weise aber erblickt er in der demokratischen Form die meiste Gefahr der Despotie, weil da „Alles Herr sein wolle." Sein Ideal ist daher die Repräsentativverfassung, in welcher die verschiedenen Gewalten, die gesetzgebende oder souveräne, die vollziehende und die rechtsprechende einander gegenseitig beschränken. Hinsichtlich der Souveränetät spricht er sie theoretisch dem Volke, praktisch aber (aus Furcht vor deren Mißbrauch!) dem Staatsoberhaupte zu. In der Theorie Rousseau's Schüler, wird er, beim Anblicke der Revolutionsgreuel, in der Praxis Hobbes' Anhänger. Im Übrigen vertheidigt er die freie Meinungsäußerung, verwirft aber jeden Widerstand gegen die Regirung. In prophetischem Geiste verficht er indessen den Fortschritt von der staatsbürgerlichen zu einer weltbürgerlichen Verfassung in Form eines völkerrechtlichen Bundes. Diese Idee führt ihn endlich zu dem ächt humanen und wir möchten sagen „freimaurerischen" Projekte eines „ewigen Friedens" (1795 erschienen), zu welchem er sowol Präliminar- als Definitivartikel entwarf. Erstere heißen:

1) Es soll kein Friedensschluß für einen solchen gelten, der mit dem geheimen Vorbehalte des Stoffs zu einem künftigen Kriege gemacht worden.

2) Es soll kein für sich bestehender Staat von einem andern Staate durch Erbung, Tausch, Kauf oder Schenkung erworben werden können.

3) Stehende Heere sollen mit der Zeit ganz aufhören.

4) Es sollen keine Staatsschulden in Beziehung auf äußere Staatshändel gemacht werden.

5) Kein Staat soll sich in die Verfassung und Regirung eines andern Staates gewaltthätig einmischen.

6) Es soll sich kein Staat im Kriege mit einem andern solche Feindseligkeiten erlauben, welche das wechselseitige Zutrauen im künftigen Frieden unmöglich machen müssen, als da sind: Anstellung von Meuchelmördern, Giftmischern, Brechung der Kapitulation, Anstiftung von Verrath in bekriegten Staaten u. s. w.

Als Definitivartikel schlägt Kant vor:

1) Die bürgerliche Verfassung in jedem Staate soll republikanisch sein (nach obiger Auffassung dieses Wortes nämlich!).

2) Das Völkerrecht soll auf einer Föderation freier Staaten gegründet sein.

3) Das Weltbürgerrecht soll auf Bedingungen der allgemeinen Hospitalität eingeschränkt sein.

Die Einführung dieser Artikel erwartet Kant von der Macht der Natur und fügt als „geheimen" Artikel noch bei:

„Die Maximen der Philosophen über die Bedingungen der Möglichkeit des öffentlichen Friedens sollen von den zum Kriege gerüsteten Staaten zu Rathe gezogen werden."

Und was war die bisherige Wirkung dieser hochherzigen Anregungen deutscher Wissenschaft? —

Wir schreiben dies unter dem Wüten eines furchtbaren, Deutschland aufgedrungenen Krieges. — — —

Fünftes Buch.
Wahrheit und Dichtung.

Erster Abschnitt.
Die romanischen Nationalliteraturen.

A. Das Zeitalter Ludwig's XIV.

Nicht nur die Reformen auf dem politischen Gebiete und die Forschungen auf dem wissenschaftlichen waren es indessen, welche die große Revolution der Völker und der Geister am Ende unserer Periode vorbereiteten, — sondern dazu wirkte vorzüglich auch die Bebauung desjenigen Feldes der literarischen Thätigkeit mit, welches weiteren Kreisen der Bildungsbedürftigen das zugänglichste und verständlichste ist und welches man wegen der Sorgfalt, die seine Bearbeiter und Pfleger auf die Gefälligkeit der Form, die Regelmäßigkeit der Ausdrucksweise verwenden, und wegen der Freiheit, mit der sie ihre Fantasie walten lassen, das schöne zu nennen pflegt. In dieses Gebiet des künstlerischen Stils verlegen wir jene literarischen Erzeugnisse, welche keiner Beweisführung bedürfen, sondern auf der Wirklichkeit des Lebens oder auf der Möglichkeit der Fantasie beruhen und daher den Lesenden anziehen, d. h. zur Erheiterung oder Belehrung aller Klassen, nicht zur Unterstützung der wissenschaftlichen Forschung Einzelner dienen. Wir handeln daher in diesem Buche unserer Periode sowol von der künstlerischen Darstellung wahrer, als von derjenigen geträumter Dinge, oder von **Wahrheit** und von **Dichtung**. Unsere Periode zeichnet sich nun dadurch aus, daß sie, entgegen der vorhergehenden, welche aus der Schöpfung origineller Gebilde immer mehr zur Nachahmung verzerrter solcher herabgesunken war, vielmehr sich aus dieser Geschmacksverirrung allmälig wieder zu selbständigen Gestaltungen erhebt. Sie beginnt daher mit der Nation, welche auf dem

Gebiete der schönen Literatur die geschilderte Zeit hindurch mit wenigen Ausnahmen in der Nachahmung befangen blieb, mit der französischen, geht hierauf zu derjenigen über, welche sich bestrebte, zu der bereits früher von ihr im großen Menschenkenner vom Avon erreichten Erhabenheit wieder emporzusteigen, ohne dies vollständig zu können, und schließt mit derjenigen, welche nach langem Tasten in fremden Gauen endlich aus der Dunkelheit zum Lichte einer neuen Blüte- und Glanzperiode sich wieder emporrang, mit der deutschen.

Die schöne Literatur Frankreichs verharrte insofern unsere gesammte Periode hindurch auf dem von uns oben (Bd. I. S. 448 und 454) charakterisirten Wege, als sie zu keiner selbständigen und vor Allem zu keiner volksthümlichen, in den Gesichtskreis der weniger hoch gebildeten Klassen der Nation herabsteigenden oder vielmehr dieselben zu sich emporhebenden Schöpfung gelangte. Dagegen unterbrach sie in der spätern Hälfte unserer Periode die blinde Hingebung an die Pseudo-Klassicität mit einer Anlehnung an die inzwischen in England aufgetauchte Literatur der Aufklärung, doch dies mehr in der Wahl der Stoffe und der Art der Aeußerungen, als in der Form der Ausarbeitung, und wieder mehr in der von uns bereits behandelten wissenschaftlichen, als in der künstlerisch-historischen und in der poetischen Thätigkeit.

Ihren Höhepunkt und das Ende ihrer ausschließlichen Herrschaft erreichte die falsche französische Klassik zur Zeit Ludwig's XIV., und ihr Charakter in dieser Zeit ist auch völlig derjenige der Regierung dieses gleißnerischen Despoten, dessen verwerfliches, dem eigenen Volke und fremden Nationen schädliches Treiben wir oben (S. 92 ff. und 216 ff.) geschildert haben. Es ist eine Leerheit an Gefühlen, eine Hohlheit der Deklamation, eine Falschheit des Pathos, eine Gezwungenheit der Diktion und des Versbaues, eine Unterwürfigkeit und Kriecherei vor dem Abgotte des Tages, welche in dieser sogenannten Glanzperiode der Literatur herrscht, deren Poesie weder mit dem Gemüte, noch mit der Fantasie des Dichters, weder mit dessen Vaterlandsliebe, noch mit der Freude an der Natur zu schaffen hat, sondern ausschließlich der Reflexion und einer den Humanisten nachhinkenden, einseitig philologischen und mythologischen Gelehrsamkeit ihren Ursprung verdankt. Das hinderte jedoch nicht, daß auch diese Phase der Literatur Lichtseiten darbot, die theils in dem Talent und in der natürlichen, nicht ganz zu unterdrückenden Gefühlswärme einzelner hervorragender Dichter bestanden, theils aber darin, daß die Nachahmung der Alten nicht mehr so gezwungen und buchstäblich-sklavisch war, wie zu den Zeiten eines Ronsard (Bd. I. S. 456), sondern, in Folge der Verbesserung des Geschmackes durch Malherbe, dem nationalen Geiste, freilich in enggezogenen Schranken, freiern Lauf ließ. Die entsprechenden Verdienste um die französische Prosa, wie Malherbe um die Poesie, erwarb sich Jean Louis Guez de Balzac (1594—1664) durch seine Briefe über

Zeitereignisse und durch seine moralisch sein sollenden, aber frömmelnden und gegen Ludwig XIII. und Richelieu schmeichlerischen Abhandlungen. Balzac war das Haupt einer Schule von Schriftstellern, die man nach ihrem Versammlungsort als das „Hôtel de Rambouillet" bezeichnete. So kalt und unnatürlich nun diese Literatur im Allgemeinen, so korrumpirt war auch die ihr entsprechende Kritik. Das hervorragende Talent der besseren Dichter fand keine Anerkennung. Es galt nicht als gut, was dem Fühlen des Herzens, der Innigkeit des Empfindens, der Erhabenheit des Fluges der Gedanken entsprang, sondern was nach der herrschenden Schablone gemodelt, gepreßt, geglättet, beschnitten und gemalt war. Dies Letztere bestimmte die Urtheile der 1635 vom rothbehuteten Minister Richelieu gestifteten Académie française, welche die Dichterwerke mit derselben nüchternen Kälte prüfte und maß, wie die Kohorten und Legionen von Wörtern, mit denen sie ihren berühmten Dictionnaire anfüllte. —

Die Dichtungsform, welche im Zeitalter Ludwig's XIV. vorherrschte und demselben eigentlich sein Gepräge gab, war die dramatische, und zwar vorerst die Tragödie. Begründet war dieselbe als Kunstwerk, also abgesehen von ihren populären Gestaltungen (Bd. I. S. 448), durch Jodelle's Kleopatra (1552 aufgeführt), welchem Dichter die unbedeutenderen Garnier, Hardy, Rotrou und Mairet folgten. Den ersten Jünger von Ruf und Talent, welcher Melpomenen huldigte, erblicken wir in Pierre Corneille, genannt le grand (geboren 1606 zu Rouen, gestorben 1684 zu Paris). Seine dramatische Erfahrung war vielseitig und seine Gewandtheit verdient Anerkennung. Er führte sowol die Tragödie, als die Komödie in Frankreich ein, gab die ersten Gedanken zu dem später entstandenen bürgerlichen Drama und stellte zuerst die Regeln der dramatischen Dichtkunst auf, wie sie nach ihm in Frankreich beobachtet wurden. Das erste Stück, das ihm Geltung unter dem Publikum verschaffte, war der „Cid", größtentheils dem gleichnamigen spanischen Drama des Guillen de Castro, mit Weglassung gerade der schönsten Stellen, entnommen, aber von schöner Sprache. Das Stück wurde in Frankreich beinahe vergöttert und man sagte lange sprichwörtlich: c'est beau comme le Cid! Es war wirklich das erste, welches allgemeineres Interesse für das Theater erweckte, was den Neid des selbst dramatisirenden Kardinals Richelieu so sehr erregte, daß er ein höchst kühles Urtheil der Akademie darüber veranlaßte, welches ihm jedoch immer noch zu anerkennend war. Von Corneille's späteren Stücken spielen die meisten, dem herrschenden Geschmacke folgend, im klassischen Alterthum. „Les Horaces", „Cinna", „Polyeucte" sind die geschätztesten unter ihnen, künstlicher, aber nicht so zum Herzen sprechend wie der jener Zeit näher liegende Cid, in dessen Periode und Vaterland noch ein weiteres Stück Corneille's, „Don Sanche", spielt, doch so unbedeutend ist, wie die übrigen unter seinen dreißig Dramen. Dieselben sind sämmtlich, gleich denjenigen aller seiner

Nachfolger bis auf die neueste Zeit, in schleppenden, paarweise reimenden Alexandrinern geschrieben, die selten hie und da mit anderen Versarten abwechseln. Was die bei den französischen Dichtern so beliebten drei aristotelischen Einheiten der Zeit des Raumes und der Handlung betrifft, so band sich Corneille in seinem ersten Werke nicht streng daran, später aber immer mehr. Obschon er überdies an allen jenen Fehlern leidet, die wir als gemeinsame der Literatur jener Zeit genannt haben, findet sich doch in seinen Werken ein belebter, oft sogar feuriger und kräftiger Dialog, Schwung des Gedankens, und manchmal entringt sich auch der herrschenden Kälte zum Trotz eine Äußerung warmen Gefühls. Corneille's hervorragendste Komödie, wenn auch blos eine schwache Ahnung der spätern Blüte dieser Dichtart, war der nach dem Spanischen bearbeitete „Menteur". Auch übertrug er die „Nachfolge Christi" in französische Verse.

In der Tragödie folgte ihm zunächst Jean Racine, geboren 1639 zu La Ferté bei Paris, im Jansenistenkloster Port-Royal erzogen, wo man stets die Poesien die man bei ihm fand, in's Feuer warf, — gestorben 1699. Wie zu jener Zeit Ludwig XIV. an die Stelle der spanischen Hegemonie in Europa die französische setzte, so befreite Racine das französische Drama von dem spanischen Schwulste und Pathos, dem noch Corneille, was auch die Wahl mancher seiner Stücke zeigt, gehuldigt hatte, ohne jedoch aus der falschen Klassicität herauszukommen und sein Talent nationalen Stoffen mit selbständiger Auffassung zuzuwenden. Seine elf Tragödien bewegen sich, dem herrschenden Geschmacke gemäß, fast ohne alle Ausnahme in den „drei Einheiten" und größtentheils im griechischen und römischen Leben, dem man jedoch damals, durch eine sonderbare Grille, Stoffe des Orientes, und zwar nicht nur des alten, sondern sogar des neuern, türkische und persische, beigesellen zu dürfen glaubte, aber ja keine europäischen des Mittelalters und der Neuzeit. So haben wir von Racine außer seinen im Alterthum spielenden Stücken, Iphigenia, Andromache, Phädra, Mithridates, Britannicus u. s. w., unter welchen „Andromache" eine der Aufnahme des „Cid" ähnliche fand, auch allerdings viele Schönheiten besitzt, — noch zwei jüdische: Esther und Athalia, welche nach Art des antiken Dramas Chöre auftreten lassen, und ein türkisches: Bajazet. Und, sonderbar, dasjenige Stück, welches noch am meisten klassischen Geist athmet, ja als das beste, nicht nur Racine's, sondern Frankreichs überhaupt bezeichnet werden kann, ist keines der antikisirenden, sondern die biblische Athalia, sein „Schwanengesang", in welchem herrliche Worte zu Gunsten des unterdrückten Volkes und zur Verurtheilung der herzlosen Bevorzugten glänzen. Und doch fand gerade sie den wenigsten Anklang. Als sie, gleich den übrigen Stücken Racine's, 1698 durch die Fräulein des Institutes von Saint Cyr aufgeführt werden sollte, verhinderten dies Intriguen. 1691 gedruckt, wurde sie erst 1702 am Hofe zu Versailles dreimal aufgeführt, und zwar durch Herren und Damen des Hofes und einen einzigen beigezogenen Schauspieler, auf dem Theater aber erst 1716. Sein Alter brachte Racine zurückgezogen vom Theater zu. Die Gunst, welche ihm der König und die Maintenon früher bewiesen, hatte zwei Jahre vor seinem Tode plötzlich ein Ende; Einige meinen, weil er Scarron, den frühern Gatten der Mätresse, getadelt, Andere, weil er ihr ein Gutachten über Verbesserung der Lage des armen Volkes überreicht, das der König anmaßend fand. — Racine gilt für weniger erhaben und feurig, aber für vielseitiger und mannigfaltiger, wahrer und tiefer als Corneille. An Geschmack übertrifft er alle französischen Dichter, an Schönheit und Eleganz der Sprache wenigstens Alle seiner Zeit. Seine dramatischen Personen sind mehr Menschen, als Heroen, wie jene Corneille's. Die Rührung, die Erregung des Mitleides scheint sein Hauptzweck gewesen zu sein; dabei spannte er aber die Leser und Zuhörer durch unendliche Monologe der Sterbenden auf die Folter. Racine schrieb auch ein Lustspiel: „les Plaideurs," eigentlich eine Bearbeitung der „Wespen" des Aristophanes. Gegen die theaterfeindlichen Einsiedler von Port-Royal, seine ehemaligen Lehrer, verfaßte er seinen feurigen Brief zur Vertheidigung seiner Kunst, welcher an die Seite der Provinzialbriefe Pascal's gesetzt wurde, welchen aber Racine durch seine „Geschichte von Port-Royal" gut machte, die man im Gebiete der Prosa so sehr erhob, wie seine Dramen im Gebiete der Poesie.

Unter den übrigen Tragikern der Zeit nennen wir blos Thomas Corneille, den Bruder Pierre's, Nicolas Pradon und Prosper Crebillon den Ältern, welcher förmlich in den Leidenschaften der Menschen wühlte und sich entschuldigte: Corneille habe den Himmel, Racine die Erde in Besitz genommen und so sei ihm nur die Hölle übrig geblieben. Die einzelnen Werke dieser Dichter sind der Erwähnung nicht werth. Von den französischen Tragikern des siebenzehnten Jahrhunderts aber kann im Allgemeinen gesagt werden, daß sie vom klassischen Drama nur den Stoff, die Einrichtung und die Ausdrucksweise entlehnt haben, während ihre Gestalten nichts weniger als Griechen und Griechinnen, Römer und Römerinnen, Türken, Hebräer u. s. w. sind, sondern schlechterdings nur mit fremden Namen getaufte Franzosen und Französinnen ihrer Zeit.

Mehr Werth als die französische Tragödie, bei all' ihrem Pomp und ihren nicht wegzuleugnenden einzelnen Schönheiten, besitzt die gleichzeitige Komödie, weil sie ihren Stoff nicht aus bereits erschöpften und in früherer Zeit mit mehr Geist und Erfolg benutzten Quellen nahm, sondern aus dem Leben des eigenen Volkes, welches sonst noch nicht Gegenstand der Poesie geworden war. Die französischen Komödien der Zeit Ludwig's XIV. waren dem gesellschaftlichen Leben entnommen; bald in Prosa, bald in Alexandrinern geschrieben, an die drei Einheiten gebunden und manchmal zwischen den Akten mit Zwischenspielen versehen, die durch

Musik und Tanz geschmückt und nicht selten der italienischen Polichinell-Komödie nachgeahmt waren. Die Dichtart, von welcher wir sprechen, hatte jedoch im siebenzehnten Jahrhundert nur einen einzigen genialen Bearbeiter, den französischen Aristophanes, Jean Baptiste Poquelin, bekannter unter seinem angenommenen Schauspieler- und Schriftsteller-namen Molière, und es ist bezeichnend, daß einst Boileau, der größte Kunstrichter jener Zeit, auf die Frage Ludwig's XIV. nach dem Manne, dessen sich das Jahrhundert am meisten rühmen könne, weder den König selbst, noch Turenne oder Condé, weder Descartes noch Pascal, weder Bossuet noch Fenelon, weder Corneille noch Racine nannte, sondern den „Possenreißer" (wie er allgemein hieß) Molière. Die französischen Literaturhistoriker selbst bestreiten dieses Urtheil nicht. Unser Dichter wurde 1622 zu Paris als Sohn des Tapezierers und Kammerdieners Ludwig's XIII. geboren und lernte schon früh das Theater kennen, dessen großer Verehrer sein Großvater war. Er sollte die Rechte studiren, wurde aber in Folge der zunehmenden Schwäche seines Vaters berufen, dessen Stelle zu vertreten, bei welcher Gelegenheit er Richelieu zu Gefallen Schauspiele einrichtete. Später durchzog er mit einer Theatergesellschaft das Land und ließ 1653 zu Lyon sein erstes Stück „l'étourdi" aufführen. So folgte eines dem andern; seit 1658 aber spielte er in Paris selbst vor dem König und Hofe und einer auserwählten Zuhörerschaft und erntete großen Beifall, indem er sich zugleich als Schriftsteller immer mehr vervollkommnete. Er starb, wie ein Held, in seinem Berufe, indem er am Schlusse einer Vorstellung seines letzten Stückes „le malade imaginaire", das übrigens mit einer unwahrscheinlichen Maskerade endet, am 17. Februar 1673 von einem Blutsturze befallen wurde, der sein Leben in wenig Augenblicken zerstörte. Seine 32 Stücke sind von ungleichem Werthe; manche sind Possen ohne besondern Charakter, manche lebensvolle Darstellungen irgend einer Schwäche oder Leidenschaft mit tiefer moralischer Tendenz, manche aber schlüpfrige Zeitbilder. Die bekanntesten und beliebtesten, außer dem zuletzt genannten, sind: le moun imaginaire, l'école des maris, l'école des femmes, les femmes savantes, l'avare, le misanthrope, Tartufe, les fourberies de Scapin, le bourgeois gentilhomme, le mariage forcé u. s. w. Die Erfindung seiner Stücke ist gering; sie sind größtentheils Nachahmungen, sowol des Plautus und Terenz, als der Italiener und Spanier oder auch seiner Landsleute selbst. Dagegen ist seine Charakteristik naturwahr, die Handlung belebt, die Sprache fließend, die Tendenz, wo eine solche vorwaltet, scharf einschneidend. Obschon Höfling, scheute er vor der Brandmarkung seiner hochstehenden Klasse zurück; besonders die Adeligen, die Hofleute, die Reichen, die Geistlichen und die Ärzte waren es, welche seine Geißel zu fühlen hatten und gegen deren Rache ihn die Gunst des Königs schützte, gegen welchen er allerdings die niedrigste Schmeichelei zur Schau tragen mußte. So ist er der Schöpfer des Charakterlustspiels, mit Inbegriff von dessen neuesten Wandelungen, geworden; denn es konnte nicht ohne Einfluß bleiben, daß er unter allen Dichtern seiner Zeit am meisten Denker und tief in die Grundsätze der Philosophie des Descartes eingeweiht war. Seine Einwirkung auf die Nachwelt ist daher viel tiefer und bleibender, als diejenige der ganzen, außerhalb Frankreichs beinahe vergessenen Pseudo-Klassicität.

Unter den übrigen Lustspieldichtern der Zeit nennen wir: Jean François Regnard (1657—1710), welcher in Alger gefangen gewesen und eine Reise nach Lappland mitgemacht und dessen bestes Stück „le joueur" ist, Le Grand, bekannt durch „le roi de Cocagne", und Michel Baron, der Molière's Freund und der beliebteste Darsteller von Racine's Helden war. Viele Andere sind vergessen.

Als eine Abart des Dramas wurde unter Richelieu die Oper aus Italien in Frankreich eingeführt und 1669 in Paris das erste Operntheater errichtet, für welches Philipp Quinault (1635—88) seine heroischen Opern dichtete, während sich zugleich aus der Volkspoesie die komische Oper entwickelte.

Auch in der Fabel hat unsere Periode einen der größten Namen aufzuweisen in Jean de Lafontaine. Er war 1621 zu Château-Thierry geboren, erhielt eine vernachlässigte Erziehung und wurde erst im zwanzigsten Jahre durch eine Ode Malherbe's auf den Gedanken gebracht, daß er auch Dichter sei. Er vertiefte sich in den Genannten und dessen Zeitgenossen, zog ihnen aber die italienische Literatur vor, in welcher ihn besonders Machiavelli ansprach. Eine der Nichten Mazarin's (oben S. 92), die Herzogin von Bouillon, die in seiner Heimat als Verbannte lebte, ermunterte ihn und führte ihn nach Paris, wo ihn Fouquet (S. 85) beschützte, bei dessen Sturz er sich bei dem König in Versen für ihn zu verwenden den Mut hatte, was ihm jedoch den Hof des Despoten verschloß. Dafür nahmen sich andere hochstehende Personen, wie die Condé, Conti, Vendome u. A. seiner an, und im Asyl bei Madame de la Sablière schrieb er seine Fabeln, hundert an der Zahl, welche den Menschen schildern wie er ist, und die er daher ein Drama in hundert Akten nannte. Es folgten einige größere dem Ovid nachgeahmte Gedichte mythologischen Inhalts und einige Komödien nach dem Muster des Terenz. Weniger gelungen und weniger moralisch sind seine „Contes", obschon sein Leben über jeden Vorwurf erhaben war; er schloß es 1695. Leider gehörte er, gleich Racine und Boileau, zu Jenen, welche aus falsch verstandener Religiosität und Vaterlandsliebe die Aufhebung des Edikts von Nantes billigten.

Im Gebiete der didaktischen Poesie treffen wir gleich den eigentlichen Gesetzgeber der französischen Dichtkunst, Nicolas Boileau-Despréaux, 1636 zu Paris in dem Zimmer geboren, in welchem die Satire Menippée (Bd. I. S. 457) entstanden war. Er wurde Advokat, fand jedoch an diesem Berufe solches Mißfallen, daß er ihn zum Ärger seiner Familie verließ, übernahm, um sich der Poesie widmen zu können, eine geistliche Stelle, die er aber wieder verkaufte, und lebte dann ganz der Literatur. Sein erstes Werk, eine Reihe von Satiren, erschien 1666. Ihm folgten seine Episteln und dann, um in Allem Horaz nachzuahmen, die Art poétique, welche alle Dichtungsformen, nur mit auffallender Ausnahme der Fabel, behandelte und von nun an der unumstößliche Codex der französischen Poesie war. Darauf kam das komische Epos „le lutrin" (das Kirchenpult), welches die niedere Geistlichkeit lächerlich macht, an Inhalt aber leer ist und dessen Witz höchst gezwungen erscheint, — übrigens eine Nachahmung von Tassoni's geraubtem Eimer (Bd. I. S. 473). Weniger bedeutend sind seine Oden und Epigramme. Er starb 1711. Es fehlte nicht an Opposition gegen seine Autorität, besonders im achtzehnten Jahrhundert, aber es traten stets wieder Bewunderer und Vertheidiger für ihn auf. Mit Racine schrieb er gemeinsam eine Lobhudelei der Feldzüge Ludwig's XIV. Fantasie fehlte ihm sowol, als inneres dichterisches Gefühl; dagegen ist seine Sprache korrekt und fließend und er hat das Verdienst, die französische Sprache von allen Einflüssen ihrer Schwestersprache, welche trotz Malherbe's Bemühungen stets wieder auftauchten waren, und von den immer noch spukenden Ronsardianen befreit zu haben, indem er sie einzig und allein ihrer Mutter, dem Lateinischen, folgen lehrte, in welchem Streben ihn namentlich die cartesianische Philosophie bedeutend unterstützte. Er war es daher vorzüglich, welcher der Herrschaft früherer Modedichter in korrumpirter Sprache ein Ende machte und die Blüte der Diktion herbeiführte, welche in Corneille's besserm, in Racine's, Molière's, Lafontaine's und der Späteren sämmtlichen Werken bewundert wird. Es gelang ihm um so besser, als Ludwig XIV. sein Wirken nach Kräften beförderte Gegen arme oder zurückgesetzte Dichter benahm sich Boileau höchst liebreich und uneigennützig und er war es besonders, welcher zu Gunsten des alten und armen Corneille bei dem König einschritt.

Die lyrische Poesie führt uns zu einem Dichter, welcher sowol dem Zeitalter Ludwig's XIV., als dem achtzehnten Jahrhundert, doch mehr dem erstern, angehört. Jean Baptiste Rousseau, den wir meinen, war 1670 als Sohn eines Schusters in Paris geboren und schrieb erst ohne Erfolg Komödien und Operntexte. Erst die Lyrik, welcher er sich später widmete, verschaffte ihm Ruf, und er sollte eben, der öffentlichen Stimme gemäß, als Boileau's Nachfolger in die Akademie treten, als höchst beleidigende und sogar unsittliche Gedichte mit Angriffen gegen die angesehensten Schriftsteller, Staatsmänner und Feldherren erschienen, welche ihm zugeschrieben wurden. Seine Vertheidigung nützte nichts; er mußte Frankreich verlassen und starb 1741 nach dreißigjähriger Verbannung in Brüssel. Er schrieb schöne, aber frostige Oden, Kantaten und Psalmen in dem unter Ludwig XIV. herrschenden religiösen Geiste, nach seiner Verbannung aber mehr im negativen des „philosophischen" Jahrhunderts, obschon er mit Voltaire lange in heftigem Streite lag. Seine Epigramme, Episteln und Allegorien sind „ohne Geist, Erfindung und Anmut."

Auf dem Gebiete des Romans finden wir das siebenzehnte Jahrhundert noch lange in den schlechten Geschmack vernarrt, welchen die langweiligen Seladoniaden des Honoré d'Urfé u. A. (Bd. I. S. 458) genährt hatten. Besonders fruchtbar in dieser Gattung von Roman-Ungeheuern, welche namentlich das Hotel de Rambouillet unterstützte, Molière's „Précieuses ridicules" aber persiflirten und Boileau endlich tödtete, war Marin le Roi de Gomberville (welcher sich hochtrabend „Thalassius Basilides de Gombervilla" nannte) und das Fräulein Madeleine de Scuderi (1607 bis 1701), welche in ihrem Romane „Cyrus" aus diesem Helden einen schmachtenden Hirten machte und in Folge ihrer „Clélie" als Muse und Sappho gefeiert wurde. Ein späterer Romandichter und Epiker zugleich war Paul Scarron, der Gemahl der Maintenon, 1610 in Paris geboren, mit dreißig Jahren in Folge von Ausschweifungen bereits die Form eines S barbierend, dabei aber stets vergnügt, um 1660 gestorben. Er schrieb eine Travestie der Aeneis, eine „Gigantomachie", mehrere Komödien in spanischem Geschmacke und, was das Beste, einen komischen Roman, welcher schlechtweg den Titel „Roman comique" führte und von Boileau gern gelesen wurde. Den sogenannten modernen Roman begründete in Frankreich Madame de LaFayette (1632—93), welche zuerst wahre und wirkliche Gefühle in diese Dichtungsform brachte. Ihr folgten erst nur Damen in diesem Beginnen, während sonderbarer Weise die Männer sich in den Dienst des Märchens begaben. Charles Perrault die mitteleuropäischen Volksmärchen, Antoine Galland die Tausend und Eine Nacht bearbeitete und der Schotte Anton Hamilton als Flüchtling in Frankreich und in dessen Sprache eigene Märchen schuf. Den berühmtesten Roman des Zeitalters Ludwig XIV., den einzigen noch immer, wenn auch nur in der Schule, gelesenen, schrieb der Priester Fenelon, welcher auf dem Schlosse dieses Namens an der Dordogne, 1651 unter dem vollen Namen François Salignac de La Mothe-Fenelon geboren war. Als Religionslehrer der freiwillig oder gewaltsam konvertirten Hugenotentöchter schrieb er ein wichtiges pädagogisches Werk „über die Erziehung der Mädchen", das mit Unrecht durch Rousseau's Emil in Vergessenheit gerathen ist. Im Jahre 1689 wurde ihm die Erziehung des Herzogs von Burgund, Enkels Ludwig XIV. und Vaters Ludwig XV., anvertraut. Er schrieb für ihn zuerst Fabeln, dann Todtengespräche nach Lucian, in welchen er französischen Königen, wie Franz I. und Heinrich IV., kräftige Aussprüche gegen Unterdrückung und Schmeichelei in den Mund legte, wie er auch 1694 dem stolzen Könige selbst schrieb: sein Herz verkehre sich immer mehr in Mißtrauen und Selbstsucht, und das Land verarme durch den

Glanz des Hofes, welchen Brief aber der König natürlich nicht erhielt. Seine Ernennung zum Erzbischof von Cambrai (1695) entfernte ihn von seiner Erzieherstelle nicht ganz. Das wichtigste Buch, das er in dieser Eigenschaft schrieb, und zwar bald nach seiner Beförderung, war das bereits angedeutete, les Aventures de Télémaque, nach einer Episode der Odyssee, aber mit Ausdehnung der Reisen jenes Fürstensohnes auf Syrien, Aegypten, Kreta, Italien u. s. w., ja sogar in die Unterwelt und das Elysium. Der Zweck des Buches sind gute Lehren für angehende Fürsten und Staatsmänner; seine schnelle und starke Verbreitung verdankt es dem Umstande, daß man in allen Theilen Anspielungen auf die Zeit und ihre Genossen suchen wollte, seine dauernde Beliebtheit aber hat ihren Grund in der anziehenden Abwechselung von Abenteuern, in dem schönen Stile und in der unter allen französischen Schriftstellern treuesten Wiedergabe des klassisch-antiken Geistes. Der Telemach wurde 1699 wider Wissen und Willen des Verfassers gedruckt. Da nun zu derselben Zeit Fenelon durch seine (oben S. 220) erwähnte Verbindung mit der Frau Guyon in die quietistischen (gewissermaßen katholisch-pietistischen) Ansichten von der alleinigen Wirksamkeit der reinen Liebe versunken war und davon trotz aller Zumutungen nicht lassen wollte, vielmehr sie in seinem Werke „Des maximes des Saints" vertheidigt, so war die Folge davon, daß er von dem, zugleich durch die Wahrheiten im Telemach verletzten Hofe verbannt und seines Erzieheramtes entsetzt wurde, ja sogar der Papst Innocenz XII. den Bann gegen ihn schleudern mußte, dem jedoch Fenelon durch seine Unterwerfung zuvorkam. In seinen politischen Ansichten aber wurde er immer entschiedener, trat in seinen Briefen sogar für konstitutionelle Beschränkung des Königthums auf und machte auf die durch die fortwährenden Kriege herbeigeführte Verarmung und Verödung des Reiches aufmerksam; er verlangte geradezu Frieden und eine Notabelnversammlung, ja endlich sogar eine Volksvertretung, Verminderung des Heeres und Sparsamkeit im Hofhalte. Viel weniger freimüthig als in politischer (s. übrigens eben S. 441), war Fenelon in religiöser Beziehung, besonders seit er Erzbischof war; vorher benahm er sich noch duldsamer, — seitdem aber billigte er durchaus die Schritte gegen die Jansenisten und Hugenotten. Kurz vor dem Könige, 1715, starb er, ohne daß derselbe ihm verziehen hätte, wogegen sein Zögling bis zu dessen Tode mit innigster Liebe an ihm gehangen hatte und in Correspondenz mit ihm geblieben war.

An Fenelon schließen sich, weil er selbst zu ihnen gehört, die **Kanzelredner** jener Zeit. Ihr Patriarch war Jacques Benigne **Bossuet**, 1627 zu Dijon geboren, seit 1652 Chorherr in Metz und oft in Paris predigend, dann Bischof von Condom, 1670—1681 Lehrer des Dauphin, nachher Bischof von Meaux, gestorben 1704. Seine kirchlich-politische Wirksamkeit kennen wir bereits (oben S. 217 und 440); auch war er es, welcher Fenelon wegen des Quietismus angeklagt, seine

Verdammung erwirkt und seine „Maximen" heftig bekämpft hatte. — Unter seinen Werken sind die geschätztesten seine die Vergnügungssucht des Hofes niederschmetternden Predigten, seine unübertroffenen, ergreifenden Leichenreden und sein Discours sur l'histoire universelle. Er nahm keinen Anstand, dem Könige von der Kanzel die Wahrheit zu sagen und erinnerte ihn deutlich an das Schicksal eines Belsazar, Nero und Domitian. Gegen die Reformation schrieb er seine Histoire des variations und anderes, für die gallikanische Kirche seine „Vertheidigung" derselben, für den Katholizismus seine Exposition de la doctrine catholique u. s. w. Er hatte Turenne und andere hervorragende Protestanten belehrt. Die Zahl seiner Schriften beträgt 54. — Nachdem (schon 1669) Bossuet die Kanzel verlassen, bestieg dieselbe der Jesuit Louis Bourdaloue, geboren 1632 zu Bourges, ein unerbittlicher Kämpe seiner Kirche, öfter als je ein Anderer, besonders für die Advent- und Fastenzeiten, an den Hof berufen, wo er vor der Montespan ungescheut über den Ehebruch predigte. Er starb 1704 zu Paris. Mit Bossuet und ihm wetteiferten noch Fléchier, Bischof von Nîmes (der Grabredner Turenne's), und Mascaron, Bischof von Agne. Der letzte dieser mächtigen Wortführer Roms war Jean Baptiste Massillon, 1663 zu Hières geboren, seit 1696 Seminarlehrer und Prediger in Paris, 1699 Hofprediger in Versailles, als welcher er den König durch Verdammung des Krieges endlich so erweichte, daß dieser ihm gestand, mit sich selbst unzufrieden zu sein, und 1715 in der Leichenrede auf den todten Despoten die diesen verurtheilenden Worte: „Gott allein ist groß" auszusprechen wagte. Seit 1717 Bischof von Clermont, starb er dort 1742.

In der familiären Beredsamkeit, dem Briefe, hat das Zeitalter, welches uns beschäftigt, eine einzige Berühmtheit aufzuweisen, und zwar eine Dame. Es ist dies Marie de Rabutin-Chantal, Marquise von Sevigné, 1627 im Schlosse Bourbilly bei Semur geboren, 1644 Gattin des Marschalls Sevigné, mit dem sie unglücklich lebte, der aber 1651 im Duell getödtet wurde, gestorben 1696. Sehr am Hofe beliebt, eine Zierde des Hotel Rambouillet und eine Beschützerin Verfolgter, selbst Solcher, die es verdient hatten, wie des Kardinals Retz und des Ministers Fouquet. Ihren Ruhm verdankt sie den an ihre Tochter, Madame de Grignan, geschriebenen Briefen, deren Veröffentlichung sie nicht beabsichtigte, welche aber an Tiefe der Gefühle, Anmut der Darstellung und unbefangener Beurtheilung ihrer Zeit und der in ihr auftretenden Personen, Charaktergruppen und Literaturwerke nicht ihres Gleichen haben. Auch die in der Sammlung befindlichen Antwort-Briefe der Tochter sind der Mutter würdig.

Wir gelangen zu einer Gruppe von Schriftstellern, welche nicht ein gemeinsames und abgesondertes Feld der Literatur bebauten, sondern nur darin übereinstimmten, daß sie in ihren verschiedenen, meist prosaischen

Schriften eine bedeutende Einwirkung auf die moralischen, religiösen und philosophischen Ansichten ihrer Zeit ausübten, ohne jedoch, bei dem Mangel an aller Spekulation und bestimmten Tendenz und bei ihrer populären und mehr künstlerischen als wissenschaftlichen Schreibweise, zu den Philosophen und Aufklärern gerechnet werden zu können. Als den Ältesten unter ihnen nennen wir zuerst Charles Marguetel de Saint-Denis, Herrn von Saint-Evremont, geboren 1613 bei Coutances, gestorben 1703, dessen Leben im Felde, am Hofe und in der Verbannung hinfloß, die er wegen einer Satire unter Mazarin erlitt und in England und Holland zubrachte. Er wurde in der Westminsterabtei bestattet. Seine Werke bestehen in Briefen, Gesprächen, Abhandlungen u. dergl. Er bekämpfte darin unter Anderm die Jesuiten, deren Heuchelei und Herrschsucht er in satirischer Weise aufdeckt. Das innere Wesen der Religion sucht er in den guten Sitten, statt im Glauben, und erhebt das Christenthum hoch wegen seiner Sittenlehre. — Der Herzog Franz von La Rochefoucauld, geboren 1613, gestorben 1680, zeichnete sich weder in den politischen Intriguen der Fronde, in die er sich einließ, noch im Felde aus; aber er schrieb die berühmten Maximes, welche als eine Fortsetzung des Wirkens Montaigne's und Pascal's angesehen werden. Es sind psychologische Betrachtungen über die verschiedenen Formen der Selbstsucht, wie sie sich in den Lastern der Menschen äußert. In allen menschlichen Thaten sah er nur Egoismus, was offenbar eine Folge seiner bitteren Lebenserfahrungen war; aber sein Buch ist durch kräftige, elegante und klare Sprache ausgezeichnet. — Ein Mitstrebender von ihm war sein jüngerer Zeitgenosse Jean de La Bruyère, 1644 in der Normandie geboren, Schatzmeister zu Caen, Geschichtslehrer des Herzogs von Bourgogne, Mitglied der Akademie, 1696 zu Versailles am Schlage gestorben. Sein Buch „Caractères" enthält Schilderungen von Menschen in ihrem Innern und Äußern und verhält sich zu den „Maximen" seines Vorgängers wie die Praxis zur Theorie; La Bruyère läßt sich aber durch sein Auftreten gegen die Sitten seiner Zeit nicht zu dem Pessimismus La Rochefoucauld's verleiten, obschon er mit ihm in materialistischer und skeptischer Gesinnung übereinstimmte. — Der gegenwärtig behandelten und der folgenden Periode zugleich gehört Bernard Le Bovier de Fontenelle an (geboren 1657 zu Rouen, gestorben in dem seltenen Alter von hundert Jahren zu Paris). Nachdem er bei den Jesuiten studirt, Advokat geworden und ohne Erfolg sich dem Theater gewidmet, so daß Racine, dem er als Neffe Corneille's gegenübertreten zu können geglaubt hatte, den Ursprung des Lustspiels von seinen Stücken herleitete, — ließ er 1686 das erste seiner bedeutenderen Werke erscheinen, die Entretiens sur la pluralité des mondes, worin er die Grundsätze des Cartesius und die Entdeckungen des Copernicus popularisirte. Noch in demselben Jahre veröffentlichte er die Rélation de l'Ile de Bornéo, welche unter dem Bilde zweier Schwestern Mero and Enegus (Rome and Genève) die Streitigkeiten zwischen Katholizismus und Protestantismus persiflirte. Im nächsten Jahre schrieb er die Histoire des Oracles, eine Streitschrift gegen Priestertrug aller Zeiten, für welche er in die Bastille kommen sollte, als er sich durch Lobgedichte auf die Jesuiten und die Verfolgung der Protestanten loskaufte. Von da an leistete er nichts Nennenswerthes mehr als die Eloges von Mitgliedern der Akademie der Wissenschaften, deren Sekretär er seit 1699 war.

Noch bleibt uns von der Nationalliteratur zur Zeit Ludwig's XIV. und der vor ihm regierenden beiden Minister-Kardinäle die historische Thätigkeit zu erwähnen. In der ersten Hälfte des siebenzehnten Jahrhunderts schrieb André Duchesne (1584—1640) über die Alterthümer der französischen Geschichte, deren „Vater" er genannt wird, Charles Lecointe (1611—81) die Annalen der französischen Kirchengeschichte, Charles Du Fresne, Herr Du Cange (1610—88) die Geschichte des byzantinischen Reiches, Eudes de Mezerai (1610—83) die Geschichte Frankreichs, der Jesuit Louis Maimbourg die Geschichte der Kreuzzüge, — während die Dame Françoise von Motteville und der Kardinal von Retz (ursprünglich Paul de Gondi, 1614—79) ihre Memoiren verfaßten. In der zweiten Hälfte des Jahrhunderts ragten als Materialiensammler hervor: Etienne Baluze (1630—1700) durch Sammlung der fränkischen Kapitularien und der Koncilien, Jean Mabillon aus Reims (1632 geboren) durch schätzbare Werke über Diplomatik und Klostergeschichte, Bernard Montfaucon (1655—1741) durch sein Prachtwerk über das Alterthum und seine Monumente der französischen Monarchie, Claude Fleury durch seine Kirchengeschichte. Memoiren schrieben der Graf von Bussy-Rabutin, Verfasser einer Standalchronik unter dem Titel „Histoire amoureuse des Gaules" und eines kriecherischen Panegyrikus auf den vierzehnten Ludwig, des Letztern Tante, Mademoiselle de Montpensier (1627—93), der Jesuit d'Avrigny, der Admiral Duguay-Trouin (1673—1736) und der Marquis von Dangeau, Höfling Ludwig's XIV. Eigentliche Geschichtschreiber waren: Henri de Boulainvilliers (1678—1722), ein Verehrer des Feudalwesens und Verfasser französischer Geschichten, sowie eines Lebens Mohammeds, der Abbé Dubos, dem Vorigen gegenüber ein Verfechter der Staatseinheit und absoluten Monarchie, welcher mehr der einheimischen, der Abbé Saint-Real, welcher mehr der ausländischen Geschichte lebte, Paul de Rapin-Thoiras, Verfasser einer Geschichte Englands, René Aubert de Vertot (1655—1735) einer solchen des Malteserordens und der Umwälzungen Roms, u. s. w.

Eine genaue Kenntniß und gewissenhafte Sichtung der Quellen war der ganzen Periode noch unbekannt, ebenso eine unbefangene Darstellung der Thatsachen, indem man je nach Neigung dem König, dem Adel oder

der Kirche schmeichelte. Auch auf diesem Gebiete herrschte, wie auf jenem der Poesie, vor Allem das Bestreben, die Formen des klassischen Alterthums sich anzueignen, ohne in dessen Geist einzubringen. Einen tiefern Blick als alle die genannten Werke verräth, abgesehen vom kirchlichen Standpunkte, Bossuet's bereits erwähnter Abriß einer allgemeinen Geschichte. Unter den Memoiren sind die ausgezeichnetsten jene des Kardinals von Retz, welcher seine Zeit von einem höhern Standpunkte und mit vorurtheilsfreierm Auge betrachtete und mit kräftigem, lebensvollem Stile malte, so daß er als Schriftsteller sich entschieden größere Verdienste erwarb, als durch seine schwankende und leichtfertige Rolle in den politischen Ereignissen der Mitte des siebenzehnten Jahrhunderts.

B. Die französische Nationalliteratur im achtzehnten Jahrhundert.

Wir gelangen zur schöngeistigen Thätigkeit eines Zeitraums und Landes, deren hervorragenden literarischen Thaten wir bereits in der Darstellung der Philosophie und Aufklärung jener Zeit, welche sich um Voltaire und die Encyklopädisten gruppirt (oben S. 390 ff.), der pädagogischen Grundsätze Rousseau's (S. 397) und der rechtsphilosophischen Montesquieu's und des Letztgenannten (S. 443) die gebührende Berücksichtigung zu Theil werden ließen, so daß dieses Kapitel unseres Buches gewissermaßen eine Vervollständigung der angeführten bilden wird.

Das achtzehnte Jahrhundert in literarischer Beziehung beginnt, wie Villemain sagt, mit dem Erstehen einer Opposition gegen den monarchischen Glanz Ludwig's XIV., gegen die religiöse Herrschaft eines Bossuet und gegen die klassische Autorität des Alterthums, deren erste literarische Bekämpfer Bayle (oben S. 315), Fontenelle, Perrault u. A. waren. Noch schärfer indessen wirkte das Beispiel Englands ein, dessen freiere Verfassung den Gebildeten Frankreichs ein Ideal gegenüber ihrer absoluten Monarchie, dessen Freidenker Freischaaren gegen die gallikanisch-römische Hierarchie, dessen Milton ein spitzer Pfahl in's fade Fleisch der nachgemachten Klassicität wurde. Diese englische Bewegung, die wir theils schon kennen gelernt haben (oben S. 319 ff.), theils noch kennen lernen werden, war eine förmliche Invasion siegender Heere in das Reich des bisherigen französischen Geschmacks. Die englische Preßfreiheit und Jury wurden schreiende Vorwürfe gegen die französische Censur und die lettres de cachet der dortigen Kabinetsjustiz. Die Philosophen und Aufklärer nahten heran, die unterdrückten Jansenisten und Huguenotten zu rächen, und ihr General war der nicht gerade muthige, aber aus Hinterhalten scharf einhauende Voltaire, welcher die englischen Vorbilder, diese Nachfolger der mißverstandenen griechischen und römischen, an der Quelle studirt hatte. Wir kennen bereits seine philosophische und sociale Thätigkeit; wir haben ihn noch als Dichter zu betrachten.

Voltaire hat sich in sämmtlichen Dichtungsarten versucht, in keiner aber den Beruf zum Dichter an den Tag gelegt. Seine Poesien sind der Reflexion und Rhetorik, nicht der Fantasie und dem Gefühle entsprungen. Am meisten mit seiner schon betrachteten Eigenschaft als Philosoph hängen seine lyrischen und didaktischen Gedichte zusammen, weil er in denselben seine spekulativen und aufklärerischen Ansichten niederzulegen liebte. Wir nannten bereits das Gedicht über das Erdbeben von Lissabon, wir erwähnen ferner dasjenige „sur la loi naturelle" und die Ode an die Freiheit, am Genfersee gedichtet, welche beginnt:

>Mon lac est le premier; c'est sur ses bords heureux
>Qu'habite des humains la déesse éternelle,
>L'âme des grands travaux, l'objet des nobles vœux,
>Que tout mortel embrasse ou désire ou rappelle,
>Qui vit dans tous les cœurs, et dont le nom sacré
>Dans les cours des tyrans est tout bas adoré,
>La liberté!

Schon in seinen Jugendgedichten über den Verfall Frankreichs und über die Ungerechtigkeiten der Justizkammer hatte er nicht nur die Freiheit besungen, sondern sogar zur Erhebung für sie aufgefordert. Seine humanen Grundsätze überhaupt verkündete er in der Épitre à un homme und im Gedichte „le temps présent". Für geistige Freiheit trat er ein in dem Lehrgedichte „Épitre sur la philosophie de Newton", wo die Verse wirklich erhaben sind:

>Dieu parle, et le chaos se dissipe à sa voix:
>Vers un centre commun tout gravite à la fois,
>Ce ressort si puissant, l'âme de la nature,
>Etait enseveli dans une nuit obscure;
>Le compas de Newton, mesurant l'univers,
>Lève enfin ce grand voile, et les cieux sont ouverts!

Der epischen Poesie hat er zwei große Gedichte, aber von zweifelhaftem und vergänglichem Werthe geschenkt, — ein ernstes und ein komisches. Das erstere zeugt von der erzwungenen Nachahmung des Alterthums, welcher auch das Epos Rechnung tragen sollte, während Voltaire's Heldengedicht, welches 1723 zu Genf unter dem Titel „La Ligue ou Henri le Grand" erschien und später „La Henriade" genannt wurde, — nicht nur mit den großartigeren epischen Leistungen anderer Völker keinen Vergleich aushält, sondern selbst hinter einem Lucanus zurückbleibt. Die Sprache und die vorwaltende Tendenz der Freiheit und Toleranz sind das Einzige, was an der Henriade zu loben ist. Das Gedicht zählt zehn Gesänge, besteht aus Alexandrinern und enthält die Thaten Heinrich's IV. von seinem Bunde mit seinem Vorgänger bis zu seiner

Thronbesteigung. Noch unglücklicher aber ist Voltaire's Versuch eines komischen Epos ausgefallen. Schon 1730 begonnen, erschien es erst 1755 ohne sein Wissen und erst 1762 durch seine eigene Veranlassung. Es heißt „La Pucelle d'Orleans" und macht die Thaten der Jeanne Darc nicht nur lächerlich, sondern zieht diese reine Erscheinung sogar in den Koth des niedrigsten Treibens herab, und zwar in der schlüpfrigsten, gemeinsten Sprache. Zugleich werden darin die herrschenden Zustände, welche allerdings nicht besser waren, als das Gedicht, besonders das Mätressenwesen, sowie der katholische Wunderglaube persifflirt. Die Verse sind fünffüßig mit wechselnden Reimen.

Der Romane Voltaire's, welche keinen poetischen, sondern ausschließlich philosophischen Werth haben, gedachten wir bereits (oben S. 334).

Endlich zur dramatischen Poesie Voltaire's übergehend, finden wir ihn noch vollständig in der Schule Corneille's und Racine's befangen, ohne jedoch einen dieser beiden Meister zu erreichen. Er vermochte nicht, sich von der falschen Klassicität loszureißen, obschon es ihm nicht an dem Streben fehlte, über den Zauberkreis derselben hinauszugehen, was er bewies, indem er auch Stoffe des europäischen Mittelalters und der Neuzeit wählte. Auch erlaubte er sich die Neuerung, Stücke ohne Liebschaften zu schreiben, worauf er sich viel zugute that; — was aber noch wichtiger war, ist, daß er es wagte, in seinen Stücken offen und unentwegt für die Grundsätze der neuern Zeit Partei zu nehmen, gegen Despotendruck und Pfaffentrug zu eifern, so daß er hierin gerade das Gegentheil seiner frommen und unterthänigen Vorgänger darbietet. Seine bedeutendsten Dramen sind: Oedipus, Semiramis, der Tod Cäsar's, Brutus, das gerettete Rom, Mahomet, Tancred, Zaire, Alzire, die Waise von China. Interessant ist sein Verhalten zu den Antiken und zu Shakespeare. Erstere kannte er nicht und hielt sie für eine abgethane Sache, die seiner Berücksichtigung mehr werth sei. Den großen Briten aber nannte er einen betrunkenen Wilden, einen Hanswurst in Lumpen, einen plumpen Seiltänzer, einen jämmerlichen Affen, einen Dichter für den Pöbel u. s. w., Alles, weil ihm der französische Geschmack und die genaue Befolgung der Regeln Boileau's mangelte, während er doch zu gleicher Zeit manche Schönheit in seinen Werken anerkannte und dieselben sogar benützte, ja seinen Cäsar übersetzte und selbst (doch in zwei Stücken) nachbildete. —

Auch als Geschichtschreiber trat der vielseitige Voltaire auf, und seine historischen Bücher können mit mehr Recht als irgend welche andere mit der Poesie zusammengestellt werden, namentlich mit Voltaire's reflektirender Poesie. Seine bedeutendsten Werke über politische Geschichte sind: die klare und anziehende, aber oberflächliche Geschichte Karl's XII. von Schweden, die Geschichte Rußlands unter Peter dem Großen, und die nüchternen Annales de l'Empire; die philosophisch gehaltene Histoire universelle, später betitelt „Essay sur l'esprit et les moeurs des nations", ein antipodisches Gegenstück zu Bossuet's oben genanntem historischen Buche, ist dagegen der Kulturgeschichte gewidmet, über welche dies Buch mit seinen umfassenden Überblicken und Betrachtungen ein damals noch neues Licht verbreitete, wie es auch den Anfangspunkt der neueren historischen Kritik bezeichnet; speziellere Zwecke verfolgt das in blühendem Stile geschriebene Siècle de Louis XIV.; es gelang Voltaire jedoch nicht, mit seinem Précis du Siècle de Louis XV. der letztern Benennung Bahn zu brechen. Auch die Rechtsgeschichte bedachte er in seinem Buche über das Parlament von Paris.

Zu den Dichtern des achtzehnten Jahrhunderts, welche mehrere Dichtungsformen bearbeiteten, gehört auch Diderot, den wir als Philosophen bereits kennen (s. oben S. 345). Er begann auf poetischem Gebiete 1748 mit dem fantastischen, in einer Märchen- und Ideenwelt sich bewegenden und dennoch langweiligen Jugendromane „les Bijoux indiscrets". Nicht viel besser sind die Dramen, mit denen er sich seit 1757 beschäftigte, „le fils naturel" und „le père de famille", bald nüchterne, bald schwülstige Familiengemälde. Doch erlangte das zweite zu seiner Zeit großen Beifall und ward das Vorbild der späteren unzähligen Rührstücke. Später schrieb Diderot die drei dichterischen Erzählungen „Jacques le Fataliste", „la Religieuse" und „le Neveu de Rameau". Die erste ist ein Abklatsch von Voltaire's Candide, die zweite eine unvollendete Streitschrift gegen die Klöster, die dritte ein (von Goethe übersetztes) Charaktergemälde; alle drei sind Früchte des Studiums der englischen Romanschule. Origineller erscheinen Diderot's kleinere Erzählungen, die „Petits Papiers".

Wir wenden uns zu dem Heere derjenigen Schriftsteller, welchen keine Vielseitigkeit vergönnt war, und zwar zuerst zu den Bearbeitern der lyrischen und bibaktischen Poesie. Louis Racine, der Sohn des großen Tragikers (1692—1763), schrieb ein großes Lehrgedicht „la Religion", in welchem er Gott, die Offenbarung und das Christenthum vertheidigte und die Ungläubigen bekämpfte, auch Oden in demselben Geiste, und das Leben seines Vaters. Auch übersetzte er Milton's verlorenes Paradies. Geistliche und philosophische Lieder veröffentlichte ferner Jean Jacques Lefranc de Pompignan (1709—1784), auch ein Freund der Aufklärung, besonders Voltaire's. Ein weiterer lyrischer Dichter, dem die Unsterblichkeit nicht vergönnt war, ist Ecouchard Lebrun (1729—1807), so künstlich auch sind und so erhaben auch oft seine Oden waren und so eifrig er nacheinander, ohne zu erröthen, die Bourbonen, die Revolution, das Konsulat und das Kaiserreich besang. Der Odendichter Malfilâtre (1733—1767) starb in jungen Jahren in Folge von Ausschweifungen. Ein beharrlich aufklärerischer Dichter dagegen und einer der frivolsten war der bereits (oben S. 351) erwähnte Marquis Saint-Lambert (1716—1803), Encyklopädist, Verfasser des beschreibenden Gedichtes „les Saisons", orientalischer Märchen und von Erzählungen, welche für den Zustand der Wildheit begeistert sind. Der Abbé Jacques Delille (1738—1813), bei allen politischen Wandelungen beharrlicher Royalist, übersetzte Virgil's Georgika so schön, daß es ein Originalgedicht schien, sowie später die Äneis, und verfaßte die beschreibenden Gedichte: „les Jardins", „l'homme des champs", „l'Imagination", „les trois règnes de la nature" und andere. Durch freche und schlüpfrige Dichtungen machte sich der Chorherr Grécourt von Tours (1683—1743) bemerkbar. Ein satirischer Kämpe gegen die Aufklärung war Nicolas Gilbert (1751—1780); er endete sein junges Leben im Spital, da ihn sein königlicher und sein erzbischöflicher Gönner sitzen ließen. Er verschwendete ein schönes Talent und eine kräftige Sprache an eine undankbare und verlorene Sache; denn seine Gönner waren schlechter als die Feinde, die er befehdete. In die Revolution, die er nicht mehr erlebte, waren zwei dichterische Brüder auf merkwürdige Weise verflochten. André Chénier, 1762 zu Konstantinopel als Sohn des französischen Konsuls und einer Griechin geboren, kam jung nach Frankreich, wo ihm aber sein Auftreten gegen die Hinrichtung des Königs 1794 den Tod durch die Guillotine zuzog, zu welcher er mitten aus seinem Dichten geführt wurde; seine Fantasie hatte viel von der ewig schönen Nation seiner Mutter. Sein Bruder Josef, geboren 1764, gestorben 1811, dichtete Tragödien, Elegien, Satiren und war im Gegensatze zu André ein begeisterter Anhänger der Revolution. Zum Schlusse dieser Reihe von Dichtern nennen wir noch Josef Rouget de l'Isle, den glühenden Dichter und Komponisten der Marseillaise.

Die dramatische Poesie unseres Zeitraums und zwar die Tragödie, haben wir bereits in Voltaire kennen gelernt. Auch lebte damals noch, bis 1762, Crebillon der Ältere, der oft mit Jenem rivalisirte. Neben ihm ragten hervor Belloy (1727—75) und Antoine Lemierre (1733—93), welche Beide, das Beispiel Voltaire's nachahmend, den dramatischen Stoff auf das neuere Europa ausdehnten. In der Komödie machten sich einen Namen: der fromme Philippe Destouches (1680—1754), der elegante und die Frivolität verabscheuende Chamblain de Marivaux (1688—1763), der schlüpfrige Gegner Voltaire's, Alexander Piron (1689—1773) und der ehrsame bürgerliche Pierre Claude Nivelle de la Chaussée (1692—1754). Ein anderer Komiker, Louis Gresset (1709—1777), ein Jesuit, schrieb außerdem das Gedicht Vert-Vert, die Geschichte eines Papageis, der von einem Kloster in ein anderes gesandt wird, eine Persiflage des Klosterwesens, sowie mehrere ähnliche. Seinen Orden, welcher sein Dichten ungern sah, verließ er mit poetischem Lebewohl und widmete sich von nun an dem Theater. Den Schluß der Komödie des achtzehnten Jahrhunderts machte Pierre Augustin Caron de Beaumarchais, geboren 1732 zu Paris.

Durch sein lebhaftes Wesen, musikalisches Talent und seine Energie
schwang er sich rasch empor; ein Prozeß, den er um ein Vermächtniß seines
Gönners Duvernen führte, gab ihm Gelegenheit, die Bestechlichkeit eines
Richters zu enthüllen und in seiner Denkschrift hierüber auf Reform der
Rechtspflege zu bringen. Dies verursachte ungeheures Aufsehen in ganz
Europa (1774). Der bestochene Richter wurde entsetzt, Beaumarchais
aber — infam erklärt, während ihn die Bevölkerung feierte. Nach Ludwig's XVI. Thronbesteigung erhielt er seine bürgerlichen Rechte wieder
und ebenso sein Vermächtniß, das er verloren gehabt. Seinen dramatischen
Ruhm begründeten die Dramen „le barbier de Seville" (1772), ein
demokratisches Programm vor der Revolution, und dessen Fortsetzung,
„les noces de Figaro" (1781), welche noch viel entschiedener auftrat, und
worin er den Adel bei der Wurzel angriff mit den einschneidenden Worten:
„Vous vous êtes donné la peine de naître, et rien de plus." Das
Höflingsgeschäft charakterisirte er: „Recevoir, prendre et demander,
voilà le secret en trois mots." Es kostete ungeheure Anstrengung, die
Aufführung zu erwirken; erst 1784 gelang sie; man umlagerte das
Theater vom Morgen an, binirte in den Logen; drei Menschen wurden
erdrückt; die Menge jauchzte vor Freude und die Vorstellung wurde
67 mal wiederholt, ja sogar am Hofe von Mitgliedern der königlichen
Familie gegeben! So tanzte man auf dem Bulkane. Aber der Dichter
des Figaro, dieses ersten Typus von Revolutionär, kümmerte sich wenig
um die Verwirklichung seiner Gedanken, war zur Schreckenszeit sogar des
Hochverrathes angeklagt und starb unbeachtet 1799. Eine Reise, die er
in seinen jüngeren Jahren in Familienangelegenheiten nach Spanien gemacht, lieferte bekanntlich den Stoff zu Goethe's Clavigo, in welchem auch
Stellen aus Beaumarchais' Komödien benutzt sind.

Den Vater des französischen Romans unseres Jahrhunderts erblicken wir in Alain René Lesage, geboren 1668 in der Bretagne,
gestorben 1747 zu Boulogne am Meer. Er steht in seinen Werken ganz
auf spanischem Grund und Boden. So begann er mit der Übersetzung
von Avellaneda's schlechter Fortsetzung des Don Quijote; sein erstes selbstständiges Werk aber war (1707) „le Diable boiteux", dessen Titel und
Plan er dem „Diablo cojuelo" des Guevara entnahm, aber ächt französisch
ausarbeitete und dabei in der Schilderung der menschlichen Leidenschaften
und Thorheiten großes Talent an den Tag legte. Noch höher entfaltete
sich letzteres in dem Romane „Gil Blas de Santillane", einer Fortbildung
des spanischen Schelmenromans (Bd. I. S. 481), erschienen 1715 bis
1735, ausgezeichnet durch treffende Charakterschilderung und einschneidende
Anklage der Sitten und Zustände am Ende der Regierung Ludwig's XIV.
Später gab Lesage noch eine Nachahmung von Matteo Aleman's Guzman
de Alfarache heraus, sowie noch andere weniger bedeutende Schriften.
War indessen seine Manier maßgebend für den spätern französischen

Roman, so war dies doch nicht seine spanische Grundlage. Das Aufstreben des gallischen Geistes gegen die Mitte des achtzehnten Jahrhunderts wandte sich vom Lande der Inquisition ab und demjenigen der Preßfreiheit zu; der **englische** Roman war von da an das Vorbild. Damit begann der **Abbé Prévost**, geboren 1697 in Artois, gestorben 1763 durch eine Sektion, welche ein Dorfarzt an dem in Folge Schlaganfalls für todt Gehaltenen vornahm. Er schrieb 1733 bis 1740 eine Zeitschrift „le Pour et le Contre" nach dem Muster des englischen Spectator, und in der Folge Romane, sowol eigene, als Übersetzungen englischer, von nicht weniger als 170 Bänden. Seine Werke sind weder originell, noch maßvoll, aber den Ideen der Aufklärung und Toleranz günstig. Dagegen trat letzteres Element zurück und dasjenige der Schlüpfrigkeit, Schamlosigkeit und des tiefsten überlichen Schmutzes, womit schon Prévost begonnen, ausschließlich hervor in den scheußlichen Machwerken eines **Crébillon des Jüngern** (Sohn des Tragikers, 1707—1777), dessen geistreicher und eleganter Stil seine Tendenz nicht verbessern kann, noch ausgeschämter aber in denen eines Marquis de **Sade** (1740 geboren, 1814 im Irrenhause gestorben), welcher ein seinen Büchern entsprechendes Schandleben führte, eines Choberlos de **Laclos** (1741—1803) und eines Louvet de **Couvray** (1764—1797), dessen Chevalier de Faublas einen Typus der Wüstlinge bildet, wie die Revolution sie vorfand. Die Verherrlichung des Lasters, wie sie diese literarischen Buben zur Schau trugen, hatte indessen zur selben Zeit ihren Gegenpol in dem rührend reinen schriftstellerischen Wirken des **Claris de Florian**, geboren 1755 im Schlosse seiner Familie in den Cevennen, gestorben 1794 nach seiner Befreiung aus dem Kerker der Schreckenszeit, vor Schmerz über das Erlebte. Seine Romane sind: Galatea, nach Cervantes, Numa Pompilius, Estelle (Hirtengeschichte), Gonzalvo von Cordova und Wilhelm Tell; alle spielen in einer niemals dagewesenen, aller Wahrscheinlichkeit entbehrenden Ideenwelt mit sab süßlichem Inhalt.

Zwischen diesen Extremen des schmutzigsten Materialismus und des reinsten Idealismus stehen Romandichter, welche sich mehr oder weniger an die Welt hielten wie sie ist, doch mit verschiedenen Modifikationen. Die Tendenz der Aufklärung überwiegt die Poesie entschieden, ja erdrückt sie sogar, in den frostigen Werken von **Jean François Marmontel**, geboren 1723 in Limousin, bei den Jesuiten erzogen, aber von ihnen abgefallen, gestorben 1799. Nach verunglückter dramatischer Laufbahn schrieb er: Contes moraux, welche das Leben seiner Zeit in unverhüllter Weise schildern, eine Poétique française und die beiden langweiligen Romane Bélisaire (1767) und Les Incas (1777), von denen der erste gegen die Unduldsamkeit, der zweite gegen die Barbarei der Europäer in Amerika eifert. Die Tendenzen der neuern Zeit spielen ebenfalls die Hauptrolle, doch ohne die Poesie zu beeinträchtigen, in dem berühmtesten

Romane des Jahrhunderts, in Jean Jacques Rousseau's (s. oben S. 392) Nouvelle Héloise (1761). Hettner sagt über dieses Buch: es habe „so viel tiefe Leidenschaft und ächt dichterische Empfindung, daß es nicht blos in der Geschichte der französischen Dichtung, sondern in der gesammten Weltliteratur einen sehr merkbaren Einschnitt bilde," und „die Innerlichkeit des Herzens liege offen vor uns mit allen ihren Geheimnissen, Lieblichkeiten und Qualen." Es ist ein Hymnus auf Rousseau's Liebe zur Einsamkeit und auf die von ihm über Alles verehrte Schönheit der Natur. Und dennoch triumfirt das Laster in dem Romane, wie es in des schwachen und widerspruchvollen Dichters eigenem Leben triumfirt hatte! Es ist derselbe weltscheue und zum Ermannen gegenüber den Widerwärtigkeiten des Lebens unfähige Charakter, der auch aus den, wol größtentheils ebenfalls romanhaften Confessions und aus dem pädagogischen Romane „Emile" hervorschaut. — In Rousseau's Schule gehört, was die Weltflüchtigkeit und die Naturbegeisterung, nicht aber die Schwäche dem Laster gegenüber betrifft, Bernardin de Saint-Pierre, geboren 1737 zu Havre, früh mit dem Zauber und den Gefahren des Meeres, wie mit der tropischen Wunderwelt jenseits desselben vertraut und von dem Bestreben erfüllt, Missionär zu werden, wie in reiferen Jahren von demjenigen, Kolonien zu gründen, erst am Aralsee, dann in Madagaskar. Er wurde Direktor des Pflanzengartens in Paris und starb, ohne sich um die Revolution und Napoleon's Weltreich bekümmert zu haben, 1814. Unter seinen Schriften, von denen zuerst die „Etudes de la nature" auf ihn aufmerksam machten, ist der Unsterblichkeit einzig theilhaft geworden das liebliche, die ganze Pracht einer Tropeninsel treu malende, aber an unmotivirtem Unglücksende leidende Idyll „Paul et Virginie" (1788). Dieselben Tendenzen herrschen in der „Chaumière indienne".

Das poetische Element der Naturbegeisterung herrscht auch außerhalb der schönen Literatur, und zwar in einem Philosophen und Naturforscher vor, welcher vermöge seines nicht der ernsten Forschung, sondern der schönen Darstellung angehörenden Stils, nicht unter seine eigentlichen Berufsgenossen eingeordnet werden konnte. Es ist dies Charles Bonnet, geboren 1720 in Genf. Schon früh auf die Thätigkeit der Natur aufmerksam und der trockenen philosophischen Systemreiterei abgeneigt, vertiefte er sich mit Begeisterung in die Geheimnisse der Pflanzen- und Thierwelt und stellte eingehende Untersuchungen an, die er in vorzüglichen Werken über die Insekten und über die Pflanzenblätter veröffentlichte. Später warf er sich auch, da es ihn trieb, überall die Gründe interessanter Erscheinungen zu verfolgen, auf die Psychologie, namentlich auf die Untersuchung der Willensfreiheit, wovon sein Essai de psychologie und sein Essai analytique sur les facultés de l'âme handeln. Die Gesammtheit seines Forschungsgebietes stellte er in der erhaben aufgefaßten und ausgeführten Contemplation de la nature (1764 und 1769) dar. Seine idealistische Anschauungsweise brachte endlich die „Palingénésie philosophique etc." hervor, worin er das Christenthum erhob und sich sogar in Vertheidigung des Dogma's von der Auferstehung des Fleisches verirrte, welches Buch Lavatern so begeisterte, daß er Mendelssohn aufforderte, entweder dasselbe zu widerlegen oder — Christ zu werden. Bonnet hat in seinem Leben die nächste Umgebung Genfs niemals überschritten und starb erblindet 1793. Er war ein heftiger Gegner Buffon's (S. 280), welcher eigentlich auch hieher gehörte, wenn er nicht allgemein und ausschließlich als Naturforscher bekannt wäre.

Mit den großen Kanzelrednern des vorhergehenden Jahrhunderts suchte Bridaine (1701—67) zu wetteifern; als religiöser Schriftsteller von Bedeutung aber trat einzig der Abbé Guenée (1717—1803) auf, welcher durch seinen Streit mit Voltaire bekannt wurde, den er mit ihm über die von diesem Philosophen angegriffenen Juden führte, und zwar so, daß er „die Lacher, selbst von Voltaire's Anhang, für sich hatte."

In der Geschichtschreibung ragten während des achtzehnten Jahrhunderts, außer dem schon erwähnten Voltaire, hervor: als Kirchenhistoriker der Benediktiner Augustin Calmet (gest. 1757) und der Jesuit J. B. Du Halde (gest. 1743), als Geschichtschreiber Frankreichs der Abbé Gabriel Bonnot de Mably (1709—1785), Condillac's Bruder (S. 342), welcher die Geschichte seines Vaterlandes der griechischen und römischen gegenüber ihres monarchischen Flitters entkleidete, in der Eroberungssucht seiner Herrscher nur Barbarei und Despotismus fand und auch sonst vielen Irrthümern und Vorurtheilen der Zeit ein Ende machte, — ferner Louis Pierre Anquetil (1723—1808) und Xavier Millot (1726—1785), Erzieher des Herzogs von Enghien. Als Verfasser von Memoiren sind zu nennen: Louis de Rouvroy, Herzog von Saint-Simon, Pathenkind Ludwig's XIV., aber Jansenist, geboren 1675, gestorben 1755, Sittenmaler des Hofes seines Pathen, mit dem er zerfallen war; er schrieb mit Geschick und treffender Wahrheit. In die Geschichte Roms vertieften sich Charles Rollin (1661—1741) und sein Fortsetzer Louis Crevier (1693—1765), mit mehr Geist aber, nach dem Muster Sallust's, Charles de Brosses (1709—77), — in jene der Griechen und anderer alter Völker Nicolas Freret (1688 bis 1749), welchen Arnd den gründlichsten Forscher jener Zeit nennt und welcher seine Auffassung der französischen Monarchie mit der Bastille büßen mußte, sowie der Abbé J. J. Barthelemy (1716—1795), der Verfasser der berühmten „Voyage du jeune Anacharsis en Grèce" (1788), welche die Zustände des alten Hellas mit historischer Treue, aber im verflachenden Stile der Zeit darstellt. Mit der Geschichte verschiedener Völker der Neuzeit (namentlich mit derjenigen Ost- und Westindiens) beschäftigte sich der Abbé François Raynal, geboren 1711, gestorben 1796. Derselbe war es auch, welcher es zuerst unternahm, die verschiedenen Erscheinungen der französischen Literatur seiner Zeit in fortlaufenden brieflichen Mittheilungen zu besprechen und damit das Gebiet der Kritik anbaute. Er that dies 1747 bis 1754. Seit dem Jahre 1753 aber stand an seiner Seite und seit dem folgenden an der Spitze des Unternehmens ein in Frankreich eingelebter Deutscher, Friedrich Melchior Grimm, geboren 1723 zu Regensburg, als Sekretär des Grafen von Friesen (Neffen des Marschalls von Sachsen) nach Paris gekommen. Diese „Correspondance littéraire" erschien alle vierzehn Tage und wurde an die Abonnenten versandt, zu welchen unter Anderen Friedrich II., Katharina II., die Könige von Polen und Schweden, viele andere Fürsten und die bedeutendsten Persönlichkeiten Europa's gehörten, und besprach alle Werke, selbst die verbotnen Voltaire's, Diderot's und Anderer, welche Aufsehen erregten, in der freiesten Weise. In Abwesenheit Grimm's vertrat ihn Diderot oder sein Sekretär Heinrich Meister aus Zürich. Diese Versendungen dauerten bis 1790, wo die Revolution die Geister anderswie beschäftigte. Gedruckt wurden sie erst 1812. Die Tendenz war stets die der entschiedensten Fraktion der Aufklärung, der Encyklopädisten, wirkte jedoch nicht originell und bahnbrechend für die Zukunft. Grimm war nicht der Mann dazu; sein Charakter war zu schwankend und er diente verschiedenen Höfen in wenig ehrenvoller Weise als geheimer Agent oder gar Spion, welche Stellung er seinen literarischen Freunden verheimlichte. Eine unerfreuliche Erscheinung ist auch sein Verhältniß zu Madame d'Epinay (S. 394) und sein Zerfall mit Rousseau. Nach Ausbruch der Revolution verließ er Frankreich und starb, fast erblindet, 1807 zu Gotha. Mit ihm erlosch das letzte Auge, das in die wilden literarischen Regungen und Aufdämmerungen des seltsamen achtzehnten Jahrhunderts tiefer hinein geblickt hatte.

C. Die italienische Nationalliteratur.

Während des siebenzehnten Jahrhunderts herrschte in Italien unbedingt (und durch ihre Nachahmungen, theilweise wenigstens, auch im übrigen civilisirten Europa) die durch Marino (Bd. I. S. 473) in die Mode gebrachte und durch seinen Feind Martola mit nichts besserem ersetzte Schäferpoesie, neben welcher wirkliche Dichtung, doch in sehr bescheidenem Maße, nur in den verschiedenen Volksdialekten blühte. Beinahe während dieser ganzen Zeit wirkte kein Dichter, der diesen Namen verdient und den seinen auf die Nachwelt gebracht hätte, indem zu der Zeit, da der letzte Solche von Verdienst, Tassoni, starb, seine Nachfolger noch nicht geboren waren; das siebenzehnte Jahrhundert war daher für Italiens Poesie eine ebenso unfruchtbare Pause wie die zweite Hälfte des vierzehnten und die erste des fünfzehnten es gewesen waren. Eine Ausnahme machten einzig des Malers Salvator Rosa (Bd. I. S. 533) beißende Satiren auf den

Dithyramb der Musik, Malerei und Poesie, auf den Krieg und auf Rom, dem er den Namen „Babilonia" gab.

Eine Wiedergeburt der italienischen Poesie begründete erst Vincenzo da Filicaja, 1642 zu Florenz geboren und zuerst durch die Befreiung Wiens von den Türken (1683) zu poetischem Schaffen begeistert. Die Königin Christina von Schweden, welche damals in Italien lebte, und der Großherzog von Toscana begünstigten ihn, welcher 1707 starb. Seine Gedichte gehören der lyrischen Gattung an und unter ihnen ist das mit den Worten

„Italia, Italia, o tu cui feo la sorte"

beginnende Sonett das berühmteste geworden. Auch andere Dichter beschützte die genannte Königin, deren Auftreten als der Todesstoß gegen die Herrschaft des Marinismus in Italien betrachtet werden kann. Zu ihnen gehörte auch der Lyriker und Satiriker Benedetto Menzini (1646—1704) aus Florenz, welcher außer seinen Gedichten der angedeuteten Art auch ein didaktisches über die Dichtkunst (in Terzinen) schrieb, dessen Satiren jedoch in Italien nicht gedruckt werden durften. Zu derselben Zeit verdankte die epische Poesie ihre Pflege dem Pistojesen Niccolo Forliguerra, geboren 1674, gestorben 1735. Eine Gesellschaft von Literaturfreunden, mit welchen er sich 1716 auf einem Landhause bei seiner Vaterstadt befand, aber, an dem Spiele der Gäste keinen Gefallen findend, die Zeit mit dem Lesen der großen italienischen Epen zubrachte, war die Veranlassung, daß er sich entschloß, diesen Vorbildern nachzueifern, und so entstand der „Ricciardetto", ein Epos von dreißig Gesängen aus dem Sagenkreise Karl's des Großen, worin die aus Pulci, Bojardo und Ariosto bekannten Personen neuerdings auftreten, aber noch stärkeren Komik und Satire herrscht, als bei jenen Dichtern. Gries nennt den Verfasser den geistreichsten und unterhaltendsten Nachfolger Ariosto's. Da er Geistlicher war, wagte er die Veröffentlichung seines Gedichtes, so lange er lebte, nicht; es kam erst nach seinem Tode heraus. Mit anderen Dichtern, die wir jedoch übergehen müssen, waren die bereits genannten Glieder der 1690 in Rom gestifteten Akademie „Arcadia", welche in Italien eine Menge von Nachahmungen erstehen sah. Die Mitglieder wurden als Solche mit Hirtennamen benannt. Von ihren Landsleuten aber wurden diese Dichter so gefeiert, daß man sie öffentlich mit den Namen eines Pindar, Anakreon, Horaz u. s. w. beehrte.

Hatte so das hinscheidende siebenzehnte Jahrhundert die italienische Poesie auf dem lyrischen und epischen Gebiete wieder anzubauen begonnen, so erwarb sich das achtzehnte das Verdienst, auf dem dramatischen Felde nachzufolgen. Unter den Gattungen dieser Dichtungsform herrschte indessen damals unbedingt die Oper; aber die Musik war mit elenden Texten und Begleitstücken ausgestattet. Eine Besserung dieses Übelstandes begann zuerst Apostolo Zeno, ein Venetianer griechischen Stammes,

1669 geboren, 1719—1729 kaiserlicher Theaterdichter und Historiograph
in Wien, gestorben 1750 in seiner Heimat. Der Geschmack jedoch, den er
auf die Bühne brachte, war lediglich derjenige der französischen Pseudoklassik, nur mit einigen Erweiterungen bezüglich des Stoffes. Auf der
von ihm gegebenen Grundlage baute weiter Pietro Trapassi, genannt
Metastasio 1698 zu Rom geboren, 1714 als Geistlicher geweiht,
seit 1729 bis zu seinem Tode 1782 Zeno's Nachfolger in Wien. Sein
persönlicher Charakter war höchst liebenswürdig. Er dichtet nicht nur,
sondern komponirte auch Opern; die größeren Stücke dieser Art, welche er
schrieb, erreichen die Zahl von 26. Während seine Sprache vollkommen
und melodisch, war seine dramatische Kunst noch etwas unbeholfen; der
Stoff war fast durchweg dem klassischen Alterthum entnommen. Als Gesetzgeber dieses pseudoklassischen Geschmackes, ein italienischer Voltair, und
zugleich als Urheber der Trennung von Oper und Drama, galt der Arkadier
und Metastasio's Pflegevater, Gianvicenzo Gravina (1664 — 1718),
ein bedeutender Jurist und Verfasser der Ragion poetica (1708); er empfahl
die Griechen als Muster und schrieb selbst neben Tragödien, während
dagegen Jacopo Martello aus Bologna (gest. 1727) geradezu den
Franzosen, vor Allem Corneille, sein Ohr zuzuwenden und sogar die
Alexandriner in's Italienische einzuführen suchte, die man nachher dort
verächtlich martelliani nannte. Diesen Verirrungen gegenüber trat Scipione
Maffei für die Unabhängigkeit der italienischen Poesie auf, welche auch
wahrlich nicht nöthig hatte, nach fremden Vorbildern betteln zu gehen.
Zu Verona 1675 geboren, wurde er in Rom Arkadier, diente 1703 und
1704 als Soldat in Deutschland, schrieb gegen das Duell, sammelte dann
die besten italienischen Tragödien und ließ 1714 seine Tragödie Meropa
erscheinen, welche beispiellosen Beifall fand und von Voltaire französisch
nachgebildet wurde. Maffei machte sich in hohem Grade um die Geschichte
und Alterthümer seines Vaterlandes verdient und starb 1755 in großer
Achtung. Seine Poesie unterscheidet sich von der französischen durch Vermeidung der romantischen Galanterie und der unwesentlichen Nebendinge
in Nachahmung des antiken Dramas, auf dessen eigentlichen Kern er sich
beschränkte. Es fehlte ihm jedoch an wahrem Dichtergenie. Auch die
Komödie wollte Maffei reformiren, doch ohne Erfolg. Nach ihm unternahm es der Abbate Pietro Chiari, Hofdichter in Modena (gest. 1787);
aber sein Versuch fiel noch unglücklicher aus. Da erstanden endlich zwei
Lustspieldichter, welche, obgleich unter sich Rivalen, der italienischen
Komödie des achtzehnten Jahrhunderts einen hohen Ruf verschafft haben.

Der Erste war Carlo Goldoni aus Venedig, geboren 1707 und
seines ursprünglichen Berufes Advokat. Schon früh äußerte daran er
eine große Vorliebe für das Theater, schrieb zuerst Opern, dann Trauerspiele, welche aber alle nicht gefielen, und endlich Lustspiele nach Molière's
Muster. Diese schlugen durch und versetzten der alten italienischen Commedia

— 322 —

mit ihren stereotypen Charaktermasken (die er jedoch theilweise oder unter veränderten Namen beibehielt) und Improvisatoren, mit ihrer Kahlheit und Rohheit, den Todesstoß. Er verdunkelte alle früheren Lustspieldichter, sowol durch seine Verbesserung des Geschmacks, als durch seine außerordentliche Fruchtbarkeit; er „lieferte" in fünf Tagen eine Komödie von fünf Akten in Versen, einst in einer Saison (1750) sechzehn Stücke, im Ganzen deren 150. Der Ruhm, den er in ganz Italien errang, blieb jedoch nicht ohne Opposition. Im Jahre 1761 trat sein Landsmann, der Graf Carlo Gozzi (1722 geboren), mit einem dramatisirten Volksmärchen auf, welches so gefiel, daß das Publikum Goldoni's Theater verließ, um dem neuen Sterne zu huldigen. Der hierdurch verletzte Goldoni kehrte seiner Vaterstadt den Rücken und begab sich nach Paris, um das dortige italienische Theater zu reformiren, was aber, da ihm dies nicht gelang, genöthigt, sein Auskommen als Sprachlehrer am Hofe zu suchen. Er schrieb hier auch französische Stücke und starb, durch die Revolution seiner Pension beraubt, 1792 in drückenden Verhältnissen. Goldoni arbeitete leicht, aber nicht tief; es fehlte ihm vorzüglich an Charakterschilderung, während der Mangel an Abwechselung und Leidenschaft dem langweiligen häuslichen und gesellschaftlichen Leben seiner Zeit zuzuschreiben ist. — Wie bereits bemerkt, wurde er in der spätern Zeit seines Lebens durch Gozzi überstrahlt, dessen Tendenz in der Verwerfung der Nachahmung des französischen Geschmacks bestand, so daß er im Lustspiele dieselbe Stellung einnahm, wie Alfieri in der Tragödie. Trübe Familienverhältnisse, veranlaßt durch die Verschwendung seines Vaters, hatten ihn schon früher in Militärdienste und dann zur Beschäftigung mit der Literatur getrieben. Im Bereine mit der heitern Accademia dei granelleschi erklärte er der Molière'schen Komödie und Goldoni den Krieg und schuf mit Hülfe der altitalienischen und der spanischen Komik sein märchenhaftes Drama, in welchem sich die Schaulust und Bilderwechsel, Tragnagelische Sagen und sich förmlich überstülpen. Eine nothleiderer Schauspielertruppe schloß sich ihm gerne an, um seine Zwecke erreichen zu helfen. Sonderbarerweise fiel es ihm gar nicht ein, etwas Gutes schaffen zu wollen; aber bessenungeachtet brachte er 1800 originelle und geniale Werke und den bereits erwähnten Erfolg zu Stande. Er verdankte dies seiner lebhaften Fantasie und scharfen Beobachtungsgabe. Dabei vereinigte er in sich die bizarrsten Charakterzüge, er liebte es, Personen und Bereits hintereinander zu hetzen und sich daran zu weiden; er haßte Aufklärung, Philosophie, Naturforschung und alle Reformen, liebte den Aberglauben und bedauerte den Verfall der Magie, Astrologie u. s. w. In Italien fanden seine Mährchen Beifall, gehn zu der Zahl nicht auf die Dauer Zustimmung (Singer anstimmend); bekannt ist die reizende Bearbeitung seiner Turandot (durch Schiller); daher sah er sich später veranlaßt, eine andere dramatische Gattung zu versuchen, nämlich das Tragikomödien nach

Calderon's Muster, denen er sich dichten, die jedoch seine Märchen nicht erreichen. Auch Gozzi hat die italienischen Charaktermasken nicht ganz verkannt. Er starb 1806. Nach seinem Tode endete jedoch auch das Ansehen seiner Werke in Italien, wo sie bald durch die wieder zu Ehren gezogenen Goldoni's verdrängt wurden. Sein älterer Bruder Gasparo (1713—86) schrieb Tragödien, Schauspiele, Komödien und Übersetzungen verschiedener Dichtungen aus anderen Sprachen, auch aus dem Deutschen, und zwar aus Klopstock. Auch erwarb er sich das Verdienst, die Italiener wieder an ihre beinahe vergessene ältere Literaturblüte, namentlich an Dante zu erinnern.

Auf dieser Wiedererweckung nationalen Ruhmes beruhte denn auch die endliche Schöpfung einer wirklich dichterischen italienischen Tragödie, deren Träger wir in dem „Grafen" Vittorio Alfieri erblicken. Er war im nämlichen Jahre wie Goethe, aber am Anfange desselben (1749) zu Asti in Piemont geboren. Als Sohn reicher und vornehmer Eltern auf der Militärakademie zu Turin schlecht erzogen, ging er auf Reisen, sah ganz Europa, kehrte 1773 zurück, bekämpfte die Schwierigkeiten, auf die er noch in richtiger Handhabung seiner Muttersprache stieß und schrieb 1775 sein erstes Stück „Cleopatra", welches um so mehr Beifall fand, als die italienische Tragödie damals so heruntergekommen war, daß man Metastasio's Opern ohne Musik als Dramen aufführte. Er selbst verwarf sein Erstlingswerk. Da er der toskanischen Sprache noch immer nicht ganz mächtig war, setzte er all seine Energie in Aneignung derselben und vermied zu diesem Zwecke lange Zeit alle französische Lektüre. In Florenz knüpfte er eine innige Verbindung mit der Gräfin Louise von Albany, Gattin des Prätendenten Karl Eduard Stuart, geborne Gräfin von Stolberg, und widmete sich ausschließlich der Tragödie. Im Jahre 1783 erschien der erste Band seiner Werke dieser Gattung und bald weitere solche. Die meisten entnahm er dem klassischen Alterthum (z. B. Sofonisbe, Virginia, Bruto primo, Bruto secondo), auch der Bibel (Saul), andere der mittlern und neuern Geschichte, so Filippo II., Maria Stuarda und andere. Wenn er sich aber überredete, in denselben der Nachahmung des französischen Dramas entgangen zu sein, so täuschte er sich selbst und Andere; denn die Einwirkung Voltaire's läßt sich in keiner Weise leugnen. Als seine Geliebte durch den Tod ihres Gatten frei wurde, reiste er mit ihr 1789 nach Paris und begrüßte den Ausbruch der Revolution mit allem Feuer seines Geistes; denn der glühendste Republikanismus und die Hoffnung auf Italiens politische Wiedergeburt sprach schon aus allen seinen Werken. Als jedoch die großartige Katastrophe ihren spätern widerwärtig blutigen und vom Egoismus und Despotismus der Demagogen befleckten Charakter annahm, fühlte er sich schmerzlich getäuscht und angeekelt, verließ nach dem 10. August 1792 die gerühmte Stätte der Freiheit in eiliger Flucht und haßte von nun an Frankreich heftig. Seitdem ausschließlich zu Florenz in poetischer Thätigkeit und gelehrten Studien versunken, namentlich mit der Übersetzung griechischer und lateinischer Klassiker in Versen beschäftigt, und über die Eroberung Italiens durch die Franzosen tief empört, starb er 1803. In seiner letzten Zeit hatte er sich auch in Satiren und in Komödien versucht. Seine Freundin, welche ihm ein Denkmal durch Canova hatte fertigen lassen, — Italien über seiner Urne trauernd, welcher der Künstler ihre Züge gab, folgte ihm erst 1824.

Unter Alfieri's nicht poetischen Schriften sind die wichtigsten: das Buch von der Tyrannei, eine Streitschrift gegen die Franzosen (Misogallo) und seine Selbstbiographie. Ein drolliger, aber völlig ernstgemeinter Einfall war seine Stiftung eines „Homers-Ordens", dessen Insignien er stets trug. Er war im Grunde seines Herzens stets ein Vollblutaristokrat und haßte die Tyrannei blos, weil er sie lieber selbst ausgeübt hätte. Der Charakter seiner Tragik ist daher auch düster und herb, wie der eines altrömischen Patriziers und seine Ausdrucksweise verleugnet alle Weichheit und Lieblichkeit seiner Muttersprache. Seine Charakterzeichnung ist tief, wild und leidenschaftlich; seine Werke sind reich an Handlung und im höchsten Grade spannend; aber ein versöhnendes Element kennen sie nicht; und er vermittelt, ohne den Forderungen der Anmut und Formenschönheit irgend welche Rechnung zu tragen, Alles, was er schuf. So rächte sich an ihm, daß er nicht zum Dichter geboren war, sondern sich dazu gemacht hatte; darum wurden auch seine Dramen in Italien selten, im Auslande in Übersetzungen beinahe nie aufgeführt, während dagegen ähnliche Naturen wie er, in Byron und Grabbe erstanden.

Auch außerhalb des Theaters blieb die Muse Italiens im achtzehnten Jahrhundert nicht unthätig. Die Satire, welche reichlichen Stoff in der damaligen Schwächlichkeit, Zerfahrenheit und Charakterlosigkeit der italienischen Nation und in deren sittenlosen Auswüchsen, wie dem Cicisbeat und Castralwesen (oben S. 40 u. 41) fand, hatte ihren bedeutendsten Vertreter in Giuseppe Parini, 1729 in der mailändischen Brianza geboren. Er wurde als Abbate auf, schrieb seit 1752 Oden, Sonette und endlich Satiren auf die literarischen und dramatischen Zustände und auf den verdorbenen Geschmack, wirkte in der Gesellschaft und an dem Blatte „Il Caffè" (S. 471) mit, wurde Professor in Mailand und starb 1799. Er war den gemäßigten Freiheitsideen des Anfangs der französischen Revolution zugewandt, aber den Anmaßungen der Franzosen abgeneigt. Sein Bersbau, seine Sprache und seine malerischen Schilderungen werden als vortrefflich gerühmt.

Mit der Dichtung Parini's verwandt ist diejenige des Giambattista Casti, 1721 zu Prato in Toscana geboren, seit 1765 Hofdichters in Florenz. Von Josef II. wurde er nach Wien, von Katharina II. nach Petersburg eingeladen, deren Hof er im Gedichte „Poema tartaro" verspottete, weshalb er sich ein Jahr lang in der Türkei verbergen halten mußte. Als Metaſtaſio's Nachfolger lebte er bis 1796 in Wien, wo er komiſche Opern ſchrieb, und ſtarb 1803 in Paris, wohin er ſich begeben hatte, um ſein Hauptwerk „Gli animali parlanti" drucken zu laſſen. Daſſelbe, in 26 Geſänge getheilt und in ſechszeiligen Stanzen abgefaßt, parodirt in den Handlungen und Reden der Thiere das Treiben der Menſchen, hat aber für unſere Zeit keinen Werth mehr. Seine Novelle galanti ſind Boccaccio nachgeahmt und daher ſehr ſchlüpfrig.

Fabeln ſchrieb zu derſelben Zeit Lorenzo Pignotti, ein Toscaner (1739—1812). Fabeln, Idyllen und „Nachtgedanken" in Young's Manier Aurelio Bertola (1753—1798), lyriſche Gedichte und Naturſchilderungen Ippolito Pindemonte (1753—1828), deſſen Bruder Giovanni im Trauerſpiele den franzöſiſchen Geſchmack abzuwerfen verſuchte.

In der Geſchichtſchreibung ſchuf das achtzehnte Jahrhundert Lodovico Muratori's (1672—1750) Annali d'Italia (von den älteſten Zeiten bis 1749 fortgeführt), Pietro Giannone's freiſinnige Storia civile del regno di Napoli, deren Verfaſſer wegen ſeiner Angriffe auf römiſche Mißbräuche im Land zu Land irren mußte und endlich, in Savoien ergriffen, auf der Citadelle von Turin endete, — und Carlo Denina's (1731—1813) delle rivoluzioni d'Italia. Letzterer und Girolamo Tiraboschi (1731—94) bearbeiteten die italiſche Literaturgeſchichte.

In der populären Naturwiſſenſchaft verſuchte ſich, nach Fontenelle's Beiſpiel, der Graf Algarotti (1712—1764), den wir (S. 462) bei Friedrich II. getroffen. Er ſchrieb „Neutonianismo per le Donne".

Die ſpaniſche Literatur unſerer Periode iſt unbedeutend, ſie enthält beinahe nichts, als die volkswirthſchaftlichen und politiſchen Schriften des Staatsmannes Campomanes (oben S. 476). Der Baum der Poeſie, welchem Calderon (Bd. I. S. 492) die letzten klaſſiſchen Früchte geſchenkt, trieb nach dieſem Dichter, der in Hinſicht der Zeit hieher, in Hinſicht ſeiner Bedeutung aber unter die Nachfolger Lope de Vega's gehört, nur noch ärmliche Schößlinge nach franzöſiſchem Muſter.

Zweiter Abschnitt.
Die englische Nationalliteratur.

A. Die epische, didaktische und lyrische Dichtung.

Wir haben bereits angedeutet, daß die englische Literatur während unserer gesammten Periode ihren göttlichen Heroen William Shakespeare nicht wieder erreichte und dessen ächt volksthümliches Dichten nicht einmal mehr versuchte. Für diesen Mangel entschädigte sie aber die civilisirte Welt erst im siebenzehnten Jahrhundert, durch das Auftreten eines dichterischen Genius zweiter Größe, der an moralischer Charakterstärke indessen den Dichter des Hamlet weit übertraf, und dann, im achtzehnten, durch das Aufstecken einer Fackel, welche ihre Funken bald über den Kanal herüberwarf und die dürren, wurmstichigen Gebäude des Despotismus und des Aberglaubens bei den drei Völkern, welche die Alpen umkränzen, lichterloh in Brand steckte, — das war die Aufklärung!

Jener charakterstarke Sänger, ein Kämpfer für Freiheit, Wahrheit und Schönheit zugleich, welcher mit ernster Stirn ein weniger farbenreiches, aber in die Schäden der Gesellschaft tiefer einschneidendes Evangelium predigte, als der Schwan vom Avon, war John Milton. Zu London 1608 geboren, wuchs er in einer Zeit zum Manne heran, da Shakespeare bereits todt war und dessen entartete, zuchtlose Schüler und Nachfolger den Verfall einer Bühne nicht aufhalten konnten, welche zu gleicher Zeit von einem der wahren Kunst unzugänglichen Hofe vernachlässigt und mit immer steigendem Fanatismus von der Partei der Puritaner (Bd. I. S. 518 ff.) verfolgt und endlich gewaltsam zertrümmert wurde. Ja der werdende Dichter gehörte noch selbst dieser gegen alles Schöne eifernden Sekte an, deren Treiben wir bereits (oben S. 171 ff.) geschildert haben! — Und darin liegt, wie Hettner richtig sagt, seine Größe und seine Schwäche, — die erste, weil die puritanische Gesinnung ihn der Freiheit in die Arme trieb, die zweite, weil sie ihn hinderte, in vollem Maße der Schönheit zuzuschwören. Milton studirte in Cambridge und verfaßte schon dort mehrere allegorische Dichtungen. Von einer Reise nach Italien (1638) zurückgekehrt, fand er den Kampf zwischen Königthum und Puritanerthum bereits ausgebrochen und warf sich mit ganzer Kraft in denselben zu Gunsten der Volks- und Kirchen-, leider aber nicht der Glaubensfreiheit. Er erließ Flugschriften gegen die hochmüthige Bischofskirche. Zugleich focht er für die Erleichterung der Ehescheidung, die Allgemeinheit der Volksschulen und die Preßfreiheit. Nach der Hinrichtung Karl's I. suchte er, als Staatssekretär der Republik, diese Maßregel zu rechtfertigen, und machte sich überhaupt durch die oben (S. 419) erwähnte durchaus republikanische Wirksamkeit verhaßt, wofür ihn die französische Regierung zu strafen wähnte, indem sie 1651 seine berühmte Defensio pro populo anglicano verbrennen ließ. Im Dienste des Vaterlandes erblindete er, und als letzteres vollends seine Freiheit wieder an die vertriebenen Stuarts hingab, wurde der Dichter verhaftet und seine Werke öffentlich durch den Henker verbrannt. Die Despoten ließen ihn zwar wieder frei, boten ihm aber umsonst ihr Brot an. In ruhiger Zurückgezogenheit, arm, aber mit gutem Gewissen, schuf er sein größtes Werk und starb am 8. November 1674.

Das angedeutete Werk, Paradise lost, das verlorene Paradies, erschien zuerst 1667 und vergrößert 1674. Es ist in reimlosen fünffüßigen Jamben geschrieben, zählt zwölf Gesänge und hat folgenden Inhalt: Der Dichter ruft die himmlische Muse, nicht die heidnische des Parnaß oder Helikon, sondern die biblische, und zwar puritanisch-alttestamentliche des Horeb und Sinai an, den ersten Ungehorsam des Menschen und den in Folge des Genusses der verbotenen Frucht eingetretenen Verlust Edens zu besingen. Dann beginnt die Erzählung mit dem Sturze der abtrünnigen Engel und ihres Obersten, Satan, in den Schlund der Hölle. Sie erholen sich nach einiger Zeit vom Falle, Satan ermahnt sie, die Hoffnung auf Rückkehr in den Himmel nicht aufzugeben, erzählt ihnen von der bevorstehenden Schöpfung einer neuen Welt und versammelt ihren Rath in dem neuerbauten Palaste Pandämonium. Nachdem sie darauf verzichtet haben, einen neuen Kampf gegen Gott zu wagen, beschließen sie eine Abordnung zur Erforschung der neuzuerschaffenden Welt und betrauen Satan mit derselben, welcher nun die Hölle verläßt. Er überredet die das Thor derselben Hütenden, Tod und Sünde, es zu öffnen, worauf sie es nicht wieder schließen können, und fliegt dann der inzwischen neuerschaffenen Welt zu. Gott bemerkt dies, zeigt es dem zu seiner Rechten sitzenden Sohne und sieht sofort voraus, daß der Mensch fallen werde, weil er ihm die Freiheit gegeben, erklärt aber auch, daß er ihm Gnade widerfahren lasse, wenn er nicht aus eigener Bosheit falle. Der Sohn preist den Vater ob dieser weisen Absicht und bietet sich an, den Menschen zu erlösen, worauf die künftige Menschwerdung des Sohnes beschlossen wird und die Engel den Letztern anbeten und mit ihren Harfen Vater und Sohn lobpreisen. Indessen gelangt Satan durch die verschiedenen, die Erde umgebenden Weltkreise auf unsern Ball und in Sicht von Eden. Nachdem er seine Zweifel, was er thun wolle, beschwichtigt und sich zum Uebelthun entschlossen, springt er über die Einfassung des Paradieses und betrachtet sich dasselbe, in einen Vogel verwandelt, vom Gipfel eines Baumes. Er sieht Adam und Eva, bewundert ihre Schönheit und ihr Glück, hört aus ihrer Unterredung vom Baume der Erkenntniß und beschließt ihr Verderben mittels Verlockung zur Ueberschreitung dieses Verbotes. Unterdessen warnt

Uriel, der Hüter des Sonnenkreises, Gabriel, den Hüter des Paradieses
vor dem ungebetenen Gaste. Gabriel macht mit seinen Wächtern die
Runde des Paradieses. Satan wird ertappt, wie er eben die schlafende
Eva durch einen Traum zu verführen sucht, er wird zu Gabriel geführt
und verhört, versucht Widerstand, wird aber auf ein Zeichen vom Himmel
entlassen. Am Morgen, oder wie der Dichter so schön sagt:

> Now morn her rosy steps in th' eastern clime
> Advancing, sow'd the earth with orient pearl,

erzählt Eva dem Gatten ihren Traum, worauf er sie beschwichtigt. Beide
verrichten ihre Andacht. Gott sendet Rafael, Adam zu warnen und an
seine Pflicht des Gehorsams und an seinen freien Willen zu erinnern.
Rafael, von Adam bewirthet, erzählt ihm die Geschichte vom Engelsturz,
und die Schlachten zwischen den Heerschaaren des Himmels und der Hölle,
welch' letztere schließlich Messias, der Sohn Gottes, besiegt habe, und
erklärt ihm die Ursachen der Weltschöpfung und deren Vollendung durch
den Sohn. Dagegen erzählt Adam von seinen Unterredungen mit Gott
und Engeln und von seiner Liebe zu Eva, auch deren Erschaffung und wie
er sie im Traume und dann wachend sah:

> . . . behold her, not far off,
> Such as I saw her in my dream, adorn'd
> With what all Earth or Heaven could bestow
> To make her amiable . . .
> Grace was in all her steps, Heav'n in her eye,
> In ev'ry gesture dignity and love!
> I overjoy'd . . .

Satan aber kehrt in der Gestalt eines Nebels in's Paradies zurück und
schlüpft in die schlafende Schlange. Als Adam und Eva ihrer Beschäftigung nachgehen, setzt letztere durch, daß sie solche getrennt aufsuchen,
obschon sie Adam vor den Gefahren hievon warnt; als Gatte gibt er
jedoch nach und Eva trifft die lauernde Schlange, welche ihr, die sich über
ihr Sprechen wundert, vorgibt, sie habe diese Gabe durch Kosten von
einem Baume erhalten, den sie ihr zeigt und sie verführt, ebenfalls davon
zu kosten. Eva thut es und gibt auch Adam davon, welcher sich trotz
seiner Erkenntniß der Folgen bewegen läßt, um nicht von der Geliebten
getrennt zu werden. Kaum aber ist es geschehen, so tritt die Leidenschaft
an die Stelle der Liebe, entdecken die bisher Unschuldigen ihre Nacktheit
und machen sich gegenseitig Vorwürfe. Als das Ereigniß bekannt wird,
verlassen die das Paradies hütenden Engel dasselbe und rechtfertigen sich
bei Gott, welcher sie von aller Schuld freispricht. Dann sendet er den
Sohn, die Ungehorsamen zu bestrafen, deren sich derselbe erbarmt und
die er kleidet. Sünde und Tod freuen sich und folgen Satan nach dem
neuen Aufenthaltsorte. Satan aber rühmt sich im Pandämonium seines
Sieges. Endlich sendet Gott Michael mit einer Schaar von Cherubim,

Adam und Eva ihre Vertreibung aus dem Paradiese zu verkünden war ihnen die Flut, die Menschwerdung, den Tod und die Himmelfahrt des Sohnes und dessen Wiederkunft vorauszusagen. Es geschieht, das Urtheil wird vollzogen und

> They hand in hand, with wand'ring steps and slow
> Through Eden took their solitary way.

Das Gedicht ist voll wunderschöner Schilderungen, erhabener Gedanken und Gleichnisse und erschütternder Situationen. Lieblich und reizend sind die ersten Menschen, in übermenschlicher Pracht Götter und Engel, mit dämonischer List und Gewalt, nicht in durchaus verworfener Schlechtigkeit, der Satan geschildert. Aber das Ganze ist eine für unser jetziges Bewußtsein ungenießbare mystische und hyperorthodoxe Geistesfessel, in welcher das Christenthum noch zum Überflusse mit gnostischen und manichäischen Zuthaten versetzt ist. Diesem verzwickten Bibelstandpunkte entspricht denn auch die in des Dichters Alter entstandene Fortsetzung, Paradise regained, das wiedergewonnene Paradies, in vier Büchern, in welchem die menschliche Schönheit ganz wegbleibt und nur noch himmlische Mystik vorwaltet. Es enthält die Versuchung Jesu in der Wüste und ist mit einer Menge Visionen durchwebt. Zuletzt schrieb Milton noch ein verunglücktes Singspiel „Samson Agonistes".

Milton ist oft mit Dante verglichen und als der protestantische Dichter der höchsten Interessen des Menschen dem katholischen gegenübergestellt worden. Es ist dies insofern richtig, als Dante in seinen Schilderungen der kirchlichen Tradition, Milton aber dem „Worte Gottes" folgt. Da Beide aber ihre religiöse Autorität mit ihrer Fantasie ausschmücken, so muß vom poetischen Standpunkte aus ihr Verhältniß tiefer ergründet werden. Dante erzählt Das, was den Erdenpilger im Jenseits erwartet, aus eigener Anschauung, welche er durch genaue Vergleichungen jenseitiger Orte mit diesseitigen, durch Anführung bekannter Verstorbener, ja sogar durch Maßangaben über Alles, den furchtbaren Lucifer nicht ausgenommen, noch wahrscheinlicher zu machen sucht, und dies Alles in einer Sprache, welche an sich verständlich ist, wenn man von den gelehrten Spezialitäten absieht. Milton dagegen erzählt nach dem Hörensagen, läßt der Fantasie des Lesers freien Spielraum, mißt und wägt nichts, sondern gibt nur eine Andeutung davon, und verbirgt oft, was er sagen will, in mystischen und geheimnißvollen Ausdrücken. Der Florentiner weiß daher die Illusion tiefer haften und länger andauern zu lassen, als der Engländer. Dagegen ist Letzterer ungleich schöpferischer. Während Dante's Schatten der Hölle und des Fegfeuers und seine Engel des Paradieses lediglich Menschen sind, wie sie auf der Erde leben, seine Teufel aber thierische Ungeheuer, wie sie die fabelhafte Naturgeschichte der Zeit malte, — sind Milton's Gestalten von ganz neuer, eigenthümlicher Beschaffenheit. Seine Götter, Vater und Sohn und seine Erzengel sind mehr als Menschen;

aber sie denken, sprechen und handeln, wie es Menschen thun würden, die nicht wie wir an einen Raum und an eine Spanne Zeit gebunden wären, und so ist auch sein Satan kein mit Thiergliedern ausgestaltetes und schlechthin nur das Böse wollendes Ungeheuer, sondern ein in großartigerm Maßstabe menschlich fühlendes und handelndes Wesen, das sich noch lange besinnt, ob es die Menschheit in's Verderben stürzen wolle, ein trotziger Empörer, dessen Benehmen motivirt, nicht schlechthin verdammt wird.

Stellte sich uns in Milton die in hohem Ernste aufgefaßte Lichtseite des Puritanismus dar, so wird dessen Schattenseite von gegnerischer Hand lächerlich gemacht durch seinen Zeitgenossen Samuel Butler, geboren 1612 in Worcestershire, gestorben 1680. Dieser Dichter wurde dafür, daß er die Puritaner zum Danke für die bei einem derselben genossene Gastfreundschaft dem Gespötte preisgab, hinlänglich bestraft, indem ihm sein Werk nichts einbrachte als ein nicht sehr bedeutendes Gnadengeschenk Karl's II. Wir sprechen von dem Gedichte „Sir Hudibras", welches in reimenden vierfüßigen Jamben geschrieben wurde und in drei Theilen 1663, 1664 und 1678 erschien. Sein Inhalt sind die Abentneer des puritanischen Ritters Hudibras und seines Knappen Ralf, zweier gleich verächtlicher Kerle und höchst plumper, geistloser Nachahmungen Don Quijote's und Sancho Pansa's, welchen ihren Vorbildern ähnlich sie auch überall gefoppt und geprügelt werden, nur daß keine Spur von idealer Bestrebung, wie sie die Seele des Junkers aus der Mancha schwellt, im Hudibras zu finden ist. Die Gegner der Puritaner vergötterten das Buch beinahe und es wurde lange für ein Meisterstück des Humors angesehen, hat aber für unsere Zeit keinen Werth mehr.

Der zunächst auf diese beiden Extreme des sublimsten Idealismus und des schmutzigsten Realismus folgende englische Dichter war John Dryden (geb. 1631, gest. 1701), welcher, ein Bild der elendesten Charakterlosigkeit, unter Cromwell Republikaner und Puritaner, unter Karl II. Royalist und Anglikaner war, unter Jakob II. aber gar Katholik wurde. So drehte er stets den Mantel nach dem Winde, und es ist daher klar, daß von dichterischer Begeisterung bei ihm keine Rede sein kann. Seine Gedichte sind denn auch, trotz der schönen Sprache und der stellenweise erhabenen Gedanken, — ungenießbar und für uns werthlos. Gegen den Aufstand Monmouth's, des natürlichen Sohnes Karl's II. schrieb er „Absalom und Achitofel" (1681). Nach seiner Konversion folgte das tendenziöse Gedicht „the Hind and the Panther" (1682), welches die katholische Kirche unter dem Bilde einer „milchweißen Hindin" und die protestantischen Kirchen und Sekten als Raubthiere vorführt, welche die Erstere stets verfolgen und quälen, bis sie bei dem „Königlichen Löwen" Schutz findet und dann mit dem Panther, d. h. der Hochkirche, über sämmtliche Dogmen und Gebräuche der beiden Kirchen disputirt. Diese abgeschmackte Einkleidung wurde mit Recht durch des Dichters Zeitgenossen Montague und Prior in den Gesprächen zwischen der Stadt- und der Landmaus verspottet. Besser ist Dryden's „Annus mirabilis", welches von der Feuersbrunst und der Pest handelt, welche bald nacheinander (1666 und 67) London verheerten; ebenso sind anerkennend zu erwähnen seine Fabeln (1699) und sein „Alexanderfest". Dryden beherrschte, ungeachtet seiner Charakterlosigkeit, die Literatur seiner Zeit; die übrigen Dichter buhlten um die Ehre, im Kaffeehause, das er besuchte, in seiner Nähe Platz zu finden; denn es war eben, vorzüglich durch Einwirkung der französischen Muse unter Ludwig XIV., Mode geworden, auf die Form mehr zu halten, als auf den Geist. Shakespeare und Milton wurden in ihrem Vaterlande vergessen; der Ruhm der eigenen Sprache und Literatur wurde in den Wind geschlagen, und man sank so tief, jenen herrlichen Vorbildern diejenigen der französischen Pseudoklassik vorzuziehen und so von der ruhmlosen Nachahmung einer mißlungenen Nachahmung kümmerlich zu zehren. Es war die Blütezeit des Zopfstiles, Englands Roccocco-Zeitalter.

Dryden's bedeutendster Schüler war Alexander Pope, der in Jenem sein höchstes Ideal erblickte. Er war 1688 zu London als Sohn eines eifrigen Katholiken und Stuartisten geboren und starb 1744; sein Körper war verwachsen und häßlich, sein Charakter neidisch, geizig und zänkisch und von ungezügeltem Ehrgeize. Seine poetischen Vorzüge sind Witz und Schönheit der Form, namentlich des Reims. Sein bestes Werk ist das komische Epos „the Rape of the Lock" (1712), eine Nachahmung von Boileau's Lutrin (oben S. 504), also in doppelter Beziehung kein Original, dagegen anmutiger und zierlicher als beide Vorbilder. Die Motive und Ausdrücke der größten Epiker sind darin mit großem Geschicke parodirt.

Die übrigen Gedichte Pope's sind meist didaktische. Eine Nachahmung Boileau's ist der Essay on criticism, welcher den oben angedeuteten schlechten Geschmack der französischen Nachäffung zum Gesetze zu erheben suchte; mehr Ruhm erntete der Essay on man (1734), welcher die Hypothese von der Schöpfung der bestmöglichsten Welt zum Gegenstande hat und auf das Resultat hinausläuft, Alles, was existire, sei recht. Die Gedanken sind aus Shaftesbury (oben S. 322) entlehnt und der Standpunkt daher jener der Deisten, obschon sich Pope dagegen verwahrte, in deren Schule zu gehören und seine stete Anhänglichkeit gegen die katholische Kirche betheuerte. In einer Satire, die Dunciade, sucht er, der Zwerg, den Riesen Shakespeare, dessen Werke er doch selbst, freilich ohne alle Kritik, herausgegeben, zu meistern, indem er ihn ähnlich beurtheilt wie Voltaire und sich erkühnt, ihn, dem herrschenden Klassicismus gegenüber, für einen überwundenen Standpunkt zu erklären. Die Pointe der Satire richtet sich indessen gegen einen andern Herausgeber Shakespeare's, Theobald Lewis, welcher Pope's Ausgabe angegriffen hatte. Letzterer übersetzte auch den Homer in verfehltem Geschmacke, welche Arbeit aber zu jener Zeit überschwänglich gelobt wurde. Nachahmer Pope's waren Mathew Prior und John Gay; sie schrieben meist lyrische Gedichte und Idyllen.

Eine Ahnung der Wiederkehr einer bessern Geschmacksrichtung in der Poesie, als jene war, welcher Dryden und Pope, diese Abtrünnigen vom Genius ihres Vaterlandes, huldigten, begann am Anfange des achtzehnten Jahrhunderts aufzudämmern. Der Erste, in dem sie lebte, war James Thomson, 1700 zu Ednam in Schottland geboren, in reifern Jahren Reisebegleiter eines Lord, gestorben 1746. Ein Original ist er nicht, ja sogar noch in Manchem ein Schüler Pope's; aber er war doch wieder einmal ein begeisterter, kein blos berechnender und reflektirender Dichter. Sein Hauptwerk, 1726 begonnen, ist das beschreibende Gedicht „the Seasons", in reimlosen Jamben und in vier Theilen, nach den Jahreszeiten; der Winter ist der erste Theil. Seine Schilderungen sind voll Leben, Frische, Wärme und Pracht und treue Bilder der Natur, ihre Ausrundung aber doch etwas zu pedantisch und in den Spezialitäten ermüdend. Die „Jahreszeiten" fanden zu ihrer Zeit begeisterte Aufnahme, werden aber gegenwärtig kühler beurtheilt; es fehlt ihnen die Handlung, welche unsere bewegte Zeit überall verlangt. Schilderungen will dieselbe nur von der Musik hören und von der Malerei sehen. Die übrigen Gedichte Thomson's sind langweilige Allegorien und Lehrgedichte.

Einen Fortschritt in der Originalität legte Edward Young (geboren 1681 zu Upham, gestorben 1765) an den Tag. In seinem Jugendgedichte „the last day" (1713) versuchte er, aber mit unzureichender Kraft, Milton nachzuahmen. So erreichten auch „the force of Religion" (die Geschichte Johanna Gray's enthaltend) und seine Satiren die beabsichtigte Wirkung nicht. Später wurde er Geistlicher der Hochkirche und Hofkaplan (1728); nachdem er durch mehrere Todesfälle in seiner Familie gebeugt war, schuf er erst sein bedeutendstes Werk „the complaint, or night-thoughts" (1741), ein tiefempfundenes, aber mit zu viel Pathos und Übertreibung versetztes lyrisch-didaktisches Gedicht über die Eitelkeit des Lebens, Tod, Unsterblichkeit und die Macht des Glaubens. Der Ton ist durchaus melancholisch, ohne Erheiterung, die Form nicht schön, nur die Gedanken großartig und ächt poetisch. Die meiste Verwandtschaft hat Young unter den gleichzeitigen Dichtern mit Klopstock; das Auftreten Beider bezeichnet den endlichen Sturz des Roccoco durch das Genie, der Form durch den Gedanken, was für einige Zeit die Vernachlässigung der erstern zur Folge hatte.

Diese Befreiung des schöpferischen Geistes von den lähmenden Fesseln der Form ging mit einem allgemeinen Verlangen nach neuen Stoffen, den Geist damit zu nähren, Hand in Hand. Man war der klassischen Nachahmungen, des ewigen Einerlei's der Ödipusse und Iphigenien, der Hirtengedichte und der Alexandriner endlich satt und wollte frische Kost.

Da diese nicht sofort aus eigener Kraft hergeschafft werden konnte, so suchte man sie zuerst in dem Schatze der Volkspoesie. Es erfolgte durch den Bischof Thomas Percy 1765 die ewig denkwürdige Herausgabe der frischen und gesunden englischen Volksballaden, und sein schüchternes Beginnen fand begeisterte Aufnahme. Daher war es nicht zu verwundern, daß zu derselben Zeit auch Versuche gewagt wurden, dergleichen Dichtungen selbst zu verfertigen. Das Merkwürdigste war aber, daß diese Versuche theilweise gelangen. Der erste und erfolgreichste unter ihnen war die angebliche Entdeckung der Lieder des alten schottischen Barden Ossian. Im Jahre 1760 gab der schottische Dichter James Macpherson eine Sammlung derselben heraus, mit der Angabe, daß sie von ihm aus dem Gaelischen oder Ersischen übersetzt seien. Während diese Poesien durch ihren eigenthümlichen romantischen Reiz, den eine gewisse dunkle, nebelhafte, mondscheinartige Ausdrucksweise und die mit Sentimentalität gepaarte Tapferkeit der Hochlandsrecken uralter grauer Zeiten noch erhöhte, im ganzen civilisirten Europa allgemeinen Jubel und unendliches Entzücken hervorriefen und die gesammte Jugend für sie schwärmte, tauchten doch bereits Zweifel an ihrer Aechtheit auf, ja von Seite Samuel Johnson's sogar offene Beschuldigungen der Fälschung. Wirklich trat Macpherson, welcher sich inzwischen als Sachwalter von englisch-ostindischen Nabobs bereichert hatte, niemals, wie er doch versprochen, mit den Originalen hervor und starb 1796, ohne es gethan zu haben. Wol fand man alte gaelische Lieder, die als solche Ossian's galten, aber sie stimmten nicht mit Macpherson überein, in dessen Nachlaß man nur von ihm und seinem Schreiber selbst gefertigte gaelische Handschriften, und zwar ganz fehlerhafte, fand, so daß er als Fälscher entlarvt war, der erst verschiedene irische und schottische Volkslieder und dann seine eigene Fantasie benützt hatte, um seinen Ossian daraus zusammenzuschmieden. Aber seine Fälschung hat dichterischen Werth und ist als Dichtung ganz ein Kind jener Zeit der erwachenden Genialität und Naturschwärmerei. Therese von Jakob (genannt Talvj) hat 1840 die Fälschung kritisch nachgewiesen; die wirklich alten gaelischen Ossianfragmente sind mehrfach herausgegeben und übersetzt worden.

Noch kürzern Bestand hatte die Fälschung des „Wunderkindes" von Bristol. Thomas Chatterton, welchen man so nannte, sandte 1769, als Ossian in der Blüte stand anonym eine in altenglischem Idiom abgefaßte Erzählung über die Einweihung der alten Brücke zu Bristel in die Welt hinaus, trat dann hervor und behauptete, das bezügliche Manuskript in einer alten Kiste der Bristelerkirche genommen zu haben. Als man ihm glaubte, gab er, hierdurch ermuntert, Dichtungen eines angeblichen Mönches Rowley aus dem fünfzehnten Jahrhundert heraus, mit so getreuer Nachahmung der damaligen Sprache, daß Viele getäuscht wurden. Andere jedoch durchschauten die Fälschung so Horace Walpole, und der junge geniale Betrüger gerieth so in Noth, daß er sich 1770, kaum achtzehn Jahre alt, vergiftete.

Nicht so tragisch endete ein gewisser William Henry Ireland, dessen Vater aus Liebhaberei Reliquien Shakespeare's zusammenkaufte, was er benützte, ihm gefälschte Handschriften des großen Dramatikers zu überreichen, welche der Alterthümler 1795 in einer Prachtausgabe drucken ließ; ja ein falsches Theaterstück wurde sogar aufgeführt. Der Betrug kam jedoch an den Tag, Ireland gestand ihn und — wurde vergessen.

Diese Betrügereien waren indessen nicht ganz ohne Nutzen. Sie spornten, durch ihre Entlarvung, die dichterischen Geister zu eigenem Schaffen an, und so erwachte in England die ächte Volkspoesie eines Chaucer und Shakespeare nach anderthalbhundertjährigem Brachliegen von Neuem. Der erste, der ihr durch selbständiges Schaffen Bahn brach, war William Cowper, geboren 1731, gestorben 1800. Seine Poesie ist zwar nicht frisch und lebendig, sondern düster und schwermüthig, aber warm, kräftig und gestaltenreich. Auch wagte er es zuerst, Pope entgegenzutreten und seine Dichtungen handwerksmäßig zu nennen.

Was ihm fehlte, ersetzte in reichem Maße der unsterbliche schottische Volksdichter Robert Burns, geboren 1759, gestorben 1796, sein Leben lang ein armer, schlichter Landmann. Seine Dichtungen, 1786 zum ersten Male erschienen, erregten so große Theilnahme, daß die Gebildetsten, Reichsten und Vornehmsten seiner Landsleute ihn hoch feierten. Die Stelle eines Steuerbeamten, die sie ihm verschafften, konnte jedoch seinen Geist nur drücken und seine Fantasie trüben, und als er bei Anlaß der französischen Revolution seine Sympathien mit derselben nicht verbarg, ließ man ihn stecken, und er verkam, da er aus Verzweiflung zu trinken begann, in Noth und Krankheit. Seine Dichtungen sind über lobende Phrasen erhaben. Wer kennt nicht sein „My heart is in the Highlands", seinen „John Barlycorne"? Es ist die frischeste, ungekünsteltste Bergluft, die darin weht und dieses Wehen erfrischt die gesammte auf ihn folgende neueste englische Poesie!

B. Die dramatische Dichtung.

Das englische Theater, das wir (Bd. I. S. 520) unter den Verfolgungen der Puritaner verlassen haben, erholte sich von denselben erst nach der in politischer und religiöser Beziehung so unheilvollen, der Kunst und Wissenschaft aber günstigen Restauration der Stuarts. Erlaubt waren unter der republikanischen Regierung, wie wir hier nachholen, nur Vorträge über „moralische Tugendhelden" mit recitativer Musik, deren der Leiter des Bühnenwesens unter Karl I., wie unter Cromwell, William

Davenant (Bd. I. S. 501), dichtete. Karl II. aber gestattete 1662 dem Genannten und dem Thomas Killigrew, Jedem die Errichtung einer Schauspielertruppe in den Theatern zu Lincolns-Innfields und Drury-Lane. Da Davenant ein Verehrer des französischen Theaters war, so richteten sich Theater und Dichter nach ihm und zwar zur Zufriedenheit des Königs und des Hofes; Shakespeare und seine Zeitgenossen aber wurden verachtet, und der Prophet dieses Geschmackes war der bereits erwähnte charakterlose Dichter Dryden, der freilich Shakespeare's Größe anerkannte, ihn aber durch die französische Form korrigiren zu müssen glaubte. Seine eigenen Dramen beschäftigten neben denen Davenant's und mehrerer Unbedeutender das englische Theater der Restauration. Als eines der besten Stücke galt Dryden's „Indian Queen"; es ist wie die anderen alle, die mit Vorliebe in Ostindien, Spanien und Amerika spielen, trotz der fein abgezirkelten Verse, vergessen, aber damals erregten diese, sowie die damit verbundenen Geistererscheinungen, Paukenschläge und Lärmtrompeten den ungetheiltesten Beifall, und herrschten unbedingt, bis das vom Herzog von Buckingham, dem Dichter Butler u. A. verfaßte satirische Stück „the rehearsal" (die Theaterprobe, 1671) Dryden und dessen Gesinnungsgenossen durch Verstflage ihrer Personen sowol, als ihrer Werke dramatisch tödtete. Die Folge war zwar nicht, daß Dryden die dramatische Thätigkeit aufgab; aber er verbesserte sie, er schaffte das Spektakel und die Reime ab, doch keineswegs den französirenden Stil, während er zugleich Shakespeare'sche Stücke verflachte und so herausgab. Sein eignes bestes Stück in dieser bessern Periode war „Don Sebastian" (1690). Andere Dichter jener Zeit wagten es aber, weiter zu gehen und sich wieder vorzugsweise an Shakespeare zu halten, doch ohne sich ganz von Dryden's Schwankungen losreißen zu können, — so Thomas Otway (1651 bis 1685) und Nathanael Lee (1657—1693). Beides wilde Kraftgenies von Marlowe's und Greene's Art, denen ähnlich sie auch jung in Noth und Lastern verkamen. Ihre Stücke sind allen Theilen der Geschichte entnommen. Nach ihnen aber herrschte der französische Geschmack wieder allein.

Das Lustspiel jener Zeit war noch regelloseren Wandelungen unterworfen und fast immer ein Pfuhl der Verdorbenheit und Gemeinheit, was ganz dem Geschmacke Karl's II. entsprach, sowie dem seiner Höflinge und Anhänger, welche sich, ohne Unterschied des Geschlechtes, im Theater laut die unflätigsten Gespräche erlaubten; denn der höhnende Sieg über den Puritanismus schlug eben damals in dessen moralisches Gegentheil um (oben S. 62 und 119 ff). Ein treues Bild des damaligen Lebens waren aber die Lustspiele. Dazu kam noch, daß man damals begann, die weiblichen Rollen durch Schauspielerinnen spielen zu lassen und daß die Dichter gerade Diesen die unzüchtigsten Reden in den Mund legten! Zu diesen saubern Dichtern gehörte Dryden, dann William Wycherley (1640

bis 1715). William Congreve (1670 bis 1729), der Geistvollste unter
ihnen, u. A. Die zweite Revolution, welche die Stuarts vertrieb, und
diesmal für immer, machte diesem schmutzigen Treiben ein Ende. Die
Ersten, welche es öffentlich anklagten, waren der epische Dichter Richard
Blackmore und der Geistliche Jeremias Collier, dessen Berufsgenossen bisher stets geschwiegen hatten (!), der aber zugleich auch in
pfäffischer Weise das Theater überhaupt verdammte. Eine Besserung war
in Folge dessen in den Lustspielen George Farquhar's, eines Iren
(1678—1707) und des Architekten John Vanbrugh (1672—1726)
zu bemerken und schritt von da sichtlich fort*).

Im achtzehnten Jahrhundert war die englische Tragödie strenger
als je dem aristotelisch-französischen Gesetze der drei Einheiten unterworfen,
doch wenigstens nicht dem Alexandriner. Dabei hatte sie aber eine ausgesprochene moralisirende Tendenz, d. h. sie brüstete sich so zu sagen mit
einer an das nicht immer moralische Stück angehängten guten Lehre.
Ihre hervorragenden Bearbeiter waren Thomas Southerne (1660 zu
Dublin geboren), der jetzt bekehrte Komiker Congreve, Nicolaus Rowe
(1673—1718), ein schwacher Nachahmer Shakespeare's; der Bedeutendste
aber ist Josef Addison (oben S. 323), geboren 1672, gestorben 1719
(s. seine Biographie von Macaulay), dessen „Cato" (1713) als die
vollendetste Tragödie ihrer Zeit galt und fünfunddreißigmal nacheinander
aufgeführt wurde, aber dem Kenner der Alten und Shakespeare's nur
ein mitleidiges Lächeln abgewinnen kann. Es ist indessen bezeichnend für
den erwähnten Erfolg, daß das Stück — als eine Demonstration zu
Gunsten der Whigs angesehen wurde.

Das, wie bereits erwähnt, verbesserte Lustspiel wurde im achtzehnten
Jahrhundert besonders durch Addison's Mitarbeiter Richard Steele
bearbeitet, welcher, obschon nicht frei von bisweilen sehr starken Schlüpfrigkeiten, eine deutliche moralische Tendenz zur Schau trug. Weniger trat
letztere an den Tag bei der leichtfertigen Dichterin (!) Susanna
Centlivre.

Eine neue Periode des englischen Theaters begründete, gleich der
Revolution von 1688, das Auftreten Samuel Johnson's und der
besseren Romanschriftsteller in den Dreißigerjahren des achtzehnten Jahrhunderts. Johnson, zuerst selbst dramatischer und satirischer Dichter, auch
Romanschreiber (geb. 1709, gest. 1784), ein Muster von genialer Unordnung und Nachlässigkeit, ein Tadler Milton's und Verehrer Pope's,
machte sich 1765 durch die erste kritische Ausgabe Shakespeare's verdient,
welchen Geistesheroen er, den Franzosen gegenüber, zwar noch nicht vollständig, aber doch besser zu würdigen wußte, als seine Vorgänger. wobei

---

*) Vergl. Macaulay, die Lustspieldichter der Restaurationszeit, in seinen
Essays.

er auch den Muth hatte, endlich mit den drei Einheiten zu brechen; Von da an waren dieselben auch wirklich überwunden. Es tauchte ein besserer Geschmack im Theater auf. Beide Extreme, sowol die Obscönität unter Karl II., als das affektirte Moralisiren am Anfange des neuen Jahrhunderts, verschwanden und machten einer ernst gemeinten, nicht blos zur Schau getragenen Moral Platz. Die Tragödie nahm sich, mit Beiseitelassen heroischer Stoffe, den ernsten Roman Richardson's, die Komödie den komischen Fielding's und Smollet's zum Muster, die Stoffe beider wurden daher aus dem bürgerlichen und Familienleben genommen; beide aber blieben hinter ihren Vorbildern an Kraft der Gestaltung und des Ausdrucks weit zurück. Als Tragiker ragte Georg Lillo (1698—1739), besonders mit seinem „Kaufmann von London", Edward Moore mit dem „Spieler" (1768) und Cumberland hervor, als Komiker Samuel Foote (1719—1777), der Schauspieler Garrick, Georg Colman, vor Allen aber Richard Sheridan (1761 zu Dublin geboren, 1816 gestorben) mit seinen Stücken „the rivals" und „the school for scandal", deren treffliche Charakterzeichnung und brillanter Witz sie noch jetzt zu klassischen Werken stempeln.

C. Der Roman und die Geschichtschreibung.

Die Anfänge der englischen Poesie in ungebundener Sprache oder der Novelle und des Romans sehen wir am Anfange des achtzehnten Jahrhunderts in den von Steele und Addison (oben S. 323) herausgegebenen Zeitschriften: Tatler, Spectator, Guardian und Lover, namentlich seitdem den Herausgebern (1710) durch den Sturz ihrer Partei die politischen Erörterungen abgeschnitten und sie auf Schilderungen des socialen Lebens und daran geknüpfte moralische Charakterbilder und Erzählungen angewiesen waren, in welchen sie in Bezug auf Frische und Lebendigkeit solche Fortschritte machten, daß die sich in ihren Blättern absichtslos entwickelnden Novellen so künstlerisch vollendet waren, als hätte die Nation bereits eine langjährige Übung in diesem Zweige der Literatur hinter sich. Menschenkenntniß, Humor, Erfindungsgabe, Farbenreichthum und Freimüthigkeit zeichnen diese leider vergessenen Novellen so aus, daß sie, wieder zur Hand genommen, von Gebildeten mit dem größten Interesse gelesen werden. Und alle diese Perlen erzählender Genres waren unter sich durch eine in den Blättern fingirte Familie oder sonst einen befreundeten Kreis verbunden, den sie erheiterten, und wechselten stets mit ästhetischen Aufsätzen ab, die auf den literarischen Geschmack der Zeit keinen geringen Einfluß ausübten, und mit Anregungen zur Abschaffung socialer und moralischer Mißbräuche, welche oft von einer erstaunlich schnellen Wirkung waren.

Den eigentlichen Roman baute in England zuerst Daniel Foe, später Defoe genannt, an. Er war 1661 zu London geboren, trat schon unter Karl II. mit einer satirischen Schrift gegen die Verfolgungssucht der Hochkirche auf, kämpfte unter Monmouth, war dann Flüchtling auf dem Kontinent, kehrte wieder heim, schrieb wieder gegen die kirchliche Politik Jakob's II., machte aber als Privatmann Bankerott, floh nach Bristol, wo er nur Sonntags auszugehen wagte, bekämpfte 1701 die Vorurtheile gegen Wilhelm III. als Fremden, wofür ihm der König dankbar war, nach dessen baldigem Tode aber sofort arge Bedrückungen der Dissenters vorkamen. Als sich Defoe in einer satirischen Schrift ihrer annahm, wurde er mit Geldbuße, — öffentlichem Pranger und sieben Jahren Gefängniß bestraft; das Volk aber bestreute die drei Plätze, an denen er ausgestellt wurde, mit Blumen und warf ihm Kränze zu. Nach einem Jahre wurde er aus dem Gefängniß entlassen und sofort von der Regierung geehrt. Er bewirkte als Unterhändler die Union zwischen England und Schottland und schrieb deren Geschichte in zugleich treuer und anziehender Weise. Durch eine humoristische Geistergeschichte bewirkte er den raschen Absatz eines vergessenen religiösen Buches, begann eine Geschichte des Handels, kam unter Königin Anna wegen Wirkens für die Thronfolge des Hauses Hannover abermals in's Gefängniß, doch nur auf ein halbes Jahr, erhielt aber vom Hause Hannover keinen Dank. Nachdem er in der nämlichen Zeit das englische Bank-, sowie das Versicherungswesen gegen Hagel und Feuer und die Sparkassen begründet, gab er die Politik auf und schrieb, obschon vorgerückten Alters, 1719 sein berühmtestes Werk, dem sich bezüglich allgemeiner Verbreitung und der Unzahl davon gefertigter Nachahmungen, nur wenige in der Welt an die Seite stellen können. Es trägt den der Jugend aller Länder wohlbekannten Titel „the life and adventures of Robinson Crusoë". Ob dazu die Erlebnisse des 1705 auf die Insel Juan Fernandez desertirten und bis 1709 dort allein gebliebenen Matrosen Alexander Selkirk die erste Veranlassung gegeben, ist nicht hinlänglich ermittelt und auch gleichgültig; denn das Buch ist so originell, kommt dem im aufgewechten Menschen lebenden Triebe nach Abenteuern und der in jener Zeit beginnenden sentimentalen Liebe zur Einsamkeit in so liebenswürdiger Weise entgegen, und die Verkettung der Ereignisse ist so kunstvoll und zugleich so wahrscheinlich, daß es als die eigenste That des Dichters erscheint. Über den genannten Vorzügen vergißt man auch den nachlässigen Stil und die manchmal ermüdenden Spezialitäten gerne. Dazu kommt noch, daß das Buch absichtslos zu einem Versuche geworden ist, die Frage zu lösen, wie der hülflose, einsame Mensch aus dem Zustande der Natur sich zu demjenigen der Kultur erhebt, und daß es in eindringender Weise Defoe's tolerante Grundsätze vertritt. Mit Mühe fand der Verfasser einen Verleger, der ihm zehn Pfund Sterling bezahlte; aber mit wunderbarer Schnelligkeit schlug das Buch ein; man riß sich darum, alle Völker der Erde, welche eine Schrift besitzen, übersetzten es in ihre Sprachen, und die Zahl der Nachahmungen und Nachbildungen ging ins Unendliche und Fabelhafte. Es entstanden besondere und weitere Robinsone aller Nationen, sogar vieler Provinzen und Städte, mehrerer Gewerbe und Berufe, sogar weibliche, und ganze Familien von Robinsonen. Eine eigenthümliche Gattung dieser Nachahmungen sind die verschiedenen deutschen Aventuriers und Freibeuter und die seiner Zeit sehr beliebte „Insel Felsenburg". Nach Robinson schrieb Defoe noch mehrere an Abenteuern reiche Romane, die aber vergessen sind, und starb 1731 aus Schmerz über die Undankbarkeit seines Sohnes.

War Defoe von der Politik zur Romandichtung übergegangen, so verband dagegen der Schriftsteller, den wir zunächst zu nennen haben, beide Gebiete miteinander und wurde so ein moderner Utopist, wie es Thomas Morus (Bd. I, S. 199 ff.) gewesen war. Jonathan Swift, von dem wir sprechen, war von Natur kein Dichter, sondern ein Satiriker, der die Poesie zum Zwecke der Satire benutzte. Diesem seinem Talente brachte er seine geistliche Laufbahn zum Opfer, die er (1667 zu Dublin geboren) im Staatenmutter ergriffen hatte. Die Verkuklungen und Hintansetzungen, denen das literarische Genie unter den Theologen ausgesetzt war, malte er, dem glücklichen Dummkopfe oder Heuchler gegenüber, drastisch im „Schicksal eines Geistlichen". Die politischen Ereignisse von 1688 trieben ihn nach England, der ursprünglichen Heimat seiner Familie, später kehrte er als Dorfpfarrer nach Irland zurück, predigte aber nur Satiren, lebte seit 1701 als Schriftsteller in London, ging 1710 von den Whigs zu den Tories über, als Letztere die Herrschaft erlangten, schrieb für sie den Examiner, wurde 1713 mit der Dechantei zu St. Patrick in Dublin belehnt, befleckte seinen Charakter durch doppelte Treulosigkeit gegen seine ältere in Irland zurückgelassene Geliebte, Stella, und eine neuere, Vanessa, die ihm aus London nachgefolgt war, und denen er Beiden das Herz brach, — warte dann auf einmal Anwalt der unglücklichen Iren, welche er als Tory unterdrücken geholfen hatte, buhlte aber nachher wieder um die Gunst des Hofes und starb in völliger Stumpfheit 1745. Schon früher hatte er an periodischen Geistesstörungen gelitten.

Swift's wichtigste Werke sind „Tale of the tub" und „Gulliver's travels".

Das „Märchen von der Tonne" (1704) ist eine Satire auf die drei Konfessionen der Katholiken, Lutheraner und Calvinisten, durchgeführt an der Erzählung von drei Brüdern Peter, Martin und John, von denen Jeder vom Vater einen Rock und ein „Testament" erhalten hatte, jedoch mit der Pflicht, an dem ersten nichts zu ändern, was das zweite nicht ausdrücklich gestatte. Gefiel ihnen nun aber eine Veränderung, von welcher das „Testament" nichts enthielt, so legten sie einfach das letztere so aus, daß es dieselbe zu rechtfertigen schien, oder beriefen sich, wenn dies nicht möglich war, auf die „Überlieferung", daß ihr Vater sich zu Gunsten des Gewünschten ausgesprochen habe, oder hängten endlich dem „Testament" ein „Codicill" an. Peter wurde dann so hochmütig, daß er sich drei Hüte über einander aufsetzte, und John so toll, daß er seinen Rock und dessen Verzierungen in Fetzen riß, während Martin (als Vertreter der Hochkirche) natürlich am besten wegkommt. Der Witz der Erzählung ist wahrhaft zermalmend.

Gulliver's Reisen (1720—25), der Jugend beinahe so gut bekannt wie der Robinson, wenn auch nur im Auszuge, sind ebenso reizvoll als Schilderungen unbekannter Länder mit pikanten Zuständen, wie beißend als politische Satiren. Es sind der Reisen vier. Die erste geht nach Lilliput, dem Lande außerordentlich kleiner Menschen mit dazu passender Naturscenerie, und ist weitaus die anziehendste. Die zweite Reise erreicht Brobdingnag, das Land ungeheurer Riesen; sie wetteifert mit Lilliput in Manigfaltigkeit, steht aber diesem in ästhetischer Beziehung nach; äußerst possirlich sind die Erlebnisse Gulliver's, dort als angestaunter Riese, hier als bewunderter Zwerg, dort werden die englische Regierung und die Parteien dieses Reiches, hier die Hofzustände verspottet. Auf der dritten Reise, für welche der Verfasser schon der Fantasie mehr Gewalt anthun und Gesuchteres bringen mußte, mit welcher auch jeder bestrickende Reiz aufhört, lernt Gulliver die fliegende Insel Laputa mit ihren blos der Mathematik lebenden Bewohnern (Satire auf Newton!), sowie andere Länder mit sonderbaren Sitten kennen, auf der vierten Reise aber, der am wenigsten ansprechenden, ja verletzendsten, ein Land, in welchem sprechende, geistreiche und edelmütige Pferde regieren und widerwärtige, affenartige Halbmenschen ihnen gehorchen. Und dieser schreiende Ausbruch des Menschenhasses war der eigentlichste Charakterzug der sich selbst verzehrenden Feuerseele dieses bahnbrechenden Schriftstellers!

Defoe's und Swift's Romane hatten beide, wenn auch aus ganz entgegengesetzten Motiven, dem der Menschenliebe und dem des Menschenhasses, der in der Zeit liegenden Sehnsucht nach der Erforschung und Kenntniß ferner Länder Rechnung getragen. Nachdem diese Neigung durch eine Flut ähnlicher Schriften und zahlloser Nachahmungen übersättigt war, wandte sich die Lust an Erzählungen wieder der vernachlässigten Heimat zu, und der familiär-moralische Ton, der im „Tatler" und „Spectator" gelungen, wurde uns, ungefähr seit den dreißiger Jahren des achtzehnten Jahrhunderts, zu gleicher Zeit wie im Drama, wieder breit und voll in einer imposirenden Reihe von epochemachenden Literaturwerken angeschlagen, welche gewissermaßen voraus verkünden sollten, in welcher Dichtungsform die Zukunft der englischen Literatur den Preis unter den Nationen zuerkennen werde.

Der Begründer des englischen und damit des neueren Romans aller europäischen Völker ist Samuel Richardson, 1689 zu Derbyshire von armer Familie geboren. Schon früh bewies er Erzählertalent, wurde Buchdrucker und blieb es auch seitdem er als Schriftsteller aufgetreten war, was er erst, und zwar aus Veranlassung der wirklichen Schicksale eines armen tugendhaften Mädchens, im Alter von fünfzig Jahren mit dem Romane „Pamela oder die belohnte Tugend" that. Berühmter wurde die nahe vor seinem sechzigsten Jahre geschriebene „Clarissa", ein Roman in — acht Bänden zu fünf- bis sechshundert Seiten! Derselbe wurde, so unverdorben waren noch, der geschilderten Sittenlosigkeit der „höheren" Stände und der Höfe gegenüber, die sogenannten Mittelklassen, — das Entzücken aller sentimentalen Seelen und rührte das damalige Europa zu Thränen; ein Diderot, Rousseau, ja sogar Voltaire, wurden des englischen Buchdruckers Nachahmer, ein Klopstock und Gellert schwärmen für ihn und verbreiten seine Schriften und ein Lessing dramatisirte seine Idee; der Name des Verführers Clarissa's, Lovelace, ward zum sprüchwörtlichen Titel moderner Don Juans, und zum Entsetzen des Dichters schwärmten die unverbesserlichen verliebten Schönen für diesen Charakter. Nach Beendigung seines letzten und schwächsten Romans „Sir Charles Grandison", in sechs Bänden, starb Richardson 1761. Seine Werke scheiterten an der Unmöglichkeit, Kunstwerken einen andern als ästhetischen Hauptzweck unterzuschieben, und das Entzücken der Väter und Mütter verwandelte sich bei den Söhnen und Töchtern in Langeweile über das unersättliche Moralisiren. So kam denn der verspätete Puritaner allein mit seiner Richtung und die wandelbare Zeit wandte sich anderen Sternen zu, obschon nicht zu verhindern war, daß von Richardson wenigstens ein Moment, die Versetzung der Poesie in die Wirklichkeit des Lebens, sich allgemeine Geltung errang.

Auf dieser Grundlage schlug einen neuen Weg ein Henry Fielding, geboren 1707 in Somersetshire, seit 1749 Friedensrichter von Westmünster und Middlesex, gestorben 1754 in Lissabon, wo er Heilung für seine angegriffene Gesundheit gesucht hatte. Er war ein fröhlicher Lebemann, der stets an Geldmangel litt und alle Vorzüge und Schwächen der menschlichen Gesellschaft aus eigener Anschauung kannte. Sein erster Roman war „Abenteuer des Josef Andrews" (1740), sein bester „Geschichte Tom Jones, des Findlings" (1750). Aber Haltung ist durchaus humoristisch und sarkastisch, und es war seine Absicht, Richardson gegenüberzutreten, den er für einen Heuchler hielt, wie alle als tugendhaft geltenden Menschen, während er die Besten unseres Geschlechtes in leichtfertigen Bekennern von seiner eigenen Art suchte. Als sein Vorbild betrachtete er Cervantes, ohne jedoch dessen Charaktere nachzuahmen; er greift die Figuren vielmehr frisch aus dem ihn umgebenden Leben heraus und schildert sie in unübertrefflicher Weise.

Auf Fielding's Bahn folgte ihm zunächst Tobias Georg Smollet, welcher 1721 im schottischen Thale Leven geboren war, als Wundarzt eine Reise nach Westindien mitmachte, seit 1746 als Schriftsteller in London lebte. 1770 seiner Gesundheit wegen nach Italien zog und 1771 zu Livorno starb. In seinen Romanen, deren erster 1746 erschien und deren bekanntester „Peregrin Pickle" (1751) ist, schildert er die Sitten und Unsitten seiner Zeit, wie wir sie bereits kennen, nicht mit der feinen Feder Fielding's, sondern mit dem derben, nichts verhüllenden Griffel Hogarth's, und seine Handlungen schritten nicht, sondern stürmten rastlos dahin. Er ist der Erste, welcher das Leben zur See in den Roman brachte. Auch übersetzte er den Don Quijote und setzte Hume's Geschichte Englands fort.

Einen andern Standpunkt im Gebiete des komischen Romans als die beiden Letztgenannten nimmt Oliver Goldsmith, geboren 1728 in der irischen Grafschaft Longford, ein; er lebte meist in London ziemlich unstet und starb dort 1774. Seine meisten, aber unbedeutenderen Werke sind geschichtlichen Inhalts; auch eine Naturgeschichte befindet sich darunter; er schrieb sie, um Geld zu verdienen. Seinen Ruhm aber verdankt er zwei Gedichten, „the traveller" und „the deserted village", und einem kleinen Romane, „the Vicar of Wakefield", welcher als Schulbuch wol so stark verbreitet ist, wie der Telemach. Der Ton ist nicht leichtflüssig wie bei Fielding, aber gutmüthig-humoristisch und durchaus gerecht gegen die verschiedensten Charaktergattungen.

Das tragische und das komische Element werden durch das humoristische verdrängt, oder, wie wir auch sagen können, das einseitige Weinen Richardson's und das einseitige Lachen Fielding's und Smollet's weichen einer durch Thränen lächelnden Stimmung in den Werken Lorenz Sterne's, welcher als Sohn eines armen Offiziers 1713 zu Clonmell in Irland geboren, seit 1740 Pfarrer in englischen Orten war und nach an Krankheit und Unglück reichem Leben 1768 in London starb. Er nannte und zeichnete sich in seinen Schriften unter dem Namen Yorik. Die poetischen unter denselben sind der unvollendete Roman „Tristram Shandy" und die „empfindsame Reise" (Sentimental Journey) nach Frankreich und Italien. Seine Charaktere sind mit rührender Treue aus dem Leben entlehnt und stellen die in denselben auftretenden psychologischen Gegensätze mit der ergreifendsten Wahrheit und Liebenswürdigkeit vor. Goethe nennt Sterne den „schönsten Geist, der je gewirkt", und seinen Humor unnachahmlich. Daneben aber spuken so wunderliche Einfälle, daß dem Leser ganz sonderbar zu Muthe wird. Auch die „empfindsame Reise" ist ein Roman und schenkt den Gefühlen der Reisenden mehr Aufmerksamkeit; als den Gegenden, durch welche die Reise geht. Wie glühend und unzerstörbar Sterne's Herz fühlte, beweist seine Liebe nahe am sechzigsten Jahre zu einer jungen Indierin Elisa, und die rührende Hingebung zu seiner Tochter Lydia. Ein geistvoller Literarhistoriker nennt ihn den Vater der Sturm- und Drangperiode am Ende des Jahrhunderts.

Gleich dem neuern Roman, hat auch die moderne Geschichtschreibung ihre Wiege in England; aber sie entstand erst in Folge der Anregungen, welche sie von Frankreich her, nicht durch die dortige historische Thätigkeit, sondern durch die geistreichen historisch-philosophischen Ausführungen Montesquieu's empfing, welche wieder ganz von dem englischen Geiste durchsäuert waren, den er in seiner praktischen Anwendung kennen gelernt hatte. Der erste Jünger dieser durch geistvolle Auffassung der Geschichte ausgezeichneten Schule war David Hume, den wir bereits (S. 327) als Philosophen kennen gelernt.

Von seinem historischen Hauptwerke, der Geschichte von England, ließ er zuerst, 1754, die Geschichte des Hauses Stuart, darauf, rückwärts schreitend, 1759 diejenige des Hauses Tudor und erst zuletzt, 1761, die ältere Geschichte bis auf Heinrich VII. erscheinen. Tief empfunden ist sein Werk nicht, vielmehr kalt und gleichgültig gegen die großen Bewegungen in seinem Vaterlande, deren Ursachen er, gleich Voltaire, in Äußerlichkeiten und Zufälligkeiten suchte, statt ihrem tiefern Wesen auf den Grund zu gehen. So erklärt er sich denn gegen die englische Revolution, weil er in den Puritanern nur unduldsame Frömmler, nicht Feinde der Despotie erblickte, und trug seinen Haß gegen sie auch auf die Whigs über, die er für ihre Nachfolger hielt. Hume's Eifer erwacht nur, wenn es der Aufklärung gilt, für sie bekämpft er Alles, was er als ihren Gegensatz betrachtet, selbst das Christenthum. Indessen hat durch ihn die Wiederbelebung antiker Geschichtschreibung, verbunden mit einer den Alten unbekannten Kritik, begonnen; er ist der Schöpfer des historischen Stils, und der seinige ist edel, rein, gebildet, geistreich und maßvoll; er faßt die civilisirten Perioden der Geschichte trefflich auf; aber die ihnen vorangehenden barbarischen versteht er nicht.

Dem französischen Einflusse, welcher Hume beherrschte, entzog sich selbst sein nächster Nachfolger, der presbyterianische Prediger William Robertson (1721—1793) nicht, dessen patriotischer Eifer, größer als jener Hume's, ihn, bei Anlaß des Einfalles des Prätendenten, von der Kanzel unter die Truppen des Vaterlandes trieb. Als Theolog war er ohnehin mäßig und duldsam; aber nähere Bekanntschaft mit der aufklärenden Literatur nahm ihm vollends jede einseitige presbyterianische und schottische Richtung. Voltaire's Essai sur les moeurs wurde das Vorbild seiner historischen Schriften. Er bringt in seinem Texte nur kurze, gedrängte Übersichten, allgemeine Bilder, und verweist alle Spezialitäten, und wären sie noch so wesentlich zur Übersichtlichkeit, in die Noten. Auch verfährt er in der Herleitung historischer Ereignisse wie Voltaire und Hume; er erkennt die wahren, tiefen, lange vorbereiteten Ursachen, z. B. der Kreuzzüge, nicht und sucht allzu oft die erzählten Ereignisse in dem

Sinne seiner Zeit, welche er allein begreift, zu korrigiren. Sein Hauptwerk ist die Geschichte Karl's V., in welcher er, abgesehen von der getadelten Oberflächlichkeit des Urtheils, mit anerkennenswerther Unparteilichkeit die Reformation darstellt. Seine übrigen Werke sind: die Geschichte Schottlands und die Geschichte Amerika's.

Größer als die beiden bisher genannten berühmten britischen Historiker war Eduard Gibbon, geboren 1737 zu Putney in Surrey, gestorben 1794 zu London. Er nährte seinen Geist an der französischen Philosophie und den Ruinen Italiens und schrieb, größtentheils zu Lausanne in der Schweiz, sein unsterbliches Werk „History of the decline and fall of the Roman empire" (erschienen 1776—1788). Hettner sagt von ihm, daß er die historischen Gedanken Voltaire's ausführte und in's Werk setzte. Gleich Bayle und Rousseau war er in unreifem Alter zur katholischen Kirche über- und in reiferm zur protestantischen zurückgetreten. Noch später aber nahm er, wie Hume, eine feindselige Stellung gegenüber dem Christenthum ein, dessen ursprünglich gute und große Seiten er nicht aufzufassen wußte, und wurde hierdurch sogar zum Lobredner des Islam, ja des Türkenthums! — Villemain rühmt, Gibbon habe mit der nordischen Gelehrsamkeit die Unabhängigkeit, die Ansichten, die Vorurtheile und sogar die Stilformen vereinigt, welche die französische Philosophie im achtzehnten Jahrhundert zu kennzeichnen hatte. Der Mann, welcher als englisches Parlamentsmitglied die ernsten und welterschütternden Verhandlungen über die Erhebung Nordamerika's an sich vorüber brausen ließ, ohne ein Wort dabei zu äußern, und ohne zu schwanken es mit dem starrköpfigen Ministerium North hielt, in das er sogar selbst als Lord-Kommissär des Handels trat, bis er mit dem Meister stürzte, dieser selbe Mann schrieb ein Werk, welches nicht nur den Zerfall einer Welt erzählte, sondern durch seine Kraft und seinen Geist eine andere Welt zertrümmern half, die feudale Welt, welche ein Jahr nach der Vollendung jenes merkwürdigen Buches durch die Revolution Frankreichs den ersten Todesstoß erhielt. Aber Gibbon war kein Republikaner; er erblickte sein Ideal im römischen Reiche unter den besseren Kaisern, also wie Friedrich und Voltaire im aufgeklärten Despotismus. Und damit hatte er auch, ohne es zu wissen, voraus geahnt, wohin jene Revolution später führte!

Dritter Abschnitt.

Die deutsche Nationalliteratur.

A. Zeit der Nachahmung.

Die Zeit des dreißigjährigen Krieges, welche unsere Periode eröffnet, charakterisirt sich hinsichtlich der deutschen Nationalliteratur in höchst unerfreulicher Weise durch das völlige Verschwinden der volksthümlichen Dichtung, welche in Fischart, Rollenhagen, Ayrer, Weckherlin und Anderen (Bd. I. S. 440—446) ihre letzten Pfleger gefunden hatte, welche indessen bereits zum großen Theile nach fremden Mustern arbeiteten. An ihre Stelle trat eine ausschließlich von den Gelehrten in einer dem Volke unverständlichen Sprache und Form angebaute schöne Literatur, und zwar eine allen nationalen Charakters entkleidete, nach dem Vorbilde der französischen Pseudoklassik ausschließlich fremdländische Produkte nachahmende. Es konnte dies auch nicht anders sein; denn die deutsche Sprache war seit den Zeiten des Humanismus von den Gelehrten (s. Bd. I. S. 410—414 und S. 444 bezüglich Frischlin's) systematisch zu Gunsten der griechischen und lateinischen hintangesetzt und vernachlässigt worden und wurde es neuerdings von Seite der Vornehmen (oben S. 33) zu Gunsten der französischen. So war die Sprache der Nibelungen und Gotfried's, Luther's und Fischart's bald ebenso sehr ein Fremdling im eigenen Hause, wie es die Deutschen während des ihr Vaterland verheerenden dreißigjährigen Krieges waren, der zuletzt im Wesentlichen nur noch hier von Franzosen und Schweden, dort von Kroaten und Spaniern geführt wurde.

Wie daher im westfälischen Frieden Frankreich die tonangebende Macht war und den geduldigen Deutschen das Elsaß rauben durfte, ohne die Bevölkerung nach ihrer Einwilligung zu fragen, so war auch seitdem die französische Sprache die allgemeine Hof- und Ceremonialsprache in Deutschland, und zwar vorzugsweise an den mit Frankreich verbündeten protestantischen Höfen, während an den katholischen, namentlich am kaiserlichen, nicht etwa das Deutsche, sondern das Italienische und Spanische vorherrschten, bis sie ebenfalls (im achtzehnten Jahrhundert) dem Französischen wichen. So konnte es denn auch nicht anders kommen, als daß, wie in der Mode, so auch in der Literatur, in welcher ja die Protestanten seit der Reformation mehr leisteten, als die Katholiken, Frankreich den

Ton angab, — und da die französische Literatur selbst eine nachgeahmte war, wurde die deutsche eine in doppeltem Maße abhängige.

Da somit Alles französisch sprach, was als fein und elegant gelten wollte, wurde auch das Deutsche, das man nicht entbehren konnte, wo man zum Volke sprach, wie in Regierungserlassen, in den Zeitungen und in den Kalendern, so stark mit französischen Wörtern und beiläufig auch mit lateinischen, italienischen und spanischen vermengt, daß man es beinahe nicht mehr deutsch nennen konnte.

Gegen diese Entartung erhob sich der Unwille der besseren deutschen Schriftsteller, welche freilich damals so waren, daß sie den bescheidensten Ansprüchen des achtzehnten Jahrhunderts nicht mehr genügt hätten. Sie waren deutsch gesinnt; aber sie hatten nicht den Geist und die Kraft, diese Gesinnung zur That zu erheben und des Vaterlandes literarische Ehre zu retten. In den letzten Jahren des dreißigjährigen Krieges begann diese Opposition allmälig laut zu werden; wie sie sich äußerte und zugleich wie die deutsche Sprache darniederlag, mögen folgende Worte eines deutschen Schweizers jener Zeit, Johann Fabricius aus Bern, zeigen. „Unsere teutsche Sprache," sagt er, „ist nicht dergestalt arm und baufällig, wie sie etliche nahweise (Naseweise) nunmehr machen, die sie mit Französischen und Italiänischen plätzen also flicken, daß sie auch nicht ein kleines Brieflein fortschicken, es sehe denn mit anderen Sprachen dermassen durchspickt, daß einer, der es will verstehen, fast in allen Sprachen der Christenheit bedörfft erkanntnuß haben, zu grosser schande und nachtheil unserer teutschen Sprach, die in ihr solch vollkommenheit hat, daß sie auch alles, was da könnte fürfallen, gar wol kan andeuten und verständlich gnug ohne zuthuen anderer Sprachen zu verstehn geben."

So unbehülflich, kindisch und hart (mit stetem ff, d und z, statt f, t und z) schrieben damals die Gebildetsten und für ihre Muttersprache Eingenommensten! Es blieb zwar nicht bei den Beschwerden Einzelner, sondern es bildeten sich, sogar schon vor dem Auftreten Jener, große Gesellschaften zur Hebung der deutschen Sprache und zu ihrer Reinigung von fremden Bestandtheilen; allein auch sie waren ihrer Aufgabe nicht gewachsen und leisteten so wenig wie die Einzelnen, ja um so weniger, als sie sich dem herrschenden Geiste der Spielerei und Nachahmung nicht entreißen konnten und in Unterwerfung unter denselben ihre Kräfte vergeudeten.

Die erste dieser Gesellschaften wurde schon 1617 nach der Idee des weimarischen Hofmarschalls Kaspar von Teutleben und unter dem Schutze des Fürsten Ludwig von Anhalt auf dem Schlosse Hornstein gestiftet und erhielt den Namen der „fruchtbringenden Gesellschaft", den Wahlspruch „Alles zu Nutzen" und das Symbol einer Palme, daher man sie auch den „Palmenorden" nannte. Die Mitglieder führten, in Nachahmung der in den italienischen Akademien üblichen Tändelei, Beinamen, die von den Eigenschaften der Pflanzen und Früchte hergenommen wurden, z. B. der „Nährende", der „Schmackhafte", der „Vielreiche" u. s. w. Unter ihnen befanden sich Winzige, Fürsten, Grafen, Edelleute, höhere Staatsbeamte und Offiziere, — aber nur wenige Schriftsteller. Der Zweck des Vereins sollte die Verbannung der Fremdwörter, sowie die Übung in Reinheit des Stils und der Aussprache sein; aber man verfolgte ihn nur in den Zusammenkünften, und auch da nicht eifrig; im Übrigen bedienten sich die Mitglieder selbst ohne Anstand der Fremdwörter, ja sogar geradezu der französischen Sprache. Zu den Arbeiten der Gesellschaft gehörten Übersetzungen von Gedichten aus fremden Sprachen, wobei die ersten deutschen Alexandriner vorkamen, das Werk „deutsche Rechtschreibung" von Gueinz und Unterstützungen anderer entsprechender Werke. Die letzteren hatten indessen einen hochtrabenden, für die Schriftsteller beleidigenden Anstrich und die adeligen Dichter entschuldigten sich sogar wegen der Beschäftigung mit solchen „Possen".

Die „fruchtbringende Gesellschaft" hatte mehrere Nachahmungen im Gefolge. Solche waren: die „aufrichtige Tannengesellschaft", 1633 zu Straßburg, die „deutschgesinnte Genossenschaft", 1643 zu Hamburg, die „Gesellschaft der Hirten an der Pegnitz", auch „Hirten- und Blumenorden" genannt, 1644 zu Nürnberg, der „Elbschwanenorden", 1656 zu Pinneberg gestiftet, und andere. Alle hatten ihre Sinnbilder, Wahlsprüche, Allegorien und Mitgliedernamen. Dabei verirrten sich die Versuche zur Ersetzung der Fremdwörter durch deutsche ins Kindische und Lächerliche. Darin zeichneten sich besonders Philipp von Zesen, Gründer der „Deutschgesinnten", Schottel und Sigmund von Birken aus, welche es sich sogar einfallen ließen, die Namen der alten Götter zu übersetzen, z. B. „Heißevater" für Jupiter, „Lustinne" für Venus u. s. w.

Ernstern Charakter trugen die „deutschen Gesellschaften", deren erste 1697 zu Leipzig durch Burchard Mencke gestiftet wurde und welcher im achtzehnten Jahrhundert weitere zu Jena, Greifswalde, Göttingen und anderswo folgten. Alle aber wirkten sehr wenig, wie der Zustand der deutschen Literatur bis in die zweite Hälfte des achtzehnten Jahrhunderts beweiset. Wir haben einzelne Zweige derselben bereits kennen gelernt, die theologischen Werke eines Spener und Arnold (S. 184), die philosophischen eines Leibniz und Wolf (S. 311 und 552), die juristischen eines Thomasius (S. 483), die politischen eines Moser und Pütter (S. 464 ff.). Während aber diese Männer, soweit sie überhaupt deutsch schrieben, ihren ungebildeten Stil wenigstens durch hohes, wahres Streben verklärten, kann dies keineswegs der poetischen Literatur des siebzehnten und des Anfangs des achtzehnten Jahrhunderts nachgerühmt werden, welche an der schwächlichsten Unbeholfenheit und krankhaftesten Nachahmungssucht daniederkrankte. Wol waren ihre Pfleger von dem aufrichtigen Willen beseelt, die deutsche

Dichtkunst zu erheben und zu fördern; allein sie waren dessen nicht fähig; es fehlte ihnen an Fantasie und Originalität, und ihre poetischen Produkte waren solche kalter Gelehrsamkeit, welcher aller Duft des Träumens und aller Reiz des Lebens abging.

Der Vater und Gründer dieser Art von Poesie war Martin Opitz, geboren 1597 zu Bunzlau in Schlesien. Er studirte zu Breslau, Frankfurt an der Oder und Heidelberg. Seine Liebe zur Poesie erhielt in den Niederlanden, die er besuchte, den steif geregelten Zuschnitt, dem er von nun an huldigte. Er bekleidete eine Hofstelle in Liegnitz, dann eine Lehrstelle in Siebenbürgen, wurde in Wien vom Kaiser als Dichter gekrönt und später mit dem Beinamen „von Boberfeld" geadelt. Er lebte dann wieder einige Zeit an schlesischen Höfen, war Mitglied der fruchtbringenden Gesellschaft, besuchte Paris, wurde Sekretär und Historiograph des Königs von Polen und starb 1679 zu Danzig. Schon zu seinen Lebenszeiten genoß er hohen Ruhm, wurde überschwänglich gefeiert und noch lange nach seinem Tode der „Vater der deutschen Dichtkunst" genannt. Wirklich war sein Einfluß, wenn schon für uns in keiner Weise mehr maßgebend, zu seiner Zeit großartig. Seine Hauptverdienste sind, daß er den Dialekt, welchen Luther durch seine Bibelübersetzung zur deutschen Schriftsprache erhoben, in der Poesie eingebürgert, der letztern in der gelehrten Welt Achtung erkämpft und die deutsche Verskunst, wie sie noch heute besteht, eigentlich geschaffen hat. Aber er wollte weder von der Poesie des Volkes, noch von jener der früheren Zeiten, die doch in Deutschland so herrliche Früchte getragen, etwas wissen und hielt sich ausschließlich an ausländische Muster. Nachdem er in der Schrift „Aristarch oder von der Verachtung der deutschen Sprache" (1617 oder 1618), die er aber bezeichnender Weise in lateinischer Sprache abfaßte, zu Gunsten seiner Muttersprache aufgetreten, entwickelte er in seinem Hauptwerke „Von der deutschen Poeterey" (1624), inmitten der Kriegsgreuel, nach Anleitung der französischen Poetik des Scaliger, die Grundsätze, welche nach seiner Meinung in Bearbeitung der deutschen Poesie maßgebend sein sollten. Die hauptsächlichsten Forderungen, welche er dabei an den Dichter stellte, sind: Reinheit der Sprache, Nachfolge auf der Bahn der Griechen und Römer und — Anwendung des Alexandriners. Er war freilich nicht der Erste, welcher diese Regeln aufstellte; aber in solchem Umfange und mit so bedeutendem Erfolge war ihm noch Niemand vorangegangen.

Die von Opitz geforderte Wahl der Griechen und Römer als Vorbilder wurde indessen in der Praxis zu einer Nachahmung der Franzosen. Die deutsche Sprache war weder so ausgebildet, noch ihre Angehörigen mit dem Alterthum, dessen eifrige Pflege durch die Humanisten bereits weit zurück lag, so vertraut, daß man sich unmittelbar an die Alten hätte wenden können, und so begnügte man sich, deren mißverstandene Nachahmung durch die Franzosen in der Weise wieder nachzuahmen, wie es die Holländer bereits seit längerer Zeit thaten.

Opitzens Poesie ist daher, da sie nur gewissermaßen eine Illustration zu seiner Poetik abgab, kalt, gemessen und fantasielos. Er gab im lyrischen Fache heraus: poetische Wälder (meist Gelegenheitsgedichte), dann: Oden und Gesänge, Episteln, Psalmen u. s. w. Komisch nehmen sich seine Sonette in Alexandrinern aus, welche Versart übrigens in anderen kürzeren Gedichten kürzeren Versen in Strophenform weicht. Gelungener ist, dem Charakter seiner Poesie gemäß, seine didaktische Thätigkeit, deren hauptsächlichste Produkte ein „Trostgedicht in Widerwertigkeit des Kriegs" (1621), „Zlatna (Name eines Gutes in Siebenbürgen) oder von Ruhe des Gemüts" (1623), „Lob des Feldlebens", „Lob des Kriegsgottes", „Vesuvius" u. s. w. sind.

Die von Opitz zunächst gestiftete Dichterschule wird nach seiner Heimat die erste schlesische genannt, obschon ihre meisten Glieder anderen Ländern angehörten. In ihren Werken herrscht die lyrische Poesie vor, und unter den Produkten derselben bilden wieder die Gelegenheitsgedichte die Mehrzahl. Der Nennenswertheren unter diesen Dichtern sind nicht Viele. Opitzens Bunzlauer Mitbürger und blinder Nachahmer Andreas Tscherning (1611—1659) war als Dichter unbedeutend, aber seines Geburtsortes wegen zu seiner Zeit sehr gefeiert. Mehr Ruf verdiente Opitzens Freund Julius Wilhelm Zinkgref, welcher nicht selten an den Volkston zu streifen wagte und viel dichterische Kraft verrieth, aber auch durch Härte abstieß. Erheiternd wirkte, dem Opitz'schen Ernst gegenüber, der bereits als Sprachreiniger genannte Philipp von Zesen. Unter den Gedichten Simon Dach's, geboren 1605 zu Memel, gestorben 1659 als Professor zu Königsberg, hat nur das in plattdeutschem Dialekt geschriebene herzige Anke von Tharaw, das noch jetzt gewaltig packt, einen Ruf erlangt, während seine ehemals sehr geschätzten geistlichen Lieder vergessen sind. Alle diese Dichter überragte weit Paul Flemming, geboren 1609 zu Hartenstein im Erzgebirge. Er studirte in Leipzig Medicin, wurde schon als Student zum kaiserlichen Dichter gekrönt, begleitete mit dem gelehrten Olearius eine holsteinische Gesandtschaft nach Rußland und Persien, starb aber schon 1640 als Arzt in Hamburg, kurz vor der zu seiner glücklichen Vermälung bestimmten Zeit. Seine Gedichte sind nicht blos gedacht, sondern tief empfunden und fassen das Leben mit seinen Gestaltungen treu und unbefangen auf. Tief beklagt er den Krieg, dessen Ende er nicht erleben sollte, und züchtigt die Schande und Unfreiheit des Vaterlandes. Wie lieblich und ergreifend sind seine schmucklosen Lieder „In allen meinen Thaten", „Ein getreues Herze wissen" und „Wie er wolle geküsset sein!"

Außer den genannten Dichtern wuchs damals aus Opitzens Schule noch eine Unzahl hervor, wozu namentlich der Unfug beitrug, daß jeder

„kaiserliche Pfalzgraf" das Recht hatte, an des Kaisers Stelle Dichter zu
krönen, und bald jedes Städtchen einen gekrönten Poeten einschloß, was
die Eitelkeit ungemein anspornte. Opitzens Schule unterlag jedoch mit
der Zeit den Veränderungen, welche sich im poetischen Geschmacke vorbereiteten. Die von ihr aufgestellten Regeln beengten schon manche ihrer
eigenen Mitglieder, wie wir bereits sahen, und so kam es denn, daß
Andere sie ganz verwarfen und neue Bahnen zu betreten suchten. Dies
wagten zuerst die Glieder der oben genannten Sprachgesellschaft der
„Hirten an der Pegnitz", die man meist die „Pegnitz-Schäfer"
nannte und unter denen Sigmund von Birken hervorragte. Ihre
Manier war eine reine Nachahmung der italienischen Schäferdudelei eines
Marini u. A., doch mit dem Unterschiede, daß sie nicht, wie Diese, sich
ihre Fantasiewelt als eine wirkliche vorstellten, sondern ihr — eine
allegorische Bedeutung gaben, was ihrer Dichtung natürlich alle Illusion
entzog. Daran und an den lächerlichen Spielereien, welchen sie sich in
ihren Gedichten hingaben, scheiterten sie. Den Grundgedanken indessen,
der in ihrem Streben lag, die Fantasie dem Verstande überzuordnen, auf
den poetischen Inhalt mehr Aufmerksamkeit zu verwenden, als auf die
metrische Form, griffen mit mehr Geschick, wenn auch mit ebenso schlechtem
Erfolge, Andere auf, und zwar diesmal wieder Schlesier, welche man unter der
Benennung der zweiten schlesischen Dichterschule zusammenfaßt.
Auch sie ahmten zwar, wie ihre Vorgänger, lediglich das Ausland nach,
nur statt der Franzosen die Italiener. Während sie innerhalb der
Schranken der Opitz'schen Poetik leichtere und beweglichere Verse schufen,
strebten sie nach farbenreichen Schilderungen, verloren sich jedoch dabei in
äußerst schwülstige und geschmacklose Ausdrucksweise, unter welcher zuletzt
alle poetische Wahrheit und aller Reiz zu Grunde ging. Der hervorragendste Dichter dieser Schule war Christian Hoffmann von Hoffmannswaldau, geboren 1618 zu Breslau. Er studirte in Leiden,
wurde in seiner Vaterstadt Rathsherr, 1657 kaiserlicher Rath und starb
1679. Er wurde nicht aus Gelehrsamkeit und Berechnung, sondern „zu
seiner eigenen Belustigung" Dichter. Daher ist seine Weise, im schroffen
Gegensatze zu der steifsteinernen und trockenen eines Opitz und zu der
ernsten, würdigen eines Flemming, geradezu der Sinnlichkeit, ja sogar der
Wollust gewidmet und artet nicht selten in's Frivole und Gemeine aus.
In seinen „Heldenbriefen" hielt er sich keineswegs gebunden, Zeit und
Ort zu berücksichtigen, in welche er sie durch die darüber genannten Personen versetzte, sondern brachte in alle dieselben ihn stets erfüllenden sinn-
lichen Gedanken.

Ein Landsmann und Zeitgenosse von ihm, der bisweilen noch zur
ersten schlesischen Schule gerechnet wird, war Andreas Gryphius, geboren 1616 zu Groß-Glogau; er lebte des Krieges wegen meist zu Leiden
in Holland und starb, nach eingetretenem Frieden zurückgekehrt, 1664 in

seiner Heimat. Seine Gedichte sind ein treues Bild seines vielbewegten Lebens und tragen meist einen schwermüthigen, die Eitelkeit des Irdischen betonenden und sich nach dem Grabe sehnenden, daher von Hoffmann scharf abstehenden Charakter. Dabei war er der erste Dichter seiner Schule, welcher der dramatischen Muse huldigte. Sein Muster im Trauerspiel war der blutige Seneca; soweit er diesem folgt, ist er wegen seines Bombastes ungenießbar; wo er aber eigene Gedanken bringt, sind diese oft erhaben und voll Leidenschaft. Die Stoffe seiner Stücke sind, mit Ausnahme von „die ermordete Majestät oder Carolus Stuardus", aus dem Alterthum und dem Orient entlehnt. Ein einziges war deutschen Inhalts: „die Schlacht der Christen und Tataren vor Legnitz"; es ist aber verloren gegangen. Die Form ist der Alexandriner, und es treten Chöre (nach dem Beispiele der Holländer „Reyen" genannt) auf, deren Zusammensetzung aber meist sehr unglücklich ist, indem sie aus allegorischen Personen bestehen. Weit besser, ja sein Bestes, sind seine Lustspiele, in welchen ein volksthümlicher Ton herrscht, der manchmal an Shakespeare erinnert. Er benutzte jedoch diesen Ton in „Absurda Comica oder Herr Peter Squenz", um die Volksschauspiele und deren Verfasser lächerlich zu machen. Im „Horribilicribrifax oder der wehleure Liebhaber" schildert er drastisch nach dem Leben die Verdorbenheit der Soldateska seiner Zeit und die damalige Sprachverwirrung. In einander verschlungen sind auf eigenthümliche Weise das Lustspiel „Geliebte Dornrose" und das Singspiel „Verliebtes Gespenste", welche den Gegensatz der vornehmen und der geringeren Stände vorstellen, letztere im Dialekte sprechen lassen und, nach Kurz, bedeutende Feinheit der Auffassung verrathen.

Der dritte bedeutendere Dichter der zweiten schlesischen Schule war Daniel Kaspar von Lohenstein, geboren 1635 zu Nimptsch in Schlesien, gestorben 1683 als kaiserlicher Rath und Profonditus zu Breslau. Sein unzweifelhaftes poetisches Talent verderbte er durch Nachahmung Hoffmann's und der Italiener, während er es zugleich wieder durch Affectation Opitzscher Gelehrsamkeit beeinträchtigte. Die Frivolität Hoffmann's vermied er, erreichte zwar auch dessen Wohllaut nicht, übertraf ihn aber an Lebendigkeit und in den „Heroiden" an Individualisirung. Bedeutender als seine lyrischen, sind indessen seine dramatischen Werke, obschon sie an sich keineswegs bedeutend sind. Man erkennt in ihm leicht eine bloße Fortsetzung der Muster seines Vorgängers Gryphius, dessen ernste Sittlichkeit sie jedoch mit der frechsten Lüsternheit vertauschen. Charakterzeichnung ist Beiden gleich fremd; Lohenstein's Handlung aber ist reicher an Gräueln und Scheußlichkeiten, einzelne schöne Stellen verkommen völlig unter dem überwältigenden Schwulste des Ganzen. Seine Stoffe sind sämmtlich antike oder türkische.

Die übrigen Dichter der zweiten schlesischen Schule, sowie die Dichterinnen, welche mit ihnen wetteiferten, hat der Erwähnung nicht werth, höchstens etwa, seines Namens wegen, Christian Gryphius, Sohn des Andreas (1649—1706). Dagegen sah die Zeit des Erblühens beider Dichterschulen jener deutschen Ostmark mehrere Jünger der Poesie auftreten, welche keiner von beiden angehörten oder wenigstens sie verließen, so sie sich tüchtig genug fühlten, auf eigenen Füßen zu stehen und ihren eigenen Weg zu wandeln. Unter diesen Dichtern auf eigene Faust ist voran der edle, uns bereits als Gegner der Hexenprocesse (Bd. I, S. 350) bekannte Friedrich von Spee zu nennen. Zu Kaiserswerth 1591 geboren, trat er schon 1610 in den Jesuitenorden und begleitete in Bamberg und Würzburg mehr als zweihundert Opfer des Aberglaubens der dortigen Kirchenfürsten als Beichtvater zum Scheiterhaufen, bis ihn dieser Greuel trieb, in seiner anonymen Cautio criminalis dagegen aufzutreten, auf welche hin der Kurfürst von Mainz und der Herzog von Braunschweig die Hexenprocesse abschafften. Doch ließ er sich später als Bekehrer der Ketzer von Hildesheim brauchen, starb aber 1635, in Folge seiner Anstrengungen in Besorgung und Tröstung der Kriegsopfer, zu Trier. Seine meist geistlichen Dichtungen sind, ohne Kenntniß von Opitz und dennoch mit richtiger Messung der Silben und Verse, innig an die Volkspoesie angelehnt und dabei phantasievoll, farbenreich, sanft, wohllautend und von tiefer Frömmigkeit erfüllt. Sie führen den Titel „Trutz-Nachtigall".

Als sein Nachfolger ist Johannes Scheffler zu betrachten, welcher sich Angelus Silesius nannte. Zu Breslau 1624 geboren, wandte er sich, nachdem er in Straßburg studirt, erst der mystischen Richtung Böhme's, 1653 aber in seiner Heimat, wo er als Arzt wirkte, dem Katholizismus zu, trat 1661 als Priester in den Minoritenorden, verfaßte als bischöflicher Rath zu Breslau heftige Streitschriften gegen die Protestanten und starb 1677. Seine Lieder in der Sammlung „Heilige Seelenlust" erinnern stark an Spee, während dagegen auch die Einwirkung der Bernh.-Töchter nicht zu verkennen ist. Sein Kirchenlied wurde das Vorbild desjenigen der Pietisten und Herrnhuter; es gab den süßlichen, mystischen, schwärmerischen Ton an, dessen wir bereits (oben S. 193) erwähnten. Nach seiner Konversion jedoch, welche die Folge seiner Unzufriedenheit mit dem lutherischen Buchstabenglauben war, gewannen seine Lieder an Kraft. Dieselben wurden indessen an Wirksamkeit weit übertroffen von seinen Sprüchen, welche unter dem Titel „Cherubinischer Wandersmann" 1657 erschienen und an der Zahl 1675 in Angestraiten betragen. Sie sind moralischen und religiösen Inhalts, und es ist bezeichnend, daß diese seine bedeutendste Arbeit von keiner konfessionellen Engherzigkeit zeugt, sondern auf einem allgemein christlichen Standpunkt steht. Sie ist voll schöner, überraschender Gedanken und Bilder.

Diesen geistlichen Gelegenheitsdichtern steht als weltlicher gegenüber der eigentlich der schlesischen Schule angehörige, aber sich durchaus selbst

thätig erhaltende Friedrich von Logau, geboren 1604, gestorben 1655
zu Liegnitz. Seine dreitausend „Sinn-Gedichte", in verschiedenen Versarten, sind frisch und volksthümlich, bilder- und farbenreich, jeder Mystik
fremd, von edelem vaterländischen Sinn erfüllt; über die Nachahmungssucht, den Krieg, das Hofleben, die Sittenverwilderung und den schmach-
vollen westfälischen Frieden drückt er derb seine Entrüstung aus. Wie
kräftig sagt er z. B.:

    Diener tragen 'in gemein ihrer Herren Liverey,
    Gott's dann sein, daß Frankreich Herr, Deutschland aber Diener sey?
    Freyes Deutschland, schäm' dich doch dieser schnöden Kriecherey!

Und wie zart singt er hinwieder vom Mai:

    Dieser Monat ist ein Kuß, den der Himmel gibt der Erde,
    Daß sie jetzund seine Braut, künfftig eine Mutter werde!

Über die sich befehdenden Konfessionen aber sagt er geradezu:

    Lutrisch, Päbstisch und Calvinisch, diese Glauben alle drey
    Sind vorhanden, doch ist Zweifel, wo das Christenthum dann sey.

Und über den Glauben anderswo:

    Was die Kirche glauben heißt, soll man glauben ohne wanken;
    Also darff man weder Geist, weder Sinnen, noch Gedanken!

Logau's Richtung verpflanzte gewissermaßen auf plattdeutschen Boden
Hans Wilhelm Lauremberg, geboren 1591 zu Rostock, wo er Pro-
fessor wurde, später aber zu Sorde in Dänemark, wo er 1659 starb. Er
schrieb Satiren unter dem drastischen Titel „de nye polerte Utopische
Boelex-Bülder", welche in derber, freimüthiger, witziger Sprache, stets platt-
deutsch, gegen die Nachahmung fremder Sitten und Trachten, gegen die
Vermengung der Sprachen und Titel und gegen die steifen Regeln der
Opitz'schen Dichtkunst eifern.

Ein oberdeutscher Nachfolger Logau's war dagegen Johannes Grob,
geboren 1643 in der schweizerischen Landschaft Toggenburg, nach Militär-
diensten in Sachsen, weiten Reisen und amtlicher Thätigkeit zu Hause, gestorben in Herisau (Kanton Appenzell) 1697. Seine unter den Titeln
„Dichterische Versuchgabe" und „Reinhold's von Freienthal Poetisches
Spatziergewäldlein" herausgegebenen Epigrammensammlungen zeichnen sich
durch Natürlichkeit, Kraft und Freimuth aus.

Auch das Kirchenlied hatte, gegenüber der ersten schlesischen Schule,
seinen unabhängigen Vertreter, nämlich Paul Gerhardt, geboren 1606
zu Gräfenhainichen, gestorben 1676 als Archidiakon in Lübben. Er erwarb sich das Verdienst, den volksmäßigen Ton Luther's wieder zur
Geltung gebracht zu haben; namentlich in seinem berühmten „Befiehl du
deine Wege". In seinen geistlichen Liedern herrscht namentlich ein felsen-
festes Gottvertrauen und eine würdige Sprache ziert sie, obschon er im

Leben ein fanatischer Lutheraner und ein grimmiger Feind aller Andersgläubigen war und als Diakon zu Berlin entlassen werden mußte, weil er sich dem Verbote, die Reformirten zu verlestern, nicht hatte fügen wollen. Letztere, von Gerhardt so sehr gehaßte Religionsgesellschaft hatte übrigens in Joachim Neander aus Bremen (1640—1680) einen ihm in vielen Beziehungen ebenbürtigen Dichter geistlicher Lieder. Solche fehlten aber auch den Sekten nicht oder fielen gar mit geträumten Stiftern neuer Religionen zusammen. Letzteres war der Fall bei dem bereits (S. 183) erwähnten Quirin Kuhlmann. Als Dichter aus der Schule Hoffmannswaldau's hervorgegangen, in deren Geschmack er die dem Hohenliede nachgebildeten „Liebesküsse" schrieb, trat er später als Original im Interesse seiner neuen Religion oder seines „Kühlungswerkes", wie er es nannte, mit dem „Kühlpsalter" (1684) hervor, in welchem sich „wahre religiöse Begeisterung, tiefes Gefühl, lebendige Fantasie und klare Anschauung" neben dem tollsten schwärmerischen Unsinn vorfindet. Gegen die schlesischen Dichter trat er in dem „Strafgedichte über die mißgebrauchte Verskunst" auf.

Unter den weltlichen Dichtern trat zuerst mit Entschiedenheit den Schlesiern entgegen Christian Weise, 1642 geboren, 1708 gestorben, beides in Zittau, wo er Rektor war. Als Dichter fühlte er von vorn herein das Bedürfniß, klar und natürlich, entfernt von jedem Schwulst, seine Gefühle auszudrücken und keine fremden Muster zu benutzen. Seine Gedichte gingen rein aus dem Herzen hervor und besangen meist die Liebe und das Vaterland. Er dichtete aber auch eine große Anzahl gräßlicher Trauer- und gemein-derber Lustspiele nach dem Muster der Volksdramen, mit viel Frische und Natürlichkeit, aber ohne alles Talent und ohne den mindesten Schönheitssinn. Anders, wenn auch in Vielem ähnlich, war der Entwickelungsgang mancher Hofdichter. Einen solchen sehen wir in Friedrich Rudolf, Freiherrn von Canitz, geboren 1654, Hofbeamten des großen Kurfürsten, gestorben 1699 zu Berlin. Seinen Bruch mit den Schlesiern führte nicht eigenes Gefühl herbei, sondern seine auf einer Reise erworbene Bekanntschaft mit den französischen Dichtern der Zeit Ludwig's XIV., deren reinere, geschmackvollere, wenn auch nicht originellere und natürlichere Schule er an die Stelle des seit Hoffmannswaldau blühenden und herrschenden frechzüchtigen Bombastes setzte. Boileau wurde jetzt die Losung in Deutschland; aber auch diese neue Richtung wurde bald wieder abgeschmackt und lächerlich in den Händen seines Freundes, des Hofdichters Johann Besser, geboren 1654 zu Frauenburg in Kurland, nach brandenburgischen und sächsischen Hofdiensten 1729 gestorben, welcher so weit ging, den weißen Atlasrocken in vollem Ernste zu besingen.

Ein größeres poetisches Talent als die genannten Alle erstand in dem zu schnell hingeschiedenen und hierdurch in vielleicht bedeutender Laufbahn unterbrochenen Johann Christian Günther, geboren 1695 zu

Striegau in Schlesien. Als Mediziner in Wittenberg begann er zu dichten; aber die Untreue seiner Geliebten stürzte ihn in die wilden Strudel der Lüderlichkeit, in welchem er 1723 unterging. Seine Gedichte sind seine Lebens- und Leidensgeschichte; aber seine ächt dichterisch angelegte Natur scheiterte an der Unmöglichkeit, bei der poetischen Armut seiner Zeit und bei seiner Lebensweise sich zu sammeln und seinem reichen Geiste seiner würdige Stoffe und Formen zuzuführen, so daß seine Dichtungen bei allem darin blitzenden Feuer uns roh und maßlos erscheinen. Auch betraten seine Stoffe keine neue Bahn. Sie sind im Gesichtskreise der französischen Dichter befangen und vermögen mit dem Talente Günther's nicht Schritt zu halten. Letzteres kam für seine Zeit zu früh und in einer spätern, vorgeschrittenern wäre es zu spät gekommen. Das war das tragische Geschick dieses fernen Vorläufers der späteren Stürmer und Dränger! Und mit solchen unvollständigen, torsoartigen Erscheinungen endete die Periode der Nachahmung in der deutschen Poesie, während zugleich das **Volkslied** seine letzten Blüten in der „festen Burg", dem „Soldaten-Vaterunser", dem unsterblichen „Prinz Eugenius" u. s. w. zu Tage förderte.

Wie die eigentliche Poesie, so war auch die poetische oder poetisch sein sollende **Prosa** des siebenzehnten Jahrhunderts ein Produkt der Nachahmung. Während aber jene wenigstens anerkennenswerthe Versuche machte, sich von den Rohheiten, in welche die Sprache verfallen war, zu reinigen und letztere zu veredeln, waren solche Versuche der Prosa fremd und sie verharrte in derselben Unkultur, in der sie schon während des dreißigjährigen Krieges gewesen, noch ungefähr ein Jahrhundert lang. Namentlich wucherte die Sprachmengerei und die Fremdwörtersucht in scheußlicher Weise, und selbst die Nachahmung des Fremden, z. B. der französischen Galanterie, fiel plump und geschmacklos aus. So ging in Schwulst und Bildungsarmut jedes edlere Element rettungslos unter. Die **Romane** der Zeit waren Nachbildungen der französischen, vor Allem des „Amadis von Gallien" und derjenigen Madeleine's de Scudery (oben S. 505) und wuchsen sowol in der Länge und Breite, als dem Inhalte und der Form nach in's Ungeheuerliche. Ihre verschiedenen Abarten waren: der Heldenroman, der politische und galante, der Schäferroman, welcher durch Opitz und nach ihm durch die Pegnitzer gepflegt wurde, der Pilger- und der Schelmenroman und die Daniel Defoe (oben S. 538) nachgeahmten Robinsonaden. Wir theilen die Romane der Zeit der Kürze halber einfach in ernste und komische.

Der erste ernste Roman von Bedeutung (freilich nicht mehr für unsere Zeit) war Philipp von Zesen's „Adriatische Rosamund", eine endlose Liebesgeschichte. Ein äußerst kriegerischer und viele Länder durchstreifender Roman war des Heinrich Buchelz Werk, betitelt: „Der christlichen königlichen Fürsten Herkulistus und Herkulariska, auch ihrer hochfürstlichen Gesellschaft anmutige Wundergeschichte" (1681). Novellen und Fabeln in Prosa mit religiöser und moralischer Tendenz schrieb Philipp Harsdörffer, Gründer des Blumenordens oder der Pegnitz-Schäfer. Großen Anklang, und zwar nicht nur seines Standes wegen, fand der Herzog Anton Ulrich von Braunschweig (geboren 1633, regierte seit 1704, gestorben 1714) mit seiner eleganten, aber pedantischen „Durchlauchtigen Syrerin Aramena" (1669) in fünf, und seiner „Römischen Octavia" in sechs Theilen, in welchen Büchern die wirklichen Standalgeschichten seiner Zeit unter fremden Namen abgehandelt waren, so daß Alles von Neugierde nach der Deutung brannte. Noch berühmter aber wurde der uns bereits als lyrischer und dramatischer Dichter bekannte Lohenstein durch seinen langathmigen Roman „Großmütiger Feldherr Arminius oder Herrmann als ein tapferer Beschirmer der deutschen Freiheit nebst seiner durchlauchtigsten Thußnelda, in einer sinnreichen Staats-, Liebes- und Heldengeschichte" u. s. w. (1689 und 1690), der aber, in zwei dicken Folianten, erst nach seinem Tode erschien. Die alten Deutschen waren darin als hochgebildete und in der Politik einflußreiche Leute dargestellt. Lohenstein wurde indessen an Beliebtheit übertroffen durch die freilich noch geschmackloser, aber wegen ihres Zusammenhanges mit den damals Aufsehen erregenden Reisebeschreibungen anziehende „Asiatische Banise oder mutiges, doch blutiges Pegu, in historischer und mit dem Mantel einer Helden- und Liebesgeschichte bedeckter Wahrheit beruhend" (1688), von Heinrich Anselm von Ziegler und Kliphausen, geboren 1653 in der Oberlausitz, gestorben schon 1697 als Stiftsrath zu Wurzen. Abgeschmackter noch als die Banise ist die „Helden-Liebe der Schrifft Alten Testaments", in welche umständige „Poetische Wechsel-Schriften" eingestreut sind. In dem „Briefwechsel" zwischen Adam und Eva wird unter Anderm weitläufig erörtert, ob die Ersterm weggenommene Rippe ein nothwendiges oder überflüssiges Bein gewesen sei!

Genießbarer als die ernsten, sind die komischen Romane der Zeit, wie überhaupt stets das komische Element, als im Wesen des Menschen begründet, weniger von der Verderbniß einer Sprache und Literatur angesteckt wird, als das ernste, angelernte, was wir schon bei Gryphius' Lustspielen, im Gegensatze zu seinen Trauerspielen, sahen. Die deutsche erzählende Prosa komischer Gattung im Zeitalter der Sprachentartung begründete Johann Michael Moscherosch, geboren 1601 zu Wilkstädt im Elsaß aus ursprünglich spanischer Familie, gestorben 1669 zu Worms, nachdem er mit den neuen Herren seines Vaterlandes, den Franzosen, sehr unangenehme Erfahrungen gemacht hatte. Eines der besten Bücher jener traurigen Zeit sind seine dem Spanischen des Quevedo nachgebildeten „wunderliche und wahrhafftige Gesichte Philander's von Sittewald, d. i. Straff-Schrifften" (Straßburg 1646). Es sind Erzählungen von vierzehn, die Unsitten und Gebrechen seiner Zeit an den Pranger stellenden

Bistümer mit den pikanten Titeln: Schergen-Teuffel, Welt-Wesen, Grund-Narren, Todten-Heer, Letztes Gericht, Höllen-Kinder, Hof-Schule, Alamode-Kehrauß, Hantz hinüber, Gantz herüber, Weiber-Lob, Thurnier, Pflaster wider das Podagram, Selbsten-Lob, Reformation. Sein Standpunkt ist sittenstreng, vaterländisch und protestantisch, seine Sprache schneidend-witzig und zermalmend. Er war der letzte gut deutsch gesinnte Elsässer und brannte keineswegs vor Verlangen, Franzose zu werden, vielmehr war ihm das Wälschthum tief verhaßt.

Ebenso satirisch und volksthümlich und stets mit humoristischen Erzählungen vermischt sind die moralischen und lehrhaften Schriften des Predigers Johann Balthasar Schupp aus Gießen (1610—1691). Weder Moscherosch noch Schupp schrieben indessen eigentliche Romane; diese Gattung baute in komischer Weise ein Späterer an, dessen wahrer Name erst in neuester Zeit entdeckt wurde, weil alle seine Werke unter verschiedenen falschen Namen erschienen sind. Es ist Hans Jakob Christoph von Grimmelshausen, geboren um 1625 zu Gelnhausen, gestorben 1676 als bischöflich Straßburgischer Schultheiß zu Renchen. Seine Werke beruhen auf den damals in Deutschland eingedrungenen und vielfach übersetzten und nachgeahmten spanischen Schelmenromanen (Bd. I. S. 181), sind jedoch durchaus selbständig und ächt deutsch. Der bedeutendste darunter, der erste lesbare und mit Vorzügen ausgestattete deutsche Roman ist: Der Abenteuerliche Simplicissimus, teutsch, das ist: die Beschreibung des Lebens eines seltzamen Vaganten, genannt Melchior Sternfeld von Fuchshaim ꝛc. An Tag gegeben von German Schleifheim von Sulsfort (1669). Das in seinem Kerne treffliche Buch schildert in treuer Weise und mit edler Gesinnung das ganze Elend, welches durch den dreißigjährigen Krieg und dessen in jeder Beziehung unheilvolle Folgen über Deutschland gekommen; aber es leidet auch an den Mängeln seiner Zeit, an Rohheit, Maßlosigkeit und Zotenhaftigkeit der Sprache und an Vernachlässigung der Form. Die übrigen Schriften des Verfassers, „Trutzsimplex", „Springinsfeld" u. s. w., stehen dem „Simplicissimus" weit nach. Der letztere rief eine Flut von Nachahmungen hervor, unter denen das von einem unbekannt gebliebenen Verfasser herrührende Buch „Schelmuffsky's Wahrhafftige, curiöse und sehr gefährliche Reisebeschreibung zu Wasser und zu Lande ꝛc." durch derben und gesunden Humor hervorragte und dessen Zweck ist, die vielen schlecht gerathenen Simpliciaden zu verhöhnen und zu züchtigen. Auch der uns als Dichter bereits bekannte Christian Weise schrieb komische Romane, aber in beschränkter, nüchterner Manier, z. B. „die drei ärgsten Ertz-Narren" (1672), „der politische Näscher" (1676) u. s. w.

An den Stil der komischen Romane und Erzählungen erinnern auch die satirischen Predigten und anderen Schriften des berühmten Volks-Kanzelredners Pater Abraham a Sancta-Clara, welcher von Hause aus

Ulrich **Megerle** hieß, 1642 zu **Krähenheimstetten** in Schwaben geboren, war und 1709 als Hofprediger und deutscher Provinzial des Augustiner-Barfüßer-Ordens zu Wien starb. Seine Predigten sind durchaus auf den Standpunkt eines ungebildeten Publikums berechnet, witzig, mit den drolligsten und derbsten Einfällen, Anspielungen und Geschichten durchwebt und daher ein Muster von Kapuzinaten. Über das Maß bloßer Predigten hinaus gehen einige größere Schriften, wie z. B. der in vier Theilen bestehende „Judas der Erz-Schelm", eine Art satirisch-komischen Romans mit eingestreuten Belehrungen.

Mager fiel die Geschichtschreibung des siebenzehnten Jahrhunderts aus, deren Sprache schon durchaus ungenießbar ist, und welcher alle Ahnung eines höhern Berufs der historischen Muse, als ihn bloße Chroniken schon erfüllen, mangelt. Zu erwähnen sind: **Pufendorf's** Einleitung zur europäischen Geschichte, Michael **Stettler's** von Bern schweizerische Annalen, Sigmund von **Birken's** Spiegel der Ehre des Hauses Österreich, Bogislaw **Chemniz'** (oben S. 77) dreißigjähriger Krieg. **Arnold's** Kirchen- und Ketzerhistorie erwähnten wir bereits (S. 184). Julius Wilhelm **Zinkgref** (1591—1635) sammelte historische Anekdoten. Eine bessere Bahn in der Geschichtschreibung brach im achtzehnten Jahrhundert Johann Jakob **Mascov** (1689 zu Danzig geboren, Professor in Leipzig, gestorben 1761) mit seiner „Geschichte der Teutschen" (1726—1737), worin er zum ersten Male einen klarern, kürzern Stil und die Berücksichtigung der Volksgeschichte, statt bloß der Hof- und Kriegsgeschichte, anstrebte. Unter den Reisebeschreibungen ragte hervor des Adam **Olearius** (eigentlich Öhlenschläger aus Aschersleben, um 1600 geboren, 1671 als Bibliothekar in Gottorp gestorben) „Moscowitische und Persianische Reisebeschreibung"; es war die Reise, auf welcher ihn der Dichter Flemming begleitete.

D. Erwachen deutschen Geistes.

Die deutsche Literatur unserer Periode hatte bis zu den ersten Jahren des achtzehnten Jahrhunderts ein höchst trauriges Bild dargeboten. Ihre Schöpfungen waren entweder nur Abklatsch der verdorbensten Periode fremder Literaturen, wie der italienischen Marinisten, der französischen Ronsardianer; wo sie sich aber zu Besserm erhob, fiel sie auf andere Abwege. So wurde sie in dem Bestreben, den seit Corneille, Racine und Boileau verbesserten französischen Geschmack dem ältern, schlechtern vorzuziehen, durch Canitz und Besser eine feile Magd der Höfe, und wo sie durch Anlehnung an populäre Produkte moderner Länder den Volkston wieder suchte, war ihr Stil roh und unbeholfen. Doch waren immerhin noch die komischen Romane eines Moscherosch und Grimmelshausen die erfreulichsten Lichtblicke gewesen; denn Günther's Talent war nur ein bald zerplatzendes Meteor!

Ungefähr um das dritte Jahrzehnt des achtzehnten Jahrhunderts beginnt eine Besserung der literarischen Zustände Deutschlands bemerkbar zu werden. Es war die Zeit, in welcher die deutsche Philosophie durch die Wolf'sche Schule selbständig zu werden begann (oben S. 852), und es ist merkwürdig, daß dort wie hier, im Gebiete des Schönen, wie in dem des Wahren, die Einwirkung Englands es war, welche das Umlenken von den Pfaden der Unnatur, des Schwulstes und der blinden, faden, gedankenlosen Nachahmung auf solche der Natürlichkeit, der Einfachheit und Würde, der kritischen Auswahl passender Vorbilder und der selbstthätigen Nacheiferung auf dem vorgezeichneten Wege zur Folge hatte. Das stammverwandte Inselvolk war dazu bestimmt, Deutschland Das zu werden, was dieses umsonst und mit stetem Mißlingen bei dem eroberungs- und selbstsüchtigen Nachbarvolke jenseits der Vogesen und Ardennen (es heißt jetzt nicht mehr: jenseits des Rheins!) gesucht hatte. Und so zahlten die Nachkommen Hengist's und Horsa's den Raub heim, welchen Diese im fünften Jahrhundert durch Entzug edler Kräfte an ihrem Vaterlande verschuldet hatten.

Die Freiheit erzeugt immer wieder Freiheit. Die knechtische Hofpoesie Frankreichs, in welchem seit dem Tode des Schalks von Chinon (Rabelais) die Volksstimme verstummt war, konnte, weil selbst Nachahmung, immer nur wieder knechtische Nachahmung hervorrufen. Die freie, volksthümliche Selbstthätigkeit Englands aber konnte nicht nachgeahmt werden; denn Freiheit läßt sich nicht erheucheln oder erzwingen; sondern sie wurde blos Vorbild, wie auf deutschem Boden gedeihen könne, was in anderer Weise auf Albions Fluren gediehen war. Wenn Nachäfferei und Bombast aufhörten und damit alle widernatürlich beengenden Regeln wegfielen, so mußte die Grundlage des poetischen Schaffens wieder national werden, wie sie es zu den glorreichen Zeiten der Nibelungen und Gudrun's, Walther's von der Vogelweide und Freidank's gewesen war, und wie noch die Reste dieser Glanzzeit in Hutten und Fischart nachgeklungen hatten.

Englands Parole in seinem Schaffen, soweit es nicht durch den falschklassischen Geschmack aus Frankreich herüber, namentlich unter Dryden und Pope, beeinträchtigt war, lautete: Selbstthätigkeit und Freisinn. Ihr huldigten im prosaischen Gebiete die Freidenker und Freimaurer, im poetischen die unabhängigen Geister Milton, Young und Thomson, und im prosaisch-poetischen die Leiter der Wochenschriften, Defoe, Swift, Richardson, Fielding u. s. w.

Langsam und allmälig machte sich der literarische Einfluß Englands auf Deutschland geltend, bis er zuletzt vom eigenen Schaffen des Letztern weit überstrahlt wurde. Und doch dauerte der ganze Proceß sein halbes

Jahrhundert! Der Zeit nach waren es die moralischen Wochenschriften (oben S. 323 und 537), welche zuerst Nacheiferung fanden. Und zwar begann dies in einem Lande, welches seit Langem politisch von Deutschland getrennt, aber nicht dem Beispiele Hollands gefolgt war, seine Dialekte selbstgefällig zur Schriftsprache hinaufzuschrauben, in der Schweiz. Es erschien von 1721 bis 1723 zu Zürich eine kleine Wochenschrift unter dem sonderbaren Titel „Diskurse der Maler", welcher sich dadurch erklärt, daß die Herausgeber einem Kreise junger Männer angehörten, die sich die Namen berühmter Maler beilegten und ihre Unterredungen auf die angegebene Weise veröffentlichten. Es waren die Gebiete der Religion, der Sitten und der Literatur, welche hier, aber noch in sehr unbehülflicher Weise besprochen wurden. Aber die zwei Bedeutendsten unter den Herausgebern waren die Vorkämpfer verbesserten Geschmacks, und zwar nicht etwa nur englischen, sondern auch ächt deutschen, in der Literatur, und die wohlgerüsteten und endlich siegreichen Kämpfer gegen einen Rückschritler, der dieselbe wieder unter das französische Joch zu beugen versuchte. Es waren dies Johann Jakob Bodmer, geboren 1698 zu Greifensee im Kanton Zürich und Johann Jakob Breitinger, geboren 1701 zu Zürich. Beide Professoren in letzterer Stadt, wo sie 1720 vergebens versuchten, die eingegangenen „Diskurse" unter dem Titel „Der Maler der Sitten" wieder aufleben zu lassen. Beide arbeiteten stets zusammen, der Eine prüfte und beantwortete die Werke des Andern, welche meist kritischen und literarhistorischen Inhalts waren. Beide auch standen anfangs in freundschaftlichem Verkehre mit dem angezeigten Gegner, mit dem sie in Verwerfung des Schwulstes der zweiten schlesischen Schule vollkommen einig gingen. Es war dies Johann Christoph Gottsched, geboren 1700 bei Königsberg in Preußen. Den Menschenjagden Friedrich Wilhelm's I. entfliehend, war Dieser, ein großer, stattlicher Mann, 1724 nach Leipzig gekommen, wo er nun als Lehrer und Schriftsteller wirkte und die Deutsche Gesellschaft gebildete, während er die Wochenschrift „die vernünftigen Tadlerinnen", zum Zwecke einer Veredlung der weiblichen Lectüre, und später den „Biedermann" herausgab, worin er den Aberglauben bekämpfte. Er verstieg sich jedoch bei all Dem in das verhöhnte Streben, die Franzosen den Deutschen als literarische Muster aufzustellen, wie es den Römern die Griechen gewesen seien! Auf der Bahn der Canitz, Besser und Günther sollten daher die Deutschen fortfahren! Er wollte für sein Jahrhundert werden, was Opitz für das vorige, ein Prophet des klassisch-Französischen, wie Jener des Vorklassischen derselben Nation, und schrieb zu diesem Zwecke, gerade als er Professor an der Universität Leipzig werden sollte, ebenfalls eine Poetik: Versuch einer kritischen Dichtkunst der die Deutschen (1730), ganz im Sinne Boileau's. Die Dichtung hatte für ihn keinen andern Zweck als den der Belehrung, kein anderes Erforderniß, als das der „Korrektheit"; Fantasie und Schönheitskunst waren ihm gleich fremd.

Wie beschränkt seine Ansichten waren, erhellt unter Anderm daraus, daß er meinte, in der Tragödie müßten lauter vornehme Personen auftreten, um durch ihren „Stand, Namen und Aufzug" zu imponiren und daher, statt des Gelächters der Komödie, Verwunderung und Schrecken hervorzurufen! Als poetische Muster anerkannte er nur die Römer, Italiener, Franzosen, Holländer und — die ersten Schlesier; die Griechen, alten Deutschen und Engländer ignorirte er einfach. Ja, Gottsched war so verblendet, daß er sich einbildete, nach seiner Anleitung könne Jedermann „dichten lernen!"

Von ganz anderen Grundsätzen gingen Bodmer und Breitinger aus. Was Gottsched angebetet, das verbrannten sie; was Jener verworfen, das wählten sie zum Eckstein ihres Gebäudes. Bodmer übersetzte Milton, was Gottsched anfangs passiren ließ, später aber heftig verurtheilte; Breitinger aber gab, wie Dieser, 1739 eine „Kritische Dichtkunst" heraus, welcher Bodmer in gleichem Geiste die „Kritischen Betrachtungen über die poetischen Gemälde der Dichter" folgen ließ. Es waren Schriften, in welchen Beide ihren Gegner sehr schonend, ja zuvorkommend behandelten und gleich ihm die Poesie nüchtern und lehrhaft auffaßten, dabei aber ihm gegenüber, indem sie mit besonderem Nachdruck die Poesie der Malerei gleichstellten, für die Rechte der Fantasie Partei und die Behandlung des Wunderbaren in Schutz nahmen, das sie nur in die Schranken des Wahrscheinlichen bannen wollten. Das Höchste fanden sie daher in der Vereinigung des Lehrreichen und des Wunderbaren und dieses erblickten sie in der — äsopischen Fabel! Abgesehen jedoch von solchen Auswüchsen war die zürcherische Poetik berechtigter als die Gottsched'sche, indem sie nicht fragte: Wo finde ich das Schöne? sondern: Was ist schön und warum ist es schön? Und so mußten sie gegen den Leipziger Professor, der damals ein Orakel in Deutschland geworden war, sogar die poetischen Schönheiten Homer's, Ariosto's und Tasso's vertheidigen, von Milton vollends zu schweigen, welche alle Dichter ihrem Gegner unbedeutend, krankhafte Träumer oder Possenreißer waren, während er Milton geradezu mit — Lohenstein und Ziegler zusammenstellte! So geriethen beide Parteien, in welche sich das gesammte literarische Deutschland theilte, immer weiter auseinander, beschuldigten sich gegenseitig, die Schweizer Gottsched der Nüchternheit, Dieser Jene ausschweifender Fantasie, und endlich kreuzten sich seit 1740 in kritischen Zeitschriften von beiden Seiten die heftigsten Angriffe und Repliken. Die Folge war, daß Gottsched sein literarisches Ansehen verlor und zuletzt allgemein, auch auf dem Theater und in Gedichten verspottet wurde. Er starb 1766 verlassen und einsam; seine Gattin Louise geb. Kulmus aus Danzig (1713 geboren) war ihm 1762 vorangegangen, nachdem sie, die als dramatische Dichterin wirkte, sich mit Schmerz von dem eigensinnigen Beharren ihres Mannes auf überwundenem Standpunkte abgewandt hatte. Bodmer, welcher übrigens so wenig wie sein Gegner selbst Dichter war, nur daß er später den mißlungenen Versuch machte, ein solcher sein zu wollen, überlebte ihn lange (bis 1785); Breitinger war ihm 1776 vorangegangen.

Gottsched hatte sich zwar das Verdienst erworben, die abgeschmackte Schule der späteren Schlesier mit ihren schwülstigen, bandwurmartigen Romanen vollkommen gestürzt und durch den bessern französischen Geschmack ersetzt zu haben; allein nach kurzem Triumfe war ihm ein gleiches durch den altgriechisch-englischen Standpunkt der Zürcher und ihrer Anhänger geschehen, so daß seitdem das Franzosenthum als in Deutschland abgethan gelten konnte. Wirklich bewiesen auch die nachfolgenden poetischen Bestrebungen hinlänglich den Sieg der Schweizer. Ihrem Versuche einer Zeitschrift nach englischem Muster im Süden des deutschen Sprachgebietes folgte auf dem Fuße ein solcher im Norden desselben. Seit 1724 wurde zu Hamburg von einer Gesellschaft der angesehensten und gebildetsten Männer der „Patriot" herausgegeben, welcher den Vorbildern des Spectator und Guardian weit näher kam, als die Zürcher Wochenschrift, aber sie noch lange nicht erreichte. Aus diesem hamburgischen Kreise nun ging ein Dichter hervor, welcher zum ersten Male neben den neuen Vorbildern auch neue Stoffe in die deutsche Literatur einführte. Es war Bartheld Heinrich Brockes, geboren 1680, welcher von 1721 bis 1748 in neun Bänden unter dem Titel „Irdisches Vergnügen in Gott" eine zusammenhängende Sammlung von Gedichten herausgab, welche alle Erscheinungen der Natur und des Seelenlebens bis in die kleinsten Details ausmalten, und womit er der Begründer der poetischen Naturbetrachtung und der poetischen Behandlung philosophischer und religiöser Fragen geworden ist. Brockes war Senator von Hamburg, als welcher er 1747 starb, und durch und durch ein nüchterner Filister. Seine Poesie war nur angelernt, durch Lectüre und Gelegenheitsgedichte entstanden, daher auch gründlich langweilig, ohne Schwung und Begeisterung; aber er war ihr mit Liebe ergeben, verwendete bedeutende Mühe und Sorgfalt auf sie, gleich einem fleißigen aber talentlosen Miniaturmaler, und bildete sich dabei einen fließenden, blühenden Stil aus, schreckte aber nicht davor zurück, den ökonomischen und gewerblichen Nutzen der Pflanzen und Thiere in Versen auf's Genaueste darzulegen! Seine ersten Vorbilder waren die besseren französischen Dichter gewesen, von denen er auch den Alexandriner annahm; aber nach und nach wandte er sich immer mehr den Engländern zu, bediente sich auch freierer Versmaße, und in seinen Schilderungen ist die Einwirkung Milton's, Pope's und Thomson's, welcher beiden Letzteren Werke er auch übersetzte, so wenig zu verkennen, als in seinen religiösen Grundsätzen der Einfluß der englischen Deisten und Moralisten, wie er auch ein vertrauter Freund von Reimarus (oben S. 358) war. Sein poetischer Nachfolger, aber mit mehr dichterischem Talent, war Karl Friedrich Drollinger, geboren 1688 zu Durlach, gestorben 1742 zu Basel. Er besang vorzugsweise vaterländische und religiöse Stoffe in wohllautenden und noch jetzt lesbaren Versen.

Aus derselben Schule erwuchs die Poesie des uns als Naturforscher und Arzt (oben S. 279 u. 296) bereits bekannten Haller. Seine dichterische Thätigkeit, soweit sie von Begeisterung getragen ist und Schwung hat, fällt ausschließlich in seine jüngeren Jahre bis zum achtundzwanzigsten, als er noch von den unbefangen religiösen und duldsamen Grundsätzen der englischen Freidenker erfüllt war. In seinen späteren Jahren, als er in Folge des Todes seiner Gattin und anderer Unglücksfälle sich dem geoffenbarten Christenthume zuwenden zu sollen glaubte, hatte seine Poesie etwas Gezwungenes und beruhte nur noch auf besonderen Veranlassungen. — Sein erstes und bedeutendstes Gedicht sind „die Alpen" (1729), eine Beschreibung des Anblicks der Alpen und ihrer Schönheiten und des Lebens ihrer Bewohner. Es war einer jener Rufe nach Natur und Einfachheit, nach Befreiung vom konventionellen Joche, wie sie das ganze Jahrhundert hindurch ertönten und endlich in Rousseau's Liebe zur Einsamkeit gipfelten. Dem Gedichte gereicht es zum Ruhme, Reinheit der deutschen sowol, als der poetischen Sprache befördert, ja eigentlich eingeführt zu haben, es ist frei von fremden und prosaischen Wörtern; aber es steht noch nicht auf dem Standpunkte der Naturwahrheit, sondern vermischt noch allzu oft die Zustände jener geträumten marinistisch-pegnitzischen Hirtenwelt mit wirklichen, und die Gedanken sind nicht immer frei von Schwulst und Dunkelheit, so daß viele Anmerkungen nöthig wurden. Die späteren Gedichte Haller's bis zu seiner frommen Wendung haben zum Hauptinhalte moralische und religiöse Fragen, wobei aber bisweilen liebliche Naturbilder eingestreut sind. Das beste davon ist „Über den Ursprung des Übels" (1734); es verficht den Grundsatz, daß nichts Böses, noch ein Versehen von Gott kommen könne und wurde vom Verfasser später verworfen und tief bereut! Schön sind auch manche seiner Oden, berechnet und unpoetisch aber die drei Romane: Usong, Alfred, Fabius und Cato, durch welche er in seinem Alter (1771—74) die aufgeklärte Despotie Friedrich's und Katharina's, die konstitutionelle Monarchie Englands und die Familienaristokratie Berns gegenüber den demokratischen Grundsätzen Rousseau's vertheidigte.

Gegenüber dem stoischen, die Genüsse des Lebens verachtenden Gelehrten Haller steht sein noch entschiedener der englischen Schule angehörender epikuräischer Jahrgänger Friedrich von Hagedorn, geboren 1708 zu Hamburg, 1729—33 dänischer Gesandtschaftssekretär zu London, gestorben 1754 in seiner Heimat. Seine Vorbilder waren Horaz, Anakreon und die Fabeldichter, seine Lebensauffassung die Shaftesbury's. Mit der Metaphysik seiner Vorgänger und Zeitgenossen gab er sich nicht ab, höchstens mit ihrer Moral; leben und leben lassen war sein Grundsatz. Er besang dithyrambisch die Freude, den Wein, den Frühling, die Landlust, die neue Zeit, und verspottete beißend das Lob der alten Zeit, den Griff, das Papst- und Klosterthum u. s. w. Wer kennt nicht seine köstliche Erzählung von „Johann dem muntern Seifensieder" und seine prächtigen Fabeln?

Ein anderer Kreis von Dichtern bildete sich aus mehreren Mitarbeitern der vorzüglich von Gottsched geadhrten kritischen Zeitschrift „Belustigungen des Verstandes und Witzes" (seit 1741 herausgegeben), die sich aber in Folge des Streites mit den Schweizern 1744 von Gottsched getrennt und in Bremen die neue Zeitschrift „Neue Beiträge zum Vergnügen des Verstandes und Witzes" begonnen hatten, die bis 1748 fortdauerte. Diese Dichter unterscheiden sich von den zuletzt betrachteten dadurch, daß sie von keiner Leidenschaft erfüllt sind, gegen seine Zustände kämpfend auftreten, sondern als ruhige Bürger eben dem „Vergnügen des Verstandes und Witzes" wie jedem andern sich hingeben. Hinter ihrem nüchternen Moralisiren schaut überall der Zopf des Filisterthums jener Zeit hervor; sie waren ein Hemmschuh gegen die vorzeitige Entwickelung des später ausgebrochenen Sturms und Drangs. Doch waren sie der englischen Schule zugethan und keine Zurückkrebser. Ihr Chorführer Johann Elias Schlegel, geboren 1718 zu Meißen, war seit 1743 sächsischer Gesandtschaftssekretär in Kopenhagen, seit 1747 Professor in Sorö, starb aber schon 1749. Er war der Erste, welcher in Deutschland auf Shakespeare aufmerksam machte und trotz der tiefen Verachtung, welche der eitle Gottsched dem Dichterheroen bezeugte, ihn offen vertheidigte, seine Vorzüge hervorhob und gegen die drei Einheiten auftrat. Seine eigenen Stücke, „Hermann" und andere, sind jedoch unbedeutend und schleppend. Justus Friedrich Wilhelm Zachariä, geboren 1726 zu Frankenhausen, gestorben 1777 als Professor zu Braunschweig, schuf in jenem Kreise, nach dem Muster von Pope's Lockenraub (S. 631), das die damaligen Studentensitten malende komische Heldengedicht in Alexandrinern „Der Renommist", das für uns jedoch nur noch kulturgeschichtliche Bedeutung hat. In dem weit lebendigern und selbständigern „Phaeton" wagte er, den Hexameter anzuwenden, doch noch etwas unbeholfen.

Nicht gerade zum Kreise der Bremer Beiträger gehörend, aber als literarischer Vorgänger des Nächstzunennenden ist hier anzuführen Christian Ludwig Liscow, geboren 1701 in Mecklenburg, Gesandtschaftssekretär an verschiedenen Orten, 1749 wegen seiner Angriffe auf sächsische Finanzschäden verhaftet und entsetzt, gestorben 1760. Er schrieb Satiren, die aber ungenießbar geworden und vergessen sind. Dies trifft jedoch beinahe ebensosehr die Werke des zu den Bremern gehörenden Gottlieb Wilhelm Rabener, geboren 1714 zu Wachau bei Leipzig, gestorben 1770 zu Dresden als kursächsischer Steuerrath. Statt Personen, wie Liscow, greift er in seinen der Form nach prosaischen Satiren allgemeine Zustände an und war daher weit zahmer als Jener; aber er schrieb volksthümlicher und mit hohem moralischem Ernste und im Ganzen tadelloser Sprache. Dagegen ist sein Witz gesucht, sein Stil eintönig und farblos und seine Schriften sind daher kaum mehr ansprechend. — Mit Rabener's Einfluß, der die Obengenannten in Schatten stellte, wetteiferte, und zwar mit Erfolg, Christian Fürchtegott Gellert, geboren 1715 zu Hainichen bei Freiberg, seit 1751 Professor in Leipzig, wo er 1769 tiefbetrauert von ganz Deutschland starb. Sein Charakter und poetischer Standpunkt war der des Spectator und Richardson's, fromm, streng moralisch und menschenfreundlich, aber dem Rührenden ergeben, melancholisch und weinerlich. Seine Poesie war ausschließlich lehrhaft, und seine besten Schriften daher die Fabeln und die geistlichen Lieder, die ersteren oft schalkhaft (wie der "Proceß", und wie rührend ist "der Blinde und der Lahme"!), die letzteren tief religiös, ohne dogmatisch zu sein, beide aber ächt populär und von nicht leicht veraltender Trefflichkeit. Mißlungen ist dagegen sein Rührroman "die schwedische Gräfin", welcher vor lauter Bestreben moralisch zu sein, das Gegentheil wurde, und ebenso seine Lustspiele. Die anmutige, fließende Sprache Gellert's hat auf seine Nachfolger im poetischen Schaffen äußerst wohlthätig eingewirkt. Seit seinem Wirken kann man den Alexandriner als verbannt ansehen. An Gellert's Fabeln, wie auch an jene Hagedorn's erinnern ganz entschieden diejenigen Magnus Gottfried Lichtwer's (geboren 1719 zu Wurzen, gestorben als Regierungsrath zu Halberstadt 1783), obschon dieser Dichter seine eigenen Wege ging und keiner Schule angehörte. Ihre fortdauernde Beliebtheit spricht für ihre Trefflichkeit. Wir erinnern nur an die in wenigen Worten Erschütterndes predigende "Schlange", an die launige Fabel "die Katze und der Hausherr", an den aus dem Volksleben gegriffenen "kleinen Töffel"!

Die Männer der Bremer Beiträge waren, so sehr sie der deutschen Dichtung verdankenswerthe Anregungen gaben, — dichtende Philister. Wirkliche Dichternaturen brachte zu gleicher Zeit ein anderer Kreis hervor, nämlich jener der Halle'schen Dichterschule. Als Gründer derselben wird ein jetzt so zu sagen vergessener Schriftsteller genannt; es ist der zu frühe, mit 29 Jahren (1741) gestorbene Immanuel Pyra aus Kottbus, zuletzt Gymnasiallehrer in Berlin. Kurz vor seinem Tode hatte er noch eine Streitschrift mit dem freimütigen Titel "Erweis, daß die Gottschedianische Secte den Geschmack verderbe", in die Welt gesandt. Unter seinen Gedichten ist der nach Thomson's Muster gebildete "Tempel der Dichtkunst", obschon jetzt nicht mehr gelesen, zu nennen. Weiter als je Einer vor ihm, enferate er sich in seinen dichterischen Grundsätzen von der französischen Klassik, und verirrte sich soweit, mit derselben auch die ächte Antike zu verwerfen und zu verlangen, daß die Poesie nur biblische oder christliche Stoffe wähle, wozu allerdings der Halle'sche Pietismus wesentlich beitragen mochte. Ebenso verlangte er die gründliche Abschaffung des Reims. So entstand jene himmelsesehnsüchtige, rauhhaarige seraphische Dichtung, die in einem der größten und zugleich langweiligsten deutschen Poeten ihre Triumfe feiern sollte, dem aber noch andere, weniger große Reimfeinde vorangingen. Der Erste, der diese Richtung wirklich in die Poesie einführte, war Wilhelm Ludwig Gleim, 1719 zu Ermsleben bei Halberstadt geboren, seit 1747 Domsekretär in letzterer Stadt, gestorben 1803, zu seiner Zeit der Protektor aller jüngeren Dichter, denen er mit Rath und That, mit seiner Börse und mit der Beischaffung von Verlegern behülflich war. Er gerieth auf den seltsamen Einfall, für die reimlose Poesie durch Scherzgedichte Propaganda zu machen, und bildete mit mehreren dasselbe versuchenden Freunden ein Kränzchen, das man, in wenig Übereinstimmung mit Pyra's christlichen Forderungen, die Anakreontiker nannte. Sie übersetzten ihr keineswegs christliches Vorbild Anakreon und besangen, wie dieser und Hagedorn, der hinwieder auch sie nachahmte, die Freude, die Liebe und den Wein. Ja, sie trugen hiefür eine solche Begeisterung zur Schau, daß sie regelmäßige Zechereien abhielten, wobei sie zwar beinahe nichts tranken, aber mit Rosen bekränzt, den Wein anschwärmten und für Betrunkene gelten konnten, obschon sie ganz nüchtern und ruhig wieder fortgingen. So hatte sich der eigentliche Zweck Pyra's ganz in sein Gegentheil verirrt. Von Christenthum war gar keine Rede und die Reimlosigkeit wurde wieder aufgegeben. Johann Peter Uz, während seiner Studienjahre in Halle der beste Freund Gleim's und eifrigster Anakreontiker (geboren 1720 zu Ansbach, wo er auch als Justizbeamter 1796 starb), muß sie gar nicht angenommen haben; denn in seinen Gedichtsammlungen findet sich kein einziges Gedicht ohne Reim (sein umfangreichstes ist: die Kunst stets fröhlich zu sein), dagegen auch treffliche patriotische Lieder (so: das bedrängte Deutschland). Letztern Ton stimmte aber in noch kräftigerer Weise der wieder ganz zum Reim übergegangene Gleim in seinen „Liedern eines preußischen Grenadiers" an, in welchen er bei Ausbruch des siebenjährigen Krieges die Sache Friedrich's und seines Staates in ächt volksthümlicher und vaterlandsbegeisterter Weise vertrat. In „Halladat oder das rothe Buch" versuchte er ein größeres Lehrgedicht und schrieb auch Fabeln in Gellert's Manier. — Zum Kreise der Freunde Gleim's gehört auch Johann Georg Jacobi (1740 zu Düsseldorf geboren, 1814 als Professor zu Freiburg gestorben), der ältere Bruder des Philosophen (oben S. 379), welcher ebenfalls, und zwar besonders durch Goethe, von der anakreontischen zu edlerer Lyrik geführt wurde.

Mit den Anakreontikern hatte manche Berührungspunkte gemein Christian Ewald Kleist, geboren 1715 bei Köslin, erst dänischer, seit Friedrich's II. Regierung preußischer Offizier; er starb 1759 an seinen in der Schlacht bei Kunersdorf erhaltenen Wunden. Unter seinen Gedichten ragt hervor das farbenreich und begeistert die Natur schildernde „der Frühling" (1749) in Hexametern mit einer Vorschlagssilbe, als dessen

Vorbilder Thomson und Haller nicht zu verkennen sind; die durchaus
wahre, nicht gemachte Begeisterung aber ist des Dichters unbestrittenes
Eigenthum und dabei nur die allzu große Ausführlichkeit, auch Thomson's
Fehler, zu tadeln. Der Tod Kleist's unterbrach die beabsichtigte
Schilderung aller vier Jahreszeiten. Der „gelähmte Kranich" könnte
als eine Vorahnung seines eigenen Schicksals aufgefaßt werden. Ja, in
einem kleinen epischen Gedichte, „Cissides und Paches", wünscht er sich
selbst den Tod für das Vaterland!

Zu der von Pyra angewiesenen Bahn lehrte erst Friedrich Gottlieb
Klopstock wieder zurück, um dieselbe nicht nur zu vollenden, sondern
auch so breit zu treten, daß sie die gesammte damalige Dichterwelt aufnehmen konnte. Selten ist ein Dichter von seinem ersten Auftreten an
so vergöttert und angestaunt, selten aber auch Einer so bald weggeworfen
und vergessen worden. Und dies Schicksal verdiente er nicht um seines
Talentes, das wirklich groß, nicht um seiner Bestrebungen, die durchaus
redlich und voll Begeisterung waren, sondern wegen des aus heterogenen
Bestandtheilen zusammengetragenen Systems seiner Dichtung. Da ver-
mählten sich griechische Metra (unter vollständiger Verbannung des Reims)
bald mit einem idealen Christenthum, bald mit einem nie dagewesenen
alten Deutschthum, dem die Barden der Kelten aufgedrungen wurden, die
es niemals gekannt hatte. Griechische Verse ohne griechische Gestalten,
christliches Dogma ohne christliche Poesie, teutonische Begeisterung ohne
Rücksicht auf das deutsche Volk und dessen Bedürfnisse, das ist Klopstock's
poetischer Horizont!

Der Dichter wurde 1724 zu Quedlinburg geboren. Er erzog seine
poetischen Gaben erst an den Alten und dann, nachdem er Bodmer's und
Breitinger's Partei mit Feuer ergriffen und ihre Ansichten zu den seinigen
gemacht, an dem von ihnen verbreiteten Milton, den er bald über die Alten
erhob und der ihm den ersten Gedanken zu seiner Verherrlichung des
Messias, zu seinem Auftreten als „dritter Dante" einflößte. Dieser Gedanke wird ihm zwingender Ruf an seine Dichterseele; als Student in
Leipzig schon begann er das zuerst in Prosa entworfene Epos in Hexametern
niederzuschreiben und wurde so der Begründer dieses Versmaßes in Deutschland. Die ersten Gesänge erschienen 1748 in den Bremer Beiträgen
und erst 1773 erblickten die letzten das Licht der Welt. Die Aufnahme
war glänzend; das angelernte Christenthum der Deutschen ließ sie glauben,
daß der Dichter ihre innersten Stimmungen getroffen habe, sie verschlangen
das Gedicht förmlich, erbauten sich förmlich daran und ließen sich stets
auf's Neue durch den Opfertod des zum Gottessohne und Welterlöser
hinaufgekünstelten jüdischen Rabbi zu Thränen rühren. Bodmer und
Breitinger erkannten den ersten großen Vollzieher ihrer Gesetze, waren
in den Himmel entzückt, und der Erstere, den Klopstock 1750 in Zürich
besuchte, wagte sich in seinen alten Tagen an mißlungene Nachahmungen,

denen auch sein Mitbürger Lavater welche versuchte. Auf der andern Seite aber witterte die orthodoxe Geistlichkeit eine Herabwürdigung des Evangeliums, wenn dessen Inhalt in profaner, nicht geoffenbarter Bearbeitung, ja sogar in heidnischen Versen erschien, und vollends Gottsched erblickte mit Schrecken den gefährlichsten Feind seiner Poetik, den fluchwürdigsten Abfall von Boileau's Gesetzen und ließ, um diesen Frevel zu sühnen, durch einen armseligen Dichterling, den Freiherrn von Schönaich, ein Epos „Hermann der Cherusker" schmieren, dessen nationaler Stoff den fremden verdrängen sollte. Es war jedoch nicht dies Machwerk, welches den Messias tödtete oder wenigstens todt schwieg; sondern dieser war es selbst. So sehr die ersten Gesänge begeistert hatten, so kühl ließen die späteren, bis die letzten endlich auf vollkommene Gleichgültigkeit stießen, und heute liest das Werk Niemand mehr, ausgenommen etwa den Anfang, um einen Begriff davon zu bekommen. Von den zwanzig Gesängen enthalten die ersten elf das Leiden und den Tod Jesu, die neun übrigen aber, die zusammen eben so lang sind als jene, seine Auferstehung und Himmelfahrt. Gestalten von Leben und Wahrheit sind merkwürdigerweise blos die heidnischen (Pilatus und Portia); Jesus leidet an seiner mythischen Doppelnatur, die Engel an ihrer Abstraction, und der Satan vollends, den Milton so großartig erfaßt, ist geradezu ein „dummer Teufel", welcher das Werk, das seinem Reiche ein Ende machen soll, den Opfertod Jesu, selbst befördert, statt ihn zu verhindern! Das Ganze ist mehr lyrisch, hymnen- und psalmenartig, als episch, und in dieser Hinsicht wirklich erhaben und ergreifend; es kann überhaupt nicht als ein Epos nach künstlerischen Erfordernissen betrachtet werden, da ihm hierzu die plastische Klarheit und die feste Abrundung mangelt. Die athemlose, unermüdliche und zuletzt völlig unerträgliche Empfindelei strafte sich selbst.

War der „Messias", wie wenig auch sein Fortgang die Anfangs gehegten Erwartungen rechtfertigte, Klopstock's berühmtestes Werk, so waren dagegen seine besten Arbeiten mehrere seiner Oden, deren Großzahl dagegen ungenießbar ist. Sie sind sämmtlich in antiken oder selbstgemachten, oft sehr verkünstelten und schwer aufzufassenden Metren abgefaßt. Ihre Sprache ist oft herrlich, ihr Schwung erhaben, aber der Inhalt oft unbedeutend. Auszeichnung verdienen jene, welche vaterländische Gesinnung athmen, die Schönheiten der Natur und irdisch erlaubte Genüsse schildern aber die Liebe menschlich, nicht himmlisch-überschwenglich, auffassen. Dazu gehören besonders: Mein Vaterland, Unsere Sprache, die beiden Musen, der Zürchersee, der Eislauf, der Rheinwein, die künftige Geliebte, Ihr Schlummer u. s. w. Auch die besten Oden Klopstock's sind aber unfähig, jemals anders, als in kleinen Kreisen erhaben Gestimmter, in die Herzen zu bringen; Eigenthum der Nation konnten sie niemals sein.

Da trotz der Begeisterung, welche das gebildete Deutschland für den Dichter an den Tag legte, Niemand für sein sorgenloses Fortkommen bedacht war, nahm er 1751 einen Gehalt von dem dänischen Minister Bernstorff an und ließ sich, nachdem er seine „Cidli" geheiratet, in Kopenhagen nieder, das er, abwechselnd mit deutschen Städten, bis zum Sturze Bernstoff's durch Struensee bewohnte, und lebte dann in Hamburg bis zu seinem Tode 1803.

Nach dem Erscheinen der ersten Gesänge des Messias, welche trotz ihrer christlichen Stimmung doch antike Formen und Wendungen angenommen, und der ersten Oden, welche sogar die antike Mythologie gefeiert, hatte Klopstock's religiöser Standpunkt eine immer christlichere und biblischere Färbung angenommen, wovon auch die fortschreitende Verhimmelung seines Epos zeugte. Damals entstanden auch seine biblischen Trauerspiele: Der Tod Adams, Salomo, David und Jonathan, die im Widerspruche mit seinem anfänglichen Auftreten zu Vorbildern — Corneille und Racine hatten, aber ganz werthlos sind. Wieder eine neue Wandelung fand in ihm statt einige Jahre vor der Vollendung des Messias, dessen Schluß darum auch so schwach ausfiel. Er wandte sich vom christlich-biblischen dem altdeutschen Horizonte zu, dem er das keltische Bardenthum einimpfte, wozu einerseits die Bekanntschaft mit dem falschen Ossian, anderseits damals auftauchende Forschungen über deutsches Alterthum, welche sofort die Dichter begeisterten, das Ihrige beitrugen. Von da an wurde ein Schwärmen für altes Deutschthum, das man weder hinlänglich kannte, noch richtig auffaßte, Mode unter den Dichtern und Dichterfreunden. Sie übten sich in körperlichen Fertigkeiten, wie Schlittschuhlaufen, Springen, Reiten, sprachen nur von Hermann, Cheruskern, Barden, Eichenhainen, vertauschten in den Gedichten mit griechischen Metren die Hebe mit der Gna, die Polymnia mit der Iduna, den Apollo mit Braga, den Pindar mit Ossian, Jupiter's Adler mit dem Schwan in Glasor u. s. w., so Klopstock dichtete seine eigenen früheren Oden in diesem Geiste um. Statt des Sündenfalls und der Erlösung ertönte es jetzt von Vaterland und Freiheit. Statt Adams und der jüdischen Könige wurde Hermann des Dichters dramatischer Held; es entstand die bald wutschnaubende, bald sentimental-elegische Trilogie: Hermann's Schlacht, Hermann und die Fürsten, Hermann's Tod, — und mit gleichem Mißerfolge; seine fantastischen Schattengestalten waren nicht für die lebensvolle Bühne geboren, sein Himmeln und Schwärmen konnten nicht zum Handeln werden. Es war eine hohle und leere Hoffnung, mit diesem ossianschen Nebel ein deutsches Nationaltheater zu gründen. Klopstock drückte seine Gedanken zu einer Reform der deutschen Literatur in diesem Sinne in dem Wahrheit und Grille verbindenden sonderbaren Buche „Die deutsche Gelehrtenrepublik" aus, in welchem er jeder die Poesie beschränkenden Regel und jeder Nachahmung den Krieg erklärte. — Alles in der kindischen Form angeblicher Landtagsverhandlungen eines altdeutschen Staates!

Die Nachahmung freilich hatte nun Klopstock vernichtet, gleichwie auch die pedantische Regelmacherei der Gottsched'schen Schule; auch hatte er durch sein eigenes Beispiel das Zeichen zum poetischen Selbstschaffen gegeben, und von da an schöpften die Deutschen in der That aus dem eigenen unvergänglichen Borne ihrer Herzen und ihres Volksthums; aber das Streben Klopstock's, diesem Selbstschaffen Inhalt und Gegenstand anzuweisen, war verfehlt; seine Kraft reichte dazu nicht aus und sein Prophetenauge hatte sich als kurzsichtig erwiesen. Das deutsche Volk mit seiner reichen Vergangenheit und seinem bunten Leben bedurfte Gestalten von Fleisch und Blut, keine Schemen gefallener Helden, keine versifizirte Dogmatik, keine Oden, deren Metrum als Schema vorangesetzt werden mußte. Was Klopstock thun konnte, hatte er gethan; er hatte angeregt; aber die Grundlage zur neuesten deutschen Literatur zu schaffen vermochte er nicht. Es muß ihm jedoch nachgerühmt werden, daß er dies selbst eingesehen; denn seit dem Beginne des Zusammensturzes der Säulen des Mittelalters durch die Revolutionen über dem Ocean und über dem Rhein gab er in edler Resignation, obschon hochbetagt, seine alten Grillen auf und besang nur noch das Vaterland und seine Hoffnung auf eine demselben einst blühende, aber nicht wie in Paris blutige, Freiheit. Er schloß sein strebensreiches Leben mit innigem Antheil an der Wiedereinsetzung der unverfälschten Klassicität in ihre Rechte durch die beiden Dioskuren der literarischen Glanzzeit Deutschlands auf der Scheide zweier Jahrhunderte.

Zahllos war die Schaar der Nachahmer Klopstock's, von denen weder Einer ihn erreichte, noch den gesammten Kreis seiner poetischen Thätigkeit umfaßte. Sie theilten sich daher in antikisirende, christianisirende und teutonisirende Nachahmer. Zu den Ersten gehört Karl Wilhelm Ramler, geboren 1725 zu Koblenz, Arzt, dann Lehrer, gestorben 1798 zu Berlin, welcher als Muster seiner Oden besonders Horaz wählte, aber in Reimen dichtete und mit Vorliebe Friedrich den Großen besang; zu den Zweiten Cronegk mit seinen „Einsamkeiten" und Creuz mit seinen „Gräbern"; zu den Dritten Karl Friedrich Kretschmann, der sich den Barden Ringulf, und der Jesuit, später aber Freimaurer Michael Denis, der sich den Barden Sined nannte.

Ein unversöhnlicher Gegner Klopstock's, aber auch der Anakreontiker und der Schule Bodmer's und Breitinger's war der in Gottsched's System verharrende, wenn auch keineswegs für Letztern eingenommene, bisweilen witzige Epigrammendichter Abraham Gotthelf Kästner (1719—1800), Professor der Mathematik in Leipzig und Göttingen.

Die Werke dieser Epigonen und Dichterlinge enthielten so viel unerquickliches und unverdauliches Zeug, daß hervorragende Geister bald den Klopstockianismus, der am Ende impotent und lendenlahm warb, gründlich satt hatten und sich nach neuen Stoffen, nach Natur, statt der dreifachen Unnatur, umsahen. Da Die noch nicht gekommen waren, die ihn selbst schaffen konnten, gerieth ein großes Dichtergenie in eine wunderliche Vermengung poetischer Richtungen. Christoph Martin Wieland, den wir meinen, war 1733 bei Biberach in Schwaben geboren. Pietistisch erzogen, wandte sich der Knabe schon früh der Philosophie Spinoza's zu, huldigte, nachdem er bereits mehrere Lehrgedichte verfaßt, schon mit zwanzig Jahren wieder der Frömmelei und dann zugleich der christlichen Poesie Klopstock's und schmähte die Lüsternheit der Alten, welchen Standpunkt er aber wenige Jahre später wieder mit jenem der Aufklärung, und zwar speziell der Bewunderung Voltaire's und der Encyklopädisten vertauschte. Beide Wandlungen hatten sich in der Schweiz vollzogen, wo er Hauslehrer war, die erste in Zürich bei Bodmer, die zweite in Bern bei der geistreichen Freundin Rousseau's, Julie Bondeli. Er wurde 1760 Kanzleidirektor in Biberach, wo ihn der Umgang mit dem Grafen Stadion und seiner Freundin Sophie Laroche geistig stärkte, 1769 Professor in Erfurt und 1772 Prinzenerzieher in Weimar, wo er 1813 starb. In ihrer Haltung befinden sich vom Zeitpunkte seiner letzten Wandelung an seine Schriften auf dem freigeistigen und frivolen Standpunkt der Franzosen des achtzehnten Jahrhunderts (nicht der Zeit Ludwig's XIV.), während er, Diesen entgegen, Shakspeare hochhielt und selbst übersetzte, freilich auch in französischer Manier, in seinem größten Werke aber ein Erneuerer der von Ariosto begründeten ironischen Auffassung romantischer Heldensagen wurde. Seine Schriften sind Romane und epische Gedichte. Unter den ersteren errangen „Agathon", „Don Sylvio von Rosalva", eine Nachahmung des „Don Quixote", und die „Abderiten" (eine Verspottung des Kleinstädterwesens) den größten Beifall, doch nur der letzte mit Recht. Im „goldenen Spiegel" legte er seine politisch-religiösen freisinnigen Ansichten dar; in dem nach Lucian bearbeiteten „Peregrinus Proteus" soll er Lavater verspottet haben. „Aristipp" stellt ohne Satire in Briefen die griechische Kultur dar. Wieland's Romane enthalten bald Schilderungen altgriechischer oder orientalischer Sitten und Zustände, bald, unter der Maske solcher Stoffe, Satiren auf Menschen und Verhältnisse seiner Zeit, ohne jedoch Beides deutlich von einander zu scheiden; sie leiden an ungeheurer Weitläufigkeit, welche jedoch durch Witz und Anmut, die überall schalkhaft hervorschauen, angenehm erheitert wird. Diese Romane waren die ersten deutschen, welche das innere Seelenleben des Menschen neben den äußeren Ereignissen zum Gegenstande hatten; aber sie wurden an poetischem Gehalt weit übertroffen von den in angenehm abwechselnd reimenten jambischen Strophen hingeworfenen epischen Gedichten, unter denen der „Oberon" (zwölf Gesänge), das mit Recht berühmteste, nach dem altfranzösischen Roman Huon de Bordeaux, so glänzende und unvergängliche Poesie entfaltet als dies bei der Schilderung eines nie und nirgends dagewesenen „romantischen Landes" möglich ist. Am nächsten kommen diesem brillanten Feuerwerke von märchenhafter Pracht der „neue Amadis", nach ähnlichen Quellen verfaßt, und das selbsterfundene Quodlibet „Idris und Zenide", während das episch=didaktische Gedicht „Musarion" in höchst vollendeter Form des Dichters Kunstansichten ausspricht. Alle sind ein Krieg gegen die Schwärmerei, eine Predigt der Sinnlichkeit, leider oft bis zur frechsten Üppigkeit (worin jedoch die „komischen Erzählungen" Wieland's das Unglaublichste leisteten) — und ein Triumf des ausgelassensten Humors.

Klopstock'sche Bibelauffassung und Wieland'sche Erfindung romantischer Begebenheiten verschwistern sich unter dem Gewande bescheidener und anspruchloser Ausdrucksweise in den poetischen Werken des als Dichter ziemlich vereinzelt dastehenden Salomon Geßner aus Zürich, geboren 1730, seines Berufs Buchhändler, gestorben 1787. Seine Werke, welche den Titel „Idyllen" führen, sind eigentlich erst durch seine eigenen, mit dem Radirstifte dazu gezeichneten, die wunderbarste Genauigkeit und Sorgfalt besonders im Baumschlage kundgebenden Illustrationen verständlich. Es sind eigentlich Übersetzungen dieser, ideale antike Scenen darstellenden Bilder in die Schriftsprache und enthalten Erzählungen und Schilderungen aus einer niemals, als etwa in des Longus Hirtengeschichten, dagewesenen Welt unschuldvoller Zustände und Gefühle. Ihre Form ist prosaisch, die Sprache aber in hohem Grade poetisch, rein und schön. Größern Umfang haben: der Tod Abel's und der erste Schiffer. Es weht durch diese Dichtungen, welche mit Unrecht schlechthin verworfen werden, jener selbe rührende Drang nach Einfachheit, Einsamkeit und Naturbegeisterung, welcher den Robinson und die schönsten Stellen der „Neuen Heloise", sowie „Paul und Virginie" geschaffen hat.

Einen recht scharfen Gegensatz zu den edeln und reinen Dichtungen Geßner's bietet ein Gedicht, das blos der Vollständigkeit wegen genannt werden muß, weil es sich beispiellosen Ruf erwarb, nämlich die Wieland's satirische Ader bis zur abscheulichsten Gemeinheit überbietende Travestie der Aneis durch den österreichischen Jesuiten und spätern Freimaurer Alois Blumauer (1755—98).

Klopstock hatte der deutschen Literatur eine selbständige Epoche schaffen wollen, — er konnte ihr aber keine klassische schaffen; — Wieland hatte das letztere wollen, — er blieb aber im Banne der Nachahmung stehen. Was Beide nicht vermocht haben, ein Dritter vollbrachte es; was die Dichter in ihrem einseitig idealen Streben nicht im Stande gewesen waren, — der Kritiker vermochte es, der zwar nicht zum Dichter geboren war, aber die Energie hatte, einer zu werden. Gotthold Efraim Lessing, denn er war es, — der Vater der klassischen Glanzperiode unserer Nationalliteratur, war 1729, am 22. Januar, zu Kamenz in der

Lausitz geboren, studirte auf der Fürstenschule zu Meißen und auf der Universität Leipzig, wo er sich bereits, aber noch in den von Anderen schon betretenen Bahnen und in den engen Fesseln der gottschedisch-französischen Regeln der Poesie widmete, wovon seine kleinen, an Molière erinnernden Jugendlustspiele, der „junge Gelehrte", der „Freigeist", die „Juden", der „Misogyn", der „Schatz" und die „alte Jungfer" Zeugniß ablegen. Nach und nach trat er, seit 1748 in Berlin lebend, wo er persönlich mit Voltaire verkehrte, in kleineren kritischen Schriften gegen die herrschende Nachahmung des französischen Geschmacks im Drama auf, erst ganz schüchtern, indem er darauf hinwies, daß auch die Engländer und Spanier ein klassisches Theater haben. Dann wurde er kühner, erklärte seit 1750 in den Literaturberichten, die er für die Berliner Zeitung verfaßte, die Standpunkte sowol Gottsched's, als seiner schweizerischen Gegner für einseitige, und tadelte Klopstock als überschwänglich, die Gedichte der Anakreontiker als Tändeleien. Während er seit 1754, dem Jahre seiner Bekanntwerdung mit Nicolai und Mendelssohn (oben S. 362), die „theatralische Bibliothek" herausgab, empfahl er, im Gegensatz zu dem „rührenden" oder „weinerlichen" Lustspiele der Franzosen, die Pflege des in England aufgekommenen bürgerlichen Trauerspiels, welchem er selbst 1755 in „Miß Sara Sampson" einen die Sitten der Zeit in düsterm Lichte malenden Beitrag lieferte, in welchem bereits die „kraftgenialische" Sprache der spätern Sturm- und Drangperiode ertönte. Damit war die französische Dramatik und ihre drei Einheiten für immer gestürzt und selbst das englische Vorbild künstlerisch übertroffen, den Erfordernissen einer streng moralischen Motivirung des Tragischen aber noch kein Genüge gethan. Erst nach jenem Erstlingswerke studirte Lessing den großen Shakespeare, erkannte immer deutlicher dessen Vorzüge und verkündete nun offen seinen Ruhm. Er sah wohl ein, daß der britische Dichter, wenn auch in der äußern Form von den griechischen Tragöden durch eine tiefe Kluft getrennt, in der Tiefe der Auffassung ihnen näher kam, als ihre französischen Nachahmer, und widmete seine Aufmerksamkeit daher ebenso eifrig dem Sophokles, den er als besten Ersatz für die auszugebenden Corneille und Racine empfahl. Aus dieser Beschäftigung entsprang sein „Philotas", eine treue Nachbildung der antiken Muster in Charakteristik und Denkart, mit zwar moderner Ausdrucksweise, aber kurzer und kräftiger statt der schwülstigen früherer Dichter. Das Stück besteht nur in einem einzigen Akte und ist in Prosa geschrieben. Nachdem Lessing mit Nicolai und Mendelssohn die einflußreiche „Bibliothek der schönen Wissenschaften" begonnen, seine Fabeln neu bearbeitet und Gleim's Grenadierlieder veröffentlicht, verbrachte er die letzten Jahre des siebenjährigen Krieges als Sekretär des Generals Tauenzien in Breslau mit philosophisch-religiösen Untersuchungen, und sammelte seine Eindrücke von jener thatenreichen Periode in dem ersten klassischen deutschen Lustspiele

„Minna von Barnhelm", was dem deutschesten und unsterblichsten, das unsere Thalia hervorgebracht, denn niemals wird die so durchaus vaterländische und zugleich innige, zartfühlende Gesinnung, vom hochstehenden Krieger bis zum gemeinen Soldaten herab, ihre tief ergreifende Wirkung verfehlen, wenn auch manche Theile etwas zu wortreich und breit ausgesponnen sind. Jetzt endlich einmal, zum ersten Male seit den Nibelungen, hatten die Deutschen ihr eigenes wahrstes und tiefstes Leben und Denken in vollendeter untadelhafter Kunstform vor sich.

Als 1765 in Hamburg eine Gesellschaft das neue Schauspielhaus übernahm, beriefen die schwindelhaften Unternehmer Lessing, der ihren Charakter nicht kannte, als Dramaturgen und Konsulenten, und er begann als Solcher 1767 seine folgenreiche „Hamburgische Dramaturgie", welche in den zwei Jahren ihres Bestehens das deutsche Publikum vollends von dem Unwerthe der französischen Dramatik zu überzeugen suchte und zwar durch Aristoteles selbst, dessen Mißverstand auf jener Seite er nachwies, während er an der Hand Shakespeare's, den er hiedurch in Deutschland einbürgerte, zugleich die Grundsätze festzustellen bestrebt war, welche allein vom Vaterlande ein selbständiges klassisches Theater schaffen konnten. Seine Hoffnungen auch eine in Hamburg zu gründende deutsche Nationalbühne scheiterten aber an dem finanziellen Ruin des Unternehmens. Die erste eigene Anwendung seiner Lehre war die längst entworfene „Emilia Galotti", eine Analogie der altrömischen Virginia in modernem Gewande (1772), die unter der Maske italienischer Namen ohne Zweifel näher liegende Hofzustände treffen sollte und welche die Zeitgenossen Shakespeare an die Seite stellten, obschon wenigstens die Einheit der Zeit übertrieben streng beobachtet wird. Bei aller Feinheit der Charakteristik, Raschheit der Handlung und Schönheit der Sprache, leidet aber auch diese Tragödie, gleich der „Sara", an den die moralische Idee des Drama verletzenden Fehlern eines Untergangs ohne Schuld, eines Verbrechens ohne Motiv und der Straflosigkeit des Lasters.

Im Jahr 1770 war Lessing Bibliothekar in Wolfenbüttel geworden und diese Anstellung wurde die bewegteste seines Lebens. Er ließ sich 1771 in Hamburg als Freimaurer aufnehmen, welchen Bund er später in seinen „Ernst und Falk" betitelten Gesprächen so schön, aber mit gänzlicher Unkenntniß seiner wahren Geschichte beurtheilte. Er besuchte 1775 mit dem Prinzen Leopold von Braunschweig Italien und heirathete 1776 die Wittwe König, mit der er, nachdem ihn bisher blos Sorgen und Kummer heimgesucht, sehr glücklich lebte. Zu dieser Zeit aber nahet ihm auch ein bitterer Streit als je zuvor in Aussicht. Schon seit längerer Zeit theologischen Streitfragen mit Interesse zugethan, hatte er mancher inneren Kämpfe bedurft, bis er endlich ein entschiedener Anhänger der sowohl so beliebten „natürlichen Religion" wurde und nun in seinen Schriften mit Eifer die Unabhängigkeit der Moral vom Glauben versucht.

Noch später aber wandte er sich dem System Spinoza's zu, den er namentlich
gegen dessen Stammesgenossen Mendelssohn vertheidigte, während er zugleich sich dahin aussprach, die Orthodoxie solle nicht plötzlich weggeworfen,
sondern ihre Sätze mit Schonung untersucht und nach und nach beseitigt
werden; daher war er den aufgeklärten Theologen seiner Zeit, welche ihm
einen weder klaren noch konsequenten Standpunkt einzunehmen schienen,
gar nicht grün. Dennoch verwickelte ihn die Herausgabe der Fragmente
des verstorbenen Reimarus (oben S. 358), welche er 1774 begonnen
hatte, in jene berühmte Geistesfehde mit dem Pastor Johann Melchior
Goeze in Hamburg, dem blinden Verfechter des Buchstabenglaubens,
wobei seine Schrift „Anti-Goeze" (1778) das größte Aufsehen erregte.
Goeze ging, um sich die fernere Widerlegung seines fanatischen Tobens
zu ersparen, soweit, bei dem braunschweigischen Hofe die Verhängung einer
präventiven Censur über Lessing's Schriften zu erwirken. Die ganze
orthodoxe Meute der Protestanten Deutschlands kläffte gegen den aufgeklärten Dichter. Die Frucht dieses Glaubenskampfes war aber eine
der edelsten am Baume deutscher Dichtung, die Herausgabe des längst
vorbereiteten Schauspiels „Nathan der Weise" (1779), in fünffüßigen
reimlosen Jamben (das erste deutsche Beispiel dieser Art, die von nun an
die beliebteste werden sollte). „Nathan" drückte des Dichters theologischen
Standpunkt der Toleranz aller Kulte zugleich und der Abneigung gegen
ihre Dogmen aus. Dieses ächt freimaurerische Gedicht ist der schönste
Triumf poetisch eingefaßter religiöser Gedanken in der deutschen Literatur.
Daß Lessing den Grundgedanken der Gleichstellung des Judenthums,
Christenthums und Islams in einer Begebenheit versinnbildlichte, von
deren mithandelnden Charakteren gerade die toleranten lauter Juden und
Mohammedaner, die intoleranten lauter Christen sind, rührt ohne Zweifel
eben daher, daß er unter Christen lebte, denen er ihren unberechtigten
Dünkel anderen Religionen gegenüber vorhalten mußte; denn er glaubte
sicher eben so wenig, daß sich der Fanatismus bei den Anhängern der
beiden monotheistischen Religionen nicht vertreten finde, als er alle
Christen für intolerant hielt. Dagegen ist die Handlung nicht abgerundet,
sie ist zersplittert und schließt, indem sie die Liebenden als Geschwister erkennen läßt, durchaus unbefriedigend ab. Ebenso läßt uns der Dichter
im Dunkeln über die weitere Laufbahn des Tempelherrn. Wurde er
Mohammedaner und bekämpfte seine Ordensbrüder oder blieb er Christ
und wandte das Schwert gegen seine Blutsverwandten? Über diese
traurige und doch unvermeidliche Alternative hilft uns das Drama nicht
hinaus, und es zeigt sich darin das Bedenkliche, einen idealen religiösen
Standpunkt in eine Zeit zu versetzen, wo er in keiner Weise durchführbar
war, vielmehr Jeder Farbe bekennen mußte, und Frauen, wie Sittah und
Recha, an einen mohammedanischen Hof, an welchem für das weibliche
Geschlecht keine andere Stellung möglich ist als die von Haremssklavinnen.

Den nämlichen acht humanen Standpunkt wie im Nathan vertrat Lessing in prosaischem Gewande in der „Erziehung des Menschengeschlechts" (1780), welche kleine Schrift in hundert kurzen Paragraphen die Grundsätze einer vernünftigen Religion und Erziehung aufstellt. Dies und die Freimaurergespräche waren sein Schwanengesang, sein würdiges Testament. Er starb allzufrüh am 15. Februar 1781, „wie ein Weiser" in den Armen eines von ihm der Verfolgung entrissenen Juden. Wir werden ihm in der Geschichte der Ästhetik noch einmal begegnen.

Durch ihn war der zweiten und erhabeneren poetischen Blüte der Deutschen der Weg gebahnt. Er hatte die hemmenden Schranken der Nachahmung und des Regelzwangs niedergerissen. Was Wunder, daß nun Alles, wie über eine Bresche rasend und jubelnd, in wildem Sturm und Drang in den Tempel der Dichtung einbrach!

Gleichzeitig mit dem eben geschilderten Erwachen der deutschen Literatur in gebundener Sprache pflegten Schriftsteller, die nicht für die gelehrte Welt arbeiteten, auch die ungebundene Redeweise in einer Art, die sie unter die Schöngeister versetzt. Johann Georg Zimmermann aus Brugg im Aargau (1728—1795), hannoverscher Leibarzt, aber ein durchaus kriecherischer und unzuverlässiger Charakter, behandelte in vielgelesenen, anziehenden und viel Talent, aber wenig Logik verrathenden Büchern erst (1756) die „Einsamkeit" und dann (1758) den „Nationalstolz". Die populäre Medizin verdankt ihm das gute Buch „Von der Erfahrung in der Arzneikunst", wenig Nutzen aber und viele Feindschaft trugen ihm seine saftlosen Schriften über Friedrich den Großen ein, den er in dessen letzter Krankheit behandelt hatte. Thomas Abbt, geboren 1738 zu Ulm, Docent in Halle, Professor in Frankfurt a. O. und Rinteln, gestorben 1766 allzufrüh als Hofrath in Bückeburg, bewies in seinen gedankenreichen, aber zu wenig anziehend gehaltenen Schriften „Vom Tode für's Vaterland" (1761) und „Vom Verdienste" (1765) offen republikanische und edle Gesinnung. Die ebenfalls auf das Gebiet schöngeistiger Prosa streifenden Schriften von Mendelssohn, Eberhard, Möser und Sulzer haben wir schon erwähnt oder werden sie noch erwähnen.

C. Sturm und Drang.

Die Literaturhistoriker nennen, nach einem Drama von Klinger, dessen Titel höchst charakteristisch für die damalige deutsche Poesie ist, „Sturm- und Drangperiode" die Zeit von der bahnbrechenden Arbeit Lessing's, welche am Ende des siebenjährigen Kriegs mit Minna von Barnhelm entschieden war, bis zur klassischen Läuterung des auf jene Eröffnung neuer Laufgräben folgenden Stürmens und Drängens, im

Beginne des Zusammenwirkens Goethe's und Schiller's nach der Rückkehr von des Erstern italienischer Reise und zur Zeit des Ausbruchs der französischen Revolution. Ausgangspunkt dieser Periode ist Herder, Höhe- und Mittelpunkt Goethe, Schlußpunkt Schiller. Zu Herder gesellen sich, als isolirte Arbeiter, Gerstenberg und Schubart. Auf Goethe folgen seine Schüler, Lenz und Klinger, und deren Nebenbuhler, Müller und Heinse. Zwischen ihm und Schiller stehen die Glieder des Göttingerbundes, Bürger, Voß und Genossen. Endlich schreiten neben den Sturm- und Drangmännern ruhigere Naturen einher, welche, Iffland u. A. im Drama, Hippel u. A. im Roman, ein Gegengewicht zu ihnen bilden.

Das Gemeinsame der Stürmer und Dränger besteht in einer souveränen Verachtung oder wenigstens Hintansetzung aller Regeln der Kunst und in der Lust, eine Sprache zu führen, welche als tiefster Ausfluß des Genies galt, das sich über alle Rücksichten erhaben fühlte. Diese Sprache mußte möglichst derb, rauh und kräftig sein, — namentlich sollte sie in ihren Ausbrüchen, Vergleichungen und Antithesen an die schlagenden Reden und Gegenreden in den Volks- und Kneipenscenen bei Shakespeare erinnern. Während man so von dem großen Briten nur die Auswüchse entlehnte, seinen Feinheiten und Lieblichkeiten aber so fern als möglich blieb, begeisterte man sich vor Allem für Rousseau's Hebe zur Einsamkeit und Haß gegen die Kultur, ohne indessen das Klassische dieses Dichters, seine Naturbegeisterung, im Wesentlichen sich anzueignen. Dazu kamen dann künftige Anklänge an Klopstock, Wieland und Lessing, ferner, und das ist ein wirkliches Hauptverdienst der Stürmer und Dränger, eine Wiederbelebung des alten deutschen Volksliedes und Volkshumors, wie auch die freudige Aufnahme der wirklichen und angeblichen Volksdichtung fremder Völker, wozu namentlich die Ossian-Schwärmerei gehörte, — und den Schluß machten die mannigfaltigsten eigenen Einfälle und Grillen der Dichter, dabei aber auch deutliche und kühne Anspielungen auf verwerfliche, rohe- und freiheitsfeindliche Thaten der damaligen Machthaber, wozu schon Emilia Galotti das Signal gegeben hatte. Die Sturm- und Drangperiode war wirklich ein tobender und blitzender Sturm in der sich erhebenden deutschen Dichtung und ein Drang nach Freiheit von Regelzwang und von fremden Mustern und noch volksthümlicher Entwickelung der Zustände des Vaterlandes.

Als Patriarchen der Stürmer und Dränger mußten wir Johann Gottfried **Herder**, den wir bereits (oben S. 375) als Philosophen kennen gelernt. In dieser Thätigkeit sowol, wie in jener als Dichter, war der genialische Freiheitsapostel J. J. Rousseau sein erstes Vorbild, dessen Einwirkung auf sich er jedoch in durchaus selbstständiger Weise verarbeitete. Der Beginn seiner poetischen Thätigkeit war die Richtung seiner Aufmerksamkeit auf die **Volkspoesie**, und zwar auf diejenige sämmtlicher

Völker der Erde, ohne Rücksicht auf ihre Bildungsstufe, und er unternahm zu diesem Zwecke weit- und tiefgehende Studien über die Geschichte der Poesie. Dabei stellte er sich mit einem für einen Theologen anerkennenswerthen Muthe auf den richtigen Standpunkt, die wunderreichen Erzählungen des Alten Testamentes frischweg unter die Dichtungen zu versetzen, und setzte so, was noch zu unserer Zeit so vielen gebildet sein Wollenden nicht einleuchten will, die hebräische Dichtung auf gleiche Stufe mit denen anderer Völker, nur der Zeit nach voran. Wie Lessing in der höheren oder Kunstpoesie, so war dabei Herder, so wenig oder noch weniger ein geborener Dichter als Oener, in der Volkspoesie bahnbrechend. Aus dieser seiner wichtigsten Thätigkeit auf poetischem Felde gingen (1778) seine „Stimmen der Völker in Liedern" hervor, dies sehr schöne Liederbuch des Menschengeistes. Würdig steht demselben die spätere Bearbeitung der spanischen Romanzen vom „Cid" zur Seite. Herder war es, der die indische Poesie (mit der „Sakuntala") zuerst in Deutschland bekannt machte, und der Erste, welcher sich eingehend und kritisch, nicht blos ad* mit einem Vorbilde, mit Shakspeare beschäftigte. Seine eigenen Dichtungen dagegen, von denen die reinsten „Legenden" die bekanntesten wurden, sind rein lehrhaft, ohne alle Begeisterung und Fantasie.

Von „Sturm und Drang" war bei Herder, außer in einigen kleineren kritischen und ästhetischen Schriften, noch wenig zu brauchen; er wirkte aber auf die jenen Namen führende Epoche durch sein Beispiel des poetischen oder bei ihm eigentlich mehr poetisch raisonnirenden Schaffens ohne Rücksicht auf vorgestellte oder vorgestimmte Regeln. Satirischer und brausender verfuhr schon der ihm als Vorläufer der Epoche zur Seite stehender Heinrich Wilhelm von Gerstenberg, geboren 1737 zu Tondern in Schleswig, dänischer Officier, dann Justiciar in Hufsum, als welcher er seit 1766 seine unabhängigen Ansichten über Literatur zu äußern begann. Von Wichtigkeit wurden unter denselben diejenigen über Shakspeare's Werke. Er wies nämlich jede Beurtheilung dieses großen Dichters nach dem Maßstabe der Alten durchaus zurück und wollte sogar die Bezeichnung der Werke desselben als Tragödien und Komödien nicht gelten lassen, da diese antiken Bezeichnungen auf selbe nicht passen; er nannte sie nur „lebendige Bilder der sittlichen Natur", und nahm ihnen damit, so sehr er ihren Verfasser verherrlichte, jeden dichtbaren, plastischen Charakter. Lessing mußte ihn daher erinnern, nicht mit den Gesetzen der französischen Tragik alle dramatischen Gesetze überhaupt wegzuwerfen. Gerstenberg aber führte seine Ansichten 1767 durch das Trauerspiel „Ugolino", nach einer Episode in Dante's Hölle, in's Leben. Das war schon ganz „Sturm und Drang", wildes Wühlen im Herzen des Lesers oder Hörers durch Entfesselung aller Schrecken des Hungertodes und der Berzweiflung. Die Grundidee der Tragödie war sozusagen ignorirt, nothgedrungen sehen wohl ohne allen Zweifel bei der planvollsten Privatrache, einen gräßlichen Tod. Aber es waltete auch schon die ungebärdige Kraftvollheit, aus deren Erstlingswerken sich nachher die Blüte der deutschen Klassik herausgeschält hat. Der Dichter schwieg nach dieser Jugendthat, mit Ausnahme höchst unbedeutender Produkte, meist der Musik und Philosophie lebend, und starb erst 1823 zu Altona als Beamter.

Dieselbe Wildheit, welche Gerstenberg bloß dichtete, verlebte und dichtete Christoph Daniel Friedrich Schubart geboren 1739 zu Oberstonheim. Nach Besuch der Schulen zu Nördlingen und Nürnberg und der Universität Erlangen wurde er 1763 Lehrer in Geißlingen, 1769 aber Musikdirektor am Hofe zu Ludwigsburg, wo er ein leichtfertiges Leben führte und 1773 wegen einer Satire auf den Herzog des Landes verwiesen wurde. Nach unstätem Wandern schrieb er in Augsburg die Zeitung „Deutsche Chronik", welche im volksthümlichen Tone für Vaterlandsliebe und Aufklärung wirkte, mit der er aber nach Ulm flüchten mußte. Kaum hatte er hier ein solideres Leben begonnen, so ließ ihn der despotische Herzog Karl von Würtemberg auf sein Gebiet locken und auf die Festung Hohenasperg setzen, wo er zehn Jahre zubrachte und geistig verkam. Daher ließ er sich nach seiner Freilassung von den Tyrannen wieder anstellen, ergab sich dem Wohlleben und starb 1791. Der ungebändigte Trotz eines ungezügelten Dichterstrebens glüht und blitzt aus seinen „Ahasver" und seiner „Fürstengruft". Den Volkston traf er in seinem „Kaplied", dessen Veranlassung freilich eine äußerst trübe war, nämlich der Verkauf einiger hundert Stück Schwaben durch ihren sittlichen Landesvater an die holländisch-ostindische Kompagnie.

Nach diesen Vorläufern, diesem sturmverkündenden Morgenroth ging das Dichtergestirn auf, welches in der vollen Vielseitigkeit eines ganzen Mannesdaseins sowol der Stolz des Sturms und Drangs, als später die Ruhe der ruhigen Klassik und endlich im Alter der ironische Tonangeber der Romantik wurde und so viel Perioden der deutschen Dichtung als Poet erster Größe durchlief.

Johann Wolfgang Goethe wurde am 28. August 1749 als Sohn des kaiserlichen Raths Johann Kaspar und der Elisabeth Textor zu Frankfurt am Main geboren. Den Charakter seiner Eltern und die Art ihres Einflusses auf ihn zeichnet er in den Versen:

      Vom Vater hab' ich die Statur,
      Des Lebens ernstes Führen,
      Vom Mütterchen die Frohnatur
      Und Lust zu fabuliren.

Nach glücklich verlebter Jugend, wie er in seiner Biographie „Aus meinem Leben; Dichtung und Wahrheit" so ergreifend schildert, bezog er 1765 die Universität Leipzig, um Jurist zu werden, welche Bestimmung er aber zu Gunsten der „schönen Wissenschaften" gar sehr vernachlässigte. Seine ersten Dichtungen waren indessen noch ganz nach dem französischen

Linie der Gottsched'schen Schule. Mit mannigfachen Erfahrungen in Kunst und Leben kehrte er 1768 nach Frankfurt zurück und zog 1770 nach Straßburg, wo sein Aufenthalt abermals fruchtbarer für sein poetisches, als für sein juristisches Talent war. Das Münster mit seinen Erinnerungen, die schöne Umgebung, die Bekanntschaft anregender und geistvoller Männer, besonders Herder's, der dort etwas später ankam, war noch von Hamann's Mystik angesteckt war, aber ihn auf Shakespeare aufmerksam machte, und des Kraftkopfes Lenz, und endlich die reine, süße Liebe Friederikens Brion zu Sesenheim, die er leider mit Unrecht vergalt, — trugen Unschätzbares zu seinem Dichtergenius bei. Er wurde 1771 zu Frankfurt Advokat, — man kann denken, was für Einer, arbeitete aber seit dem nächsten Jahre am Reichskammergerichte zu Wetzlar. — Es ist anzunehmen, mit welchem Eifer denn während dieser beiden Aufenthalte schrieb er sein erstes größeres und sein erstes geniales Werk, eines der bedeutendsten im Sturm und Drang, — die Tragödie „Götz von Berlichingen" (erste Bearbeitung 1773). Es ist ein ächtes jugendliches Feuerwerk des Geistes, voll von Genialität und gelungener Charakterzeichnung, nicht nur mit der bis dahin souveränsten Verachtung der Einheit von Zeit und Ort, die alle Augenblicke Übertretungen werden soll später Scenen von zwei bis drei Sätzen!), sondern auch ohne Einheit der Handlung, nur die Personen halten Alles zusammen. Man weiß nicht, für welche That der Held büßt (dessen Tod überdies der Geschichte widerspricht), — so viel handelt er, so vielfach bäumt sich sein Freiheitssinn gegen alle Schranken, so vielerlei Elemente sind durcheinander geworfen, so z. B. die zur Hauptsache nicht gehörige, aber prächtige Einführung Luther's als „Bruder Martin". Es handelte sich eben für den Dichter nur, im Namen der rauhen, aber ehrlichen Thatkraft Krieg zu Ehren gegen das raffinirte Laster und die diplomatische Heuchelei. Bis dahin hatten die Stürmer und Dränger ihren Geist nur in der Sprache kundgegeben, jetzt wurde auch ein poetisches Programm leitender Grundsätze aufgestellt und in eine Zeit verlegt, in welcher wilde Opposition gegen alles Bestehende gährte! Götz rief eine Flut von Nachahmungen hervor, und zwar sowol von harnischrasselnden Ritterschauspielen, unter welchen Babo's Otto von Wittelsbach das beste geblieben ist, als von Ritterromanen.

In Wetzlar erlebte und entwarf Goethe jenen Aufschrei seines Seelen- und den ersten unseres modernen Weltschmerzes, den wir als die „Leiden des jungen Werther" kennen. Bekanntlich ist dieser größtentheils in Briefen geschriebene Roman eine Kombination zwischen des Dichters hoffnungsloser (übrigens mehr gemüthlicher als empfindsamer) Liebe zu Charlotte Buff, damals Braut und später Gattin des hannoverschen Legationsrathes Kestner, — mit dem gleichzeitigen (1772) Selbstmorde des in Wetzlar weilenden braunschweigischen Gesandtschafts-Attachés Karl Wilhelm Jerusalem. Das Buch erschien 1774, verbreitete sich mit wunderbarer

Schnelligkeit und trug die Herzen der Jugend allüberall einstisch. Und wen entzückt nicht noch jetzt in lieblicher oder geistiger Jugend diese malerische Naturanschauung, diese schwärmerische Gemüthstiefe, diese dichterische Begeisterung, diese packenden Situationen? Es ist Rousseau, in's Deutsche übertragen, nur unendlich vertieft, es ist das Hohelied der das ganze All in eine mächtige Erregung ihres Innersten concentrirenden und in dieser auflösenden Menschenseele, die durch Festhaltung der Hoffnung auf Erfüllung Dessen, was sie einzig erstrebt, nothwendig zu Grunde gehen muß. Sagt nicht Werther (30. August): „Ich habe kein Gebet mehr als an sie; meiner Einbildungskraft erscheint keine andere Gestalt als die ihrige, und alles in der Welt um mich her sehe ich nur ihr Verhältnisse mit ihr." Damit ist der Ausgang begründet. Ob dies aber moralisch gerechtfertigt, ob es nicht vernünftiger und menschenwürdiger sei, eine hoffnungslose Leidenschaft zu unterdrücken und seine Kräfte der Mitwelt zu weihen, — das ist eine andere Frage, eine Frage der Reflexion, — nicht der Poesie. Dem Dichter vorzuwerfen, daß er mit dem Romane schlimm eingewirkt, zum Selbstmorde aufgefordert hätte, ist etwas dumm, als wenn man ihn beschuldigen wollte, wie „Göz" eine Wiederherstellung des Faustrechtes beabsichtigt zu haben. Die Poesie ist zur Darstellung aller menschlichen Stimmungen und — Schwächen, soweit sie künstlerisch darstellbar sind, berechtigt. Werther ist krankhaft, weil die Zeitstimmung in Bezug auf das Leiden des Helden überhaupt krankhaft war, er ist daher jetzt insofern veraltet, als die Gegenwart jene absolute Hingebung an ein Gefühl nicht mehr kennt und die Einzelwesen ihre Neigungen vertheilen und zersplittern. Wie wahr sind die Schlußworte des letzten Briefes: „Was ist der Mensch, der gepriesene Halbgott? Ermangeln ihm nicht eben da die Kräfte, wo er sie am nöthigsten braucht? Nur wenn er in Freude sich aufschwingt, oder im Leiden versinkt, wird er nicht in beiden eben da aufgehalten, eben da zu dem stumpfen, kalten Bewußtsein wieder zurückgebracht, da er sich in der Fülle des Unendlichen zu verlieren sehnte?"

Göz und Werther sind die beiden Extreme der Sturm- und Drangperiode, dort ein Ueberfluß an Aktivität, hier ein Ueberfluß an Passivität, dort eine Vervielfältigung des Ich in der Außenwelt, hier eine Zusammenfassung der Außenwelt im Ich. Beide sind auch die Typen der Figuren des Sturmes und Dranges geworden, in allen ist etwas Göz- oder Wertherartiges oder aus beiden Vermischtes.

Und ein solcher gemischter Charakter ist denn auch Goethe's dritter Held (dem Erscheinen nach zwar zwischen beide obigen fallend): Clavigo, eine Dramatisirung der wirklichen Erlebnisse des französischen Dichters und Kritikers Beaumarchais in Madrid, ein bürgerliches Trauerspiel im Geschmacke von Lessing's Sara und Emilia, ein wohlabgerundetes, vollendetes Kunstwerk, der Held, wie Mellefont im ersten der genannten

Glücke, einer jener stets zwischen That und Thatlosigkeit, zwischen Aufopferung und Egoismus schwankenden Unglücklichen, zu denen schon Weislingen im Götz gehörte, während wir in Beaumarchais einen moderneren, verfeinerten Götz, in Carlos dagegen die erste der Goethe'schen Mephisto-Figuren erblicken. Die bei Götz vermißte Einheit der Handlung ist hergestellt, der Ausgang aber ebenso unhistorisch wie bei jenem. Ein Fehler ist, daß Clavigo nicht durch seine Schuld selbst, sondern aus Zufall zu Grunde geht.

Goethe war von Wetzlar bald nach Frankfurt zurückgekehrt und hatte dem Vater zulieb die letzten Versuche in der Juristerei gemacht. In kleinen dramatischen Scherzen verspottete er Bahrdt, Leuchsenring (einen Gegner Herder's), Rousseau's Übertreibungen und Wieland's Einseitigkeiten. Damals machte er auch die oben (S. 147) erwähnte Bekanntschaft und Reise mit Lavater und Basedow (S. 403). Nachdem er die Liebe zu Lili (Elisabeth Schönemann) überwunden, machte er 1775 mit den Brüdern Stolberg, die ihn besuchten und die seine Mutter im Scherze fragte, ob sie Thyrannenblut trinken wollten, jene Reise nach der Schweiz, die in den Werther angehängten Briefen geschildert ist, und erhielt gegen Ende des genannten Jahres den für ihn und die neueste deutsche Literatur so inhaltschweren Ruf an des kunstsinnigen und genialen Herzogs Karl August Hof nach Weimar.

Damit war für ihn der Sturm und Drang abgeschlossen. Er offenbarte sich seit Werther's Erscheinen nur noch entweder in ganz mißlungenen, krankhaften Produkten, wie „Stella", oder in liegen gelassenen Entwürfen, zu welchen „Mahomet", der „Ewige Jude" und der viel versprechende, titanenhaft angelegte und spinozistisch gedachte, die Rechte der Menschheit gegenüber der Gottheit trotzig vertretende „Prometheus" gehören. Auch entstanden damals die ersten Ideen zu seinem nachherigen Riesenwerke „Faust", in welchem Sturm und Drang noch hie und da spuken, aber in untergeordneter Weise, und das wir daher später besprechen müssen, und zum ersten seiner eigentlich klassischen Dramen, zu „Egmont". Solchen Entwürfen und Vorbereitungen auf eine glänzendere Periode seines Dichterruhms widmete er sich auch während der ersten Jahre seines Aufenthalts in Weimar, wo die Stürmer und Dränger, denen sich der junge Herzog selbst beigesellte, im wahren Sinne ihre Flitterwochen feierten und ihre Werke in die That übersetzten. Ja, sie hatten da goldene Tage und strömten auch fleißig hin, die Gelegenheit zu benutzen, die sich zum ersten Male bot, den genialsten der genialen Dichter, den lustigsten Gesellschafter und gefeiertsten Adonis als thatsächlichen Regenten eines Kleinstaates im romantischen Thüringen zu finden und mit ihm und seinem leutseligen Herrn recht auszutoben.

Ein zwischen den mannigfaltigsten, oft trockenen und undankbaren Regierungssorgen und Geriestreichen getheiltes Leben, wozu noch die leidenschaftliche Liebe zu Frau von Stein dar; denn seine schriftstellerische Beziehung nicht zuzutrauen sein. Er war zwar unfähig, in seiner Ausbildung innezuhalten; seine Beschäftigung mit der Naturwissenschaft und mit Spinoza's Philosophie, welcher er sein Leben lang zugethan blieb, beweisen dies, wie hinwieder seine lyrischen Gedichte aus dieser Zeit Zeugniß von seiner unermüdlichen Muse ablegen; aber er bedurfte des Sammelns und ruhigen Bearbeitens seiner größeren Entwürfe, und sehnte sich doch darnach. Endlich, nach elf Jahren, konnte er sich aus dem ihn berauschenden Strudel losreißen, und wir werden später sehen, wie er aus dem Wunderlande Italien als Meister einer neuen literarischen Epoche zurückkehrte.

Ein unglücklicher Nachahmer Goethe's, zu dessen Schule rein von gelangen, war Reinhold Lenz, geboren 1750 in Liefland, der mit Goethe in Straßburg bekannt geworden war, wohin er als Reisebegleiter gekommen. Er lebte in der seltsamen Idee, ein Goethe beinahe gleichkommendes Genie und mit ihm über dem Trosse der Nachahmer Beider erhaben zu sein. Seine dramatischen Stücke „der Hofmeister", der „neue Menoza" und „die Soldaten" sind geschmacklos, unsittlich und verworren und wühlen mit Lust im Grätzlichsten. Er äffte darin Götz nach, wie er in dem unvollendet gebliebenen „Waldbruder", in den „Engländern" und „die Freunde machen den Philosophen" den Werther zu überwerthern trachtete. Besser sind seine komischen Gedichte. Lenz reiste Goethe nach Weimar nach, benahm sich aber so, daß ihn der Herzog auswies, vagabundirte herum, maßte sich an, nur die verlassene Friederike in Sesenheim zu werben, starb herabgekommen 1792 zu Moskau und war bald vergessen.

Einen bessern Gebrauch machte von seinen Gaben der in seinen Schriften Lenz sehr ähnliche Maximilian Klinger, 1752 zu Frankfurt am Main von armen Eltern geboren. An Rousseau begeisterte er sich zu dichterischen Werken; Shakspeare und Götz ahmte er in „Otto", den „Zwillingen", „Sturm und Drang" und anderen nach, von denen das letztgenannte der Periode den Namen gab nur in den beiden Hauptpersonen Wild und Blasius den ungestümen Freiheitsdrang und die übersättigte Trägheit personifizirte. Er war der Erste, der als politischer Opponent mit Bezug auf die Gegenwart in Deutschland auftrat; aber seine Stücke sind roh, ohne alle Würde und Hoheit, unsittlich und schauderregend, und ihre Auftritte oft so gesucht, daß sie an's Kindische und Thörichte streifen. Doch fehlen nicht zahlreiche Geistesblitze, die um so schärfer das Zerrissene solcher Charaktere zeichnen. Auch Klinger suchte nach weiten Irrfahrten sein glücklicheres Vorbild in Weimar auf, das er den „Sitz der Götter" nannte, machte sich aber so wenig beliebt wie Lenz, wurde wanderuder Theaterdichter, dann österreichischer Offizier, schmorgte in Basel und erhielt endlich 1781 eine bleibende Stellung in Petersburg, wo man damals noch deutschen Geist aufsuchte, statt nach moskowitischer Barbarei zu lechzen und Religionen und Sprachen zu unterdrücken wie neunzig Jahre später. Und gerade seitdem erhielt seine poetische Thätigkeit einen solchern Charakter, wie wir später sehen werden.

Ein Dritter im Bunde mit Lenz und Klinger war Heinrich Leopold Wagner, geboren 1747 zu Straßburg. Sein bekanntestes Stück ist „die Kindesmörderin", ebenso roh, Kunst und Anstand eben so frech mit Füßen tretend, wie die Dramen der beiden Vorigen. Die wenigen genialen Züge des Stückes sind stärker vertreten in der darum an jenen Mängeln nicht armen „Reue nach der That". In der Posse „Prometheus, Deukalion und die Recensenten" verspottete Wagner Goethe's Gegner. Seit 1779 hörte man von ihm nichts mehr, und die Zeit seines Todes ist nicht mit Sicherheit bekannt.

Diesen drei unbedingten Goetheanern reihen wir zwei Dichter an, welche durch ihr Wirken in mannigfache Berührung zu ihnen und zu ihrem Meister getreten sind. Es sind die beiden Wälschlandfahrer Müller und Heinse.

Friedrich Müller, geboren 1750 zu Kreuznach, bildete sich zu Mannheim als Maler aus, daher er gewöhnlich der „Maler Müller" genannt wird, obschon er als Dichter einen größeren Ruf errang als mit der Palette. Innig mit Lessing befreundet, wählte er doch in seinen ersten Dichtungen, den „Idyllen" nicht ihn, sondern Klopstock und Geßner zu Vorbildern, über die er sich jedoch, vorwärts stürmend und drängend, in Wahrheit und Frische der Naturschilderung, wie es einem Maler geziemen, weit erhob. Seine Idyllen sind entweder biblischen oder mythologischen oder volksthümlich deutschen Inhalts, welche letzteren sein eigenstes Werk sind, wie auch in den ersteren beiden Gattungen an die Stelle der gemessenen zierlichen Sprache Geßner's und der überschwänglichen Klopstock's die Derbheit der Periode des Dichters trat. Unter den biblischen Idyllen ist die bedeutendste „Adam's erstes Erwachen", unter den nationalen der „Nußkernen" und die „Schaafschur". Die letztgenannte ist wichtig durch den darin entwickelten Gegensatz zwischen der erkünstelten und der naturgemäßen Dichtung. So heißt es darin über die affektirte Hirtenpoesie der Italiener, Franzosen und ihrer Nachahmer: Wo gibt's denn Schäfer wie diese? Was? Das Schäfer! Das sind mir turiose Leute, die weiß der Henker, wie leben, fühlen nicht, wie wir andern Menschen, Hitze oder Kälte, hungern oder dursten nicht; leben nur von Rosenthau und Blumen und was des schönen süßen Zeugs noch mehr ist, das sie bei jeder Gelegenheit einem so widerlich entgegen plaudern; daß es einen rein Gall wider den Mann geht. Dieser Ansicht des alten deutschen Schäfers gegenüber kramt der „Schulmeister" seine Gottsched'sche Weisheit aus: Warum wäre die Poesie eine so erhabene wichtige Wissenschaft, von Göttern erfunden und von Königen und Kaisern ausgeübt...... warum wären Schulen ange-

legt, warum Lehrer dazu bestellt, warum Regeln festgelegt, warum so viele
gelehrte Bücher drüber geschrieben worden, wenn die Kunst, wie er meint,
eine so natürliche gemeine leichte Sache wäre? Ei, da dürfte ja mancher,
der Gaben in sich fühlt, nur sich umschauen in der Natur, hier und da
Achtung geben und, wie sie's zu nennen pflegen, den Menschen studiren;
er dürfte ja nur niederschreiben, grad wie er sich aus'm Herze fühlt. Das
wär ein gar Leichtes, nicht wahr? Aber was gäb das für unsere Herrn
Gelehrte? Wo blieb' dann das Spiel He! Das Geschmackvolle, das
Schöne, wo blieb das? —— So verhöhnten Sturm und Drang mit
Recht die Zopfzeit und machten sie toll. — In seinen lyrischen Gedichten
ging der Maler Müller, welcher seit 1778 in Rom lebt, bei Zeiten vom
Klopstock'schen Odenton zum tiefgefühlten Volkston über, dessen Klänge er
auch in seine Idyllen einlocht, wie nicht minder in seine Dramen. Unter
den letzteren sind die wichtigsten: „Faust", in welchem wir die großen
Gedanken, die Goethe später in diesen Stoff legte, vergeblich suchen;
„Niobe", eine verfehlte Wiederbelebung mythologischen Stoffs, „Golo und
Genoveva", eine durch viele dichterische Schönheiten, sittliche Ahnung und
ergreifende Seelenstimmungen ausgezeichnete Vorahnung der romantischen
Schule, doch noch ohne deren reaktionäre Tendenzen, gegen die künstliche, sittenhafte Rohheit in Faust und Niobe vortheilhaft abstechend.
Müller, der als Maler ein verunglückter Schüler Michel Agnolo's und
während einer Krankheit zum Katholizismus verlockt wurde, starb 1825
zu Rom.

Dort hatte er innige Freundschaft, wenn auch oft durch Zank unterbrochen, mit seinem Gleichstrebenden Wilhelm Heinse geschlossen. Dieser
Antiste unter den Stürmern und Drängern war 1749 bei Ilmenau geboren, bildete seine poetischen Gaben zuerst an Wieland und den Anakreontikern aus, gewann durch Erstern besonders die italienischen Dichter lieb
und begeisterte sich später für Rousseau und dessen Kulturfeindschaft und
für die Freiheit der alten Griechen und Germanen. Seine schriftstellerische
Laufbahn begann er 1774 mit „Laidion oder die Eleusinischen Geheimnisse". Die darin gepredigte zügellose Liebespflege und schwärmerische
Begeisterung für die Nacktheit vollendet schöner Gestalten umgab er mit
künstlerischem Reiz in seinem bekanntesten Roman „Ardinghello oder die
glückseligen Inseln". Der Held ist ein Alles seinem Willen und seiner
Lust unterordnender Lebemann, der sich aber weder gleich dem germanischen
Faust zur Befriedigung seiner Triebe dem Bösen verschreibt, noch wie der
spanische Don Juan ein pedantisches Register heimtückisch gewordener
Keuschheiten führt, sondern dem freien, hellen Himmel Italiens entsprechend
sorglos und ohne quälende Gedanken ein Leben der üppigsten, süßesten,
wollüstigsten Abenteuer führt, bis ihn der Dichter in einem ganz der Antike nachgebildeten, von Liebe und Freiheit durchleuchteten Utopien Ruhe
finden läßt. Von Einheit der Handlung ist keine Rede; es sind lose an-

einander gehängte Scenen mit lyrischen eingelegten langathmigen idyllischen Abhandlungen. Achingthello ist der materialistische Gegensatz zum romantischen Werther; jener genießt wo er kann, während dieser sich abhärmt und vernichtet; dort Griechenthum, hier Romantik. Zahmer, aber neuerdings verstockter, waltet dieselbe Tendenz in dem Roman "Hilsegard von Hohenthal". Außer der Malerei und Plastik, welche in seinen Dichtungen eine so große Rolle spielten, liebte Heinse vor Allem die Musik, der er auch selbst spielte. Nach Herzenslust schwelgte er seit 1780 einige Jahre in Italien und zog von seine Kunstbegeisterung groß. Seit 1796 war er Bibliothekar des Kurfürsten von Mainz, des erzbischöflichen Friedrich von Erthal. Ohne sich um die Revolution zu bekümmern, starb er 1803 zu Aschaffenburg.

Unabhängig von Goethe, vorzüglich auf Klopstock sich gründend, machte eine weitere Gruppe von Stürmern und Drängern in den Mitarbeitern des Göttinger "Musenalmanachs", seit 1770, auf. Es waren meist dortige Studenten oder Hofmeister Selchen. Voran gingen mit der Gründung des Almanachs Boie und Gotter; ihnen schlossen sich nach und nach zu Bürger, Hahn, Hölty, Miller, Cramer, Voß, die beiden Brüder Stolberg, Claudius, Leisewitz, Göckingk. Wie die Goethe'sche Gruppe vorzüglich das Drama und den Roman, so baute diese vorzüglich die lyrische Poesie an. Ihre Versammlungen nahmen die bekannte Form des "Hainbundes" an und ihr Standpunkt charakterisirte sich durch eine überschwängliche Verehrung Klopstocks und einen fanatischen Haß gegen Wieland, den sie als Nachahmer der Franzosen verwarfen, und dessen Bildniß und Werke sie feierlich verbrannten oder als Fidibus brauchten. Obschon sie sich aber mit Klopstock in das bardenhaft erkünstelte Deutschthum versenkten, waren sie doch nicht blind gegen seine einseitige Richtung, sondern verehrten auch aufrichtig Herder und Goethe und pflegten, was besonders anzuerkennen ist, das deutsche Volkslied, so daß wir ihnen viele der besten populären und singbaren Lieder verdanken.

Der bedeutendste Dichter des Göttinger Vereines ist Gottfried August Bürger, geboren als Pfarrerssohn zu Molmerswende am Harz in der Neujahrsnacht von 1748. Er studirte in Halle und Göttingen und wurde, statt Theolog, wie er nach dem Willen seiner Verwandten sollte, 1772 Justizamtmann zu Altengleichen. Eine unbedacht eingegangene Ehe trug er, während er die jüngere Schwester seiner Frau, von ihm "Molly" genannt, leidenschaftlich liebte, zehn Jahre lang. Als aber der Tod die Liebenden frei gemacht, wurden auch sie wieder, nach kaum zwei Jahren, durch Molly's Hinschied getrennt. Er war inzwischen nach Göttingen gezogen, wo er als Professor ohne Gehalt lebte und sich 1790 durch den Heirathsantrag eines Mädchens zu der unglücklichsten seiner drei Ehen verleiten ließ, die geschieden werden mußte. Durch lebenslange bittere Sorgen erschöpft starb er schon 1794. Bürger hat das Verdienst, der erste neuere deutsche Dichter zu sein, welcher die lyrische und die kürzere epische Poesie zum Ausdrucke wirklichen wahren poetischen Gefühls erhob. Namentlich sind seine Balladen, zu welchen ihn zuerst Percy's englische Sammlung (oben S. 525) begeisterte, unvergängliches Gemeingut des deutschen Volkes geworden. Welches Leben, welche Glut, welche fließende, natürliche Sprache, neben allerdings noch gährender Unruh, noch nicht klar und gesund gewordener Formschönheit, in der Lenore, im Lied vom braven Mann, im wilden Jäger, im Kaiser und Abt, in der „Kuh" u. s. w.! Weniger bedeutend für die Nachwelt, aber voll vollendeter und innerlicher und inniger, sind seine lyrischen Gedichte, besonders jene an Molly. Bürger ist es auch, der die stets populär bleibenden, durch übertriebene Lügenhaftigkeit witzigen Abenteuer des Barons Münchhausen nach dem Englischen neu bearbeitet und erweiterte.

Ein Kunst- und Unglücksgenosse Bürger's war sein Freund Heinrich Christoph Hölty, geboren 1748 zu Marienfee bei Hannover als Pfarrerssohn. Schon von Natur schwächlich, untergrub er frühe seine Gesundheit vollends durch angestrengtes Studiren. Seine Poesie bewegt sich daher nicht im frischen Leben der Menschen, einige harmlose Trinklieder abgerechnet, sondern im stillen Hain, im Nachtigallgesang, im Mondscheine und — auf dem Friedhofe, in welchem er auch, von der Auszehrung hingerafft und von unglücklicher Liebe gebrochen, noch früher als Bürger, 1776 seine Ruhestätte fand. Wie sein Charakter so sind auch seine Dichtungen sanft, edel, schwärmerisch, und von tief gefühlter, nicht gemachter, Empfindsamkeit. Im Volke leben manche davon stets fort, wie „Üb' immer Treu' und Redlichkeit", „Stärke mich durch deine Tapferkeit", „Die Luft ist blau, das Thal ist grün", „Rosen auf den Weg gestreut", die „Elegie auf ein Landmädchen" u. s. w.

Weniger ernst mit dem Dichterberufe, als die beiden Genannten, denen derselbe das Herz abbrach, nahmen es die beiden Brüder Grafen von Stolberg: Christian, geboren 1748 zu Hamburg, Amtmann in Holstein, gestorben 1821 auf seinem Gute in Schleswig, und Friedrich Leopold, geboren 1750 zu Bramstädt in Holstein, schriftstellerisch überschlüpferischer Beamter, gestorben 1819 bei Osnabrück. Die Brüder dichteten meist Lyrisches, zuerst in Klopstock's, dann in der Göttinger Manier und übersetzten mehrere griechische Dichter. Mehr Talent, aber auch mehr Übertreibung und Schwulst verrieth der Jüngere, welcher im Jahre 1800, durch den Kreis der Frau von Gallitzin (S. 575) in Münster verführt, die freisinnigen Grundsätze seiner Jugend, in der er noch „Tyrannenblut" gedürstet, abschwor, zum Kreuze der alleinseligmachenden Kirche kroch und eine furchtbar ausgesponnene, mönchisch gefärbte, Geschichte der Religion Jesu begann, aber nicht vollendete. Bekannt sind von seinen Gedichten „Sohn, da hast du meinen Speer", „Traun der Mann ist arbeitswerth", „In der Väter Hallen ruhte" u. s. w.

Die frömmelnden Fesseln, in welche Fritz Stolberg sich bekehrte, doch in weniger gefährlichem Maße, noch einem andern Göttinger, Matthias Claudius. Dieser Senior jenes Bundes, dem er indessen nur durch Correspondenz angehörte, war 1740 zu Reinfeld in Holstein geboren, studirte in Jena, lebte als Secretär, zugleich mit Klopstock, in Kopenhagen, schrieb dann zu Wandsbeck in Holstein seit 1772 unter dem Namen Asmus die populäre Zeitschrift des „Wandsbecker-Boten", war dazwischen ein Jahr lang Oberlandescommissär zu Darmstadt, zog später nach Altona und starb 1815 zu Hamburg bei seinem Schwiegersohn, dem Buchhändler Perthes. Er war ein durchaus ehrenwerther, edler und wohlwollender Mann, aber, von den übrigen Dichtern der Periode abstechend genug, stark der Mystik und dem Pietismus zugethan, wenn auch nicht in der abstoßenden Weise eines Lavater, Hamann und Stilling. Die Vorzüge seiner Poesie sind Volksthümlichkeit und Humor. Ein Beispiel seiner komischen Prosa gaben wir oben (S. 150). Von seinen Gedichten kennt alle Welt „Der Mond ist aufgegangen" und „Friede sei an diesem Grabstein her", alle Kinder den „Riesen Goliath" und „Herrn Urians Reise um die Welt", wie alle Zecher das köstliche „Bekränzt mit Laub den lieben vollen Becher".

Am wenigsten geborener Dichter war unter den Göttingern wol Johann Heinrich Voß, geboren 1751 zu Sommersdorf in Mecklenburg. Seine Energie machte ihn zum Sohne der Musen. Nach Göttingen kam er als armer Student 1772 und wurde die eigentliche Seele des Bundes, dessen eifrigstes und solidestes Glied er war. Seit 1775 lebte er mit Claudius in Wandsbeck, wurde 1778 Rektor zu Otterndorf, 1782 zu Eutin, wo er mit Friedrich Stolberg verkehrte, bis Dieser ein „Umfreier" wurde, was ihm Voß in einer geharnischten Flugschrift bitter verwies; denn er hatte ihn gewarnt:

> Fleuch, o fleuch, Stolberg, wie des Turbanträgers
> Und des knoblauchduftigen Rabbi's Messer,
> Fleuch gebetabkugelnder Glatzenpfäfflein
> Taub und Bethörung.

Später aber schrieb er ihm versöhnend:

> „Wohlan, wir bleiben einig,
> Und gönnen uns die Ruh',
> Ich sage, dieses mein' ich,
> Und jenes meinest du!"

Voß zog 1805 als Professor nach Heidelberg, wo er 1826 starb. Ihn zeichnet feste, klare, aller Dunkelei spinnefeindliche Männlichkeit aus; größer ist er aber als Übersetzer, denn als Dichter. Er ist es, der Homer's beide Gigantenwerke den Deutschen schenkte. Unter seinen eigenen Dichtungen sind die aus dem wirklichen bürgerlichen Leben und zwar mit Vorliebe aus den Pfarrfamilien genommenen und in Hexametern geschriebenen Idyllen die hervorragendsten; "Luise" ist die umfangreichste, der "siebenzigste Geburtstag" die lieblichste. Unter den gereimten Gedichten sind mehrere höchst populär, wie z. B. „der Flachsrock".

Am frühesten, und gerade in seinem Hauptwerke, entfernte sich von der Dichtung der Göttinger Johann Martin Miller, von dessen Gedichten das bekannteste ist „Was frag' ich viel nach Geld und Gut"? Sein Roman „Siegwart, eine Klostergeschichte" (1776), ist eine abgeschmackte, thränliche, kunstlose Nachahmung Werther's, rührte zwar schon manche ungläcklichen, ihren Schritt bereuenden Mönche und Nonnen zu fruchtlosen Thränen, ist aber heute nur noch dem Namen nach als Muster weinerlicher Lectüre bekannt.

Zur Verbindung des Hainbundes gehörte nur ein einziger Dramatiker, und auch dieser schenkte der Welt, wie Gerstenberg, nur ein einziges Drama. Johann Anton Leisewitz, geboren 1752 zu Hannover, seit 1770 Student in Göttingen, seit 1776 Advocat in Braunschweig, schrieb im darauffolgenden Jahre die Tragödie „Julius von Tarent", welche allgemeinen Beifall erntete, dessenungeachtet aber, im Wettstreit um einen von Schröder ausgeschriebenen Preis, Klinger's „Zwillingen" hintangesetzt wurde. Ohne ihr weitere Dichtungen folgen zu lassen, stieg Leisewitz in Hof- und Staatsämtern empor und starb 1806 zu Braunschweig. — Das genannte Stück ist das maßvollste und künstlerischeste der gesammten Sturm- und Drangperiode, und wenn es sich auch an Genialität mit Goethe's und Schiller's Dramen nicht messen kann, so gab es doch wahrscheinlich mit Bezug auf das Motiv des Bruderhasses, die ersten Gedanken zu des Letztern Räubern und zur Braut von Messina. Es enthält keinen unwürdigen Gedanken und kein unästhetisches Moment und ist die erste Ahnung einer bessern, die Wildheit der damaligen Produkte verbannenden Literaturperiode; dem Helden fehlt aber ein erhabener Zweck und seinem Untergange die zur Tragödie nothwendige Verschuldung. Die Charaktere sind, einige wirklich plastische Züge abgerechnet, im Ganzen etwas verschwommen. Dagegen ist die edle und von tollem Geschrei freie Opposition gegen politische und religiöse Unterdrückung anerkennenswerth.

Als Schlußpunkt der Sturm- und Drangperiode trat, nachdem dieselbe bereits erloschen schien, jener Dichter auf, welcher mit Goethe das ewig leuchtende Zweigestirn der deutschen Dichtung bildet. Johann Christoph Friedrich Schiller wurde am 10. November 1759 als Sohn eines württembergischen Fähnrichs, der seines Berufs Wundarzt war, zu Marbach am Neckar geboren und erhielt den ersten Unterricht zu Lorch, wo seine Eltern später wohnten, von dem in den „Räubern" verewigten Pfarrer Moser. In Ludwigsburg, wohin die Familie weiter zog, lernte er zum ersten Male das Theater kennen, beabsichtigte aber das Ergreifen des geistlichen Standes, was nur dadurch vereitelt wurde, daß die Anleitung zu demselben in der berühmten Karlsschule zu Stuttgart nicht ertheilt wurde, in welche Schiller durch fürstliche Gnade aufgenommen worden. Er versuchte dort zuerst, sich der Rechtswissenschaft, dann der Medicin zu widmen und begann zugleich, sich in der Dichtkunst zu üben. Es war bezeichnend für seine spätere Richtung, daß er gleich zuerst mit den Begründern selbständiger deutscher Literatur, Klopstock und Lessing, und sodann mit den Koryphäen des Sturms und Drangs, Goethe, Gerstenberg, Schubart u. A., sowie mit Shakespeare bekannt wurde. Götz von Berlichingen und Ugolino erregten ihn am meisten und seine ersten Versuche waren ein episches Gedicht „Moses" (wahrscheinlich nach Klopstock) und ein Trauerspiel „Cosmus von Medicis". Die Neigung der Pflicht opfernd, enthielt er sich dann einige Jahre des Dichtens, um sein medicinisches Berufsfach gründlich zu erfassen; aber der Genius trieb ihn zu seiner wahren Bestimmung zurück, und 1781 waren die „Räuber" geschaffen. Dieses freiheitdürstende Geschoß gegen das „knarrlechzende" Jahrhundert verräth seine Vorbilder, namentlich — König Lear, Götz und Julius von Tarent, übertrifft den zweiten an Einheit der Handlung und den dritten an Kraft der Charakteristik, leidet aber an Unwahrscheinlichkeit der Vorgänge und an einer oft rohen, die Gesetze der Schönheit verhöhnenden Sprache und Handlungsweise. Es sprudelt alles von üchtiger poetischer Schöpfungskraft und von wahrer, nicht affectirter, Leidenschaft; aber den Stürmern und Drängern ist auch rücksichtslose Verachtung aller Kunstregeln abgelernt. Solche edelmüthige Räuber wie Karl und solche schurkige aller Menschengefühle baare Erzschelme wie Franz, hat es schwerlich je gegeben, und eble Weiblichkeit suchen wir in Amalia vergebens. Auch hat das Stück keine individuelle Färbung. Es kann in jede beliebige Gegend Deutschlands und in jedes Jahrhundert seit dem Mittelalter versetzt werden. Die wahre Bedeutung der „Räuber" liegt nicht in ihrer Eigenschaft als Kunstwerk, sondern in ihrer wilden Auflehnung gegen die bestehenden faulen Einrichtungen und die Unterdrückung des Volkes im damaligen Deutschland.

Schiller ließ die „Räuber" auf eigene Kosten drucken, und noch im nämlichen Jahre erhielt er von Mannheim aus Aufträge zur Bearbeitung seines Stückes für die dortige Bühne, über welche es schon im Januar 1782 schritt. Seine Hinreise zu diesem Zwecke trug ihm Arrest ein, und auf eine Beschwerde der Behörde Graubündens gegen eine Stelle, in welcher dieses Ländchen als „Paradies der Gauner" bezeichnet wurde, verbot ihm der Herzog, derselbe, welcher sein Volk seinen Lüsten opferte (oben S. 189), alle Veröffentlichung nicht medicinischen Inhalts. Nachdem der Despot mehrere Saiten aufzuziehen und nur noch verlangte, daß der Dichter ihm seine Vorfälle mittheile, um sich aber gegen den guten Geschmack zu versichern, wollte sich Schiller auch das nicht gefallen lassen, entfloh mit seinem Freunde Streicher in romantischer heimlicher Flucht Stuttgart im October 1782 und begab sich in das freundliche Asyl zu der Familie

Wolzogen in Bauerbach bei Meiningen, deren Söhne seine Mitschüler gewesen. Hier schritt er ungestört auf der eingeschlagenen Laufbahn weiter, während sich die Menge der Nachahmer, wie auf Goethe's Erstlingswerk, so auch auf das seinige warf und einer Unmasse von lärmenden und schauerlichen Räuberdramen und Räuberromanen ein ephemeres Leben gab.

Die revolutionäre Gesinnung, die in seinen Räubern so wild gegärt, erhielt eine klarere Gestalt in seinem zweiten Drama. Hatte er vorher nur geträumt, daß Deutschland eine Republik werden sollte, gegen welche Sparta und Rom Nonnenklöster gewesen, so versetzte er sich nun in eine wirkliche, historische Republik, indem er „die Verschwörung des Fiesco in Genua" schrieb. Auch hier, wie in den Räubern, ist die Einwirkung Rousseau's deutlich; im ersten Stücke verherrlicht Schiller des genfer Philosophen Kulturfeindschaft, im zweiten sein republikanisches System. Der künstlerische Fortschritt im Fiesco ist augenscheinlich. Die nebelhaften Ideen der Räuber gewinnen Form und Farbe, wir befinden uns unter Menschen wie sie waren oder doch hätten sein können. Die Sprache, obschon noch kraftgenialisch genug, mäßigt sich, die Begebenheiten entwickeln sich naturgemäßer, die Charakteristik lehnt sich an bestimmte Ort- und Zeitverhältnisse an. Sehr wahrscheinlich hat ihm Machiavelli zahlreiche Winke gegeben und Shakespeare's Cäsar blieb offenbar nicht ohne Einwirkung. Fiesco ist der schlaue italienische Parteiführer wie er leibte und lebte, Giannettino der rohe Condottiere, Andreas der würdige Doge. Dagegen ist Verrina ein Anachronismus, ein Cato in eine Zeit versetzt, wo es keine Catonen gab und geben konnte. Die Frauen sind verzeichnet wie alle bei Schiller. Die beste Figur des Stückes, eine wahrhaft shakspearische, der Mohr nämlich, ist merkwürdiger Weise nur um ihrer selbst, nicht um des Zusammenhanges willen, in das Stück hineingebracht.

Rasch auf Fiesco folgte (1783) „Kabale und Liebe", in welcher wir die faulige Atmosphäre von „Miß Sara Sampson", „Emilia Galotti" und „Clavigo" athmen. Alle diese Dramen haben Beiträge zu „Kabale und Liebe" geliefert, in welcher Schiller zum ersten Male wagte, die schändlichen Hofzustände in der Zeit und in dem Lande zu schildern, in welche sie gehörten und namentlich die scheußliche Verschacherung der Landeskinder (s. oben S. 76) auf die englische Schlachtbank in Amerika mit tief empörtem Griffel zu züchtigen. Das Mätressen-, Günstlings-, Höflings- und Spionenwesen erhalten in Lady Milford (welche Züge der Marwood erhielt), dem Präsidenten, dem Hofmarschall Kalb und dem Sekretär Wurm (einem plumpen deutschen Marinelli) ihre verdiente Ausstellung am Pranger der Bühne. Die Charakteristik, in welcher Schiller niemals Originale liefert, unter denen, abgesehen von dem unausstehlich sentimentalen Wertherpaare Ferdinand und Louise, der alte Miller ein Meisterstück ist, und die Tendenz sind die Verdienste des Stückes, das im

gungen einen abstoßenden, unversöhnten Eindruck zurückläßt. Mit demselben ist die dreifache Kriegserklärung Schiller's gegen das Bestehende, die sociale, politische und moralische, abgeschlossen, und der deutsche Beaumarchais (oben S. 515) hat seine Pflicht gethan. Zugleich aber hört damit auch die Sturm- und Drangzeit auf, es gab für sie nichts weiter zu thun; denn sie hatte in Schiller's drei Jugenddramen ihre höchste Kraft in Schöpfung einer runden, vollen, spannenden Handlung entwickelt. Der Dichter aber arbeitete bereits an dem ersten Kunstwerk, das ihn aus seiner unreifen Periode heraushob und einer schöneren, reineren Zukunft seines dichterischen Schaffens entgegentrug, an „Don Carlos".

Gleichzeitig mit Schiller's drei Jugenddramen entstanden, im Geschmacke der Stürmer und Dränger, die kraftvollen und plastischen, aber krassen und maßlosen Gemälde der „Kindesmörderin" und der „Schlacht", die geschmacklos bombastischen Laura-Oden und andere lyrische Gedichte der Sammlung, welche er „Anthologie" betitelte. Der in seinen Dramen bisher übergangene religiöse Standpunkt nimmt oft eine ziemlich deutliche pietistische Färbung an, welcher damals merkwürdigerweise auch sein späterer Mitarbeiter Goethe seinen Tribut bezahlte.

Schiller hatte, seit dem Aufenthalte in Bauerbach, zu Mannheim gelebt und kam 1785 nach Leipzig, wo das erhabenste lyrische Gedicht aus seiner ersten Periode, das „Lied an die Freude", dieser Psalm des Humanismus, entstand, und bald darauf nach Dresden, wo seine klassische Entwicklung ihren Aufschwung nahm. Dem Inhalte nach gehört in die kaum überwundene Phase noch sein unvollendeter Roman der „Geisterseher", in welchem er, angeregt durch die Gaukeleien Cagliostro's und die Intriguen der Jesuiten und anderen Kryptokatholiken (oben S. 181), die von jenen Schwindlerbanden Betrogenen und deren idealistische Traumgebilde vor Augen stellt, wie Goethe im Groß-Kophta die Betrüger selbst und deren materielle Zielpunkte. Es fehlte indessen auch jetzt wieder nicht an gräßlichen Gespenstergeschichten, mit möglichst haarsträubendem Titel, welche die Nachahmer auf den Büchermarkt warfen. —

Die deutschen Dichter, welche während der Sturm- und Drangperiode lebten und schrieben, ohne sich deren eigenthümliche Denk- und Ausdrucksweise anzueignen, versuchten sich theils im Drama, theils im Roman.

Das Theater verdankte den Stürmern und Drängern ungemein reiche Nahrung, theils durch ihre eigenen Werke, theils durch den von ihnen der Vergessenheit entrissenen und mit erneutem Ruhm überschütteten Shakespeare, zu dessen Verbreitung die durch Wieland unternommene Übersetzung das Meiste beitrug. In der Darstellung dieses neuen dramatischen Stoffes zeichneten sich vor Allen zwei Künstler aus, welche zugleich, bei aller Sympathie und jeder Vorliebe für die Stürmer und Dränger, doch in ihren eigenen Werken eine gegen die wilde Begeisterung ihrer Lieblinge scharf abstechende Ruhe und Mäßigung beobachteten.

Es sind Schröder, von Iffland. Friedrich Ludwig Schröder, geboren 1744 zu Schwerin, erlebte nach stürmischer Jugend seine Glanzperiode seit 1771 als Theaterdirektor zu Hamburg, wo er 1818 starb. Er war der Erste, welcher Göz von Berlichingen aufführte und Shakespeare (zuerst Hamlet) auf die Hamburger Bühne brachte, von wo aus sich der britische Dramatiker ganz Deutschland eroberte, — jedoch noch nicht in seiner wahren Gestalt. Schröder wagte nicht zu viel, sondern er bearbeitete Shakespeare's Stücke selbst in einer solchen Weise, daß dieselbe gegen die bisherige dramatische Kost der Deutschen einen nicht allzu großen Abstand bildete, d. h. er beschnitt und fälschte den Riesengeist und maßte sich an, dessen Dramen willkürlich abzuändern, so daß z. B. Othello und Hamlet nach selbstgemachter Knotenlösung — glücklich endeten. Alle Beschönigungen neuerer Literarhistoriker helfen da nichts. Berichtigungen anstößiger Ausdrücke und angemessene Abkürzungen wären noch hingegangen; aber Aenderungen im Sinn und Geist eines großen Schriftstellers sind ein literarisches Verbrechen, das auch dadurch nicht entschuldigt werden kann, daß das Publikum den ächten Shakespeare nicht ertragen hätte. Es ertrug alle Extravaganzen und Gräßlichkeiten der Stürmer und Dränger; warum also sollte es den unendlich wahnsinnigern und Meisterischen Briten nicht ertragen? Natürlich war die Absicht Schröder's gut; aber dann hatte er keine Idee von den Pflichten eines Bearbeiters fremder Werke für die Bühne, von der Pietät, welche man demselben schuldig ist. Seine eigenen Stücke sind zwar bühnengewandt, doch nicht bedeutend und gehören demselben rührenden Familienstile an, wie diejenigen von August Wilhelm Iffland, geboren 1759 zu Hannover, seit 1779 in Mannheim, seit 1796 Direktor des Nationaltheaters zu Berlin, wo er 1814 starb. Dem wilden Toben der Sturm- und Drangstücke gegenüber, entnahm derselbe dieser Richtung bloß das in ihr enthaltene volksthümliche Element und stellte es in seinen ruhigen, bürgerlichen und ländlichen Kreisen vor, wo keine unblutigen Leidenschaften die Herzen der Menschen schwellten. So wurde, wie in den englischen, von Diderot in Frankreich eingeführten Rührstücken, viel Moral gepredigt, und wenn sich, als diese Richtung in den achtziger Jahren Mode wurde, die Zuschauer in bedenklicher Weise erbaulich erbauten und gegen klassische Poesie erkälteten, — auf der Bühne nur nach, wie ein großer Dichter spottet, „Pfarrer, Kommerzienräthe, Fähnriche, Sekretäre und Husarenmajors." Trotz der ruhigen und würdigen Sprache aber, welche diese ehrenwerthen Leute führten, war doch im Ganzen nicht zu verkennen, daß der revolutionäre Geist, welcher in „Emilia Galotti" und „Kabale und Liebe" die herrschenden Zustände geißelt, auch da athmete; denn es ist eine beständige und rührige Opposition gegen Standesvorurtheile, Hofintriguen, Beamtenwillkür u. s. w. nicht zu verkennen, und sie fand ebenso begeisterten Beifall, wie, abgesehen von lebhaftem Nationalcharakter, die Figarostücke bei den Franzosen.

Zu den harmlosen Theaterdichtern der Zeit gehört auch Gottlieb Konrad Pfeffel, geboren 1736 zu Colmar im Elsaß, schon seit 1757 erblindet, gestorben 1809. Die besten Arbeiten des wohlwollenden und sanften Mannes sind seine an Gellert's und Lichtwer's Fabeln erinnernden populären Erzählungen in Versen.

Von den Romanen unserer Epoche haben wir bereits die von Jacobi (S. 379), sowie den Werther und Urbinghello erwähnt. Keiner der übrigen, deren von 1773 bis 1796 über sechstausend in Deutschland erschienen, erreichte die genannten; sie waren meist Nachahmungen englischer Muster und zwar schrecklich breitgetretene und langweilige. Wir erwähnen von Johann Timotheus Hermes (1738—1821) den fünfbändigen Briefroman „Sophiens Reise von Memel nach Sachsen", von Johann Karl Musäus, geboren 1735 zu Jena, Professor in Weimar, gestorben 1787, den satirischen Roman „Grandison der Zweite" (1760), eine Art Don Quijote für die Verehrer Richardson's, und die „physiognomischen Reisen" (oben S. 150), welche Werke jedoch durch des Verfassers „Volksmärchen der Deutschen" (1782) an Bedeutung weit übertroffen werden, von Moritz August Thümmel (geb. 1738 zu Schönfeld bei Leipzig, 1768 Minister zu Coburg, gest. 1817) das in Prosa gefaßte komische Heldengedicht „Wilhelmine" (1764), welches die Zustände der Zeit treffend kritisirt, und die „Reise in die mittäglichen Provinzen von Frankreich" (1791 ff.), welcher Reiseroman in Briefen Frankreich vor der Revolution anschaulich schildert, von Theodor Gottlieb Hippel aus Ostpreußen (1741—1796) die „Lebensläufe nach aufsteigender Linie" (1778 ff.) und die „Kreuz- und Querzüge des Ritters A bis Z", an geistvollen Gedanken reich, aber verworren und ordnungslos, — von Johann Jakob Engel (geb. 1741 zu Parchim, Professor und Theaterdirektor in Berlin, gest. 1802) den „Philosophen für die Welt" (1775 ff.), in trefflichen kleineren Erzählungen bestehend, und das Charaktergemälde „Herr Lorenz Stark". Über den Roman schrieb in kritischer Weise Georg Christoph Lichtenberg (geb. 1742 zu Oberramstädt bei Darmstadt, Professor in Göttingen, gest. 1799), der neben mehreren humoristischen und satirischen Schriften (s. auch S. 151) besonders durch seinen geistvollen Text zu Hogarth's sittengeschichtlichen Kupfern bekannt geworden ist. Ebenso kritisch verfuhr Goethe's vertrautester Freund Johann Heinrich Merck, der zudem seinen Beruf zur Beurtheilung der Werke Anderer durch eigene „Genrebilder häuslichen Lebens", wie z. B. die „Geschichte des Herrn Oheim" an den Tag legte. Leider endete der 1741 geborene unglückliche Schriftsteller 1791 durch Selbstmord. Über moralische Gegenstände schrieb in populärer Weise und doch klassischer Sprache Christian Garve (1742—1798).

Unter den Werken der deutschen Geschichtschreibung des achtzehnten Jahrhunderts nennen wir: die „Vorstellung einer Universalhistorie" (1772) von Schlözer (oben S. 469), als ersten Versuch einer wirklichen Weltgeschichte, welche Derselbe auch in der „Vorbereitung zur Weltgeschichte für Kinder" (1779) der Jugend zugänglich zu machen suchte, — dann den „Grundriß der Geschichte der christlichen Kirche" (1782) und den „Entwurf der Geschichte der europäischen Staaten" (1793), durchaus freisinnige, gründliche und gehaltvolle Werke des Professors in Göttingen und spätern württembergischen Ministers Ludwig Timotheus Spittler (geb. 1752 zu Stuttgart, gest. 1810). — Die „Geschichten schweizerischer Eidgenossenschaft" (1786 ff.) des Schaffhausers Johannes Müller (geb. 1752, erst Professor in seiner Heimat, dann in Kassel, 1786 Bibliothekar des Kurfürsten von Mainz, 1792 Hofrath in Wien, 1804 Historiograph in Berlin, 1807 Minister des Königreichs Westfalen, wo er 1809 starb) begründeten durch glänzenden Stil und fesselnde Darstellung eine neue, „künstlerische" Epoche der Geschichtschreibung, wenn auch die Kritik noch höchst oberflächlich war und die politische Charakterlosigkeit des Verfassers gegen seine Arbeiten einzunehmen geeignet ist. Bekanntlich blieb sein genanntes Hauptwerk unvollendet, wurde aber von Anderen fortgesetzt. Ein volksthümliches und durch seine Unparteilichkeit vortheilhaft bekanntes Werk ist die „Geschichte des siebenjährigen Krieges" (1788) von Johann Wilhelm von Archenholz, geboren 1748 zu Danzig, gestorben 1812 in Holstein, der den Krieg als preußischer Offizier mitgemacht hatte. Als Reisebeschreiber und Verfasser malerischer Länderschilderungen zeichnete sich Georg Adam Forster (oben S. 295) aus. Geboren 1754 bei Danzig, gab er 1778 die Resultate seiner Weltfahrt in Cook's Begleitung heraus, war Professor in Wilna und Mainz und ging 1793 in politischen Aufträgen nach Paris, wo er aber schon 1794 starb, — ein Opfer seines blinden Vertrauens zu den französischen Pseudorepublikanern, die noch stets alle ihre bethörten Schützlinge im Stiche gelassen haben.

Wie Herder, dessen wir bereits gedachten (S. 477), philosophirte auch der Basler Isaak Iselin (1728—1782) über die Geschichte, — einer der ersten Schweizer, welche eine bessere politische Zukunft ihres damals von den Patriziern unterdrückten Vaterlandes ahnten.

Mit wenigen Worten haben wir noch der schönen Literatur jener germanischen Länder Erwähnung zu thun, welche sich nicht der hochdeutschen Schriftsprache bedienen, sei es, daß sie seit Jahrhunderten abgesonderte Sprachstämme bilden, wie die Skandinavier, sei es, daß sie sich von ihren deutschen Völkern nicht nur politisch, sondern auch sprachlich abgesondert haben, wie die Niederländer.

Die neuere holländische Literatur ging aus den sich im sechzehnten Jahrhundert ausbildenden „Kammern" der „Rederijker" (d. h. Rhetoriker), der dortigen Meistersänger hervor, welche in patriotischer Gesinnung die Rechte ihres Landes gegenüber den Henkerscharen Alba's vertraten und dafür durch diesen Inquisitionsbüttel aufgehoben wurden. Nach der Erlangung der Freiheit wieder in's Leben getreten, widmeten sie ihre Thätigkeit vorzüglich dem dort aus Fastnachtsmummereien (nicht aus kirchlichen Ceremonien) hervorgegangenen Volkstheater; ihre Kost war aber stets eine feste, prosaische, realistische, fantasielose. Als Begründer einer „klassisch" genannten holländischen Literatur gilt Pieter Kornelis Hooft (1581—1647), welcher nach lateinischen und italienischen Mustern Schauspiele und Gedichte, wie auch historische Werke schrieb. Einen größeren Ruhm erwarb sich Joost van den Vondel (1587—1679), dessen dramatische Werke (geistliche und weltliche Tragödien, darunter „Lucifer" und „Gysbrecht van Amstel") die Holländer über alle Maßen erheben und seiner und noch gegenwärtig fleißig aufführen. Seinem hohen poetischen Fluge gegenüber besang Jakob Cats (1577—1680) das bürgerliche Leben in derselben nüchternen, derb realistischen Weise, wie es seine gleichzeitigen Landsleute Brueghel der Ältere, Teniers der Jüngere, Ostade und Steen (Bd. I. S. 554) mit dem Pinsel ausgemacht haben. Zugleich mit der nationalen holländischen Malerei verfiel aber auch die dortige Poesie, als zur Zeit Ludwig's XIV. die Nachahmung der Franzosen auch dort Mode wurde und zwar in solchem Maße, daß nicht einmal die Namen der Nachahmer auf die Nachwelt überzugehen würdig sind. Umsonst eiferten die lyrischen Dichter Lukas Schermer und Hubert Poot am Ende des siebzehnten und Anfang des achtzehnten Jahrhunderts gegen dieses Verderben. Nicht einmal die aufblühende englische und und ihr die deutsche Literatur vermochten diesem Zopfe etwas anzuhaben. Selbst als wieder einigermaßen emanzipirte holländische Dichter erstanden, konnten sie sich weder über die Nüchternheit ihres Volksstammes, noch über die französischen Regelfesseln hinausarbeiten. Den meisten Ruf unter ihnen hat im Lande Willem Bilderdijk (1756—1831), welcher die Sprache sowol in Gedichten, als in historischen Werken geschickt handhabte und zahlreiche Nachbeter erstehen sah.

In Dänemark sehen wir keinen literarischen Namen von Bedeutung auftauchen, ehe der Norweger Ludwig Holberg (1684?—1754) seine frische Volkslieder mit originellem Humor und treffendem Witz vorstellenden Lustspiele und sein komisches Heldengedicht „Peder Paars", sowie „Niels Klimms unterirdische Reise" (eine Nachahmung Gulliver's, aber in lateinischer Sprache) schrieb. Auch verdanken ihm Dänemark und Norwegen die Abfassung ihrer Geschichte. Die ernste Dichtung brachte zu hoher Blüte Johannes Ewald (1743—1781), ein ächter, mit des Lebens Freude und Schmerz vertrauter und ihre Sprache verstehender Poet, der sich in allen Dichtungsarten versuchte und die Tragödie aus den französischen Fesseln befreite, und dem man das treffliche Volkslied „König Christian stand am hohen Mast" verdankt. — Länger als anderswo dauerte der französische Einfluß in Schweden, wo er freilich auch später eingedrungen war. Der erste Opponent gegen ihn war der frische volksthümliche und ächte Dichter C. M. Bellman (1741—1795), zugleich Komponist seiner Gedichte, der selber ein liederliches Leben führte, aber auf feierliche Weise unter dem Absingen seiner Lieder im Freundeskreise starb, während sein Freund K. J. Hallman (gest. 1800) der schwedische Holberg wurde. Es war die Zeit, in welcher ein König von der Art Gustav III. (S. 489) die Vereinigung solcher Widersprüche des Schönen und Gemeinen begünstigen mußte.

Sechstes Buch.
Schönheit und Kunst.

Erster Abschnitt.
Die bildende Kunst.

A. Baukunst.

Unsere Periode ist arm im Gebiete der schönen Künste. Was der Zeit nach von Leistungen der Architektur, Skulptur und Malerei in ihre Schranken fällt, ist entweder nur Nachwirkung und Vervollständigung der in früherer Zeit begonnenen Kunstblüte der Renaissance und daher auch von uns bereits im I. Bande (S. 532 und 533 für die italienische, 535 für die spanische, 550—555 für die niederländische, 556 und 557 für die französische Kunst) behandelt worden, — oder es ist nur vereinzelt und bildet keine zusammenhängende Reihe hervorragender Meister und ihrer Werke.

In der Architektur war in Italien seit dem Beginne des siebenzehnten Jahrhunderts die „edle Ruhe und maßvolle Schönheit" des Renaissancestils im Sinken begriffen und machte jener „Entfesselung der subjektiven Willkür", jener „gewaltsamen Übertreibung der Formen" Platz, welche den sogenannten Barockstil kennzeichnen, der dem „leidenschaftlichen, zügellosen, üppig entarteten Sinne jener Zeit" nur zu sehr entspricht. Die Bauten wurden in kolossalem Maßstabe angelegt, ihre Gliederungen durch Anhäufung von Säulen und Pfeilern vervielfältigt und durch „perspektivische Kunstgriffe" ein überraschender Effekt hervorgebracht. Von dieser Art der Baukunst ist der Palazzo Borghese in Rom ein Beispiel, dessen prachtvolle Säulenhallen Martino Lunghi der Ältere im ersten Viertel des siebenzehnten Jahrhunderts baute. Lorenzo Bernini (1589—1680) brachte die bizarre neue Richtung am Bronzetabernakel des Hauptaltars der Peterskirche an; Francesco Borromini (1599 bis 1667) suchte ihn noch an Geschmacklosigkeit zu überbieten. Mehr Würde als andere Werke dieses Stils verrathen der prachtvolle Palazzo Pesaro zu Venedig und der Palast der Universität zu Genua.

Mehr Einfachheit griff im achtzehnten Jahrhundert Platz, aber es fehlten große schöpferische Geister, um damit eine neue Blüte der Kunst zu begründen, welche vielmehr in immer ärgeren Verfall gerieth.

In Frankreich erwarb sich unter der Spätrenaissance des siebenzehnten und dem Rococco des achtzehnten Jahrhunderts kein Künstler einen bedeutenden Namen, wenn auch einzelne Werke solcher, wie das Pantheon, in welchem eine Rückkehr zur directen Nachahmung der Alten versucht wurde, und der Invalidenbau einen großartigen Eindruck hervorbringen. Unter Ludwig XIV. herrschte im Baustile das Massenhafte, Prunkvolle vor, unter der Regentschaft und Ludwig XV. dagegen die Liebe zur Bequemlichkeit, die Neigung zur Sinnenbethörung, daher an die Stelle der großen Gemächer kleinere traten, welche die Plauderei der Egoets und die Galanterie der Boudoirs begünstigten. Die mächtigen geraden Linien wichen lauschigen Fensternischen und die consequente Verfolgung eines nothwendigen Zweckes der willkürlichen Befriedigung von Launen. So entstanden die verschnörkelten Rococco-Schlösschen von Petit-Trianon und andere wunderliche Grillen geistesarmer Bauherren.

In England brachte unsere Periode nur ein Werk von Wichtigkeit zu Stande, nämlich in den Jahren 1675 bis 1710 durch Christopher Wren den Neubau der Paulskirche zu London, wobei bedeutende Nachwirkung der Regeln Palladio's nicht zu verkennen ist.

Deutschland sah damals die französische Manie langweilig, schnurgerader Straßen und Städte aufkommen. Nach dem Richtscheite schnitt so zu sagen der Architect Nehring die Friedrichs- und Dorotheenstadt in Berlin zu, und Häuser, die nicht seine Billigung hatten, wurden niedergerissen. Dieselbe Sucht rief auch das schachbrettförmige Mannheim und das sternförmige Carlsruhe als improvisirte Residenzen in's Leben; denn die deutschen Fürsten waren fast alle bemüht, die Bauart Ludwig's XIV, wovon Versailles und Marly (oben S. 97) zeugen, nachzuahmen und prachtvolle imposante Anlagen zu errichten, die indessen auch bei im achtzehnten Jahrhundert dem Alles verfeinernden und hohlenden Rococcostile unterwarfen, wie z. B. die Bauten von Sanssouci bei Potsdam und des Zwingers zu Dresden, was sich auch auf die Möbeln dieser Luxusgebäude ausdehnte.

An hervorragenden Bauten entstanden während dieser Zeit in Leipsigzig an die noch streng classische Richtung Holzschuher's (Gr. L. S. 587) seit 1693 durch Nehring das Zeughaus zu Berlin, sowie 1692—1698 die „lange Brücke", welchen Bauten später ein französischer Ingenieur geschmacklose Schnörkel anhängen mußte, und 1699—1706 durch Andreas Schlüter aus Hamburg (geboren 1662, gestorben 1714) das sogenannte Königliche Schloß. Um dieselbe Zeit schuf in Wien Bernhard Fischer von Erlach aus Prag (1650—1723) zu Lust des Prinzen Eugen, die Kirche des Karl Borromäus, das Münzgebäude und anderes. Nirgends aber blühte die Kunst so wie in Dresden unter den beiden Augusten. Dort erbaute der Rathszimmermeister Georg Bähr, der einzige damalige wichtige Nebenbuhler Schlüter's, dem Rococco zum Trotz nach dem Muster des Petersdomes seit 1726 die hast- und würdevolle Frauenkirche, deren Vollendung (1743) er jedoch nicht erlebte, indem ihn die Ränke seiner Feinde (1738) tödteten. In der Nähe seines Werkes aber feierte das Rococco einen Triumf in der von Italienern (1739 bis 1751) errichteten katholischen Hofkirche, einem völligen Salonbauwerk, von genialer Feinheit außen, aber nüchtern im Innern.

Unter Friedrich dem Großen wurde neuerdings Berlin der Hauptsitz der Baukunst. Mehr aus Liebhaberei für imposante Bauten, als aus Kunstsinn schmückte dieser merkwürdige Staatsmann, Krieger und Literat, der keinen andern Kunststil als den des Rococcos kannte, sein Schloß zu Charlottenburg und baute das Berliner Opernhaus. Sein bedeutendster Baumeister, Georg Wenzeslaus von Knobelsdorff, geboren 1699 bei Krossen, bis 1729 preußischer Offizier, dann Maler und endlich Architekt, hatte selbst keinen Sinn für die Schönheiten der ältern Baustile, ja noch einmal für Kaiser's Werke, denen er Lebrun, Mansart und Vignola vorzog.(?) Im Louvre und in Versailles sah er seine Muster. Daher entwickelte sich zwischen ihm und dem König solche Meinungsverschiedenheit über den Bau von Sanssouci, in welchem das Rococco über die steife Klassik des Zopfes triumfiren sollte, daß er 1753 vor Verdruß starb. Dem Geschmack des Königs stand jetzt nichts mehr im Wege; Vater und Sohn Boumann aus Amsterdam bauten ihm seit 1750 nach seinem Geschmacke Kirchen und Paläste in Berlin und Potsdam. Namentlich wurde letzteres ganz; und gar ein Rococco-Pompeji, wie Augsburg ein solches der Renaissance, Nürnberg der Gothik ist. — In derselben Zeit wurde bei Wien nach französischem Muster das Schloß Schönbrunn (1744—49) renovirt und mehrere kahle, kasernenartige Bauten aufgeführt. Und so war der architektonische Geschmack in ganz Deutschland so sehr entartet und verdorben, daß man während des achtzehnten Jahrhunderts die gothische Baukunst mit ihren wundervollen Münstern und ehrwürdigen Rathhäusern häßlich und abgeschmackt fand und gar nicht begriff, wie solche „barbarische Ungeheuer" hätten errichtet werden können. Ja von Ueberhebung sogar dieses herrlichen Reste gesunderm Geschmack und besserer Anschauung mit Gips und verkleidet sie nach der widerlichsten Schablone des abscheulichsten Rococco. So verdeckte Friedrich der Große das Schloß zu Marienburg, und die Albrechtsburg zu Meißen wurde zur Porzellanfabrik. Sogar ein Klopstock und

Lessing hatten noch kein Auge für mittelalterliche Baukunst. Erst nachdem durch sie und Andere die deutsche Poesie aus ihrer Erniedrigung emporgehoben worden, machte nach und nach die nationale Gesinnung auch im Gebiete der übrigen Geistesthätigkeiten ihr Recht auf unbefangene und gebildete Beurtheilung der Leistungen früherer Zeiten geltend.

An die Architektur schließt sich die Gartenkunst oder Landschaftsgärtnerei, deren Werke die der ersteren schmückend umgeben. Wir finden während unserer Periode zwei Stile derselben, die zugleich zwei Epochen der Kunst und Literatur entsprechen. Im siebenzehnten Jahrhundert und zu Anfang des achtzehnten herrschte mit der französischen pseudoklassischen Literatur und Kunstmanier auch in den Gärten der geradlinige, steife, die Natur unterdrückende und beschneidende Zopfstil, welchen übrigens Ludwig's XIV. Kunstgärtner Lenôtre so sehr veredelte, daß die Gartenanlagen zu einer wirklich künstlerischen Vermittelung zwischen den Gebäuden und der sie umgebenden Natur wurden, was seinem Ruf zu einem europäischen und seine Nachahmer zahllos machte. Gegen die Mitte des achtzehnten Jahrhunderts aber kam mit der englischen Literatur und mit der Emanzipation von der französischen Kunstmanier auch der die Natur wieder freigebende englische Parkstil auf (oben S. 33). Den ersten englischen Garten in Deutschland legte bei Hameln an der Weser der Freiherr Otto von Münchhausen an, welchem sofort mehrere im damals englischen Hannover nachfolgten. Eine wissenschaftliche Theorie der neuen Liebhaberei stellte der Professor Hirschfeld in Kiel auf, indem er als Zweck der Gartenkunst die Vereinigung möglichst vieler Naturschönheiten auf einem Platze angab. So kamen die künstlichen Seen, Grotten, Felsen, Berge, Wasserfälle u. s. w. in die Mode und zwischen dieselben stellte man chinesische Pavillons, türkische Kioske, Obelisken, Pyramiden, griechische Tempel, Einsiedeleien, Ruinen, Statuen und Vasen in genialer Unordnung auf. Die berühmtesten Beispiele der Zeit waren die Parke zu Wörlitz bei Dessau (1768—1770), zu Nymphenburg bei München, auf der Wilhelmshöhe bei Kassel und zu Schwetzingen zwischen Heidelberg und Mannheim. In Frankreich selbst fügte sich der Mode und schuf seine Parke zu Ermenonville bei Paris u. s. w. Delille wurde der Dichter und Rousseau der Philosoph des neuen, naturbegeisterten Evangeliums.

B. Bildhauerkunst.

In der Skulptur herrschte während unserer Periode ein im Anfange des siebenzehnten Jahrhunderts von Italien ausgegangener Stil, welcher, entsprechend dem der gleichzeitigen Architektur, auf „möglichst energischen

Ausdruck und glänzende Effekte" hinarbeitete. Diesem Bestreben konnte aber die Bildhauerkunst nur dann genügen, wenn sie ihr eigentliches Wesen aufgab und "malerisch" wurde. Man verlangte von den Bildwerken Lebhaftigkeit, ja leidenschaftliche Bewegung und Geberden, Haltungen und Stellungen, welche gewaltige innere Erregung kundgeben. Die Gewandung wurde entweder übertrieben bauschig, so daß sie die Körperformen verbarg, oder so durchscheinend, daß sie wollüstigere Wirkungen hervorbrachte, als die Nacktheit, und besonders beliebt wurden die Darstellungen von Mädchenraub, freche Umarmungen von Nymphen durch Satyrn u. s. w. Von hervorragenden italienischen Künstlern dieser Richtung, welchen es bisweilen gelang, durch ihr Talent die Mängel und Fehler derselben vergessen zu machen, nennen wir Stefano Maderno mit seiner liegenden Marmorstatue der heiligen Cäcilia, Lorenzo Bernini, den wir bereits als Architekten kennen, mit seinen Gruppen des Raubes der Proserpina, sowie Apollo und Daphne in der Villa Borghese, und Alessandro Algardi (1608—1654) mit seinem Relief des Attila in der Peterskirche.

Unter den französischen Bildhauern formte Pierre Pulet (1622—1694) den gemarterten Sebastian zu Genua und J. Baptist Pigalle (1714—1785), welcher den Rücker zu dieser ängstlichen Nachahmung der Antike versuchte, das Grabmal des Marschalls von Sachsen in der Thomaskirche zu Straßburg. Unter den niederländischen ist Franz Duquesnoy (1594—1644) zu nennen, der meist in Rom wirkte und besonders durch seine festen Kinderfiguren sich bekannt machte.

Die deutsche Skulptur hatte seit den letzten Zeiten des sechzehnten Jahrhunderts vornehmlich die Dome und Kirchen mit tüchtig gearbeiteten Grabmälern und die Plätze der Städte mit zierlichen Brunnenbildern geschmückt. In der spätern Zeit schuf der uns schon als Baumeister bekannte Andreas Schlüter, ein tüchtiger Künstler, der sich den gewaltigen Michel Agnolo zum Muster nahm, aber selber ganz seinem Naturell, an den Fenstern des Zeughauses in Berlin die ergreifenden Köpfe sterbender Krieger, besonders aber die kolossale, so einfach und doch so erhaben gedachte und ausgeführte, an das Antike erinnernde bronzene Reiterstatue des großen Kurfürsten auf der langen Brücke. Aber der Neid französirender Nebenbuhler verdrängte den großsinnigen Künstler aus dem Vaterlande. Er starb in Petersburg, wohin ihn Peter der Große berufen. In Wien wurde von Rafael Donner 1739 der Brunnen auf dem neuen Markte mit in Blei gegossenen Statuen der Vorsehung und der vier Flüsse Österreichs verziert. — In Dresden entstand zur Zeit des "augusteischen" Kunstlebens die kolossale Reiterstatue Augusts des Starken am Eingange der Neustadt im Zopfgeschmack, der auch in den gleichzeitigen Porzellanfiguren und Stempelschnitten herrschte.

C. Malerei.

Die Kunst der Farben glänzte während unserer Periode in viel höherm Maße, als die Bau- und Bildhauerkunst; denn die herrschende Neigung zu Übertreibung, Leidenschaftlichkeit und Effekt ließ sich durch den Pinsel leichter befriedigen, als durch den Meisel. Wir haben jedoch die bedeutendsten Leistungen der Italiener, Spanier, Niederländer und Franzosen, im Zusammenhange mit der frühern Kunstthätigkeit dieser Völker bereits im ersten Bande erwähnt, so daß uns nur noch vereinzelte Erscheinungen, und zwar vorzugsweise jene des achtzehnten Jahrhunderts, beschäftigen können.

In Frankreich war es der Hofmaler Ludwig's XIV., Charles Lebrun (1619—1680), welcher nach der Blütezeit dortiger Kunst unter Callot, Poussin und Claude Lorrain (Bd. I. S. 556 ff.), ungeachtet großer Begabung, die Kunst in ein falsches theatralisches Pathos hinabriß und durch seinen allmächtigen Einfluß den Verfall der Malerei herbeiführte, welcher zur Zeit der Regentschaft und Ludwig's XV., als die „Zopfzeit" anbrach, seine tiefste Stufe erreichte. Was dieser Zeit indessen an Begeisterung und an Schönheitssinn abging, das wurde einigermaßen durch Naivetät und Realismus, durch treue und lebendige Auffassung der Dinge, wie sie sind, ersetzt. Die kirchliche Kunst räumte der bürgerlichen das Feld. Selten auch wurden historische Stoffe noch von der Malerei benutzt; zu den Ausnahmen gehören das Urtheil Salomo's und die Ermordung Athalias von Antoine Coypel (1661—1722) und die Fußwaschung Christi u. s. w. von Pierre Subleyras (1699—1749), beides Nachahmer von Paolo Veronese. Schlachten verherrlichte Charles Parrocel (1688—1752). Die bevorzugte Kunstgattung war dagegen die von Ludwig XIV. noch verachtete, in die kleineren Salons der Regentschaft aber so gut passende Genremalerei, freilich nicht in der derben holländischen, sondern in einer geschniegelten, geschmückten, matten Manier, wie wir sie noch auf Miniaturen mit ihren Schäfern und Schäferinnen in Puder, Perücken und Reifröcken belächeln. Der feinste und künstlerischste französische Genremaler der Zeit war Antoine Watteau, 1684 zu Valenciennes geboren, seit 1702 Dekorationsmaler der Oper zu Paris, gestorben schon 1721 mit Hinterlassung von 563 Bildern. Ihm gelangen nur die angedeuteten Miniaturdarstellungen, in welchen er die amusements champêtres der vornehmen Welt verherrlichte, wofür ihn die Akademie als „peintre des fêtes galantes" zu ihrem Mitgliede ernannte. Der ganze Rococogeschmack mit seinen Verzierungen und Möbeln und mit seiner durch schattige Parkanlagen sich kundgebenden Neigung zur später noch stärker erwachenden Natursschwärmerei, fixiert und plaudert aus Watteau's Miniaturen. Aber auch diese Manier entartete bald. Was bisher bloß bequem, leicht, tadelnd, verliebt gewesen, wurde üppig, frech, zudringlich und wollüstig. Diese Verschlimmerung repräsentirte zuerst Charles Bay-lau (1703—1785), welcher sogar die biblische Geschichte in diesem (ihr freilich nicht durchaus fremden) Geiste behandelte. Die Schmeichler der Zeit setzten ihn über Rafael; im Abfalle von den Grundsätzen edler Kunst übertraf ihn aber der sogenannte „Maler der Grazien", François Boucher, geboren 1704 zu Paris, gestorben 1770, welcher in äußerlich hübscher und eleganter, innerlich aber durchaus hohler Weise Alles übermalte, was Raum dazu bot, Tapeten, Vasen, Figuren, Verzierungen, wofür er erster Maler des Königs und Director der Kunstakademie und der Gobelinsfabrik wurde. Seine Sachen sind sammt und sonders Schlüpfrigkeiten, seine weiblichen Gestalten, gleichviel, ob sie Venus oder die Madonna vorstellen, lauter elegante Dirnen. Und die Bilder dieser Genremaler wurden damals mit Gold aufgewogen. — Was sie für die Aristokratie, das war Jean Baptiste Simeon Chardin (1699—1779) für den Bürgerstand, den er in seinen häuslichen Verrichtungen belauschte und abbildete, und zwar in treuer und gemüthvoller Weise, wie sie zu diesen noch unverdorbenen Kreisen paßte. Diese Richtung mußte sich noch mehr in der zweiten Hälfte des achtzehnten Jahrhunderts geltend, als von England aus der schwere Familienroman und das weinerliche Familiendrama ihren Triumphzug durch Europa antraten. Diese durch Diderot in die französische Literatur eingeführte Liebhaberei trug auf die französische Malerei Diderot's Freund und Gesinnungsgenosse Jean Baptiste Greuze (1726—1805) über, indem er rührende und für sich selbst sprechende Scenen aus dem Familienleben des Bürger- und Bauernstandes malte, und zwar mit wunderbarer Natürlichkeit und Zartheit bis auf die letzte Staffage der Bilder. In der Landschaft erntete gleichzeitig Claude Joseph Vernet den größten Ruf, blieb jedoch bei der Nachahmung Pousin's und Salvator Rosa's stehen.

England hatte, wie in der Reformationsperiode, so auch noch im siebenzehnten Jahrhundert keine eigenen Künstler von Ruf. Die bedeutendsten Portraitmaler des letztgenannten Jahrhunderts waren Schüler Holbein's und Deutsche: Peter van der Faes aus Soest in Westfalen, genannt Peter Lely (1618—1680) und Gottfried Kneller aus Lübeck (1648—1723). Erst am Anfange des achtzehnten Jahrhunderts tauchte ein englischer Maler auf, James Thornhill (1676—1734), welcher jedoch in seinen historischen Gemälden der Nachahmung der entarteten französischen Malerei folgte. Den ersten originellen Maler Englands erblicken wir in dem bereits (oben S. 57) erwähnten Wilhelm Hogarth (1697—1764), dessen gestroffener und gewandter, die Dinge treu und mehr erfassender Pinsel so unnachahmbar, ästhetischer Thomas in weiter Ode und realistischer Begeisterung den Predigten ersetzt, die er wieder mit einer abdringlichen, plumpen Moralisirung paarte, in welcher Weise übrigens auch die gleichzeitige Romandichtung eines Fielding u. A. (S. 541) ihre Charaktere und Situationen zeichnete. Nach ihm traten auch selbständige Historienmaler in England auf, und zwar früher als in jedem andern Lande, besonders veranlaßt durch den reichen und kunstsinnigen John Boydell, welcher eine Shakespeare-Gallerie veranstalten ließ. Die Farbengebung vervollkommnete Josua Reynolds (1723 bis 1792) und die Gruppirung der Schlachtenmaler Benjamin West (1734 bis 1820).

Auch Deutschland nahm in unserer Periode an dem allgemeinen Verfalle der Kunst um so eher Theil, als seine künstlerische Thätigkeit schon seit dem Ende der Blüthezeit eines Dürer, Holbein und Cranach aufgehört hatte. Eine Ausnahme bildeten nur einzelne Talente von nicht hervorragendem Range. In der Mitte des siebenzehnten Jahrhunderts, als noch die niederländische Kunst im höchsten Grade blühte, errang in Deutschland einen Künstlerruf Joachim von Sandrart aus Frankfurt am Main (1606—1688), ein Nachahmer der späteren Italiener und Verfasser der „Teutschen Akademie der edlen Bau-, Bild- und Mahlerei-Künste", in welcher er den Wahn Opitzens theilte, die bildende Kunst ebenso lehren zu können, wie Jener die Poesie, während er dagegen denselben Geschmack predigte, wie in der Dichtkunst die Pegnitzer und die späteren Schlesier. Als Kupferstecher zeichneten sich aus: Matthäus Merian aus Basel (1593—1650) durch historische Illustrationen von gesunder Kraft und Natürlichkeit und richtiger Vertheilung von Licht und Schatten, und der Böhme Wenzel Hollar (1607—1677) durch zarte und geistvolle Empfindung. Nach ihrer Zeit sank die Kupferstecherkunst rasch und leistete bald nichts mehr von Bedeutung. So lange Deutschland in den Fesseln des französischen Geschmacks gefangen lag, befand sich auch die bildende Kunst in derselben Armut an Leistungen wie die gleichzeitige Dichtkunst. Ja sie sank noch tiefer. Während letztere wenigstens deutsche Jünger zählte, verschwanden bald die deutschen Maler und ihre Kunst wurde in Deutschland nur noch von Franzosen ausgeübt, und zwar in dem widernatürlichen Stile eines Watteau, Vanloo und Boucher. Auch an der Spitze der Kunstakademien, welche zu halten zum guten Tone der Höfe gehörte, standen durchweg Franzosen. Überall triumphirte das Roccocco, in den Plafonds der Säle, wie auf den Titelkupfern der Bücher; in allen bildlichen Darstellungen herrschten die abgeschmacktesten Allegorien vor, und die Mythologie jener Zeit war beinahe reichhaltiger als die spätrömische, aus allen eroberten Ländern zusammengestoppelte. Das Laster, der Ruhm, die Mäßigkeit, die Poesie u. s. w. wurden stereotype Figuren. Die Landschaftmalerei kannte keinen andern Zweck, als mit Ansichten fürstlicher Schlösser und Parke in recht steifen Linien zu prahlen.

Eine Besserung der künstlerischen Zustände Deutschlands schien bereits unmöglich geworden. Und dennoch trat sie ein. Der erste Schritt

dings, wenn auch nicht in dieser Absicht geschehen, da seine Urheber ihren
höchsten Ruhm in der Pflege fremder Kunst fanden, war die Gründung der
Dresdener Kunstsammlungen durch die beiden Auguste. Schon seit
1722 wurde an der berühmten Gemäldegalerie und an dem Kupferstich-
kabinet gesammelt, im Jahre 1728 die Chigi'sche und die Albani'sche
Kunstsammlung in Rom und 1736 aus dem Nachlasse des Prinzen Eugen
die Sammlung herkulanischer Frauenstatuen angekauft. — Anstalten,
welche kein geringeres Verdienst als die mächtigste Anregung — Winckelmann's besitzen!

Bevor sie aber in dieser Weise einwirken konnten, erstand bereits
wieder ein, freilich noch vereinzelter, deutscher Maler, Wilhelm Ernst
Dietrich, geboren 1712 zu Weimar, gestorben 1774 zu Dresden,
welcher den Muth hatte, die italienischen und französischen Manieristen bei
Seite zu setzen und sich vorzüglich nach den Niederländern zu richten;
freilich blieb er trotz alledem Manierist.

Ein größerer künstlerischer, wenn auch noch keineswegs tiefer und
schöpferischer Geist trat hervor in Anton Rafael Mengs, dem Sohne
eines sächsischen Hofmalers, geboren 1728 zu Aussig in Böhmen; er lebte
in Dresden, Rom und Madrid und starb 1779 zu Rom. Man bewundert seine Altargemälde in der katholischen Kirche zu Dresden, seine großen
Freskogemälde in der Villa Albani bei Rom und Anderes; sie sind jedoch
hinter ihren Ansprüchen zurückgeblieben und ihre Ausführung in die engen
Schranken der Gesetze gebannt, die er in seinen kunstwissenschaftlichen
Schriften aufzustellen versucht. Er glaubte mit den damaligen englischen
Ästhetikern, die Schönheit der Form genüge zur künstlerischen Vollendung,
und hatte keine Ahnung, daß sie ohne den schöpferischen Geist ohnmächtig
bleibt. Doch hat er das Verdienst, den französischen Zopf zu Gunsten der
Antike und der guten Renaissance überwunden zu haben. Hinter ihm
blieb der gleichzeitige Maler Oeser, in Dresden und Leipzig, noch weit
zurück, nur selbst die gefeierte Angelika Kaufmann, geboren 1742 in
Chur, gestorben 1808 in Rom, kam bei aller Anmuth der Form ihrer
Werke über flache und sentimentale Manier nicht hinaus. Nicht origineller
war auch der von Goethe zu viel besprochene Philipp Hackert, geboren
1737 zu Prenzlau, in Berlin ausgebildet, seit 1765 in Paris, seit 1768
in Rom, wo er für Rußland die Schlacht von Tschesme verherrlichte und
von wo er eine Kunstreise nach Neapel und Sicilien machte, lange am
neapolitanischen Hofe beschäftigt, gestorben 1807 zu Florenz. Trotz
seines langen Aufenthaltes im herrlichen Italien blieb er in französischer
Manier befangen. Charakteristischer und geistreicher erfaßt sind schon die
Arbeiten von Anton Graf aus Winterthur, seit 1766 in Dresden.
Ganz auf die Antike aber ging Asmus Carstens zurück, geboren 1754
bei Schleswig, nach langem Darben Professor der Berliner Akademie, seit
1792 in Rom lebend, wo er aber schon 1798 starb. Er war nicht zu-

frieden, wenn seine Werke nicht der schönen Form durch großartige, titanische Auffassung die wahre Weihe gaben. In das bürgerliche und Volksleben endlich vertiefte sich der den Kupferstich wieder aus dem Verfalle erhebende Daniel Nikolaus Chodowiecki, geboren 1726 zu Danzig, gestorben 1801 zu Berlin, der geistvolle und über jede einseitige Auffassung erhabene Illustrator unserer größten Dichter in der Zeit des ersten Erscheinens ihrer Werke und der berühmtesten ausländischen Schriftsteller, als man sie zu kennen und zu schätzen begann.

Zweiter Abschnitt.

Die darstellenden Künste.

A. Tonkunst.

Auch in unserer Periode, wie in derjenigen unseres ersten Bandes, führten die Italiener (S. 473 ff.) das Scepter im Reiche der Töne; blos mußten sie sich mit der Zeit die Nebenbuhlerschaft der Deutschen gefallen lassen. Schon in früherer Zeit hatte bei den Letzteren das Volk seine melodischen, zum Herzen sprechenden Lieder (Bd. I. S. 420), und Luther und dessen Nachfolger hatten die geistliche Musik in hohem Maße gepflegt. Spätere Volksliederdichter waren Lukas Osiander und Johannes Eccard, und selbst während des dreißigjährigen Krieges ging diese Äußerung reichen Gemütslebens nicht unter. Zu derselben Zeit jedoch bekam die Volksmusik eine nicht zu verachtende Nebenbuhlerin in der aus Italien eindringenden Kunstmusik. Der deutsche Künstler, welcher Letzterer zuerst den Weg bahnte, war Heinrich Schütz, geboren 1585 zu Köstritz, welchen Landgraf Moritz von Hessen 1609 nach Venedig sandte, wo ihn der dortige Musiker Gabrieli unterrichtete. Seit 1613 mit Bewilligung des hessischen Hofes nach Dresden berufen, strebte Schütz rastlos dahin, die deutsche Tonkunst mittels der italienischen zu reformiren, bis er 1672 starb. Sein Werk war die Einführung der Oper in Deutschland, welche Kunstgattung in Italien erst 1594 durch die von Rinuccini gedichtete und von Peri komponirte „Daphne" in's Leben getreten war und den Zweck hatte, die antike Tragödie mit ihren Chören wieder herzustellen, was aber bald durch übertriebenen Pomp und Lärm vereitelt wurde. Auch in Deutschland war jene Daphne, aber von Opitz übersetzt und von Schütz komponirt, die erste Oper; sie verherrlichte 1627 eine fürstliche Vermählung. Je mehr die Oper, die sich unter Schütz noch würdiger

Einfachheit erfreut, nach italienischem Vorbild entartete, besto mehr suchte auch die italianisirte Oper die deutsche Musik zu verdrängen. Es erstanden prachtvolle Opernhäuser, in denen bald nur noch italienische Komponisten, Musiker und Sänger (sogar Kastraten) ihr Wesen trieben. Der Hof von Dresden gab darin den Ton an, der von Wien suchte ihn noch zu überbieten und ließ Opern aufführen, deren jede sechzigtausend Gulden kostete; ja im Jahre 1716 berichtete Lady Montague nach England, daß die Oper Alcina den Kaiser an Dekorationen und Kostümen auf dreißigtausend Pfund Sterling zu stehen gekommen. Bald wetteiferten mit den genannten Höfen auch München, Stuttgart, Heidelberg, Braunschweig u. s. w.; der Inhalt der so kostspieligen Leistungen war aber: viel Lärmen um Nichts; denn weder der Text, noch die Musik hatten in der Regel einen künstlerischen Werth. Endlich drang die Oper von den Höfen auch in die Stadttheater; seit 1677 fand sie ihre Pflege in Hamburg, und zwar sonderbarer Weise zuerst mit geistlichem Anstrich nach Art der mittelalterlichen Mysterien, was aber in Folge von Protestationen der Geistlichkeit seit 1692 ein Ende nahm. Dafür wurde die Nachahmungssucht auf dem Gebiete der weltlichen Oper so karg, daß man nicht selten ganze Opern in französischer oder italienischer Sprache gab oder gar in mehreren Sprachen zugleich. Man schien überhaupt in Abgeschmacktheiten das Möglichste leisten zu wollen, ließ aufsitz Personen die Rolle des alten deutschen Hanswurst spielen, Menschen in Thiere verwandelt auftreten, wählte Stoffe, wie: die Klugheit der Obrigkeit in Anordnung des Bierbrauens, die Kunst zu schwatzen u. s. w., erstickte Poesie und Musik durch Tanz, Aufzüge, Illuminationen, Feuerwerk u. s. w., und häufte die Verwandlungen der Scene blos um des Effekts willen in's Grauenhafte. Doch waren die Hamburger Komponisten fast durchweg Deutsche, und so auch jene der übrigen Stadttheater. Einer derselben, Reinhold Kaiser aus Leipzig (1673 geboren), schrieb 120 Opern, die sogar in Paris Beifall fanden, und wurde „die Ehre Deutschlands" genannt. Es fehlte ihm übrigens nicht an Natürlichkeit, Schönheitssinn und Gemüth, doch sind seine Werke vergessen.

Als im achtzehnten Jahrhundert die italienische Oper sich bedeutend vervollkommnete, unter Alessandro Scarlatti die neapolitanische, wie unter Antonio Lotti die venetianische Schule blühten und Dichter wie Metastasio (oben S. 521) ihr Möglichstes zur Verbesserung des musikalischen und Schöpfung eines poetischen Stils beitrugen, wandte sich auch Deutschland immer mehr dem Hauptgestirn am Süden zu. Den größten Eifer hierin bewies stets Dresden. Hier wirkte Johann Adolf Hasse, geboren 1699 zu Bergedorf bei Hamburg, Schüler Scarlatti's und 1727 bis 1731 Kapellmeister in Venedig, wo er die berühmte Sängerin Faustina Bordoni heirathete, nach deren Stimme er seine Opern schrieb. Hasse beherrschte seit 1734 den sächsisch-polnischen

Hof in musikalischer Beziehung; Hasse schrieb für jeden Carneval eine
Oper, komponirte sämmtliche Texte Metastasio's und war für die Musik
damals, was Gottsched für die Poesie, in dessen Sinne sein Wirken aller-
dings als „klassisch" gelten konnte, doch war er ein wirklicher Künstler, —
Gottsched nur ein Pedant, — sagt Hettner. Aber auch diesem musikalischen
Autokraten gegenüber, welcher 1783 zu Venedig starb, und dessen Tendenz
Karl Graun in Berlin fortsetzte, erstanden seit Klopstock und Lessing
in acht deutschen Tonmeistern.

An der Spitze derselben stand Sebastian Bach, geboren 1685 zu
Eisenach aus einer seit drei Generationen in allen ihren Gliedern musikalischen Familie, seit 1707 Kantor zu Mühlhausen in Thüringen, dann
Hofmusikus in Weimar, Kapellmeister in Köthen, seit 1723 Musikdirektor
in Leipzig, wo er 1750 starb. Er stand zwar in freundschaftlichen Beziehungen zu Hasse, fühlte sich aber gedrungen, zur acht deutschen, häuslichen
und bürgerlichen Tonkunst zurückzukehren und überließ daher die Oper den
Italienern und ihren Nachahmern und Anhängern, während er sich seiner
alten Freundin, der Orgel, hingab. Reiche Fantasie verband sich in seinen
herrlichen Tonwerken mit würdevoller Auffassung, Erhabenheit des Stils
und frischer, gesunder Volksthümlichkeit. Die Kirchenmusik war sein
hauptsächliches Feld, für das er seine unsterblichen Kantaten, Motetten
und Passionsmusiken schuf.

Sein gleichgesinnter Zeitgenosse war Georg Friedrich Händel,
geboren 1685 zu Halle; er wandte sich zwar anfangs der Oper zu, veränderte jedoch seit 1711, wo er nach England berufen wurde, seine Richtung
in Bach's Sinne und schenkte nun der Kunstwelt jene Oratorien, deren
himmlische Töne die Nachwelt entzücken. Das erste, Esther, erschien 1731;
es folgten Saul, Israel in Ägypten, Messias, Samson, Josef, Judas
Makkabäus und viele andere, zuletzt Jeftha. Seine Stellung in London,
wo er 1759 starb, machte ihn zu seiner Zeit berühmter als den bescheidenern
Bach, welcher erst in unserer Zeit recht geschätzt wird.

Nachdem so der deutschen Musik unabhängige Wege gebahnt, wagten
sich ihre heitereren Jünger, ohne der italienischen Opernherrschaft zu achten,
auch auf die Bühne mit selbständigen Schöpfungen. So entwickelte sich
das deutsche Singspiel, zuerst in Übersetzungen englischer Operetten,
welche seit 1743 zu Berlin aufgeführt wurden, dann seit 1752 in Original-
arbeiten, in denen sich später besonders Johann Adam Hiller durch
seinen unverwüstlichen gesunden Humor auszeichnete. Bald aber unternahm die in der Mitte des achtzehnten Jahrhunderts im Kampfe gegen
die fremde Nachäfferei der bildenden und dichtenden Kunst so weit voraus-
schreitende deutsche Musik auch in der großen Oper den Wettkampf mit
den für unüberwindlich gehaltenen Italienern! Es ist dies das Werk
von Christoph Willibald Gluck, geboren 1714 in der Oberpfalz.
Nachdem er bereits über vierzig Opern in italienischer Manier geschrieben,

trat er 1767 mit der ersten großen deutschen Oper „Alceste" hervor. An die Stelle der eiteln Verschnörkelung des italienischen Opernwesens, das nur den Zweck zu haben schien, die Stimmen der Sänger und Sängerinnen zu produciren, setzte er die Oper mit einheitlichem durchgreifenden Charakter, den schon die Ouvertüre ankündigen und in welchen jeder einzelne Theil des Werkes organisch sich fügen mußte. Langsam aber sicher brach sich Gluck seine Bahn. Auf Alceste folgten Iphigenia in Aulis und in Tauris, Armida u. s. w., und er hatte sich bereits allseitige Anerkennung erworben, als er 1787 zu Wien starb. Seine Werke erinnern, wie Hettner bemerkt, an die feierliche Erhabenheit der antiken Tragödie. Er begründete in der Musik, was gleichzeitig sein Freund Klopstock in der Poesie begann, in der Malerei aber Mengs noch kaum ahnte.

Den Schluß der Meister unserer Periode bildet der Österreicher Franz Josef Haydn, geboren 1732, 1793 in London glänzend empfangen, gestorben 1809 in Wien. Sein allseitiges Genie schuf sowol Opern und Operetten, als Sonaten, Symphonien, Oratorien und Messen, und ist besonders charakteristisch durch seine sorgfältige Pflege der Instrumentalmusik, deren Kunstformen er feststellte, so daß er der mit Mozart beginnenden Kunstblüte der neuesten Zeit wesentlich vorgearbeitet hat.

II. Schauspielkunst.

Die dritte europäische Nation, welche nach den Spaniern (Bd. I. S. 486 ff.) und den Engländern (ebendas. S. 501 ff.) ein Nationaltheater besaß, war die französische, nur mit dem Unterschiede, daß diesem Institute hier das Volksthümliche und Originelle, dessen sich die Bühne der beiden anderen Völker erfreute, in der Tragödie ganz und in der Komödie theilweise mangelte. Die erste französische Schauspielergesellschaft bestand in Paris seit den vierziger Jahren des sechzehnten Jahrhunderts, anfangs konnte sie zwar gegen die offentlichen geistlichen Passionsspiele nicht aufkommen, behauptete aber das Feld, als die geistlichen Aufführungen von der Regierung verboten wurden. Die Comödiens, wie sie sich nannten, gründeten 1548 im Hôtel de Bourgogne das Théâtre français, erhielten aber Konkurrenz, erst durch eine italienische Schauspielergesellschaft, dann durch solche, welche an den Jahrmärkten in die Hauptstadt kamen und da spielten. Mit einer solchen Gesellschaft erlangte Molière (oben S. 502) durch Hofgunst das Recht, im Palais-Royal zu spielen. Dafür erhielt später die Gesellschaft des Hôtel de Bourgogne den Titel Troupe royale. Beide aber vereinigten sich 1680 im Palais-Royal zu einem neuen Théâtre français und überließen das Hôtel de Bourgogne einer italienischen Gesellschaft, bereits der dritten,

die in Paris wirkte. Dieses nunmehrige Théâtre Italien wurde von
Ludwig XIV. wegen Beleidigung der Maintenon geschlossen, vom Regenten
aber wieder eröffnet. Seit 1669 bestand aber noch ein drittes Theater,
das der italienischen „Großen Oper" und seit 1678 ein viertes, das
Théâtre de l'Opéra comique, wie es 1715 genannt wurde. Die eigentliche
Glanzperiode des französischen Theaters, als Corneille, Racine und
Molière blühten, spielte im Palais-Royal, dem eigentlichen damaligen
Nationaltheater. Hier entwickelten Schauspieler, wie Baron, Lesain,
Molé u. A., Schauspielerinnen wie die Clairon, Dumesnil u. A. ihre
Talente. Die Darstellung von Frauenrollen durch Männer, wie zu
Shakespeare's Zeit in England, war in Frankreich unbekannt, welches
vielmehr in andere Länder stets die ersten weiblichen Mimen importirte.
Unter Ludwig XIV. wurde stets in der Perücke und andern Bestandtheilen
der damaligen steifen Tracht gespielt, ohne Rücksicht auf die Zeit und den
Ort, in welche der Dichter sein Stück verlegte, so daß die angeblich das
klassische Alterthum vorstellenden Tragödien in untrüglicher Weise durch
das Kostüm der Schauspieler verriethen, in welche Zeit der Geist gehöre,
in dem sie gedichtet waren. Blos trug man in der Tragödie an den Füßen
eine Art antiken Kothurns statt der Strümpfe und Schnallenschuhe und
etwa noch einen Brustpanzer statt des Rocks, in den sogenannten Hirten-
stücken aber ohne Umstände das seidene Halstuch und die lange Weste!

Die Wiederherstellung des durch die Puritaner unterbrochenen
englischen Theaters erzählten wir bereits (oben S. 534). Karl II.
führte damals die Darstellung weiblicher Rollen durch Damen ein. Das
wiederhergestellte Theater entsprach aber weder den Anforderungen der
Kunst, noch denen der Sittlichkeit, und die talentvollsten Dichter der zweiten
Hälfte des siebenzehnten und der ersten des achtzehnten Jahrhunderts
waren im Banne der französischen Schule befangen. Bei der schon
oben (a. a. O.) geschilderten Unsittlichkeit, besonders des Lustspiels, wagten
sittsame Frauen das Theater nicht ohne Maske vor dem Gesichte zu besuchen. Unter der Regierung des Hauses Hannover kam dazu noch der
Mißbrauch, um die Weihnachtszeit statt der Schauspiele Pantomimen
aufzuführen, in welchen sich besonders die beiden Italiener Grimaldi Vater
und Sohn als Clowns auszeichneten. Das Schauspiel aber wurde vom
Hofe zu Gunsten der Oper vollständig vernachlässigt. Trotzdem erhob es
sich, durch eigene Kraft der Nation, seit dem Aufkommen des moralischen
Schauspiels und seit der erneuerten Anerkennung des ältern englischen
Dramas wieder kräftig aus seiner Entartung, und es gab wieder tüchtige
Jünger der theatralischen Kunst.

Der berühmteste englische Schauspieler des achtzehnten Jahrhunderts
war David Garrick, geboren 1716 in einer Schenke bei Hereford,
gestorben 1779 auf seinem Landsitze bei London. Sein Verdienst bestand

vor Allem in der Wiedereinsetzung Shakespeare's in den ihm gebührenden Platz in seinem Vaterlande. Es geschah dies durch seine Darstellung der bedeutendsten Charaktere des großen Dramatikers, wie Richard III, Hamlet, Macbeth, Othello, König Lear u. s. w., und strafte durch seine künstlerische Auffassung derselben das französische Verurtheil Lügen, als verbinde Shakespeare mit seiner Erhabenheit die zügelloseste Wildheit, welche letztere sich nun als die wahre Darstellung der Leidenschaft entpuppte. Freilich hat sich Garrick erlaubt, die Dramen, von denen wir sprechen, auf eine für seine Zwecke und Ideen gerade passende Weise zu bearbeiten und so ähnliche, wenn auch nicht soweit gehende Fälschungen begangen, wie Schröder. Derartige Umarbeitungen waren ihm aber, zu seiner Rechtfertigung, in England bereits seit Beginn des Jahrhunderts vorangegangen, und zwar weit größere, welche Shakespeare'sche Dramen sogar zu Possen und zu Opern machten, ja einst wurde Julius Cäsar in zwei antiliterarische Tragödien mit Chören zerschnitten, so daß man sich über Garrick's dem Original treuern Text als über etwas ganz Neues verwunderte! Im September 1769 veranstaltete Garrick zu Stratford eine großartige Jubiläumsfeier zu Ehren des herrlichen Bürgers dieses Städtchens, wo zugleich eine Statue desselben aufgestellt wurde.

In Deutschland konnte das siebenzehnte Jahrhundert noch keine Nationalbühne schaffen, weil die dramatischen Dichter ohne Rücksicht auf Aufführbarkeit schrieben; Gryphius, Lohenstein und deren pomphafte Genossen ließen ihre hohlen Figuren bloß ohne Ende schwatzen und nicht handeln, und gelangten daher höchst selten auf die Bretter, und auch mit Christian Weise war dies der Fall, dessen Stücke bloß für Darstellungen durch Schüler berechnet waren. Bei diesem Mangel an Nahrung war die Bühne während des dreißigjährigen Krieges und in den ersten Zeiten hernach auf die „englischen Komödianten" (Bd. I. S. 428) angewiesen, welche zwar nun auch klassische Stücke Shakespeare's, wie Julius Cäsar, Othello, Lear, Was Ihr wollt u. s. w. spielten, aber in so roher und pöbelhafter Verarbeitung und Auffassung, daß der Dichter sie nicht wieder erkannt hätte. Zur Zeit Ludwig's XIV. hielt man sich mehr an Corneille's und Racine's Stücke, aber mit völliger Auflösung der sogenannten klassischen Regeln, in Prosa und mit Herbeiziehung der im Original bloß angedeuteten Gräuel. Zu gleicher Zeit wurde aber den alles Kunstsinnes baaren Schauspielern gar zu oft das Spielen nach einem Text überhaupt lästig, und man improvisirte, nach dem Vorgange des Theaterunternehmers Johann Velthen, nach Laune Schauspiele aus der Bibel, Romanen und Geschichtswerken, ja sogar aus Zeitungsnachrichten. Dies waren die „Haupt- und Staatsactionen", wie man sie nannte, ein buntes Durcheinander weder vorbereiteter, noch durchdachter Reden und Gegenreden, Kämpfe, Erscheinungen und Gräuel aller Arten, vermischt mit Balletten und Feuerwerken. Meist bestand die Aufführung eines

Abends aus einer „Hauptaktion" und aus einer nachfolgenden Posse, in welcher der Hanswurst die Hauptrolle spielte. Velthen war aber selbst der Erste, den diese Ausartungen erschreckten, und er suchte seit 1685 als kurfürstlicher Theaterdirektor in Dresden einzulenken, indem er mit Aufführungen Molière'scher Stücke begann, die er selbst übersetzte. Aber sowol diese Versuche, als solche mit Corneille und Calderon blieben erfolglos, und der bunte Wirrwarr der Haupt- und Staatsaktionen brach immer wieder von Neuem hervor. Namentlich blühten dieselben unter Velthen's Witwe, welche seinen Beruf fortführte, und am Anfange des achtzehnten Jahrhunderts wurde dabei eine Sprache geführt, wie sich der gemeinste Pöbel kaum ihrer bediente.

Diesem Skandale machte Gottsched ein Ende, und es ist dies sein hauptsächliches Verdienst. Freilich trat durch ihn blos die französische falsche Klassik an die Stelle des Chaos; aber es war doch ein Beginn zur Wiederbelebung der Schauspielkunst. Er übersetzte selbst, nach Anleitung des Aristoteles und Boileau, französische Dramen in steifen, poesielosen Alexandrinern und ließ sie durch den Theaterdirektor Neuber und dessen talentvolle Gattin Karoline in Scene setzen, was zuerst der braunschweigische Hof, das Andenken seines dichterischen Ahnen (Bd. I. S. 445) ehrend, begünstigte. So stolzirten denn Corneille und Racine in Gottsched's Versen über die deutschen Bühnen und errangen sich wirklich Beifall, durch welchen ermutigt er aus dem Englischen Addison's und dem Französischen von Deschamps einen „sterbenden Cato" zusammenschmiedete. Die Neuber und ihre Mitspielenden eigneten sich ganz die französische Deklamationsart an und eroberten von Leipzig aus die besten deutschen Bühnen für das neue französirte Theater. Als sie aber mit ihrer Gesellschaft 1740 nach Petersburg berufen wurde, versuchte Gottsched den Verlust durch die von ihm herausgegebene „Deutsche Schaubühne" zu ersetzen, in welcher er die ihm auf seine Einladung übersandten und nach seinen Ansichten von ihm korrigirten neuen Stücke veröffentlichte, um der Bühne Nahrung zu bieten. Es fehlte auch nicht an anderweitigen Schauspielern, welche Gottsched's Unternehmen unterstützten. Die Haupt- und Staatsaktionen wurden nach und nach verdrängt, und mit ihnen auch der Hanswurst, welchen lächerlicher Weise 1737 die Neuber auf der Bühne zu Leipzig feierlich verbrannt hatte, dessen sich aber Lessing und Justus Möser warm annahmen, dessen Verbannung aus Norddeutschland sie jedoch nicht verhindern konnten, während er namentlich in Wien seine Existenz noch lange fortsetzte. Gottsched verhielt sich daher auch ablehnend gegen Molière, welcher die alten lustigen Personen der komischen Volksbühne nicht verbannt hatte. Ohne Erfolg jedoch war Gottsched's gleichzeitiger Kampf gegen die Oper, die, wie wir sahen, an demselben Wirrwarr litt, wie die Haupt- und Staatsaktionen, aber sich durch Glud ihren Weg zur Besserung selbst bahnte.

Gottsched's Einfluß auf das deutsche Theater war nicht von langer Dauer. Das Eindringen des bürgerlichen Schau- und Trauerspiels aus England bereitete die Reform vor, welche Lessing (oben S. 574) bei Anlaß des Versuchs der Errichtung einer deutschen Nationalbühne in Hamburg seit 1767 durch seine "Hamburgische Dramaturgie" anbahnte. Damit war der Sturz der französischen Richtung entschieden. Es wuchs eine neue Schule tüchtiger Schauspieler heran, zu welcher Schröder, der Einführer Shakespeare's in Deutschland (oben S. 595), die Schwestern Ackermann u. A. in Hamburg, Eckhof (in Berlin und Hamburg, seit 1775 in Gotha) u. s. w. gehörten. Schröder war es, welcher den großen Briten eben so wahr auffaßte wie Garrick und haben so erfolgreiche Propaganda für ihn machte. Sein Hamlet übertraf alles bis dahin Gehörte; sein Lear aber überwältigte vollends alle fühlenden Zuschauer. Sein hauptsächlichster Schüler war Fleck (geboren 1757 zu Breslau, 1789—1801 der Stolz der Berliner Bühne) und er spielte mit solcher Erhabenheit der Begeisterung, daß er seine Rolle eigentlich durchlebte und Alles hinriß. In Wien, wo es seit 1708 ein stehendes Theater gab, aber erst 1747 stehende Stücke begannen, mit denen noch 23 Jahre lang die Haupt- und Staatsactionen kämpften, ließ Maria Theresia mit dem Professor Sonnenfels sie verbannen, schuf Josef II. die Bühne zu einem "Nationaltheater" um und stellte ihr die Aufgabe, um für guten Geschmack und für die Veredlung der Sitten zu wirken. In Mannheim gründete Dalberg 1779 ein kurfürstliches Nationaltheater nach dem Wiener Vorbilde, auf welchem sich Iffland und Beil auszeichneten, ersterer trefflich in Intrigantenrollen, wie z. B. Franz Moor, was seltsam gegen seine eigenen gutmüthigen und harmlosen Familienaufzüge abstach. Dagegen ließ die bekannte Kälte und Härte Friedrich's des Großen gegen die deutsche Literatur in Berlin noch lange keine deutsche Bühne aufkommen, welche letztere sich mit Seiltänzern und Gauklern in die elendesten Locale theilen mußte, während das französische Theater sich der allerhöchsten Protektion erfreute. Doch arbeitete sich die deutsche Bühne empor und nahm endlich, besonders nach dem Tode des französirten Heldenkönigs, eine der ersten Stellen in Deutschland ein. Es war übrigens statt, wie in Hamburg, wo man, namentlich seit dem Erscheinen des Götz von Berlichingen, sich zuerst bestrebte, in Costümen und Decorationen der historischen Treue gerecht zu werden.

Dritter Abschnitt.

Geschichte und Theorie der Kunst.

Die neuere Philosophie kannte bis zum achtzehnten Jahrhundert, außer einer trockenen, von Regeln überfließenden, pedantischen Poetik, keine Theorie der Schönheit und der Kunst.

In Frankreich hatte Boileau (oben S. 603) ein Gesetzbuch der Kunst, oder vielmehr der Dichtkunst, aufzustellen versucht, aber mit souveräner Willkür, ohne sich vorzustellen, daß nach der Berechtigung und Begründung seiner Behauptungen gefragt werden könnte. Diese Rücksicht nahm erst Jean Baptiste Dubos, geboren 1670 zu Beauvais, gestorben 1742 zu Paris, und zwar in dem 1719 erschienenen Buche „Réflexions critiques sur la Poësie et sur la Peinture", worin er die Kunst auf einen allgemeinen Grundsatz zu bauen und aus diesem die Richtigkeit der Regeln zu zeigen suchte. Er fand den Zweck der Kunst darin, die menschlichen Leidenschaften von ihren schlimmen Folgen zu trennen und ihnen eine angenehme, Wohlgefallen erregende Richtung zu verleihen. Die Mittel zu diesem Zwecke untersuchte er jedoch noch nicht, sondern dies that erst Charles Batteux, geboren 1713 bei Reims, gestorben 1780 als Professor und Akademiker zu Paris. Auf der Grundlage des Aristoteles fand er in seinem Werke „Les beaux arts réduits à un même Principe" die Aufgabe der Kunst in der Nachahmung der Natur, aber nur der schönen Natur, und die Befriedigung des Geschmackes an der Kunst darin, daß die Gegenstände letzterer nicht nur schön, sondern auch interessant seien. Unter den Künsten anerkannte er als höchste die Poesie, weil sie zwei Sinnen zugänglich sei; ihr am nächsten komme die Malerei, die dem Auge, dann die Musik und der Tanz (?), die dem Ohre dienen. Baukunst und Beredsamkeit schließt er vom System der Künste aus, die Bildhauerkunst und Mimik hat er vergessen. Von der subjektiven Begründung der Kunst wußte er nichts.

Einen andern Weg schlug der uns bekannte Diderot (oben S. 345 u. 513) in seinem Artikel „Beau" in der Encyklopädie ein. Er bezeichnete das Schöne geradezu als das Natürliche, das zu uns in Beziehung tritt. Indem er so die baare Wirklichkeit als geeignet zur künstlerischen Darstellung auffaßte, wandte er diese Auffassung zuerst auf die dramatische Dichtung an und stellte zwischen die Tragödie, deren französische Abart er kühn als eine Verirrung erklärte, und die Komödie eine Mittelgattung, das Drama, als der vorherrschenden, zwischen Schmerz und Lust die Mitte haltenden Stimmung des Menschen entsprechend.

Dasselbe theilte er wieder in das rührende Schauspiel und das bürgerliche Trauerspiel, welche Gattungen damals die englische und bald darauf auch die deutsche Bühne beherrschten. Er ging dann soweit, seine Mittelgattung als die höchste Vollendung der dramatischen Poesie zu verkünden, und huldigte so einem einseitigen, jede ideale Richtung verwerfenden Realismus. Diesen Grundsätzen unterwarf er nun auch die bildende Kunst, indem er seit 1765 in seinen „Salons", anmuthigen Berichten über die Pariser Kunstausstellung, den Malern Greuze und Vernet, als treuen Darstellern des Wirklichen, den Vorzug einräumte und von der Kunst verlangte, nur abzubilden, was wirklich vorkomme. Auch Diderot hatte somit noch keine Ahnung von der Macht des künstlerischen Subjekts, das Wirkliche zu idealisiren, ihm die Idee der Schönheit einzuhauchen.

In England waren es die moralistischen Schriftsteller (oben S. 322 ff.), welche zuerst Untersuchungen über das Wesen des Schönen anstellten, welches Shaftesbury noch mit dem Guten zusammenwarf, wie Andere mit letzterm und dem Wahren. Gründlicher versuchte erst Edmund Burke (s. oben S. 492) in seiner Jugendschrift „Philosophische Untersuchung über den Ursprung unserer Ideen vom Erhabenen und Schönen" (1756). Gerade im Gegensatze zu der objektiven Begründung der Kunst durch die Franzosen, verfuhr er subjektiv und leitete die Ideen des Erhabenen aus dem Triebe der Selbsterhaltung und des Schönen aus demjenigen der Geselligkeit ab; denn erhaben erscheine, was uns durch seine Größe imponire und uns schrecke, schön aber, was uns erfreue und gewinne. Diese Gefühle sollen sich jedoch auf die leidenschaftslose Beschaulichkeit beschränken, die Seele nicht überwältigen. Auch diese Erklärung ist verworren, ungenügend, einseitig; auch Burke kannte die individuelle Thätigkeit zur Verwirklichung der Schönheitsidee nicht. Auch die weiteren englischen Aesthetiker des achtzehnten Jahrhunderts, Gerard und Home, kamen über diese Mängel nicht hinaus, obschon Letzterer der Erste war, welcher die Begriffe von Anmut, Würde u. s. w. untersuchte.

Die ersten Anfänge einer deutschen Ästhetik finden wir in der bereits (S. 560) erwähnten Opposition der Schweizer Bodmer und Breitinger gegenüber der literarischen Autokratie Gottsched's, welche jedoch die Grundsätze der künstlerischen Thätigkeit erst ahnte, noch nicht erfaßte und an dem Vorurtheile einer innigen Verwandtschaft zwischen der Malerei und der Poesie krankte. Ein Schüler von Bodmer und Breitinger war ihr Landsmann Johann Georg Sulzer, geboren 1720 zu Winterthur, 1739 Geistlicher, dann Hauslehrer an verschiedenen Orten, seit 1747 Gymnasial-Professor in Berlin und seit 1750 Mitglied der Akademie und von Friedrich II. sehr geehrt, gestorben 1779. Er schrieb mehrere philosophische Werke, unter welchen die „Allgemeine Theorie der schönen Künste" (1771—1774) hervorragt. Sie hat die Form eines Wörterbuchs, ist populär geschrieben und hat manche Anregung gegeben, während sie im Ganzen hinter dem damals schon errungenen ästhetischen Standpunkte der Zeit weit zurückbleibt, keinen neuen Grundsatz aufstellt, das Schöne wesentlich nur in den Formen sucht und so im Ganzen nicht über Batteux hinausgekommen ist. Letzterer, von Gottsched verehrt, von Ramler und Gellert nach Kräften verbreitet, behauptete nämlich in Deutschland eine Art von Autorität, bis ihn einheimische, tiefer in das Geheimniß des Schönen eindringende Geister beseitigten. Der erste Vorläufer derselben war Alexander Gottlieb Baumgarten, 1714 zu Berlin geboren, seit 1740 Professor der Philosophie zu Frankfurt an der Oder, wo er 1762 starb. Er schrieb in schwerfälliger lateinischer Sprache 1750 und 1758 in zwei Bänden seine „Aesthetica", welchen Titel er schuf und womit er dem System der philosophischen Wissenschaften ein neues Glied einreihte. Auf Grundlage der Lehre Leibnitzens, dessen Schüler er sich nannte, entwickelte Baumgarten, zwar durch Bodmer und Breitinger angeregt, aber in ganz selbstständiger Weise, auch viel klarer, schärfer und kritischer als Jene, die Idee der Schönheit. Diese schöpfte er zwar weder aus der Natur, noch aus Anschauung der bildenden Kunst, sondern, als einseitiger Stubengelehrter, ausschließlich aus poetischen Werken, und zwar fast nur des classischen Alterthums. Dagegen wiegt er diesen Mangel auf, indem er, zuerst unter allen Ästhetikern, das Reich der Phantasie von anderen Geistesthätigkeiten sondert, von der Einmischung solcher befreit und als ein unabhängiges abgrenzt. Hatten frühere Forscher über das Wesen des Schönen dieses aus dem Geiste im Allgemeinen abgeleitet und mit dem Wahren und Guten vermengt, so trennte Baumgarten von der Logik als Wissenschaft der Vernunft die Ästhetik als solche der sinnlichen Empfindung und Wahrnehmung (αἴσϑησις) und stellte ihre Aufgabe folgendermaßen fest. „Das Ziel der Ästhetik ist die Vollkommenheit der sinnlichen Erkenntniß als solcher; diese aber ist Schönheit; zu verhüten dagegen ist die Unvollkommenheit sinnlicher Erkenntniß, diese ist Häßlichkeit." Die Logik ist daher nach ihm die Wissenschaft des „obern", die Ästhetik diejenige des „untern" Erkenntnißvermögens; wie jene richtig, so lehrt diese schön denken und ist daher Theorie der schönen Künste. Diese Unterordnung des Schönen unter das Richtige hatte bei Baumgarten's Nachfolgern Eschenburg und Mendelssohn sogar eine Geringschätzung desselben zur Folge. Baumgarten ehrte daher seine Wissenschaft lange nicht in dem Maße, das ihr gebührt, und erfaßte auch lange nicht ihren vollen Umfang und ihre wahre Quelle.

Baumgarten's Hauptmangel war die Unkenntniß der bildenden Kunst gewesen. Denselben holte in reichem Maße der Forscher ein, der eine Stufe höher als Jener zum Tempel des Schönen emporstieg. Es ist der Entdecker der für Mitteleuropa so zu sagen begraben gewesenen bildenden Kunst des Alterthums, Johann Joachim Winckelmann, geboren 1717 zu Stendal in der Altmark von armen Eltern. Seine Vorliebe wandte er

schen, als Knabe der Philologie und Mythologie zu, besuchte die Schulen
zu Berlin und die Universität Halle, wandte sich aber von der Theologie,
die er ergreifen sollte, mit Überdruß ab, lernte die entstehenden Kunstsammlungen Dresdens kennen und wollte sich nach Frankreich und Italien
durchbetteln, um die ersehnten Schätze des Alterthums zu erreichen. Der
Krieg verhinderte sein Vorhaben, und er lebte in bitterer Armut, indem er
sich fünf Jahre lang mit einer ärmlichen Lehrerstelle plagte, bis es ihm gelang, eine Privatbibliothekarstelle bei dem Grafen Bünau in der Nähe von
Dresden zu erhalten, für dessen „Reichshistorien" er Materialien sammeln
mußte, während er sich in den Homer vertiefte und sich an den Kunst-
schätzen satt sah. Um sein heißes Ziel — Rom — zu erreichen, erklärte
er sich gegen den Nuntius nach zweijährigem Schwanken bereit, Katholik
zu werden, natürlich zum Scheine, da er längst den Grundsätzen der Aufklärung zugethan war. Im Jahre 1754 that er den bedenklichen, aber
für sein Streben unvermeidlichen Schritt, dessen Ernst aus seiner spätern
Klage über sein empfindliches „Gewissen" und aus seinem Spotte über
das Beichten erhellt. Nachdem er von nun an in Dresden selbst gänzlich
der Kunst gelebt und seine wunderliche, aber auf seine spätere Größe
hindeutende Erstlingsschrift „über die Nachahmung der griechischen Werke
in der Malerei und Bildhauerkunst" veröffentlicht, und darin gegenüber
dem damals in Dresden Alles beherrschenden Rococco die Ansicht ausgesprochen, daß nur die wahre Nachahmung der Alten große Werke schaffen
könne, erhielt er von dem König August einen Jahrgehalt, der ihn endlich
1755 dem heißersehnten Ziele zuführte. In Rom lebte er neu auf, verkehrte mit Rafael Mengs, besuchte Neapel und Pompeji, ordnete in Florenz
Gemmen, wurde 1763 Antiquar der apostolischen Kammer, welche Stelle
ihn an die Spitze aller Alterthumsforschung in Rom setzte, und war der
Cicerone aller Fremden von Bedeutung, besonders der deutschen Fürsten.
Mit welcher Begeisterung schwamm er da in seinem Elemente! Wahrlich,
wir haben einen alten Griechen vor uns, nicht einen bekehrten Katholiken.
Wie schwärmte er für die griechischen Schönheitsformen und zwar bezeichnender Weise, gleich den Alten, für die in Platon's Phädros und
Symposion geschilderten! Hingebende, sich selbst vergessende Männer-
freundschaft, die er „Liebe" nannte, war ihm das Höchste der Welt, womit
seine auffallend weibliche Physiognomie und seine totale Enthaltung von
Weiberliebe seltsam zusammentrifft. Aber es konnte ihm seine Unsittlichkeit
zu Last gelegt werden. Er wirkte für die Kunst des Alterthums, was
die Humanisten der vorigen Periode für die Wissenschaft desselben, er
allein that, was ein ganzes Heer Dichter, und er allein hat die seinem
Volke mehr gemeingeistige Kenntniß der antiken Kunst und die noch auf
uns verschieden geweckte Begeisterung für dieselbe geschaffen. Nach
mehreren kleinern Schriften über einzelne Gegenstände seines Studiums
ließ er, als Gesammtergebniß seiner Forschungen sein berühmtes Haupt-

werk, die „Geschichte der Kunst des Alterthums", folgen, welche er 1762 vollendete, die aber der Verleger erst zwei Jahre später herausgab, ein Werk, welches einen wichtigen Zweig der wissenschaftlichen Literatur erst geschaffen hat; es ist Theorie und Geschichte der schönen Künste zugleich, welche es bei den Ägyptern, Phöniziern, Persern, Etruskern, Griechen und Römern verfolgt, welche einzelne Völker auch, mit tiefer Sachkenntniß, zugleich in geographischer, ethnographischer, kulturgeschichtlicher und mythologischer Beziehung betrachtet werden. Nachdem Winckelmann zwölf Jahre in Rom zugebracht, wollte er Deutschland besuchen, kehrte aber, von Heimweh nach Italien ergriffen, bald wieder von Wien aus zurück, — ohne sein Ziel zu erreichen; denn in Triest traf ihn am 7. Juni 1768 der Dolch eines italienischen Meuchelmörders, der sich in sein Vertrauen eingeschlichen.

Winckelmann's Theorie des Schönen ist noch sehr unvollkommen. Seinem schwärmerischen Geiste ist das Schöne unabhängig von allen Bedingungen und Zwecken; er entwickelt es blos aus dem Gefühle, das sich bei ihm wieder ausschließlich innerhalb der altgriechischen Auffassung des Schönheitsideals bewegt. Er kennt kein Prinzip des Schönen; schön ist nach ihm nicht, was nach gewissen Grundsätzen schön sein muß, sondern was ihn erregt, und dies ist einseitig das Plastische, dem er das Malerische vollständig unterordnet. Wol versuchte er, seine Gefühle in Grundsätze zu übersetzen; aber dieser Versuch mißlang gänzlich, und kam im Ganzen nicht aus den engen Schranken des herrschenden allegorischen Geschmacks heraus. Doch ist die Hauptsache, daß er die Menschheit auf das schönste Schöne im Gebiete der bildenden Künste, was doch immer die griechische Plastik bleibt, aufmerksam machte und dieses so tief mit seinem Blicke durchdrang, was nur so mehr zu bewundern ist, als er nur wenige und untergeordnete ächt griechische Originale kannte. Dabei stimmt die Schönheit seines Stils mit derjenigen seines Gefühls überein, und die begeisterte Sprache der neuesten Literatur in Hinsicht auf die Kunst ist sein Werk. Sein Wirken fand zwar die größte Bewunderung; aber es schloß sich ihm bei Lebzeiten Niemand an; er stand allein und ohne Hülfe in seiner Riesenarbeit, welche für immer dem Roccocco und aller Nachahmung anderer als für schön erkannter Kunstthätigkeit ein Ende machte, und die nachhaltigste Anregung zu der seit seinem Tode eingetretenen Revolution in der Philologie, Numismatik, Kunstkritik und Kulturgeschichte (siehe Herder's Werk oben S. 377) gab.

Was Winckelmann fehlte, die Fortbildung des Geistes antiker Schönheit in der Neuzeit und die Würdigung der verschiedenen Künste, nicht blos der Plastik; das holte noch vor seinem Tode, aber unabhängig von ihm, Lessing (oben S. 572) ein. Was hinwieder Letzterm an eigener Kenntniß der Kunstwerke mangelte, das ersetzte er durch seinen vielseitigen Geist und durch seine Belesenheit in der Literatur, welche Winckelmann fehlte. Nachdem er schon vor dem Erscheinen der Kunstgeschichte des Alterthums seine Gedanken über das Schöne und die Kunst in mehreren Aufsätzen niedergeschrieben, brachte ihn vielleicht jenes Werk auf den Gedanken, dieselben zu erneuen, und das Resultat dieses Gerankens war das 1766 erschienene berühmte Werk „Laokoon oder über die Gränzen der Malerei und Poesie, mit beiläufigen Erläuterungen verschiedener Punkte der alten Kunstgeschichte." Der hauptsächliche Zweck desselben war, einerseits der Poesie ihre Rechte gegenüber der durch Winckelmann in Schwung gekommenen Skulptur zu wahren und andererseits die durch Bodmer und Breitinger aufgekommene Vermengung der Malerei und Poesie aufzulösen, zu welch letzterer That Lessing den ersten Gedanken von Mendelssohn erhielt. Er knüpfte dabei, wodurch sich der Titel erklärt, an eine Bemerkung Winckelmann's über die plastische Gruppe des Laokoon an und verglich nun, an der Hand dieser Gruppe einer- und der Schilderung des dargestellten Ereignisses durch Vergil andererseits, die beiden Kunstgattungen. Leider jedoch blieb das Werk unvollständig, dem ersten Theile ist kein weiterer gefolgt.

Der wesentlich nördlichen Gefühls- und Auffassungsweise Winckelmann's tritt hier eine durchaus südliche Natur gegenüber. Baumgarten hatte dem Schönen sein eigenes Gebiet angewiesen, es aber dem Wahren untergeordnet, Winckelmann es ohne Rücksicht auf andere Ideen zu souveräner Geltung gebracht. — Lessing unterschätzt und unterschätzt es nach seinen verschiedenen Äußerungen. Mit allgemeiner Definition des Schönen hält Letzterer sich nicht auf, faßt aber die Schönheit als den einzigen Zweck der Kunst auf. Die einzelnen Künste scheidet er auseinander, indem er zeigt, daß die körperliche Schönheit wol das höchste Gesetz für die bildende Kunst, für die Poesie aber ohne Bedeutung sei, daß weder die Gemälde der Malerei für die Poesie ausreichen, noch in letzterer das Malerische, anschaulich Schildernde, mit dem durch die Malerei Verwendbaren zusammenfalle, und daß die Gegenstände der bildenden Kunst und der Poesie sich als Körper und Handlungen von einander unterscheiden, die bildende Kunst daher Handlungen nur in einem einzelnen Moment, die Poesie Körper nur in einer einzelnen Eigenschaft darstellen könne. In dieser Ausführung war Lessing der Erste zu seiner Zeit, welcher es wagte, die Allegorie, wenn auch noch nicht vollständig zu beseitigen, doch bedeutend zu beschränken. Wie Winckelmann die Kunstgeschichte, so schuf Lessing die Kunstkritik. — Dagegen leidet er an Übertreibung der von Winckelmann vertretenen Unterordnung der Malerei unter die Plastik, an der Unfähigkeit, die einzelnen bildenden Künste unter sich grundsätzlich auseinander zu halten, und geht so weit, zu bedauern, daß die Ölmalerei überhaupt erfunden worden, deren Arten, Historie, Genre und Landschaft, er geradezu verwirft!

Die bisher betrachteten Ästhetiker haben alle ihre eigenthümlichen Vorzüge und Mängel in Bezug auf die Erfassung des Wesens von Schönheit und Kunst; Das aber ist Allen gemein, daß sie, trotz ihrer Bemühungen, dem Schönen eine selbständige Stelle unter den Ideen des menschlichen Geistes anzuweisen, nicht bis zu einer wissenschaftlichen Begründung dieser Idee gelangt sind. Das Letztere war erst Kant vorbehalten, welcher seinen beiden weltumgestaltenden Kritiken der reinen und der praktischen Vernunft (oben S. 367 ff.) noch die der „Ästhetik" gleichkommende „Kritik der Urtheilskraft" als dritten Theil seines Systems folgen ließ. Es war ihm dabei mehr um Vollständigkeit des letztern zu thun, als um Schönheit und Kunst an sich welche er einerseits bei seinem lebenslangen Verweilen in seiner engern Heimat nur unvollständig kennen lernte, und durch welche er sich andererseits aus seinem philosophischen Gleichmut nicht zur Begeisterung hinreißen ließ. Wie die Kritik der reinen Vernunft der Idee des Wahren, die der praktischen Vernunft der des Guten, so entspricht die Kritik der Urtheilskraft der Idee des Schönen. Die Urtheilskraft verbindet gewissermaßen das Gebiet der reinen und der praktischen Vernunft, zwischen welche beiden eigentlich ihre Stelle fällt; denn sie ist das Vermögen, das Besondere als enthalten unter dem Allgemeinen zu denken und bezieht daher die Manigfaltigkeit der Naturerscheinungen, welche Gegenstand des Erkenntnißvermögens der reinen Vernunft sind, auf einen einheitlichen Grundsatz, welcher als übersinnlicher dem Begehrungsvermögen der praktischen Vernunft angehört. Dieser Grundsatz ist die Zweckmäßigkeit der Natur, welche wieder entweder subjektiv aufgefaßt wird, indem der Einzelne an den Gegenständen der Natur Lust oder Unlust empfindet, oder aber objektiv, indem der Einzelne sich aus jenen Gegenständen erst Begriffe bildet und dann urtheilt, ob die Formen ersterer letzteren entsprechen. In subjektiver Hinsicht nun erweckt die Lust oder Unlust an den Gegenständen der Natur das Gefühl des Schönen oder das des Erhabenen. Schön ist erstens, was ohne Interesse gefällt, wodurch es sich von dem mit Interesse gefallenden Angenehmen und Guten unterscheidet, zweitens was allgemein gefällt, drittens was ohne Vorstellung eines bestimmten Zweckes als zweckmäßig erscheint, viertens, was ohne Begriff als Gegenstand eines nothwendigen Wohlgefallens erkannt wird. Erhaben ist erstens, was so groß ist, daß in Vergleichung mit ihm alles Andere klein erscheint, nämlich nicht nach dem räumlichen Umfang, sondern nach der Anschauung des Einzelnen, zweitens was nicht sofort Lust, sondern erst im Gefühle der Unzulänglichkeit unserer Einbildungskraft Unlust und erst durch diese, im Bewußtsein unserer selbständigen Vernunft, Lust erweckt, drittens was die Natur als eine Macht erscheinen läßt, der wir uns jedoch überlegen fühlen, und viertens was mit eben der Nothwendigkeit als erhaben erkannt wird, wie das Schöne als schön. Man sieht, daß Kant mit seinen Definitionen noch im alten schoastischen Wust der aristotelischen Kategorien, dieser die Freiheit des Denkens beengenden Schablonen, fast, was die Unbefangenheit und Klarheit seines Urtheils wesentlich beeinträchtigt, wozu noch kommt, daß ihm der Begriff des Schönen fremder und schwieriger, nicht so nothwendig in seinem Gedankengange enthalten war wie der des Wahren und der des Guten, sondern in sein System gewissermaßen hineingezwängt erscheint. Doch hat Kant wenigstens den nachfolgenden, die Schönheit in den Werken der Kunst erfahrenden und von ihr durchdrungenen Ästhetikern hinlängliche Anhaltspunkte zu ihren Studien geliefert.

Unter den Philosophen, die noch in unsere Periode fallen, hat zunächst nach Kant Herder das Schöne zum Gegenstande seiner Untersuchungen gewählt. In seiner Kalligone nahm er dem nüchtern logischen Standpunkte Kant's gegenüber den von Begeisterung für das Schöne getragenen des Kunstfreundes ein. Wie aber seine „Metakritik", diese durchaus unfähige und daher nicht näherer Erörterung würdige Streitschrift gegen die „Kritik der reinen Vernunft" (eben S. 377) durchaus Fiasco machte, so errang sich auch die Kalligone, in Folge ihrer leidenschaftlichen Angriffe auf die „Kritik der Urtheilskraft" keine Lorbeeren. Es sind jedoch auch selbstständige Urtheile darin vorhanden, von denen wir dasjenige erwähnen, welches die Schönheit nicht in einen Begriff legen will, der ohne ihren gefällt, sondern sie vom „gutachtlichen Verstande" nur nach Gründen bestimmt. Solche Gründe der Schönheit sucht er unter anderm im Ausdrucke und in der Symmetrie. Auch seine Ausführungen sind meistens noch höchst unbefriedigend und bestätigen unsere Ansicht, daß sich das Schöne nicht einseitig abstrakt bestimmen läßt, sondern nur durch lebendige Anschauung der Reize in Natur und Kunst, verbunden mit dem für das Schöne empfänglichen und es zu verwirklichen willigen und fähigen Geiste.

Zusätze und Berichtigungen.

Zusätze.

Zu Seite 42, Zeile 4 v. o. In Deutschland wurde noch am Ende des sechzehnten Jahrhunderts der Ehebruch mit dem Tode bestraft. Gefallene Mädchen sowol, als Witwen mußten, nachdem ihnen der Büttel die Haare geschoren, über dem Kopfe einen Schleier von Leinwand tragen. An die Stelle der früher mit dieser Strafe noch verbundenen Ruthenstreiche trat jedoch damals eine Geldbuße. Liederliche Dirnen wurden öffentlich durch die Gassen gepeitscht und zum Thore hinausgetrieben. Doch all diese Strenge brachte in sittlicher Beziehung keine Besserung hervor. Man versuchte es daher mit der Milde. Das Haarabschneiden und der Schleier wurden seit dem Anfange des siebenzehnten Jahrhunderts aufgegeben und der Ehebruch in Mitte desselben nur noch (!) mit Ausstellung am Pranger, Auspeitschung und Landesverweisung bestraft. Seit dem dreißigjährigen Kriege trat die Syphilis, die man bis dahin wenig gekannt, stärker als je auf, und die Zahl der feilen Dirnen nahm zu, besonders zu Berlin, wo 1690 der Kurfürst Friedrich III. (der später erste König von Preußen) dieselben anzugreifen und nach dem Zucht- und Spinnhause zu Spandau abzuliefern befahl. Die „infamen und standalösen" Häuser wurden mit Strenge geleert und die Beherbergung liederlicher Frauenzimmer bei Geldstrafe verboten. Es half jedoch nichts, die Häuser der Unzucht konnten nicht unterdrückt, die Dirnen, welche meist Soldatenkinder waren und daher weder Erziehung noch Bildung hatten, zu keinem ehrlichen Berufe gebracht werden. Schon im Jahre 1700 mußte, statt der Unterdrückung, ein Bordellreglement für Berlin erlassen werden. Man duldete nun solche Häuser, überwachte sie aber streng, beaufsichtigte sie ärztlich, und strafte die heimliche Prostitution scharf. Der siebenjährige Krieg trug natürlich nichts zur Verbesserung der Sitten bei, die Bordelle nahmen zu, und 1780 gab es deren zu Berlin bereits etwa hundert zu sieben bis neun Venuspriesterinnen, welche in drei Klassen getheilt wurden, deren oberste man die „republikische" nannte. — Zu Hamburg wurde während des siebenzehnten Jahrhunderts die Prostitution sehr streng verfolgt und die Gerichtsdiener waren angewiesen, verdächtige Orte ohne weiteres zu durchsuchen und darin befindliche Personen gefangen zu nehmen. Bordellwirthe wurden an den Pranger gestellt und auf ewig aus der Stadt verbannt. Auch im achtzehnten Jahrhundert dauerte diese Strenge fort und die Dirnen erlitten Kerker, Pranger und Auspeitschung. — In Wien wurde unter Maria Theresia zur Unterdrückung der Prostitution eine sogenannte Keuschheitskommission errichtet, welche ihre Spione überall hatte und oft Nachts in die Häuser eindrang, um die dem Sittengesetze Ungehorsamen zu erlappen, jedoch nach und nach der Bestechung unterlag und daher durch Kaiser Josef II. wieder aufgehoben wurde. Dagegen dauerte die Strenge gegen die Dirnen fort, deren die Kaiserstadt damals fünfzehntausend zählte.

— 624 —

Zu S. 109. Übersetzung der Grabschrift auf Dubois
Erröthe, Rom, daß du den rothen Hut
Dem Kuppler gabst, der hier im Grabe ruht!

Zu S. 132. Zwischen Zeile 2 und 2 von unten. Süß hatte in zwei Jahren allein Waisengelder und fromme Stiftungen eines Betrages von über 150,000 Gulden beraubt. Während der drei Jahre seiner Herrschaft betrugen die Stellenverkäufe und Erpressungen über eine Million Gulden. Was er und seine Verbrechensgenossen nicht einsteckten, wurde an Feste und Aufzüge, an Juwelen, mit denen der Herzog betrogen ward, an Opern, Komödien, Sängerinnen und an den Carneval verschwendet, und der Herzog hatte oft Mangel an baarem Gelde, während man im Hause einer Sängerin 5000 Gulden und 150 Taschenuhren fand. Als der Herzog starb, ergab die Section daß seine Lunge von Staub, Rauch und Dampf des Carnevals und der Opern voll war, wodurch eine Untersuchung nothwendig hatte erfolgen müssen."

Zu S. 240, Note. Wir freuen uns, daß die Parteinahme der „Großen Landesloge von Deutschland" gegen den maurerischen Fortschritt seit dem Säcularfeste derselben im Jahre 1870 ein Ende genommen hat. Es ist dies dem zugleich humanen und kräftigen Auftreten ihres „Ordensmeisters", des alle freisinnigen Deutschen mit den schönsten Hoffnungen auf die Zukunft erfüllenden Kronprinzen von Preußen (und nunmehr auch des deutschen Reiches) zu verdanken, welcher erleuchtete Maurer sich mit Entschiedenheit gegen jede fernere Geheimhaltung historischer Überlieferungen und gegen alle Vorrechte der sogenannten höheren Grade vor den alten maurerischen Graden ausgesprochen hat.

Zu S. 768. Z. 5 v. u. Diese Bemerkung bezüglich des Bessers ist dem Dictionnaire des inventions et découvertes par N. Boquillon (Paris 1836) entnommen. Der Verfasser will es den Philologen überlassen, diese allerdings auffallende Namensverwandtschaft mit der Thatsache zu verwahren, daß schon die griechischen und römischen Schriftsteller das weiße und das blaue kannten.

Berichtigungen.

Seite 101 Zeile 11 von oben lies kranken statt alten.
„ 222 „ 8 und 9 vom Absatz an, lies: der Abgott vieler Frauen, welche von seinen Gegnern „Beischwestern" genannt wurden.
Seite 286 Zeile 12 u. 13 v. o. l. das künstliche Gefrierenmachen durch mit Meersalz gemischtes Schnee oder zerstoßenes Eis
Seite 796 Zeile 9 v. o. streiche „im Kampfe".

Druck von Otto Wigand in Leipzig.

www.ingramcontent.com/pod-product-compliance
Lightning Source LLC
Chambersburg PA
CBHW021224300426
44111CB00007B/415